Economics in China
Selected Classic Works I

中国经济学经典文选

（上）

新 望　范世涛 ◎ 主编

华夏出版社
HUAXIA PUBLISHING HOUSE

图书在版编目（CIP）数据

中国经济学经典文选：全二册 / 新望，范世涛编. --北京：华夏出版社，2017.4
ISBN 978-7-5080-9089-4

Ⅰ．①中… Ⅱ．①新… ②范… Ⅲ．①中国经济－文集 Ⅳ．①F12-53

中国版本图书馆 CIP 数据核字（2016）第 306154 号

中国经济学经典文选（上、下）

编　　者　新　望　范世涛
责任编辑　李雪飞

出版发行　华夏出版社
经　　销　新华书店
印　　刷　三河市少明印务有限公司
装　　订　三河市少明印务有限公司
版　　次　2017 年 4 月北京第 1 版　2017 年 4 月北京第 1 次印刷
开　　本　720×1030　1/16
印　　张　66.25
字　　数　976 千字
定　　价　158.00 元（全二册）

华夏出版社　地址：北京市东直门外香河园北里 4 号　　邮编：100028
　　　　　　　网址：www.hxph.com.cn　电话：（010）64663331（转）
若发现本版图书有印装质量问题，请与我社营销中心联系调换。

编者说明

在西学东渐的潮流中，晚清来华传教士最早将经济学带进了中国。1840年已经出现以麦克库洛赫（马克思将他看作"庸俗经济学家"）《商业词典》为蓝本的《贸易通志》。因为士人们的主要精力耗费在四书五经和八股举业上，难得问津其他方面的学问；而士绅们囿于华夷之辨的成见，对舶来的学问一向抱着鄙薄的态度。"新学"译著蹩脚的汉语和文体让崇尚"唐宋文章"的主流社会有了更多的鄙薄理由。所以，早期译介近世经济学的努力在专业上尚不够成熟，既没有引起主流士人群体的关注，也未能在经济实践上产生重大影响。

甲午海战战败的刺激，终于使中国主流社会扰动起来，并催生了"戊戌变法"。变法的思想领袖大都有流连租界洋场的经历，他们在租界书店摆放的雕版木刻印刷线装书丛中，发现并迷恋上了不同以往的"新学"译著。他们如饥似渴地阅读，以流利的汉语热心推介他们似懂非懂的新学问。在康有为或梁启超的新学书目表中，我们不难发现被称作"理财学"的经济学书。这些思想领袖在"戊戌变法"运动中曾经展示身手，极大地改变了主流社会对"新学"的看法。"戊戌变法"为时不长，但新学的种子已经落地生根，古典时代要走过去了。

与康、梁同时的严复曾经留学英国研习海军，回国后长期落寞，科场屡屡失意。甲午海战中，他的朋友、学生多有殉亡者。这刺激他写出了《论救亡之亟》，随后积极参与"戊戌变法"。他直接阅读英文原著，以应试科举训练出来的典雅文笔喊出了"物竞天择，适者生存"，震动朝野。与此同时，他悄悄开始了经济学著作的筛选翻译工作，待译书单中除了约翰·穆勒的《政治经济学原理》和马歇尔的《经济学原理》，还有一部"斯密亚丹"的《原富》。这项工作直到1902—1903年才完成。相比以前的传教士工作，严译《原富》

选书更为严格,用词更为准确,文体更为优雅,理解更为透彻,评论更为得体,理所当然地获得广泛喝彩,但"骎骎与晚周诸子相上下"的渊雅文体也使读者很少能贯彻始终地读完。尽管这样,这部译作对于中国经济学史仍有着地标性的意义,它标志着来华传教士主导的经济学传播史结束,也标志着真正合格的中国经济学研究史的开端。所以,我们在选编《中国经济学经典文选》时,以《原富》开端,而没有选入传教士的译作。

严译《原富》正式出版后3年,晚清废科举、兴学堂,经济学由此得以进入主流教育体系分科传授。同时,不少年轻人在维新变法浪潮下,越海留学日本、欧美,译介出大量经济学作品。通过这些翻译,经济学术语体系大体确立下来。少数留学生也在国外完成了达到很高研究水准的作品。从此,经济学的教学、研究变得主流化、常规化和专业化了。某种意义上,现在的经济学教育研究格局是20世纪的最初10年奠定下来的。

为了便于把握《原富》以来的中国经济学历史,我们将其研究和传播区分为三个不同的阶段:第一个阶段从1902年到1949年10月中华人民共和国成立;第二个阶段从1949年10月到1978年十一届三中全会召开;第三个阶段从1978年到现在。这三个阶段的经济学研究有着不同的背景和不同的主题。

就第一个阶段而言,经济学研究的核心主题是走向社会主义。

欧洲20世纪前30、40年正是社会主义运动风起云涌的年代,从中国出去的留学青年很容易就受留学国家主流思想的影响,将各式各样的社会主义思想带到中国。在中国,无论是苏俄的布尔什维克思想还是英国的费边社会主义或工党社会主义,抑或法国的基尔特社会主义、合作社会主义、德国的社会民主主义甚至民族社会主义(纳粹),都得到了广泛的译介和响应。从这个意义上说,"只有社会主义才能救中国"的说法并非宣传,毋宁是20世纪上半叶中国历史思潮的真实写照。

事后看来,中国经济学家们在第一阶段关于国营企业优越性、统制经济必要性和经济计划优越性的大量论述已经失去了光芒,反而是以改良社会为目标进行的大量社会经济调查,显得恒久实在。其中著名的金陵大学农业经济系师生在卜凯主持下进行的一系列农家经济调查和中国土地利用调查，南开大学以何廉、方显廷为中心组织的华北工业化调查，如此等等，这些报告至今还是研究中国近现代经济的基本参考书。

第二个阶段的核心主题是苏式社会主义体制的确立和改良尝试。

中华人民共和国成立不久，在确立国营经济领导地位和稳定物价的过程中，以苏式社会主义为目标的"社会主义改造"过程就大规模展开了。毛泽东在1952年酝酿提出、1953年正式确立"过渡时期总路线"后，"社会主义改造"进程进一步加快，并在1956年建立起以全面公有制（国有制加集体所有制）为基础的集中计划经济体制。

但是，这一体制刚刚建立，从经济学家到国家领导人就很快发现这个体制的弊病，开始了"改革经济管理体制"的尝试。这种尝试在批判"右倾"思想、"资本主义复辟"、"现代修正主义"的框架下进行，主流思想从未改变斯大林式社会主义的基本架构，在这个架构下的多次放权让利、调动地方积极性的努力都以经济混乱而告终。

尽管这样，在这一时期仍有一些经济学家以极大的勇气进行着严肃的研究，并试图超越传统苏联《政治经济学》教科书的框架，对重大问题提出实事求是的意见。如顾准提出让价格自由浮动，孙冶方主张将计划和统计工作建立在价值规律基础上，等等。这些思想虽然并没有对当时的经济实践产生重大影响，但却为日后的改革开放提供了重要的思想资源。

第三阶段的核心主题是以确立社会主义市场经济体制为中心推进改革开放。

30年的苏式社会主义实践令人失望。在这种格局下，全国上下集结在改革开放的旗帜下，开始了救亡图存的新努力。经济学家在这一过程中发挥了启蒙和先导作用，在理论上全方位地突破了斯大林《政治经济学》教科书的体系框架，在实践上直接参与了中国社会主义市场经济体制基础架构的研讨设计和搭建工作。这一阶段高质量的研究成果大批涌现，有些研究成果对中国经济的走向和基础架构产生了重要的积极影响，有些成果前瞻性地提出了重要的问题和解决问题的基本思路。很难想象，如果没有经济学界的深入研讨和参与，以充分发挥市场在配置资源的基础性作用为标志的社会主义市场经济体制能够在中国基本建立起来；也很难想象，没有新的体制框架支持，中国经济能够在近 30 余年维持高速增长，迈入中等收入国家行列。

正是基于对经济学百年发展历史的上述观察，我们在选择中国经济学经典文献时，给改革开放以来的中国经济研究给以了更多的篇幅和更重的分量。我们认为这样才符合中国经济学发展的历史实际。

回顾 20 世纪的中国经济学历程，我们认为有两个基本认识格外来之不易：

一是社会主义观念的现代化。社会主义思想在中国流传贯穿了整个 20 世纪，但绝大部分时间的主流社会主义概念都与国有、国营经济为主导紧密联系。如新民主主义论明确地将国营经济定义为社会主义成分，其他经济成分要么是半社会主义，要么是资本主义，甚至是封建主义性质。但近一个世纪的中国实践表明，国有经济并不必然意味着效率或公平，过大的国有经济规模和过高的国有经济比例反而损害了社会主义共同富裕目标的实现。这不仅在经验研究中被屡次证实，而且在公众对国有垄断企业的大量批评中得到了印证。20 世纪末期，中国经济学家指出，社会主义的本质在于公平正义加共同富裕，与国有制并不存在必然联系。这种新的社会主义概念是在近百年的痛苦经验中得来的，并与世界社会主义运动浪潮的方向也是一致的。

二是市场经济观念的普及。在 20 世纪的最初 20 年，经济学附属于维新、宪政的目标之下，财政学格外发达。但随着宪政目标迟迟难以实现，革命思潮随后主导了思想舞台，强调统制、计划和社会政策的社会主义思潮迅速成为主流思想，并在中华人民共和国成立后长期实施。但是，不尽人意的经济表现和严格深入的经济学研究都表明，计划经济体制既无法充分调动国民的生产积极性，也难以利用分散在个人当中的知识。只有充分发挥市场在配置资源中的基础性作用，一个国家才可能走向繁荣昌盛。

这两个来之不易的观念都是在上世纪 90 年代确立下来的。遗憾的是，新的观念地位并不稳固。社会主义市场经济体制真的站稳脚跟了吗？现代化的社会主义观念真的深入人心了吗？市场经济是否也会出现倒退？这些疑问也是留给经济学工作者的重要任务。

新　望　范世涛
2011 年 8 月 18 日

目 录 Contents

中华人民共和国成立以前
（1949 年 10 月 1 日以前）

原富／严复 ··· 3

外债平议／梁启超 ··· 11

实业计划／孙中山 ··· 20

民生主义／孙中山 ··· 29

黑龙江流域的农民与地主／陈翰笙　王寅生 ························· 39

中国工业化之程度及其影响／何廉　方显廷 ························· 47

三民主义与人口政策／陈长蘅 ··· 56

中国资本主义在中国经济中的地位及其发展及其前途／王学文 ··· 62

为讨论"改良中式簿记"致徐永祚君书／潘序伦 ···················· 68

我国币制问题／刘大钧 ··· 75

大同书／康有为 ·· 80

中国土地利用／卜凯 ·· 86

中国经济建设之路／吴景超 ··· 102

论联合政府／毛泽东 ·· 106

中国经济原论／王亚南 ··· 113

官僚资本的类型／许涤新 ·· 123

农业与中国的工业化／张培刚 ·· 132

关于新中国的经济建设方针／刘少奇 ································· 142

中华人民共和国成立之初到改革开放以前
（1949年10月1日—1978年12月23日）

论十大关系 / 毛泽东 ····· 149
把计划和统计放在价值规律的基础上 / 孙冶方 ····· 157
社会主义改造基本完成以后的新问题 / 陈云 ····· 168
试论社会主义制度下的商品生产和价值规律 / 顾准 ····· 174
我们对于当前经济科学工作的一些意见 / 陈振汉 等 ····· 183
新人口论——在第一届全国人民代表大会第四次
　　会议上的书面发言 / 马寅初 ····· 190
关于农村公共食堂的几个问题 / 中国科学院经济研究所昌黎工作组 ····· 198
关于集市贸易等问题的一些意见 / 张闻天 ····· 204
佃农理论
　　——应用于亚洲的农业和台湾的土地改革 / 张五常 ····· 212
关于原始积累和资本主义发展的笔记 / 顾准 ····· 224
关于社队企业问题 / 薛暮桥 ····· 231
在第四次按劳分配理论研讨会开幕式上的讲话 / 于光远 ····· 239
怎样看待社会主义社会可能发生的经济危机 / 蒋学模 ····· 250

改革开放以后
（1978年12月23日以后）

关于我国社会主义所有制形式问题 / 董辅礽 ····· 261
无产阶级取得政权后的社会发展阶段问题 / 苏绍智　冯兰瑞 ····· 269
论社会主义经济中计划与市场的关系 / 刘国光　赵人伟 ····· 279
从必须改革"复制古董、冻结技术进步"的设备管理制度谈起 / 孙冶方
　　····· 291

"先进的社会主义制度与落后的社会生产力之间的矛盾"的提法是科
　　学的吗？／王小鲁 …………………………………………………… 300
试论社会主义市场经济／于祖尧 …………………………………… 310
改革经济管理体制要从扩大企业自主权入手／马洪 ……………… 320
改革取向的最初思考／林子力 ……………………………………… 328
企业本位论／蒋一苇 ………………………………………………… 332
经济科学要把生产力的研究放在首位
　　——兼评单独创立"生产力经济学"的主张／熊映梧 ………… 343
农业社会主义批判／王小强 ………………………………………… 351
对待社会主义所有制的基本态度／于光远 ………………………… 359
党和国家领导制度的改革／邓小平 ………………………………… 364
阳关道与独木桥
　　——试谈包产到户的由来、利弊、性质和前景／吴象 ………… 378
论社会主义社会所有制的多样性／刘诗白 ………………………… 389
关于改革经济管理体制的若干设想／萧灼基 ……………………… 401
家庭联产承包制是农村合作经济的新发展／杜润生 ……………… 410
现代西方经济学的研究和我国社会主义经济现代化／陈岱孙 …… 420
论我国价格体系的改革方向及其有关模型方法／周小川　楼继伟
　　………………………………………………………………………… 428
关于社会主义制度下我国商品经济的再探索／马洪 ……………… 436
中国财政信贷综合平衡和通货物价控制问题／黄达 ……………… 445
以价格改革为中心带动经济体制的改革／张维迎 ………………… 457
择优分配原理／茅于轼 ……………………………………………… 469
股份化：进一步改革的一种思路／吴稼祥　金立佐 ……………… 478
关于价格体制改革的目标模式／郭树清 …………………………… 484

中华人民共和国成立以前
（1949 年 10 月 1 日以前）

原 富

严 复

严复（1854—1921），初名体乾，改名宗光，字又陵，又改名复，字几道，福建侯官（今福州市）人。我国近代史上重要的启蒙思想家。

十四岁时考取左宗棠创办的福州船政学堂。1877年，奉派到英国留学，入格林威治（今格林尼治）海军学院学习。1879年6月回国，任福州船政学堂教习。1880年，李鸿章调他任天津北洋水师学堂总教习，以后升任会办（副校长）、总办（校长）。1906年应马相伯和复旦同学之请，担任了复旦公学的监督（校长）。

他系统地将西方的社会学、政治学、政治经济学、哲学和自然科学介绍到中国，翻译了《天演论》、《原富》、《群学肄言》、《群己权界论》、《社会通诠》、《法意》、《名学浅说》、《穆勒名学》等著作。严复的经济思想主要体现在他的译著《原富》的按语中和一些政论文中。他的学术思想在中国经济思想史上占有重要地位。

译事例言

计学，西名叶科诺密①，本希腊语。叶科此言家，诺密为聂摩之转，此言治、言计，则其义始于治家。引而申之，为凡料量经纪撙节出纳之事；扩而充之，为邦国天下生食为用之经。盖其训之所

---

① 叶科诺密 economics，严氏此处谓"economics"一语出于希腊文之 αονóμcs，叶科即"eco"，为"οʹικο"之转，译言家也；诺密即"nomics"为聂摩（νʹομοs 从 νεμειν）之转，译言管理也。故言计学之义始于治家——原编者注。

苞至众，故日本译之以经济，中国译之以理财。顾必求吻合，则经济既嫌太廓，而理财又为过狭。自我作故，乃以计学当之。虽计之为义，不止于地官之所掌，平准之所书，然考往籍，会计、计相、计偕诸语，与常俗国计、家计之称，似与希腊之聂摩较为有合，故《原富》者，计学之书也。

然则，何不径称计学，而名《原富》？曰：从斯密氏之所自名也。且其书体例，亦与后人所撰计学稍有不同。达用多于明体，一也；匡谬急于讲学，二也。其中所论，如部丙之篇二、篇三，部戊之篇五，皆旁罗之言，于计学所涉者寡，尤不得以科学家言例之。云《原富》者，所以察究财利之性情，贫富之因果，著国财所由出云尔。故《原富》者，计学之书，而非讲计学者之正法也。

谓计学创于斯密，此阿好者之言也。夫财赋不为专学，其散见于各家之著述者无论已，中国自三古以还，若《大学》，若《周官》，若《管子》、《孟子》，若《史记》之《平准书》、《货殖列传》，《汉书》之《食货志》，恒宽之《盐铁论》，降至唐之杜佑，宋之王安石，虽未立本干，循条发叶，不得谓于理财之义无所发明。至于泰西，则希腊罗马代有专家，而斯密氏所亲承之师友，若庚智仑①、若特嘉尔②、若图华尼③、若休蒙大辟、若哈哲孙④、若洛克⑤、若孟德斯鸠⑥、若麦庚斯⑦、若柏栀⑧，其言论謦咳，皆散见

---

① 庚智仑 Richard Cantillon，法之商人而兼学者，曾著有《商业论》（Essay upon the Nature of Commerce in General）一书，于1755年出版，为重农学派（physiocrats）之前驱。其本人之生卒年月不详——原编者注。
② 特嘉尔 Josiah Tucker，英之经济学家，生于1712年，卒于1799年——原编者注。
③ 图华尼 Du Verney——原编者注。
④ 哈哲孙 Francis Hutcheson，英之哲学家，生于1694年，卒于1746年——原编者注。
⑤ 洛克 John Locke，英之哲学家，生于1632年，卒于1704年——原编者注。
⑥ 孟德斯鸠 Charles Louis de Secondat de Montesquieu，法之哲学家及法学家，生于1689年，卒于1755年——原编者注。
⑦ 麦庚斯 Meggens，未详——原编者注。
⑧ 柏栀 William Petty，英之哲学家与政治家，生于1623年，卒于1687年——原编者注。

于本书。而所标重农之旨，大抵法国自然学会之所演者。凡此皆六彰著者也。独其择焉而精，语焉而详，事必有征，理无臆设。而文章之妙，喻均智顽，则自有此书而后世知食货为专科之学。此所以见推宗匠，而为新学之开山也。

计学于科学为内籀之属。内籀者，观化察变，见其会通，立为公例者也。如斯密、理嘉图①、穆勒父子②之所论著，皆属此类。然至近世如耶方斯③、马夏律④诸书，则渐入外籀⑤，为微积曲线之可推，而其理乃益密。此二百年来，计学之大进步也。故计学欲窥全豹，于斯密《原富》而外，若穆勒、倭克尔⑥、马夏律三家之作，皆宜迻译，乃有以尽此学之源流，而无后时之叹，此则不佞所有志未逮者。后生可畏，知必有赓续而成之者矣。

计学以近代为精密。乃不佞独有取于是书，而以为先事者，盖温故知新之义，一也；其中所指斥当轴之迷谬，多吾国言财政者之所同然，所谓从其后而鞭之，二也；其书于欧亚二洲始通之情势，英法诸国旧日所用之典章，多所纂引，足资考镜，三也；标一公理，

---

① 理嘉图 David Ricardo，英之大经济学家，以地租学说名于时，所著《经济学原理与租税》（Principles of Political Economy and Taxation），尤为经济学界不朽之作。生于 1772 年，卒于 1823 年——原编者注。
② 穆勒父子，即穆勒詹姆士（James Mill）与穆勒约翰司徒亚特（John Stuart Mill）父子二人，并为英国著名之哲学家与经济学家。老穆勒生于 1773 年，卒于 1836 年；小穆勒生于 1806 年，卒于 1873 年。其关于经济学之著作，前者有《经济学纳要》（Element of Political Economy）一书，后者有《经济学原理及其对于社会哲学之一二应用》（Principles of Political Economy with Some of Their Applications to Social Philosophy）一书，而尤以后者为著名——原编者注。
③ 耶方斯 William Stanley Jevons，英之论理学家与经济学家，生于 1835 年，卒于 1882 年，生平著书颇多——原编者注。
④ 马夏律 Alfred Marshall，英之经济学家，生于 1842 年，卒于 1924 年，生平著作有 Principles of Economics；Money, Credit and Commerce；Elements of Economics of Industry；Industy and Trade 诸书——原编者注。
⑤ 外籀 deduction，今译演绎，由普通原理以断定特殊事实之方法也——原编者注。
⑥ 倭克尔 Francis Amasa Walker，生于 1840 年，卒于 1897 年，为美国经济学家 Amasa Walke 之子，著有 The Science of Wealth 一书——原编者注。

则必有事实为之证喻，不若他书勃窣理窟，洁净精微，不便浅学，四也。

理在目前，而未及其时，虽贤哲有所不见。今如以金为财，二百年以往，泰西几无人不然，自斯密出，始知其物为百货之一，如博进之筹，取前民用，无可独珍。此自今日观之，若无甚高之论，难明之理者，然使吾辈生于往日，未必不随俗作见，并为一谈也。试观中国道咸间，计臣之所论议施行，与今日朝士之言通商，可以悟矣。是故一理既明之后，若揭日月而行，而当长夜漫漫，习非胜是之日，则必知几之神，旷世之识而后与之。此不独理财之一事然也。

由于以金为财，故论通商则必争进出差之正负①。既断断于进出差之正负，则商约随地皆荆棘矣，极力以求抵制之术，甚者或以兴戎，而不悟国之贫富不关在此。此亦亚东言富强者所人人皆坠之云雾，而斯密能独醒于二百年以往，此其所以为难能也。

争进出差之正负，斯保商之政②，优内抑外之术，如云而起。夫保商之力，昔有过于英国者乎？有外输之奖③，有挈还之税④，有海运之条例⑤，凡此皆为抵制设也，而卒之英不以是而加富，且延缘而失美洲。自斯密论出，乃商贾亦知此类之政，名曰保之，实则困之。虽有一时一家之获，而一国长久之利所失滋多。于是，翕然反之，而主客交利，今夫理之诚妄，不可以口舌争也，其证存乎事

---

① 进出差之正负 favorable or unfavorable balance of trade，输出超过输入，则他国金钱可以流入，是为进出差之正；输入超过输出，则本国金钱将因以流出，是为进出差之负——原编者注。
② 保商之政 protection，即今之保护政策——原编者注。
③ 外输之奖 export bounties，政府奖励输出之金——原编者注。
④ 挈还之税 drawbacks，进口货重行出口时，所退还之进口税——原编者注。
⑤ 海运之条例 The Navigation Laws，为英国保护本国航业之条例，制定于1651年，至1660年另行改订，其例更苛。大致谓凡输入商品于英国者，无论为来自亚洲、非洲或美洲，其船只必为英国所制，或为英人所有，其船长必为英人，其水手四分之三亦必为英人。但由欧洲内部之商品生产地直接输送者，不在此限。此法行至1796年始废——原编者注。

实。歌白尼①、奈端②之言天运，其说所不可复摇者，以可坐致数千万年过去未来之躔度而无杪忽之差也。斯密计学之例所以无可致疑者，亦以与之冥同则利，与之舛驰则害故耳。

保商专利诸政，既非大公至正之规，而又足沮遏国中商业之发达，是以言计者群然非之，非之诚是也。然既行之后，欲与更张，则其事又不可以不谨。盖人心浮动，而身被之者，常有不可逭之灾故也。已置母本，不可复收，一也；事已成习，不可猝改，二也。故变法之际，无论旧法之何等非计，新政之如何利民，皆其令朝颁民夕狼顾，其目前之耗失，有万万无可解免者。此变法之所以难，而维新之所以多流血也。悲夫！

言之缘物而发者，非其至也，是以知言者慎之。斯密此书，论及商贾辄有疾首蹙额之思，后人释私平意观之，每觉所言之过。然亦知斯密时之商贾，为何等商贾乎？税关③屯栈④者，公司之利也，彼以谋而沮其成，阴嗾七年之战⑤。战费既重，而印度公司⑥所待以楮柱其业者又不訾，事转相因，于是乎有北美之战，此其害于外者也。选议员则购推举，议权税则赂当轴，大坏英国之法度，此其害于内者也。此曹顾利否耳？何尝恤国家乎？又可怪斯密言之之痛也。虽然，此缘物之论也。缘物之论，所持之理恒非大公，世异情迁，则其言常过，学者守而不化，害亦从之。故缘物之论，为一时之奏札可，为一时之报章可，而以为科学所明之理必不可。科学所明者公例，公例必无时而不诚。

斯密于同时国事所最为剽击而不遗余力者，无过印度之英公司。

---

① 歌白尼 Nikolaus Copernicus，波兰之天文家，生于1473年，卒于1543年——原编者注。
② 奈端 Sir Issaac Newton，英之数学家与科学家，生于1642年，卒于1727年，以首创运动三律（Three Laws of Motion）名于世——原编者注。按，奈端今译牛顿——编者注。
③ 税关 custom house——原编者注。
④ 屯栈 warehouse——原编者注。
⑤ 七年之战 Seven Years War，为普奥之战，起1756年，迄1762年——原编者注。
⑥ 印度公司 East India Company——原编者注。

此自今日观之，若无所过人者，顾当其时，则英公司之烜赫极矣，其事为开辟以来所未曾有。以数十百处污逐利之商旅，际蒙兀①之积弱，印民之内讧，克来福②一竖子耳，不数年间，取数百万里之版图，大与中国并者，据而有之。此亚烈山大③所不能为，罗马安敦④所不能致，而成吉思汗⑤所图之而无以善后者也。其惊骇震耀各国之观听者，为何如乎？顾自斯密视之，其驴非驴马非马，上焉既不能临民以为政，下之又不足懋迁而化居。以言其政令，则鱼肉身毒之民；以言其龙断，则侵欺本国之众，徒为大盗，何裨人伦！惟其道存，故无所屈。贤哲之言论，夫岂耸于一时功利之见而为依阿也哉！呜呼！贤已。

然而，犹有以斯密氏此书为纯于功利之说⑥者，以谓如计学家言，则人道计赢虑亏，将无往而不出于喻利，驯致其效，天理将亡。此其为言厉矣。独不知科学之事主于所明之诚妄而已，其合于仁义与否，非所容心也。且其所言者计也，固将非计不言，抑非曰人道止于为计乃已足也。从而尤之，此何异读兵谋之书，而訾其伐国，睹针砭之论，而怪其伤人乎？且吾闻斯密氏少日之言矣，曰：今夫群之所以成群，未必皆善者机也。饮食男女，凡斯人之大欲，即群道之四维，缺一不行，群道乃废。礼乐之所以兴，生养之所以遂，始于耕凿，终于懋迁；出于为人者寡，出于自为者多；积私以为公，世之所以盛也。此其言，借令褒衣大袑者闻之，不尤掩耳而疾走乎？则无怪斯密他日之悔其前论，戒学者以其意之已迁，而欲毁其讲义也。

《原富》本文排本已多，此译所用，乃鄂斯福国学颁行新本，罗

---

① 蒙兀 Mogul，1526 年 Baber 在印度 Dellhi 所建之蒙古帝国。
② 克来福 Robert Clive，英将，生于 1725 年，卒于 1774 年——原编者注。
③ 亚烈山大 Alexander the Great，马其顿（Macedonia）之王，生于公元前 356 年，卒于 322 年——原编者注。
④ 安敦 Antoninus Pius，罗马大帝，生于公元 86 年，卒于 161 年——原编者注。
⑤ 成吉思汗，即元太祖，为元开国之帝——原编者注。
⑥ 功利之说 utilitarianism——原编者注。

哲斯①所斠阅者。罗亦计学家，著《英伦麦价考》②，号翔赡，多发前人所未发者。其于是书，多所注释匡订，今录其善者附译之，以为后案。不佞间亦杂取他家之说，参合己见，以相发明。温故知新，取与好学深思者，备扬榷讨论之资云尔。

是译与《天演论》③不同，下笔之顷，虽于全节文理不能不融会贯通为之，然于辞义之间无所颠倒附益。独于首部篇十一《释租》之后，原书旁论四百年以来银市腾跌，文多繁赘而无关宏旨，则概括要义译之。其他如部丁篇三首段之末，专言荷京版克④，以与今制不同，而所言多当时琐节，则删置之。又，部甲后，有斯密及罗哲斯所附一千二百二年至一千八百二十九年之伦敦麦价表，亦从删削。又，此译所附中西编年，及地名、人名、物义诸表，则张菊生比部、郑稚辛孝廉于编订之余列为数种，以便学者考订者也。

夫计学者，切而言之，则关于中国之贫富；远而论之，则系乎黄种之盛衰。故不佞每见斯密之言于时事有关合者，或于己意有所怅触，辄为案论。丁宁反复，不自觉其言之长，而辞之激也。嗟乎！物竞天择之用，未尝一息亡于人间；大地之轮廓，百昌之登成，止于有数。智佼者既多取之而丰，愚懦者自少分焉而啬。丰啬之际，盛衰系之矣！且人莫病于言非也而相以为是，行祸也而相以为福，祸福是非之际，微乎其微，明者犹或荧之，而况其下者乎！殆其及之而后知，履之而后艰，其所以失亡者，已无艺矣！此予智者罟擭陷阱之所以多也。欲违其灾，舍穷理尽性之学，其道无由。而学矣，非循西人格物科学之律令，亦无益也。自秦愚黔首，二千岁于兹矣。以天之道，舟车大通，通则虽欲自安于愚，无进于明，其势不可。数十百年以往，吾知黄人之子孙，将必有太息痛恨于其高曾祖父之

---

① 罗哲斯 James Edwin Thorold Rogers，英之经济学家，生于1823年，卒于1890年——原编者注。
② 《英伦麦价考》History of Agriculture and Prices in England，1866年出版——原编者注。
③ 《天演论》Evolution and Ethics，为 T. H. Huxley 所著——原编者注。
④ 版克 bank，即今之银行——原编者注。

所为者。呜呼！可不惧哉！

　　光绪二十七年岁次辛丑八月既望严复书于辅自然斋

　　（本文写于1901年，原载《原富》，商务印书馆，1981年版，此处节选了其中的"译事例言"）

外债平议

梁启超

梁启超（1873—1929），字卓如，号任公，别号饮冰室主人，广东新会人。中国近代史上著名的政治活动家、启蒙思想家，以及资产阶级宣传家、教育家、史学家和文学家。戊戌维新运动领袖之一。

1889年中举。1890年赴京会试不中，结识康有为。1891年就读于万木草堂，接受康有为的思想学说。1895年春再次赴京会试，协助康有为发动在京应试举人联名请愿的"公车上书"。维新运动期间，他主北京《万国公报》（后改名《中外纪闻》）和上海《时务报》笔政，又赴澳门筹办《知新报》。1898年回京参加"百日维新"，受光绪帝召见，奉命进呈所著《变法通议》，赏六品衔，负责办理京师大学堂译书局事务。政变发生，他逃亡日本。袁世凯死后，梁启超出任段祺瑞北洋政府财政总长兼盐务总署督办。1922年起在清华学校兼课。1925年应聘任清华国学研究院导师。

他一生著述宏富，有多种作品集行世，以1936年出版的《饮冰室合集》较为完备（《饮冰室合集》，共计148卷，1 000余万字）。

一　公债之作用

国家曷为而有公债乎。无论东西。其在古代。皆无公债也。有之自三数百年以来耳。古之有国者。以负债为病。周赧之台。良史垂戒。今则列强举债。动累数十巨万。安之若素也。此何故欤。盖古代国家之政务。其范围本甚狭。一切多听民之自为计。国家不过问也。今世欲举其国以竞于外。势固不能纯恃在宥以为治。故政务日挚。而政费随而日博。且同一政务也。而所以举之者。今兹所需。什伯于古。古者天子六军。赋之邱甸而足。今则罄万室之入。不能以练一镇也。古者司空以时平治道路。使所在供徭役而已。今则散九年之蓄。不能以成一铁道也。此锐增之费。在势既非仅恃常岁正供所能给。而古之理财者。岁恒有所别储以备非常。国家有大兴作。则出所储以应之。今之理财者。则以出入适相覆为期。而谓聚财于府。库有乖泉流布布之义足以梏民生也。又以虽事别储。所储究只涓滴。以资大兴作。等无济也。故毋宁勿储焉。而临事乃图举债。此公债之所由兴也。夫国为万众所托。而其受命与天无极。自非乱亡。则逋责之忧。末由而起。是故信用博而称贷易也。而可以毋尽民力而能举大政。不责方今之民以所不能堪。而弛负担之一部分以遗其子孙。则事弗废而民弗病。两得之道也。公债所以为财政一大妙用。皆此之由。

　　公债之用。匪独在财政也。抑国民生计之滋长。实有待之夫民之生事愈进。则其货财之交易也愈繁欲为利用厚生之谋。则以使之流通敏速为第一义。见钱之数。不必增其旧也。① 而一日中流通之度数。能倍于昔。则母财不啻增一倍之用。欲致此效。其枢机在银行固也。而公债亦与有力焉。民之持有见钱者。贷诸国家而取其息。则此见钱为母财而能殖子者一矣。国家获此见钱。还以兴业。则其为母财而能殖子者二矣。民以见钱易得债券。脱有不时之需。还可质债券以得见钱。券息未亏。而见钱复资以治产。则其为母财而能殖子者三矣。如是展转相引。可以以一见钱而并时为百数十人所利用。则岂特管子所谓再其本三其本而已哉。② 盖公债之为物。今之学者。名之曰有价证券。有价证券之种类虽非一。而用之博毋过公债。苟一国而无公债。则其国民生计之象。将凝滞而不敏。局促而不舒。故今世各国之不讳举债。匪直以便计臣抑亦以前民用也。

---

① 见钱二字。见陆宣公奏议。今称现钱或称现银。现乃后起俗字。
② 见管子国蓄篇。本谓资本也。

二　公债之用途

　　然则国家不择时不择事而举债可乎。曰。是大不可。举债必偿。天下之通义也。匪直偿本也而于未偿之前且岁赋以息。不逆计他日所以为偿者安出。则债不能举也。不逆计未偿以前岁赋之息安出。则债不能举也。齐民之质剂乞贷恒兢兢于是。国家何独不然且以政费所需。不径酾之于民而易之以债者。果何为也哉。弛今日之负担以移诸将来耳。弛吾侪之负担以遗诸子孙耳。何也。债之本息。今日不偿。将来不得不偿。吾侪不偿。吾子孙不得不偿也。事仅为今日之利者。义不容以治事之费责诸将来。仅为吾毕生之利者。义不容以其费诿诸吾子孙。于是。言理财者得一公例焉。曰。国之恒费。以举债为。厉禁。惟特费为得举之。恒费者何。司农簿籍。既有一定来岁不能杀于今岁者是也。特费者。何惟今岁或今后数岁特用之。过此以往。则当停废者是也。夫今世政费之岁增。万国同揆。所增者非独特费也。即恒费亦有然。而善理财者。则谓当国家恒费之不给也。无论若何竭蹶。惟当取盈于租税。若增税为民力所不堪。则节费以应之已耳。而断不容妄举债以图弥缝。所以者何。盖恒费之性质。非能用之以有所殖也。常一往而不复。则他日所以偿本赋息者将安出。此其与举债之旨不相容者一也。既曰恒费。则岁岁惟均。今岁举债。以赡今岁之乏。来岁又将若何。况今岁举债。来岁应赋其息。是愈以益来岁之乏也。展转相引。则数岁以后。将举所入之半以赋息。犹惧不暨。何以为国。此其与举债之旨不相容者二也。且以恒费所举之政务。凡以为现在之国民捍患兴利也。而嫁其负担于将来之国民。岂得曰恕。此其与举债之旨不相容者三也。是故恒费不能举债。实为言公债者之一大坊。苟逾此坊。则财政之基未有不坏者也。①

　　而又非谓特费之必当仰给于债也。一岁正供所入。恒以其一大部分支恒费。以其一小部分支特费。著诸预算案中。而复有所谓预备金者。以资不虞。则特费之小者。其有所出矣。然则特费之当仰

---

① 比年直隶湖北安徽之公债及最近湖南拟办之公债皆逾此大坊者也。

给于债者维何。曰。其事系国家永世之利害。而其费非一二年间之民力所能任者是已。举其大别。可得八焉。

（一）殖利之业。造端宏大。需费至博者。如布筑铁路浚渫运河修治海塘等。

（二）整饬财政。别造机轴。借丰帑入者。如料地均赋肇制簿籍等。①

（三）改革行政。广设新职。以康庶务者。

（四）增修军备。设险储力。以巩国防者。如增置船械增筑垒港等。

（五）应敌交战。调兵转饷。急于星火者。

（六）丧乱灾变。亟事振救。且谋善后者。

（七）激劝民业。特给补助。奖其外竞者。如补助航海奖励特种农工业等。

（八）奖励蓄藏。保聚游资。以养国力者。如邮政贮金换取公债及年金公债等。

八者有一于此。则可以举债。此其理可得而说也。殖利之业。如铁路运河等。工既竣则缘此业而得莫大之岁入。足偿本息而有余。此如懋迁者贷母财以求赢。其不为病明也。而此铁路运河。阅百数十年而犹资利用。吾子孙长食其赐。则分任其负担之一部。亦义之宜。整饬财政机轴。如料地正籍等。劳费虽大。然国帑可缘而骤增。后此恒费赖之。②惮劳费而不举。则帑无自加充。苟政务范围日恢。恐财政之基遂坏。而此等大举。决非常岁正供所克任。非赖称债。实行难期也。改革行政。例如我国今日行政机关。较诸并世诸文明国。所阙滋多。义当补置。而所费不訾。此其事虽非径能殖利。而常间接以长国力。如警察备则民各安其居而业日以昌。教育普则民能善其事而业日以进。不备不普者反是。夫以改革行政之故而民富增。此人民将来之利也。民富增斯税源裕。此国库将来之利也。故以公债举之宜也。以上三者。办理既著成效。则国之岁入必加。不

---

① 日本所谓调制土地台账。
② 吾尝计吾国若行各国土地台账之法调查。一次最少须费三万万金。然以后每年田赋所入增于今者。亦当得二万万金年以为常。

患偿本赋息之无出。仰给公债。无忧增累。此易见矣。若夫修军备之费与战时之费。其性质皆一掷而不可复。前三者譬犹出资播种可计日以期收获也。此二者譬犹投资塞河。一沈没而不再见也。然则经一次举偿之后。徒以重将来之负担。或累数世而不能卸。其非福明矣。然有时不可得避者。国苟不竞。日以侵削。则民将憔悴雕瘵以死。更何力以供租税。故以战自卫。有国所不能免也。而戎兵非诘于平时。则未战而先立于必败。故曰讨军实。毋使弱于其邻。又所谓武之善经也。是故此等政务。虽非能积极的浚发财源。实能消极的保护财源。而保护之效。不仅在今日而兼在将来。不仅在吾身而兼及吾子孙。故举债而使后之人共分其负担。不得云非义也。若乃天地不虞之灾变。为人力之所不能御。非振救而图善后。则见毁之富源。将不可复。此其利害。又现在与将来共之者也。故举债为宜。又如国家经丧乱之后。或以旧政府失政之故。致帑藏空虚。民力雕残。今仅恃租税。势固不足以举百废。则为道亦不得不出于举债。此盖前事不臧。承其乏者无可如何而所以待之者。则亦与骤蒙灾变同例也。若夫以奖励特种产业之故。给以补助。在政府之意。原非有所私于一人。徒以此业克兴。则举国之民。将受其赐。[①] 而利既在于方来。则举债亦所宜尔。又节俭蓄藏。殖富之本。而非有以奖之。则民性恒易流于侈耗。奖之之术奈何。宜使欲蓄藏者得至便之机关。复措其所蓄藏于至安之地。故各国咸有所谓年金公债者。取便薄有资产而倦于营业之人。复有所谓邮局贮金。使妇孺咸得节日用之费以储为母财。所积渐多。则换给债券。凡此皆非有公债不能神其用者也。八者有一于此。则为国家可以举债之时。非此而举债。则君子所不许也。要而论之。国家之举债以施政也。其所施之政以能殖利于将来者为归。而所殖之利。有直接者。[②] 有间接者。[③]

---

① 如各国奖励航海。奖励造船。日本在台湾奖励制糖种茶。俄国奖励远洋渔业之类。
② 如办铁路等。
③ 如改革行政等。

有积极者。① 有消极者。② 以此为公债政策之标准。其亦可以无大过矣。

虽然公债政策之标准。不能以此抽象的理论而遂足也。更当征诸事实焉。例如以增修军备巩固国防故而举债。宜也。然使其国为不必广设军备之国。而贸然扩张溢乎其度。则所举者为浪费矣。以改革行政借康庶务故而举债。宜也。然使其改革有名无实。徒养养冗员。则所举者为浪费矣。以殖产兴业补助激劝故而举债。宜也。然使举办诸业。悉无实际。无所得利。或任事人绝无学识经验以致失败。则所举者为浪费矣。其他诸政。悉以是推。要之。所谓殖利于将来者。尤必以将来所收效果确有把握为归。盖支应国费。恒当以。"生计主义"为衡。生计主义者何。谓以最小之劳费。得最大之效果也。是故有劳费无效果者则为浪费。不须劳费而可以得同一之效果者则为浪费。以大劳费求小效果者则为浪费。此其费无论用租税以支应。用公债以支应。而此原则固莫能易也。是故恒费不能举债。既为言公债者之一大坊。特费之悖于生计主义者不能举债。又为言公债者之一大坊。谨此二坊。然后举债之涂术。乃可得而议也。

（附言）以上两段。本在本题范围以外。徒以吾国人于财政上常识多未具备。并此至浅近之原则而犹不解者甚多。故不惮词费。述之以为立论之基础。

三　外债之性质及其功用

欧美诸文明国。无所谓外债也。以普通之条件。听本国人与外国人自由应募而已。故有在本国市场所募。而其券强半入外国人之手者。亦有在外国市场所募。而其券强半入本国人之手者。故生计学者称之曰国际流通之有价证券。既频繁流通于国际间。则内外之别。固不得而立矣。若强分析之。则在本国市场募集者。可名曰内债。在外国市场募集者。可名曰外债。以本国货币积算者。可名曰

---

① 前所举直接间接两途皆属之。
② 如战争救灾等。

内债。以他国货币积算者。可名曰外债。其在欧美诸先进国"生计无国界"之一恒言。既现于实。此种差别。不足以为轻重也。生计现象愈幼稚之国。则此差别愈著。而其相缘而生之利病亦愈大。故有虽以普通条件向外国市场募集。而其债券常在外国人之手。罕流通于本国者。如俄罗斯及三十年前之美国是也。有向外国市场募集。不能用普通条件。而须以确实税源为质者如日本土耳其波斯南美洲诸小国及吾中国是也。若是者。则外债之性质功用。厘然有以示别于内债。而利病乃可得而论矣。

　　国家之支应特费。不悉取盈于租税而常仰给于公债。此其故何哉。诚以人民负担租税之力。盖有定限。苟逾其限则举鼎绝膑。势所不免。苟取民每岁力作之所赢余者。尽以充租税。甚或诛求之于其所赢之外。则民将无所复留以为资本。而来岁之税源。将自兹涸。害且中于国家。故毋宁易以公债。公债者。民以财贷诸国库而取其息者也。其性质与购买各公司之股票无异。持母殖子。非如租税之一往而不复也。而租税之完纳。由于强征。公债之应募。趋舍自择。民苟非囊有余蓄而欲持之以有。所殖者。则决无从自进而为债主而民之囊有余蓄者。非必皆能自行企业。苟国家不为之别辟一安全殖利之途。则易习于挥霍。而坐耗全国母财之一部分。而公债者。则最足以已此弊者也。由此言之。国家举债之本意。一则以减杀租税之负担。保护税源而勿使涸。一则以吸集游资。使能为全社会殖将来之利。而不致徒费。公债妙用。实在于是。此以言乎内债也。然明乎此义。而外债之功用。亦从可推矣。

　　夫必人民于负担租税之外，犹有余蓄。然后力足以应募债。则民力不赡之国。欲举内债。为事至难。盖可睹矣。顾又非谓在此等国中。则其内债为绝对的不能举也。盖民力无论若何不赡。一国之大。要必有素封之家。但使国之信用。能孚于民。岂必举焉而一无应者。虽然。在此等国中。其息率恒必甚昂。公债苟非给以相当之息。谁则趋之。夫在外国市场以三四厘之息率而能举债者。在本国市场以七八厘之息率而始克举。等是负债也。舍外取内。则国库坐耗倍蓰之息。而财政直接受其病。此倍蓰之息。仍不得不取之于租税。则国民生计间接受其病矣。匪直此也。民之有余蓄者。非可悉搜括之以投诸公债也。公债虽将以为全国殖将来之利。① 顾一国所宜殖者。不徒在社会公共之利。而兼在个人别分之利。个人殖利之法。贷财以取息。虽安获而所殖常微。投资以企业。虽冒险而所殖常钜一国富力之增。恒恃乎冒险企业者之众。② 故善谋国者。不徒量其民负担租税之力所能逮然后制赋也。尤必量民应募公债之力所能逮然后举债。所谓应募公债之力所能逮者何也。民从事职业。一岁所入。约可分为三级。其第一级则所以供其一身及其家族日用饮食之需。苟缺焉则无以全其生者也。此级也。虽租税不许朘削及之。若及之。则是国家以政杀人也。其第二级。则用作资本以维持其固有之职业。且谋扩充之者也。租税之一小部分于兹取焉。其第三级。则除前两级所需之外犹有赢余。而此赢余者。或以企办新事业。或贷于人以取息。或竟挥霍之以纵娱乐。惟其所择者也。租税之一大部分。于兹爰取。而应募公债之能力则又全属此级者也。夫使国家悬重息以举债。其息乃逾于寻常企业之所获。则民之应募者。固不患无人③充其量能使民举此第三级之全部以投诸公债。甚且更投其第二级之一部。夫投第三级之全部。则新事业无复企办者矣。投第二级之一部。则旧事业且有不能维持扩充者矣。国家之募债也。将取彼第三级中贷入取息之一部分与挥霍纵乐之一部分。暂移诸国家之手。以为全社会殖利云耳。一国内债之额。当以此为界限。苟逾此界。则国与民交受其病。而在民力不赡之国。此界限之达其极也至易。既达其极。而犹以事故。不得不出于举债。则非求之于外焉不可也。由此言之。则国家当必须募债之时。时或舍内债而取外债者。（第一）使国库免受重息之累。直接以为财政上之利益。间接以轻国民负担。（第二）不以内债夺个人企业之资本。而消极的以保护税源。勿使渐涸。（第三）以外资润泽本国之金融市场。奖励企业。而积极

---

① 若不能殖利之事业。而募公债则大悖财政原则。其流弊无穷更不待言。
② 法国人不喜企业。其民惟好出所蓄以购债券。故各国募债者恒往巴黎。而法之工商日退其富。渐不足恃矣。英人则最喜企业常冒险。为之故。兴且未艾也。
③ 此就财政基础稳固国家信用深厚之国言之耳。我国今日虽岁息半。其本亦无应者。此不俟论也。

的以发育税源使之日进者也。各国政治家之举外债。其动机盖未有不在是者。

（本文写于1910年，原载《饮冰室文集》第22卷，中国台湾中华书局1983年版，此处节选自其中的第一、二、三部分）

实业计划

孙中山

孙中山（1866—1925），字德明，号逸仙，原名孙文。旅居日本时曾化名中山樵，"中山"因而得名。广东香山县（今中山市）人。近代中国的民主革命家、政治家、理论家。首举彻底反封建的旗帜。

1905年同盟会成立，他提出民族、民权、民生的三民主义。1912年宣誓成为中华民国临时大总统。1913年发动二次革命。1915年发动"护国运动"。1916年发动"护法运动"，被选举为中华民国陆海军大元帅。1918年改组中华革命党为中国国民党。1921年就任非常大总统。

三民主义中的民生主义是为救国提供经济支持。1919年他所撰写的《实业计划》旨在以工业化为中心实现全国的经济振兴。他还提出将交通放在优先发展的地位。1894年在《上李鸿章书》中他就提到铁路对于货物贸易的重要性。他把"振兴中华，经济腾飞，学习西方，后来居上"作为中国经济现代化的宏伟目标。在他的鼎力支持下，民国初期民族工商业有了进一步的发展。

他的主要著作有《建国方略》、《建国大纲》、《三民主义》等。其著述在其逝世后多次被结集出版，有中华书局1986年出版的十一卷本《孙中山全集》、中国台湾出版的《国父全集》等。

第一计划

中国实业之开发，应分两路进行：一、个人企业，二、国家经营是也。凡夫事物之可以委诸个人，或其较国家经营为适宜者，应任个人为之，由国家奖励，而以法律保护之。今欲利便个人企业之发达于中国，则从来所行之自杀的税制，应即废止，紊乱之货币，立需改良，而各种官吏的障碍，必当排去，尤须辅之以利便交通。至其不能委诸个人及有独占性质者，应由国家经营之。今兹所论，后者之事属焉。此类国家经营之事业，必待外资之吸集，外人之熟练而有组织才具者之雇佣，宏大计划之建设，然后能举。以其财产属之国有，而为全国人民利益计，以经理之。关于事业之建设运用，其在母财子利尚未完付期前，应由中华民国国家所雇专门练达之外人，任经营监督之责；而其条件，必以教授训练中国之佐役，俾能将来继承其乏，为受雇于中国之外人必尽义务之一。及乎本利清偿而后，中华民国政府对于所雇外人，当可随意用舍矣。于详议国家经营事业开发计划之先，有四原则必当注意。

（一）必选最有利之途，以吸外资。

（二）必应国民之最需要。

（三）必期抵抗之至少。

（四）必择地位之适宜。

今据上列之原则，举其计划如下：

（一）筑北方大港于直隶湾。

（二）建铁路系统，起北方大港，迄中国西北极端。

（三）殖民蒙古、新疆。

（四）开浚运河，以联络中国北部中部通渠，及北方大港。

（五）开发山西煤铁矿源，设立制铁、炼钢工厂。

上列五部，为一计划，盖彼此互相关联，举其一有以利其余也。北方大港之筑，用为国际发展实业计划之策源地。中国与世界交通运输之关键，亦系夫此。此为中枢，其余四事旁属焉。

第一部　北方大港

兹拟建筑不封冻之深水大港于直隶湾中。中国该部必需此港，国人宿昔感之，无时或忘。向者屡经设计浚渫大沽口沙，又议筑港于岐河口。秦皇岛港已见小规模的实行，而葫芦岛港亦经筹商与筑。今予所策，皆在上举诸地以外。盖前两者距深水线过远而淡水过近，隆冬即行结冰，不堪作深水不冻商港用；后两者与户口集中地辽隔，用为商港，不能见利。兹所计划之港，为大沽口、秦皇岛两地之中途，青河、滦河两口之间，沿大沽口、秦皇岛间海岸岬角上。该地为直隶湾中最近深水之一点，若将青河、滦河两淡水远引他去，免就近结冰，使为深水不冻大港，绝非至难之事。此处与天津相去，方诸天津秦皇岛间，少差七八十米。且此港能藉运河以与北部、中部内地水路相连，而秦皇、葫芦两岛则否。以商港论，现时直隶湾中唯一不冻之港，惟有秦岛耳。而此港则远胜秦皇、葫芦两岛矣。

由营业上观察，此港筑成，立可获利，以地居中国最大产盐区域之中央故也。在此地所产至廉价之盐，只以日曝法产出；倘能加以近代制盐新法，且可利用附近廉值之煤，则其产额必将大增，而产费必将大减，如此中华全国所用之盐价可更廉。今以本计划遂行之始，仅能成中等商港计之，只此一项实业，已足支持此港而有余。此外直接附近地域，尚有中国现时已开最大之煤矿（开滦矿务公司），计其产额，年约四百万吨。该公司现用自有之港（秦皇岛），藉为输出之路。顾吾人所计划之港，距其矿场较近，倘能以运河与矿区相联，则其运费，方诸陆运至秦皇岛者，廉省多矣。不特此也，兹港将来必畅销开滦产煤，则该公司势必仰资此港，为其运输出口之所。今天津一处在北方为最大商业之中枢，既无深水海港可言，每岁冬期，封冻数月，亦必全赖此港以为世界贸易之通路。此虽局部需要，然仅以此计，已足为此港之利矣。

顾吾人之理想，将欲于有限时期中，发达此港，使与纽约等大。试观此港所襟带控负之地，即足证明吾人之理想能否实现矣。此地西南为直隶、山西两省，与夫黄河流域，人口之众，约一万万。西北为热河特别区域及蒙古游牧之原，土旷人稀，急待开发。夫以直隶生齿之繁，山西矿源之富，必赖此港为其唯一输出之途。倘将来多伦诺尔、库伦间铁路完成，以与西伯利亚铁路联络，则中央西伯利亚一带，皆视此为最近之海港。由是言之，其供给分配区域，当较纽约为大，穷其究竟，必成将来欧亚路线之确实终点，而两大陆于以连为一气。今予所计划之地，现时毫无价值可言，假令于此选地二三百方米，置诸国有，以为建筑将来都市之用，而四十年后，发达程度，即令不如纽约，仅等于美国费府，吾敢信地值所涨，已足偿所投建筑资金矣。

中国该部地方，必需如是海港，自不待论，盖直隶、山西、山东西部、河南北部、奉天之一半、陕甘两省之泰半，约一万万之人口，皆未尝有此种海港；蒙古、新疆，与夫煤铁至富之山西，亦将全恃直隶海岸，为其出海通衢；若乎沿海、沿江各地稠聚人民，必需移实蒙古、天山一带，从事垦殖者，此港实为最近门户，且以由此行旅为最廉矣。

兹港所在，距深水至近，去大河至远，而无河流滞淤，填积港口，有如黄河口、扬子江口时需浚渫之患，自然之障碍，于焉可免。又为干燥平原，居民极鲜，人为障碍，丝毫不存，建筑工事，尽堪如我所欲。至于海港、都市两者之工程预算，当有待于专门技士之测勘，而后详细计划可定。

第二部　西北铁路系统

吾人所计划之铁路，由北方大港起，经滦河谷地，以达多伦诺尔，凡三百米。经始之初，即筑双轨，以海港为出发点，以多伦诺尔为门户，以吸收广漠平原之物产，而由多伦诺尔进展于西北。第一线，向北偏东北走，与兴安岭山脉平行经海拉尔，以赴漠河。漠河者，产金区域，而黑龙江右岸地也。计其延长，约八百米。第二线，向北偏西北走，经克鲁伦，以达中俄边境，以与赤塔城附近之西伯利亚铁路相接，长约六百米。第三线，以一干线向西北，转正西，又转西南，沿沙漠北境，以至国境西端之迪化城，长约一千六百米，地皆平坦，无崇山峻岭。第四线，由迪化迤西以达伊犁，约四百米。第五线，由迪化东南，超出天山山峡，以入戈壁边境，转而西南走，经天山以南沼地与戈壁沙漠北偏之间一带腴沃之地，以至喀什噶尔；由是更转而东南走，经帕米尔高原以东，昆仑以北，与沙漠南边之间一带沃土以至于阗，即克里雅河岸，延长约一千二百米，地亦平坦。第六线，于多伦诺尔、迪化间干线，开一支线，由甲接合点出发，经库伦，以至恰克图，约长三百五十米。第七线，由干线乙接合点出发，经乌里雅苏台，倾北偏西北走，以至边境，约六百米。第八线，由干线丙接合点出发，西北走，达边境，约四百米。

兹所计划之铁路，证以"抵抗至少"之原则，实为最与理想相符合者。盖以七千余米之路线为吾人计划所定者,皆在坦途。例如多伦诺尔至喀什噶尔之间,且由斯更进之路线,延袤三千余米,所经均肥沃之平野,并无高山大河自然之梗阻横贯其中也。

以"地位适宜"之原则言之,则此种铁路,实居支配世界的重要位置。盖将为欧亚铁路统系之主干,而中、欧两陆人口之中心,因以联结。由太平洋岸前往欧洲者,以经此路线为最近;而由伊犁发出之支线,将与未来之印度,欧洲线路(即行经伯达,以通达马斯加斯及海楼府者)联络,成一连锁。将来由吾人所计划之港,可以直达好望角城。综观现在铁路,于世界位置上,无较此重要者矣。

以"国民需要"之原则言之,此为第一需要之铁路。盖所经地方,较诸本部十八行省,尤为广阔。现以交通运输机关缺乏之故,丰富地域,委为荒壤,而沿海沿江烟户稠密省份,麋聚之贫民无所操作,其弃自然之惠泽,而耗人力于无为者,果何如乎?倘有铁路与此等地方相通,则稠密省区无业之游民,可资以开发此等富足之地;此不仅有利于中国,且有以利世界商业于无穷也。故中国西北部之铁路统系,由政治上经济上言之,皆于中国今日为必要而刻不容缓者也。

吾人所以置"必选有利之途"之第一原则而未涉及者,非遗弃之也,盖将详为论列,使读者三致意焉耳。今夫铁路之设,间于人口繁盛之区者其利大,间于民居疏散之地者其利微,此为普通资本家、铁路家所恒信;今以线路横亘于荒僻无人之境,如吾人所计划者,必将久延岁月,而后有利可图。北美合众国政府,于五十年前,所以给与无垠之土地于铁路公司,诱其建筑横跨大陆干路,以达太平洋岸者,职是之故。余每与外国铁路家、资本家言与筑蒙古、新疆铁路,彼辈恒有不愿,彼将以为兹路之设,所过皆人迹稀罕,只基于政治上军事上理由,有如西伯利亚铁路之例,而不知铁路之所布置,由人口至多以达人口至少之地者,其利较两端皆人口至多之地为大。兹之事实,盖为彼辈所未曾闻,请详言其理。夫铁路两端人口至多之所,彼此经济情况,大相仿佛;不如一方人口至多,他方人口至少者,彼此相差之远。在两端皆人口至多者,舍特种物产此方仰赖彼方之供给而外,两处居民,大都生活于自足经济情况之中,而彼此之需要供给不大,贸迁交易,不能得巨利。至于一方人口多而他方人口少者，彼此经济情况，大相径庭。新开土地从事劳动之人民，除富有粮食及原料品，以待人口多处之所需求而外，一切货物，皆赖他方之繁盛区域供给，以故两方贸易必臻鼎盛。不特此也，筑于两端皆人口至多之铁路，对于人民之多数，无大影响，所受益者，惟少数富户及商人而已；其在一方人口多而他方人口少者，每筑铁路一米开始输运，人口多处之众，必随之而合群移住于新地，是则此路建筑之始，将充其量以载行客，京奉、京汉两路比较，其明证也。

京汉路线之延长，八百有余米，由北京直达中国商业聚中之腹地，铁路两端之所包括，皆户集人稠之所；京奉路线，长仅六百米耳，然由人口多处之京、津，开赴人口少处之满洲。前者虽有收益，则不若后者所得之大。比较短之京奉线，方诸较长之京汉线，每年纯利所赢，其超过之数，有至三四百万者矣。

故自理则上言之，从利益之点观察，人口众多之处之铁路，远胜于人口稀少者之铁路，然由人口众多之处，筑至人口稀少之处之铁路，其利尤大。此为铁路经济上之原则，而铁路家、资本家所未尝发明者也。

据此铁路经济上之新原则，而断吾人所计划之铁路，斯为有利中之最有利者。盖一方联接吾人所计划之港，以通吾国沿海沿江户口至多省份；又以现存之京汉、津浦两路，为此港暨多伦诺尔路线之给养，他方联接大逾中国本部之饶富未开之地，世界他处，欲求似此广漠腴沃之地，而邻近于四万万人口之中心者，真不可得矣。

第三部　蒙古新疆之殖民

殖民蒙古、新疆，实为铁路计划之补助，盖彼此互相依倚，以为发达者也。顾殖民政策，除有益于铁路以外，其本身又为最有利之事业。例如北美合众国、加拿大、澳洲及阿尔然丁等国所行之结果，其成绩至为昭彰。至若吾人之所计划，不过取中国废弃之人力，与夫外国之机械，施于沃壤，以图利益昭著之生产。即以满洲现时殖民言之，虽于杂乱无章之中，虚耗人工地力，不知凡几，然且奇盛；假能以科学上方法行吾人之殖民政策，则其收效，将无伦比。

以此之故，予议于国家机关之下，佐以外国练达之士，及有军事上组织才者，用系统的方法，指导其事，以特惠移民，而普利全国。

土地应由国家买收，以防专占投机之家置土地于无用，而遗毒害于社会。国家所得土地，应均为农庄，长期贷诸移民，而经始之资本、种子、器具、屋宇，应由国家供给，依实在所费本钱，现款取偿，或分年摊还。而兴办此事，必当组织数大机关，行战时工场制度，以为移民运输居处衣食之备；第一年，不取现值，以信用贷借法行之。

一区之移民，为数已足时，应授以自治特权。每一移民，应施以训练，俾能以民主政治的精神，经营其个人局部之事业。

假定十年之内，移民之数，为一千万，由人满之省，徙于西北，垦发自然之富源，其普遍于商业世界之利，当极浩大。靡论所投资本，庞大若何，计必能于短时期中，子偿其母。故以有利之原则论，别无疑问也。

以国民需要之原则衡之，则移民实为今日急需中之至大者。夫中国现时应裁之兵，数过百万，生齿之众，需地以养，殖民政策于斯两者，固最善之解决方法也。兵之裁也，必须给以数月恩饷，综计解散经费，必达一万万元之巨。此等散兵无以安之，非流为饿莩，则化为盗贼，穷其结果，宁可忍言。此弊不可不防，尤不可使防之无效，移民实荒，此其至善者矣。予深望友好之外国资本家，以中国福利为怀者，对于将来中国政府请求贷款，以资建设，必将坚持此旨，使所借款项，第一先用于裁兵之途；其不然者，则所供金钱，反以致祸于中国矣。对于被裁百余万之兵，只以北方大港与多伦诺尔间辽阔之地区，已足以安置之。此地矿源富而户口少，倘有铁路由该港出发，以达多伦诺尔，则此等散兵可供利用，以为筑港、建路及开发长城以外沿线地方之先驱者，而多伦诺尔将为发展极北殖民政策之基矣。

第四部　开浚运河以联络中国北部中部通渠及北方大港

此计划包含整理黄河及其支流、陕西之渭河、山西之汾河暨相连诸运河。黄河出口，应事浚渫，以畅其流，俾能驱于积以出洋海。以此目的故，当筑长堤，远出深海，如美国密西悉比河口然；堤之两岸，须成平行钱，以保河辐之划一，而均河流之速度，且防积淤于河底；加以堰闸之功用，此河可供航运，以达甘肃之兰州。同时水力工业，亦可发展。渭河、汾河亦可以同一方法处理之，使于山、陕两省中，为可航之河道。诚能如是，则甘肃与山、陕两省，当能循水道与所计划直隶湾中之商港联络，而前此偏僻三省之矿材物产，均得廉价之运输矣。修理黄河费用，或极浩大，以获利计，亦难动人。顾防止水灾，斯为全国至重大之一事。黄河之水，实中国数千年愁苦之所寄，水决堤溃，数百万生灵，数十万万财货，为之破弃净尽，旷古以来，中国政治家，靡不引为深患者，以故一劳永逸之策，不可不立，用费虽巨，亦何所惜，此全国人民应有之担负也。浚渫河口，整理堤防，建筑石坝，仅防灾工事之半而已；他半工事，则植林于全河流域倾斜之地，以防河流之漂卸土壤是也。

千百年来，为中国南北交通枢纽之古大运河，其一部分，现在改筑中者，应由首至尾全体整理，使北方、长江间之内地航运，得以复通。此河之改筑整理，实为大利所在，盖由天津至杭州，运河所经，皆富庶之区也。

另应筑一新运河，由吾人所计划之港，直至天津。以为内地诸河及新港之连锁。此河必深而且广，约与白河相类，俾供国内沿岸及浅水航船之用，如今日冬期以外之所利赖于白河者也。河之两岸，应备地以建工厂，则生利者不止运输一事，而土地价格之所得，亦其一端也。

至于建筑之计划预算，斯则专门家之责，兹付阙如。

第五部　开发直隶、山西煤铁矿源
设立制铁炼钢工厂

本计划所举诸业，如筑北方大港，建铁路统系，由北方大港以达中国西北极端，殖民蒙古、新疆，与夫开浚运河，改良水道，以联络北方大港，之四者所需物料，当极浩大。夫煤铁矿源，在各实业国中，累岁锐减，而各国亟思所以保存天惠，以遗子孙。如使为开发中国，故凡夫物料所需，取给各国，则将竭彼自为之富源，贻彼后代患。且以欧洲战后，各国再造所费，于实业界能供给之煤铁，行将吸收以尽。故开发新富源，以应中国之特别需求者，势则然也。

直隶、山西无尽藏之煤铁，应以大规模采取之，今假以五万万或十万万元资本，投诸此事业。当中国一般的开发计划进行之始，钢铁销场立即扩大，殊非现时实业界所能供给，试思铁路、都市、商港等之建筑，兴夫各种机械器具之应用，所需果当何若。质而言之，则中国开发，即所以启各种物品之新需要，而同时不得不就附近原料，谋相当之供给。故制铁、炼钢工厂者，实国家之急需，亦厚利之实业也。

此第一计划，皆依据前此所述之四原则而成，果如世论所云："一需要即以发生更新之需要，一利益即以增进较多之利益"，则此第一计划，可视为其他更大发展中国计划之先导，后当继续论之。

（本文最初发表于1919年，原载于《实业计划》，人民出版社1956年版，此处节选自其中的"第一计划"）

民生主义

孙中山

孙中山简介如前第 20 页。

第一讲

诸君：今天来讲民生主义。什么叫做民生主义呢？民生两个字是中国向来用惯了的一个名词。我们常说甚么"国计民生"，不过我们所用的这句话，恐怕多是信口而出，不求甚解，未见得含有多少意义的。但是今日科学大明，在科学范围之内，拿这个名词来用于社会经济上，就觉得是意义无穷了。我今天就拿这个名词来下个定义，可以说：民生就是人民的生活，社会的生存，国民的生计，群众的生命。我现在就是用民生这两个字，来讲外国近百十年来所发生的一个最大问题。这个问题就是社会问题。故民生主义就是社会主义，又名共产主义，即是大同主义。欲明白这个主义，断非几句定义的话，可以讲得清楚的，必须把民生主义的演讲从头听到尾，才可以彻底明白了解。

我今天为什么不学外国直接来讲社会主义，要拿民生这个中国古名词来替代社会主义呢？这是很有道理、我们应该要研究的。因为机器发明以后，经过了实业革命，成为社会问题，便发生社会主义。所以社会主义之发生，已经有了几十年。但是这几十年中，欧美各国对于社会主义，还没有找出一个解决方法，现在还是在剧烈战争之中。这种学说和思想现在流入中国来了，中国一般新学者也是拿他来研究。社会主义之中，又有叫做共产主义的。因为社会主义，现在中国很流行，所以共产主义之名，现在中国也是很流行。

中国学者拿社会主义和共产主义来研究，想寻出一个解决方法，也是很艰难的。因为外国发明这种学理，已经有几十年，到现在还不能够解决，此时传入中国，我们就想要解决，当然是不容易的。我们要研究这个问题，便要先把他的原委、性质和定义来研究清楚。共产主义和社会主义两个名词，现在外国是一样并称的，其中办法虽然各有不同，但是通称的名词都是社会主义。现在中国有人把社会主义同社会学两个名词作一样看待，这实在是混乱。这种混乱，不但专是中国人有的，就是外国人也是一样有的。因为社会这个名词，在英文是"梳西乙地"，社会学是"梳西柯罗之"，社会主义是"梳西利甚"。这三个字头一半的英文串字，都是相同的，所以许多人便生出混乱，其实英文中的社会主义"梳西利甚"那个字，是从希腊文变出来的。希腊文社会主义的原意是"同志"，就像中国俗话说是"伙计"两个字一样。至于说到社会学的范围，是研究社会的情状、社会的进化和群众结合的现象；社会主义的范围，是研究社会经济和人类生活的问题，就是研究人民生计问题。所以我用民生主义来代替社会主义，始意就是在正本清源，要把这个问题的真性质表明清楚。要一般人一听到这个名词之后，便可以了解。

　　因为社会主义发生了几十年，研究这种学理的学者不知道有几千百家，所出的书籍，也不知道有几千百种。其中关于解决社会问题的学说之多，真是聚讼纷纷，所以外国的俗语说：社会主义有五十七种，究竟不知哪一种才是的确，由此便可见普通人对于社会主义无所适从的心理了。欧战发生了之后，社会的进步很快，世界潮流已经到了解决社会问题的时期。凡是从前不理社会主义的人，在此时也跟上社会主义的路来走。就时势的机会讲，社会党应该可以做很多事，应该可以完全解决社会问题。但是社会党的内部，便生出许多纷争。在各国的社会党，一时风起云涌，发生种种派别，其中最著名的有所谓共产党、国家社会党和社会民主党。各党派之复杂，几乎不止五十七种。所以从前旁观者，对于社会党派别复杂的批评，至此时正所谓不幸而言中。至于欧战没有发生以前，世界各国只有赞成社会主义和反对社会主义的两种人。反对的那种人，大多数都是资本家，所以从前只有反对社会主义的资本家同社会党来战争。到欧战发生了之后，反对的人都降服了，社会党似乎可以乘机来解决社会问题。不过当时赞成社会主义的人，在事前没有想到好办法，所以社会党内部便随时生出许多纷争。这种纷争，比较从前反对派和赞成派的纷争，更要厉害。所以社会问题，至今不能解决。我们到了今日，还是要求研究。在从前资本家工人和学者反对社会主义的时候，所有世界各国造成社会主义的人，不论是本国外国，都是认为同志。到了近来，不但是德国的社会党，反对俄国的社会党，或者是俄国的社会党，反对英国、美国的社会党，有国际的纷争，就是一国的社会党内部，也演出种种纷争。所以社会问题愈演纷乱，到现在还找不出一个好方法来解决。

今天我所讲的民生主义，究竟和社会主义有没有分别呢？社会主义中的最大问题，就是社会经济问题。这种问题，就是一般人的生活问题。因为机器发明以后，大部分人的工作，都是被机器夺去了。一般工人不能够生存，便发生社会问题。所以社会问题之发生，原来是要解决人民的生活问题。故专就这一部分的道理讲，社会问题便是民生问题，所以民生主义，便可说是社会主义的本题。现在各国的社会主义，各有各的主张，所以各国解决社会问题的方法，也是各有不同。社会主义到底是民生主义中的一部分呢？或者是民生主义是社会主义中的一部分呢？实业革命以后，研究社会问题的人，不下千百家，其中研究最透彻和最有心得的，就是大家所知道的马克思。马克思对于社会问题，好像卢骚对于民权问题一样。在一百多年以前，欧美研究民权问题的人，没有哪一个不是崇拜卢骚为民权中的圣人，好像中国崇拜孔子一样。现在研究社会问题的人，也没有哪一个不是崇拜马克思做社会主义中的圣人。在马克思的学说没有发表以前，世界上讲社会主义的，都是一种陈义甚高的理论，离事实太远。而马克思专从事实与历史方面用功，原原本本把社会问题的经济变迁，阐发无遗。所以后来学者把社会主义的人分作两派：一是叫做"乌托邦派"，这个乌托邦和中国黄老所说的华胥氏之国，意思相同；一是叫做"科学派"，专从科学方法去研究社会问题之解决。至于乌托邦派是专从理想上来把社会来改良成一个安乐的国家，便有这种子虚乌有的寄托。这种寄托是由于人类受了很多痛苦，那些极有道德和悲天悯人的人，见了很不忍心，但是又没有力量去改良，所以只好说理想上的空话，作一种寄托。中国俗话说，天生一条虫，地生一片叶，天生一只鸟，地生一条虫。这几句话的意思，就是说有了虫就有叶来养，有了鸟就有虫来养。但是人类的天然形体不完全，生来没有羽毛，必需衣以御寒，必需食以养生，在太古吃果实的时候，地广人稀，人人都是很容易觅食，不必做很多的工就可以生活。到了渔猎时代，人民就要找鱼猎兽，才可以有鱼肉吃，才可以生活，就是做工才有饭吃。到了游牧时代，人类要从事畜牧才可以生活，当时人人都是逐水草而居，时常迁徙，所有的工作都是很辛苦勤劳。至于农业时代，人类要树艺五谷才可以生活，彼时人类的生活更是复杂，所有的工作更是辛苦勤劳。到了工商时代，遇事都是用机器，不用人力，人类虽然有力，也没有用处，想去卖工，找不到雇主。要这个时候，便有很多人没有饭吃，甚至于饿死，所受的痛苦，不是一言可尽。一般道德家，见得天然界的禽兽，不用受痛苦，尚且可以得衣食，人类受了痛苦，反不容易得衣食，这是很可悯的；想要减少这些痛苦，令人人都可以得衣食，便发明了社会主义的学说，来解决这个问题。所以从前一般讲社会主义的人，多半是道德家，就是一般赞成的人，也是很有良心很有道德的。只有在经济上已经成功、自私自利、不顾群众生活的资本家才去反对，才不理社会问题。这个问题既然是为世界大多数人谋生活的问题，先知先觉的人，发明这个道理之后，自然可以得多数人的同情心来表示赞成。所以这个学说一经出世之后，便组织得有社会党。社会党一经成立之后，团体更一天发达一天，一天加大一天，扩充到各国。但是从前讲社会主义的人，都是乌托邦派，只希望造一个理想上的安乐世界，来消灭人类的痛苦；至于怎么样去消灭的具体方法，他们丝毫没有想到。到了马克思出世之后，便用他的聪明才智和学问经验，对于这些问题，作一种极透彻的研究，把古人所不知道和所不能解决的，都通通发明出来。他的发明是全凭着经济原理。他照经济原理作透彻的研究之后，便批评从前主张社会主义的人，不过是有个人的道德心和群众的感情作用；其实经济问题，不是道德心和感情作用可以解决得了的，必须把社会的情状和社会的进化，研究清楚了之后，才可以解决。这种解决社会问题的原理，可以说是全凭事实，不尚理想。至于马克思所著的书和所发明的学说，可说是集几千年来人类思想的大成。所以他的学说一出来之后，便举世风从，各国学者都是信仰他，都是跟着他走，好像卢骚发明了民权主义之后，凡是研究民权的人，都信仰卢骚一样。从马克思以后，社会主义里头，便分两派：一个是乌托邦派，一个是科学派。乌托邦派的情形，刚才已经讲过了，至于科学派是主张用科学的方法来解决社会问题。因为近几十年来，物质文明极发达，科学很昌明，凡事都是要凭科学的道理才可以解决，才可以达到圆满的目的。就是讲到社会问题的解决方法，也是要从科学一方面研究清楚了之后，才可以得出结果。讲到这地，便要归宿到我的学说知难行易。天下事情，如果真是知道了，便容易行得到。比方今天课堂里很热，我们不用人力，只用电气风扇，便可以解热。这件事，如果是古人，或者是乡下毫没有知识的人看见了，一定以为是神鬼从中摇动，所谓巧夺天工，对于这种奇怪的风扇，一定要祈祷下拜。现在大家虽然不明白电气风扇的详细构造，但是已经明白电磁吸引的道理，因为由电能够吸引风扇，所以风扇能够转动，决不以为是奇怪的事。难道古人的聪明不及我们吗？推论这个原因，就是由于古人不知道科学，故不能发明风扇，不是古人没有本领，不能用风扇，近来因为知道科学，有了科学家，能够发明风扇，所以大家便能够用这种风扇来享受清凉。如果古人知道科学，以古人的聪明才智，所做出来的东西，或者比我们做的还要巧妙得多。讲到社会问题，在马克思以前，以为是一种希望，是做不到的事。到马克思本人，也以为单靠社会主义的理想去研究，还是一种玄想，就是全世界人都赞成，也是做不成功，一定要凭事实，要用科学的方法去研究清楚，才可以做得到。所以他一生研究社会主义，便在科学方法上去做工夫。他研究社会主义的工作，更是很辛苦的。当他亡命在英国的时候，英国是近代世界上顶文明的国家，没有那一国可以驾乎英国之上的，所以英国在当时，关于文化的设备，也是很齐备。有一间图书馆，其中所藏的书籍，总有好几百万种，无论关于什么问题书籍，都是很丰富的。马克思便每天在那间图书馆内研究，用了二三十年的功，费了一生的精力，把关于社会主义的书籍，不管他是古人著作的，或者是时人发表的，都搜集在一处，过细参考比较，想求出一个结果。这种研究社会问题的办法，就是科学方法。故马克思所求出解决社会问题的方法，就是科学的社会主义。由于他这种详细深奥的研究，便求出一个结果，说世界上各种人事的动作，凡是文字记载下来，令后人看见的，都可以作为历史。他在这种历史中所发明的最重要之一点，就是说世界一切历史，都是集中于物质，物质有变动，世界也随之变动。并说人类行为，都是由物质的境遇所决定，故人类文明史，只可说是随物质境遇的变迁史。马克思的这种发明，有人比之牛顿发明天文学之重心学说一样。现在马克思发明物质是历史的重心，因为他的研究透彻，理由充足，所以从前许多反对社会主义的人，后来都变为赞成社会主义。如果是过细研究了马克思学说的人，更是信仰他。经过欧战以后，世界上差不多没有反对社会主义的人，社会党可以为所欲为，本来可以解决各国的社会问题。当时势力最大的社会党是马克思派，马克思派是科学派。从前的是乌托邦派，在当时各国的社会，秩序一乱，社会党内的科学派和乌托邦派，固然是发生了冲突，就是科学派的社会党，也是互相冲突。因为内部有冲突，所以欧战之后，至今还不能解决社会问题。至于推到社会党的圣人马克思，以物质为历史的重心，这个道理，究竟是怎么样呢？马克思的门徒，于一千八百四十八年，在比利时开了一个国际社会党大会，定了许多办法。现在各国马克思派的社会党所用的办法，许多还是奉行那年所定的大纲。当欧战发生以后，俄国便拿那种主义去实行，现在俄国已经把那种主义改变了，其中理由到底是怎么样，我们研究俄国的情形不多，不敢判断。但是照俄国人自己说，俄国从前所行的革命办法，并不是马克思主义，是一种战时政策。这种战时政策，并不是俄国独行的，就是英国、德国和美国当欧战的时候，把全国的大实业，俄铁路轮船和一切大制造厂都收归国有，同是一样的办法。为什么英国、美国实行出来，就说是战时政策，在俄国实行出来，大家便说是马克思主义呢？理由就是由于俄国革命党是信仰马克思主义，而欲施之实行的缘故。照俄国人说，俄国现在的实业和经济，还没有大发达，实在够不上实行马克思主义。要像英国、美国之实业经济的那样发达，才可以实行马克思主义，所以在理论一方面讲马克思的信徒，在欧战以后，便大家争论起来。德国、法国和俄国的社会党，本来都是服从马克思主义，成了国际派。但是到了争论的时候，彼此互相攻击互相诋毁，攻击的人总是说被攻击的人不是服从马克思主义。这一派攻击那一派，这一国的社会党攻击那一国的社会党。由于这些攻击诋毁，马克思的学说便发生了问题。就是物质到底是不是历史的重心呢？牛顿考究的太阳在宇宙之间，是我们的中心。照天文学和各种科学去研究，那个道理是很对的。马克思发明物质是历史的重心，到底这种道理是对不对呢？经过欧战后几年的试验以来，便有许多人说是不对。到底什么东西才是历史的重心呢？我们国民党提倡民生主义，已经有了二十多年，不讲社会主义，只讲民生主义。社会主义和民生主义的范围是什么关系呢？近来美国有一位马克思的信徒威廉氏，深究马克思的主义，见得自己同门互相纷争，一定是马克思学说还有不充分的地方。所以他便发表意见，说马克思以物质为历史的重心是不对的，社会问题才是历史的重心，而社会问题中又以生存为重心，这才是合理。民生问题就是生存问题，这位美国学者的最近发明，是恰恰和本党的主义，若合符节。这种发明，就是说，民生是社会进化的重心，社会进化又是为历史的重心，归结到历史的重心是民生，不是物质。我们提倡民生主义二十多年，当初详细研究，反复思维，总是觉得用"民生"这两个字来包括社会问题，较之用"社会"或"共产"等名词为适当，而且又切实又明了，故采用这个名词。不料欧战发生之后，事理更明，学问更进，马克思的宗徒也发明了相同之点。由此足见本党提倡民生主义，是正合夫社会进化的原理，不是像时髦学者所说的人云亦云。

　　照这位美国学者主张，他说：古今人类的努力，都是求解决自己的生存问题，人类求解决生存问题，才是社会进化的定律，才是历史的重心。马克思的唯物主义，没有发明社会进化的定律，不是历史的重心。我们要明白这两家的学说，究竟哪一家的主张是对的，便要详细研究他们的主义，和近世社会进化的事实，是不是相符合。近几十年来社会是很进化的，各种社会进化的事实更是很复杂的。就是讲到经济一方面的事实，也不是一言可尽。但是用概括的方法来讲，欧美近年来之经济进化可以分作四种：第一是社会与工业之改良，第二是运输与交通收归公有，第三是直接征税，第四是分配之社会化。这四种社会经济事业，都是用改良的方法进化出来的。从今以往，更是日日改良，日日进步的。这四种社会经济事业，是些什么详细情形呢？譬如就第一种，就是要用政府的力量改良工人的教育，保护工人的卫生，改良工厂和机器，以求极安全和极舒服的工作。能够这样改良，工人便有做工的大能力，便极愿意去做工，生产的效率便是很大。这种社会进化事业，在德国施行最早，并且最有成效。近来英国、美国也是一样的仿行，也是一样的成效。就第二种的情形说，就是要把电车、火车、轮船以及一切邮政、电政、交通的大事业，都由政府办理，用政府的大力去办理那些大事业，然后运输才是很迅速，交通才是很灵便。运输迅速，交通灵便，然后各处的原料，才是很容易运到工厂内去用。工厂内制造的出品，才是很容易运到市场去卖，便不至多费时间，令原料与出品在中道停滞，受极大的损失。如果不用政府办，要用私人办，不是私人的财力不足，就是垄断的阻力极大。归结到运输一定是不迅速，交通一定是不灵便，令全国的各种经济事业，都要在无形之中受很大的损失。这种事业的利弊，在德国明白最早，所以他们的各种大运输交通事业，老早就是由国家经营。就是美国私有的大运输交通事业，在欧战期内也是收归政府办理。至于第三种直接征税，也是最近进化出来的社会经济方法。行这种方法，就是用累进税率多征资本家的所得税和遗产税。行这种税法，就可以令国家的财源，多是直接由资本家而来。资本家的入息极多，国家直接征税，所谓多取之而不为虐。从前的旧税法，只是钱粮和关税两种，行那种税法，就是国家的财源，完全取之于一般贫民，资本家对于国家，只享权利，毫不尽义务，那是很不公平的。德国、英国老早发现这种不公平的事实，所以他们老早便行直接征税的方法。德国政府的岁入，由所得税和遗产税而来的，占全国收入约自百分之六十至百分之八十。英国政府关于这种收入，在欧战开始的时候，也到百分之五十八。美国实行这种税法，较为落后，在十年之前，才有这种法律，自有了这种法律以后，国家的收入，便年年大形增加。在一千九百一十八年，专就所得税一项的收入而论，便约有美金四十万万。欧美各国近来实行直接征税，增加了大财源，所以更有财力来改良种种事业。第四种分配之社会化，更是欧美社会最近的进化事业，人类自发明了金钱，有了买卖制度以后，一切日常消耗货物，多是由商人间接买来的。商人用极低的价钱，从出产者买得货物，再卖到消耗者，一转手之劳，便赚许多佣钱。这种货物的分配制度，可以说是买卖制度，也可以说是商人分配制度。消耗者在这种商人分配制度之下，无形之中，受很大的损失。近来研究得这种制度，可以改良，可以不必由商人分配，可以由社会组织团体来分配，或者是由政府来分配。譬如英国新发明的消费合作社，就是由社会组织团体来分配货物。欧美各国最新的市政府，供给水电煤气以及面包牛奶牛油等食物，就是用政府来分配货物。像用这种分配的新方法，便可以省去商人所赚的佣钱，免去消耗者所受的损失。就这种新分配方法的原理讲，就可以说是分配之社会化，就是行社会主义来分配货物。以上所讲的社会与工业之改良，运输与交通收归公有，直接征税与分配之社会化。这四种社会经济进化，便打破种种旧制度，发生种种新制度，社会上因为常常发生新制度，所以常常有进化。至于这种社会进化，是由于什么原因呢？社会上何以要起这种变化呢？如果照马克思的学说来判断，自然不能不说是由于阶级战争，社会上之所以要起阶级战争的原故，自然不能不说是资本家压制工人。资本家和工人的利益，总是相冲突，不能调和，所以便起战争，社会因为有这种战争，所以才有进化。但是照欧美近几十年来社会上进化的事实看，最好的是分配之社会化，消灭商人的垄断，多征资本家的所得税和遗产税，增加国家的财富，更用这种财富，来把运输和交通收归公有，以及改良工人的教育卫生和工厂的设备，来增加社会上的生产力。因为社会上的生产很大，一切生产都是很丰富，资本家固然是发大财，工人也可以多得工钱。像这样看来，资本家改良工人的生活，增加工人的生产力，工人有了大生产力，便为资本家多生产，在资本家一方面可以多得出产，在工人一方面也可以多得工钱。这是资本家和工人的利益相调和，不是相冲突。社会之所以有进化，是由于社会上大多数的经济利益相调和，不是由于社会上大多数的经济利益有冲突。社会上大多数的经济利益相调和，就是为大多数谋利益。大多数有利益，社会才有进步。社会上大多数的经济利益之所以要调和的原因，就是因为要解决人类的生存问题。古今一切人类之所以要努力，就是因为要求生存，人类因为要有不间断的生存，所以社会才有不停止的进化，所以社会进化的定律，是人类求生存，才是社会进化的原因。阶级战争不是社会进化的原因,阶级战争是社会当进化的时候,所发生的一种病症。这种病症的原因,是人类不能生存。因为人类不能生存,所以这种病症的结果,便起战争。马克思研究社会问题所有的心得,只见到社会进化的毛病,没有见到社会进化的原理。所以马克思只可说是一个"社会病理家",不能说是一个"社会生理家"。

(本文原为孙中山1924年在广州国立高等师范学校所作,有关三民主义演讲的内容之一,选文原载《孙中山选集》下卷,人民出版社1956年版,此处节选自"民生主义"的一部分)

黑龙江流域的农民与地主

陈翰笙　王寅生

陈翰笙（1897—2004），江苏无锡人。中国早期马克思主义农村经济学家。

1916年考入美国洛杉矶波莫纳大学。1920年任芝加哥大学研究院助教并获硕士学位。1922年在哈佛大学学习。1924年获德国柏林大学博士学位。同年回国任北京大学教授。1930年出任中央研究院社会科学研究所副所长并兼铁道部顾问。1935年任苏联东方劳动大学研究员。1946年任美国华盛顿州立大学特约教授。1950受周恩来总理邀请回国，先后任外交部顾问、外交学会副会长、《中国建设》杂志副主编等职。1978年以来，历任中国社会科学院顾问和世界历史研究所名誉所长，兼任北京大学、外交学院教授。

主要著作有《中国农村经济研究之发轫》、《东北的难民与土地问题》、《广东农村生产关系与生产力》、《中国农民》（英文版）、《西双版纳的土地制度》（英文版）等。

王寅生（1902—1956），江苏无锡人。中国早期马克思主义农村经济学家。

1928年毕业于北京大学历史系。后任省立无锡中学教务主任。1929年至中央研究院社会科学研究所工作。1933年参与建立中国农村经济研究会。1937年到武汉主持成立战时农村问题研究所。1938年建立中国农村经济研究会重庆办事处。1940年至中国工业合作协会推进处工作。1949年进入上海参加接管工作，并任华东财经委员会顾问，兼任复旦大学经济研究所副所长。同年11月调中央工作，曾任中央财经委员会编译室主任、国际经济事务管理局副局长，兼任中科院经济研究所研究员，是《经济研究》杂志的编委和全国政协委员。

主要著作有《陕西农村调查》（合著）、《高利贷资本论》、《通货膨胀下的农民》等。

农家每户耕作的面积和每户人数及每晌进益成正比例，和每晌投资的价值成反比例。东省铁路经济调查局1922—1923年在中国黑龙江流域农业中心实地调查的结果足以证明此说的确切。

每户平均耕作面积	15晌以下	15—30晌	30—75晌	75晌以上
每户平均人数	8.3	14.2	15.8	32.2
每晌平均田产价值	62.72元	73.60元	148.22元	200.01元
每晌平均最低限度的投资价值	79.99元	58.83元	54.90元	61.77元*

（北满农业，页97，197—198，105—106）

*此等农户"对于自种之田既照顾周到，对于出租之地亦加意整顿"，故每晌投资额特别增高。

看了这表我们很可以明白，耕作面积愈大则所得的农业利益亦愈多。但现在富力中等的自耕农所耕面积平均只有13.5晌，富力中等的佃农所耕面积平均只有10晌。10晌以下的农户在全数35%以上（北满与东省铁路，页45）。棉什阔夫等1914—1915年在巴彦地方所统计的农户在10晌以下的占57%，5晌以下的占34%。按照黑龙江流域农区的情形，耕种5晌以下的农户即使不负债，不纳租，不施肥料，也很难维持他们的最低限度的生活。虽然那农区内有10 000 000晌以上可垦的荒地，可是荒地每晌的平均地价需15元，开垦费又需100元，他们也没有能力去应付。至于熟地自然更难购买。可见耕地的缺乏，完全是因为地价的缘故。

一晌田的价格有时就超过耕种5晌田的雇农的全年工资。且田价正在继续增加，例如方正的上田价格2年内（1912—1914）涨150%，依兰的5年内（1909—1914）涨200%，宾县的7年内（1907—1914）涨218%（北满洲，页538—539，566，508）。根据井阪，山科启吉，棉什阔夫等调查报告，五常，扶余，双城，榆树，呼兰，巴彦，海伦7县每晌平均田价6年内（1909—1910

至 1915—1916）从 55.85 元增至 84.71 元，加了 52%。1920 年以后田价涨得更快。例如宾县 1 年内（1922—1923）涨 64%（北满农业，页 189）；吉黑两省 24 县 2 年中（1925—1927）涨 22.3%（同上，页 113）。奉直战争以后奉票跌价，一般人为存放资本的安全起见，多争先买地，官吏商人尤为踊跃，故 10 年内（1916—1926）南满的谷价涨 4.5 倍而田价几涨 7 倍（千叶丰治，页 51）。北满受了官帖跌价的影响必有同样的情形。按 5 年内（1920—1925）黑龙江官帖跌价几 8 倍，吉林官帖跌价几 12 倍（北满与东省铁路，页 236）。

  工业资本主义没有发达的中国决没有与工资利息红利并立的那种田租。现在中国的所谓田租，不单是田租，还包含着一部分农业的红利，甚至一部分工资。这种不正当的田租完全成为田价的利息。所以田价的增高就使田租同时增高。尤其当地主受着税捐的压力而田价的利息被侵夺的时候，地主为维持自身利益计更有增加田租的必要。分租租额的增加可举呼兰为例：1909 年时该地普通租额是三产 40%，1914 年后就加到 50%。5 年内涨 0.25。谷涨租额的增加可举榆树为例：1910 年每晌纳粮 2 石，1916 年就加到 2.5 石。6 年内涨 0.4。钱租租额的增加更要快些。据 1905 年守田利远的调查，农安，吉林，宁安，绥化，呼兰等地方的钱租平均为田价的 1/16（满洲地志，中卷）。1915 年呼兰的钱租是田价 1/7 稍弱（黑龙江省，上册），1925 年宁安的是 0.1（掘内竹次郎，宁安县事情）。我们可以推想钱租租额在 10—20 年内大约涨了 0.6。呼兰钱租的增加可以指数表明如下：

	钱租	田价	租价买田的能力
1905 年	100	100	100
1915 年	1058.8	272.7	388.2

租价增加的速率远过田价增加的速率。若以租价买田的能力而论，10 年内钱租竟涨到差不多 4 倍的光景。况且还有押租。押租就是田租的一部分。关于押租的数目虽无详细调查，但它的继续增加亦是不可避免的。

除掉人口税捐与粮价对于工资有密切关系外，田租能够支配农民的工资。因为田租与工资都是农业成本中的要素，要维持成本则田租与工资的增减必成为反比例。不是田租涨工资跌便是工资涨田租跌。况且中国的所谓田租原来包含着一部分工资，即农民应得而未得的工资。在这种状况之下，田价高涨使田租高涨，就是转使农民所得的工资低落。所以田价增加便使工资的实价减少。根据井阪与庄村的调查 1909—1010 年农民日工的工资平均是大洋 0.36 元，年工的平均是 37.73 元。比之东省铁路经济调查局的报告 1922—1923 年，日工的平均工资 0.69 元，年工的 102.80 元，13 年内日工工资增加 91.7%；年工工资增加 172.4%。但那 13 年中黄豆，小麦，高粱，谷子 4 种粮食的平均价格增加 433.4%；高粱，谷子是农民的主要粮食，它们的平均价格增加 556.5%。工资实价的减少可以指数表明如下：

	日工	年工
1909—1910 年	100	100
1922—1923 年	35.9	51
（以四种粮食的平均价格计算）		
	29.9	41.4
（以农民主要粮食的平均价格计算）		

13 年内工资的变化竟有这样的猛烈。农民所得工资的实价减少 58.6%，甚至 70.8%。

东省铁路经济调查局的报告说，"北满农家以土地为经济之命脉。故凡其户愈大，则其大部资本愈在置田。所以北满农家资本之总额，地价一项竟居其四分之三以上也"（北满农业，页 106）。这样看来，在中国黑龙江流域经营农业，必须先将资本的 76% 消费于田价。田价愈涨则不但佃农雇农的经济地位愈低，即自耕农与一部分地主所能投入生产的资本亦愈少，无论农户大小愈加没有希望改良他们的农耕技术。

田价以外最能操纵农业经济的是粮价、税捐和高利贷。我们读下面的统计就可明白各种农户都受食品价格的影响。

每户耕作面积	15 晌以下	15—30 晌	30—75 晌	75 晌以上
每晌出售的农作物占全数的百分数	56.9	55.5	58.2	61.9
每人每年购买的饮食费占其饮食品总值的百分数	58.7	16.4	15.2	6.4

普通农户将过半数的农产出售,又买进过半数的饮食品。他们受商人的剥夺是很明显的。"地方钱庄及转运机关,一方藉官厅威势强定低价收买农民之黄豆;一方自定高价卖于豆饼厂"(晋生,东三省黄豆业之危机)。以照石世康诺夫的估计,除掉运费,税捐,与其他杂费外,黄豆的市价仅有 1/3 是到农人手里去的。

大部分的粮产每年为日本、英国、美国、丹麦等地方所吸收;粮价完全要靠国际市场为转移,不能自由伸缩。除掉非出口货如谷子玉米等类以外,各种粮食的价格上所受到一切税捐的负担,全部分或一部分,必转嫁与农民。又农舍在农业资本中占有重要地位,足以使田税的负担由地主推移到佃农身上。按泥土房 1 间的建筑费平均需 40—50 元,木房 1 间平均需 70—80 元;地主大多数供给农舍而仅纳一部分田税。1925 年每晌田税总额从 4.21 元增加到 5.00 元光景(牙什诺夫,东省经济月刊第一卷四五号合刊,1925,专载,页 16);农民不但普遍有粮捐的间接负担,自耕农佃农与地主且须直接担负田税的增加。至于官帖的跌价就是变相的税捐,这种无形的税捐 1922—1923 年每晌平均合 1.91 元,每户平均合 4.47 元。耕作 10 晌以下的农户所受的钱法损失尚不止此数。雇农工资几全在夏日交付,雇主的出售粮食收入官帖大半在冬季;但江帖或吉帖的市价夏日较贱于冬季,当地的物价夏日又较昂于冬季。因此雇农与雇主无不受币价变迁的打击。况且所谓币价的变迁不但只限于官帖,官帖以外还有各城镇屯的商会与商家所发的私帖。票面有 1,2,3,5,10,20,25,30,50,100 吊各种样式。1918 年依兰 1 县发行的私帖即有 3 170 000 吊,约合大洋 16 万元(佐田佐治郎,吉林省财政)。这种纸币的兑价时常更改,纸币本身的效力原无一定的保障,贻祸农民实是无穷无尽。总之,税捐的繁重已形成中国农业经济上的特色。即以黑龙江流域的中俄两方面来比较(北满农业,页

223—224），农户每人每年各项消费的平均百分数可列举如下：

	中国方面 （1922—1923 吉、黑两省十八县）	俄国方面 （1922—1923 米师金调查）
农业消费	40.40	34.67
税捐	7.20	4.20
私人消费及储蓄	52.40	61.13

俄国农民所担负的税捐较中国农民要轻得多。

　　税捐、粮价、田价所产生的压力愈重大则农业资本愈减少。农业资本愈减少则高利贷愈加容易发展。据井阪、庄村、山科、启吉的调查，扶余的城市借贷1909年普通月利1.3%最长以1年为期；1916年便是月利最低1.2%最长以半年为期。1909年五常、巴彦、呼兰、扶余、兰西、双城等处中小商人普通借贷的利率为平均月利1.5%，15年以后（东省铁路经济实业事务局调查）已涨到平均月利8%。在这15年内（1909—1924）乡间贷庄的利率从月利3%竟增加到月利15%！高利贷是和粮价有密切关系的。它的潜势力逼迫着商人抬价卖出，同时又逼迫着农人贱价卖出。但资本缺乏的时候农人商人多必跑到高利贷的怀里去。现在举一位赵姓的高利贷者作例，可以窥见高利贷与各方面的经济关系。安达县附近明水设治局商会会长赵显宗假商会名义私出纸币二百七十余万吊，分发各商贷出四分上扣生息。所得利钱一百余万吊均有借户各商号账目可查。赵积有巨款，开设木铺，收买街基，包领官荒，并开典业储蓄会一处专司贷款。六分生息，三月一捣，本利完纳（黑龙江财政月刊，期数35，1928，命令，页7）。这样会利用纸币、商店和高利贷制度去累积巨款，领垦荒地的人在中国达官显宦中是很寻常的。近年来退职的各部总次长，国会议员，各督军省长和他们的参谋走卒等每假借公司或堂号名义在黑龙江流域经营大批地产。他们的地产竟有在1 000晌以上的（北满农业，页108）。最初他们稍微用些资本，招请佃户代为耕种；以后便远居他处；坐收田租，与生产实际毫无关系。并且有些地主自始至终即以买卖田地为投机事业。此项买卖愈形发达，地价就随着愈加高涨，租价就随着愈加上升，工价就随着愈加跌落，一般农民就势必愈加屈服于高利贷的威权之下。

农民整年在这些剥削制度之下度日，他们的资本一天少似一天，他们技术一天坏似一天，他们的生产能力就自然而然的退化了。

6年内中国黑龙江流域农业中心的农作业收获量比较表下列：

（以每响为单位）

地名	黄豆 1901—1910 1915—1916 （增或减）	小麦 1901—1910 1915—1916 （增或减）	高粱 1901—1910 1915—1916 （增或减）	粟与谷子 1901—1910 1915—1916 （增或减）
五 常	4.5石 3石 （-）	1.5石 3石 （+）	3石 4石 （+）	3石 4石 （+）
扶 余	4石 4.5石 （+）	2石 3.4石 （+）	5石 6石 （+）	5石 5石 （0）
双 城	4.5石 4石 （-）	3.5石 4石 （+）	5.5石 6石 （+）	5.5石 5.5石 （0）
呼 兰	5石 5石 （0）	4石 1.5石 （-）	7石 6石 （-）	7石 6.5石 （-）
巴 彦	6石 5石 （-）	4石 4石 （0）	7石 6.5石 （-）	7石 ? （?）
兰 西	5.5石 4石 （-）	4石 2石 （-）	7.5石 5石 （-）	7.5石 6石 （-）
青 冈	5.5石 4石 （-）	4.5石 3石 （-）	6.5石 5石 （-）	6.5石 4石 （-）
绥 化	4石 7石 （+）	5石 4石 （-）	8石 7石 （-）	8石 6石 （-）
海 伦	7.5石 4石 （-）	5.5石 3石 （-）	7.5石 6石 （-）	10石 6石 （-）

（北满洲经济调查资料，续北满洲经济调查资料，满蒙调查复命书，黑龙江省，上册）。

产力与资本常为正比例；产力增则资本多，资本多则产力增，两方面又有相互的密切关系。黄维翰说，"呼兰各属以农产丰富号称于时。然人力未尽也。无沟洫，无堤防，无阡陌；有耕无耘，有苗不粪；水旱丰歉一听诸天，骛广而荒，故其效未大著。假令旱涝有备，深耕易耨，且厚粪之，则岁入又当倍蓰也"（呼兰府志，卷11，页5）。现在每响产量减少，农户更需要资本去努力经营，更需要扩大耕作面积去增加生产。但事实上田价、粮价、税捐、高利贷等等更使他们的资本减少,更使他们的耕作面积不能扩大。这便是中国黑龙江流域农业经济中的一个最大的矛盾。

中国黑龙江流域的粮价总值虽比粮产总量增加得快（3 年内 1922—1925 年总值的增加比总量快 30%，北满农业，页 209；211），石世康诺夫说"普通农民只有施用不可思议的劳力和放弃最低限度的幸福方能保守 10 晌至 30 晌的田地。"东北大学教授柳国明曾将他家乡的农民生活很切实的写了几句（东北新建设，卷 1，期数 3，1928）："一般号称为小康的农家辛勤了终年，累尽了汗血，仅能混足衣食而已。他们平日的饮食非常粗劣。今日吃高粱米和咸菜，明天还是照样。一年到头总是如此。这种生活真算苦到家了。若是问他们说'为什么不要吃好一点呢？'他们准回答说：'若是一生能将高粱米混足，还是好的啦。'我想这种的现状并不只限于敝乡一处。大半在东省各地都是如此。""小康"的农户尚且这样，那些不如"小康"的农户和占人口全数 13% 的雇农的情形更可想象。

在这种状况之下，中国黑龙江流域的千万晌的荒地目前固然还不会立即都被开垦，就是都开垦了，也不过使这种状况多一度的轮回罢了。

（原载《黑龙江流域的农民与地主》，中国台湾"国立中央研究院"社会科学研究所 1929 年版，此处节选自其中的第四部分"农民地主农业经济的趋势"）

中国工业化之程度及其影响

何　廉　方显廷

何廉（1895—1975），湖南邵阳人。著名经济学家。

1919年赴美留学，耶鲁大学博士。1926年回国任南开大学商科财政系教授。翌年，成立南开大学社会经济研究委员会，后改名南开大学经济研究所。1931年任南开大学经济学院院长，积极推进经济学教学"中国化"，带领并组织研究人员研究中国物价统计，编制并公开发表各类物价和生活指数，受到国内外研究机构的高度重视。

1936年后，历任经济部常务次长、经济部农本局总经理、资源委员会代理主任、国民党中央设计局副秘书长等职。1946年赴上海负责筹建中国经济研究所，主持创办《世纪评论》。1947年赴美做普林斯顿大学访问学者。1948年出任南开大学代理校长。1949年返美，任哥伦比亚大学教授。

主要著作有《华北公共财政、物价与生活指数》、《何廉回忆录》等。

方显廷（1903—1985），浙江宁波人。

青年时进入上海厚生纱厂工作，并在南洋大学中学部读书。尔后得厂主资助，赴美留学，获得威斯康星大学、纽约大学经济学学士学位，继入耶鲁大学研究院深造，1928年获经济学博士学位。归国后历任上海华商纱布交易所和棉业交易所考察团秘书及工商部工商访问局研究主任。1929年任天津南开大学商学院教授、南开经济研究所研究主任。1936年接替何廉为代理所长，并在1938—1939年随该所转迁昆明与重庆。在天津南开大学主持经济研究期间，曾对地方工业、农业经济、地方财政及中国工业化等问题作过调查研究。

主要著有《天津地毯工业》、《天津针织业》、《天津织布工业》、《天津之粮食业及磨房业》、《华北织布工业与商人雇主制度》、《中国之棉纺织业》、《中国之合作运动》、《中国之乡办工业》等。

绪　论

中国之近代工业化久已引起中外经济学者之注意。尤以欧战后为甚。其论述之者往往引用工业化一词以指中国受西方文明之影响。因而突起之经济蜕变。依此而论。工业化一词与工业革命一词有同一之含义。西人用此词。率有广狭二义之分。在"英国工业革命一语中"。工业化之意。系包括制造业、农业、商业、运输业之革命言。所谓广义是也。今之经济学者。尚有沿用之者。然普通一般经济学者用此词时。仅指制造业之革命。所谓狭义是也。本文即采用该词之狭义。所谓工业化者。专指因机器之助。用雄厚之资本。以实行大规模生产之制造业而言者也。至于农业、商业、运输业以及其他一切之经济蜕变。悉不在该词定义之内。虽间有论及。亦不过为阐明本题之便利计耳。

工业化与其他经济蜕变之关系——工业化之定义既如上述。则其为中国各种经济蜕变中之一种。自不待言。中国之经济蜕变。不仅限于制造业一业之变化。其余如商业、交通以及金融财政。莫不有同一现象。不徒其变化同时俱来。即彼此变化之程度。亦有一定之关系。一业之蜕变。与其他各业。莫不有直接间接之重大影响。换言之。每一业变化之程度。即可视为其他各业变化之指数。兹为研究工业化之程度计。特先说明商业、交通以及金融财政发达之情况。近年来中国商业之进步。亦甚可焉。惜国内贸易每年之额数。迄今尚无统计。惟国外贸易之额数。有海关所制之统计。可供研究之用。海关之贸易统计。起于1864年。自此年始而至现在。每年均有统计。从下列之表中。可以看出自1864年至1890年之期间。国外贸易总额增加二倍有半。从1890年至1915年之期间。增加四倍。从1915年至1927年之期间。又增加二倍。从1890年至1915年二十五年间之四倍增加。与中国棉纺织业、缫丝业以及钢铁等工业之进步。正彼此相应自 1915 年至 1927 年十二年间之二倍增加。一方面既可证明中国因受之激动。与外来制成品短缺之故。工业上致有急剧之进步他方面亦可证明此次国外贸易额之增加。与自 1890 年至 1915 年之增加。为相似之事实。

第 1 表　中国国外贸易（1864—1927）

年	进口货（海关两）	出口货（海关两）	贸易总额（海关两）
1864	51 293 578	54 006 509	105 300 087
1865	61 844 158	60 054 634	121 898 792
1870	69 290 722	61 682 121	130 972 843
1875	67 803 247	68 912 929	136 716 176
1880	97 293 452	77 883 587	157 177 039
1885	88 200 018	65 005 711	153 205 729
1890	127 093 481	87 144 480	214 237 961
1895	171 696 715	141 293 211	314 989 926
1900	211 070 422	158 996 752	370 067 174
1905	447 100 791	127 888 197	674 988 988
1910	462 964 894	380 333 328	843 798 222
1915	454 475 719	418 861 164	873 336 883
1920	762 250 230	541 631 300	1 303 881 530
1921	906 122 439	601 255 531	1 507 377 970
1922	945 049 650	654 891 933	1 599 941 583
1923	923 402 887	752 917 416	1 676 320 303
1924	1 018 210 677	771 784 468	1 789 995 145
1925	947 864 944	776 352 937	1 724 217 881
1926	1 124 221 253	864 294 771	1 988 516 024
1927	1 012 931 624	918 619 662	1 931 551 286

交通之进步。亦为中国工业化之一象征。铁路之修筑及船舶之制造。莫不与日俱进。自铁路建筑之始。至 1924 年止。中国已筑之铁路共有 15 300.13 基罗米突。其中 7 707.65 基罗米突为政府所有。

1 513.66基罗米突为民有。6 078.82基罗米突为外人所办。此15 300.13基罗米突铁路各省之分配见下表。

第2表 中国铁路各省之分配（1924）（基罗米突）

省 名	铁路之类别			总 长
	国 有	民 有	外人建筑	
黑龙江	——	28.73	930.00	958.73
吉 林	123.61	64.00	2 362.13	2 549.74
辽 宁	934.57	109.32	2 276.03	3 319.92
河 北	1 669.25	260.68	——	1 929.93
察哈尔	194.74	——	——	194.74
绥 远	200.86	——	——	200.86
山 东	946.37	78.05	——	1 024.42
山 西	342.98	——	——	342.98
江 苏	677.09	22.98	——	700.07
安 徽	280.62	38.61	——	319.23
河 南	1 224.65	7.00	——	1 231.65
湖 北	338.70	24.43	——	363.13
浙 江	208.75	——	——	208.75
江 西	34.20	128.14	——	162.34
湖 南	311.04	——	——	311.04
福 建	28.00	——	——	28.00
广 东	192.22	583.09	46.66	821.97
云 南	——	73.00	464.00	537.00
四 川	——	95.63	——	95.63
干路与支路之总长	7 707.65	1 513.66	6 078.82	15 300.13

　　船舶运输上之功用虽较铁路为次。然在中国运输业中。亦居重要地位。自1864年起。各海口轮船帆船出入口之吨数。海关每年均有统计。在过去六十年中各海口轮船帆船出入口之总吨数。有十八倍之增加。海关起始编制船舶吨数统计在1864年。是年出入各海口之船舶总

数为 17 976 只。其总吨数为 6 635 505 吨。至 1927 年出入各海口之船舶总数增至 154 275 只。其总吨数增至 116 210 785 吨。船舶总数及其吨数之大增。固足引吾人之注意。然轮船数目之逐渐增加。与帆船数目之日见减少。亦颇有研究之必要。在 1875 年时。轮船之吨数居总吨数 85%。至 1927 年轮船之吨数增至总吨数 97%。轮船营业果如是发达不已。数年或十数年之后。帆船在航业上之地位将完全为轮船替代矣。自 1864 年至 1927 年中国船舶吨数增加之详细情形。请看下表。

第 3 表　中国航业之吨量（1864—1927）

年	出入之轮船			出入之帆船			总　数	
	只 数	吨 数	百分比	只 数	吨 数	百分比	只 数	吨 数
1864							17 976	6 635 505
1865							16 628	7 136 301
1870							14 136	6 907 828
1875	2 406	8 264 481	85	5 588	1 503 160	15	16 994	9 867 641
1880	17 300	14 572 718	92	5 670	1 301 624	8	23 970	15 874 342
1885	18 691	17 012 930	94	4 749	1 055 274	6	23 440	18 068 177
1890	25 838	23 928 557	96	5295	947 902	4	31 123	24 876 469
1895	28 176	28 683 408	96	8 956	1 053 670	4	37 132	29 737 068
1900	57 576	39 555 768	97	11 654	1 251 474	3	69 230	40 807 142
1905	88 362	66 372 624	91	135 597	6 382 923	9	293 959	12 755 547
1910	96 196	82 337 331	93	123 614	6 439 358	7	219 810	88 776 689
1915	103 963	84 641 227	93	102 924	6 021 778	7	106 887	90 662 005
1920	121 338	99 642 210	96	89 271	4 624 485	4	210 609	104 386 695
1921	125 432	109 319 714	95	89 134	5 199 830	5	214 566	114 619 544
1922	123 401	119 354 968	96	63 017	4 776 393	4	186 428	124 131 361
1923	122 303	127 279 000	97	60 349	4 025 556	3	182 722	131 304 556
1924	122 213	136 829 598	97	54 169	4 603 229	3	186 382	141 432 827
1925	120 092	124 516 464	97	47 654	3 686 161	3	167 746	128 202 625
1926	27 319	131 149 431	98	41 677	2 410 175	2	158 996	134 659 606
1927	106 588	112 048 073	97	47 687	4 162 712	3	154 275	116 210 785

就中国之金融财政言。受工业化之影响而起显著之变化者。为银行之成立及各种公司之兴起。握中国昔日金融界之中枢者为钱庄银号。自工业化起始之后。其资既微。不足与银行竞争。信用制度亦远不如银行之便利。故其地位率为银行所取代。自1912—1920年之九年间。前北京政府农商部曾编制钱业统计。但自1920年后即行停止。即农商部之统计。仅有前四年所编制者较为可靠。盖自1915年以后。中国内乱频仍。交通梗阻。许多省份不能以可靠之材料。供给农商部。故1916—1920年五年间之钱业统计。殊欠详备。不徒钱业统计如是。即其他一切经济问题之统计材料。莫不陷于同一难境。然从农商部之统计中。可以探知1912—1920年间银行钱庄二者已投资数量之变迁。兹列表于下。

第4表 中国之银钱业投资（1912—1920）

年	钱庄（元）	百分比	银行（元）	百分比	总数（元）
1912	75 098 313	68	36 254 919	32	111 353 232
1913	86 628 664	76	27 301 526	24	113 930 190
1914	53 110 635	73	19 726 716	27	72 837 351
1915	64 463 021	82	14 136 426	18	78 599 447
1916	246 229 262	87	37 803 690	13	284 032 952
1917	171 457 373	78	46 072 611	22	217 529 984
1918	169 329 736	83	34 685 195	17	204 014 931
1919	37 448 536	41	54 247 711	59	91 696 247
1920	31 314 932	37	51 987 077	63	83 302 009

上表殊不完备。由此表所得。吾人对银行之发展。不能下一定之断语。但钱庄与银行投资数量比例之变化。则表现甚为明了。自1912—1916年间钱庄投资之数量。均远较银行投资为大。然自1916年以后。银行之投资渐增。钱庄之投资渐减。与以前变化之方向适相反对。至1920年时。银行投资竟增至钱业投资总数63%。然银行资本数量之骤增或非由银行特别发达原因之所致。盖自1916—1920年间。国内发生内乱十余省对中央无报告。有报告者或许为银行特别发达之省份。无报告者或许为银行不发达之省份。银行投资与银

庄投资比例骤增之现象。或亦由受内乱之间接影响。

新式公司之兴起。亦为中国经济蜕变中之一重要现象。近世工商业规模之繁巨。绝非旧式小规模之个人营业或合伙营业所能胜任。资本之数量既巨。投资之人数复增。必须更完更见复杂之组织以为经营之工具。依前农商部之调查。1912年时共有公司977家。其资本总额有111 000 000元。无论商业、农业、制造业以及运输业。无不有新式公司之成立。1912—1920年间。各业之资本数量莫不有一定比例之增进。其中制造业几占60%—70%。运输业及商业则上下于10%—15%之间。农业亦在5%—10%之间。

第5表　中国各种公司之投资（1912—1920）

年	农业		工业		商业		运输业	
	以千元为单位	百分比	以千元为单位	百分比	以千元为单位	百分比	以千元为单位	百分比
1912	6 352	5	54 808	50	13 427	12	36 309	33
1913	6 010	7	49 875	58	7 696	9	22 783	26
1914	4 960	6	62 108	68	11 689	13	11 765	13
1915	6 241	4	106 901	67	17 958	11	30 390	18
1916	9 791	5	132 780	72	20 579	11	23 319	12
1917	10 663	6	128 244	67	22 347	11	30 341	16
1918	9 498	6	108 903	67	22 044	14	21 688	13
1919	12 469	6	129 221	69	24 092	13	21 723	12
1920	41 145	16	155 221	61	35 209	14	21 213	9

各公司之资本。大小不同。但资本在10 000元以下者。为数最多。自1912—1920年。此等公司居公司总数35%—50%。公司资本之自10 000元至50 000元者。占公司总数25%—30%。公司资本在50 000元至100 000元者。约居10%。

工业与商业中心之兴起。亦为经济蜕变中一重要现象。上海、无锡、通崇海、武汉、天津、唐山、青岛、济南、大连、辽宁、广州。近来均变为工商业中心城镇。中国人民之城市生活。因之亦日进千里。城市化已成为重要问题。各城之工业。均渐行地方化。如上海、无锡、通崇海、武汉、天津、青岛之为棉纺织业中心。上海、无锡、天津之为面粉业中心。缫丝业则集中于上海、无锡与广州。大连则榨油业独盛。唐山为产煤要地。武汉则以钢铁著称。余如天津北平之地毯。上海天津之提花布。天津北平武汉平湖等处之针织业。以及杭州绍兴之锡箔。均渐成该地方之重要工业。工业中心若在沿海或处陆地交通便利之地位。亦往往同时为商业上之中心。如上海为中国工业中心。同时亦为中国商业中心。其余如天津、大连、广州、武汉等埠亦莫不然。各商业中心之重要。从各埠每年之贸易额及其与外国直接之贸易额可以见之。

各工商业中心重要之比较。亦可从各埠人口之多寡见之。但各埠精详之人口统计。尚未编制。各商埠之海关虽有租界之估计。然非将来有精确之调查与之对核。不能即视为最可靠之材料。

中国工业化之正在进行中。已为事实。但现在已至何程度。则除少数人之臆测外尚无确切之调查。各种工业之普遍地采用工厂制度。固可视为工业化之明证。然一加精密之研究。则知中国所采用之工厂制度与世人普通之所谓工厂制度。仅有不同之处。严格论之。工厂制度有三种要素。曰工作集中。曰实行监督。曰固定资本。如原动力是。三者缺一。不可谓之工厂。现在中国之所谓工厂。竟将三数手艺人所成之作坊。亦包括在内。殊有名不符实之弊。名之者非出于无识之徒根本昧于作坊与工厂之分别。即舍旧趋新之辈。故藉此名以惑众。现在无论私人与政府对工业之实况。均无精详之调查。前农商部所制九年间（1912—1920）农商统计。其详备之程度如何。可置不论。然其全国工厂统计之不能使人满意。为显明之事实。其所得之统计所以不能使人满意者。约有数点。第一从普及全国各省之一点言。农商部之统计。仅自 1912—1915 年四年之统计为可靠。自 1915 年以后。内战频仍。各省向农商部作工厂统计报告以及其他经济的统计报告者。年减一年。及至 1920 年。仅有十省而已。第二农商部定凡任用七人以上之制造场所即为工厂。未将固定资本之要素。加入规定之中。依农商部之规定。在 1912 年时。有 987 家成衣工厂。任用工人 14 886 人。第三其所制之统计。既不完备复欠精确。即在比较最可靠之四年中。各省均向该部作报告之时。尚常因经验缺乏。或执事者疏忽之故。错误甚多。其他统计之更不可依据。不待论矣。不徒各种工业每年总数时有不符。即同一工业每年之总数。亦记载不同。如 1915 及 1916 两年所得之报告。与 1920 年之报告。相去甚远。其他错误。更难枚举。由于计算不慎者有之。由于印刷错误者亦有之。1918 年纺织工业工人之总数。本为 270 815。错印为 207 815。此等大错。1919 年与 1920 年两次报告。竟未加改正。其粗略可想而知。农商部之报告。缺点固多。然除此而外。欲得一较为可靠。足以表示中国采用工厂制之进行。及中国工业化已至之程度者。竟不可复得。

（原载《中国工业化之程度及其影响》，工商部工商访问局 1930 年版，此处节选自其中的"绪论"部分）

三民主义与人口政策

陈长蘅

陈长蘅（1888—1987），字伯修，四川荣昌人。

清光绪三十二年（1906 年）考入四川留学预备学堂英文班。1911 年赴美留学，就读于密歇根州立大学，1917 年获经济学硕士学位。同年回国后先后任教于北京大学经济系、北京交通大学管理学院、南京军需学校，又任四川朝阳学院经济系教授兼系主任。1927 年任财政部秘书。1928 年任中国经济学社常务理事、立法委员。1946 年当选为国大代表。1948 年任行政院主计部主计官、交通部监察委员。中华人民共和国成立后，历任上海市文史馆馆员、上海市人口学会顾问。

著有《中国人口论》、《三民主义与人口政策》、《进化之真相》等。

一　生育革命与种族前途

有些人或以为我们国人采用了本书所主张的人口政策和生育革命，我们的人口一定会消减，我们的民族终久必会灭亡，实则不然。须知一国人口增加的迟速全视生育率和死亡率相差的大小如何。我们因生育率减低之结果，大家更有机会注重公众卫生，家庭卫生，个人卫生和婴孩卫生。并努力去掉社会的各种纷扰，各种愚昧，各种贫穷，各种黑暗，各种疾病，各种迷信，各种罪恶和各种乱源。使死亡率亦大大减低，则人口并不减少。不过为大家减除一笔最大的无谓消耗损失和无谓苦痛牺牲罢了。比方说，我们的生育率如能减去一半或一小半，同时我们的死亡率亦减去一半或一小半，则人口的自然增加率并无若何变更。譬如英国一九一四年之人口生育率为千分之二四，死亡率为千分之一四，自然增加率为千分之十。又英领印度同年之生育率为千分之四十，死亡率则为千分之三十，故自然增加率亦为千分之十。那年印度的人口约为二三五百万。假定印度当时的生育率和死亡率能减至与英国相等，即减去千分之一六。则印度的自然增加率仍为千分之十。然而即可少生三百七十六万人和少死三百七十六万人。这是何等经济，何等健全哩！足见印度是每年白白糟蹋三四百万的生命，并且耗费许多的精力财力。种族元气必然因之大减。我们现在的中国也是一样。按照民国十三十四两年金陵大学农林科卜凯和乔启明两教授调查安徽，河南，江苏，山西等省农户四二一六家共计二二一六九人之结果，计得每千人中之生育率为四二·二，死亡率为二七·九，自然增加率为一四·三。而欧洲节育运动最有成绩的荷兰在一九二五年之生育率则为二四·二，死亡率为九·八，自然增加率为一四·四。即中国人每年每千人中要比荷兰多生一八·〇人，同时每千人中要多死一八·一人，所以自然增加率还比荷兰稍低。若照此推算，则全国四万七千万的人口每年要多生八百四十六万人，同时要多死八百五十万零七千人。而实在增加的人口则为六百七十二万一千人。假定中国的生育率与死亡率能够减到同荷兰一样低，则实在增加的人口当为六百七十六万八千人，但每年便可少生八百四十六万人和少死八百五十万零七千人。我们想想我们每年如能少去这一大笔的虚账，为家室夫妇及国家种族，节省了多少的精神元气，多少的痛苦悲伤，多少的金钱财产，多少的祸患灾难呢？所以我们民族现在最不经济而最伤元气的事情莫过于高生育率和高死亡率了！这些每年多生的人和多死的人，如果排列成两条平行的直线，假定每人占立一尺半的位置，则两条直线约各长一百二十七万丈，或七千零八里有奇。恐怕比万里长城还要长些！可见我们国人每年因高生育率所召高死亡率的消耗损失，是再大没有了！我们全国的妇女如何去得着母性自由和真正解放呢？我们的国家元气，种族元气，和社会元气，安得不斲丧无余呢？我们如果照此类推，则中国近五十年因高生育率高死亡率所糟蹋的人命只按人口三万五千万平均计算，依照上述的排列方法可以排成二十六七万里这样长的直线，能够围绕地球赤道数周了！假使每年多生一个人和多死一个人所耗的精力钱财共值一百元，则每年应耗无谓的金钱六万万至八万万元。五十年的无谓消耗共为三四百万万元,即等于全国现有国富百分之八十乃至一倍。设若没有这种无谓的消耗,则我们近五十年内的国富,差不多可以增加一倍了!试问反对生育节制的人们对于我们国家民族每年这样大的无形损失,想到没有呢?我们只要每年拿这笔无谓的大损失之一部分来普及教育,振兴实业,和训练海陆军,则我们早已造到世界头等国家的地位了!而且我们这个办法并不会使中国人口如何减少,这是何等经济,何等健全呢!

我们要知道高生育率和高死亡率是如影随形。所以生育率减低的国家,死亡率大都同时减低,这是差不多成了人口学上的公例了。譬如美国的家庭自一七九〇年至一九二〇年之间。平均每户的人数会由五·七人减至四·三人,即每十年约每户减少十分之一人。但美国的人口增加仍极健全,近年且从严取缔移民入境,以增进劳工幸福及维持一般人民的健康生活,并无人口消减之忧,反而国势蒸蒸日上。且美国大多数的人口学者皆主张等到人口增加到一万五千万或最多增加到一万六七千万之后即不应再有增加。否则无论从天然富源方面,劳力供给方面或其他种种方面着想,皆无法维持全国人民的最高生活标准。所以美国人民将来的生育率当更为普遍减低,乃必然之趋势。又据英国前任生产死亡登记局局长马来特爵士(Sir Barnard Mallet)一九一七年就任皇家统计学会会长的时候,就说道:"法国当一九〇六年至一九一三年之间生育率低落百分之十七,婴儿死亡率低落百分之十八。同时英格兰与威尔士生育率低落至百分之十一,婴儿死亡率低落至百分之十八。丹麦生育率低落至百分之十一,婴孩死亡率低落至百分之十四。挪威生育率低落至百分之五,婴孩死亡率低落至百分之六。瑞典生育率低落至百分之十,婴孩死亡率则低落至百分之十三。"这都是表示一国若能减低生育率,便可以救得大批婴孩的生命。反之,一国糟蹋无数婴孩的生命,都是滥生小孩的直接结果。并且把许多青年或中年妇女的生命也一齐断送了!柯克斯说得好:"任何人口的总额增加到很大的时候其增加率必定要低落。这是人口数学上必然的法则。我们最应注意的是要看这种增加率的低落,是由于增加死亡率,或由于减少生育率。因为无论何国早迟总要在低生育率和高死亡率二者之中抉择其一。大凡能够高瞻远瞩见识远大的人都赞成减低生育率的方法,只有中国印度还用高死亡率的方法哩!"所以我们认为减低生育不但是全国妇女最大的解放,并且是全国男子最大的解放。也就是我们中国民族最大的解放。

乐观派的学者如杨效春先生一面主张"把女子结婚年龄定为十七岁,"一面复主张"全国的贫苦儿童都应由公众代为养育并供给衣食,"同时杨先生又不许我们提倡"生育节制";吾想在这种保育政策之下,全国的贫民必一致努力早婚多产,添子益孙,恒河少数的贫苦儿童逐日添造起来。纵将全国属于中山先生所谓"小贫"阶级的家庭通通改作"大贫"阶级的养育院,都还不够。这样的"大中华贫儿国"恐怕不见得更适于生存罢!杨先生既征求"大家严密的指正",著者不得不贡献数语,以与杨先生商榷。鄙意一切救贫政策和救贫方法,总要能够"止贫"和能够"防贫"。不然,"旧贫"去了,"新贫"又来,"贫去""贫来"。终究还是一个"贫"。犹如一国的人民不讲体育卫生,不讲防病疗病方法,专讲由"公家施舍棺木"。施来施去,死亡率并不减低。或不谋善生善养善教。专重"严刑峻法,不教而杀。"杀来杀去,罪恶并不减少。因为这些方法都是消极的而非积极的,是治标的并非治本的。根本的救贫方法,一方面固然要改良生计,普及教育。一方面也要传播节育福音,使贫民知道"量入为出"。如果能力不够,就不要随便生小孩子。实于身家社会均有裨益。总之,小孩子来得太快,母亲的精力就会耗竭,父亲的进款或社会的进款就会空虚,贫穷疾病和高死亡率就会接踵而至。这种社会的人口,就会如韦尔士所谓:"百分之九十九的人口皆从幼到老斤斤以糊口为唯一事业。从事一种如蝼蚁觅食一般的生活。并且靠无可逃避的天灾人祸来维持一种土地与人口的均衡。这样的国家种族,自难有进步之可言。"这些险恶的结果,是丝毫不爽的。杨先生既为乡村教育的导师并且是一个经济学者,我们要请杨先生担任一部分提倡生育革命的责任才好哩。

杨先生说"生育限制"是"因噎废食"的主张。著者则以为"相当的生育限制"是"饮食有节"的主张。要大家"不要儿女",才是"因噎废食"的主张。他人有无"不要儿女"的主张,著者不得而知。如有其事,著者亦愿帮同杨先生"毫不客气,加以辩驳"。鄙意"不要儿女"和"独身主义"是一样地不近情理,一样地对于种族前途放弃一种最高天赋。一国的圣贤豪杰和一切善男善女，如果放弃了这个最高天职，尤使种族遭受莫大的损失。如同他们或她们都在疆场上战死了一样。现时社会之中已有一部分的优秀健全的青年男女，"未尝不欲择配，又恶不由其道。"所以大家还要努力改革俗制，改进社会，提倡各种高尚的娱乐和健全的社交，使青年男女更有自由择配的良好机会，免使国家种族遭受一种无形损失。又自由结婚的国家，其结婚率之高低恒与经济状况之良窳成正比例。所以经济的改造尤万不可少。经济生活愈优美，人民亦更愿结婚传后。男女择配既比较容易，而且结婚之后亦更能建造良好的家庭。又男女社交虽应充分自由，但同时总要高尚纯洁，各有分际，而不流为浪漫淫荡。正当的婚姻和良好的家庭方能增多。否则必比照减少。盖男子过于浪漫，女子必视婚姻为畏途。反之，女子如果过于浪漫，男子亦难视为意中良伴也。浪漫的生活即成婚之后，亦罕有良好结果。所以男女都要有高尚的道德，并且两性之间都要有同样的道德标准，不许有两样的道德标准；两性的择配自由和种族的根本健全，始有保障。然后社会之中，所有健全分子皆能求得佳偶良缘，共成良好眷属。俗谚说得好："种莲子，开荷花。种好子，结大瓜，不种子，没有他。"所以我们决非丧心病狂，主张因噎废食，不要种子。我们是主张要种好子，才能结大瓜。并且选得好种子，还要种得不太密，才能真正结大瓜。

从前美国罗斯福总统曾说道："一国的健全男子都应有当兵的义务，健全的女子都应有养子的义务。然后国家种族得以永远生存发达，弗替弗衰。"所以当兵为男子最高天职之一，养子则为女子最高天职之一。人类一日未到世界大同，男子一日不能不当兵。人类一日未到地球末日，女子一日不能不养子。且男子终究还有不必当兵的一天，男子不当兵的一天就是世界的人口问题完全有了解决办法的那一天，女子则永远没有不必养子的一天。所以妇女养子的责任，可以说是"悠久无疆"，与人类相终始。这个责任既是"天长地久"，最重大而最神圣。我们就要尽量设法减除妇女一切无谓的痛苦牺牲，使她们都能得着最大的安慰，享受最高的幸福。美国社会学家洛士曾说道："每添一个子女必添两种消费，一种是生理上的消费，一种是经济上的消费，经济上的消费得由父母共同负担，生理上的耗费则只能由母亲独担。所以要有生育节制才有妇女解放。"英国人口学家柯克斯也说："妇女的格外重视,当远过于男子。因为妇女必须尝试怀孕的麻烦与生产的危险。"我们国人前此都把妇女当作养子的机器看待。子女多寡,为贤妻良母的差不多毫无发言权。妇女在种种不良俗制压迫之下,从未享受过完全的生活。此我民族所以不昌!我们主张相当的生育节制,不过使全人类的妇女在她们天长地久的养子期间,或各个妇女在她们一生一世的养子期间,多放几天优待假,多有几天休息,使她们更有自由的机会去发展自己的能力天才。然后她们所养的子女,也更为英伟高贵,更为优强健壮,更为聪颖活泼,更为美满完全。并可得着完善的母教。而为未来的良好国民。然后可以引领文化,承继地球,延及苗裔,传之无穷。老子说得好:"天下有始以为天下母。既得其母以知其子。既知其子复守其母。没身不殆。"又云:"知足不辱,知止不殆,可以长久。"又说:"多言数穷,不如守中。"是以名利要知足,养儿也要知足。男子当兵要有休养,慈母养子也要有休养。兵士要改良待遇,慈母也要改良待遇。何况为慈母的既同时为丈夫爱的中心,凡能爱妻如己爱妻逾己的人们,尤非"既知其子复守其母"不可。理想的圆满家庭,自然是要"三位一体"。有了圣父圣母,还要有圣子圣女,然后圣父圣母优美的"胚种形质"方有所寄托。我们提倡生育节制,不过是希望大家情长儿女。宝贵儿女不要刍狗儿女,糟蹋儿女。并不是希望大家不要儿女。一切生物界中都有两条大定律:一为种族的自卫。一为种族的繁衍。人类既为生物之一种,亦不能违此定律。人类种族自卫的责任,则大半由男子担任之。而繁衍的责任,则大半由女子任之。种族的自卫愈严密,繁衍的机会愈多。反之,种族的繁衍愈健全,种族自卫的力量亦愈大。所以一面要设法增大种族自卫的力量。一面也要改良婚姻,改良遗传,改良生育,以谋族种的根本健全。然后我们的国家民族可跻于世界最先进国家和最优强种族之林。然后国以永利,民以永福。"室家无离旷之思,千岁无战乱之患。"

(原载《三民主义与人口政策》,商务印书馆1930年版。此处节选自其中的第十二章中的"结论"的第一节)

中国资本主义在中国经济中的地位及其发展及其前途

王学文

王学文（1895—1985），原名王守椿，又名王昂，江苏徐州人。著名的马克思主义经济学家、教育家。

1910年赴日本留学，入东京同文书院。1925年获京都帝国大学经济学学士学位。1927年回国，同年在国民党中央海外部任《海外周刊》编辑。1937年赴延安，历任中共中央党校教务主任、管理委员会主任。抗日战争初期，担任中共中央马列学院副院长兼教务处处长。1940年调任中共中央军委总政治部敌工部部长，兼任敌军工作干部学校校长。后任陕甘宁边区银行顾问，被选为中共七大代表并出席大会。是第五届全国政协常务委员、全国人大代表等。

主要著作有《社会问题概论》、《经济学》、《近代欧洲经济思想史》、《政治经济学教程绪论》、《〈资本论〉研究文集》等。

五 对于中国经济的认识

中国经济到底是甚么经济？我们要怎样地才能够了解？

据我们看来，中国经济必须具体地认识才能真正地理解。

我们就中国经济的实际情形看来，中国的经济究竟怎样呢？广大面积的中国，蒙古新疆青海西藏等处现在还经营着原始的幼稚的经济生活，在这些地方不问其为原始的牧畜，或原始农业经营，要之皆是自己生产以自给自足为原则，物质的生活必需资料，其生产与消费都在同一经济地位内完结，既不生产需要交换的物品，也不要和其他经济团体交换生产物来维持其物质的生活。这种自给自足的生活，一般地广泛地存在，成为那些地方住民的普遍生产。

至于交换经济,在这些地方并不是不存在,在接近比较有高度文化的异民族的地方,也能看见市场的存在继续不断的商品交换,并且其交换不限于幼稚的物物交换的形态,而且有以货币为媒介而交换的高度交换方式。同时在其内地农耕比较发达的地方,虽然其形式比较幼稚次数不甚频繁,也有交换现象的存在。但是,这种交换经济在广大的自给自足经济中,只不过是较小的萌芽形态,并不能占主要的支配的地位。

其次,所谓十八行省或二十一行省地方,多数乡村间,尤其在内地的行省的多数乡村间所谓农村经济的,大体仍是以自给自足为原则,农家自己需要的物质的生活资料由自家生产自家消费,自家生产的物品由自家消费,既不需要经营自家生产的物品,也不要购买自家的用品。至于商品生产和商品交换,在这种农村间成为稀有罕见的现象,在农村全部经济生活并不能占得重要的地位。

当然也有许多地方的农村生产,已经商品生产化,就是农民一面当作农业的副业生产手工业品供给到邻近的市场,同时把其生产的粮米之类当作商品向集镇都市贩卖。并且随着中国农村自然经济的变化与破坏,这种商品生产尤其粮米当作商品生产的现象,次第扩大起来成为农村间显著存在的现象。

同时在都市之间(或较大的集镇之间)商品生产,早有相当程度的发展,即手工业的商品生产,广泛地一般地存在成为我们日常普通容易看见的现象。这种商品生产一面供给于邻近农村,同时在都市内贩卖,有时还供给较远的地方,形成中国多数都市生产的主要形态。

但是,这种商品生产无论其在农村与都市,都只是单纯商品的生产,前资本主义生产方式的,尤其是封建的半封建的生产方式的生产。我们在这种商品生产里,只能看见旧的前资本主义的经营形式。

这种商品生产和商业资本与高利贷资本有紧密的关联。这里所谓商业资本和高利贷资本,是指资本主义以前的资本形态。这种资本形态,也为中国主要的前资本主义的剥削方式之一,特别与封建的半封建的小规模的商品生产,关系最为密切,或者再进一步说:这种资本实在站在前资本主义的商品生产之上。以压迫剥削那种商品生产而存在的。

商业资本和高利贷资本的存在,就是前资本主义的剥削形态的存在。这种资本,只压迫剥削小商品生产者,(农民和手工业者)而其自身并不参加生产并不经营生产,单单只是一个剥削方式而并不是一个生产方式,换言之,只是站在一定生产方式上的一个剥削方式。这种资本形态在中国广泛的存在,在都市和农村间演着剥削的主要角色的,正是中国社会生产力发展程度的一个表现。

六　中国的主要经济形态

其次,我们再就中国社会的主要的生产关系来看,中国社会所存在各种经济生活经济形态究竟怎样?

原始的幼稚的牧畜方式和农业生产,仍是在形成着家族或氏族的血族团体内经营,即一定的血族团体站在共有的土地或家畜财产之上经营自给自足的生活,生产自己需要物质。

所谓小规模的商品生产,如前所述是指农业和工业两方面:在农业方面是地主和佃户结成的关系,在都市方面是师傅和徒弟(时常有工匠介在其间)所结成的关系下来经营进行的。这种主要的生产关系广泛地存在于中国,所谓单纯商品就是在这种生产关系下生产出来的。

我们再看:各省都市(和大的集镇)之间,多在师傅制度之下经营生产,在帮行制度之下经营各种产业,劳动剥削的无制限,多于是无代偿,形成着封建式半封建式的榨取形式。这种封建的半封建的制度的存在和其他经济上习惯的通行,都是封建的半封建的经济关系存在于中国的具体的表现。

在农村之内,地主和农民尤其是地主和佃户结成一定的关系,在这种关系之下地主实行其剥削。地主对于农民的剥削,是取地租的形式。这种地租,在比较低级经济形态之下是用物纳的方式形成所谓物纳地租,即令在比较高级经济形态之下,取金纳的形式形成所谓金纳地租,也只是自然经济的货币经济化,只是前资本主义的剥削,前资本主义的地租形态。

我们在中国农村之内,可以显然看见地主对于农民的劳动榨取取着赋役的形态,就是农民要为地主无代偿的服务,或为其运搬粮米或为其作某种工作是以无代偿的形式来实行的。这种劳动榨取,更形成中国封建的半封建的剥削的特征。商业资本和高利贷资本有时同时为土地所有者,更使剥削增加一层复杂性。此外,农民按一定时节要向地主送纳一定礼品等等,也是在中国许多农村中时常可以看见的现象。这不用说,都是封建的半封建的经济关系存在的表现。

再就政治经济方面看来,则中国封建的半封建的剥削,更形显然。例如,大小军阀的剥削,尤其是不近海岸的军阀的剥削以农民为主要的对象,田赋的收入为主要的租税收入,田赋的预征与重征,地方租税的存在,国内关税的存在,苛捐杂税的滥征,公债的强派,财政的不统一,公路建筑的无偿劳动的强制征发,军阀混乱时战时强制拉夫和物品的无偿强制征发。这都是中国经济的封建性和半封建性的表现。

由这看来,广大面积的中国,维持着种种的经济形态,边界地方广大区域的原始的幼稚的经济,因为其为自给自足经济并且因为孤立地隔离地经营的关系,在中国经济中并不占重要的地位。在中国经济中占重要地位,在中国经济生活上演着重要角色的,实在是封建的半封建的经济。

我们就以上所述的范围,可以断定中国主要的经济是封建的半封建的经济,中国主要的经济生活是封建的半封建的经济生活,即是在封建的半封建的关系下的经济生活。

中国交换经济的进步,商品生产的发展,使经济次第货币经济化,货币经济发达的都市,商业资本与高利贷资本占着主要的地位,形成了都市经济支配农村经济的局势(注)。

(注)我们在这里可以找到军阀困守依据都市的一个物质的根据。

七 中国资本主义经济的发展

我们在上面断定了中国的主要经济形态是一个封建的半封建的经济。但是,这还是一个抽象的观察。事实上除此以外,还有资本主义经济的存在。我们现在来看中国的资本主义经济怎样和其在中国维持中所占的地位如何。

我们就以上所述的看来，中国经济除去原始的幼稚的自给自足经济以外，主要地是维持着封建的半封建的经济。这封建的半封建的经济，是在中国经济占支配的地位，广泛存在的经济形态。

至于资本主义经济，资本家的生产方式，除去沿海大都市或少数地方外，我们在广大的中国土地中，很难看见，虽然有许多地方，已经有手工的工场工业的存在，并且已经相当地发展，又有些地方资本家的生产方式之农业经营已经存在，已经有多少程度的发达；但是，这种资本家的生产方式多是资本家的生产成立初期时代的形态，和沿海大都市或少数特殊地方比较起来，更形幼稚，仅仅只能说是资本主义的小小萌芽。

沿海大都市和少数地方，的确有中国资本主义经济的存在，并且有相当程度的发展。但是，更具体地说来，中国资本主义经济的发展究竟怎样呢？就地域的面积说来，不过少数大都市和少数地方，就发展的程度说来，所谓中国的资本主义经济，所谓中国的民族工业，还只限于资本主义的工业初期时代的轻工业。

这种资本主义经济在广大的中国经济区域中，就是在广大的中国封建的半封建的经济区域中，只不过发展初期的萌芽形态，并不能占得主要的地位。

我们的确认识这种资本主义经济所占的区域虽小，而却比较地有力。资本主义经济和封建的半封建的经济，就同一大小的区域比较起来，资本主义经济确比较地有较大的力量，就生产力言之，就生产的数量言之，就资本的支配力言之，资本家的生产都大于封建的半封建的经济，资本家的生产确比封建的生产是较高级进步的生产。

但是，比较地有力只限于比较地有力。上面所说的，只限于在一定条件下的比较，事实上，中国资本主义经济并没有占得大的区域，在中国经济中并没有压倒的势力，并不是代表中国经济的主要特征。

同时，我们也并未否认，中国资本主义经济的发展。中国资本主义经济，虽然还在其发展的初期阶段，但是，也有一定的发展与相当的变化。我们现在对于中国资本主义经济的发展过程，不要详细地介绍，试就中国资本主义经济的发生和现在的情形比较起来，在这多少年间确有了不少的进步。例如，工厂的设立，生产的规模，生产的数量等等，的确有了发展。

我们再进一步地看，中国资本主义经济的发展究竟怎样？在中国资本主义经济的发生和现在比较起来，如前所述，的确有了不少的发展。但是，这种发展并不是简单的发展过程，而是经过了许多的迂回曲折，并且其发展有一定的限度，到达一定的限度即停止难以向前进行。

因为这个原故，中国资本主义经济虽然有数十年间长期发展的历史，而终停顿于一定状态之下，在中国整个经济依然不得不居于次要的地位，不能形成主要的支配的经济形态。中国学者有的以为中国经济已经资本主义化了，或在说，中国资本主义经济已经在中国经济占得支配的地位，这种见解，我们不能不说他是盲目，不能认识中国经济现状是甚么。

（原载《新思潮》1930年第5期，署名"王昂"。此处节选自其中的第五、六、七共三部分）

为讨论"改良中式簿记"致徐永祚君书

潘序伦

潘序伦（1893—1985），又名秩四，江苏宜兴丁蜀镇人。国内外颇负盛名的会计学家和教育家。

1921年毕业于圣约翰大学并获文学学士学位。1923年获美国哈佛大学企业管理硕士学位。翌年，又获哥伦比亚大学经济学博士学位。1924年学成归国后，先后任上海商科大学教务主任兼会计主任等职。1927年，创办了潘序伦会计事务所，并编译出版会计丛书和创办立信会计学校。1930年，任国民政府主计处筹委会委员、主计官。抗战胜利后，任经济部常务次长。1947年，受聘为全国经济委员会委员。立信会计专科学校为中国培养了大批合格的会计人才。

主要著作有《高级商业簿记教科书》、《中国政府会计制度》、《公司会计》、《高级会计学》、《审计学》（合著）等。

玉书我兄先生惠鉴。近来吾兄从事于改良中式簿记工作，努力服务社会之精神，深可钦佩，复承见惠尊著《改良中式簿记概说》十册，及会计杂志改良中式簿记专号十册，嘱为分发敝所同人，加以批评。此种无固无我之态度，殊可钦佩。弟不才，于会计原理，并无深切之研究，本不敢轻于尝试，只以嘱之再三，不得不免贡其愚，维希詧（同"察"。——编者）正是幸。

尊著中主要部分，全在改良大纲十条。其他如账户分类账簿组织账簿表单格式及登记方法记账规则等节，均根据改良大纲而编制，属次要之问题，似可暂缓研究，兹所欲与吾兄讨论者，即在此大纲十条也。于此十条之中，弟大多数表示赞同，少数表示附条件的赞同，间有一二条，则觉尚有慎重讨论之余地，未敢曲为附和，兹分条述之如下。

（一）尊定改良大纲第一条，主张"改良中式簿记，必须采用新式会计与复式簿记之原理原则，凡中式簿记法中理论及效用与复式簿记法相符合者，仍旧沿用。"此项原则固无弟表示反对之余地。惟有一点似须声明者，即以簿记之上，冠以"中式"二字，且以之与复式簿记相对峙，似系采用一般通俗之意义，而非由科学之眼光立论也。窃尝谓世界各国，风俗习惯固有所谓中西之分，而科学上之原理原则，则不应有中西之别。如日历之有中西，衣服之有中西，则风俗习惯为之也。医学之有中西，则因中医与西医根本上之出发点不同，一偏于哲学，一重于科学也。至于簿记一科，若以书写有横直之分，字体纸张有中西之别，而谓之曰若者为中式，若者为西式，若者为旧式，若者为新式，则仍系从风俗习惯上立论，而非从科学上原理原则立论也。若在科学之立场论之，簿记只有"可以结算损益之簿记与无从结算损益之簿记"、"以人名账为主之簿记与不以人名账为主之簿记"、"以现金为主之簿记与以财产为主之簿记"、"单式簿记与复式簿记"等区别，而无所谓"中式簿记与西式簿记"、"新式簿记与旧式簿记"之分别。盖即在英美诸国簿记会计最发达之城市，其中规模简陋之企业机关，亦何尝无"以现金为主"、"以人名账为主"、"无从决算损益"、"不完全"、"单式"等簿记。考其内容，与吾国一般小商店所用之簿记，实体上无甚差异。而我国老式商店中所用簿记比较完全者，如前曾盛极一时之典当票号，现在之钱庄以及其他规模较宏组织较备之商号，其簿记之内容，几无一不可以结算损益，而所有财产账目亦并不专限于现金账人名账之一部分，其记账方法之完备优良程度，与西国所用者，实无多让也。总之科学之原理原则，彼此固无二致，何来中外新旧之分。故弟对于通俗商人所用中式簿记旧式簿记等名称，一向不敢贸然赞同，盖所谓"中式簿记"者，是否指其为单式而言？如以中式为单式，则"中式簿记"之合复式原理者何多耶。如以中式为以收付现金为主之簿记方法，则在英美诸国中一般组织简陋之小商店，其有采用现金收付为主者，吾人亦将称之为"中式簿记"耶。故鄙意以为吾国簿记一端，本无如中西医学之久成对峙形势，不过因吾国所应用之方法，尚不及西人所常用者之完备而已。年来我国各界对于簿记之术，逐渐进步，中外一致，转瞬可期，而吾兄于改良簿记进行顺利之时，特别提出所谓"中式簿记"者，加以改良，以求其与所谓"西式簿记"者永成对抗并立之势，是则与"科学统一"之原则，似有不符也。

（二）尊定改良大纲第二条，主张簿记书写之法，不用横写而用直写，以符旧习。按我国账簿之素采上下书写。亦与吾国书籍中文字向用直排而不用横排者同一原理。在可以适用而无困难之情形下，弟深为赞同。惟在大规模之企业组织，账簿之记录甚繁，必须应用种种专栏，以便计算金额之总数，而求过账工作之节省者，则似不可以"保存国粹"之虚名而坚主直写。盖直写不能多立专栏，记账过账工作，终不如横式之简便可行，如欲于直写之账簿中使用专栏，则账簿过高，书写及阅看均属不便。故窃意横写直写于原理上固无区别，惟依科学之立场观之，其取拾之标准，当以何者便利于应用为依归。我国关于数学簿记等书籍，其中算式公式等文字，即在旧书之上，亦以横排者为多，现在坊间所印书籍，其中如夹有许多数字及算式者，亦多将全书文字改用横排，是亦为求实际之便利计，固勿庸拘泥于习俗者也。我兄云直写并无不便，则系指账簿中不用专栏之时而言。或指使用专栏甚少时而言。但账簿之用多栏，实为簿记上一大进步。不用专栏之账簿，除范围极小，账目极少之商店，尚能勉强应付外，若在规模较宏，业务较广之企业，其总账内所列账户数目，往往多至数百或千数以上，在应用统驭账户之时，势非在账簿上多用专栏不可。虽依我兄之主张，统驭账户之应用，可将各项日记簿细加分割，另设总日记簿，每日于特种日记簿上计出每一项目之总数，而记入于总日记簿，月终有各账户结算表以为分户账细数与月计表总数互相核对之用，亦可同样得到设置统驭账之功效。然依鄙见观之，日记簿之效用，虽有多种，但其主要之作用，原在将一企业之各项交易，照其发生时间之先后，汇记于一簿，且将一项交易之记载，汇记于一处，以便按时可以查阅交易发生之先后及关系也。故在通常情形之下，日记簿之设，只有三四本者，其运用上尚不致有何困难。设或分割过细，则日记簿之重要作用，或将全失。盖一则不便按日查阅各种交易之过程，二则每项交易之涉及两种或三种事项者，无不须在两本或三本特种日记簿上重复记载也。（例如现销交易既须入现金簿同时又须入销货簿之类是）且以经济之原则而言，账簿之册数，苟能减少，则务求其减少。近来新式账簿之中，所以设置许多之专栏者，亦无非鉴于施行统驭账户制度时，日记簿分割过多之不便，故利用专栏，以减少特种日记簿之册数耳。依吾兄之主张，则凡在交易情形复杂之商店与工厂，其决算表上各科目，几无一不为统驭账户之性质，倘其日记簿亦须分割至数十册之多，则其记录及查阅之不便，为何如乎？至于用总日记簿之方法，无论在记账之工作上或时间上，终不及以采用专栏制度之便捷而合算。盖尊订总日记簿之记法，须每日将每一分日记簿中关于每一项目之交易，分别收付，计得总数，然后填入总日记簿，再将各簿收付数加以总计，会合上日结存而求出本日结存。然考分日记簿之记录，系顺交易次序而记载，并非如银行会计中之日记簿系根据传票，分别科目而记入，则每日计算每一科目之共收共付，必须在簿中逐一找寻。始得计出，偶有遗漏，必须一再查复，则其记账工作之繁重与不便，可以想见。吾人对于记账方法之设计，自亦应严守经济学之原则，以最小劳力获得最大效果为主旨，今有良好简捷之方法而不为采用，而另立其他较为繁复之方法，实为弟所不敢赞同也。

（三）尊定改良大纲第三条，主张记账方法，仍照旧沿用现款式收付之记账法，即日记簿所记各科目之收付，过入总账中并不反其收付，而现金科目本身之收付总数，过入总账时，须反其方向。此为我兄改良方案中最为主要之特色，亦即为弟所最难附同之焦点。盖以现金之收付为记账基础，在确定现金交易之收付，固属便易，然欲分别非现金成转账交易之应收应付，较之复式簿记之借贷分录法，实更复杂而困难。例如某厂机器，在某年之末计折旧一千元。在吾兄所主张之现金分录法应"收机器银一千元"，"付折旧银一千元"。如谓所收所付者为现金乎？则实际上绝无其事，所谓"会计应表示事实"之原则，为之破坏无余矣。如谓所收者为机器所付者为折旧乎？则又恰与事实相反，因机器业已用去，焉得谓之收，机器之服务实已取得，焉得谓之付耶？故现金分录法在以前企业尚不发达，财产多以现金为主之时代用之，尚无不可，目下各项财产日变繁复，所谓现金一物，事实上既已不复存在（各家所谓现金，实多为银行存款）是以现金为主之簿记方法，在他国原已使用者，无不逐渐淘汰，改以科目为主。即在我国亦显有此项趋势，若再以提倡现金收付为记账之基础，在学术上恐须受开倒车之讥，在科学进步之今日，岂相宜乎？吾兄对于此点之说明，则谓现金一物，在今日仍为最可宝贵之物，故仍可用作记账之单位。信如此也，则普通商店之货品，亦系最可宝贵之物，其亦可用作记账之单位耶？鄙意总以为所贵乎有会计者，在能表示交易之真相而已。对于其事物之可宝贵与否，不应过问。倘所收者实非现金，而记之为收，所付者实非现金，而记之为付。此种簿记方法，无论如何，终非科学的簿记方法也。进而言之，若谓兄所主张之收付簿记，并非以现金收付为主体，乃以现金的价值之收付为主体，信如此也。则所谓现金之价值者，当即系各项财产之现金价值，其收付仍以科目为主，与借贷仍同一原理，不过反其方向耳。按此种相反记录之办法，于学理上既无较优之根据，于实施时亦并不能如我兄所言之通俗易晓。盖既无正当理由之解说，则犹徒令人以然，而不告人以所以然，非但熟审我国旧式账理之商人不能了解现金本身总数之何以于过入总账时须反其收付，而目为奇突。即属通晓复式簿记原理之记账员，亦或莫名其所以相反记录之原由，而大感不顺也。现在世界商业习惯，日趋大同，吾人正应提倡一致之方法，以求彼此业务上之便利。例如废阴历用阳历，废中国原有之度量衡制而改用米突制（即公尺公升公斤制），国人之所以不惮烦劳而日事习俗上之改革者，亦惟求与全世界相同，不肯独异，使彼此业务上发生不便耳。又如行路习惯，各国均靠右行，而英人独靠左行，各国之资产负债表均将资产列左而负债列右，而英国式者独反之，此种不与世界从同之习惯，已为举世所诟病，则我兄兹将与世界相反之簿记方法，故加提倡，是犹重行提倡阴历，及主张恢复原度量衡制，不仅与事实为无益，且亦将为举世所诟病矣。

（四）尊定改良大纲第四条，主张采用四柱结算法，谓此法较复式簿记之平衡试算法为佳。并谓四柱结算法"功用之大无与伦比"。弟对于此点亦未敢贸然附和。因我兄所拟之四柱结算表格式，除以现金多为记载之基本外，其原理与通用之试算表，无甚区别。盖不过将上期试算表与本期试算表合并编制，而在其中间增添两行收付之数耳。兄谓兄之四柱结算表，较之通常之试算表，可以表示较多之事实,故功用较大。殊不知普通试算表之主要作用,原不过在检查过账工作之有无错误而已,并非欲赖以表示企业之财政情形与营业之过程也。故其作用,绝不能与结算表相提并论,亦犹长凳方凳,各有效用,断不可因长凳之位置较多,即谓其构造较方凳为良也。吾兄所拟之四柱结算表格式,除以现金为记账主体之一点而外,究其实不过为试算表之一变形耳。表中内容,与吾国原有之四柱清册相较,觉其相距殊远。(盖以前之四柱清册,并不将负债列入)即以其形式而论,谓之为四柱,实觉牵强,谓之为六栏,则颇适合。如曰此表之中,则包含之数字,及所示之账目情形。较两栏之试算表为多也,则普通簿记教科学书中所示之八栏式或十栏式十二栏式结算表,不仅可以示收付借贷之情形,同时并可示资产负债与损益之数额,其功效之大,岂不较之吾兄所主张之四柱结算表,又增数倍耶。再以四柱表之编制方法论之,亦觉其重复累赘。盖上期试算表之数字,只须取上期该表,一阅便知,何必强令制表人员,每期重复抄写,费去如许无谓之工夫乎?依弟愚见,试算表结算表之栏数及格式,本无一定,有时简单,有时繁复,是在应用之者之善于随机应变,以期适用而已。断不能即谓四柱之胜于二栏,或八栏十栏之胜于四柱也。

(五)除上述四项以外,尊定改良大纲第六条,主张依照复式簿记,将各账簿订定格式,编定页数,并每本账簿均附详细登记法,第八条主张依照复式簿记,确定账户名称,并明定适当之分类。第九条主张参用复式簿记,严密规定账簿之组织系统。第十条主张根据复式簿记,订定记账规则。凡此数项,均为对于我国原有簿记之种种缺点,一一采纳复式簿记之原理原则,加以改良,弟当十分同意。至于第七条主张改用戳记,于学理上无多大关系,弟亦不必异议。惟账簿格式,依据上述第二项理由。弟主应以横写及采用世界一致通行之亚拉伯字为原则,如遇可适用直写而无妨碍时,或亦不妨例外采用,要不能以直写为主体。又账簿组织系统,依据第二项理由,鄙意以为应以采用统驭账户制度为适当也。

总之我兄服务社会,改良会计之热忱,深可钦佩。惟弟总以为"改良中式簿记"似只能认为改良簿记运动中之一种过渡办法,而不可视为有学术上之价值,仅能视为小商号不得已之补救办法,而不可作为普遍之宣传。若宣传逾分,则恐将使真正科学之簿记方法,反有妨碍推行之虑矣。未知高明以为然否?窃念学术原理,必待论辩而益明,故敢据陋见以直陈,不逭之处,尚祈有以教之。

二十三一月十五日

(原载1934年发表的《立信会计季刊》第二卷,第四期)

我国币制问题

刘大钧

刘大钧（1891—1962），江苏丹徒人。民国时期著名的经济学家。

1911年北京京师大学堂毕业后，留学美国密歇根大学，师从著名经济学家亨利·亚当斯（Henrry Adams）及弗里德里克·泰勒（Frederic Taylor），专攻经济学和统计学。1916年回国后，先后出任清华大学教授、中国经济学社社长、国民经济研究所所长、中国经济统计研究所所长、重庆大学商学院院长等职；主持《经济统计月刊》、《中外经济周刊》等杂志。此外，他还曾数度入阁，先后出任北京政府经济讨论处调查主任、财政整理委员会及税则委员会专门委员、国民政府立法院统计处处长、统计局局长、国民党资源委员会委员、中央银行经济研究处专门委员及经济部驻美商务参事等职。

主要著作有《中国工业与财政》、《外国在中国的投资》、《上海工业化研究》、《工业化与中国工业建设》等。

自八月二十二日以来，我国政府因白银问题，已屡次与美政府交换意见。其中一次有拟铸金币及以银易金之提议。此事关系我国币制，甚为重要，故不得不详加论列。

十九世纪欧美采用金本位，只有一种。嗣后除原有的金币本位外，更有金块本位，及金汇兑本位等。当一九二五年欧洲各国逐渐恢复金本位时，吾人即主张我国用逐渐的方法，实行金本位。其第一步在海关用金币征收关税，当时曾用英文在政治学会季刊中发表。嗣后国民政府聘请凯末勒顾问团，研究我国货币问题，凯博士亦主张采用金本位，而由海关征金入手。故我国现有海关金单位，而所用支票,与外国金本位国家之支票相同,但无钞票及金币流通市面而已。嗣后一九二九年银价暴跌,吾人又主张采用金本位,以安定币价。当时所谓金本位,以我国情势言之,仅为金块本位和金汇兑本位,比较的容易实行。海关金单位原以美金四角为定价,即是金汇兑本位的办法。现在因美国放弃金本位,改用伦敦市场金块市价,制定关金的价值,则又为一种金块本位矣。

以前银价跌落之时,大家固然未料到经过近两年激烈的变动,至使银价反而暴涨。但果使当时已采用金汇兑本位,经过几年之经验,可以维持我国汇价的平衡,则此时他国虽然放弃金本位,我国亦未尝不可改用英金汇兑为标准。换句话说,即英国放弃实金本位,我国随同放弃,而仍维持与英国纸币汇兑的平衡,即与现在所谓英镑团的 Sterlingaria Group 各国处于同一地位。至于现在现金集中一二国,各国多半放弃金本位,银价虽经上涨,我国欲采用金本位,反有种种困难。兹分别讨论各种金本位,并研究我国采用的可能。

一 金币本位

金币本位在我国是绝对谈不到的,因我国并非产金国家,而国内存金,虽无确实估计,亦不致甚多。据海关报告册所载,几乎年年皆有现金出超,自光绪十六年(即一八九〇年)至去年年底为止,累积出超为五百三十六万六千九百二十七点零八昂斯(同"盎司",下同。——编者)。① 现金在我国既非货币本位,用途甚为有限,我国人民又非富有,金饰及藏金不至甚多。假如国内有大量的储金,恐早已经外国吸收,输运出口,因近数年中各国皆从事吸收现金故也。现在四十四年中,仅仅运出五百余万昂斯,按现在市价,合国币亦不过五万万元左右,可见我国储量决非丰富。同时我国国际借贷有逆势差额(此项差额代表短期欠款)如我国采用金币本位,决难维持国内的金准备。欧美各国放弃金本位,一半是采取通货膨胀政策,一半是缺乏现金准备,无法维持。他们本是金本位国,尚感

---

① 中国经济统计研究所按照海关报告之价值,与当年平均金价,折合为昂斯,详见《经济统计月志》一卷第四期。

困难，我国更何能东施效颦乎？

二 金块本位

金块本位是一九二七年印度政府最初采用的办法。当时印度政府要从金汇兑本位改为金币本位。拟每年售出二万万卢比的现银（约合六千八百七十万万昂斯），连售十年，换取现金。币制委员会研究此项计划，以为每年出售巨额之银，将压低卢比价值，而吸收巨额现金，更足影响世界的币制与物价（名为世界，其心目中自为英国本国着想），故改用金块本位制度。在新制度之下，国内不用银币，仍以银卢比为货币，但在国际汇兑上，指定卢比若干枚可换现金一昂斯，而买卖之时，最低限度为四百昂斯，以免零星兑现之困难。故为维持国际汇兑之平衡起见，印度商人可以银卢比到银行换取现金，以为运往他国之用；而在他国运来现金，亦可到银行换成银卢比，按照一定换算率，不折不扣。因有此种办法，故用卢比买金本位国家的汇票，也有一种常平汇价，平时涨落甚为有限，与两金本位国彼此汇兑的关系，正复相同。以后欧洲各国，因现金供给不足，而一般人民惯于使用纸币及支票，金币在各国流通皆已甚少；所以不必皆有明文限定，而事实上，现金的作用，只限于中央银行之准备，及国际汇兑上金块之输出入而已。在此种情势下，虽本为金币本位，已实际上改为金块本位矣。

此种本位，虽较金币本位为容易采用，然在采用之后，仍须有不少现金，或有巨额存款在伦敦纽约等处，以为维持此项本位之用。现在英美皆已放弃金本位，此种国外存款换算现金数量，不能确定，故维持币制之准备侧重现金，其困难与金币本位相差无几。况美国虽抬高银价，他国仍不肯放弃存金。在我国国际贸易及借贷有顺势的差额时，我国亦无法可吸收他国现金。反之，如国际贸易及借贷有逆势的差额，而现在国内现金运出，每年仅能有数十万昂斯，只值数千万元，何能维持金块本位？

报载政府现向美国表示，愿将中国所有存银，一概与美国换取现金，以为实行金本位之准备。按国内存银，据中国银行最近估计，全国各大银行所存现银，不过四万万五千六百三十六万一千元。①耿爱德君估全国存银有二十万万之多，以为银行存银之外，私人，商店，工厂等等，皆有若干银币，总计其数，应远过于银行存底。此数仅系揣测之结果。国内农村破产，农民家中有无积存银币，殊为疑问，而商店工厂之数究属有限。近年纸币流通额大增，国内各地皆使用纸币，此本为现银集中上海的一个原因。故除银行存底之外，国内银币恐不过二三万万元，决无十五万万之数。况我国虽能采用金块本位，国内仍须有银币流通，故最大限度，仅能将银行存底之一部分，售与美国。假如售出三万万元，按现在金价，亦只能换得三百万昂斯，仍不敷维持本位之用，民国廿一年一年之中，现金出超至一百一十四万六千六百三十九昂斯。如我国只有三百万昂斯之现金，则三年出超，可以用尽，彼时又将放弃金本位矣。

三　金汇兑本位

欲实行金汇兑本位，须先指定一个金本位国家，然后维持本国货币与该国货币之汇价。现在与中国贸易上有重要关系之英、美、日三国，皆已放弃金本位。中国如采取金汇兑本位，更将以何国货币为标准？英国在放弃金本位后，为安定本国汇价，特预备三万七千五百万镑之基金，我国何能仿办？英国有此巨款，近来报纸尚且传说基金因使用多时，已渐减少，故英币安定已有困难。② 我国正在各国汇价涨落激烈之时，欲采用金汇兑本位，必须巨额基金，而在财政状况之下，此事能否办到，不辩自明。况英，美，日等国正实行货币竞争，以汇兑倾销政策，出奇制胜，仅法，荷，瑞士等国勉强维持金本位。而近日报纸且谓法国政局变动之后，亦有放弃金本位之可能。我国既无法国丰富之存金，又无英国安定汇兑之巨款，而在各国汇兑倾销之时，欲采用任何一种金本位，殊为害多利少，

---

① 本年九月十一日银行周报。
② 本年九月一日伦敦之经济家周报谓自本年三月三十一日以来，因收买库券等，售出现金及外汇只有二千三百八十万镑，与总额相较，为数极其有限，不足为英镑汇价跌落之原因，而一般报纸则颇多谣言。

且难于实行。

四 纸汇兑本位

各种金本位既非我国目前所能采用，所宜采用，而报载政府五对一比例的办法，似以美国纸币为标准，即等于采用纸汇兑本位。然如是办法，仍须有安定汇价之基金。所与金币本位及金块本位不同者，在不须有巨额现金准备，以维持汇价之平衡，而与金汇兑本位所不同者，则其汇兑率不与金本位国维持平衡，而与英美等纸本位国维持平衡而已。英国币制政策较为稳健，加入英镑团之国家亦多，故我国采取此种本位，似宜以英币为汇兑单位。旧政府似专为抵制美国汇兑倾销政策，故欲采用美币为汇兑本位。近数月来，纽约银价，以美金计算，并无甚涨落。如我国采用美金汇兑本位，（虽名为美金，实系纸币，故已不能算为金本位）。投机者或可停止运输我国现金出口。但既采用纸汇兑本位后，国内银币需要已经减少。彼时虽或运出，亦无甚大关系。故纸汇兑本位之目的，仅为抵制美国汇兑倾销而已。然我国除防美国外，尚有英日二国。日币跌落更速，甚于美金，欲抵制倾销，不如改成日元汇兑本位。总之，兑汇倾销是一种手段；在美国膨胀货币，尚有其他目的。我国仅为抵制汇兑倾销，而改革本国货币本位，恐不值得耳。

总之，在各国皆维持金本位时，我国采取同一币制，可保汇价之安定。其时各国物价正涨，我国亦可受同一之利益。维持金本位，虽有困难，也应尽力设法解决。现在各国币制既甚紊乱，币价又复涨落不定，两金本位物价，恢复十分迟慢，我国反于此时采用金本位，似乎不合时宜。政府对美国之表示，大约为外交上的一种手段，并非真欲采用金本位。至于美币汇兑本位更无采用之价值，尚不如另定我国自己的纸本位，可不需巨额基金，维持汇价也。

（原载《经济统计月志》，第一卷第九期，1934年9月）

大同书

康有为

康有为（1858—1927），又名祖诒，字广厦，号长素、更甡等，晚年别署天游化人，广东南海人。清光绪年间进士，官授工部主事。信奉孔子的儒家学说。

1895年，他到北京参加会试，得知《马关条约》签订，于是联合一千三百多名举人，上万言书，即"公车上书"。1897年，德国强占胶州湾，康有为再次上书请求变法。次年6月16日，光绪帝在颐和园勤政殿召见康有为，任命他为总理衙门章京，筹备变法事宜，史称"戊戌变法"。"戊戌变法"失败后，康有为逃亡日本，又游历欧美，对空想社会主义思想有所接触。

主要著作有《新学伪经考》、《孔子改制考》、《戊戌奏稿》、《大同书》等。他的经济思想主要体现在"戊戌变法"前的《公车上书》、《大同书》以及专论经济问题的《物资救国论》、《金主币救国议》和《理财救国论》等著作中。

第三章　商不行大同则人种生诈性而多余货以殄物

若夫商业之途，竞争尤烈，高才并出，聘用心计，穿金刻石，巧诈并生。由争利之故，故造作伪货以误害人，若药食舟车，其害尤烈者矣，即不作伪，而以劣楛之货妄索高资，欺人自得，信实全无，廉耻暗丧。及其同业之争，互相倾轧，甲盛则乙妒之，丙弱则丁快之；当其争利，跃先恐后，虽有至亲，不相顾恤，或设阱陷，机诈百生，中于心术，尽其力之所至而已，无余让以待人矣。资性之日坏，天机之日丧，积久成俗，以此而欲至性善之世，岂可得哉！近自天演之说鸣，竞争之义视为至理，故国与国陈兵相视，以吞灭为固然,人与人机诈相陷,以欺凌为得计。百事万业,皆祖竞争,以才智由竞争而后进,器艺由竞争而后精,以为优胜劣败乃天则之自然,而生计商业之中尤以竞争为大义。此一端之说耳,岂徒坏人心术,又复倾人身家,岂知裁成天道、辅相天宜者哉!

夫强弱无常,智愚无极,两商相斗,必有败者。一败涂地,资本尽倾,富者化而为贫,则全家号咷而无赖,生计既失,忧患并生,身无养而疾病丛起,家无养而死亡相从,吾见亦伙矣。即有贫人以商骤富,而以一人十百千万于众,不均已甚。夫富相十则下之,富相百则事之,富相千则奴之。在富者则骄,在贫者则谄,骄极则颐指气使,谄极则舐痔吮痈,盖无所不至矣。故骄与谄,非所以养人性而成人格也,然而循竞争之道,有贫富之界,则必致是矣。

近世论者,恶统一之静而贵竞争之嚣,以为竞争则进,不争则退,此诚宜于乱世之说,而最妨害于大同太平之道者也。夫以巧诈倾轧之坏心术如此,倾败之致忧患、困乏、疾病、死亡如此,骄谄之坏人品格如此,其祸至剧矣,其欲致人人于安乐亦相反矣。然则主竞争之说者,知天而不知人,补救无术,其愚亦甚矣。嗟乎,此真乱世之义哉!虽然,不去人道有家之私及私产之业,欲弭竞争,何可得也,故不得不以竞争为良术也。

夫以有家之私及私产之业,则必独人自为营业,此实乱世之无可如何者也。今以独人之营业与公同之营业比较之。

第八章 公　工

大同世之工业,使天下之工必尽归于公,凡百工大小之制造厂、铁道、轮船皆归焉,不许有独人之私业矣。公政府立工部,各部小政府立工曹,察其地形之宜而立工厂,或近水而易转运,或近市而易制作,皆酌其工之宜而行之。商部核全地人民所需之什器若干,凡精者、楛者、日用者、游乐赏玩者、新异者、寻常者,察各物多寡之差,以累年之报告比较而定其额。乃察各度界之工,其精擅专门风俗尤长者,譬若江西景德镇之瓷,苏、杭之丝织,广州之螺钿刻牙,博山之炉,成都之锦;其在欧洲,则意人尤长于工,佛罗练士之画与雕刻,威尼士之玻璃雕刻,罗马兼之;法巴黎之于衣冠、杖履、首饰、理华之瓷、里昂之丝，皆统于工部者也。商部乃以举国所需之物品、什器之大数。分之于各度精工擅长之地，而定各地各品物、什器、制造之额，移之工部。工部核定，下之各度界工曹，工曹督各工厂如额而制之。各工曹工厂皆有主、伯、亚、旅、府、史、胥、徒，皆以学校之及年者为之。其有成业证书者，授为学士、工师、技师、匠师、工长、技长、匠长之号，得为主、伯、府、史，累迁可至公政府、分政府之工部长，皆专门为之，终身不移官，不贰事。其工价因其工之美恶勤惰为数十级而与之；其有精能而干才者，则工人可迁工长，以累迁本曹之主、伯、府、史焉。其工曹有各工讲习会，各工学士、技师入而讲习；其有所发明，皆于报布告之。其厂亦然。当大同之时，工厂既尽归公，则一厂之巨大，为今世所难思议，用人可至千百万，亘地可至千百里，厂内俨如古国土，厂主俨如古邦君。其分管各职之伯、其补助之亚、管数之府、记事之史如大夫，其群管工之旅如士，其巡察之胥如下士，作役之徒如民，其议工之院如朝廷，其蓄图画器物之府，皆有学士、技师百数以朝夕论思，日月献纳，如天禄、石渠，其公园花木、水石如上林，皆有音乐院、戏园，听工人自为之。工人皆有公室，人二室，一卧室，一客室；更有浴溷小室，十余人则有公厅，作工者不论男女皆许同居，其别寓旅舍者亦听。有公饭厅，食听人所好而扣其工费；有讲道院，日日有学士讲道德之名理，古今之故事及工业之良术以教诲之。其工费皆于安息日支给，衣食玩好自费焉，听其挥霍，而留其十分之一作储金，以备其将来远游辞工之用。其至下之工，必足给其衣食之需，以时议之。其公室楼阁宏丽，花木幽靓，过于今之大富室矣。

夫野蛮之世尚质，太平之世尚文。尚质故重农，足食斯已矣；尚文故重工，精奇瑰丽，惊犹鬼神，日新不穷，则人情所好也。故太平之世无所尚，所最尚者工而已；太平之世无所尊高，所尊高者工之创新器而已；太平之世无所苦，为工者乐而已矣。故为乐之工，以美术、画图、雕刻、音乐为本，而缩地、飞天、便人、益体、灵飞捷巧之异器乃日新，政府之所奖励，人民之所趋向，皆在于新器矣。凡能创新器者，给以宝星之荣名，如今之科第焉；赏以千万之重金，如今之商利焉。当是时，举全地人民之所以求高名、至大富者，舍新器莫致焉。其创有新器者，如今之登高第，中富签；其创新器而不成者，如士之落第，商之倒肆焉。故野蛮之世，工最贱，最少，待工亦薄；太平之世，工最贵，人之为工者亦最多，待工亦最厚。自出学校后，举国凡士、农、商、邮政、电线、铁路，无非工而已，惟医可与工对待耳。至于是时，劳动苦役，假之机器，用及驯兽，而人惟司其机关焉，故一人之用可代古昔百人之劳，其工皆学人，有文学知识者也。太平之世，人既日多，机器日新，足以代人之劳、并人之日力者日进而愈上。以今机器萌芽，而一器之代手足者以万千倍计，过千数百年后，人既安，学既足，思想日进，其倍过于今者不可以亿兆思议。故今之作工者，中国每日十二时或十六时，欧美半之为六时或八时，太平之世，一人作工之日力，仅三四时或一二时而已足，自此外皆游乐读书之时矣。其作工时限亦随时议定，勤者奖之，精者赏之，加其工价；其惰不作工者逐之，经三逐则削其名誉，不得升迁，不得列于上流焉。然当是时，为工之时甚少，亦无有不作工而惰游者矣。

夫为工人之独身计之，既无内顾、仰事、俯畜之忧，又无婚姻、祭祀、庐墓之计，人皆出自学校，不患无生计之才能，少时之工，不待惰逐而不忧无工之苦。为工又皆掌执机器而不待沾手涂足，少时工讫，即皆为游乐读书之日。工厂既可男女同居，又有园林书器足资游乐以美魄，读书以美魂。故太平世之工人，皆极乐天中之仙人也。

为全地公计之，工人之作器适与生人之用器相等，无重复之余货，无腐败之珍天物，以其畴昔作重复余剩之器，聪勤者其时日以好学深思，愚下者易其时日以乐游健身。好学深思，则新器日出以裨公众，乐游健身，则传种日壮而人类进益，人无忧苦，则魂魄交养，德性和乐，其于人道之美，岂不羡哉！其与私产之工瘏人苦，波害大众，较其损益，巧历不能计也。

第九章 公　商

大同世之商业，不得有私产之商，举全地之商业皆归公政府商部统之。夫物品者，农出之地，工作之人，万货所由成也。商部核全地人口之数，贫富之差，岁月用品几何，既令所宜之地农场、工厂如额为之，乃分配于天下。令各度小政府立商曹，其数十里间水陆要区立商局、各种商店，其数里间立商店。其曹、局、店皆有主、伯、亚、旅、府、史、胥、徒。主者总办也，伯者分司之长也，亚者佐也，主、伯皆有之，旅者群管事也，府者司财币之收纳也，史者记账者也，胥者巡察者也，徒者各店之执事送货也。商局者，监督各商店者也，商曹者，司商政者也。曹、局有商务考究会，各商学士入而考求，而以报发明布告之。凡农工所成之万货，由商部核各度人口之数，日用之宜，而由铁路、汽船支配之，转运之。商曹核本度乡市之人口而分配之各商店中，当是时，一市仅一商店，大市大店，小市小店。其商店之大，如今一都会百数十里，大者乃数百里，皆与汽车汽船相通，有机器运之。货仓即分类陈列，全地之货万品并陈，每品之中万色并列，如今赛珍会然，惟人所择，皆有定价，不待商略（原注：太平时，物不二价，只能谓之运部，不能谓之商部；曰商部者，俾人易解耳）。商店遍陈小模形，浩大如一市，随地皆有电话，机器皆有号数。欲购其货，以手抚机，书姓名居址，或传电话；其掌柜书记闻电机即听而书之，电告于管货仓者，即照送其家。其寻常日用之食品用品，每年月中每人开单告知商店，需用何品，日月若干，则按日按时送至其门；皆有收货机器，货至门则向而收之，此器或在屋上。或有余不足，改用他品，则皆有电话，可传至商店而立取之。然商店之大，用人多者至百数十万伙，如一国然，总办如邦君，司事如大夫，每业之中各有主、伯、亚、旅、府、史、胥、徒焉。然合农、工、商三者而较之，商之用人至少矣；但有运货、会计、振机三者，静而不哗，间而寡事，货无伪品，价无欺人。政府但除农工及运送之所出之本，以时酌定其价之高下，高者无过十一，下者可至百一，但以取足养十二局之人民为度而调剂之，计其时物价之贱可过今十百倍蓰矣。

盖货品之所以贵贱不时而人民受累者，由各地生养、造作、运送之不时，而私商滞货居奇之所致也。且私工之所作，私商之所售，凡一工厂、商肆，小者十数人，大者千百人，而皆有主、伯、府、史坐食之多人，又运送之费，一机之运抵人百数。主、伯运夫之费皆分利而非生利者也。中国一店之中，分利者几居其半，欧美各国亦有三四，如合一市而计之，则一市而备一肆，与备万肆同耳，则所省九千九百九十九矣；合大地计之，坐于商店之中而分利者，盖十万万而不止九万万也。若总归之公，则运货归一，由电汽车船皆以机器直运至店，无无数运夫分利之事一也。一店而百工并作，万货毕陈，用人寡少，昔之一市万店，店用十人为十万人者，今则归于一店，用千人可总任之矣，否则万数千人无不任之矣，是可省百数十倍也。尽去百数十倍分利之人，而物价可贱百数十倍。物价既贱，购者自易，全地之货皆集，日日皆如赛珍会，知识自开，而无有地僻难于购物者之患矣，又无地僻运难价至腾涌百数十倍之患矣。国家但以公商养民，权其轻重而充公用，于是全地无量之人只有向公中而支工金，公中更未尝向一人而收赋税，扫万国亘古重征厚敛之害。而太平世之生人，不知抽剥追敲之苦，只有领得工金为歌舞游观之乐，其为乐利岂有比哉！

凡此商店，以时而市，过时即闭，店伙散归。商店在市有饭馆、客舍，亦公为之；有戏园乐馆以娱之；有讲道院讲道德之名理，古今之故事及商业之术，以日浸灌教导之。其公室即以客舍为之，其欲取优室者半其费，其宏丽与工人同。其食即在公饭馆，听其所择而自出费。男女皆可为商，皆可同居，其别有屋者听。当太平地，人无私商，皆工人也，其出身皆自商学卒业，其商学即在商店之中，日劳数时而即有读书游乐之暇。其才者，迁转可至商曹、商部长，无仰事俯畜之忧，无亏本散家之苦，近市而不嚣，博物而不劳，其在都会之商者，见闻尤博，雍容甚都哉！

（原载《大同书》，中华书局1935年版，此处节选自《去平界公生业》中的第三、八、九章）

中国土地利用*

卜　凯

卜凯（John Lossing Buck，1890—1975），生于美国纽约州德彻斯县的一个农民家庭。

1914年毕业于美国康奈尔大学农学院，获学士学位。1925年获硕士学位。1933年获农业经济博士学位。1920年起担任中国金陵大学农学院农业经济学教授，兼任农业经济系主任。20世纪20—30年代组织了两次大规模的中国农村经济调查。他的《中国农家经济》和《中国土地利用》是这方面首创性的著作，奠定了其在世界农业经济史上的杰出地位。他开创了中国近代农业的实证研究。

他对中国农业的基本观点是：中国人必须学习西方的理论和实践。他认为中国近代农业的问题主要是经济问题，解决的方案是广义的技术进步。

第一章　中国农业概论

中国农业与欧西农业之不同，几如中国文化与欧西文化之互异。然两者作物及动物生产之技术，实属相同，惟农业科学之发展程度，则有差别。东西农业之差异，乃在土地利用之方式，及土地使用之

---

* 1929—1934年受太平洋国际学会委托，卜凯主持对我国22省168处16 786个农场和38 256户农家的土地、作物、牲畜、家具和农具等进行调查和研究。此项调查及统计分析历时9年，在此基础上卜凯写成了《中国土地利用》（*Land Utilization in China*）一书，分文字、图集和统计资料三册，1937年出版，该书被列为联合国粮经组织"永久藏书"之一。

成功。

　　研究土地利用之方法甚多，惟土地使用之极则，厥视农业人口自其农业发展方式所获之报酬，对于未来生产之准备，及国家所需之贡献，而发生之满意为断。然使用方式尚伴有各种农业联系，足以损益任何土地使用方式。本调查对于农民与其他社会阶级间之政治，经济及社会关系，即所谓农民状况，不冀详细评述。但本调查材料对于农民问题，确略加解释，并主张对此续加研究。一部分改革者多以中国农业之症结，在农业状况之缺点，如农佃，争讼与纠纷，调解之不公，高利贷及居间人之剥削等等问题。兹不论问题双方之孰轻孰重，本调查仅限于评述中国土地利用之特质，尤为目前耕种之农田，凡影响土地使用方式与成功之基本或自然因素，决定土地利用方式之因素以及直接影响土地使用成功程度之一般因素，皆当列论。

　　本调查范围包括之中国部分，为中国农业地域，通称满洲之东北三省除外，北抵东北三省与蒙古沙漠，西至西藏山岳牧地。

　　所谓基本或自然因素者，即指地势，气候，土壤，自然植生，作物病虫害，种族及市场近便而言。此与土地使用方式及其使用成功之关系至巨。

　　中国地势，各处不同，低者平原，几与海平线等；高者山岳，逾三〇四八公尺，高至超出作物生产界限，此即决定多处土地使用方式要素之一，例如西北地势甚高，生长季因之缩短，故仅能种植小麦，马铃薯及黍子等作物。反之，在同一纬度而几近海平线之大平原，则均能种植棉花，花生，玉蜀黍等作物，且一年之内，生产两种作物之土地甚多。所幸多数农田，地面较低，故能从事大量农业生产。

　　中国气候颇为繁复。纬度，高度，冬季风及夏季风，气旋性风暴及台风等，均有一部分力量，决定任何一处之气候。冬季风能令北方冬日晴冷，而夏季风则大多赖于作物生产所需之降雨，偕夏季风而俱来之台风，助使南方空气清凉，稍纾炎暑。雨量由东南至于西北，以次递减，自二六至四三公寸，如计入本调查范围以外之沙漠地带，甚或更少。雨水以北部为最不可靠，其地分量最低，且其地雨量百分之八〇以上，降于夏月。中国各处夏季之雨水，多系对流方式，且溜失逾量，因其效用多有丧失。北部风疾，蒸发增加，故作物生长所需低雨量之效用锐减。雨水之殊异，为旱潦遍灾，连绵不绝之主因。

气温自西北以至西南，亦逐渐增加，一月平均气温，自华氏一二至五七度，七月平均气温自七三至八四度。生长季之差异，自南方之全年，至西北之一三〇日，因此生长之作物方式，蒙其影响——南方产橘，西北各部生长季较短者，则产莜麦，春麦及马铃薯。

南部湿度宜于种茶，而不宜于植棉，尤以收获时为最。棉麦成熟，端赖日光；因此北部春末秋初，每多佳日，于此二种作物，均属相宜。冬末春时，北部多风，易致尘暴，除不适于人生环境外，复有碍于作物。五月热风，得使小麦枯萎，收获大减。南方水稻着花之际，常有烈风，减少稻产。冰雹限制作物生产，尤以西北各地为甚。

中国气候，变迁不定，大有害于作物生产，较诸其他幅员相等之国，或稍过之。然若扩充经济组织，改良运输与交通设备，并实行公家管理计划，则此危险能减至最低程度，全国气候，差异至大，故各种食物及农业原料，几尽有之，殆可形成一自给自足之农业经济。然中国气候对于人生影响，与观察世界其他部分所得者，又不相侔。盖南方处半热带气候中，所生产之人口，反视中部为敏健。虽然，除气候之直接影响外，固尚有其他原因在也。

任何国家之土壤性质，多与各种气候因素有关。中国北部雨水稀少，故有一种未经淋溶之钙土（钙层土），而南部多雨，故有一种淋溶土或酸性土（淋余土），迁积土约占中国农田土壤十分之九。此等迁积土之大部分为西北之大量黄土或风积土，黄河，扬子及东南各流域之冲积土。其余十分之一为残积土，常见于山冈，乃由于岩石分解或风化而成。就大体言，残积土之肥力，逊于迁积土，且有多处，极为硗瘠。

淋余及钙层两大类土壤，复分有许多组别，其肥力高下，各不相同。未经淋溶或略经淋溶之土壤，颇富矿质，堪为植物养料，惟乏有机物质，半由作物残滓，取为燃料——甚至拔取作物残根，以充斯用。但雨量稀少，实为限制此类土壤生产力之主因。

淋余土所含植物矿质养料,低于植物所需要之限度,加以养化过速,遂致必须时增大量有机物质。故南部施肥,甚较北部更为重要。

中国土壤不能谓为优于其地势及气候状况,同与中国差异之国家。农业发展多沿土壤最佳之河流平原。然山岭丘陵,开辟颇广,即农事报酬最少,而有激烈之片状与沟状两种冲刷作用之地,亦已耕种,以致破坏土壤,而荒废之地,亦达耕地总面积百分之几。故除排水灌溉,防御侵蚀外,增施氮质,磷质,有机质,或钾质肥料,洵为急务。

中国作物虫害病疫,似较他国盛行。盖鲜科学防治之法,故病疫虫害,于以蕃滋,而限制作物生产,约有百分之一〇至二〇之多。虫害最盛者,当推蚜虫、黑粉虫、锈虫、蝗虫、棉铃虫、蛴螬。动物病疫亦关重要,其中更以牛瘟为最。此类损失能以少数经费,予以防治,而此种防治亦增加生产最易之一法也。

全国各地之种族成分,亦略可表明其通行之农业方式。南方原始部落及北方与西方侵入之民族,其"华化"程度,断不如若干著作者所谓之完全。西北突厥,蒙、藏诸族,所畜所耗之动物产品,过于汉族,且较其他各地宜于扩充畜牧事业者为多。西南诸部落种玉蜀黍于山间,而汉族则种水稻于谷地,地势差异,无疑有相当影响。惟侵略民族,每至一处,有择地而居之自由,其取舍标准,胥视该地土性与本族向有农业方式适宜与否而定。此或可解说农业方式之差异,似由于地势使然。但驱迫诸部落徙入种玉蜀黍较种稻为宜之山间者,实为汉族。任何土地利用研究,至少不能抹杀种族习惯之影响,且或较通常推测者为巨。自然环境对于社会习惯之影响,固属深强,但亦自有反转之影响。

市场远近,或得谓之地理方位,与运输便利,皆足影响作物生产方式。每单位重量值小体大之产品,不能长途运输,中国境内距离遥远,加以运输方法古陋,如以扁担肩运货物,其用大车帆船者较少,致令田场距离市场之远近,为决定生产方式之一要素。现行运输方法过于古陋,故以扁担负物经行四〇至三〇〇公里者,所费凡一·〇一元,帆船则仅〇·二四元。铁路及轮船运输虽渐增加,然仍盛行用力较多,而收效较少之各种方法。且道路不修,运输效率，运销时间，俱受限制，譬如运输不良，故鸦片遂为边区特宜之作物；市场不便，故宜于造林之山麓，竟改种其他作物。是不独农作物方式受其影响，即土地利用宜采何种方式，林乎农乎，何去何从，亦系诸运输也。

吾人已知若干基本因素，足以限制中国各部所能推行之农业方式。其次讲述此种限制下之土地利用方式。

除东北三省外，中国农业区域总面积约计五四〇五四〇平方公里，其中耕地共计一三一五〇六平方公里，几达总面积四分之一。其他各国耕地面积，自百分之一二至四五不等，反视中国，殊无逊色。其余四分之三未垦地之作生产用途者，约过半数——多系树草芦苇，以为燃料——但森林占五分之一强，牧场占百分之一二。此未垦地内可垦部分，估计在十分之一以上，但此种估计不足据为垦殖该地，即可获利，或据为决定获利时间久暂之理由。盖是项认为可垦地之表土，多受片状冲刷之害，故使之生产，难以有利，苟运输设备较良，肥料供给稍贱，则有利之可垦土地面积必增加。

全部土地中，作物面积占百分之二七，牧场百分之四·六，森林百分之八·七，其余百分之五九·七，系供他用，或竟为荒地。

田场土地（田场面积）用于作物者，约百分之九〇；道路，池塘，坟墓等，几近百分之四；农舍逾百分之三；牧场及森林牧场逾百分之一；森林百分之一；柴薪逾百分之〇·五；水产作物或鱼类之池塘占百分之〇·三。中国作物面积占田场面积百分之九〇，——美国仅百分之四二。反之，中国牧场仅占田场面积的百分之一·一，而美国则占百分之四七。是乃中国农业与美国或西洋农业迥异之点，意即中国畜牧事业小，因此动物产品之消费量遂低，而西洋各国则畜牧事业大，动物产品之消费量高。考中国古代食用动物产品之风，并无过于今日之证据。农民所食者多系植物产品。故每平方公里耕地面积之农村人口密度，乃能高达五七九·二。此是否即为较有效之土地使用方法，容当后论。然此乃一种土地集约使用方式，甚至水面亦用以生产水菱及鱼类等作物。南方大部田场，至少均有一池，专供此用。

中国农民曾以人力将其土地大加改变，藉资耕种。中国北部各处虽多通行灌溉，然灌溉面积、专种水稻者，几居半数。汲水之方，多假人力，然牛车抽引，至为寻常，而风车则较罕见。最近长江下游已有商人购置柴油抽水机，租诸农民，颇著成效。灌水来源为河流、池塘、运河、湖，或井，后者尤为北部平原所深赖。灌溉工作，不独引水入田而已，但在水稻地带，尤复平整土地，俾田间能保持积水。灌溉与人事亦有关系，盖欲灌溉计划成功，必须具有经济组织，每见乡村争水，恒至举锄鏖战，故中国水权尚须以执行公允之适当法律明文规定，加以护持。

所谓梯田者，其含义尚待解释，但据估计全部耕地如此改变者，约四分之一，其在南方不仅储积稻田之水，且便耕种，又御冲刷；北方梯田之未经灌溉者，肯假梯层形势，以承表层溜失。"梯田"一词，虽常联想为山旁比较显著之梯层，但除南部极平之地外，所有稻田均可谓为梯田。

中国人工排水，多限于开沟，筑堤二事，后者乃防水而非排水之法。全部耕地之须排水者，估计占百分之五。若夫地下瓦管排水法，实不知之，但闻南方少数地区，代用竹管。所幸土质较重及排水欠佳之土壤，均在南方宜稻之区，故地下排水，不成问题。多半稻田系表层排水，故能栽种冬季作物。中国排水问题之急务，莫如大举治河，以防水患。

其他人工改变土地方式之范围较小，例如西北边区之以沙质沉淀覆盖沃土，及以小石作成土幕是也。

中国土壤藉施肥而改变，一如他国。然除世界各国通用之厩肥外，中国现行三法。全国皆用人粪，南部以粪溺稀液直接施诸作物，而北部仅以乾粪直接加诸土壤。施用此种"大粪"稀液，殊有碍于卫生，因农夫跣足入田，每易传染肠病。因此未煮熟之菜蔬，不能任意取食，但一经煮熟，其卫生无害，固不亚于西洋现代城市之饮水，盖此水亦恒取自阴沟所泄之河道。

黄豆、芝麻、棉籽、菜籽、茶籽及桐籽榨油后，所遗残滓制成之油饼，广用于直接施肥。知能以油饼先豢牲畜，畜粪中所存肥料价值仍有百分之八〇，——斯于农家经济，或较现行直接施肥法为善。

作物副产——稻草、麦秆——及砍伐山间之野草灌木，于烹调与取暖时，燃烧所余灰烬，全国各地均用为肥料，其中含钾甚多，颇能肥土，就农家经济言，此法是否适宜，亦堪置疑，盖作物副产可先用以豢养牲畜，而畜粪中仍多肥料也。

中国大部分土壤冲刷，实系人力假助自然，以改变土地之一种方式，人常滥伐森林，破坏草地，疏于保护土壤，以致土壤暴露，或逐渐甚或立遭冲刷。卒使大量表土，耗于片状冲刷，而耗于沟状冲刷者更多。但观西北黄土高原，尽呈沟状，川河入海，悉载泥浆，或江苏沿岸土地伸涨之速，与夫高原土壤破坏之易，即可领悟。亦有数处，土壤破坏甚缓，其建设程序，或亦甚缓，惟有净损足以限制作物生产，净损亦能增加，其数量适于改良肥料，改良种子，及防治病虫害所增加之产量相等。

中国以人力改变土地之程度，远过于创国未久，地旷人稀之国，如美国是。盖劳工贱而地价高，虽别国视为耕种获利，或仅可用为森林或牧场之土地，在中国皆可供农业之用。

中国土地几尽为私有，国有者仅百分之七。私有土地多属于个人，其为寺庙家族所有而出租于佃农者，不及百分之一。私有农地属于农民自有者四分之三弱，租种者四分之一强。自耕农之田场面积大于佃农。前者平均一·七一公顷，后者一·四四公顷。因此自耕农占农民半数以上，半自耕农不及三分之一。佃农仅百分之一七。凡农民自有农舍，而作物用地完全租自他人者，皆列为佃农，而不为半自耕农。中国南部租佃之制，远盛于北部，然全国各地之佃农，多寡悬殊，有绝无佃农者，有尽为佃农者。

是故中国农佃问题并不普遍，然在若干地方，颇关重要。政府于此，当定一国策，以适应耕者之需要。一般人佥以最良之法，莫如"耕者有其田"。若在他国，例如英国，其农民宁为佃农，盖因此既可免地主所负之责任，而在另一方面，复可享相当安全之佃期。其中包含两种问题，一则自政府观之，孰为良策，一则为农民设想，孰为至当。中国今日最合双方利益者，当为耕者自有制。虽固有制度，积习已深，尚合民情，不必骤革，然一般人以为政府当就租佃制度于国家与耕者均不相宜之地，及多数佃农欲为自耕农之地，推行混合之土地制度。

田地分割——即个人执有散碎之田块——乃中国之通例。每家旧产所有此种土地块数，不知几何，但每一田场约有六块，平均面积不及〇・四公顷。此种田地分割之弊，为疆界耗地，争界事多，来往费时，灌溉不易，限制田丘大小及机器使用，以及难于保护田间作物。其主要优点，为每一农民可有各种性质之土地，而此小农制国家，其全部荒歉，辄致奇灾者，尤关重要。

每田场无藩篱之田丘，数约一二，每丘面积，不及〇・二公顷。其面积过小，故不能广用农业机器；然限制使用此种机器之主因，不在田丘或田场之狭小，而在人口过密，以致劳力低贱，使用机器，反不经济。

中国坟墓多位于农民之田间，及堪舆选择之方位，而罔顾对于其农事工作之妨碍。此项坟墓约占中国田场总面积百分之二。今欲中国土地使用更为集约，莫如迁移田间坟墓，减少土地疆界，重划分割执地，开垦可垦而未垦之荒。实行田场之经济单位面积，以减少农舍面积所占之比例。如是全国八大农区之耕地面积几可增加一〇一一七〇公顷。

中国十分之九田场面积，所栽作物种类，乃土地利用方式之又一标准。就大体言，中国农艺方式中最主要之作物，食者为稻麦，衣者及供其他纺织用途者为棉花。其他全国特著之作物，约占作物面积百分之一，语其重要，依次为小麦、黄豆、高粱、大麦、玉蜀黍、甜薯、油菜籽、蚕豆、花生、作绿肥用之紫云英、绿豆、豌豆及鸦片。桑（其叶可喂蚕）茶、橘柑及烟草，又为中国农村经济中之重要作物。试以上述诸作物生产，与西洋多数国家相较，可知较为集约，因中国无须如各国生产畜牧业所需之干草及刍秣作物。此则中国类于日本，印度，甚至苏联，而异于美国或欧西者也。

耕地面积每年栽种作物达两次以上者，约三分之二，斯亦中国调整生产，以适应人口密度之一法。观近年所种作物种类及比例，则知每公顷作物生产较多之食粮，需要较多之人工，其趋势上升，俾以适应日增不已人口之需要。

中国农业之自给程度过于西洋诸国；惟中国文化甚高，农民需用现金，以资购买，无殊他国。中国农民必须支付日常必需品，如油盐之类，节令宴会之佳肴美味，器皿，服装，烟叶，或其他奢侈用品，教育，娱乐，婚丧，祭祀等费。此项需要所用现金，系以出售烟叶，鸦片，花生，油菜籽，棉花及丝茧等作物，而供给之，再则为黄豆，小麦，绿豆，高粱，豌豆，甜薯及稻米，其出售量占作物总产量比例较小（惟其总值或较大）。农民常出售优等粮食产品，如小麦之属，而自行消费劣等谷物，如高粱之属。为应付家庭消费及获得现金计，中国农民业已发展无数作物耕种制，故所需作物，应有尽有，生长季内，绝无闲人。此制足为气候，土壤，市场情形相同之国所模仿。

就某点论，灾歉频率（Frequency of crop Failure）为土地使用方式之表征。中国耕种之冒险性——大多由于水量之过多或过寡，以致酿成旱潦之灾——为中国之主要问题，苟能免此，则其增加生产，必优于任何一法。

农民所养家畜种类，乃表示土地使用方式之另一要素。就根据每一家畜消费之食料，而计算之家畜单位言，中国家畜用于驮载目的者四分之三，而仅有四分之一用于生产目的——即利用其皮，肉，卵，毛等等是也。最重要之三种家畜，厥为黄牛，或载货之牛，水牛与猪。绵羊，骡，驴，山羊，亦皆为特殊之家畜，然其经济价值仅居次要。试作比较，家畜供驮载用者，英国仅占十分之一，美国占百分之二二。然中国家畜密度高：以每作物公顷家畜单位平均〇・一三，与英国之〇・二八，美国之〇・〇九，及日本之〇・〇七相较，中国畜牧业不发达，故其家畜密度甚高，易言之，全国各地田场，均有中等至上等之家畜密度。虽无家畜田场，占百分之一〇，仍不害于密度之高。此种家畜密度为保持土地肥力之一大要素。农民认增用肥料为有利者，占四分之三，但资本不足，肥料不敷，致碍发展。惟取油饼及作物副产以为饲料，扩山地以为牧场，则畜牧之事，似可稍振。果尔，亦可补充土地肥力，均平全年忙闲，且予农民多一种类不同，而较为可靠之收入来源。惟以一公顷土地栽种人类直接消费之食粮，其价值较之间接出产牛乳约大六至七倍，较之出产鸡蛋约大十九倍，故畜牧事业不能发展过大。

田场大小足以影响生产目的土地所占之比例，及田场工作效率，故亦为土地使用方式之一种表征。测量田场企业大小之法，除田场公顷数外，尚有多种。中国田场面积之中数系一・三四公顷，作物面积之中数系〇・九六公顷，作物公顷面积包括复种者在内，系一・四五公顷，从事田场工作之人工等数为二・〇〇，如就田场各种工作而言，其人工等数则为二·五，每田场家畜单位为一·三四，工作家畜单位为〇·九七，又每田场谷物产量平均三·四九二公斤，约当美国每田场产量十四分之一。综上诸端，只人工等数一项与美国约略相当。自其他各项观之，则中国田场企业远较美国及西洋多数国家为小。中国田场如依其面积分为五组，则最大田场之农舍面积，仅占全面积百分之二·五，小田场占百分之五·八。同样，小田场之生产面积仅占百分之八九·八，最大田场占百分之九三·三。因此人口较密者，其可垦地用以栽种作物之面积，并不若常人所想望者为大，而反较小。于此可见房屋及田场管理颇侵占小田场所最需要之面积。大田场之优于小田场者，复在丘块较大，而每人工等数及每工作家畜单位之作物面积，约大二倍有半。

中国田场劳力之主要来源，厥为人力，畜力次之。土地使用方式，端系于此。人力既多，工资遂贱，至于其他潜伏力源，如昂贵机器之属，竞争甚烈。故手工方法之生产总量，虽稍逊于使用机器，尚能存在。

稠密人口及随之而小之田场企业，迫使农民除作物外，不得不利用各种时机，以增收入——无论其形式为直接消费或出售之物品。中国普通田场全部工作耗于此项副业者，不下五分之一。

劳力虽多而贱，然当栽种收获农忙之日，所有劳力，犹感不敷，女工占田场工作百分之一三，童工占百分之七者，识此之由。男工占百分之八〇，比例最高。由于农忙期间及大田场，故必添用雇工。田场工作中雇工所任者，凡百分之一五，其在美国，达百分之三〇。

田场劳力大都耗于耕种及收获等田场工作。凡此工作又皆在农忙期间，故节省劳力之法，诚属刻不容缓。中国小麦作物面积，约与美国相埒，且在某一区域内，实以镰刀，尽两星期，尽割其麦。在小麦区域，每届收获时期，所有之人，皆出面工作——且有来自各县城者——盖人之不自割其麦，或非受雇而为人割麦者，皆出而拾取遗麦，积习相沿，俨同一种不能转让之权利。常见田间拾麦之人，多于合法收获之人。亦有数处，即平时足不出户之少女，皆得出而相助收获。

中国作物生产所用人力甚多。小麦一公顷所需人工等数，凡六四日，而美国仅需三日；棉花一公顷需一三一日，而美国仅需三四·六日；玉蜀黍一公顷需五七日，而美国仅需六·二日。甚至中国所需畜工日数，亦高于美国；盖牲畜往往弱小，加之农具简陋，牲畜同时并耕者少，中国小麦需畜工二〇日，美国只需八·四日；棉花一为二〇日，一为一七日；玉蜀黍一为一二日，一为一四日。

中国物价水准之趋势，已影响土地使用之集约程度。截至一九三五年十一月止，中国货币向系银本位。自一八八五至一九三一年间，银价与所有他种物品相较，均呈低降之象，其主因厥为全世界之废止银币；且中国物价系以银计算，故值此期间，物价骤涨，卒因金本位国家发生货币困难，故自一九三一年始，各该国咸有收藏金银之举。结果银价涨，物价跌，酿成中国之不景气，迨白银贬值，及一九三五年十一月三日实行通货管理后，始告终止。物价飞涨，致农产品与其他原料价格之上腾，速于别类物品。然工资与他项成本蹒跚不前，故多用劳力肥料，以增生产，尚亦有利。易言之，物价上涨，则耕种之制，愈行集约，物价下落，其结果则反是，盖农产价格及其他原料价格，降落最早，而又最速。其他成本，如工资赋税等，则降落殊缓，因此生产成本高，而尤以所得价格低贱，故必减少生产成本。于是生产亦以减少。是故就土地利用之集约程度而言，中国币制对于土地使用方式，洵有实际之影响。

凡此因素，均描述中国之土地使用方式，较西洋各国为集约。其次讲述现有土地使用方式所得之成效。成效如何，可以每公顷产量，每人产量，田场工资，田地赋税，生活程度及人口等因素测之。

就作物性质言，中国土地使用虽较集约，然以产量计，则并不甚集约。稻之产量颇高，过于日本，而低于美国，小麦产量与美国相埒。大体而论，中国各种产量优于印度或苏联，但不及日本，且逊于意德英美诸国。此盖水旱为灾，土壤侵蚀，肥料不足，虫病不治，种籽不良，有以致之。以谷物等数计，每一农民仅产四四六公斤，其量颇低。以每一人工等数（农民一周年之工作）之产量计，中国仅生产一四〇〇公斤，美国则达二〇〇〇〇公斤，易言之，中国只当美国产量十四分之一。农民之生产微者，不能期享近世多量物品，此乃稠密人口与天然富源之关系所形成之现象，故土地使用之成功，端视其所容人口之多寡而定。如人口终能减少，俾兴现有土地适合，而田场大小亦能符于最经济之面积单位，则根据今日之农家经济,以最大组田场为最优。此最大田场,现仅占所有田场百分之七。其田场面积,凡五·二六公顷,人工等数三·七,家畜单位三,工作家畜单位二·二五,每田场产量一〇四〇〇公斤。

抑有进者,目前土地使用方式对于庞大之乡村人口,未能悉为位置。田场工资,包括膳食诸项在内,每年仅及八六元。健全男子为长工者,仅逾三分之一;为短工者几过半数。每健全男子之休闲时间,每年平均一·七月。冬季农闲实占五分之四。每健全男子疾病时间平均六日。惟此失业情形,未能防免,农忙时,劳力之缺少,尤以栽种及收获时为最。查各地区报有此种缺乏者,占三分之二。易言之,现行手工方法,使全年田场劳力不能较为均分。如农忙时,实行劳力节省法,则可免此困难,而一部分农民亦得以全力从事他业。职业及工业之发展,半赖机器,盖一旦引用机器,则工作之耗力特多者,得以节省。

中国田地赋税较高,每公顷平均为美金四·四二元(一九二九——一九三二年),但一九三六年美国所有之田地,为一·一四元。即美国农业较优之区,其土地税亦仅介乎二·二二及二·八四元之间。税则较高,并非表示中国农民之纳税能力较大,乃因政府制定税则之政策,未可违反,且此项政策,半由全国灾祸,半由征收方法过费,以及多数情形不良,对于易于征收之生产事业,则课以重税,而对于其他所得,反任其漏税。

土地使用之成功,表显于生活程度者,可以所消费之食物质量,房屋,衣着及家具之种类,负债与储蓄之数额,以及婚丧等特别事故之费用测之。食物营养乃测量生活程度之重要标准,盖用于食物之款项,约占家庭预算三分之二。此项食物,田场自产者四分之三,购买者约四分之十,采自野生植物及由人赠予者百分之一。田场自产者,厥为谷类,豆类,球茎作物,多叶蔬菜及果实之属。其购买者,多系植物油,糖类及动物产品。麦食较米食尤为普遍,全部农家食麦者四分之三,食米者仅达半数。食物热量消费之多寡,年有不同,随地而异。各调查地区之食物热量,平均每成年男子单位每日最少必须超出二八〇〇加洛里。一部分地区有太过或不及之象。此热量之来源,多系蔬菜,其来自植物者,近百分之九八,而来自动物产品者,才百分之二·三。此与美国大相径庭,其农民消费之食物热量，得自动物产品者几达五分之一。中国农民所以能生存于如此少量田地者，即因其食物多系蔬菜，而非动物产品，其详已见前节。然中国食物之营养价值，并不甚佳，其故不在蔬食特多，而在稻麦等谷物舂碾过甚，及所生产与消费之多叶蔬菜均感不足。此可于下述各方面证之。钙质取入低，因此钙磷比量亦复过低，不足使磷质发生效用；蛋白质来源虽充足，惟仍非长育最佳之质；维他命D取入分量低，维他命A及C亦或不足。总之，中国食物较西洋混合食物体积大，脂肪少，而消化不易。如再增加多叶蔬菜，其体积及不可消化之程度，将益增加；此于成年或可无不利之影响，而于正在发育之儿童，或有危险。果蔬滤汁，足资应付，惟欲救营养不良之弊，似须多食鸡蛋牛乳。

是故为适应营养需要，须将土地使用方式，略予变更，增其成效。变更之道，厥为更换所栽种之主要产品种类，例如某几地区，多种黄豆，多栽果蔬，或稍扩充家禽业，及兴办有限之牛乳业。

衣着亦为测量生活程度之标准，其材料多取诸棉，棉系最贱原料之一；工作服装十分之九，装饰服装四分之三，咸属棉制。棉纱之衣，夏日良宜；惟较寒之区，冬日铺棉为衣，殊感笨重，显难保温，羊毛虽贵，较可御寒。

农用房屋，包括住宅，其大小，建筑材料及货币价值，各不相同。如房屋之高，以檐为度，则每田场房屋空间平均皆在四八八立方公尺以上。所有房屋半系土墙，其用砖墙者仅四分之一。屋顶盖瓦者半，覆草者四分之一。泥地者逾八分之七。内外屋墙，多涂灰泥，尤以较大田场为普遍。扬子三角洲一带，屋外恒刷垩粉。屋鲜承尘（俗称天花板），故常以檬桷为室。此等房屋价值之高下，或可为测量其优劣之最佳标准，平均每田场五八〇元，而美国一九三〇年之平均价值则为美金二一六九元——比例相差甚较两国之生产能力为大。虽个人实际享受之差别，或不致如此之大，然几乎如此。

每人平均所摊室数，凡一·三间，但多兼用为卧室，仓房，及安置农具，牲畜之所。屋均少窗，意在防贼，多数地方，系缘迷信。屋内空气不通，光线不足，地面恒潮湿，不易保持清洁。泥墙经暴雨，辄致松塌，屋顶覆草，常招火灾，皆其弊也。

屋内器具设备不多，平均每屋只有二十八件，包括床，长凳，短凳，桌，箱，便桶之类，间或有椅。其中未加油漆者七分之四，粗糙不平者五分之一。

负债与储蓄数量，亦足测量生活程度之高下。农家田场负债者，据报占五分之二，平均每田场七六元，其供生产用途者，约仅四分之一。负债以田产为抵押者，仅百分之一，此与其他各国，例如美国，情形迥异，亦有农民负债累累，故高利贷问题，在若干地方殊为严重。所幸主要贷款来源，亲友占五分之二，且此来源，除大地①王龙之叔为特例外，并非剥削。其余贷款大多由商人，地主及店铺供给之。此三种放债人，吮吸农民，恒至膏脂，故改良贷款来源，洵属刻不容缓。

据报农民有储蓄者仅五分之一，平均一九二元，然此项之少报或多于负债。储蓄之以借款方式借出者，达二〇二元；贮藏农产物，二〇九元；死藏现金一三九元；借出农产物，七八元。由此观之，农民债台高筑者固多，而富有积蓄者亦复不少。

婚丧等特别费用亦为测知农民富盛之准则。此类费用每家每年平均一五二元。一婚所费，约当一家四月之收入，而多于雇工一年之工资。丧费当一家三月之收入，嫁资亦几相同。此数费用，自非年有发生者也。

自生活程度言土地使用之成功，并不甚大。考其原因，大多由于农业人口过密——每平方公里耕地凡五七九人——而不在土地利用方式。调查周年内每千人生育率，至少三八人，死亡率超过二七人，指明每六五年，人口可增一倍。曩（音 nǎng，以往，以前。——编者）者灾荒频仍，增加之速，未能如是。所有家庭中，父系家庭占百分之三〇，其余百分之七〇均系西洋各国常见之基本家庭，只夫妻子女数人而已。此类家庭大小，平均五·二一人。家庭大小与田场大小关系至密——表示人口过密之影响。小田场每家平均三·九六人，最大田场七·三一人。此农业人口之教育甚为低落。七岁或七岁以上男子，入学校者，不及百分之五，女子只百分之二。其已受教育者，男子平均在校四年者占百分之三〇，女子平

---

① 赛珍珠（Buck, Pearl S.）著《大地》(The Good Earth), John Day and Company New York, 1930。

均在校三年者仅百分之一。至于婚姻之中心事实,则为人皆结婚,且白首偕老,鲜有离异,其婚姻关系,至男女任何一方死亡而后已。二十岁以下结婚者,男子过半,女子五分之四。至于希望寿命,人口死于二八岁以前者几占半数——只就投入各该死者之资财而言,经济损失,已足惊人。

此繁盛人口之主要出路,厥为国内迁徙与国外移民,国内则迁至人口较稀之各区,其稀密标准,视每人产量多寡而定。

土地使用方式极其成功之主要事实,已如上述,且就中国本身,略加解释。惟对于世界其他各国之意义,尚待提论。中国农业采取现代运输工具,经济组织及农业技术,即可自给自足。其矿产足供发展相当工业,以应其自有需要。

中国土地利用方式所发生之最大问题,厥为如何调整中国与外国之关系,因为中国之标准低,生产廉,而外国如美国则标准高,而生产贵。前言生产效率最大者,即能享有世界。中国农民消费之植物产品为多,其需以维持一定人口之土地面积较小,故中国之农村经济,乃一善用土地之农村经济。因之每单位粮食成本较低,中国遂为其他各国生产与消费粮食,效率较逊者之劲敌。他国得实行闭关政策,一面防止中国移民入境,一面放弃以昂贵货品售诸中国。逆料此乃多年以后,所将继续发生,而不变之事实。终则中国标准稍稍提高。甚至标准向高之国,或将仿效中国制度,由植物产生大部热量,以提高其标准。

习于高生活程度之国家,如美国者,雅不欲其人口过增,或允程度太低之民族移入,终至攘其土地,以降低其生活程度,中国不能希望以移民办法,解决其人口问题。就目前资源而论,中国人口有过多之慊,如欲提高生活程度,必须设法限制人口,同时并于各方力谋改进。

综之,中国土地使用政策或农业政策,计分若干主要步骤。在今日单独农家单位制度之下,均可逐渐推行,至于农业经济组织之任何重大改革企图,例如集团耕种,或其他大规模耕种企业,目前只宜基于小规模之试验。未有一国对于任何农业组织之新法,不先试验,而可遽(音jù,匆忙,急。——编者)尔实行者,如近代各农业国家之一切新技术实施,于介绍与农民之先,皆加彻底之试验。

兹据本调查研究所得，胪（音 lú，陈列。——编者）举重要政策如次：

（一）河道管理计划，以防止或减少水患。

（二）垦荒计划，如未垦优良地之灌溉，可垦地之排水。

（三）土壤保护计划，以防止良好土壤之冲刷。

（四）造林计划，以保护及扩充现有森林，并防止冲刷。

（五）土地计划，保护或交还耕者土地，重划土地，办理土地清丈及登记。

（六）创立特别设计区，以各该区为改良单位，综合各种专门知识，拟具整个改良方案。

（七）于各主要农业区域，如本调查所分之八大农区，集中人才，设立农业实验场及农业教育机关。

（八）改良农业技术，如植物育种，动物育种，防治动植物病虫害，注意作物施肥，中耕，修剪，动物饲养，及改良农具。

（九）确立补助地方政府或特设农业推广机关之农业推广制。

（十）创立农业贷款制度。

（十一）创设农产品标准等级鉴定委员会。

（十二）制定农法，包括粮食掺杂取缔法。

（十三）提倡农村合作制度，借以增进农民个人为生产者及消费者之能力。

（十四）举各办农业区及各政治区如省县之农情报告制度。

（十五）兴筑公路与铁路。

（十六）田场管理计划，利用生产要素最良之组合，以谋利益最大之农艺方式。

如以执行此周密方案之责，委诸富有专门技术，熟识各国情形，及详知每一问题内容之专家，则改良农业，提高农民生活程度，及增进全国幸福之功，可以立睹。

（原载《中国土地利用》，中国台湾学生书局1971年版，此处节选自其中的第一章"中国农业概论"）

中国经济建设之路

吴景超

吴景超（1901—1968），字北海，安徽徽州（今歙县）人。著名社会学家。

1915年考入清华学校。1923年赴美入明尼苏达大学就读，获学士学位。1925—1928年入芝加哥大学，先后获硕士、博士学位。1928年回国，任金陵大学社会学系教授兼系主任。1931年任清华大学社会学系教授。1932年任清华大学教务长。1935年在国民政府行政院任职。1947年返回清华大学社会学系任教。1952年加入中国民主同盟并当选为中央常委、全国政协委员。后长期任教于中国人民大学经济系。他是中国社会学界最早研究都市社会学的代表人物之一，侧重于从经济的角度来研究社会。

主要著作有《都市社会学》、《社会的生物基础》、《第四种国家的出路》、《劫后灾黎》、《中国工业化的途径》等。

国营与民营

现在中国的经济建设，是国营与民营双管齐下的。无论哪一项事业，无论其为金融，或贸易，或交通，或工矿业，有国营的，也有民营的。

过去舆论对于这个问题的讨论，显然有三种不同的主张。一派主张经济建设，应由政府主办；一派主张政府不与民争利，经济事业应归人民经营。还有一派，以为经济事业，政府与人民，都可参加，但何者应由国营，何者应由民营，范围应当划清。

我们的意见，以为在经济建设的各种事业之中，何者应当先办，何者应当缓办，或何者应办，何者不应办，乃是最重要的问题。假如事业兴办的决定权在政府，指导权在政府，监督权在政府，那么国营与民营，是无关重要的。

我们所以作这种主张的理由，应当申述一下。第一，我们理想中的国营事业或民营事业，其组织是相似的，都应采取公司的组织。现在的民营事业，多采取了公司的组织，但国营事业，尚多采取衙门的组织，其缺点为管理政治化，权责不分明，行动欠灵敏，结果是减低了国营事业的效率。不过这些缺点，如采取公司的组织之后，便可消灭。国营与民营事业，既采取同样的组织，便可有同等的效率，英美等国的国营公司，其效率不减于民营，即其明证，所以从效率的观点看去，国营民营是无关重要的。

第二，我们是一个节制资本的国家，在实施所得税，遗产税，财产税的情形之下，民营事业的收入，已不能为资本家所独享。德国与意大利，过去均曾制定法律，限制公司的分红，不得超过六厘，我们将来也可制定类似的法律。战时各国的所得税，有超过百分之五十以上的，我们将来在平时，对于收入超过若干元以上的，可以抽百分之五十或较多的税。最近美国传来的消息，说是罗斯福总统，为预防通货膨胀起见，拟限制人民每年的最高收入，不得超过二万五千元。我们为预防贫富不均的造成，在平时也可实施这样的法律。在这许多节制资本的法律之下，民营事业的收入，有一大部分将由私囊而流入国库。政府即可利用此种收入，作建设国防，或促进社会福利之用，正如政府以国营事业之收入，作此种设施一样。所以从利用生产的盈余，以谋大众福利的观点看去，只要节制资本的政策实行之后，国营民营是无关重要的。

偏重国营的人，以为民营事业，如任其发展，则社会主义的理想，永远无法达到。只有把一切生产事业，都交由国营，乃是实现社会主义最迅速的方法。作这种主张的人，忘记了节制资本，是实现社会主义最和平的途径。数年以前，我因听到财政部要举办所得税与遗产税，便写了一篇文章，名为"新税制与新社会"，其中有一点，是说明私人的资本，在新税制之下，如何转变为国家的资本。我说："一个国家，如肯实行累进的遗产税，那么无论什么生产工具，都会逐渐地社会化。一个私人所创办的工厂，在累进的遗产税之下，到了第二代时，便有一小部分股票移到国家的手中。到第三代，国家所保持的股票，百分数还要高点，再隔一二代，也许整个的工厂，便归国家所有了。这样地做下去，不流血，不革命，而生产的工具，便自然地都由私人的手中，移到国家的手中。"这个理想，在严厉实行节制资本的国家里，并非不能实现。政府如节制资本，则一切的民营事业，均依岁月的更换而改变其性质。在创始的时期内，股票均为人民所有，其后受节制资本的影响，股票逐渐流入国库，理事监事，也逐渐由政府指派，最后这个民营公司，其本质将与国营公司无大差异。所以政府允许民营事业的存在，并不防害社会主义的发育。

第三，我们为充分利用社会上的财力人力起见，对于国营与民营的界限，不可划分得太清晰。先说财力。将来经济建设的财力，在国内不外两个来源，一是国库的收入，二是民间的积蓄。将来国家规定了整个建设计划之后，凡是国家的力量所能担负的事业，一定由国家担负起来。但是国库的收入，是有限的，以有限的收入，决不能办理一切社会上所需要的生产事业。为使国家的计划能顺利推行起见，应当利导民间的积蓄，使他投资于建设计划中所规定的事业。假如我们先把国营民营的范围划得太清楚，同时国家每年的收入，又不足以尽办国营范围内的事业，结果一定会有一部分的事业，将因预算无着落而停顿。反是，假如我们对于国营民营事业，并不划清范围，一切事业，国营固可，民营亦无妨，那么国家每年所规定的计划，政府的财力，无法进行办理时，民间的资本，也可利用。在这种办法之下，事业的进行，一定比较顺利而迅速。其次，我们再谈人力。经济建设，需要有事业心的人出来领导与创办。但是有事业心的人，大致也可分为两派。一派喜名而不好利，他们对于经济建设，颇有一番抱负，他们的兴趣，在事业的成功，而不在红利的收入。这一派的人，宜于加入国营事业。还有一派的人，乐利过于好名，爱好自由胜于服从命令，喜自辟途径，而不甘仰人鼻息。这一派的人，宜于创办民营事业。我们如偏重国营或民营，必有一部分人望望然而去，惟有国营与民营事业，并肩进行，然后各色各类的人才，始能兼收并蓄。

总括起来，我们以为中国的经济建设，应由政府通盘筹划。在计划中的事业，国营固可，民营亦无妨。计划中所不列的事业，国营固不可，民营亦不许。这个原则的实行，也有若干条件，一为改良国营事业的组织，使与民营事业相似。二为实行节制资本，使民营所得，不为少数人所独享，而为大众谋福利。三为实行管制经济，使国营与民营事业，同受政府的指挥监督。

（原载1942年《经济建设学刊》创刊号，此处节选自其中的"国营与民营"一章）

论联合政府

毛泽东

毛泽东（1893—1976），湖南湘潭人。伟大的马克思主义者，无产阶级革命家、战略家和理论家。中国共产党、中国人民解放军和中华人民共和国的主要缔造者和领导人。

1914—1918年，在湖南第一师范学校求学。1920年，在湖南创建共产主义组织。1921年，出席中国共产党建党的第一次全国代表大会。1923年，出席中共"三大"，被推选为中央执行委员。1935年，遵义会议召开，确立了以毛泽东为代表的新的中央领导集体。1949年10月1日，中华人民共和国成立，毛泽东当选为中央人民政府主席。其经济发展战略思想极为丰富，主要包括：走工业化道路战略思想、超赶战略思想、备战战略思想、对外开放战略思想等。

主要著述有《新民主主义论》、《经济问题与财政问题》、《关于农业合作化问题》、《论十大关系》、《必须注意经济工作》等。

我们的一般纲领

为着动员和统一中国人民一切抗日力量，彻底消灭日本侵略者，并建立独立、自由、民主、统一和富强的新中国，中国人民，中国共产党和一切抗日的民主党派，迫切地需要一个互相同意的共同纲领。

这种共同纲领，可以分为一般性的和具体性的两部分。我们先来说一般性的纲领，然后再说到具体性的纲领。

在彻底消灭日本侵略者和建设新中国的大前提之下，在中国的现阶段，我们共产党人在这样一个基本点上是和中国人口中的最大多数相一致的。这就是说：第一，中国的国家制度不应该是一个由大地主大资产阶级专政的、封建的、法西斯的、反人民的国家制度，因为这种反人民的制度，已由国民党主要统治集团的十八年统治证明为完全破产了。第二，中国也不可能、因此就不应该企图建立一个纯粹民族资产阶级的旧式民主专政的国家，因为在中国，一方面，民族资产阶级在经济上和政治上都表现得很软弱；另一方面，中国早已产生了一个觉悟了的，在中国政治舞台上表现了强大能力的，领导了广大的农民阶级、城市小资产阶级、知识分子以及其他民主分子的中国无产阶级及其领袖——中国共产党这样的新条件。第三，在中国的现阶段，在中国人民的任务还是反对民族压迫和封建压迫，在中国社会经济的必要条件还不具备时，中国人民也不可能实现社会主义的国家制度。

那末，我们的主张是什么呢？我们主张在彻底地打败日本侵略者之后，建立一个以全国绝对大多数人民为基础而在工人阶级领导之下的统一战线的民主联盟的国家制度，我们把这样的国家制度称之为新民主主义的国家制度。

这是一个真正适合中国人口中最大多数的要求的国家制度，因为，第一，它取得了和可能取得数百万产业工人，数千万手工业工人和雇佣农民的同意；其次，也取得了和可能取得占中国人口百分之八十，即在四亿五千万人口中占了三亿六千万的农民阶级的同意；又其次，也取得了和可能取得广大的城市小资产阶级、民族资产阶级、开明士绅及其他爱国分子的同意。

自然，这些阶级之间仍然是有矛盾的，例如劳资之间的矛盾，就是显著的一种；因此，这些阶级各有一些不同的要求。抹杀这种矛盾，抹杀这种不同要求，是虚伪的和错误的。但是，这种矛盾，这种不同的要求，在整个新民主主义的阶段上，不会也不应该使之发展到超过共同要求之上。这种矛盾和这种不同的要求，可以获得调节。在这种调节下，这些阶级可以共同完成新民主主义国家的政治、经济和文化的各项建设。

我们主张的新民主主义的政治，就是推翻外来的民族压迫，废止国内的封建主义的和法西斯主义的压迫，并且主张在推翻和废止这些之后不是建立一个旧民主主义的政治制度，而是建立一个联合一切民主阶级的统一战线的政治制度。我们的这种主张，是和孙中山先生的革命主张完全一致的。孙先生在其所著《中国国民党第一次全国代表大会宣言》里说:"近世各国所谓民权制度,往往为资产阶级所专有,适成为压迫平民之工具。若国民党之民权主义,则为一般平民所共有,非少数人所得而私也。"这是孙先生的伟大的政治指示。中国人民,中国共产党及其他一切民主分子,必须尊重这个指示而坚决地实行之,并同一切违背和反对这个指示的任何人们和任何集团作坚决的斗争,借以保护和发扬这个完全正确的新民主主义的政治原则。

新民主主义的政权组织,应该采取民主集中制,由各级人民代表大会决定大政方针,选举政府。它是民主的,又是集中的,就是说,在民主基础上的集中,在集中指导下的民主。只有这个制度,才既能表现广泛的民主,使各级人民代表大会有高度的权力;又能集中处理国事,使各级政府能集中地处理被各级人民代表大会所委托的一切事务,并保障人民的一切必要的民主活动。

军队和其他武装力量,是新民主主义的国家权力机关的重要部分,没有它们,就不能保卫国家。新民主主义国家的一切武装力量,如同其他权力机关一样,是属于人民和保护人民的,它们和一切属于少数人、压迫人民的旧式军队、旧式警察等等,完全不同。

我们主张的新民主主义的经济,也是符合于孙先生的原则的。在土地问题上,孙先生主张"耕者有其田"。在工商业问题上,孙先生在上述宣言里这样说:"凡本国人及外国人之企业,或有独占的性质,或规模过大为私人之力所不能办者,如银行、铁道、航空之属,由国家经营管理之;使私有资本制度不能操纵国民之生计,此则节制资本之要旨也。"在现阶段上,对于经济问题,我们完全同意孙先生的这些主张。

有些人怀疑中国共产党人不赞成发展个性,不赞成发展私人资本主义,不赞成保护私有财产,其实是不对的。民族压迫和封建压迫残酷地束缚着中国人民的个性发展,束缚着私人资本主义的发展和破坏着广大人民的财产。我们主张的新民主主义制度的任务,则正是解除这些束缚和停止这种破坏,保障广大人民能够自由发展其在共同生活中的个性,能够自由发展那些不是"操纵国民生计"而是有益于国民生计的私人资本主义经济,保障一切正当的私有财产。

按照孙先生的原则和中国革命的经验,在现阶段上,中国的经济,必须是由国家经营、私人经营和合作社经营三者组成的。而这个国家经营的所谓国家,一定要不是"少数人所得而私"的国家,一定要是在无产阶级领导下而"为一般平民所共有"的新民主主义的国家。

新民主主义的文化,同样应该是"为一般平民所共有"的,即是说,民族的、科学的、大众的文化,决不应该是"少数人所得而私"的文化。

上述一切,就是我们共产党人在现阶段上,在整个资产阶级民主革命的阶段上所主张的一般纲领,或基本纲领。对于我们的社会主义和共产主义制度的将来纲领或最高纲领说来,这是我们的最低纲领。实行这个纲领,可以把中国从现在的国家状况和社会状况向前推进一步,即是说,从殖民地、半殖民地和半封建的国家和社会状况,推进到新民主主义的国家和社会。

这个纲领所规定的无产阶级在政治上的领导权,无产阶级领导下的国营经济和合作社经济,是社会主义的因素。但是这个纲领的实行,还没有使中国成为社会主义社会。

我们共产党人从来不隐瞒自己的政治主张。我们的将来纲领或最高纲领,是要将中国推进到社会主义社会和共产主义社会去的,这是确定的和毫无疑义的。我们的党的名称和我们的马克思主义的宇宙观,明确地指明了这个将来的、无限光明的、无限美妙的最高理想。每个共产党员入党的时候,心目中就悬着为现在的新民主主义革命而奋斗和为将来的社会主义和共产主义而奋斗这样两个明确的目标,而不顾那些共产主义敌人的无知的和卑劣的敌视、污蔑、谩骂或讥笑;对于这些,我们必须给以坚决的排击。对于那些善意的怀疑者,则不是给以排击而是给以善意的和耐心的解释。所有这些,都是异常清楚、异常确定和毫不含糊的。

但是,一切中国共产党人,一切中国共产主义的同情者,必须为着现阶段的目标而奋斗,为着反对民族压迫和封建压迫,为着使中国人民脱离殖民地、半殖民地、半封建的悲惨命运,和建立一个在无产阶级领导下的以农民解放为主要内容的新民主主义性质的,亦即孙中山先生革命三民主义性质的独立、自由、民主、统一和富强的中国而奋斗。我们果然是这样做了,我们共产党人,协同广大的中国人民,曾为此而英勇奋斗了二十四年。

对于任何一个共产党人及其同情者,如果不为这个目标奋斗,如果看不起这个资产阶级民主革命而对它稍许放松,稍许怠工,稍许表现不忠诚、不热情,不准备付出自己的鲜血和生命,而空谈什么社会主义和共产主义,那就是有意无意地、或多或少地背叛了社会主义和共产主义,就不是一个自觉的和忠诚的共产主义者。只有经过民主主义,才能到达社会主义,这是马克思主义的天经地义。而在中国,为民主主义奋斗的时间还是长期的。没有一个新民主主义的联合统一的国家,没有新民主主义的国家经济的发展,没有私人资本主义经济和合作社经济的发展,没有民族的科学的大众的文化即新民主主义文化的发展,没有几万万人民的个性的解放和个性的发展,一句话,没有一个由共产党领导的新式的资产阶级性质的彻底的民主革命,要想在殖民地半殖民地半封建的废墟上建立起社会主义社会来,那只是完全的空想。

有些人不了解共产党人为什么不但不怕资本主义,反而在一定的条件下提倡它的发展。我们的回答是这样简单:拿资本主义的某种发展去代替外国帝国主义和本国封建主义的压迫,不但是一个进步,而且是一个不可避免的过程。它不但有利于资产阶级,同时也有利于无产阶级,或者说更有利于无产阶级。现在的中国是多了一个外国的帝国主义和一个本国的封建主义,而不是多了一个本国的资本主义,相反地,我们的资本主义是太少了。说也奇怪,有些中国资产阶级代言人不敢正面地提出发展资本主义的主张,而要转弯抹角地来说这个问题。另外有些人,则甚至一口否认中国应该让资本主义有一个必要的发展,而说什么一下就可以到达社会主义社会,什么要将三民主义和社会主义"毕其功于一役"。很明显地,这类现象,有些是反映着中国民族资产阶级的软弱性,有些则是大地主大资产阶级对于民众的欺骗手段。我们共产党人根据自己对于马克思主义的社会发展规律的认识,明确地知道,在中国的条件下,在新民主主义的国家制度下,除了国家自己的经济、劳动人民的个体经济和合作社经济之外,一定要让私人资本主义经济在不能操纵国民生计的范围内获得发展的便利,才能有益于社会的向前发展。对于中国共产党人，任何的空谈和欺骗，是不会让它迷惑我们的清醒头脑的。

有些人怀疑共产党人承认"三民主义为中国今日之必需，本党愿为其彻底实现而奋斗"，似乎不是忠诚的。这是由于不了解我们所承认的孙中山先生在一九二四年《中国国民党第一次全国代表大会宣言》里所解释的三民主义的基本原则，同我党在现阶段的纲领即最低纲领里的若干基本原则，是互相一致的。应当指出，孙先生的这种三民主义，和我党在现阶段上的纲领，只是在若干基本原则上是一致的东西，并不是完全一致的东西。我党的新民主主义纲领，比之孙先生的，当然要完备得多，特别是孙先生死后这二十年中中国革命的发展，使我党新民主主义的理论、纲领及其实践，有了一个极大的发展，今后还将有更大的发展。但是，孙先生的这种三民主义，按其基本性质说来，是一个和在此以前的旧三民主义相区别的新民主主义的纲领，当然这是"中国今日之必需"，当然"本党愿为其彻底实现而奋斗"。对于中国共产党人，为本党的最低纲领而奋斗和为孙先生的革命三民主义即新三民主义而奋斗，在基本上（不是在一切方面）是一件事情，并不是两件事情。因此，不但在过去和现在已经证明，而且在将来还要证明：中国共产党人是革命三民主义的最忠诚最彻底的实现者。

有些人怀疑共产党得势之后，是否会学俄国那样，来一个无产阶级专政和一党制度。我们的答复是：几个民主阶级联盟的新民主主义国家，和无产阶级专政的社会主义国家，是有原则上的不同的。毫无疑义，我们这个新民主主义制度是在无产阶级的领导之下，在共产党的领导之下建立起来的，但是中国在整个新民主主义制度期间，不可能、因此就不应该是一个阶级专政和一党独占政府机构的制度。只要共产党以外的其他任何政党，任何社会集团或个人，对于共产党是采取合作的而不是采取敌对的态度，我们是没有理由不和他们合作的。俄国的历史形成了俄国的制度，在那里，废除了人剥削人的社会制度，实现了最新式的民主主义即社会主义的政治、经济、文化制度，一切反对社会主义的政党都被人民抛弃了，人民仅仅拥护布尔塞维克党，因此形成了俄国的局面，这在他们是完全必要和完全合理的。但是在俄国的政权机关中，即使是处在除了布尔塞维克党以外没有其他政党的条件下，实行的还是工人、农民和知识分子联盟，或党和非党联盟的制度，也不是只有工人阶级或只有布尔塞维克党人才可以在政权机关中工作。中国现阶段的历史将形成中国现阶段的制度，在一个长时期中，将产生一个对于我们是完全必要和完全合理同时又区别于俄国制度的特殊形态，即几个民主阶级联盟的新民主主义的国家形态和政权形态。

（这是1945年4月毛泽东在中国共产党第七次全国代表大会上的政治报告，原载《论联合政府》，人民出版社1975年版，此处节选自其中的"我们的一般纲领"）

中国经济原论

王亚南

王亚南（1901—1969），名渔村，湖北黄冈县（今黄冈市）人。经济学家、教育家。

1926年毕业于武昌中华大学教育系，后赴日本、德国深造。1933年任中华共和国人民革命政府文教委员。1938年出版了与郭大力合译的《资本论》第一个中文全译本。1940年后历任中山大学、厦门大学、清华大学教授，以及福建省研究院社会科学研究所所长和厦门大学法学院院长兼经济系主任。1950年起担任厦门大学校长直到去世。曾任福建省第一和第二届政协副主席、中国科学院哲学社会科学部委员和常委、第一至第三届全国人大代表。是中国官僚政治研究的开拓者，其代表作《中国经济原论》在国内外经济学界享有盛誉。

主要著作有《经济学说史》、《政治经济学史大纲》、《现代世界经济概论》、《中国社会经济改造问题研究》、《中国经济原论》等。

三 研究中国经济应依据的几种科学及其应采用的几种方法

（一）依据的几种科学

我在前面的说明，似乎已经暗示出对于中国经济的研究，所应依据的那些科学了。本来，无（论）从事哪一方面的科学研究，都不免要直接间接涉及许许多多的科学知识的领域，可是我提出这个问题来研讨的意旨,如其仅只如此,那又变成了不十分必要的冗谈。

中国经济研究到了现阶段,按照晚近新兴科学给予我们的宝贵启示,按照我们社会实践上的紧迫要求,它是可能应该有较大的成就的。对于以往一切阻碍我们对于中国经济性质明确认识的诸般观念上的尘雾的清除,亦应该是有较大效果的。而现在我们的研究,其所以还在许多方面,许多场合,落在进步的实践之后,那在肯定物质利害关系作祟之外,还得归因于一般人看轻了中国经济研究的准备工作。我现在且不忙解说研究中国经济,应有如何的准备,并如何去准备,姑先就我个人认为研究中国经济,至少应相当透彻了解的次三种科学,分别来述说其究竟。

(1)经济学。我们研究中国经济,应依据经济学,依据一般经济原则及其诸般研究结论,那差不多是不言而喻的事。在实际上,研究经济学,也就是通过经济学,来间接求得经济学上所体现着经济事项的理解。比如,我们研究亚丹·斯密(Adam Smith)或里嘉图(D. Ricardo)的经济理论,同时正好是在研究他们那些理论所依以展开英国十八九世纪之交的经济现实。不过,经济理论毕竟是由诸般具体经济事项抽象了的一般的概括,它尽管在如何贴切地反映着经济现实,我们主要还是拿它的研究结论或基本概念,去认识,或者去辨识有关的经济事项。

但这里会发生一个问题,即英国资本主义的法则或经济学,拿它去解说或证验一般资本主义经济,它是有它的妥当性的。如像中国这样尚未完全资本主义化,或者尚保存着浓厚的前资本主义因素的过渡经济形态,如其依上述资本主义的经济法则来说明,那不是凿枘不入么?是的,假如用资本主义经济学或经济法则来研究中国经济,即使不能全部适用,至少总有一部分或者资本主义化了的那一部分适用;即使不能完全从正面来确证其是些什么,至少总可从反面来说明其不是些什么。这即是说,资本主义经济学,至少总在某种限度,有助于我们对于中国经济的理解。

然而问题是不能这样机械地来求解决的。

资本主义的经济学,亦并不是同一的内容。所谓至少一部分有助于中国经济理解的经济学,只能限于前期的资本意识形态。那时资本阶级还是站在生产者的立场,还是站在对传统封建求解放求自由的革新者的立场的；照应着这种事实，当时的经济理论，可能充分反映着资本主义的基本动态，并且也可能部分地用以说明我们中国这种处在资本发生期中的经济实质。然而过此以往的所谓流俗的资本主义经济学，它就不但不能拿来证验或解析我们这种社会的复杂的经济形态，甚且不能成为它所因以产生的社会的经济事项的反映，而反为其实质，其基本动态横被掩罩的烟幕。因为把资本社会的根本危机如实暴露出来，那不是现阶段的资本家所期待于他们经济学家的。

流俗经济学的集大成，是所谓奥大利学派的经济理论；而在晚近盛极一时的，在世界经济愈陷于困厄，陷于衰落，反而愈显得活跃而繁昌的，也是这奥大利学派的经济理论。资本家世界，在本国需要利用这所谓有闲的消费的金利生活者的经济学，以掩饰其现实，在其所寄生托命的落后地带，尤需要利用这种经济学，一方面不让落后地带拆穿了它的西洋景，同时更不让落后地带看出自己困厄的症结。如其说，启蒙的古典的社会经济意识的输出，是先进资本社会在商品输出时代的"天真"，则反动的极端保守的社会的经济的意识的输出，就是它在资本输出时代的"矫饰"。而在另一方面，我们"买办的"经济学，也愈来愈失去了前几十年的图变法图富强的"火气"，而更炉火纯青似地安于现状，不时仅嚷出一些不着边际的建设语辞以敷衍场面了。这说明我们已深深地中了这所谓消费经济理论的毒，它在我们对于自己的经济认识上，仍在施放着浓密的烟雾。

但尽管如此，如前面所说，我们社会或经济界的另一视野，却又在不绝扫除那种烟雾，而增加对于中国经济的认识。这原因单就经济学方面讲，就是我们研究中国经济，已经逐渐知道需要把带有进步性的批判性的经济学，去代替那种保守的缺乏历史性格的有闲阶级经济学了。

然则前面这种批判性的经济学，为什么特别有助于中国经济的研究呢？那有依次几种原由：第一，我们知道，批判经济学本身，就在某种限度，继承有古典经济理论的传统，古典经济理论不但包含有资本主义的基本经济法则，可以帮助我们理解资本主义经济本身，并还因其是建立在资本主义前期，又可以帮助我们理解资本主义所由成长的历程及其遭遇;第二,批判经济学是把资本主义全历史及其反映的经济学说,作为研究批判对象;资本主义临到转型期必然加强帝国主义政策,且必然以落后地带人民为牺牲的诸般经济定律,是批判经济学最生动最富有警惕性的内容,应用它来究明我们中国经济的实质,那是绝不会陷在文化侵略意识所设的迷阵中的;最后第三,批判经济学彻头彻尾贯透着新伦理学的神髓,新伦理学对于社会事项的发展演变,特别强调质变,强调否定的契机。即是说,有了这种哲学精神的批判经济学,它随时会指点我们:一个社会的旧的基本生产诸关系未经过质变,未被否定,任何革新的或者有进步意义的经济技术条件的"输入",都不易生起根来。

不过,批判经济学对于中国经济的研究,虽有上述这种种启迪作用,但并不是如一般人所想象的,我们知道了若干批判经济学的概括公式或术语就行的。机械的公式主义者对于中国经济认识的隔膜,并不比流俗经济学者有很大的距离。所以,后者尚是行所无事的把中国经济当作资本主义商品经济来处理,前者却引经据典地来说明我们已经是资本的商品经济社会。

批判经济学是比之资本家经济学更高一级的东西,对于它的理解,特别是对于它在实际上的应用,是非经过更洗练的消化不行的。

(2) 经济史学。现代经济史学是在经济学成立之后许久才逐渐形成的,严格地讲,是由批判经济学所引出或导来的。经济学研究对象的资本主义经济,是比较发达的经济形态,我们是在这种经济方面研究出了许多法则,才探知以前社会的经济形态,亦有其法则;并还探知由前一社会经济形态过渡到其次一社会经济形态,亦有其法则。现在许多人尚不曾意识到,或者至少尚不曾解说到,经济史学与广义经济学的区别,假使我不妨在这里顺便作一解释,则广义经济学所着重的是原理,是个别历史社会的经济法则,而经济史学所着重的则宁是史实及个别历史社会相续转变的经济法则,但在经济史学甫经成立,而广义经济学更还在研究的初期阶段的当中,我们只认定两者有密切的关系,而在这里,只认定它们都有助于落后社会的经济形态之研究就行了,至于单提经济史学,乃是因为它是已经成为一种较完整科学的缘故。

本来,批判经济学就是根据经济的历史观来暴露资本主义经济的运动法则的。其着重点在说明资本主义往何处去,而并不在究明其从何处来;我们对于过渡期的中国经济的研究,却又似乎特别要注意后者,并要注意其前一社会即封建社会的往何处去。在这种要求下,我们的研究一开始,似不能不借鉴或借助于经济史学:第一,经济史学由其历史必然发展阶段的提示,使我们得认知中国经济是处在何种历史发展过程中,它必然具有哪些根性;第二,它由其所论证了的一般历史法则,使我们得认知,处在我们这种发展状态或过程中的经济,该会受哪些法则所支配,即它该会向着怎样的必然途径开展;第三,它并还为我们说明:历史法则是如何没有历史现实表现得错杂而丰富,它向我们提供出了在同一经济基础上,在同一社会发达阶段上呈现着无限参差不同的经验事项的确证,它指点我们:任何一个社会经历由封建推移到资本的过渡阶段,都可因其当前所遭值的不同的社会条件,而不必有划一的按图索骥的方式,但它对于我们主观努力的最大"善意",也只表示经历历史必然发展阶段的时期和苦痛可以缩减,却不允许超越,不承认旧社会未经否定或扬弃,就可以轻易地让新社会实现出来。

这诸种提示,显然是研究中国经济的人,最先就得从一般经济史学中,体验出来的;而他至少也必须先有了这诸般的体验,才不致把中国经济看成完全可以由自己的意向去矫造、去化装的东西。

(3) 中国经济史。中国经济史无疑是由现代新兴经济史学所引出或导来的。它的研究历史还在幼稚期,但即使如此,近一二十年来国内外学者努力的结果,却已使我们对中国经济的认识,得到了不知多少便利。本来,我们晚近对于中国社会经济史的研究,最初很可以说是为了满足确定现代中国社会性质的要求,我已在前面讲过,中国社会性质问题的论争,曾导来了中国社会史性质的论争。而在中国社会史性质论争的过程中,就藉着一般经济史学之助,逐渐萌芽发育起来了中国经济史。

由中国社会经济史实与史的发展法则的研究,我们以前对于中国经济上许多想不到或者想不透的事项,现在都可以说明了。比如,有了资本社会外观的地主经济形态、雇佣劳动形态、商业资本形态,有了统制经济外观的各种国家事业、官僚事业。公经济形态,那对于中国经济的认识,曾引起了不少的误解和障碍,自经我们在中国经济史研究过程中,依据一般经济史学所提示的诸种基本法则与概念,而确定哪些在本质上都是中国封建经济的特殊性格的具体表现,或在现代资本主义经济影响或作用下的加强表现之后,以往中国经济本身所显示的一些叫人不易捉摸把握的幻象,都逐渐呈现出了本来面目。亦就因此之故,我们研究中国经济,决不能忽视这尚在萌芽成长过程中的中国经济史,所可能给予我们的直接间接的帮助。

(二) 采用的几种方法

说中国经济研究所应依据的几种科学,事实上,已暗示了,或者已限定了我们从事那种研究所应采用的几种方法。但为了表现得明确具体起见,且就依次(以)三种方法来简括予以说明。

(1) 比较的研究法。这是普通一般在任何场合研究所采用的方法,但这里在运用上,却赋予有比普通一般更深的意义。

对于中国经济的研究,或者,对于包含在中国经济中的个别形态的研究,我们为什么不直截了当地经行对它加以鉴定,加以说明,而必须绕一些圈子,先提出它的对极或反面或较进步的经济形态,释明之后,再论到它本身呢?对于这个问题简单的答复,当然说是为了说明的便利,但仔细考察起来,却又可以说是为了我们尚没有直截了当来说明的便利。

为什么呢?

我们知道:研究现实经济一般是要利用已有的经济原理或基本观念的,如其我们对于某种经济现实,尚没有确立起基本法则,或没有大家公认的基本原则可资依据,那只好自行另起炉灶,用借喻或比照的方法,来确立其本身的法则。从那些与它同时并存着或先行存在着的其他已有公认法则可循的经济形态讲起,把那看作是统计上资以比较的基期。比如说,苏联的经济形态,是一种反乎资本主义性质的东西。我们如拿资本主义经济学上的任一基本概念或法则,如像货币、工资……的概念或其法则,去说明或范围苏联经济中的使用同一名词所代表的具体形态,那是极其谬误的。但虽如此,我们要说明或确立苏联经济形态的基本概念或法则,却又必须,或者至少是最便于拿资本主义经济的类似概念或法则,来比较其差异,也许就因此故，晚近关于苏联的货币、信用、工资等等方面的研究，殆莫不是采用这种比较的方法。

如其说苏联经济是因为走在资本主义经济前面，不能拿资本主义经济的原理法则说明它，中国经济倒是落在资本主义经济后面了，亦同样不能拿资本主义原理法则说明它。苏联经济因为自身的原理法则，尚在发现与阐明过程中，需要借助于资本主义经济原理法则来作比较的考察，中国经济亦因为广义经济学经济史学尚未达到成熟境地，其可资证验的原理法则，尚须自行摸索，亦同样需要就资本主义的原理法则来作比较的观察。不但如此，苏联经济中的资本主义因素在逐渐被否定被扬弃，而且尚未完全清除；中国经济中的资本主义因素，在逐渐扩大其作用和影响，但同时却又在不绝变质，把这两方面的情形加入考虑，似乎把资本主义经济当作照观的比较的考察对象，又同样有其必要了。

（2）全面的研究法。全面的研究法，也如同上面述及的比较的研究法一样，它的运用，并不是停止在普通一般所直观理解那样，从全面来考察所研究的对象，即单纯打破孤立的看法，果其意义如此，那是用不着多说明的。在整个世界经济中来考察中国经济，并在整个中国经济中来分析各部门或各种形态的经济，仿佛我们经济论坛上的许多学者专家，也优为之，并且他们在讨论中国经济问题时，确也在如此去做，但其研究讨论的结果，为什么总像是隔靴搔痒，摸不着中国经济的本质呢？比较主要的原因，也许就在他们只知道需要从全面的表象去理解局部的表象，而不知道表象后面的实质，还得同时采用上面所述的比较研究法，及后面待述及的发展研究法，去加以比证说明的。

中国经济是随时在受着整个世界经济动态，特别是资本主义世界的经济动态的影响。这一表现的命题，谁都无法反对，就是反过来说，世界经济同时也在直接间接受着中国经济变动的影响，那同样也无法反对。但要使这种表现方式，免除笼统、含糊和不着边际的毛病，或能切近地体现着实际的经济交互关系，那么，全面的研究方法，就不是叫我们去平面地考察事物，而是要我们深入那整个交互关系里面，去发现其个别发生差别影响的具体事项来。比如，就影响着中国经济的世界资本主义经济这一方面来说罢，我们把它当作整个来看，一定要对它的周期恐慌律，不平衡发展律，自由到独占的必然趋势，商品输出到资本输出的转化历程，开发殖民政策到封锁殖民政策的演变关节，有了明确的认识，才能理解其如何对我们的整个国民经济发生作用；同时，就我们遭受其影响或作用的中国经济本身来说，当作一个整体，它所由构成的各个部门或各种经济领域，会依其对国际资本的依赖程度不同，依其转入国际资本商品金融市场的范围不同，或者从另一个视野来看，依其所具传统社会基本组织的强固程度不同，它们资本化现代化的范围和程度，就颇不一样。显言之，同是在国际资本影响之下，流通部门所受的改变影响，就比生产部门来得厉害；而生产部门中工业领域所受的改变影响，就比农业领域来得厉害；而农业领域中的农业市场农业金融诸方面所受的改变影响，又比同一领域的土地所有使用诸方面来得厉害。

全面研究法不能把这些关键指明出来，则所讨论的"整个"世界经济，"整个"中国经济，它们之间的"整个"交互关系云云，就不过是一些模糊空洞的概念而已。

（3）发展的研究法。发展的研究法的采用，特别是依据上述诸种科学来研究中国经济的必然要求。我们在前面批判经济学，在经济史学，在中国经济史项下所讲明的一切，似乎都可用作我们采用这种研究法的说明。不过我在这里还得加述两点：

第一，研究现代中国经济，在科学系统的说明上，往往要求涉及过去传统封建经济因素，自难免有人会觉得那是超出了研究的范围，或者觉得那是研究中国经济史。不错，我们一再讲过，过去传统的经济因素，如其像欧洲的封建经济一样，已经明白地得到一个大家公认的结论，我们在论究最近阶段的经济情形时，就无须在这些方面多费唇舌了；又如其在我们的现代经济形态中，传统的封建成分，已只占有一个不重要的残余的地位，那么，就是我们对于传统经济过于没有理解，亦不会怎样妨碍我们的研究。然而在事实上，我们传统经济不但在我们所研究的对象中，占着一个非常重要的地位，而且它本身的历史特质，还在大家龂龂（音 yīn，形容争辩。——编者）争辩中。这在转型期的中国讲，正是中国社会性质论争，其所以不得不转化为中国社会史论争的关键；而就另一转型期的世界讲，也就是一般经济学其所以必然要与经济史学结合起来研究的症结。

第二，科学要求研究对象的单纯，是一个事实。而我们现在中国经济这个研究对象，无法过于单纯，也是一个事实。所谓单纯，是从同一性质社会基础，或同一社会生产关系出发的，一个社会的诸般经济事项，如其一元化到了最高程度，即如就资本制性质的社会基础或社会生产关系来说，如其过去封建的乃至更古旧的经济因素，都逐渐归于消灭，而未来社会主义的经济因素，尚不曾脱却胚胎的阶段，则它这个社会普遍存在着的经济事项，哪怕发展得最充分，它们相互间的联系，哪怕表现得最复杂，但作为科学研究对象来看，却是单纯的，单一的，因为它们通是属于资本制的范畴。反之，如其一个社会，像中国在现代的这个社会一样，还是处在过渡时代，尽管它全社会的经济事项，比起上面所讲的那个一元化了的社会来，真不知要简单多少，但它那种经济事项里面，就不仅包括有以前各社会时期，特别是封建社会时期的各种不同社会性质的因素，并且这诸种因素，还一直个别的，相互的，在作着排斥、抗拒乃至苟合的活动。显言之，就是旧来的传统的经济成分，在逐渐地为资本制的经济成分所侵蚀，同时，它们对资本制经济成分，又一直在行着种种的限制，抗拒或适应。我们必须在它们这种相互制约相互适应的过程中，去看出它的特质和动态。因此我们在必要的场合，溯源地探究到封建体制的特质，并且不仅是作为更明确理解中国现代经济的一个准备性的研究步骤。实因它本身，就是我们所研究对象的一个重要构成部分，我们是要在这包含有浓厚封建成分，以致无法成就资本主义发展的现代中国经济的演变过程中，在其新旧倾轧与交互消长的当中，去发现其究竟表现了哪一些法则、哪一些显明的倾向。鸦片战争以后，中国经济现代化的历程，是充满了坎坷、曲折与波动的，但虽如此，从全演变历程上去看，仍不能发现它其所以形成今日这般景象，与最近将来会往何处去的诸基本历史动向。

如其需要把上面抽象述及的论点，以一个较具体的例证，连贯综合解说出来，抗战过程中，最惹人注意的商业资本，是可供参证的。商业资本自我扩大的倾向，似在以万钧之力，压缩了社会各方面对它所加的责难与限制,并反过来以"触手成金"的魔术,使一切接近它的其他社会经济活动,都部分地或全体地转变为它的活动。生产事业商业化了,银行事业商业化了,合作救济事业商业化了,一切官业,许多官厅,都在直接间接当作商业自我扩大倾向或定律的体现物;四方八面呼出的制裁打击商业,甚至激烈喊叫诛戮非法商人的号召,都变成了带有讥嘲性的绝望无力的尾声。学者专家们同一般无经济知识的常人一样,对于中国商业的这种魔力,表示毫无理解;他们与那般无经济知识的常人唯一不同的地方,也许就在装着像是知道罢了。要研究他们对这种经济现实无理解的第一个原因,或许就在他们把中国当前商业,与它存在的社会基础,它以往的历史传统关联,割裂开来研究,而不知道我们这种不受生产过程羁勒约束,不服务于生产商业形态,在战前,就已经用"搜集国内土产、统办全球制品"的买办性能,在社会各方面发生阻止现代化、阻止工业化的影响。而它对于官厅,对于公私信用机构,对于土地等政治、经济诸方面发生的"同化"或腐蚀作用,正是其过去传统精神的扩大和延续。因此,单就当前商业现象本身作格物致知工夫,是愈格愈不能通的。亦就因此之故,把中国在封建体制下的特殊商业形态弄个明白,再看其带上买办标记以后的变化程度,它当前所以能显出如此大的魔力的真相,就不难理解了。由此我们知道,要彻底明确理解中国商业资本的性质及其作用,不但需要把它同资本社会的商业比照来看,还需要从它对全社会经济的关系,对以往历史传统的联系来看,这就是说,上述的三种研究方法,是需要联合采用的,研究商业资本如此,研究全中国经济,尤其是如此的。

(原载《中国经济原论》,经济科学出版社1946年版,此处节选自其中的第一篇第三章中的两个部分)

官僚资本的类型

许涤新

许涤新（1906—1988），曾用名许声闻，广东揭西人。经济学家。

1926年入广州中山大学读书，因参加进步活动被开除。后考入厦门大学。1929年，考入上海国立劳动大学。1933年，毕业于国立上海商学院（现上海财经大学）。1934年，任中共中央文化工作委员会委员。1946年，任中共中央南京局上海工作委员会委员、财经委员会书记。1949年，参加上海的接管工作。历任上海市工商局长、上海市财经委员会副主任等职。1952年起先后任中共中央统战部秘书长、副部长和全国工商联副主席等职。粉碎江青反革命集团后，出任中国社会科学院副院长兼经济研究所所长等职。1981年任汕头大学校长。他在中国首创了生态经济学。

主要著作有《中国经济的道路》、《官僚资本论》、《广义政治经济学》、《生态经济学探索》、《中国大百科全书·经济卷》（编）等。

一　几种结合形态

中国的官僚资本——特别是四大家族，并非单纯用他们所刮削得来的资金去进行其经济流动的。正相反，他们除了在比较少数的场合以某一家族或两个家族组织某一企业之外，还利用国家资本、外国资本以致民间资本去进行其"神出鬼没"的活动。这就是官僚资本的结合方式的问题。

如果从资本的结合方式去着眼，则四大家族的官僚资本可以归纳为下列几种类型：第一，完全属于他们自己的官僚资本；第二，被他们所把持操纵的国家资本，如国家银行或国营工矿贸易公司；第三，与国家资本结合的官僚资本；第四，与民族资产阶级结合的官僚资本；第五，与国家资本民族资产阶级结合的官僚资本；第六，直接与外国资本结合的官僚资本。

四大家族就是通过这六种"类型"去垄断全国的经济的。伦德堡（F. Lundburg）在其名著《美国六十家》中这样说道："和在封建社会一样，产业资本社会私有财富的统治中心，依然是家族血统和亲友朋党的结合，指挥银行和金融组合操纵公司的后台老板是家族集团。"半封建社会的中国，家族血统自然更占重要。让我们看看四大家族是用什么组织方式去指挥银行和操纵公司的吧！

二 完全属于官僚本身的资本

统治者的这些资本，是他们利用枪杆或政治特权从人民身上刮削得来的。军阀官僚利用政治特权获得这些资本，又利用政治特权去运用这些资本。在组织形式上，他们或者独资或者与其他官僚资本合资，开设银行、商行或工厂。这是官僚资本的基本组织。

在四大家族中，孔家比较倾向于独资经营。山西裕华银行、祥记公司、扬子建业公司、长江公司以及《时事新报》、《大陆报》等，就是例子。宋家对于这种组织的兴趣比较差一点，但这亦不是绝对的。阜中公司和中国进出口贸易公司，就是宋家独资的组织。独资经营可以"任所欲为"，缺少人事的"掣肘"，但这种形式容易引起人民的注意，容易引起人民的指责，容易使自己陷于孤立的地位。因此，他们多采用合资经营的方式。

在这里，所谓合资经营当然是指官僚资本与官僚资本的两合公司或股份公司，前面所述的中国棉业贸易公司、重庆中国国货公司以及西宁兴业公司等，大半是宋家与陈家金融系统共同投资的；抗战结束后在上海成立的立达公司及金山贸易公司，则为宋孔两家合资经营的组织（宋家在这些公司中资本占得多一点）。

四大家族之间并不是没有矛盾，但他们彼此间的矛盾并不是绝对的。他们彼此间的矛盾，决不会压倒他们彼此间的统一。这种统一，表现在他们的"通力合作"；在经济上，这种通力合作表现为他们的合伙投资。

官僚资本间的合伙投资，使他们的血统纽带和政治纽带之外再来一道经济纽带。这种经济纽带对于他们的活动与发展，是很有补益的。一来可以使四大家族在经济上联成一气，"正如在社会经济事业上各董事会与公司理事之彼此互相参加一样"；二来可以吸收四大家族以外的官僚资本作为他们的附庸，借以减少四大家族与四大家族以外的官僚资本间的矛盾，并收"官官相卫"之效。举一个例吧！1937年4月间，宋子文开办了华南米业公司，当时的舆论是反对洋米免税进口的，但该公司董事之一吴铁城却在该公司成立之前两日，电请南京政府准洋米入口免税。这么一来，华南米业公司就大发洋财了，但中国的农民却因为洋米的压迫而更加破产！

三 被控制的国家资本

如果从形式上来说，国家资本并不一定就是官僚资本，因为国家资本并不是私人资本。可是，这种形式逻辑是不符合实际情况的。在国民党统治下的中国，国家就是四大家族的私产；国家资本在实际上就是四大家族的私人资本。所谓"国家"，所谓"政府"，不外是他们用来掠夺人民的"名义"罢了；所谓国家资本，自然是四大家族官僚资本的另一种形式，挂着国家招牌的形式。

在前面，我们已经提到：中央银行是完全"官股"的；由中央银行所派生出来的中央信托局是完全"官股"的；兵工署辖下的四五十个兵工厂是完全"官股"的；资源委员会属下的70多个工矿单位是完全"官股"的；抗战结束以后所成立的中国纺建公司、中国蚕丝公司、中国石油公司以及由中信局投资设立的中央合作金库等，亦是完全"官股"的。这些完全"官股"的金融机关和工商组织，实际上完全被四大家族所瓜分所把持了。CC抢了中国蚕丝公司、中央合作金库；宋系控制了中国纺建公司和中国石油公司；还有央行、中信局、兵工厂以及资委会的工矿企业等等，这些机构虽则分别由各家族掌管，但实际都拱卫着蒋介石。中信局替他做进出口贸易并印刷钞票，中央银行替他做账房并发行钞票，资委会替他制造原料，兵工厂替他制造内战的一部分枪弹。从内战起家的四大家族，当然不能离开内战。统治者以国家的名义去进行其私图,这些所谓官股的国家银行及企业,自然就成为他们的私产了!

四大家族之霸占国家资本,并非只有上述一个形式——即某一家族控制某一个国家资本的机构,而是很复杂的。下面三种形式就是例子:

第一,是在控制了某一国家银行之后,又进而利用这个机构去投资或产生另一个新的派生机构。四大家族中,CC最善于使用这一形式。以农民银行为例,它除了与其他各部或中中交三行(指中国银行、中国国货银行和交通银行。——编者)合办某些企业之外,还大量地"直接举办"一些企业。如前述的农业企业公司、肥料公司、农具公司、农业保险公司及中国林木公司等,都是CC利用农民银行的资金去创办的。上海正大商业储蓄银行亦是CC利用农民银行和合作金库的资本去收买的。老孔方面,他于1947年3月利用中国银行董事长的地位,组织益中实业公司,垄断冀鲁二省的榨油、纺织及面粉等业。

第二,是利用某一个国家银行去与另一个国家资本的机构合作,产生第三个金融或工商业的组织。例如中国粮食公司是粮食部与中国农民银行合办的。中国农民银行握在陈果夫的手中,农民银行既为投资的大股东,则这个公司自然成为CC的派生的经济据点了。又如中央合作金库是由农民银行与"国库"合资经营的,"国库"拨支半数,农民银行出资1/3,其余1/6则由各地合作社及省县合作金库摊派。故在这个"合作金库"中,CC占了绝对优势。理事长是陈果夫,总经理是寿勉成,而谷正纲、赵棣华、顾毓瑔、骆美奂、侯厚培、陈布雷、张厉生及吴任沧等则分任理事或监事。这么一来,全国近500的省县合库,就成为CC中央合库的子公司了。除此之外,CC又利用农民银行的资金与新疆省府合办新疆林垦公司,与广西省府合办广西水利垦殖公司,与浙江省府合办浙江林垦公司,与福建省府合办福建林垦公司等等。

第三,四大家族不仅利用国家银行的资金去产生"子公司",而且又进而通过"子公司"去产生"孙公司"。如CC通过前述之中国粮食公司,在汉口与湖北省府合办"汉口碾米厂";又通过贵州企业公司与农林部合作,扩大了"中国农业机械公司"。CC"雄心"很大，它企图使用这种办法去控制全国各地的企业。1946年8月间，赵棣华又利用交通银行总经理的地位，筹组一个"复兴实业金融公司"，资本定为美金5亿及法币50亿元，"由国家银行、商业银行、信托公司及保险公司等认足。业务为代工矿各业订购国外机器材料"；"新设之工矿企业，资金不敷，得请求代为筹集，或量予贷助，或由公司代向外商接洽投资或长期贷款"。这是一个投资的托拉斯组织。CC是企图通过这个托拉斯去发展许许多多工矿业的孙公司的。

四 与国家资本结合

有一些官僚资本是与国家资本结合在一起的。这里的官僚资本，在形式上是叫做"商股"；而国家资本呢，则是被人叫做"官股"的。例如中国银行和农民银行都是叫做官商合办的，又有官股，又有商股。对于这个形式，有一位学者写得很透彻，他说："如大家所知道，所谓'官股'既是代表蒋宋孔陈四大家族皇朝；而另一面，四大家族又是所谓商股的主要代表。比如，在24年中国银行改组之后，董事长宋子文及其弟宋子良是所谓'官股'董事，而财政部长兼中央银行总裁孔祥熙却是'商股'董事。在33年中国银行股东大会之后，宋子文亦和孔祥熙一样地变成'商股'董事了，但他的弟弟宋子良却仍是'官股'董事，陈果夫现在交通银行与农民银行里面，亦都叫做'商股'董事呢！至于四大家族的经纪人，在各银行中，当然亦时而'官股'董事，时而'商股'董事；或者这里是'官股'董事，那里又是'商股'董事。例如宋氏门下的现任中国银行副总理及中央银行总裁贝祖诒（按：贝氏已于1947年2月底撤去中央银行总裁之职。——引者）亦是中国银行的商股董事；陈家CC系的赵棣华原来是'交通'的官股监察人，现在则是商股董事了。总之，四大家族是亦官亦商，左右逢源。蒋家朝廷1935年公布的'中央银行法'，认为必要时得'招集商股'，原来亦不过是为四大家族在中央银行里面准备商股的地位。"

以国家资本为主体而加入官僚资本的"商股"，如中国银行与交通银行，是"官商合办"的一种形式；以官僚的私人资本为主体而加入国家资本的"官股"，利用国家资本去壮大的资金，则是另一种

"官商合办"的形式。例如中国国货银行是以孔宋及他们的姻戚的资本为主的,在这里,还有不少的"官股";新华信托银行原来是私人资本的,但1930年中国交通二行加入官股之后,就变成官商合办。此外,四明银行、中国通商银行及中国实业银行原来都是商办的,1935年国民党又以"官股"加入三行,使它们成为四大家族控制下的官商合办的银行。

五 与民族资产阶级的资本结合

官僚资本除了控制国家资本利用国家资本之外,还尽量地去控制民间资本。这就是与民族资产阶级的资本结合,利用一些民族资本家去点缀其所开设的企业;利用一些民族资本家的能力与社会信用去发展其银行或公司,或者借尸还魂地把自己的官僚资本穿插到一些已经在社会上占有地位的企业组织中去,使这些企业在实际上完全变成它们的俘虏。在这里,我们可以看出官僚资本与民族资本的结合有两种方式:

第一,某些民族资本所经营的企业,为了扩大其资金并减少种种困难,常投靠于官僚资本。江浙财阀当初是扶持四大家族统治中国的社会经济基础(当然,还有大地主封建势力),但当四大家族建立了它们的政权之后,就压倒了那原来扶持它们起来的旧封建买办金融势力,使所谓江浙财阀分解而变成四大家族的附属物。你看,在1927年以前早就在金融界中显赫的宋汉章、李馥荪、陈光甫、徐寄庼等人,哪一个不变成为四大家族的经纪人?软弱的中国民族资本充满了依赖性,有些地方表现着对于帝国主义的依赖性,有些地方则表现着对于官僚资本的依赖性。官僚资本是赏识这种依赖性的。

第二,某些民族资本的企业因为资金困难,或处境不利,常常被官僚资本所窜入。这种结合的方式是带着迫胁性的。T. V. 宋对于广东银行和南洋兄弟烟草公司,就是采取这一方式。广东银行成立于1912年(民国元年),发起人为广东省港的侨民;1925年因历年损失过重而陷于周转不灵,在这个时候,就被 T. V. 宋打进去了。老宋一进去以后,清理债务,增加资本,并且在旧金山设立附属银行——仍名广东银行（美国注册之唯一华资华营银行）。旧时股东都退避三舍了！南洋兄弟烟草公司创设于1905年，第一次世界大战期间，营业甚发达；战后受英美烟草公司的压迫，五卅运动抑制英货的结果，南洋兄弟烟草公司又获得好转的机会。至1936年，T.V.宋收买了广东银行之后又进而收买该公司一半的股票，至此，南洋兄弟烟草公司的支配大权就完全落在宋家手里，原来创立这个公司的简家，反而处于毫无权限的被支配的地位。老宋对于广东银行和南洋兄弟烟草公司的这种做法，只是许多事件中的举例而已。其他三大家族，亦何尝不是如此？中华书局和商务印书馆之归入四大家族——特别是孔陈，就是采取这种方式的。

政学系官僚资本所采用的形态，较侧重于与民族资本合作或采用民族资本的姿态，金城银行和《大公报》就可作为代表；一些江浙银行家亦与政学系有渊深的关系，李馥荪、陈光甫、钱新之和徐寄庼与宋孔很有关系，但对张家璈的交谊更深。

六　与国家资本及民族资本结合

官僚资本不但与国家资本或民族资本结合，有些场合，亦且与国家资本及民族资本同时结合；有些场合，则以经纪人的姿态，活动于国家资本及民族资本之间而取得支配操纵的作用。兹以湖南实业公司和丝织产销公司作为代表：

1. 湖南实业公司除了官股之外，还有"民间投资"。在这里，"民间投资"又可分为两种：一种是指一般的人民；一种则为以商股的姿态出现的官僚资本。人民是不愿投资的，但是统治者却以公开强制摊派或征派股本的办法，去迫取人民的血汗；至于官僚资本呢，那就在这里"得其所哉"了。湖南实业公司的最大的"民间"认股者是孔祥熙。孔家就用这种办法，把官股和小民的血汗一齐吞下去！此外，川康兴业公司亦有类似的状况，政学系利用其权位硬把粮款充作它的资本；因为分赋不均，致引起CC系的攻击。

2. 上海的丝织产销公司是在1947年1月15日成立的，这个公司是国家银行和丝织业的结合。由中央、中国和交通三行"低利贷款"，由中央信托局供给原料，由中国蚕丝公司发料监督，而上海的丝织业则变为由中央、中国、交通、中信及中蚕五单位所组织的"丝织品外销管理委员会"的织户了。在这里，CC 系起了拉皮条的作用。你看，发料兼监督的权力不是握在"中蚕"手中吗？这个产销公司的主要负责人不是骆清华吗？"中蚕"是 CC 的经济据点之一，而骆清华则为 CC 系在上海经济活动的重要干部。明乎此，就可了解官僚资本的活动是无孔不入的了！

七　与外国资本结合

四大家族在官办形式方面，在不少场合，是与外国资本直接结合的，资源委员会就是最显著的代表。在抗战以前，该会在技术方面，钨铁厂与德方合作；炼钢厂与德英两方合作；煤炼油厂及氯气厂与德方合作；机器厂与美国及瑞士两方合作；电工器材厂与德英美三方合作。据《时事类编》5 卷 2 期所载：先是"关于德国对华投资，有种种传说如下：1938 年 8 月为设立钢铁工厂，中德两国成立 5 000 万元的借款，又中德合办江西采矿公司，资金 600 万元，其他还有投资 2 000 万元的四川采矿公司，湘黔铁路的材料借款，电力工业和化学工业的德资活动亦不一而足"。资源委员会的钨铁厂是完全与法西斯德国合作的，设备、机件、技术完全是由法西斯德国包办的；至于那个有名的"中央钢铁厂"亦完全是与法西斯德国合作的产物，经过"委员长批准"，"设计监造由克虏伯厂总其成；土木工程由西门子建设部负责"。

抗战胜利之后，美国资本代替了德国资本而侵入资源委员会。"中央机器厂有限公司工具机新厂"已与美国"摩那基"车床制造公司签订技术合作合约；中央电工器材新厂已由资委会与美国西屋电器公司签订技术合作的合同；电线新厂亦与美国通用电缆公司及加拿大北方电器公气公司洽商合作；中央无线电器材有限公司筹设新厂已与美国的 DBCA 商定技术合约；中央有线电器材公司新厂与加拿大北方电器公司洽商技术合作。在交通方面，中国航空公司在 1946 年改组时，在 1 130 余万美金的总资本中，美国占了 20%。

在半殖民地半封建的国度中，帝国主义的资本是大老板，官僚资本只是它的伙伴；老板认为有利的投资，伙计是求之不得的。这就肯定了官僚资本与帝国主义资本结合的必然性。

（本书初版于1948年。原载《官僚资本论》，上海人民出版社1958年版，此处节选自其中的第三章第一至七节）

农业与中国的工业化*

张培刚

张培刚,生于 1913 年,湖北黄安(今红安)人。发展经济学的奠基人。

1934 年武汉大学经济学本科毕业。1941 年进入美国哈佛大学,1943 年获经济学硕士学位,1945 年获经济学博士学位。师从熊彼特、张伯仑、布莱克、汉森等大师。1948 年任联合国亚洲及远东经济委员会顾问及研究员。1949 年在武汉大学经济系担任系主任。1951 年秋至次年夏在北京中央马列学院学习。1952 年调华中工学院(现为华中科技大学)负责建校规划工作,后任经济研究所所长。历任华中科技大学经济学院名誉院长兼经济发展研究中心主任,以及中华外国经济学会名誉会长、中美经济合作学术委员会中方主席。

1947 年,张培刚的《农业与工业化》一文被哈佛大学授予经济学科最佳论文奖,并获得哈佛大学经济学科最高荣誉奖——"大卫·威尔士奖"(David Wells Prize)。

主要著作有《清苑的农家经济》、《微观、宏观经济学的产生和发展》(合著)、《农业国工业化问题初探》等。

---

* 本节讨论的一部分,作者曾以"农业在中国工业化中的作用"为题,发表于 *National Reconstruction Journal*, *China Institute in America*, *New York*, October 1945, *pp.* 50—59。

一　简　释

中国的工业化已开始于三十年前,[①] 但就人民的生活水准提高而言,其效果实甚微小。其中原因甚多,我们这里只论及经济的方面。中国最初对于西方列强,稍后对于日本,都不过是作为工业产品的一个销售市场和原料的一个供给来源而已。这些乃是殖民地经济的基本特征,它们曾以不同的程度流行于美洲的殖民地时期,晚近流行于南非、印度及南太平洋区域。中国与这些殖民地不同的地方只在于,从首先与西方列强接触,后来与日本接触,直到目前中日战争爆发这整个时期内,中国尚保持着政治上的"独立"形式,使它多少能自由制定自己的经济政策。但是自由港埠的开放,大城市租界的设立,对列强在我国内河航行权的承认,使外国工业产品,在它们原来由于大规模生产和现代销售组织就已经有了较低成本利益的基础上,更有了超越中国产品的诸种利益。[②] 有些国家运用倾销政策,结果使中国的情况更加恶化。而且,大多数外国货物享有

[①] 除了官办兵工厂外,1890 年以前中国几乎无大工业存在。1890 年设立了第一个棉织工厂。1880—1894 年建筑了一条铁路,但铁路的大量建造,直到 1894 年中日战争以后才开始。我们应该注意,1890 年以前已经存在一些现代工业经营单位。1862 年,一个中国公司造出了第一艘汽船。1872 年"中国招商局"(China Merchants Steam Navigation Company)组织成立。第一家碾米工厂在 1863 年设立于上海。1873 年成立第一家缫丝工厂。1878 年成立第一个现代煤矿。1890 年成立第一家钢铁工厂。关于进一步的实际情况,读者可参阅方显延(H. D. Fong):*China's Industrialization*: *A Statistical Survey*, Shanghai, 1931。

不过本文作者认为,直到第一次世界大战开始时,中国才真正开始发生比较大规模的工业化。因为中国自从与列强接触以来,这是它第一次获得机会(虽然很短),趁着列强忙于战事,来建立和发展自己的工业。

[②] 汤纳(Tawney)曾说:"中国铁路哩数四分之一以上,铁矿四分之三以上,矿山采煤量半数以上,棉纺织厂投资额半数以上,以及投于榨油厂、面粉厂、烟厂、汽车厂和银行等业的数量虽较小但也同样重要的投资额,仍然是掌握在外国人手中。"孙逸仙博士说:"中国是一个殖民地,这从经济的观点看来,并不是不合适的。"见 R. H. Tawney, *Land and Labour in China*, New York, 1932, p. 129。

只纳一次低额关税就可以自由地运到有运输设备的内地的各种便利，而国内货物从甲地运到乙地反而须缴纳多种关卡租税。在这种情况下，任何幼稚工业要想健康地成长起来是极其困难的。即使为了实现自由竞争和自由贸易，我们也乐于见到国内幼稚工业与外国工业处于同等地位的情形出现。何况从理论和历史两方面看起来，假若我们要使国内幼稚工业有一个成功的开始，还应该对它们给予特别的优越条件，并实行必要的保护政策。

中国国内区域之间的关卡壁垒和运输工具的落后，是使商品和生产要素很难自由流动的另一种障碍，它们已经长期阻止了中国的现代工业化。这种障碍还抵消了本来可能进行农业改良的任何有利时机。例如，第一次大战结束到第二次大战爆发的一段时期，由香港输入的缅甸和安南的大米及其他谷类，大部分是供上海、广州、福州等大城市消费，其每年输入额很大，有几年甚至占中国进口额的第一位。但是就在这个时期，湖南、江西、安徽、四川等内地诸省却总有米粮剩余，由于缺少足够的运输系统和存在区域间的壁垒障碍（多半是地方税），不能有利地运到沿海的消费中心。① 原来本可给予农民以现金收入，促使他们增加并改进农业生产，而更明显的是提高他们的生活水准的，但是这种激励力量却被这类阻碍所消除了。而且另一方面，输入米粮所花费的外汇本来也可以节省下来，用以输入对现代农业极关重要的机器及化学肥料。

论到战后的中国，我们有理由可以设想，所有那种制度上的障碍，将要消灭。我们也可以设想，在目前仍然渺茫的政治安定，将会到来。至于因运输落后所发生的障碍，则大致还要存在一个相当长的时期，或者是十年、二十年，或者更长。其他关于农场的合并，租佃制度的改革，以及工业化等等方面将会遇到的在社会

---

① 关于本问题的统计资料，可求之于中央研究院社会科学研究所出版的有关中国粮食市场的调查和论文丛刊。本文作者亦曾参与其事，并撰写专刊。在作者的《中国粮食问题》里（1945年英文本，油印于华盛顿美国国会图书馆 Library of Congress, Washington），亦可找到关于本问题的讨论和文献。

结构中根深蒂固的诸般障碍,① 也须考虑及之,但本文不能一一详加讨论。

二 农业在工业化中的作用

要估计农业在工业化过程中单独所发生的作用是很困难的,因为按照我们的概念,农业本身就包含在工业化过程之内,并且是这个过程的内在的不可分割的一部分。在一个通行着一般相互依存关系的经济社会里,正如同估计任何制造工业的地位和作用一样,要遇到这种困难。不过,根据功能的区分而进行的分析讨论,并不是完全不可能的,尽管从数量上比较各种功能很难总有正确的结果。在这种考虑并认清了这些限制的情况下,我们对于这个问题的有些方面,当可进行考察,并且为之作一扼要的讨论。

第一,我们可以说,因为对粮食需求的收入弹性较低,所以在工业化达到使人民获得一个合理的生活水准时,农业的地位将不免要略有下降。在达到这点以前,对粮食的需求将随收入的增加而增加,但达到这点以后,对粮食的需求则将随收入的进一步上升而相对减少。这对于中国,和对于很多已经工业化了的国家,同样正确。其所以成为这样的一种情形,如同第二章已经指出的,是由于著名的"恩格尔法则"(Engel's Law)以及被凯恩斯所惯常利用的"基本心理法则"的双重作用。当收入增加时,支出也增加,但增加率较慢,其中用于食物的部分更要小些。然而,这并不是说农业活动实际上在减弱,而只不过表示用国民产品或国民收入所计算的农业相对份额将趋于下降,至于农业活动的绝对数量则多半将继续扩张。②在工业化初期,收入较低的人民对粮食的需要很高,使农民须尽极大努力来增加农业生产。当工业化再增进,而对粮食的需要又发生从谷类到动物产品的变动时,农作制度将因之被迫而要同时增加每

---

① 读者可参考 John E. Orchard,"The Social Background of Oriental Industrialization—Its Significance in International Trade", in Exploration in Economics, New York and London, 1936, pp. 120—130。

② 见第四章第五节"农业在整个经济中的地位"的讨论。

亩土地和每人的生产力。那时，假若能采行良好而公平的收入分配制度，就不会害怕粮食生产过剩，即使把农场技术的迅速进步考虑在内，也是不用担忧的。

第二，我们要指出，在中国的工业化过程中，农业将只扮演一个重要而又有些被动的角色。在理论上和历史上，我们知道任何重要的并遵循科学耕作途径的农业改良，都必须以基本机要部门的工业发展为前提。其所以如此，一方面是因为只有工业的发展和运输的改良才能够创造并扩大农产品的市场；另一方面是因为只有现代工业才能供给科学种田所必需的设备和生产资料。丹麦的农业，假若没有高度工业化了的英国作为邻邦并与它保持密切的经济关系，是不会发展到目前的水平的。美国的情形也是这样，只是美国的农业发展比较倚重于本国的工业，因为美国农业资源和工业资源比较平衡。一个更显著的例子是苏联，在那里，关于科学化的农业改良，直到基本工业的发展达到一个可观的程度时，才真正开始。① 所有这些例子都证明着我们的说法。当我们讨论目前的问题时，必须把这点牢记于心；在讨论到如何使农业和工业调整配合时，也要这样。关于后一问题，当中国工业化全部展开时，将更显得迫切。

最后，前面曾经说过，农业可以通过输出农产品，帮助发动工业化。几十年来，桐油和茶等农产品曾在中国对外贸易中占据输出项目的第一位。这项输出显然是用于偿付一部分进口机器及其他制成品的债务（的）。但是全部输出额，比起要有效地发动工业化所需的巨额进口来，实嫌太小。农产品输出究竟能扩张到什么程度，须看对农产品需求的收入弹性和其他国家的竞争情况如何而定，例如茶；也要看别的国家正在发展人造代用品的情况如何而定，例如桐油。由于多数农产品需求的收入弹性较低，以及输入国家用移植或人造方法来增加代用农产品的事实，② 中国农产品输出的扩张性很可能是不大的。所以发动工业化的资金，看来大部分必须从其他的

---

① 苏联利用役畜的动力已从1932年的77.8%降到1937年的34.4%，其余的百分率则代表以拖拉机、收割机及机动货车为主的动力。见 A. Yugow, *Russia's Economic Front for War and Peace*, New York and London, 1942, p. 49。
② 移植最好的例子，是美国近年来种植（的）桐树。

途径获得。

三　农业上的调整

　　工业化过程中农业上可能发生的调整，系由于很多因素决定的，其中有些因素是不在经济范围之内的。例如政府对于资源分配和收入分配的政策，是最重要的因素，对调整的方式有直接的影响。根据本节开头所提出的一套假设，我们拟从农业与工业相互依存的各个方面来研究这个问题。关于农业与工业的相互依存关系，我们在第二章中已作（了）较详尽的讨论，所不同的是这里将要引入生产技术这一因素。

　　第一，我们可以肯定地说，农业将继续是中国粮食供给的主要来源。但是中国的农业将要面临一些迫切的问题，从而在它的经济转变期中必须相应地实行调整。一部分的乡村人口将要移向工商业中心，因而就只有较少量的农业劳动者来生产和以前同样多或甚至更大量的食粮。而且各个工业化了的国家的经验告诉我们，在工业化初期的人口增殖，很可能比普通时期快一些。所以在这个阶段对粮食的需要必然要增大。再者，当工业化继续进行时，会出现人民的收入增高这样一个阶段，这对于粮食的需要将发生相当大的影响。这时对较好的食物将有更大的需求，例如肉类将成为谷物的补充食物或代替品。这种对食物需要的转变，将对于农作方式的换向（Re-orientation）产生很大的影响。我们所最注意的就是这种农作方式的换向问题。

　　我们在第二章已经提出讨论过，对食物需要的增加有两个方面，其原因与影响是不同的，但却常被混淆。对食物需要的增加，可能仅仅是由于人口的自然增殖，在土地生产力不能提高或提高得很慢的情形下，这将引起"高产"（Heavy-yielding）作物的种植。对食物需要的增加，也可能是由于人民收入的增加。这时人民将需要较好的食物，因而种植农作物的农场可能将要改种喂养牲畜的牧草和饲料。在工业化过程中，一般的趋势将是从第一类对食物的需要转变到第二类需要。欧洲很多高度工业化了的国家，都曾经有过这样的情形。然而对于中国，情况可能不同，把种植农作物的农场变成牧场或草地，或把种稻的农场改种作为饲料的玉蜀黍，并不是必要的，甚至在将来很长的时期内都不是必要的。中国东北、西北、西南和东南还有很多未开垦的土地，只要有交通工具伸展到这些区域，同时它们的产品又有了销路，则将来都可用来作为牧场或种草之地。同样重要的是必须有喂养和繁殖牲畜的资本。像扬子江流域、珠江三角洲、黄河周围以及北迄东北诸省，这些区域的人口密度高于前述各地区，假若农作物种植的生产力能够增加，则一部分土地用来喂养生猪和家禽将比现在可能获利更大。只有当农业生产力和人民的生活水准都达到一个很高的水平时，部分地从种植农作物到经营畜牧业的转变，以及从种稻到种玉蜀黍的转变，才可能是必要的。不过鉴于中国人口之众多，以及中国国民经济将来很可能产生的农业和工业的适当平衡，像在英国所曾经发生过的那种情形，也许从不会发生于中国。

第二，农业以及林业和矿业，将是给制造工业提供原料的主要来源。大多数轻工业必须从农业（中）获取原料，比较普通的是棉织、丝织、毛织、制鞋、制袜及地毯等工业；同样，罐头工业、酿酒业及其他食物制造工业，如碾米及肉类装制等，显然也大半依赖农业的原料。这些轻工业，尤其是纺织类的轻工业，正如各个工业化了的国家的历史所表明的，在工业化初期都曾经占据主要地位。中国工业化刚一开始，棉纺织业也曾经占据主要地位，无疑将来也一定会继续是这样。很可能，丝织业、毛织业和食品制造诸业，短期内将赶上棉织业。当然，工业化的辉煌阶段，必须等到重工业，比如钢铁、机器及化学工业，充分发展后才能达到。而这些重工业的发展，显然主要的又将依靠中国自己煤矿和铁矿的开采。但是这绝不会阻碍农业资源的利用。相反，重工业的发展将刺激轻工业的扩张，后者转而会创造农业原料的更大市场。而且中国在工业化开始阶段，无疑要大量从美、英、苏联输入机器设备、化学产品以及汽车、卡车等耐久货物，但中国为了支付这些输入，很可能就要输出"特产"（Specialty goods），其中大部分又是轻工业的产品。

第三，农场通常给工业提供大量的劳动力，而从农场到工厂的劳动力转移则形成了工业化过程中最具有重要意义的一个方面。

这个方面对于中国这样的国家特别重要，因为中国农村家庭以"隐蔽失业"（Disguised unemployment）的方式存在着大量的剩余劳动力。这种剩余劳动力究竟将被工、商、矿、运输等业吸收多少，实无法准确推断，但我们可以肯定的是，当工业化进行到充分发展的阶段时，劳动力从农业到其他行业的转移将极为引人注目。但是关于这一问题，有几个因素必须认识清楚，以防过分乐观。首先，这种移动在工业化初期不会太大。在这一时期内，目前停留在手工业的劳动者将最先获得转移到现代工厂的机会。这是因为他们比农场劳动者更有技术；同时就转移费用说，他们又享有区位上的便利。但这也并不是说，在早期阶段没有一些农业劳动者将被吸收。在这种开始的阶段，采矿以及铁路和公路的修筑，将迫切需要大量劳工，这无疑的多半将取给于农业来源方面。再者，当农业进行机械化时，农业劳动本身也会出现剩余劳动力。其情形如何，将看工业吸收这种剩余劳动力的速度与农业机械化进行的速率而定。鉴于中国农村人口为数之大和所占比例之高，估计约占中国全部人口的百分之七十五，因此，工业化初期存在的农业剩余劳动力是否能为工业所全部吸收，实属疑问，更不必提到因应用农业机器所产生的新的剩余劳动力了。然而我们又要注意，要使农业机器的应用成为现实，却又必须以没有大量剩余农业劳动力存在为前提。

最后，在工业化过程中，农业可能发生的诸种调整的一个方面，就是农业可以为工业产品提供购买者。这方面的讨论促使我们考虑两点：农民作为消费者，仅为消费目的而购买工业品；农民作为生产者，为生产目的而购买肥料及农业机器等工业品。作为消费者的农民能吸收多少工业品，将取决于农场收入的大小及其增长率；作为生产者的农民能吸收多少工业品，则将取决于农业生产改进和增加的方式及其速率。这自然引导我们讨论到第二点，即农业的现代化和机械化的问题。

中国在工业化过程中无疑地将把农业机器和化学肥料应用到农业中去。问题是：农业机械化发生的可能性究竟有多大？其速度又将是如何？由于中国农村人口之众多，使机器的应用在经济上无利可获，又由于农场面积过小，使机器的利用在技术上极为困难，①因之可以预料，目前中国农业机械化实现的可能性是不大的。②但有一件事情我们也必须认识清楚，那就是在目前情况下，农民每逢农忙季节，大都夜以继日，工作过度。若能应用一些机器来做基本的农场劳动，则将会大大增加农民的工作效率和福利。一个具体而重要的步骤是应用抽水机到有良好灌溉系统的片片稻田。农场面积过小所发生的困难，可以通过采用进步方案比如合并农场来克服一部分。这或者由政府从地主手中买进他们无意开垦的农场，然后以合作管理的方式重新分配给自耕农及农业工人；或者由土地所有者自愿将农场置于与无地农民合作的基础上。无论用哪种办法，政府都可以在全国建立农业站，为合作农场提供机器及其他基本农耕工作所必需的设备。目前的中日战争，多少使将来土地的合并较为容易，因为华东南沦陷区的农场面积通常都是全国最小的区域，田界多半在战时被破坏，而地主和不少有地农民已经死亡或离开了农场。战后，中国沦陷区在战时被荒废或混淆了田界的农场，一定要有某种方式的重新组织。现在是开始进行农场合并的最好时机，在

---

① 根据1935年中国土地委员会所作的中国22省的抽查，平均每个农场的面积为15.76亩［中国测量土地的单位，1英亩（acre）等于6.6亩］或2.4英亩。我们要注意，区域间的差别是很大的，东南平均每个农场面积为12亩，而内蒙达145亩。中国农场面积的分布情况有如下表所示：

农场面积	华 北	华 南	全 国
10 亩以下	27.1%	49.5%	35.8%
10—20 亩	21.5%	31.0%	25.2%
20—30 亩	16.8%	10.0%	14.3%
30—50 亩	23.1%	6.1%	16.5%
50 亩以上	11.6%	3.4%	8.3%
合　计	100.0%	100.0%	100.0%

② 在论及中国应用机器的问题时，汤纳（Tawney）也持一种悲观然而现实的看法。他说："中国具有勤劳而智慧的人民，有生产质量良好物品的非凡天才，中国最严重的经济缺点（一个很大的缺点）是由于人口众多，人力低廉，结果，那种只有劳动昂贵才可发生的应用机器，就被阻止了。"见R. H. Tawney, *Land and Labour in China*, New York, 1932, p. 135。这种说法用于农业生产，比之用于工业生产，更为适合，因为劳动力剩余的程度，在农场上比在任何其他部门，都要大些。

适当的时候,这种合并还可推广到未沦陷的地区。

(本书最初以英文版由哈佛大学出版社于1949年出版,选文摘自译本《农业与工业化》,华中科技大学出版社2002年版,此处节选自其中的第六章第一节)

关于新中国的经济建设方针*

刘少奇

刘少奇（1898—1969），湖南省宁乡人。中国共产党和中华人民共和国的主要领导人之一，杰出的革命家、政治家和理论家。

1921年到苏联莫斯科东方共产主义劳动大学学习。1922年回国，在中国劳动组合书记部工作。1925年当选为全国总工会副委员长。1927年当选为中央委员。1931年当选为政治局候补委员。曾任全国总工会党团书记。1938年任中共中原局书记。1943年回到延安，任中共中央书记处书记和中央革命军事委员会副主席。1947年任中共中央委员会书记。中华人民共和国成立后，当选为中央人民政府副主席。

刘少奇的思想是毛泽东思想的重要组成部分。其有关新中国经济建设的思想主要见于1948年到1965年的著述中，如《关于新中国的经济建设方针》（1949）等，均已收入《刘少奇选集》。

一、解放战争快要结束，一部分地区已结束。没收官僚资本及改革土地制度一部分已完结，其余亦将完结。今后的中心问题，是如何恢复与发展中国的经济。

二、经济建设对于我们党是一个新的问题，我们还没有准备。我们的干部还不熟悉经济工作，特别是不会经商。关于中国经济的确实材料，我们也还没有。

三、我国是一个产业落后，发展又不平衡的大国。我国大部地区的经济，比东北要落后得多。但在改革土地制度，没收官僚资本、

---

* 这是一份党内的报告提纲。

取消帝国主义在我国的经济特权以后,我国的经济将会很快地恢复和发展。在共产党领导之下的中国,应该怎样和采取什么路线去发展经济呢?

四、在推翻帝国主义及国民党①统治以后,新中国的国民经济主要由以下五种经济成分所构成:

(1) 国营经济;

(2) 合作社经济;

(3) 国家资本主义经济;

(4) 私人资本主义经济;

(5) 小商品经济和半自然经济。

此外还有一些纯粹的自然经济,但意义不大。

五、这五种经济成分中,小商品经济与半自然经济占着绝对的优势。合作社经济今天还很少,但可以很快地发展。国家资本主义经济也很少,但可能在一个颇大程度上去组织。国营经济则在接收全国官僚资本后,以及在将来收回若干大企业后,是一个可观的但还是很小的成分。不过它可以使社会的经济命脉操在国家手中,而居国民经济的领导地位。在无产阶级、共产党领导之下,由上述五种经济成分所构成的国民经济,我们称之为新民主主义经济。

六、由上述五种经济成分构成的新民主主义经济的内部,是存在着矛盾和斗争的,这就是社会主义的因素和趋势与资本主义的因素和趋势之间的斗争,就是无产阶级与资产阶级的斗争。这就是在

---

① 中国国民党是孙中山创立的政党。一九〇五年,孙中山领导的兴中会与华兴会、光复会联合组成中国同盟会。同盟会领导了辛亥革命。一九一二年,同盟会联合几个小党派改组为国民党,和北洋军阀袁世凯实行妥协,基本上成了官僚政客集团。一九一四年,为了反对袁世凯的统治,孙中山领导一部分国民党员组成中华革命党,一九一九年十月,又改为中国国民党(简称国民党)。一九二四年一月在中国共产党的帮助下,孙中山改组了中国国民党。改组后的中国国民党接受中国共产党提出的反帝反封建的政治主张,重新解释三民主义,确立联俄、联共、扶助农工三大政策,从而实现了第一次国共合作,并依靠这一合作进行了推翻北洋军阀的北伐战争。这个时期的国民党具有工人、农民、小资产阶级、民族资产阶级的民主革命联盟的性质。一九二七年蒋介石、汪精卫相继发动反革命政变后,国民党基本上变成了代表大地主大资产阶级的反动集团。

消灭帝国主义势力及封建势力以后,新中国内部的基本矛盾。这种矛盾和斗争,将要决定中国将来的发展前途到底是过渡到社会主义社会,抑或过渡到资本主义社会?我们认为新民主主义经济是一种过渡性质的经济。这种过渡所需要的时间,将比东欧,中欧各人民民主国家长得多。

七、在前项基本矛盾的斗争中,合作社经济是国营经济的同盟者和带有决定意义的助手,国家资本主义经济也可在一定程度上成为国营经济的助手,而小商品经济及半自然经济则是一种动摇的力量。无产阶级领导之下的新民主主义国家的国营经济是社会主义性质的经济,国家资本主义经济是十分接近于社会主义的经济,合作社经济是在各种不同程度上带有社会主义性质的经济。私人资本主义经济则是资本主义发展趋势的基础。大量的独立的小生产者,一方面可以接受各种不同程度的合作社形式,另一方面又是"经常地、每日每时地、自发地和大批地产生着资本主义和资产阶级"。①

八、根据上述分析,我们认为新中国的经济建设方针,应该如下:

在目前及战后最初一个时期内,因要急于医治战争创伤,恢复被破坏、被隔离的经济生活,一般说来,前述五种经济成分,除开那些投机操纵的经营及有害于新民主主义的国计民生的经营而外,都应加以鼓励,使其发展。但在这种发展中,必须以发展国营经济为主体。普遍建立合作社经济,并使合作社经济与国营经济密切地结合起来。扶助独立的小生产者并使之逐渐地向合作社方向发展。组织国家资本主义经济,在有利于新民主主义的国计民生的范围以内,容许私人资本主义经济的发展,而对于带有垄断性质的经济,则逐步地收归国家经营,或在国家监督之下采用国家资本主义的方式经营。对于一切投机操纵及有害国计民生的经营,则用法律禁止之。这就是说,在可能的条件下,逐步地增加国民经济中的社会主义成分,加强国民经济的计划性,以便逐步地稳当地过渡到社会主义。这种过渡,是要经过长期的激烈的艰苦的斗争过程的,这就是

---

① 见列宁《共产主义运动中的"左派"幼稚病》,《列宁选集》第四卷,人民出版社1972年版,第181页。

列宁在苏联新经济政策①时期所说的"谁战胜谁"的问题。

九、我们从国民党政府及战犯手中可接收不少的大企业,对帝国主义国家在中国的企业也将逐步收回或置于国家监督之下。剩下的私人资本的大企业,已经不多。铁路、银行、对外贸易、邮政、电报、大钢铁业、盐业、纸烟业和大部分矿山、轮船、纺织业等,将由国家经营或由国家监督经营。目前的问题是:(1)我们还没有制订完备的经济方针,还没有完备的经济计划;(2)我们的干部还不懂得管理经济,大批最好的干部还在忙于军事,无暇来学习经济;(3)还没有建立全国性的统一领导的经济机关,各个地方、各个部门的国营经济常出现无组织无政府状态,互相竞争,商人资本家则从中渔利。中央拟于最近发布关于经济建设方针的决议,建立全国性的国民经济委员会,建立各省各县的国民经济委员会,成立财政、工业、铁路、船运、邮电、农业、商业各部及国家总银行与各专业银行,并按各产业部门成立公司或托拉斯②,经营国家的工厂和矿山。建立国营、省营、县营、市营各企业间的正确关系。

十、我们在土地改革已完成的地区组织了许多劳动互助组。还拟普遍地组织消费合作社、农业供销合作社、手工业合作社及劳动互助组。要办学校训练干部,并建立全国性的合作社领导机关及合作银行。

十一、因为中国的特殊情况,我们认为国家资本主义的经济形式有可能在颇大的范围采用,也很需要。其形式是租让、加工、定货等。现在已有少数加工、定货企业。

十二、依国家商业及合作社商业发展的程度,适当地实行某些物品的配给制,以保证军队、工人、机关工作人员及学校学生的生活。对市场则采用调剂物价的政策,以与奸商作斗争。发展国家商

---

① 新经济政策是苏联一九二一年开始实行的经济政策。主要内容是:用粮食税代替余粮收集制;发展商业,在一定限度内允许自由贸易和私商存在;在国营企业中实行经济核算制,并以租让、租赁等形式发展国家资本主义。
② 托拉斯是英文 Trust 的音译。它是资本主义生产和资本的集中达到很高的程度后产生的垄断组织的高级形式。它由许多生产同类商品和与产生经营有密切关系的企业合并组成。在社会主义国家,托拉斯是社会主义企业的组织形式之一。

业及合作商业，使之逐渐地在广大范围代替私人商业，以帮助恢复和发展农业和工业，逐渐地积累资金，建设国家工业。只有在经过长期积累资金、建设国家工业的过程之后，在各方面有了准备之后，才能向城市资产阶级举行第一个社会主义的进攻，把私人大企业及一部分中等企业收归国家经营。只有在重工业大大发展并能生产大批农业机器之后，才能在乡村中向富农经济实行社会主义的进攻，实行农业集体化。

十三、很明显，苏联及东欧各国无产阶级对于中国无产阶级的援助，对于中国经济的发展及上述任务的实现，是有重大意义的。这种援助我想有以下几方面：（1）经验上的援助；（2）技术上的援助；（3）资金上的援助。此外在物资方面似应实行某种程度和范围内的经济互助。如果这种援助和互助是很大的，那就可能帮助中国更快地走向社会主义。

十四、今后中国的经济建设必须反对以下两种错误倾向：一种是资本主义的倾向。就是把中国今后经济发展方针，看作是发展普通的资本主义经济，把一切希望寄托于私人资本主义经济的发展，向资本家作无原则的让步，对小资产阶级的弱点表示迁就，自觉或不自觉地要把中国建设成为资本主义共和国，这就必然会是半殖民地半封建的旧统治的复辟。这是在新民主主义经济建设中放弃无产阶级领导地位的资产阶级的或小资产阶级的路线。另一种是冒险主义的倾向。就是在我们的经济计划和措施上超出实际的可能性，过早地、过多地、没有准备地去采取社会主义的步骤，因而使共产党失去农民小生产者的拥护，破坏城市无产阶级与农民的联盟，这就要使无产阶级领导的新民主主义政权走向失败。因此，我们必须在今后的经济建设中，经常地进行两条战线斗争，反对上述两种倾向，以保证正确的经济建设方针的贯彻执行。

［本文原为作者手稿，写作时间不详，无标题，在编入《刘少奇选集》时，编者拟写了现标题，并将写作时间判断为"一九四九年六月"，此处保留该时间的用法。本文原载《刘少奇选集》（上卷），人民出版社1981年版］

中华人民共和国成立之初到改革开放以前

(1949年10月1日—1978年12月23日)

论十大关系

毛泽东

毛泽东简介如前第 106 页。

最近几个月，中央政治局听了中央工业、农业、运输业、商业、财政等三十四个部门的工作汇报，从中看到一些有关社会主义建设和社会主义改造的问题。综合起来，一共有十个问题，也就是十大关系。

提出这十个问题，都是围绕着一个基本方针，就是要把国内外一切积极因素调动起来，为社会主义事业服务。过去为了结束帝国主义、封建主义和官僚资本主义的统治，为了人民民主革命的胜利，我们就实行了调动一切积极因素的方针。现在为了进行社会主义革命，建设社会主义国家，同样也实行这个方针。但是，我们工作中间还有些问题需要谈一谈。特别值得注意的是，最近苏联方面暴露了他们在建设社会主义过程中的一点缺点和错误，他们走过的弯路，你还想走？过去我们就是鉴于他们的经验教训，少走了一些弯路，现在当然更要引以为戒。

什么是国内外的积极因素？在国内，工人和农民是基本力量。中间势力是可以争取的力量。反动势力虽是一种消极因素，但是我们仍然要作好工作，尽量争取化消极因素为积极因素。在国际上，一切可以团结的力量都要团结，不中立的可以争取为中立，反动的也可以分化和利用。总之，我们要调动一切直接的和间接的力量，为把我国建设成为一个强大的社会主义国家而奋斗。

下面我讲十个问题。

一　重工业和轻工业、农业的关系

　　重工业是我国建设的重点。必须优先发展生产资料的生产，这是已经定了的。但是决不可以因此忽视生活资料尤其是粮食的生产。如果没有足够的粮食和其他生活必需品，首先就不能养活工人，还谈什么发展重工业？所以，重工业和轻工业、农业的关系，必须处理好。

　　在处理重工业和轻工业、农业的关系上，我们没有犯原则性的错误。我们比苏联和一些东欧国家作得好些。像苏联的粮食产量长期达不到革命前最高水平的问题，像一些东欧国家由于轻重工业发展太不平衡而产生的严重问题，我们这里是不存在的。他们片面地注重重工业，忽视农业和轻工业，因而市场上的货物不够，货币不稳定。我们对于农业轻工业是比较注重的。我们一直抓了农业，发展了农业，相当地保证了发展工业所需要的粮食和原料。我们的民生日用商品比较丰富，物价和货币是稳定的。

　　我们现在的问题，就是还要适当地调整重工业和农业、轻工业的投资比例，更多地发展农业、轻工业。这样，重工业是不是不为主了？它还是为主，还是投资的重点。但是，农业、轻工业投资的比例要加重一点。

　　加重的结果怎么样？加重的结果，一可以更好地供给人民生活的需要，二可以更快地增加资金的积累，因而可以更多更好地发展重工业。重工业也可以积累，但是，在我们现有的经济条件下，轻工业、农业积累得更多更快些。

　　这里就发生一个问题，你对发展重工业究竟是真想还是假想，想得厉害一点，还是差一点？你如果是假想，或者想得差一点，那就打击农业轻工业，对它们少投点资。你如果是真想，或者想得厉害，那你就要注重农业轻工业，使粮食和轻工业原料更多些，积累更多些，投到重工业方面的资金将来也会更多些。

　　我们现在发展重工业可以有两种办法，一种是少发展一些农业轻工业，一种是多发展一些农业轻工业。从长远观点来看，前一种办法会使重工业发展得少些和慢些，至少基础不那么稳固，几十年后算总账是划不来的。后一种办法会使重工业发展得多些和快些，而且由于保障了人民生活的需要，会使它发展的基础更加稳固。

二 沿海工业和内地工业的关系

我国的工业过去集中在沿海。所谓沿海，是指辽宁、河北、北京、天津、河南东部、山东、安徽、江苏、上海、浙江、福建、广东、广西。我国全部轻工业和重工业，都有约百分之七十在沿海，只有百分之三十在内地。这是历史上形成的一种不合理的状况。沿海的工业基地必须充分利用，但是，为了平衡工业发展的布局，内地工业必须大力发展。在这两者的关系问题上，我们也没有犯大的错误，只是最近几年，对于沿海工业有些估计不足，对它的发展不那么十分注重了。这要改变一下。

过去朝鲜还在打仗，国际形势还很紧张，不能不影响我们对沿海工业的看法。现在，新的侵华战争和新的世界大战，估计短期内打不起来，可能有十年或者更长一点的和平时期。这样，如果还不充分利用沿海工业的设备能力和技术力量，那就不对了。不说十年，就算五年，我们也应当在沿海好好地办四年的工业，等第五年打起来再搬家。从现有材料看来，轻工业工厂的建设和积累一般都很快，全部投产以后，四年之内，除了收回本厂的投资以外，还可以赚回三个厂，两个厂，一个厂，至少半个厂。这样好的事情为什么不做？认为原子弹已经在我们头上，几秒钟就要掉下来，这种形势估计是不合乎事实的，由此而对沿海工业采取消极态度是不对的。

这不是说新的工厂都建在沿海。新的工业大部分应当摆在内地，使工业布局逐步平衡，并且利于备战，这是毫无疑义的。但是沿海也可以建立一些新的厂矿，有些也可以是大型的。至于沿海原有的轻重工业的扩建和改建，过去已经作了一些，以后还要大大发展。

好好地利用和发展沿海的工业老底子，可以使我们更有力量来发展和支持内地工业。如果采取消极态度，就会妨碍内地工业的迅速发展。所以这也是一个对于发展内地工业是真想还是假想的问题。如果是真想，不是假想，就必须更多地利用和发展沿海工业，特别是轻工业。

三　经济建设和国防建设的关系

国防不可不有。现在，我们有了一定的国防力量。经过抗美援朝和几年的整训，我们的军队加强了，比第二次世界大战前的苏联红军要更强些，装备也有所改进。我们的国防工业正在建立。自从盘古开天辟地以来，我们不晓得造飞机、造汽车，现在开始能造了。

我们现在还没有原子弹。但是，过去我们也没有飞机大炮，我们是用小米加步枪打败了日本帝国主义和蒋介石。我们现在已经比过去强，以后还要比现在强，不但要有更多的飞机和大炮，而且还要有原子弹。在今天的世界上，我们要不受人家欺负，就不能没有这个东西。怎么办呢？可靠的办法就是把军政费用降到一个适当的比例，增加经济建设费用。只有经济建设发展得更快了，国防建设才能够有更大的进步。

一九五〇年，我们在党的七届三中全会上，已经提出精简国家机构、减少军政费用的问题，认为这是争取我国财政经济情况根本好转的三个条件之一。第一个五年计划期间，军政费用占国家预算全部支出的百分之三十。这个比重太大了。第二个五年计划期间，要使它降到百分之二十左右，以便抽出更多的资金，多开些工厂，多造些机器。经过一段时间，我们就不但会有很多的飞机和大炮，而且还可能有自己的原子弹。

这里也发生这么一个问题，你对原子弹是真正想要、十分想要，还是只有几分想，没有十分想呢？你是真正想要、十分想要，你就降低军政费用的比重，多搞经济建设。你不是真正想要、十分想要，你就还是按老章程办事。这是战略方针的问题，希望军委讨论一下。

现在我们把兵统统裁掉好不好？那不好。因为还有敌人，我们还受敌人欺负和包围嘛！我们一定要加强国防，因此，一定要首先加强经济建设。

四　国家、生产单位和生产者个人的关系

国家和工厂、合作社的关系，工厂、合作社和生产者个人的关

系，这两种关系都要处理好。为此，就不能只顾一头，必须兼顾国家、集体和个人三个方面，也就是我们过去常说的"军民兼顾"、"公私兼顾"。鉴于苏联和我们自己的经验，今后务必更好地解决这个问题。

拿工人讲，工人的劳动生产率提高了，他们的劳动条件和集体福利就需要逐步有所改进。我们历来提倡艰苦奋斗，反对把个人物质利益看得高于一切，同时我们也历来提倡关心群众生活，反对不关心群众痛痒的官僚主义。随着整个国民经济的发展，工资也需要适当调整。关于工资，最近决定增加一些，主要加在下面，加在工人方面，以便缩小上下两方面的距离。我们的工资一般还不高，但是因为就业的人多，因为物价低和稳，加上其他种种条件，工人的生活比过去还是有了很大改善。在无产阶级政权下面，工人的政治觉悟和劳动积极性一直很高。去年年底中央号召反右倾保守，工人群众热烈拥护，奋战三个月，破例地超额完成了今年第一季度的计划。我们需要大力发扬他们这种艰苦奋斗的精神，也需要更多地注意解决他们在劳动和生活中的迫切问题。

这里还要谈一下工厂在统一领导下的独立性问题。把什么东西统统都集中在中央或省市，不给工厂一点权力，一点机动的余地，一点利益，恐怕不妥。中央、省市和工厂的权益究竟应当各有多大才适当，我们经验不多，还要研究。从原则上说，统一性和独立性是对立的统一，要有统一性，也要有独立性。比如我们现在开会是统一性，散会以后有人散步，有人读书，有人吃饭，就是独立性。如果我们不给每个人散会后的独立性，一直把会无休止地开下去，不是所有的人都要死光吗？个人是这样，工厂和其他生产单位也是这样。各个生产单位都要有一个与统一性相联系的独立性，才会发展得更加活泼。

再讲农民。我们同农民的关系历来都是好的，但是在粮食问题上曾经犯过一个错误。一九五四年我国部分地区因水灾减产，我们却多购了七十亿斤粮食。这样一减一多，闹得去年春季许多地方几乎人人谈粮食，户户谈统销。农民有意见，党内外也有许多意见。尽管不少人是故意夸大，乘机攻击，但是不能说我们没有缺点。调查不够，摸不清底，多购了七十亿斤，这就是缺点。我们发现了缺点,一九五五年就少购了七十亿斤,又搞了一个"三定",就是定产定购定销,加上丰收,一少一增,使农民手里多了二百多亿斤粮食。这样,过去有意见的农民也说"共产党真是好"了。这个教训,全党必须记住。

苏联的办法把农民挖得很苦。他们采取所谓义务交售制等项办法,把农民生产的东西拿走太多,给的代价又极低。他们这样来积累资金,使农民的生产积极性受到极大的损害。你要母鸡多生蛋,又不给它米吃,又要马儿跑得好,又要马儿不吃草。世界上哪有这样的道理!

我们对农民的政策不是苏联的那种政策,而是兼顾国家和农民的利益。我们的农业税历来比较轻。工农业品的交换,我们是采取缩小剪刀差、等价交换或者近乎等价交换的政策。我们统购农产品是按照正常的价格,农民并不吃亏,而且收购的价格还逐步有所增长。我们在向农民供应工业品方面,采取薄利多销、稳定物价或适当降价的政策,在向缺粮区农民供应粮食方面,一般略有补贴。但是就是这样,如果粗心大意,也还是会犯这种或那种错误。鉴于苏联在这个问题上犯了严重错误,我们必须更多地注意处理好国家同农民的关系。

合作社同农民的关系也要处理好。在合作社的收入中,国家拿多少,合作社拿多少,农民拿多少,以及怎样拿法,都要规定得适当。合作社所拿的部分,都是直接为农民服务的。生产费不必说,管理费也是必要的,公积金是为了扩大再生产,公益金是为了农民的福利。但是,这几项各占多少,应当同农民研究出一个合理的比例。生产费管理费都要力求节约。公积金公益金也要有个控制,不能希望一年把好事都做完。

除了遇到特大自然灾害以外,我们必须在增加农业生产的基础上,争取百分之九十的社员每年的收入比前一年有所增加,百分之十的社员的收入能够不增不减,如有减少,也要及早想办法加以解决。

总之,国家和工厂,国家和工人,工厂和工人,国家和合作社,国家和农民,合作社和农民,都必须兼顾,不能只顾一头。无论只顾哪一头,都是不利于社会主义,不利于无产阶级专政的。这是一个关系到六亿人民的大问题，必须在全党和全国人民中间反复进行教育。

五 中央和地方的关系

中央和地方的关系也是一个矛盾。解决这个矛盾，目前要注意的是，应当在巩固中央统一领导的前提下，扩大一点地方的权力，给地方更多的独立性，让地方办更多的事情。这对我们建设强大的社会主义国家比较有利。我们的国家这样大，人口这样多，情况这样复杂，有中央和地方两个积极性，比只有一个积极性好得多。我们不能像苏联那样，把什么都集中到中央，把地方卡得死死的，一点机动权也没有。

中央要发展工业，地方也要发展工业。就是中央直属的工业，也还是要靠地方协助。至于农业和商业，更需要依靠地方。总之，要发展社会主义建设，就必须发挥地方的积极性。中央要巩固，就要注意地方的利益。

现在几十只手插到地方，使地方的事情不好办。立了一个部就要革命，要革命就要下命令。各部不好向省委、省人民委员会下命令，就同省、市的厅局联成一线，天天给厅局下命令。这些命令虽然党中央不知道，国务院不知道，但都说是中央来的，给地方压力很大。表报之多，闹得泛滥成灾。这种情况，必须纠正。

我们要提倡同地方商量办事的作风。党中央办事，总是同地方商量，不同地方商量从来不冒下命令。在这方面，希望中央各部好好注意，凡是同地方有关的事情，都要先同地方商量，商量好了再下命令。

中央的部门可以分成两类。有一类，它们的领导可以一直管到企业，它们设在地方的管理机构和企业由地方进行监督；有一类，它们的任务是提出指导方针，制定工作规划，事情要靠地方办，要由地方去处理。

处理好中央和地方的关系，这对于我们这样的大国大党是一个十分重要的问题。这个问题，有些资本主义国家也是很注意的。它们的制度和我们的制度根本不同，但是它们发展的经验，还是值得我们研究。拿我们自己的经验说，我们建国初期实行的那种大区制度，当时有必要，但是也有缺点，后来的高饶反党联盟，就多少利用了这个缺点。以后决定取消大区，各省直属中央，这是正确的。但是由此走到取消地方的必要的独立性，结果也不那么好。我们的宪法规定，立法权集中在中央。但是在不违背中央方针的条件下，按照情况和工作需要，地方可以搞章程、条例、办法，宪法并没有约束。我们要统一，也要特殊。为了建设一个强大的社会主义国家，必须有中央的强有力的统一领导，必须有全国的统一计划和统一纪律，破坏这种必要的统一，是不允许的。同时，又必须充分发挥地方的积极性，各地都要有适合当地情况的特殊。这种特殊不是高岗的那种特殊，而是为了整体利益，为了加强全国统一所必要的特殊。

还有一个地方和地方的关系问题，这里说的主要是地方的上下级关系问题。省市对中央部门有意见，地、县、区、乡对省市就没有意见吗？中央要注意发挥省市的积极性，省市也要注意发挥地、县、区、乡的积极性，都不能够框得太死。当然，也要告诉下面的同志哪些事必须统一，不能乱来。总之，可以和应当统一的，必须统一，不可以和不应当统一的，不能强求统一。正当的独立性，正当的权利，省、市、地、县、区、乡都应当有，都应当争。这种从全国整体利益出发的争权，不是从本位利益出发的争权，不能叫做地方主义，不能叫做闹独立性。

省市和省市之间的关系，也是一种地方和地方的关系，也要处理得好。我们历来的原则，就是提倡顾全大局，互助互让。

在解决中央和地方、地方和地方的关系问题上，我们的经验还不多，还不成熟，希望你们好好研究讨论，并且每过一个时期就要总结经验，发扬成绩，克服缺点。

（本文是1956年4月25日毛泽东在中共中央政治局扩大会议上的讲话，原载《毛泽东选集》第七卷，人民出版社1999年版，此处节选自其中的第一至五节）

把计划和统计放在价值规律的基础上

孙冶方

孙冶方（1908—1983），原名薛萼果，江苏无锡人。著名经济学家。

1925年，到苏联莫斯科中山大学学习，毕业后在莫斯科中山大学和莫斯科东方劳动者大学任政治经济学讲课翻译。1930年回国，后参与创立"中国农村经济研究会"，并编辑《中国农村》杂志。中华人民共和国成立后，历任上海军事管制委员会重工业处处长、国家统计局副局长、中国科学院经济研究所所长和名誉所长、中国社会科学院顾问、国务院经济研究中心顾问。曾任全国第五届政协委员、党的"十二大"代表、中共中央顾问委员会委员、国务院学位委员会评议组成员。以其名字命名的经济学奖——孙冶方经济学奖，为中国经济学界的最高荣誉奖。

主要著作有《社会主义经济的若干理论问题》、《社会主义经济的若干理论问题（续集）》、《社会主义经济的若干理论问题（续集增订本）》、《孙冶方选集》、《社会主义经济论稿》、《中国社会性质的若干理论问题》等。

很久以来，就存在一种说法，认为价值规律是商品经济的范畴，它是与社会主义的计划经济互相排斥的；计划管理范围越广泛、越深入，那么价值规律的使用范围便越受约束。如果说，在社会主义社会内，价值还起着一定作用，那只是因为：在社会主义社会中，除了全民所有制的国营经济外，还存在着集体所有制和个体所有制；因而在这些所有制之间还存在着商品交换，职工工资也仍以货币形式支付。这就是说，在将来的单一全民所有制的共产主义社会中，价值规律将完全消失而不起作用；而在社会主义社会中，价值规律也不是这个社会中最基本的所有制（即全民所有制或国营经济）的生产过程本身所客观存在的规律，而是由于它与其他种所有制发生交换关系才产生的，是流通过程的范畴。因此至少在国营企业的生产领域中是可以不考虑价值规律的作用的。

为了说明我们的问题，我们先要说一下：到底什么是马克思的劳动价值规律，以及这一规律在商品经济中是如何起作用的。我们从两方面来说明这个问题：

第一，马克思关于价值规律的学说告诉我们：在商品经济中任何商品的价值都是劳动创造的，因而商品的价值量是由生产这种商品所耗费的劳动量决定的，即由劳动时间决定的。然而这并不是说，工作条件愈差，技术愈落后，工作者愈不熟练，价值便愈高。因为商品价值不是由生产者的个别劳动时间决定的，而是由社会平均必要劳动时间决定的。因此，条件差、技术落后、不熟练的生产者所耗费的劳动量便高于社会平均必要劳动量。他赚钱便少，甚至要蚀本；如果长期不改变便会被淘汰。反之，如果生产者的个别劳动消耗量低于社会必要劳动量，他便能赚到额外利润，他的事业便日益发达。商品生产者为了赚大钱，为了自己的事业的发达，至少是为了不蚀本，避免被淘汰，便日夜钻研，改进技术，改善自己的经营管理。这样，价值规律便通过同一行业之内的生产者之间的互相竞争，像一条无情的鞭子一样，不断督促着生产的进步。马克思在《共产党宣言》中曾说，资本主义社会像用魔术一样唤醒了沉眠在社会劳动里的巨大生产力，使得不到一百年间创造了比先前一切世代总共造成的生产力还要宏伟众多。这魔术不是别的，便是在这个竞争中自发地作用着的价值规律。这就是说，价值规律在商品经济中起着促进技术进步和生产力发展的作用。

第二，但是竞争不仅存在于同一生产部门之内的各个企业之间，而且存在于各生产部门之间。由于商品生产是盲目自发性的，因此供求永不能平衡，市场价格就环绕着价值（社会平均必要劳动量）不断涨落。在这价格的涨落中，某一生产部门中便有多少商品生产者发了财，而另一生产部门中便有多少生产者破了产。在这种价格的涨落中，能够站住脚而且发展的也是那些能够不断改进技术、改善经营的企业。但是在各个不同的生产部门之间的竞争不仅也像同一部门内的竞争一样，促进了技术的改进和生产力的发展，而且使社会资本和劳动力从一个生产部门流入了另一个生产部门。价值规律便这样自发地起着生产调节者的作用，执行了分配社会生产力的任务。

现在我们来看一看，上述内容的价值规律，在社会主义社会，特别是共产主义社会中，是否还继续起着作用。

首先，商品是历史范畴；在共产主义社会中将不再有商品交换，生产品也不再是商品；社会生产的直接目的是使用价值而不是价值——这些都是可以肯定的原则。然而叫做生产品也好，或直接叫使用价值也好，它总是劳动所创造的或者说是花了一定量的劳动消耗的代价换来的；这代价当然不是目的而是手段，然而不能改变事情的本质。花了代价就不能不计算一下代价的大小，至于你把这代价叫做"价值"，还是直接叫做"社会平均必要劳动量"，那倒是无关紧要的。

其次，在商品经济中，价值规律自身变成了一个自发的然而是极灵敏的、计算产品的社会平均必要劳动量的自动计算机，它随时提醒落后的生产者要他努力改进工作，否则便要受到严酷的惩罚；也随时鼓励先进的生产者并给他丰厚的奖赏，要他继续前进。它是赏罚分明，毫不留情，不断督促着落后者向先进者看齐。

在社会主义社会或共产主义社会里，我们限制或消除了市场竞争所带来的消极的破坏性的一面。这是好的，但是我们不能不计算产品的社会平均必要劳动量。否定了或者是低估了价值规律在社会主义经济中的作用，事实上也便是否定了计算社会平均必要劳动量的重要性。因而现在我们的计划统计指标着重于表现物量，而忽视了价值，着重于表现生产的成果（所谓"总产值"，即毛产额），而不着重于分析这成果的内容如何（即新增产值和转移产值各占多少，也即是净产值和物质消耗各占多少）；更不着重于分析如何以社会平均必要劳动量的计算来提高劳动生产率，以达到增加物质财富的最后目的。

因为虽然说我们的计划统计指标是很多的，企业管理工作者之间有所谓七大指标的说法（指总产值、商品产值、产品产量、劳动生产率、成本、利润和流动资金），但是在目前的计划制度和管理制度之下，我们大家抓的主要指标是一个以不变价格计算的"总产值"，就是说是一个物量指标。它在整个指标体系中不是一个综合性的指标，它不能带动其他指标，甚至完成"总产值"计划往往同完成其他计划指标发生矛盾。"总产值"对于促进企业财务管理，推动生产率的增加不是一个有力的杠杆。因为它不是一个价值指标。

否定或是低估了价值规律的作用，也等于是否定了根据社会平均必要劳动量的计算，来改造落后企业的必要。我们知道，在农业中，农产品价值是以生产条件最坏的土地上的劳动消耗量（即最大的消耗量，而不是社会平均必要消耗量）决定的。这是客观自然条件（土地的有限性）所造成的。这便是级差地租的来源。现在我们为了让最落后的工厂能够活下去，工业中的产品价格也是以这些落后工厂的劳动消耗量来制定的。但是这样做，除了把落后固定起来以外，还有什么好处呢？（当然，由于这种价格所形成的"级差利润"是我们的积累的来源之一，但积累一定要通过这一形式吗？难道不能以其他形式，例如税收形式来完成吗？）要让落后工厂能活下去，就得帮助它改造技术，改进管理制度，经常提醒这些企业的职工，尤其是领导者：它们的劳动消耗已经比社会平均必要劳动量高出了多少，而不是用一个落后定额来安他们的心。

这一个社会平均必要劳动量的价值规律对资本家来说，是在睡梦中也忘不掉的；它有时变成了蚀本和破产的恶魔威胁着他，有时变成了额外利润，繁荣发财，像一个迷人的妖精般引诱着他。不论是以什么面目出现，这规律总是推动了资本家不断地前进又前进。对资本家来说，生产而不计财务成本，简直是不可想象的。但是在我们，"不惜工本"似乎是社会主义建设的应有气魄。"价值、价值规律是商品经济的范畴！""资本、利润——啊！这是资本主义的概念！""资本主义概念"、"资产阶级看法"等等也像魔法一样迷住了我们，使我们往往不敢把问题反复想一想。

不错，价值规律在商品经济社会中，是一个盲目性的自发规律，因而它是与市场竞争、经济危机、失业以至殖民地掠夺、侵略战争等一系列的消极、破坏的因素联系着的。在社会主义制度下，我们把这个盲目、自发的规律变成为我们自觉掌握的规律，因而也就排除了它的消极、破坏的一面，而保留并且发扬了它的积极建设的一面。

我们应该肯定说，通过社会平均必要劳动量的认识和计算来推进社会主义社会生产力的发展——价值规律的这个重大作用——在我们社会主义经济中非但不应该受到排斥，而且应该受到更大重视。

发展生产的秘诀就在于如何降低社会平均必要劳动量，在于如何用改进技术、改善管理的办法，使少数落后的企业劳动消耗量（包括活劳动和物化劳动）向大多数中间企业看齐，使大多数的中间企业向少数先进企业看齐，而少数先进的企业又如何更进一步提高。落后的、中间的和先进的企业为了降低社会平均必要劳动量水准而不断进行的竞赛，也就是生产发展、社会繁荣的大道。

资产阶级在认识上是不承认马克思的劳动价值学说的，但是资本家在实践中能很好地运用这规律。这因为不论你承认不承认它，价值规律在商品经济中会通过市场竞争自发地发挥作用的（促进生产，调节生产力）。我们是信奉马克思的劳动价值论的，但是想把这学说同自由市场一起从社会主义领域中除了籍。价值规律在没有自由市场或自由市场受约束的条件下，它变得不灵敏了，可是它存在着。因此我们更应重视它，通过计算去寻找它、发现它、尊重它，并进一步掌握它，使它为我们服务；要不然它将比惩治资本家更残酷地来惩治我们。

现在我们再来看，上述价值规律的另一个内容，即是生产调节者的作用，或是分配社会生产力的作用，在社会主义经济中是否还继续存在。过去也认为在社会主义社会中，价值规律只是在一定范围内，即是仅仅在商品流通的范围内，起着一定的调节者的作用；至于在生产领域内，价值规律便不再起调节作用，它并不能调节各个不同生产部门间的劳动分配的"比例"。至于到了共产主义社会的第二阶段，当商品流通完全消灭之后，价值规律便将作为一个历史范畴而消亡，在任何范围内也不再起调节者的作用，劳动的分配将不依价值规律来调节，而是依靠社会对产品的需要量来调节。支持这样说法的有力的事实似乎就是：在社会主义国度中，用全力去发展的是那个盈利较少而且有时简直不能盈利的重工业，而不是盈利较多的轻工业。生产力的分配，或投资的分配，是国家计划机构根据政策来决定的。

但是我们首先要问：为什么在社会主义国度里，重工业一定要比轻工业盈利少，以至不盈利呢？企业不能盈利不外两个原因：（1）企业本身管理不善；（2）价格不合理。我们不能相信，重工业的企业一般地都比轻工业企业管理得坏。因此，使重工业企业少盈利或不盈利的唯一理由便是上述第二个原因了——重工业产品价格不合理，即比之轻工业产品一般是偏低了。因此，这不是使我们否定价值规律的调节者作用的理由，倒反而证明了这是价格政策违反了价值规律的不良后果。

其次，认为在全民所有制经济中或在共产主义社会的第二阶段，各个生产部门间的劳动分配将不依价值规律来调节，而是只依靠社会对产品的需要量来调节。这理由也是片面的。因为对产品的需要量还只是事物的一方面，而不可分割的另一方面是：如果生产某一种产品的劳动生产率增加了，那么这一生产部门所需要的劳动量，也即是投资额，也会相对地甚至绝对地减少的。

因此，从上面所说的价值规律的基本内容来看，不论在共产主义社会的最高阶段或是初级阶段，这规律将始终存在着而且作用着，所不同的只是作用的方式而已，只是这规律体现自己的方式而已。在商品经济中，它是通过商品流通、通过市场竞争来起作用、来体现自己的，因而它是带着破坏性的；而在计划经济中，是应该由我们通过计算来主动地去捉摸它的。

其实这些意见并不是当代什么人的独创之见。马克思《资本论》中的下面一段话就是说的上面的意思：

"在资本主义生产方式废止以后，但社会的生产仍旧维持下去的情况下，价值决定仍然会在这个意义上有支配作用：劳动时间的调节和社会劳动在不同各类生产之间的分配，最后，与此有关的簿记，会比以前任何时候都变得重要。"①

对马克思以上一段话所需要加以补充的说明是：这里所说的簿记应是包括：统计、会计和业务技术计算三种计算在内的广义的计

---

① 马克思：《资本论》第八卷，人民出版社 1966 年版，第 1000 页。

算工作。

过去，理论界为什么会忽视马克思的以上这一重要原则性的启示呢？到底是因为忘记了马克思的这一段重要启示，在理论上否定或低估了价值规律在社会主义经济中的作用，才造成了现在普遍遭受批评的那些计划统计方法和无视价值的价格政策的呢？抑是正因为有了这样的实践才无视马克思的上述重要启示并制造出了社会主义社会中价值规律逐渐消亡的说法的呢？这的确很难说了。理论与实践是互相影响的。对我们现在来说，重要的是为了我们的实践，应广泛地批评那种认为价值规律在社会主义经济中不起作用的说法：否定或低估价值规律在社会主义经济中的作用只有害处没有好处；反之承认并强调这一规律的作用，并在实践中尊重它，对我们的社会主义建设事业，却是只有好处没有坏处。

当然，在马克思和恩格斯的著作中，还能够找出更多的似乎是可以用来证明相反的论点的引语。例如马克思在《哥达纲领批判》中说过："在基于生产手段公有之上的合作的社会里，生产者并不交换他们的生产物；在这里，在生产品生产中所消耗的劳动也同样不大表现为这些生产物的价值，不大表现为这些生产物所具有的物的特性；因为现在，和资本主义相反，个人劳动已不是在一个间接的方式上，而是直接当作总劳动的一个构成部分存在着。"① 恩格斯在《反杜林论》一书中也说"直接的社会生产以及直接的分配排除……产品向价值的转化"。②

马克思在《哥达纲领批判》中说，到了全民所有制社会中，"劳动不大表现（或不表现）为价值了"。恩格斯在《反杜林论》中

---

① 马克思：《哥达纲领批判》，人民出版社1955年版，第19页。这一段引证中"在这里……"以下半句是本文作者根据俄文本改译的：人民出版社版原译文为："在这里，变成生产物的劳动也同样不表现为这些生产物底价值，不表现为……"。来不及同德文原文校对。但是根据意思猜测，"变成生产物的劳动"不如"在生产品生产中所消耗的劳动"近乎情理。"不大表现"和"不表现"在语气上是有差别的，俄文是用的"Мало"一词，而不是用"He"一词，姑且大胆改译加上，以后请懂得原文的人订正。

② 恩格斯：《反杜林论》，《马克思恩格斯全集》第二十卷，人民出版社1971年版，第333—334页。

也说,到那时候,"排除……产品向价值的转化"了。这同前面引证的、马克思在《资本论》中所说的"价值决定就仍然在这个意义上起支配作用"这句话如何协调呢?这两个论点之间有无矛盾呢?

我想,如果说这里有什么矛盾的话,那只是表面上的矛盾而已。

首先应该指出,马克思在《哥达纲领批判》和恩格斯在《反杜林论》中讲到不表现为价值,或不须转化价值的时候,他们是联系着商品交换,联系着社会劳动与私人劳动之间的矛盾,来谈到价值问题的。他们的目的是在于证明,到了公有制社会,每一个社会成员的劳动直接成为社会劳动的一部分,而不必再等到他的产品在市场上卖掉之后才算得到证实。因此,马克思在这里用了"不大表现"这种语气,而恩格斯则用了"排除……转化"这样的说法。在这里希望读者注意的倒还不是"不大"和"不"这几个字的语气上的轻重之分,而在于"表现"和"转化"这种说法。这就是说,马克思和恩格斯在这里讲到价值的时候,与其说指的是作为实体的价值,倒不如说是指的那个交换关系或交换价值。而马克思在说到"价值决定就仍然在这个意义上有支配作用"和"决定价值的本质要素"的时候,他所说的"价值"或"价值决定"是指的作为实体的价值。

当然,我不敢说自己对于马克思和恩格斯的这些话,已经有了正确的体会。希望研究理论的同志对有关这问题的马恩著作作深入的本质上的研究。然而,我想有一点大概是可以肯定的,这就是:马克思和恩格斯关于政治经济学的著作,主要是研究资本主义商品经济的。他们往往是为了阐明资本主义商品经济规律,才提到前资本主义社会的经济规律;对于未来的共产主义社会的经济规律,他们讲得更少。这是科学的社会主义学说不同于乌托邦社会主义的主要特点。我们不能要求马克思和恩格斯在当时就对未来的共产主义社会经济规律作过多的预言。在他们的有关未来社会的经济规律的分析中有一个意见是完全明确肯定的,这就是:凡是与私有制与商品交换和自由竞争相联系的东西,即价值规律在商品经济中体现自己的特殊方式,它的作用方式将随商品交换的消失而不再存在。然而,在他们的著作中,从未说过,作为价值实体的那个社会必要劳动量的计算,以及它的调节作用和支配作用,在共产主义社会中将失去意义。

反之，马克思《资本论》第三卷的上述一段引证中恰恰非常肯定地指出，"价值决定"在劳动时间的调节和社会劳动在不同各类生产之间的分配这个意义上仍然"起支配作用"，而且"会比以前任何时候变得重要"。马克思没有说"价值规律"而只说"价值决定"，但是难道这个用字上的区别有什么决定意义吗？马克思着重注明是"这个意义上"的"价值决定"。这就是说，这已经不是商品经济意义上的那个"价值决定"了，但是，"价值决定"终归还是"价值决定"呀！

很多人大概还记得1930年前后，马克思主义经济学者中间关于政治经济学对象问题的论争。那时也有一些人以为马克思的政治经济学著作的内容基本上是论述商品经济，特别是资本主义商品经济，是分析那个隐藏在物（商品）的背后的人与人之间的生产关系的；因此，就认为一旦私有制废止，商品经济取消，人与人的生产关系可以不必通过商品与商品的关系而直接体现出来的时候，政治经济学这门科学也就因为没有研究对象而消失了。大家知道，这种见解后来受到了批判。正确的见解是：政治经济学不仅研究商品经济的生产关系及经济规律，而且研究一切社会的生产关系和经济规律。起先，很多人还把政治经济学分成了狭义的和广义的两种。现在则干脆不这样分了。因为这样划分法，到底不大妥当。

现在对于"价值规律"的看法也同多少年前对政治经济学本身的看法有些相仿。先是企图使价值规律同资本主义经济，至多是同商品经济共存亡。现在看来，价值规律远比我们过去所设想的要长久。然而是不是也要给它加上一个"广义的"和"狭义的"区别呢，或者就借用马克思的说法，分为"这个意义上的"价值规律和"那个意义上的"价值规律呢？看来也没有必要了。价值规律就是价值规律，至于这规律在不同的社会形态中如何体现自己，如何起作用，却正是政治经济学这门科学应该加以研究和阐明的。

我们既然承认价值规律在社会主义社会中甚至共产主义社会中将仍然起着作用，那么我们又要进一步问：价值规律同有名的斯大林的社会主义经济的基本规律（或法则），即是同斯大林的"用在高度技术基础上使社会主义生产不断增长和不断完善的办法，来保证最大限度地满足整个社会经济增长的物质和文化的需要"这个规律如何联系的呢？同社会主义国民经济有计划按比例发展的规律又如何联系的呢？

首先来谈第一个问题。把斯大林的这条规律换一个说法便是：高度发展劳动生产率以保证最大限度地满足社会需要。最高限度满足社会需要是社会主义国民经济发展的任务和目的；高度发展劳动生产率就是完成这任务或达到这目的的方法。但是要高度发展劳动生产率就得掌握价值规律。

在过去，由于在理论上否定或低估了价值规律在社会主义经济中的意义，认为社会主义社会发展国民经济的直接目的是在于最高限度地满足社会需要，是在于物质财富而不在于价值；因此，计划和统计都着重于抓物量指标而不大注意价值指标。显然，这种看法是片面的。

使用价值和价值，用同量的劳动创造更多物质财富和创造同量的物质财富耗费更少的社会平均必要劳动量是一件事或一个过程的两个方面，是不能分裂开来看的，不可偏废。在计划和统计方法上多抓价值的一面，多注意劳动量消耗的计算，为的是促进生产率的发展。这与生产以增加物质财富为目的是完全不矛盾的。

现在我们再来说，价值规律同国民经济有计划按比例发展的规律是如何联系的。我们可以肯定说，价值规律同国民经济的计划管理不是互相排斥的，同时也不是两个各行其是的并行的规律。国民经济的有计划按比例发展必须建立在价值规律的基础上才能实现。那些无视价值规律，光凭主观意图行事的经济政策（包括价格政策）和经济计划，到头来就是打乱了一切比例关系，妨碍了国民经济的迅速发展；主观主义的强调计划，它的结果只是使计划脱离了实际。

只有把计划放在价值规律的基础上，才能使计划成为现实的计划，才能充分发挥计划的效能。因而统计工作者也不应该把自己的任务仅仅限于国民经济计划执行情况的检查，而且应该以更多的力量来掌握价值规律，来挖掘发展国民经济的潜力。具体地说就是：统计工作应该不仅注意生产水平的统计，即物质财富的统计，而且更应该注意物质生产的价值方面的计算，即是应该比现在更多地注意成本和劳动生产率的计算与分析研究，更多地注意国民经济平衡表的编制和国民收入的计算与分析研究，更多地注意国民收入同财政收入的比例关系，（更多地注意）生产和积累、消费的比例关系的分析研究。只有这样才能使统计更充分地为计划工作和企业管理工作服务，才能更充分地发挥计划和统计的作用。

(原载《经济研究》，1956年第6期)

社会主义改造基本完成以后的新问题

陈　云

陈云（1905—1995），原名廖陈云，江苏青浦（今属上海市）人。中国社会主义经济建设的开创者和奠基人之一，党和国家的领导人之一。

其主要著作收入《陈云文选》。

为了改变过去为限制资本主义工商业所采取的办法，并有效地纠正在社会主义改造过程中由于缺乏经验而发生的一些错误，我们现在应该采取哪些措施呢？

第一个措施，我们应该改变工商企业之间的购销关系。应该把商业部门对工厂所实行的加工订货办法，改为由工厂购进原料、销售商品的办法。商业部门对工厂产品的采购，采取下列两种办法：①对有关国计民生和规格简单的产品，如棉纱、棉布、煤炭、食糖等等，继续实行统购包销，以便保证供应，稳定市场。②对品种繁多的日用百货，逐步停止统购包销而改用选购办法，这就是在新的社会主义经济基础上，大体恢复1953年冬季以前的办法。凡属选购的商品，商业部门有权优先选购；没有选购和选剩的商品，可以由工厂自销或者委托商业部门代销。商业部门供应工厂原料的时候，不能采取好坏搭配的办法。除某些供不应求的原料可由国家分配以外，其他原料由工厂自由选购。上级商业批发公司不准向下面派货，下级商店可以向全国任何批发机构自由选购，也可以向工厂直接选购。工业和商业之间以及商业的上下层机构之间采取这种选购办法的目的，是为了使工厂关心产品的销路而提高质量、增加品种，为了使商店适应顾客的需要而不减少商品的花色品种。这种选购办法，同样适合于许多手工业产品。

第二个措施,工业、手工业、农业副产品和商业的很大一部分必须分散生产、分散经营,纠正从片面观点出发的盲目的集中生产、集中经营的现象。

合营工厂中有一部分是应该合并和集中生产的,但是就全国来说,大部分必须按照原来的状况或加以必要的调整后分散生产、分散经营。绝大多数合营工厂是制造日用消费品的工厂,人民对日用消费品的需要是多样的、经常变化的。如果把许多小工厂合并成为大工厂,就它们适应市场需要来说,不会有小工厂分散生产的时候那样灵活。以染色布为例,在小的机器染厂里,一个品种可以只染五六十匹布,因此随时可以改变花色品种,适应人民需要。但是大型机器染厂改变生产程序的工程大,每个品种至少要染三百到五百匹布。如果我国的小工厂统统并成大工厂,那就不能适应人民消费方面的多种多样和经常变化的需要。应该看到,解放以前,我国消费品的花色品种不比现在少,而制造这些消费品的工厂,绝大部分是小工厂。有些同志认为,把小工厂合并成为大工厂,产量就会提高,因此,他们一心一意地合并工厂。我们需要一定数量的大工厂,因为许多最重要的工业产品是必须大规模生产的。然而,许多生产日用消费品的工厂,并厂以后产量之所以提高,主要是因为商品品种规格减少、产品单纯了。这种"合理化"不能适应人民消费的需要,因此,我们不应该鼓励这种错误的合并。

手工业的制造性行业中,有一部分是可以适当合并的,但是绝大部分服务行业和许多制造行业不应该合并。为了克服由于盲目合并、盲目实行统一计算盈亏而来的产品单纯化、服务质量下降的缺点,必须把许多大合作社改变为小合作社,由全社统一计算盈亏改变为各合作小组或各户自负盈亏。这种改变不但适合于绝大部分服务行业,而且适合于许多制造行业。手工业一般地带有分散性、地方性,因此,在供销业务上,必须以基层社自购自销为主。中央和省市手工业领导机关和多数行业的联合社,只能作方针政策的指导,不应该自己经营进销业务。

商业方面合并得过多的,也必须适当分散。小商小贩在合作小组内的各自经营的办法,应该长期保存。若干国营批发公司,例如百货公司、文化用品公司等等,应该把所属的各行各业中许多已经改行了的原有私营批发商业人员召集回来。在国营批发公司内部，成立分行分业的批发店，使百货公司、文化用品公司等等国营批发公司现在分工太粗、业务不精的现象，得以逐步克服。为了适应工厂、商店、文教单位、其他机关对于品种繁多的进口商品的需要，对外贸易部对于原系私商现已公私合营了的进口商行，应该按照他们过去经营和可能经营的业务，组织分行分业的进口商店。同时召集一部分原在外籍商人洋行中经营各色各样进口商品的专业人员，来参加这些进口商店的工作。必须改变目前几个国营进口公司统揽全部进口商品、分工不细、业务不精、不能适应社会需要的现象。

农业生产合作社的粮食、经济作物和一部分副业生产是必须由合作社集体经营的，但是许多副业生产应该由社员分散经营，不加区别地一切归社经营的现象必须改变。许多副业只有放开手让社员分散经营，才能增加各种各样的产品，适应市场的需要，增加社员的收入。在每个社员平均占地比较多的地方，只要无碍于合作社的主要农产品的生产，应该考虑让社员多有一些自留地，以便他们种植饲料和其他作物来养猪和增加副业产品。

目前资本主义工商业的改组工作正在开始，工商业和农业的集体经营和分散经营正在安排。我们必须及时地纠正只注意集中生产、集中经营而忽视分散生产、分散经营的错误做法，否则，在生产方面、流通方面和为消费者服务方面已经出现的一些毛病，就会继续发展。

第三个措施，我们必须取消市场管理中那些原来为了限制资本主义工商业投机活动而规定的办法。国家为了掌握粮食、经济作物和各种农产品，为了制止资本主义的投机活动，过去限制私商在初级市场上的收购，这种限制是必要的。今后，对于粮食、经济作物、重要的农副产品，仍然需要由国家统购或者委托供销合作社统一收购。但是对于一部分农副产品，例如小土产，现在由当地供销合作社独家统一收购的，应该改变为允许各地国营商店、合作商店、合作小组和供销合作社自由收购、自由贩运，禁止互相封锁。这样，就可以使那些小土产避免由于当地供销合作社不注意收购或者收价偏低而减产，可以使货畅其流。如果大家争购而供不应求，则应该在当地党政领导之下，按照各个单位需要的缓急来分配货源。如果因为一时供过于求而各个收购单位企图压价,供销合作社应该以正常价格照常收购,使农民不受压价的损失。为了适应自由收购和自由贩运的需要,工商管理办法中今天已经不适用的部分,都必须加以改变。银行汇款支付办法中,那种"买醋的钱不准买酱油"、汇到甲地的款不准在乙地使用的机械限制的办法,必须改变。税务、运输、邮务部门过去为了制止投机活动而规定的在税收方面和运输货物、邮寄商品方面的限制办法,应该根据新的情况加以改变,来活跃商品的交流。

第四个措施,必须使我们的价格政策有利于生产。1950 年 3 月以来,政府对农产品的收购价格是略有提高的,工农业产品在市场上的出卖价格是大体上稳定的。这样的物价政策是正确的,它对我国工农业生产的发展起了有益的促进作用。我们对主要农产品的收购价格是恰当的,但是有一部分农产品的收购价格偏低,妨碍了生产,应该加以调整。由加工订货改为工厂购进原料、销售产品以后,工业品中收价低了的部分,也将得到调整。目前在我国物价政策上存在着一种不利于生产的现象,就是在出售价格方面,把稳定物价简单地看成是必须"统一物价"或者"冻结物价",因此不同品质的产品差价很小,优质得不到优价。这种价格政策不能鼓励产品质量的提高,只能助长产品质量的下降。我国市场管理中的议价办法,曾经起过制止私商抬价的作用。1950 年 3 月以前,我国经过十二年的通货膨胀,因此全国人民害怕物价波动,要求物价稳定,这是完全可以理解的。但是我们必须看到,不适当的价格政策,必然不利于生产。因此我们对于下列三种情况,不要因为物价在一定范围内暂时上涨而有所恐惧。这三种情况就是:①由于按质论价,品质优良、成本较高的产品的价格,要适当地提高。应该看到,商品的质量下降是最大的涨价。例如,本来应该使用一年的电灯泡,如果因为质量下降而只能使用三个月,实际上它的价格就涨了三倍。在某些消费品质量下降的情况下,提倡优质优价,实际上是降低物价。②消费品中的新产品,因为初制的时候成本高,只要消费者愿意购买,应该允许它在初销时期有一定程度的提价,等到成批生产而成本降低以后适当降价。在现在某些消费品品种规格减少的情况下,如果不采取这种政策,就不能鼓励消费品新品种的增加。③对于一部分小土产放松市场管理而改为自由收购、自由贩运以后，在实行的初期，收价也会抬高，因而就不能不在城市中相应提高销价。应该看到，如果不采取自由收购、自由贩运的政策，而继续让当地供销合作社或国营商业独家收购，那么，许多小土产会减产。如果城市所需要的小土产供不应求，政府又不可能配售，那么，需要小土产的，就会在市场上抬价收购。现在若干种中药材的价格猛涨，不正说明这种情况吗？应该看到，由于自由采购、自由贩运，一部分小土产在城市销售价格方面的上涨，是一种暂时的现象，而且上涨的程度，我们仍然是可以约束的。这种价格上涨将促进小土产增产，等到供求平衡以后，它的价格就会回落到正常水平。我们应该采取自由采购、自由贩运，而不要害怕价格方面一时的一定程度的上涨。我们必须避免那种因为减产而来的暴涨。销售价格必须服从收购价格，只有大量增产，才能保持整个市场价格的稳定。

　　人们会担心采取上述价格政策和对日用百货选购以后，物价是否还能保持稳定？我们认为可以保持稳定。人民生活必需的粮食、布匹等等，我们仍然统购统销。

　　第五个措施，对某些产品的国家计划管理的方法，应该有适当的变更。我们的国家计划，无论长期计划或者年度计划，对于日用百货、手工业品、小土产，都只是把个别品种列入国家计划。此外，都不规定产品品种计划，这种办法是恰当的。但是国家计划对这些产品规定了每年的产值，对日用百货的生产部门，规定了降低的成本率、提高的劳动生产率、上缴的利润额。所有这些规定的根据并不是确切的，绝大多数是估算的。国家计划既然规定了这些指标，并且层层下达，工厂的产品又是由商业部门包销的，那么，工厂的生产就往往只顾完成产值和利润，而对于商品是否合乎市场的需要，却注意不够。我们应该把国家计划中对这些产品的各项指标只作为一种参考指标，让生产这些日用百货的工厂，可以按照市场情况，自定指标，进行生产，而不受国家参考指标的束缚，并且根据年终的实绩来缴纳应缴的利润。只要企业生产发展了，又严格遵守了国家规定的财政制度，那么，按年终实绩来缴纳利润，并不会造成国家的损失。

　　总之，在社会主义改造完成以后，我们应该采取正确的方针指导企业的生产和经营。就是说,我们必须使消费品质量提高,品种增加,工农业产量扩大,服务行业服务周到,而绝不是相反。采取上述五项措施的目的,就是要把我国资本主义工商业和个体农业、手工业,改造成为这样一种有利于人民的社会主义经济。

对一部分商品采取选购和自销,让许多小工厂单独生产,把许多手工业合作社划小,分组或按户分散经营,把许多副业产品归农业合作社社员个人经营,放宽小土产的市场管理,不怕有些商品的价格在一定范围内暂时上涨,改变对某些部门计划管理的方法,所有这些,是否将使我国的市场退回到资本主义的自由市场呢?绝不会这样。采取上述措施的结果,在我国出现的绝不会是资本主义的市场,而是适合于我国情况和人民需要的社会主义的市场。我们的社会主义经济的情况将是这样:在工商业经营方面,国家经营和集体经营是工商业的主体,但是附有一定数量的个体经营。这种个体经营是国家经营和集体经营的补充。至于生产计划方面,全国工农业产品的主要部分是按照计划生产的,但是同时有一部分产品是按照市场变化而在国家计划许可的范围内自由生产的。计划生产是工农业生产的主体,按照市场变化而在国家计划许可的范围内的自由生产是计划生产的补充。因此,我国的市场,绝不会是资本主义的自由市场,而是社会主义的统一市场。在社会主义的统一市场里,国家市场是它的主体,但是附有一定范围内国家领导的自由市场。这种自由市场,是在国家领导之下,作为国家市场的补充,因此它是社会主义统一市场的组成部分。

采取上述措施,可以帮助我们解决目前国家市场上存在着的若干问题。但是同时应该看到,这些措施也会带来一些新的问题,还需要进一步加以研究解决。在这一方面,我们还缺少必要的经验。因此,我们所说的这些措施,必须慎重从事,稳步前进,经过试验,逐步推行。

(这是陈云同志在中国共产党第八次全国代表大会上的发言,原载 1956 年 9 月 21 日《人民日报》,题为《关于资本主义工商业改造高潮以后的新问题》。本文选自《陈云文选》第三卷,人民出版社1995 年 5 月。此处节选自其中的后半部分)

试论社会主义制度下的商品生产和价值规律

顾 准

顾准（1915—1974），上海人。著名思想家、经济学家。

因家境清贫，顾准12岁初中毕业后就到上海立信会计事务所当练习生，自学会计学。20世纪30年代，有多部会计学著作问世。1936年起，历任上海职业界救国会党团书记、江苏省委副书记等职。1940年后曾任江南行政委员会秘书长等职，后赴延安中央党校学习。1946年起，先后担任中共华中分局财委委员、山东省财政厅厅长等职。1949年后，历任上海市财政局局长兼税务局长、上海市财经委员会副主任等职，为新中国成立后的上海财税工作作出了突出贡献。他是中国经济学界提出在社会主义条件下实行市场经济的第一人。

主要著作有《银行会计》、《初级商业簿记教科书》、《所得税原理与实务》、《中华政府会计制度》、《社会主义会计的几个理论问题》、《从理想主义到经验主义》等。

去年以来，关于社会主义制度下的商品生产、价值、货币、价值规律的作用等问题，国内经济学界有很多讨论。我国自1956年全面进入社会主义以后，研究这些问题已经具备了一定的条件。作者不揣浅陋，也提出一些不成熟的意见，请大家指正。

一 单一的全民所有制与两种所有制

研究社会主义经济，首先碰到的是：目前社会主义各国普遍存在着的、全民所有制与劳动人民集体所有制这两种所有制形式，是不是典型的社会主义的所有制形式？当"两种所有制"被"单一的全民所有制"所代替时，是不是社会性质已经转变为共产主义社会而不再是社会主义社会？骆耕漠同志认为，[①] 在社会主义社会中，单一的全民所有制代替两种所有制可以较早完成，而分配原则上从社会主义的"各尽所能，各取所值"转变为共产主义的"各尽所能，各取所需"的过程将在"更远更远的将来才能完成"，我认为这是正确的。

大家知道，马克思、恩格斯论证社会主义（共产主义的第一阶段），都假定单一的全民所有制，不考虑"两种所有制"的存在。社会主义各国普遍存在两种所有制的历史原因是：无产阶级领导的社会主义革命，发生在经济发展还不充分、小商品生产还没有被资本主义生产方式所排除的国家内。小生产合并为大生产的过程既没有在资本主义生产方式内完成，就只能由无产阶级领导，在社会主义阶段或向社会主义的过渡阶段内完成。两种所有制就是在社会主义社会中，联合小生产为大生产的结果，并且是走向单一的全民所有制的过渡形式。因此，实现了单一的全民所有制之后，只要社会的分配原则还是"各尽所能，各取所值"，那当然还是社会主义社会而不是共产主义社会。

在两种所有制并存条件下，两种所有制之间仍然会有产品交换。解决下面一些问题，例如社会主义的生产是否是商品生产，价值、价格、货币等经济范畴的意义如何，都不免要首先去解决因两种所有制并存而发生的一系列问题。如果我们承认两种所有制并存是向单一的全民所有制的过渡形式，单一的全民所有制是社会主义的纯粹形式，那么研究社会主义制度下的商品、价值、货币等问题时，先研究单一的全民所有制下的情形，再研究在两种所有制条件下的情形，问题的解决也许会方便一些。由于社会主义各国，大工业生产方面已集中于全民所有制的企业，它的生产占全部国民经济很大的比重，因而进行这样的研究也是可能的。

[①] 见骆耕漠：《论社会主义商品生产的必要性和它的"消亡"过程》一文，《经济研究》1956年第5期。

三 商品生产

（一）

关于商品生产的一般性质，马克思指出：

"使用对象成为商品一般，只因为它是互相独立经营的私人劳动的生产物。……生产者由他们的劳动生产物的交换，才发生社会的接触，所以，他们的私人劳动所特有的社会性质，也要在这种交换里面才显现出来。"①

恩格斯指出：商品"生产者的社会联系，是通过他们的生产品的交换来实现的"。② 而作为商品生产最高形式的资本主义生产方式，则"在社会化的生产中，统治着无政府状态"。③

马克思、恩格斯指明，从资本主义到社会主义的转变中，生产资料将为社会所占有，商品生产将被消除。这就是说，那时社会将有计划地进行生产，生产的无政府状态将不再存在，社会的生产品将直接用为再生产的生产手段与生活资料，不再是为交换而生产的商品。④

恩格斯在《反杜林论》一书中批评了杜林的经济公社的幻想。他着重指出，企图在实现"劳动的真正价值"的基础上，让"活的劳动……与劳动的产品相交换"，这时，"劳动力……和它所应交换的生产品一样同是商品"，因此，杜林的方案是企图用商品生产的基本规律，除去商品生产发展成为资本主义生产进程的弊害。这也就是说，像杜林那样，认为社会主义的目的是为了实现劳动的"真正价值"，而不是有计划地分配社会劳动于社会生产，有计划地分配社会总产品于积累基金及消费基金，并分配消费品于劳动者之间；其

---

① 马克思：《资本论》第一卷，人民出版社 1956 年版，第 54—55 页。
② 恩格斯：《反杜林论》，人民出版社 1956 年版，第 284 页。
③ 同②。
④ 同②，第 285—298 页。

结果，生产的无政府状态将仍继续，分散于私人手中的积累终将吞没公有化了的生产资料，劳动力的价值将服从于近代的工资规律，社会总产品也只有通过交换实现其价值，所谓社会主义不过是一句空话。①

这样，马克思、恩格斯指明了，社会主义是公有制，公有制下面是不存在商品生产的。

（二）

现在让我们来研究一下，在唯一的全民所有制下面，社会仍用"货币"来分配消费品，利用货币进行核算，社会生产是否仍然是商品生产。

骆耕漠同志认为，② 只要实行按劳计酬与经济核算，就必须利用货币来分配消费品，产品就必须计价，那就是商品生产与货币经济。骆耕漠同志接着说：马克思、恩格斯关于商品及商品生产的定义，"是就一般私有制度下的商品生产而言。……这种商品生产在社会主义制度下，由于生产资料已转为公共财产，除掉在集体农庄市场上还有极个别的残迹存在外，已经是不存在了。……商品生产有建立在私有制基础之上的，也有建立在公有制基础之上的。后面这种商品生产，虽然为联合的社会主义生产者所公有，但是他们必须将产品作真正的交换、买卖，即将他们的产品的所有权作真正的转移，那些产品才能算是真正的商品"。③

我们注意到，马克思、恩格斯从未论证过公有制下的商品生产，但这是指单一的全民所有制。说两种所有制并存时，两种所有制都是社会主义生产者，他们之间有商品交换，这种商品生产是特种商品生产，这是斯大林在"苏联社会主义经济问题"中所指明的。斯大林在那里接着指出：这种商品生产"决不能发展为资本主义生产，而且它注定了要和它的'货币经济'一起共同为发展和巩固社会主

---

① 参阅恩格斯：《反杜林论》，人民出版社1956年版，第337—338页。
② 参阅骆耕漠：《论社会主义商品生产的必要性和它的"消亡"过程》一文。《经济研究》，1956年第5期。
③ 同①，第4—5页。

义生产的事业服务"。① （参阅附注）可是为什么两种所有制之间存在着产品交换，就决定了社会主义生产是商品生产？是不是因为劳动人民集体所有制与全民所有制存在着本质上的区别呢？同书除在个别地方略为涉及这点外（参阅附注），并没有明确指出这是基本原因。同书曾采取另一个论点，即产品成为商品的原因，是产品所有权的转移。骆耕漠同志认为正是产品所有权的转移，构成公有制下的商品生产。②

可是，所有权概念是一个法律概念，法律关系只能是社会经济关系的反映，它本身不是什么经济关系。③ 社会主义法制承认个人是他所获得的劳动报酬的所有权者，是按劳计酬这种经济关系的反映；承认集体农庄是个人的生产资料以及承认产品的所有权者，又是另一种经济关系——劳动人民集体所有制的反映。两者就不属同一性质。即就个人消费品而言，劳动者用货币工资购买消费品，在资本主义制度下，是劳动力再生产的一个过程；在社会主义制度下，是实现他所应领受的社会生产品份额的办法，两者也根本不属同一性质。所以，引用法律关系来解释经济关系，是未必妥当的。

---

① 斯大林：《苏联社会主义经济问题》，人民出版社1956年版，第15页。
② 《政治经济学教科书》没有强调"所有权的转移是产品成为商品的标志"这个论据。该书确认：（一）社会主义生产所以是商品生产，因为存在着两种所有制之间的交换；（二）个人消费品是商品；（三）一般生产资料不是商品。该书写道：
   "通过收购和采购而从集体农业转到国家和合作社手中的农产品和原料，以及在集体农庄市场上出售的农产品，都是商品。国营企业生产的，集体农庄和庄员所购买的工业品（主要是个人消费品），也是商品。既然个人消费品是商品，它们也就通过买卖转入城市居民手中。"（见苏联科学院经济研究所编：《政治经济学教科书》，人民出版社1955年版，第477—478页。）
   上面采取的是类似解释法，"既然个人消费品是商品，它们也就通过买卖转入城市居民手中"，这是就部分个人消费品为集体农庄及其庄员所购买，因而是商品，推及于全体个人消费品都是商品。但同样的类推解释法也能用于生产资料。应用类推解释法，我们也能达到这样的结论：既然集体农庄购买部分生产资料，因而全部生产资料都采取商品形式。但这种解释法未用于生产资料。该书确认，一般生产资料都不是商品。
③ 马克思：《资本论》第一卷，人民出版社1956年版，第69—70页。

（三）

所以，我们应该试图分析两种所有制之间的经济关系。

劳动人民集体所有制，是社会主义所有制的一种，它是不同于私人——资本主义占有制度的。从分配方面说，劳动人民集体所有制与全民所有制的区别，表现在：（一）它们的纯收入部分，除税收外，不通过国家预算实行再分配；（二）它们所实现的收入（即产品出售价格的总和，减去生产中所消耗的生产资料的成本），构成人们自己的劳动报酬和积累基金的限界；并且（三）它们的劳动报酬不是如同工厂工人那样统一规定于国家工资制度中。这个区别，就使集体农庄在生产方面，虽要按国家计划进行，假设它们积累了巨大的经济力量，就会出现一种自发的资本主义趋势，脱离国民经济计划的轨道。但按社会主义各国现有经验来说，还没有出现过这种情况。相反的情况是出现过的，就是农产品收购价格过低，造成农业生产中若干部门的生产低落，生产量与劳动生产力两者同时降低。同样，按社会主义各国现有经验来说，规定正确的农业生产计划与农产品价格，使农业生产得以发展，而又防止劳动人民集体所有制发生那种自发的资本主义倾向，那是做得到的。

假设一种正常状态，即农产品价格的规定是正确的，集体农庄的生产是按国家经济计划进行的，那么全民所有制和劳动人民集体所有制下的劳动者的分配原则"都是一个社会主义的原则：按劳计酬。所不同的是：属于全民所有制的劳动者的分配，原则上以全社会为一个核算单位；属于劳动人民集体所有制下面的劳动者的分配，不是以全社会，而是以这个生产单位本身所创造的价值，划分为积累基金、消费基金，并进一步按照按劳计酬的原则，在劳动者之间分配可以分配的消费基金。但集体农庄的分配，又以税收、国家银行贷款、国家设立的农机站的报酬标准、工业品与农产品的价格等等，与全社会的国民收入相联系着。因为有这种联系，社会主义国家可以进行一种带有全社会性质的调节，使工农间收入的差别缩小，使农业所获得的基本建设资金适合于整个国民经济发展的水平"。

全民所有制与劳动人民集体所有制之间的交换是两种所有制之

间的交换。交换的价格由计划规定,它反映了全社会的按劳计酬原则,与国家对工农收入间的调节,而不是按照竞争原则进行的,不是生产的无政府状态所自发形成的。因此,我们可以说劳动人民集体所有制是社会主义所有制中的一个低级阶段,但不能说劳动人民集体所有制与全民所有制的交换是一种严格意义上的商品交换,如像马克思、恩格斯所指明的私有制下或资本主义下的商品交换。这种交换,在它不会造成集体农庄自发的资本主义倾向的限度内,本质上与国营企业之间的交换,或国营企业与工人之间的交换(如果那可以称作交换的话)具有相同的性质。

自然,劳动人民集体所有制的经济本质,并不是每个时期、每种场合都相同的。在某一场合或某一时期,它们的自发资本主义倾向弱一些,或甚至达到接近全民所有制的程度;在另一种场合或另一个时期,自发资本主义趋势强一些,或甚至完全不服从国家经济计划的轨道进行生产或交换。但是,除掉那些徒具虚名的而外,在全民所有制占国民经济极大比重的条件下,劳动人民集体所有制服从国家经济计划一般是没有问题的。因此,只要它的内部分配关系是社会主义关系,两种所有制之间的关系也必然是社会主义的关系。这种关系,与私有制下两个商品生产者之间的关系是根本不同的。

所以,按照马克思主义经济学关于商品生产的性质的理论,难于得出这样的结论:因为社会主义社会还存在着两种所有制,两种所有制间的交换是商品交换,社会主义生产是商品生产。

(四)

如果承认两种所有制在本质上是相同的,但指明社会主义社会还存在着那种性质改变了的商品交换与货币经济,那么用"特种商品生产"来指明社会主义生产的性质,不能认为是错误的。

困难是在于"特种商品生产"这个定义,不仅与相互进行"商品"交换的两种社会主义公有制的性质有关,而且也与"经过流通过程(买卖交换过程)的产品就是商品"这个定义有关。而据说商品流通的存在,又必然要复活资本主义(参阅附注)。按照这个定义,只要产品经过流通过程即买卖交换过程的,它就是商品;不经过买卖交换过程的，它就不是商品。因此，只有在实行产品直接分配时，即废除目前广泛应用着的"货币"这种分配工具，变为采用领物凭证式的劳动券，或者不要劳动券也可以，反正是实行产品直接分配制度时，商品生产才会完全消灭，资本主义复活的危险才会完全消灭。

不难看出，这不是深入分析社会主义的生产关系以后所得出的结论。这是一个从商品流通的外表所得出的结论。正因为定义从商品流通的外表上得到，所以，阐述这个观点的人，就会依靠所有权的转移这种法律关系的论据，来支持这个结论。

按照这个结论，也还不免产生另外一个理论上的难点，那就是：全社会生产品有的是商品，有的不是商品，完全以其是否经过流通过程为准。可是大家知道，社会生产是一个不断的流，所有社会产品，不论它是生产资料还是消费资料，结局总是变成消费品分配于全体劳动者之间；所有生产品中活劳动的消耗部分是以当年分配的消费品抵偿的（还应该注意，全社会所消耗活劳动的一部分还是作为积累基金而不是全部以消费品来抵偿的），所消耗的过去劳动部分结局也是以消费品抵偿的，不过抵偿的时间有先后，抵偿的过程复杂得多而已。把这个不能分割的社会生产之流，分割其中一部分称之为商品生产，另一部分称之为非商品生产，于是马克思主义的再生产理论就被支离割裂，无法理解了。

（五）

归纳上面的分析，不难看出：社会主义各国现在利用货币作为分配工具与核算工具这种制度，如果称之为特种商品生产，以标志其形式上存在货币经济，实质上不同于私有制下的商品生产，是可以的。认为这种制度在单一的全民所有制下也将继续下去，也是正确的。但认为这种商品生产的特征是流通过程（买卖交换过程）的存在、产品所有权的转移，这是可以怀疑的。

同样，由于社会再生产过程是一个不断的流，如果承认有所谓公有制下的商品生产的话，那么，无须区分消费品与生产资料，也不必追究什么所有权的转移，全部产品既都必须计价，都有商品

"外壳",那就都是商品。如果说这些产品因为直接是社会产品,不是私人以私人打算生产出来,只有在个人交换下才实现其价值的,因而它们不是商品,那么,无分消费资料与生产资料,它们都不是商品。

至于目前社会主义之所以存在着"商品生产",应该肯定,其原因是经济核算制度的存在,不是两种所有制并存的结果。两种所有制之间的交换,是不能拿来与私人商品生产者之间的交换类比的。

(原载《经济研究》1957年第3期,此处节选自其中的第一、三部分)

我们对于当前经济科学工作的一些意见

陈振汉　等

陈振汉（1912—2008），浙江诸暨人。经济学家、经济史学家、教育家。

1935 年毕业于南开大学经济学院。1936 年考入美国哈佛大学文理研究生院经济系攻读经济史。1940 年回国后到南开大学经济研究所任教。1942 年兼任中央大学教授。抗战胜利后任北京大学教授直到退休。1947—1948 年兼任燕京大学、南开大学教授、南京中央研究院社会研究所研究员。1952—1953 年任北京大学经济系代理主任。1955 年任中国科学院《经济研究》编辑委员会委员、经济研究所兼职研究员。1981 年任德意志联邦共和国西柏林自由大学东亚研究所客座教授。

主要著作有《社会经济史学论文集》、《工业区位理论》（合著）、《清实录经济史资料：顺治—嘉庆朝 1644—1820》（农业编）（合编）等。

二　第二次稿

政治经济学是研究物质资料的生产和分配规律的科学，是指导革命斗争和经济建设的科学。解放以来我国在恢复国民经济、完成民主革命、进行社会主义改造和社会主义经济建设战线上，获得了一系列的史无前例的辉煌胜利，但是我国的经济科学却没有获得相应的发展。作为马克思列宁主义的一部分，政治经济学在对广大干部的理论教育上曾经起了重要的作用，但到了目前已经显然落后于形势的需要，亟待改进内容和提高质量。比较严重的问题是政治经济学的科学研究工作在我国不仅没有怎样开展,而且还没有充分具备开展的必要条件,因此就很难起到指导革命和建设实践的作用,甚至在宣传教育方面也往往脱离实际。目前我国的经济科学情况,不能说比毛主席在194□年批评经济学家不能解释"边币"的情形前进了多少。① 我国经济学界的空气是沉闷的,许多经济科学工作者的心情也是沉重的。当党提出向科学进军的号召将近两年之后,当各方面的科学文化工作者都在"百花齐放百家争鸣"的方针鼓舞下,热烈地期待着经济建设高潮以后的文化建设高潮到来的时候,经济学界仍然显得比较消沉。原因在哪里呢?经济科学工作怎样才能展开呢?我们愿意提出一些不成熟的看法,借与大家商榷。

我们认为首先应当认清经济科学的发展前途,端正社会尤其是实际经济工作者对于经济科学的认识。

社会不断发展,支配物质资料的生产和分配的规律也在不断发展。单就我国来说,最近几年来的革命和建设已经提供了许多生动丰富的经验和问题。如果科学地进行研究、分析和总结,使之成为系统的理论知识,就必然能够创造性地发展这一科学。这种科学研究的成果,首先可以为我国今后社会主义经济建设的方针政策提供一些客观依据,同时在国际间也可能推动社会主义革命走向新的胜利。

我们中国的经济学界应当有信心有勇气担负起来这样的任务。这是中国经济学家的光荣任务,他们也具有有利的基本条件。中国经济学家有马克思列宁主义作为指针,不像资产阶级经济学者为其阶级立场所限,不能看到事物的本质。中国经济学家有百家争鸣方针的鼓舞,可以希望有最好的条件来展开科学研究和争论。目前我国经济科学工作没有怎样开展,整个经济学界比较消沉,主要是因为多数经济科学工作者脱离了实际,没有掌握足够的研究资料,思想上长期受教条主义的束缚,同时若干经济科学工作者的力量没有很好地发挥起来。为了把我们的经济科学工作向前推动一步,似应从下列三方面着手。

---

① 原编者按:这句话中的194□年应为1942年,原稿空白。

1. 密切经济科学工作和业务部门的关系。公开必要的资料。经济科学工作者联系实际是应当从多方面进行的，但其中重要的一条途径是业务部门。

我们认为过去政府业务部门对于经济科学工作的作用没有足够的重视，对于本部门以外的经济科学工作者的联系不够密切。

业务部门过去在国家经济建设战线上具有重大的功绩，但也不可否认，过去有许多工作是在摸索着前进的，在摸索中间发生过大小不同的缺点或程度不一的偏差。其中有些是不可避免的，也有不少是可以根据已知的经济规律或科学知识事先防止的。听说一些领导财政的同志根据几年来的经验总结出来这样一条规律，即是国家的财政收支如果不能平衡，势将导致物价的上涨和物资供应的紧张状态。其实这是经过千锤百炼的经济规律。连这样的规律还要从亲身经验里面去总结，我们的财经政策就未免过于忽视既有的经济知识了。又听说有的财经领导同志认为根据需要发行货币，如通过发放农贷及收购农产品来发行货币，就不会造成通货膨胀。这种说法，若懂得经济规律就不会模糊的。这些例子或许是极其个别的，也可以说明经济科学的作用。

当然，我们不应夸大经济科学的重要性。即使在今后有了广泛和长足的发展，经济科学工作对于具体业务帮助也只能是间接的而非直接的，原理原则的而很少是具体的。经济科学工作永远不会代替具体业务工作。在另一面，财经政策的制定要考虑全面的因素。经济科学上的规律，以及从经济方面来的考虑，对于经济政策的制定，也只能是一种参考。

我们所希望于业务部门的是能够正确认识经济科学对于革命和建设所能起和应起的作用。既不无视或者忽视，也不过分高估这一科学对于具体业务的作用。在这样认识的基础上，加强和科学工作者间的关系，为科学工作的开展提供必要的具体条件。

首先，让经济科学工作者多有接触实际的机会。经济科学是一门极需从实际出发的科学。过去我国经济研究工作所以未能顺利开展，最主要的原因就是脱离实际，一方面没有足够的公开的研究资料，另一方面和实际工作没有密切联系。科学工作难以结合国家经济建设的需要，从实际当中去发现问题，结果就只好搬弄一些教条或者在名词概念上进行争论。多数经济科学工作者对这样的工作是抱有实逼处此的无可奈何的心情的,整个科学当然就得不到发展。假使业务部门能够主动地从本身工作中提出一些有关方针政策的理论原则问题,交给经济科学工作者去研究,或者在方针政策的决定和实施之前征询他们的意见,让他们参与讨论,也就是在方针政策上广开言路,多走群众路线,相信能够把经济科学工作和实际结合,从而发挥科学工作者的积极性,促使这一科学的健康发展和繁荣昌盛。对于业务部门本身的工作来说,纵使不能希望从科学工作者方面获得急功近效,例如想在一次座谈会上就能解决全部问题,但"愚者千虑,必有一得",也不会毫无帮助的,何况是为了促进经济科学工作的开展,从长远的利益着想呢?

其次,希望业务部门能够主动地对经济科学工作提供必要的资料和便利,截至现在,科学工作者或教师即使是仅仅为了找一点零星材料作论证根据已是十分困难,更不必说系统的科学研究材料。关于资料问题,现在各方面的呼吁已经不少,党和政府已在考虑采取适当的措施,我们不必再多说。一个关键问题是保密责任。

过去由于强调保密,许多人就多了一种搪塞应付的借口,掌管资料的人为了减轻责任起见,尽量把资料都盖上"机密"或"绝密"的图章(甚至空表格也是"绝密"),这样一来,保密范围就可以扩充到无穷大。例如有的财政经济数字,从政府首长报告中本来很容易推算出来,可是谁也不敢公开。有的材料在帝国主义国家里已经众所皆知,在我们却还是国家机密。工业数字保密,农业数字也同样保密。

保密是必要的,但范围很可以缩小,应权衡某项资料公开后的利弊,重新考虑是否需要保密,然后加以明确规定。例如银行方面,钞票暗记、电报密码、外汇头寸以及黄金库存等材料之应当保密,可谓毫无疑义;但是存款、放款,乃至发行数字,是否全需保密?我们认为重要的调查报告固然应该发表,大量的和继续的经济资料,如生产统计、物价指数、生活费指数以及对外贸易统计等等也应定期公开发表。

公开发表资料,不仅使科学工作者运用资料更感凑手,更重要的是借此能公开讨论问题,在争辩中对运用资料没有什么顾忌,这显然能够大大地推动科学研究工作，并促进广大群众对经济问题的了解。就是相关业务部门也可以更多地了解彼此的情况，在决定各自的方针政策和具体措施时具有更多的参考资料，考虑问题可以更全面些。

2. 加强经济学界内部的团结，特别是党内外经济科学工作者之间的团结。

我们以为，相对于所负担的任务来说，我国经济学界现有的队伍还是小的，力量还是薄弱的，发展经济科学事业的重要条件之一是加强党内和党外经济科学工作者间的团结，调动群众中的积极因素来为这一事业服务。现在我国经济学界虽然并没有十分显著的不团结现象，但也不是精诚无间，致力于新中国经济科学的发展。其所以这样，个别经济科学工作者间的文人相轻习气固然有些关系，比较更重要的因素是党内和党外经济科学工作者之间还没有很好地团结。我们希望党内经济科学工作者能够关怀和帮助广大党外经济科学工作者，主动和他们联系。现在对于不小一部分人，甚至还完全不知道他们，更不必说各人的不同长短，也说不上对他们潜力有足够的和恰当的估计。

由于多数的党外经济科学工作者过去所学的是资产阶级经济学，需要努力自我改造，因此解放以来，许多方面的任务，如理论教育和干部培养，科学研究和经济行政，都不得不落在人数不多的党内经济科学工作者身上。由于党内同志的繁忙，对于党外同志就自然不能多些联系、关怀和帮助。到了去年党重申它的知识分子政策的时候，由于党外学经济的人阶级觉悟和理论水平一般已经有了提高，由于青年经济学者的培养和成长需要一个过程，当前经济学界的力量还是十分薄弱；以及由于经济科学是一门实际的科学，业务部门需要许多经济科学工作者，经济科学需要一个更壮大的队伍，我们认为已到了适当消除新和旧之间的界限，加强党内党外经济科学工作者的团结的时候了。

可是一年多来，有些人为的墙和沟还依然存在着，例如在不少高等学校和个别科学研究机构里面，政治经济学的教学和研究，主要由党内同志进行，一般党外经济科学工作者仍只能以经济思想史、经济史，或资本主义国家的经济等的博古通今工作作为安身立命之所。又如同在业务部门的经济研究机构里的工作人员，党内和党外的同志所能看到资料的机会并不均等；又如对科学学术见解上的简单否定，对于科学成就的不同估价也还不能完全摒除。诸如此类的界限的存在我们认为这样是不利于发挥党外经济科学工作者的积极性的。我们认为党内经济科学工作者，不论是在业务部门，在高等学校和在科学研究机构的，应该加强和党外同行的联系，增进对于他们的认识和了解，欢迎他们参加适合参加的工作，和他们分享自己所能享受的工作便利。

3. 经济科学得以健全发展的另一个条件，是摆脱教条主义的束缚。摆脱教条主义的办法无过于投身到实际中去，这一点已在上面说过了。

由于经济科学工作不被业务部门重视，由于经济科学工作者不能接触实际，经济科学工作者在这些年来基本上不能不成为教条主义的俘虏。对于教条主义在经济学界泛滥的严重情况，中宣部的一位同志早在1954年就敲过警钟。他说我们现在的每一篇经济论文里面，50%是带有引号的引文，40%是不带引号的引文，只有10%是作者自己的语言。自从党提出百家争鸣的方针以来，情况已有好转，可是我们感觉到，在研究工作中，常常还会碰到下面这两个问题：

（1）马克思列宁主义政治经济学的一大特色，便是批判地吸收和利用资产阶级经济学家的研究成果。马克思的《资本论》和列宁的《帝国主义论》是这方面的最好的典范。马克思和列宁以后，随着帝国主义形势的发展，资产阶级经济学也有了很大发展，其中是否还有某些地方反映了（哪怕是歪曲地反映了）现代资本主义的实际情况，可供我们批判地吸收和利用呢？资产阶级经济学所用的一些方法，是否也可以用来代替社会主义经济学或为社会主义经济建设服务呢？

（2）马克思列宁主义的经典著作，毫无疑问应该严肃认真地学习，但学习的目的是在于领会经典作家的思想观点和方法，而不在于死扣字句；是在于掌握著作中的本质的东西，而不在于坚持它们的细枝末节。可是现在的风气是奉经典著作上的一字一句为金科玉律，只能照本转述背诵，或者笺注训诂。我们认为这样的风气是不利于马克思列宁主义政治经济学的发展的。马克思主义（从而作为其构成部分的政治经济学)最本质的东西是实事求是,随着社会实践的发展而不断发展。泥古不化本身是违反马克思主义的。适用于一定历史时期的理论解释或理论总结,不一定适用于另一段历史时期。例如货币的购买力(价值)是否必须以黄金的价值来解释,资本主义制度下工人阶级的实际工资是否不断下降,产业预备军的百分比是否必然扩大,这些问题都可以根据现实情形重新研究。这样说法当然不是要离开马克思主义的道路用资产阶级经济学来修改马克思主义。上面所说的问题,乃是客观存在的事实。过去大家回避这些问题,不谈它,实际问题并未解决。我们觉得这些问题只有好好展开研究与争辩才能解决。我们有毛主席的六条标准,紧紧掌握这六条标准就可以解决问题而不会陷入修正主义的泥淖里。我们坚决反对修正主义,我们肯定社会主义革命和无产阶级专政的必然性和必要性,但是我们同时也主张:对于现实经济问题要作现实的探讨,不能固步自封。

(原载《经济研究》1957年第5期,此处节选自其中的第二部分)

新人口论

——在第一届全国人民代表大会第四次
会议上的书面发言

马寅初

马寅初（1882—1982），浙江嵊县人。中国当代经济学家、教育家、人口学家。

1901年考入天津北洋大学（今天津大学）选学矿冶专业。1906年赴美，先后获得耶鲁大学经济学硕士学位和哥伦比亚大学经济学博士学位。1915年回国，任北京大学经济学教授。1919年任北大第一任教务长。1929年后，出任财政委员会委员长、经济委员会委员长。1938年初，任重庆大学商学院院长。1949年，出任浙江大学校长，并先后兼任中华人民共和国中央人民政府委员、中央财经委员会副主任等职。1951年任北京大学校长。1981年，当选为中国人口学会名誉会长。早在1950年代初，在著名的《新人口论》中，他提出了"我国人口增长过快"的命题。

主要论著有《通货新论》、《中国国际汇兑》、《中华银行论》、《中国经济改造》、《经济学概论》、《新人口论》等。

六　不但要积累资金而且要加速积累资金

社会主义国家实现的五年计划的次数愈多，生产率也就愈大，而所需的技术装备也就愈精。苏联第一个五年计划最后一年，一个工人配备的资金，是固定基金一万卢布，流动基金三千卢布，共计一万三千个卢布。至第三个五年计划最后一年，每个工人配备的资金六倍于第一个五年计划最后一年所配备的资金，第五个五年计划最后一年配备的资金即达十二倍。所以苏联生产能力的继续增长，是由于每年技术装备的倍数增加。中国以后的情况也应该这样，因此要提高工业的劳动生产率,就要大力地积累资金,加强每个工人的技术装备,同时还要控制人口,因为如人口增殖任其自流,资金很难迅速地积累。积累资金最快的方法是提高劳动生产率。提高以后工人的收入也当然提高,如农民的劳动生产率不能与工人的劳动生产率比例地提高,二者收入的差别愈来愈大,就影响着工农联盟,因此控制人口,实属刻不容缓,不然的话,日后的问题益形棘手,愈难解决。

以上已说过苏联第一个五年计划最后一年,一个工人配备的资金是固定基金一万卢布,流动资金三千卢布。我国自 1953—1955 年,国营、地方国营及公私合营工业每个工人装备的生产用的固定资金为 1953 年的五千二百七十三元,1954 年的六千零七十二元,1955 年的六千八百三十五元,一个卢布约等于人民币五角,中苏两国的第一个五年计划中给工人的技术装备大致相等(见附表)。

七　从工业原料方面着想亦非控制人口不可

我们要积累资金,最好发展轻工业,因为轻工业的特点是投资少、建设易、获利多而且快,可以更有效地积累资金,用来更多更快地发展重工业。现在新建一个十万纱锭、三千五百台布机的棉纺织厂,共需投资三千五百万元。在正式投入生产以后,只要一年时间,就可收回全部投资(包括工业、商业利润和税收),印染、毛纺织厂等收回的时间还要快一些。因此轻工业的扩大,不仅不会影响重工业的建设,而且有利于重工业的发展。

但扩大轻工业的建设,必须在资金和原料足够的条件下进行,因此我们要谈一谈轻工业和农业之间的关系。轻工业的原料绝大部分来自农业,我们要建设棉纺织业,一定要向农业取得棉花;要发展丝纺织业,一定要向农业取得蚕茧;要发展制油厂,一定要取得大豆、花生、芝麻、油菜籽等等;要发展制糖厂,一定要取得甘蔗和甜菜;要发展毛织业,一定要取得羊毛。今日油、糖、布的供应,远远不能满足人民的日益增长的需要;它们的紧张情况,超过粮食。要增加这些物品的供应,一定要扩大棉花、蚕桑、大豆、花生、芝麻、甘蔗、甜菜等经济作物的种植面积,这不得不缩小了生产粮食的种植面积,而粮食产量就受到了影响。所以各种经济作物与粮食互争土地,二者之间一定要求得一个适当的平衡。若人口无限增殖,这一适当平衡将被破坏,因人口增殖,粮食必须增产,经济作物的面积就要缩小,直接影响到轻工业,间接影响到重工业。因此人口的增殖,就是积累的减少,也就是工业化的推迟,故人口不能不加以控制。

现在食糖异常缺少,紧张情况,不亚于食油。若扩大种植甜菜的面积,不啻与粮食争地。吉林省境内的新中国制糖厂和范家屯糖厂的甜菜原料,主要依靠中部地区的榆树、怀德、九台、德惠等县供应。但是这些县份又是吉林省出产粮食和大豆最多的县份。如果在这里大量发展甜菜生产,就会削减粮食和大豆的播种面积。同时,因为土地少,不能进行合理轮作,反而会影响甜菜产量和质量的提高。如1953年甜菜每公顷产量为二万四千斤左右,含糖率平均占14.3%,到1955年每公顷甜菜产量就降低到一万八千斤,含糖率平均只达到11.4%。像这样发展下去,制糖工业只有退缩,不能前进。

从以上所述可以得出一个结论,重工业与轻工业间的关系,还不如重工业与农业间的关系为之密切。我国还是一个农业国,如农业不能很快地发展,难望重工业可以大踏阔步地前进。今年紧张情况的解除,其希望悬于秋季之大丰收。

我国各项建设,首先是重工业建设,所必需的成套设备和各种重要物资,好多是从国外输入的,但要进口多少重工业物资,得先看出口多少农业和轻工业物资,而轻工业物资也要用农业物资作原料。由于我国化学工业特别是有机化学工业还不发达,轻工业的原料,大约有90%以上是依靠农业,故农业的扩大或缩小,丰收或歉收,对重工业或工业化有决定性的影响。若人口的增殖听其自流,不加以控制,工业化的进程,未有不受其影响者。

据对外贸易部叶季壮部长的发言(在人大第四次会议上),1957年计划进出口贸易总额99.55亿元,比上年实绩减少8.4%,其中进口47.55亿元,比上年实绩减少10.2%;出口52亿元,比上年实绩减少6.6%。这是因为1956年某些地区农业因灾减产,出口物资供应比较困难。但主要原因是过去几年在我国出口总额中,农产品和农产品加工品约占75%,矿产和机械等工业品约占25%。由于目前农业增产的速度受着耕地面积的限制和自然灾害的影响,同时由于人民对轻工业品的需要逐步提高,若干种商品的出口势非减少不可,以适应国内市场日益增长的需要。但由于增加了矿产品、工业品、手工业品和各种小土产的出口,今年仍然保持了相当的出口额,能够适当地进口国家建设所需要的重要设备。但无论如何,由于进出口贸易的减少,工业化的进程未有不受其影响者。

八 为促进科学研究亦非控制人口不可

20世纪根本的社会变化和卓越的科学技术成就,不是时间上的巧合,它们之间有着内部的必然的联系,因为物质生产的发展是它们的共同基础。航空、无线电技术和遥控技术的出现,尤其是原子能的发现,没有现代的强大工业是不可能的。不必说别的,就如不锈钢我们自己不能制造,苏联也不多,向其他国家去买也是很困难。我们在四川新建的化肥厂,还不能解决它的不锈钢问题。建设一个化肥厂,从设计、建筑、安装到开工,大体也要五六年,一般来讲,应该建筑在工业化有了基础的国家,甚至于有高度工业化基础的国家,才能大量发展肥料工厂,因为技术比较高,用的材料也比较高。这个增长了的生产力,乃是深刻的科学发展的物质基础,俟科学发展之后又回过头来促进生产力的发展。理论与实际结合得好,会使我们的研究水平得到提高。从实际提高到理论,再用理论来进一步指导实践。这样一个循环的过程,是科学工作者的准绳,也是追求科学真理的唯一途径。中国科学院工作报告草案,向全国人民指出了它的较有基础部分和不足部分的状况。例如得奖的论著主要属于我国目前基础较好的学科;一些新兴的学科,特别是我国经济建设、国防建设所急需的几种学科,得奖的论著很少。这正是过去历史情况的真实反映,可以唤起科学界的注意。"正确地更多地转移力量于急需的薄弱方面",但同时如果经济建设和国防建设继续向前推进,自然而然会促进本门内的科学研究,有重点地建立新机构并充实研究力量。以技术科学的研究工作而论,所谓技术科学的研究工作,就是对实际问题求取理论上的解答,并将这些理论应用到实践中去考验。现在有许多地方国营农场和农业生产合作社提出一大批有关农业生产技术的问题，要求农业科学研究机关予以解答，我们必须满足他们的要求，而研究工作者在解答农业生产中不断出现的新的科学技术问题时，找到了新资料。这些新资料是新理论最丰富的源泉。脱离实际来谈技术科学研究，是不能想象的。我们要使中国的科学赶上世界水平，只有在生产发展的条件下才能达到。我们不能把科学研究分成理论和应用两部分，因为所谓理论就是为实际问题求取理论上的解答的理论，二者是一而二、二而一的东西。过去苏联科学院曾经作过这样的划分，现在知其不恰当，已把它去掉了。此外，科学研究，一定要在生产要求的压力下，才能加速推进。如我们的生产部门不能在12年内赶上世界先进国家的水平，而独要督促研究部门单刀匹马、长驱直入，无异缘木求鱼。周总理在1957年《政府工作报告》关于向科学进军一节中也说："新中国科学事业的特点，是科学和生产的密切结合。生产对于科学是基本的推动力量。在国民党时代，由于工农业生产的衰落，科学家们虽然也作了些研究工作，但是无法在生产上发挥作用。解放后8年来，随着生产的发展，生产部门向科学研究部门提出了大量的要求，我们科学家在这方面就有了充分的机会来发挥他们的才能，而且已经取得了很大的成绩。"由此观之，我们必须首先推进产业部门的技术装备，从速提高劳动生产率而后才能奠定科学研究的物质基础，现在我国科学工作的条件虽然有很大的改善，但是，由于受现有工业水平和国家财力的限制，还不能完全满足开展研究的要求，欲达到这个目的，唯有加速积累资金，一面努力控制人口，不让人口的增殖拖住科学研究前进的后腿。

此后我国的科学研究力量大部分放在科学院，二百二十七所高等学校和许许多多产业部门，它们不仅集中了大批科学研究人才，并且它们研究的方面很多，又分布在全国各个地区，这对于促进科学事业的发展是有好处的；同时为了支援新建的工业地区和某些少数民族地区科学文化建设，也需要在这些地区建立新的高等学校和新的科学研究机构，需要一些科学家"离开原来的研究环境"到这些地方去工作。在初到新的研究环境时，研究工作暂时可能受到一些影响，但从长远看来，这对我国科学事业的发展，好处是很大的。因为每门科学的发展，不是孤立的，某门科学愈向前进，就愈需要其他有关科学的配合（近代科学的特点是各门科学的相互联系、相互影响十分密切。国家建设中的重大科学问题，也往往要由许多学科的综合研究才能解决，所以我们现在在科学的许多重要方面进行着研究工作）。例如人造卫星的制造和发射是一件很复杂的综合性的科学工作，牵涉到火箭技术、冶金、机械、天文、数学、物理、化学、气象、地球物理、大地测量、无线电电子学等方面。再以国际地球物理年为例，为什么各国科学家可以自今年（1957年）7月1日起举行国际地球物理年？其中理由之一是第二次世界大战后，科学和工程技术上的进步异常迅速，无线电物理和火箭方面科学研究工作的发展，使得人们对高空测量有了很好的工具，他们可以利用这方面的新成就对地球进行观测，从而可知没有无线电物理和火箭方面的科学研究的配合，对地球进行观测，根本是不可能的。所以我们要求所有有关生产部门都能按平衡原则向前推进。这有待于更多资金的积累和人口的严格控制。

九　就粮食而论亦非控制人口不可

关于人口与粮食的关系，因限于篇幅，不愿在这里多谈，拟另作一文专论之。在这里，我只说我国地少人多，全国六亿四千万人口，每人平均分不到三亩地。虽有人说我国有十五亿亩荒地，但这些荒地有的是石山，有的是没有水源的，有的是少数民族世世代代借以为生的草原地，根本不能开垦的，到底有多少荒地可以开垦，迄无确实统计，加以工业落后，财力有限，一时尚不能大规模进行垦荒。虽然在1953—1956年，每年开垦了一千四百多万亩荒地，但由于人口的增加，每人平均分到的耕地，已自1953年的二亩八分降至1955年的二亩七分。况自然灾害影响着农业生产，使农民的收入极不稳定。如江苏省在1955年每户农民平均收入是三百零六元（这是抽查的材料，不能完全代表江苏省全部情况），假定一户四口，每口不过分到七十六元五角；该省1956年遇到灾害，全省农民平均收入每人下降到四十九元九角。农民收入之不稳定如此，要完全防止自然灾害的发生，必须多兴办像三门峡这样的大水利工程，这有待于科学技术的发展与推行，尤有待于资金的多多积累，故就粮食而论,亦非控制人口不可。

毛主席在《关于正确处理人民内部矛盾的问题》中说:"我们准备在几年内,把征粮和购粮的数量大体上稳定在八百几十亿斤的水平上,使农业得到发展,使合作社得到巩固,使现在还存在的农村中一小部分缺粮户不再缺粮,除了专门经营经济作物的某些农户以外,通通变为余粮户或者自给户,使农村中没有了贫农,使全体农民达到中农和中农以上的生活水平。"主席这些话是从他心中说出来的,这是全国人民之福,倘能把人口控制起来,这个崇高的愿望,不难成为事实。

十 几点建议

1. 1953年举办的第一次全国人口调查,使我们对于全国人口按性别划分,按年龄组别划分,按民族构成划分,和按城镇与乡村划分,都能够明白它们的对比和真相,这是很好的,但要实施明健的人口政策,和帮助科学家进行研究工作,还必须认真举办关于人口动态的统计,如出生、死亡、结婚、离婚和迁徙等都应有完整的统计公布。因此我建议在1958年最迟在1963年进行普选时,再进行一次人口普查,使我们可以知道这五年中或这十年中我国人口增长的实际情况,接着认真举办人口动态统计,在这个基础上来确定人口政策,一面把人口增长的数字订入第二个或第三个五年计划之内,使以后计划的准确性可以逐步提高。

2. 我们在上面已谈到夏威夷群岛的人口并不跟着食品的增加而增加,主要原因是因为该处的居民不是喜欢多子多孙的。但在中国情形适相反,宗嗣继承观念太深,只要生活好一些,便想娶女子,便患无后代,便畏出远门,便安土重迁。加以种种封建社会的残余思想,如"早生贵子"、"儿孙满堂"、"五世同堂"、"五世其昌"、"多福多寿多男子"等等,支配着他们的行动,所以在妇女心理中,以生子为天职,以不育为大耻;在父母心理中,嫌儿媳不生育,重婚纳妾,理所当然。但要节制生育,控制人口,第一步要依靠普遍宣传,使广大农民群众都明知节育的重要性,并能实际应用节育的方法,一面大力宣传早婚的害处,迟婚的好处,大概男子二十五岁、女子二十三岁结婚是比较适当的，但暂时不考虑修改婚姻法，理由是把结婚年龄提高，在原则上是对的，但是由于节制生育的宣传教育还做得不够，农村中老少男女还没有普遍明白节制生育的理由和需要，操之过急不免发生副作用，恐农村中的青年男女怕婚姻法修改后提高结婚年龄，影响他们的结婚，不免发生争先恐后结婚的情况。俟宣传工作收到一定的效果以后，再行修改婚姻法亦未为晚。如婚姻法修改之后，控制人口的力量还不够大，自应辅之以更严厉更有效的行政力量。照目前的计算，国家在每个孩子的教育及就业装备上要支出一万元上下。一般人往往不够了解，一个孩子要求家庭的开支，还抵不上要求国家的开支大，因此国家理应有干涉生育、控制人口之权。况控制人口，为的是要提高全国人民尤其是农民的劳动生产率，借以提高他们的物质和文化生活水平，使他们能过更快乐更美丽的生活。

3. 实行计划生育是控制人口最好最有效的办法，最重要的是普遍宣传避孕，切忌人工流产，一则因为这是杀生，孩子在母体里已经成形了，它就有生命权，除非母亲身体不好，一般不能这样做；二则会伤害妇女的健康，使之一生多病，我有几个亲戚身体本来很好，刮了子宫后不是生这样病，就生那样病；三则会冲淡避孕的意义，年轻的妇女们就会不关心避孕，把希望寄托在人工流产上；据北京几位名医谈话，有些人刚做过人工流产，很快又怀孕，又跑到医院里去吵闹，主要原因是依赖人工流产，不认真避孕了，尤其是男子，对避孕不负责，不积极，只图自己一时的快乐，不顾女子长期的痛苦，实在太不公平；四则会增加医生的负担，苏联人口只有两亿，而医生有三十五万之多，病床有一百三十五万四千张，我国人口大于苏联三倍以上，而能会人工手术的医生恐怕不到六万人，医院情况已经很紧张，若再把人工流产的任务加在他们的身上，深恐耽误其他的治疗工作。因此，我诚恳地请卫生部好好地考虑。

（原载《人民日报》1957年7月5日，1958年收入《我的经济理论、哲学思想和政治立场》一书时，作者曾稍作补充，此处节选自其中的第六至第十节）

关于农村公共食堂的几个问题

中国科学院经济研究所昌黎工作组

人民公社化的前夕，一些地方为了解决劳动力紧张的问题，建立起公共食堂。这方面由于实现了食堂化，解放了妇女劳动力。与此同时，它们在余粮户与缺粮户间起了粮食调剂作用，解决了一部分缺粮户的口粮。"点"的经验，大力推广，很快，全国农村就普遍实现了食堂化。至今，已经八九个月了，各地都取得了一定的经验。但是，这不等于万事大吉了。由于条件不同，一些地区的食堂化仍然存在着不少问题。现在把我们在昌黎果乡人民公社看到的一些情况写下来，并提出我们的看法。

一 食堂与妇女劳动力的解放

我们说，解放妇女劳动力主要表现在两个方面：首先是出勤妇女名额的增加，也就是原来被束缚在锅台上不得脱身的妇女，由于成立了食堂，摆脱了锅碗瓢盆的"束缚"，投入生产。她们从家庭走上社会，由消费者变成了生产者。其次表现在妇女出勤时间比过去延长，就是说，妇女们本来可以出勤的一部分时间耽误在做饭上，成立了食堂以后，她们把这部分非生产时间变成了生产时间。

就我们遇到的情况看来，事实并不那么理想。一般说来，食堂成立前后，真正参加农业劳动的妇女人数基本上没有发生变化：过去出勤的，现在仍然出勤；过去不出勤的，现在仍然干她们自己的事。以施各庄为例，第一生产小队妇女整、半劳力45名，成立食堂以后，出勤没有任何变化。第二生产小队妇女整、半劳力69名，食堂成立以后，情况也是一样。秦印庄现在出勤的18名妇女，没有一名是在食堂化以前不出勤的。原来在家里带孩子做饭的老年妇女，现在不做饭了，只带孩子，她们本来就不能参加田间劳动，现在仍然如此。

从妇女劳动时间上说，食堂成立前后变化也不大。这个地区妇女出勤时间，不论过去还是现在，都比男社员要短，因为她们早饭前不上班。这一点并不由于食堂的成立而有所改变。食堂成立以前，她们清早起床以后三件大事：做饭、喂猪、带小孩。早起把一天的饭都做出来，叫做"一天一冒烟"。饭或粥做好以后就放在锅里，中午下地回来，加把柴热一下就行了。有时连晚饭也带出来了，不然就下班以后回家做晚饭。更多的户是家里有不能参加田间劳动的老年人在家里做饭。总之，做饭在一个农妇一天的生活中，所占的时间是很少的，对她们参加生产影响不大。由于做饭把身子缠在锅台上不能参加劳动的情况是极少的。从前面引证数字可以充分证明这一点。现在有了食堂，看来可以着重解决妇女早晨出勤的问题了，但事实并不如此。农村妇女结了婚，一般都有三四个孩子，照顾孩子的问题并不是食堂所能解决的，从而不解决农村儿童的全托问题，单靠食堂化是不能彻底解决妇女的出勤问题的；而农村儿童的全托，目前谈何容易！

做饭这件事由原来的分散劳动集中起来成为集体劳动，这就引起了做饭方法上、燃料上、条件上的一系列变化。需要集中的厨房、饭厅、大型的锅和灶。原来是做三两斤米甚至斤把米的劳动，现在变成了做几十斤、几百斤米的劳动；本来挑一担水可以全家吃一天，现在挑几十担水才够做一顿饭。因此，原来一个老年妇女附带就可以做的事情，现在不得不占用一批强劳力固定下来做，就果乡公社目前情况看，大约每45—70人需要1名炊事员。以耿庄管理7印庄第一生产小队为例，170人用饭的食堂占用劳动力的情况如下：

时间**	食堂占用劳力*			全小队五、四级劳力合计	食堂劳力占全小队五、四级劳力的%
	共计	其中：五级	其中：四级		
春耕前	6	3	3	24	25
目前	4	1	3	24	16.6
最近将来	5	2	3	24	20.8

注：* 果乡公社劳力工资为五级制，五级为最高级。

　　** 该队春耕前粮食由本队自己用畜力碾子加工。春耕时期粮食由其他管理区的电碾加工。今后，由于电碾加工能力有限，大部分粮食仍需自己加工，所以，在人力上有变化。由此也可以看出米面加工机械化对节省劳力的作用。

从这个表上可以看出，食堂占用劳动力的比重是相当大的，而且都是强劳力。

因此，我们认为，从妇女劳动力的解放这一点来说，有相当一部分食堂没有起到其应有的作用。

二　食堂与粮食问题

第一，忙闲不分。今年粮食问题是相当紧张的，究其原因，除去根本上的生产水平一点而外，还有很多，其中之一是去年食堂成立以后尽量吃饱吃好，但其中有浪费现象。这个地区农民吃粮从来都是遵循这样的原则：农忙吃干、农闲吃稀；主要劳力吃干、不参加田间劳动的人吃稀。食堂成立以后，则来了一个无冬无春、不分老少，一律平等，大家一样。去年冬天放开肚皮吃，而且吃干的，春耕了，粮食发生了问题。

第二，先吃粮食。以前农民的口粮定量是原粮360斤，现在是400斤。为什么今年粮食问题还这么突出呢？原因是，有的地区过去有超产粮，他们吃的不止360斤，甚至不止400斤；（现在）超产粮没有了，从而粮食紧张了，因为360斤定量实际上是不够吃的。过去没有超产粮的地区，除去按照前述原则自己安排吃粮以外，还要找一部分野菜、青菜来做代食品，而食堂就不能用野菜来当粮食；即使可以，也没有那么多人去挖野菜，食堂全部要用真正的粮食。

第三，节约问题。在食堂集体吃饭，比起从食堂往回打饭要节约，比起分户吃也要节约。但就目前情况来看，主要是口粮定量不够的问题。把粮食按照定量分发到户的话，其浪费是不可能超出这个定量的。一般说来，农民是真正知道爱惜粮食的人。

第四，责任转移。集体吃饭对农民说来是破天荒的一件大事。他们要求吃饱、吃好，这个要求是自然的、合理的。过去粮食分到户，够不够自己负责；现在粮食归食堂掌握，社员吃不饱就要找食堂、找领导。

为使人人对粮食负责，无论是分户吃或在食堂吃，都应考虑采用粮票制。

三　食堂与肥料

肥料问题是农业增产的关键。一口猪四亩肥（每亩按5 000斤计算），而且是肥效很大的圈肥。目前，农村的积肥运动应该以养猪为中心。食堂化以后，粮食加工集体化，糠、麸也归了食堂；做饭、吃饭集体化，泔水也没有了，社员要养猪只有靠那干巴巴的120斤以白薯干为主的精料，这是不可能把猪养好的。因此，在食堂化以后，社员私养猪只大大减少。过去很少农户不养猪，现在养猪的户是个别的，集体养猪又由于缺乏足够的经验养不好、育肥率低而死亡率高。这不但影响城市副食品的供应和减少社员收入，更严重的是积不了肥，从而影响农业增产。

四　食堂与燃料

食堂化以前，社员们主要依靠老年人、小孩或者自己农闲时间上山拾柴火做饭，很少用煤。这样，不但省煤，而且烧柴禾还又积下了草木灰当肥料。食堂化以后，情况恰恰相反，既不能积肥，又增加了煤炭供应的紧张程度，尤其是冬季，社员家里不做饭也得烧炕，燃料双方支出，很不合算。烧煤也增加了社员生活的费用。

五　食堂的房屋设备

食堂占用了社员不少房屋和家具，有些还没有给予合理的报酬，也一定程度地影响了这些社员的生产积极性。要付房租,又要增加食堂开支,增加社员的生活负担。

六　食堂与生活集体化

有些干部片面强调生活集体化,不管社员住家离食堂多远,不管天寒地冻,也不管年老体弱和有病的小孩,一律都到食堂吃饭,不准把粮食打回去自己做。很多社员对此不满。另外,群众的口味不一,食堂也很难做到大家满意。少量粮食粗粮细做比较简单,但几百人的伙食细做起来所花人力和时间就很多了。群众反映成立食堂以后吃不到想吃的东西、吃不到可口的东西,食堂做什么就得吃什么,只有大集体,得不到小自由。

七　食堂与管理水平

搞食堂经验不足,未能从小到大地逐步实现食堂化,从而出现了一些管理上的缺点。以梁各庄管理区为例,24个公共食堂有一半从来没有公布过账目。有的把现金和粮票混在一起,账目不清;有的空报人口,多领粮食。对此,社员们是有意见的。更有个别干部压制民主,不准对食堂提意见。当然,关于管理水平的问题,一方面是个别现象,另一方面是初期不可避免的问题,不能把它看作是食堂所固有的缺点。但是,这也一定程度地影响群众生产积极性。

从上述情况反映可以看出,有些地区的食堂化是存在不少问题的,要解决这些问题的关键是考虑生产小队的具体条件,不可强求一致。在即使成立食堂也不能解决上面提出的这些问题,尤其是劳力问题的情况下,我们认为,可以不搞经常性的公共食堂,化整为零,把粮食按照定量分到户里去。这样做并不影响供给制的实行。因为这只不过是把"伙食"供给制变成"粮食"供给制罢了。但却同时可以解决一系列的矛盾:粮食问题、燃料问题(在实行了包工包产以后,社员可以自己去找茅柴来解决了)、养猪问题、灰肥问题、取暖问题等等。同时,它也影响妇女劳动力的出勤,或者说,影响很小。

即使一些单身汉或劳力多、人口少的户需要有人帮他们解决做饭的问题，或者农忙时需要延长劳动时间，要求搞农忙食堂，也可以搞，但最好以互助形式出现，用小食堂代替大食堂，化大为小，一般一个食堂不超过十户或一个小队为宜。这样才便于以女劳力代替男劳力，以弱劳力代替强劳力，才可以不添置过多的设备和使用过多的煤炭，同时因为占用吃饭时间少，也才更有利于生产活动。

最后，要强调一下自愿原则。现在很多群众参加食堂是"化"进来的。相当多的生产小队长和更多的群众对食堂有意见，但是不敢讲，怕挨"辩论"。在这种情况下，我们认为还不大办为好。只有按照群众的意见办事，才能人人皆知满意，个个心情舒畅，从而发挥群众更大的生产积极性。

当然，有的地区或小队真正可以解放劳动力，可以很好地解决上述问题，并且群众愿意的话，仍然可以而且应该继续搞大食堂。

总之，要做到因地制宜，因时制宜，群众满意，有利于生产。

（中国科学院经济研究所昌黎工作组报告，1959年5月10日）

关于集市贸易等问题的一些意见[*]

张闻天

张闻天（1900—1976），原名应皋（也作荫皋），曾化名洛甫，字闻天，江苏省南汇县（今属上海市）人。无产阶级革命家、政治家和理论家，中国共产党早期的重要领导人之一，中国最早宣传马列主义的先驱者之一。

17岁时入南京河海工程专门学校（现河海大学）学习。1919年，在上海入留法勤工俭学预备科，翌年去日本东京学习。1922年夏，自费留美勤工俭学。1925年，赴莫斯科中山大学学习，后入红色教授学院学习和工作。1931年初回国，在上海任中宣部部长，后任政治局委员、书记处书记、中华苏维埃共和国人民委员会主席（相当于总理）等职。1945年任东北局组织部部长、省委书记。中华人民共和国成立后，他转入外交领域，历任中国驻苏联大使、外交部第一副部长等职。是八大的政治局候补委员。

张闻天的经济思想主要包括：要在国营经济领导下，发展多种形式的经济；要按经济规律办事；开放市场，加强商品流通；坚持物质利益原则等。相关作品主要收入《张闻天文集》、《张闻天早期文集》等。

---

[*] 这是张闻天1962年给中央的一份调查报告。1962年4月18日到6月24日，他到江苏、上海、浙江、湖南等省市开展农村调查，重点调查物价、市场问题。当时农村中刚刚恢复了集市贸易，有的城市也开放了自由市场，但由于政策限制太死，无锡、苏州等地生产遭破坏。走访中张闻天亲眼看到了集市贸易和部分城市的自由市场在交流物资中起到了良好的作用，于是建议进一步开放集市贸易。

一

在我国当前经济形势发展过程中,在市场和物价方面,有以下趋势表现得比较明显。

1. 由于工业品不足、农副产品特别是粮棉油不足和国家发行货币过多,农副产品在集市(即所谓"自由市场")上的价格(即"自由价格")提高很多,虽然由于供求关系的变化,这种价格也有一定程度的起落。国家在计划市场上按计划价格供应的工业品(包括食品工业的产品)在集市上都有黑市价格(即"自由价格")。在那里甚至国家的各种票证和购货证也都有黑市价格。这些黑市价格都比国家的计划价格高出很多。农民对国家开放集市贸易是满意的,因为他们可以高价卖出他们的农副产品,同时也可以买进(虽然也是高价)一部分国家所不能供应的生产资料和生活资料。但他们对市场上物资数量太少、品种太少,国家对集市贸易管理太严、限制太死,使他们不能自由卖出他们的农副产品并买入他们所需要的物资,是不满意的。看来,许多人为的限制并不能取消黑市,却反而助长了黑市物价的上涨,给投机商人以更多机会。而在限制较少的集市,上市物资就比较多些,物价就比较低些,投机倒把也比较少些。

2. 国家对农副产品的收购价格(包括征购和派购),也多少随着自由市场价格的提高而相应提高了。1961年,国家公开提高了农副产品的收购价格。1962年,各地所实行的单项奖售和综合换购等办法,是各种变相的提价。各地实行这些办法时,标准不一,造成收购价格上的一些混乱现象。农民对这些办法虽然有比较良好的反应,但他们还不以此为满足。他们比较普遍的要求是,国家把征购、派购的任务一次定死,他们保证完成这些任务;同时,他们要求有权把一切剩余农副产品(包括一类物资)在集市上按自由价格出卖,并自由选购他们所需要的商品。虽然国家现在禁止一类物资及完成派购任务前的二类物资的公开出售,但这些物资仍然经过各种途径和形式进入自由市场。这种趋势,也就影响到国家对农副产品收购计划的完成。这里要特别提一下,国家完全禁止一类物资的出售,目前使重点产粮区的粮农损失比较大。粮农按国家收购价格出售农产品，不但不能保证其扩大再生产，甚至简单再生产也难以维持。国家今天急需粮食增产，而粮农今天却处在最不利的地位，这对各方面来说都是不利的。

3. 工业品（包括手工业品）的价格，除一部分国家计划供应的必要品种以外，也多少正在跟着自由市场物价的提高而提高，其中有的是公开的提价，有的是变相的提价。国家为了平抑物价，或维持原定物价，使不少轻工企业和手工企业亏本。它们难以维持生产，或使国家财政受到损失。不少国营工业企业，甚至供销合作社，为了勉强维持国家原定价格，也做着赔本的买卖。在各种原料、材料和生活资料涨价更多的条件下，国家要维持许多产品的既定价格已日益困难。各地方企业为了维持生产和职工生活，自动提价的比较多。同时，国家用高价出卖的产品品种也正在增加。这对回笼货币，起了一定的良好作用，但对提高物价也是一种刺激。以上这种趋势，已经引起城市职工生活水平的某种程度的下降，从而也引起了他们的某些不满。

4. 为了谋利谋生，一部分农民、手工业者、城市中失业的和一部分下放职工及其家属和学生等，现在参加集市贸易，甚至干脆成为小商小贩的，数量日益增多。这一方面解决了许多人的生活问题，对活跃集市贸易也起了一定的作用，但同时投机倒把违法乱纪的行为也大为增加，对社会秩序也有不好影响。资本主义自发势力有所发展。合作商店、夫妻商店和专业的小商小贩重新活跃起来了。资本主义成分有从中生长起来的趋势。

5. 集市贸易的发展，自由市场的影响的扩大，使营商业、供销合作社和手工业合作社也逐渐参加进集市贸易中来了。它们的活动开始在集市贸易中发生了一定的领导和调节作用。集市上出现了两种倾向，即资本主义自发势力的倾向和社会主义计划经济的倾向，它们之间的矛盾开始发展起来了。集市贸易市场有扩大成为地区性市场并成为一个地区的经济活动中心的趋势，它要求突破妨碍物资交流和商品周转的一个地区内或各个地区之间的各种人为的限制和障碍。

二

我认为，这种趋势是当前经济生活中所必然要产生的一种客观趋势，因而认为，像中央现在所采取的利用这种趋势中的积极因素，给这种趋势以调节和领导（所谓"因势利导"），使之有利于社会主义建设，有利于克服当前财经情况的困难的方针政策和计划措施，是完全正确的。我现在还想根据中央指示的精神和当前市场、物价方面的上述趋势，提出一点意见。

1. 坚持中央发展集市贸易，使之成为经常的和固定的集镇贸易的方针。那里，不但可以容许直接生产者和直接消费者的买卖活动，不但应该有国营企业，特别是供销合作社、手工业合作社的贸易活动，而且也应该容许和利用合作商店、夫妻店、个体手工业者以及小商小贩的合法的买卖活动。这些活动，除了本集镇以外，还可以有领导、有计划、有组织地超出本地区范围，而同其他有关地区发生物资交流的关系。国家应多想方法使一个地区内和各地区之间物资交流的各种渠道畅通无阻。这样，使集镇市场既成为本地区经济生活的中心，又成为全国市场的一个组成部分。这样做，不但有利于调剂本地区的有无，而且也有利于调剂各地区之间的有无，有利于挖掘全国许多没有动用的物质资源和潜力，有利于发展农工业生产和满足群众生活上和生产上的需要。显然，在国家物资供应困难的条件下，经过物资交流的发展，是可以解决许多实际困难问题的。

2. 我认为，国家应明确宣布：完成一类物资的征购任务和二类物资的派购任务，是农民对国家的义务。这是一种义务交售制，是农民对国家的经济任务，也是政治任务。国家把现在农副产品的收购价格固定下来，不再继续提价，也不再采取单项奖售和综合换购等许多复杂麻烦的办法。同时，国家把这种义务交售的数量和品种加以可能的压缩。一类物资的交售数量，应该根据城镇人口的减少及农村返销的减少而相应减少（这方面似乎还大有文章可做）。二类物资的派购的数量和品种，更可缩小，办法也还可改进。此外，国家还可以有计划地从征购派购任务中减去国家估计可以从市场上购进的农副产品的数量和品种。这样，农民的负担可以部分地有所减轻，农民手中就可以有更多的农副产品了。国家再明确宣布，农民在完成其交售任务后，有在集市上按照市场价格自由出卖其农副产品（包括粮棉油在内）的权利。这样，国家、集体和个人的关系就可以划分得更加清楚。农民是很拥护这种办法的。这种办法可以大大提高农民生产和增产的积极性，有利于发展农业生产，同时也更能动员农民手里的剩余农副产品拿到市场上来出卖，有利于商品周转和调剂有无。对农民手里的这一部分剩余农副产品，国家可以从集市上按照市场价格购进必要的数量和品种，以补足国家的需要。事情办得好，国家不但从收购中可以补足在征购派购中所减少的数量和品种，而且还可以超过。这对国家也是有利的。当然，事情办得不好，也可能完不成收购计划，风险也是有的。

3. 为了基本稳定城市职工的生活水平，国家对城市居民已经实行了必要商品的定量供应及对一定品种的商品实行购货券的办法。国家在保证城市职工的生活水平上所做的努力，城市职工一般是满意的。实际上这是一种配给制。凡配给的东西，国家都按现在低价的配给价格出售。除此以外，我认为：国家的所有商品，不论是哪一种工业品（包括食品工业产品），都可以一律按较高的市场价格在城市和集镇出售。特别缺乏的工业品和食用品，像现在中央已经采取的高价办法那样，可以用特高价格出售。同时，国家就利用这样售得的货币，在集镇市场上依市场价格来购买农民自由出售的剩余农副产品。国家就是这样，将工业产品和农民手里所剩余的农副产品进行交换。这是从农民那里取得其多余的农副产品的有效方法，是最易为农民所接受和欢迎的方法，也是巩固工农联盟的正确方法。

如果采取以上办法，城市职工的基本生活水平虽然仍然可以保证，但可能还会有某种程度的下降。为此，国家在必要时可以考虑从商品提价所得来的收入中，拿出一部分作补贴城市职工的工资。这种办法对职工有好处，对国家也不会有额外的损失。

4. 像中央所指示的，集镇上合作商店、夫妻店以及个体的小商小贩的活动，在今天发展物资交流和商品流通中，还有其积极的一面，应该加以利用并发挥其积极的作用，但必须加以管理。凡是从事专门商业活动的小商小贩，应该进行登记，使之合法化，以便于必要的管理和监督，从而减少他们从事违法乱纪的破坏活动的可能。

但"投机倒把"的观念，应该限制在违法乱纪的范围内，不要扩大化。关于何谓"违法乱纪"，国家也应该公布若干条，使大家有所遵循。商人是没有不搞一点投机倒把的。禁止一切投机倒把，就等于取缔小商小贩。这在目前而且在一个相当长的时期内，是不妥当的。同小商小贩和一部分农民的资本主义自发势力作斗争，不要采取简单的行政措施，将其"管死"，而要采取适当的经济措施，加以诱导和利用。国营商业和合作社商业，应该在集市上积极活动，发展业务，在"谁把生意做得更好"这一标志下同私商进行竞赛。我们要靠做生意的本领，即"文明经商"的本领，而不靠简单的行政措施去赢得竞赛的胜利。必须承认，我们现在所不够的正是这种文明经商的本领。我们在这方面还必须努力学习。只要我们学会了文明经商的本领，资本主义的自发势力是并不可怕的，一些资本主义成分的产生也是不可怕的。我们拥有一切条件去战胜它，而且一定能够战胜它。而只靠单纯的行政措施，就达不到这样的目的。

附带提一下：我认为，对登记了的专业商人征税是必要的。对为数众多的农民、职工、学生等从事无定型的和流动性的零星贩卖活动的，国家应该给他们以教育和管理，使他们遵守国家法律和秩序。凡是能够参加生产的，尽可能动员他们参加生产，但以不收税、不对他们采取粗暴的敌对态度为有利，否则只会造成税务人员和公安人员同他们之间不必要的紧张关系，而有利于少数坏分子的从中挑拨和破坏。

5. 我认为，只要国营商业和供销合作社积极活动起来，再加上国家其他经济措施的影响，集市就不可能再是"自由市场"，集市上工农业产品的价格也不可能再是"自由价格"了。它们会逐渐向有领导和有调节的市场和价格过渡。当然，这种过渡的快慢，还要看我们的经济力量和经营业务的本领。这里是要有一个过程的，但是只要我们加强领导和调节，集市上工农业产品的市场价格，比较"自由市场"的"自由价格"必然会有逐渐下降的趋势。这里特别重要的问题，就是我们要善于根据市场的行情变化，掌握工农业产品价格的适当比例。如果工业品价格提得太高，农副产品价格压得太低，农民就不愿在集市上公开出售其产品，那样又会产生新的黑市和新的黑市价格，国家从农民手里就会买不到所需要的农副产品。

这对国家显然是不利的。反之,如果把农副产品的价格提得过高,工业品的价格压得太低,国家就买不足所需要的农副产品。当然,这对国家也是不利的。所以,今后如何规定集镇上工农业产品价格的适当比价,使之有利于国家、集体和个人,有利于工农联盟,这是一种非常复杂和困难的任务。但是实践的经验终会告诉我们,这种比例的分寸应该是什么。这里特别重要的一点,就是国家在集市贸易上的价格政策,要尽量灵活,尽量主动,不要僵化和被动。一个地区的一种比价,如果发现不利于商品周转,不利于买卖双方,就要及时调整,变不利为有利,不要迟疑不决,坐失时机。由于我国地区辽阔,各地条件悬殊,国家在规定全国各地的物价指标时,应该富有伸缩性。同一种商品,不但有地区差价、城乡差价、季节差价、质量差价、批零差价和供销差价,而且这些差价本身,各地也还有差别,难以一致。所以,国家在集市贸易上应该给各地方商业领导机关和商业领导人员以较大的机动权,使他们能够根据当时当地集镇市场上行情的变化,及时调整工农业产品的比价。一种商品的价格,只要能销出买进,只要有利于产、供、销三方面,就大体上可以认为是适当的。这里,应该自觉地运用价值规律和供求规律的调节作用,使买卖愈做愈活,愈做愈大。

6. 国家在货币政策上,除了中央已经采取的回笼货币的许多办法必须坚持以外,我认为凡确实有利于发展生产和发展贸易的资金,应该投放的就应该及时投放,不然,就会使生产和贸易停滞,这对克服当前困难反而不利。应该发挥人民币在全国范围内一般等价物和流通工具的作用,充分利用它为发展生产和贸易服务。(注:对重点产粮区许多生产队生产资金不足的情况,特别希望加以重视。)

三

如果采取以上提出的一些办法,则今后我国市场和物价的发展趋势,大体可以预测如下:随着国家财经情况的好转,工农业产品的增多,通货膨胀的消除,市场物价会逐渐下降。那时,国家就会主动采取逐渐降低物价的措施。同时,随着城市职工工资的逐渐调整和提高,配给制度也就成为不必要了。两种价格的局面,就会逐渐消失,而为一种价格所代替了。

当然,采取以上一些办法的具体步骤,要尽量谨慎,做到稳步前进,减少突然性,不使在人民中间造成震动。采取以上一些办法,风险还是有的,但可能会更主动些。是否如此,是很值得研究的问题。根据我的体会,中央现在所已经实行的办法同这里所提出的一些办法之间的差距,是不大的。

(原载《张闻天选集》,人民出版社1985年版)

佃农理论*
——应用于亚洲的农业和台湾的土地改革

张五常

张五常，1935年出生于香港。国际知名经济学家，新制度经济学和现代产权经济学的创始人之一。

1959年到美国洛杉矶加州大学经济系学习，其后攻读硕士、博士学位，并获相应学位。曾当选美国西部经济学会会长，是第一位获此职位的美国本土之外的学者。1969年以名为《佃农理论——应用于亚洲的农业和台湾的土地改革》的博士论文轰动西方经济学界。1982年至今任香港大学教授、经济金融学院院长。1991年作为唯一一位未获诺贝尔奖的经济学者而被邀请参加当年的诺贝尔颁奖典礼。

主要著作有《卖桔者言》、《中国的前途》、《再论中国》等。其著作《经济解释》和英文学术文集《张五常英语论文选》（*Economic explanation*：*Selected papers of Steven NS Cheung*）被认为是集平生学术功力之大成之作。

在本章，我们将推导出分成合约下的资源配置理论。我们的分析是建立在自由市场中私人产权约束条件下追求财富最大化的前提上的。在资源具有排他性和可转让性的条件下，每一个合约当事人都可以自由地接受或拒绝通过协商达成的分成合约条款。除非有特别的说明，我们假设签订合约的成本为零。①

---

* 原文为张五常的博士学位论文，其英文版于1969年由美国芝加哥大学出版社出版。
① 如果一个以上的人想使用同一资源，就会存在竞争，竞争者不仅包括资源现有的使用者，而且也包括资源潜在的所有者或使用者。这里用零订约成本的假设代替有时含糊不清的"完全"竞争假设。"订约成本"这一笼统的词语，包括了合约谈判成本和合约执行成本。关于交易费用的这些和其他的一些问题，我们将在第4章中讨论。

A. 所定义的解

在图 1 中，垂直的供给曲线的横坐标 S 表示**属于某一地主**的土地总面积。h 表示某一佃农所承租的土地面积，q 表示产品。在一个佃农（或一户佃户）耕种投入保持不变的情况下，土地的边际产出量 $\alpha q/\alpha h$ 随着 h 的增加而减少。假设地主征收的地租是年产量的 60%，即 $r=0.6$，合约的边际地租曲线 $(\alpha q/\alpha h)r$ 就位于 $\alpha q/\alpha h$ 的 60% 上。$\alpha q/\alpha h$ 和 $(\alpha q/\alpha h)r$ 之间的纵距就是佃农的边际收入 $(\alpha q/\alpha h)(1-r)$。根据定义，佃农的收入会随着他所承租的土地面积的变化而变化。曲线 $\alpha q/\alpha h$ 和曲线 $(\alpha q/\alpha h)r$ 之间的阴影区域表示佃农获得的总耕作收入，$(\alpha q/\alpha h)r$ 下面的区域表示地主征收的地租总额。如果佃农的耕作收入与他在其他方面可选择的收入一样高或更高，只要土地的边际生产力大于零，**而且除土地之外所有的耕作投入保持不变**，那么佃农就会继续从事农业耕作，并尽可能地利用他所承租的土地。为了使财富最大化，地主会提高地租所占的比例，因而，提高 $(\alpha q/\alpha h)r$ 曲线，直到佃农的耕作收入等于他从事其他经济活动可能获得的收入为止。

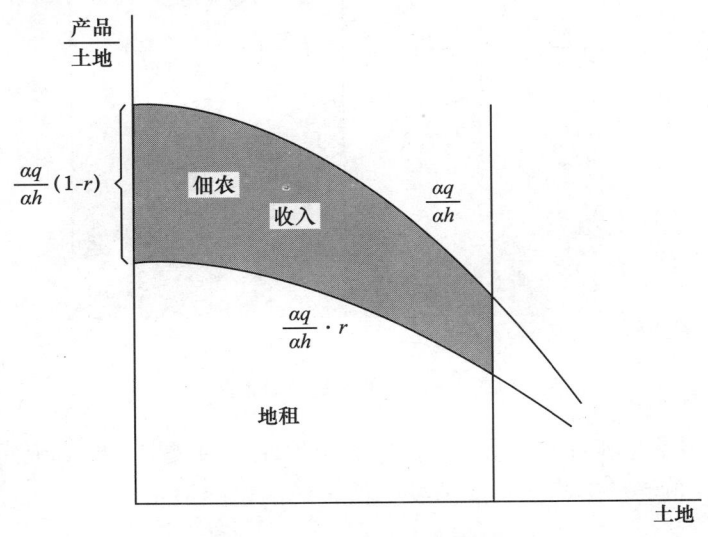

图 1　一个佃农的分成租佃

但是，地租所占的比例并不是地主追求财富最大化可以调整的唯一变量。如果地主把他的土地分给几个佃农耕种从而可获得更高的地租总额的话，他就不会把他所拥有的所有土地出租给一个佃农耕种。图2说明了这种情况。在该图中，垂直线 $T_1, T_2, T_3, \cdots\cdots$ 分别是第一、第二、第三个佃农使用土地的分界线。当耕种现有土地的佃农的人数增加时，土地的边际产出曲线相对于只有一个佃农的情况时会向上移动。暂且假设所有佃农所缴纳的地租比例相同，曲线 $(\alpha q/\alpha h)_1, (\alpha q/\alpha h)_2, \cdots\cdots$ 分别是每个佃农的边际生产力曲线，$(\alpha q/\alpha h)_1 r, (\alpha q/\alpha h)_2 r, \cdots\cdots$ 分别是每个佃农的合约边际地租曲线。① 每个佃农的收入分别以该佃农的 $\alpha q/\alpha h$ 和 $(\alpha g/\alpha h) r$ 之间的区域表示。为使财富最大化，地主会使土地边际生产力即地主会使合约的边际地租额积分最大化。这意味着，每一个佃农的收入不会高于他从事其他经济活动的收入。

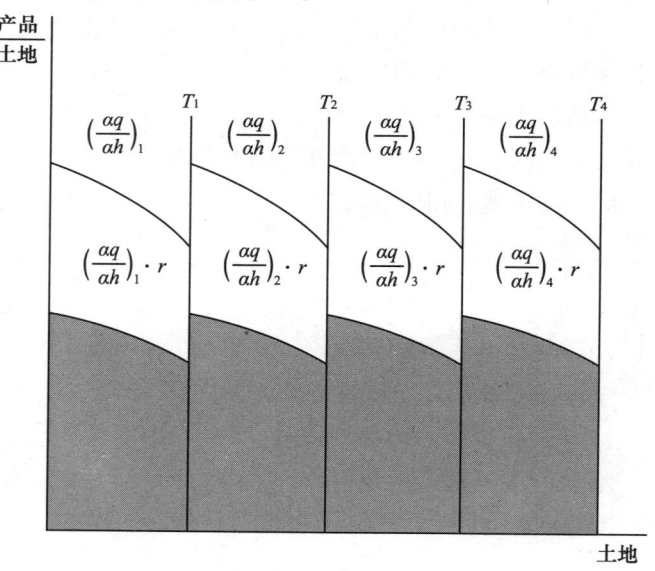

图2　多个佃农的分成租佃

但是，随着分配给每一佃农的土地面积的减少，地主所征收的地租比例必然会降低，这需要降低合约的边际地租 $(\alpha q/\alpha h) r$，以

---

① 根据生产函数，这一对对的曲线可能不完全相同。我们将在后面讨论这点。

防止佃农放弃租约。($\alpha q/\alpha h$) r 的这种减少将导致从每一个佃农那里获得的地租的减少,而且,如果每一个佃农获得的土地面积继续减少的话,地租的比例最终会变得很低,以至于土地的地租总额将下降。因此,解释可以明确地定义为:在地主所拥有的土地总量与佃农对土地的投入成本给定的情况下,地主的财富要最大化,就得同时决定每个佃农所租种的土地面积和地租所占的比例。换言之,在土地产权和佃农的投入资源为私人所有时,由地主与佃农共同议定的分成合约条款,将包括地租所占的比例以及非土地投入与土地投入的比率,前一比例和后一比率必须与均衡状况相一致。

B. 数学上的解

为简化起见,我们假设有两种**同质的**生产要素 h 和 t。这里,h 代表每一佃户所承租的土地量。t 代表每一佃户所投入的劳动量。进一步假设,每一佃户的生产函数相同。在这些假设条件下,每一佃户与地主签订的合约中的土地量 h 与地租比例 r,必然会同时达到均衡。

假设每一佃户的生产函数是

$$q = q(h, t)$$

每一佃户所承租的土地量 h 等于地主所拥有的土地总量 H 除以佃农的户数 m,即 $h = \dfrac{H}{m}$。

那么,地主的地租总额 R,就等于每一佃户的地租额乘以佃农的户数,即,

$$R = m \cdot r \cdot g(h, t)$$

在竞争的条件下,

$$W_t = (1-r) q(h, t)$$

这里 W 是佃农劳动 t 的市场工资率。

这样,地主所要解决的问题就是,在竞争的约束条件下,如何通过选择 m、r 和 t 来使地租额 R 最大化,① 即,

---

① 方便地推导(2)请注意,这里 t 和 m 是不需要分开处理的,给定 t,当保持 m 不变时,调整 m 产生与调整 t 一样的结果。这里把它们分开,是为了导出均衡状态所需的全部条件。

$$max. R = m \cdot r \cdot q(h, t)$$
$$\{m, r, t\}$$

其约束条件是 $W_t = (1-r) q(h, t)$

建立拉格朗日表达式，问题就是最大化

$$L = m \cdot r \cdot q(h, t) - \lambda [W_t - (1-r) q(h, t)]$$

然后分别对 m、r、t 和 λ 偏微分，得到如下的必要条件：

$$\frac{\alpha L}{\alpha m} = r \cdot q(h, t) + m \cdot r \cdot \frac{\alpha q}{\alpha h} \frac{dh}{dm} + \lambda \frac{\alpha q}{\alpha h} \frac{dh}{dm} = 0 \quad (1)$$

$$\frac{\alpha L}{\alpha r} = m \cdot q(h, t) - \lambda q(h, t) = 0 \quad (2)$$

$$\frac{\alpha L}{\alpha t} = m \cdot r \frac{\alpha q}{\alpha t} - \lambda W + \lambda(1-r) \frac{\alpha q}{\alpha t} = 0 \quad (3)$$

$$\frac{\alpha L}{\alpha \lambda} = -[W_t - (1-r) q(h, t)] = 0 \quad (4)$$

从上面的等式（2），我们可以求出

$$\lambda = m$$

要注意的是，由于 $\frac{dh}{dm} = \frac{d(H/m)}{dm} = \frac{-H}{m^2}$，等式（1）即要化成：

$$r \cdot q + m \cdot r \cdot \frac{\alpha q}{\alpha h}\left(\frac{-H}{m^2}\right) + m(1-r) \frac{\alpha q}{\alpha h} \cdot \left(\frac{-H}{m^2}\right) = 0$$

亦即 $r \cdot q - \frac{h \alpha q}{\alpha h} = 0$ 或 $\frac{rq}{h} = \frac{\alpha q}{\alpha h}$

这就表明，在均衡状态下，**每单位耕地面积的地租等于土地的边际产品**，这一条件与定额地租合约下的条件是相一致的。

从等式（3），我们可以求得

$$\frac{\alpha q}{\alpha t} = W$$

即，佃农劳动的边际产品等于工资率，这一条件是与工资合约下的条件相一致的。

最后，解等式（1）和（4）的 r，得

$$r = \frac{\alpha q/\alpha h}{q/h} = \frac{q - W_t}{q}$$

即，在均衡状态下，地租所占的比例必须同时满足上面最后两个条

件。换言之，在均衡状态下，土地的产出弹性 $\frac{\alpha q/q}{\alpha h/h}$ 等于 $\frac{q-W_t}{q}$，即总产量减去租佃的净成本（地租）除以总产量。

C. 几何解和进一步的说明

上一节推导出的结果也可以在几何上得到证明。在图 3，我们所采用的坐标维度与在图 2 中的坐标维度是相同的。但在图 3 中，我们集中精力讨论只有一个佃农的情况，**这就意味着，地主所拥有的全部土地可能没有得到充分的利用**。这里，曲线 q/h 表示所雇用的佃户土地的平均产出，即，当一佃户的所有的耕作投入不变时，相应于土地面积的平均产出。曲线 f/h 或佃农的总固定耕作成本除以土地面积，表示产生预期的 f/h 的耕作投入（除土地外）的成本。暂且假设，所有非土地的耕作投入都由佃农来承担，曲线 f/h 是除土地之外的总成本除以各佃户的土地面积。总成本包括生产作业期间使用的劳力、种子、肥料和农具等成本。① 即 $f/h = (p_t \cdot t + p_z \cdot z + \cdots\cdots)/h$；这里 f 是除土地之外的总固定成本；p_t，p_z，……是佃农的劳力 t、肥料 z 等要素的价格。因为我们假设佃农的耕作投入保持不变，所以，曲线 f/h 是一条凸向原点的双曲线。曲线 q/h 和曲线 f/h 之间的垂直距离限定了 $(q-f)/h$ 曲线，即单位土地的地租，它也考虑到了佃农可供选择的成本。②

限定曲线 f/h 的佃农耕作投入的总量是由合约规定的，这点非常重要，因为如果合约只规定地租的比例，佃农就会对所承租的土地承担更少的投入义务。给定任一地租比例，佃农只能获得每一单位产出的一部分。如果农田耕作的决策完全由佃农作出的话，那么，佃农增量投入的成本低于相应的边际产品，将符合佃农的利益，其

---

① 这里土地与非土地投入有很重要的区别。例如，劳力与农具之间的替代在理论中尚不重要，且被忽略。

② 为了表述上的方便，所有价值都用实物来表示。但要注意，年产出 q 可能包括不同的作物。给定它们的相对市场价格，每一种作物的价值都可以用一种作物来表示，例如谷物。而且，对佃农投入和土地的支付也用谷物表示。

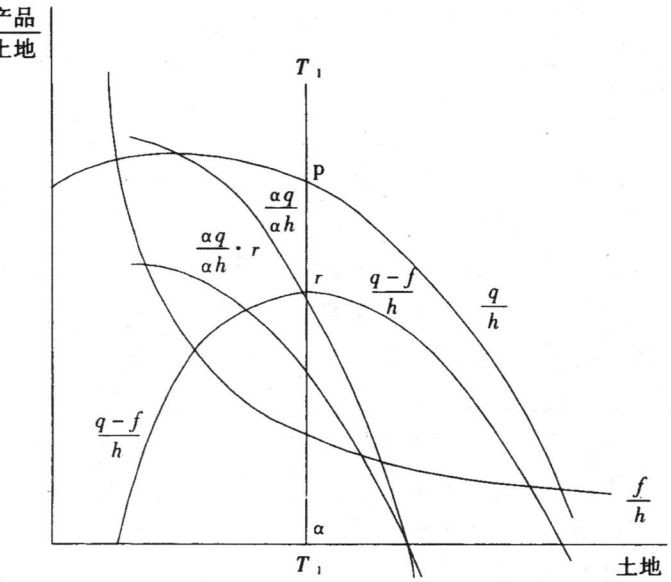

图3 在只与一个佃农签订分成租佃合约（的）情况下，决定地租比例与土地规模

结果是导致与均衡不相一致的条件。下一章将对这一点作较详尽的讨论。

在合约当事人相互协商的情况下，经济理论意味着，合约所规定的佃农的投入总量将能使 $(q-f)/h$ 最高，或是能使每单位土地的地租最高。由于图3中耕作的边际成本总是等于零，$(q-f)/h$ 的最高值可以用下面的方式推导出来。作为增加合约所规定的佃农投入量的结果，f/h 曲线每一次的向上移动，都会引起 q/h 曲线相应的向上移动。前者表示非土地要素的边际成本，以不变的比率增加（即在完全竞争的条件下，边际要素的成本不变）；后者表示佃农追加（非土地）投入的边际生产力，它以递减的比率增加（即佃农投入的边际产出递减）。① 当曲线 f/h 和曲线 q/h 向上移动的边际相等时，

---

① 为了避免一些语义上的问题，我们这里假设只有一种佃农投入增加。如果像通常的情况那样，增加几种投入的话，所考虑的相应的"移动"是曲线 q/h 以递减的比例增加时（的情况）。无论在哪种情况下，理论的结果都一样。

或当佃农投入的边际产出等于他的边际成本时，便可获得与一条具体的 f/h 曲线相应的最高的 $(q-f)/h$ 曲线。相应的非土地耕作成本，限定了 f/h 曲线，包括了与生产性均衡相一致的佃农投入水平。为了使财富最大化，按定义，所选择种植的作物或轮作的作物以及种植它们的生产方法，都是可以使地主的土地现值最大化的作物和方法。也就是说，它们能使地主的年地租额最大化。[1] 因此，对作决策来说，曲线 $(q-f)/h$ 的相应值或平均地租，是从各条可选择的曲线 q/h 和曲线 f/h 推导出的最高值。更准确地说就是，曲线 $(q-f)/h$ 的最高值把每英亩土地的成本界定为了生产要素。[2]

土地的边际产品曲线 $\alpha q/\alpha h$ 或图 2 中 $(\alpha q/\alpha h)_1$，在其最高点与曲线 q/h 和曲线 $(q-f)/h$ 相交。分配给这个佃农的均衡土地规模 T_1，就是曲线 $(q-f)/h$ 处于最大值的那一点。最大化每英亩土地的地租，就是最大化地主全部土地的年地租额。按照已确定的佃农的均衡土地规模 T_1，均衡的地租比例等于曲线 $(q-f)/h$ 的值除以曲线 q/h 的值（在 T_1 时）。也就是说，地租比例 r 等于图 3 中所标明的 $\alpha r/\alpha p$ 值。在这种均衡地租比例给定的情况下（比如说 70%），我们可以把合约的边际地租曲线 $(\alpha q/\alpha h)r$ 在每一点上作图表示为曲线 $\alpha q/\alpha h$ 的比例。

如曲线 $(\alpha q/\alpha h)r$ 所示，由于佃农按照合约要支付其总产品的一定比例给地主，就佃农所使用的土地数量而言，土地成本不再是一种约束条件。为使收入最大化，佃农更愿意利用耕地到 $\alpha q/\alpha h$ 为零的那点上，而同时正如合约所规定的，他承担的耕作投入不变。另一方面，地主会把佃农的土地持有量限定在 T_1 上，并将剩下的土

---

[1] 给定适当的贴现率 ρ，并给定得自土地的未来收入流 $Y_1, Y_2, \ldots\ldots, Y_n$，这里 Y_i 不一定等于 Y_j，就会有一个 $\bar{Y}$，称为年地租额，以致

$$V_0 = \bar{Y}\left[\frac{(1+\rho)^n - 1}{\rho(1+\rho)^n}\right] = \frac{Y_1}{1+\rho} + \frac{Y_2}{(1+\rho)^2} + \cdots\cdots + \frac{Y_n}{(1+\rho)^n}$$

如果私人土地权是永久性的，则有 $V_0 = \bar{Y}/\rho$，这里 V_0 就是土地的现值。

[2] 地租是一种生产成本的思想也许肇端于穆勒。我认为，真正重要的是每单位土地的最高地租，因为正是从最高地租中产生了土地价值。

地以同样的合约条件出租给其他佃农。① 地主无法把佃农的土地持有规模限定在低于 T_1 的水平上,因为,在地租比例 r 的条件下,佃农从事其他经济活动所获得的收入可能会更高,这样他就可能不再租种土地。

对另外几个方面再作点评论。首先,并非所有的佃户都有相同的生产力。一些佃户能够生产出更多的产品,因为他们具有某些专门的生产要素禀赋,例如,掌握知识的程度不同。在竞争性均衡条件下,生产力较高的佃农是边际内的租佃者,由此而确定的 f/h 曲线将包括转给佃农的地租。地主不可能区别对待不同生产效率的佃农,即使这种区别对待不花任何成本,因为雇用边际外的佃农(生产力较低的佃农)的地主将会把生产力较高的佃农从实行区别对待的地主那里争取过来。

其次,即使土地是同质的,每一佃户所持有的土地规模也不会相同。我们把土地的同质性界定为土地在物理特性上是同一的,每单位土地的地租是相同的。也就是说,不同佃户的 $(q-f)/h$ 曲线的顶点高度是一样的。但如果这些佃农的生产函数不同,那么,不同佃农所承租的土地规模也会不同。② 这也就意味着,不同的佃户所缴纳地租的比例可能是不相同的。即,地主在使其年地租额最大化的过程中,如果生产函数要求佃农投入的密度有所不同,那么地主就会分配给不同的佃农不同规模的土地和按不同的地租比例收取地租。在均衡状况下,若土地是同质的,每一佃户的边际生产力必然

---

① 有待证明的是,属于同一地主的最后一块土地是怎样分配的,因为它对一户佃农来说其面积可能太小。一种答案是,一户佃农可能同时向两个以上的地主租种土地,并将土地利用到边际。而且,一户佃农也可能自己拥有小块土地,再从地主那里租种额外的边际土地。这点可以从半自耕农的存在得到证明。因此,如果分配给一户佃农的最后一块土地规模小于均衡规模的话,佃农将会利用他在别处的部分资源,也可能是农业部门之外的资源。

② 这里所使用的"土地同质性"一词含有相同的市场地点的意思,由此而给予了这样一个明确的条件:曲线 $(q-f)/h$ 最大值相同,而且不同佃户投入比例相同,则地租的比例将相同。与不同的作物相联系的不同的生产函数,将要求佃农投入的密集度有所不同。另一方面,给定生产函数,地租比例和每个佃农的土地规模将取决于(1)土地的肥力和(2)佃农的投入成本。

在边际上的每一点都相等,因为,是在曲线 $(q-f)/h$ 的最高值那一点上,确定佃农的土地规模的。

第三,耕作的成本(而不是土地的成本)可能由佃农和地主一同来承担。在这种情况下,曲线 f/h 表示合在一起的成本。如图 3 所示,当曲线 q/h 和曲线 f/h 给定时,减去地主投入成本的 f/h 曲线会较低,因而使 $(q-f)^*/h$ 曲线较高。较高的 $(q-f)^*/h$ 曲线(没有画出来)度量的不仅是土地的成本(地租),而且还有地主的非土地耕作的成本。① 因此,地主征收的地租比例将会较高,曲线 $(\alpha q/\alpha h)r$ 在每一点上将以同样比例向上移动。其意蕴是十分重要的:无论是地主要求佃农在租种的土地上进行更多的投资而征收较低的地租比例,还是地主自己对土地进行投资而征收较高的地租比例,这些都不重要。只要投资能获得较高的年地租额,他们就会进行投资,② 因此,对于任何合约来说,佃农不必拥有耕作所要求的投入量。如果佃农的投入量不足,佃农可以通过与地主合作,转租土地,雇用工人耕种,借贷以及与另一佃户共同租佃等办法来增加耕作的投入。而且,对不同等级农地,佃农有不同投入要求和不同的生产函数,这些都与佃农不同的投入禀赋相一致。

现在让我们来回顾一下解的条件。当佃农的边际成本等于佃农投入的相应边际产出时,可以得到最高的每单位土地地租 $(q-f)/h$。如图 3 所示,在 $(q-f)/h$ 的最高值给定的情况下,每个佃农的土地规模 (T_1) 是确定的,相应的地租比例 r 将是 $\alpha r/\alpha p$。在分割线 T_1 上,每英亩土地的地租,即 αr、$(q-f)/h$ 或 rq/h 等于土地的边际产

---

① 请注意,这一较高 $(q-f)/h$ 曲线的最高点在 T_1 的左边。不过,这与土地规模的分配不相关,因为这将导致每英亩的地租较低。T_1 仍然是分界线,这里 $(q-f)/h$ 的值或土地净回报额最大。但这种情况下的地租,将是被 q/h 所除的 T_1 上的 $(q-f)^*/h$。

② 在分成租佃制下大多数租约都不是永久性的,有人因此而抨击租佃制不安全,导致了资源配置不当,但没有比雇用的农民在收成不好时遭到解雇更不安全了。实际上,短期租约是保证资源配置的有效手段。非永久性租约会挫伤人们投资的积极性的观点是不正确的。我们发现,租期的长短是根据合约的类型、合约当事人所持有资产的情况而变化的。解除租约的频率很小。更为详尽的讨论,请参见该书第 4 章 C 节。

出 $\alpha q/\alpha h$。也在分界线 T_1 上,我们得到了求出地租比例的唯一条件:

$$r = \frac{\alpha q/\alpha h}{q/h} = \frac{(q-f)/h}{q/h} = \frac{q-f}{q}$$

让我们再提出另一个问题:在分成租佃制下,合约当事人会根据什么标准使每一个佃农的土地规模和地租比例达到均衡?显然,必须选定在给定土地上种植何种价值最高的作物,也必须考虑所需的佃农投入——所有这些事前决策都具有某种程度的不确定性。无疑,合约任何一方当事人的错误预期,都会导致作出错误的决策。这将导致佃农租种的土地规模和地租比例偏离财富最大化。不过,同样明显的是,在市场中也存在一些合约当事人必须遵守的简单规则。给定某一等级的土地,在土地和其他生产要素的现行市场价格下,存在着佃农投入需求、地租比例以及佃农土地规模的某些组合。

实际上,在私人所有权的条件下,只要土地权可以自由转让,即可以出售,地主就不需要亲自知道耕作的具体细节。对资源所有权的竞争会带来有效率的合约安排。如果一个佃农所种植的作物价值较低,如果地租比例太低,每个佃农所承租的土地面积就会太大,或是佃农的投入太少,那么,作为地主的回报的年地租率就会低于利息率。在这种情况下,地主或是会作出适当的调整,把土地租借给其他佃农,选择不同的合约安排,或是干脆出卖其土地所有权。另一方面,如果合约安排的情况是:佃农所获得的分成收入低于他从事其他经济活动可能得到的收入,那么其他的地主就可能会出高价获得他的服务,或是佃农可能会转向劳动工资合约。

就像地主之间的竞争一样,佃农之间的竞争将会促使佃农承担合约规定的耕作投入量。事实上,地主只要看一下产出就可以知道佃农是否遵守了合约条款,从而决定是否继订分成合约。但实际上,交易常常是由雇用的代理人处理的。他们具有专门知识,能大致估算出实际产出。尽管许多改革家和幻想家宣称佃农没有任何决策权,因而佃农受到了剥削,但以下一点会令人耳目一新:至少在中国,分成合约是客客气气签订的:

> 一旦谷物收获,佃农就会邀请地主到家里作客。吃完饭,便分谷物,佃农把属于地主的那一份儿送到地主家。交割完成后,地主又回请佃农一次。地主若想解除与佃农之间的现有关

系，在这时就可以了结。如果佃农想放弃承租，他也可以在地主到他家赴宴之前离家，以向地主表明他的意向。①

到目前为止，我们的分析基本上是限定在订约成本为零的条件上。在第4章中，我们将放弃这个假设，讨论交易成本问题和租约各项规定的特征。但是让我们先揭示分成租佃理论发展的轨迹，并对可选择理论的意蕴进行检验。

（原载《佃农理论——应用于亚洲的农业和台湾的土地改革》，商务印书馆2001年版，此处节选自其中的第二章）

---

① J. K. Buck：*Chinese Farm Economy*，第148—149页。

关于原始积累和资本主义发展的笔记

顾 准

顾准简介如前第 174 页。

二 "市民阶级"是欧洲文明独特的产物

1. "市民阶级"在欧洲文字中的语源我没有考究过，也许这是中世纪以后才有的词汇，并不是从希腊拉丁文字传下来的。不过，Marx 下列几句话，显然承认市民阶级的渊源，可以上溯到罗马和罗马以前：

> 资产阶级（市民阶级）……在一些地方组成独立的城市共和国，例如在意大利和德国（《宣言》1971 版，pp. 25—26，及 p. 26 脚注①）。

> 在意大利，……最大多数的城市，是罗马时代传下来的遗产（《资本论》第一卷，1954 年版，p. 905 脚注⑱⁹）（译文据英文本改，英文是 In Italy……the towns, for the most part as legacies from the Roman time.）

其实上面的引证不免有些学究气。罗马共和国是城邦共和国，罗马时代意大利的各城市都有城邦式的组织，这是众所周知的事。中世纪中期，威尼斯、热那亚、皮萨、佛罗伦萨这些商业共和国，或商业一手工业城邦，十足地承袭了罗马时代城邦遗风，这也是众所周知的事实。吉本（Gibbon）在他的《罗马帝国衰亡史》中还告诉我们，威尼斯在古罗马是海滨荒村，蛮族征服罗马的时代，许多富有的罗马人避兵乱到那里，她逐渐扩大起来，不过没有成为"避世的桃源"，却发展成为一个藉商业为生的城邦，以后变成一个足以左右十字军行动的、富有的、有强大的商船队和海军的、威力强大的商业共和国。城邦国家，商业城邦，这都是希腊罗马的传统，其渊源远远超过中世纪，这是西方传统的一个显著的特点。

我们中国人却往往忽略这个特点，并且只把这种渊源推到欧洲的中世纪，并且，还接着来了一个非历史的类推：既然欧洲中世纪产生城市，产出市民阶级即资产阶级，这种 Marxism 的普遍规律对于中国就应该是无条件适合的。因此，中国的中世纪也有资本主义的萌芽，倘若不是意外的历史事变打断客观的历史发展过程，中国社会自己也能生长出来资本主义云云。

2. 这种非历史的观点，必须痛加驳斥。

欧洲文明的传统，离不开希腊。希腊的社会经济类型，希腊思想，被罗马所几乎全盘继承。蛮族征服，给欧洲文明打上了日耳曼的烙印，可是罗马传统通过基督教会大部分保存下来了，13 世纪以后的文艺复兴运动（这是 Reminiscence 的意译。直译，干脆就是回忆旧事运动。回忆什么？回忆希腊和罗马，尤其是希腊），更使基督教神学掩盖掉的那部分，欢乐的和世俗的人生哲学、民主主义的政治哲学以及具有强烈实证气味的理性主义学术思想，以新的面目恢复了它们的旧观。谁都承认文艺复兴运动是世界近代化，亦即资本主义化的一个重要因素，外国人承认这一点，随而肯定，迄今的西欧文明可以名之曰希腊罗马文明。中国人也承认这一点，可是他们目光所及，以中世纪为限，不再上溯到希腊罗马时代。种种误会可以说大部分由之而起。

所以必须略加叙述。

希腊人原来是北方的蛮族，他们来到现在的希腊半岛和爱琴海诸岛屿的时候，开始也以务农为生。有些部族，所占土地肥沃，一直务农下去了，斯巴达就是其中之一。大部分部族，所占土地太贫瘠，几代以后，土地上的出产就养不活愈来愈多的人口了（最著名的是雅典）。可是爱琴海域海岸曲折，海域不宽，岛屿密布，周围又是一些早已具有高度文明的富裕的专制主义农业王国或帝国（埃及，巴比伦，波斯……），或者是已经相当开化的蛮族（北非的柏柏尔，欧洲的高卢、凯尔特、拉丁……），于是航海、商业（进一步兼及精制品的手工业)、殖民就成了他们的传统。

希腊人的特殊环境,使他们无须组成统一的民族国家来抵御外族,他们组成一个一个城邦,他们的政治基本上是民主的,当然是贵族中的民主。有过所谓僭主政治,有过 Sparta 那样特殊类型的尚武的集权的国家,但是从未建成同时代埃及、波斯那样绝对专制主义的国家。

希腊时代的学术,有文法学、逻辑学、几何学。在中国看来,他们很笨,一件事要打碎砂锅问到底,一些不容怀疑的自明之事,他们要制成"什么律"、"什么律"的。例如,"甲是甲",中国人从不再加进一步考虑,他们却说这叫做什么"同一律",并由此推出矛盾律、排中律之类。他们的哲学,考究宇宙论,如地水风火是宇宙的四要素之类。中国也有,五行学说即是。不过他们从这里出发,野望对自然界作出精确的分类,还引申出什么概念、判断、推论之类的逻辑学。中国人的宇宙论,不经过什么中介,立即应用到"正名定分"、"圣君治天下"之道上去,要不然就来一个庄子式的一切虚无,于是,实际生活、客观事物的考究,就被排除于士大夫的冥心思索之外去了等等。

希腊时代有些东西,现代的中国人看来,惊人地"现代化"。希腊世界曾经团结起来抵抗波斯帝国——希波战争。战争胜利结束之后,立即开始了以雅典为首的一个集团和以斯巴达为首的一个集团之间的长期战争,即所谓伯罗奔尼撒战争。历史家修昔底德写了一部《伯罗奔尼撒战争史》(有中译本),翻开这本书,我们惊异地看到,由欧洲人带到中国、带到全世界的一套国际关系的惯例——条约、使节、宣战、媾和、战争赔款等等,鸦片战争以前中国人不知道的东西,已经盛行于当时的希腊世界。这一套国际间的法权关系,只能产生于航海、商业、殖民的民族之中。

3. 罗马人几乎全部承袭了希腊传统。他们唯一的独创是法律,而这是近代欧洲"不可须臾离"的东西。

不过希腊罗马文明,到东罗马帝国时代,却承袭得大大走了样。它的根干,在西方虽有日耳曼征服的"遮蔽",却和日耳曼精神混合得更向自由化走了一步。在拜占庭,它和巴比伦的东方专制主义结合,成了所谓东正教文明,其正干是今天的俄罗斯〔拜占庭末代皇帝的女儿嫁给俄罗斯的基辅大公（？），俄文字母是东正教教士帮助创制的，俄国人说，罗马是第一个罗马，拜占庭是第二个罗马，莫斯科是第三个罗马，永远不会有第四个罗马。俄国人研究拜占庭历史最有兴趣……]。拜占庭帝国的首都拜占庭，在中世纪初期，是西方唯一的繁荣的城市，商业发达。说起来，它和我们中国还有关系，因为它的商业的一大部分是通过"丝路"西运的丝的转口贸易。这个帝国对于商业的态度和中国一样——当作帝国的摇钱树看待。它的朝廷奢华，国势衰弱，而皇帝特别装腔作势显出无上的威仪。Marx 十分鄙视这个帝国，称之曰"没落帝国"。

在这里宜于说说中国的城市和市民了。中国从未产生过商业本位的政治实体，而且永远也不会产生出来这样的政治实体。中国城市发达得很早，航海技术发达得也很早。春秋末期，吴出兵攻打齐，一路军队是从海上运兵的。洛阳、临淄，是早期的大城市。中世纪欧洲的商业规模，你如果读一些经济史的文献，可以看出，那是很可怜的。马可·波罗来到中国，对于当时的北京、杭州等城市的繁华，惊为天堂。而马可·波罗是从威尼斯来的。拜占庭依靠丝的转口贸易为生，而当时丝的唯一来源是中国。这就是说，中国从不缺少商业，陶希圣甚至断定唐代的社会是商业资本主义性质（的）。但是，中国的城市、市井、市肆，却从来是在皇朝严格控制之下（的）（参见《文物》73/No. 3，刘志远：《汉代市井考》——此文实在值得一读，很有趣，还有图片），是皇朝的摇钱树，皇朝决不允许有商业本位的城市、城邦的产生。

这是中国传统和希腊罗马—基督教文明传统的极大区别之一。外国人对此是不了解的，正如中国人不了解他们一样。最现代的一次误会，就是英国唆使广州的陈廉伯组织商团企图赶走孙中山。伦敦的商人，在内战中（17世纪）起过巨大的作用，甚至在滑铁卢战役中也是军队的骨干（参见 Thackery：*Vanity Fair*）。在中国，谁听到商团要打天下成大事，那就是天大的滑稽了。

4. 欧洲中世纪城市的兴起，更和罗马传统的法权观念有关系。中世纪欧洲的城市，是一个摆脱了对封建主和王朝的封建义务的自治体。它在法国干脆称作公社，Commune，共产主义的名词由此而起，巴黎公社的公社两字，也袭用了这个传统的名词。这种城

市自治体的内部关系是:

> 13世纪中叶……[英国]大小不同的城市都已多少取得一点自治。城市既已摆脱了封建的勒索,其主要目标是将它的商业掌握在它自己的市民手里。所根据的原则是,只有对本市的自由出过一份力的人才有分享它的特权。由于市民组成商业公会,这个目的达到的……
>
> 14世纪之末,伦敦市长只可由十二个大行会里选出。

上述引文,摘自英国作家莫尔顿《人民的英国史》(1962年,三联版,pp.56—57)。我没有把城市内部的阶级特权和雇工等的无权状态等文段摘录下来,我不是不注意城市内部的阶级斗争,我只是想指出,城市及其自治,是中国历史上所绝不会发生的,甚至是东正教文明的俄罗斯沙皇统治下所不允许存在的。一个苏联人写的《苏联通史》叙述过,俄国(大概是诺沃哥罗德)有过城市公社,不久就被帝国勒令解散了。

城市自治权是怎样取得的呢?是赎买封建主的封建权利而得到的。莫尔顿书上说:

> (12世纪末第三次十字军兴军之际)需要额外的现款,这些款项筹措的方式不一,最重要的是向城市出卖特许状。……这些城市仍赖耕种它们的公地来维持,它们所以与周围的乡村不同,主要因为市内土地保有权的条件有较为自由的倾向。然而,城市常要负担种种既无理而又苛刻的地租和赋税。城市渐渐发达,与领主们订立合同,约定交纳一笔总款额,更常见的,交纳一笔年租,以免除他们的种种义务。要做这事,便不免给予一纸特许状,设立一个集体负责交租的团体……
>
> 摆脱私人关系和私人服役制度的自治市"地方自治体"兴起了,结果形成了准备加入政界的新阶级……
>
> (pp.59—60)

在中国,王朝兴军筹饷之事很多,但是绝不会有出卖特许状,由此建立起一个个"独立王国"式的城市自治体的可能。考究其原因,中国历史上的法,是明君治天下的武器,法和刑是联(系)在一起的，法绝对不会和权联（系）在一起。可是，取法希腊精神的罗马法，以及继承罗马法传统的欧洲法律，法首先和权联（系）在一起。它们的封建制度，是具有严格身份等级的一种统治制度，可是，至少在统治集团之间，相互间的身份和关系，观念上认为是由契约规定的，法学家称这类契约为"规定身份的契约"（Contract to Status）。中国，这类问题由简单的十六个字加以解决，所谓"普天之下，莫非王土，率土之滨，莫非王臣"。

正因为城市具有特别的法权，所以它有特殊的政治地位。《共产党宣言》说：

> 资产阶级（市民阶级）……在工场手工业时期，它是等级制君主国或专制君主国中同贵族抗衡的势力，甚至是大君主国的主要基础（1971年版，pp. 25—26）。

原来，十四五世纪，欧洲在彻底的封建分裂中兴起民族国家的时候，民族国家大半经过一段专制主义或开明专制主义时期。可是，这种专制主义国家的王权，是依靠了城市来同分散主义的封建贵族斗争，才做到了国家的统一的。说老实话，我初读欧洲史，简直不知道这是说的什么。我们中国人只知道秦始皇、李世民、朱元璋或者蒙古人、满洲人带兵打仗，杀败旧皇朝和一切竞争的对手，登上宝座。再深入一些，知道汉武帝打匈奴，缺钱，有著名的"杨可告缗"，征收财产税，对象主要是商人，结果是"中人以上家率破"。知道秦制，戍边发谪吏，有罪，有市籍者，父母及大父母曾有市籍者。知道三年清知府，十万雪花银。哪知道城市可以花钱买特许状，取得自治权利，登上政治舞台，成为民族国家建立过程中支持统一的基础？

罗马法权传统，国家是建立在公民权利基础之上的。欧洲各国现代诉讼法中，个人或法团可以成为诉讼的一方，其另一方是国家。个人权利，在理论上是受到法律保障的，国家不得随便加以侵犯。固然，这不过是纸面上的保障，不过纸面上的保障也是世世代代斗争结果的记录。固然这是特权阶级的权利，可惜在中国，在皇帝面前，宰相也可以廷杖，层层下推，什么"权利"也谈不上。所以Marx讥中国是普遍奴隶制。——读《家庭、私有财产和国家的起源》，读《国家与革命》、《法兰西内战》，看到其中痛烈谴责凌驾于人民之上的国家的时候，千万不要忘掉，Marx 他们是在什么历史背景之下写作的！

5. 中国那些侈谈什么中国也可以从内部自然成长出资本主义来的人们，忘掉资本主义并不纯粹是一种经济现象，它也是一种法权体系。法权体系是上层建筑，并不只有经济基础才决定上层建筑，上层建筑也决定，什么样的经济结构能够生长出来或不能够生长出来。资本主义是从希腊罗马文明中产生出来的，印度、中国、波斯、阿拉伯、东正教文明都没有产生出来资本主义，这并不是偶然的。

应该承认，Marx 生长于希腊罗马文明中，他们认真考察过的，也只有这个文明。

郭沫若之类，根本不懂得这一点！

（本文写于 1973 年 6 月 11 日。原载《顾准文稿》，中国青年出版社 2002 年版，此处节选自其中的第二部分）

关于社队企业问题*

薛暮桥

薛暮桥（1904—2005），原名雨林，江苏无锡人。经济学家、中国科学院院士。

15岁时从省立第三师范学校辍学，到杭州铁路车站当练习生，学习会计。20岁成为站长。"四·一二"政变后被捕入狱。狱中读了大量西方和苏联学者的政治经济学著作。1938年任新四军教导总队训练处副处长。新中国成立后，历任政务院财经委员会秘书长兼私营企业局局长、国家统计局局长、国务院经济研究中心总干事等职。1955年当选为中国科学院哲学社会科学学部委员。1980年，起草了《关于经济体制改革的初步意见》，被称为我国市场取向改革的第一个纲领性草案。1990年又撰写了《中国社会主义经济理论的若干问题》和《致中共中央常委的信》，为最终确立改革的市场化方向做出了重要贡献。由于他在改革开放后对经济学理论和改革实践的贡献，2005年3月获第一届"中国经济学杰出贡献奖"。

主要著作有《中国农村经济常识》、《按照客观经济规律管理经济》、《当前我国经济若干问题》、《论中国经济体制改革》等。

---

* 社队企业（现称乡镇企业）是1970年起开始发展起来的新事物，但未得到应有的重视。1976年作者到山东烟台地区调查研究，看到威海市因地域面积狭小，把许多工业扩散到乡村中去，于是他向烟台专区建议扩散城市工业，发展乡村社队企业。1978年他到江苏无锡等地进行调查，进一步认识了发展社队企业的重要性。1978年全国计划会议上他同各省同志座谈社队企业问题，写出这个报告。本文汇编于《当前我国经济若干问题》中。

一 社队企业的灿烂前途

社队企业是 1970 年以后迅速发展起来的新生事物。1974 年全国已经有 80% 的公社和 60% 的大队有了自己的企业，企业人员约 1 000 万人，产值约 150 亿元。到 1977 年全国已经有 93.6% 的公社和 76.6% 的大队办了企业，企业人员 2 300 万人，占农村总劳动力的 7.7%，产值 390 亿元，按全国农业人口平均计算每人约 50 元。各地发展的情况很不平衡，邻近工业大城市的地区发展最快。上海市郊区各县社队企业的每一农业人口平均产值达到 304 元，天津郊区 180 元，北京郊区 143 元，江苏省 103 元，全国社队企业产值最高的无锡县每一农业人口的平均产值达到 383 元。每人平均不到 20 元的有广西、陕西、青海、甘肃、云南、新疆、四川、安徽、贵州、西藏 10 个省和自治区。社队企业的发展速度很快。1977 年全国国营工农业的产值比 1976 年增长 12.6%，社队企业增长了 44.7%。

社队企业的发展，对农业生产的发展起了巨大的推动作用。为了促进农业的机械化，多数公社和许多大队办了农机修造厂，负责修理农业机械，制造某些小型农业机械、零件、配件和小农具。有些公社还办了小化肥厂、小农药厂。许多社队企业发展比较快的地方，社队企业为农业生产积累了大量的资金。据农林部计算，1977 年全国社队企业除向国家纳税 22 亿元外，还获得纯利润 77.7 亿元，两者合计约有 100 亿元。据 11 个省市自治区统计，社队把利润的 13% 用于农田基本建设，20% 用于购买农业机械，此外还把一部分钱用来支援穷队。据此推算，社队企业的利润用于农田基本建设和购买农业机械约有 30 亿元，相当于国家支援农业拨款 50 亿元的 60%。在社队工业较发达的地区，社队工业支援农业的资金，远远多于国家拨款。如无锡县 1977 年社队企业的积累有 8 700 万元（平均每一农业人口 91 元），其中约有半数用于支援农业，平均每亩地投资四五十元。无锡县近几年农田基本建设和农业机械化所以如此迅速发展，这是一个重要原因。

社队企业的发展也使农民的生活得到相当大的改善。凡是社队企业较发达的地区，不但农业生产发展比较快，社员收入也比较多。

社队企业的利润虽然基本上不参加社员分配,但社队企业工人的工资一般是交生产队记分,和其他社员统一分配。无锡县1977年平均每一社员分配103.8元,其中转队工资占半数以上。无锡县虽然是粮食的高产区,但由于改两熟制为三熟制,成本增加很多,增产不增收,农民从粮食生产方面得来的劳动报酬,只够购买口粮。如果没有社队工业,农民的生活也会很困难。因此这几年各地区都把"以工支农"、"以工养农"作为发展农业生产、改善农民生活的重要方针。

社队企业的发展,使农村人民公社三级所有制的收入比例发生了显著的变化。据国家统计局计算,1977年农村人民公社三级经济收入的比例是:公社占15.9%,大队占16.1%,两者合计占32%(农林部统计占30.5%),生产队占68%。无锡县人民公社三级经济收入的比例是:公社占32.6%,大队占31.5%,两者合计占64.1%,生产队只占35.9%。公社三级经济比例的迅速变化,为今后逐步提高人民公社公有化的水平创造着物质条件。

社队企业的发展,正在改变农村人民公社的经济结构,逐步向着工农结合、亦工亦农的方向发展。据国家统计局计算,1977年全国社队工业的产值有323亿元,占全国工业总产值的8.3%。无锡县人民公社工业的产值,已经占工农业总产值的60%以上,超过了农业的产值。我国人口多,耕地少,现在农村人口还占全国人口的87.8%。在农业机械化后,不可能让大量农村人口涌向现有城市,而只能在农村和集镇就地发展工业,把现在的农村人民公社改造成为工农结合、亦工亦农的社会主义新农村。

现在还有许多同志对发展社队工业的意义估计不足。有些同志怕公社、大队发展工业,会放松对农业的领导,从而影响农业的发展。事实证明,社队工业愈发展的地方,农业生产发展愈快,发展社队工业在目前是支援农业生产的重要方法。有些同志看到社队工业的发展速度远远超过国营工业,认为是犯了方向性的错误。他们没有看到由此所引起的公社三级经济比例的变化,可以为农村人民公社今后逐步提高公有化水平创造条件。还有一些同志害怕农村社队工业的发展,会妨碍城市国营工业的发展,他们特别反对把城市工业的部分产品的生产扩散到农村中去。应该指出,把工业向城市集中的老路是走不得的，只有向农村扩散，使农村在工农结合的基础上逐步地工业化，才能缩小工农差别、城乡差别，向共产主义的伟大理想稳步前进。

二 社队企业发展中的问题

社队企业是近几年迅速发展起来的新生事物，在它前进的道路上必然会遇到一些困难，发生一些偏差。我们必须积极帮助它们克服困难，引导它们向着正确方向前进。目前存在的主要问题是：

第一，发展不平衡，主要集中在工业比较发达的地区。社队工业开始是为农业机械化服务，有条件的地区纷纷创办农机修造厂。有些工厂在这基础上发展到为大工业服务，接受大工业的来料加工，所以越靠近工业区发展越快。前面所举各省、市、自治区的每人平均产值，充分说明了这种情况。在一个省内发展也不平衡。据我所知，江苏省集中在苏常地区，山东省集中在烟台、昌潍地区。无锡县的社队工业所以发展最快，原因是靠近上海市，无锡市也是工业城市，容易得到机器设备。更加重要的是这里还有大量退休的老工人（过去上海的机械工人大多数是"无锡帮"），技术水平高，而且同上海市、无锡市等地大工厂有密切联系，容易"自找门路"，这些条件在内地各省是不具备的。以上各地原来就比较富裕，发展社队工业以后工农业生产发展更快，同内地各省的差距更扩大了。为着使各地社队工业都能健康发展，应当研究社队工业的发展方向。各地在学习无锡等地经验的时候，应当从自己的情况和条件出发，不能生搬硬套。应当因地制宜，就地取材，发展多种多样的社队企业。

第二，为着使社队企业能在全国遍地开花，必须对过去中央各部所定政策进行认真的检查。过去许多政策不是帮助农民发展社队企业，而是阻止社队企业的发展。

最近我在安徽省（安徽的社队企业在全国占倒数第三位，每一农业人口的平均产值不到十三元）调查，看到山区的竹木和土特产品资源十分丰富，发展社队企业大有文章可做。金寨县这个地方是二分地七分山，但过去这里也是"以粮为纲"，对如何利用山区资源发展多种经营没有充分注意。我在合肥召开了一个利用山区资源发展社队企业的座谈会,有八个单位参加。发现多数单位只关心完成自己的任务,而很少关心如何利用山区资源帮助农民发展多种经营。如林业局为着"保护山区竹木资源",遍设"竹木检查站"禁止或者限制竹木产品外销,结果是竹梢树枝烂在山上,不能好好利用。安徽省的农村副业还受到"四人帮"的摧残,他们把社队副业和农民家庭副业当作"资本主义尾巴"来砍。凤阳县是个一年有半年吃返销粮,返销粮还要靠银行贷款来买的穷地方,农民利用当地的高粱秸扎扫帚出售维持生活。过去把这也当作"资本主义尾巴",把农民扎扫帚的工具统统没收。不肃清"四人帮"的流毒,社队企业就无法发展起来。

江河湖泊地区有良好的条件利用水中资源来发展社队企业。合作化后许多地区不准农民自由捕捞鱼虾,原来的渔民变成农民,国家和社队又往往不组织专业队伍来捕捞和养殖。无锡县是有名的"鱼米之乡",过去每天有大量鱼虾运往上海,现在连本地也不能充分供应。近年来太湖里渔船减少,据说由于木材、桐油供应紧张,造船修船都很困难,渔船渔网大大减少。在运销中又增加中转环节,不但浪费运力,而且使许多活鱼变成死鱼。二十年来,市场上的山货水产供应愈来愈少,远远不如初解放时。原因何在,值得好好研究。

最近报载华国锋同志在新疆询问如何发展畜牧业和畜产品的加工工业,也提到了要发展社队企业。我们的大牧区都在边疆地区,把活牧畜运到内地可能会运死运瘦。看来就地加工,发展牧区加工工业(包括毛条和制革工业),是当务之急。内地的畜产品、水产品也应当提倡就地加工,避免长途运输。

第三,发展社队工业的一个迫切需要解决的问题,是保证它们所需要的原材料和某些机器设备的供应。社队工业是在1970年以后发展起来的,过去各工业部都只管国营工业,不管社队工业,所以在原材料供应中没有社队工业这个户头。有些干部说"社队工业是私生子,报不上户口,发不到粮票、布票",困难重重。小农具原来是合作工厂生产的,现在绝大部分归社队工业生产,但是国家分配的制造小农具的钢材(每个农业劳动力2.5千克)仍然掌握在二轻局手中,有些地区不分给社队工业或者分得很少,以致有些制造小农具的工厂被迫停工。去年中央决定把农村中的手工业合作社划归公社管理,有些地区二轻局把合作社下放,但没有把原材料下放。其他各工业部也有类似的情况。产生这种情况的根本原因,是原材料供应缺口很大,二轻局自己管的工厂也吃不饱。山东省为解决这个矛盾,把社队工业交给二轻局管。但各地在分配钢材时候仍然是争论不休,很难解决。

社队工矿企业的设备都很简陋,以致劳动生产率很低,许多产品质量差、成本高,需要逐步地机械化。但按原来规定,这些生产资料只能分给国营工厂和合作工厂,不能分给社队工厂,因此许多小煤窑、小矿山、小水泥厂,连钢钎、炸药也不易解决。公社企业局希望国家在分配原材料的时候能为社队工业专立一个户头,但各地区的社队工业情况十分复杂,由上面来管,不容易分配得很恰当。在目前的情况下,似乎只能分口管理,要各部局把社队工业各级计划产品所需要的原材料也列入分配计划,和国营企业一视同仁。农林部要求把制造小农具的钢材单列计划,以免生产中断,正在与有关部门进行讨论。

第四,如何把社队工业的生产纳入国家计划,这又是一个相当困难但又急需研究的问题。各公社普遍建立起来的农机修造厂,对农业机械化曾经作出不少贡献,但缺乏统一规划,型号多,产品杂,有些产品大家制造,以致批量小、成本高、质量低,严重地影响农业机械化的经济效果(花费的死劳动超过节省的活劳动)。今后必须根据专业化协作原则,逐步进行改组。最好采取常州一条龙的办法,全民与集体相结合,龙头是全民,龙身在集体(社队),协作生产,各自计算盈亏,这样使供产销能按国家计划顺利解决。

社队工业为城市大工业服务的产品,过去大多数是自找门路,自己发展起来的。像无锡县的社队工业,由于技术水平较高,除为无锡市的大工业服务外,还接受上海市、外省以致中央几个部的来料加工。这些协作关系很不稳定,为使生产不致停顿,必须派人四处张罗,而且盲目性大,往往一种产品许多社队抢着干。不纳入国家计划,很难健康发展。但是如何把外省市和中央部的生产任务纳入无锡县的计划,现在尚未解决。无锡县担心在纳入计划以后,上海市的加工任务会交给上海市郊区各县的社队工业,无锡县的社队工业可能遇到危机。无锡市、县工厂的产品下放也要经过一段时间逐步进行，因为市、县工厂如果不扩大生产，或者改产高精尖的产品，原来的产品下放后就完不成自己的生产和利润上缴任务。看来过去盲目发展起来的社队工业（包括部分地方工业）的调整和改组，问题相当复杂，必须认真研究。

第五，有些地区对社队工业没有进行严格管理，发生贪污浪费、投机倒把现象。为着自找原料、自找销路，派人四出奔走，请客送礼，行贿受贿。社队工业的原料、燃料采购，产品销售以致铁路运输都未列入国家计划，不给对方一点好处就办不成功。有些外勤人员就乘机贪污盗窃，毒害了许多职工。这些现象，主要是"四人帮"的干扰破坏所造成的，但其流毒直到现在尚未完全肃清。

还有一些地区的社队企业没有独立的经济核算，吃大锅饭。唐山地区反映，有些社队工厂只给工人几块钱补助费，不发工资，劳动报酬由生产队记分开支。企业收入由大队书记、公社书记、县委书记层层掌握，自由开支，有的被拿去请客送礼、盖楼堂馆所。有一个县用社队企业盈利五万元盖办公大楼，所用大理石是社队企业捐献的"样品"。必须严格规定社队企业都应建立经济核算制度和财务管理制度，清算过去平调生产队的人力、物力（口粮）、财力，供领导干部挥霍浪费的违法乱纪现象，情节严重的实行纪律制裁。

第六，社队企业的领导关系也还值得研究。由农林部设公社企业管理局来负责领导社队企业是好的，这样有利于促使社队企业支援农业生产。但是农林部如果不管供产销，就"有娘无奶"，解决不了社队企业所面临的困难问题。建议中央号召有关部局都来支援社队企业。轻工业部的二轻局对社队工业也应多加照顾，合理分配上级所供应的原材料。供销合作社应当奖励社队大力发展各种土特产品和利用当地资源的加工产品，负责收购运销。我国山岭地区很多，草原也多于耕地，这些地区社队企业都还没有发展起来，希望供销合作社能帮助它们。商业部在部分地区向社队工业布置生产日用小商品的任务，外贸部向社队工业布置生产出口商品的任务，它们对某些地区社队工业的发展已经作出了巨大的贡献，今后应当总结经验，普遍推广。机械工业部可以把城市某些工艺比较简单的产品和零部件向农村社队工业扩散，组织以国营工厂为首的一条龙式的专业化协作。煤炭部、化工部、冶金部、建材部等同样也有责任扶助社队工业的发展。

由于许多社队企业必须归口管理,因此所谓纳入计划,也应当采取多种多样(的)办法。一种是由当地的社队企业局来统一管理,兼管各种供产销业务;一种是分行业归口管理,社队企业局负责汇总各方面的计划,进行合理调整。各级计委也应当协调各部门的计划,解决地方国营工业同社队企业之间的矛盾,特别要保证支农产品的生产和供应。把社队企业纳入国家计划也不能采取简单办法,必须允许它们自找门路,向主管部门登记,这样就算纳入计划。如果计划部门企图包办,许多社队企业就只能被迫停产。

我对社队工业过去研究太少,所提意见是很不成熟的,只能供同志们作为参考。

(原载《当前我国经济若干问题》,人民出版社1980年版,此处选自其中的"关于社队企业问题"的一文)

在第四次按劳分配理论研讨会开幕式上的讲话

于光远

于光远，1915年生于上海。经济学家、中国科学院院士。

1936年毕业于清华大学物理系。1941年起从事陕甘宁边区经济研究工作，后在延安大学财经系任教。1948—1975年期间在中共中央宣传部工作。1955年被推选为中国科学院哲学社会科学学部委员。1964年任国家科学委员会副主任。1975年以后历任国家计划委员会经济研究所所长、中国社会科学院副院长兼马列主义毛泽东思想研究所所长、国家科委副主任、中共中央顾问委员会委员、中国社会科学院顾问、《中国大百科全书》总编委会副主任等职。

主要著作有《一个哲学学派正在中国兴起》、《政治经济学社会主义部分探索》（1—7卷）、《中国社会主义初级阶段的经济》、《经济社会发展战略》等。

前几年，由于林彪、"四人帮"的干扰破坏，把马列主义、毛泽东思想早已解决了的很多理论问题搞乱了。对于按劳分配问题，劳动人民物质利益问题等，至今在许多干部中还存在着大量的糊涂观念。这一年多贯彻按劳分配工作进展得不够快，我想同一些同志的思想还未能从"四人帮"假马克思主义的牢笼中彻底解放出来不是没有关系的。贯彻按劳分配的问题，现在不能再拖了。这就要求我们在按劳分配理论方面再进一步进行讨论，使得我们今后在经济管理工作中能够更充分地注意企业的经济权限和经济利益，充分实行按劳分配，毫不动摇、毫不含糊地在农业中贯彻执行定额管理、多劳多得、多贡献多奖励的原则。

下面，我对这次讨论会提出的前三个问题，说点自己的想法，供大家讨论这些问题时参考。

关于按劳分配是不是一个客观规律问题。规律是指客观必然性，它是不以人们的意志为转移的。有人会说：在"四人帮"当道的那些年份不是没有贯彻按劳分配吗？可见按劳分配不一定是个客观规律。的确在那几年，由于受到"四人帮"的影响，有一种流行的错误观点，仿佛搞社会主义建设，不一定要贯彻按劳分配，更不是要充分地贯彻按劳分配。我想，对按劳分配是不是客观规律的问题，也许可以这样来回答：规律一定是不以人们的意志为转移的；反过来说，也只有不以人们的意志为转移的才算是规律。按劳分配是不是不以人们意志为转移的客观规律呢？我认为是的。这是因为：在社会主义制度下，如果贯彻按劳分配，当然还要加上其他条件，做好其他方面的工作（如计划工作），社会主义生产就一定能够上去，社会主义制度就一定能够得到巩固和发展；如果不贯彻按劳分配，只要有这一条，社会主义生产就一定要下来，社会主义制度就无法得到巩固和发展。这的确是不以人们的意志为转移的。因此，按劳分配确实是个规律。

社会和社会生产发展的过程，同没有人的意志参与的某些自然界发展过程是不一样的。地球环绕太阳转，人的意志对它是不发生作用的。在社会过程中，人的意志是会发生作用的。因为在这里是有目的的、有意志的人在社会中活动，是这些人在创造历史。但还是存在着不以人的意志为转移的客观规律。

以按劳分配为例。发展社会主义生产，就要贯彻按劳分配，人们有了这个认识，提高了这个认识，就会自觉地贯彻按劳分配，取得社会主义生产发展的结果。也可能由于某种原因，有些认识就是提不高，或者是受某种习惯势力和旧思想的束缚，不能很好贯彻按劳分配，结果是阻碍了社会主义生产的发展。在这里，人的意志是能够起作用的。个人的意志在实际生活中发挥的作用，有的大些，有的小些。在我们社会里"长官意志"起的作用比较大。我管这件事，我有权力处理这个问题，我的意志发生的作用就大些；我是普通老百姓，作为个人，我的意志发生的作用就小些。但是不管你的意志怎么样，上面我表述的关于按劳分配的那种客观规律性是不以人的意志为转移而发生作用的。我3月份在一次讲话中讲，这个规律发生作用的表现可以有三种情况。第一种,社会主义的建设者,他们的目的是要发展社会主义生产,巩固和发展社会主义制度,他们采取贯彻按劳分配的办法,结果社会主义生产上去了,社会主义制度巩固和发展了,达到了他们预期的目的。第二种情况,就是社会主义的敌人,像"四人帮",他们的目的是破坏社会主义生产,破坏社会主义制度,采取的方法是反对按劳分配,诋毁按劳分配,结果社会主义生产被破坏了,社会主义制度被破坏了,他们的目的就达到了。第三种情况,也是社会主义的建设者,他们的目的是建设社会主义,发展社会主义生产,但是思想不对头,对按劳分配就是不喜欢,不想贯彻它或不想很好贯彻它,结果社会主义生产下来了,社会主义制度没有得到巩固,人民的觉悟也没有提高,他们的目的没有达到。在这三种情况下,按劳分配规律都是发生作用的。第一种情况是贯彻了按劳分配,生产就上去了。第二、三两种情况,尽管立场不同,目的不同,都是不贯彻按劳分配,结果生产都下来了。可见,不管人们怎样行动,不管人们的意志怎样,按劳分配规律都是照样起作用,它确实是不以人的意志为转移的,是在社会主义社会经济生活中无时无刻不发生作用的。

实践是检验真理的唯一标准。用实践来检验,上面说的这个判断对不对呢?应该说是对的。以前的历史,尤其"四人帮"横行时的这段历史证明,上面说的那种认识是符合客观实际的,是掌握客观规律性的。今天我们的实践是不是也证明这样的判断是对的呢?同样证明是对的。我们有许多单位,贯彻了按劳分配,加上其他条件,生产上去了;也有许多单位没有很好贯彻按劳分配,生产就受到影响。所以,上述认识,是受到了过去实践的检验,也受到了当前实践的检验的。我们相信,今后的实践还会证明这种认识是对的。可以说:如果长期不贯彻按劳分配,社会主义制度就不能存在下去。按劳分配是社会主义本质所决定的。这是第一个问题,希望大家研究按劳分配到底是不是一个客观规律,这个规律怎样来表述,还要证明为什么会有这样一个规律。

第二个问题,关于物质利益原则问题。《人民日报》特约评论员写过一篇文章,题目叫《马克思主义者怎样看待物质利益》。文章把经典作家对这个问题的论述作了一些介绍和分析。"四人帮"横行的时期,物质利益这几个字是不能讲的,一讲就是修正主义。你讲物质,就说你是用物质来反对精神,反对政治挂帅,大帽子就这样飞来了。其实,马克思主义者是唯物论者。马克思主义者对社会问题的分析,是按历史唯物主义原理进行的。历史唯物主义认为,人们首先必须能够生存,能够解决衣食住的问题,然后才谈得上从事其他活动。为了生存,就要进行生产。人们在生产过程中结成的生产关系,是其他一切社会关系的基础。这种生产关系,就是物质利益的关系。一切阶级斗争都是由于各个阶级物质利益的矛盾产生的。我们共产党就是要为无产阶级和全体劳动人民谋取物质利益。

按劳分配原则是属于物质利益原则中的一个内容。所谓物质利益原则,在社会主义制度下,就是要把社会主义生产和个人、集体、地方、部门、企业的物质利益联系起来,结合起来。按劳分配就是这样一种结合形式。你劳动得多,为社会生产得多,你得到的收入就多,因此它属于物质利益问题。物质利益包括个人物质利益,但又不等于个人物质利益。个人物质利益包括按劳分配原则,但又不等同于按劳分配原则。前者范围大一些。

我们在社会主义生产中要发挥几个积极性。过去说是中央和地方两个积极性。现在看,光发挥这两个积极性不够,还要有企业(包括农业企业)的积极性。在中央和地方的积极性中,就有个物质利益问题。中央和地方收入怎么分成?这是大家谈得比较多的问题。地方,例如一个省,多得了一些钱,是不是省委书记或省革委会主任一个人的物质利益呢?不是。多得了这些钱,地方就可以更好地发挥它的社会主义积极性。积极性的发挥总要有条件,要有物质基础。地方想办一个事业或企业,没有钱怎么办?所以这个物质利益不是个人物质利益。不但钱有个分成问题,物也有一个分成问题。比如鞍钢生产的钢,能有百分之几由辽宁支配,这不是物质利益是什么呢?但这不是个人物质利益,而是一个省的物质利益。

个人物质利益有些并不是根据按劳分配原则得到的,比方得到困难救济是得到物质利益,但不是根据按劳分配原则得到的。又如非生产劳动者,也要参加分配,也有物质利益,但并不是按劳分配的物质利益。

把物质利益和生产结合起来,对于发挥各种积极性关系非常重大。按劳分配关系到发挥每个生产劳动者积极性的问题；中央和地方的关系牵涉到发挥中央和地方两个积极性的问题；国家和企业的关系牵涉到发挥国家和企业两方面积极性的问题。发挥各方面的积极性，是高速度地发展社会主义经济最根本的保证，是社会主义建设能不能上去的关键性问题。要发挥各方面的积极性，就必须认真贯彻物质利益原则。所谓用经济手段来管理经济，其中最核心的问题，就是物质利益问题。经济手段就是物质利益的手段。我们讲，企业经营不能好坏一个样，赚钱赔钱一个样。怎么不一样呢？就是在物质利益上不一样。比如企业经营得好，可以从利润中得到一定比例的分成，一部分用于职工的集体福利和个人奖金，一部分用于企业的扩大再生产，企业经营得不好，就得不到利润分成。又如，也可以把企业领导干部以致全体职工的工资，直接同企业经营的好坏联系起来。企业经营得不一样所得到的物质利益就不一样，这个办法对改善企业经营确有很大作用。企业积极性问题过去我们讲得不够，现在需要很好地进行研究。

我们要研究一下全民所有制企业中，是不是同样等级的工人，做同样活的工人，报酬可以不一样。过去我们讲：全民所有制的特点是，所有在全民所有制经济中工作的人，进行了同样的劳动都可以得到相同的报酬。现在看来，劳动报酬还要同企业经营好坏联系起来。这涉及什么叫全民所有制，要研究全民所有制的概念。

再说合同制。实行合同制，如果不对不履行合同的单位或个人实行惩罚，那合同制还有什么意义呢？合同制必须同物质利益结合。合同中必须明确规定双方应该承担的经济责任。如果违反了合同，就要受到经济上的制裁，罚你的钱。由法院来处理。这就要有经济立法，要有经济法庭。社会主义立法里面有很大一部分应该是属于经济立法的。这个工作我们现在做得很差。我们没有人民公社法、工厂法、土地法。我们有过一个土地改革法，土地改革早已完成了，土地改革法也就成为一个历史文献了。现在我们对土地问题只有一些规定，没有正式的立法。有时我们需要在某处盖房子，中间有一户不愿拆迁，就因为这一户使公共事业受到很大影响。要有个法来规定，你要是搬，国家要为你承担什么责任，如果国家依法承担了责任，你就应该搬，不搬就违法。我们也没有草原保护法，草原里面可以随便行车,随便破坏。我们有几十亿亩草原,这是很大的财富。将来我们吃肉主要靠草原养牛羊。现在我们的草原退化(得)很厉害,这和没有草原保护法是相联系的。我们也没有森林法来保护森林。没有森林法,我国的林业是不能很好地发展起来的。农业生产里面也没有种子法。关于经济立法要说的很多,不一一列举了。合同法要有。要搞合同制,没有合同法怎么行?合同法的核心就是讲物质利益,要承担经济责任,而且企业赔赚钱要同个人物质利益挂钩,这样合同才能真正起作用。没有合同,国家不可能有真正的计划,不能很好地执行计划。计划要跟合同很好地结合起来。不但企业和企业之间要订合同,国家和企业之间也要订合同。由于国家方面的原因使企业受到损失,国家要承担责任,国家要赔钱。用这个办法,用物质利益、经济手段来管理经济,这样我们的工作才能搞好。

关于物质利益原则问题,去年第三次按劳分配讨论会就涉及到了。这一年来对这个问题的认识大大提高了。它涉及我们经济管理的各个方面。这个问题在理论上是应该很好地来研究的。

第三个问题,关于劳动报酬问题,特别是劳动报酬形式,奖金和计件问题。

关于劳动报酬形式,那些名称大家都很熟悉了,但是对它的科学界说并不那么清楚。有些长期做劳动工资工作或搞政治经济学研究的同志,概念也不清楚。有些教员讲课时,概念也不清楚。所以概念问题也要研究。报酬这个概念,是我给你劳动,你给我报酬。如果我们实行的不是国有制,而是由劳动者自己直接来当家,收入由劳动者自己直接来分配,劳动报酬的概念存在不存在的确是个问题。我认为,在我国现阶段可以有劳动报酬这个概念。因为我们国家存在国有制,国家和个人之间还是有你我之分,所以我们这里用劳动报酬这个概念恐怕是符合客观现实的。

工资该怎么讲,也是需要研究清楚的问题。工资是劳动报酬的一种形式,奖金和津贴也是劳动报酬的形式。在研究如何贯彻按劳分配时,要把这些形式的含义或本义弄清楚。为什么要有这么多形式?光用工资行不行?不要奖金行不行?这些问题要研究。各种劳动报酬形式在贯彻按劳分配,特别是充分地贯彻按劳分配时各有其作用。我们要研究它们能起些什么不同的作用,然后根据它们的作用,考虑用什么样的办法可以最好地贯彻按劳分配。

还有一种津贴,不属于按劳分配,但也是属于物质利益的,如工龄津贴,是按年头算的。这不是按劳动多少分配,但可以起把职工稳定在一定的工作岗位上的作用,减少工作的流动性,如此等等。

在运用工资形式上,到现在为止,对于计件和奖金,有些人有某种程度的不放心,很多人总觉得这个东西会带来一些什么样的问题。比方说高低悬殊啊!资本主义啊!斤斤计较啊!其实中央早已明确了,计件工资可以搞。计件和计时,两者都属于劳动报酬的工资形式。在我们的实际生活中,搞完全计件的到底有多少?在50年代曾经搞过一些,现在好像是很少很少。比如建筑行业,50年代就实行过完全计件;森林砍伐在"文化大革命"前有些地方也实行完全计件。现在还有没有完全计件?不知道。有的林区负责人认为,林区还是搞完全计件好。

现在我们谈的计件,实际上是计件奖励,拿基本工资的生产任务完成以后,超额的部分,按照超额多少给奖。计件奖励是属于奖金的范畴还是属于计件工资的范畴?可以研究。有些同志认为是属于奖金的范畴。我想也是这样。奖励方法是按件发奖,还不是完全计件。

奖金有综合奖,又有单项奖,到底以综合奖为主还是以单项奖为主?这个问题虽然比较具体,但我们理论工作者也要研究,其中也有不少政治经济学理论问题。

还有一个问题,即奖金的数额,应不应该和工资总额联系起来?比方说,奖金只能占标准工资总额的百分之十几、二十几,这种考虑问题的方法怎么样?从理论上说,确实有点问题。如果奖金和标准工资总额相联系,就会发生这样一种情况:一个企业,由于劳动生产率的提高,产量不变,人员可以减少一半,这是了不起的成绩。但是职工减少一半以后,标准工资总额也就减少了一半,奖金总额也随之减少了一半。当然分奖金的人也减少了一半。从奖励的角度来看,一切都没有变化,白白提高劳动生产率一倍。采取这样的办法,怎么会有利于减人呢?怎么会有利于提高劳动生产率呢?这不是明摆着不合理吗?还有,工人人数定下来了,工资总额不变,奖金总额如果是工资总额的一个固定的百分数,它在数学上是个常数。可是人的积极性、人的劳动状况是变化的。比如在某个企业中,按照评奖标准许多人都应该得奖,但是由于奖金总额是固定的,就可能出现两种情况:一种情况是能够得奖的人数有限,在应该得奖的人当中只有劳动最好的一些人能得奖,另外一些人就不能得奖;另一种情况是应该得奖的人都得了奖,但是每人得到的奖金都很少。在这两种情况下,都会出现大家抢这么一个奖金总额的现象。这既不利于劳动者之间的团结,也不利于提高劳动者的积极性,它会使积极劳动得到奖金的人不好意思,觉得是抢了别人的。所以有的单位干脆就轮流得奖,还是平均分配;也有的单位工人得奖以后觉得不好意思,赶快下饭馆请客,把奖金用掉算了,这种把奖金总额和工资总额联系在一起的办法,我想是不对的,这里面有很多经济学问题。

比方说工资总额属于什么范畴?工资总额是和计划经济联系在一起的。国家为什么要控制工资总额呢?是为了使消费品供应跟居民收入平衡。平常我们考虑奖金限额时,为了使标准工资总额加上奖金、津贴总额等要和消费品总额平衡,可能有一种想法,认为如果对奖金总额不加以控制,不平衡就会发生。这样来考虑问题当然是有它的道理的。但是这个问题是不是可以有另外一种考虑方法呢?就是说,抛开标准工资不说,奖金数量如果和生产没有联系,那么你发的奖金多了,就会没有相当的消费品供人买,市场供应就紧张了。但是,如果我们坚持这么一条原则,即每发一笔奖金,本身总是代表生产的一个增加量,而且奖金数量比生产增加数量小得多。在这种情况下,我多发一块钱奖金,我就能多有比如五块钱的物资,在职工的购买力增加的同时,可以供应市场的商品也增加了,而且商品的增加更快。那么这样的奖金,有没有必要去限制呢?限制这样的奖金就意味着限制生产的增加。我想是没有必要去限制的。比如说给 10 元节煤奖,节约了 100 元的煤,这怕什么呢?当然,有一个问题,人们生产的并不都是消费资料,而有很大一部分是生产资料。比方说,如果我节约的不是煤,而是钢铁,钢铁是生产资料,既不能吃也不能穿,那怎么办呢?生产资料有一部分是可以变成生活资料的,如钢铁有一部分可以用来盖房子、做火炉子、锅、头发卡子、刮胡子刀片等；而且生产资料的生产归根到底是为了生产消费资料。就是用来生产机器的钢铁，最后还是要用来生产吃穿用的东西。当然，这里有直接和间接之分，有个生产出来的东西不能直接用来吃穿用的问题。即使生产的是直接用来吃穿用的消费品，还有个品种、花色和人民的需要是否对路的问题。因此，在确定奖金和生产出来的东西之间的比例关系的时候，要估量到这种情况。奖金在增产出来的产品价值中占的比重不能太高了。同时，还要根据情况的变化及时调整各个生产部门之间的比例关系，积极地组织生产和需要之间的平衡。但是，只要把比例关系控制住，按这个比例关系发奖金，奖金多表示生产的个人消费品多，这样的奖金就没有限制的必要了。

所以，按劳分配，工资高低，奖金多少，只要掌握住一个诀窍，就是一定要使它们和生产挂起钩来，那就不怕工人多拿工资，多拿奖金。奖金的好处是灵活。奖金多表示生产多，你没有生产或节约出100元的煤，就不能得到10元奖金。如果不跟生产联系，就会发生不平衡的危险。如果和生产联系，工人多拿点工资，有什么坏处呢？所以我们讲按劳分配讲到平衡问题时说，我们搞计划经济，不能不搞平衡。但是对于平衡怎么看，怎样是积极的，怎样是消极的，要研究。上面讲的消费品和工资、奖金的平衡问题，就是一个例子。

再如工农平衡问题，有一种见解，认为工人工资高了，跟农民收入不平衡，扩大了工农收入差距不好。这种观点我不赞成。我认为，从几方面都不能说农民反对提高工人工资。有觉悟的农民不会这样看。工农是兄弟关系，农民为什么怕工人生活好？工人生活好一点，农民应当欢迎。这是一点。另外一点，很多农民和工人是有家庭关系的。一家人，女的在农村劳动，男的在城市工作，多拿工资，他老婆会反对？第三点，工人生活好了，农产品提价就有了前提。工人工资提高了，农产品价格就好解决了。

当然，不是说多给工资才算按劳分配。按劳分配是要跟生产联系。按劳分配的目的，就是提高生产。按劳分配的关键在于生产和分配怎样结合得好。从理论上说，生产决定分配。没有生产出东西来，拿什么来分配呢？没有生产，你消费什么？因此，分配不要走得太快了。要使人民懂得，我们的国家还是一个贫穷落后的国家。

首先要把生产大大发展起来，在生产发展的基础上，逐步改善人民的生活，不应太快太急。而且生产没有大发展，急也没有用。但是在理论界有一个思想问题要解决，即分配对生产能否起作用，这个反作用要不要重视，怎样使分配起到应该起的作用。同样，我们要研究消费对生产有无反作用，应不应该重视消费的问题。过去，我们对这个问题重视不够，特别是对消费研究得很少。过去报刊很少发表消费对生产的反作用的文章。现在强调按客观经济规律办事的时候，要全面研究生产决定分配和消费、分配和消费又如何对生产起反作用的问题。

今天要很好学习、研究一下社会主义基本经济规律的问题。社会主义基本经济规律说的是要在高度技术（的）基础上发展生产，满足社会成员日益增长的物质和文化生活的需要。我们生产的目的是满足需要；忘记了这个目的，就会走上为生产而生产或者为积累而生产的道路，使社会主义生产受到很大的损失，人民生活得不到提高。我找过一些工厂和县、公社的同志，请他们介绍这个县、公社和工厂这几年的工作成绩。他们通常讲，他们那里的总产、单产多少，工业总产值多少，但对人民生活水平的提高几乎不讲。我们生产的目的是什么？是为了这些数字本身吗？当然不是的。我们发展生产，归根到底是为了提高人民的生活水平，这才是有意义的。如果有这么一个公社或者一个县，它是在黄河以北的，实现了粮食亩产过黄河、跨长江，但其他经济作物搞得很差，粮食的成本也很高，人民生活水平并没有上升。像这样的数字除了在报上登一登宣传一下以外，对于人民的实际生活又有什么用呢？这个问题是要注意的。

还有一种看法，认为要增加生产，就要减少消费，增加积累。但可否设想，重视了消费，组织消费的工作做得好，也能使产品增加，这样积累不但不会减少，相反会随着生产的增加而增加。应该承认，生产力中人是起决定作用的，人是宝贵的财富。你提高了他的政治思想，改善了他的工作条件和生活条件，提高了他的积极性，生产力就能得到提高。如城市服务工作做好了，工作条件改善了，生产力就会提高。长期不改善消费、改善生活，能提高工作效率吗？房子住得宽敞一点，工人回去可以琢磨怎样搞技术革新，知识分子可以翻开书多看看,好向科学技术进军。从原则上讲,改善生活条件,可以反过来提高生产。

可见,在研究劳动工资问题、劳动报酬形式问题、劳动报酬数量问题时,要有一个积极平衡的观点。

研究上述理论问题对搞好实际工作很重要。我们的行动需要理论的指导。没有革命的理论,就没有革命的行动。这是从总的方面讲。从某一理论问题来说,不搞清这方面的理论问题,这方面的实际工作就会受到影响。我们要把问题研究清楚,才能很好地贯彻按劳分配,这对社会主义建设是有重大意义的。

(本文写于1978年10月。原载《于光远改革论集》,中国发展出版社2008年版,此处节选自"在第四次按劳分配理论研讨会开幕式上的讲话"的一部分)

怎样看待社会主义社会可能发生的经济危机

蒋学模

蒋学模(1918—2008),浙江慈溪人。著名经济学家、复旦大学经济学院教授。

6岁时离开宁波随父亲到上海求学。1936年到1937年,在苏州东吴大学经济系求学。抗日战争开始后,辗转入川。1941年毕业于四川大学经济系。从大学毕业到1949年5月上海解放,曾在香港《财政评论》杂志社等处担任编辑和负责编译工作。上海解放后,在复旦大学经济系从事政治经济学的教学和科研工作,是上海市第二、三届政协委员和第四、五、六届常委。曾任中国对外交流协会常务理事、国务院学位委员会第二届经济学科评审组成员、《中国大百科全书》经济学卷编委、《辞海》编委兼政治经济学分科主编。

著有《论社会主义经济》、《社会主义经济十论》、《社会主义所有制研究》等。其最著名的《政治经济学教材》现在仍再版,已发行1 800万册。

胡乔木同志在《按照经济规律办事,加快实现四个现代化》的文章中,引证了斯大林在联共(布)第十四次代表大会上的报告中的话,说是社会主义国家"经济中的每个严重失算,都不会只以某种个别危机来结束,而一定会打击到整个国民经济","都可能变成打击全国的总危机"。① 胡乔木同志并且说:"斯大林说的这种情况,

---

① 《斯大林全集》第七卷,第248页。

在苏联无论在他这样说以前和以后都出现过,在我们中国也出现过。"这一段话使人们大吃一惊。人们习惯于认为,"社会主义经济是无危机地不断增长的"。尽管我们知道在苏联和在我国,都曾有过经济状况十分困难的时候,但都把它当做特殊原因产生的特殊情况,没有把它看做是经济危机。读了胡乔木同志文章中的这一段话,很多人产生了这样一些疑问:社会主义社会会发生这样的总危机吗?苏联什么时候发生过这样的危机?我国什么时候发生过这样的危机?它同资本主义经济危机有什么区别?如果社会主义社会也会发生经济危机,社会主义经济制度还有没有优越性?

在这篇文章里,想谈谈我对这些问题的初步认识。我的看法不一定正确,目的是想引起大家讨论,以期经过讨论得到比较正确的结论。

一

初读胡乔木同志的文章,当读到上面所说的那一段文字的时候,我脑子里闪过的第一个反应是:这些话是斯大林讲的吗?斯大林在联共(布)第十四次代表大会上的报告,我读过不止一遍了,为什么关于经济危机的那一段话没有留下什么印象?

把斯大林的那篇报告找出来再读一遍,胡乔木同志引证的那一大段话,当然是明明白白一字无误地刊载在那里的。过去读斯大林的这篇报告,对于社会主义社会可能发生经济危机的那个论断视而不见,没有留下深刻的印象,主要是头脑中形而上学作怪的缘故。长时期来,我们对于社会主义经济,不是按照实事求是的唯物主义的态度,用一分为二的辩证法的观点来看待它,而是用肯定一切的形而上学的观点来对待它,根本否定在社会主义经济制度下会有可能产生任何类型的经济危机,也根本否定社会主义国家的经济工作会发生任何严重的错误。社会主义社会如果出现了某种严重的经济困难,那就或是归罪于自然灾害,把板子打在老天爷的屁股上,或是归罪于国内外阶级敌人的破坏。至于工作中的成绩和缺点,总是认为任何情况下都是九个指头和一个指头的问题,而且认为在任何时候都应两眼盯着九个指头的成绩,如果议论一个指头的缺点,那似乎就是否定了社会主义制度的优越性。我原先处于这种思想状况之下来读斯大林的那篇报告，就认为斯大林仅仅是在作一种理论分析，探讨某种可能性，而这种可能性，似乎只是一种抽象的逻辑推测，永远也不会成为现实。斯大林说社会主义经济建设工作中的"每个严重失算""都可能变成打击全国的总危机"，我当时认为，这不过是在强调问题的严重性，以此来告诫苏联的经济计划工作人员罢了，实际上是不可能有危机的。经济危机仅仅是资本主义的伴侣，社会主义社会不仅不可能出现打击全国的总危机，而且连仅仅涉及农业、工业、商业、财政的个别部门的危机也是不可能有的。这就是我过去读斯大林那篇报告时的思想状况。

现在，思想解放了一点，甩掉那种观察社会主义制度时的形而上学观点，再来读斯大林的著作，问题就很明显了。斯大林在讲了胡乔木同志引证的那一段关于总危机的话以后说："因此，我们在建设方面就应当特别谨慎小心，应当具有远见。因此，我们在按计划领导经济方面，必须做到使失算的情况减少，使我们领导经济的工作极为明智，极为谨慎小心，极其正确无误。但是，同志们，很遗憾，既然我们不特别明智，也不特别谨慎小心，又不特别善于正确地领导经济，既然我们不过是在学习建设，那么我们就会有错误，并且将来还会犯错误。因此，我们在建设时应当拥有后备，我们需要有能够弥补我们的各种缺陷的后备。"从这一段话和前后文来看，斯大林讲的显然不仅是可能性，而且是现实性，不是逻辑推测，而是苏联实践经验的总结。经济危机不仅仅是资本主义社会才有，弄得不好，社会主义社会也会产生商业危机、财政危机、工业危机和打击到整个国民经济的总危机。

二

苏联什么时候发生过这样的经济危机呢？我不知道胡乔木同志文章中说的"以前和以后"是指什么时间。同时，由于苏联公布的统计数字特别是农业方面的统计数字既不完全又不很可靠，因此，分析和判断都很难准确。据我所了解的情况和手头所掌握的资料来看，至少有下面所说的这样两次。

一次发生在联共（布）"十四大"以前，那就是 1918—1920 年的军事共产主义时期。到 1920 年末，苏联原有的大工业垮掉了 95%，农业生产也遭到极大破坏，人民生活极其艰苦，工人每天只能分配到几两面包作口粮，自由市场上投机倒把势力猖獗，国民经济基本上已陷于崩溃。这个时期应该说是苏联国民经济出现了一次总危机。过去，这一时期经济破产的情况是大家都知道的，但没有把它叫做经济危机，认为这是战争期间的特殊情况，纯粹是外国武装干涉和国内反革命叛乱所造成的。当然，战争破坏是这一时期经济破产的主要原因，但是由于缺乏经验，在方针政策上的错误也是相当重要的原因。例如，当时苏维埃政府废除了商品交换，对农民实行余粮收集制，就极大地挫伤了农民的生产积极性。有人说，当时余粮收集制是不得不实行的，舍此别无出路。其实不然。我们在国内革命战争和抗日战争时期，在革命根据地没有实行余粮收集制，而是实行征收公粮和实行"公买公卖"的商品交换，又通过民主改革减轻了农民的负担，农民的生产积极性高得很。又如，苏联对资本家的工厂，不分大中小和对苏维埃政权的态度，一律采取没收的政策，这对工业生产的破坏也是很大的。列宁后来在实行新经济政策前后，对于军事共产主义时期的经验教训，曾作过深刻的总结。这一时期的经济工作中，确实发生过斯大林所说的那种"严重失算"。说这一时期苏联出现过国民经济的总危机，是符合实际情况的。

另一次发生在联共（布）"十四大"以后，大致在 1929—1935 年那一段时间。1929 年在苏联被称为"大转变的一年"，也就是农业集体化开始大有进展的一年。斯大林的农业集体化的大方向是完全正确的。但由于在集体化过程中一度曾发生侵犯中农利益，违背自愿原则，以及把一部分生活资料公有化等缺点和错误；由于在对集体农庄的政策中，国家规定的义务交售额定量过高，给的价格过低，在 30 年代，义务交售的收购价只能补偿农业成本的 10%—15%，犯了毛主席说的"竭泽而渔"的错误，结果就严重地挫伤了农民的生产积极性，导致农业大幅度减产。1934 年同 1928 年相比，牛的饲养头数减少了 49.9%，猪减少了 58.5%，羊减少了 68.2%。粮食减产情况，缺乏可靠的统计数字，但从畜牧业减产幅度之大，从苏联一直到1953年粮食产量还没有恢复到1913年的水平这一事实，可以想见一斑。农业大减产，不能不严重地影响到轻工业和人民生活，间接地影响到重工业发展的速度。据当时生活在苏联的一些同志谈，这一时期苏联人民的生活是很艰苦的，许多东西，从粮食到许多种日用消费品，都采取严格的配售制度。这也是由于经济工作中的"严重失算"所造成的一次危机。

我国在过去的29年中，也曾出现过两次打击到整个国民经济的危机。

一次在1960—1962年。这三年期间，农业减产，工业也减产，不得不动员一部分城市工业人口回到农村去，国家财政困难，人民生活十分艰苦。这次经济危机的主要原因：一是由于发生了连续三年严重的自然灾害；二是由于苏修撕毁合同、撤退专家，对我搞背信弃义的突然袭击；三是由于错误路线的干扰；四是由于我们缺乏经验，在探索高速度发展国民经济途径中工作上有错误。我国从1958年下半年开始的国民经济大跃进和人民公社化运动，大方向完全正确，它的积极作用，现在都还在显示着并将在今后继续显示出来。但在搞大跃进和人民公社化运动的时候，我们也有工作中的"严重失算"，走过一段弯路，付出了巨大的学费。我们花了将近三年的时间，不断总结实践经验，才建立了以生产队为基本核算单位的农村人民公社三级集体所有制这样一种能够灵活地适应我国农村生产力发展要求的所有制形式。农村人民公社化运动初期，不少同志弄不清不断革命论与革命发展阶段论之间的关系，头脑发热。天真地以为共产主义即将到来，有些做法违背了生产关系一定要适应生产力的规律和按劳分配规律，挫伤了农民的生产积极性。搞大炼钢铁时那种单打一、不计成本的做法，违背了有计划按比例发展规律和价值规律。经济工作中的这些"严重失算"，也是构成这次经济危机的重要原因。

另一次是1974—1976年那三年。华主席在五届人大政府工作报告中指出："从1974年到1976年，由于'四人帮'的干扰破坏，全国大约损失工业总产值1 000亿元，钢产量2 800万吨，财政收入400亿元，整个国民经济几乎到了崩溃的边缘。"造成这次经济危机的罪魁祸首是"四人帮"。从现象上看，这一时期我们在经济工作中的许多做法，如不注意发展生产，不注意贯彻按劳分配，不注意调整价格等等，显然是违背客观经济规律的。但是，从中央到地方的广大革命干部来说，不是不认识和不想按客观经济规律办事，而是"四人帮"的干扰破坏使你无法按客观经济规律办事，结果导致这一场打击我国整个国民经济的危机。

三

列宁和斯大林领导下的苏联和我国的实践经验都证明，斯大林关于社会主义社会可能出现经济危机的理论是正确的。但是，社会主义社会出现的这种经济危机，它的原因、性质和表现，都同资本主义社会里的经济危机大不相同。社会主义社会可能出现经济危机，丝毫无损于社会主义经济制度的优越性。

大家知道，资本主义经济危机是资本主义生产关系的产物。资本主义生产关系决定了生产的唯一目的和决定性的动机是追逐最大利润。为着追逐利润，资本家竞相采用新技术，扩大生产规模，使资本主义生产呈现无限扩大的趋势。同时，为追逐利润，资本家又千方百计剥削工人，这就必然要出现生产无限增长趋势同劳动群众购买力相对萎缩的矛盾，使生产过剩的经济危机成为不可避免。这种危机的主要表现，是商品滞销，价格下跌，工厂倒闭或减缩生产，失业队伍急剧扩大，如此等等。

社会主义社会出现的经济危机，除了自然界和社会关系方面的意外因素以外，主要是由经济工作中的"严重失算"造成的。上层建筑领域中路线、方针、政策和工作方法上违反客观经济规律的严重错误，反作用于生产关系和生产力，使社会主义经济制度和社会主义生产遭到破坏，因而导致经济危机。这种经济危机的主要表现，是生产遭破坏，国家市场上的价格虽然不变，但某些商品往往无货供应或只有少量的配售，而自由市场上的价格则猛烈上涨，人民的实际生活水平下降。

总之，资本主义经济危机由于是从资本主义生产关系本身派生出来的，具有必然性，会周期地出现，伴随着资本主义制度的始终。社会主义社会出现的经济危机不是社会主义生产关系的产物，而是社会主义生产关系遭到破坏的结果，是经济工作中的"严重失算"所造成的，它没有必然性。只要人们善于总结经济建设工作中的经验教训，就可以逐步地从必然王国走向自由王国，逐步地认识和按照客观经济规律办事，减少甚至完全避免那种会导致危机的"严重失算"。至于经济工作中不属于"严重失算"的一般错误，那是不可避免的，是随时随地都可能发生的。但这种一般错误不会导致经济危机，是容易纠正和弥补的。

从以上的分析可以看出，社会主义社会有可能发生经济危机，不仅丝毫无损于社会主义经济制度的优越性，而且正好从另一侧面进一步证明了社会主义经济制度的优越性，也使我们可以更正确地理解社会主义经济制度的优越性。

对于社会主义经济制度的优越性，存在着两种错误的认识：一种是对它作了不切实际的过高估计，以为社会主义经济制度可以保证生产自动地、有计划地、高速度地发展；另一种是过低估计甚至根本否定社会主义经济制度的优越性，以为既然社会主义生产发展的速度有时还不如某些资本主义国家，哪还有什么优越性？这两种错误认识，有其共同的思想基础，那就是，我们经济理论工作者过去对于社会主义经济制度的优越性，没有作出全面的正确的论述。但这两种错误认识，又各有其物质基础。在1958年以前，我们的经济工作中没有多大的"严重失算"，基本上是按照客观经济规律办事的，我国的经济发展速度比资本主义国家快得多。很多人从这种状况中直觉地产生了前一种想法。1966年以来，特别是1974—1976年那几年间，我国的社会主义制度遭到"四人帮"严重破坏，我国的社会主义生产停滞不前，甚至倒退下降，而发达的资本主义国家在这一段时间里经济发展却相当快。很多人就从这种对比中直觉地产生了后一种想法。当然，这两种想法都不对。

社会主义经济制度确有优越性。从理论上分析，社会主义经济制度保证了国民经济能够有计划按比例地发展，能够不受生产过剩的经济危机的干扰，能够在消灭剥削制度的基础上创造出比资本主义更高的积累率，能够在公有制的基础上更大规模和更合理地开发和利用自然资源，能够更快地推广技术革新的成果而不受私有制的束缚，能够更充分地调动劳动群众的积极性。在所有这些方面，以公有制为基础的社会主义生产关系,确实比以私有制为基础的资本主义生产关系更能适应生产力的发展。从实践上看,我们在建国以后二十多年的时间内,把一个轻工业门类不全、重工业除有些采矿工业以外几乎门门都缺的贫穷落后的旧中国,建设成为一个轻重工业门类基本齐全、技术力量和生产能力都有相当基础的初步繁荣昌盛的新中国。华主席在全国工业学大庆会议上的讲话中指出:"我们的工业发展,用二十八年的时间走过了许多资本主义国家用半个多世纪走过的路程。"社会主义经济制度的优越性,无论从理论上或实践上看,都是明明白白的。

但是,社会主义经济制度的优越性,是一种客观可能性。要把这种客观可能性化为现实性,需要我们在主观上作出努力,其中的关键,就是要在政治挂帅前提下,按客观经济规律办事。但是,要做到按客观经济规律办事是不容易的。认识客观经济规律,要有一个过程,要付出代价,从总结正反两面的经验教训中,才能逐步地认识摆在我们面前的必然王国,在经济建设中逐步地掌握主动权。过去二十九年中,将近有一半的年头,我国的经济建设速度很快,大大超过了一切资本主义国家。但也有将近一半的年头,我国经济发展速度很低,低于日本、联邦德国、法国等资本主义国家。这种情况说明,过去二十九年,我们还没有充分发挥我国社会主义经济制度的优越性。

现在,全国人民在华主席为首的党中央的领导下,正在深入揭批林彪、"四人帮"假左真右的谬论,坚持实事求是、实践第一的观点,彻底扫除林彪、"四人帮"所鼓吹的迷信盲从、一切按"长官意志"办事的恶劣风气,恢复毛主席倡导的发扬社会主义民主和走群众路线的优良传统。只要我们这样做了,我们就一定越来越善于按客观经济规律办事。而只要我们善于按客观经济规律办事,不仅可以避免再可能发生的经济危机,而且可以实现国民经济持续的高速度发展,以比原来预定的更快的速度,在更短的时间内实现四个现代化的宏伟目标。

(原载 1978 年 11 月 11 日《文汇报》)

改革开放以后
（1978年12月23日以后）

关于我国社会主义所有制形式问题

董辅礽

董辅礽（1927—2004），浙江宁波人。著名经济学家。

1946年，考入武汉大学经济系。1957年，获苏联莫斯科国立经济学院硕士、副博士学位。历任武汉大学讲师、中科院经济研究所研究员、中科院研究生院副院长等职。1987年，法国政府授予其军官级学术勋章。曾任国务院环境保护委员会顾问、国家环境保护局顾问。是第七和第八届全国人大常委、财经委员会副主委，以及第九届全国政协委员、经济委员会副主任。还任北京大学、武汉大学、中国人民大学等校兼职教授。

主要著作有《苏联国民收入动态分析》、《社会主义再生产和国民收入问题》、《大转变中的中国经济理论问题》、《社会主义经济制度及其优越性》、《论孙冶方的社会主义经济理论》等。

一 关于全民所有制的国家所有制形式问题

长时间以来，我国的经济理论一直认为全民所有制必须而且只能采取国家所有制的形式。属于社会主义全民所有的生产资料，只能由无产阶级专政的社会主义国家代表全体劳动人民来占有。社会主义国家直接领导属于国家的企业，国家通过自己的代表，即由有关的国家机关任命的企业领导人管理这些企业。国家机关直接计划这些企业的全部生产活动，等等。对全民所有制的这种认识一直延续到今天，被认为是天经地义、毋庸置疑的。现在看来，这种种看法都需要重新评价，因为多年的实践使我们认识到，全民所有制的国家所有制形式带来了许多问题。概括地说：

第一，在全民所有制的国家所有制形式下，国家政权的行政组织取代了经济组织，企业成为国家各级行政机构的附属物，甚至成为基层一级政权（如政企合一单位）。中央直属企业隶属于中央一级国家政权，地方企业隶属于地方各级国家政权。一些政治经济学书籍在论证国家所有制形式的必要性时，都指出社会主义全民所有制的性质决定了企业不应该在产、供、销、人、财、物等方面，拥有独立自主的权限，这些权限都应该集中到国家，企业的一切活动都得听从上级行政组织的安排和批准，否则，社会主义全民所有制就不成其为全民所有制了，甚至像有的书上所说，就"被分割成为地方所有制、部门所有制、企业所有制或者集体的资本主义所有制了"。① 由于国家所有制的这种概念根深蒂固、神圣不可侵犯，二十多年来，我国虽然进行过多次经济管理体制的改革，改来改去，无非是在中央集权和地方分权的关系上考虑，不论是强调集权还是强调分权，都没有触及国家所有制形式问题，都没有去注意解决企业在统一领导下的独立性问题。一些企业的隶属关系几经改变，时而收时而放，变来变去，都无非是确定这些企业究竟应该隶属于哪一级政权，应该成为由哪一级政权来拨动的算盘珠。资金上的统收统支、产品上的统购包销这一套办法，始终不曾有多大触动。企业不能实行全面的独立的严格的经济核算制。企业既没有必要的经济管理权限，当然也就不必也不能承担经济责任，干好干坏、盈利亏损都是一样的，同企业和企业职工本身没有直接的利害关系。

第二，国家所有制是由国家政权的行政组织取代经济组织，直接指挥企业的一切经济活动。多年的实践表明，这种所有制形式容易产生官僚主义、命令主义、瞎指挥、"按长官意志"办事，违反客观经济规律。

这是因为经济基础和上层建筑是人类活动的不同领域，它们的运动具有各自不同的形式、特点和客观规律。国民经济是一架大机器，它的运转的动力是经济利益。资本主义经济的动力在于资本家

---

① 参见"四人帮"在上海组织编写的《社会主义政治经济学》。

对利润的追逐。满足劳动人民个人和社会的物质文化需要，则是社会主义经济中的经济利益所在，它推动着社会主义经济的运动。社会主义经济中的各个劳动者和各个生产单位，以经济利益为纽带结合起来，为满足个人和社会的各种需要而进行生产。社会主义国民经济这架大机器的运转还借助于各种经济机制和杠杆，它们是：价值、价格、商品、货币、市场、银行、信贷、利息、预算、成本、利润、簿记、经济合同、工资、奖金等等。它们是国民经济这架大机器的齿轮、联动装置、传送带……客观经济规律的要求和作用是通过这些经济机制和杠杆的运动来实现和表现的。它们的运动显示人们的经济活动是否符合客观经济规律。在经济管理中，要按客观经济规律办事，就必须把经济活动建立在对经济利益的关心的基础上发挥经济利益的动力作用，善于运用各种经济机制和杠杆。为此，就必须使各种社会主义经济组织具有自身的经济利益，在集中统一的领导下有独立自主的权限来利用这些经济机制和杠杆以进行自己的经济活动。国家政权则是上层建筑的一部分。它是经济组织，也是一架大机器。但它的运动却有着与经济基础的运动完全不同的形式、特点和规律。已不实行经济核算，从而也没有用自己的收入抵偿自己的支出并且向社会提供利润的经济责任。它的运动不是借助于上述种种经济机制和杠杆，而主要是借助公式、命令、指示、规定、条令等非经济的杠杆来实现的。客观经济规律的要求和作用不是直接通过这些非经济的杠杆的运动而实现和表现的，因此后者也不能直接地反映客观经济规律的要求和作用，从而人们也不能通过它们去认识客观经济规律。虽然在管理国民经济中不能不运用这些非经济的杠杆，但它们决不能成为主要的，更不能用它们来取代经济的机制和杠杆。相反，在必须运用它们来管理国民经济时，为了知道它们是否正确地反映了客观经济规律的要求，也还要从经济机制和杠杆的运动中去判断和认识。主要地或单纯地利用这些非经济杠杆来管理国民经济必然会出现违反客观经济规律的情况，而且这种违反往往必须经过一个相当长的过程，在客观经济规律给予了惩罚以后才会被人们所认识。在全民所有制采取国家所有制（的）形式下，一切经济活动由国家政权来指挥和决定，就会出现主要地或单纯地利用非经济的杠杆来管理国民经济的情况。再加上国家政权的行政组织是远离生产、流通、分配、交换的，要靠这只手去拨动千千万万颗直接从事生产、流通、分配、交换的那些算盘珠，怎么可能不出官僚主义、命令主义、瞎指挥呢？怎么可能不违反客观经济规律呢？胡乔木同志的重要文章中所列举的种种现象，例如，考虑行政方便，要求经济活动机械地适应行政的系统、层次、区划，机构重叠，层次繁多，手续复杂，公文旅行，文件泛滥，会议成灾，办事无效率，经营缺效果，经济运转不灵，凭"长官意志"办事，靠首长批条子行动，等等，都决不单纯是一个管理经济的方法问题（如最近人们常说的用行政方法管理经济），实质上涉及到社会主义全民所有制的国家所有制形式问题，不妨举一些例子来说明。

有一个工厂为了给一套引进的设备进行配套，需要向国外补充订货，货单在各个行政组织中往返周转，单单办理申请手续就耗费了9个月时间，其中仅在两个部之间来回往返就达半年之久。上海华光啤酒厂要进行一项工艺改革，实行后可大幅度增加产量。这项改革的报告从轻工业部批复下达后，在各行政部门办公室里转来转去就花了5个多月的时间，才由市轻工业局下达到工厂。沈阳重型机器厂要盖一点宿舍，申请书经过了11个机关审批，盖了24个图章。这几个例子说明，由国家政权的行政组织来管理经济，结果是国家政权的行政组织有多少系统、多少机构、多少层次，公文就必须沿着主管的这些行政系统、机构和层次去旅行，旅途中要通过一道道关卡，还要不断遇到"交通堵塞"和"红灯"。有一个化工厂要从国外引进生产聚酯纤维的先进技术，这套技术可以连续缩聚，直接抽丝，不需要像以往的技术那样先缩聚，再造粒而后抽丝。可是，各种产品的生产是按国家的行政部门的划分分别管理的，外汇也是按行政部门划分的。按照国家行政组织的这种划分，化工厂向国外购买聚酯纤维的装置就不能是连续生产的，即不经过造粒，由缩聚直接抽丝，因为抽丝是纺织部门管的事。这就是说，化工部门必须把缩聚后的物料加以冷却，造成颗粒，再由纺织部门拿去重新升温熔化，进行抽丝。于是，为了服从这种国家行政组织的划分，化工厂进口这套装置，就把这套连续生产的先进技术装置的完整生产流程，人为地切掉属于纺织部门管的那一部分，使它失去了先进性。我们还经常地了解到,许多原材料由于各道生产工序和各种产品的生产分属各个行政主管部门而不能综合利用的情况。至于商品流通不根据经济上的合理性来组织而受到行政区划的限制,造成迂回运输和商品的不合理分布,那更是司空见惯的事。这些都是在国家所有制形式下强使经济活动违反经济、合理的原则去服从国家行政组织的系统和划分的例子。其他方面的例子很多,不需要一一列举了。

第三,在国家所有制形式下,社会主义国家是通过自己的代表,即国家任命的企业领导人去经营这个企业的。企业领导人作为国家政权的代表在企业中行使他们的权力,他们直接向企业所属的国家政权机构负责,而不是向企业和企业的职工负责。这种状况往往造成他们必须按照上级政权的行政组织的命令行事,而不必问这种命令的经济合理性,即使这个命令是不合理的,他们作为国家委任的代表也必须执行。企业的经营好坏同他们个人没有直接的利害关系,只要执行上级命令,即使造成严重损失,他们也无须承担经济上的责任,同他们个人的收入更没有关系。相反,他们不执行这种命令,倒是要给自己带来不利。有些企业的封建衙门化,有些领导人的官僚化,不能说同国家所有制形式没有关系。企业领导人既然是国家政权机关任命的,职工就无权对他们的去留作出决定,不能对他们进行有效的监督,致使有些领导人专横跋扈、胡作非为。

最后,社会主义全民所有制作为劳动者同生产资料直接结合的社会形式,理应由劳动者直接管理全民所有制的生产资料,管理企业的生产、交换、分配等活动。为了使劳动者把这些生产资料经营管理好,理应使他们从经济利益上关心本企业的经营状况,使他们的利益不仅同全社会的利益而且同本企业的利益直接结合在一起。但是,国家所有制形式却未能使劳动者同生产资料这样紧密地结合起来,凡事由上级国家行政组织决定,劳动者无权过问,企业经营好坏又同他们的利益没有直接关系,劳动人民怎么能起到生产资料的主人翁的作用呢?这些生产资料又如何能管理好、运用好呢?

国家所有制形式同生产力的矛盾,在 20 世纪 50 年代就已有所暴露。在毛泽东同志的著作中,曾一再涉及到了。例如,在《论十大关系》中就谈到"工厂在统一领导下的独立性问题"、"国家、生产单位和生产者个人的关系"问题,实际上就涉及到了改善全民所有制形式的问题。但那时,生产建设的规模毕竟很小,各地区、各部门间的经济联系还比较简单,所以矛盾还不大引人注目,毛泽东同志的精辟思想未能为大家所很好(地)领会和贯彻。以后,随着生产力的发展,随着生产的社会化程度的提高,它同生产力的矛盾就尖锐起来了,成为生产力发展的一种障碍。因此,为了加速实现四个现代化,必须改变国家所有制这种形式,找出能促进生产力迅速发展的社会主义全民所有制的新形式。实践将创造出这种新形式来。

那么,改变社会主义全民所有制的国家所有制形式是否意味着改变全民所有制的性质呢?恰恰相反,正是为了适应它的性质。

在社会主义全民所有制条件下,全体劳动者既然是生产资料的共同所有者,就必须按照全体劳动者的共同利益来运用生产资料。建立在社会化大生产基础上的社会主义全民所有制要求对生产资料的经营管理实行集中统一的领导,按照体现全体劳动者共同利益的统一计划来发展国民经济。列宁说过,"建成社会主义就是建成集中的经济,由中央统一领导的经济",① 这是一方面。另一方面,全体劳动者的共同利益又是同各个劳动者的利益密不可分的,它是各个劳动者的利益的集中,而全民所有的生产资料又总是分归各个生产单位经营管理的,即占有、支配和使用的。这样,全民所有制作为劳动者同生产资料直接结合的社会形式,就只有使各生产单位及其劳动者关心本身的利益的增进。由劳动者直接经营管理,才能有效地运用生产资料,从而增进全体劳动者的共同利益。因此,社会主义全民所有制又要求实行广泛的民主,使各个生产单位具有必要的权力和独立性,具有自身的利益,并能够考虑自身的利益,使各生产单位的劳动者享有经营管理权。恩格斯说:在新的社会制度下,"一切生产部门将由整个社会来管理,也就是说,为了公共的利益按

---

① 《在全俄中央执行委员会、莫斯科苏维埃和全俄工会代表大会联席会议上的演说》,《列宁全集》第二十八卷,第378页。

照总的计划和在社会全体成员的参加下来经营"。① 毛泽东同志说："各个生产单位都要有一个与统一性相联系的独立性，才会发展得更加活泼。"② 这都是很正确的。生产资料经营管理上的与统一性相联系的独立性并不改变它的全民所有制的性质，生产资料并不因此就属于各生产单位所有，而只归它们占有、支配和使用。因为各生产单位是在统一计划的领导下，独立地运用这些生产资料，生产的剩余产品也不归各个生产单位所有，而是归全体劳动者所共有，并且根据全体劳动者的共同利益进行分配。由此可见，社会主义的全民所有制的性质，要求把它的经营管理中的统一性和独立性结合起来。从以往的实践来看，社会主义全民所有制的国家所有制形式是难以做到这一点的，是难以使全民所有制充分发挥它的优越性的。

看来要做到这一点，需要使国家行政组织和经济组织分开，经济活动要由各种经济组织去进行，各个管理经济的国家行政组织要改变为实行经济核算的经济组织。③ 各种经济组织应该具有统一领导下的独立性，实行全面的独立的严格的经济核算，它们的一切经济活动都应该纳入经济核算的轨道，受到银行和簿记的监督，它们应该有自身的经济利益，负有法律规定的经济上的责任。各经济组织中的劳动者有权在维护和增进全体劳动者的共同利益的前提下，在统一计划的指导下，结合对本单位和自身的利益的考虑直接参加经营。

那么，无产阶级专政的国家是否还应该具有经济职能呢？国家在消亡以前，在社会经济中心形成以前，是具有经济职能的；但这种职能不应该是代替各种经济组织去直接指挥各生产单位的一切经济活动，而应该是在各经济组织的独立经营的基础上，通过反复协商和协调，制定统一的国民经济计划，安排国民经济的比例，协调

---

① 《共产主义原理》，《马克思恩格斯全集》第四卷，第 365 页。
② 《论十大关系》，《毛泽东选集》第五卷，第 273 页。
③ 需要指出，目前有些专业公司只是名义上的经济组织，它们不实行经济核算，实际上依然是国家行政组织的一个单位，挂着公司的牌子。有的专业公司对外叫公司，对内则是某个部的一个局。

各方面的活动，进行国民经济平衡，制定统一的经济政策，调节各方面的经济利益上的矛盾，制定经济法律并执行法律，等等。

（原载《经济研究》1979年第1期，此处节选自其中的第一部分）

无产阶级取得政权后的
社会发展阶段问题

苏绍智　冯兰瑞

苏绍智，1923年出生于北京。经济学家。

1949年毕业于南开大学经济研究院，获硕士学位。1949—1963年期间，在复旦大学经济研究所和《解放》杂志社及华东局宣传部工作。1964年调《人民日报》社理论部。1970年任北京大学经济系教授。后任中国社会科学院马克思主义毛泽东思想研究所所长、研究员，以及院务委员会委员和《马克思主义研究丛刊》主编。

主要著作有《资本主义再生产和经济危机》、《我国社会主义经济研究中的若干问题》、《经济发展和民主化》、《中国的社会主义和民主》、《马克思主义在中国》、《民主化与改革》（英文版）等。

冯兰瑞，女，1920年出生于贵阳。

早年求学于贵阳达德学校。1940年赴延安，后考入中央军委编译局主办的外语学校英文队学习。1954年进入中共中央党校师资部专修政治经济学专业。历任上海《青年报》社社长兼总编辑、《中国青年报》编委兼文教学生部主任、哈尔滨工业大学党委宣传部部长兼马列教研室主任、黑龙江省经济研究所副所长、黑龙江省统计局副局长、国务院政治研究室研究员、中国社会科学院马列主义毛泽东思想研究所副所长兼党委书记、中国经济学团体联合会执行主席、《经济学周报》社社长。

主要著作有《劳动报酬与劳动就业》、《论中国劳动力市场》（合著）等。

从无产阶级取得政权到共产主义高级阶段到来之前，社会的发展要不要分阶段？如何分阶段？我国现在处在什么阶段？这是一个具有重大现实意义的理论问题。而这个问题，从 20 世纪 60 年代以来就被弄得混淆不清，需要认真加以研究。

问题要从马克思在《哥达纲领批判》和列宁在《国家与革命》中的两段著名的话谈起。马克思说："在资本主义社会和共产主义社会之间，有一个从前者变为后者的革命转变时期。同这个时期相适应的也有一个政治上的过渡时期，这个时期的国家只能是无产阶级的革命专政。"① 列宁说："从向着共产主义发展的资本主义社会过渡到共产主义社会，非经过一个'政治上的过渡时期'不可，而这个时期的国家只能是无产阶级的革命专政。"②

如何正确地理解这两句话，在我国政府研究和宣传工作中，存在着重大的分歧。一种流行的甚至一时成为定论的是：把马克思、列宁在这里所说的"资本主义社会过渡到共产主义社会"中的"共产主义社会"解释为共产主义的高级阶段。因此，把"过渡时期"的界线划到共产主义高级阶段，也就是说，到共产主义高级阶段前夕，"过渡时期"才结束。与此相适应，把社会主义社会看作从资本主义社会到共产主义社会的整个过渡时期，看作无产阶级专政时期，不再划分阶段。

在这种情况下，不同意上述观点，认为马克思、列宁所说的"共产主义社会"指的是共产主义社会的第一阶段（社会主义社会）的观点，就被指责为修正主义，因为这种观点会导致在共产主义高级阶段未实现前无产阶级专政的国家就会消亡的结论。

究竟谁是谁非，要研究两个问题：

第一，马克思、列宁所说的"资本主义社会过渡到共产主义社会"，这里所说的"共产主义社会"究竟是指的共产主义社会的高级阶段，还是共产主义社会的第一阶段（社会主义社会）？

第二，在无产阶级取得政权以后一直到共产主义社会的高级阶段，要不要划分为若干阶段？怎样划分？

---

① 马克思：《哥达纲领批判》，《马克思恩格斯选集》第三卷，第 21 页。
② 列宁：《国家与革命》，《列宁选集》第三卷，第 245 页。

一

把"过渡时期"的界线划到共产主义社会的高级阶段,还是划到共产主义社会的第一阶段(社会主义社会)?各人可以提出自己的看法。但是,如果说马克思、列宁(前引语录中)所说的"共产主义社会"只能理解为"共产主义社会的高级阶段",那是缺乏根据的,也是与马克思、列宁的原意不符的。

诚然马克思讲的是"在资本主义社会和共产主义社会之间,有一个从前者变(为)后者的革命转变时期"。他在《哥达纲领批判》一书中没有用过"社会主义社会"这个范畴。列宁则不仅讲过"从资本主义社会过渡到共产主义社会",也多次讲过"资产阶级社会到社会主义社会"、"从资本主义过渡到社会主义"。共产主义社会本身包括低级阶段(社会主义)和高级阶段,所以,"共产主义社会"可以理解为前者,也可以理解为后者。问题在于如何完整地、准确地根据马克思和列宁的原来的意思来理解他们所说的共产主义这个范畴。

马克思在《哥达纲领批判》一书中,关于共产主义社会的第一阶段(社会主义社会)是这样说的:"我们这里所说的这样的共产主义社会,它不是在它自身基础上已经发展了的,恰好相反,是刚刚从资本主义社会中产生出来的。"① 他还指出这个社会的特点,"在一个集体的以共同占有生产资料为基础的社会里,生产者并不交换自己的产品;耗费在产品生产上的劳动,在这里也不表现为这些商品的价值,不表现为它们所具有的某种物的属性,因为这时和资本主义社会相反,个人的劳动不再经过迂回曲折的道路,而是直接地作为总劳动的构成部分存在着"。② 又说,在这个社会里,"每一个生产者,在作了各项扣除之后,从社会方面正好领回他所给予社会的一切。他所给予社会的,就是他个人的劳动量"。这个社会"不承认任何阶级差别,因为每个人都像其他人一样只是劳动者;但是

---

① 马克思:《哥达纲领批判》第 10、10—11、11—12 页。
② 同①。

它默认不同等的个人天赋,因而也就默认不同等的工作能力是天然特权"。所以马克思在《哥达纲领批判》一书中所说的资本主义社会和共产主义社会之间的这个共产主义,指的是共产主义社会的第一阶段(社会主义社会),而不是共产主义的高级阶段。

列宁在《国家与革命》一书中把马克思的意思解释得更明确了。该书第五章第三节的标题就是"共产主义社会的第一阶段"。在这一节中列宁描述了社会主义社会的一些重要特点:"生产资料已经不是个人的私有财产,它已归整个社会所有";"人剥削人已经不可能了,因为那时已经不能把工厂、机器、土地等生产资料攫为私有了";"国家正在消亡,因为资本家已经没有了,阶级已经没有了,因而也就没有什么阶级可以镇压了。但是,国家还没有完全消亡,因为还要保卫容许事实上存在不平等的'资产阶级权利'。"①

列宁还明显地把无产阶级专政看成是资本主义社会到社会主义社会的过渡时期的特殊的国家。列宁说:"在资本主义和社会主义之间有一段很长的'阵痛'时期;暴力永远是替旧社会接生的稳婆;同资产阶级社会到社会主义社会的过渡时期相适应的,是一个特殊的国家(这就是对某一阶级有组织地使用暴力的特殊制度),即无产阶级专政。"② 又说过,"从资本主义过渡到社会主义,需要经过长期的分娩痛苦,经过长时期的无产阶级专政。"③ 列宁在《国家与革命》中也阐述了这样的观点:"随着社会主义社会制度的建立,国家就会自行解体和消失";国家消亡是一个过程,"正在消亡的国家在它消亡的一定阶段,可以叫做非政治国家"。④

从以上马克思和列宁的论述,完全有理由认为,马克思和列宁所设想的共产主义社会的第一阶段(社会主义社会)的特点是:整个社会占有生产资料(单一的社会主义公有制),没有商品生产和商

---

① 列宁:《国家与革命》,《列宁选集》第三卷,第250、251、252页。
② 列宁:《被旧事物的破产吓坏了的和为新事物而斗争的》,《列宁全集》第二十六卷,第375页。
③ 列宁:《关于人民委员会工作的报告》,《列宁全集》第二十六卷,第442—443页。
④ 列宁:《国家与革命》,《列宁选集》第三卷,第226页、224页。

品交换，没有阶级，国家的镇压职能已经消亡，但国家还没有完全消亡，国家还有保卫按劳分配的职能，因而可以叫做非政治国家，不再是原来意义上的国家，即不再是无产阶级专政的国家了。有的同志认为社会主义社会里，即使国家对内没有镇压的职能，但是，在国外还存在帝国主义国家的条件下，国家还有抵抗外国侵略者的职能，这也是无产阶级专政的职能。把抵抗外国侵略者的职能也当作无产阶级专政虽然是斯大林讲的，但是，严格地说，这并不属于一个阶级压迫另一个阶级的专政，因而不属于无产阶级专政的范畴。

马克思和列宁所讲的从资本主义社会向共产主义社会的过渡，就是指的向共产主义社会的第一阶段，即社会主义社会过渡。也就是说，当建立这样的社会主义社会时，过渡时期便结束了。列宁说过，"那么过渡这个词到底是什么意思呢？它在经济上是不是说，在这制度内既有资本主义的也有社会主义的成分、部分和因素呢？谁都承认是这样的"。① 建立了马克思和列宁所说的社会主义社会，已经没有资本主义的成分、部分和因素了。建立了这样的社会主义社会，过渡时期便已结束。

二

我国现在的社会主义社会和马克思、列宁所设想的不一样，那是因为我们现在所处的阶段与之不同。

现在有一种流行的看法，就是：从资本主义社会向共产主义社会过渡是一个整个历史时期，这个历史时期都叫做社会主义社会，不再划分阶段。这种看法值得研究。事物的发展总是从量变到部分的质变，然后到最后的质变，如果说最后的质变作为划分大阶段的标志，那么部分的质变就可以作为划分小阶段的标志。从资本主义社会向共产主义社会（高级阶段）过渡，或者说，从无产阶级专政建立以后，是要划分为若干阶段的。

共产主义社会划分为两个阶段，马克思早在《经济学—哲学手

---

① 列宁：《论"左派"幼稚性和小资产阶级性》，《列宁全集》第二十七卷，第310页。

稿》（1844年）中已经有了这样的思想；恩格斯在《共产主义原理》（1847年）中开始把社会主义和共产主义作为两个依次发展（的）阶段。马克思在《哥达纲领批判》（1875年）中对这两个阶段又作了经济上的具体区别。在《哥达纲领批判》一书中，马克思也设想过从资本主义社会向共产主义社会（第一阶段）过渡要有个过渡时期。但是，过渡时期怎样理解和怎样划分阶段，理论界还有不同的看法。

最近发现了共产主义者同盟科伦领导人之一和1852年著名的科伦共产党人案件的被告之一彼得·格尔哈特·勒泽尔的供词。这个供词引起了研究者的广泛兴趣。勒泽尔说，马克思在1849年冬到1850年期间，曾多次讲，共产主义在它完全建成前必须经过几个阶段：在小资产者掌权的革命以后，接着产生社会共和国；社会共产主义共和国；纯粹共产主义共和国。①

勒泽尔的这个供词不一定准确。但是如果拿来和马克思、恩格斯在1850年3月《中央委员会告共产主义者同盟书》中的不断革命的观点相印证，可以看出：马克思、恩格斯认为从资本主义到共产主义高级阶段到来以前，是要分阶段的。第一阶段是民主主义共和国阶段，"民主派将会取得统治，他们将不得不提出一些多少带点社会主义性质的措施"；第二阶段，社会共和国，是"带有社会主义倾向的共和国"，即向社会主义过渡的阶段；第三阶段，社会共产主义共和国，是"带有共产主义倾向的共和国"，即实现向完全共产主义过渡，相当于社会主义；第四阶段，纯粹共产主义共和国，相当于共产主义。

马克思、恩格斯设想，在无产阶级取得政权以后，要经过若干阶段，才能进入共产主义社会的初级阶段（社会主义社会）和共产主义社会的高级阶段。

列宁在《马克思主义论国家》中又明确地提出，在无产阶级专政建立以后，经历三个发展阶段：（1）"长久的阵痛"，即从资本主义向共产主义第一阶段的社会主义过渡；（2）"共产主义社会第一

---

① 参见：《外国哲学资料》第二辑，商务印书馆1976年版。

阶段";（3）"共产主义社会高级阶段"。①

马克思当时设想无产阶级社会主义革命将会首先在资本主义最发达的国家取得胜利，因而在取得无产阶级革命的胜利以后，将会经过比较短的时期进入共产主义社会的第一阶段（社会主义社会）。列宁在"十月革命"以前阐述马克思在《哥达纲领批判》的观点时，也是这样看法的。

在"十月革命"胜利以后，列宁认识到俄国这样一个小资产阶级占优势的国家里，向社会主义社会过渡比资本主义发达国家要困难得多。列宁说过："在爱斯兰这样一个人人识字和全国都是大农业的小国家里，向社会主义过渡的情形，和俄国这样一个小资产阶级占优势的国家向社会主义过渡的情形，不可能是相同的。"② 又说："在俄国，我们推翻资产阶级以后已经是第三年了，今天还只是跨出最初的步子，从资本主义过渡到社会主义，即过渡到共产主义的低级阶段。在无产阶级夺得政权之后，阶级还仍旧存在，而且还要在各个角落存在好多年。在没有农民（但仍然有小业主！）的英国，也许这个时期会短一些。"③

在我国这样一个在解放前是个半殖民地半封建的国家，小生产占绝对优势，生产力发展水平、生产社会化的程度和人民的文化水准都极为低下，向社会主义过渡的时期将会更长一些。在我国，过渡时期还没有结束，还没有进入马克思和列宁所设想的共产主义社会的第一阶段（社会主义社会）。因此，实践向我们提出了在共产主义高级阶段到来之前，社会发展阶段的划分问题。

列宁曾多处使用了"发达的社会主义社会"这个概念。④ 毛泽东同志也讲过，从资本主义过渡到共产主义，有可能分成两个阶段：

---

① 参见列宁：《马克思主义论国家》，人民出版社1964年版，第32页。
② 列宁：《关于人民委员会工作的报告》，《列宁全集》第二十六卷，第428—429页。
③ 列宁：《共产主义运动中的"左派"幼稚病》，《列宁全集》第三十一卷，第25页。
④ 见：（1）《<苏维埃政权的当前任务>一文的初稿》第八章，《列宁全集》俄文第五版，第三十六卷，第139页；（2）《关于全俄中央执行委员会和人民委员会的工作》，《列宁全集》第三十卷，第299页。

一是由资本主义到社会主义，这可以叫做不发达的社会主义；二是由社会主义到共产主义，即由不发达的社会主义到比较发达的社会主义，后一阶段可能需要比前一阶段更长的时间。经过了后一阶段，物质产品、精神产品都大为丰富，人的共产主义觉悟大为提高，就可以进入共产主义的高级阶段了。所以，研究社会主义划分阶段的问题可以参酌列宁和毛泽东同志的设想，采用"不发达的社会主义"和"发达的社会主义"这个概念。我们认为，从资本主义社会到共产主义高级阶段，可以分为这样几个阶段：一个就是从资本主义到社会主义的过渡阶段。这里又分为两个时期：第一个时期就是从无产阶级革命胜利后到生产资料所有制的社会主义改造基本完成。这个时期的特点是还存在着多种经济成分，相应地存在着多个阶级，因而是进行激烈的、尖锐的阶级斗争的时期。这就是过去我们所讲的"过渡时期总路线"的那个"过渡时期"。生产资料所有制的社会主义改造基本完成以后，就进入另一个时期，即不发达的社会主义；然后进入发达的社会主义；最后才进入到共产主义阶段。

马克思和列宁所讲的社会主义社会就是这个发达的社会主义阶段。发达的社会主义的特点，马克思在《哥达纲领批判》、列宁在《国家与革命》里，说得很清楚了。在这个阶段，生产力有很大的发展，机械化、自动化的程度有很大的提高，物质产品大为丰富。在思想上，共产主义觉悟大大提高，已经消除了小生产者的习惯势力和小生产者的心理，精神产品也大为丰富。马克思当初设想的社会主义革命将首先在资本主义发达的国家成功。在那里，经过"阵痛"以后，就可以进入这个阶段。如果美国和西欧这样资本主义高度发达的国家取得无产阶级社会主义革命的胜利，它们就可能经过一个较短的"阵痛"以后，不经过不发达的社会主义，直接进入发达的社会主义社会。而在俄国、中国这样小资产阶级占优势的国家里，即使生产资料所有制的社会主义改造完成以后，还要经过很长的不发达的社会主义阶段才能进入发达的社会主义。

不发达的社会主义社会的特点是存在着公有制的两种形式，还有商品生产和商品交换，资产阶级作为一个阶级已经基本消灭，但是还有资本主义的残余和资产阶级分子，甚至封建主义的残余，还有相当比重的小生产者，工农之间还存在着由于生产资料的关系不同和生产力发展水平不同而存在着的阶级差别,小生产者的习惯势力和心理仍然泛滥,生产力还没有大发展,产品也未能较大丰富。这时,大规模的急风暴雨式的群众阶级斗争已经结束,但是还有阶级斗争,还需要无产阶级专政,因而,向社会主义的过渡时期还没有结束。

那么,我们的社会是不是社会主义社会呢?列宁曾经说过:"苏维埃社会主义共和国这个名称是表明苏维埃政权有决心实现向社会主义的过渡,而决不是表明认为新的经济制度是社会主义的。"① 列宁这话是在1918年说的,当时苏联还没有实现生产资料所有制的社会主义改造,还存在着五种经济成分。苏联在这种情况下采用"社会主义共和国"这个名称,列宁认为是可以的。我国现在的情况同1918年苏联的情况不同,我们已经超过了苏联1918年的阶段。不仅无产阶级取得政权,建立起无产阶级专政,而且基本上完成了生产资料所有制的社会主义改造,共产党领导下的广大群众有决心实现向社会主义的过渡,说我们是社会主义国家是完全可以的。但是,还不能说我们已经建立了马克思、列宁所设想的共产主义社会的第一阶段(社会主义社会)。我们还存在着资本主义甚至封建主义的残余,小生产还占相当地位,小生产者的习惯势力和心理还泛滥着。这说明我们还处在不发达的社会主义社会,还处在社会主义的过渡时期,不能认为我们的经济制度已经是发达的或者完全的社会主义。

三

把从资本主义到共产主义这样一个很长的时期看作一个整个的历史时期,不再分阶段,易于导致混淆历史阶段,使我们不能够正确认识和把握社会主义的发展规律,以致会发生政策上的错误,造成严重的后果。我国二十年来的实践已经证明了这一点。

不分阶段,混淆阶段,就会把某一阶段存在的现象、因素,扩大成为社会主义几个发展阶段上都有的现象或因素。例如,在从资

---

① 列宁:《论"左派"幼稚性和小资产阶级性》,《列宁全集》第二十七卷,第310页。

本主义到社会主义的过渡阶段的第一个时期（"过渡时期"）经济上存在多种成分，相应地存在着几个阶级，无产阶级同资产阶级的矛盾、社会主义同资本主义的矛盾是主要矛盾。由于不分阶段，把从资本主义到不发达的社会主义、从不发达的社会主义到发达的社会主义看作同一个历史时期，就把这个矛盾贯穿到了整个的历史时期，在这整个历史时期都要不断地进行阶级斗争，就易于把阶级斗争扩大化。这就妨碍我们按照社会主义发展的规律，在无产阶级成为统治阶级，并把资产阶级的生产资料夺取到自己手中之后，把全党全国工作的着重点转移到社会主义建设上来，集中主要力量发展生产力，大大提高劳动生产率，致使我们在从革命到建设的过程中，动动摇摇，一度偏离社会主义建设这一工作着重点。

不区分发达的社会主义和不发达的社会主义，混淆这两个阶段，在经济上的后果也很严重。如果把发达的社会主义阶段才应该做的事，拿到不发达社会主义阶段来做，就发生过早地消灭个体经济，取消自留地和家庭副业，想要取消按劳分配、商品生产和商品交换，反对物质利益……甚至急于向共产主义过渡。结果挫伤了人民群众的社会主义积极性，破坏了生产关系，也严重地破坏了生产力。

不分阶段，混淆阶段，有许多社会现象无法解释。新生的资产阶级分子如何产生的问题就是一例。本来，我们国家只处于不发达的社会主义，资产阶级作为阶级已基本消灭，但资本主义经济残余还存在，资本主义的残余势力还存在，小生产还占相当优势，这在一定的条件下，就会产生新生的资产阶级分子。可是，由于认为我们已是社会主义社会，资本主义已经消灭，就只能从社会主义生产关系内部来找新生的资产阶级分子产生的原因，于是，认为按劳分配、社会主义商品货币是产生新资产阶级分子的原因，从而根本否定了社会主义的按劳分配和社会主义的商品货币关系，逻辑地得出社会主义生产关系中必然产生资本主义生产关系的荒谬结论。

（原载《经济研究》1979 年第 5 期）

论社会主义经济中计划与市场的关系

刘国光　赵人伟

刘国光，1923年出生于江苏省南京市。经济学家。

1946年于国立西南联合大学经济系毕业后，到天津南开大学经济系任助教。1951年被派往苏联莫斯科经济学院国民经济计划教研室当研究生，1955年获副博士学位。回国后，入中国社会科学院经济研究所从事研究工作。曾任《经济研究》杂志副总编和主编。1975年进入中国国家计划委员会经济研究所工作。1981—1982年期间，兼任中国国家统计局副局长。1982—1993年任中国社会科学院副院长。1993—1998年任全国人民代表大会第八届常务委员会委员，兼任北京大学、浙江大学等教授。2006年被中国社会科学院推选为中国社会科学院学部委员。2005年获"中国经济学杰出贡献奖"。

主要著作有《社会主义再生产问题》、《中国经济大变动与马克思主义理论的发展》、《中国经济的两个根本性转变》、《刘国光经济文选》等。

赵人伟，1933年出生，浙江省金华人。经济学家。

1957年毕业于北京大学经济系。1957—1985年期间，先后任中国社会科学院经济研究所实习研究员、助理研究员、副研究员。1984年、1986年和1994年三次获"孙冶方经济学奖"。曾担任中国比较经济学研究会副会长一职，是《经济社会体制比较》杂志联合主编之一。1990—1993年期间，任中国港澳经济研究会副会长。2005年获"中国经济学杰出贡献奖"。

主要著作有《论社会主义经济中计划和市场的关系》（合著）、《劳动者个人收入分配的若干变化趋势》、《中国居民收入分配再研究》（主编）等。

二 关于社会主义计划经济条件下如何利用市场的问题

商品经济的发展和市场机制的利用，离开不了市场舞台上出现的各个商品生产者的活动。社会主义市场的主体，除了集体所有制企业单位外，主要是全民所有制（有的国家是社会所有制）企业单位。这些企业单位既向市场提供各种消费品和生产资料，又向市场购买各种生产资料。要发挥市场的作用，全民所有制企业单位不具有一定的经济自主权力，不能够作为相对独立的商品生产者相互对待，是不行的。如果全民所有制的企业单位老是处在束手束脚、无权无责的地位，所谓利用市场就不过是一句空话。所以，我们当前这个问题是同扩大企业权限的问题密切联系在一起的。

同时，在计划经济条件下利用市场，又离不开发挥同价值范畴有关的经济杠杆和经济机制（如价格、成本、利润、信贷、税收等）的作用，把各个生产单位的经营成果同生产者的物质利益联系起来。这正是用经济办法管理经济的实质所在。如果不重视利用这些经济杠杆和经济机制的作用，不注意企业和个人的经济利益，而单纯地用行政办法来管理经济，那也根本谈不上什么利用市场。所以，我们当前这个问题又是同用经济办法管理经济的问题密切联系在一起的。

总之，在计划经济条件下利用市场，既同管理权限上扩大企业权力有关，又同管理方法上充分运用经济手段有关。所有这些，都是为了使社会拥有的物力财力人力资源，按照社会的需要，得到合理分配和节约使用。那么，在物力、财力、人力资源的安排和使用上，应当怎样紧密地联系管理权力的下放和经济办法的运用，更好地发挥市场机制的作用呢？

在物力资源的安排和使用方面，要解决好商品的产供销问题，做到以销定产，按产定供，产需结合。

企业生产什么、生产多少、根据什么来确定？企业生产的产品按照什么方式来销售？企业进行生产所需的生产资料按照什么方式取得供应？前面我们讲过的那种排斥市场机制的组织产供销的办法，往往造成社会生产和社会需要的脱节，使社会主义生产的目的不能得到很好的实现。大家知道，社会主义生产的目的是满足社会的需要，根据社会的需要来决定生产什么和生产多少，这是社会主义经济的一个根本原则。按国家计划来安排生产和按社会需要来安排生产，从道理上来说是一致的，但实际上却存在着矛盾。因为，国家计划主要考虑国家的需要，只能从总体上反映社会的需要，而不可能具体地、灵活地反映社会经济生活各个方面千变万化的需要，也不可能考虑到每个企业单位的具体生产技术条件。要解决这个矛盾，做到产需对路，使社会生产在产品数量、品种、质量上都符合社会需要，企业生产计划就不能一一由上面下来的指令性指标定死，而要在国家计划总的指导下，根据市场的具体需要和企业本身的具体情况和利益，通过签订各种产销合同和购销合同来确定。与此相应，无论是消费资料的流通还是生产资料的流通，都要改变那种不管有无销路，都由国营商业部门或物资机构统购包销的做法。除极少数短缺而在短期内不可能保证充分供应的物资要由国家组织供需部门协商分配外，其他物资都通过市场买卖。消费资料的流通要逐步实行商业选购和工业自销相结合的办法，以适应消费者的需要，做到以销定产；生产资料的流通也要逐步商业化，实行产销双方直接挂钩，或者通过中间批发商业企业来进行，以适应生产者的需要，做到按产定供。这些在产供销问题上加强利用市场机制的办法，对于消除货不对路、商品积压和匮乏并存的现象，对于促进不断提高产品质量、降低产品成本、改善花色品种，对于增进生产者的利益，以及对于保障消费者的权利，都是十分必要的。

在财力资源的安排和使用方面，要实行企业的财务自理和自负盈亏，实行资金的有偿占用和按经济效果投放资金的原则。

迄今为止我们在财务资金管理上基本上实行的那种忽视市场机制的供给制办法，助长了争投资、争物资、争外汇的倾向，不利于提高投资效果和促进企业精打细算。要纠正这种状况，主要是要改变统收统支为企业财务自理和自负盈亏，并加强银行信贷的作用。企业自负盈亏的比较彻底的方式，是在合理调整价格和税收的前提下，企业除按国家规定缴纳各项税收、费用和贷款本息外，不再上缴利润，剩余收入全部由企业按国家的统一法令政策自主地决定用于扩大再生产的投资、提高职工收入和集体福利。作为过渡的办法，可以实行在企业保证国家规定的上缴税收和利润等经济任务下，从企业利润中提取一定比例的企业基金，用于职工的物质鼓励和集体福利，并与基本折旧基金留成和大修理基金一道，用于企业的挖潜、革新、改造等发展生产方面的需要。

改变资金的无偿占用为有偿占用，首先是对那些用国家财政拨款建立的固定资产由国家按照资金的一定比率征收资金占用税。这种占用税或付款的办法同企业利润留成制结合在一起，就能使那些资金利用和经营效果比较好的企业能够从实现的较多的利润中得到较多的留成，从而得到较多的物质利益。因此，实行有偿使用资金的制度，有利于促进企业和职工挖掘一切潜力，努力节约使用资金，充分发挥占用资金的效果。

在实行比较完全的企业财务自理的情况下，应该考虑逐步废弃全部基本建设投资和一部分流动资金由国家财政拨款的办法。除了企业从纯收入或利润留成中提取生产发展基金、自筹解决一部分外，基本建设投资基本上应改由银行贷款来解决，流动资金改行全额信贷。在自负盈亏、财务自理的条件下，企业以自留的收入和必须还本付息的银行贷款来发展生产，自然不会再像在资金无偿供给时那样不负责任、满不在乎，而非要兢兢业业、精打细算不可。银行在发放基建投资和流动资金贷款时，要采取有差别的和可以调整的利率政策，同时要考虑各个部门和各个项目的投资效果，有选择地发放贷款。

在劳动力资源的安排和使用方面，要实行择优录用，容许一定程度的自由择业，用经济办法来调节劳动力的供需。

过去，在人财物资源的安排分配上，单纯地、完全地用行政的手段，离开市场机制最远的，要算是劳动力资源的分配了。通过劳动部门按计划指标分配劳动力的办法，虽然花了不少力量，在一定程度上保证了一些部门对劳动力的需要，解决了一些人员的就业。但这种单纯的行政分配方式带来不少问题。从企业来说，往往不能按照自身的需要来招收工人；从个人来说，往往不能按照自己的所长和兴趣选择职业，做什么样的工作完全取决于上级的分配，在实际工作中难免出现乔太守乱点鸳鸯谱的现象。这种状况显然不利于合理地使用劳动力，调动人的积极性；不利于贯彻经济核算制，提高经济活动的效果。

要消除劳动力分配和使用上种种不合理现象，做到人尽其才，我们认为，在劳动力安排中应当实行择优录用的原则，实行计划分配和自由择业相结合的原则。企业在国家计划的指导下和国家法律规定的范围内，有权根据生产技术的需要和择优录用的原则，通过劳动部门，招收合乎需要的职工。也有权将多余人员交劳动部门调剂给需要的单位，或组织培训，适当安排。职工待业期间的生活费由社会保险基金中支付。个人在服从社会总的需要的前提下，应有一定程度的选择工作岗位的自由。应当看到，择业的自由，是每个人的自由发展的一个重要组成部分。而每个人的自由发展，诚如科学的共产主义理论奠基人所指出的，乃是一切人自由发展的条件。在社会主义阶段，特别是在我国现在这样生产力水平比较低的情况下，要实行共产主义阶段那样充分自由地选择工作岗位是不可能的。但是，社会主义还默认每个个人的劳动能力是他的天赋特权，而且在实行按劳分配原则的情况下，劳动力简单再生产乃至扩大再生产（包括抚育、培养、进修等）的费用，在不同程度上还是由劳动者个人和家庭来负担的。因此，我们不能不承认每个劳动者对自己的劳动力有一定程度的个人所有权，从而允许人们在一定程度上有选择工作岗位的自由。这对于更好地实现各尽所能、按劳分配（的）原则，对于个人才能的发挥和整个社会的发展，都是有利的。

当然，个人择业的一定程度的自由，并不意味着容许劳动力无控制地在企业之间、部门之间、城乡之间和地区之间自由流动。对于劳动力流动的控制，主要地不应该采取行政和法律的手段，而应该在加强思想教育的同时，采取经济手段。例如，可以采用连续工龄津贴的办法，以鼓励职工长期留在一定企业单位工作；可以按照实际情况调整地区工资差别和采取改善生活条件的措施，以稳定职工在边远地区工作，等等。

以上我们从商品的产供销、从人财物的安排和分配上论述了在社会主义计划经济条件下如何利用市场机制的问题。应当指出，在市场机制的利用中，有两个综合性的问题需要特别提出，即价格问题和竞争问题。这里,我们就对这两个问题作一概略的探讨。

价格问题。长期以来,由于否认价值规律对社会主义生产的调节作用,许多人主张价格要长期固定不变,把计划价格相对稳定的方针变为长期冻结的方针。但是,由于经济生活在不断变化,影响各类产品价格的各种客观因素也在不断变化,人为地冻结物价,就会使价格愈来愈脱离客观实际,违背客观规律的要求。例如,劳动生产率的变化从而产品价值的变化,是决定价格变动的一个根本性因素。大家知道,各部门之间劳动生产率的变化是不一致的,就我国现阶段的情况来说,工业部门的劳动生产率要比农业部门增长得快一些。目前我国存在的农业产品价格的剪刀差,实际上并不完全是由历史的因素所造成的。在工业劳动生产率的提高快于农业的情况下,保持原来的比价关系不变就意味着剪刀差的扩大。又如,供求关系是影响价格的一个重要因素。但是,不容波动的固定价格却不能反映供求关系的变化。许多产品长期供求失衡,也无法通过价格的变动来调整供需。对于一些因价格过于偏低而亏损的产品,用财政补贴来维持它们的价格固定不变,固然在一定时期内对于保证生产的进行和人民生活的稳定有积极作用,但这种办法从根本上来说不利于促进经营管理的改善和生产的发展,它毕竟是一种治标的办法。只有通过发展生产、增加供给的治本办法,才能从根本上解决供不应求的矛盾。过去,我们为了保持价格的固定不变付出了极大的代价,大量的票证和排队所换来的是低标准的平均分配,而且往往什么东西实行了限额限价的供应,什么东西的生产就由于缺乏必要的刺激而上不去,这种东西的供应紧张也就愈难解决。大量事实证明,价格如不合理,计划的目标也难以实现。我国目前许多产品价格与价值背离越来越远,它已影响到某些部门特别是农业和原材料燃料工业的发展,影响到农轻重关系的协调。

为了改变这种情况,除了按照三中全会关于缩小工农业产品交换差价的精神,继续调整各主要部门的产品比价关系外,还要允许企业对产品的计划价格有一定程度的浮动之权。这实际上是承不承认价格是一种市场机制的问题。允许价格在一定幅度内的浮动,有利于调节供求关系和促进生产的发展,这正是在计划的指导下利用市场机制的一个表现。当然,允许价格的这种浮动并不意味着不要任何价格控制。价格浮动幅度的规定和变动,实际上是离不开计划指导的。对于少数同广大群众生活有密切关系的主要消费品和对生产成本影响面大的重要生产资料,在一定时期内由国家统一定价实行价格控制是更有必要的。

竞争问题。只要存在商品经济,就意味着有竞争。一定程度的竞争,和一定程度的价格浮动,是互相联系、互为条件的,它们都是市场机制的有机组成部分。没有价格的浮动和差别,就没有竞争;反过来,没有竞争,价格的浮动和差别也不能真正实现,市场的供求规律就不能正常运行,价值规律也难以得到贯彻。① 上面所说的按照市场需要进行生产和组织供销,按照投资效果来决定资金的投放,按照择优录用的原则进行人员的安排,实际上也都离不开竞争。

一讲起竞争,人们就容易把竞争简单地同资本主义联系在一起。其实,竞争并不是资本主义所特有的经济范畴,而是商品经济的范畴。社会主义制度下既然存在着商品生产和商品交换,如果我们否认竞争,实际上就是否认商品经济的客观存在,否认价值规律的作用。社会主义社会中各个企业是以商品生产者的身份在市场上出现并相互对待的,它们生产的商品的质量和花色品种是否为市场为消费者所欢迎,它们在生产商品中个别劳动消耗是高于还是低于社会必要劳动消耗,以及高多少低多少,都要影响企业及其职工的物质利益。各个企业间进行的竞争,对于改进生产技术、改善经营管理、降低各种消耗、提高劳动生产率、提高产品质量、改进花色品种,都起着积极的作用。这种竞争使企业的经营成果得到市场的检验,使消费者对价廉物美品种多样的商品的需求得到满足,并促进整个社会生产力的向前发展。

当然,社会主义市场的竞争同资本主义市场的竞争存在着原则的区别,最根本的一条就是社会主义公有制条件下的竞争是建立在根本利益一致基础上的竞争,而资本主义私有制条件下的竞争是建立在根本利益相对抗的基础上的你死我活的竞争。社会主义的竞争

---

① 恩格斯说:"只有通过竞争的波动从而通过商品价格的波动,商品生产的价值规律才能得到贯彻,社会必要劳动时间决定商品价值这一点才能成为现实。"(《马克思恩格斯全集》第二十一卷,第215页)

不但不排斥合作，而且以合作为基础，同合作相结合，因此它能够避免无政府的混乱、贫富的两极分化等资本主义竞争所造成的种种恶果。

社会主义制度下的竞争，同我们历来讲的社会主义竞赛，既有共同点，也有区别。社会主义的竞赛和竞争，都是促使后进赶先进、先进更先进的手段。但是，社会主义竞赛不一定同参加竞赛者的物质利益相联系，也不发生淘汰落后的问题。而社会主义的竞争则必然同竞争者的物质利益紧密相连，并且有淘汰落后的问题。那些在竞争中证明不能适应市场需要，不是由于客观原因长期不能维持简单再生产的亏损企业，就必须为维护全社会的整体利益而加以淘汰，或关或停或并或转，并且追究有关的失职人员的物质责任。这种被淘汰企业的职工通过国家劳动部门另行安排工作，不致像资本主义社会企业倒闭时那样发生失业。

总之，社会主义计划经济下市场因素可以发挥积极作用的领域是相当广泛的。在商品的产供销上，在资金的管理上和劳动力的安排上，都可以利用市场机制来为社会主义建设服务。在这当中，一定限度内的价格浮动和一定程度上的竞争，是必要的。运用得当，就能使市场有利于计划目标的实现，使各种社会资源得到合理的有效的利用，使各种社会需要得到应有的满足。

三 关于在利用市场机制的条件下加强经济发展的计划性的问题

在我国社会主义经济建设的过程中，长期存在着忽视市场、否认利用市场机制来为社会主义计划经济服务的倾向；不反对这种倾向，就不能发挥市场的积极作用，就不能把社会主义经济中的计划同市场很好地结合起来。但是，为了正确地解决计划和市场的关系问题，我们还必须防止和反对另一种倾向，即片面夸大市场的作用、忽视乃至否定计划的作用的倾向。应该指出，在讨论这个问题的时候，国内外都曾出现这类倾向。例如有人笼统地把计划经济称作官僚主义的经济，有的人把计划管理同用单纯的行政手段管理等同起来，把计划经济看成某种有贬义的东西，就是这种倾向的表现。在我们重新认识社会主义经济中市场的意义的时候，尤其要防止这种倾向，更加不能忽视国家计划或社会计划的指导作用，尽管我们需要大力发展社会主义的商品生产，加强利用市场因素来为社会主义建设服务，我们毕竟不是自由放任主义者，我们不能让亚当·斯密所说的"看不见的手"来左右我们的经济发展，因为那只手的作用是以资产阶级利己主义为出发点的；而社会主义经济中的物质利益关系却是以个人利益、局部利益同整体利益相结合，个人利益、局部利益服从整体利益为特征的，这只有经过国家计划或社会计划的调节才能得到正确的处理。因此社会主义经济的发展如果单凭市场的调节而没有计划的指导是不行的。

例如，作为市场主体的一个个消费者根据自己的消费偏好所作的选择，一个个生产者单位根据自己的利益所作的抉择，不一定都符合社会的总体利益。由于这些市场主体自由决策的结果，社会的人、财、物资源的分配利用，不一定都是经济合理的，不一定符合社会发展的要求。在加速实现社会主义工业化和现代化的过程中，往往要求社会产业结构和生产力布局在短期内有一个较大的改变，而如果任由一个个市场主体自由决策和行事，往往不能适应这种迅速改变产业结构和生产力布局的要求。诸如此类社会主义经济发展中带有全局性的问题，单凭市场机制是解决不了的，而必须依靠国家或社会计划来进行调节，以实现这种转变。可以设想，如果没有国家计划的协调，任由市场去调节，要实现生产力布局的合理化，特别是发展边远落后地区的经济，那将是非常缓慢和非常困难的。

又如，在社会主义经济中，还存在着不同的生产单位因客观条件（如自然条件、市场销售条件、装备程度等）的不同所带来的收入上的差别。这种级差收入如果任凭市场去调节和分配，社会不加干预，就会不合理地扩大不同单位之间物质利益上的差别，违背社会主义的分配原则。如果从更宽的角度来看，社会主义应该既反对收入差距上的过分悬殊，又反对平均主义，而且为了反对平均主义的倾向，在一定时期还要实行差别发展，使一部分人先富裕起来，然后带动大家共同富裕，造成一种大家都往前赶的局面。像这种对于利益差距有时要扩大有时要缩小（从整个社会主义历史时期的长期趋势来看是要逐步缩小的）的控制和调节，完全交给市场而不要计划，显然是做不到的。

　　总之，为了确保经济发展的社会主义方向和国民经济各部门、各地区的协调发展，为了维护整个社会的公共利益和正确处理各方面的物质利益关系，都必须在利用市场机制的同时，加强国家计划或社会计划的统一指导。有人对计划和市场的关系作了这样一个形象的比喻：计划的决策好像是处在山顶上看问题，市场的决策好像是处在山谷里看问题。前者看不清细节，但能综观全貌；后者看不到全貌，但对自己、对近处却看得很仔细。从一定意义上看，这一比喻是有道理的：社会的经济领导机关所作的决策往往侧重于考虑整体的全局的利益，而市场上一个个商品生产者和消费者的抉择则侧重于考虑个人和局部的利益。社会主义社会处理国家、集体和个人三者利益关系的原则是统筹兼顾、适当安排，而不能只顾一头。因此，在三者利益的协调中，既需要市场机制的调节，又绝对不能忽视统一计划的指导。

　　那么，应该怎样加强国民经济的计划管理，发挥统一计划的指导作用呢？这个问题的回答，同人们对于什么是计划经济的理解，有着密切的关系。过去普遍认为，只有国家从上而下下达指令性计划指标，才算是社会主义计划经济。在这种理解下，一讲加强统一计划和集中领导，往往就想到要把企业的管理权力收到上面来，以为只有财物人权在手，才好指挥办事。这样，经济领导机关就把该由地方和企业去管的事情越俎代庖地揽上来，把基层和企业的手脚捆得死死的，这显然不利于社会主义经济的发展。党的十一届三中全会决议中批评的管理权力过于集中，就是指的这种情况。社会主义计划经济的特征并不是有没有指令性计划，也不在于国家经济领导机关集中了多少财、人、物权，而在于社会能否自觉地按照事先的科学预测采取有效措施来保证社会经济生活的各个方面互相协调地向前发展，并保证社会劳动的节约。把有无指令性计划当作计划经济的唯一标志，把集中财、物、人权当作加强计划管理的主要内容，这是与排斥市场经济的利用相表里的一种关于计划经济的错误观念。那么，在承认市场与计划相结合的必要性并积极利用市场机制来为社会主义建设服务的情况下，究竟应该如何加强计划指导呢？

　　我们认为，首先要把计划工作的重点放在研究和拟定长远规划特别是五年计划上来，解决国民经济发展的战略性问题，主要是确定国民经济发展的主要目标，重大比例关系，如国民收入中的积累和消费的比例，基本建设规模、投资分配方向和重点建设项目，重要工农业产品的发展水平和人民生活水平提高的程度。五年计划要列出分年指标。年度计划在此基础上略作调整，重点放在研究制定实现计划的政策措施上。要逐步缩小指令性计划的范围，最终废弃国家向企业硬性规定必须完成的生产建设指标。国家计划对国民经济的发展具有预测的性质，对企业和地方的经济活动具有指导意义，但除极少数非常特殊的重要事项外，对企业和地方一般不具有约束力。各个企业参照国家计划的要求，根据市场情况，在充分挖掘内部潜力的基础上独立自主地制定自己的计划。在这里，我们不要看轻了国家计划的指导意义，因为一个个企业对国民经济发展的全貌和方向，是不清楚的，它们所据以拟定自己的计划的市场情况的变化，却是同国民经济发展的全局和方向息息相关的。企业要尽可能准确地对市场情况作出判断，离开不了国家计划提供的情报。国家计划拟定得愈是科学，愈是符合实际，就愈能对企业的经济决策和行动给以可靠的引导，企业就愈是要考虑使自己的决策和行动符合国家计划的要求，从而国家计划的威信也就愈高。反之，那些主观主义的、凭"长官意志"拍脑袋拍出来的计划即使具有百分之百的"指令性"，却是没有任何真正的威信的。在这方面，我们过去的经验教训难道还不够辛辣吗？所以，研究和拟定能够给企业的经济活动以可靠指导的、尽可能符合科学要求的国民经济计划，对于经济计划领导机构来讲，任务和责任不是减轻了而是真正加重了。

为了提高国家计划的真正权威，使家计划同基层企业计划很好地结合起来，国家计划还要在企业自主计划的基础上经过层层协调来制定。计划协调工作要自下而上、上下结合，逐级平衡。凡是企业之间、公司之间经过横的市场联系通过经济协议能够解决的产销平衡问题、资金合作和劳动协作问题，就不必拿到上一级去解决。只有那些下面解决不了的问题，才逐级由国家去平衡解决，这样既可使基层企业摆脱从上面来的无谓的行政干扰，又可以使国家经济领导机构摆脱繁琐的行政事务，而致力于研究和制定方针政策，协调一些关系国民经济全局的重大的发展任务。

为了保证社会生产的协调发展，使国家计划规定的目标能够实现，一个十分重要的问题是发挥各项经济政策措施对经济活动的指导作用。这些政策措施主要有：价格政策、税收政策、信贷政策、投资政策、分配政策、外贸政策等等。国家通过这些经济政策，鼓励那些社会需要发展的生产建设事业，限制那些社会不需要发展的事业，使企业的经济活动有利于国家计划的完成，达到计划预定的目标。例如，为了克服我国目前原材料、燃料工业落后于加工工业的状况，加速原材料、燃料工业部门的发展，国家必须在各种经济政策上对这些部门开放绿灯，诸如给予优惠贷款、调整价格和减免税金等等。相反，为了限制普通机床工业的发展，国家则可以采取限制贷款数额、实行高息高税、降低产品价格等办法。这样，通过经济政策的调节，促使企业从自身经济利益的考虑，也必须沿着国家计划所规定的方向来安排自己的各项经济活动。

在实行以上体制的同时，国家还要通过健全法制，严格经济立法，广泛建立各种形式的群众监督和社会监督的制度，特别是通过建立和健全银行簿记监督的制度，来协调市场关系和整个国民经济的发展。关于这方面的问题，这篇文章不打算详论了。

社会主义经济中的计划与市场的关系问题，涉及社会主义经济管理的各个方面，十分复杂，它的解决不可能是一蹴而就的，而需要一定的条件，要通过一定的步骤。当前，我们要拿出一定的时间调整国民经济的比例关系，同时着手经济体制的改革，继续进行现有企业的整顿，把整个经济工作的水平大大提高一步。我们要在调整和整顿的过程中，进行某些必要的改革，同时探索进一步改革的正确途径。计划与市场关系的正确处理，也只有通过这一调整、整顿和改革的过程才能逐步实现。

（原载《经济研究》1979年第5期，此处节选自其中的第二、三部分）

从必须改革"复制古董、冻结技术进步"的设备管理制度谈起

孙冶方

孙冶方简介如前第 157 页。

大概在 50 年代末、60 年代初,我就给我们的固定资产(主要是技术设备)管理制度起了一个外号,称之为"复制古董、冻结技术进步"的制度。我先只是搞"口头文学",在谈话中、在讨论会上讲讲。后来在 1961 年和 1963 年又先后给中央主管财经工作和理论工作的领导同志写了两个书面报告,批评过这个制度。陈伯达和康生也就是根据我的这两份报告,说我是宣扬修正主义。时间已经过去了五分之一世纪,遗憾的是,我的这些旧话在今天还有重提之必要。

一

现在,我们党和国家的工作重心已经转到社会主义经济建设方面来,要搞四个现代化。但是,我们现行的这套设备管理制度,是工业现代化道路上的一块绊脚石。我们有些同志一谈到工业现代化,往往首先想到的是引进国外新技术、建设新工厂,很少想到旧企业的改造、更新问题。当然,我们不是像"四人帮"那样,反对从外国引进新技术,搞夜郎自大、闭关自守。毛泽东同志说过:"我们必须向一切内行的人们(不管什么人)学经济工作。"引进新技术是向外国学习的方法之一。但是,不论我们的新建设的步子跨得多大、多快,每年新建、新投产的工厂总是极少数,不到现有的几十万个企业的百分之一。尤其按照国外引进的新技术建设的,所谓大、洋

企业更是极少数。而且即使我们今天新投产的企业都是从别国引进的最新技术，在现代科学技术突飞猛进的条件下，工业设备的面貌每隔四五年就大变样了。如果我们这些新投产的企业设备不注意不断更新改造，那么，即使在投产时是第一流的技术，四五年之后就会比人家落后了一个时代，更何况这个引进的新技术原来就未必是制造国的第一流技术。真正的新技术不是我们出国考察时在外国工厂中所看到的正在运转中的设备（即使我们能够看到他们的全部设备），而是正在装配中的，甚至是还在设计院的图纸上的技术。所以，如果不设法去更新、改造我们原有的工业设备，而只看到每年新投产的不到百分之一左右的新企业，那么我们的工业的全面现代化是不可能的。

最近，我在好几个座谈会上说过，如果我们不改革第一个五年计划时期从苏联搬来的这套设备更新制度，那么到公元 3000 年也是现代化不了的。因为我们同外国是在做"等距离赛跑"，只能在先进国家后面爬行。我这话绝不是危言耸听。苏联这套设备更新制度的毛病，已经有人看出来了。1978 年 8 月 25 日的奥地利《新闻报》发表的题为《莫斯科想节省原料，生产计划是障碍》的一文说：

"虽然苏联在连续铸锭方面发明了一种特别有效的方法，有 28 个西方国家使用它的专利，但是在苏联每年只有 1 100 万吨钢锭是用连续铸锭而取得的，还不到全部钢产量的 8%。

"这是许多例子中的一个就足以说明，即使工艺知识出自苏联，但西方工业利用新技术的可能性比苏联灵活得多。苏联钢的年总产量约 15 000 万吨，由于不合理的炼钢法，估计每年损失约 2 000 万吨。"

那么，苏联的"不灵活性"在什么地方呢？就在于设备管理制度的不合理；看来，苏联现行的设备管理制度基本上还是保留着斯大林在世时实行的那一套老办法。而我们现在实行的一套设备管理制度也就是在第一个五年计划时期从苏联搬来的。在当年刚搬来的时候，就有许多人觉得它很不合理。这套制度在二十多年间曾经经过一些修修补补，但是基本上没有大变动。

二

　　这套制度的不合理，首先在于折旧年限过长。我们的折旧年限一般是二十五年到三十多年（例如我们鞍钢的折旧率是 2.92%，折旧年限就在三十年以上）。这个规定就是意味着我们的技术设备的经济价值要经过二三十年之久才会完全消失；这就是说，这套制度只考虑到政治经济学所说的实物磨损（或称有形磨损），而不考虑精神磨损（或称无形磨损）。

　　在十九世纪，资本主义世界经济危机是十年左右一次，马克思说，这意味着资本家的设备平均是十年更新一次。因为马克思认为，经济危机的周期是和设备的更新周期有关的。第二次世界大战以后，资本主义世界的经济危机周期已经由十年左右缩短到三四年左右了。这是因为现在技术进步更快，从而设备更新的速度也更快了。但是，我们的固定资产更新制度仍是以不变应万变，仍旧假定现代设备的经济价值可以经历二三十年，即四分之一到三分之一世纪之久。

　　这套制度的另一个不合理的地方，就在于它还规定，设备更新是分作三种程序来进行的，从而设备更新基金也分作三笔互相不能通融的独立基金：第一笔是日常维修费用。这一笔钱在数量上最少。第二笔是大修理费用。第三笔，也是数量上最多的一笔，才称作设备更新费用，是用来搞新建工程或购置新设备的。"大跃进"年代中，又设置了技术革新、新产品试制、劳动保护、零星购置等四项费用，都归企业掌握，但是为数不大，都不能彻底解决企业设备的更新问题。

　　按照规定，日常维修费用和大修理费用这两笔基金留在企业，最后一笔数量上最大的设备更新基金上缴国库。因此，依照这种管理制度，旧设备的彻底更新，就是说翻修厂房、购置新的设备，就像另外新办一个企业那样，要按照基本建设项目的审批程序逐级上报并审批，完全由国家统一安排。一般说来，对老企业的基本建设投资又掌握得比较严格，不容易批准。因此，这笔钱主要是拿去办新的企业，与原来企业的改造是不发生联系的。

　　原来的企业只管设备的日常维修和大修理，而且日常维修与大修理这两笔钱又完全分开，互相不能通用。例如，1978年我在渡口某发电厂考察，就碰到过这样一件事：那个厂很注意日常维修和技术革新，因此，他们的280万元日常维修费用已经用完（技术革新的费用在日常维修费用中开支）。同时，由于他们重视日常维修，所以虽然已经到了规定的大修时期，他们认为按实际情况，不需要大修理。因此，他们的400万元大修理费用存在银行，一分钱也没有动用。可是他们想继续做些维修工作和技术革新，却因为日常维修费用完而无法进行。人们把这种制度称作"合理的不合法，合法的不合理"。

还有，这套制度最不合理的地方是规定大修理必须遵守"不增殖、不变形、不移地"的原则，就是说，大修理必须按原样复制，不准你在原设备上添一只马达，或者加一个别的装置。凡是这一切较大的改革，在过去都要按基建程序上报并得到批准后才能实行，而这个审批的手续又非常繁琐。这就是我所说的冻结技术进步的"复制古董"制度。

如果我们不改变这套制度，那么我们也会发生前面引过的奥地利《新闻报》所报道的在苏联发生的那种情况：即使本国的创造发明也不能在本国推广应用。事实上，我们已经发生了这样的情况，如我们现在有些新设计的产品早已试制成功，但是不能很快投入成批生产；推广比发明试制还困难。

三

最近，中央提出：我们搞现代化，要走中国式的道路。那么我们这个9亿人口的大国要实行工业现代化，首先应该抓什么呢？我们首先应该抓的就是要以最快的速度（至少是以第一个五年计划已经达到过的速度）把工业生产搞上去，使人民的生活水平有一个显著的提高。可是，依靠什么来完成这个任务呢？是依靠新建的和国外引进的工厂吗？还是依靠现有的几十万个旧企业呢？答案是明白的：要达到这个目的主要应该依靠现有的老企业。因为新建企业不仅在数量上是少数，而且按照我们现在的建设速度，新建企业的建设至少要有三五年的时间，而建成后要能够充分发挥效力还要经过若干年的时间。

然而，要使现有的几十万个旧企业能够完成这个重大任务，即在短时期内以不低于第一个五年计划时期所已经达到的速度发展生产，从而在较短时期内使人民生活有显著提高，那么在目前的全面调整中，在工业方面就必须彻底改变仍在实行的那种"复制古董"、"冻结技术"的设备管理制度。为此，首先必须提高折旧率，缩短折旧年限。如果不能像工业先进国家那样一下缩短到四五年左右，也不能落后于西方国家在十九世纪已经达到的更新周期，即是说折旧年限不能超过十年。

关于设备折旧率的高低或折旧年限的长短问题，在理论研究工作者中间，特别是在实际工作者中间，一向是有争论的。反对者把提高折旧率、缩短折旧年限的主张看做是资产阶级大少爷作风，至少认为这是经济理论工作者、书生们脱离实际的见解。他们说：咱们国家穷，底子薄，缺乏的是机器，因此要爱惜使用。在资本主义国家有的是卖不掉的机器，他们不在乎，我们可不能学外国资本家那样，挥霍浪费。

把提高折旧率、缩短折旧年限看做是资产阶级的挥霍浪费，那是莫大的误解。这是用中世纪农业社会的手工业小生产者的眼光来评价资本主义机器工业时代的生产技术进步。中世纪的手工业小生产经济也就是在手工业者这种自我安慰或自我解嘲中没落的。不错，资本家们在自己的生活消费中是很挥霍的，然而，在企业经营中他们是非常讲节约的。不能为资本家生产利润的东西，不要说是机器，就是一枚钉子，他也不许浪费的。尽管制造机器的资本家的仓库里堆满了卖不掉的机器，使用机器的资本家决不会为了照顾他的同行去多买一台多余的设备。每一个资本家不断改进技术，以更快的速度更新自己的设备，只是为了提高劳动生产率，赚取更多的利润。

我们常说，社会主义企业生产不是为了赚利润，而是为了满足需求——满足劳动人民的个人需求和社会主义社会的公共需求。那么，我们就不应该为了满足这种种需求而不断革新技术以提高生产率吗？！难道我们应该允许社会主义社会停滞不前，在技术上永远掉在资本主义社会后面吗？

在资本主义国家的发展史上，也有让落后的生产设备拖住了自己的后腿不能前进的先例。第一次世界大战以前的英国是西欧最发达的工业强国,但是第一次世界大战以后,它的工业,特别是一度曾经成为大英帝国支柱的煤矿工业和纺织工业,由于舍不得彻底更新它的陈旧的设备,结果被后起的德国和日本远远地甩在后边了。马克思在《资本论》初版序言中对于历史上陈旧的事物拖住社会前进,曾经讲过这样的话:"死人抓住了活人。"难道我们的朝气蓬勃的社会主义经济制度应该让"死人"、让过去的旧设备管理制度拖住我们的后腿、妨碍我们前进吗?

把提高折旧率、缩短折旧年限同节约和爱惜技术设备对立起来,这又是一种误会。首先,加强设备的维修和更新正是为了爱护设备。其次,折旧年限的缩短,并不意味着每一台设备在折旧年限到期以后就弃置不用。相反,当机器设备还可以使用,即是说,它的技术上的落后所带来的低效率(劳动生产率低)和高消耗(动力和原材料的高消耗)还不至于使产品的成本高到亏本和无利可图的限度内,我们应该充分地利用它。甚至真是陈旧到了完全不能使用的地步,已经变成一堆废钢铁了,也是人民的财产,不能有一点浪费,这是没有任何问题的。

在这里,摆在我们面前的一个理论问题同时也是一个实际问题正是这样的:为了鼓励企业尽量利用陈旧设备,是按照设备的实际磨损程度来计算折旧年限好呢(即是不仅计算到它的有形磨损,还要考虑到它的无形磨损),还是把折旧率人为地降低一些,把折旧年限人为地延长一些好呢?我们知道,折旧费是摊入产品成本中去的。陈旧的设备效率低,损耗大,因此它的成本就比较高。如果我们的设备管理制度还要让使用这种陈旧设备的企业同使用新设备的企业负担同样的折旧费,大家对于利用陈旧设备的积极性当然就不会高的。如果陈旧设备不负担折旧费了,大家利用陈旧设备的积极性就会高些。这是更符合修旧利废的精神的。因此,我不仅主张折旧年限要缩短,而且主张,在这折旧年限之内,初期的折旧率应该适当高些,后期的折旧率应当低些。这就是说,在整个折旧年限以内,折旧率应该是递减性的。

四

为了改革这套"复制古董、冻结技术进步"的设备管理制度，在原则上还必须把折旧基金全部下放给企业，而不是下放给省市，也不是中央、地方、企业各掌握一部分。我们必须承认，对企业中哪台设备只需要小修、小改，哪台设备必须进行大修，哪台设备必须彻底更新、购置新的设备来代替，——对于这些问题，最有权威的发言应该属于企业里操纵这些设备的工人，以及直接领导生产的干部，特别是技术干部和财务干部，而不是离得企业远远的中央或省市的经济管理机关的干部。总之，固定资产（主要是技术设备）的更新工作应授权企业去做。上级财务机关和业务部门只要分别从财务角度和技术业务角度对企业进行指导和监督检查就够了。例如是不是违背了财务制度，把固定资金移作流动资金，甚至挪用去作消费基金开支了，是不是在资金和技术能力允许的范围内采用最经济又最新的技术更新方案，等等。

因此，我在1963年的一个研究报告中就建议过，要改变现行的计划体制和企业管理体制，首先必须把毛泽东同志的"大权独揽，小权分散"这个正确原则具体化，赋予具体内容。

什么是中央一级的委、部应该抓的大权，什么是应该下放给企业的小权呢？我认为：

第一，在原有资金范围以内的事务，即马克思所说的简单再生产范围以内的事务，特别是企业固定资产（主要是设备）的大修理、更新工作，就是原则上应当交给企业去负责的小权，从而固定资产的折旧基金（在增加折旧率、缩短折旧年限的前提下），应该在原则上全部下放给企业掌握。只有在资源即将枯竭，企业应该关闭，或是原有企业生产能力不需要再扩大的条件下，才有必要在计划可以预见到的限度内，全部或部分地上缴。

有些财务工作者反对提高折旧率和折旧基金下放，主要理由是说，按估计，我国现有的固定资产有几千亿，如果把折旧率提高1%，每年的财政收入就要减少几十亿；而如果再把折旧率从现在的3%左右提高到10%，那每年的财政收入就要减少几百亿。的确，这种制度的改变会给财政预算和国民经济计划的安排带来一些困难。但是，重要的是先把道理说清楚；道理说清了，解决问题的办法总是会找到的。其实，应该看到，反对者的理由正好说明现在的财政收入具有很大的虚假性（即在财政簿记上从借方转为贷方），它实际上是把"老本"当做收入了。现在，我们的面前只有两条路可走，一条是坚持老办法，继续吃"老本"，制造虚假收入。这样做，虽然可以多搞几个新建项目，但却冻结了几十万个老企业的技术进步，使劳动生产率不能提高，真正的收入不能增加。另一条是实行改革，提高折旧率，下放折旧基金。这样做，表面看是少搞了一些新建项目，但却加速了原有几十万个企业固定资产的技术改造和更新，大大提高了劳动生产率，从而增加了真正的收入，并且这个收入的增长速度一定会远远超过以往。两条路子，何去何从，结论是十分明白的，希望实际工作者和理论工作者展开讨论。

第二，在原有协作关系范围以内，供（包括设备、动力、原材料的供应）、产、销（消费者——消费资料的消费者以商业公司为代表）三方面企业通过合同关系，由企业自己处理。合同签订之后，有关各方就必须严格执行，违反者必须承担经济的以致法律的责任。只有原来的供、产、销三方面由于发展不平衡或其他原因出现了缺口，基层企业自己无法解决的情况下，才需要上级领导机关出面来协助解决。

企业在原来协作关系内自己负责解决了供、产、销三方面的平衡之后，就不仅不需要再召开被讽刺地称之为骡马大会的物资分配（"分配"二字应理解为配给）会议，而且也不会再发生采购人员满天飞的现象了。只有这样，上级计划机关和业务管理机关才不会天天忙于供销业务，即流通范围内的扯皮事情，而能够集中精力去管生产过程（这是一切经济过程的基础）中的事情了；尤其重要的是能够腾出手来抓全国范围的，即全社会扩大再生产或新的投资的大事了。

第三，企业利润除用作奖金和规定留给企业的基金以外，应该一律上缴。地方国营企业的，上缴地方财政局。中央企业的，上缴给国务院财政部。因为利润（扣除了奖金和企业基金部分以外的利润）是斯大林所说的生产工人为社会的劳动。这部分收入除了用于维持国防、科学、文化、教育、卫生等事业以及政法机关的经费开支以外，就是用于扩大再生产的投资的。这两种开支，尤其是用于全社会的扩大再生产的经费，都不是企业所能支配的。对于中国这样一个地广、人多、发展极不平衡的大国，用于扩大再生产的投资，必须由中央政府来集中分配。因为不仅从个别企业的角度，甚至从个别省市或个别部门的角度，对于全国范围以内各部门之间、各省市之间如何综合平衡，是不可能作出恰当的决定的。

总括以上三点，就是说凡是原有资金（老本）范围内的日常事务，即马克思所说的简单再生产范围以内的事务，不论是生产过程中的事务（如设备更新）抑是流通过程中的事务（供销事务），都应该发动基层企业中的工人、技术人员和行政干部的积极性，依靠群众去办事情；对各级领导，尤其中央一级的领导来说，这是应该分散下放的小权。凡是新的投资，即涉及马克思所说的扩大再生产范围以内的事情是中央领导自己应该抓的大权（省、市地方企业归省、市管）。

（原载《红旗》杂志，1979年第6期，此处节选自其中的第一至四部分）

"先进的社会主义制度与落后的社会生产力之间的矛盾"的提法是科学的吗?

王小鲁

王小鲁，1951年出生。现任中国改革基金会国民经济研究所副所长、研究员。

1997年，获澳大利亚国立大学博士学位。20世纪80年代，曾任国家体改委中国经济体制改革研究所主办杂志主编、研究室主任。90年代曾赴澳大利亚访问和学习。后来曾任澳大利亚国立大学研究员和多家国际学术机构的访问学者。曾两次获"孙冶方经济学奖"。

主要著作有《劳动与经济增长》、《效率与供给经济学》、《金融风险与资本社会化》、《中国经济命运与前景的深层次思考》等。

二

这种"先进的社会主义制度与落后的社会生产力之间的矛盾"的提法是从哪里来的呢？据说，是和西方资本主义国家相比而"比"出来的。赞成这种提法的同志常常作为理论根据引用的就是列宁曾说过的："……现在我们俄国无产阶级，无论在政治制度方面或在工人政权的力量方面，比任何英国和任何德国都要先进，但在组织像样的国家资本主义方面，在文化程度方面，在'施行'社会主义的物质上生产上的准备程度方面，却比西欧最落后的国家还要落后。"（《列宁选集》第三卷，第550页）

但是，列宁的思想与这种"矛盾"的理论毫不相干。第一，列宁在这里只是把当时的苏维埃政治制度和物质基础同西方资本主国家作了一个对比，却根本没有把这种差异看成是社会内在的矛盾，是社会制度与生产力相互之间的矛盾；更没有说社会的主要矛盾可以不从社会本身中去寻找，可以不从生产力和生产关系的相互联系中去探讨，而只要把一个国家与另一个国家进行一番类比就可以"比"出一个主要矛盾来。第二，列宁所指的"政治制度方面"的先进，是在一个有限的意义上使用的，那就是由于工人政权取代了资产阶级的政治统治，必将为生产力的发展开辟广阔的道路。但他从未认为当时的社会制度就已经是完美的社会主义制度了，也不认为这个制度本身可以超越生产力的要求而保证生产力不断发展。相反，就在同一篇文章中他明确指出："没有一个共产主义者否认过社会主义苏维埃共和国这个名称是表明苏维埃政权有决心实现向社会主义的过渡，而决不是表明承认新的经济制度是社会主义的制度。""从物质、经济、生产意义上讲来，我们还没有走上社会主义的'入口'，而不通过我们尚未到达的这个'入口'，就不能走进社会主义的大门，这难道还不明显吗？"（《列宁选集》第三卷，第540、547页）正因为这种由于生产力落后带来的经济必然性，列宁反复强调了需要用国家资本主义作为"补助办法"来发展生产力。列宁领导了当时的苏维埃俄国，采取一系列被"左派共产主义者们"视为资本主义复辟的措施来发展经济。列宁嘲笑那种机械地认为生产力落后就不应当革命的"理论家"，更鄙视那些认为倚仗革命就可以摆脱现实经济条件的"清谈家"。他在指出生产关系要适合生产力发展水平的同时，还十分清楚地意识到前资本主义生产方式给苏维埃制度带来的恶劣影响，十分强调政治制度的改革。他说："我们的国家是带有官僚主义弊病的工人国家。"（《列宁选集》第四卷，第408页）这个官僚主义是"严重"的"祸害"。它的经济根源不是资本主义，"我们这里官僚主义的经济根源是另外一种：小生产者的分散性和散漫性，他们的贫困、不开化，交通的闭塞，文盲现象的存在，工农业间的缺乏流转，缺乏联系和协作。"（《列宁选集》第四卷，第526页）一句话，来自生产力的落后，来自旧的习惯势力，来自前资本主义的生产方式。正因为如此，这个制度是应当随时根据生产力的发展要求而进行改革的。"今后在发展生产力和文化方面，我们每前进和提高一步，都必定同时改善和改造我们的苏维埃制度"（《列宁选集》第四卷,第577页)。

同列宁的思想相比,所谓"先进的社会主义制度与落后的社会生产力的矛盾"的理论显得多么不协调啊!在这种理论中,社会制度变成了与生产力毫不相干、绝对不变的孤立存在而与生产力对立起来了。它既不需要适应生产力发展的要求,也不存在任何弊病,更没有赖以产生的经济根源和自身发展的连续性,因此它是不需要改革的,只是作为尽善尽美的化身而远远地走在物质生产的前面。矛盾的双方脱了节,两者没有内在的必然联系,没有相互作用、相互渗透,只有绝对的对立。这里所讲的矛盾,已经不是存在于具体事物之中的现实矛盾,而是思想方法的片面性所带来的逻辑上的矛盾。试问,如果一种社会制度"先进"到与生产力相矛盾的地步,生产力还怎么能进一步发展呢?这个制度"先进"又体现在哪里呢?如果说,正是这对矛盾本身促进了社会发展,也就等于说人们只要凭空制造出一个与生产力相矛盾的先进制度来,社会就能发展。而且制度与生产力越是矛盾,发展就会越快。这样的矛盾,现实生活中找得到吗?

我们有相当一个时期,只讲对立面的斗争,不讲对立面的统一;不去研究解决现实存在的矛盾,而是人为地制造矛盾和一味地激化矛盾,当作解决一切问题的灵丹妙药。而那种认为生产力的落后可以通过人为地创造一个"先进的社会制度"作为对立面来解决的观点,不能说没有受到这种形而上学思想的沾染。根据这个理论,人们难免要再次得出"只要搞好革命,生产就自然而然上去"的荒谬结论。事物不是在矛盾中发展的吗?不错,革命是矛盾的爆发,革命在历史上的作用无疑是巨大的。但"革命就是解放生产力",它本身同时是一个解决矛盾的过程。通过革命,旧的矛盾消除了,社会才能发展。当然,新的矛盾还会不断产生,社会正是在这种矛盾不断解决的过程中发展的。当一个统治阶级有能力对生产关系过分阻碍生产力的方面进行一定程度的自我调整和改革时,生产力就还会发展,革命就还不是解决矛盾的唯一手段(虽然是最后的手段)。不管哪种情况,解决矛盾和制造矛盾都是截然不同的两回事。

应当指出,人们提出这个问题,本来是为了论证社会应当以发展生产力为自己的主要任务。但是正如斯大林所说:"任何一个社会,无论资本主义社会或资本主义以前的社会,都关心劳动生产率的一般增长。"(《斯大林全集》第十二卷,第73页)这个任务本来是任何社会所共有的,并不需要设想出这样一种矛盾来,生产力才有理由发展。在持这种观点的同志看来,不是改革制度为了适应生产的发展,而是发展生产为了适应一种预先构制好的制度。革命和建立新制度不是以解放生产力为目的的,相反生产力的发展只是为了解决生产力落后与制度先进的矛盾。这种理论上的似是而非使得整个社会本末倒置,头足倒立。生产力只是生产关系的仆从,生产关系要听命于上层建筑。

三

判断一个社会制度先进还是落后,标准是什么呢?只有一个标准,就是看它是否适应生产力的发展。我们说资本主义制度比封建制度先进,就是因为封建制度无法适应从这个社会内部生长出来的新的生产力,从而趋向腐朽和反动。当资本主义制度出来取而代之的时候,这个制度是先进的、生气勃勃的,但是先进只能是相对的。因为在资本主义制度下,生产力还要继续发展,而制度本身则同样要走向没落,并被另一个更先进的社会制度——社会主义制度所代替。同一个制度,初期是先进的,后期就是落后和反动的,什么道理呢?原因首先就是生产力的不断发展。把这种先进和落后绝对化,看成是一成不变的固定属性,这是哲学思想上的形而上学。恩格斯就曾为野蛮的奴隶制度"评功摆好",他说:"用一般性的词句痛骂奴隶制和其他类似的现象,对这些可耻的现象发泄高尚的义愤,这是最容易不过的做法。可惜,这样做仅仅说出了一件人所周知的事情,这就是:这种古代的制度已经不再适合我们目前的情况和由这种情况所决定的我们的感情。但是,这种制度是怎样产生的?它为什么存在?它在历史上起了什么作用?关于这些问题,我们并没有因此而得到任何的说明。如果我们对这些问题深入地研究一下,那我们就一定会说,尽管听起来是多么矛盾和离奇,但在当时的条件下,采用奴隶制是一个巨大的进步。"(《马克思恩格斯选集》第三卷,第220页)

因此，撇开对生产力发展的作用去谈什么社会制度的先进和落后，是毫无意义的。

说社会主义制度比资本主义制度先进，也是在这种意义上讲的：由于资本主义制度成为生产力发展的障碍，才最终会被社会主义制度所取代。但是拿这种比较来解释中国社会，首先应当不回避一个重要的现实：中国的历史进程并没有严格地走马克思对资本主义国家所预言的一般道路，即从资本主义过渡到社会主义。我国的社会主义是从半封建半殖民地社会中脱胎出来的，作为它前身的那个社会，生产力比十月革命前的俄国更为落后，资本主义生产方式并没有占主导地位，算不得资本主义社会。这是我们的社会诞生时的现实条件。在这个基础上产生出来的新的社会制度，肯定要带有一系列与马克思所预言的社会主义极为不同的特征。

列宁对于社会主义社会的物质基础有明确的论述，他指出："增加财富、建立社会主义社会的真正的和唯一的基础只有一个，这就是大工业。如果没有资本主义的大工厂，没有高度发达的大工业，那就根本谈不上社会主义，而对于一个农民国家来说就更谈不上社会主义了。"（《列宁全集》第三十二卷，第399页）但是在我国建国的时候，占人口绝大多数的，不是无产阶级，而是广大自给或半自给的农民；占统治地位的生产方式，不是社会化的大工业，而是落后的小农经济。我国的社会主义制度，恰恰是立足在这样两个极其不同的经济基础上的：一个虽不先进，但毕竟是在从事社会化生产的薄弱的工业生产体系，和一个广大的小生产者的社会。现实的物质基础决定了制度本身在内容上与作为共产主义第一阶段的社会主义有重大的区别。它不能使"旧的分工"走向消亡，它不能取消商品和货币，它不能消除理论上的生产资料全民所有制与实际上的生产集体占用生产资料的矛盾，它不能真正有效地做到直接由社会来合理组织整个生产而否定价值规律对生产的一定调节作用，它更无法把劳动者从繁重的劳动中解放出来，使他们有充裕的时间和条件关心和参与社会管理工作。相反，为了社会前进，为了给未来的社会准备物质基础，它必须更加发展专业分工以提高劳动生产率，它必须通过发展商品生产来达到生产的社会化，它必须利用市场机制的作用作为计划经济的补充，它必须扩大企业的实际占有权限以促进生产发展……所有这些在今天的时代都反映着社会的进步，因为它们代表了新生产方式反对手工业的和小农的生产方式的要求，它们所取代的是在前资本主义的生产方式上产生出来的封建关系和封建法权。马克思说："人们能否自由选择某一社会形式呢？决不能。在人们的生产力发展的一定状况下，就会有一定的交换（commerce）和消费形式。在生产、交换和消费发展的一定阶段上，就会有一定的社会制度……"（《马克思恩格斯选集》第四卷，第320—321页）

然而，不是有人把我们社会应有的这些特点，这些"一定的交换和消费形式"，当作"资本主义残余"而大加讨伐吗？"四人帮"不正是把这些当作要实行"全面专政"的口实吗？他们这种做法，实际上是把生产力当成了"革命"的对象。在生产力遭到严重破坏的情况下，他们的"完美的社会主义"只能是道地的社会封建主义。

有人认为，我国经过了生产资料所有制的社会主义改造之后，就完全确立了社会主义的生产关系，剩下的，仅仅是让落在后面的生产力追上生产关系就行了。这个观点是片面的。

马克思曾经说过："要想把所有权作为一种独立的关系、一种特殊的范畴、一种抽象的和永恒的观念来下定义，这只能是形而上学或法学的幻想。"他在讲到资本主义的所有制时指出："给资产阶级的所有权下定义不外是把资产阶级生产的全部社会关系描述一番。"（《马克思恩格斯选集》第一卷，第144页）在马克思学说中的"所有制"，绝不仅仅是生产关系中的一个独立的因素，绝不仅仅是单纯指生产资料在法律上归谁所有。这个概念实际上所包含的内容要丰富得多。它不仅包括了生产资料和劳动力的占有方式，还包括了劳动者与生产资料的结合方式，因此就概括了整个的生产关系，并成为区分不同的经济时代的标志。① 这样一种区分经济时代的所有制变革，绝不仅仅是通过一次简单的变更财产所属关系的运动所能完成的。它毋宁说是整个生产方式的重大变革。没有生产的高度社会

---

① "不论生产的社会形式如何，劳动者和生产资料始终是生产的因素。但是，二者在彼此分离的情况下只在可能性上是生产因素。凡要进行生产，就必须使它们结合起来。实行这种结合的特殊方式和方法，使社会结构区分为各个不同的经济时期。"（《马克思恩格斯全集》第二十四卷，第44页）

化，无论是国家所有制还是集体所有制，就都还达不到马克思所说的由社会直接掌握生产资料的社会主义公有制的水平，生产关系的社会主义改造就还不能最后完成。

土地的公有，在历史上是早有前例的。在印度，在俄国，都曾存在过土地公有、共同耕种的农村公社。但是，这种公有制度并不能导致社会主义，它与社会主义的公有制毫无共同之处。"这种制度使每一个这样的小单位都成为独立的组织，过着闭关自守的生活。"（《马克思恩格斯选集》第二卷，第66页）各个公社相互间这种完全隔绝的状态，在全国造成虽然相同但绝非共同的利益。"这些田园风味的农村公社不管初看起来怎样无害于人，却始终是东方专制制度的牢固基础。"（《马克思恩格斯选集》第二卷，第67页）俄国的民粹派曾经幻想不通过资本主义，直接在土地公有的农村村社制度的基础上建立社会主义。他们的理论受到过列宁严厉的批判。这样的公社，是建立在极其落后的生产力的基础上的。它的生产不是社会化的生产，而是以自给自足为目的的小生产。这种生产方式，正是社会停滞的原因和封建统治的基础。如果要把这种公有制度称为社会主义的话，那么这只能是小农的社会主义，而决不是科学社会主义。

在资本主义社会，社会的基本矛盾表现为社会化的大生产和资本主义私人占有间的矛盾。当社会化达到很高的程度时，私有制最终是对社会化生产的反动。只有社会主义，才能以公有制代替私有制，使得生产关系与社会化大生产的要求根本一致起来。但是不能设想，社会主义制度可以只要财产的公有，而不要生产的社会化；可以把自己的公有制建立在自给自足的自然经济的基础上。目前在我国农村，生产力水平还是很低的。在每年粮食总产量中，商品粮仅占到百分之十几，产品的绝大部分用于自给性的消费。同时，目前全国农业人口的平均年收入也很低，扣除口粮外所剩无几，消费资料的绝大部分来源于自给。在这样一个自给自足色彩相当浓厚的农业经济中，能够说因为实行了集体所有制，生产关系就已经先进到完美无缺的程度了吗？

在工业上，在全民所有的经济成分中，目前也仍然存在着中央与地方、国家与企业、集体与个人在经济权限和利益上的矛盾。这在实际上仍然是一个所有权的分割问题。目前在理论界正在讨论的扩大企业自主权问题，也正说明了在现有的生产力条件下，还不能不承认生产单位应当有自己的一部分正当权益，也就是对于自己的劳动拥有部分的所有权。实际上真正由全社会直接占有和掌握生产资料，那必然是在生产力高度发展以后才能实现的事情。在那个时候，"当国家终于真正成为整个社会的代表时，它就使自己成为多余的了。"（《马克思恩格斯选集》第三卷，第320页）

现实毫不含糊地告诉我们，一个社会的生产关系和上层建筑，是永远无法摆脱生产力的决定性的影响的，而它们对生产力发展的作用如何，是判断其先进或落后的唯一标志。

四

解放后三十年来，每当生产力发展较快的时候，总是我们社会的政治、经济体制以及各项具体的制度、方针、政策与生产力的要求较为吻合、适应的时候。而一旦它们脱离了生产力的实际状况，发生了矛盾，生产力就无法顺利发展，甚至停滞、倒退、受到严重破坏。二十年前的一平二调、共产风、浮夸风，近年来的大批资产阶级法权、"割资本主义尾巴"、搞穷过渡，给社会带来了什么样的结果，不是很清楚吗？两相对照，究竟什么是先进什么是落后呢？

社会制度是社会各个方面具体的体制、法规以及种种并未形成法规但却存在于实际生活当中的社会关系的总和。如果我们从实际出发去分析问题，以是否适应生产力发展作为唯一标准而又不是有意识地回避矛盾的话，我们就会看到，我们的社会制度并非是一个已经尽善尽美的制度，它在很多方面，还存在着严重阻碍生产力发展、阻碍社会前进的因素。这些非但不是社会主义的，而且正如列宁所指出的，也并不来自资本主义，而是来自比资本主义更落后的小农的生产方式。

在我国，封建主义影响还相当严重，生产落后，社会化程度低，又左右着生产关系和上层建筑许多方面的实际内容。"归根到底，小农的政治影响表现为行政权力支配社会。"（《马克思恩格斯选集》第一卷，第693页）多年来形成的行政权力高度集中，管理体制臃肿重叠,官僚主义和封建衙门的管理作风,某些人与社会利益对立的特权和既得利益,以及产生这种种弊病的封建传统和小生产的影响,都严重地阻碍着生产的正常发展。尤其是今天,在我们面临着发展生产、调整经济、争取实现四个现代化的迫切要求时,在生产力本身已经在要求冲破小生产的方式而向社会化、现代化奔跑的时候,这个矛盾就显得尤其突出。现实的矛盾仍然是生产力与生产关系的矛盾。但是这个矛盾并不以社会制度先进与生产力落后的对立形式表现,而是以生产关系和上层建筑多方面存在着的阻碍生产力发展的因素,与生产力发展的要求相矛盾、相抵触这一形式表现出来。有的时候,落后生产方式的影响,还会在激烈的革命口号下表现出来。但是这种"左"的倾向,往往是打着社会主义的旗号,反对生产力的进步,反对生产的社会化、现代化,顽固地要按照封建的小生产方式改造经济。这些并不先进于生产力的发展,反而恰恰是对生产力发展的障碍。建国后仅仅三十年间,国民经济经历了两次大起大落。尤其近十年来,在上层建筑的"反作用"之下,国民经济被推上了崩溃的边缘。这么尖锐的矛盾难道还不发人深省吗?难道这不正反映了封建意识、小生产影响的强大?不正反映了新旧两种生产方式的激烈斗争吗?如果一个社会制度不能做到防止社会的内在因素对生产力的大规模破坏,这个制度能够说是十全十美、非常优越了吗?

同时,生产关系与生产力相适应,也只能是相对的。社会在前进,生产力在发展,生产关系与生产力的矛盾必然层出不穷。一些一度适宜的关系和制度,经过一段时间后也可能变得不再适宜。这就需要我们根据生产力的要求来对它进行改革,不断解决它们之间的矛盾。

而对矛盾的现实存在,不去研究解决矛盾的途径,反而鱼目混珠,把亟待改革的东西当成"先进的社会主义制度"保护起来,这样做是有百害而无一利的。如果说最初提出"先进的社会主义制度与落后的社会生产力之间的矛盾"这一提法时,由于种种客观条件的限制,在认识上还很难透彻正确,那么在经历了大量正反两方面经验的今天,继续重复这个提法,就无异于回避和掩盖现实的矛盾,使人们忽视对生产关系和上层建筑的改革。而不积极进行这种改革,不给生产力的发展开辟一条通畅的道路，四个现代化的实现是没有保障的。在这里，仅仅满足于在理论上证明社会主义制度的先进，单有发展生产的良好愿望，是远远不够的。只有下定决心，切切实实地改革经济体制和政治体制，坚决革除一切妨碍生产发展的传统观念、习惯做法和不合理的制度，扩大人民群众的经济民主和政治民主权利，调动广大群众当家作主的积极性，建立严明的法制，保护人民的权利和正常的生产、社会秩序，清扫封建残余，清扫官僚主义（流毒），才能够创造一种生动活泼、万众一心的大好局面，才能有社会主义经济的高速度发展。

（原载《哲学研究》1979年第7期，此处节选自其中的第二、三、四部分）

试论社会主义市场经济

于祖尧

于祖尧，1933 年生，安徽天长人。中国社会科学院荣誉学部委员、经济研究所研究员和教授，是第九届全国人大代表、全国人大财经委员会委员。

其主要著作有：《中国经济转型时期个人收入分配研究》等。

社会主义市场经济的客观必然性

我国早就基本上完成了生产资料的社会主义改造，但是商品生产不可能短时期内消亡；社会主义商品生产取得了绝对统治地位，但价值规律对生产和流通的调节作用并未消失；社会主义计划经济代替了资本主义竞争和生产无政府状态，但不能排除市场机制的作用。只要社会主义实行商品制度，社会主义经济在本质上就依然是市场经济。

首先，这是由生产力发展的状况决定的。

马克思说："人们能否自由选择某一社会形式呢？绝不能。在人们的生产力发展的一定状况下，就会有一定的交换和消费形式。"[①] "交换的深度、广度和方式都是由生产的发展和结构决定的。"[②] 我们可以跳过资本主义生产方式，但商品生产却不能超越。生产力的

[①] 《马克思致马维尔·瓦西里也维奇·安年柯夫》（1846 年 12 月 28 日），《马克思恩格斯〈资本论〉书信集》，第 15 页。
[②] 马克思：《〈政治经济学批判〉导言》，《马克思恩格斯选集》第二卷，第 102 页。

现状及其发展趋势,决定了我们不能从小生产占统治的半自给自足的经济直接过渡到马克思所设想的高度发达的社会主义阶段。

社会化大生产是现代生产力发展的标志;专业化和协作是社会化大生产发展的必然趋势。社会主义只能建立在现代化技术装备的社会化大生产的基础上,绝不能以半自给自足的小生产作为自己的物质基础。我国四个现代化事业的实现,将从根本上改变我国生产和技术的落后状态。生产的专业化、社会化引起市场的扩大,市场扩大又促进生产的发展。在现阶段,我国市场的扩大是生产发展的必然趋势,又是生产发展的"生活条件"①。

社会分工和生产资料、产品属于不同的所有者,是商品生产的一般前提。但是,如果认为所有制的改造基本完成后,商品生产便开始消亡,国营企业之间的交换已经排除出商品流通的范围,那就轻率了。现阶段我国依然是多种所有制并存,这种状态不可能短时期内改变。我们的管理体制必须同这种所有制关系相适应。

社会主义全民所有制不仅同共产主义全民所有制不同,并且即使在社会主义时期,全民所有制也不能立即实行全国范围内统一核算、统收统支、统一分配。一定的所有制形式必须同生产力发展水平相适应。在社会主义条件下,判断一种所有制形式的优劣,不能以人的主观愿望为根据,也不能以抽象的"大"和"公"为标准,只能看它是促进生产力发展,还是阻碍生产力的发展。实践证明,国营企业的全民性质要经历一个随着生产力的发展而提高的过程,即由不完全的全民所有制变为完全的全民所有制。在我国这种不发达国家,整个社会生产还没有实现社会化,生产技术落后,各部门、各地区发展极不平衡。在剥夺资产阶级之后,如果国营企业立即在全国范围实行统一核算,那就只能造成"吃大锅饭"、实行平均主义,把劳动者的有限的劳动成果拿来大家均分。这就必然会侵犯先进企业劳动者的物质利益,挫伤他们的积极性。所以,在社会主义条件下,国营企业应当在国家的统一领导下,在生产、交换和分配方面享有一定的自主权,独立核算、自负盈亏,把企业和职工的物

---

① 马克思:《资本论》第三卷,《马克思恩格斯全集》第二十五卷,第376页。

质利益同本企业的经营成果紧密联系在一起。

集体所有制的存在是市场经济存在的一个重要客观原因。对集体经济只能贸易,不能剥夺。经过市场的贸易,是工农间、两种公有制之间唯一可能的经济联系形式。在这种条件下,经济的计划性、国家计划的指令性、计划的作用范围和程度不能不受到限制。国家计划的指令性,实际上是对生产资料、产品和劳动力的所有权、支配权的体现,归根到底,是由所有制企业决定的。所谓按国家计划生产,就是按照国家规定的指标和任务来调节生产资料和劳动力在各部门的分配。如果说国家对全民所有制都应保障企业的自主权和独立商品生产者的地位,那么,对待集体所有制企业,国家就无权对它发号施令,强迫生产队种什么、怎么分配。国家同社队是两个所有者之间的平等关系,而不是隶属关系。集体经济的所有权、经营管理权、交换权和分配权是不可分割的。国家计划对集体经济不具有法律上的效力,只能起指导作用,因为国家对它的经营成果不承担任何经济上的责任。所以,集体经济的所有权应当在经济上和法律上得到国家的切实保障和尊重。

我国生产资料所有制方面的社会主义改造是在社会生产力还没有完全社会化的条件下实现的。最近20年来生产力又遭到反复破坏,我们一方面要大力发展生产,另方面则应根据生产力状况对生产关系进行适当调整。在农村,农民的自留地和正当的家庭副业应当受到保护,集市贸易应当活跃起来。那些在"堵资本主义路"的旗号下的清规戒律应当取消。同时,手工业、商业、服务行业,凡是适宜分散个体经营的,且这种经营方式又能够适应群众和市场的需要,又能充分调动劳动者的积极性,那就应在国营经济的领导下允许各自经营、自负盈亏、自产自销。

其次,利用市场调节是价值规律的客观要求。

价值规律是商品生产的基本规律;说它是基本规律,不仅是说它在各种商品制度下都起作用,而且在任何商品经济中,它对商品的生产、交换、分配、消费都起调节作用,商品经济中其他规律的作用都受它的制约。社会主义既然实行商品制度,价值规律当然也是社会主义商品生产的基本规律。

在商品生产条件下,价值规律本质上就是调节社会劳动按比例分配的规律，它是制定计划的重要根据。这是因为物质资料的生产是社会存在和发展的基础。商品生产者要实现商品的价值，①必须生产一种使用价值以满足社会的需要；使用价值是价值的物质承担者，使用价值生产是价值生产的前提。如果某人生产的使用价值不能满足人们的某种需要，那么不管他花费多少劳动也不能形成价值。②社会分工是商品生产的一般前提。在社会分工的条件下，生产者互相联系、互相依存，每个生产者的劳动都是社会总劳动的一个有机的组织部分。他花费在某种商品上的劳动只能同社会分配给他的部分劳动相适应。如果投在该种商品上的劳动多了，就会供过于求，一部分商品就卖不出去，投在这部分商品上的劳动就白白浪费掉，不能形成价值。这时，价值规律就会迫使生产者减少产量，从而维持生产与需要的平衡；相反，如果某种商品供不应求，价格就会上涨。这种情况表明社会投在这种商品上的劳动少了，不能满足社会的需要。这时，价值规律就会通过价格机制推动生产者增加这种商品的生产。可见，在商品生产条件下，价值规律就要求社会劳动按比例分配。

恩格斯指出，"价值规律的各个方面是借助于多种多样的关系发生作用的"①。社会分工和生产资料不同所有者的存在，是商品生产的一般条件。这个条件决定了在任何商品经济中都存在着下列矛盾：价值和使用价值的对立；个别劳动时间和社会必要劳动时间的差异；供给与需求的矛盾；价格与价值的背离，等等。这些矛盾的存在不仅不是对价值规律作用的否定，相反地，恰恰是价值规律借以发生作用的唯一可能的方式。价值规律就是在这些矛盾的不断产生又不断克服的运动中为自己开辟道路并维持社会生产的必要比例的。它们是价值规律发生作用的客观机制。这也是不以商品生产的所有制性质为转移的。

在社会主义商品经济中，社会劳动的分配是由人们按照价值规律的要求，通过计划来调节的。但是，计划调节不能排斥、也不能代替价值规律通过自身的机制来发挥调节作用。计划调节和价值规

---

① 恩格斯：《〈资本论〉第三卷增补》，《马克思恩格斯全集》第二十五卷，第1018页。

律机制的调节作用是互相补充、相辅相成的。计划是主观的、第二性的,商品经济的矛盾却是客观的、第一性的;计划一经制定就具有相对的稳定性,而商品经济的矛盾却始终处在不断运动、变化和发展中;计划是相对静止的因素,而价值规律却会时刻处在运动状态之中。因此,价值规律就要通过自身的机制不断地打破旧的平衡,建立新的平衡,推动生产的发展。

要发挥价值规律机制的积极作用,在生产方面,就应当实行以销定产,允许企业根据市场的变化自由安排生产。这种自由生产是计划生产必要的补充。在销售方面,计划只应求得购买力和供应的总的平衡,其他则应由价值规律机制来调节。拿消费品来说,群众的需要和消费构成千变万化、千差万别。这是计划无法预计、无法规定的,也是不应当用计划去限制的。自由选购的办法之所以比配给制优越,不仅因为它能更好地满足群众的需要,而且能够刺激生产。在价格方面,不仅应当按质论价、优质优价,而且应当实行灵活的可在一定幅度内变动的价格,允许企业在价格上实行竞争,这样才能鼓励先进、鞭策落后。现行的稳定物价的方针违反了价值规律的要求,起了保护落后、限制先进的作用。

最后,国内社会主义市场同国际资本主义市场同时并存,也决定了必须利用市场调节。

无产阶级在一国或少数国家取得政权后,社会主义国家与资本主义国家长期共存、国内市场和国际市场同时并存并互相影响,这是不可避免的。在平等互利的基础上发展对外贸易,互通有无,以他人之长补己之短,这是我们在自力更生的基础上争取外援、加快建设速度的重要途径。国际市场上资本主义市场占统治,它受资本主义规律支配。在这里,价值规律、竞争和无政府状态规律调节着市场行情和各国进出口贸易。社会主义国家的对外贸易对国际市场会发生一定的影响作用,但不能左右国际市场;相反地,我们的外贸要做大,就应当适应国际市场的变化,把生意做活。国际市场竞争性强,产品日新月异,行情多变,这就要求我们熟悉国际市场的规律,适应市场需要,力求出口商品优质、适销、对路,灵活地运用国际贸易中常用的方法,利用外资,引进先进技术。随着四个现代化的实现,我国的外贸将越做越大,我们在国际市场上的发言权也必然越来越大。

总之,只要社会主义实行商品制度,社会主义经济在本质上必然是一种市场经济。

社会主义市场经济的作用

市场经济是发达的商品生产共有的经济范畴。社会主义市场经济既具有市场经济的一般特征,又具有同其他市场经济相区别的特殊本质。

社会主义市场经济是建立在生产资料公有制基础上的新型的市场经济,它消灭了资本主义市场经济所固有的生产社会性和资本主义私有制之间的矛盾,消灭了生产过剩的经济危机。

社会主义市场经济所体现的交换关系,是根本利益一致的劳动者集体之间、劳动者之间的互助合作关系。在这里没有虚拟资本,没有证券市场,禁止私人投机资本的活动。

社会主义市场经济是为活跃城乡物资交流,促进社会主义建设,满足人民不断增长的需要服务,而不是为私人资本谋利的。

社会主义市场经济消除了资本主义竞争和生产无政府状态,它是有计划的市场经济。在这里,价值规律对生产和交换的调节作用是通过计划实现的,计划调节和市场调节互相渗透、互相补充,相辅相成。

因此,决不能把社会主义市场经济同资本主义自由市场混为一谈。

既然市场经济的存在归根到底是由生产力状况决定的,是适应生产力发展需要的,因此我们就应当充分地发挥市场调节的积极作用。

首先,市场调节能够充分调动企业改善经营管理的主动性和积极性。

企业是社会主义经济的基层单位。生产的发展,市场的繁荣,关键在于调动企业的积极性。多年来的实践证明,要推动企业改善经营管理,开展技术革命和技术革新,提高劳动生产率,提高产品质量,增加花色品种,单纯依靠行政办法是不行的;仅仅依靠思想教育也不能持久；用八项指标来考核企业，效果也不显著。因为这些办法都是用外力来推动企业的，不能使企业完全摆脱附属于上级行政机关的"算盘珠"的地位。要根本改变这种状态，就必须开动企业内在的经济动力，这样才能使企业的经济活动"自动化"。要做到这一点，就要运用市场调节，发挥价值规律的权威作用。

市场调节之所以能使企业的积极性"自动化"，主要是因为它切实保障企业经济上的独立性和经营管理上的自主权，把经营管理自主权和收益分配权结合起来，把企业的经营成果同企业的物质利益紧密联系在一起，实行自负盈亏、供产销自主、资金自筹（折旧基金归己，流动资金和基建投资改由银行贷款）。

社会主义既然实行商品制度，既然无论国营企业或集体所有制企业都是作为具有各自特殊物质利益的独立的商品生产者活动，既然商品的价值只能由社会必要劳动量决定，部门内部各个企业的劳动消耗是有差别的，而这种差别直接影响到企业职工福利和扩大再生产，那么，在社会主义商品制度中，经济竞赛或竞争的存在就不可避免。在竞争过程中，淘汰那些几十年一贯制的低劣产品，淘汰那些拖四个现代化后腿的企业，才能鼓励先进、鞭策落后。没有竞争，就会让那些落后企业寄生在9亿人民身上"吃大锅饭"，就会造成官厂化、官商化，整个经济机构就会变成死气沉沉的封建官僚衙门。社会主义建设正反两方面的经验证明，社会主义商品经济没有竞争是不行的。

其次，市场调节能够把劳动者的个人物质利益同社会利益密切结合起来，充分调动劳动者的社会主义积极性。

社会主义个人物质利益规律主要是通过按劳分配来实现的；在商品生产的条件下，按劳分配又是同价值规律相联系的。企业职工的劳动要支出在对社会有用的形态上，生产一种能够满足社会需要的使用价值，而且生产这种使用价值所花费的劳动量应当是社会必要的劳动量。但是，是不是社会必要劳动，又只有交换才能证明。因此，按劳分配的"劳"同社会必要劳动的"劳"是有内在联系的。这就要求把职工的劳动报酬同企业的经营成果直接联系起来，使职工的工资全部或大部分直接取自本企业销售产品所得的收入。这样就能够充分调动劳动者的积极性，并且把劳动者的个人物质利益同集体利益密切结合起来。

我们现在在劳动就业上实行"大包干"的"铁饭碗"制度，在分配上实行"吃大锅饭"制度，不仅造成了人力的惊人浪费，而且任其发展下去，势必坐吃山空，搞光社会主义家底。现在是打破那种认为劳动力不是商品，因而不要核算、不讲效率、不追究经济责任的陈旧观点的时候了。改革劳动管理制度，必须有效地利用市场机制和各种经济杠杆，一方面给企业择优选用和精简多余职工的机动权，另方面允许职工有选择职业的自由，在国家统一的劳动计划范围内，用计划分配的办法和择优选用、自由择业结合起来。为了防止由此产生的劳动力流动，国家应当利用工龄津贴等经济办法进行控制。

再次，利用市场机制能够活跃整个国民经济，做到"管而不死，活而不乱"。

社会主义现代化建设需要有集中统一的领导。但是集中统一必须建立在民主的基础上，没有民主，集中制就可能走到反面，变成专制主义。

我国现行的高度集中的管理体制，不适应商品经济的特点。商品生产是以社会分工和产品的不同所有者为前提的。生产者经济上的自主权是商品生产固有的特点。我们权力过于集中的管理体制同这个特点是有矛盾的。这不仅产生官僚主义、瞎指挥，而且束缚了地方和企业的积极性和主动性。要克服这个矛盾，就必须正确地运用市场调节，实行经济民主。

在商品经济中，不仅有从事商品生产的工农企业，有从事商品交换的商店，而且还有为商品经济服务的银行、信用、社会簿记等经济机构和经济立法、经济法庭等法律机构。在社会主义实行商品制度的条件下，不仅要正确处理中央、地方、企业和劳动者之间的关系，而且要充分发挥为生产和流通服务的各种机构的作用，使它们各尽其能、各显神通。但是，多年来在我们这里，有的机构没有设立，有的形同虚设，有的往往成为执行"长官意志"的工具。例如，国家银行应当是"全国性的簿记机关，是全国性的产品的生产和分配的计算机关,这可以说是社会主义社会的一种骨干"。① 但是我国的人民银行却不能发挥这种作用。"长官"画圈批条胜过银行的权威;财政上统收统支取代了信贷关系;银行贷款变成无偿占用;经营不善可以不受经济惩罚。银行自身也是手捧"铁饭碗"吃"大锅饭"。在这种情况下,银行往往成为按"长官意志"办事的行政机构,对国民经济不能起到监督和调节作用。再如,税收机关是商品经济中的一个重要经济机构,它通过税收调节企业之间的收入的再分配,推动企业加强经济核算,为国家积累资金,还可以用增加或减免税收的办法来调节企业的生产。但是,现行的税收政策却往往起着保护后进、限制先进的作用。所以,我们应当适应市场经济的特点,改变那种单纯依靠行政组织、行政办法来管理经济的状况,充分发挥各种经济组织的作用。

要活跃市场,还必须按照经济区划合理地组织商品流转。各地区由于经济和自然条件的差别,形成了不同的经济区划。这些经济区划互相联系、互相依存,形成统一的国内市场。这就要求我们应当按照经济区划组织商品生产和流通。但是,我们往往用行政区划代替经济区划,造成商品流向混乱、库存积压,甚至实行封建割据,互相封锁,荒谬地切断合理的经济联系,阻碍经济的正常发展,造成大量的浪费。

要活跃市场,还必须充分发挥市场机制的积极作用。市场是一切交换关系的总和,它能迅速地、敏感地把整个国民经济和各部门的发展状况反映出来。因此,它起着计划经济的"气象台"和"检验器"的作用。计划是否正确地反映客观规律的要求,要通过市场来检验;群众的需求的变化要靠市场来反映;产品品种规格是否对路,质量是否合格,价格是否合理,销售是否适时,市场反映得最及时。

不仅如此,市场机制在调节社会劳动按比例分配方面的作用,还可补充计划的不足,克服计划的局限性和盲目性。例如,某种产品的生产由于计划安排不当,或价格不合理,或片面地追求产值,造成了滞销、积压。这种状态表示投在该商品上的劳动过多,不适

---

① 列宁:《布尔什维克能保持国家政权吗?》,《列宁选集》第三卷,第311页。

应社会的需要，价值规律受到了侵犯。这时价值规律便通过市场机制来显示它的作用。为了消除社会劳动的浪费，我们就应当自觉地按照市场供求变化适时调整生产计划或者利用市场机制来调节供求的不平衡。

利用市场机制还能够监督和保证企业完成计划任务、履行合同义务。

最后，在坚持计划经济的前提下，利用市场调节，在政治上还有助于克服官僚主义、瞎指挥、封建专制主义、思想僵化。

我们对中国长期的封建社会和半封建半殖民地社会遗留下来的官僚专制主义的遗毒决不能低估。商品经济不发达，半自给自足经济的长期统治，是产生封建专制主义、缺乏民主习惯的经济根源之一。发展社会主义商品生产，利用市场调节，有助于克服封建专制主义、"长官意志"等。商品、货币是天生的平等主义者。商品交换不承认任何特权和超经济的强制，人们都是作为平等的商品所有者互相对待的，人人都得在市场这个考场上接受价值规律的检验。利用市场调节，就迫使领导机关和领导干部面向市场、面向基层、面向实际，及时研究市场动向，了解群众的需求。另外，在市场经济的条件下，企业和国家之间的关系、企业之间的关系都建立在经济核算的基础上，彼此承担法律和经济责任。最后，企业实行自负盈亏，职工个人的物质利益同企业的经营成果密切联系在一起，这就要求企业实行民主管理，企业有权抵制上级机关的"瞎指挥"，企业领导人必须对企业职工负责任，接受群众的监督；群众对企业领导人的任用有选举权、罢免权。

当然，市场经济同计划经济也有矛盾的一面，比如竞争会造成无政府状态等。这个矛盾本质上是中央、地方、企业和劳动者个人利益矛盾的表现，它可以在社会主义制度范围内得到解决。只要国家统一政策、统一财经纪律、统一经济立法，同时打击资本主义势力的破坏活动，市场调节的某些消极作用就是可以克服的，社会生产的无政府状态也是能够避免的。

（本文选自中国社科院经济所等编《社会主义经济中计划和市场的关系》（上），中国社会科学出版社1979年版。此处选文有删节）

改革经济管理体制要从扩大企业自主权入手

马 洪

马洪（1920—2007），山西省定襄县人。中国当代经济学家。

1939年毕业于延安马克思列宁学院（后改为中央研究院）。1941年以后担任延安中央研究院政治研究室研究员、学术秘书。1949年中华人民共和国成立以后，先后担任中共中央东北局和中共中央政策研究室主任、国家计划委员会委员兼秘书长、国家经委政策研究室负责人等职。1978年后，历任中国社会科学院工经所所长、基建经济所所长、社科院院长，兼任国务院副秘书长、经济体制改革委员会顾问、国务院经济技术社会发展研究中心总干事、国务院发展研究中心主任。还兼任北京大学、清华大学、中国人民大学、复旦大学等教授。2005年获"中国经济学杰出贡献奖"。

主要著作有《中国社会主义国营企业管理》（主编）、《中国经济结构问题研究》、《马洪选集》、《社会主义制度下的商品经济》等。

一

许多同志考察了经济管理体制改革的历史经验和当前的实际情况，认为改革经济管理体制要从扩大企业自主权入手。我认为这种意见是合乎实际的，是有道理的。

改革经济管理体制所以必须从扩大企业自主权入手，主要是由于以下一些原因：

首先，现代工业是社会化大生产，而企业则是它的基本生产单位。现代化生产是通过成千上万个工业企业分工协作来完成的。每个企业由一定的劳动者组成，拥有机器设备等劳动手段和原料、材料等劳动对象。组织在企业中的劳动者运用各种机器设备，作用于劳动对象，形成生产力，为社会创造出物质财富。由于劳动力在企业，多数技术人员和管理干部在企业，设备的使用和原料的消耗在企业，产品的制成在企业，盈利或亏损也首先在企业反映出来，所以社会产品的丰富程度，就决定于各个企业生产和经营的好坏。企业在国民经济中的地位作用就像是生物体中的细胞。细胞有其自身的新陈代谢活动，新陈代谢越活跃，细胞越有活力，生物体的生命力就越旺盛。企业也是一样。为了充分发挥企业在社会生产中的作用，实现社会生产力的高速度发展，就必须使企业有必要的自主权。企业的自主权是企业新陈代谢的前提条件。

现在我们的企业普遍感到经济管理上的自主权太小。据鞍钢调查，企业采用经济办法管理经济的主要困难有：计划指标统统由上级分头下达，互不衔接；企业没有扩大再生产的权力，没有进行技术改造的资金；靠违背客观规律的"长官意志"、行政手段管理企业，经济责任不清。鞍钢这样的大企业经营管理权都很小，其他企业的情况也就可想而知了。

曾经有过一种观点，认为在社会主义全民所有制中，企业的自主权是无关紧要的，甚至反对企业有自主权。实践证明这种观点是不正确的。由于企业是组织社会主义生产的基本单位，它就必然具有一定的独立性，我们就必须尊重这种独立性，给它以必要的自主权。这是发展生产的要求。诚然，社会主义企业和资本主义企业有根本区别。社会主义企业建立在公有制基础上，社会主义经济是在全社会范围内有计划地组织起来的，但并不能由此否定社会主义企业的独立性和自主权，只不过这种独立性和自主权同资本主义企业的独立性和自主权相比在性质和内容上有所不同罢了。

其次，社会主义生产是建立在生产资料公有制基础上的商品生产，社会主义工业企业既是国家计划的基本单位，又是商品生产的基本单位。企业必须有权利用市场、利用价值规律生产社会所需要的商品，并把自己生产商品的劳动消耗同社会平均必要的劳动消耗加以比较，以自己的收入抵偿自己的支出，做到盈利。企业盈利了，生产就会发展；企业亏损了，生产就要衰退。可见，社会主义商品经济的特点，要求我们承认企业作为独立商品生产者的地位，给予它必要的自主权。这就是说，一方面，要使企业对自己的经营成果切实负经济责任；另一方面，又要赋予企业应有的经营管理权限和应得的经济利益，使其能够以独立商品生产者的身份，在生产和流通领域中，充分发挥主动性、创造性，把企业的生产多快好省地推向前进。

社会主义经济作为公有制经济，要求有计划按比例地发展生产以满足社会的需要，作为商品生产和商品交换，它又受价值规律的调节。因此，社会主义经济必须实行计划指导下的市场调节，而以计划调节为主，市场调节为辅。社会需要的产品千差万别，国家计划不可能规定得那样详尽和准确，这就需要企业在国家计划指导下，根据市场的需要来制定自己的生产计划。国家计划是否正确，企业生产的产品是否对路，都要由市场是否需要这一客观标准来鉴定。工业企业既然要把自己的产品拿到市场上去出售，又要向市场购买各种生产资料，就应当有权根据市场的需要组织生产，根据生产发展的需要改进经营管理，进行挖潜、革新、改造。如果不给予企业这方面应有的权力，对于企业正常的生产经营活动限制过死，计划指导下的市场调节就会成为一句空话。

实行市场调节意味着允许企业之间开展竞争。有人认为，竞争和资本主义有着内在的联系，社会主义只有竞赛而没有竞争，这是不对的。竞争是商品经济的产物，私有制基础上的商品经济和公有制基础上的商品经济，都存在着竞争，只是竞争的性质不同。在资本主义社会，资本家在竞争中尔虞我诈，你死我活，力图打倒对方。这种竞争虽然促进了生产的发展，但它带来了社会财富的浪费和商品生产者的分化。在社会主义社会，竞争则是为了利用价值规律，调动一切积极因素，更好地完成国家计划。各个企业之间开展竞争，看谁生产上得快、产品质量好、花色品种多、成本低、利润高、对四个现代化贡献大。通过竞争，使办得好的企业及其职工，得到较多的物质利益；办得差的企业及其职工，得到较少的物质利益。由于经营管理不善而长期亏损的企业，有的将要在竞争中予以淘汰，这对国家有利无害，对于职工个人来说，国家会重新安排工作，他们应不会像资本主义那样，因企业被淘汰而失业。

这说明，在社会主义企业之间正确地开展竞争，有利于鼓励先进，鞭策落后，发现矛盾，解决矛盾，促进生产的迅速发展。而要开展企业之间的竞争，也要求给予企业经营管理的自主权，否则竞争是开展不起来的。

过去还流行过一种观点，认为全民所有制经济内部不存在商品生产和商品交换，并认为社会主义制度下生产资料不是商品。实践证明，这种观点也是不正确的。由于全民所有制企业，在社会的共同利益之下，有自己独立的经济利益，因而它们都是有自己利益的经济主体。在它们之间转让产品时，必须实行等价交换，否则，它们的利益就会受到损害。这种情况决定了全民所有制企业之间的交换也是商品交换，它们生产的产品，包括消费资料和生产资料，都是商品。在过去那种观点的影响下，人们不把全民所有制企业看成独立的商品生产者，不给予它必要的自主权。现在必须根据实践是检验真理的唯一标准，认识全民所有制经济内部也存在商品生产和商品交换，生产资料也是商品。在正确理论的指导下，有计划、有步骤地进行经济管理体制的改革。

再次，企业必须实现经营管理"自动化"。发展社会主义工业，有赖于各个工业企业主动地、多快好省地发展生产，实现企业经营管理的"自动化"。这里所谓"自动化"，不是指装配电子计算机之类的东西，而是指企业能够经常充分地发挥主动性，实行自主管理、自动调节。只有这样，企业才能主动地改善经营管理，进行挖潜、革新、改造，实行技术革新和技术革命，多快好省地发展生产，充分满足人民日益增长的物质和文化需要。也只有这样，才能真正做到充分发挥社会主义制度的优越性，迅速赶上和超过经济发达的资本主义国家。社会主义制度克服了资本主义制度的根本矛盾，消灭了剥削，具有巨大的优越性，但是要充分发挥这种优越性，就必须发挥企业的主动性、积极性。现在，我们的企业由于缺乏自主权，经营管理是被动的，非常缺乏主动性，因而严重阻碍着社会主义优越性的发挥。我们改革经济管理体制，就是要改变这种状况，按照客观经济规律的要求，扩大企业的自主权，逐步实现企业的"自动化"。我们不仅要实现社会主义企业"自动化"，而且要实现整个社会主义社会的"自动化"，就是要使社会主义社会具有这样一种经济机制，它能够自动地实现在高度技术基础上发展生产、满足人民日益增长的物质文化需要。而企业的"自动化"则是社会"自动化"的基础。

实现社会主义企业"自动化"，也就是使它具有强大的经济动力。社会主义制度有没有经济动力？这个问题历来是有争议的。一切社会主义者认为，社会主义较之资本主义具有更大的发展动力。一切反对社会主义的人则认为，社会主义制度没有发展动力。我们马克思主义者坚信社会主义制度是符合社会化大生产的要求的，是历史发展的必然趋势，它以满足人民需要作为生产的直接目的，因此它的巨大动力是任何私有制社会不能比拟的。问题在于，这种动力如何落实到每一个企业的生产经营中，以及通过哪些环节来落实。我认为，要使企业具有强大的经济动力，就必须给予它必要的自主权；企业有了自主权，才能实行严格的经济核算，实行自负盈亏，认真贯彻按劳分配原则，把职工的经济利益和企业的经营成果联系起来，做到国家、企业和职工个人的利益紧密结合，使广大职工从物质利益上关心企业经营的成果。这样，再加上强有力的思想政治工作，就能够使企业在发展生产、改善经营管理上有无比强大的动力。

有些人习惯于使企业成为国家行政机关的附属物和"算盘珠"，认为企业的一切经济活动都要由上级行政机关安排；如果不这样做，全民对于生产资料的所有权就不能得到实现。在"文化大革命"时期编写的《社会主义政治经济学》，甚至说如果企业的各种权力不是集中在国家手中，社会主义全民所有制就"被分割成为地方所有制、部门所有制、企业所有制或者集体的资本主义所有制了"。这种说法完全歪曲了社会主义所有制，是用封建的国有经济的目光来看待社会主义全民所有制。马克思曾把社会主义经济称为"一个自由人联合体，他们用公共的生产资料进行劳动，并且自觉地把他们许多个人劳动力当做一个社会劳动力来使用"。[①] 他还把社会主义交换称为"在共同占有和共同控制生产手段这个基础上联合起来的个人所进行

---

① 马克思：《资本论》第一卷，见《马克思恩格斯全集》第二十三卷，第95页，北京，人民出版社，1972年。

的自由交换"。① 那种官僚衙门式的经营、宗法家长制的指挥，是和社会主义公有制的本质不相容的。

最后，新中国成立三十年来的实践证明，处理中央和地方的关系也必须有利于发挥企业的主动性积极性，否则，就不可能取得很好的经济效果。如何处理中央和地方的关系，也是改革经济管理体制必须解决的一个重要问题。但处理中央和地方的关系，必须有利于充分发挥企业的主动性，必须以尊重企业的自主权、给企业以必要的自主权为出发点。这是由企业在国民经济中的地位和作用决定的。不从发挥企业的主动性出发来考虑中央和地方的关系，是处理不好这种关系的。新中国成立以来，我们曾经进行过几次经济管理体制改革，往往是"一统就死，一死就叫，一叫就放，一放就乱，一乱就统"，就这样团团转，经济效果很不理想。为什么会这样呢？一个重要原因是，这些改革主要是解决中央和地方的集权与分权问题，而没有解决企业的自主权问题。不管是集权把企业收上来，归中央各部"条条"管，还是分权把企业放下去，归地方"块块"管，企业的权限始终是很小的，甚至有越来越小的趋势。这样做，都是按行政系统、行政层次来管企业，其结果，不是由于"条条"管而割断了行业之间的联系，就是由于"块块"管而割断了地区之间的联系，企业和职工的积极性和主动性不能充分发挥出来，经济总是搞不活。这次经济改革要吸取历史教训，从扩大企业自主权入手，避免走过去的老路。只有从扩大企业自主权入手，才能从生产、交换、分配、消费各个环节搞清企业内部和外部的关系，发现经济管理体制中需要解决的问题，从而也才有可能处理好中央和地方的关系，搞好整个经济管理体制改革，并取得最好的经济效果。

综上所述，社会主义经济客观上要求工业企业必须有经营管理的自主权。可是，现在我们的企业自主权很少，上级行政机关对企业管得过死，计划大包大揽，产品统购统销，财政统收统支，基本上是"供给制"、"吃大锅饭"。企业的生产由国家统一安排，产品由国家统一调拨。企业要投资、要物资，都要向国家申请，上面不

---

① 马克思：《政治经济学批判大纲》第一分册，第96页，北京，人民出版社，1977年。

批准就毫无办法；亏了本，国家补贴，企业不负经济责任；增加人也要申请，不批准，就不能添一个人；人多了，也无权处理，只能任其窝工浪费；工资、奖金则是企业经营好坏一个样。总之，企业的人、财、物及供、产、销一律听命于中央或地方的行政管理部门。企业的职工不论有多大的积极性，管理人员、技术人员不管有多大本领，都难以发挥出来。要改变这种被动局面，把企业管好，就必须扩大企业的自主权，这是改革经济管理体制的根本问题。党的十一届三中全会指出："现在我国经济管理体制的一个严重缺点是权力过于集中，应该有领导地大胆下放，让地方和工农业企业在国家统一计划的指导下有更多的经营管理自主权。"[①] 这是完全正确的。

十一届三中全会以来，许多地方改革管理体制试点的经验也证明，从扩大企业自主权入手改革经济管理体制的做法是正确的。例如，四川省今年对100个企业进行扩大自主权的试点，主要扩大了企业的7个自主权：（1）利润提留权。（2）自筹资金扩大再生产权。（3）多提留固定资产折旧费权。（4）销售部分产品权和计划外生产权。（5）外汇分成权。（6）灵活使用资金权。（7）惩处权。这样做的结果，触动了沿用多年的计划、财政、金融、商业、外贸、物资供应等方面的不合理的体制，经济效果显著，立志改革的人都为它叫好。据其中84个地方工业企业统计，今年上半年比去年同期工业总产值增长15.1%，利润增长26.2%，而全省工业总产值只增长9%，利润只增长17.1%。今年头8个月，试点企业上缴给国家的利润比去年同期增长25%，增长幅度比非试点企业高出1倍以上。其他一些地区的试点也取得了同样显著的效果。扩大企业自主权，究竟是对的还是不对的，是必要的还是不必要的，实践已经做了明确的回答。

二

在目前条件下，企业的自主权扩大到怎样的程度才比较适宜呢？

[①] 《中国共产党第十一届中央委员会第三次全体会议公报》，第7页。

我认为，应当使企业在人、财、物及供、产、销六个方面有充分的自主权，使企业能够做到独立经济核算、自负盈亏。有人对全民所有制企业实行自负盈亏有不同的看法，认为这样做会损害全民所有制，这种顾虑是不切实际的。一个经济制度是否优越，应以它能否取得较好的经济效果，能否较快地推动生产力向前发展为客观标准。多年来的经验证明，集体所有制实行自负盈亏，使企业从领导人员到广大职工，无不关心企业的经营成果，无不对企业的人、财、物及供、产、销进行精打细算。在不少全民所有制企业发生亏损的情况下，集体所有制企业都取得了较好的经济效果，生产发展很快，一个重要的原因就是集体所有制企业有较多的自主权，实行独立经济核算、自负盈亏。全民所有制和集体所有制同是社会主义公有制。从目前情况来看，全民所有制企业实行独立经济核算、自负盈亏，同样会有很多好处。当然，全民所有制企业实行自负盈亏和集体所有制企业有所不同。我们知道，各个企业由于固定资产占用情况不同、自然资源条件不同会产生不同的盈利水平。集体所有制的这些级差收入归集体所有，对于全民所有制企业，国家要通过征收固定资产占用税和资源差别税等办法，把这部分收入全部收归国有，使企业的盈亏能真正反映企业的经营效果。所以，全民所有制企业同样可以实行自负盈亏，这将促进其改善经营管理，为社会主义建设做出更大的贡献。当然，全民所有制企业实行自负盈亏，涉及经济管理体制的一系列改革，需要一定的时间，我们应当积极创造条件，使之逐步实现。

为了使企业逐步实行自负盈亏，应当妥善解决目前企业在人、财、物和计划等方面权限过小的问题。

（本文写于1979年9月。原载《马洪改革文集》，中国发展出版社2005年版。原文分为三部分，此处节选自其中的第一部分和第二部分的引言）

改革取向的最初思考

林子力

林子力（1925—2005），福建省连江县人。中国当代经济学家、国务院发展研究中心高级研究员。

1942年参加革命工作。1945年曾被国民党当局逮捕，1948年获释后转移至香港，并任香港《华商报》增刊《世界展望》编辑，且在生活·读书·新知三联书店兼职。1949年曾任《学习》杂志编辑，以后在中共中央宣传部、国家物价委员会、国务院政策研究室等单位工作。历任中共中央书记处研究室室务委员、研究员，兼任理论组组长，并在厦门大学等其他学术团体兼任教授和顾问等职。

主要著作有《论联产承包制》、《社会主义经济论——论中国经济改革》等。

一

现代化建设和经济改革的伟大开端，标志着中国进入了一个极其重要的发展时期。研究这一时期我国的社会经济，说明它存在、发展的自然历史趋势，揭示它的特性，这是经济理论和实践的重大课题。

经过初步探讨，我认为，适合于我国现代化建设的经济形态是社会主义商品经济。

二

商品经济的发展是一个自然历史过程。发达的商品经济是社会历史发展的不可逾越的阶段。任何凭借主观意志去限制甚至扼杀它的思想和行为，都会受到无情的嘲弄，遭到彻底破产。

三

由于我国商品经济发展的水平相当低下，占人口 80% 的农民还从事着自给或半自给性的农业生产，工业也还不是发达的商品生产，这就决定了我国商品经济发展的道路将较为艰难。

过去一个很长的时期内，我国建设社会主义的实践一直是在这样一种理论的指导下进行的：在社会主义国家，商品经济所以继续存在，是由于两种所有制，即全民（国家）所有制与集体所有制的并存。因此，全民所有制经济与集体所有制经济之间，各个集体所有制的经济单位之间，以及劳动者个人与国有企业之间还存在商品交换，但是全民所有制经济内部已不是商品交换了，也就是说只有生活资料才是商品，生产资料不是商品。这一观点在斯大林的《苏联社会主义经济问题》中有较为充分的论述。但是，我认为这个观点是错误的。

四

在当今世界的社会主义国家里，由于国有经济是社会生产的主体，包括大多数的企业。在这种情况下，国有经济成为商品经济，将是以国家作为所有者、企业作为占有者和使用者这样一种所有和占有的分离为前提的。这就是说，国家作为所有者，掌握社会的生产资金，它把这些资金交给各个生产单位，由它们实际占有和使用。这样，国有经济就包含着许许多多的经营主体，即独立的商品生产者，其产品无论是生产资料还是生活资料都是商品。那种认为生产资料不是商品、国营经济内部不存在商品交换的理论，否认国家所有和企业占有的分离，视国家为所有者与占有者的一体，并直接控制国有企业的全部经济活动，极容易造成经济活动对于政治权力的屈从，经济组织对于政权机构的依附，产生官工、官商、官僚主义等弊病，使封闭性的经济和经营方式得以保存。

五

国有经济转为商品经济,国家仍对一些经济单位、一些重要产品实行直接的指令性的计划,它在国民经济中只占很小的比重。对于商品经济中大量的、广泛的经济活动,只能采取间接的、指导性的计划,即计划通过市场机制去实现。

也就是说,国家计划不是作为行政命令层层下达,不是采用经济外的手段强制企业执行;国家计划对于企业并不具有直接的约束力。企业可以支配自己的生产、流通、分配等方面的经济活动,可以对市场变化独立地作出反应,可以根据自己的情况决定生产的扩大、缩小、转移以及联合经营等。

六

人类的物质文明之所以能够达到当今的高度,是以近代以来商品经济空前的、世界规模的发展为条件的。商品经济的灵魂在于价值,而价值是由市场、由竞争形成的,"你每小时的工作和我每小时的工作是不是等值?这是要由竞争来解决的问题"。① 价值在竞争中确定,而且只有在竞争中才能确定。

竞争使无数商品生产者都不能不尽最大努力,想一切办法扩大投入、加速周转、不断更新设备、提高工艺、采用最新技术、加强生产组织、改善经营管理。这样,"所有人的全部精力极度紧张起来",人们在心理上经常保持着亢奋状态。一切松弛、怠惰、委顿、拖沓都是与商品经济的步调和节奏不相容的,它们极易使商品经济的生机窒息,使其无法运转下去。竞争也决定了生产者积极进取、拼命向前,否则就会被吞食、挤垮、陷于灭亡。历史正是在这无情的优胜劣汰中前进的。竞争使得近代以来人类所创造的物质财富大大超过了以往几千年。与此同时,人类由于各方面的知识和技能的

---

① 《哲学的贫困》,《马克思恩格斯全集》第四卷,人民出版社1958年版,第96页。

增进而达到中古时代所不可比拟的新的水平。"竞争在历史上表现为取消行会强制、政府统制、内地关税以及诸如此类的一国内部的束缚,在世界市场上表现为废除封锁、禁止入口制或保护关税——总而言之,在历史上表现为否定资本主义以前的生产阶段所特有的界限和限制"。① 而当竞争没有将上述种种束缚破除之前,在封闭经济中,劳动生产率变动微小,几乎处于凝固状态,一切都是刻板的、平稳的,墨守成规,多年如故。

长达几千年的封闭式经济使中国大地上没有席卷过竞争的狂飙。人民革命胜利虽然已经三十年,但我们还依然处在封闭和半封闭的经济状态中,当然也不会有什么竞争。这种经济状态与现代生产力发展的要求是极不相称的,如果任之继续下去,不仅会严重地阻碍我国现代化建设的步伐,而且势必使得疏懒、疲沓、愚昧、盲从普遍化、窒息人们的主动性和创造性,造成民族热情的衰退、民族精神的低落。要使这样的局面不致出现,要想给我们的国家争取一个繁荣、兴旺、文明、进步的美好的社会主义前景,赋予我们的民族一个生气蓬勃、激情迸发的崭新风貌,可以说任何诉诸空泛的政治号召、单纯的思想发动的做法,都是收效甚微的,而那种局部的、细小的、羞羞答答的经济改革也不会有多大的作用。根本的办法在于把我们现存的半封闭的经济,转变为开放性的商品生产的生产方式和管理方式,大胆地让价值规律成为社会生产的调节者,使商品生产者之间展开广泛的平等的竞争。

(原文《建设社会主义时期的经济形态及其规律》,载于《中国社会科学》创刊号样本卷首,1979 年 10 月内部印发)

---

① 《政治经济学批判大纲》草稿,第三分册,第 295 页。

企业本位论

蒋一苇

蒋一苇（1920—1993），湖北武汉市人。中国当代经济学家。

抗日战争期间当过航空机械士，后在广西大学肄业。曾任重庆《科学生活》、《徨》杂志主编，以及中共重庆市委《挺进报》编辑。1950年后，任科学技术出版社社长、总编辑。1952—1959年任第一机械工业部政策研究室副主任、主任。1978年任中国社会科学院工业经济研究所所长和顾问、中国社会科学院研究生院教授。是国务院学位委员会第一、二届学科评议组成员，同时还兼任中国人民大学、清华大学经济管理学院等高校的教授。

主要著作有《经济体制改革与企业管理若干问题的探讨》、《企业本位论》等。

三 "企业本位论"的几个主要论点

（一）企业是现代经济的基本单位。人类是制造工具的动物，又是社会的动物。有史以来人类的生产活动总是程度不同的社会化劳动。由于生产力的发展，社会化的生产组织形式也不同。但是迄今为止，不论哪一种生产方式的社会，总有它的与生产力水平相适应的一定形式的基本生产单位。

原始社会生产力极其低弱，单个的人无法单独地同自然力和猛兽作斗争，必须通过集体劳动，形成由血统关系组成的氏族，作为社会生产的基本单位。随着农业的发展，生产工具的改善，一个家庭已能耕种一片土地，并取得比氏族经济更高的劳动生产率，于是氏族经济就瓦解了，取而代之的是以家庭为生产基本单位的私有制。

生产力再进一步发展，产生了由奴隶主组织的强制性的奴隶集体劳动形式。随着奴隶制的崩溃，又产生了以农民家庭为生产基本单位的封建制。

从原始社会到封建社会，商品生产虽然有所发展，但基本上都是以手工劳动为基础的自给自足的自然经济，劳动社会化的程度很低。因此，社会生产以家庭为基本单位，保持了相当长的时期。随着商品生产的高度发展和现代机器的采用，出现了资本主义的生产方式，社会生产的组织形式才发生了根本的变革；社会生产的基本单位不再是狭小的家庭或作坊，而是资本家雇用大批工人，使用现代化的生产设备，组织高度社会化劳动的现代企业。

随着资本的集中和积聚，企业的规模和组织形式也不断发展，从个别企业发展为各种不同形式的资本主义公司组织。在一个公司组织的大企业内，可以包含许多小企业，或者固定联系许多小企业。但不论采取什么形式，企业终归是资本主义所创造的现代经济的基本单位。

商品具有二重性。作为商品生产者的企业，同样具有二重性。首先它是生产力的组织，同时它又体现一定的生产关系。社会主义企业与资本主义企业的区别不在前者，而在后者。就生产关系来考察，商品经济的生产关系并不等于资本主义的生产关系。商品经济可以是资本主义的生产关系，也可以是非资本主义的生产关系。

在资本主义制度下，企业作为社会生产的基本单位，毫无疑问，它具有资本主义的特征。资本主义的私有制决定了：企业的生产资料和全部财产归资本家所有；生产劳动者不是生产资料的主人，而是资本家的雇佣，出卖劳动力，受资本家的剥削；企业具有绝对的独立性，企业经营的内容与发展方向完全由它的资本主决定；经营成果好坏，盈利亏损，直接决定资本家的利益。但是，如果撇开这些由资本主义私有制所决定的特征，而从作为社会生产力组织和商品经济的基本单位来考察，企业还具有以下特征：

1. 企业是从事生产的经济组织。它集聚着一群生产劳动者（包括体力劳动者和脑力劳动者），为共同的生产目的而协作劳动。

2. 它从事的是商品生产，它的产品必须能满足一定的社会需要。

3. 在极其广泛而复杂的社会需要中，它只承担一定的分工任务，根据专业分工的特点，在技术上自成一个独立的生产体系。

4. 它通过交换（原则上是等价交换）和其他生产单位以及消费者发生经济联系。

5. 它具有独立的经济权益，并为取得自身的利益而积极努力。

6. 为了取得更多、更大的利益，它主动积极发展和壮大自己的生产力。

7. 它是整个社会经济的基本单位，它客观上构成社会经济力量的基础，社会生产力是所有企业生产力的总和。

以上这些特征，归根到底是商品生产高度发展的产物。资本主义企业是资本主义社会经济几百年发展所形成的。从个别企业发展为公司组织，作为经济基本单位的这些特征并无改变，说明它与资本主义所造就的生产力是相适应的。资本主义的内在矛盾及其危机，并不是企业这种经济组织形式与生产力不相适应而引起的，而是资本主义私有制所决定的全社会生产的无政府状态引起的。

社会主义制度是新生的社会制度，它消灭私有制，使社会生产有可能实行统一计划、统一管理，以克服资本主义社会生产无政府主义的盲目状态，这是社会主义制度的极大的优越性。但是，社会主义的统一经济是否就意味着应当取消企业的独立性，而把整个国民经济变成一个庞大无比的经济整体，把整个国家变成一个大"企业"呢？显然，这只能是一种"乌托邦"式的幻想，而我们现行的经济体制，事实上正是按照这种"乌托邦"式的幻想行事的。

我们现行的经济体制，形式上也以企业作为社会生产的基本单位。但是企业缺乏独立性，特别是全民所有制的企业，一切都要由国家决定，任务由国家下达，产品由国家分配，人员由上级调派，设备由国家调拨，利润全部上缴，亏损也由国家包干。在某些条文上虽然也规定企业具有一定的独立性，实行独立核算，实际上企业只是作为国家这个独一无二的大企业的分支机构而存在。由全国几万个全民所有制企业所构成的"大企业"，国务院就好像是总经理，计划委员会就像是这个大企业的计划科，经济委员会是生产科，基建委员会是基建科，物资总局是供应科，劳动总局是劳资科，各业务主管部类似以产品为对象的车间。当然，形成这种体制是有其历史原因的。在理论上，则是由于对马克思主义关于社会主义实行计划经济的一种误解，以为实行计划经济就必须把全国经济活动纳入一个统一的组织机构之中，而忘了马克思主义关于生产关系必须适应生产力发展的客观要求这一根本原理。人们没有从根本上考虑，在社会主义这个向共产主义过渡的历史阶段，社会生产是否还应当是由许多独立的基本单位组成，然后考虑这种基本单位应当采取什么样的形式，和资本主义的企业有什么异同。

我国生产力水平还远远落后于发达的资本主义国家。社会制度的革命，为解放生产力、发展生产力创造了更加有利的条件，运用这个优越性，我们有可能用较短的时间把生产力水平提高到超过发达的资本主义国家的水平。但这是要经过一个历史过程的，在这个过程里，生产组织形式不能脱离和超越当前的生产力水平。企业作为现代经济的基本单位，在发达的资本主义国家是适应的，在社会主义国家同样也是适应的。当然，在社会主义制度下，和资本主义私有制相联系的一些企业特征，应当按照社会主义原则加以改造，而与资本主义私有制不相联系的一些基本特征，则是可以通用的。

商品生产在资本主义社会达到了高度的发展，但商品生产关系并非资本主义所特有，不能认为从事商品生产与交换就是资本主义。社会主义社会不但不能取消商品生产，还应当大力发展商品生产，这一点在理论上是可以肯定的。由于商品生产而形成的企业的若干特征，在社会主义制度下加以继承，决不会与社会主义原则相违背，相反，它只会更有力地促进社会主义经济的发展。

基于以上认识，我们认为社会主义经济的基本单位仍然是企业，而且是具有独立性的企业。社会主义经济体系只能是由这些具有独立性的企业联合组成的。企业保持独立性，并不违反社会主义原则；恰恰相反，具有独立性才能充分实现社会主义的经济民主。在社会主义国家的统一组织下，既有企业的独立性，又有国民经济的统一性，社会主义的民主集中制原则才能在经济体系中完整地体现出来。

（二）企业必须是一个能动的有机体。如果仅仅说社会主义经济应当以企业为生产的基本单位，这就没有什么新的意义。现行的经济体制下也是把企业作为一个个单独的生产单位吗？问题是这些"单位"组成国民经济体系，是像一块块砖头砌成一个庞大的建筑物呢，还是像一个个活的细胞组成有机的生物体呢？砖头是非生物，它组成的建筑物也是没有生命的；生物体内的细胞却不一样，每一个细胞本身就是有生命的、能动的有机体，它能呼吸，能吐纳，能成长，能壮大，对外界的刺激能产生自动的反应。低级的生产由比较简单的一些细胞组成，高级的生物则由多种的细胞组成十分复杂的肌体。作为现代经济基本单位的企业，决不能是一块块缺乏能动性的砖头，而应当是一个个具有强大生命力的能动的有机体。国民经济的力量既然是企业生产力的总和，国民经济力量的强弱就不仅仅取决于它所拥有的企业数量，更重要的还取决于每个企业细胞的活力大小，就好像一个人的强弱、盛衰，归根到底取决于他体内细胞的活力大小一样。

我们经常说，要充分发挥现有企业的作用，也强调了现有企业必须革新、挖潜、改造，使它们对国民经济的发展作出更大的贡献。但是有一点却并不明确，即国民经济的扩大再生产主要靠什么？是主要靠运用积累建设新企业、新基地呢，还是同时重视现有企业的更新、改造和扩展呢？也就是说，发挥现有企业的作用，是仅仅依靠它在现有的条件下挖掘潜力呢，还是把它看成是一个能动的有机体，允许并鼓励它自行增值、自行扩大再生产呢？这正是国外学者所提到的"外延"或"内延"的问题。

多年的实践已经证明，在一般情况下，同样的投资用于老企业的改造和扩建，要比新建同样的企业经济效果大得多。如果我们把企业看作是一个自身能够新陈代谢的有机体，就应当给予企业以适当的自我扩充、自我发展的条件。而且，即使是新建企业，也要尽量采取细胞分裂的方式，利用原有企业人员、经验和某些物质条件，这要比凭空组织起来的效果好得多。新生婴儿从母体中来，是自然规律，也是经济发展的客观规律。

把企业看作是一个能动的有机体，就必须使企业具有能够呼吸、吐纳的条件。企业进行生产要具备三个要素，即劳动力、劳动手段和劳动对象。只有这三方面都能呼吸、能吐纳，企业才会有能动性。具体地说，就是对劳动力、劳动条件、劳动对象这些要素，企业都应当有增减权和选择权。

从劳动对象来说，企业生产什么、生产多少，除了接受国家安排的任务外，应当发挥主观能动作用去承担计划外的任务，并且应当主动预测市场的发展需要，积极发展新品种或提高产品质量水平，以满足新的需要。

作为劳动对象的原材料，除了依靠国家按计划供应外，应当有市场的来源，允许它向其他企业进行计划外的订货，并且对任何方面供应的材料，有选择权和一定条件下的增减权。

从劳动手段来说，企业应当有扩建、改建厂房和生产设施的一定的自主权，有增减和选择设备与工具的自主权。

从劳动力来说，企业对职工也应当有选择权和增减权。对新职工可以择优录用，对多余的职工可以裁减。至于被裁减职工的生活问题，则应当由国家以社会保险的方式予以保证，不应当由企业包干。

三要素在价值上所形成的资金，企业同样也应当有增减权，以取得更好的经济效果。

所有这些，是企业作为能动的有机体的客观要求，是企业在国民经济运动中发挥主动积极作用的必要条件。说到底，这些都是企业的性质所决定的，而不是可以凭主观意志给多一点或给少一点的问题。

当然，作为社会主义企业，既有权利，也有义务，包括优先保证完成国家计划订货的生产任务，按规定向国家纳税，或以其他方式向国家提供积累，等等。在保证履行这些义务的前提下，企业应具有独立经营和自主发展的条件。

（三）企业应当具有独立的经济利益。所谓企业的独立性，归根到底表现在具有独立的经济利益。上一节说，为了使企业成为能动的有机体，必须给予它应有的主动权，这是就条件而言的。有了这些条件，企业是否就会自然而然地"动"起来呢？并不尽然，还要解决一个内在动力问题，这个动力就是企业具有独立的经济利益。

把经济利益说成是企业的动力，岂不否定了"政治挂帅"，走上"经济主义"的邪路了么？这种疑虑现在应该不再存在了。"四人帮"曾经把物质利益划为禁区，他们制造了一种谬论，似乎马克思主义是不讲物质利益的，讲物质利益就是修正主义，以致许多同志不敢触及利益二字。事实上马克思主义从来就认为，人们进行生产斗争和阶级斗争，都是直接间接为了物质利益。无产阶级革命正是为了争得无产阶级和全体劳动人民的利益。

社会主义制度消灭了私有制，消灭了人剥削人的现象，使整个社会的经济活动都是为了全体劳动人民的利益。作为社会主义经济的基本单位——社会主义企业，它的生产经营活动，毫无疑问，归根到底也是为了全体劳动人民的利益，我们把它叫做国家利益或者社会利益。但是，是不是企业的活动就只能讲国家利益，不能讲企业自身利益以及与它相联系的劳动者的个人利益呢？社会主义社会作为向共产主义过渡的历史阶段，在现有物质条件与精神条件下，要求广大劳动人民在经济生活中"有公无私"，只能是一种超越现实历史条件的空想。

在社会主义历史阶段，还不能取消商品经济。不但不能取消，还要大力发展商品生产，才能极大地丰富社会主义的物质基础。既然要发展商品生产，就必须要充分利用价值规律，而且在消费品的个人分配上实行按劳分配原则。如果这些原则是肯定的，那么企业作为商品生产的基本单位，就必然要以一个商品生产者的身份出现，也必然有它作为一个商品生产者的独立利益。从全社会的观点来看，必须使劳动者个人所得与企业集体对社会贡献的大小相联系，才是更完整地贯彻执行按劳分配原则。

使企业全体职工的个人利益与企业经营成果好坏相联系，必然促使全体职工从物质利益（角度）来关心企业的经济效果。应当看到，企业经营成果不仅对本企业的职工有利，同时也对国家所代表的全体劳动人民有利，所以这种对物质利益的关心，客观上是对国家利益与个人利益的共同关心，完全符合社会主义制度下整体利益与个别利益相结合的原则，根本不存在什么走个人主义和资本主义道路的问题。

当然，在社会主义制度下，任何时候也不能放弃对广大群众进行共产主义的思想教育。这种教育绝不是让劳动人民去为实现什么"理性的王国"、"永恒的正义与公平"而作殉道式的献身，而是教育劳动人民把整体利益与个别利益、长远利益与眼前利益正确地结合起来，教育劳动人民在两者发生矛盾的时候，要使个别利益服从整体利益、眼前利益服从长远利益，而绝不是不讲利益，只讲抽象而空洞的精神道德。

权利和义务是矛盾的统一。讲经济权利，实际上同时也就规定了经济责任。企业具有独立的经济利益，并使它和职工的个人利益相联系，就是要求职工对所有企业的经济效果共同负责。一句话，就是要"共负盈亏"。这种"共负盈亏"的责任感，只会加强劳动群众的集体主义思想，而决不会助长个人主义。如果不与企业利益相联系，单纯地讲个人的按劳分配，倒有可能产生个人主义倾向。

现在大家都同意一个原则：应当用经济方法来管理经济，或者说应当按照客观经济规律来管理经济。究竟什么是用经济方法管理经济呢？简单地说，用经济方法管理经济，就是在经济活动中切实按价值规律办事，对经济活动的成果，用经济手段进行控制。要实行这种办法，首先必须确定企业具有独立的经济利益，并使企业职工对企业经济效果共负经济责任，否则，用经济方法管理经济只能是一句空话。举例来说，企业与企业之间实行合同制，规定不履行合同的要罚款，这应当说是一种用经济方法的管理吧！如果企业没有独立的经济利益，盈亏又与职工个人利益不联系，那么罚款起什么作用呢？无非是这个企业因付出罚款引起成本增大，上缴给国家的利润减少；另一个企业因收入罚款而降低成本，上缴给国家的利润增多。这等于说，把国家的钱从这个口袋挪到另一个口袋中去，能起多少控制的作用呢？其他类如固定资产实行有偿使用，流动资金实行贷款付息，等等，也都一样。由此可见，用经济方法管理经济，其根本前提是企业必须具有独立的经济利益，而且由企业职工"共负盈亏"。

（四）社会主义制度下国家与企业的关系。国家的政权组织和经济组织应当分离。国家应当从外部领导和监督经济组织，而不是作为经济组织内部的上层机构，直接指挥经济单位的日常活动。

社会主义国家具有两种职能：一是政治职能，执行无产阶级专政的任务；一是经济职能，组织与管理社会主义的国家经济。随着社会主义社会的发展，国家的经济职能将日益成为主要的任务。现在的问题是：国家应采取什么方式管理经济？

由于社会分工，现代经济不可避免地要由许许多多大大小小的基本经济单位组成。国家可以把整个国民经济当作一个"大企业"，而把许许多多的经济单位作为这个"大企业"的分支机构而直接指挥它们的活动；也可以把整个国民经济看作一个经济联合体，由许许多多具有独立性的基本单位联合组成，在高度民主的基础上，实行集中统一的领导。后一种做法就是"企业本位论"的中心思想。

社会主义消灭了生产资料的私有制，有可能在国家的统一领导下，有计划地组织社会生产，克服资本主义盲目竞争的无政府状态，使国民经济按比例地高速度发展，这是社会主义制度优越性的重要表现，但是这只能是社会主义制度优越性的一个方面。应当看到，社会主义制度优越性更为重要的另一方面，是生产资料公有化，消除了劳动者和生产资料的隔离，劳动群众成为生产资料的主人，能更加自觉地为自身利益也为全体劳动人民的共同利益而积极劳动。发挥这方面的优越性的一个重要条件，就是把社会主义民主运用到经济上，实行高度的经济民主，创造一个比资本主义更生动、更活泼的经济发展的局面。因此，让每一个基本经济单位有充分的独立自主性，在民主集中制的原则下联合起来，受国家的统一领导，做到既有企业的独立性，又有国家的统一性，既有民主，又有集中，既有计划，又有自由，将是社会主义优越性更加全面的体现。而经济民主归根到底是政治民主的基础。

我国现行经济体制的一个重大缺陷表现为权力过于集中，其根本症结不在于中央、地方、企业三者之间的权限划分不适当，而在于把国民经济当成一个"大企业"来管理。目前许多同志提出，国家对企业的管理应当运用经济手段，而少用或不用行政手段。但是究竟什么是行政手段？为什么会单纯用行政手段来领导企业？没有作进一步的分析。实际上，这种现象，正是把国民经济当作一个"大企业"来管理的必然结果。

所谓行政手段，确切一点说，就是由国家政权机关直接指挥。也就是说，用下达指令的办法指挥下属的经济活动。所谓经济手段，就不是直接指挥，而是运用经济利害的后果来影响和控制经济单位的活动。前者是在一个独立的经济体内部运用的管理手段，后者则是从外部对一个独立的经济体运用的管理手段。在一个工厂内部也是如此。如果以工厂作为核算单位，在工厂内部，一般都是用行政手段：厂部直接指挥车间，车间直接指挥班组，等等。我们不能说这种直接指挥有什么不好。如果这个工厂实行车间独立核算，并且使车间具有一定的独立经济利益,例如对达到技术经济指标的不同情况实行经济奖罚,那么厂部对车间的这项管理,也可以变直接指挥的行政手段为经济手段。因为在这项管理上,厂部是把车间作为一个独立经济体来看待的。由此可见,在被管理的对象作为一个独立的经济体而存在的时候,才产生经济手段的管理方式,否则,就必然是用行政手段。现行经济体制既然把整个国民经济当作一个"大企业",在经济上实行统收统支,所属企业都是这个"大企业"的直属的分支机构,用行政手段直接指挥这些分支机构就是理所当然的了。

现在我们认为企业是具有独立经济利益的基本经济单位,那么国家和企业是个什么关系呢?

社会主义国家的职能有政治与经济两个方面,因此国家与企业之间也有政治关系与经济关系两种关系。就经济方面而言,国家与企业之间不应当是行政的隶属关系(某些特殊的部门如军工系统、交通运输系统等必须由国家直辖的部门除外),而只能是一种经济关系。这种关系,实质上是社会总体劳动者与企业局部劳动者之间的关系的体现。在经济利益上,国家代表着总体劳动者的整体与长远利益,企业则代表着局部劳动者的局部与眼前利益。当然这只是相对而言,绝不是说国家可以不关心企业的局部与眼前利益,也不能说企业就可以不顾整体与长远利益。由于利益的一致性,整体利益与局部利益是矛盾统一体。但是,矛盾双方也必然有不同的代表性。国家与企业各代表着不同的一方,这是必然的。国家作为领导的一方,企业作为被领导的一方,只是局部利益必须服从整体利益的表现。

国家与企业之间的经济关系,说到底还是利益关系。因此,国家对企业的领导和管理必然要采取经济手段。它表现为多种方式,主要有以下几种方式:

1. 制定经济政策,指导和约束企业的经济活动,使企业不脱离社会主义的轨道。在社会主义制度下,企业有义务严格遵守和执行国家制定的方针和政策。企业党组织的一个根本任务就在于监督和保证企业贯彻执行各项经济政策,维护企业的社会主义性质。

2. 实行经济立法,通过法律保护企业与职工的正当权益,并监督企业执行国家的政策、法令，处理国家与企业、企业与企业之间的经济纠纷。

法律关系是经济关系的反映。经济立法实质上也是一种经济手段。首先，国家要通过制定企业法，明确规定企业的性质，规定企业对国家、对其他企业以及企业内部职工的基本权利与义务。

企业是一个具有独立利益的经济组织，在法律上具有法人的身份。要实行企业注册制度。新企业的建立必须经过严格的审查和批准。一经注册，取得法人资格，就具有企业法所规定的权利与义务。这也是国家控制经济发展方向的一个重要手段。现行经济体制对企业的经济活动管理得很死，但对企业的建立却缺乏必要的控制，地方或公社都可以任意兴办企业。这种不符合社会主义原则的无政府主义现象，是应当制止的。

3. 制定经济计划，指导企业经济的发展。国家应当着重于抓长远规划和经济区域规划。至于年度的经济计划，应当自下而上地制定，充分发挥企业的积极主动性。同时，应当按照"大计划、小自由"的原则，对国民经济活动采取"计划调节与市场调节相结合，而以计划调节为主"的方针，以适应企业进行商品生产的客观需要。

4. 运用经济杠杆调节和控制企业的经济活动。充分运用税收、信贷、利息、奖罚、价格、国家订货、政策性补贴等经济杠杆，调节国家与企业、企业与企业、生产与消费等之间利益的矛盾，并以此来引导企业的发展方向，保证国家经济计划的实现。

（原载《中国社会科学》1980年第1期，此处节选自其中的第三部分）

经济科学要把生产力的研究放在首位
——兼评单独创立"生产力经济学"的主张

熊映梧

熊映梧（1929—2003），湖北松滋人。著名经济学家。1957年毕业于中共中央高级党校政治经济学专业（本科）。1968年毕业于中国人民大学《资本论》研究班。先后任黑龙江大学教授、经济系主任、经济研究所所长、副校长以及黑龙江省经济学会第四届会长兼省经济研究中心主任。1983—1993年曾被选为黑龙江省人民代表大会常务委员会委员。2001年，因在生产力理论方面的卓越贡献，当选为"世界生产力科学院院士"。

主要著作有《〈苏联社会主义经济问题〉研究》、《生产力经济学概论》、《理论经济学若干问题》、《生产力经济学原理》等。

一 忽视生产力是现代马克思主义经济学者的致命弱点

马克思主义经济学者承认生产力在社会发展中的决定性作用，然而，在经济科学的研究中却长期忽视生产力。这种状况严重地威胁着马克思主义经济学的生机，使我们在迅速发展的社会经济现实面前显得软弱无力。现在是纠正这种偏差的时候了。

把政治经济学（理论经济学）的研究对象局限为生产关系的传统观念，是神圣不可侵犯的吗？不是的。首先，马克思主义政治经济学创始人并不持有这样的观点。大家都熟知，马克思在《〈政治经济学批判〉导言》一开头就指出，面前的对象是"物质生产"；在《资本论》第一卷第一版序言中，马克思写道："我要在本书研究的是资本主义生产方式以及和它相适应的生产关系和交换关系。"① 恩格斯在《反杜林论》里给政治经济学下了一个明确的定义："政治经济学,从最广的意义上说,是研究人类社会中支配物质生活资料的生产和交换的规律的科学。"② 马克思在《资本论》中,始终把生产方式(静态)或社会生产运动(动态)作为研究对象。当然,由于马克思生活在资本主义时代,无产阶级还没有掌权,他的历史责任和研究重点在于揭示资本主义生产关系的局限性和暂时性,论证社会主义取代资本主义的必然性。马克思没有着重研究生产力问题,是可以理解的。

坚持政治经济学的研究对象仅仅是生产关系的同志,往往引证列宁在《评经济浪漫主义》、《俄国资本主义的发展》、《评波格丹诺夫的〈简明经济学教程〉》等三部著作中的论述。我认为,列宁在这些著作中断言"政治经济学的对象绝不像通常所说的那样是'物质生产'(这是工艺学的对象),而是人们在生产中的社会关系",③这个提法是值得研究的。列宁认为帝国主义时代资本主义经济发展必然出现停滞的趋势,是同他把生产力排除在政治经济学的对象之外分不开的。第二次世界大战后资本主义国家经济的普遍高涨,证明了生产力总是按照自身规律不可阻挡地向前发展的。离开了生产力孤立地考察生产关系,是我们不能科学地解释当代资本主义社会的许多社会经济问题的根源。

在斯大林的理论体系中,有一个令人十分注意的观点:一方面,他强调生产力在社会发展中起决定性的作用,并把这种情形概括为生产关系一定要适合生产力性质的规律;另一方面,他又忽视生产力,片面强调生产关系的作用。斯大林在《苏联社会主义经济问题》这本影响深远的著作里,进一步肯定"政治经济学的对象是人们的生产关系,即经济关系",而且把生产关系的内涵不恰当地归结为"(一)生产资料的所有制形式;(二)由此产生的各种不同社会集团在生产中的地位以及它们的相互关系……;(三)完全以它们为转

---

① 《马克思恩格斯全集》第二十二卷,第8页。
② 《马克思恩格斯选集》第八卷,第186页。
③ 《列宁全集》第二卷,第166页。

移的产品分配形式"。① 过去一个很长的时期，斯大林关于政治经济学定义的信条，捆住了经济科学工作者的手脚，使他们无所作为。至于在我国"文化大革命"期间制造的批判所谓"唯生产力论"的闹剧，不仅是对马克思主义的极大嘲弄，而且在实际生活中造成了空前的灾难。

历史的经验告诉我们，丢掉了生产力这个根本的东西，光在生产关系上面做文章，使马克思主义经济学走进了"死胡同"。例如，我们不能科学地解释当代资本主义国家的经济为什么会有巨大的进步，甚至面对着工人生活水平显著提高的事实，还要坚持"无产阶级绝对贫困化"的"绝对真理"，而对许多社会主义经济问题，我们更加表现了缺乏分析能力和预见性。这些年来，极"左"思潮在我国泛滥成灾，其理论上的根源就是要在落后生产力的条件下搞"穷过渡"。痛定思痛，回顾三十年来的历史教训，我们怎么能再坚持否定生产力，片面抓生产关系的偏见呢？今天马克思主义经济学如要摆脱困境，求得繁荣和发展，就必须跳出自己画的"地牢"——只研究生产关系，到社会再生产运动的广阔天地去，向经济生活的深度和广度进军！

二 探索社会经济结构的更深层次，寻求生产力自身发展的规律

英国学者多玛斯·卡莱尔（Thomas Carlyle，1795—1881）曾经给经济学取了一个绰号，叫做"the dismal science"。难道经济学真是天性呆板，使人读了昏昏欲睡吗？不是的，而是人们没有把科学百花园里这枝奇花培植好，致使它还没有开放出鲜艳夺目的花朵，引人入胜。

经济科学的任务是揭示社会经济运动的客观规律，可是，我们对于社会经济结构的认识，长期停留在生产关系这个"表层"上面，不敢也不愿意付出辛勤的劳动去探索它的更深层次。

---

① 《苏联社会主义经济问题》，人民出版社1961年版，第58页。

马克思主义告诉我们：一个社会形态是一定的经济基础和上层建筑的统一体；生产关系和生产力的统一，又构成社会的生产方式。这可以说是社会经济结构的"第一层次"、"第二层次"。对此，大家的认识似乎没有多大的分歧。可是，再深入下去，看法就大相径庭了。比如，一个社会的经济基础究竟是生产关系还是生产方式呢？我不同意传统的观念，认为生产关系的总和形成社会的经济基础（经济结构、经济制度），而主张构成一个社会经济结构的是那个社会占统治地位的生产方式。恩格斯在晚年（1894年1月25日）写给符·博尔吉乌斯的信中强调指出："我们视为社会历史的决定性基础的经济关系，是指一定社会的人们用以生产生活资料和交换产品（在有分工的条件下）的方式说的。因此，这里面也包括生产和运输的全部技术装备。"[①] 事实证明，恩格斯的这个论断是全面的、科学的。世界上有发达的资本主义国家与不发达的资本主义国家之分，它们的生产关系类型是相同的，生产力水平却有高有低，也就是经济基础有强有弱。社会主义国家也有发达的与不发达的之别，差别也是在生产力水平方面。我国在1956年就基本上建立了社会主义生产关系的统治地位，但时至今日，工农业还没有现代化，生产力水平还大大落后于同时代的资本主义国家，也落后于其他社会主义国家。假若单单根据生产关系断言我国已经奠定社会主义经济基础，那就很容易滑到"贫穷社会主义"的斜路上去。

过去说上层建筑不能直接对生产力发生影响，要通过生产关系的"折光"。历史经验表明，并不是这么回事。看，一批"唯生产力论"，生产力马上就遭到严重的破坏；"政治可以冲击一切"的高论，不是把我国的国民经济冲到了崩溃的边缘了吗？这也证明了生产力确实包括在经济基础之内，上层建筑可以直接对它发生重大的反作用。

接触到社会经济结构的第一、二层次，仅仅了解到上层建筑必须适应经济基础、生产关系必须适应生产力，是远远不够的。我们还要向社会经济结构的更深层次前进，探索生产力内部的秘密，寻

---

① 《马克思恩格斯选集》第四卷，第505页。

求生产力自身发展的规律性。马克思主义经济学能否有新的突破，我看关键就在这里。

一讲到生产力自身发展的规律，很自然地会想到过去广泛传播的几种观点：其一，认为生产关系适合生产力，生产力才能发展；生产关系不适合生产力，生产力就不能发展。其二，认为在一定条件下，生产关系对生产力的反作用是决定性的。其三，认为只有坚持生产关系的"不断革命"，才能推动生产力持续发展，或者说，生产要靠革命去"促"，如此等等。上述种种观点都是把生产力视为被动的、消极的，生产关系推它一下，它才动一下。显然，这就从根本上否定了生产力决定生产关系、决定整个社会发展的马克思主义基本原理。如果我们承认这一条原理，那么，就必须承认生产力有其自身发展的规律性。生产力要是没有自身发展的规律，它怎么决定生产关系的变革呢？当然，马克思主义承认上层建筑对经济基础的反作用、生产关系对生产力的反作用，但是，不管这种反作用有多么大，生产关系或上层建筑都不能制止生产力发展，也不能代替生产力发展；"反作用"是被客观地限制在加速或延缓生产力发展的范围之内的。

生产力的内部结构、生产力自身发展的规律是怎样的？我认为这是一个有待探索的新领域。目前，我们对这个问题还只有一些零星的认识，还没有系统化。在这里，我想提出几个问题向大家请教。

第一，生产力的发展主要是靠增加劳动量，还是提高劳动生产率？

马克思在《资本论》中指出：在资本形式下，生产力的发展采取两种基本方法：一个是依靠增加劳动量来扩大剩余劳动量（表现为剩余价值）的绝对剩余价值的生产方法；一个是依靠提高劳动生产率来扩大剩余劳动量的相对剩余价值的生产方法。资本主义越发展，越加依靠后一种办法。马克思在这里揭示了社会生产力发展的普遍规律。

发展社会主义经济主要靠什么办法呢？有的同志也承认要靠提高劳动生产率，但是，他们又强调中国人口多，一切要以多就业为基本原则。他们对于引进外国先进技术，对原有企业进行技术改造，大幅度地提高劳动生产率，疑虑重重，好像大幅度提高劳动生产率后，就业问题将更加严重化。这些同志没有想一想，如果劳动生产率不提高，一个农业劳动者一年仍然只能生产 2 000 斤粮食，就拿不出多少剩余农副产品养活城镇居民，工业和整个国民经济就不会有大发展，从而也就不会提供多少的就业机会。人类总是在生产力大发展、劳动生产率大提高的过程中解决自己的种种问题的，企图用冻结或降低劳动生产率来缓和就业的压力，是一种"饮鸩止渴"的办法。当然，我们要学会如何在中国的特殊环境里运用生产力发展的规律，但是在任何情况下，都不能违背这个客观规律。

第二，近代生产力发展是否日益依赖科学技术的进步？

我们说科学技术的现代化是四个现代化的关键。但是，有人却认为中国经济技术落后、人口多、国土大，只能实行"土洋并举"的技术方针。我认为，"土洋并存"是我国目前的客观存在。我国既有上天的卫星，也有古老的牛马车和犁杖，既有自控机床，也有老式皮带车床……但是，存在并非都是合理的。我国在科学技术方面已经比先进国家落后了几十年，采取等距离竞赛尚且追赶不上，如果沿着"由土到洋"的路子走，哪一天才能赶上世界先进水平呢？当今世界上正在发生一场巨大的科学技术革命，我们必须预见到这一点，切不可用小生产的狭隘眼光去安排未来。因此，按照生产力发展规律的要求，我们只能实行尽量采用先进科学技术的方针。当然，在贯彻这个技术方针的时候，要充分注意到"土洋并存"这个客观实际，因时因地制宜；而尽快使我们科学技术现代化则是不可动摇的。

第三，（与前者密切相联系的）怎样重新估价教育和脑力劳动的作用？

过去，有人把教育视为同生产力没有直接联系的纯属上层建筑的因素，把脑力劳动看做是妨碍社会经济发展的累赘，把脑力劳动者统统打入剥削阶级的一帮。这是一种小生产的偏见。众所周知，现代生产力的发展要求劳动者有越来越高的科学文化水平。因此，教育在训练熟练劳动力方面发挥着越来越重大的作用。教育经费的相当大的部分是生产性开支。现代生产力发展的又一个特点是脑力劳动与体力劳动逐渐融合，脑力劳动起着日益重要的作用。如果说广泛采用蒸汽机的第一次产业革命是以机器代替体力劳动的，那么，当今的产业革命则是以机器代替部分脑力劳动的，出现了脑体劳动逐渐融合的趋势。智能机器人的出现就是一个很有意义的迹象，它表明人类把自己特有的机能越来越多地转交给了机器，而人类则转移到更为高级的监督、指挥庞大的现代化机器体系的工作岗位上去。在劳动者普遍具有很高的科学文化水平并且主要从事监督、指挥的劳动的新历史时期，怎么能轻视脑力劳动呢？又怎么能再把脑力劳动者排除在工人阶级之外呢？重视教育、尊重脑力劳动、正确对待知识分子，已经成为时代的要求，成为现代生产力发展的迫切需要。这是我们在社会主义现代化建设中必须妥善解决的一个根本性的问题。

第四，国民经济的结构在生产力的发展中起什么作用？

现代社会分工正向着更高形态发展，引起了产业结构的新变化。资本主义国家先是靠发展纺织业一类轻工业起家的，后来，煤炭、钢铁、机器制造等重工业取代了轻工业，成为主导部门。美国在相当长的时期内，钢铁、汽车、建筑业是三大经济支柱。当代，一些新兴的"知识密集型"的产业正在取代旧的产业部门的主导地位。将来，电子工业的广泛发展，新的能源（如太阳能、氢、地热、潮汐等等）的采用，遗传工程在农业上的实际应用，宇宙开发的进展……必将根本改变工业与农业、重工业与轻工业的旧格局，形成新型的产业结构。无疑地，这将对生产力的发展产生深远的影响。多年来，我们片面地抓钢、抓粮，造成了产业结构的极不合理。例如，同样是年产三千万吨钢，由于产业结构不同，带来的经济效益也大不相同。据有的同志提供的材料，在年产钢三千万吨的阶段，每个农业劳动力每年生产的粮食，美国比我国高八倍，西德比我国高三倍半；按人口平均计算的轻工业产品，西德生产的自行车、棉布、缝纫机比我们高一到两倍，手表和纸比我们高十倍，电视机、化纤比我们高几十倍，日本也比我们高得多；就技术设备的制造情况来说，美、苏、西德、日本除满足本国的需要之外，都有大量成套设备出口，而至今我国需要的大型复杂设备几乎都要进口。如果我们再不及时纠正产业结构的不合理状况，继续孤立地抓某一两样，必将进一步加剧国民经济比例失调，社会生产力就不可能健康地向前发展。在社会主义现代化建设中，我们必须研究产业结构变化的趋向，力求用同样的人力、物力、财力获取最佳的经济效果，这也是生产力发展的客观要求。

第五，怎样正确处理物的生产和人的生产的相互关系？

恩格斯在《家庭、私有财产和国家的起源》一书的第一版序言中提出了物的生产和人的生产问题，他指出，"根据唯物主义观点，历史中的决定性因素，归根结底是直接生活的生产和再生产。但是，生产本身又有两种：一方面是生活资料即食物、衣服、住房以及为此所必需的工具的生产；另一方面是人类自身的生产，即种的繁衍"。[①] 苏联有的学者指责恩格斯这个观点是二元论，这是没有道理的。恩格斯并不是把物的生产和人的生产等量齐观，而是提醒人们不要忽视人的生产在社会生产发展中的重大作用。这种作用在于：

一方面，人的生产作为劳动力的再生产的基础，它无疑是社会再生产的一个重要因素。人口的质量、构成、数量决定着劳动力的状况，它们直接影响到社会再生产的发展。

另一方面，人类作为消费者，人的生产也对社会再生产发生重大的制约作用。社会再生产运动包括生产、分配、交换、消费诸环节。马克思指出，没有生产就没有消费，从而也就没有生产，因为这样生产就失去了目的。生产是消费的前提，消费是生产的完成。因此，人口的增长必须同物质资料的生产保持平衡；破坏了这个平衡，则将严重阻碍生产力的发展。

过去，我们片面地强调前者，大讲特讲"人多好办事"，忘掉了"人多难办事"这一面，结果建国以来多生产了两三亿人口，破坏了人的生产与物的生产之间的平衡，背上了一个沉重的包袱。"亡羊补牢"，我们应当采取坚决的措施把人的生产有计划地控制起来，使它逐步与物的生产趋于平衡。这是关系到长远未来的战略决策，决不可等闲视之。

以上只是围绕着生产力发展的规律提出一些问题，至于如何系统地阐述这个规律，我是殷切地期待着有识之士发表高见。

（原载《经济科学》1980年第2期，此处节选自其中的第一、二部分）

---

① 《马克思恩格斯选集》第四卷，第2页。

农业社会主义批判

王小强

王小强，1952年生。经济学家。

1972年考入河南省工学院拖拉机制造专业。1990—1991年，在美国匹兹堡大学公共管理与国际事务研究生院就读硕士研究生。1996年，在英国剑桥大学经济与政治系获博士学位。1989—1990年，赴美国科罗拉多大学经济研究所做访问学者。1978—1983年，担任《中国社会科学》杂志编辑。1983年起，历任中国社会科学院农业经济研究所中国农村发展问题研究组助理研究员和副组长、国家经济体制改革委员会中国经济体制改革研究所研究员和常务副所长、北京中青年经济学会常务副理事长。1994—1997年期间，在香港理工大学中国商业中心研究院任研究员。1997—2001年期间，任粤海企业集团董事会（沪港上市企业）经济顾问。

主要著作有《改革：我们面临的挑战与选择》、《产业重组，时不我待》、《三网合一》等。

四

列宁说："一个国家的自由愈少，公开的阶级斗争愈弱，群众的文化程度愈低，政治上的乌托邦通常也愈容易产生，而且保持的时间也愈久。"① 在我们有两千多年专制历史的国家里，广大农民以及干部队伍中，缺乏文化教育和马列主义理论修养的现状，就是产生

---

① 列宁：《两种乌托邦》，《列宁选集》第二卷，第384页。

和发展农业社会主义乌托邦的肥沃土壤。1956年以后和1958年以后，我们党总结了经验教训，纠正了工作中的偏差。然而，党内外一个时期民主生活不正常，家长制作风盛行，很大程度上妨碍了科学社会主义的宣传和对农业社会主义的批判。农业社会主义思想尽管在实践中遭到失败，却依然广泛存在，一遇适当气候，就会重新活跃起来。

以平均主义为核心的农业社会主义思想，绝不只是简单地表达了小生产者在贫穷中对财富的向往，它主要是表现了农民力图恢复小生产的本能。很简单，如果仅是出自对于财富的占有欲，那么只要"打家劫舍"就能满足；农民起义之所以提出"平均主义"的口号，实践农业社会主义，正显示了处于自然经济生产方式中的小生产者的必有的世界观。

在自然经济状态中，小生产者使用简单的手工工具和畜力经营农业，一般只能以个体家庭为单位，从事自产自销的简单再生产；与这种生产性质和生产规模相适应的理想的所有制关系，应该是小块土地私有制。然而，这种分散、细碎的小块土地所有制，却不能长久。先不要说地主阶级的巧取豪夺，就是这种经济本身的发展，也必然不断产生贫富的差别，使土地日益集中起来。当很多农民丧失了土地、失去了生存的条件时，他们就会自然而然地希望有一种超经济的强制力量，能够用"平均"甚至"公有"的办法制止两极分化的趋势，保障小农经济正常运行。这种要求逻辑发展的顶峰，就是农业社会主义。平均主义与工人阶级之所以格格不入，就在于再贫困的工人也不可能把大机器平均分配之后拿回家去生产。总之，农民的平均主义绝不是凭空杜撰出来的，而是植根于生产力水平低下、生产规模狭小、接近于平均划一的自给经济的。基于这种经济的世界观，绝不只是要平分一些财产，其本质是要排除一切干扰，把整个社会改造成无数同名数相加而成的集合体，好让小生产万古长青。

农业社会主义表面上看来，确是反对剥削、崇尚平等的美妙理想。它那些激烈的极"左"政策，似乎表达了消灭人间不平的迫切心情。农业社会主义者憧憬着恬静安谧的田园风光，渴望着互不相扰、安居乐业的家庭生活，可恰恰是这种个体家庭的小生产，"按其本性说来是全能的和无数的官僚立足的基地。它造成全国范围内一切关系和个人的齐一的水平。所以，它也就使得有可能从一个最高的中心对这个划一的整体的各个部分发生同等的作用"。① 因此，"这种分散的个体生产，就是封建统治的经济基础"。② 农业社会主义幻想着用取消私有制和平均配给的办法，来消灭人间财富分配上的不平等，甚至不惜使社会倒退到小农经济成熟之前的农村公社时代，可惜"这些田园风味的农村公社不管初看起来怎样无害于人，却始终是东方专制制度的牢固基础"。③

一种思想，一方面顽固地要求恢复和巩固专制统治的自然经济基础，另一方面又反对在这种经济基础上必然高高耸立的专制统治。这在逻辑上是一个"二律背反"式的矛盾。这种思想的矛盾在实际生活中表现得最为典型。农业社会主义的倡导者，往往就是专制统治的重建者；农业社会主义的实践过程，同时就是封建专制统治死而复苏的过程。那种高喊平等，迫令老百姓搞绝对平均，自己却对封建特权甘之若饴之人，在旧农民起义中的例子俯拾皆是；在我们的革命队伍中，也不乏其人。显而易见，取消不平等，是农业社会主义的空想成分；维护小生产，才是农业社会主义的实质内容。平均主义的理想是基于平均划一的小生产，而维护小生产所必需的专制统治和等级特权，又是对平均主义理想的否定。农业社会主义不同于十八世纪欧洲的空想社会主义，它在实质上不是对未来的幻想，而是对过去的留恋。它的反动性，倒不在于它的空想成分不能实现，而在于它的实质内容本身就是对自己空想成分的否定。所有旧农民起义必然的蜕变过程、所有坚持农业社会主义思想的人最终走向反面的事实告诉我们：当农业社会主义消灭不平等的幻想破灭时，它就不可避免地要走上加强与小生产相适应的专制统治，靠超经济的行政权力来恢复和巩固自然经济的道路。

当然，在现代社会中，绝对地回复到自然经济状态，是根本不

---

① 马克思：《路易·波拿巴的雾月十八日》，《马克思恩格斯选集》第一卷，第697页。
② 毛泽东：《组织起来》，《毛泽东选集》第三卷，第885页。
③ 马克思：《不列颠在印度的统治》第二卷，第67页。

可能了。但是，对农业社会主义者来说，人类所创造的文明，并不妨碍他们吃大锅饭的欲望，并不能改变他们对科学进步的反感，也不能遏止他们用家长制、行会制的方式管理现代生产的企图。农业社会主义没有一个大炸药包能炸毁现存的一切，但它却企图把现存的一切纳入小农经济的规范。

在现代社会中，封建社会主义从地主阶级的利益出发，为了恢复建立在小生产基础上的专制统治，而反对包括资本主义在内的一切现代文明；农业社会主义从小生产者的利益出发，为了恢复专制统治的基础——小生产，而反对包括资本主义在内的一切现代文明。地主阶级的封建社会主义与小生产者的农业社会主义，分别代表了两个对立的阶级的愿望和利益。但是在恢复自然经济、破坏现代文明这一点上，这统一于封建社会形态内部的不同阶级的理想，却又反映了同一种生产方式的要求。换言之，这两种同属过去时代的思想，在反对剥削的问题上，它们是对立的；但是在倒退到自然经济的倾向上，二者却有共同之点。实践表明，农业社会主义空想在实践中的失败，也就是封建社会主义"全面专政"学说的胜利。这个实践过程，也就是农业社会主义维护封建统治的自然经济基础的实质，否定了自己消灭剥削的空想，而与封建社会主义恢复专制统治的实质，最后统一起来的过程。

林彪、"四人帮"的世界观，就是这两种世界观的混合体。

林彪、"四人帮"反对商品生产和商品交换，是因为这种生产将扩大人们的视野、丰富人们的社会联系，而自给自足、与世隔绝的自然经济，才是封建统治的物质基础；他们反对科学文化事业，残害知识分子，是因为人类的精神文明意味着人民的思想解放，而人们普遍愚昧无知的状况，才是推行专制和皇权主义的必要条件；他们反对政治制度民主化，是因为民主才能使劳动人民真正解放，而权力高度集中则有助于他们篡党夺权，实行家长制统治。这一切在今天看来已经是洞若观火了。可是，在一个无产阶级专政的国家里，林彪、"四人帮"为什么能在反对资本主义的幌子下对一切现代文明施以彻底的破坏，却又在一个很长的时间里，不被人们识破其封建复辟的实质呢？——是由于农业社会主义思想在我们党内和革命队伍内部长期形成的巨大影响，才使他们明目张胆的封建复辟活动具有这样大的欺骗性。林彪、"四人帮"几个跳梁小丑之所以能猖行于世,有那么大的政治能量,掀起反对社会主义的狂涛恶浪,也正在于他们的一些口号和奋斗目标,反映和适应了小生产者恢复、巩固自然经济的天然要求。

马克思指出,自然经济"按其性质来说就排斥社会劳动生产力的发展、劳动的社会形式、资本的社会积聚、大规模的畜牧和科学的不断扩大的应用"。① 在这种经济形态中,农业小生产者"进行生产的地盘,即小块土地,不容许在耕作时进行任何分工,应用任何科学,因而也就没有任何多种多样的发展,没有任何不同的才能,没有任何丰富的社会关系"。"因此,他们不能以自己的名义来保护自己的阶级利益","他们不能代表自己,一定要别人来代表他们。他们的代表一定要同时是他们的主宰,是高高站在他们上面的权威,是不受限制的政府权力,这种权力保护他们不受其他阶级侵犯,并从上面赐给他们雨水和阳光。所以,归根到底,小农的政治影响表现为行政权力支配社会"。② 农业和家庭手工业牢固结合的自然经济,造成了行政权力支配社会,也造就了小生产者崇拜不受限制的行政权力的世界观。正是因为生产力的发展和科学技术的提高,对小生产来说不仅多余,而且有害,农业社会主义的实践才必然带来许多违背历史、违反科学甚至违反一般生活常识的极端措施。也正是因为恢复自然经济无需生产力的发展和科学技术的提高,小生产者按照农业社会主义模式变革社会的全部活动,才都是以"行政权力支配社会"的世界观为指导进行的。

"四人帮"曾经一度代表了这种权力,赐予农业社会主义者大量的"雨水和阳光"。"四人帮"对发展商品生产的仇恨,符合于小生产者恢复和巩固自然经济的夙愿;"四人帮"对文化知识界的压制,满足了小生产者对科学和知识分子天然不信任的心理;"四人帮"对"资产阶级法权"的抨击,适应了小生产者平均主义、"吃大锅饭"的空想;"四人帮"对"自力更生"作"大而全、小而全"的解释,

---

① 马克思:《资本论》,《马克思恩格斯全集》第二十五卷,第910页。
② 马克思:《路易·波拿巴的雾月十八日》,《马克思恩格斯选集》第一卷,第693页。

迎合了小生产者闭关保守、自给自足的传统；"四人帮"对无产阶级民主的厌弃，有利于小生产者对家长权威及皇权主义的崇拜……在"四人帮"指天画地、叱咤风云的时候，我们清晰地看到农业社会主义与封建社会主义亦步亦趋的情影，清晰地看到农业社会主义与封建社会主义相辅相成、相得益彰的情形。正是在"四人帮"拼命吹捧法家、把封建统治的暴君酷吏打扮成农民利益的代表之际，在同一面反对资产阶级和资本主义的旗帜下，他们把1958年对"右倾保守势力"的冲击，发展成对"党内资产阶级"的征讨；把1958年对资产阶级知识分子的改造，发展成对"反动学术权威"和"臭老九"的挞伐；把1958年对"条件论"的批判，发展成对"唯生产力论"的围剿；把1958年的"现场教学"、"农村办大学"，发展成张铁生式的"白卷英雄"和朝阳农学院的"社来社去"；把1958年消灭三大差别的幻想，发展成城里人、脑力劳动者被驱赶到农村去从事体力劳动；把1958年否定按劳分配、"限制资产阶级法权"、所有制关系上的"穷过渡"、禁止集市贸易和家庭副业等一系列蛮干的政策和做法都变本加厉地发展起来。太平天国走向反面的历史和"四人帮"利用农业社会主义的实践，使我们清楚地看出农业社会主义与封建社会主义之间的必然联系，清楚地认识到农业社会主义在现代社会中的虚伪性和反动性。

"四人帮"的封建复辟以及许多农业社会主义性质的实践，都是穿着极"左"外衣、打着革命旗号进行的。他们的一些蛊惑人心的口号，表面上似乎迎合了小生产者的习惯心理，实际上却是与劳动人民包括广大小生产者群众的根本利益和现实利益相抵牾的。农业社会主义思想的社会基础是广大的小生产者，它消灭不平等的空想吸引着群众，但它那些与生俱来的倒行逆施的极端措施，直接伤害了小生产者的切身利益，也必然引起小生产者群众的不满。这个发展过程，意味着农业社会主义在政治上最终要走向人民的对立面。小生产者像他们自己的理想一样，处于自相矛盾、自我否定的状况。小生产者从切身利益出发，既要维护小生产，又想消灭剥削。其结果是消灭剥削的空想被维护小生产必需皇权保护的现实所否定，而皇权的存在需要强制小生产者纳贡的现实和皇权拥有者的无穷欲壑，则又是对小生产者切身利益的否定。这个同一平面的"否定之否定"

过程，已被中国封建社会循环往复的停滞和无数次农民起义带来的改朝换代所证明，今天，再次成为我们革命史中的教训。实践证明，农民小生产者不是新生产力的产物，属于将被现代文明最终消亡的阶级。在他们经济地位没有根本改变之前，他们不可能自己求得解放。他们革命的努力，往往就是对自己革命的否定。农民反对剥削，这是革命的。但他们"幻想把小农生产普遍化，使它万古长存，这是反动的"。农民的要求"混杂着革命的成分和反动的成分"。"我们支持农民进步的利益和要求，而坚决反对他们反动的要求。"①——这就是共产党人的任务。

必须肯定，我们党是始终坚持科学社会主义方向、坚持按照马克思主义原则教育农民和改造农民的。广大农民和干部队伍，由于党的多年的教育和集体生产的锻炼，对科学社会主义的认识日益加深，这是我们认识问题的基本前提。我们党不断与农业社会主义进行着艰巨而有成效的斗争，就是在这种思潮泛滥最严重的时刻，斗争也从未停止过。我们社会主义建设事业的成就本身，就是最胜于雄辩的说明。但是另一方面，我们在总结经验教训时也应看到，在中国这样一个经济落后的农民国家，要想严格地按照科学社会主义理论的轨道前进，绝不是轻而易举的事情。在我们建设社会主义的进程中，由于一系列错综复杂的原因，由于农民意识在党内和干部队伍中的影响，我们在一些时候，确实过高估计了平均主义的积极作用，缺乏对农业社会主义的彻底批判，致使相当数量的党员和干部，分不清科学社会主义与农业社会主义的界限，习惯用小生产者的平等观理解社会主义革命，习惯用表面前进而实质倒退的办法来解决社会主义革命的任务。正是在这种历史条件下，"极端革命"的农业社会主义思想，才一次又一次地迷惑了我们的一些干部和群众，甚至被"四人帮"一类以极"左"面目出现的封建复辟狂所利用。

今天，"四人帮"被粉碎了，农业社会主义的实践也开始受到了批判。然而，这并不是简单地宿命地实现的，它是通过无数革命者奋不顾身、屡踣屡起的英勇斗争，通过千百万人家的悲欢离合实现

---

① 列宁：《俄国社会民主党的土地纲领》，《列宁全集》第六卷，第115—116页。

的。回顾我们党三十年来的战斗历程，我们不仅和封建主义的复辟战斗过，而且我们的许多重大的政治斗争和政治事件，也是围绕着是按无产阶级世界观还是按小农世界观改造世界这一线索进行的。在斗争中，我们不仅为封建主义的复辟活动付出了极大的牺牲，也为农业社会主义思想的泛滥付出了高昂的代价。多难兴邦，经过三十年曲折反复之后，当我们重新开始在实践和理论上研究解决一系列过去所没能解决的问题时，彻底清算农业社会主义的历史任务，也重新摆在了我们面前。这个任务对于处在小生产者汪洋大海之中的中国共产党人来说，是异常艰巨的。但是，我们相信，人类文明的历史步伐是永远向前的，随着大机器工业的发展、四个现代化的实现，科学社会主义在中国终将取得辉煌的胜利。

（原载《农业经济问题》1980年第2期，此处节选自其中的第四部分）

对待社会主义所有制的基本态度

于光远

于光远简介如前第 239 页。

为了在本世纪内实现适合中国条件的现代化,把我国建设成为伟大的社会主义强国,就必须采取有力措施,创设各种能促进这一历史任务得以完成的条件。正确对待社会主义所有制问题是其中很重要的一个。

我认为,马克思主义者对社会主义所有制问题的基本态度是:凡是最能促进生产力发展的,我们就赞成,就支持;凡是虽能促进但这种促进作用不大的,我们就不能那么赞成,不能那么去支持;凡是不能促进生产力发展的,我们就不赞成,就不支持;凡是阻碍生产力发展的,我们就坚决反对。只有持这样的基本态度,才有利于社会主义现代化在我国的实现。

生产关系必须适应生产力发展的水平,这是任何社会里都起作用的客观规律。但是,在马克思主义诞生之前,人们对这个规律可以说基本上没有认识,更谈不上自觉地运用这个规律。而且在剥削阶级统治的社会里,甚至是在进行社会化大生产的资本主义社会里,即使这种生产关系已经成为生产力发展的桎梏,剥削阶级总要维护对其有利的生产关系。在那样的社会里,也不存在一个能够自觉运用这个规律来指导社会发展的中心。所以统治阶级中即使个别学者或政治家对这个规律有某些认识,也不能自觉地运用这个规律,改变生产关系,以适合生产力的发展。只是在十九世纪,马克思主义诞生之后,处于被剥削被压迫地位的、肩负着埋葬资本主义制度历史使命的无产阶级,才能够明确地认识到这个规律,依靠这个规律,自觉地进行推翻束缚生产力发展的资本主义生产关系的革命斗争。

一个国家无产阶级革命取得胜利之后,阶级对抗的情况发生了变化,特别是在对旧的生产关系进行社会主义改造取得胜利之后,以马克思主义武装起来的无产阶级政党掌握了国家政权并成为指导社会经济发展的中心,经常地、自觉地选择最适合生产力发展的生产关系,推动社会不断前进,才成为可能。

社会主义的经济制度从根本上说是适合生产力发展的,但是还需要解决具体的经济体制、经济政策的问题。只有经常地、自觉地选择最适合生产力发展的生产关系,实行更好的经济体制和经济政策,社会主义的优越性才能得到发挥。无产阶级革命与社会主义改造的胜利,提供了这样做的可能性。为了利用这种可能性,就要对政治经济学社会主义部分进行深入的研究。我认为马克思主义这一重要学科的主要任务,就是要具体地研究:在什么样的生产力水平条件下,什么样的生产关系会对生产力的发展起什么样的作用。只有对这种客观规律性的研究取得了成果之后,我们才可以据此寻找适合当前生产力水平的、最能促进生产力发展的生产关系,并把它确定下来,努力克服建立这种生产关系所遇到的各种阻力。今天我们中国正处在一个需要进行经济体制改革的历史时期,这种寻找适合生产力发展的生产关系的科学研究,尤为重要。由于生产力是不断发展的,生产关系虽然必须相对稳定,建立了这样的体制之后,它的基本点就要坚持几十年,但并不是绝对稳定不变的,因此这种寻求适合于生产力不断发展的各种生产关系的工作,是一直要做下去的。

衡量一种生产关系优越与否或何种生产关系更为优越的唯一标准,只能是它能否最好地促进当时当地的生产力的发展。这是历史唯物主义的基本观点。对于一个马克思主义者来说,除了这个标准之外,就再不能有其他标准了。

具体一点说,在一个社会主义国家里,不同的历史时期最能促进生产力发展的生产关系,就是当时当地最优越的生产关系。同时,在一个社会主义国家的某一个时期,可能同时并存着几种不同的社会主义所有制,它们对不同的部门、对规模不同的经济组织、对生产力发展水平不同的地区以及其他各种不同的情况,可以各有其特有的优越性。举例来说,社会主义国有制经济、社会主义劳动群众集体所有制经济和社会主义辅助经济这三种经济的同时并存，可能就是最适合于我国目前这个历史时期生产力发展状况的生产关系。而这三种社会主义经济对不同的生产力状况各自显示其优越性。国有制经济在我国今天的历史条件下，对于现有现代化的大工业生产来说，可能是最为优越的。但是对于广大农村而言，社会主义集体所有制显然优于国有制。对于城市的小经济来说，也很有可能社会主义集体所有制优于国有制。而为了发挥家庭内的劳动力的作用，社会主义辅助经济的作用，却是国有制和集体所有制经济所无法代替的，因而应该承认，自留地、家庭副业等，在这一点上也有其独有的优越性。

在我们干部的头脑中，除了能否最好地促进生产力发展之外，还有没有其他标准呢？以前有，现在也还不能说没有。例如，在一部分干部中流行这样的观点：社会主义国有制无条件地比社会主义集体所有制优越；在社会主义集体所有制的范围内，公社一级核算无条件地比大队一级核算优越，大队一级核算无条件地比生产队一级核算优越；在生产队一级核算的集体所有制范围内，实行工资制无条件地比实行工分制优越；在实行工分制的范围内，不采取联系产量的责任制，无条件地比联系产量的责任制优越。在他们的头脑中就有这样一张一种社会主义所有制比另一种社会主义所有制优越的序列表。他们在这么想的时候，显然是在能否最好地促进生产力发展这个标准之外还另有标准。这个标准看来一个是"大"，一个是"公"，就是所有者的范围越"大"越好，越"公"越好。不问生产力的水平，不去考虑何种生产关系更能促进生产力发展，不问当时当地具体情况，而是无条件地按照"大"和"公"的公式来评价各种社会主义所有制的优越程度。在社会主义所有制问题上的这种基本态度，是从前在有关所有制的政策上常常犯错误的根本原因之一。

为了讲清楚问题，我认为要把"优越性的大小"这个概念和"先进"或是"落后"这个概念加以区分。一种生产关系"优越性的大小"，指的是它对当时当地生产力促进作用的大小；"落后"和"先进"，指的是随着生产力的发展，与生产力水平相适应的生产关系变化的次序。这就是说，从人类社会历史发展的过程来说，随着生产力的向前发展，旧的生产关系被新的生产关系所取代，是必然会发生的。被代替的可以视作"落后的",代替者可以视作"先进的"。"落后的"为"先进的"取代,可以称之为"前进";反之,可以称之为"后退"。因此"落后"与"先进"这样的概念,一定要放到生产力与生产关系相互关系的历史发展中去考察,离开了对生产力的关系,关于生产关系何者"落后"、何者"先进"的任何谈论,都是毫无意义的。

从历史发展的过程来看,随着生产力的发展,社会主义所有制的前进将会是怎样的呢?

这是一个很复杂的问题。在上述序列内说到的那些所有制形式中,有的形式可能在今后一个相当长的时期内继续存在;但有的只会在不太长的时间内存在,经过一个时期就会被另外的形式所代替;有的甚至只会存在一个短暂的时间,不久就会改变;有的已经可以很清楚地看出它们的前途;有的至今还看不准或者甚至根本看不出它们的发展前途。在这张序列表中的各种所有制形式不一定都已经或都将要成为现实,而且很可能将来还会出现这张序列表中还没有的形式。总之,在社会主义所有制的未来发展问题上,要对哪一种所有制"先进"、哪一种所有制"落后"作出判断,就一定要进行周密的科学研究,甚至要等待历史经验的创造和检验。而进行这种研究,除了总结国内外历史经验之外,没有别的方法。在进行这种研究时,仍然要以生产关系必须适合生产力性质这一马克思主义原理为指导。

按照严格的科学态度的要求,上述"社会主义国有制无条件地比社会主义集体所有制优越……"这个序列,不但对于评价何种所有制更为优越是错误的,就是对于判断在所有制未来发展过程中何者"先进"、何者"落后"来说,也未必都如此。例如社会主义集体所有制将来未必一定向社会主义国有制发展,这两种社会主义所有制会不会都直接发展为第三种所有制,是我们学术界已经提出并已经在研究的一个问题了。很可能在这序列中只有一部分是正确的,另外一部分是不正确的。生产队核算一定要向公社一级核算过渡这一点就未必正确。

按照上述序列来判别"先进"和"落后",唯一的根据也是"大"和"公"。按照上面讲的道理,不但"大"和"公"作为衡量一种所有制优越与否的标准不行，简单地用"大"和"公"来考虑所有制的发展也很值得研究。现在越来越看得清楚，即使在非常发达的经济中，"小经济"即小规模的经济，仍然是必要的，大小经济应该长期并存。社会主义的经济组织本身，既然不一定从小到大发展，所有制为什么"小"的一定就"落后"、"大"的就"先进"？同时，什么叫做"公"，也是一个值得研究的问题。在上述序列中，"公"指的也是所有者的外延，即指的只是所有者范围的大小，并没有说劳动者的集体在何种社会主义经济中更能充分当家作主，即没有从内涵方面去发展"公"的概念。因此用"大"和"公"的概念来看所有制，常常带有片面性。关于在历史发展中社会主义所有制何者"落后"、何者"先进"的问题，不应该受流行的观点的束缚，而应该解放思想，按照马克思主义的基本原理，认真地进行科学探讨。

(原载《人民日报》，1980年7月7日)

党和国家领导制度的改革

邓小平

邓小平（1904—1997），原名邓先圣，学名邓希贤，四川广安人。

1920年赴法国勤工俭学。1926年初到苏联学习。新中国成立前历任中共中央秘书长、红一军团政治部主任。1945年当选为中央委员。指挥了淮海战役、渡江战役。新中国成立后，历任中共中央秘书长、国务院副总理等职。在八届一中全会上，当选为中央政治局常务委员、中央委员会总书记。1977年中共中央第十一次全国代表大会上，当选为中共中央副主席。1983年在第六届全国人大一次会议上当选为中华人民共和国中央军事委员会主席。

中共中央十一届三中全会以后，他坚持解放思想、实事求是，创立和发展了建设有中国特色的社会主义理论。1992年发表南巡讲话，至此，中国的改革开放和现代化建设进入了一个新阶段。

主要著述有《解放思想、实事求是，团结一致向前看》、《关于建国以来党的若干历史问题的决议》等，均收入《邓小平文选》。

同志们：

这次扩大会议，主要是讨论党和国家领导制度的改革以及一些有关问题。

一

国务院领导成员的变动，将是五届人大三次会议的主要议题之一。这次变动，包括华国锋同志不兼任总理，由赵紫阳同志接替；李先念、陈云、徐向前、王震同志和我不兼任副总理，由精力较强的同志担任；王任重同志因任党内重要职务，也不再兼任副总理。陈永贵同志请求解除他的副总理职务，中央决定同意。人大常委会副委员长和政协副主席的人选，经过与有关各方协商，也准备建议做一些变动。以上这些变动，是中央政治局常委反复研究过的。这次作为中央的正式建议，提交人大会议和政协会议讨论、决定。

关于国务院负责人人选的调整，中央做这样的考虑，原因是什么呢？

一是权力不宜过分集中。权力过分集中，妨碍社会主义民主制度和党的民主集中制的实行，妨碍社会主义建设的发展，妨碍集体智慧的发挥，容易造成个人专断，破坏集体领导，也是在新的条件下产生官僚主义的一个重要原因。

二是兼职、副职不宜过多。一个人的知识、经验、精力有限，左右上下兼职过多，工作难以深入，特别是妨碍选拔更多更适当的同志来担任领导工作。副职过多，效率难以提高，容易助长官僚主义和形式主义。

三是着手解决党政不分、以党代政的问题。中央一部分主要领导同志不兼任政府职务，可以集中精力管党，管路线、方针、政策。这样做，有利于加强和改善中央的统一领导，有利于建立各级政府自上而下的强有力的工作系统，管好政府职权范围的工作。

四是从长远着想，解决好交接班的问题。老同志是党和国家的宝贵财富，责任重大，而他们现在第一位的任务，是帮助党组织正确地选择接班人。这是一个庄严的职责。让比较年轻的同志走上第一线，老同志当好他们的参谋，支持他们的工作，这是保持党和政府正确领导的连续性、稳定性的重大战略措施。

中央的这些考虑，是为了对党和国家的领导制度进行必要的改革。五中全会决定成立书记处，中央已经迈出第一步。书记处成立以来，工作很有成效。这次国务院领导成员的变动，是改善政府领导制度的第一步。为了适应社会主义现代化建设的需要，为了适应党和国家政治生活民主化的需要，为了兴利除弊，党和国家的领导制度以及其他制度，需要改革的很多。我们要不断总结历史经验，深入调查研究，集中正确意见，从中央到地方，积极地、有步骤地继续进行改革。

二

改革党和国家领导制度及其他制度,是为了充分发挥社会主义制度的优越性,加速现代化建设事业的发展。

我们要充分发挥社会主义制度的优越性,当前和今后一个时期,主要应当努力实现以下三个方面的要求:(一)经济上,迅速发展社会生产力,逐步改善人民的物质文化生活;(二)政治上,充分发扬人民民主,保证全体人民真正享有通过各种有效形式管理国家,特别是管理基层地方政权和各项企业事业的权力,享有各项公民权利,健全革命法制,正确处理人民内部矛盾,打击一切敌对力量和犯罪活动,调动人民群众的积极性,巩固和发展安定团结、生动活泼的政治局面;(三)为了实现以上两方面的要求,组织上,迫切需要大量培养、发现、提拔、使用坚持四项基本原则的、比较年轻的、有专业知识的社会主义现代化建设人才。

我们进行社会主义现代化建设,是要在经济上赶上发达的资本主义国家,在政治上创造比资本主义国家的民主更高更切实的民主,并且造就比这些国家更多更优秀的人才。达到上述三个要求,时间有的可以短些,有的要长些,但是作为一个社会主义大国,我们能够也必须达到。所以,党和国家的各种制度究竟好不好,完善不完善,必须用是否有利于实现这三条来检验。

这里着重讲一下从组织上发挥社会主义的优越性,自觉地更新各级党政领导机关,逐步实现领导人员年轻化、专业化的问题。

多年来,我们没有在坚持四项基本原则的前提下,大胆提拔和放手使用比较年轻的有专业知识又有实际经验的人才。在"文化大革命"期间,我们的大批干部遭到林彪、"四人帮"的迫害,干部工作遭到严重破坏。这就造成了现在各级领导人员普遍老化的状况。人才问题,主要是个组织路线问题。很多新的人才需要培养,但是目前的主要任务,是善于发现、提拔甚至大胆破格提拔中青年优秀干部。这是国家现代化建设事业客观存在的迫切需要,并不是一些老同志心血来潮提出的问题。

有些同志担心,在提拔中青年干部的时候,也许会把一些帮派分子甚至打砸抢分子选上来。这种担心有一定道理。因为至今还有一些地区、一些部门的领导班子没有整顿好，一些帮派分子可能利用提拔中青年干部的名义，把他们的党羽提拔上来。我在今年1月16日的讲话中说过，对"四人帮"的组织上、思想上的残余不可低估。我们在这点上一定要头脑清醒。跟随林彪、江青一伙造反起家的人，帮派思想严重的人，打砸抢分子，绝对不能提上来，一个也不能提上来，已经在领导岗位上的，必须坚决撤下去，如果不提高警惕，让他们占据领导岗位，重新耍两面派，扎根串联，隐蔽下来，即使是少数人，也可能给我们带来无法预料的祸害。

有些同志说，干部还是一个台阶、一个台阶地上好。1975年，针对"文化大革命"期间的错误做法，我说过这个话。用坐火箭、坐直升飞机的办法提拔干部，我们再也不能这么干了。干部要顺着台阶上，一般的意义是说，干部要有深入群众、熟悉专业、积累经验和经受考验锻炼的过程。但是我们不能老守着关于台阶的旧观念。干部的提升，不能只限于现行党政干部中区、县、地、省一类台阶，各行各业应当有不同的台阶，不同的职务和职称。随着建设事业的发展，还要制定各个行业提升干部和使用人才的新要求、新方法。将来很多职务、职称，只要考试合格，就应当录用或者授予。打破那些关于台阶的过时的观念，创造一些适合新形势新任务的台阶，这才能大胆破格提拔。而且不管新式老式的台阶，总不能老是停留在嘴巴上说。一定要真正把优秀的中青年干部提拔上来，快点提拔上来。提拔干部不能太急，但是太慢了也要误现代化建设的大事。现在就已经误了不少啊！特别优秀的，要给他们搭个比较轻便的梯子，使他们越级上来。这次我们提出减少兼职过多、权力过分集中的现象，目的之一，也是为了给中青年同志腾出台阶。台阶挤得满满的，他们怎么上来？台阶有了空位又不给他们，他们怎么上来？

有些同志担心，年轻人经验不够，不能胜任。我看，这种担心是不必要的。经验够不够，只是比较而言。老实说，老干部对于现代化建设中的新问题，不是也没有什么经验，也要犯一些错误吗？一般说来，年轻人经验少一些，这是事实。但是，同志们回想一下，我们中间许多人当大干部、做大事，开始的时候还不是二三十岁？应该承认，现在一些中青年同志的知识，比我们那个时候并不少。

经过的斗争考验少一点，领导经验少一点，这是客观条件造成的。不在其位，不谋其政嘛。放在那个位置上，他们就会逐步得到提高。解放后大专、中专毕业的学生七八百万，其中大多数出身于工农家庭，经过了十年以上的锻炼。没有受过大专、中专教育的中青年干部有实践经验，缺点是文化知识水平低一点，只要有计划地训练和培养，很多人一定可以成为又红又专的干部。此外还有一大批刻苦自学的中青年优秀人才。上山下乡的青年中，也有不少深入群众、用功学习、很有才干的人。实际上，现在大批中青年干部已经成为各条战线上的骨干，同那些高高在上、不深入下层的干部来比，他们更了解群众、更了解实际。很多工作主要是依靠他们，只是因为没有提拔，他们没有决定问题的权力，遇事只好不住地请示报告。这就成为我们的官僚主义现象的一大来源。总之，我们绝不要低估这一大批中青年干部。很多中青年干部政治本质很好，不是帮派分子，思想路子对，又有一定的专业知识，为什么不去选拔和破格使用？有些企业和单位，群众自己选举出的干部，一些毛遂自荐，自告奋勇担任负责工作的干部，很快就作出了成绩，比单是从上面指定的干部合适得多。这样的事实，难道还不能使我们猛省吗？好的中青年干部到处都有。"文化大革命"中长期对林彪、江青一伙的做法不满，进行积极或消极抵制，政治表现好，又肯干，有专业知识的中青年干部，各行各业、各地区、各单位都有，问题是我们没有发现和提拔他们。就是一度受过林彪、江青一伙的欺骗，犯过一些错误，后来确已觉悟转变而又确有真才实学的人，我们也不能抛开不用。不少同志只是看到周围熟悉的一点人，总在原来的一些人中打圈子，不会深入到群众中去选拔人才，这也是一种官僚主义。

我们一定要吸取"文化大革命"的教训，同时也一定要清醒地看到我们国家面临着现代化建设巨大任务的形势和现有大批干部不能适应现代化建设需要的实际，要坚决克服那种不从长远看问题的短视观点。我们有正确的思想路线、政治路线和组织路线，只要大胆而谨慎地工作，只要经过周密的调查研究，广泛听取群众意见，就完全有把握把大批优秀的中青年干部提拔起来，保证我们的事业后继有人、后来居上。

陈云同志提出，我们选干部，要注意德才兼备。所谓德，最主要的就是坚持社会主义道路和党的领导。在这个前提下,干部队伍要年轻化、知识化、专业化,并且要把对于这种干部的提拔使用制度化。这些意见讲得好。许多同志除了不注意干部队伍的年轻化外,对干部队伍的知识化、专业化也很不重视。这也是过去在知识分子问题上长期存在的"左"倾思想的一种恶果。

目前的问题是,现行的组织制度和为数不少的干部的思想方法,不利于选拔和使用四个现代化所急需的人才。希望各级党委和组织部门在这个问题上来个大转变,坚决解放思想,克服重重障碍,打破老框框,勇于改革不合时宜的组织制度、人事制度,大力培养、发现和破格使用优秀人才,坚决同一切压制和摧残人才的现象作斗争。经过十多年的考验,中青年同志的政治面貌,领导和群众基本上都是清楚的。老同志还在,采取从上看和从下看互相结合的办法,是应当可以选好选准的。这项工作,当然要有步骤地进行,但是太慢了不行。错过时机,老同志都不在了,再来解决这个问题,就晚了,要比现在难得多,对于我们这些老同志来说,就是犯了历史性的大错误。

三

党和国家现行的一些具体制度中,还存在不少的弊端,妨碍甚至严重妨碍社会主义优越性的发挥。如不认真改革,就很难适应现代化建设的迫切需要,我们就要严重地脱离广大群众。

从党和国家的领导制度、干部制度方面来说,主要的弊端就是官僚主义现象,权力过分集中的现象,家长制现象,干部领导职务终身制现象和形形色色的特权现象。

官僚主义现象是我们党和国家政治生活中广泛存在的一个大问题。它的主要表现和危害是:高高在上,滥用权力,脱离实际,脱离群众,好摆门面,好说空话,思想僵化,墨守成规,机构臃肿,人浮于事,办事拖拉,不讲效率,不负责任,不守信用,公文旅行,互相推诿,以致官气十足,动辄训人,打击报复,压制民主,欺上瞒下,专横跋扈,徇私行贿,贪赃枉法,等等。这无论在我们的内部事务中,或是在国际交往中,都已达到令人无法容忍的地步。

官僚主义是一种长期存在的复杂的历史现象。我们现在的官僚主义现象，除了同历史上的官僚主义有共同点以外，还有自己的特点，既不同于旧中国的官僚主义，也不同于资本主义国家中的官僚主义。它同我们长期认为社会主义制度和计划管理制度必须对经济、政治、文化、社会都实行中央高度集权的管理体制有密切关系。我们的各级领导机关，都管了很多不该管、管不好、管不了的事，这些事只要有一定的规章，放在下面，放在企业、事业、社会单位，让它们真正按民主集中制自行处理，本来可以很好办，但是统统拿到党政领导机关、拿到中央部门来，就很难办。谁也没有这样的神通，能够办这么繁重而生疏的事情。这可以说是目前我们所特有的官僚主义的一个总病根。官僚主义的另一病根是，我们的党政机构以及各种企业、事业领导机构中，长期缺少严格的从上而下的行政法规和个人负责制，缺少对于每个机关乃至每个人的职责权限的严格明确的规定，以致事无大小，往往无章可循，绝大多数人往往不能独立负责地处理他所应当处理的问题，只好成天忙于请示报告、批转文件。有些本位主义严重的人，甚至遇到责任互相推诿，遇到权利互相争夺，扯不完的皮。还有，干部缺少正常的录用、奖惩、退休、退职、淘汰办法，反正工作好坏都是铁饭碗，能进不能出，能上不能下。这些情况，必然造成机构臃肿，层次多，副职多，闲职多，而机构臃肿又必然促成官僚主义的发展。因此，必须从根本上改变这些制度。当然，官僚主义还有思想作风问题的一面，但是制度问题不解决，思想作风问题也解决不了。所以，过去我们虽也多次反过官僚主义，但是收效甚微。解决以上所说的制度问题，要进行大量的工作，包括进行教育和思想斗争，但是非做不可，否则，我们的经济事业和各项工作都不可能有效地前进。

权力过分集中的现象，就是在加强党的一元化领导的口号下，不适当地、不加分析地把一切权力集中于党委，党委的权力又往往集中于几个书记，特别是集中于第一书记，什么事都要第一书记挂帅、拍板。党的一元化领导，往往因此而变成了个人领导。全国各级都不同程度地存在这个问题。权力过分集中于个人或少数人手里，多数办事的人无权决定，少数有权的人负担过重，必然造成官僚主义，必然要犯各种错误，必然要损害各级党和政府的民主生活、集体领导、民主集中制、个人分工负责制等等。这种现象,同我国历史上封建专制主义的影响有关,也同共产国际时期实行的各国党的工作中领导者个人高度集权的传统有关。我们历史上多次过分强调党的集中统一,过分强调反对分散主义、闹独立性,很少强调必要的分权和自主权,很少反对个人过分集权。过去在中央和地方之间,分过几次权,但每次都没有涉及到党同政府、经济组织、群众团体等等之间如何划分职权范围的问题。我不是说不要强调党的集中统一,不是说任何情况下强调集中统一都不对,也不是说不要反对分散主义、闹独立性,问题都在于"过分",而且对什么是分散主义、闹独立性也没有搞得很清楚。党成为全国的执政党,特别是生产资料私有制的社会主义改造基本完成以后,党的中心任务已经不同于过去,社会主义建设的任务极为繁重复杂,权力过分集中,越来越不能适应社会主义事业的发展。对这个问题长期没有足够的认识,成为发生"文化大革命"的一个重要原因,使我们付出了沉重的代价。现在再也不能不解决了。

革命队伍内的家长制作风,除了使个人高度集权以外,还使个人凌驾于组织之上,组织成为个人的工具。家长制是历史非常悠久的一种陈旧社会现象,它的影响在党的历史上产生过很大危害。陈独秀、王明、张国焘等人都是搞家长制的。从遵义会议到社会主义改造时期,党中央和毛泽东同志一直比较注意实行集体领导,实行民主集中制,党内民主生活比较正常。可惜,这些好的传统没有坚持下来,也没有形成严格的完善的制度。例如,党内讨论重大问题,不少时候发扬民主、充分酝酿不够,由个人或少数人匆忙做出决定,很少按照少数服从多数的原则实行投票表决,这表明民主集中制还没有成为严格的制度。从1958年批评反冒进、1959年"反右倾"以来,党和国家的民主生活逐渐不正常,一言堂、个人决定重大问题、个人崇拜、个人凌驾于组织之上一类家长制现象,不断滋长。林彪鼓吹"顶峰"论,说毛主席的话是最高指示,这种说法在全党全军全国广为流传。粉碎"四人帮"后,还把个人崇拜的一套搬了一段时间。对其他领导人的纪念,有时也带有个人崇拜的成分。最近,中央发出了关于坚持"少宣传个人"的几个问题的指示,指出这些不适当的纪念方法不但造成铺张浪费,脱离群众,而且本身就带有个人创造历史的色彩，不利于在党内外进行马克思主义教育，不利于扫除封建思想和资产阶级思想的影响。这个指示还为纠正这一类缺点，作出了若干规定。这是一个很重要的文件。还要说到，1958年以后，到处给毛泽东同志和其他中央同志盖房子，"四人帮"垮台后，还搞中南海地面工程，都造成很坏的影响、很大的浪费。此外，至今还有一些高级干部，所到之处，或则迎送吃喝，或则封锁交通，或则大肆宣扬，很不妥当。以上种种严重脱离群众的事情，从中央到各级不许再做了。

不少地方和单位，都有家长式的人物，他们的权力不受限制，别人都要唯命是从，甚至形成对他们的人身依附关系。我们的组织原则中有一条，就是下级服从上级，说的是对于上级的决定、指示，下级必须执行，但是不能因此否定党内同志之间的平等关系。不论是担负领导工作的党员，或者是普通党员，都应以平等态度互相对待，都平等地享有一切应当享有的权利，履行一切应当履行的义务。上级对下级不能颐指气使，尤其不能让下级办违反党章国法的事情；下级也不应当对上级阿谀奉承，无原则地服从、"尽忠"。不应当把上下级之间的关系搞成毛泽东同志多次批评过的猫鼠关系，搞成旧社会那种君臣父子关系或帮派关系。一些同志犯严重错误，同这种家长制作风有关，就是林彪、江青这两个反革命集团所以能够形成，也同残存在党内的这种家长制作风分不开。总之，不彻底消灭这种家长制作风，就根本谈不上什么党内民主、什么社会主义民主。

干部领导职务终身制现象的形成，同封建主义的影响有一定关系，同我们党一直没有妥善的退休解职办法也有关系。革命战争时期大家年纪都还轻，50年代正值年富力强，不存在退休问题，但是后来没有及时解决，是一个失策。应当承认，在当时的具体历史条件下，这个问题也无法解决或无法完全解决。五中全会讨论的党章草案，提出废除干部领导职务终身制，现在看来，还需要进一步修改、补充。关键是要健全干部的选举、招考、任免、考核、弹劾、轮换制度，对各级各类领导干部（包括选举产生、委任和聘用的）职务的任期，以及离休、退休，要按照不同情况，作出适当的、明确的规定。任何领导干部的任职都不能是无限期的。

"文化大革命"中，林彪、"四人帮"大搞特权，给群众造成很大灾难。当前,也还有一些干部,不把自己看作是人民的公仆,而把自己看作是人民的主人,搞特权、特殊化,引起群众的强烈不满,损害党的威信,如不坚决改正,势必使我们的干部队伍发生腐化。我们今天所反对的特权,就是政治上、经济上在法律和制度之外的权利。搞特权,这是封建主义残余影响尚未肃清的表现。旧中国留给我们的封建专制传统比较多,民主法制传统很少。解放以后,我们也没有自觉地、系统地建立保障人民民主权利的各项制度,法制很不完备,也很不受重视,特权现象有时受到限制、批评和打击,有时又重新滋长。克服特权现象,要解决思想问题,也要解决制度问题。公民在法律和制度面前人人平等,党员在党章和党纪面前人人平等。人人有依法规定的平等权利和义务,谁也不能占便宜,谁也不能犯法。不管谁犯了法,都要由公安机关依法侦查,司法机关依法办理,任何人都不许干扰法律的实施,任何犯了法的人都不能逍遥法外。谁也不能违反党章党纪,不管谁违反,都要受到纪律处分,也不许任何人干扰党纪的执行,不许任何违反党纪的人逍遥于纪律制裁之外。只有真正坚决地做到了这些,才能彻底解决搞特权和违法乱纪的问题,要有群众监督制度,让群众和党员监督干部,特别是领导干部。凡是搞特权、特殊化,经过批评教育而又不改的,人民就有权依法进行检举、控告、弹劾、撤换、罢免,要求他们在经济上退赔,并使他们受到法律、纪律处分。对各级干部的职权范围和政治生活待遇,要制定各种条例,最重要的是要有专门的机构进行铁面无私的监督检查。

我们过去发生的各种错误,固然与某些领导人的思想、作风有关,但是组织制度、工作制度方面的问题更重要。这些方面的制度好可以使坏人无法任意横行,制度不好可以使好人无法充分做好事,甚至会走向反面,即使像毛泽东同志这样伟大的人物,也受到一些不好的制度的严重影响,以致对党对国家对他个人都造成了很大的不幸。我们今天再不健全社会主义制度,人们就会说,为什么资本主义制度所能解决的一些问题,社会主义制度反而不能解决呢?这种比较方法虽然不全面,但是我们不能因此而不加以重视。斯大林严重破坏社会主义法制,毛泽东同志就说过,这样的事件在英、法、美这样的西方国家不可能发生。他虽然认识到这一点,但是由于没有在实际上解决领导制度问题以及其他一些原因,仍然导致了"文化大革命"的十年浩劫。这个教训是极其深刻的。不是说个人没有责任,而是说领导制度、组织制度问题更带有根本性、全局性、稳定性和长期性,这种制度问题,关系到党和国家是否改变颜色,必须引起全党的高度重视。

如果不坚决改革现行制度中的弊端,过去出现过的一些严重问题今后就有可能重新出现。只有对这些弊端进行有计划、有步骤而又坚决彻底的改革,人民才会信任我们的领导,才会信任党和社会主义,我们的事业才有无限的希望。

我们在讲到党和国家领导制度方面的弊端的时候,不能不涉及到毛泽东同志晚年所犯的错误。正在起草的关于建国以来党的若干历史问题的决议,将对毛泽东思想进行系统的阐述,也将对毛泽东同志的功过进行比较全面的评价,其中包括批评他在"文化大革命"中的错误。我们共产党人是彻底的唯物主义者,只能实事求是地肯定应当肯定的东西,否定应当否定的东西。毛泽东同志在他的一生中,为我们的党、国家和人民建立了不朽的功勋。他的功绩是第一位的,他的错误是第二位的。因为他的功绩而讳言他的错误,这不是唯物主义的态度。因为他的错误而否定他的功绩,同样不是唯物主义的态度。"文化大革命"所以错误和失败,正因为它完全违反了毛泽东思想的科学原理。经过长期实践检验证明是正确的毛泽东思想的科学原理,不但在历史上曾经引导我们取得胜利,而且在今后长期的斗争中,仍将是我们的指导思想。对于党的这样一个重大原则表示任何怀疑和动摇,都是不正确的,都是同中国人民的根本利益相违背的。

四

现在说一下肃清封建主义和资产阶级思想影响的问题。

上面讲到的种种弊端,多少都带有封建主义色彩。封建主义的残余影响当然不止这些。如社会关系中残存的宗法观念、等级观念;上下级关系和干群关系中在身份上的某些不平等现象;公民权利义务观念薄弱;经济领域中的某些"官工"、"官商"、"官农"式的体制和作风；片面强调经济工作中的地区、部门的行政划分和管辖，以致画地为牢、以邻为壑，有时两个社会主义企业、社会主义地区办起交涉来会发生完全不应有的困难；文化领域中的专制主义作风；不承认科学和教育对于社会主义的极大重要性，不承认没有科学和教育就不可能建设社会主义；对外关系中的闭关锁国、夜郎自大；等等。拿宗法观念来说，"文化大革命"中，一人当官，鸡犬升天，一人倒霉，株连九族，这类情况曾发展到很严重的程度。甚至现在，任人唯亲、任人唯派的恶劣作风，在有些地区、有些部门、有些单位，还没有得到纠正。一些干部利用职权，非法安排家属亲友进城、就业、提干等现象还很不少。可见宗法观念的余毒决不能轻视。要彻底解决上述问题，还需要我们付出很大的努力。

我们进行了二十八年的新民主主义革命，推翻封建主义的反动统治和封建土地所有制，是成功的、彻底的。但是，肃清思想政治方面的封建主义残余影响这个任务，因为我们对它的重要性估计不足，以后很快转入社会主义革命，所以没有能够完成。现在应该明确提出继续肃清思想政治方面的封建主义残余影响的任务，并在制度上做一系列切实的改革，否则国家和人民还要遭受损失。

对待这一任务，要有实事求是的科学态度。要运用马克思列宁主义、毛泽东思想，对于封建主义遗毒的表现，进行具体的、准确的、如实的分析。首先，要划清社会主义同封建主义的界限，决不允许借反封建主义之名来反社会主义，也决不允许用"四人帮"所宣扬的那套假社会主义来搞封建主义。其次，也要划清文化遗产中民主性精华同封建性糟粕的界限。还要划清封建主义遗毒同我们工作中由于缺乏经验而产生的某些不科学的办法、不健全的制度的界限。不要又是一阵风，不加分析地把什么都说成是封建主义。

肃清封建主义残余影响，对广大干部和群众说来，是一种自我教育和自我改造，是为了从封建主义遗毒中摆脱出来，解放思想，提高觉悟，适应现代化建设的需要，努力为人民作贡献，为社会作贡献，为人类作贡献。肃清封建主义残余影响，重点是切实改革并完善党和国家的制度，从制度上保证党和国家政治生活的民主化，经济管理的民主化，整个社会生活的民主化，促进现代化建设事业的顺利发展。这需要认真调查研究，比较各国的经验，集思广益，提出切实可行的方案和措施。不能认为只要破字当头，立就在其中了。必须明确，不要搞什么反封建主义的政治运动和宣传运动，不要对什么人搞过去那种政治批判，更不能把斗争矛头对着干部和群众。历史经验证明，用大搞群众运动的办法，而不是用透彻说理、从容讨论的办法，去解决群众性的思想教育问题，而不是用扎扎实实、稳步前进的办法，去解决现行制度的改革和新制度的建立问题，从来都是不成功的。因为在社会主义社会中解决群众思想问题和具体的组织制度、工作制度问题，同革命时期对反革命分子的打击和对反动制度的破坏，本来是原则上根本不同的两回事。

在思想政治方面肃清封建主义残余影响的同时，决不能丝毫放松和忽视对资产阶级思想和小资产阶级思想的批判、对极端个人主义和无政府主义的批判。是封建主义残余比较严重，还是资产阶级影响比较严重，在不同的地区和部门，在不同问题上，在不同年龄、经历和教养的人身上，情况可以很不同，千万不可一概而论。此外，我国经历百余年的半封建、半殖民地社会，封建主义思想有时也同资本主义思想、殖民地奴化思想互相渗透结合在一起。由于近年国际交往增多，受到外国资产阶级腐朽思想作风、生活方式影响而产生的崇洋媚外的现象，现在已经出现，今后还会增多。这是必须认真解决的一个重大问题。

中国在经济上、文化上落后，并不是一切都落后。一些外国在技术上、管理上先进，并不是一切都先进。我们的党和人民浴血奋斗多年，建立了社会主义制度。尽管这个制度还不完善，又遭受了破坏，但是无论如何，社会主义制度总比弱肉强食、损人利己的资本主义制度好得多。我们的制度将一天天完善起来，它将吸收我们可以从世界各国吸收的进步因素，成为世界上最好的制度。这是资本主义所绝对不可能做到的。由于我们在社会主义革命和社会主义建设的历史上犯过错误，就对社会主义丧失信心，认为社会主义不如资本主义，这种思想是完全错误的，由于要肃清封建主义残余影响，就认为可以去宣扬资本主义的思想，也是完全错误的。我们一定要彻底批判这些错误思想，绝对不能让它们流行。我们提倡按劳分配，承认物质利益，是要为全体人民的物质利益奋斗。每个人都应该有他一定的物质利益，但是这绝不是提倡个人抛开国家、集体和别人，专门为自己的物质利益奋斗，绝不是提倡个人都向"钱"看。要是那样，社会主义和资本主义还有什么区别？我们从来主张，在社会主义社会中，国家、集体和个人的利益在根本上是一致的，如果有矛盾，个人的利益要服从国家和集体的利益。为了国家和集体的利益，为了人民大众的利益，一切有革命觉悟的先进分子必要时都应当牺牲自己的利益。我们要向全体人民、全体青少年努力宣传这种高尚的道德。

现在有些青年，有些干部子女，甚至有些干部本人，为了出国，为了搞钱，违法乱纪，走私受贿，投机倒把，不惜丧失人格，丧失国格，丧失民族自尊心，这是非常可耻的。近一两年内，通过不同渠道运进了一些黄色、下流、淫秽、丑恶的照片、影片、书刊等，败坏我们社会的风气，腐蚀我们的一些青年和干部。如果听任这种瘟疫传布，将诱使许多意志不坚定的人道德败坏、精神堕落。各级组织都要严肃地注意这个问题，采取坚决有效的措施，予以查禁、销毁，坚决不允许继续流入。在国内经济工作中，歪曲现行经济政策，利用经济管理工作中的漏洞而进行各种违法活动的个人、小集团甚至企业、单位，也有所增加。对于这种反社会主义的违法活动和犯罪分子，也必须严重警惕、坚决斗争。

总之，必须把肃清封建主义残余影响的工作，同对于资产阶级损人利己、唯利是图思想和其他腐化思想的批判结合起来。

对于资本主义、资产阶级思想，当然也要采取科学的态度。前些时候有的地方为了进行革命思想的教育，重提"兴无灭资"的口号。有关文件我是看过的，当时没有感觉到有什么问题。现在看来，这个老口号不够全面，也不很准确，有些同志因为没有充分地调查和分析，把我们现行的一些有利于发展生产、发展社会主义事业的改革，也当作资本主义去批判，这就不对了。什么是资产阶级思想中需要坚决批判和防止蔓延的东西，什么是经济生活中需要坚决克服和抵制的资本主义倾向，如何正确地进行批判，还有必要继续进行研究并作出妥善的规定，以防重犯过去的错误。

（原载1980年8月18日《人民日报》，这是邓小平同志在中央政治局扩大会议上的讲话，此处节选自其中的第一至四部分）

阳关道与独木桥

——试谈包产到户的由来、利弊、性质和前景

吴 象

吴象,生于1922年,安徽省休宁县人。

1938年进入延安抗日军政大学学习。抗日战争期间,先后在八路军总部警卫团和一二九师三八五旅做宣教工作。1942年回抗大任教。1945年任新华社晋冀鲁豫总分社和《人民日报》社记者、编辑。中华人民共和国成立后,长期在《山西日报》社工作。1973年起,历任中共山西省委副秘书长兼省委政策研究室主任、中共安徽省委副秘书长、中共中央书记处研究室室务委员、国务院农村发展研究中心副主任等职,以及中国农村外向型经济研究会会长、中国城郊经济研究会名誉会长、中国国土经济学研究会副理事长。

主要著作有《我国农村伟大希望之所在》、《论中国农村改革》、《农村改革与农村商品经济》、《从昔阳到凤阳》等。

"你走你的阳关道,我走我的独木桥。"如果明明放着阳关道不走,偏要去走独木桥,那当然很不足取;如果情况不是这样,那说这话的人,倒颇有点实事求是的精神,因为他不盲目追随别人,敢于从当地实际出发,去闯自己的路。试以此为引子,谈谈包产到户的由来、利弊、性质和前景。

一 由 来

集体经济是我国农业向现代化前进的不可动摇的基本经济形式。经过二十多年的努力,我国农村集体经济在多数地方已经巩固或者比较巩固,生产条件有了初步的改善。目前,全国灌溉面积有7亿亩,大中型拖拉机60多万台,各种农业机器总动力1.8亿马力,社

队公共财产800多亿元，社队企业总产值已占农业总产值的1/3。总起来看，农业生产有比较大的发展，全国人口增加几近一倍，而人民生活基本稳定，这个成就是不能低估的。在我国的现实条件下，不能设想可以在小农经济的基础上，建立起现代化的农业，实现较高的劳动生产率和商品率。因此，毫无疑问，农业集体化的方向是正确的，是必须坚持的。这是一条从根本上摆脱贫困和达到共同富裕的阳关大道。

但是，我们还要看到，我国集体化即合作化运动，既有成功的经验，又经过几次曲折，存在着一些严重的问题。

在互助组、初级社时期，由于强调自愿互利的原则，强调典型示范的办法，运动的发展是健康的。1955年全国半社会主义性质的初级农业生产合作社发展到67万个，农业连年增产。可惜，1955年冬合作化高潮兴起以后步子走得过急，不少地方程度不同地发生了贪多贪大、强迫命令的错误。1955年底参加高级社的农户只占4%，到1956年底已猛增到87.8%，原来计划"10年到15年或者更多一些时间"完成的艰巨任务，只用了不到一年半的时间就完成了。为数甚多的农民，是从互助组甚至单干的情况下"一步登天"直接进入高级社的。

现在，回过头来看，当时全面合作化的条件并未成熟，同农民的觉悟水平和干部的管理水平，特别是生产力的发展水平并不适应。因此，1957年不少地方出现了"拉牛退社"的风潮。当时没有强调从生产力的发展水平出发，对合作社进行必要的整顿、巩固，然后再去发展，却强调"反右"，用所谓"两条道路大辩论"去堵击所谓的单干风。这就孕育了以后更大的错误。1958年公社化运动中的"共产风"、"浮夸风"和"瞎指挥风"，社队规模越变越大，公有化程度越拔越高。直到1961年提出"调整、巩固、充实、提高"八字方针后，才划小核算单位，强调等价交换，明确规定"三级所有，队为基础"。但1964年"四清"运动中，又把根据八字方针确定的一系列农业政策视为"右倾"和"资本主义复辟"，自上而下地进行批判，造成严重的恶果。

这种离开生产力的状况不断变革生产关系的错误，在"十年动乱"时期，被林彪、"四人帮"推向极端，恶性发展为普遍贫穷的假社会主义,严重挫伤了广大农民的社会主义积极性,使农业生产长期停滞不前,遭到令人痛心的破坏。据1976、1977年统计,全国有200来个县生产水平接近解放初期,其中少数还低于解放初期。今年夏季,据全国504万个农村核算单位统计(比总数略少),每人平均收入100元以上的不到25%,50元以下的占27.3%,其余50%左右在50元至100元之间。一部分很穷的生产队中最穷的,连温饱问题也不能解决,简单再生产也很难维持,经常过着"吃粮靠返销、生产靠贷款、生活靠救济"的日子。集体经济办不好,群众就不积极;群众不积极,集体经济就办不好,形成了恶性循环。在这种恶性循环中挣扎的农业人口,达到1亿左右。这就是我们必须正视的现实。

造成这种状况的原因是多方面的,主要是"左"倾思潮、极"左"路线的干扰和破坏,其中最突出的是两条:一是劳动管理、生产指挥上的主观主义——干活"大呼隆",没有自主权,打消耗战、疲劳战,时间长而效率低;二是分配上的平均主义——吃"大锅饭",多劳不能多得,少劳不一定少得,有的不劳反而多得。这两个问题带有普遍性,在那些长期落后、贫困的社队,显得更为严重。

中国农民深受三座大山的沉重压迫和残酷剥削,是无产阶级最可靠的同盟军。中国农民在共产党的领导下得到了解放、得到了土地,是愿意跟着共产党走社会主义道路的。即使在那些长期落后贫困的社队,集体经济已失去吸引力,农民仍然没有表示要背弃社会主义道路,而是在社会主义许可的范围内,自发地努力寻找摆脱恶性循环的突破口,这就是包产到户的由来。

早在三年困难时期,全国许多省、区都有一些地方搞包产到户。安徽曾在全省范围内推行过"责任田",实际上就是包产到户。尽管此后反复遭到严厉的批判,但是某些地方或明或暗的包产到户从未间断过。党的十一届三中全会以来,中央强调解放思想,放宽政策,把经济搞活,并肯定了联系产量的责任制。在这种情况下,一些暗地里搞包产到户的生产队公开了,并在贫困落后的地方迅速得到发展。包产到户一而再、再而三地出现,实质上反映了一部分农民对"左"的政策和路线的反抗。有些同志指责这是"宣传上的片面性"或者"领导提倡"的结果,显然没有抓住问题的要害。当然,不能否认领导是个重要因素,领导支持或者反对,情况可能大不相同。但是,既然包产到户在一些地方已经成为群众性的强烈要求,就不能不从客观的经济条件去分析。包产到户是不是独木桥?能不能走、应不应走这样的独木桥?也就成为不能不认真研究的问题了。

二 利 弊

为什么一部分地区的农民强烈要求搞包产到户呢?一句话,它适合那些地区群众增加生产、改善生活的需要。

两年来,在三中全会精神鼓舞下,全国各地农村干部和社员群众从实际出发,解放思想,大胆探索,建立了多种形式的生产责任制。总起来可分为两类:一类是小段包工,定额计酬;一类是包工包产,联产计酬。各种形式的责任制,对于纠正主观主义和平均主义都有作用,因此都能调动社员的积极性。但是比较起来,联系产量的责任制比不联系产量的责任制更能调动社员的积极性;而在那些长期落后贫困的社队,包产到户或包产到劳又比包产到组效果更为显著。包产到户或包产到劳的具体做法一般是"三包"、"三统":包工,包产,包费用。生产队统一计划,统一核算,统一分配。双方签订合同,超产者奖,欠产者罚。这种办法对改变落后队、贫困队的面貌,具有特别显著的作用。这一点不仅在某些社、队,而且在县的范围内得到充分证明。比如,安徽省肥西县,河南省兰考县,山东省东明县,甘肃省陇西县、通渭县、会宁县,由于实行包产到户或其他类似办法,加上得力的增产措施,都结束了长期吃返销粮的历史,面貌开始大变。

今年六七月间,国家农委曾组织有关部门的理论工作者和实际工作者分组到十几个省进行调查。尽管对包产到户的利弊各有不同的看法,但是,在长期落后贫困的社队,包产到户经济效果最显著,可以迅速改变面貌,这一点却是公认的。从大量的调查材料看,联系产量责任制尤其是包产到户,所以更能调动社员积极性,主要由于它有以下几点好处:

(1)能有效地贯彻按劳分配原则,保证社员的物质利益。不仅包产部分能分到合理的一份,而且超产归己,劳动越多,报酬越高,因此社员愿意把自己潜在的劳动能量最大限度地发挥出来。

（2）能有效地抵制瞎指挥，真正实现民主办社。过去大呼隆干活，干部往往只对国家计划和上级任务负责，管得太宽、太细、太死，压制社员的积极性、主动性。现在社员对产品产量承担了经济责任，就有理由抵制瞎指挥，也有权力用最小代价（成本，包括活劳动）取得最大效果，保证增产增收。

（3）能有效地抵制平调和多吃多占。平调和多吃多占，给农民增加了沉重负担，极大地挫伤了农民的劳动热情。实行了联产责任制，超产部分无法平调，包产部分社员心里有数，除国家规定的征购任务和该留给集体者外，再搞平调不容易了。农民劳动不白搭，心情舒畅了。

（4）能有效地促进经济核算，降低成本，提高劳动生产率。过去集体经济浪费多，开支大，成本高，是个普遍现象。现在种田责任明确，农民可以因地制宜，灵活掌握，处处精打细算，力求节约成本。"尖头户站，滑头户看，老实户气得不愿干"的现象没有了，"干到腊月二十九，吃了饺子就动手"的一年到头打疲劳战的现象也没有了。由于工效提高，还可以腾出时间发展家庭副业，增加更多的现金收入。

应当指出，各种形式的责任制都只能适应一定的条件，也都有待于完善和提高。包产到户更是如此。落后贫困的社队采取这种责任制，增产效果特别显著，但也带来了许多新的矛盾。有的地方把这些矛盾归结为"十大不利"：不利于大型农机具的购置、使用、维修、管理；不利于统一管水，合理用水；不利于保护耕牛；不利于防病灭虫；不利于试验和推广科学种田；不利于统一指挥，集中力量抗灾；不利于统一规划，调配劳力进行农业基本建设；不利于发展社、队企业，发展多种经营；不利于水土保持；不利于照顾四属户五保户。新的矛盾，有些是由于分散经营造成的，但大部分属于工作上的问题、管理上的问题，又往往发生在刚搞包产到户而领导放任自流的地方，通过做好工作，是可以逐步解决的，并非包产到户必然的结果。比如，安徽省六安县许小河公社在搞包产到户时，部分生产队私分储备粮20万斤，造成耕牛死亡事故3起。公社党委及时作了处理，进一步建立健全了各项制度，情况迅速好转。今年以来，全公社各大队和生产队新购买耕牛27头，拖拉机1台，汽车1部，榨油机1部，喷雾器35个，大型农具122件。全公社计划夏季上缴积累4万元，实际完成5.29万元；计划还贷款1.24万元，实际完成2.3万元；生产队存款4.3万元，社员存款2.3万元。这是近几年来所没有的。由于生产发展，生产队公益金增加，对四属户、困难户的照顾也比过去更好了一些。事实证明，在落后贫困的社队，最突出的矛盾是社员没有积极性，生产上不去。包产到户调动了社员的积极性，生产发展了，社员吃穿有了保证，解决了这个根本问题，其他问题都比较容易解决。现在的新矛盾尽管形形色色，但比生产发展不起来因而造成的重重矛盾，应该说都是枝节问题。生产不发展，集体化的程度再高、再"纯"，分配再"平等"，也只能造成大家普遍贫困；反之，集体化程度不那么高，不那么"纯"，但因为它适应于当地生产力的状况，尽管说起来不那么动听，人们的收入也有差距，但是到头来，必然随着生产的发展，大家都富起来。我们应当权衡利弊，不可因噎废食。不管什么样的责任制，都要加强领导，及时解决问题，不断完善、提高。如果放任自流，好办法也可能会得出坏结果。

三　性　质

既然包产到户利大于弊，对改变穷队的面貌有显著作用，已为大量的客观事实所证明，为什么至今还存在广泛的议论呢？这主要是由于对包产到户的性质认识上有分歧：有的同志认为它是多种多样的联系产量责任制的一种，而且是必不可少的重要的一种；有的同志却认为它把集体经营变为个体经营，背离了社会主义的道路，本质上倒退为单干，是方向性的错误。

按照列宁的说法，社会主义的基本特征，主要是公有制和按劳分配。私有制是产生剥削关系的基础，公有制则是对剥削制度的否定。公有制才能按劳分配，按劳分配是公有制的一种实现形式。这是一个问题的两个方面。只要坚持这两条，就坚持了社会主义的方向和道路，就同资本主义和一切剥削制度有了根本的区别。至于经营管理方式、劳动组织规模以及计酬方法等等，可以多种多样，应该根据实际情况决定,不能硬说哪一种是社会主义,哪一种不是社会主义。遗憾的是,多年来由于反复批判"三自一包",在理论上、思想上造成了严重的混乱,把破坏按劳分配的假社会主义当作社会主义的唯一模式,把符合实际需要、体现按劳分配的好办法当作复辟资本主义。久而久之,似乎包产到户就是分田单干,而分田单干就是搞资本主义,看见"包"字比遇到瘟疫还要害怕。其实,即使分田单干也并不等于搞资本主义,小农经济在资本主义条件下可能向资本主义发展,在社会主义条件下一般不可能发展到资本主义上去。何况包产到户还不等于分田单干。在这里,不妨把包产到户和分田单干略作对比:

(1) 分田单干与集体经济已割断联系,对集体经济没有权利也没有义务。包产到户则是集体经济内部的一种经济关系,它以承认生产队的存在为前提,经济主体是"生产队",承包者是"户"。"生产队"用"包"这个纽带同"户"联系起来,加强"户"的管理责任。两者各有权、责。社员个人是集体经济的一个成员,对集体经济有权利也有义务。

(2) 分田单干生产资料完全归个人,是以私有制为基础的。包产到户生产资料仍然归集体所有。社员对土地只有使用权没有所有权,生产队可以定期或不定期地进行必要的调整。耕牛和大农具的所有权也是集体的,经过评价后交给社员使用或几户共同使用,使用者在必要的时间内,应对照原定价向生产队补足消耗部分。

(3) 分田单干是单独经营,自负盈亏,自食其力。包产到户仍然坚持生产队是基本核算单位,包产部分的产品,归生产队统一分配。生产队在分配这部分产品时,首先要扣除生产成本、管理费用、公积金、公益金等,然后再分配给社员个人。超产部分是社员付出超额劳动的成果,奖给社员,这正好进一步体现了按劳分配的原则。

从以上对比可以看出,包产到户与分田单干有质的区别,它是在集体所有制的基础上,按照统一计划、统一核算的原则,在生产过程中采取的一种组织管理方法、一种责任制。它与工业上的计件工资制相类似,是比较便于考核劳动成果、比较直接体现按劳分配原则的一种管理方法或核算方法。

现在的包产到户,不像三年困难时期形式较为单一,而是多种多样的,各有其地区适应性。基本上可分为三种:第一种是部分作物包产到户或到劳;第二种是全部土地包产到户或到劳,坚持统一核算、统一分配;第三种是全部土地包产到户或到劳,社员承包的产量,除上缴给国家(征购)和集体(集体积累和社会负担)的部分以外,本人所得部分不再由生产队统一分配,即所谓"大包干"或"包干到户"。这种形式简单、省事,为群众所欢迎,但是没有统一核算、统一分配,生产队容易涣散、滑向单干。因此,对包产到户特别是包干到户的社队,应当经过工作,通过社员讨论,做到以下几点:(1)要保护集体财产,不可拆毁平分,迅速确定林权,禁止乱砍林木;(2)重申不准买卖土地,不准雇工,不准放高利贷;(3)对军烈属、五保户和其他困难户,要有妥善的照顾办法;(4)原有为群众欢迎、经济效果好的某些集体经营的生产项目要尽可能保留;(5)生产队和社员要严格履行各自承担的各项义务,债务债权要认真清理;(6)必须保持生产队的组织,加强基层党组织的核心作用。只要努力做到以上各点,各种形式的包产到户都可以进一步发挥积极作用,有利于巩固和发展集体经济。因此,包产到户并不是什么独木桥,它同各种形式的责任制一样,是集体经济的阳关大道。如果一定要把它比喻为独木桥,那可以说居住在深山沟中,不走独木桥就无法行动、无法前进,就无法到平坦宽阔的阳关大道上去。在这种情况下,走独木桥正是为了走阳关道。前一段,有些地方,社员强烈要求包产到户,因为可以提高产量,吃饱肚子;有些干部坚决反对包产到户,以为方向不对,怕受批判,发生了所谓方向与产量的矛盾。其实,方向和产量应该是一致的,不能提高产量,还有什么正确的方向呢?《西游记》中,唐僧一念紧箍咒,孙悟空就头疼。现在要求建立各种生产责任制,落后贫困的社队要求包产到户,有些同志也觉得头疼,生怕"右了"、"倒退了"、"犯方向性的错误"。这说明我们头上还有紧箍咒,思想还没有解放。我们应当明确认识到,对边远山区和贫困落后的地区来说,实行包产到户,是联系群众、发展生产、解决温饱问题的一种必要的措施。从全国来说,在社会主义工业、社会主义商业和集体农业占绝对优势的情况下,在生产队领导下实行包产到户,是不会脱离社会主义轨道的,没有什么复辟资本主义的危险,因而并不可怕。

四 前 景

我国地域辽阔,经济落后,发展又很不平衡,加上农业生产不同于工业生产,多方面受着自然条件的制约。这就要求农业生产必须坚持因地制宜的方针,在经营管理上要有更大的适应性和更多的灵活性。在不同的地方,不同的社队以至在同一个生产队,都应从实际需要和实际情况出发,允许有多种经营形式、多种劳动组织、多种计酬办法同时存在。凡有利于鼓励生产者最大限度地关心集体生产,有利于增加生产、增加收入、增加商品的责任制形式,都是好的和可行的,都应加以支持,而不可拘泥于一种模式,搞"一刀切"。

在那些生产力水平很低、群众生活十分困难的边远山区和贫困落后的地区,群众要求包产到户的,可以包产到户,也可以包干到户,并在一个较长时间内保持稳定。

在一般地区,集体经济比较巩固,生产有所发展,就不要搞包产到户,领导的主要精力应当放在如何进一步巩固和发展集体经济上。小段包工,定额计酬,只要定额合理,验收认真,也可以比较切合实际地测定劳动的数量和质量,为按劳分配提供比较可靠的依据。这种责任制比死分死记、死分活评要科学得多,适用于干部管理水平较高的地方。有些地方实行包产到组、联产计酬,群众满意或者经过改进可以使群众满意的,最好稳定下来,继续完善、提高。

目前全国搞包产到户的队约占20%。有适宜搞而没有搞的,也有不应搞或可以不搞而搞了的。对后一种社队,要允许它试验一下,搞它两年,让实践来做结论。即使搞不好,只是极少数地方;搞得好的话,可能摸索出一些新的经验。

经济水平、管理水平属于中间状态的社队,在全国占一半以上。这些社队内部不稳定的因素很多,容易接受外部影响。只有加强对这类社队的工作,才能稳定全局,促进整个农业生产的发展。这种类型的社队,现行的责任制形式,凡是群众满意或者经过改进可以使群众满意的,都以稳定为好,继续完善、提高,不可轻易变来变去。

随着农业生产的发展,生产力水平的提高,责任制的形式也会有相应的发展变化。这种变化不是自上而下的,不是行政命令,而是生产发展本身必然提出的要求。最近在许多地方先后出现的专业承包、联产计酬责任制,就是一种大有发展前途的责任制。其具体做法是,在生产队统一领导、统一经营的条件下,分工协作,擅长农业的劳动力,按能力大小分包耕地;擅长林、牧、副、渔、工、商各业的劳动力,按能力大小分包各业;各业的包产,根据方便生产、有利经营的原则,分别到组、到劳力、到户;生产过程的各项作业,生产队宜统则统,宜分则分;包产部分统一分配,超产或减产分别奖罚;以合同形式确定下来当年或几年不变。比如,陕西省米脂县孟家坪生产队、山西省吉县东庄生产队、内蒙古自治区杭锦后旗红星大队、湖南省零陵县赵家生产队,都由于采用这种办法取得前所未有的进展。从这些典型材料中可以看出,这种责任制较之一般的"小而全"的包产到户或其他形式的责任制,有个突出的优点,就是既能满足社员联产计酬的要求,调动个人的生产积极性,又能发挥集体经济统一经营、分工协作的优越性,把两方面结合起来、统一起来。它有利于发展多种经营;有利于推广科学种田和促进商品生产;有利于人尽其才,物尽其用,地尽其力;有利于社员照顾家庭副业,对四属户和困难户的生产和生活作适当的安排。这种形式,既适用于现在的困难地区,也能随着生产力的提高和生产项目的增加,向更有社会化特点的更高级的专业分工责任制发展。

还有一些从事农业的生产队,在原来田间管理、责任到人的基础上,发展为联系产量计算奖赔,也具有专业承包联产计酬责任制的某些优点,干部、群众比较熟悉,乐于接受。

在江、浙、东北等省区以及大城市郊区的一些社队,多种经营比较发达,机械化水平较高,有的已突破生产队范围,以生产大队以至公社为单位实行专业承包联产计酬责任制。这是个新的发展。辽宁省锦州市郊区西郊公社,今年对 580 户社员实行专业承包联产计酬责任制,推动了农、牧、副业的大发展。如唐庄子大队四队有 5 头奶牛,去年队里两个人饲养,共产奶 8 200 斤,总收入 1 500 元,除去工分、饲料,队里赔 1 000 元。今年包给任忠善一家,全年产奶 20 000 斤,收入 4 600 元。同去年比,向国家多交 11 000 斤奶,集体多收入 2 500 元，个人纯收入 1 600 元。

  在建立生产责任制的过程中，出现了两个可喜的新事物：一个是包产合同。1978 年，少数社队由于推行大包干式的联系产量责任制的需要开始试用，曾被讥为"假戏真唱"，但是实践证明效果很好，已有较多的社队积极推行并逐步摸索到比较系统的经验。它把单靠行政命令办事的老习惯变为用经济办法领导经济，发展下去可能为农村工作打开新的局面。另一个是专业承包联产计酬责任制。它把发挥集体经济的优越性同调动社员的积极性、主动性结合起来并统一起来，因而具有强大的生命力，可能发展成为农业生产责任制中占统治地位的形式，为集体经济的经营管理以至为我国农业的现代化闯出一条新路。

  自从生产资料所有制的社会主义改造基本完成以来，我们长期间一直认为，我国的经济结构问题已经完全解决了，就是两种社会主义公有制并存，全民所有制只需要一个模式，集体所有制也只需要一个模式。这显然不符合我国生产力发展的实际情况。这种认识不但不能发挥社会主义的优越性，而且破坏社会主义的优越性。我们应该打破框框，解放思想，大胆探索，在生产资料公有制占绝对优势的前提下，允许一定数量的其他补充成分，采取多种多样的经营形式，开展竞争，发展商品经济。没有高度发展的商品生产，就没有社会化大生产。而社会主义只能是建立在社会化大生产高度发展的基础上的。因此，不论是独木桥、木板桥、石板桥、铁索桥，只要是能走人的，我们统统加以利用，加以改造，加以发展，这样才能走出沟壑纵横的深山，来到平坦广阔的原野，沿着金光灿烂的阳关大道前进。

（原载 1980 年 11 月 5 日《人民日报》）

论社会主义社会所有制的多样性

刘诗白

刘诗白，1925年出生于重庆。经济学家。

1946年毕业于武汉大学经济系。中华人民共和国成立后，历任四川财经学院教授和副院长、西南财经大学校长、七届全国人大代表、八届全国政协委员和常委、四川省政协副主席。现任西南财经大学名誉校长、四川省社科联主席、《经济学家》杂志主编、全国高等财经院校社会主义政治经济学和《资本论》研究会会长、新知研究院院长。

主要著作有《社会主义商品生产若干问题研究》、《社会主义所有制研究》、《产权新论》、《主体产权论》、《我国转轨期经济过剩运行研究》等。

社会主义社会（本文中均指不发达的社会主义，即从经济不发达的国家产生的社会主义社会的初始阶段）的所有制是单一性的，还是具有多样性，这不仅是一个重要的理论问题，而且是一个实践问题。国内外社会主义建设的实践经验表明，原先经济落后的国家，无产阶级夺取了政权并取得生产资料的社会主义改造的基本胜利，确立了社会主义经济制度的统治地位后，在一个很长的历史时期内，在所有制领域还必须有社会主义全民所有制、社会主义集体所有制、个体所有制和其他所有制形式并存。深刻认识社会主义社会多种所有制并存的依据，对于自觉执行党的有关经济政策，进一步完善我国所有制结构，充分发挥社会主义制度的优越性，搞活国民经济，加速我国四化建设，都有着十分重要的意义。

（一）所有制的多样性是一切社会形态的共同特征

多种所有制的并存，并不只是社会主义社会所特有的现象，它是一切社会形态的共同特征,特别是在一切社会形态的初始阶段表现得最为鲜明。

所有制是生产力所由以实现和获得发展的社会形式。根据生产关系一定要适合生产力性质的规律,任何一种所有制形式的发生、发展和为更高的所有制形式所取代都不是偶然的,而是由生产力的性质与状况所决定的。马克思说:"无论哪一个社会形态,在它们所能容纳的全部生产力发挥出来以前,是决不会灭亡的;而新的更高的生产关系,在它存在的物质条件在旧社会的胞胎里成熟以前,是决不会出现的。"① 马克思极其深刻地揭示了所有制变动有其客观的物质基础,是不能由人们任意加以选择和存废的。由于任何社会物质生产力的发展,总是具有不平衡性,如在工业与农业之间,城市与乡村之间,不同部门、不同地区之间,在生产力上不可能是整齐划一的,而是表现为高低不同的诸层次。特别是在新社会形态产生后的初始阶段,与这一新社会相适应的物质生产基础还要经历一个发展壮大的过程,才能在一切生产领域取代旧的物质技术基础并取得独占统治的地位,因而,国民经济不同领域生产力水平的参差不齐就更加显著。生产力水平的这种多层次性就决定了所有制的多样性,即一方面有适应于各个领域新的生产力的不同发展水平而在成熟程度上有差别的各种新所有制形式的并存;另一方面适应着生产力结构中新旧物质技术的并存而有新的所有制形式与残留的旧社会的所有制形式的并存。如奴隶社会的初始阶段,一方面有不发达的家长奴隶制与发达的奴隶占有制的并存,另一方面又有奴隶占有制与氏族公社所有制的残余的并存。在封建社会,所有制的多样性更是十分显著。如我国封建社会就有封建的土地国有制,各种形式的地主土地所有制,封建商业资本家所有制,城市行会手工业所有制,个体农民所有制的并存,以及奴隶占有制残余的存在。资本主义社会在机械化大生产的物质技术基础上实现了资本家私有制在经济领域中独占统治地位,但是资本主义经济各个不同领域生产力的发展也是不平衡的,这也就决定了资本家所有制具有个别资本、联合资

---

① 《马克思恩格斯选集》第二卷,第83页,人民出版社,1972年版。

本、国家资本、国际资本等多样形式。此外，还存在小农、手工业者、小商的个体所有制以及前资本主义的土地所有制形式。即使是在当代生产力高度发展的资本主义国家，在所有制上也不是单一的，而是具有私人垄断资本、国家垄断资本、国际垄断资本及中小资本等资本家所有制，和零售商业、服务业的小生产、小经营以及家庭农户等个体所有制形式。

可见，任何社会形态，所有制都是具有多样性，而不是一刀切的，不是简单划一纯之又纯的。多种所有制的并存，是社会不同领域、部门、生产力发展不平衡所决定的，完全是合乎规律的。正是这样，马克思十分明确地将社会经济结构的含义规定为"生产关系的总和"，① 并经常使用复数的"诸生产关系"② 的概念，显然地，马克思在这里提到的作为社会经济结构的"生产关系的总和"，也即是所有制关系的总和，即是多种所有制形式的总体。马克思不只一次地这样说："在人类的诸生产力里面发生了一个变化必定在他们的诸生产关系里面引起一个变化。"③ 这里提到的"诸生产关系"，也就是各种所有制关系组成的社会经济结构。而经典作家在他们分析研究资本主义社会和前资本主义社会的所有制时，从来是多方面地剖析了这些社会的多样的、复杂的所有制形式，并由此去揭露社会的复杂的阶级对立关系。理论界曾经流行一种观点，即认为社会经济结构一词的含义是单一的，而不是多样的生产关系的总和。应该指出：这种观点是片面的、形而上学的，它是违反经济生活的客观实际的。

（二）全民所有制与集体所有制的长期并存是社会主义社会所有制多样性的主要表现

社会主义社会的所有制也具有多样性，它首先表现为社会主义

---

① 《马克思恩格斯选集》第二卷，第82页，人民出版社，1972年版。
② 见《哲学的贫困》，第173页，人民出版社，1955年版。
③ 马克思：《哲学的贫困》，第173页，人民出版社，1955年版。《马克思恩格斯选集》第一卷中译文是："人们生产力的一切变化必然引起他们生产关系的变化。"这一译文是不准确的，按德文原文生产力与生产关系均是复数，人民出版社1955年版"诸生产关系"的译文是准确的。

公有制不是单一的,而是有社会主义全民所有制与社会主义集体所有制的并存。这一情况是不发达的社会主义国家国民经济各个不同领域物质生产力存在很大不平衡所决定的。因为,这些国家在取得革命胜利以前,由于资本主义机器大工业的发展使工业生产社会化,从而为在工业领域建立社会主义全民所有制奠定了物质基础。而在农业中,由于资本主义经济很不发达,普遍存在着以手工工具和手工操作作为基础的分散的个体生产,这就决定了个体农业的公有化只能通过合作化而逐步实现,而不能实行生产资料全民所有。归根到底,全民所有制是与工业中的发达的自动化、机械化大生产所代表的现代生产力相适应的,而集体所有制则是与这些国家农业及其他领域以手工工具和手工操作以及简单的机械为标志的旧的技术基础相适应的。

社会主义公有制的两种形式并存的问题,早就为马克思和恩格斯所注意。马克思和恩格斯并不是给我们确立了一个单一全民所有制的社会主义模式。恰恰相反,他们严格地根据生产关系一定要适合生产力性质的规律,从西欧大陆资本主义国家物质生产力的具体状况出发,论述了社会主义公有制的成熟的即全社会公有制,与不成熟的即集体所有制,同时存在的可能性。马克思和恩格斯在《巴枯宁〈国家制度与无政府状态〉一书摘要》、《法德农民问题》等著作中就十分明确地指出,十九世纪末西欧大陆法国、德国这样的还存在大量的小农经济的国家,一旦无产阶级革命取得胜利,除了要对资本家进行剥夺并将他们私有的生产资料收归全社会公有而外,还要促使小农联合起来,建立起集体所有制,并逐步地把它们转变为更高级、更成熟的公有制形式。可见,经典作家实际上论证了社会主义所有制形式多样性的问题。

社会主义所有制多样性问题的一个重要方面是集体所有制存在的长期性问题。在这个问题上社会主义经济理论长期未曾解决好。我国1958年以来,在"社会主义速成论"的"左"的思潮下,产生了所有制上的"及早过渡论"。这一理论认为社会主义公有制越"大"越"公"越优越,否认社会主义集体所有制长期并存的必然性,提倡在"公有制"范围内搞"一刀切"、"清一色",巴不得及早地实现"全民化"。这种"及早过渡"的思潮导致了在农村不断

"并社"、"升级",准备向全民所有制过渡,在城市商业、饮食业及某些手工业生产中把几乎全部集体所有制"过渡"到全民所有制。由于物质生产力远未具备,这种做法实质上是一种"穷过渡",它使所有制超越阶段向前猛进,从而对生产力的发展带来很大的恶果。

马克思主义要求人们在评价某种生产关系时,唯一的应该根据生产关系一定要适合生产力性质的规律,立足于考察这一生产关系是否适合生产力来决定人们的取舍,而不能从某种"公平"的道德观念来评价生产关系的"优越性"与"合理性"。社会主义公有制是否优越,唯一的标准应该是看它是否适合于当时当地的生产力:只要是适合生产力发展的,即使是公有化水平还较低,就是优越的;反之,如果公有化水平再高,但是它超越了某时某地某一领域的物质条件,它不仅不能促进生产力,反而要破坏生产力的发展,就谈不上有任何优越性。要看到人为地加速和"及早过渡"了的所有制迟早必定要退回来,甚至退到更低的发展阶段,这种欲速则不达的情况在经济生活中是不乏见证的。那种认为所有制越大越公越优越的论点,实际上是用小资产阶级的"公平"、"合理"的理性原则与道德观念来评判和剪裁社会主义公有制。这些"左"的东西迄今仍然束缚住我们一些同志的思想,成为一种精神枷锁,使一些同志仍然对集体所有制在我国的作用认识不高,使他们在发展与完善集体所有制上束手束脚。

国内外社会主义建设的实践经验,特别是我们在集体所有制变革上经过的折腾,使我们进一步认识到要实现集体所有制到更高一级的公有制形式(现在还很难说它一定是向国家所有制过渡)的过渡,首先要有现代化大生产的技术基础,要有物质条件的成熟。我国当前手工劳动尚在农业、商业、服务业等领域占主要地位,在轻工业中也还占相当比重。在我国这样的生产力落后的国家,这需要经历很长的、若干代人的时间,绝不可能一蹴而就。在我国城乡都转到现代化的大生产上来以前,在社会主义的物质基础达到很高水平和充分成熟以前,集体所有制经济将仍然是适合的,它在进一步发掘我国物力、财力、人力,特别是在吸收新增劳动力,实现向生产的广度和深度进军上,将起着分外重要的甚至是为全民所有制经济所不能替代的作用。如科学理论与实践所证明,社会主义公有制不是单一的全民所有制,而是具有多样性的。以社会主义扩大再生产而论,除了首先是全民所有制经济的发展而外,还要表现为集体所有制经济的发展:不仅有原有的集体所有制单位的延续,而且还会有新的集体所有制单位的产生和增值;不仅有城镇集体所有制单位的增加,在农村也可能有新的集体经济单位分化出来。这就要求人们在领导与组织社会主义经济建设中,要为集体所有制经济的发展疏通渠道和创造条件,而不能堵塞它的发展。十一届三中全会以来,农村集体经济由于落实生产队自主权以及其他措施而得到巩固,而城镇集体所有制经济的普遍的兴办与发展,大大地推动了我国工农业生产的发展,增加了市场商品供应,繁荣了城乡经济生活,它不仅不曾削弱全民所有制,而却进一步促进了全民所有制经济的发展。这些表明了我国集体所有制经济拥有旺盛的生命力,证明集体所有制与全民所有制长期并存,是我国社会主义生产力发展的客观要求。

(三)社会主义公有制与个体所有制的并存是社会主义社会所有制多样性的另一种表现

社会主义社会所有制的多样性,还表现为社会主义一定发展阶段内社会主义公有制与作为它的补充的个体所有制的并存。具体地说,社会主义国家,除了有占绝对优势的社会主义全民所有制与社会主义集体所有制而外,在农村还有集体中农民的自留地经济、家庭副业和其他个体运营,在城市还存在手工业、商业、服务业中及其他行业中的个体经营。

从历史上来看,个体所有制是以手工工具为基础的小生产与小经营,它广泛存在于前资本主义社会,并为奴隶制生产方式和封建制生产方式服务。以机器大工业为基础的资本主义生产方式摧毁了农民与手工业者的个体所有制,占领了他们原先的经济阵地,但是资本主义并不能彻底消灭个体所有制,在某些适于个体生产与个体经营的领域(如小手工艺、商品零售与生活服务等等方面)仍然广泛地存在个体所有制。这种个体所有制也日益取得了新的内容,在当前它已经不完全是以手工工具、手工劳动为基础的了,而是采用了不同程度的机械化与自动化。当前发达资本主义国家农业中的个体所有制,越来越成为以现代化技术为基础的中型生产,正如人们所说，它已经不是个体小农，而是"个体大农"了。总之，个体所有制作为劳动力与生产资料相结合的一种经济形式，它是很有生命力的，它能够为历史上各个生产方式服务。

社会主义固然是以生产资料公有制为本质特征的，它不仅要消灭资本家私有制，而且要消灭个体所有制及其残余。但是要做到彻底消灭个体所有制，必须要有生产力的巨大发展，在不发达的社会主义阶段是难以完成这一任务的。在现代化的机器大生产尚未在国民经济的一切领域取代小生产与小经营以前，个体所有制就仍然是保证劳动力与生产资料相结合的一种必要的经济形式。因为它有利于充分利用零星分散的生产资料，有利于闲散劳动力与新增劳动力的就业，有利于使用社会闲散资金于生产事业，有利于发挥小生产与小经营分散、多样、灵活的优点与满足人们多方面生活的需要，有利于增加劳动人民的收入，改善人们的生活。总之，它有利于发掘社会生产潜力，最充分和最有效地利用社会的人力、财力、物力等经济资源。在社会主义制度下，人们凭借社会主义公有制充分运用各种类型的大生产的生产力，又通过个体所有制充分发掘和运用各种小生产与小经营的生产力，这样就意味着多层次的物质生产力都得到了充分的利用，这样就能促使社会生产力得到最迅速的发展以及物质财富得到最大限度的创造。

个体所有制在一切社会主义国家都有其积极作用，但是由于各个国家的具体条件——如大生产的发展水平和在国民经济中的作用、公有制经济的积累能力、物质资源与劳动资源的状况等等——不一样，因而个体所有制的作用就有所不同，一般来说，工业化水平越是低，个体所有制的作用就越是大。像我国这样的底子薄、人口多、资源丰富的国家，尽管我们已经建立起社会主义工业化的初步基础，但是也要看到单靠社会主义公有制并不能达到最充分地发掘与利用我国的具有极其丰富的生产资源，特别是还不能做到充分利用10亿人口的大国所拥有的丰富的劳动资源，从而有效地组成和发挥我国多层次的生产力的作用。因此，在我国现有条件下，个体所有制有着分外重要的作用。

既然个体所有制适合社会主义社会生产力发展的要求，因而它的存在就是不可避免的。这表明社会主义社会，特别是在它的初始时期，在所有制上也不可能纯然是公有制的一统天下，而会有社会主义公有制与个体所有制的并存。

社会主义社会的个体所有制是社会主义公有制的补充与助手。因为，在社会主义制度下，公有制经济占据绝对统治地位，并且将越来越巩固和壮大，成为社会不可动摇的经济基础。在这一先决条件下，个体所有制的存在，而且只是在国民经济局部领域内存在，它不影响社会主义公有制的独占统治的地位。特别是社会主义制度下的个体所有制，由于它日益增长地联结和依存于公有制经济，并且受到社会主义公有制的制约与渗透，从而越来越失去原来的完整的个体私有制的某些特征，而具有了某些社会主义的性质。根据它同社会主义经济联结的状况与紧密程度，它所具有的社会主义因素会有多少的区别，并将表现为个体所有、不完全的个体所有、半个体所有等不同的层次，显示出它的由个体私有制向社会主义的所有制过渡的性质。由于个体经济还具有一定的自发性，从而与公有制经济还存在矛盾，但是在独占统治地位的公有制的限制下与国家的管理与调节下，这一矛盾能够被妥善地解决，因而社会主义制度下的个体所有制不仅不削弱公有制，而且还能弥补公有制经济的不足，并促进公有制的发展与壮大。历史是最好的见证，"四人帮"大搞"割资本主义尾巴"，收自留地，关闭集市，这些貌似革命的做法，不仅没有巩固公有制，反而使社会主义经济濒于崩溃，在某些地区造成资本主义泛滥。而近年来各地积极贯彻三中全会提出的农村经济政策，维护农民的自留地与家庭副业，不仅增加了社员的收入，改善了社员生活，而且增强了他们从事集体生产的积极性，促进了集体经济的恢复和发展，同时也增加了人民生活与轻工业生产所需要的农副产品的供应，对全民所有制经济的发展起了积极作用。这一正一反的经验教训表明；个体所有制不仅不是起破坏作用的消极因素，而是社会主义经济的有效的助手与补充，是社会主义的辅助经济，是不发达社会主义经济的附属的与有机的组成部分。

我国在社会主义改造取得胜利后，由于经济工作中的过"左"的做法，特别是"四人帮"的极"左"路线的破坏，因而很长时期内对个体所有制的积极作用未能充分地加以利用。在当前实现社会主义现代化的新的历史时期，我们必须按照客观经济规律的要求办事，要充分地发挥个体所有制这种社会主义辅助经济的作用。为此，要从各地区、各领域的生产力的具体状况出发，寻找与规定个体所有制存在与发展的适当的范围，并在这一合理范围内，对个体所有制予以鼓励和扶持，以充分发挥它对社会主义公有制经济的补充作用。在我国农业机械化水平还很低，集体经济的劳动生产率还不高的情况下，特别是我国农村遭受"四人帮"极"左"路线破坏还需要休养生息的情况下，根据各个地区的具体条件，根据需要与可能，适当地扩大农村的个体经营（如在人少地多的地区适当扩大自留地、自留山、自留林、自留园、自留畜等），对于进一步活跃经济生活，恢复与发展农业生产是有积极作用的。就城市来说，在一定行业中允许个体经营（如小手工业、小修理店、夫妻店、小商贩等）的存在，对于保留传统手工艺，为发展生产与生活服务，方便群众，增加就业，充分发掘与利用城镇劳动力潜力（如退休、伤残等不适宜参加集体劳动的人口），将原来的消费者变成生产者，都将起到重要的积极作用。在这一工作上，我们还做得很不够，还有必要迈出更大步子。

（四）社会主义社会的其他所有制形式

社会主义社会的多种所有制结构，除了社会主义公有制、个体所有制而外，还包括一定的国家资本主义经济，如我国与外国资本共同举办的中外合资经营企业。除此而外，在国民经济某些领域，也可以保留与采取一定的国家资本主义经营。

社会主义制度不允许雇工剥削，发展私人资本主义。但是在我国这样的生产力水平低、各地经济差别很大但又幅员广大、生产潜力深厚的社会主义国家，公有制经济一时力量还有限，为了有利于引进国外先进技术、先进经营管理方法与掌握现代技术与工艺，为了充分调动国内一切积极因素，把经济搞活，在保证社会主义公有制经济占绝对统治地位的前提下，在某些领域内保持一定的国家资本主义经济，或使用带有某些国家资本主义性质的经营形式、方法与措施，是可以容许的。

在社会主义社会的经济结构中还存在某些过渡时期（指从资本主义到社会主义改造取得基本胜利，即小过渡时期）经济结构中的国家资本主义成分，这并非是不可思议的。因为，社会主义并不遵循着某种一成不变的模式来建立和塑造，而是一个表现出具有极其丰富、极其复杂的形态的亿万劳动人民创造新社会的生气勃勃的发展过程。列宁说："事情的具体演变与任何人所能想象的不同，它要新奇得多、特殊得多、复杂得多。"列宁一再要人们在争取社会主义胜利的实践中切忌"只是无谓地背诵记得烂熟的公式，而不去研究新的生动的现实的特点"。① 如果我们不是用某种纯之又纯的公有化模式来框现实的社会主义，而是从我国社会主义社会现实的生产力的状况与要求出发，我们就会进一步明确：

1. 从资本主义到社会主义的过渡时期与社会主义社会的初始阶段，尽管它是属于两个不同的发展阶段，但是它并不是像几何学上的分割线那样地截然和整齐，"一刀切"地将社会划分开来，而是存在着两个阶段的一定交错，即某种模糊的边际；而过渡时期经济结构的某些成分将继续残存于社会主义社会确立之后，正如列宁所说："无论在自然界或在社会中，实际生活随时随地都将使我们看到新事物中有旧的残余。"② 这不仅是不足为奇，而且简直可以说是不可避免，是完全合乎逻辑的。

2. 社会主义社会的初始阶段，同过渡时期一样，社会主义建设的道路仍然不可能是笔直的，不可能不采取某种迂回前进的形式，还不能排斥一切旧的经济形式与方法。

3. 社会主义社会的国家资本主义，是在社会主义公有制占据统治地位的条件下，在社会主义经济的更严格的限制与国家的严格管理与调节下的资本主义，它是走向消逝、接近消逝的国家资本主义的残余，它在范围上是有限的，只能在有利于公有制经济的限界内存在和发展，而不能自由泛滥，削弱社会主义经济的阵地。以上几个方面表明，社会主义社会经济中的国家资本主义，它不是过渡时期国家资本主义的简单的继续，而是具有新的特征，在保证社会主义公有制经济占绝对统治地位的前提下，在公有制经济的限制与国家的管理下，它将起着调动一切积极因素来加速社会主义建设、进一步活跃社会主义商品经济的作用，而不会改变社会主义经济发展

---

① 《列宁选集》第三卷，第25页，人民出版社，1960年版。
② 《列宁选集》第三卷，第256页，人民出版社，1960年版。

的方向和影响社会主义制度的巩固。

除了上述所有制形式外，在社会主义经济发展中，随着不同的企业单位在产、供、销中的实行联合经营，出现了一种联合所有制，它表现为国营企业与国营企业联营的全民所有制的联合、国营企业与集体企业的联营的两种社会主义公有制的联合、集体企业联营的集体所有制的联合。这种所有制形式还是我国社会主义经济中的新鲜事物，它的性质、特点及其发展规律，尚需进一步探索。但是以上各类型的联合所有制都具有下列特点：（1）它把局限于各个不同企业中的联合劳动直接组织起来，成为联合企业更大范围内的直接社会劳动，从而发展了劳动社会化；（2）它在经营管理形式上实行独立经营、自负盈亏；（3）它在组织领导方式上，由每家联营各方派代表共同组成最高权力机关，对企业生产与经营实行直接决策。看来，联合所有制今后在生产资料的支配和产品的占有关系上的进一步完善，将创造出一种更加适合于社会化大生产发展的新的社会主义所有制形式，并成为向更高的社会直接占有制过渡的形式。

（五）调整与完善所有制结构，保证社会主义生产关系进一步适合生产力，加速"四化"的进程

关于社会主义社会所有制的多样性问题的讨论，具有重大的实践意义。从所有制的多样性出发，人们就必须将社会主义社会的经济结构视为是由各种所有制形式组成的所有制结构，而社会主义制度下生产关系适合生产力性质的问题将首先表现为所有制结构适合生产力性质的问题。基于此，在社会主义的经济建设中，无产阶级在自觉地运用生产关系一定要适合生产力性质的规律时，就首先必须根据生产力的状况，适当地调整各类所有制关系，寻求与保持最优的所有制结构。大体地说，应该使全民所有制的范围与社会物质生产力的高层次部分相适应，使集体所有制的范围与社会物质生产力的中级层次部分相适应。此外，还要使个体所有制的范围与物质生产力的低层次部分相适应。另外，还要保存必要的其他所有制形式。这也就是说，要在公有制占绝对优势的前提下。使多种所有制形式同时并存，各得其所，各显其能，共同为促进社会生产力的发展而发挥各自的积极作用。

在所有制问题上的"左"的思潮，表现为不懂得与不承认社会

主义社会所有制形式的多样性，把社会主义社会的经济结构当作是单一的公有制，并由此来任意剪裁具有丰富多样的所有制形式的客观实际，如在社会主义改造中过急地与不加区别地消灭城乡一切个体经济，在合作化后，不断地变革所有制，变小集体为大集体，甚至追求尽早实现全民化。特别是"四人帮"更是大搞"割资本主义尾巴"，在所有制上大搞"一刀切"，极大地破坏了我国社会主义社会的所有制结构，造成了所有制关系的不适合，由此带来了我国社会主义生产力的大破坏。

为了加速我国社会主义现代化，把我国目前很低的生产力水平迅速提高到现代化水平，必须改革我国目前生产关系中那些妨碍实现四个现代化的部分。在当前，调整与完善我国所有制结构，是完善我国社会生产关系的一项重要任务。在党的十一届三中全会以来，党中央制定了包括维护生产队自主权、发展城镇集体经济、维护社员家庭副业等一系列的经济政策，此后又作出放宽经济政策的重要决定，为我国所有制结构的调整和完善指出了方向。在当前贯彻国民经济"调整、改革、整顿、提高"的八字方针中，我们必须把所有制结构的完善作为一项重要工作来抓。为此，有必要进一步从理论上明确社会主义社会多种所有制并存的必要性。这样，将有助于我们从实际出发，按照生产力发展的要求，去维护和发展各种所有制形式，把我国社会主义社会的所有制结构调整得更加完善。这是加速我国"四化"进程的重要条件。

（原载《四川财经学院学报》1981年第1期）

关于改革经济管理体制的若干设想

萧灼基

萧灼基，1933年出生于广东汕头。著名经济学家。1953—1959年在中国人民大学经济系学习，毕业后到北京大学任教。现任北京大学经济学院教授，是全国政协常委、全国政协社会与法制委员会副主任、《经济界》杂志编委主任、《经济学家》杂志副主编，还兼任中山大学、国防大学、对外经贸大学等大学的名誉教授或客座教授，以及北京市、武汉市、成都市、吉林省等政府顾问，是香港《南华早报》、新加坡《联合早报》等多家报刊的特约撰稿人和专栏作家。曾获首届孙冶方优秀论文奖、首届陈岱孙经济学著作奖。

主要著作有《中国经济热点问题研究》、《中国宏观经济纵论》、《社会主义再生产理论研究》、《提高经济效益，实现宏伟战略目标》等。

二 给企业以自负盈亏的独立的商品经营者的地位

国营企业是社会主义经济活动的基层单位，直接从事生产、分配、流通和生产性消费。随着国家与企业的关系改变为借贷关系，必须给企业以自负盈亏的独立的商品经营者的地位。

所谓自负盈亏，就是企业以自己正当的生产经营收入，抵偿自己在生产经营活动中的支出，获得利润。这里应该着重指出，从严格意义上说，企业利润必须超过利息，上缴利息后仍有余额，才能叫做盈利（企业收入）；如果利润仅仅与利息相等，尽管国家获得收入，但企业并没有盈利；如果利润低于利息，对企业来说则是亏损。

由于利息率一般低于平均利润率,因此,只要企业的实际(个别)利润率相当于社会平均利润率,就能上缴利息后获得企业收入;如果企业的实际(个别)利润率低于利息率,就要发生亏损。例如:

企业	借入资金	平均利润率	实际利润率	利润	利息率	应交利息	企业收入	盈利(亏损)率
甲	100万元	10%	-5%	-5万元	5%	5万元	-10万元	-10%
乙	100万元	10%	0%	/	5%	5万元	-5万元	-5%
丙	100万元	10%	5%	5万元	5%	5万元	/	/
丁	100万元	10%	10%	10万元	5%	5万元	5万元	5%

在上面例子中,甲企业是严重亏损单位,它销售产品的收入不足补偿生产过程的劳动消耗,因而不仅不能获得企业收入,也不能缴付利息,亏损率达10%。乙企业销售产品的收入仅仅补偿生产过程的劳动消耗,没有获得利润,不能支付利息,也是亏损单位,亏损率为5%,相当于利息率。丙企业虽然获利5%,但仅够缴付利息,国家获得了收入,但企业没有盈利。丁企业实际利润率达到社会平均利润率的水平,因此上缴利息后企业获得盈利5万元,盈利率5%,是盈利单位。

自负盈亏是商品经济的必然要求。商品的价值是由生产商品的社会必要劳动时间决定的。各个商品生产者生产单位商品所需要的个别劳动时间各不相同。每个商品生产者都必须在社会一般的生产条件下,按照社会平均的劳动熟悉程度和强度进行生产,个别劳动时间才能与社会必要劳动时间相等,生产商品所消耗的物化劳动和活劳动才能得到补偿,再生产才能继续进行。因此,以自己的收入补偿生产经营的支出,是商品经济的客观要求;那些不能以自己的收入补偿支出的商品生产者,将在市场竞争中被淘汰。

自负盈亏是扩大再生产的客观需要。社会主义再生产的特点是扩大再生产。无论整个社会或每个企业,都应该在简单再生产的基础上逐步扩大,以满足不断增长的社会需要。企业向国家上缴利息,固然是对整个社会扩大再生产的贡献,但如果扣除利息后没有余额,甚至发生亏损,企业就不能扩大再生产,甚至不能维持简单再生产。

在市场竞争的条件下，维持或缩小生产规模，比起那些规模不断扩大的企业来说，将越来越处于不利的地位。因此，竞争的规律迫使每个企业必须自负盈亏，从自己的盈利中提取企业积累，扩大生产规模。

自负盈亏是贯彻物质利益原则、提高经济效果的重要方法。在统负盈亏的条件下，企业对经营管理的好坏不负任何经济责任，经济效果如何，对企业没有直接的物质利益关系；自负盈亏则不同，由于亏损自己承担，盈利自己占有，经济效果好坏直接影响企业收入，这就把企业经济活动与物质利益直接联系起来。在不同生产关系下，自负盈亏的性质是不同的。在小生产中，盈亏由小生产者自己承担，表现了个别劳动与社会劳动的矛盾；在资本主义企业中，盈亏由资本家承担，表现了资本家对雇佣工人的剥削程度及其在社会总剩余价值再分配中的状况；在社会主义企业中，盈亏由企业承担，表现了企业是独立的商品经营者，对企业全部经济活动"完全负责"。[①] 实行自负盈亏，可以促使企业经常充分地发挥主动性，自主管理，自动调节，成为提高经济效果的推动力量。

企业具有独立自主的经营权，是实行自负盈亏的前提和保证。在生产方面，企业可以根据国家的参考性指标和市场需要，根据本身的生产条件和经济利益，独立自主地编制生产计划。在物资方面，企业可以通过市场向其他单位购买包括机器设备在内的各种生产资料，可以转让或出租多余或暂时闲置的生产资料。在销售方面，企业可以直接与需用单位联系，通过市场，择优销售。在资金方面，企业除了按时缴付利息和税金外，对于借入资金、自有资金和盈利，可以自行支配使用。很显然，只有给予企业独立自主地决定自己生产经营活动的权力时，它才能够对自己的活动承担全部经济责任。如果计划由国家制定，产销由国家统包，活动由国家指挥，资金由国家调配，当然不可能实行自负盈亏。

实行自负盈亏，企业首先必须以自己的收入补偿生产经营过程的物化劳动和活劳动消耗，这是维持简单再生产的必要条件。其中

[①] 《列宁全集》第三十六卷，第554页。

在生产过程中一次支出的流动资金,通过产品销售一次全部收回,形成新的流动资金。在生产过程中使用价值逐渐磨损、价值逐渐转移的固定资金,通过产品销售逐渐收回,形成折旧基金。在一定时间内,折旧基金虽然可以用来扩大生产,但它实质上是一种补偿基金,它的提取和使用,基本上是简单再生产的范围。同流动资金一样,折旧基金也应留给企业,不应上缴国家。

社会主义企业的利润,是劳动者在生产过程中提供的剩余劳动所创造的价值的货币表现。在产品销售后,首先集中在企业手中,但企业只能占有其中的一部分。按照借贷关系的原则,总利润扣除利息的余额,形成企业收入。它必须按照以下四个方面进行分配:

第一,工商所得税。税收是国家分配国民收入的一种方式。在商品经济条件下,耗费在产品生产上的劳动,仍然表现为价值。劳动者提供的剩余劳动,仍然表现为剩余产品的价值及其货币表现形式——利润。所得税是国家财政的主要来源之一。随着经济体制的改革,企业不再向国家上缴利润。国家与企业的经济关系,除借贷利息外,税收是一个重要的形式。对企业征收所得税,可以把企业收入的一部分转化为社会主义国家所有,使国家获得及时、稳妥、可靠的收入。国民经济各部门、各企业由于种种原因,个别利润率与社会平均利润率往往发生矛盾,因此,扣除利息后的收入水平存在程度不等的差距。对企业征收所得税,可以调节各个部门、各个企业之间的收入,国家通过差别税率,对于利润率较低、收入较少的企业,按照较低的税率征税;对于利润率较高、收入较多的企业,按照较高的税率征税。收入越多,税率越高。这就可以缩小企业之间收入水平的差距。在国民经济体系中,各部门、各企业生产和经营的产品各不相同。各种产品在国民经济中的地位和作用不同,供求关系经常发生变化。对企业征收所得税,可以发挥税收对生产和流通的调节作用。对于那些生产和经营的产品关系国计民生或社会急需的企业,采取降低税率以及减税、免税的办法,鼓励、扶植和帮助其发展;对于那些生产和经营的产品不宜大量发展的企业,采取提高税率的办法,控制和限制其发展。国家根据社会需要,经常调整税率,指导企业的发展方向,协助计划机关做好国民经济综合平衡。

第二，企业积累。剩余劳动所创造的价值是积累的源泉。企业向国家上缴的利息和税金，形成国家集中纯收入，其中已包含国家的积累。把国家与企业的关系改变为借贷关系后，国家不再向企业进行财政拨款，企业的基本建设和新增流动资金，应由自己的积累来解决。因此，必须分配一部分盈利建立企业生产发展资金。这样做的好处很多。首先，由于国家不再承担原有企业的扩建经费，可以把积累资金集中用于发展一些关键、薄弱、尖端和急需的产业，发展具有全国意义和长远意义的运输、邮电、森林、宇航等部门，为迅速改变国家的技术经济面貌提供物质条件。其次，由于企业可以自主地使用自己的积累，改变为了扩大生产、增加资金需要层层审批的状况，这就使企业可以根据市场的需要和自己的可能，不失时机地扩大生产。现在许多先进企业，多年来为国家上缴大量利润，但却很难得到扩大生产所需要的资金；而一些长期亏损的企业却得到国家大量的补助。这种状况不改变，有可能使先进变落后，而落后更落后。再次，由于积累是企业的自有资金，不必向国家缴付利息。用积累基金扩大再生产所获得的全部利润都归企业所有。相当于借贷利息的那部分收入，也被装进企业的腰包。企业积累越多，自有资金越多，总利润中归自己支配的部分也越多。这就调动了企业增加积累的积极性。当然，企业积累必须适当。国家必须规定各类企业的不同积累率，既要防止个别企业分光吃净，不留积累，又要防止个别企业多留积累，影响职工福利。

第三，职工福利基金。职工是企业的主人，应该参加企业盈利的分配。这样做，使职工不仅关心自己的劳动数量和质量，而且关心整个企业的经营管理状况，把职工的个人利益与企业的集体利益直接结合起来。福利基金的用途包括许多方面。首先，分红基金，采取浮动工资或分红工资的形式，按照劳动等级分给企业的全体职工。其次，奖励基金，采取奖励工资的形式分给那些向企业提供了超额劳动量、作出优良成绩的少数工人。再次，集体福利基金，用于职工的文化、教育、技术培训、体育活动和某些生活方面的集体需要。最后，保证基金。随着将来劳动力管理体制的改变，企业有权裁减多余职工，在这些职工未找到固定工作以前，企业应从保证基金中发给一定的工资，保障他们的生活。

第四，后备基金。企业需要建立后备基金，不仅为了防止各种自然灾害所引起的破坏和损失，更为主要的是在商品经济条件下，企业产品的个别劳动时间与社会必要劳动时间的背离是经常存在的，因而盈利和亏损都有可能出现。1980年，我国全民所有制工业中，还有23.3%的企业发生亏损，亏损总额达30.8亿元。这种情况，随着经济管理体制的改革，有可能逐渐减少，但不可能完全避免。企业实行自负盈亏以后，亏损必须由自己承担，这样，为了保证再生产正常进行，企业必须从盈利中留取一定的后备基金。如果企业连年盈利，后备基金累计达到国家规定的最高数额，就可以不再继续提取。

企业收入分配简况

$$
\text{产品销售总收入}(C+V+m) \begin{cases} \text{补偿基金}(C+V) \begin{cases} \text{折旧基金} \\ \text{原材料、燃料补偿基金} \\ \text{工资基金} \end{cases} \\ \text{总利润}(m) \begin{cases} \text{利息} \\ \text{企业收入(盈利)} \begin{cases} \text{工商所得税} \\ \text{生产发展基金 （企业积累）} \\ \text{职工福利基金} \begin{cases} \text{分红基金} \\ \text{奖励基金} \\ \text{文化生活基金} \end{cases} \\ \text{后备基金} \\ \text{保证基金} \end{cases} \end{cases} \end{cases}
$$

上述关于企业盈利的分配，大体上相当于解放初期对资本主义工商业所实行的"四马分肥"的办法，只是各项基金的性质已发生了根本的变化。那个时候，这些基金所反映的是资产阶级与无产阶级的关系；现在这些基金所反映的则是在根本利益一致基础上的国家、企业和劳动者个人的关系，或者说，是无产阶级全局、局部和个人的关系。

各项基金的分配比例是必须认真探讨的问题。合理的数量界限，对于调整各方面的关系，兼顾当前和长远的需要，都是重要的。不同企业，不同收入水平，各项基金的分配比例应有所不同；不同时期，经济状况有所变化，各项基金的分配比例也要相应变化。国家规定的分配比例指标，应有一定的浮动幅度，既要统一，又要灵活，以适应千差万别的具体情况。

在生产经营活动中，企业出现亏损怎么办？首先要分析亏损的原因。有些是客观条件造成的，如发生不可抗御的自然灾害而造成的财产损失，由于出现技术突破而加速了固定资产的精神磨损，因为价格不合理而不能补偿物化劳动和活劳动的消耗，等等。有些是主观条件造成的，如经营管理不善，产品成本高，质量差，销售困难，等等。

企业发生亏损，必须动用自己的后备基金进行补偿。如果后备基金不能完全弥补亏损，国家应根据不同情况，采取以下措施加以解决。第一，财政帮助，包括减税、免税、经济补贴、收购产品等；第二，信贷帮助，包括减息、免息、延期支付利息、给予低利信贷等；第三，帮助企业总结经验，挖掘潜力，培训人员，改组领导班子，以提高企业技术水平和管理水平；第四，对于那些技术经济条件落后、产品没有发展前途、经过多方帮助仍然长期不能改变亏损状况的企业，则应该实行关、停、并、转。

四　加强国家对企业的监督和指导

实行生产资金全额信贷，消除行政机构对企业经济活动的直接干预，给予企业以独立经营的自主权，并不意味着国家政权对企业一切经济活动放任不管，更不意味着允许企业盲目竞争和生产无政府状态。相反，国家必须加强对企业的监督和指导，保证企业按照社会主义原则进行经营活动，这是社会主义经济发展的客观要求。

首先，国家是国营企业生产资料的共同所有者，生产资料的运用是否合理，经济效果是否显著，对国家利益有着重大影响。因为通过利息和税收，企业利润中相当大的部分转归国家；而企业长期亏损，最终还是要使国家所有的生产资料受到损失。因此，国家不能不关心企业经营的状况。而且，由于国家是企业生产资料的所有者，因而也就具备了监督指导企业的可能。

其次，按照一定比例分配社会劳动是任何社会都需要的。过去强调计划调节而忽视市场调节，用指令性计划指挥企业日常的经济活动，束缚了企业的主动性和积极性。但也不应只强调市场调节而忽视计划调节的作用。在社会主义制度下，国家的计划调节具有重要的意义。一些关系国民经济全局利益的重大比例关系，一些重要产品的生产指标，一些基本的物资分配方向，国家必须统筹安排。为了使企业的生产经营活动与按比例分配社会劳动的要求和国家的统筹安排相适应，国家也必须对企业进行监督和指导。

再次，在国家所有制下，国家与企业、企业与企业之间，虽然具有共同的利益，但也各有自身的利益。每个企业作为社会经济有机体的细胞，它的特殊的局部利益，有可能与其他企业的局部利益和国家的整体利益发生矛盾。为了保护劳动人民的整体利益，防止企业的局部利益压过整体利益，对企业的监督和指导也是必要的。

最后，任何企业的活动领域都是有限的，都具有片面性，不可能了解和掌握整个社会的经济运动规律，因而在经济活动中往往带有一定的盲目性。它不可能确切了解社会需要，也不可能确切了解分散在各个部门和企业中的生产情况，因而生产与需求之间往往不相一致，国家的监督和指导可以使企业减少盲目性，增强计划性和对市场产销情况的适应性，为提高经济效果和盈利水平创造条件。

国家对企业经济活动的监督和指导通过多种方式进行。例如，通过制定中长期发展规划和年度国民经济计划，为企业制定生产计划提供依据。同时，通过税收、信贷、价格等经济办法，调节生产资料和劳动力在各部门的分配，也是监督和指导企业经济活动的重要手段。

经济立法是经济活动的准则。国家依据客观经济规律的要求，分门别类地制定全国统一的工业企业、商业、计划、投资、市场、价格、合同、预算、信贷、税收、专利等经济法，明文规定哪些行为是合法的、受到保护的，哪些行为是非法的、受到国家禁止的，利用经济法调整国民经济管理活动和各经济组织之间的分工协作关系，监督和指导企业的活动。

由此可见，按照商品经济原则改革经济管理体制，把国家与企业的经济关系从行政隶属关系改为借贷关系，不仅不会削弱国家的经济职能，而且由于国家摆脱了具体的经营管理活动，可以集中全力研究重大的经济决策，确定重大的比例关系，指挥重大的经济活动，协调企业间的经济关系，发挥更大作用，使我国千千万万个大小不等的企业沿着社会主义道路不断前进，使我国社会生产力进一步发展，使我国社会主义制度的优越性更加充分地发挥出来。

［原载《北京大学学报》（哲学社会科学版）1981年第5期，此处节选自其中的第二、四部分］

家庭联产承包制是农村合作经济的新发展[*]

杜润生

杜润生,生于1913年,山西太谷县人。中国著名经济学家,中国国土经济学会第二任理事长,现任名誉理事长。

1934年考入北平师范大学文史系。1950年代担任中央农村工作部秘书长。1979年任中华人民共和国国家农业委员会副主任。1983年任中共中央书记处农村政策研究室主任,兼国务院农村发展研究中心主任,主持起草农村政策文件,特别是五个"中央一号文件"。他是"家庭联产承包责任制"经济理论的主要贡献者。改革开放以来,历任国务院农村发展研究中心主任、中共中央顾问委员会委员、中央财经领导小组成员,兼任中国国土经济学研究会理事长、中国农学会名誉会长、中国农业经济学会理事长等职。获得首届中国经济理论创新奖。

主要著作有《中国农村经济改革》、《中国农村的选择》、《中国农村制度变迁》等。

在我国农村,以推行生产责任制为中心的经济体制改革,已经进行了四年多的时间。实践证明,联产承包责任制具有最大的适应性,显示出很好的经济效益,受到农民的热烈欢迎。有些同志曾抱有疑问:这种形式是否符合社会主义原则?是否符合农业现代化的目标?根据这几年的实践经验,可以就这些问题做出比较明确的解释了。

---

[*] 本文写于1982年11月23日,是作者在全国农业书记会议上的讲话(节录),后在《人民日报》上全文发表。

一 联产承包责任制在哪些方面完善了合作制

1. 把集中经营和分散经营适当结合起来。联产承包制是将公有土地及其他生产项目,按照共同约定的条件,由农户或小组分别承包经营。一家一户或小组办不到的事,合作组织统一办理。有统有分,通过"包"把统和分结合起来。这就把高级社的优点吸取了,缺点改正了,又把家庭经济的局限性突破了,把它的长处保留了。公有化的优越性与农民自主的灵活性、主动性同时得到发挥。

2. 专业化和经济联合。随着商品经济的发展,生产的专业化也必然相应发展起来,有了社会分工,必然产生社会联合,包括生产的联合和生产前、生产后服务环节的联合。这种联合可以是公有化程度较高的联合,也可以是不触动所有权的联合。以各种生产者的基层劳动联合为基础,自下而上地既向纵深方向,也向横广方向发展,形成多层次联合。这就形成了多样化的合作经济结构,并通过它们和整个国家的社会主义经济体系联结起来。

3. 统一核算和包干分配相结合。与上述趋势相适应,在合作经济内部,专业化分工越发展,越要考虑不同部门的生产者的收益如何保持平衡,以保证在同一单位内成员间体现多劳多得、少劳少得的原则。另外,在消费和积累之间以及国家、集体、个人之间的分配也需要统筹兼顾。这就要求在既定的范围内保持不同程度的统一核算。与此同时,为了能直接体现权、责、利的联系,鼓励农民关心生产,又对每个承包单位采取了包干分配的办法。包干分配,用农民的语言说,就是,"保证国家的(缴售任务),留够集体的(公共提留),下余都是自己的"。省掉天天派工和评工记分,"利益直接,责任明确,方法简便"。这是今天的合作经济更主要的分配制度。当然,也有些无法包干的项目,可以用其他办法。

从以上可以看到,实行以联产承包责任制为特征的统一经营和分散经营相结合的合作经济,是继承了以往合作化的积极成果,否定它以往存在的一些弊病,使合作制度完善化。它无可争辩地属于社会主义性质。如果单纯地从家庭承包的分散劳动方式,从它和个体经济在表面上相似这点上去观察,而不是从整个合作经济的结构上，从它和整个国民经济的联系上去观察，从而怀疑它的社会主义性质，显然是不正确的。

二 现阶段家庭式经营的性质及其作用

在合作化过程中，如何正确地对待家庭式经营，是一个具有重要意义的问题。家庭式小规模经营在我国有很长的历史。我国历史上的封建制度，不同于某些国家的大庄园制度。在我国，地主经济把土地分割成小块租给农民耕种，叫佃农。与此并存的还有一批拥有小块土地的自耕农。这两种农民的共同特点，是经营者和生产者统一于一个家庭。这种分散细小的农业经济，构成封建统治的基础。它长期地停滞在落后的自然经济水平上，生产力很少发展，农民长期陷于贫困。不过从总体上说，它具有在十分不利的条件下挣扎求生的顽强性。长期以来，它承受着连绵不断的天灾人祸、苛捐杂税，在千百次地备受摧残之后又千百次地复苏过来。

解放后，结束了这种悲惨历史，完成土地改革，解除了封建束缚，小农经济获得纯粹的小私有制形式，进入自由发展的天地。但小私有制，按其本性是和农业向现代化发展的趋势不相适应的。在商品经济的条件下，把小私有制永远保存下去的愿望，只不过是小生产者向后看的幻想。它或者被资本主义经济所消灭，或者在工人阶级领导下通过合作制过渡到社会主义，或者在新的条件下扩大经营规模，进入现代化经营。历史决定了我国农民选择非资本主义道路。合作化乃是一个客观的历史过程，它是由一种经济形式过渡到另一种经济形式，逐步实现劳动社会化和生产资料社会化的过程。这个过程的长短，要由多方面的条件决定，不是经过一次性变革就可以终结的。在我国经济发展不平衡的状况下，合作制这种新的生产方式，如何从原有的生产方式中产生并形成，一定要经历长期的多样的成长阶段。在这个过程中，家庭式的经营不可能一个早上废除掉，有必要在一定时期内利用它的形式而改革它的内容，利用它的潜力。这样做，可以充分发挥分散在各个家庭的大批生产资料和长期积累在民间的传统技术效用，调动直接经营者的主动性和积极性。马克思主义的一个原理是，"所有制关系中的每一次变革，都是同旧的所有制关系不再相适应的新生产力发展的必然结果"。① 一种旧生产关系,在它所容纳的生产力未充分发挥以前,其作用是不会自行消失的。家庭式经营也是这样。

在社会主义阶段,在一个很长的历史时期内,至少要保留一定数量的家庭经济作为社会主义的补充。在现时,我国农民群众还要求在集体经济内部利用家庭式经营。50 年代末期的包产到户,就是群众为实现这个愿望而创造的一个办法。从当时看来,这个办法不免有许多缺陷,但经过多年的实践,它终于在联产承包制中找到体现自身的合理形式。其所以合理,就在于它扬弃了小私有制的狭窄性,为今后应用科学技术留下发展余地,又保留了家庭经营的优势。今天的家庭经营,其性质已发生了根本变化。它是在土地公有化条件下的家庭经营,在许多方面受集体经济的制约,是合作经济中的一个经营层次,也是整个社会主义经济的有机组成部分。它既不是土改后的个体经济,更不是旧社会的小农经济,而是一种新型的家庭经济。在商品生产进一步发展起来之后,还会有少量的个体经营者,从原来的集体经济中分离出来,但他们仍要和社会主义经济保持联系,或将重新结成经济联合。因此,这些个体经营者也不是旧日原来意义上的小私有个体户了。

三 家庭式联产承包责任制会不会妨碍农业现代化

根据历来的观念,家庭式经营似乎是与现代化大生产不相容的。这里,首先要弄明白一个概念,即农业现代化和耕地经营规模的关系。

什么是农业现代化?就是要用现代化科学技术武装农业,实行高度集约化经营和高度社会化生产。现代化和土地经营规模之间有一定的依存关系,大生产要利用机械和其他自然力代替人力,必然要求相适应的规模,这是毫无疑问的。不论是资本主义大生产还是社会主义大生产,都比小农经济优越,这也是一般规律。但生产规

---

① 《马克思恩格斯选集》第一卷,人民出版社 1972 年版,第 218 页。

模的大小，不能只看土地面积。列宁曾经说过："在农业集约化的过程中，农户土地的减少往往不是意味着生产规模的缩小，而是意味着生产规模的扩大……"他又说："资本主义农业发展的主要路线就是按土地面积计算仍然是小规模的小经济，变成按生产的规模、畜牧业的发展、使用肥料的数量、采用机器的程度等计算的大经济。"① 由此可见，生产规模不等于土地规模，关键是资本有机构成程度和经营集约化程度。当代世界的经验也表明，现代工业提供了可供农业生产分散使用的耕作机械和化肥等农用工业投入品，并在生产过程高度专业化、社会化的条件下，从一公顷到上千公顷，从家庭经营到雇工经营或集体经营，都可以实行现代化。家庭经营和现代化并不是互不相容的。当然在不同地区，什么样的规模可以取得最好的经济效益，却有不同的最佳值。不是越大越好，也不是越小越好，要因地制宜。

根据我国的情况，预测将来我国农业的经营方式可能是：既非大面积粗放经营，也非大面积集约经营，而将是相对小面积集约经营。从个别看是小规模的，从总体看是大规模的。我国人口多、耕地少、区域广，经济发展地区差异很大，实现全面的农业技术改造，要经过一个比较长的时间。能源问题、交通问题、剩余劳动力问题，是一些制约因素。我国有大量的山地丘陵，地貌多变的水田，而且耕作制度和耕作技术复杂，有三熟制、两熟制、间作、套种等。综合多方面因素看，必须走集约经营的路子，把提高土地生产率放在第一位，因而当前就必须发挥小规模经营的精耕细作效益。将来劳动力大量转移，机械化程度提高，耕地经营规模会适当扩大，但不同地区，不同的机械组合，也将有不同的服务范围。如人少田多的大平原，经营的规模可能大一些，另一些地方会小一些。至于土地集中的方式和机械服务方式，都有赖于群众在实践中创造。可以肯定，集体所有制对于配置机械组合和服务范围来讲，是一个根本性的优越条件。可以排除日本和西欧国家由于土地私有制所引起的矛盾。目前出现在各地的土地经营专业户、专业组和机械服务承包联

---

① 《列宁全集》第二十二卷，人民出版社1958年版，第58—59页。

合，给我们一些有益的启示，按合理的土地规划来联合配置机械，土地仍实行承包管理，这并非是不现实的设想。

人们担心，家庭式承包经济会助长农民的私有保守观念。这不能说毫无依据。但必须看到事物的另一方面，而且是主导的方面。今天的农民已不同于过去，他们已经成为社会主义合作制下的新型劳动者。农民接受承包制，是要摆脱"大锅饭"、"瞎指挥"，而建立一种更好、更完善的社会主义经营形式，同时享受国家工业化和财政支持，改善农业发展条件，提高收入水平和文化水平。今天的农民已经生活在日益壮大起来的社会主义环境当中，这是过去无从得到的环境条件，也是一个有决定其行为动向的基本条件。

我们国家社会主义经济成分已占绝对优势。尽管我国农业新的先进技术还不雄厚，但经过三十多年来的努力建设，在农村已创立了一定的社会生产力的物质前提，使农民的眼界打开了。他们亲眼看见和实际体会到，一些新的生产资料、新的耕作技术、新的科学知识等能帮助他们提高生产。从华北平原地区说，过去1亩地产100公斤叫高产，现在不到200公斤就是低产。他们也体会到，很多事情不是一家一户所能办到的，需要相互联合，走合作化道路。所以，他们一致拥护中央提出的：坚持土地等生产资料公有制和保留社队必要的统一经营的职能这两项根本政策。有极少数农民甚至干部曾一度产生误会，以为责任制就是分田单干，但一经解释就明白过来了。现在可以看到，像共同兴办水利、繁育良种、防治病虫害、统一耕作制度和种植计划、提留公积金等，这些事情群众都乐意去办，并用合同形式固定下来。看来，必要的统一经营，同样是农民的共同利益所在。群众"愿包干，怕单干"，这是真实情况。农民要求有分有统，"统"是合乎经济要求的正确的"统"，怕的是统到"大锅饭"上去。党的十二大的报告中提到绝不能再走回头路，正反映了群众这个愿望。

将来分工分业发展了，大量的劳动力从土地上转移了，土地的经营相对集中了，资金积累多了，机械化不但在技术上过了关，在经济上变得很合算了，那时群众会要求承包制适应这种变化而完善本身的形式。今天，有一些现代化、集约化程度较高的社队，在选择责任制形式时，已经注意并做到保持和发挥已有的大型生产设施的效用,如采用"统一经营、专业承包、家庭承包、包干分配"相结合的办法,这是好的。全国农用机械总动力已达2亿马力,水利设施已形成很大规模,社队三级财产也超过1 000亿元。对这些东西必须加倍爱护,善于利用。改革必须照顾不同社队的特点,不可一刀切,但也不能因此而不进行改革。改革是为了解决农民积极性的问题,有了积极性,才能充分发挥先进技术的作用,否则,虽有先进技术也推广不开,有了先进技术也不等于就有了先进生产。

总之,我们要区别于"小农经济优越"论,不主张把小农经济永远固定下来,我们是主张走向现代化大生产的,但应当把小农经济和由家庭承包经营区别开来。小农经济的特点是个体的封闭性的自然经济,我们的合作经济的承包单位规模虽小,但只要利用现代科学技术,实行集约经营,并在分工分业基础上实现生产社会化,那就同样算现代化大经济。

四 包干分配、资金分红等办法,违背生产资料公有制和按劳分配的原则吗?

公有制和按劳分配的社会主义原则是社会主义理想,但不能拘泥于想象中的"合理"模式,而脱离当时当地经济发展状况和具体的物质条件。实现公有制和按劳分配的原则,在不同国家将经历不同的历史的、经济的自然发展过程,不可能任凭人们按自己的意志去安排。在不发达国家的社会主义初级阶段,经济生活各方面都不免在不同程度上遗留有旧的社会关系的痕迹。例如公有制,现在我国就有全民、集体(合作)之分,此外还保留个体所有制,而集体所有制又有多种形式。一个国家的社会制度的性质,通常只是由占统治地位、主导地位的经济形式决定的。全国经济成分不是纯而又纯只限于某一种,而是多种成分有主有辅,占主导地位的形式支配着其他一切形式。党的十二大明确地提出,坚持以国营经济为主导,多种经济形式同时并存。这是适合我国国情的基本体制。过去片面追求"一大二公"的实践已经告诉我们,切不可强求丰富的实践服从抽象的概念和图式。

恩格斯在《法德农民问题》中论及无产阶级夺取政权后如何对

待小农时写道:"首先是把他们的私人生产和私人占有变为合作社的生产和占有,但不是采用暴力,而是通过示范和为此提供社会帮助。"他在论述具体合作形式时,介绍丹麦社会党人曾提出的计划:"一个村庄或教区的农民……应当把自己的土地结合为一个大田庄,共同出力耕种,并按入股土地、预付资金和所出劳力的比例分配收入。"① 这里,土地、资金仍然保持私有权,但恩格斯并没有因此而拒绝利用这种形式,而是把这种合作社作为现实形式予以介绍。我国50年代的初级合作社就是按类似的办法组织的。在当时党中央制定的互助合作文件中也确认了它在合作化运动中的积极作用。

今天,我们是在土地和其他基本生产资料公有制的基础上实行联产承包制的。农民可在土地上投资,还可购置一部分生产资料。生产资料有的是公有公用,有的是公有私用,有的是私有私用,有的是私有公用,这种似乎是"不纯粹"的所有制结构,但农民却乐于接受,并发挥出很好的经济效益,有利于提高社会生产力。这有什么不好?

同样的道理也适用于按劳分配。按劳分配的本意是,按等量劳动支取等量报酬。但由于种种原因,不可能高度精确地按等量劳动支付等量报酬,只能做到大体相符合。从这点上讲,我们必须教育农民不可斤两计较。可是,绝不可把这种教育和现行政策混同起来。一定不能提倡平均主义。平均主义是违背按劳分配原则的。像人民公社时期那样实行类似平均配给制,懒人得益,勤奋者受害,显然是失败的。按劳动定额计酬,理论上说得通,实际上从定额到检查计算,存在许多难题。劳动定额只可以有个参考标准,不可能准确,坚持下来的不多。实际上是普遍实行评工记分办法,按人定分,按分计酬,多劳者不多得,多得者并不多劳,仍然摆脱不了平均主义的根本缺陷。而且大家都靠挣工分生活,日久了,影响劳动力的合理流动,助长了农村生产单一化倾向,影响开创农民自谋就业的机会,堵塞了致富的道路。今天的联产承包制,实行包干分配:"保证国家的,留够集体的,下余都是自己的。"这里所说的"下余"部分,也包括自投资金的报酬。从形式上看,固然不能说它是最纯粹

---

① 《马克思恩格斯选集》第四卷,人民出版社1972年版,第310页。

意义上的按劳分配,但多劳动、多投入,可以多得,而投入依然是本人劳动的物化,也不同于剥夺他人的剩余劳动。从实际结果看,比起那种平均主义的分配办法来,这是更接近按劳分配原则的,是更适合我国农村现阶段生产力水平的一种劳动报酬制度。

五 合作经济发展趋向

正如五届人大第五次会议的报告中所指出的:目前联产承包责任制已从少数地区扩展到全国大多数地区,从农村扩展到城镇,从农业扩展到其他领域。……这证明它是现阶段在农村发挥我国社会主义经济制度优越性的一种十分有效的形式。多种形式的联产承包责任制,现已遍布于全国绝大部分地区。当前的任务是集中力量做好有关的各项完善工作。正确处理好统一与分散、专业与联合的关系,是各地面临的一个重要的问题。就全国大多数社队来说,现时努力重点还应放在调动分散发展方面的积极性。要稳定现行政策让农田承包户、专业承包户、自营专业户,敢于放手发展生产,努力劳动致富。只有这样,才能使生产力有一个新发展。然后在新的物质基础上逐步加强集体经营和实现经济联合。也只有这样做,才有利于解决吃"大锅饭"的矛盾,使各方面尚受抑制的经济动力启动起来,促使农业从自给半自给向大规模商品生产转化,从传统农业向现代农业转化。生产发展了,技术提高了,农村合作经济将通过群众自己的愿望,通过经济本身的运动向前发展,从而避免单纯依靠行政手段所带来的不良后果。

现在农村多种经营出现了迅速发展的新势头,并且涌现了一批专业户。社队办企业也有新发展。当他们所经营的生产有进一步发展时,就一定会提出改善经营条件,扩大经营规模,在生产、供销、运输、加工、科技服务等方面实行联合的要求,这在一些经济发达地区目前就有了一定程度的发展。但这在全国大部分地区,还只是一些新萌发的幼芽,还需要具备一定的条件才会成长壮大起来。我们必须热情地支持帮助,创造条件,使其健全发展,但不可急于求成,拔苗助长。

政社合一的体制,应改为政社分设制。基层政权应依宪法规定来建设。原来社队的基本核算单位实行联产承包责任制后,还须负责发包土地、管理水利、公共积累、签订合同等,并要开展各种必要的服务工作。其规模可能和土地耕作的自然区域相适应。将来随着商品经济的发展,各个基本合作单位之间,不同性质合作单位之间,还会组成更高层次的联合,形成农工商经济联合体。商品经济需要有城镇,也会创建城镇。因此,乡村某些中心集镇将成为二、三产业的聚集点,同时又是城乡经济网络的联结点。此外,还会有其他各种辅助形式不断涌现。以上是对合作经济发展前景的轮廓性预测。在商品生产和商品交换发展的过程中,社会上必然出现生产诸要素的多向流动和多形式组合,这是合乎规律的现象,应因势利导,而不可人为地阻止或撮合。

一个大规模的改革正在进行,存在的问题是很多的,旧的矛盾解决了,新的矛盾还会产生。但不论什么矛盾都可以依靠掌握政权的人民自身的力量自觉地进行调整解决。这在资本主义社会是不可能的。我们是满怀信心地走向未来的。我们工作的一个基本准则是:始终一贯地坚持群众路线,坚持群众自愿原则。客观经济要求会直接、间接地透过群众意志表现出来。当我们违背大多数群众意志时,同时也就背离了客观经济规律。在进行改革时,不能没有一些设想,但切忌把我们的一些设想,当做不容改变的东西,强加给群众。相反,我们应当向群众学习,尊重群众的首创精神,尊重实践经验,不断修改自己的见解。

一阵风、一哄而起、一刀切的错误做法是和群众路线不相容的。这次改革中,中央不主张强制任何人、批判任何人、给人扣什么帽子。相反,一直是强调调查研究,一切从实际出发,强调因地制宜,强调多种形式,强调群众民主选择,强调通过试点取得经验,注意防止一阵风、一刀切。各地同志都根据中央指示,坚持了因地制宜、分类指导、试点先行、有领导和有步骤地前进的方法。这种方法看来慢一点,但可以使干部与群众有时间根据自身实践经验来提高认识,鉴别是非,把事情办得既实在而又有效益。这是成功的经验,今后要继续前进,解决更复杂的任务,仍应坚持这些方法。

(本文写于 1982 年 11 月 23 日。原载《杜润生改革论集》,中国发展出版社,2008 年版)

现代西方经济学的研究和我国
社会主义经济现代化

陈岱孙

陈岱孙（1900—1997），原名陈总，福建省闽侯县人。中国当代经济学家、教育家。

1918年考入清华学校。1922年毕业于美国威斯康星大学，获学士学位，并获"金钥匙奖"。1922年入哈佛大学研究院，1924年获文学硕士学位，1926年获哲学博士学位。1927年任清华学校大学部经济系教授。抗日战争期间任西南联合大学经济系教授、系主任。1945年起任清华大学教授。1952年任中央财政经济学院第一副院长。1953年以后任北京大学教授、经济系主任等职。曾任中国人民政治协商会议第二到第七届全国委员会委员、第六和第七届全国委员会常务委员，还兼任中国金融学会常务理事、中国世界经济学会顾问、《经济科学》杂志主编等职。

主要著作有《从古典经济学派到马克思》、《陈岱孙文集》等。

现代化，在今天，对于每个中国人来说，都是一个十分关切的事情。理由，无须赘述。

现代化，在今天国内，具体地表述为"逐步实现工业、农业、国防和科学技术这四个方面的现代化，把我国建设成为高度文明、高度民主的社会主义国家"。①

四个现代化作为一个口号并不是新的。但是由于众所周知的原因，在过去一个长时期，干扰的因素阻碍了这现代化的进展。只有

---

① 《全面开创社会主义现代化建设的新局面》，第8、11页。

在拨乱反正后的这几年,这个问题才能重新提上日程。1982年9月,胡耀邦同志在党的十二大所作的《全面开创社会主义现代化建设的新局面》的报告中,才重新并明确地把它提出作为今后这一个新历史时期的总任务。

四个现代化是一个不可分割的整体。但是,在实现这"四化"的过程中,基本的任务是推进社会主义的现代化经济建设,而其关键则在于"科学技术的现代化"。在科技现代化中,"加强经济科学和管理科学的研究和应用,不断提高国民经济的计划管理水平和企业事业的经营管理水平",作为其重要组成部分,被突出地提出来了。

对于从事社会科学(尤其是从事经济科学)研究的中国人来说,这是一个具有挑战性的问题,虽然这里所提的只限于经济管理科学,但对于其他社会科学也存在着基本概念、理论和中国现实的矛盾。对于从事经济科学的人们来说,一个具体的问题是现代西方经济学对于中国社会主义的现代化经济建设到底有否用处,在哪些方面我们可以在取舍间作出抉择。

不应该忽略的是,我们这里所说的现代化经济建设,不是资本主义社会的现代化经济建设,而是社会主义社会的现代化经济建设。这区别就不只是由于经济学中某些概念和理论与中国经济现实有不相契合的地方,而是在若干基本前提上,存在着不可调和枘凿。

社会主义现代化经济建设是一个没完全解决的新课题。它既是一个社会实践的问题,又是学术理论问题。在这个问题上,历史还没有提供一个面面完备的现成的实践经验和理论诠释。在这个问题上,我们和其他社会主义制度的国家一样,有过一段经验和教训,而我们的经验和教训又有我们的特征。

在建国初期的50年代,我们曾经全面地学习苏联的经济建设现代化的实践经验和其理论依据。无论是宏观的国民经济计划管理,或者是微观的企业、事业的经营管理;无论是在国家实际经济部门,或者是在大专院校的教学研究工作中,我们所采取的都是苏联经济的模式。但在50年代末期,中苏的关系恶化了。他们中断了经济援助,撤走专家,带走技术资料。此后,他们对我们进行了学术和技术的封锁。而我们也感到他们经济建设的经验,未必都契合我们的实际，甚至他们若干经济理论依据的正确性也值得怀疑。所以，在大专院校中曾经一度企图排除苏联经济建设理论的影响而建立自己的经济建设模式。

对于西方的经济学，情形又有所不同。从50年代初起，我们和西方的经济学几乎处于隔绝状态。一方面，这状态是由于以美国为首的西方国家，从朝鲜战争起，对我们进行了长达20多年的，包括学术技术交流方面的全面封锁而产生的。当然在这些年间，我们也曾通过曲折的途径弄到了一些图书、报刊、资料等等。但直接的交流是完全断绝了。另一方面，在主观上，我们也采取了自我封闭的态度，拒绝了对西方国家一切经济学的任何注意。我们认为既然西方的经济学都是为资本主义辩解的，从而是庸俗的，它的全部内容当然不值一顾。十年动乱加剧了国内经济工作者对于国外经济情况和经济学说发展动向的忽视和无知。

70年代末期，情形变了。闭关的局面打开了，对外交流的渠道多了，对于外国经济学的观感、态度也开始变了。一方面，在我们国民经济规划和企业、事业经营管理方面，积年来出现了若干不能令人满意的现象。例如，基建和企业固定资本投资比例平衡问题，能源、交通发展的速度和配套问题，工业企业亏损的问题，等等。另一方面，经过20多年的隔绝，外国经济学，对于一些人来说，变得十分陌生，陌生不免引起目眩；过去的自满也许变成自疑，由自疑而变为不加审别地推崇。后者也许是一个不可避免的过渡现象，但有必要尽快地排除这个现象。我们既要承认外国经济学在其近年的发展中，其推理分析、测算技术、管理手段等等方面有若干值得参考借镜之处，又不要盲目推崇、全盘搬套。

对外国经济学"内容"的取舍既涉及本质问题又有技术问题。

根本的原则应该是，以我为主，以符合国情为主。讲到国情，当然会想起我们是一个领土广阔、人口众多（10亿人口，其中又是8亿农民）的国家，资源丰富但又未得开发，经济落后，科技也不发达等等。但更重要的国情应该是我们的在上述的自然环境国情下建立起来的社会主义制度。无论是对于苏联、东欧国家的经验或对于西方国家的经济学，都存在着一个如何最好地做到洋为中用的问题；但与自然科学和技术的洋为中用又不相同。在经济学，或者可以说在整个社会科学范围里，社会经济制度是一个恒定的前提。古往今来，经济学总是一门致用之学，是经济现实的反映，又反过来为经济现实服务。尽管不断地有人主张经济学的纯粹科学化，提出了所谓的实证经济学，以区别于并从而排斥所谓的规范经济学，说后者为非科学，但其所谓实证仍然不可避免地要以某些规范为假定。

把实证经济和规范经济完全割开，是不可能的。经济现象和物理现象不能等同。经济学作为一门社会科学，不能等同于物理学、天文学等等。经济学作为一门科学，在考虑分析经济现象的时候，不能不关切到作为这些现象基础的人和社会，从而不能不受到存在于不同社会中的不同道德伦理观念的影响、制约。单就这一点来说，不会存在着一个真正超脱于社会价值判断的所谓的实证经济学。

现代西方的经济学是16世纪以后的产物，是新兴的产业资本的意识形态。在这个土壤里滋生出来的经济学，当然反映着新兴经济制度的观点，它对于社会经济问题的是非、优劣、当否等问题，都会自觉地或不自觉地以对于这个经济制度有利有害，作为价值判断的基础。

从亚当·斯密以次，西方现代经济学家基本上以促进国民财富为经济目的，而它的基础是生产资料私有制。个人主义伦理观和自由主义经济观成为这个社会经济制度和反映这个制度的经济学的两个基本信条。个人主义伦理观把个人放在首位，认为人首先是一个个人，然后才是一个社会成员。资产阶级思想家们断言，一切人的行为都源于自我保存，这是本能。因此，人基本上必须是利己的；利己是人的天性，是自然的，从而是合理的。在中世纪的家长体制的伦理观让位于个人主义的伦理观之后，中世纪所鄙视的自私、利己、贪欲、务得等等行为，都被默认为自然的、无可非议的了。经济自由主义是个人主义的衍生信条。资本主义经济的发展只有当人们的经济行为摆脱政府等机构的人为干扰而毫无拘束地发挥其作用时，才能达到高峰。经济自由主义成为资产阶级最好的经济制度，因为只有在经济自由主义制度下，个人主义才能得到应有的发挥和发展的保证。

社会主义经济有着不同的社会价值标准。集体主义和计划性的经济干预主义是这一经济制度的基本原理，而生产资料公有制则是这一制度的基础。社会主义经济所关心的不只是国民财富的生产和增长的问题,而是建立社会上人与人平等的生产关系和随之而存在的社会所创造的财富在国民中公平分配的问题。简言之,它首先关切的是对人剥削人制度的解放。国民生产总值或国民收入总量等国民财富生产的标准只能在一定程度上说明一定的问题。社会主义经济学是在没有剥削制度的前提下来研究财富的增进的。

因此,从整个体系的本质来说,资本主义国家的经济发展的途径不能成为我们国家的经济模式,而现代资产阶级经济学说不能成为发展我们国民经济的指导思想。

由于制度上的根本差异,甚至在一些具体的、技术的政策问题上,我们也不能搬套西方的某些经济政策或措施。例如,曾有人问道:西方国家有两种制定它们经济、社会发展财略的政策,一个叫做财政政策,一个叫做货币政策;在这两种政策中,中国会采用哪种政策?这个似乎带有技术性的问题,实际上牵涉到我们根本的国情。这两种政策有一个共同前提,那就是资本主义的社会经济制度。在社会主义国家中这些政策所应具的前提是不存在的。

这问题的提出也许还有一个误会。两年多前,美国的货币学派的首要人物弗里曼教授来华访问,在北京作了几次讲演。当时就有人提出疑问,是不是由于凯恩斯学说不能解决西方国家的滞胀问题,因而我们也想听取弗里曼一套说法,看看是否有可以取材之处。

我们知道凯恩斯学说的要点是放弃传统观点,否认能靠市场自动调节达到供求均衡来实现充分就业。他主张依靠国家干预,特别是财政干预,人为地刺激投资和消费,扩大有效需求,以缓和或渡过经济危机,减少失业。凯恩斯的主张对资本主义社会经济是否起些作用,不在此具论。但他所主张的通过税收和利率的增减以及公共工程的支出等等财政政策的手法,都是以生产资料私有制下私人自由投资机制为前提的。而我们是生产资料公有制的社会,我们的投资决定于国家经济计划,不存在着以增减税收和提高或降低利率以刺激私人资本的问题,也不存在着以国家投资来补充私人投资不足的问题。至于货币政策,它是以一个完善的、充分发挥作用的市场机制为前提的。这前提和国内情况更是大相径庭。

但指出作为一个整个理论体系,现代西方经济学不能成为我们研究和制定我们经济、社会发展的指导思想，却不等于说当代西方经济学中没有什么值得我们参考、借镜、利用的地方。把国外经济学都目为无用的或者反动的，避之唯恐或浼的想法，至少有片面性之讥；当然，相反地，由于某些方面有可资借镜利用之处，便盲目地全盘接受或者食洋不化，对于纵然有用的技术手段采取生搬硬套的办法，这更是有害的。

在若干主要方面，现代西方经济学的研究对于促进我们经济建设现代化是有用的。

首先，是企业、事业的经济经营与管理的研究。这就包括：企业组织、劳动管理、能源、原料的有效利用，工艺技术的改良、更新，产品品种、质量与市场的关系，成本计算、经济监督与审计，等等。国务院总理在今年的《关于第六个五年计划的报告》中提出，在1971—1980年10年间，我国工业企业由1970年的19.5万多个增加到37.7万多个，增加近一倍。但现有的组织结构不合理，经营管理落后，它妨碍了经济效益的提高。这和过去忽视加强经济科学，尤其是忽视经济经营管理科学的研究与应用有关。最近四年多来，中央提出了坚决调整、全面整顿现有企业的方针，就把这问题突出地提出来了。这几年来，不少国内大学的经济系、财经院校都设立了经济管理专业，有关企业经营管理的教学研究也参考、借镜了西方经济学中关于这方面的知识。当然就在具体问题上，也还不断地有取舍的问题。

其次，从广义上说，经济管理不限于单个企业、事业的经营管理，而还包括国民经济的综合计划管理。一般地说，国民经济计划综合平衡是一个社会主义经济的范畴，但在近年，西方经济学发展中，也有可供这方面参考的东西。"投入产出分析"是一个例子，它所涉及的是国民生产分部门的结构问题。里昂惕夫教授以资本主义经济为对象，所以他的分析是资本主义私有经济各部门间在产品供应和劳动力、物质资本分配配置方面的数量关系。它的理论基础是瓦尔拉斯的一般均衡论和凯恩斯的总量分析。但是作为一个利用数学建立大型联合方程，从量上对国民经济各部门间或部门内部各环节间的生产与分配的相互依存、相互制约进行分析研究的一种方法，它不但可为资本主义经济所利用，也可以成为社会主义进行国民经济综合平衡的重要工具。里昂惕夫教授于1972年曾作为北京大学的客人来北京访问，在北京大学作过学术报告，进行过座谈。他和我们座谈时，曾表示类似的看法。我们得承认"投入产出分析"所涉及的生产各部门综合平衡和国民经济的总量分析，也许在国家计划经济中的作用要比其在原来的私人自由经济的作用有更广阔的领域。

其三，在我们明确了我国的国民经济发展的原则是以贯彻执行计划经济为主、市场调节为辅之后，西方所谓微观经济学中，对于商品的需求和供给、价格和售量、竞争和垄断等有关市场机制的分析，也许可以供我们作为研究如何成为计划调节补充的市场调节作用的参考，填补我们在这一方面过去也曾忽视过的空缺。

其四，是广泛应用数学方法，从定性分析发展到定量分析。西方经济学近几十年内，在经济现象定量分析方面作了大量的试验。20世纪30年代后，几乎和凯恩斯学说问世的同时，并随即与之相结合的，由瓦尔拉斯—帕勒托学派所建立的运用数学以说明、分析经济现象的数理经济学，得到迅速的发展。近代电子计算技术的发展又为之提供了前所未有的计算手段。突出的学科的发展是经济计量学，经济现象的变量关系为探讨的核心。研究的步骤归结为建立模型、检验理论、进行核算、作出预测等。当然有人也曾批评这种分析法，认为它企图以数学代替知识，以计算来代替理解。但是我们过去对于定量分析过于忽视了，实际上数学本来是一个严密的分析工具，没有理由不让它为研究我们的经济服务。这绝不是否定定性的研究。我们更反对滥用数学，把经济探讨变为数学游戏。如果我们善于应用，它可以成为经济分析的一个有用的工具，但是不能对它抱迷信的态度。

其五，西方经济学家所揭露的不少现实的社会经济的缺陷和问题，例如资源耗竭、工业化和环境污染、生态平衡、分配失调、社会危机等等，对我们发展经济现代化不无可供借镜的意义。他们是在资本主义制度下提出这些问题的，但这些问题可以是一切经济发展社会在某一时期会共同面临的问题。虽然他们没有解决所提出的问题，但问题提出本身就警告我们，如果在实现现代化的过程中不注意这些问题的可能发生，及早采取措施，后果将是严重的。

总之，在对待西方经济学对于我们经济现代化的作用上，我们既要认识到，这些国家的经济制度和我们的社会经济制度根本不同，从而，现代西方经济学作为一个整个体系，不能成为我们国民经济发展的指导理论。同时，我们又要认识到，在若干具体经济问题的分析方面，它确有可供我们参考、借镜之处。

（原载1983年11月16日《人民日报》）

论我国价格体系的改革方向及其有关模型方法

周小川　楼继伟

周小川简介见本书第498页。

楼继伟，1950年12月生，浙江省义乌人。

清华大学计算机系毕业，中国社科院经济学硕士、研究员。曾任财政部副部长，兼任会计准则委员会主席、贵州省副省长等职。现为中国国务院副秘书长，兼任中国投资有限责任公司董事长、中央汇金投资有限责任公司董事长。

一　现行价格体系对国民经济发展的严重牵制

价格通过分配、利润引导及消费效用等渠道多方作用于国民经济。当前我国国民经济面临的主要障碍几乎都与不合理的价格体系密切相关，我们在此粗略分析以下几个问题。

1. 生产能力结构及产品结构明显失调，个别短线产品奇缺，制约了整个国力的发挥。与此同时，仍有不少部门的生产能力开工不足。对一个合理的产业结构来讲，当生产与建设规模达到国力极限时，应是大多数部门的生产能力同时呈现紧张。从我国的经济来看，许多年份都是由于少数几种初级产品短缺而制约了经济的规模，而且长期以来难于克服下文中提到的"短线制约国力"问题均指这种不正常的少数短线过分制约的结构问题。对于一个封闭的完全指令性计划的经济而言，由于缺少充分的进出口调节能力及国内供求关系调节能力，不得不使用短线平衡的原则。这时国力的发挥水平可能是相当差的。在开放经济条件下,本应充分利用进出口能力补充国内短线产品的不足,从而提高整个国民收入。但如果短线初级产品的国内价格过低,进口补充就要贴上大笔财政补贴,如未能算全局账,就会使这种调剂作用难以充分发挥。可以看到,制约国民经济的短线产品往往都是价格明显偏低的,比如近几年的能源交通、三材。一方面它们是国民经济的卡脖子环节;另一方面由于价格过低,生产部门并未充分发挥潜力,使用部门存在严重浪费现象,并拒绝考虑替代材料。在当前条件下,对供求各方施加指令性增产节约的压力收效也不大。可以说,这种条件下形成的短线制约国力的现象,是一种假象。短线产品提价,将通过价格的供给弹性供给方将增产、需求弹性使用方将节约及替代弹性使用方设法使用替代品在微观经济中自动起作用,还将通过投资利润引导作用去提高未来的短线生产能力。这样,短线有可能变为不短,国力可以更大的发挥,国民收入必然会提高。当然,这种措施会带来许多负作用,应使用配套的各项政策。

短线产品造成的供求冲突,是社会上出现各种形式的短线商品与短线生产资料抬价的一个重要的客观基础。在我国当前条件下,一方面要加强物价管制,以防止哄抬物价及其造成的各种困难;另一方面,必须坚决地、有计划地调整价格,及早地摆脱产品结构矛盾严重制约国力的现象。当遇到三五种物资同时短缺的时候,有些同志就过分紧张,认为必须压缩经济规模了。这正是由于我们还没有学会并开始使用某些强有力的经济杠杆。既然缺少更有效的办法,只好做出较痛苦的选择。通过国际间的经济比较可以看出,我国经济的短线制约状况是很突出的,但也存在着某些妥善解决的可能途径。

2. 初级产品与制造品价格不成比例,使宏观利益与微观利益相背离,结果,地方投资结构严重扭曲,短线及基础结构长期上不去。我国的农产品、能源、三材、交通与电讯的价格长期偏离供求平衡关系,不仅制约了年度国民经济规模的重要因素,而且也造成了地方与企业的投资方向严重违背国民经济合理产业结构及发展战略的现象。经济体制改革的一个重要宗旨就是试图通过扩大自主权来调动各级的积极性,如果这种积极性在相当程度上由于不合理的价格体系而表现为地方的盲目、重复建设上，就势必要收回一部分下放的自主权，才能确保国民经济的比例和结构的合理性。因为那些初级产品及基础结构的价格之低是无法吸引地方投资的，只有中央有积极性来安排这样的投资。我国经济在集权与分权问题上沿着一收就死、一放就乱的循环路径已经徘徊了几十年，这恐怕是极危险的。为此，价格体系的理论与实践必须有所突破，促使宏观经济与微观经济利益一致化，这是社会主义经济的一大关键。

3. 消费结构不能迅速演变，将阻碍经济的长期增长。发展中国家经济增长的经验表明，在满足最基本的生存需求的基础上，国家经济的高速增长都是以生产结构及消费结构的迅速变更为基础的。经济高速增长是以工业化为象征的，它也要求消费结构中工业制品份额迅速上升而农产品份额迅速下降。

4. 不合理价格体系造成的收入分配上的不合理，影响了企业积极性及其他要素的合理分配。这是众所周知的，不再赘述。

5. 经济效益与价格体系关系极为密切。我国的经济效益较低，而且经济效益的提高往往达不到计划安排的水平。经验表明，依靠指令去提高经济效益指标往往效力不大，必须使经济效益与微观经济利益相联系，使企业产生出内在的动力。实现这一点的最重要的杠杆之一就是价格。当前许多经济效益指标低的状况与不合理的价格体系关系极为密切。我们只举几个主要方面：第一，由于价格过低，对稀缺资源和短线产品存在严重的浪费现象，节约与替代的积极性不足。第二，由于某些价格背离供求关系过远，助长了供求脱节，出现了大量的库存积压产品，占用流动资金甚多。同时，由于短线材料供求脱节，不可能通过市场或正常订货途径保障各企业的需求，使得企业竞相扩大短线材料的库存，实际上使短线材料的分配更加不合理，短线变得更短，且进一步扩大了流动资金的占用。我国目前流动资金占用率是极为惊人的。第三，由于价格信号不对，使地方、企业在投资方向上出现严重的盲目性、重复性，建成后开工不足，即固定资产使用率低下。第四，价格不合理导致收入分配的不合理，影响一部分企业和个人的劳动生产率。第五，由于短线产品供求关系得不到合理调节，也由于资金使用缺少合理的价格，致使基本建设工期普遍过长。第六，由于价格不合理，企业对进出口产品所计算的盈亏账与国家所算的账明显不一致，造成许多产品不该出口抢着出口，不该进口争着进口，而中央财政要承担很大的外贸补贴，这实际上是经济效益低下的表现。第七，未充分考虑供求关系，就不可能实行优质优价政策，因此长期以来存在着抑制先进、保护落后的现象。总的来说，我们因不合理价格体系所承受的经济效益上的损失是极其巨大的。

三　建议的价格改革方案

根据以上的分析，本文主张的价格改革方案是，应结合税收与补贴政策，在充分考虑到克服不良的周期性波动、防止过高的通货膨胀率、争取收入分配的合理化及支持国民经济长远发展战略的前提下，使主要产品的定价有利于出现供求平衡的局面。这种价格体系的思想，是试图使市场机制辅助调节作用更好地、多方面地发挥作用，同时又充分认识并防止自由市场的弊病。和"苦乐不均"的现象相比，短线制约、结构矛盾及投资问题似乎更加重要、更加紧迫；如果用供求价格照顾了后几个问题，则使用产品税政策仍能在供求价格基础上，良好地解决"苦乐不均"的矛盾；如果采用生产价格体系，再利用税收、补贴等其他政策，则仍难以妥善解决短线、结构和投资的问题。在价格问题上，往往第一眼看到的是"苦乐不均"的现象，而资源分配、结构、投资和发展战略等问题则是间接一些的，但并不意味着后几者都是次要些的问题。

下面我们对按供求平衡指导价格定价的几个前提——加以解释：

1. 价格政策与税收和补贴政策密切结合、互相配合。更广义地讲，还应与利率、汇率、关税、进出口补贴密切结合。价格用来促进资源分配合理化、结构调整与投资方向合理化。在价格尚未充分合理的情况下，用分类产品税率去克服"苦乐不均"现象并鼓励先进企业，使收入分配大体合理。同时仍保留必要的利润率差异，以鼓励优先发展部门的投资与结构调整。在调整改革的过程中，个别处仍需要使用必要的补贴政策。在价格体系逐步趋向合理化的变化过程中，产品税体系也必须不断调整。

2. 防止各种不良的周期性波动。在竞争的市场机制中，并不存在稳定不变的供求价格，它是随生产周期、投资周期和别的周期因素而波动的。也就是说供求价格具有刺激盲目生产、盲目投资的作用。单个企业靠市场预测也无法完全克服这种盲目性，只有靠全行业联合预测才行。但全行业联合有可能破坏竞争，造成垄断。我们主张重要产品的价格应使用计划价格，其数值是用精密的数学方法剔除不良波动后的总量的供求平衡价格。最简单的理解可以是，计划价格定在预测出来的波动的供求价格的期望值上的这个期望值不一定等于价值。这样，既照顾了资源分配的合理性，也尽可能克服了周期性波动；既照顾了短期的国民收入最大化，又照顾了长期稳定增长。

3. 尽可能有效地控制通货膨胀。在价格逐步调整过程中，产生了一些哄抬物价的借口。在当前非完善市场和总信用控制不利的情况下，存在着物价失控的危险。我们主张，在调整价格时，一定要尽量控制通货膨胀；同时，也不能过分强调"价格有升有降，总价格指数不变"这一原则，而应当更加注重实际消费水平不下降的原则。所谓控制，就是要把住信用总量和现金流通总量，并在一部分产品调价的同时，对其他产品的提价经严格计算后给出限额，绝不允许任何形式的哄抬物价。比如部分初级产品提价，计算时，在确保财政收入够用的前提下，原先价高利大的产品少提或不提，正常利润率以下的产品的提价额则绝不允许超过其投入成本的提价额。价格调整分批分期逐步进行，正是为了能把调价的冲击控制在社会允许的范围内。

我们认为，完全摆脱物价指数上涨的调价方案是极其困难的，至少目前还未见到可行的方案。即使是物价总指数不变，也并不保证收入分配合理、不损伤任何阶层。如八种副食品涨价时，即使配合了部分工业品降价而使总价格指数不变，如不搞补贴，也仍是农民受益而城镇居民受损。再有，即使不搞价格调整，在现行管理体制下也难以完全控制住货币总供给量，供求矛盾仍将导致价格指数在缓慢而又明显的上升。因此，在适当范围内对价格指数上升与调价促进国民经济的增长及良性循环之间，可以作些权衡。与其保住价格指数不变而忍受低增长和劣结构，不如争取保住收入分配的合理性，即在国民收入提高的情况下，虽然价格指数略有上升，但按城乡、不同职业、老中青少、沿海内地等划分法的人们的实际收入以不变价计算都有不同程度的增长，没有人或很少有人受到伤害。这种政策有可能把价格政策从死胡同里解救出来。

4. 尽力保证收入分配的合理化，它包括两部分：一是静态收入的分配合理化，就是指纠正产品价格所造成的不同部门、不同企业间的"苦乐不均"的现象。二是动态收入的分配合理化，即在国民收入增长过程中，社会各阶层收入都能保证有合理的不同比例的增长。对于每一个调价方案，都应该用多种人口与家庭分组法去分析收入分配上的得失，并用补充的税收与补贴政策去补偿所出现的不足，以确保社会与政治上的安定。人口分组方法包括职业分组法、年龄分组法、城乡分组法、地理分组法等。并应特别重视家庭构成统计及收入分析。从模型分析技术来看，这种分析与政策研究的技术问题已可以解决，统计数据还应得到加强。我们认为，解决好收入分配问题，价格改革才可能实施得下去。同时，从收入分配的变动角度去研究经济增长及结构变更，也将获得许多有益的分析结果。

尽力支持社会经济发展战略。社会经济发展战略往往要对某些部门给予特殊的扶植政策，如新兴产业的扶植，出口产业的扶植或进口替代的鼓励，劳动密集型产业的鼓励及服务业的发展，等等。这是有别于供求关系的制导或利润制导的。如果没有价格政策或税收政策的支持，单靠指令性计划安排，就难以充分落实这些发展战略。因此，重要产品实行计划价格，不仅要考虑供求关系，也需要考虑支持发展战略。当然，其中一部分职能，也可以由税收政策解决。

总之，我们认为，如能妥善解决以上几个方面的问题，主要产品价格向供求平衡指导价格靠拢就能体现出巨大的优越性。

四 价格模型的问题

不论采用什么定价思想，价格的确定都是一个高度定量化的问题，一般都需要利用数学模型解算。问题是用什么样的模型，不同的模型代表着不同的思想，其后果也会完全不同。模型除了要解决价格定量计算问题，更重要的也是决策人更关心的是，提供政策分析、后果预估及解决政策配合的问题。

供求平衡指导价格的定价模型和政策分析模型是多模型的综合，包括动态线性规划模型（DLP）、投入产出模型（I-O）和按国情改造的可计算一般均衡模型（CGE）。这一组模型支持我们所提出的价格改革方案，它从初级产品，包括交通、邮电供求关系开始计算，主张采取逐步调整价格的办法。其重点并不放在一次算出供求平衡的问题上，其理论价格因数据资料不能支持，因而与改革可接受的方案也相距太远，难以实施。而是放在逐步调整的政策分析与配套政策研究方面，即着重针对收入分配、发展战略、结构变更等问题的分析，并论证通货膨胀控制、税收、工资、补贴政策的有效性，以供方案比较和决策时参考。

各模型所包含的假设条件和所具有的能力都有很大的差别，它们在价格改革研究中就有不同的用处。用 DLP 模型确定的资源价格大致反映了各种资源的稀缺情况，对资源的合理分配和利用有重要的参考意义。可以考虑用这一模型为确定初级产品价格提供参考。投入产出模型，在部门工资和税利率外生后，可以用来计算价格的连锁变动；改造后的模型可以用作政策分析模型。对于每一种调价的方案，我们可以利用模型论证资源的合理利用程度、国民收入最大化的综合平衡点和发展战略的实现程度，内生出足以支持上述要求的具有代表性的重要产品的供求平衡价格的理论值，并算出与调价政策配套的部门税率、补贴、职业工资、汇率、利率等经济调节量。

用于国民经济动态发展和结构演变的改造了的 CGE 模型由两部分组成跨年度的动态子模型，它用以描述资金积累、来源、固定资产形成过程及重要参数的变动过程。年度静态子模型描述了综合平衡关系，其中反映了多级异目标活动，即中央、企业、消费者在社会经济活动中持有不同的目标函数。它是一种供求双方导向的、适应于市场与计划相结合的经济的模型，它体现了中央利用的重要经济杠杆，如价格、税率、利率、关税、补贴、汇率等作为宏观经济的主要控制变量，在这些经济杠杆作用下，从总量上模拟出企业的产销活动、个人消费活动和经济发展路径。

这一组模型用于定价可以有多种组合方法。可以先用 CGE 模型内生出工资率和税利率，再用投入产出模型算出近似的供求价格。也可以用线性化的 CGE 模型直接内生出供求价格，然后再用非线性 CGE 模型论证收入分配和政策配合。还可以先用 DLP 模型估计初级产品的合理价格，再用 CGE 和投入产出模型控制收入分配和连锁变动。按照供求平衡指导价格定价，其价格变动的方向是明确的，又能够提供多种模型方法，因此计算并不是很困难的。

五　基本观点的总结

我们认为，衡量价格体系优良的标准应是，在国民收入分配基本合理的前提下，使国民收入最大化，保证国民经济持续稳定地增长。

我国现行价格体系所导致的短线制约、地方投资方向严重扭曲及结构演变迟缓等问题，比起"苦乐不均"来说，更严重地阻碍着国民经济的发展。从各种价格体系作用于经济活动的机制和对上述弊病的疗效的分析中，我们的结论是，逐步靠近供求价格体系才是出路。根据对问题的严重性、迫切性和复杂性的认识，我们认为价格应当争取早日调整，目前第一步应抓住主要矛盾，把以往定价过低的初级产品价格逐步调上去。成败的关键之一是掌握住合理的收入分配，保持政治经济安定。为此，必须利用混合模型着重于政策分析，力争政策配套；当获得初步成果后，应总结经验、收集数据，不失时机地继续调整，不断向供求价格靠拢。

支持这样一套改革的政策分析所要的模型技术，相对来说虽然是复杂一些，但现有的宏观经济模型技术及系统工程技术可提供出一组恰当的方案，只要认真研究，下工夫去实现，不是克服不了的技术障碍。我们认为，这样做，步骤稳妥，效果良好，实施下去一定能对我国的经济发展产生较大的推动作用。

（原文载于《经济研究》1984 年第 10 期，此处节选自其中的第一、三、四、五小节）

关于社会主义制度下我国商品经济的再探索

马　洪

马洪简介如前第 320 页。

四　承认社会主义经济是有计划的商品经济，是进行经济体制改革和实行对内搞活、对外开放方针的理论依据

长期以来，我国社会主义经济活动，是在决策权高度集中于行政领导机关、按行政区划和行政层次组织起来、主要采用行政命令调节方法的经济体制中运行的。这种体制的特点是，在计划上大包大揽，在流通中统购统销，在劳动上统包统配，在财政上统收统支。"统"字是这种体制的一个基本特色。这种体制把整个国民经济管得很死，窒息了企业的活力和劳动者的积极性，必不可免地阻碍了技术的进步、生产的发展和经济效益的提高。

但是，为什么长期以来不能改变这种不合理的体制呢？这是与我们在理论上长期未能摆脱自然经济论的影响，不承认社会主义经济是有计划的商品经济，把计划经济与商品经济截然对立起来，有直接关系。不承认社会主义经济是有计划的商品经济，就只能按行政原则组织国民经济，用行政命令把企业的手脚捆得死死的，从而带来上述弊端。这就是为什么三十多年来，每当我们发现某种产品短缺而加强计划、控制的时候，这种产品就越控越死，越死越少；也就是说，我们越是强调加强所谓的计划管理、严格限制商品经济发展的时候，计划经济碰到的困难就越多；而每当我们放宽对发展

商品经济的限制的时候，计划经济的发展反而要顺利些。只有彻底克服自然经济的影响，肯定社会主义经济的商品经济属性，明确提出大力发展社会主义商品经济，才能在国民经济计划的指导下，更好地利用市场机制，搞活经济，推动社会生产力生机勃勃地向前发展。

为什么要把承认社会主义经济是有计划的商品经济作为搞活经济、推动社会生产力迅速发展的基础和前提呢？

第一，只有承认社会主义经济具有商品经济的属性，从而自觉地依据和运用价值规律的作用，才能把我们的经济工作真正转移到以提高经济效益为中心的轨道上来。

讲求经济效益是社会主义经济工作的一项基本要求。马克思曾经指出，在未来社会主义制度下，联合起来的生产者将合理地调节他们与自然之间的物质变换，用最少的劳动耗费取得最多的物质财富。然而，在我国社会主义建设实践中却常常出现经济活动效率低、浪费大、供需脱节的现象，按总产值计算的增长速度虽然相当高，而可供消费的最终产品却增长很慢，人民得到的实惠不多，甚至有时发生国民经济比例失调，造成社会经济生活的严重动荡的被动局面。近年来党和政府一再强调把我们的经济工作转移到以提高经济效益为中心的轨道上来，然而收效还不十分显著。原因何在呢？应该说，问题的症结在于，在自然经济论影响下形成的行政集中管理体制严重阻碍了商品生产和商品交换的发展，违背了价值规律的要求。

社会主义建设的实践证明，在社会主义经济活动中，不论是提高微观经济效益，还是提高宏观经济效益，都必须承认社会主义经济的商品经济属性，尊重价值规律的作用。

所谓微观经济效益，主要是指社会主义企业经济活动的效益。提高企业经济效益的关键，在于改变旧体制下企业只是上级行政机关手里的"算盘珠"，"拨一拨、动一动"的状况，使之成为既有提高经济效益的内在动力，又有市场竞争的外部压力，具有高度活力的相对独立的经营主体。而这一切只有在把企业看成相对独立的商品生产者和经营者，在价值规律对生产和交换起调节作用的适宜环境的条件下，打破地区和行业之间的封锁，消除垄断，开展竞争，才有可能实现。

承认社会主义经济具有商品经济的属性,就不仅要承认集体所有制企业是独立的商品经营者,而且要承认全民所有制企业也是相对独立的商品经营者,也应当成为实行自主经营、自负盈亏的经济实体,在人、财、物、产、供、销等方面有自主的经济权力,使企业从行政机构的附属地位中解脱出来,根据社会需要独立作出生产和交换决策,成为责、权、利统一,在计划指导下自主经营的经济实体。

承认社会主义经济具有商品经济的属性,从而承认企业的相对独立的商品经营者的地位,就可以解决企业吃国家的"大锅饭"的问题,使企业的经营成果同职工的物质利益挂上钩,也可以解决职工吃企业的"大锅饭"的问题,使企业职工能从切身的物质利益上关心企业的经营管理。这样,企业就有了发展生产、改善经营管理的内在动力。

承认社会主义经济具有商品经济的属性,就意味着承认社会主义竞争的必要性。竞争是商品经济特有的规律。在竞争中,一方面企业必须努力掌握市场信息,尽力做到适销对路,使自己生产的产品符合社会需要;另一方面,"生产这些产品的社会必要劳动时间作为起调节作用的自然规律",即价值规律,必然要"强制地为自己开辟道路"①。这就迫使每个企业都要想方设法改善经营管理,降低成本,革新技术,开发新产品,使自己的个别劳动消耗尽可能地低于社会必要劳动消耗。这样,在社会主义国家计划的指导下,开展一定的市场竞争,可以成为一种对于企业的外部强制力,推动各个企业、部门和地区努力上进,永不停步。

承认企业是相对独立的商品生产者,尊重价值规律的作用,还可以促进每个企业更好地为社会需要生产,有助于产需的直接衔接,使企业在计划指导下努力根据市场的供求情况,具体确定哪些产品生产多少,以便使各种产品都能适销对路,符合社会需要。这正是取得宏观经济效益的基础。

---

① 马克思:《资本论》第一卷,第92页。

第二，只有承认社会主义经济具有商品经济的属性，才能完满地实现中央关于经济改革的各项决策，完善社会主义的经济机制。

近年来，党中央在农村经济改革取得巨大成功、城市经济改革试点取得经验的基础上，采取了一系列措施推进城市特别是城市国营工商业的经济改革。采取这些措施所要达到的目的，是要逐步建立一个"大的方面管住管好，小的方面放开放活"的经济管理体制。换句话说，也就是实现由过去那种在自然经济论影响下形成的按行政区域、行政层次、行政原则组织，主要采取行政命令方式调节的经济模式，到社会主义的有计划的商品经济模式的转化。为了提高执行中央有关决策的自觉性，必须把目前局部性的改革措施同改革的总体规划联系起来，从经济改革目标模式的高度来认识各项具体措施的内容和意义，否则，就会对这些措施产生片面的认识，有时甚至会用在传统模式下形成的旧观念来理解和解释新的口号。结果这些新的措施和新的口号在执行中就会走样和变形，不但达不到预期的目的，还会产生新的混乱。

例如，"简政放权"的口号，本来是在承认企业是相对独立的商品经营者的前提下提出来的。作为相对独立的商品经营者，应当有经营上的自主权，即有权根据市场情况和国家的有关法令和规定作出微观经济决策。如果不是这样来理解，在执行"简政放权"的决定时，就可能出现两种情况：一种是把某些次要的权力下放给企业，而把主要的微观决策权（企业的日常生产经营决策权）紧紧抓在行政领导机关手里。由于各种权力是互相制约的，一环紧扣一环，主要的生产经营权不在企业手里，那些次要的、从属的权力也不可能真正放下去。另一种是确实把权力放下去了，但却不善于按照建立有计划的商品经济需要运用的各种立法的、行政的特别是经济的手段，影响市场和调节企业的自主经济活动，把它们引导到有计划按比例发展的轨道上去，结果也会滋生混乱。

如何理解"打破条块分割，以中心城市为依托组织经济网络"的口号，也是一个明显的例子。我国国民经济中长期存在的"条块矛盾"，是由旧的行政集中管理体制产生的。在这种体制下，既然把整个社会看作如同一个大工厂，由国家行政机关指挥全社会的一切经济活动（包括宏观经济活动和微观经济活动），国民经济就只能按行政系统来组织，使全社会的数以十万计的国营企业分别隶属于国家的行政部门和地区行政机关，形成所谓"条条"和"块块"；而且不管是"条条"还是"块块"，都想自成系统，形成所谓的"完整的体系"。在社会化大生产中，企业之间供、产、销的横向联系千丝万缕、错综复杂，而按照行政隶属关系组织经济，却要以上下级之间的纵向联系为主，不仅相互分割，甚至相互封锁，这就人为地阻碍了企业之间的横向联系的实现，并且驱使企业搞"大而全"、"小而全"，于是"条块矛盾"就越来越严重。只要保持目前这样的行政集中管理体制不变，按行政部门组织经济，就会割断属于不同"条条"企业之间的经济联系；按地区原则组织经济，又会割断属于不同地区的企业之间的经济联系。条块矛盾怎样也不能得到解决。

以城市为依托组织经济网络，是以完全不同的经济体制为背景提出来的，这就是社会主义有计划的商品经济。在商品经济中，千千万万个商品生产者之间通过买卖实现横向联系，形成囊括全社会的有计划的统一市场和经济网络，这种经济网络的枢纽点便是中心城市。中心城市的影响，通过它的工商企业的经济活动，辐射到大片地区，直到全国以至世界许多地区。在社会主义社会以前，中心城市多少是自发地形成的；在社会主义有计划的商品经济中，国家却有可能自觉利用中心城市的上述作用，协调、带动和促进它辐射所及地区的经济发展。

但是，目前有的同志对于"依托中心城市组织经济网络"的口号理解得不完全正确。他们以为，所谓依托中心城市组织经济网络，就是把原来属于中央和省区的企业下放给中心城市，或者把经济区范围内的县、市划入中心城市的建制，而城市则因袭以前的老办法来管理企业，这样企业仍是城市行政机关的"附属物"或"算盘珠"。其实，这种理解违背了以某些大城市为中心建立经济区的原意；如果这样做，就会形成新的块块，不但不能改善地区之间的经济联系，带动成片地区的发展，还会加剧中心城市同邻近兄弟地区的矛盾，加深各个块块都自成体系、互相封锁的弊病。

第三，承认社会主义计划经济具有商品经济的属性，有助于大大改善我国的计划工作，加强国家对整个国民经济的计划指导，取得更大的宏观经济效益。这个问题，可以从两方面来看：

首先，在社会主义经济活动中，发挥"价值决定"①的支配作用、有计划按比例地在各部门分配社会劳动，是改进国民经济计划工作、提高宏观经济效益的基本前提。我国经济发展的历史经验告诉我们，每当国民经济发生重大比例失调时，我国国民经济的宏观经济效益都大大下降，比如"大跃进"时期、"文化大革命"时期就是这样。而要保证社会主义经济能按比例发展，以提高宏观经济效益，在制定国民经济计划时，就不仅要以国民经济有计划地发展的规律为根据，而且要以价值规律为根据，把二者有机地结合起来。这是因为，有计划地发展的规律要求有计划地对资金、物资和劳动力按比例分配，而商品的"价值规律决定社会在它所支配的全部劳动时间中能够用多少时间去生产每一种特殊商品"。② 由此可见，二者并不是对立和排斥的，而是有着共同的基础，可以统一起来的。有计划的规律要求人们自觉地按比例安排社会生产，价值规律则除了要求人们合理分配社会劳动外，还要求通过经济机制实现社会生产的按比例发展。例如，对短线产品的生产者给予较多的利益，对长线产品的生产者则给予较少的利益，引导企业主动调整自己的生产，以适合于社会的需要。只有把有计划地发展的规律和价值规律很好地结合起来，才能实现国民经济有计划、按比例地发展，从根本上保证宏观经济效益的不断提高。

其次，过去我们的国民经济计划不能把大的方面管住，有效地调节整个国民经济几十万个企业的活动，一个重要原因是单纯依靠行政命令、指令性计划来进行调节。企业的经济活动方面很多，事实上计划机关不可能统统用指令性指标把它们管住。这样，指令性指标体系不能不留下许多"空子"。在这个范围内，具有独立经济利益的企业就会根据自己的利益作出决定上的选择，而由于在行政集中管理模式上建立起来的计划机关不善于运用适合于商品经济的调节手段，主要是税收、利息、工资和奖金，以及价格和补贴等经济杠杆，去调节企业同企业、企业同社会之间的关系，把企业的生产经营控制在计划要求的范围内，引导到适合于社会需要的轨道上去，

---

① 马克思：《资本论》第三卷，第963页。
② 马克思：《资本论》第一卷，第394页。

结果大的方面没有管住,供需脱节、比例失调经常发生,而对小的方面却管死了,使整个经济缺乏活力。

在有计划的商品经济的条件下,国家拥有雄厚的经济实力和最高的决策权,完全有能力在实行对整个国民经济的有计划领导时,不但运用立法的、行政的手段,而且运用各种经济杠杆,建立行政方法与经济手段相结合的强有力调节体系,来调节整个国民经济的各种经济活动,实现国民经济充满活力的有计划的发展。

为了做到这些,我们的计划机关需要在思想上有一个大的转变,打破只有指令性计划调节的经济才是计划经济的陈旧观念,使计划工作由制定指令性计划为重点逐步转向以制定经济社会发展的战略方针、经济政策、调节措施为重点,努力学会运用各种经济政策、经济杠杆来调节整个国民经济,保证计划目标和计划任务的实现。这应该是今后计划管理体制改革的主要内容。就是对某些指令性的指标,也必须采取这种办法,才能保证其实现,否则就会落空。而做到这一切的前提,又是要认识社会主义是有计划的商品经济。

第四,承认社会主义经济的商品属性,是我国实行对外开放方针的一个理论依据,同时也是保证我国社会主义企业能够执行这一方针、参与国际竞争的一个理论前提。

一个社会、一个国家要不要发展对外经济技术交流,利用国外的市场、资金、资源和技术,这是由它的商品经济发展程度决定的,由生产力状况决定的。在前资本主义社会,生产力水平低下,商品经济很不发达,自然经济占统治地位,在这种情况下,国际间的经济技术交往是很少的。到了资本主义社会,商品经济大大发展了,这就必然带来了国际间经济技术交流的大发展。马克思、恩格斯在《共产党宣言》中谈到资产阶级开拓世界市场的经济根源时曾经指出:"不断扩大产品销路的需要,驱使资产阶级奔走于全球各地。"[①]社会主义国家发展商品经济、开拓世界市场的目的和性质,不同于资本主义国家。但是社会主义商品经济的发展,必然要挖掉民族经济的孤立性和闭塞性这一自然经济的根基,走向世界,从发达国家

---

① 马克思和恩格斯:《共产党宣言》,《马克思恩格斯选集》第一卷,第254页。

中引进先进技术和管理方法，利用外资，并且挤进世界市场，有意识地利用世界市场，从中得到国际分工和国际商品交换的好处。这一历史趋势是客观事物发展的必然性。对于我们这样发展中的社会主义国家来说，尤为重要。我国对外开放的方针正是根据马克思主义的理论和我国社会主义商品经济发展的客观要求而制定的。

我们还要看到，对外开放的正确方针并不是能够轻而易举地实现的。为了实现这一方针：（1）要投入相当数量的资金，首先是搞基础设施、"七通一平"的建设资金，建设对外开放的基地；（2）要有对外商外资有吸引力的投资环境和供销条件；（3）企业要对外国资本和外国技术有消化吸收的能力；（4）我国运用引入的资金和技术生产的产品，在国际市场上要有竞争能力。在旧的行政集中管理体制下，企业的成本高，效率低，资金积累的能力很差，而且技术进步和产品更新换代很慢；与此同时，行政机关机构重叠，办事拖拉，效率低，合同的签订和履行都存在许多问题。这些都妨碍对外开放政策的实行。因此，必须对这种笨重死板、缺乏活力的体制进行根本的改革，才能为对外开放方针的实现创造条件。而这一切，正如前面所说的，都是以承认社会主义经济是有计划的商品经济为前提的。

为了适应对外开放的新形势，对于我们的经济工作干部有一个学会做生意、学会运用商品经济的原则同外国资本打交道，以便做到在互利的条件下为我所用的问题。我们的从事对外经济工作的干部，既要有坚定的无产阶级立场，又应当通晓国际市场上经济活动的规律，具备国际金融知识和有关的国际法知识。过去几十年来，由于照搬苏联的一套和"左"的思想的影响，我们的经济学的路子也越走越窄，政治经济学社会主义部分往往只讲一些抽象的政治原则，很少给人以社会主义经济实际运行的知识，对于如何在市场环境中经营企业、调节经济，更是几乎没有触及。今后，我们应当在总结近年来贯彻"对外开放，对内搞活"方针的基础上，大力发展马克思主义经济学，用以武装我们的干部的头脑。资产阶级经济学在上世纪末以来的发展中，对于现代资本主义经济作了许多论述。从总体来说，现代资产阶级经济学是为资本主义制度辩护的，因而是庸俗的和反科学的。但是，其中反映了商品经济的某些共同规律，不能一概否定。无论是为了了解资本主义经济,还是为了发展社会主义经济学,我们都有必要对资产阶级经济理论认真对待,并批判地利用其中对分析社会主义商品经济有用的东西。

总之,承认社会主义经济是有计划的商品经济,在国家的宏观经济决策和企业的微观经济活动中都尊重价值规律的作用,就既能促使企业竞相提高经济效益,又能保证国民经济按比例地协调发展,避免资本主义那样的经济危机和无政府状态。这样,就能使我们的经济工作更彻底地摆脱各种"左"的影响,保证我国社会主义国民经济更加生气蓬勃地发展。

(原载《经济研究》1984年第12期,此处节选自其中的第四部分)

中国财政信贷综合平衡和通货物价控制问题

黄 达

黄达，1925 年生于天津。著名金融学家，新中国货币理论研究的开拓者，中国金融学科的主要奠基人之一。

1946 年就学于华北联合大学政治学院财经系，不久转为该院研究生。1953 年起，任华北联合大学政治学院财经系主任一职。1983—1991 年期间任中国人民大学副校长。1991—1994 年期间任中国人民大学校长。现任中国人民大学校务委员会名誉主任、中国金融学会名誉会长、中国企业联合会副会长等职。是第八届全国人民代表大会代表和全国人大财经委员会委员、国务院学位委员会第二和第三届委员及国务院学位委员会经济学科评议组召集人、第一届中国人民银行货币政策委员会委员。

主要著作有《我国社会主义经济中的货币和货币流通》、《财政信贷综合平衡导论》、《工农产品比价剪刀差》、《宏观调控与货币供给》等。

二 保持物价基本稳定是长期方针

在通货物价方面，我们一贯的方针是保持基本稳定。

问题的提出始于建国之初。全国解放前夕，通货膨胀已经发展到极其严重的程度。以上海解放前五个月的物价为例。1949 年 1 月份物价上涨 288.9%，2 月份上涨 670.9%，3 月份上涨 329.8%，4 月份上涨 2 670.7%，5 月份上涨 8 430.6%。在一个月物价上涨几倍乃至几十倍的条件下，除去投机活动之外，正常的经济生活完全陷于停顿、崩溃的境地。这种情况不改变，就不能安定人民生活和恢复国民经济，不能为经济建设和社会主义改造创造必要的前提，不能巩固新生的革命政权。因而，制止通货膨胀被列为当时必须解决的一项重大任务。1950年3月，通过贯彻统一全国财经工作的决定，一举制止了绵延十余年的恶性通货膨胀。当时，世界上很多国家迫切要求克服二次大战所造成的通货紊乱局面都还没有取得成功，而我们创造了奇迹。

随后紧接着提出了巩固物价稳定的要求，并逐步明确把保持基本稳定作为长期的物价方针。三十多年来，我们一直坚持这样的方针。最近党的十二大又再次强调了巩固地保持物价基本稳定的要求。

就三十年经济建设的实践来看，基本稳定方针的提法虽然一直未变，但事实上，坚持这一方针与背离这一方针却是交替发生的。问题主要是存在着"左"的思想影响。恢复时期的三年间，1950年经历了年初的物价飞涨、三月份通货膨胀的制止和随后物价有较大幅度下跌的过程；1951年物价有所回升，到年底大体回升到1950年3月的水平；1952年则基本持平并略有下降。"一五"期间，零售物价总指数上升了8.5%，平均每年只递增1.6%。这些年坚持了物价稳定的方针并取得显著的成就。1958年的"大跃进"种种经济措施都在破坏着物价稳定，同时无约束的信用膨胀掩盖着巨额的财政赤字，使过多的货币充斥于流通之中，造成严重的供不应求。如果说1958年当年物价尚能维持平稳，那么随后的几年则连年上涨。以1957年为基期，到1962年零售物价总指数上涨了25.8%，其中1960—1962年三年间平均每年递增了7.5%。这时，粮、布等基本生活资料的牌价是由限量供应来保持的，有些议价商品价格高出几倍，而黑市价格则有几倍乃至十几倍的提高。1962年以后，制定和执行了一系列正确的政策和措施，特别是在财政信贷方面实施了严峻的紧缩，物价开始回落。以1962年为基期，到1965年，零售物价总指数下落到88.2%，比1957年还高出11%。这几年是从背离基本稳定方针到重新坚持基本稳定方针的几年。

"十年动乱"期间，仍然是保持物价基本稳定的提法。单纯从零售物价总指数看，以1965年为基期，以后的十年一直低于基期；1976年与基期比，降低了1.7%。这仅是表面现象。其实，"十年动乱"使国民经济遭到巨大损失，物价指数不动只是依靠行政的措施强力长期冻结物价和卡断集市贸易的表现。冻结物价使矛盾日益积累，不仅在消费品价格体系中而且在生产资料价格体系中也积累了大量矛盾。于是，种种摆脱计划控制的抬价方式应运而生。如果说在"十年动乱"前，价格问题上已经积累了一些矛盾有待解决，那么经过这动乱的十年，物价体系已经被搞成了"剪不断，理还乱"的一团乱麻，以致要想解决这纠结在一起的重重矛盾却几乎无从下手。这十年，绝不意味着基本稳定物价的方针得到了真正的贯彻。

"文化大革命"结束后的头两年，由于经济工作中的求成过急和其他一些"左"倾政策的继续，对于物价问题中的矛盾并没有揭示出来。后来，首先从工农业产品的比价上取得了突破。1978年底，党的十一届三中全会提出了提高农产品收购价格的建议。1979年夏粮上市时，提高农产品收购价格，一般是20%，超过征购的部分再加50%。同年11月，在保证粮油等销价不动的同时，适当地调高了肉、蛋、禽、蔬菜、水果等副食品的销售价。为此，给职工以副食品价格补贴。这次调价，使得1980年的零售物价总指数比1978年提高了8.1%，比1979年提高了6%。在这前后，有些生产资料，如煤炭、木材的价格也有所提高。这两年物价的上涨，实际上是解决"十年动乱"积累下来的矛盾所不可避免的结果。

应该看到，由于多年积累的矛盾太多，要坚持贯彻基本稳定的物价方针，难度很大。如果说，"一五"期间，在平均每年上升幅度1.6%的范围内就可基本处理好物价中的矛盾的话，那么1979年以来，只是为了调整工农比价等一部分矛盾，物价波动幅度就大大超过了"一五"期间。同时，国家财政还负担着以百亿元计的价格补贴。自1979至1981年，用于粮油副食品和工业品（主要是穿、用、烧等基本生活必需品）的价格补贴达532亿元，其中粮食和食用植物油即达316亿元。而在"一五"期间，价格补贴是微不足道的。然而，价格方面仍然有很多矛盾尚待解决。因此，如何做到既能把矛盾解决好，又能巩固地保持物价的基本稳定，是摆在我们面前的一个十分重大的课题。

不管基本稳定方针的贯彻几历波折，它在全国人们的心目中是扎根极深的。从历史上说，通货膨胀给人民带来的是灾难、贫穷，犹如洪水猛兽；而新中国建立后人民的生活逐步得到改善，制止通货膨胀又是具有决定性的因素之一。即使撇开历史因素，对取得货币工薪收入的劳动者来说，物价的提高就意味着货币收入打折扣，所以总会遭到反对。再从组织经济生活的角度来看，稳定的物价体系对于实现国民经济的计划化，对于稳定国民经济各部门之间的经济联系，对于改善企业的经营管理，都是理想的条件。至于能否实现基本稳定，不仅有基本稳定那些年份的事实可以证明，从理论上说，有计划地保持国民经济基本比例的协调是社会主义的优越性的体现。只要我们按客观规律办事，物价的基本稳定就能得到保证。所以，是否必须坚持基本稳定的物价方针已经是无需讨论的问题。然而，要牢固地确立对这一方针的信念，明确我们除基本稳定的物价方针外别无其他正确可行的选择，则需作进一步的剖析。

当今的世界上，对于控制通货物价的战略选择不限于保持稳定这一种。其中有一种是不断降低物价的方针。这是40年代末50年代初的苏联以及东欧一些国家提出的。苏联在1947年进行了一次货币改革后，从1948—1954年每年一次连续7次降低消费品价格。当时的提法是：有系统地降低消费品价格是社会主义基本经济规律的要求。

既然是社会主义基本经济规律所决定的，似乎这种方针应当是社会主义国家在控制通货物价方面的唯一选择。事实并非如此。50年代中期以后，苏联等国不再执行这一方针。那一段所以强调系统降价则是由于二次大战前消费品价格已经过高，战争中又大幅度上涨，随着战后供应的改善，有必要把它降下来。苏联等国抽象掉具体背景而作一般性的论断，遂使适应于一时的政策变成了绝对方针。可是，实践的经验是，降价相对说来更有利于高工资收入者；在货币收入高低比较悬殊的情况下，提高货币收入才更有利于灵活地、合理地调节各种劳动者的实际收入。

虽然苏联等国早已不再执行降价的方针，但是在我们这里仍然有这样的见解：只有实行降价的方针才符合劳动生产率提高、价值下降从而价格也应下降的原理。其实，当价格用贵金属货币如黄金表示时，既取决于生产商品的劳动生产率，又取决于生产黄金的劳动生产率；而当价格用铸币单位的名称，如元、镑、马克、法郎等表示时，则还要取决于货币单位的含金量。至于在纯纸币流通的条件下，纸币的发行量等因素又进入价格决定的变量之中。显然，一个由多变量决定的值，是不可能用劳动生产率一个变量来说明它的变化状况的。然而，人们更通常的是绕过有关价值尺度的抽象讨论来提出问题：劳动生产率提高，如果相应地提高货币工资而价格不变，则劳动者的实际收入上升；如果相应降低价格而保持原有的货币工资不变，则劳动者的实际收入也同样上升。既然是这样，似乎应有选择任何一种办法的自由。在现实生活中货币收入的增减，其数量非常具体；价格即使下降，由于不同商品的价格不可能按同一幅度下降，所以对下降幅度很难有统一的估价。这样，人们虽不反对价格下降，但更欢迎提高货币收入。更现实的是，在价格还没有来得及调低之前，劳动生产率提高的好处往往已经被提高劳动报酬、提高福利、增加课税、增加利润上缴等要求吸收完了，以致价格实际无法下降。

现在已无任何国家宣传和采取系统降价的方针，而我们所能看到的恰恰是到处存在着物价上升的事实。那么，通货膨胀是否是另一种必然的战略选择呢？

就物价不断上涨的现实来说，西方国家走的是通货膨胀的道路。然而，还没有一个国家公开表明自己对通货物价控制的最优选择就是通货膨胀。一般的提法还是把维持物价的稳定作为经济政策的目标。当然，这并不意味着它们真正选择反通货膨胀的方针。第一，所谓的稳定方针虽然在当前不时表现为与过高的比如两位数字的通货膨胀率作斗争，但从30年代起，毋宁说是关注如何保持不出现物价下跌的局势以防止经济衰退。第二，与物价稳定并列的还有其他经济目标，如持续高水平的就业、经济成长、对外收支平衡等等。在这些目标中，最优先考虑的往往是防止经济衰退和使高的失业率下降，而物价目标则要服从经济成长和就业的目标；或者说，只要是成长与就业目标有需要，通货膨胀也在所不惜。所以，那些国家所谓的稳定物价方针，实际上是随时为通货膨胀开绿灯的方针。

凯恩斯主义是把经济衰退归因于需求不足。按照凯恩斯本人的论证，在达到充分就业前，增加需求的结果是增加产量、增加就业，不会导致物价上升。也就是说，稳定、成长、就业这几个目标有可能同时实现。然而，多年的实践却不是这样。当需求的增加尚未导致可以公认的充分就业之际，物价就会上升。因此，西方国家后来讲究通货膨胀率与就业率增长的相互置换关系，即要使失业率降低，需付出通货膨胀率提高的代价。近年来，西方经济生活的现实又告诉人们，即使在经济衰退和失业增加之际，物价不仅不下跌却反而上涨的局面也出现了。这就是经常被谈论的"滞胀"。鉴于这种情况，很多西方学者不得不承认，要扭转产量下降和失业增加，势必不能不容忍更严重的通货膨胀后果。在他们的理论发展中，已经把通货膨胀论证为不可避免的过程。所谓稳定方针不过是表达一种对通货膨胀程度还要加以控制的意向而已。

总的说来，西方这种控制通货物价的方针执行几十年，结果并没有给资本主义找到出路。不过，战后这些年，西方世界的经济还有较快的发展，人们的生活水平也有较为明显的提高。这个事实冲击了我们有时把通货膨胀同经济破产等同起来的过分简单化的观念。但是又出现了同样简单化的另一种论断，即通货膨胀是经济起飞的杠杆。在我们这里，几年前出现过实质上是把通货膨胀作为通货物价战略选择的议论，如"四高"论。所谓"四高"，是指"高成长、高物价、高工资、高消费"；而相对的"四低"，则是"低速度、低物价、低工资、低消费"。抽象地加以比较，当然是与其"四低"，何如"四高"。于是论断：多发点票子怕什么，搞点通货膨胀划得来，等等。

这里存在不少误解：一西方国家社会财富的增长、生活水平的提高是国家经济实力多年积累的结果，通货膨胀的作用不过是使得国家经济实力的积累以"四高"的形式表现出来。如果单纯着眼于通货膨胀，结果只能是一高——物价高。我国国情不同，现在的消费水平低，如果实行高物价，并不可能达到高工资、高消费，甚至会压缩消费。二西方的政策是以市场机制为前提。要使过剩的生产能力开动起来，使失业人员谋到职业，关键在于通过较多的需求和紧俏的物价，以调动厂商扩大经营的积极性。我们是计划经济的机制，主要产品的生产和流通是计划安排的，价格是有计划规定的，不能单纯按照市场气候来组织自己的经营活动。所以西方那一套做法，在我们这里难以行通。

实际上，在我们这里主张通货膨胀，无非是要摆脱综合平衡和基本稳定方针的约束而放开手脚供应货币资金，特别是向基本建设供应货币资金。如果这样搞：一就会破坏保证重点建设的方针：如供应方向分散，结果将冲击重点建设；如片面集中于重点，"以钢为纲"的教训已经证明，必将是重点过分突出的比例失调。二就会重蹈牺牲消费来维持过高积累率的覆辙，不能实现继续改善人民生活的允诺，因为过多的建设资金供应正是通过物价波动而把必要的消费压低的。三就会造成建筑材料、机器装备和日用生活品的供不应求并从而导致物价波动，而物价的失控则会给自发的活动造成可乘之机，不利于国家对经济生活的计划管理；如果硬性控制物价，则又会极度缩小乃至以否定必要的市场调节为代价。四投资比例从而生产比例、积累与消费比例、市场供求比例等一系列重要比例的失调，最终会实质上否定计划经济的优越性并必将给国民经济造成严重损害。总之，这一切都会使十二大所制定的战略目标难以实现。

除去物价下降或物价上涨这两种战略选择外，还有一种，即要求保持通货物价绝对的、完全的稳定。这样选择的设想是：在一个相当长的时期内维持大部分商品的价格不变，少数商品的价格有升有降，而升降相抵，物价总水平长期处在不变的水平上。另一种设想是：物价总水平在一定时期有所上升，在一定时期有所下降，两者相抵，仍旧保持在不变的水平上。实践证明，这些都不容易变成现实，因为：一要使占统治地位的大部分商品的价格长期维持不变，是不可能的。在劳动生产率提高的总趋势中，各种商品有的提高得较快，有的较慢，有的没有什么变化，个别的甚而降低。如果把商品调价的范围控制得过小，就会有一部分商品价格的对比不再反映它们价值之间的新旧对比。二要使调高、调低对物价水平的影响均衡，正好相抵，也是很难做到的。事实上，调高、调低的结果，物价总水平不免有些摆动，群众往往不承认相互抵消。比如，调高价格的商品较之调低价格的商品在部分群众生活中的地位更重要，他们就会认为是物价上升了。

所以，不仅大部分商品的价格绝对不变不合理，物价水平的长期绝对不变也难以做到。硬要坚持这种方针，实际上是把稳定当成了至上的目标，无疑是本末倒置的。由于多年矛盾的积累，价格不合理对国民经济的调整和发展阻碍极大。因之,价格体系的改革已成为非常迫切的要求。改革价格是牵一发而动全局的大事,自应谨慎从事。但如果只怕价格对比的改变和价格水平的变动而一味力图维持现状,无异于是自己堵塞自己前进的道路。

我们同意这样一种观点,就是必须继续坚持物价基本稳定的方针,但不能绝对化。根据我国目前各种产品价格中存在的问题,在今后物价改革中,可能发生下述一些变化:一初级产品中,农副产品和矿产品的价格可能有所上升,原材料产品和加工品之间不合理的价格差距将进一步缩小。二为了解决目前财政补贴过多的问题,一部分价格倒挂(销售价低于收购价)的商品价格可能有所上升。三一部分工业品(包括机电产品、化工产品和耐用消费品等),随着成本的下降,价格会有所下降。四还有部分商品,由于提高工资而使成本提高,其价格会有所上升,等等。因此,从长远看,物价指数的波动还是难以避免的。不过,只要我们的工作做得好,完全有可能把波动幅度控制在不破坏基本稳定的范围之内。

三 搞好财政信贷综合平衡

为了贯彻基本稳定的物价方针,财政信贷必须实现综合平衡。问题是,对于组织好财政信贷综合平衡,当前和今后一段期间需要把握住什么。

多年来一直强调,在实现综合平衡中,财政收支的平衡是关键。这是正确的,因为它符合建国以来的实践。

建国之际,由国家银行发行的人民币主要用来弥补财政赤字,解决军费和公教人员的薪给。在这种情况下,对于通货物价的控制,财政无疑具有关键的意义。如果财政赤字很大,那就必然把大量过多的货币投入流通,供不应求从而加剧,物价会进一步上涨;如果财政收支可以平衡,流通中的货币不再增加,从而供求相称,物价也会相对稳定下来。所以,在1950年制止通货膨胀的过程中,争取财政收支平衡是最具有关键意义的一着。

当通货膨胀制止和财政状况日趋好转之后,银行的信贷业务就从支持财政转向支持国营经济,主要是国营商业。通过加工订货,掌握重要的工业品货源，通过农副产品收购，掌握粮食和农业原料，以保证对市场的控制。后来，逐步开始对国营工业贷款，增补部分流动资金。面对这样的任务，银行的资金来源不足以满足资金运用的需求，矛盾由财政解决，即由财政支持信贷。其形式有二：一是保留必要的财政结余；二是增拨信贷基金。这是因为，在统收统支的体制下，国营企业所实现的剩余产品价值（利润）基本上集中于财政，机关、学校等预算单位的结余要上缴，居民储蓄的潜力也不大。这就决定了信贷资金的来源不充分。银行虽然只限于在流动资金方面提供短期信贷，但信贷收支仍然平衡不下来。至于财政，面对着巩固国家政权的需求，大规模经济建设的需求，发展文教科学事业的需求，等等，需要大量资金。但由于它把国民经济各部门的剩余财力基本集中在自己手中，平衡信贷收支的需求也就不得不由它统筹安排，否则，供求平衡不能保证，通货物价的稳定就难以实现。所以，制止通货膨胀以后，特别是从1953年开始大规模经济建设以来，在财政收支平衡的要求中就包含着保证信贷收支平衡的内容。财政收支实现了平衡，也就意味着财政信贷实现了综合平衡。这种情况直到"十年动乱"结束，基本上没有变化。

然而，自1979年以来，情况就不同了。国内财政收入（不包括利用外资）1979年是1 103亿元，比1978年下降17.8亿元。1980、1981两年又稍稍有所降低，分别为1 085.2亿元和1 089.5亿元。整个财政收入占国民收入的比重，从过去的33%左右下降到1981年的25.8%。在这种情况下，用于经济建设的支出逐年减少，还出现了赤字，三年累计达323.7亿元。但是，在这三年间，银行积聚资金的力量却明显增大，1979年猛增300多亿元，1980、1981两年又分别增加461.7亿元和423.6亿元。到1981年，银行当年增加的支持经济建设的资金已相当于财政当年用于经济建设方面的支出。

财政收支紧张并有赤字，动用了历年节余，停止了对银行增拨信贷基金，对国民经济各部门的流动资金拨款也迅速减少乃至不再拨款。同时还出现了向银行的透支和发行债券；而银行不仅扩大了短期信贷业务，并且从1980年起开展了设备性贷款业务，到1981年底，这种贷款的余额已经达到92.51亿元。

这几年的财政困难，根本原因是整个国民经济还处于调整过程之中，缺乏大量增加财政收入的经济基础。但同时也要看到，财政和银行集聚资金的来源和渠道发生了明显的变化。主要是由于：一企业扩大了自主权限。自1979年至1981年，通过实行企业基金制度、利润留成、盈亏包干等办法共留下280亿元归企业支配使用。二还有大量资金以种种名义分散在企业、部门、地方而未反映在财政收入之中。这些分散的资金如果上缴财政，其动用权在财政；现在分散在下面，所有者暂不支用的部分，支配权在银行。所以企业扩权的程度越大，相对说来，银行的力量也就越大。二居民货币收入的迅速提高，既增加了流通中的货币需要量，更大量地增加了居民手中的现金沉淀和银行储蓄。自1979年到1982年，各年储蓄总额分别增加70.4亿元、180.5亿元、124.2亿元、151.7亿元，平均每年递增33.8%。而从1952年到1978年的26年间，平均每年只递增13.1%。尤其值得注意的是，储蓄的增长速度大大高于居民货币收入的增长速度。这说明，只要货币收入逐步增加，增加银行信贷资金来源的潜力是很大的。上述这些并不是短暂起作用的因素。保证企业有必要的自主权是不能否定的方向。人民的货币收入水平一连多少年被压低的做法肯定也不会再重复。只要这些因素长期起作用，银行所集聚的信贷资金力量就会越来越大。而同时，财政通过经常性项目，如税收、利润上缴等所组织的收入则很难以同等速度增长。因为导致银行资金力量迅速增大的因素，恰恰起着抑制财政收入迅速增大的作用。

　　随着国民经济状况的日益好转，财政状况也必将日益好转。但是，看来这几年所发生的财政与信贷组织资金力量对比的变化是不易逆转的，所以就需要考虑如何根据变化了的情况来组织好财政信贷的综合平衡。过去，信贷收支自己不能平衡，财政支持信贷是实现财政信贷综合平衡的关键。那么，今后如何处理两者的关系呢？不外两条：一是两者各自求平衡；一是信贷支持财政。抽象考虑，两条路子可以有一样的结果。其实不然。因为如何组织建设资金的供应有它自己需要遵循的规律：宜于由财政分配的往往不宜于由信贷分配；宜于由信贷分配的又往往不宜于由财政分配。比如，过去信贷需要财政支持时，并不能把需要由财政支持信贷的资金仍然留归财政直接分配，以避免相互交叉而简明地分别组织各自的平衡。

因为那时信贷投放的领域是商业以及工业的流动资金周转。这是一种变化极其频繁的过程，财政拨款方式对之是无能为力的。所以，财政支持信贷再由信贷进行分配这个弯子就不可避免。

现在是否可以不走信贷支持财政再由财政分配的路子呢？这两三年有这样的意见，即主张财政退出管理建设资金的阵地。固然，这几年的投资来源有了变化，地方和企业的资金多了，办了一些生产性和非生产性建设项目，一些企业的固定资产投资，也有一部分由银行贷款解决，等等。但是，要财政完全不管投资，只管行政、国防、文教等项开支，是做不到的。现实的问题是：一利用外资，其中大项目还必须列入预算。一方面是收入中的国外借款，一方面是支出中的还本付息，每年要达几十亿元。二例如地质勘探、水文气象、荒山造林、水土保持、科学研究、专业教育等，或没有直接收入，或收入不能抵补支出，只能由财政拨款。三大型的能源、交通以及类似的建设项目，或由于投资回收期过长，或由于直接有亏损等原因，也得由财政拨款。其中仅二、三两项，建国三十多年来，约占预算内经济建设支出的一半。这种情况说明，财政是难以完全退出建设资金供应阵地的。

这样，在财政的经常性收入满足不了支出需求的情况下，如果不能统筹兼顾地使力量日益强大的银行资金相应地少安排一部分贷款，用来支持财政，以求得财政信贷的综合平衡，则通货物价的稳定就会动摇。不过，过去一直是财政支持信贷，而现在反过来却要从信贷组织资金的领域里拿一部分来平衡财政收支，这是否有问题？

如果认为组织财政收入，除税和利这些经常方式外，其他方式均不应采用，同时又把收支平衡作抽象、绝对的理解，那么出路非此即彼：或者增大经常性收入，即使有损于整个经济体制的改革也在所不惜；或者有多少收入安排多少支出，而不顾客观上应由财政支持的需求是否得到保证。不用论证，这都不是好的出路。舍此之外，不可避免的出路只能是在遵循财政信贷综合平衡的要求下，把信贷可能集聚起来的越来越大的资金中的一部分，通过适当方式纳入财政支配的范围。这里的关键在于是否遵循财政信贷综合平衡的客观要求。只要遵循这样的客观要求，市场供求的对比和计划经济的正常发展秩序不仅不会受到消极的冲击，反而会得到积极的保证。

事实上，在我们的传统做法中，一直把国外借款和公债发行列为收入来和支出比较，因而这里提出应该把信贷对财政的支持列入长期的计划考虑之中也不是什么全新的观念。只要实现财政信贷的综合平衡，加上控制现金投放，就不会导致通货膨胀或信用膨胀。

如果上述的分析确实反映了实践发展的客观趋向，那么要组织好财政信贷综合平衡以保证物价基本稳定方针的实现，则需研究解决两个问题：一必须明确，信贷资金在其迅速增长的过程中，不可避免地要以其一部分支持财政，非此则不能求得财政信贷的综合平衡。因此，对于信贷不能不断加码地压任务，不能孤立地把争取信贷本身的收支平衡作为安排计划的目标。二必须研究信贷所可能集聚或已经集聚的资金归由财政支配其一部分的适当途径。已有的途径有如财政向银行透支、发行国库券等。问题是这些方式能否长期利用，可利用的规模界限何在，方式应作怎样的改进。除此之外，是否还有其他可行的方式，等等。具体途径解决得不好，综合平衡和基本稳定的目标也不易实现。

关于解决当前财政信贷问题，我国经济学界还有其他一些意见。例如，有人认为，财权下放是必要的，有利于调动部门、地方和企业增收节支的积极性；但是，现在下放过头，影响了中央一级的财政收入。因此，应当调整国家和企业、中央和地方在财政收入分配中的比例，集中必要资金，保证重点建设。也有人认为，实行体制改革后，资金运动起变化，在收支范围的划分上也应作相应的改革，把部分开支，包括某些固定资产投资，特别是三、五年内能回收的明确交由地方、企业负担，并充分运用银行资金，扩大贷款业务，同时加强统一计划，搞好投资的综合平衡。关于财政收支的平衡和银行信贷的作用，也有不同看法。例如有人认为，财政收支本身的平衡仍是重要的，并有可能实现，不应当长期地靠银行信贷资金的支持。

（原载刘国光主编的《中国经济发展战略问题研究》，上海人民出版社1984年版，此处节选自其中的第十七章中的第二、三部分）

以价格改革为中心带动经济体制的改革

张维迎

张维迎,1959 年出生于陕西省吴堡县。著名经济学家。

1982 年西北大学经济学本科毕业,并在 1984 年获硕士学位。1987 年 10 月至 1988 年 12 月,在牛津大学进修。1992 年获牛津大学经济学硕士学位。1994 年获牛津大学经济学博士学位。在牛津大学读书期间,师从诺贝尔奖得主 James Mirrlees 教授和产业组织理论专家 Donald Hay,主攻产业组织和企业理论。现为北京大学光华管理学院院长、北京大学网络经济研究中心主任和北京大学工商管理研究所所长。

主要著作有《企业的企业家——契约理论》、《博弈论与信息经济学》、《企业理论与中国企业改革》、《产权、政府与信誉》、《信息、信任与法律》等。

一 价格调整与价格改革

旧的价格体系类似这样一个温度计,这个温度计里装的不是水银,而是不胀钢。现在,大家都感到这个温度计所指温度与实际温度极不相符,该换一个温度计了。

这是一个可喜的进步,它说明幽灵已经开始显露原形。但换一个什么样的温度计呢?价格体系不合理,使得整个经济改革无法顺利进行,许多同志认为,当前的迫切任务是调整价格,打掉体制改革的"拦路虎"。但调整价格不仅遇到许多经济上的困难,而且要冒相当的政治风险。所以,都认为价格应该有一次大调,但就是无法调。

我认为，价格调整并不能解决根本问题，它只是以新的不胀钢温度计代替旧的不胀钢温度计。价格改革是要解决价格体制问题，也就是把不胀钢温度计换成水银柱温度计。价格体系的不合理是其表现形式，价格体制的合理才是其根本原因。价格的问题在于僵化的价格体制割断了供给与需求之间的联系，使价格不成其为价格。在这种体制下，即使初始的价格是合理的，也会很快就变得不合理，除非经济处于绝对静止状态。

这次价格改革是整个经济体制改革的一部分。价格调整是以固定价格制度为前提的。我们已经指出，固定价格制度与整个体制改革是不相容的。但是，为了与目前流行的一些观点相对应，我们还是不厌其烦地重复下列理由，以说明不能把宝押在价格调整上。

第一，调整价格是以合理的价格可以计算为假设条件的。实际上，这个假设条件是不能成立的。价格是一个体系，这个体系具有无穷多个参数。如果我们不知道各种产品之间在生产上的转化关系（相对成本）和消费上的替代关系，我们就根本无法确定这些参数的值。目前可用于计算价格的方法只有投入产出表。投入产出表的缺陷在于：（1）它假定投入系数不变，从而没有考虑投入品的替代关系；（2）它没有考虑需求对价格的影响，而需求结构对产业结构具有决定性的意义，从而对价格具有决定性的意义。这就是说，即便把所有的产品都编入投入产出表，对决定价格提供的信息仍是微不足道的。按投入产出表得出的一个荒谬的结论就是，一种产品的价格上升会引起所有产品价格的上升。

第二，计算价格就要有可供计算的资料。但是，在现行体制下，可供计算的资料是残缺不全的，可以得到的资料也多是虚假的。因为生产和消费都不是经济活动参与者选择的结果；即使有选择，也是按错误的价格所作的选择，如果我们以此调整价格，那我们就受骗上当了。

第三，不合理的价格对应于不合理的产业结构。在不合理产业结构下，市场平衡价格与生产价格严重背离（绝不是一般意义上的偏离），即使我们计算出了市场平衡价格，又算出了生产价格，我们仍不知如何定价。原因如下所述：价格改革的目的是促使产业结构的合理化，产业结构的合理化是一个不停顿的选择过程。如果按生产价格定价,各部门得到相等的利润率,资源在各产业之间的转移的诱导机制就不复存在,产业结构的合理化就没有可能,且市场平衡也没有可能。如果按市场价格定价,利润率不相等,这在一个时点上是合理的,但一旦转移开始,这个价格就无法再保持市场平衡。事实上,产业结构由不合理到合理的过程,也就是利润率由不均等到均等的过程。在这个过程中,价格必须是随时变动的。把运动的结果当做运动出发点或把运动的出发点当做运动的结果,都会使运动本身被破坏,产业结构出现新的扭曲。

第四,调整价格无非有两种方法:一是通货稳定式调价;二是通货膨胀式调价。所谓通货稳定式调价,就是在保持价格总水平不变的前提下,通过降低高价品的价格和提高低价品的价格使各种产品的比价达到合理。所谓通货膨胀式调价,是指低价品向高价品看齐从而物价总水平上升的调价。从目前来看,可行的办法恐怕是第二种,这就要求给职工以价格补贴。但补贴是按物价指数计算的,由于不同物品的调价幅度不同,消费者的支出结构必然发生相应的变化,结果不同产品的供求就很难保持平衡,就像1979年八种副食品提价时的情况一样。

第五,调整价格的办法是以行政手段解决问题的方法。行政办法很难不受舆论压力的支配;来自消费者反对提价的压力自不必说,来自生产者要求提价的压力也很强大。结果可能是,一些本该提价的提不起来,而一些不该提价的倒提了。如果能源、原材料提价(合理的),加工企业也会要求提价(不合理的),国家若屈服于这种压力,结果尽管价格水平普遍上升,价格体系仍难达到合理,因为总价格就等于我提你也提,等于我没提。

第六,调整价格,财政上就只能算"死账",而且往往是少收易知,多得难估,这样,对财政问题的担心(恐惧?)往往会使调价迟迟不能进行。

应该承认,十一届三中全会以来所进行的几经调价,总的来说,效果是积极的。但也应该看到:(1)这几次调价是在总价格体系没有大变化的情况下进行的局部性调整,局部性调整出了问题也有缓冲余地,至少情况不会比原来更坏;(2)也正是这几次调价暴露出的问题说明,合理的价格是算不出的,价格问题是无法靠调整来解决的。化纤织品降价扩大了销路，这当然是好事，但棉织品提价造成了产品的积压，却不能不说是坏事。如果价格大变后发生了类似的问题，恐怕就不大好办了。

当然，我并不一般地反对价格调整，而只说，价格调整不是解决问题的根本办法。对某些价格偏差过大的产品，在正式改价之前调一步也未尝不可。

二 价格改革与放活市场

前面所有的分析，旨在说明一个问题：经济体制改革，必须抓住价格制度改革这个中心环节。所谓价格制度的改革，就是有计划地放活价格管制，逐步形成灵活反映市场供求关系的平衡的价格体系，以充分发挥价格机制在计划经济中的效能。

价格体制改革的具体办法，可以参照农副产品价格改革的办法，即先实行双轨价格，旧价格用旧办法，新价格用新办法，最后建立全新的替代价格制度。与价格调整相比，价格改革是一个连续的逼近过程。问题不在于第一步是否达到合理，而在于每一步是否都在趋向合理。这里，也不应求"毕其功于一役"。具体设想是：

首先，从原则上讲，将所有产品（主要是工业品）的指令性计划按1984年的基数固定下来不再扩大，相应放开所有产品（当然不包括最后也应实行国家定价的垄断产品及公共品）的议价市场（议价不受幅度限制），基数内的按原牌价进行交易或调拨，基数外的一律脱离牌价体系，按市场价格交易，即新产品不再规定牌价，对原产品的新增需求不再保证牌价供应，超指令性计划的产品一律投入市场，新办企业的供销不再受旧牌价的管制（重点工程除外）。这样做的好处是：（1）国家在价格问题上不再背新的包袱；（2）牌价保证了宏观经济系统不致因价格变化而急剧震荡；（3）市场价格保证了产业结构向合理方向演化；（4）有利于培养企业在竞争的价格制度中的生存能力。

其次，在划清牌价和市价的管辖范围后，国家需要考虑的仅是基数内产品的价格，步子就可以迈得从容一些，办法可以灵活一些。对这部分产品放活价格管制，可以采取顺水推舟的办法，先从长线产品（牌价接近市价甚至高于市价的产品）放起，逐级深入，让基础产品、中间产品的连锁效应通过市场去表现而不是让国家去计算。

(1) 基础工业品价格。能源、原材料牌价大大低于市价，一下子放开牌价管制对经济的冲击太大，完全不放开管制又不利于节约资源、理顺经济关系，也给管理工作带来很多麻烦。为此，我建议对这些产品采取分批、分步、分类放的办法或采取先调后放的办法。所谓分批放，就是不要四面出击，可以一种产品一种产品地分别加以解决；所谓分步放，就是将原基数每年按一定的百分比放开（如煤炭，每年减少20%的统配量，五年就可以放完）。所谓分类放，就是对同一产品（如钢材）区别不同种类有先有后地放开。所谓先调后放，就是对牌市价偏离过大的产品在正式放开价格管制之前，先调一步，作为过渡性措施。无论采取何种办法，目的在于使同一产品的价格最后归于一致。任何放开措施、调整措施都应事先通知供求双方，让其做好准备。在价格改革中，对重点工程所需物资，在财力紧张时，应在基数内调剂解决，保证牌价供应；在财力许可后，可以通过追加投资的办法适当削减牌价供应比重，让重点工程也加入竞争的行列。

(2) 中间产品价格。大部分机电产品的价格偏高或持平，在近几年"找米下锅"的过程中，许多机电产品的实际成交价已脱离牌价。鉴于此，我建议，除重点工程所需机械设备外，一般机电产品的价格实行一次性放开的办法。农用生产资料应区别不同情况，能放开的就放开。

(3) 工业消费品价格。多数轻工产品的牌价偏高，高档消费品的生产能力已处于相对过剩状态，只要允许竞争，价格水平可望降低（过去的办法是靠限产卖高价）。建议将这些产品的价格全部放开。

(4) 基本生活资料价格和公共服务收费。基本生活资料和公共服务过去很大程度上是作为福利品处理的，价格中包含相当一部分转移支付（财政上表现为价格倒挂补贴）。建议对基本生活资料销售价格实行先调后放的办法。调价的主要目的是解决财政补贴问题。调价后这部分产品的价格可以稳定下来，等到整个经济关系基本理顺，人民消费结构有大的变化后再放开。公共服务收费可以分几步调整。在调价中，应相应发放福利补贴，保证人员生活水平不受影响。

（5）交通运输产品价格。汽车运输竞争激烈，价格可以在适当的时候放开。铁路和航运垄断性很强，应采取调价的办法解决价格问题。价格合理化的主要标志应是供求基本持平。

（6）农产品价格。粮、棉、油等主要农产品应实行定量收购，逐步过渡到实行支持价格下的市场价格制度。其他农产品的价格应逐步取消牌价收购。

价格制度的改革不应搞"一刀切"，应适当给予地方改革的自主权。条件成熟的地方可以先改，各地可以因地制宜地创造适合本地区的改革方法。对消费品价格的改革可以采取由高收入地区到低收入地区分梯度进行的办法。这方面，广东、福建等省已有很好的经验，值得其他省很好地仿效。

在价格改革过程中，由于一物多价，会引起一些混乱现象，也给一些犯罪分子提供了可乘之机。但这是不可避免的，不值得大惊小怪。我们的态度应该是解决改革中出现的问题，而不应该是停止改革。

价格制度的改革事实上已经在进行，只是很大程度上是一种自发的行为；自发是必然性的表现。目前市场上各种产品的价格管理很混乱，表明了旧的价格制度的危机。企图用旧的价格管理办法来解决这种混乱是不会成功的。我们认为，这种混乱本身并不是什么坏事，关键在于我们对价格改革采取什么态度。如果我们把价格制度的改革作为整个体制改革的一个机制，自觉地利用目前市场上出现的多头价格的局面，坏事就变成了好事。事实上，这种所谓的混乱给我们一个很好的下台机会，为我们有计划地进行价格改革创造了良好的条件。在不少地方和企业，人们已经开始初步适应市场价格了，我们所要做的工作就是"追认"而已。这就是说，价格改革的前期工程已经开始，现在该是我们因势利导、乘胜前进的时候了。

三 价格改革与通货膨胀

价格机制的有效性取决于价格水平的稳定性和价格体系的灵活性。现在的问题是，这两个条件是否相容？就是说，能否在灵活的价格体系下保持物价总水平的稳定性？长期以来，人们总是认为，这两个条件是不相容的，灵活的价格体系就意味着通货膨胀；要保持价格水平的稳定，就要实行价格管制。我认为，这种观点是没有根据的。

首先，从理论上讲，通货膨胀是一种货币现象，价格水平上升意味着流通中的货币量过多，引起货币贬值。只要货币供应量的增长率不超过总产品的增长率，某些产品的价格上升必有另一些产品的价格下跌，价格总水平是不会上升的（假定货币流通速度不变）。

其次，从国内外的历史经验来看，通货膨胀与灵活的价格体系并没有必然联系。在自由资本主义时代，价格可以说是最灵活的，但价格水平却呈现下降的趋势。第二次世界大战后，资本主义国家普遍被通货膨胀所困扰，但不同国家的通货膨胀率很不相同。比如，联邦德国的通货膨胀率就相对低，而英国的通货膨胀率就比较高。这并非是因为联邦德国的价格变化不如英国的灵活，恰恰相反，联邦德国实行的是新自由主义学派的"社会市场经济"制度，让市场机制充分地发挥作用，而英国在很长的时间里奉行的是工党的"社会主义计划经济"政策，国家除规定国营企业的产品价格外，还不时地管制市场价格。有些发展中国家实行价格管制，但它们却经历了恶性通货膨胀。从我国的情况看，三十多年来，一直实行的是固定价格制度，但这并未能避免三年困难时期价格水平的剧烈上升。

由此，我们可以得出如下结论：灵活的价格体系与稳定的价格水平是可以并行不悖的。但是，灵活的价格体系本身并不足以保证价格水平的稳定，正如固定价格制度本身并不能避免通货膨胀一样。为了保持物价水平的稳定，一方面产品总供给要有相对稳定性，另一方面社会总需求也要有相对稳定性。这里，国家采取正确的宏观经济政策（主要是财政政策和货币政策）很重要，这个结论无论对资本主义市场经济还是对社会主义计划经济都是成立的。

目前，我们所面临的问题是：在这次价格改革过程中，能否保持价格总水平的稳定？对于这个问题，简单地用"只要控制住货币发行量，保持货币流量与商品总供给量的比率不变，就可以保证物价水平的稳定"来回答是难以令人满意的。因为，控制货币量也得有个条件，如果总供给增长快，控制货币量当然比较容易；相反，若经济停滞不前,控制货币量就比较困难。这里仅指出一些与物价稳定相关的正负因素。

我认为,有利于价格稳定的因素有如下几个:

第一,在不合理的价格制度下,对低价品的需求缺口很大,但这里的需求有很大的虚假性。对紧俏物资的供应一般是按需求单位所报的需求量打折扣分配的,这就助长了它们故意多报需求。举例来说,如果折扣率是50%,即上报100,只能满足50,那么,实际需要100,上报就可能是200。这是需求虚假的第一种表现。这一点说明,价格放活后,需求压力并不像我们想象得那么大。需求虚假的第二种表现是,由于紧俏物品(包括消费品)有"贮藏手段"的职能,所以各单位总是把它作为"囤积"对象,层层设库,增加额外储备。需求虚假的第三种表现是,由于紧俏物品可以充当"交换媒介"(货币),所以,即使不用这种物资的单位也千方百计地搞这种物资,然后以此交换它所需要的其他紧俏物资(拿上这种物资做交易,谁也不会拒绝),这就类似整个社会增加了一笔流通费用。价格放活后,"额外储备"和作为交换媒介的物品就会由需求转变为供给,这无疑对价格的上升有一种抑制作用。

第二,由于能源、原材料短缺,许多加工企业处于开工不足的状态。能源、原材料价格上升后,其产量可望在短期内有显著增加(靠调动积极性发挥现有生产潜力),这样,加工品的供给也就会在不增加设备、人力的条件下显著增加。此外,高消耗企业的淘汰将使一部分能源、原材料转移到先进企业中来,即使总投入不增加,总产出也会增加。这种没有时间滞后的供给无疑是有利于价格稳定的。

第三,农村改革后,农副产品市场日趋繁荣,价格稳中有降。随着乡镇企业的兴起,轻工产品的市场竞争日趋激烈,价格竞争已成为市场竞争的主要形式。这是稳定价格的新生力量。

第四,随着农村商品经济的发展,非货币经济货币化,农民原来使用的一大批物品由自给品变成了交换品,即使总产量不变,流通中的商品量也会大幅度地增加,这等于货币供应量的相对减少。

第五,总的来说,轻工行业属于高利润行业(日用品除外)。过去采取限制发展的办法,靠稀缺卖高价;价格放活后,只要允许竞争，价格可望有所下降。竞争还会使市场中先进企业生产的产品所占份额增加，这自然会使价格下降。

第六，经过近几年的调整，经济结构已向合理化方向靠近，各种产品的供应状况均有所改善。前几年投资兴办的一些企业（主要是轻工）也将陆续投入生产，开始为市场提供商品。

第七，最重要的是，这次价格改革是与整个体制改革同步进行的，随着两个"大锅饭"的打破，企业和劳动者的生产积极性将得到充分发挥，社会总产品会有大幅度的增长，这是我们无法靠计算机估计出来的。

第八，目前有些产品的供求矛盾与流通不畅有关。随着价格的合理化，生产要素和商品的流动性加大，统一的全国市场就会形成。市场越大，价格就越稳定，这是经济学上的一个基本常识。有些产品产地与销地的差价过大，可通过搞好流通来解决。

第九，近两年，财政收支已基本平衡。实行利改税后，财政收入就可以稳步增加。这是从宏观上控制货币发行量的一个基本有利条件。

不利于价格稳定的因素如下：

第一，从理论上讲，只要总供给与总需求是平衡的，一部分产品的供不应求必然意味着另一部分产品的供过于求。但在旧的体制下，企业不讲产品质量，以次充好，造成价值量与实物量的脱节，供给虚假。因此，很可能发生这样的情况，即供不应求的产品价格上去了，而供过于求的产品价格降不下来。这种情况说到底还是个总供给与总需求不平衡的问题（或称为假平衡）。

第二，近几年城乡人民储蓄额大幅度增长，这种积累起来的购买力对市场有一种潜在的需求，如消费者在价格改革过程中集中提取存款，会对市场造成剧烈冲击。当然，这种冲击是否真的会发生，本身又决定于价格水平是否稳定。消除这种隐患的一个办法是，事先宣布一项政策，规定储蓄利率按价格指数进行调整，保证存款不贬值。

第三，在我们国家，生产资料市场和消费资料市场基本上是两个独立的市场，消费者手中的货币一般难以转化为投资。这就可能造成一种结构性通货膨胀，一个市场的需求不足可能和另一个市场的供给不足同时存在。这个问题可通过发行股票、鼓励民间投资来解决。

综合以上两方面的情况来看，我认为，在价格改革过程中，只要宏观控制搞得好，价格水平即使有所上升，幅度也不会过大，时间也不会过长。从现有的经验（国外的和国内的）来看，价格刚放开时，由于供给的滞后性，价格水平可能会有所上升，但一旦时间长到足以使供给作出反应，价格水平就会稳中有降。有的同志把这种情况概括为"一放就活，一活就多，一多就降"，是很有道理的。

从目前来看，来自生产企业要求提价的压力比较大。有些企业责问：为什么允许别人涨价却不允许我涨价？这就给人们一种错觉，似乎价格一放，所有产品都要涨价了。但仔细分析一下就会发现，这种压力主要是对国家发出的，而不是对市场发出的。价格由国家规定，经济问题就带上了政治性，只要国家认可的价格就是行得通的价格，那么企业自然希望价格高些。但事实上，如果真正放开价格，有些提价的呼声恐怕要变成降价的行动了。这种情况类似于在"大锅饭"下，每个人都认为自己拿得太少，甚至有人看到给知识分子提工资就责问：为什么给他提而不给我提？但如果要自谋职业，这些人恐怕连现在的工资也保不住。

当然，这些乐观的估计并不意味着我们可以麻痹大意。为了确保价格总水平的基本稳定，国家必须采取有效的防患措施。

第一，放活价格的过程必须有计划地进行，放的次序必须有科学的依据和严密的证论，绝对不能一说放，就"百花齐放"、撒手不管。

第二，必须严格控制基本建设投资规模和财政支出，确保财政收支平衡，不搞货币的财政性发行。必要时，应不惜牺牲眼前的增长速度来确保通货稳定。

第三，要采取有力措施（法律手段）保护竞争，防止垄断（人为的垄断）。竞争是稳定物价的最为有效、最为经济的办法。

第四，要采取有力措施防止地方割据，坚决打破地区之间阻碍流通的行政壁垒，确保货畅其流。要大力鼓励农民进城经销产品。

第五，从政策上鼓励兴办一些投资少、投产快的企业，生产一些市场急需的产品。

第六，调整外贸政策，必要时动用外汇结余或借一笔外汇来进口一批高档消费品投入市场，以缓和国内通货膨胀的压力。① 另外，也可以考虑对特区开放内地市场。

第七，通过调整税种和税率来缓和价格改革的震荡。

在价格改革过程中，国家要拿出耐心来，不要一看到价格有所上升，听到一点怨声，就草草收兵。

最后，还要指出如下两点：

第一，所谓通货膨胀，是指物价总水平的上升。这里的总水平，是指市场供求平衡下的物价水平。在旧的价格体制下，牌价体系可以说是任意给定的，并不反映市场上真实的供求关系，由此计算的价格水平也就不可能反映真实的价格水平。从牌价看，三十多年来，价格水平基本上是稳定的，但通货膨胀的压力始终存在。有些产品只有牌价没有供应，你说它的价格是多少？有些产品市场价格比牌价高好几倍，你怎么计算它的真实价格？有些产品牌价不变，但票证价格在不断波动，你说它的价格是不是稳定的？因此，简单地把旧价格体系下的物价水平与价格体系合理化的物价水平相对比，是不能说明问题的。② 如果我先拿一把不标准的尺子量得你的身高是4尺，再拿一把标准的尺子量得你的身高5尺，我怎么能由此推论说你突然间增高了1尺呢？

第二，价格不合理。有些本该由卖方负担的费用转嫁给了买方；有些企业巧立名目、以次充好、变相涨价；有些产品牌价很低，但走后门费用很高。这些都是旧价格水平无法考虑进去的。价格改革后，有些产品形式上涨价了，实际上并没有涨，正如现在有些产品形式上没涨价而实际上涨了一样。

四　价格改革与财政

我们知道，价格的功能在于调节生产与消费的关系，合理配置资源。但在旧的体制下，价格很大程度上是被当做税收杠杆（所谓"暗拿"）和福利杠杆（配给制）来使用的，即被当做收入再分配的

---

① 这个观点得益于铁道科学院的茅于轼同志。
② 这个观点得益于中国农村发展问题研究组的罗小朋同志。

杠杆来使用的。我们赋予价格过多的职能，结果反倒破坏了它自身的职能。现在要把价格召回来，让它安安心心地完成本职工作。但它过去的工作由谁来接管呢？这就提出了一个财政问题。

价格改革与财政的关系有两笔账要算，一笔是"活账"，另一笔是"死账"。所谓算活账，就是要看到，伴随价格的合理化和整个体制改革的进行，资源的配置性浪费（结构失调）和使用性浪费将逐步得到消除，即使资源的总投入量不变，国民收入也会增加。收入增加了，财源就扩大了，财政收入自然可以增加。当然，这种增量可能要有一定的时滞，但总不应该认为播下种子是愚蠢的行为。所谓算死账，包括两个方面：（1）基础工业品价格上升引起加工企业盈利的减少，使财源发生转移。从基础工业这个口袋里掏出来的钱会不会少于加工工业口袋里漏掉的钱呢？我认为是不会的，理由是，尽管国家不可能把基础工业的所有价格增量都拿到手，但加工企业利润之下降幅度同样不会与投入品价格上升幅度同比例。国家过去把能源和原材料低价交给加工企业就类似用破铁桶装水，装进去一桶只能剩半桶。在价格逐步放开的过程中，关心能耗的首先是企业自身（无须国家规定指标），价格上升的影响可由加工企业内部吸收一部分，企业也无权把价格上升作为口实向国家讨价还价。（2）基本消费品提价，国家要拿出一部分钱来补贴消费者，即变"暗补"为"明补"。"明补"之支出会不会大于"暗补"之支出？我认为是不会的，理由是，"暗补"中相当一部分漏量（政策性亏损掩盖了经营性亏损、无效的管理靠大量的花费来维持等），即使货币补贴大于价格上升幅度，也不过是将"漏量"重新送到终端而已。一方面认为倒挂补贴使财政负担太重需要改革价格，另一方面又担心改革价格会使财政多拿钱，这是矛盾的。如果真认为基本消费品提价会使财政多支出，那完全可以将其价格冻结起来，继续采取倒挂补贴的办法，因为这种冻结并不妨碍整个改革的进行。总的来说，担心价格改革会使财政发生困难是没有道理的。

（原载《经济研究参考资料》，1985年第6期。后以"价格改革中以'放'为主的思路"为题收入《中国：发展与改革（1984—1985）》，中央党校出版社1985年版）

择优分配原理*

茅于轼

茅于轼，1929年生于南京。著名经济学家。

1950年毕业于上海交通大学机械系。1975年开始从事微观经济学研究。1984年调中国社会科学院美国研究所任副研究员、研究员。1986年赴美国哈佛大学做注册访问学者。1987年回国后担任非洲能源政策研究网顾问。1990年受聘为澳大利亚昆士兰大学经济系高级讲师。1993年创办北京天则经济研究所并担任所长、理事长。先后担任亚洲开发银行、联合国开发计划署、太平洋经济合作委员会能源组和国际顾问组顾问，以及中国能源研究会副理事长和国内外五种杂志的主编、顾问编辑和编委等职。1993年后连续三届被选入美国Marquis世界名人和英国剑桥国际传记中心世界名人。

主要著作有《择优分配原理—经济学和它的数理基础》、《生活中的经济学：对美国市场的考察》、《中国人的道德前景》等。

一 择优分配原理

经济学得益于数学，因为数学向经济学提供了数千年积累起来的系统的原理和方法；同时数学本身也得益于经济学，因为经济学不但向数学提出了新的问题，而且赋予许多数学定理以经济意义，使其含义格外地丰富而且易于理解。本章讨论的通过择优分配来达到最优化的原理，便是经济学和数学互相得益的一个典型的例子。

---

* 我国经济学家王国乡在1973年就提出择优分配的概念。

让我们考虑任何一种不是供应无限而且有益于人们的商品或资源，如何最适当地分配于各种用途的问题，譬如说，前面已经讨论过的化肥的分配问题。为了简单起见，假设要分配的土地只有两块。

按目前流行的"公平"的分配办法，化肥是按土地面积分配的。然而各块土地的土质、灌溉等条件不同，作物吸收利用化肥的能力有很大差别，按面积比例分配化肥显然未必是最优的。施用化肥的目的是增产粮食。所谓最优，当然是指增产的粮食最多。因此我们要找出一种分配办法，能使两块地上因施化肥而增产的粮食为最多。为了解决这个问题，我们首先要知道投入化肥得到的收益曲线$g(x)$，这要通过专门的试验得出。当然，也可以从经验来估计。而且后一种办法往往是更经常采用的，这对于有经验的农民来讲不是一件难事。

假设甲、乙两块地上的收益曲线$g_1(x_1)$、$g_2(x_2)$已经得到，如图2-1所示。此处x_1、x_2分别表示施在甲、乙两块地上的化肥量。设总的化肥数量为X，则应有：

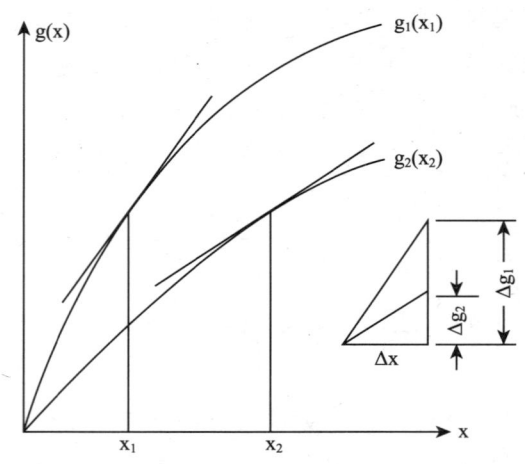

图2-1　化肥在两块地上的分配

$$x_1 + x_2 = X \qquad 2\cdot 1$$

显然x_1和x_2不得为负数。现在的目的是使增产的粮食为极大，即

$$\text{Max} = g_1(x_1) + g_2(x_2) \qquad 2\cdot 2$$

设有某一个分配方案（或许是按面积比例分配得出的），分给两块地的化肥量为 x_1 和 x_2，如上图所示。我们在 x_1 和 x_2 处分别作 g_1 和 g_2 的切线，如果发现这两条切线不平行，则该分配方案还可以改善，因而它不是一个最优分配方案。这一点很容易论证，只需作两个直角三角形，具有公共的底边 Δx，其斜边分别平行于 g_1 和 g_2 的切线，如图 2-1 右所示，则它们另一个直角边表示当化肥分配量改变为 Δx 时，收益量的改变则为 Δg_1 和 Δg_2。现切线不平行，即两个三角形的斜边不重合，故而 Δg_1 不等于 Δg_2。在这种情况下对乙地的施肥量减少 Δx，对甲地的施肥量增加 Δx，则可在总施肥量不改变的情况下，使产出的粮食有所增加。因为作这样的调整时，乙地减少的粮食为 Δg_2，甲地增加的粮食为 Δg_1，而 $\Delta g_1 > \Delta g_2$，故而有净的增产 $\Delta g_1 - \Delta g_2$。

对一个并非最优的分配方案作这样的调整之后，分配的效果将有所改善。在这个新的情况下我们将发现，原来切线较陡的 x_1 点将向右移动，如果再作一新的切线，斜度将变得比较平，同时原来切线较平的 x_2 点将向左移动；如果再作一新的切线，斜度将变得比较陡。这是收益函数为凹的必然结果。此时再作两个类似的直角三角形，底角的差别将减少。因此，逐步改进分配方案，最后必将导致这样一个结果，即在各个收益曲线上的切线变成彼此平行，这时就达到了最优分配方案。

上面的调整过程我们可以总结如下：**对于任一个分配方案，如果对应分配量处收益曲线上的切线的斜率不等，则该方案不可能是最优分配方案。因为还可以进一步优化，优化的结果必然使得切线平行，此时各个边际收益彼此相等**。因此，各个边际收益都等于同一数值是最优分配方案的必要条件。**这个相同的边际收益称为统一边际收益。**

不依靠收益曲线 $g(x)$，直接用边际收益线 $\dfrac{dg}{dx}$，可进行类似的论证。令图 2-2 中 $g_1{'}$ 和 $g_2{'}$ 分别表示两块地上化肥的边际产出，由于 $g(x)$ 的二阶导数为负，故边际收益线为向下倾斜的线。设初始分配方案为 x_1、x_2，可以看出 x_1 对应的边际产出 $g_1{'}$ 大于 x_2 对应的 $g_2{'}$，因此增大 x_1 减小 x_2，可使产出量有净的增加。x_2 增大以后 $g_1{'}$ 将减小,而 x_2 减小以后 g_2' 将增大。大的变小,小的变大,最后二者将相等,大家都等于 λ,此时就得到了两块地上的最优分配量 x_1^* 和 x_2^*,而且此时仍有 $x_1^* + x_2^* = X$,即化肥总量不变。

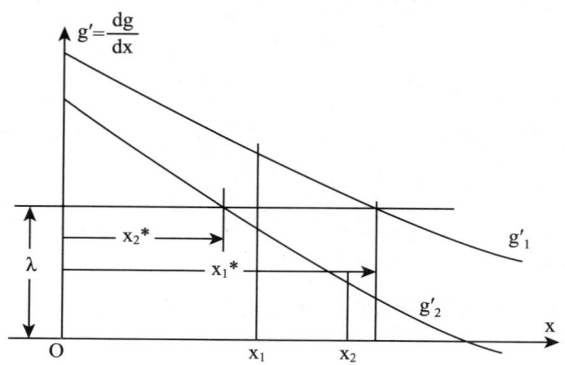

图 2-2　用边际收益解最优分配方案

有时我们用第三种方法来求解最优分配量,这里要用到导数的积分等于原函数,即边际收益曲线下的面积即为收益函数的概念。在图 2-3 中令 $O_1O_2 = X$,因此任一点 M 将 X 分劈为 x_1、x_2,表示一种分配方案。g_1' 和 g_2' 仍为两块地上的边际收益曲线,不过对于 g_2' 来讲,横坐标的方向取向左为正。对于图中 M 所表示的分配方案,甲地上因施化肥而产出的粮食由 g_2' 下的面积即 O_1ABM 表示,乙地上产出的粮食由面积 $MEDO_2$ 表示。欲使两块地上产出的粮食总量为极大,必须将 M 点移到 C 点的横坐标处,此时产出粮食总量为 O_1ACDO_2,比初始方案多产出由 EBC 三角形所表示的粮食。换言

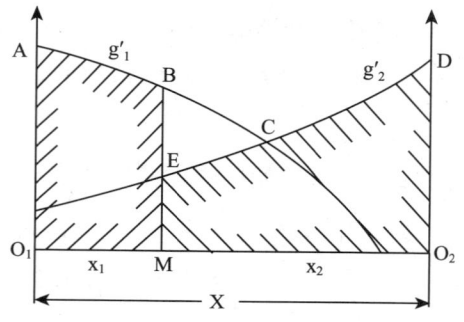

图 2-3　用面积极大化求最优分配方案

之，任何一个非最优的分配方案较之最优方案都少掉一块由三角形 EBC 所表示的收益。C 点是 g_1' 与 g_2' 的交点，即两块地上的边际收益应相等。实际上应该说，在实现最优分配时，甲地减少的分配 Δx 将它分给乙地，或者反过来乙地减少的分配 Δx 将它分给甲地，这样调整引起的边际损益相抵。这里再一次用到**边际损益相抵决定最优点的分析方法**。

在图 2-3 中，如果整个 g_1' 曲线在 g_2' 曲线之上，因而二者没有交点，则说明全部化肥应该用在甲地上。

当使用化肥的土地不止两块而是有 n 块时，同样的推理仍可以应用。要检验任一个分配方案是否是最佳方案，只需检验任意两块土地上化肥的边际产出是否相等即可；如果不等，则这个分配方案不可能是最优的。因为不必涉及其他块土地上的化肥分配，只要对这两块地的分配适当调整就可增加产出。一个尚有改进余地的方案当然不能说是最优方案。可见最优分配方案必定具有这样的特点，即任意两个边际产出均应相等，这只有当 n 个边际产出彼此全都相等时方有可能。因此对于 n 个分配对象的最优分配方案，应满足下列条件：

$$\frac{dg_1}{dx_1} = \frac{dg_2}{dx_2} = \cdots\cdots = \frac{dg_n}{dx_n} = \lambda \qquad 2\cdot 3$$

由此，我们得到一个求解最优分配方案的方法，即对于各个收益函数作平行切线，求出切点的横坐标 x_1^*, x_2^*, ……, x_n^*；如果 $\sum x_i^*$ 恰好等于 X，则最优解已经求出，否则应改变切线的斜率，通过试算必能找到切线的某一斜率能使 $\sum x_i^* = X$，故最优解可以求出。这个求解过程相当于在分配中将资源划分成每份为无穷小的无穷多份，然后在每次分配时都选各部门中边际收益最大的分下去，这样的分配过程将使得各部门经常保持着均等的边际收益，即分配恒处于最优状态。在逐步增加分配的资源量时，切线经常保持平行，是经常优化分配得到的结果。

以上的讨论假定了收益函数为凹；如果收益函数为凸，即收益递增，将发生什么情况呢？

图 2-4 为收益递增即 $\frac{d^2 g}{dx^2} > 0$ 的情况。对于任一个初始分配方案

x_1、x_2,如果发现此种分配方案得到各块地上的边际收益不相等,则改善分配的结果,会使得边际收益大的变得更大,小的变得更小,最后全部化肥将集中在一块土地上使用。因为对于 $\frac{d^2g}{dx^2}>0$ 的函数,x 越增大,切线变得越陡,即追加投入得到的好处超过了过去投入的好处。初始方案中边际收益较大的将得到更多的分配,而分配增加之后边际收益越发加大,故而在收益递增的情况下,全部资源将集中在一处使用。这无论对于化肥的分配,或是煤炭的分配,或者进一步推广到资金的分配、劳动力的分配等等,都与实际经验相背离。这说明了实际经验告诉我们,**收益确实是递减的**。而且我们还注意到,在收益递增的情况下,不同的初始方案可能会导致不同的最终结果。按图 2-4 中所示的初始方案,全部化肥将集中到甲地上使用,因为对应于该方案的 $g_1' > g_2'$。但如果从另一个初始方案出发,碰巧该方案有 $g_2' > g_1'$,则改善分配的结果会使全部化肥集中到乙地上使用。这一点与收益递减的情况不同:当收益递减时,无论从何种初始方案开始,最终都将收敛于同一最优方案。上面提到的用作平行切线求切点的方法来求解最优分配量的方法,对于递增的收益函数也不适用。因为它不是一个稳定解,当分配量偏离切点到一个可以觉察的程度时,再改进分配,它不会回复到原来切点的位置,而是发散到使全部资源集中在一处使用。

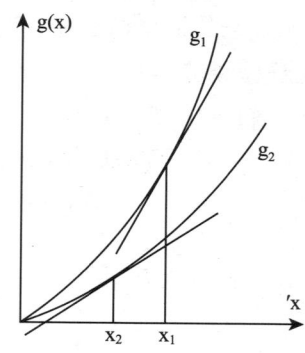

图 2-4 收益为递增时择优分配的结果

二 从择优分配到"有计划、按比例"

前面我们讨论的是化肥的分配问题。同样的原理可以应用到任一种商品上,还可以应用到任一种我们不愿意把它视为商品的其他东西上,譬如资金、劳动、土地、矿藏资源等,只要这种东西不像海水、空气、泥土那样是可以无限制供应的,而且它是有用的,即它具有产出函数或收益函数,将它作为一种投入品能够提供收益。实际上,它可以应用于一切经济学所研究的财货对象上。

经济学是研究一个社会应该如何组织起来进行活动,使经济效益最佳的一门学问。不论这里经济效益最佳的确切定义是什么,是全社会消费的物质财富为极大,还是逐年消费增长的速度为极大等等,它总是一个求极大值的问题。乍一看来,它必然要用到微分方法中令导数等于零的数学原则,这相当于要求一切经济活动处于"顶峰"位置,任何一点偏离都要从顶峰向下倾斜。**择优分配原理向我们揭示了经济活动的另外一种考虑原理,各种财货利用的最佳点并不是投入财货的边际产出等于零,而是同一种财货在不同的用途中应有同样的边际产出**。有无统一边际产出成为是否得到最佳经济效果的依据。何以会有这种区别呢?原因在于经济学中所研究的一切投入品都是供应有限的,或者用经济学的术语来讲,是稀缺的。因而经济学要解决的问题,是在遵循某种约束条件下求得效果的极大,这与无约束的求极值便完全不同。约束条件下求极值的数学方法是拉氏(Lagrange)乘数法,这个数学方法的经济学意义就是择优分配。

本章一开头引用了萨缪尔森对于经济学所下的定义。这种把经济学定义为研究稀缺资源如何分配的学问,已经沿用了近百年。这个定义在许许多多对经济学所下的定义中或许是最经得起考验的一个。因为它说出了这样一个事实,即一个社会,如果它学会了如何分配它有限的各种资源,这个社会必定以高效率在运转,反过来说,社会之不能充分发挥它的潜力,归根到底,是由于资源分配的失误,社会的**浪费是资源分配失误的同义语**。

分配问题在经济学中具有如此的重要性,因而择优分配原理便成为经济学中一个最基本的概念。

研究经济学的人长期以来认识到社会资源要按恰当的比例分配于各个产业部门,认识到各个产业部门有错综复杂的横向联系,因此它们之间也必须保持一个恰当的发展比例;还认识到人的消费结构也有某种合理比例的要求,因此提出了社会主义经济的特点是有计划、按比例的。可是提出了按比例发展的要求,不等于解决了这个比例是什么。正是在这个紧要的地方引起了混乱,某甲头脑中认为这种比例好,某乙可能认为那种比例好;今天强调了发展钢铁,明天又把比例的重点转向粮食。我国经济建设的实践说明,什么是正确比例的问题一直没有解决,究其原因,从经济理论上看,就是没有确立起边际分析的方法。通常所说的比例是指平均值的比,而平均值只能说明过去,事实也确实如此。我们常说某些年份的比例比较合适,经济发展比较顺利,因而常用过去年份的比例作为现今比例的主要参考。然而今天的比例是用来确定目前的资金分配、物资分配等问题的,它本质上是一个边际分析的问题,然而由于采用了过去的平均分析来指导现今的边际分析问题,很容易造成决策的失误。例如,为了按我们认为正确的比例来加强某个部门,可能导致投资过度。有些重点工程项目中一个普通的仪表也要用进口的。进口仪表与国产仪表从性能效果来比相差有限,但价格却贵得多,这说明从仪表购置来看,投资的边际收益极低,这些资金应该转移到即使不是重点项目但边际收益较高的地方去应用。强调比例而忽视边际分析,是造成一些重点工程重点浪费的原因之一。

所谓的比例,不应该只是一个笼统抽象的概念,而应该落实到资金、物资的分配,落实到劳动力、土地乃至于水资源等的分配。比例不是事先凭空确定的,而应该是最优分配的结果。前例中化肥在甲、乙两块地上的分配比例,是从择优分配的结果上得到的,两块地上最优的分配量是 x_1^* 和 x_2^*,因而恰当的比例应是 x_1^*/x_2^*,绝不应该先确定了某一个比例,然后按这个比例去分配。可见**问题的正确提法是择优分配,而不是直接去寻求最适当的比例。**

当然,提出择优分配的原理仍旧没有解决我们所面临的实际问题。择优分配的关键之点是要作出边际分析,而作为对现状作出分析的边际分析需要由熟悉业务的人来具体进行,这里并不存在一个一成不变的可以直接套用的公式。但正确地提出问题是解决问题的先决条件。

前面已经说了，承认存在一个合适的比例，必须首先承认收益是递减的，因为在收益递增的情况下将要求全部资源的集中使用，此时就没有什么比例可言了。在研究经济结构和讨论部门间的比例时，常常要思索收益递减规律是否对整个部门的投入而言也确能成立。此时我们将发现，部门的投入有**逐级分配**的现象，而逐级分配是收益递减的一个重要原因。

逐级分配现象仍可用前面的化肥分配的例子来说明。我们将通过逐级分配来探讨甲、乙两块地的收益呈现递减的原因。对于甲地来讲，可以将它再分解为若干块更小的地。分给甲地的化肥当然首先应该用于收效最大的一块更小的地上，该处具有最大的边际收益；如果分给甲地的化肥稍多，就可分给收效次大的小块地，该处具有次大的边际收益。因此甲地的收益曲线是由边际收益递减的顺序组成的。这样的分解还可以继续进行下去，小块地还可以分得更小，因而对每块小块地而言，它本身也有一条递减的收益曲线，它是由于更下一级的择优分配而形成的。在人们力所能及、能够施加干预的场合下，人总是按边际收益递减的顺序来进行分配的，这种最基础的收益曲线的递减规律，促使它上一级的收益曲线也呈递减规律。例如在化肥分配的例子中，把甲、乙两块地合并成一块地，它本身也有一条收益曲线。上一级的收益曲线如何按照收益递减的顺序将下一级的收益曲线相加，涉及一些复杂的数学问题，这些我们可以不去管它，我们可以肯定的一点是，逐级按收益递减顺序来组织其收益曲线，必定使总体的收益递减现象格外肯定和明显。

仔细想一下可以发现，这种逐级分配现象是普遍存在的。部门的产出由企业组成，企业的产出由产品组成，产品由它的部件组成，部件又由逐道工序来完成。无论是资金、劳动或某种原材料的分配，都可以分解成为多层次的优化分配问题。

（原载《择优分配原理》，四川人民出版社1985年版，此处节选自其中的第二章的第一、二部分）

股份化：进一步改革的一种思路

吴稼祥　金立佐

吴稼祥，1955年生于安徽省铜陵县。

1982年毕业于北京大学经济系并获学士学位。1988年11月被中共中央办公厅高级研究编辑职务评审委员会评为副研究员。2000年赴美客居坎布里奇，在哈佛大学做访问学者三年。长期从事经济、政治、国际政治、企业战略以及中国传统谋略思想研究，在政界、学界和商界均有阅历。

著有《智慧算术——加减谋略论》、《果壳里的帝国：洲级国家时代的中国战略》等。

金立佐，1957年出生。

1982年毕业于北京大学经济系并获学士学位。1983年在国家经济体制改革委员会工作。1993年获英国牛津大学经济学博士学位。1993年在英国伦敦洛希尔商人银行工作，后受银行委派赴香港任洛希尔（香港）中国部经理。1994年就职于摩根斯坦利（亚洲）公司，参与组建中国国际金融公司。1995年参与发起组建北京中和信达投资顾问有限责任公司，就任董事长。1997年起兼任北京天马信息网络有限公司董事长。

一　问　题

到目前为止，已经实施的改革措施仍然没有根本克服如下一些困难：

1. 资金的使用和配置问题。针对由于国营企业无偿使用国家资金，从而导致资金这个最短缺的资源的浪费，人们提出过一些想法，也采取过一些措施：（1）是以"影子利息"理论为依据的固定资产付费制度。它遇到的一个技术性难题是，资金装备率高的企业利润率不一定高，因此实施起来效果不一定好。进一步的措施是拨改贷，它无疑促进了单个企业提高新增固定资产的使用效率，但是它没有解决已有固定资产的占用问题。（2）没有解决国家投资如何能流进效率最高的生产部门的问题。（3）也没有解决资金投错了地方如何转移到更合适的生产领域的问题。（4）它还没有解决国家资金不足时，如何能满足一些急需发展行业的资金需求问题。

因此，连带产生的另一个更重要的难题是，国家资金以外的社会闲散资金如何得到生产性的利用。目前的办法是提高存款利息率以吸引个人储蓄，发行国债积累资金。实践证明，效果不错。但是，国债数额不可能太大，如果逐年发行，困难也会增多。另外，个人储蓄利率不可能很高，对持币者的吸引力有限，而且存款可以随时提取，一旦出现挤兑，很容易发生资金恐慌。况且，资金都集中到国家手里，又会产生上面提到的资金使用的效率和配置问题。

新技术革命使世界各国面临挑战，作为积极应战的反应之一，是美国和西欧风险资本的迅速发展。一国资金分配给风险投资的多少，影响该国经济的长期发展。风险资本多数是股份资本。我国目前的状况很难促进风险资本的形成。

2. 政府行为问题。尽管采取了许多有力的措施，努力使政府对国营企业的所有权和经营权两种职能分离开来。但从实践结果看，政府行为还没有真正合理化，主要表现在：（1）政府作为部分企业（国营企业）的所有者与全部企业的宏观管理者发生矛盾。前一种职能要求政府只关心"自己的"企业（"亲生儿子"）；后一种职能要求它对所有企业一视同仁。两种职能的矛盾，妨碍政府职能合理化。（2）代表国家或政府部门对企业行使所有权职能的人，具有"国家资本人格化"和"自我利益人格化"的"双重人格"。这使企业在行为不合理时，缺乏有效的机制将其导入正轨。（3）让企业资本不可分割地归属于政府特定的主管部门，这样企业发展的决策权就总是垄断在某一个部门或某一个人手里，得不到合理分散，而且政府对企业的管理也是等级制的。就是说，决策权至多只是在上下级之间分配，不是在同一级上分配。

3. 企业行为问题。目前,企业行为不合理的突出表现就是短期经济行为:在自留利润分配上,发放奖金过多,牺牲生产投资;在投资上,追求短期利润最佳的投资,比如商业投资,忽视长期发展的设备投资。

企业行为合理化遇到如下障碍:(1)是企业领导人由上级政府部门任免,是一个从属于行政机构的官员,因此,他在企业活动中,很难有长期的考虑。(2)企业领导人要追求长期发展,就意味着他要勇敢地面对各种冲突,承受巨大的风险。作为行政领导人缺乏冒风险的动力。

解决这个问题的办法之一,是把企业领导人的收入与企业长期发展结合起来。比如发放长期奖金等,情况可能会比现在好,但他也会陷于在政治利益(提拔)和经济收入之间进行选择的困难。另一个办法是,完全割断企业领导人与政府机构的联系,比如对国营企业实行租赁等等,上述弊端可以部分消除,提高企业领导人革新和发展企业的积极性。但是,又有第二个难以逾越的障碍:企业管理人员容易屈服于职工要求增加眼前福利的压力,容易出现职工的工资性收入的增长超过产值、利润增长的速度。

二 对 策

解决上述问题的一个可供参考的思路,就是发展股份经济。股份经济有以下独特职能:

1. 融资手段。融资手段不止股份资本这一种,还有间接融资手段——银行存贷、国家财政等等。这几种手段往往同时并用,互相补充。但作为融资手段,股份资本有其他几种手段不可替代的优点:(1)不是依赖国家和银行,而是由企业作出投资决策,加上股金分红的压力,更有利于企业提高资金的使用效果。(2)是企业的利润信号能够引导社会闲散资金流向利润率高、生产率高的生产部门,使资金趋向较优配置。(3)是股票稳定性强,可以保证发行股票的企业连续生产,而股票本身又可转让,又有利于资金转移。(4)是可以用高利润筹措风险资本。

2. 管理手段。个别的资本所有权与资本职能的社会化发生矛盾,这种情况不仅发生在西方资本主义国家，而且在社会主义国家，由于国营企业由某级或某个特定政府部门及代管人行使所有权职能，因而这与它的社会化职能和全民性质也发生了矛盾。正是这个矛盾，从根本上导致了政府行为不合理的状况。这个矛盾可以通过股份化来缓解。股份化一方面增多行使所有权职能的主体；另一方面，通过设置一个董事会，把行使所有权职能的主体与管理职能的担当者分离开来。

所以，股份公司又是在商品经济发展过程中生长起来的现代企业体制，实践证明，这套企业体制行之有效。它不仅被应用于处理股东、董事长、经理人员、职工和社会之间的复杂关系，还被应用于处理政府与企业之间的关系。

3. 动力机制。发生厂长或经理究竟代表国家还是代表职工的问题本身，就说明我们还未能找到一个把国家、企业、企业领导人和职工几方面的长期利益（从投资中获利的分配）有机地结合在一起的机制。一般说来，从投资中获利最多的总是资本的人格化。因此，要使企业家和职工关心企业的长期利益，就要使他们在一定程度上也成为资本的人格化。这就是说，使企业管理者和职工也成为本企业的股东。这样，就可以把企业家和职工的短期利益（按劳分配）和长期利益（股金分红）有机地结合起来，建立起短期和长期的双动力制。

三 实 施

股份化通过如下基本途径实施：即国营小企业、乡镇企业和新建企业的股份化。这个过程实际已经开始，多种多样形式的合资企业和融资企业已经向股份经济迈出了最初的一步。现在要做的是，尽快制定股份公司法，有组织地逐步开放证券交易所，促进股份经济发展。

比较难的是国营大中型企业股份化，可以考虑分三步走。

第一步，保持现有条块形式，企业通过固定资产折股，分给若干有关的主管部门和地方共同占有，形成初级形式的国有股份经济。在这种经济形式中，作为股东的部门和地方机构可各自派出一名代表和职工代表一起组成企业的董事会，由董事会选聘企业领导人。企业领导人不再是国家干部，而是企业的化身，他的命运与企业的命运不可分割地结合在一起，这可以改善企业行为。此外，还可以初步改善条块分割的状况。

但是，这一步并没有最终解决政府既要行使所有权职能，又要行使宏观调节者职能的问题；也没有使企业脱离行政部门的干预，甚至可能强化这种干预；并且还可能增加条条、条块之间的行政来往，降低工作效率，贻误企业决策。

要解决这些问题，只有依靠进一步的改革：成立国营控股公司或投资信托公司等金融机构作为国家所有权的代表，管理所有权已经股份化、货币化的所有国营企业。这时的国营企业的股东由原来的各级各类政府部门，变成各种国营金融机构、各家国营企业和本企业、本企业的领导人和职工等等。董事会成员由金融机构委派和股东代表大会选举相结合产生，经理或厂长仍由董事会聘任或解聘。这就形成了比较高级形式的国有股份经济。在这种形式中，政府行政部门与企业脱钩，不再行使所有权职能，专心一意地考虑整个国家的宏观经济管理。这有利于政府行为的进一步合理化；同时，企业领导人和职工参股，也有利于端正企业行为。

不过，由于国有股份企业的股票不上市，不向社会开放，限制了企业之间的直接投资，特别是社会其他持币集团和持币个人向企业的直接投资。因此，资金的横向流动和转移仍较困难，整个社会的资金还不能在价格、利润和股票价格等信号引导下趋于较优配置。要解决这个问题必须走出第三步，让国家股份企业的股票有限地上市，向社会开放，以调节整个的资金配置。在社会主义国家，国营企业的股份大部分或绝大部分掌握在国家手里。

四　条　件

实行国营企业股份化的第一个条件已基本具备。但要成立控股公司并开放证券金融市场，则还需要两个最基本的条件：立法和价格改革。值得庆幸的是，价格改革已经开始。可以乐观地预计，等到国营企业股份化走到第三步，即全面开放证券交易所，国营企业股票上市时，价格已基本理顺。至于立法，现在就应着手研究。

另一个重要条件是，管理股份经济的人才问题。通过小企业和乡镇企业的股份化，通过国营企业内部股份化，我们可以逐步培养和锻炼出一批人才，积累一些经验，为全面股份化打好基础，做好准备。

还有一个条件，就是股票的购买力。我们并不要求把所有国营企业和乡镇企业都拍卖给个人。鼓励个人购买股票，只是为了把闲散资金转化为生产性投资，为了从动力机制上引导职工关心企业长期利益。事实上，近几年来，无论是个人还是企业，资金结余都有大幅度增长，一些统计资料表明，我国许多地区商品的增长还赶不上居民购买力的增长。这些说明，我们已经具备了实现股份化的起码的购买力。此外，其他经济政策、调节手段和改革措施的配合使用，也是实行股份化的必要条件之一。

（原载《经济发展与体制改革》1985年第1期）

关于价格体制改革的目标模式

郭树清

郭树清，生于 1956 年，内蒙古人。现任中国建设银行股份有限公司党委书记、董事长。

1978 考入南开大学哲学系。1982—1987 年在中国社会科学院研究生院读硕士、博士研究生。1988 年 7 月至 1996 年 3 月，先后任国家计委经济研究中心副司长、国家经济体制改革委员会综合规划和试点司司长、宏观调控体制司司长。1996 年 3 月至 1998 年 3 月任国家经济体制改革委员会党组成员、秘书长。1998 年 3 月任国务院经济体制改革办公室党组成员。1998 年 7 月被任命为贵州省副省长。2001 年 3 月起任中国人民银行副行长、国家外汇管理局局长。2003 年 12 月当选为中央汇金投资有限责任公司董事长。是十七大中央候补委员。

主要著作有《模式的变革和变革的模式》、《中国 GNP 的分配和使用》、《总量、结构与市场化》等。

价格体制改革需要进行许多理论准备工作，其中目标模式的选择尤其具有根本意义。苏联、东欧将近二十年的实践经验表明，如果目标模式不正确或不明确，那么不管具体方案和实施步骤有何不同，价格体制改革最终都会毫无进展。而价格体制不改革，则整个经济体制改革必然裹足不前。

一

确定正确的目标模式，必须从对旧体制全面深入的批判考察出发。我国现行价格体制在有些方面比苏联等国稍微灵活一点，但在另一方面，行政集中的特征却更为突出。总的看来，正如国内外大多数经济学家所指出的那样，是一个较为典型的传统模式。这种传统模式的基本特点是违背商品经济原则，实行高度行政集中的统一管理办法。具体说来：

1. 在价格形成方面，绝大多数产品实行国家定价，其中主要是由中央行政机关定价。

2. 在价格构成方面，成本中不包括工资税和社会保险费、资源税、地皮税等项目，利润比重过大，税收种类单一，分布极不均衡，构成税收绝大部分的周转税（我国称为工商税，即目前的产品税、营业税等等）。

3. 在价格体系方面，企业生产价格、商业批发价格、零售价格和外贸价格，由于实行巨额周转税和补贴制度，以致互相分离，各不相干，商品运动在各个阶段的价格互不成比例。

4. 在价格结构方面，有如下特点：（1）第一部类价格偏低，第二部类价格偏高；（2）轻工业价格最高，重工业次之，农业最低；（3）重工业内部，制造工业最高，加工工业次之，原料燃料工业最低；（4）部门内部产品价格严重脱离使用价值，质量差价、新老差价、地区差价不合理。

5. 在特殊形式价格方面，例如技术价格、投资价格、土地使用价格、资本使用价格、劳动支付价格、外汇价格等等，有些被根本否认了存在的必要性，有些虽然存在，但很不完整，很不合理。

6. 在价格总水平及其调节方面，长期不顾总供给与总需求的实际关系而实行稳定政策，调节（实际是控制）手段十分简单，即具有行政法令意义的计划和国家制定维护固定价格的制度。

7. 在价格计划和监督方面，事实上不存在价格发展的短期、中期和长期计划体系，只有一些简单的僵硬的政策原则；不存在对市场供求关系和国内外价格长期发展趋势的监督，只有对价格的日常检查工作。

8. 在价格机制方面，价格对收入分配、生产投资决策、供求平衡和再生产比例，不发生直接的积极作用，相反往往通过间接的途径而发生消极作用。

传统价格体制是与它在其中存在运动的整个传统经济体制相一

致的。在战后恢复国民经济、依靠自身积累迅速推进工业化过程中,高度行政集中的经济体制发挥了无可否认的积极作用,可以说是唯一适合当时历史条件的模式。然而,随着经济、政治的发展,传统体制的必然性和合理性逐渐消失了。引起这种变化的最重要因素是:(1)国民经济基本结构发生了根本性变化;(2)经济增长的模式或途径进入历史转变时期;(3)对外经济联系的条件和形式得到极大改善,等等。在新的条件下,高度行政集中的体制愈来愈不适应经济生活,愈来愈阻碍和破坏着经济发展。由此产生了改革旧的行政集中体制为完全的商品经济体制的历史必然性。

就最广泛的意义而言,传统的高度行政集中的经济体制也属于商品经济的范畴。这不仅因为这种体制事实上保留了商品货币关系,更重要的是,从生产方式的总体特征来看,这种体制也只能归入商品经济类型,而无法看作是自然经济类型。但是,这是一种极其特殊的商品经济体制,甚至可以说是一种经常违背商品经济最一般原则(例如"等价交换")的商品经济体制。这看来是矛盾的,然而是事实。问题的实质在于,中央行政计划在经济活动中模拟市场机制承担了社会化生产的所有指导和调节职能。但是,这种模拟由于自身的局限性,必然产生出种种弊病,特别是在今天这样的经济条件下,以往的行政集中体制已经完全陷入绝境。新的经济体制以及与其相适应的新的价格体制,必然以符合商品经济要求、全面发展社会主义商品货币关系为其基本特征,因此,按照客观的逻辑,必须以否定(扬弃)旧体制为其基本前提。

二

根据对旧体制的上述分析,我们认为,我国价格体制改革的目标模式,应当是计划指导下的市场价格体制。如果把这个目标模式作较为详细的描述,那就是:

1. 价格由生产者和经营者在国家政策、法律范围内,根据供求条件制定,而交通、通讯、文化、卫生等公共物品和少数特别稀缺的产品,则由国家统一制定价格和收费标准,农产品实行国家保证价格制度。

2. 价格的成本包括生产过程的一切开支费用，即除物质耗费和工资之外，还包括地租、利息、工资税等等资源付费，利润成为完全的企业利润，成本和利润之外的税收，主要是比重较小、税率统一的流通税。

3. 部门和部类的相对价格大体符合相对价值关系，部门内部产品的相对价格以生产费用和市场评价的使用价值的相互作用为转移。

4. 商品运动各阶段价格各自与其价值成比例，互相之间成比例，企业生产价格、市场销售价格、国内市场价格和国际市场价格建立起普遍的稳固的联系。

5. 充分发展和完善各种特殊形式价格，按照市场供求原则来形成和调整这些价格。

6. 价格总水平的变动完全由总供给和总需求决定，国家通过调节总供给和总需求来控制价格总水平运动。

7. 根据经济发展和结构调整以及价格体制改革的需要，制定价格的长期、中期和短期计划。价格计划的实现主要通过经济和法律手段，在非常条件下也可以使用行政命令手段。价格监督包括日常检查、市场运行分析、国内外市场长期趋势预测等内容，建立由有关行政机关和生产者、消费者、研究机构等相互结合的监督系统。

8. 价格完全是初次分配的工具、经济决策的参数以及再生产比例的基本调节器。经济计划以市场价值关系为基础，同时又通过各种经济和法律途径指导和调节着市场价格运动，实现整个经济的均衡发展。

四

下面我们考察这一目标模式的经验根据。

1. 社会主义的实践表明，传统体制已经转变为经济发展的最严重的障碍。在实行传统体制的国家里，严重的紧张短缺和严重的浪费积压象孪生弟兄一样，成为经济生活中最持久、最普遍的共存现象。部门之间和企业之间赢利水平极为悬殊，职工收入却过度平均，差别很小，两者都背离了经济技术关系的客观要求。事实无可辩驳地证明，在传统体制下，生产、分配、流通、消费完全由国家采用强制性的行政手段来连接，从而破坏了它们之间的内在联系，造成它们的经常性脱节。人们看到，包罗万象、高度集中的计划，不能促进技术的迅速进步，不能保证效率的不断提高，不能保持经济的比例协调，不能实现彻底的按劳分配，不能使各种资源得到最充分的利用，不能使经济发展达到最优化的水平。概括起来说，中央计划无法完全代替市场机制的地位和作用，因此，社会主义商品经济不仅不能排斥市场机制，而且必须在计划指导下充分发挥市场机制的基本功能。所谓市场机制，就是价格由供求作用形成的机制。只有在供求关系基础上形成的价格，才能起到正确引导经济决策、合理分配收入、灵活调整发展比例的作用；只有实行这样的价格体制以及与其相适应的整个经济体制，才能从根本上解决旧体制中存在的困难和弊病；只有按照这样的方向彻底改造旧体制，才能全面发展社会主义商品经济。

  2. 为维持旧体制而修补旧体制是没有任何出路的。大多数东欧国家自从六十年代中期以来，一直在试图改善行政集中的计划管理体制。首先，普遍引入了利润、工资、奖金、资金税等等刺激办法。其次，普遍推行联合公司一类的大型行政经济混合体，把中央集中的一部分权力下放给这种联合公司。再次，在价格方面，则企图通过重新核算定额成本和定额利润，经常修订价目表来改变严重扭曲的局面。如此等等。然而，这些努力基本上没有成效。就价格而言，成千上万种商品重新计算一次成本费用情况就得花费几年时间（且不说由此制定出来的价格必然是既不符合价值又不反映供求关系的），同时还由于整个经济对价格变动适应能力的脆弱，使得经常修订的价目表成为空话。尽管不少国家最初计划四年、五年或七年普遍修订一次批发价格，但是没有一个国家实现了这个计划。苏联最近两次工业批发价格的普调，也相距达十三年之久。不论过去和现在，都有不少人持这种观点："计划价格"本身是合理的，关键是要增加灵活性，就是说要经常地调整价格。然而无数事实告诉我们，这在旧价格体制下，只能是幻想。

  3. 有限度地改良旧体制也不能从根本上解决问题。按照一些人的意见，旧体制的弊病在于价格是固定的，而国家直接控制价格则是必要的。因此，如果把"计划价格"都改变为规定限度的浮动价格，则既可以克服旧体制的缺陷，又可以保留其优点。我们知道，完全的浮动价格体制还没有实行过，但是民主德国在六十年代末期曾经对工业品实行过短时期的浮动价格体制，其他国家对个别部门或某些产品也有过浮动价格的尝试。然而，都远没有达到理想。最突出的问题是，所谓浮动价格在大多数场合成为空话，实际价格往往在最高限制水平上凝固起来，这与原来的固定价格没有任何区别。只有一部分产品（例如电子产品）由于技术进步最为迅速，成本降低很快，因而有可能出现价格的下降，但是经常未达到可能的限度。究其原因在于，首先，对于大多数产品来说，客观存在的经济条件是需求大于供给，因而不管其成本怎么变化，市场也能够接受较高水平的价格。其次，即使市场拒绝接受高水平的价格，但是由于产品销售采取国家统一包揽的制度，生产部门和企业也不必担心这种价格会对自己造成什么危害，相反只能得到好处。也许有人会说，这是因为国家规定的浮动幅度太小造成的。那么，上下限间隔多大才能避免这种局面呢？答案只能是这样：必须把中准价格确定在供求曲线的交点之上。然而，马上又产生以下几个问题：（1）国家行政机关无法经常及时地计算出这种中准价格，确定这个交点是市场机制特有的功能。（2）即使国家行政机关能够大致地计算出来，也难以按照供求的实际情况而不断改变中准价格。（3）如果上述限制都不存在，那么从任何角度说，都只有实行市场价格最为合适。

4. 混合价格体制不是理想的模式。这里所说的混合价格体制有其特定涵义，不是指不同的经营者制定的不同水平的价格，而是指产品按其重要程度和供求情况划分为三类：一类实行固定价格；另一类实行浮动价格；还有一类实行自由价格。这种设想在六十年代改革中，保加利亚有人提出过，但付诸实行的是匈牙利和 1982 年以后的波兰。需要首先指出的是，匈牙利早在 1966 年就明确宣布，价格体制改革的方向是逐步"从僵硬的官定价格制度向灵活的市场机制过渡"，① 混合价格体制被确定为最合适的过渡模式。实际改革进

---

① 《匈牙利社会主义工人党中央委员会关于经济体制改革的指导原则》，载《匈牙利经济改革原则和管理体制》，中国财政经济出版社 1980 年版，第 56 页。

程也基本上符合最初的设想，即不断缩小官定价格的范围，扩大自由价格的范围。总之，混合价格体制并不是匈牙利的长期目标模式。混合体制的全部合理性都产生于客观经济条件的限制，即不允许我们一步实现目标模式。混合体制的不合理性，不仅在理论上可以预见，而且在实践中已经得到充分反映。固定价格和限制价格反映产品实际费用和供求状况的能力极为有限，许多产品很快就需要国家补贴才能维持生产。这样，生产和消费仍然被隔离开来，即使企业能够了解到市场信息，它也不能或不愿根据这种信息来调整自己的生产。问题的实质可以更简单地表达出来：实行不同价格形式的产品相互交换的实际仍然与商品经济的等价交换原则相矛盾，社会必要劳动时间或市场价值的实现仍然受到外来因素的限制。

5. 一种产品多种形式的价格与商品经济直接不相容。实行传统体制的国家几乎都有过一种产品多种价格的经验。例如，东欧过去的消费品配给价格和商业价格，苏联目前某些消费品的国家价格、合作社价格和自由市场价格，等等。我国近几年甚至在生产资料领域也出现了计划内价格（国家统一价）和计划外价格（议价、协作价等等）并存的局面。人们提出一种设想：只有建立一种"多轨价格体制"才能对原有"计划价格"体制实行合理的改造和完善。"多轨价格体制"很难说有过完整的经验，而就已有的零散材料来看，这种体制作为过渡模式也是不可取的。诚然，过去对农产品实行多种收购价格，对消费品实行配给和商业两种价格。如果不能说是成功的，那么至少没有引起大的混乱。但是，值得注意的是，这些做法有特定的条件，其中最基本的是：（1）几种价格的经营者是一个，即国家。（2）利用差价进行倒买倒卖被宣布为非法。至于农副产品自由市场价格，虽然完全随供求波动，但是采取这种价格的产品在社会总产品中的比重微不足道，因为农民的剩余产品数额极为有限。国家有意识地开放这种市场，事实上是对农民收入过低的一种补偿。但是，现在谈论的"多轨价格"却是在完全改变了的条件之下。首先，不同的价格往往意味着有不同的经营者；其次，贩卖活动和议价出售被承认为合法，允许生产企业、商业企业和各种集资公司、个体户自由经营并从中谋求各自的利益。以生产资料为例，计划内价格和计划外价格的并存已经造成了下列不良后果：（1）

对计划外原材料层层转手，使其最终价格比计划内价格高出一倍甚至数倍。(2) 在种种环节，以种种手段破坏计划，把计划内产品搞成计划外产品而高价交换。(3) 一些本来能够完成计划任务的企业，由于按计划生产不能赢利或赢利很少，便千方百计地转手其他非计划控制的产品，或者对计划打折扣，降低质量要求，等等。而且这些做法往往能够得到主管部门的同情和默许。如果设想进一步发展和扩大计划外价格的比重，那么在现有条件下只能引起更大的经济混乱。

6. 价格运动必须有计划调节。传统的行政集中价格体制不仅否认市场规律，同样也没有计划可言。因此价格体制改革的任务是双重的，即一方面要加强市场影响，另一方面要加强计划调节，在新的基础上实现计划与市场的有机结合。匈牙利的实践可以说是最成功的。南斯拉夫在理论上并没有否认计划的必要性，但是计划形成和贯彻实施的具体制度却并不完善。近些年来，它尽管一再强调加强计划，但是由于自治协议和社会契约的形成较为分散，目标不易统一，而既定的计划又缺乏有力的国家银行系统和财政税收体系以及各种紧密配合的经济政策和法律来保证实现。自由的市场价格由于缺乏有效的宏观调节，因而失去控制，使整个经济受到猛烈的通货膨胀的困扰。其他国家也有这方面的经验和教训。总之，在改革价格体制的同时，必须建立和完善新的计划调节体系，这一点丝毫不能忽视。

综上所述，可以得出这样的结论：把计划指导下的市场价格体制作为我国价格体制改革的目标模式，不仅是正确的，而且是唯一正确的选择。

但是，需要指出，由于长期实行旧体制，我国经济中存在着许多严重问题和不利条件，例如通货膨胀的巨大压力，生产结构极不合理，剩余劳动力数量甚大，等等，而且在短期内不可能根本改变这种状况。因此，要实现上述目标模式，不能不经过一个较长的时期，不能不采取必要的过渡模式。笔者认为，最合适的过渡模式是混合价格体制。

另外，改革必须全面安排，不能割断复杂的经济联系；改革又必须抓住重点，形成紧密相连的不同阶段。笔者认为，我国价格体制改革应分为三个阶段：第一阶段，以改革企业生产价格（工业出厂价格、农业收购价格）和商业批发价格为重点；第二阶段，以改革零售价格为重点；第三阶段，以改革外贸价格和建立国内价格与国际价格的普遍联系为重点。在每一阶段上，除了实现重点方面的改革外，还要根据需要和可能，改革其他两个非重点方面。就初次改革而言，应当首先测算出反映实际耗费的理论价格，然后根据国内供求情况并参考国际市场比价关系调整理论价格，形成理想价格，最后还要考虑到国家的各项基本政策和改革进展的可能，再对理想价格进行调整，形成起始价格。与此同时，根据具体情况确定出不同产品的不同价格形式。此外，还需要以价格改革为中心，安排好其他方面的改革步伐和配合办法，对于可能出现的问题要制定出完整的应变措施。只要我们最大限度地利用了主观和客观的有利条件，价格体制改革的目标模式就一定能够逐步得到实现。

（原载《中国社会科学院研究生院学报》1985年第3期，本文节选自其中的第一、二、四部分）

Economics in China
Selected Classic Works II

中国经济学经典文选

(下)

新 望 范世涛 ◎ 主编

图书在版编目（CIP）数据

中国经济学经典文选：全二册 / 新望，范世涛编. --北京：华夏出版社，2017.4

ISBN 978-7-5080-9089-4

Ⅰ. ①中… Ⅱ.①新… ②范… Ⅲ.①中国经济－文集 Ⅳ.①F12-53

中国版本图书馆 CIP 数据核字（2016）第 306154 号

中国经济学经典文选（上、下）

编　　者　新　望　范世涛
责任编辑　李雪飞

目录 Contents

再论社会主义商品经济 / 何炼成 ································ 493

关于体制改革总体规划的研究 / 郭树清　楼继伟　刘吉瑞 ············ 500

论具有中国特色的价格改革道路
　　/ 华生　蒋跃　何家成　高梁　张少杰 ···················· 508

效率优先，兼顾公平
　　——通向繁荣的权衡 / 周为民　卢中原 ···················· 518

论企业活力与企业行为约束 / 卫兴华　洪银兴　魏杰 ············· 528

国家调控市场，市场引导企业 / 王积业 ························ 538

经济组织与交易成本 / 张五常 ······························ 550

社会主义所有制体系的探索 / 厉以宁 ························ 556

市场化改革思路的主要特征与内容
　　——深化改革的战略选择 / 李晓西 ······················· 562

单项推进，还是配套改革 / 吴敬琏 ·························· 567

选择正确的长期发展战略
　　——关于"国际大循环"经济发展战略的构想 / 王建 ··········· 569

工资侵蚀利润
　　——中国经济体制改革中的潜在危险 / 戴园晨 ··············· 576

论制度与制度变迁 / 林毅夫 ······························ 586

产权结构、所有制和社会主义企业制度
　　——关于制度创新的一个假说 / 张军 ····················· 592

中国的繁荣需要现代企业制度 / 王珏 ························ 602

按贡献分配是社会主义初级阶段的分配原则 / 谷书堂　蔡继明 ………… 611
经济分析中的人 / 曾启贤 …………………………………………………… 620
经济改革的基本思路 / 厉以宁 ……………………………………………… 633
有计划商品经济与市场取向改革 / 张卓元 ………………………………… 643
公有制经济的两种运行机制 / 樊纲　张曙光　杨仲伟 …………………… 650
深化改革，摆脱困境
　　——致中共中央常委的信 / 薛暮桥 ………………………………… 661
所有权的经济性质、形式及权能结构 / 刘伟 ……………………………… 669
论作为资源配置方式的计划与市场 / 吴敬琏 ……………………………… 678
在武昌、深圳、珠海、上海等地的谈话要点 / 邓小平 …………………… 688
关于渐进式改革的理论思考 / 樊纲 ………………………………………… 699
我国城市的土地使用制度及其改革 / 李扬 ………………………………… 706
制度创新的一般理论 / 汪丁丁 ……………………………………………… 713
市场化的条件、限度和形式 / 盛洪 ………………………………………… 723
借鉴国际经验培育发展中国劳动力市场 / 宋晓梧 ………………………… 731
新兴古典经济学导论 / 杨小凯 ……………………………………………… 740
关于加快金融体制改革的设想 / 吴晓灵　谢平 …………………………… 748
企业与银行关系的重建 / 周小川 …………………………………………… 756
为什么要提出"劳动力市场" / 高尚全 …………………………………… 768
中国居民收入分配问题研究 / 赵人伟　李实 ……………………………… 773
倒 U 曲线的"阶梯形"变异 / 陈宗胜 …………………………………… 787
市场经济新体制建设若干重大问题论要 / 范恒山 ………………………… 796
关于中国的银行与企业财务重组的建议 / 刘遵义　钱颖一 ……………… 803
中国的货币供求与通货膨胀 / 易纲 ………………………………………… 818
企业的企业家——契约理论 / 张维迎 ……………………………………… 830

转轨经济中的内部人控制与中国金融体制改革 / 巴曙松 …………… 840

国民收入分配、金融结构与宏观经济稳定 / 余永定 ……………… 851

市场深化中民间金融业的兴起
　　——以浙江路桥城市信用社为例 / 史晋川 ………………… 863

重新认识社会主义经济 / 董辅礽 ……………………………………… 873

比较优势与发展战略
　　——对"东亚奇迹"的再解释 / 林毅夫　蔡昉　李周 ……… 880

农村市场经济体制建设 / 韩俊 ………………………………………… 889

转型国家贫困问题的政治经济学讨论 / 朱玲 ……………………… 898

宏观经济的波动与人民币汇率 / 宋国青 …………………………… 908

转型时期乡村社会的政治结构的变迁 / 党国英 …………………… 915

"政府以行政手段推进市场化进程"假说 / 黄少安 ……………… 922

公有制企业的性质 / 周其仁 ………………………………………… 932

预算软约束和金融危机理论的微观建构 / 钟伟　宛圆渊 ……… 941

经济发展是硬道理，社会公正也是硬道理 / 王绍光　胡鞍钢　丁元竹
……………………………………………………………………… 957

腐败与反腐败的经济学思考 / 吴敬琏 ……………………………… 962

政府与法治 / 钱颖一 ………………………………………………… 972

"文化大革命"遗产与改革以来的增长 / 蔡昉　都阳 …………… 978

发挥开发性金融促进制度建设的作用 / 陈元 ……………………… 983

城市起源和发育的经济学动因及其对现代城乡发展战略的启示
　　/ 周天勇 ……………………………………………………… 989

政府与宏观调控：应该学会如何自"市场嵌入"中退出 / 韦森
……………………………………………………………………… 999

从偏好到快乐：通向一个更加完整的福利经济学 / 黄有光 …… 1007

儒家"孝道"文化的终结与中国金融业的兴起 / 陈志武 ………… 1018

改革需要顶层设计 / 马晓河 ……………………………………… 1027

从体制认识中国经济的结构性问题 / 许成钢 …………………… 1032

后记 …………………………………………………………………… 1041

再论社会主义商品经济

何炼成

何炼成，1928年生，湖南浏阳人。著名经济学家。1947年考入武汉大学经济系。1951年毕业后到西北大学任教至今，现任经济管理学院院长一职。曾多次赴美国密歇根大学和圣托马斯大学、德国吉森大学、日本京东大学等讲学并兼任客座教授。还兼任中国《资本论》研究会、中国市场经济研究会、中国宏观经济学会常务理事，历任陕西省经济中心副主任、省社联副主席、省政协委员、省文史馆员等，是武汉大学等20所国内大学的兼职教授。曾获首届"孙冶方经济学奖"。

主要著作有《价值学说史》、《中国经济管理思想史》、《生产劳动理论与实践》、《中国发展经济学》、《历史与希望——西部经济开发的过去、现在与未来》等。

一　商品经济的一般特征

什么是商品经济？顾名思义，就是存在着商品生产和商品交换的经济。长期以来，我们虽然承认社会主义社会存在商品生产和商品交换，但不承认社会主义经济是商品经济。究其原因，似乎是在于把商品经济与资本主义经济混为一谈。不错，资本主义经济必然是商品经济，但不能反过来说，商品经济就必然是资本主义经济。自从原始社会末期出现商品交换和商品生产以后，商品经济就产生了，但在奴隶社会和封建社会里商品经济只占很小的比例，自然经济则占统治地位，商品经济只是在自然经济的缝隙中生存着，并顽强地冲破自然经济的束缚而逐渐发展。直到资本主义制度确立，商品经济才取代自然经济而占了统治地位,成为资本主义经济的一般形式和基本形式,因此给人们造成一种错觉,以为商品经济就等于资本主义经济。我们过去就是用这种错觉来看待社会主义商品经济的。因此,必须从观念上彻底转变过来。

根据以上认识,我认为目前有些看法还是值得商榷的。例如,林子力同志认为:"从自然经济的缝隙中生长起来的商品生产,只有当它获得了普遍的发展,取代自然经济而居于主导地位时,才成为一种生产方式,即商品经济。"① 按照这个说法,商品生产只有在社会生产中占主导地位时,才能叫商品经济。李春洪同志还明确提出:"商品经济是社会化大生产采取的形式之一。"② 言外之意,不是社会化大生产的条件下,如简单商品生产和商品交换,就不能叫商品经济。

为了明确商品经济的含义,我们必须了解商品经济具有哪些特征。过去我们否认社会主义经济是商品经济,往往是和对商品经济的一般特征认识片面有关,把商品经济的一般特征当成了资本主义经济的特征,因而把社会主义商品经济说成是资本主义商品经济。我认为,同自然经济和产品经济相比较,商品经济具有如下 9 个特征:

1. 商品经济是一种交换经济。所谓商品就是为了交换的劳动产品。作为商品,必须具有两个因素:一个是必须具有使用价值,而且是对他人具有使用价值,即社会的使用价值;一个是必须具有交换价值,即能够与别的物品相交换,这种交换的基础,是一般人类劳动的凝结,即价值。因此,商品是使用价值和价值的对立统一体,商品经济也就是使用价值的生产与流通和价值的生产与流通的对立统一体的经济。

2. 商品经济是一种市场经济。商品经济既然是一种交换经济,这里的所谓交换,是指通过买卖的交换,而要买卖就必须通过市场。列宁明确指出,"市场是商品经济的范畴";"商品经济出现时,国内市场就出现了"。③ 但是,长期以来我们把市场经济当成资本主义

---

① 林子力:《论社会主义商品经济》,《文汇报》,1984 年 12 月 14 日。
② 李春洪:《如何认识计划经济同商品经济的统一性》,《经济学周报》,1985 年 1 月 7 日。
③ 列宁:《俄国资本主义的发展》,《列宁选集》,第一卷,第 161、189 页。

经济的代名词，至今还有人认为商品经济不等于市场经济，说什么"如果我们把市场经济等同于商品经济，那势必得出计划经济同商品经济是两种对立的经济方式的结论"。① 显然，这还是把市场经济看成是资本主义经济。试问：商品经济不和市场相联系，还能继续存在吗？！难道市场经济就不能实行计划吗？！

3. 商品经济是一种货币经济。有商品必有货币，"货币经济是一切商品生产所共有的，产品在各种各样的社会生产机体中表现为商品"。②

4. 商品经济是等价交换的经济。恩格斯指出："价值规律正是商品生产的基本规律"。③ 价值规律的一个基本内容和要求就是等价交换，即用等价物交换等价物。交换的等价性也就是交换双方的平等性。正如马克思所说，在商品交换中，"就使用价值来看，交换双方都能得到利益，但在交换价值上，双方都不能得到利益"。正是从这个意义上，马克思认为"商品是天生的平等派"。④

5. 商品经济是当事人具有自由意志的经济。马克思指出，"商品监护人必须作为有自己的意志体现在这些物中的人彼此发生关系，为此，一方只有符合另一方的意志，就是说每一方只有通过双方共同一致的意志行为，才能让渡自己的商品，占有别人的商品"。⑤ 所以，在商品经济中，"商品监护人"必须具有自由处置自己商品的权力，交换双方是作为自由的、在法律上平等的商品所有者发生关系，而不应当是封建等级、人身依附、一方强制另一方的关系。

6. 商品经济是商品当事人具有自己特殊利益的经济。每一个商品生产者和经营者，应当是一个独立的或相对独立的经济实体，他们自己经营、自负盈亏，具有自我改造和自我发展的能力。要做到这一点，商品生产者和经营者就必须具有自己的特殊利益，这是使

---

① 陈一华：《计划经济≠商品经济，商品经济≠市场经济》，《经济学周报》1985年1月7日。
② 马克思：《资本论》第二卷，人民出版社1975年版（下同），第133页。
③ 恩格斯：《反杜林论》，《马克思恩格斯选集》第三卷，第351页。
④ 马克思：《资本论》第一卷，第180、103页。
⑤ 马克思：《资本论》第一卷，第102页。

他们连在一起并发生关系的唯一力量,也是商品经济能够比自然经济更快发展的重要原因,是商品经济发展的内在动力。

7. 商品经济是一种互相竞争的经济。竞争是商品经济本质属性的反映,竞争规律是商品经济的一般规律。"只有通过竞争的波动从而通过商品价格的波动,商品生产的价值规律才能得到贯彻,社会必要劳动时间决定价值这一点才能成为现实"。① 在竞争中,一方面商品生产者和经营者必须力求使自己的产品适销对路,另一方面价值规律必然要强制地为自己开辟道路。这就迫使商品生产者革新技术,开发新产品,改善经营管理,降低成本,使商品的个别劳动消耗低于社会必要劳动消耗。竞争的结果是优胜劣汰。因此,竞争规律作为对商品生产者和经营者的一种外部强制力量,推动着商品经济的发展。

8. 商品经济是一种开放式的经济,因而是一种具有充分活力的经济。这是以上特征的必然反映。由于它们扫清了自然经济给生产力发展带来的重重障碍,开辟了广大的市场(包括国内市场和世界市场),从而给生产的发展提供了巨大的刺激力;再加上经济利益的内在动力和竞争的外在压力,就使商品生产者和经营者"到处落户,到处创业,到处建立联系",② 从而形成一种开放式的充满活力的经济。

9. 商品经济是社会生产发展一定阶段上的社会生产关系体系。这就是说,商品不是一个简单的物品,商品经济也不是简单的物和物的关系或人和物的关系,而是在物的外壳掩盖下的人和人之间的关系,或者如列宁所说,是"一定的历史社会形态的社会生产关系体系"。③ 既然商品经济是一个社会生产关系体系,它就不仅是指商品生产,而是包括商品的生产、分配、交换和消费四个环节及其相互联系和制约的有机整体;同时它不仅是指商品经济的个别运动,而是一个周而复始的不间断的运动过程。

以上 9 个方面就是商品经济的一般特征(主要是与自然经济相

---

① 恩格斯:《马克思和洛贝尔图斯》,《马克思恩格斯全集》第二十一卷,第 215 页。

② 马克思和恩格斯:《共产党宣言》,《马克思恩格斯选集》第一卷,第 254 页。

③ 列宁:《卡尔·马克思》,《列宁选集》第二卷,第 589 页。

比较而言)。这是任何商品经济都具有的,社会主义商品经济当然不能例外。但是,马克思指出:"商品生产和商品流通是极不相同的生产方式都具有的现象,尽管它们在范围和作用方面各不相同。因此,只知道这些生产方式所共有的抽象的商品流通的范畴,还是根本不能了解这些生产方式的不同特征,也不能对这些生产方式作出判断。"① 下面,我们就结合社会主义生产方式来探讨社会主义商品经济存在的原因和特点。

二 社会主义商品经济存在的原因和特点

有一种观点认为,由于社会分工以及由此引起的生产者之间利益差别的普遍存在,不论一个国家的经济制度即生产关系如何,在生产方式上都必然是商品生产。据说是因为分工越发展,交换越频繁,就必然会形成价值这一尺度来衡量劳动的成果;同时因为分工的发展造成社会需求的扩大和需求结构的多样复杂和变动不定,也要借助于社会必要劳动(或价值)。② 我认为,这种观点是不妥当的。第一,社会分工只是商品生产存在的前提条件,是商品经济的基础,而不是商品经济的根本原因。第二,为了回答以上的质疑,林子力同志提出了社会分工会引起生产者之间利益差别的普遍存在的观点。应当说,这比他过去的论述前进了一步,但是仍然解释不了共产主义社会中社会分工将高度发展而商品经济将消亡的问题。第三,用分工和交换的发展、社会需求的扩大和变动,说明要借助社会必要劳动(或价值)这一尺度,从而来论证商品经济存在的原因,这是一种逻辑的颠倒,应当是先说明商品经济存在的原因,然后才能说明为什么要借助社会必要劳动(或价值)这一尺度。

目前比较流行的观点是,社会主义商品经济存在原因有两个方面:一是社会分工;二是存在着具有独立经济利益的不同经济实体。③ 我认为,这种观点既符合马克思主义的方法论原理,又符合

---

① 马克思:《资本论》第一卷,第133页注。
② 参见林子力:《论社会主义商品经济》,《文汇报》,1984年12月14日。
③ 参见马洪:《关于社会主义制度下我国商品经济的再探索》,《经济研究》,1984年第12期。

社会主义商品经济的实际。问题在于：为什么社会主义制度下会存在着具有独立经济利益的不同经济实体，特别是各个国营企业为什么是如此呢？马洪同志的文章是用劳动仍然主要是谋生手段，劳动能力是劳动者的"天然特权"来说明的。我认为，这是值得商榷的。这种观点归根到底仍然是用分配方式和交换方式来说明，而商品经济是一种生产方式，应当是生产方式决定分配方式和交换方式，而不是相反。

我认为，社会主义商品经济存在的原因，除了社会分工这个一般前提和基础以外，主要应从社会主义生产方式的本质中去寻找。马克思指出，生产方式的本质，归根到底取决于劳动者和生产资料相结合的方式和方法。"不论生产的社会形式如何，劳动者和生产资料始终是生产的因素。但是，二者在彼此分离的情况下只在可能性上是生产因素。凡要进行生产，就必须使它们结合起来。实行这种结合的特殊方式和方法，使社会结构区分为各个不同的经济时期。"① 马克思这段话虽然是针对小商品生产方式和资本主义商品生产方式的区别而言的，但是对社会主义商品生产方式也是基本适用的。不过，在当时的历史条件下，马克思认为社会主义社会将是"一个自由人联合体，他们用公共的生产资料进行劳动，并且自觉地把他们许多个人劳动力当作一个社会劳动力来使用"。② 因此，劳动者和生产资料的结合是直接的社会劳动力和全社会公共的生产资料的结合。在这种设想下，马克思当时预言，社会主义制度下将不存在商品生产和商品交换，商品经济已经消亡。

后来实践的发展超出了马克思的预料，社会主义各国都存在商品生产和商品交换。为什么这样呢？斯大林用社会主义公有制存在两种形式来解释，因此否认全民所有制内部的交换是商品。实践证明这种观点是片面的，已被大多数同志所否定了。问题是如何说明。我认为，关键在于马克思当时所设想的劳动者与生产资料的结合，同后来的社会主义实践有所不同。所有走上社会主义道路的国家都没有实现直接的社会劳动力和全社会公共的生产资料的结合，而是

---

① 马克思：《资本论》第二卷，第44页。
② 马克思：《资本论》第一卷，第95页。

不同程度的社会劳动力和多种形式的生产资料所有制的结合。正是这个社会主义生产方式的本质，从总体上决定了社会主义商品经济存在的客观必然性。

当然，社会主义商品经济同资本主义商品经济相比较，具有各自的特点。正如《决定》所指出的，社会主义经济是在公有制基础上的有计划的商品经济；它同资本主义经济的区别，在于所有制不同，在于剥削阶级是否存在，在于劳动人民是否当家作主，在于为什么样的生产目的服务，在于能否在全社会的规模上自觉地运用价值规律，还在于商品关系的范围不同。归结起来，社会主义商品经济的特点就是两条：一是以公有制为基础；二是有计划的运动形式。

这里，顺便谈一下社会主义社会的基本经济特征问题。长期以来，由于不承认社会主义经济是商品经济，因此更不可能承认它是社会主义社会的基本经济特征。现在看来，商品经济既然是社会主义生产方式内在的本质联系，因此它不仅是一个基本经济特征，而且是一个重要的经济特征，是仅次于生产资料公有制的一个经济特征。而有计划发展既然是社会主义商品经济活动的形式，因此它只能是属于第三个层次的经济特征，或者说，有计划与商品经济共同构成社会主义社会的一个基本经济特征。

（原载《经济研究》1985年第5期，本文删去了原文开头和结尾的部分）

关于体制改革总体规划的研究

郭树清　楼继伟　刘吉瑞

郭树清简介如前第 484 页。

楼继伟简介如前第 428 页。

刘吉瑞，1954 年 11 月生，浙江余姚人。西子联合控股有限公司董事兼首席经济学家等。

主要著作有：《论竞争性市场体制》（与吴敬琏合著），该书被评为"影响中国经济建设的十本经济学著作"之一。

一　体制改革的目标模式

社会主义经济是公有制基础上的有计划的商品经济。经济体制改革的实质是进一步发展和完善社会主义的生产关系和上层建筑，加速生产力的发展。

传统体制在恢复经济、奠定工业化基础的特定历史时期内曾经发挥过非常积极的有效作用，但是，随着我国经济的发展，其弊病日益暴露出来。这些弊病产生的根源，在于传统体制从根本上说不符合社会主义经济的商品经济性质。正因为如此，传统体制在束缚生产力发展的同时，也造成了社会主义公有制关系的发展失去活力，按劳分配原则不能贯彻到底，经济的计划性越来越差。

要彻底根除旧体制的弊病，必须将社会主义的基本原则贯彻到商品货币关系之中。换句话说，必须全面发展社会主义商品经济，因此新体制必然具备如下特点：

（1）在不改变公有制成分占主导地位的前提下，公有制经济的具体形式和结构将发生很大的变化。除某些关系国民经济命脉的基本经济部门仍然要保留单一的国家所有制形式外，集体的、合资的和联合股份的以及其他混合形态的经济形式都将得到充分发展。此外，个体的和国家资本主义的经济成分，也同样都要根据实际需要鼓励其存在和发展，一切经济单位都要自主经营、自负盈亏。

（2）个人消费品的分配完全取决于个人的劳动贡献和企业的经营状况。个人实际劳动的数量和质量是分配的基本尺度，整个生产单位集体劳动的数量和质量也是分配的基本尺度。这二者是统一在一起的，因为按劳分配是按照个人给社会提供的（即得到社会承认的价值上实现了的）劳动来分配，而不单纯是按个人给劳动集体提供的劳动来分配。因此，产品能否适应社会需要，企业能否盈利，都将直接影响劳动者个人的收入水平。

（3）计划要符合商品经济的要求，因此，计划与市场不再是互相分离、互相对立的关系，宏观和微观不再是指令性计划构成的大一统局面。计划与市场、宏观与微观相对独立但又有机统一。完整的社会主义市场体系构成经济机制的基础；而根据市场关系的内在规律和发展趋势制定出来的宏观计划，又能有效地消除市场关系过分猛烈的波动及危害。一切经济活动都必须处于市场关系中，而一切市场关系又都处于计划的调节控制之中。因此，既没有脱离市场的经济活动，也没有脱离计划的经济活动，整个经济内部不是有两套指导参数，而是只有一套指导参数，即受到计划调节的市场关系。

上述基本特点概括地反映了目标模式的内容，还需要将这个模式内的主要环节给予更具体的阐述。

企业活动　企业在法律允许的范围内，根据市场情况决定自己的活动。企业活动的直接目的是以最小的消耗争取最大的利润。企业作为生产经营组织，生产和投资决策完全由自己根据外部经济环境和自身情况独立作出，并对自己的经营效果负全部责任。企业经营出现亏损（包括少数公共事业部门超过国家计划核定的亏损数额），必须自己努力，通过提高技术水平和管理水平扭转亏损局面，如果没有改进能力，则应宣告破产。企业可以根据有关的法律规定拍卖产权，与其他企业联合经营或者并入其他企业。

市场体系 企业活动按照上述原则来进行，则必然形成竞争性的市场体系。社会主义经济是完全的商品经济，因此市场也必须是完整的体系。这个市场体系包括：商品市场、技术市场、劳动市场、土地使用市场、资金市场和外汇市场。上述每一个方面都自成系统，事实上又有多种形式，例如仅资金市场就有借贷市场、同业拆借市场、商业票据市场、股票债券市场等等多个方面。

一切市场的共同规律是，市场价格随供求关系的变化而自动升降。这种灵活机制迫使企业处于广泛的自由竞争之中，最大限度地推动技术进步和成本降低，使资金流向经济良好的地方，从而使整个社会的生产资源得到最合理的配置。

市场体系内部存在着纵横交错的密切联系，各种市场之间始终处于相互影响、相互制约之中，任何一种市场的变化都会不同程度地波及到其他市场。但是各种市场在整个市场体系中的地位和作用却并不相同。一般说来，商品市场对于整个市场体系具有基础意义，而资金市场（包括外汇市场）在整个市场体系的变化中发挥着主导作用。商品市场的变化最为迅速，由此导致其他市场的变化最终反映到资金市场；而资金市场的变化则通过其他市场的变化最终传递到商品市场。商品市场具体体现为成百上千万种商品的供求关系，而资金市场具体体现为直接的或间接的货币形态，因而前者是纷繁复杂的，后者则是较为单一的。上述关系决定了宏观调控的逻辑顺序。

宏观调控 微观活动的总量、经济过程的全局构成宏观形态。宏观调控只能由国家来承担。社会经济计划是宏观管理的中枢环节。计划的制定以市场关系为基础，即要用周密分析研究市场价格波动、存货数量和结构、供求变化方向，进而把握社会生产和消费的实际状况及发展趋势，最后据此确定国民经济发展的战略目标、总量比例、结构规划以及政策手段。

计划的实现主要运用以下手段：

（1）经济参数调整。这是实现计划的最重要、最灵活的途径。其效果是直接作用于市场的，而不是首先作用于某些行政机构的，再由它们去组织市场活动。在一般情况下，首先直接调整的是中央银行的准备金比率、再贷款利率、再贴现率、汇率、财政的税种和税率，通过改变资金和外汇的供求情况，进而达到间接调整劳动力分布、土地占用和商品供求关系的目的。调整经济参数可以从四个方面促进计划的完成：①控制经济变化总规模；②维护基本比例关系平衡；③促进经济结构的合理化；④维护社会公平和稳定。

（2）法律条例保障。为保证社会主义商品经济的健康发展，监督企业等价交换、自由竞争、照章纳税、文明经营等等，国家颁布严密的经济法律法规和条例，并通过强有力的监督、检查、执法、司法组织体系付诸实施。

（3）直接数量管理。间接控制型体制并不完全排除行政性办法。在某些方面，直接的控制办法效果更好，例如在国内生产和国际贸易中，有些时候需要规定各种限额，以保证宏观平衡。

（4）公共事业经营。低盈利和不盈利的各项基础设施和社会文化福利事业，是整个经济全局不可缺少的组成部分，需要国家直接经营。国家制定各种特殊的发展战略和经济政策，运用各种法律的、行政的、经济的措施鼓励和保证公共事业的发展。公共事业部门庞杂，情况各异，政府的直接管理应采取各种形式。

三 第一阶段的实施步骤

为理顺基本经济关系，建立较为完善的商品市场，第一阶段应推行以实现市场统一价格为中心环节的全面配套改革，争取在1988年至1990年内完成。只有形成了包括生产资料在内的商品市场，才有可能真正放活企业，实现政企分开；也才能为资金市场、技术市场的形成创造条件。因此，第一阶段的重点是建立较为完善的商品市场，而重点的重点是形成生产资料市场。

目前的价格体制非常复杂，一方面是不同产品的固定价、浮动价、自由价等构成混合形态，另一方面是同一产品的计划价、协作价、市场价等等构成"双轨"或"多轨"形态。这种局面的出现带有必然性，而且对于打破僵硬的指令性计划，连接生产和需要，提高企业自主经营的积极性，培养熟悉市场运行规律的经济干部都发挥了不可否认的积极作用。但是，目前的价格体制，特别是"双轨"或"多轨"体制，引起了一系列严重的问题：

（1）计划外产品虽只占一部分，但其价格上涨极快，对整个制成品价格上涨的推动作用非常强大，使企业经营的外部环境极不确定，增强了通货膨胀预期。

（2）企业内外财务关系混乱，不合理收入差别急剧扩大，所谓"两本账"、"小金库"现象因计划外价格的存在而更趋严重。

（3）由于计划内和计划外的比重在各部门、各企业都不相同，微观经济活动失去了透明性和稳定性，税制改革、工资改革、外贸外汇改革都难以进行，即使是政策调整也无从下手。

（4）计划内部分纷纷流向计划外，合同兑现率不断下降，重点企业和重点项目的原材料供应普遍达不到要求。

（5）牌价和市价的巨大差额客观上为各种倒买倒卖不法活动创造了可乘之机，而且削弱了市场监督的有效性。

（6）由于宏观方面事实上无法调节和引导计划外产品流向，因而助长了地方和乡镇工业的盲目发展，投资与物资流向日益违背宏观意愿，加剧了产业结构的失调。

（7）为寻求相对稳定的经济环境，各地区纷纷组成独立的物资供销体系，这又加剧了地区割据、贸易壁垒和"以物易物"的弊病。

（8）某些企业和个人，不是靠劳动和经营的效益提高，而是靠价差轻而易举地获得较高收入，引起普遍的攀比效应，消费基金越来越难以控制，如此等等。

这种局面亟待改变。有三种可供选择的方案。

方案一：保留"双轨"或"多轨"制，逐步调高计划内价格向市场价格的靠拢，最后实现单轨制。但是，随着每调高一次计划内价格，其他方面都必须进行或大或小的相应调整。这种连续调价，由于不可避免地引起物价总水平的上涨，因而将成为旷日持久的改革；更由于每次改革都要涉及多个方面，总的工作量将十分巨大，而且其他各方面的改革都将被长期拖延。即使这样，实际上能否控制住、不出大的纰漏，很难说有多大把握。

方案二：将现有按"双轨"或"多轨"价格区别的产品价格，统一成固定、浮动、自由价格（即市场供求大体平衡的就放，内外差价悬殊者就按一个调高的计划价收），形成混合价格，并逐步扩大浮动幅度，取消固定价格，最后过渡到单一市场价格。

方案三：将现有"双轨"或"多轨"价格一次放开，统一成单一的市场价格，初期可先规定上限，变化不大时取消限制。

上述第二、第三两个方案，尽管形式上差别很大，但实质上是基本一致的，所要求的其他方面配套改革和配合条件内容一样，只是程度不同。方案三只是方案二的加快实施。下面我们就把方案二的主要配套措施简单地叙述一遍。需要说明的是，这部分内容十分庞杂，这里的叙述很难反映本课题构思的全貌，只能列举要点。本阶段各方面的改革大致分两步完成：第一步主要解决各方面最直接的价值扭曲；第二步主要解决长期资金占用上的弊病。这里主要谈谈第二方案的配套措施。

必须说明生产资料价格改革是相当困难的，它的主要困难不在于对人民生活的影响，而在于对生产和建设秩序的影响。但是，这些困难是可以克服的，只要中央下决心，物资、财政等部门通力合作，就能够搞出一个好的方案并顺利实现。如果优柔寡断，不敢触动生产资料不合理的分配和价格体制，就会贻误战机，大大推迟改革的进程。

计划 清理指令性计划，对少数特别重要的商品实行国家优先订货和优先供货（也可继续称之为"指令性计计划"），以后逐步减少这种行政干预。保留指导性计划总量指标，国家通过运用财政、信贷多种手段达到计划要求。计划重点应逐渐转移到中长期发展战略和短期政策运用上来。

税收 将产品税、营业税改为增值税和消费税，即所有的产品和劳务都征增值税，只对少数最终产品征消费税（对烟酒等）。取消调节税，开征资源税和固定资产占用税。统一企业所得税税率，开征个人超额累进所得税和工薪税（包括奖金税、工资调节税）。新设分领域的众多小税种。税收结构转变为：增幅税和消费税45%，各种所得税25%，资源税和固定资产税20%，其他税种10%。

商业物资 改组物资部门为商业企业，逐步实现完全的自负盈亏和自主经营。第一步先以批零差价改革为重点，对于自由价格产品的批零差价一律放开，其他产品的批零差价如需限制，则国家财政要提供补贴。第二步以商业流动资金改革为重点，配合银行改革，解决流动资金长期严重占压的问题。

财政 中央和地方财政收入实行分税制，中央财政在初期应集中较大比例，以后逐步减少。建设银行逐步办成真正的银行，提高利率总水平，增强用借用形式筹集长期投资资金的能力。财政开支中用于基础设施和文化福利事业建设的部分逐步减少全额拨款，增加贴息等支持手段。社会保险和保障事业逐步社会化，减少财政开支负担。财政收支分项对应，新开办的事业原则上要开辟新的税源。

银行 努力形成中央银行的货币供应量控制体系，为防止宏观失控，初期应继续保留信贷规模的指标管理作为第二道防线。利率改革应成为重点。在存贷利率结构方面，对中央银行与专业行之间的利率结构，专业行自身的利率结构进行广泛的调整，使专业行，特别是专业基层行的经营逐步走上企业化的轨道。基层行发放贷款除完成专项指标外，一律根据预期利润率来决定。待上述改革基本收效之后，如果其他方面条件允许，就应转入第二步改革，即实现期限管理，并将专业银行改造成自负盈亏的企业。

工资、就业 继续完善基本工资加奖励工资的制度。重新调整地区、行业、工种的基本工资结构，企业工资总额仍由国家控制，奖金超额部分按统一规定严格征税。机关事业单位工资水平和结构由国家规定。本阶段末期如果条件具备，可适当削弱国家控制。劳工就业可先允许少量职工（技术人员）自由流动，大力发展合同工、季节工、矿山轮换工和农民工等灵活形式，通过考试招聘、编外、少量解雇等办法逐步扩大企业在用工方面的自主权利。

社会保险、保障 建立完善的社会保险机构，改变企业和财政统一包揽的制度。第一步先推行多方面共同负担的过渡办法。具体说来，企业职工的保险、保障资金，大部分应由企业缴纳，小部分由职工个人缴纳；国家机关工作人员大部分由财政拨付，小部分由个人缴纳，其他个体户和合资企业职工全部由个人缴纳。企业缴纳的和财政拨付的保险基金，由社会保险机构统筹发放，以后逐步走向完全的社会化。

外贸 出口产品要一次退清所有环节的增值税、产品税、营业税等一切流转税。对国内定价仍然明显偏低的紧张能源原料产品征收高额出口税，对国内价格过高的紧俏产品征收高额进口税。配合产业政策，对技术引进和进口替代行业不同发展阶段实施关税保护和补贴，并通过关税保护和补贴方向的不断移动，促进技术引进和进口替代的深化,并鼓励出口。对那些国际市场容量比较确定的产品实行招标式出口许可证制度,对国际上未打开销路的产品则实行自由组织出口的制度。上述措施在初期应保留较大的统一控制,以后逐步放松。

外汇 国内价格的全面改革为汇率真正统一走向合理化创造了条件。重新调整汇率,并逐步放松控制,形成灵活浮动的汇率。外汇是宝贵的资源,必须保证其高效使用。为此需要适当加强外汇的集中控制,完善各种流动制度。国内严禁外汇流通,创汇必须结汇,推行留成制度,鼓励增加创汇。中央外汇和留成外汇分开管理,不搞"一女二嫁"。中央外汇主要用于国民经济必不可少的物资进口、重大的技术引进项目以及中央财政偿付外债本息,一般不再向下批汇;多余部分拨给中央银行作为外汇信贷基金,按供求利率发放;地方用汇自行调剂。其他条件具备,也可对留成外汇实行结汇券的有价转让,但必须由银行统一监督。用汇审批权不再按用汇额度层层下放,而是按照规划定出用汇方向,并据此进行项目招标。严格控制非贸易用汇。随着改革的深入发展,逐步减少对外汇流动的限制。

组织制度 大中企业建立管理委员会(工人代表、国家代表、党团工会负责人和经营管理人员代表等成员构成)。发行股票的企业可建立董事会,小型企业可建立职工代表大会,成为企业的最高决策机构。厂长经理向这些机构负责,独立进行具体的经营活动,其任免除大中型企业必须经政府有关部门批准外,由这些机构自行决定。管委会中的国家代表负责对国家固定资产的使用和收入分配进行监督,可以否决这一方面的管委会决议,如管委会大多数人坚持,则报上级主管部门裁决。政府部门应大为削减专业部、局,充实加强综合管理部门和监督情报部门。撤消的专业部、局可形成行业组织,做好规划和服务工作。监督部门和情报部门逐步实现单一垂直领导。建立专门的机构负责监督执行行政性法规条例,同时,可考虑成立国家固定资产部。

以上各方面改革,具体实施必须相互配套,步骤上可根据情况作灵活调整,争取在第七个五年计划期间完成。

(原文写于 1985 年 8 月,发表于《经济研究参考资料》1986 年第 35 期,此处节选自其中的第一、三部分)

论具有中国特色的价格改革道路

华 生 蒋 跃 何家成 高 梁 张少杰

华生,1953年出生,江苏省扬州市人。

1978—1982年期间就读于南京工学院(现东南大学)并获学士学位。1982—1985年期间在中国社会科学院研究生院财政系学习并获硕士学位。曾师从著名经济学家董辅礽,获武汉大学经济学博士学位。1987年赴英国牛津大学学习。是首批"国家级有突出贡献的专家",曾获"孙冶方经济学奖"。现任北京师范大学珠海分校校长、燕京华侨大学校长,是中国社会科学院研究生院、东南大学、武汉大学教授,以及中国侨联华商会副会长、北京市侨联副主席、北京市政协委员。

著有《中国股市的经济学思考》等。

蒋跃,作者简介不详。时为中国人民大学研究生。

何家成,1956年生,江苏南京人。

1978年考入南京大学经济系,1981年毕业并获学士学位。1981—1984年期间,就读于中国社会科学院研究生院并获经济学硕士学位。1984—1986年期间,在中国社会科学院经济研究所攻读并获得博士学位。历任中国社会科学院经济研究所发展研究室主任、中央政治体制改革研究室综合局副局长、国家物资部办公厅副主任兼部长办公室主任、中国物资经济研究所所长兼书记、江苏省无锡市副市长、国家内贸部政策体制法规司司长、中国华星集团董事长和总裁兼党委书记、国家内贸局党组成员和副局长等职。现任国务院国资委国有重点大型企业监事会主席。

高梁，1948 年生。国家发改委经济体制与管理研究所国有资产研究中心主任。

曾经当过农民、工人。在国家经济体制改革委员体改所工作过。曾担任海南省洋浦经济开发区管理局国有资产管理中心主任、《经济管理文摘》杂志执行主编、《中国产经新闻报》副总编。兼任中国经济体制改革研究会特约研究员、国防经济研究会理事、环境文化促进会理事。

1999 年以来，曾参与国家计委宏观经济研究院、中国体改研究会国民经济研究所、中国科学院政策所、科技部、国务院中长期科技规划战略组组织的各项研究课题。

主要著作有：《挺起中国的脊梁——全球化的冲击和中国的战略产业》等。

张少杰（1953—2011），江苏省南京市人。

1978 年考入南京大学经济系。1982 年考入中国社会科学院研究生院经济系，1985 年获经济学硕士学位。毕业后，进入中国经济体制改革研究所，历任第二研究室主任、微观经济研究室主任、应用研究部主任，1987 年被评为副研究员。1990 年任世界银行中国代表处顾问。1991 年参与创立恒通集团股份有限公司并任总裁。1999 年创立上海远见投资顾问有限公司并任董事长兼总经理。2004 年成为中国经济体制改革研究会的特约研究员。2007 年，调回国家发改委经济体制与管理研究所。

主要著作有：《改革：我们面临的挑战与选择》（主要执笔人）、《经济运行与经济调节——微观角度的比较研究》、《改革中的市场结构和企业制度》（主要执笔人）等。

加快以城市为重点的整个经济体制改革的步伐，需要几方面的配套改革，其中价格体系和价格体制的改革是当前理顺经济的枢纽。本文试图探索一条符合中国国情的价格改革道路，以供参考。

一 价格改革的理论模式问题

社会主义经济是在公有制基础上的有计划的商品经济。在社会主义经济中,价值仍然是价格的规律,交换要按照价值或其转化形式进行。社会主义下价值或其转化形式即价格运动中心的存在,是商品交换客观运动的过程和一系列经济机制作用的结果。社会主义的公有制和计划经济使人们获得了认识和把握规律以达到经济活动目标的条件,但是符合价值或其转化形式的价格,很难设想能单纯由某个社会中心制定出来或由某种数学模型的计算所达到。如果这是可能的话,那么商品乃至价格本身就不必存在了。

社会主义企业客观存在的相对独立的经济利益,奠定了社会主义商品经济本身确立的基础。在社会主义经济机制正常作用的条件下,社会主义的价格体系由生产、交换的主体——企业的经济行为所构造,价格运动的轴心是不同部门、行业、企业利益的均衡点。国家对价格的干预和控制,将主要通过经济手段,在尊重经营主体利益独立性的前提下,通过对企业行为的把握和利益关系的调动去达到资源配置、结构调整和供求平衡等宏观目标。

这样当然并不意味着贬低价格对生产要素配置的作用。严格地说,价格体系理顺的标志是它同时达到了资源配置的优化和利益分配的均衡。而一个合理的价格管理体制,则在于它能使价格体系内在地走向这样的重合面,并在价格运动发生偏离的时候具有自我调节和自我矫正的能力。基于旧价格管理体制,是以固定价的管理为核心,视企业这个活的细胞为死的棋子,这必然导致在价格体系的建筑和修补上疲于奔命,且劳而无功。与一定的生产方式相对应的利益关系,决定了价格的形成准则和机制,价格管理体制应当服从后者的要求。而经济体制改革正是要把价格管理体制的重点从价格体系的修造转移到价格形成机制领域的调节方面来。在尊重价值规律的基础上配套使用税收、利率等经济杠杆以及必要的行政方法,去影响和诱导最终形成的动态价格体系,以达到生产要素配置的经常优化。

我们认为,在有计划的商品经济的基础上,新的价格管理体制应以有弹性的计划价格为主体。必须改变长期以来把计划价混同于固定价的观念，寻找能够灵活反映价值量和市场供求变化的新形式。具体说来，计划价格应包括：①浮动价或称计划幅度价；②国家物价部门指定或委托的经济组织的报价，即指导价或带头价；③统一计划价，这里也分为两种：一种是全国统一的，这种比较少；一种是地方性的，即由各级物价部门分层决策。这种计划价较稳定，但也不是长期凝固的。这样一个价格管理体制将以计划指导的浮动价和指导价为主体，以固定价和自由价作为辅助和补充。

综上所述，旧的集中的价格管理办法，难以产生合理的价格体系。因此，价格改革面临着调整体系和转换机制的双重任务，这是价格改革的难点所在，也是本文的主题。

二 价格改革的起步

我国价格体系的不合理主要表现有二：工业基础品价格偏低，造成一般工业品的物化劳动耗费失真；农副产品价格倒挂和公用事业收费偏低，使活劳动耗费计量不全。而不合理的价格管理体制不仅不能缓解反而助长了价格体系的紊乱，在某些方面已经到了积重难返的地步，这是价格改革的现实起点。

增强企业活力是经济体制改革的中心环节。当前阻碍企业独立自主经营的三个相互关联的主要因素是计划、物资和价格。现在经济生活中计划之争的背后是物资，物资之争的实质是平、市价的差异，它们的根子还是价格。所以，制约经济全局特别是搞活企业的关健是工业品出厂价，尤其是生产资料的价格。长期以来，对解决这个问题基本上有两种观点：一是主张大步调，即一次（或先大步后小步两次）基本调好基础品与加工品的比价。其问题是：①价格体系的大幅度变动，会强制性扯动生产体系离开它正常的轨道，迫使生产结构急剧改组，从而可能导致生产水平和经济效益在一定时期（往往是二三年内）相对甚至绝对地下降。②大幅度调价造成物价水平急剧上升，若年率超过7%—8%，连锁带来的利率、税率、工资、财政负担和轮番涨价问题，难以预测和控制。③苏联和东欧国家调价的历史说明，由于种种实际因素的制约和理论价格测算本身的误差，实际上没有一次调价就能达到合理状况的。随着经济的发展变动，它只是为下一次调价（一般4—7年后）准备条件。可见，即使大步调价，也不是解决价格问题的根本出路，只不过是在旧体制内达到短期平衡的调节手段。特别值得注意的是，我国几十年来价格基本未大动，基础品价格背离价值已达极端程度，大手术引起的震动是其他国家难以比拟的。另一种观点是小步调，其优点是分解了风险，便于消化，较为稳妥。但小调也有局限性，对刺激短线物资的生产和抑制短线物资消耗的作用较弱小，调的效应较小较慢，难以对投资方向和生产结构的调整给出正确的价格信号。

大调小调皆有局限性的根本原因在于其都忽略了我国经济体制改革进程的具体特点，试图用传统体制下的价格管理办法来解决新体制下的价格问题。我国经济改革从扩大企业自主权开始已经历了5年时间，它已具有了两个重要的特征：①地方和企业的分散决策已经大量存在，它们在生产、投资、分配方面已拥有一定的自主权，加上农村改革的发展和乡镇企业的兴起，分散决策的规模已相当可观；②企业吃国家"大锅饭"的局面正在被打破，地方、企业的独立利益已经形成。这两个特征意味着价格的主要职能已不再是传统经济体制下的核算职能，而开始转向以利益调节为基础的资源配置职能。在新的情况下，单纯行政手段的控制日益失灵，而用其他经济杠杆来替代价格杠杆的职能，造成了经济杠杆体系的连锁扭曲，改革不合理的价格体系已成为当务之急。然而新的利益结构又在多方面制约着国家的计划调价：企业、地方的既得利益格局和现有的价格体系、生产结构密切相关，价格的一升一降涉及到千家万户。完全不顾及价格调整带来的利益格局的变动，很难行得通。——搞清调价的影响，必然是中央算不过地方，地方算不过企业，国家财政不堪负担。集中性的调价办法和分散化的利益结构之间的尖锐矛盾，是当前价格改革中一个重要的制约因素。

这种矛盾的突出表现是在集中定价制度下的价格调整过程中存在着不良的传导机制。企业对于国家统一调价和市场价格变动的反应方式和对策是完全不同的。企业对市场价格变动（原材料和燃料价格上涨、产出品销价下跌）具有很强的消化能力，往往通过改进技术、降低成本、改善经营乃至变换品种或产品来适应市场条件的变化，表现了灵活的应变能力。而对国家的统一调价则有强烈的转嫁要求，企业力图在转嫁中不吃亏，甚至要有所得益。这种扩张型的传导加大了物价上涨的压力，增加了国家和消费者的负担，膨胀了调价的决策风险。集中定价制度在价格调整过程中所存在的这种缺陷，已为我国多次局部调价的历史所证实，因此，如果不适应新的条件，及时改变这些机制，价格改革就难以起步。

四 价格改革的途径

基于以上认识，我们认为，我国当前的价格改革不能仅是一个调的过程，也不能仅靠一个放的办法，而必须从我国当前的国情出发，从经济改革的实际出发，改、调、放结合，外改内调，以改促调，以改养调，因势利导，走出一条符合中国国情的价格改革道路。

解决工业基础品的价格是加快城市经济体制改革步伐、拉长短线、协调经济的关键。因此，价格改革完全可以而且应当利用当前生产资料自销比例扩大、价格松动这一不可逆转的改革趋势，因势利导，有意识地破除各种行政干预和对非统配物资流通的价格管制，国家物资企业参与市场经营，真正建立除物资调拨系统外的生产资料市场，使牌价外的多价归一，造成市价平稳下浮态势。在此基础上通过国家有计划地内调牌价向上，使两者靠近，达到价格体系的合理化，进而形成统一的计划价、浮动价、指导价、自由价各司其职和协调运动的价格管理新体制。原则上可以考虑：

1. 组织、扩大和疏通生产资料的议价市场。以物资流通体制的改革为主攻方向，清理和收缩原指令性计划和统配物资范围。企业自销、超产部分和地方企业生产的未纳入统配的物资，应分别视情况一次或分批取消现有的价格管制，待各类短缺物资迅速在市价水平上形成供求平衡的市场后，再行制定合理的和灵活的浮动幅度。自销物资的定价权要全部下放给企业，让企业真正作为独立的经济主体进入物资流通过程。

2. 物资部门要政企分开，各级物资企业在做好原统配调拨工作的同时，全部进入生产资料市场。利用自己在信息、资金、外贸、储运等方面的优势，挂牌经营，吞吐物资，在生产资料市场上发挥搭桥引线、平抑物价的指导作用。物资部门企业的报价和物价管理部门据此制定的浮动幅度，将是以市场为依托的指导性计划价格的主要实现形式。为保证物资部门平抑物价的主导作用和物资库存的合理分布，国家可在进口、统配物资中划出一定比例由物资企业投放市场，并让物资企业享有对自销物资的优先选购权、优惠贷款利率、相当的外汇额度和充分的外贸便利。

3. 生产资料市场可以也应该在现有的和正在发展的贸易中心的基础上延拓。有计划地投放物资和搞活价格会迅速促成一大批全国性和地方性的物资集散中心。为加快这一进程，国家物资局和地方物资部门可以用抛售物资、发布信息等方法有意识地扶植一些条件适中的城市，并在这些城市的配合赞助下，示范性地引导综合的或专业性的生产资料市场的建立和发展，以迅速形成一个纵横交错、有主有从的物资流通网络。这样，一个兴旺通畅从而买卖公平的市场将迅速替代目前以物易物及各种不正常乃至不合法的非价格贸易。

4. 减少统配物资，搞活价格，应与当前缩小指令性计划范围的方向相一致。因此，要有意识地使两者逐步衔接。制定指令性计划的方法也要逐步改为从国家必保的重点项目、交通、国防等所需的关键生产资料，倒逆推到初级原料，以最终实现或接近平出平进、高进高出，保证各类企业平等竞争、独立经营的外部条件。

5. 通畅的生产资料市场的形成，使主要物资市价统一、平稳、下跌，因而国家的计划调价就具备了条件。这时，预期的情况将是：①市价已经打足，比价趋于合理，差价已经拉开，国家就有了较为可靠的调价依据；②价格传导机制改善，企业提价的欲望受到市场制约，整个经济对调价的吸收能力、抗冲击能力有了加强；③多数供求平衡的产品价格不必大动，要动的仅是少数短线产品。由于这样，调价的难度就小得多了。在这时可以采取三种方法：①对供求平衡、牌市价重合的产品可直接实行浮动价；②牌市价差别不大的产品可以逐步扩大议价比重，进而实行某种比例价，形成新的牌价水平，并在此基础上浮动；③对少数严重短缺、牌市价差距很大的产品，则根据市场价格的稳定走势，并参考理论价和国际市场价，上调牌价。

这样的改、放和调，构成一个周期。多数物资的价格，第一阶段以改为主，改中有调。第二阶段以调为主，调中有改。有的也许一直是有改有调。这样经过一个或几个周期，生产资料价格的调整和改革就可望平稳地完成。

没有在价格改革的黄金时代解决好消费者价格问题，使财政负担日益加重，是某些东欧国家价格改革的基本教训之一，对此我们应当有所借鉴。何况我国经济体制改革的实践已经把这个问题推到了前面，因此，在解决基础工业品价格的同时，对供求平衡、选择性强的一般工业品的价格管理办法，可以步伐较大地进行改革，比较迅速地过渡到以浮动价为主的价格形式上。对于价格结构变化引起的总水平上升，应有控制、有弹性地传递到加工工业品出厂价和消费者价格上去，因为价格传递的规律是小动可以吸收，大动势必轮番。运用小的良性的连锁反应可以疏通中间梗阻，消除价格体系的新的扭曲，同时相应地给职工以工资补偿。农副产品和公用事业的价格倒挂问题，不能等待工业品价格全部理顺以后再作考虑，那样可能贻误时机。但也不宜急于一揽子解决，以免这方面的震动太大，导致需求扩张，影响城市经济体制改革的进程。原则上可以考虑：①有步骤地打破国家以固定价对主要农副产品统购包销的局面；②实行风险分担原则，调动地方的积极性和创造力，对某些地方性较强的农副产品的收购、补贴和销售，可以让地方因地制宜。③解决销价的大宗补贴，以统一调整为妥。在时间上也要和工业品价格调整相交错，他改我调，有张有弛。最好是先行解决牵动面较大的一项稳步推进，比如可以先行解决原定量供应的某些部分，因为这部分的价格的暗补改为明补，不会引起同类商品市价的大幅度波动，对币值的影响较弱，价格的连锁反应也小。

我们认为，整个价格改革走这样一条路子，主要具有三方面的好处：

其一，平价稳住经济大局和现有利益分配格局，组织开放生产资料市场，使目前各种合法和不合法的多价趋同，外改内调。其短期效应是：①迅速调节产品及品种结构，使一部分闲置生产能力投入生产，并使企业增产能力从按现行牌价有利可图的产品或品种，转向市场短缺的产品品种。②节省流通费用，调动出大量囤积和倒手的短缺的生产资料进入流通和消费，使流动资金积压的老大难问题可望有相当的解决，这样既释放了巨额资金，又有力地平抑了供求与物价。③有效地制约短缺基础品的浪费和消耗。长期效应是：①促进投资的合理流向，提高投资的综合经济效益。而合理的投资结构反转过来增加了经济对于投资总规模的容纳能力，有助于经济起飞。②实现生产结构快速而平稳的改组。③改善经济活动主体的经济行为。随着逐步与市场建立正常和稳定的联系，将锻炼和增强它们的应变能力和素质。

其二，为增强大企业活力和正确发挥中心城市的作用开辟了道路。目前大中型骨干企业普遍存在两种情况：一类是生产基础工业品的大中型企业，由于基础品价格偏低，背离价值严重，计划打得较满较紧，超产部分又多被部门、地方分割，因而这部分企业自主权相对很小，做不成什么事业。另一类是消耗基础工业品的大户，其中许多长期以来靠吃廉价原材料、燃料过活，浪费严重，应变能力差。扩大市场、搞活价格能极大地调动前者的积极性、创造性和增产潜力，并给后者形成强大的压力。在税制改革之后继之以物资流通体制改革，企业对城市政府和行政部门的直接依赖将大为削弱，而市场本身的联系和活跃必然诱导城市沿着开放型的正确方向发展。

其三，解决基础工业品价格与消费者价格交叉进行，既分解了风险，又不失时机适当地加快了价格改革的步伐。而农副产品价格倒挂的分步解决，对于城乡经济的顺畅交流和整个价格体系的合理化，都具有重要的意义。

我们认为、中国式的价格改革道路，可以用四个字来概括，即改、调、放、导。改革过于僵死的价格管理制度，才能治病除根；调整不合理的价格体系，是必要的消炎退烧；放活一批价格由市场调节，可以作为有益的辅助和补充；导即疏导、引导和指导，包括国家企业参与市场经营，发挥主导作用，这是我们今后研究的方向。当然，价格改革不是一个孤立的过程，它的顺利推进需要其他方面特别是财政、信贷、外贸以及工资补偿方法的共同配合。

（选自《腾飞的构想：中国中青年经济改革讨论会获奖优秀论文选集》，辽宁人民出版社，1985年。此处节选自其中的第一、二、四部分并略有删节）

效率优先，兼顾公平

——通向繁荣的权衡*

周为民　卢中原

周为民，1954年生于江苏扬州。

1982年毕业于河海大学政治系。1984年和1990年毕业于中央党校经济学系，先后获硕士学位和博士学位。此后在中央党校工作，1995年任经济学教授。曾任《学习时报》总编辑。现任中央党校马克思主义理论部主任。此外，还担任中国市场经济研究会常务副会长、公共经济研究会副会长等职。

卢中原，生于1952年，河南省济源市人。

1982年毕业于天津师范大学并获经济学学士学位。1984年和1990年先后在中央党校学习并获经济学硕士和经济学博士学位。1991—1992年期间在英国牛津大学当代中国研究中心进修西方经济学和转轨经济学。历任国务院政研室工交司处长、副司级巡视员、财金司副司长、正司级巡视员、国务院发展研究中心发展战略和区域经济研究部副部长、宏观经济研究部部长。现任国务院发展研究中心副主任，兼任中国科学院国情研究中心学术委员和客座研究员。

主要著述有《市场化改革对我国经济运行的影响》、《当代市场经济国家竞争政策及其对中国的启示》、《构筑现代经济的核心——面向新世纪的中国金融改革》等。

---

* 作者注：本文是"社会公平和社会保障问题研究组"的集体研究成果，由我们两人执笔。

二 社会主义平等观：机会均等，效率优先

马克思主义认为，平等观念从来就是一定历史社会关系的产物。新的历史时期社会关系将确立新的价值判断准则，而新的观念一经确立，又将推动经济发展和社会进步。随着建设一个高度繁荣的社会主义商品经济的客观进程，确立社会主义平等观的科学内容这一要求，已经摆到我们面前。今天，平均就是平等，社会主义平等就是结果均等的传统观念虽然正在被破除，但社会主义平等观的真正要义是机会均等这一点，却还未得到普遍的承认。

在一些人看来，机会均等似乎有接过资产阶级口号之嫌。其实这是一个误解。资产阶级鼓吹的机会均等首先掩盖了占有生产条件的不平等，进而掩盖了阶级地位和整个社会状况的不平等，甚至存在种族、性别等方面的歧视。我们所说的机会均等是与社会主义的本质要求相联系的，是以人民群众在政治地位和社会地位方面的平等为基本前提的。在社会主义条件下，全体劳动者都享有主人翁地位、平等的劳动权利以及按劳动量领取报酬的平等权利，劳动者之间这种地位平等，为机会均等的真正贯彻提供了现实的必要条件。机会均等的真正贯彻，又进一步表明劳动者地位平等的实现。在社会主义平等观看来，所谓机会均等，无非是一切能使个人自主活动能力得到充分发挥并由此取得成就的机会，诸如就业、致富、受教育的机会，参与民主管理的机会，合作的机会，直至参政的机会，等等，均向每个社会成员开放着。这种机会面前的平等，不承认任何种族、性别、年龄的差别，更不承认那种由血统、门第、宗法关系所决定的封建等级差别和特权，而只承认联合劳动者在个人自主活动能力和努力程度方面的差别，亦即具有同等能力又付出同等努力的人可以获得同等的机会，而付出了同样努力但能力各异的人可以获得不同的机会，如此等等。

提倡机会均等，不仅适应社会主义联合劳动的新型生产关系，而且适应大力发展社会主义商品经济的迫切要求。当经济当事人在经济发展过程中面临竞争的筛选时，如果不享有自由进入竞争的权利，也不具备可供选择的机会，要想使自身生存、发展从而推动社

会主义商品经济的高度繁荣，将是十分困难的。几年来的经济体制改革，为逐步确立科学的社会主义平等观提供了许多有利条件。随着多种经济成分并存、多层次决策、多渠道传播信息以及社会主义计划市场体系的形成和完善，人们将日益强烈地要求普遍贯彻与竞争择优原则密切相关的机会均等原则。

机会均等本身又是一条效率原则。与结果均等的公平要求不同，机会均等所强调的，首先不是现有财富的平均分配，而是使社会财富不断增长，因而效率优先不过是机会均等要求的题中之义。

坚持效率优先原则，在根本上是由发展社会主义生产力的历史任务所决定的，特别是像我国这样一个经济落后的发展中国家。效率优先原则的普遍实施，意味着促进时间的节约，物质消耗和活劳动消耗的减少，人的活动能力和素质的改善，自主联合劳动和集体劳动的生产率的提高，这一切同时意味着社会财富的涌流，社会主义生产力的增进和发展。只有效率优先所带来的社会主义生产力的极大发展，才能保证社会公平，不断扩大生产规模，改善人民生活质量，提高人民生活水平。效率优先是使财富不断扩大和积累，从而实现社会公平的根本途径。

从劳动者收入分配的角度看，机会均等、效率优先原则是与社会主义按劳分配的要求密切联系着的。在劳动者平等占有生产资料的基础上，等量劳动领取等量报酬，即劳动机会、按劳动量获得个人收入的权利是平等的。劳动者要得到更多的收入，首先就必须为社会财富的增进作出更大的贡献。因此，按劳分配的真正贯彻恰恰又体现了效率优先的原则。

在整个社会范围内，效率优先的平等观认为，财富的分配和再分配，必须使那些能够最有效地促进社会财富增长的人或集团获得最大利益，否则，社会的经济效率、繁荣与进步就将受到损害。在经济体制的改革中，我们提出了让一部分人先富起来的口号，它所代表的也正是效率优先的要求，并且确实刺激了经济效率的提高，因而是十分正确的。当然，这里还需要着重指出如下两点：其一，提倡一部分人先富起来，是指靠劳动（无论是在生产领域还是在流通领域）致富，在国家政策法令允许的范围内，以正当的途径和手段获得的高额收入，是社会承认的公平的报酬。舍此而外的非正当收入，则是对他人劳动的无偿占有，既违背公平原则，也损害效率原则，属于应严加管束之列。其二，提倡一部分人先富起来，并不是否定共同富裕，恰恰相反，只有这样，才能强化社会主义经济的动力结构，从而保证全体人民在高度繁荣的基础上踏上共同富裕的坦途。

将机会均等、效率优先确立为社会主义平等观的真正要义，不仅不忽视社会公平原则和必要的结果均等，相反，还以兼顾后者作为自身真正得以确立的保证手段，在目标转换过程中尤为如此。商品经济条件下的机会均等因其自身缺陷（往往与市场的缺陷联系在一起），也要求以必要的结果均等作为补偿。需要坚持的社会主义公平原则至少有以下几点：第一，不允许贫富差别过于悬殊而导致两极分化。第二，必须坚持团结、互助、合作原则，不能因展开竞争而弱肉强食，相反却要扶助弱者迎头赶上。第三，维护社会稳定感和安全原则，以必要的结果均等即适当的社会保障措施消除对暂时失业的恐惧，帮助个人和集体摆脱非经营性困难，以及保障社会成员的基本需要和福利水平等。第四，坚持社会利益优先的原则。这些原则的坚持对机会均等、效率优先原则绝不是替代关系和并列关系，而是补偿、辅助关系。

社会主义历史阶段向人们提供的各种机会，无疑受到社会生产力水平的制约。能够使个人自主活动能力得到充分发挥并取得成就的各种机会的种类和范围，都将随着生产力水平的发展而增加、扩大，同时劳动者也随之锻炼出新的品质，提出新的需求，并为满足这些需求开拓新的手段和机会。尽管现代大工业改变了旧的劳动分工的某些局限性，个人对自由全面发展的要求也日益强烈，但是个人自主活动仍受有限的生产工具、劳动产品和有限的交往形式的束缚。在旧的社会分工还将长期统治人们的时候，劳动者对局部生产资料的固定性、排他性占有和使用，把自身局限在某一特殊部门，形成了一种片面的发展；劳动者对产品的支配关系和由此形成的财产所有关系，约束着联合劳动者的交往形式；劳动仍然主要是谋取物质生活条件的手段，而不是自主活动的积极实践；劳动者被迫服从这种非自愿的社会分工，他本身的活动就不能达到充分的自主和自由。现实中呈现出这样一对矛盾：一方面，人们对现有生产力的占有表明了同物质生产工具相适应的个人才能的发挥；另一方面，由社会分工固定在特定范围内的个人无法驾驭自己的活动。现实中的这一矛盾使单个人不能随意选择社会可能和已经提供的机会。现阶段社会主义的机会均等是不完全和不充分的。机会有限，对机会的选择也有限，这将持续较长时期。这就是提高个人自主活动能力的现实条件，也是每个人都不能不正视的基本事实。如果完全实现机会均等的客观条件一应俱全，这一平等要求也就完成了历史使命。正是为了创造这种客观条件才显示出机会均等这一要求的现实合理性。

三 目标调整与机制转换

既然社会主义平等观的实质——机会均等，本身就是一条效率原则，那么它的贯彻就意味着调整我们的经济与社会发展目标。所谓调整，首先是指在效率与公平这两大类目标中，改变以往公平优先于效率的目标序列，把效率目标放在首位。但是，与过去那种目标单一化倾向相反，这种调整绝不意味着只追求经济效率而忽视社会公平。我们所要寻求的是效率目标与公平目标的协调，是在保证最必要的公平程度前提下，最大限度地提高社会经济效率。

可以说，这种新的目标选择在国民经济现代化的进程中已经得到了确立。然而，目标的调整必须有机制的转换与之配合。我们的整个经济体制改革，其基本任务正在于建立和健全一整套新的经济运行机制。

与效率和公平这两类目标相联系，可以把经济运行机制分为动力机制与稳定机制这两种类型：前者主要是市场机制，如价格（包括利率、工资）；后者则主要是国家的调节手段，如税收、转移支付。两类目标之间的协调只有通过两类运行机制之间的协调才能实现。而运行机制的协调则要求各类机制能够各司其职，充分发挥其特有的调节作用。

从健全动力机制以实现效率目标的要求来看，我们的主要任务是发展和完善社会主义的统一和开放的计划市场体系。除了扩大商品（包括生产资料）市场以外，还要开辟并完善与商品市场相适应的资金市场和劳动市场（这里仅就劳动力的合理流动而言）。

完善社会主义市场体系的关键是价格改革。价格改革的根本，不在于对原有价格体系的调整，而在于彻底改革原有的价格管理体制。传统经济模式中价格指示器严重失灵来自国家统一定价的管理体制。这种僵硬的管理体制之所以被长期维持，与我们在价格政策中有意识地把价格作为满足某些福利要求和社会公平偏好的手段有密切关系，由此形成的价格补贴种类繁多，数目浩大。这种价格管理体制割断了价格与市场供求、资源的稀缺性和产品效用之间的正常联系，结果就不能不使价格这一最有力的效率实现手段蜕变成为否定和损害经济效率的机制。因此，为了恢复价格体系的正常功能，以往那种价格与社会公平目标之间的联系必须彻底切断，价格由国家统一制定的管理体制必须根本改变。在价格改革的目标模式中，除了少数关系国民经济全局的产品价格应由国家管理以外，其他产品的价格均应放开。只有这样，价格机制才能在促进经济效率、实现资源的最优配置方面充分发挥作用。当然，这需要有一个过渡阶段。目前对生产资料实行的"双轨制"价格，不失为一个可行的过渡措施，但必须在实践中逐步创造出健全的市场条件，以促使它渐次逼近上述理想的目标模式。

其次是工资制度的改革。在传统目标选择的制约下，我们几乎完全把工资作为福利手段来运用。为了打破这种"大锅饭"式的平均主义，在改革中实行了工资与企业经济效益挂钩的做法。当时，这一做法是我们为了"过河"而摸着的"一块石头"，但是随着改革的深化，它的弊病已经明显地表现出来。由于缺乏必要的劳动市场，缺乏劳动力供给与需求方面的竞争和选择，工资与企业效益的挂钩不可避免地导致了工资在相互攀比中的普遍的不合理上涨。这种相互攀比并不是简单的思想觉悟问题，它的背后隐藏着重大的现实经济矛盾：一方面，目前有很多客观因素影响甚至歪曲了企业经济效益；另一方面，劳动力流动的凝滞化使企业和职工无法相互选择。这样，在工资与效益挂钩的条件下，不仅缺乏抑制工资攀比的客观机制，而且这种抑制本身也不是合理的，因为它意味着强迫企业与职工对种种非主观因素和外部不平等的竞争条件负责。近年来消费基金的膨胀已经表明工资与效益挂钩并不是改革工资制度的好办法；相反，为了真正把工资从福利手段中分离出来，就必须割断它与企业效益之间的联系。对工资制度的改革应当与健全劳动力市场的任务结合起来，一切工作岗位都应向市场开放，劳动者应通过择业竞争获得就业机会。这就要求就业政策和劳动人事制度相应变动。而工资改革的方向就在于使工资接受市场机制的调节，使它反映劳动市场上的供求关系，从而反映劳动的边际生产率。不如此，工资就不能成为服务于效率目标的经济杠杆之一。

金融体制改革的重点应是：第一，以中央银行独立化、专业银行企业化为方向，加强银行系统的宏观调节作用；第二，广泛地、形式多样地发展横向的资金筹集和融通；第三，发挥利率的杠杆作用，使之成为资金供求关系的灵敏的指示器和调节器，提高资金使用效率。

随着社会主义经济的动力机制和统一而开放的计划市场体系的逐步完善，国家对经济生活的干预方式将发生很大变化，微观经济活动的环境将得到根本改造。在机会均等和竞争原则的市场条件之下，企业和劳动者都将自觉成为经济效率的积极追求者。同时，在这种健全的微观基础之上，国家的财政政策和货币政策就会成为有效的宏观控制手段。

再从完善稳定机制以保证社会公平目标的要求来看，我们的主要任务是充分发挥税收杠杆的作用，并建立和健全新的福利制度与社会保障制度。

市场动力机制的作用加强以后，收入差距的扩大将不可避免。撇开以非法手段攫取高额收入这种属于应取缔之列的现象不说，扩大的收入差距又有两种情况：一种是与所付出的劳动和所承担的风险成比例的收入差距，这是合乎竞争原则和效率要求的正常现象；另一种是由实际机会的不均等、某些不利的主观条件等原因造成的贫困者与其他社会成员之间的收入差距，这类现象表明市场分配机制的某种缺陷。而不论哪一种情况，都与社会公平目标存在着矛盾。为了防止这种收入差距的悬殊可能造成的社会矛盾和不安定局面，有必要通过税收杠杆来实现合理的收入再分配。这里，以个人收入为计征对象的所得税制亟待建立和完善。为了适应公平目标，这种所得税应当是累进的。同时，对于某些高档消费品和奢侈品也应征收较高的间接税。另一方面，为了有效地给某些社会成员提供必要的保障，可以考虑把原有的救济补助办法改为根据我国各地区的实际情况确定保障水平线，用负所得税的形式来补贴低于这一生活水平的社会成员。但是从根本上说，税收杠杆不应干扰效率目标。

为了使福利制度有效地发挥社会稳定机制的作用，并不致与市场动力机制发生矛盾，除前述分离价格、工资与福利的联系外，尚需把过去以实物为主的福利形式转变为以货币为主，这是因为货币化的结果不仅能够更真实地显示成本，而且可以更有效地发挥作用。在全体社会成员中，除了儿童、老人和伤残人，一般也不应以免费或低费的方式获得和享受社会服务。并且，配合干部制度的改革，对党和政府领导人在货币收入以外所享有的若干特殊待遇应当考虑取消，其中为满足特殊需要的部分，可以折入薪金或给予公开的货币津贴。这样做可以用社会的统一尺度向人民真实地显示干部的工作报酬与其工作重要性之间的关系，并使全体社会成员能以统一的尺度与同一的方式来计算和获得物质生活资料，从而增强社会心理的平等感，而这种平等感的增强恰恰是促进社会稳定与健康的重要因素；相反，如果上述尺度与方式在社会中不相统一，且有公开与隐蔽之分，则特权现象、不正之风就难以根绝，权力的社会示范效应就可能是消极的或具有腐蚀性的。

健全福利制度的另一个重要问题，是要把企业办福利转变为社会办福利。作为商品生产者和经营者的企业承担着大量福利工作，是对经济效率的严重伤害。而且，由于企业情况千差万别，企业办福利的方法也十分不利于社会范围内的公平。

社会保障制度的完善是健全社会稳定机制的关键。这里重要而又迫切的主要任务是：

第一，必须改革退休保险制度。我国现行退休保险制度的基本做法是由企业各自负担职工的全部退休养老费用，并采取现收现付的方式，即从企业现有收入中支付职工的退休金，实报实销。这种制度给企业造成了很大的拖累，其根本缺陷是它同时与效率目标和公平目标发生矛盾。因此，必须考虑逐步把这种企业保险转为社会保险，逐步实现以职工个人缴纳养老保险金为主，以国家财政收入给予资助为辅的统一的、稳定的保险制度。

第二,必须建立职工失业保障制度。由"铁饭碗"的就业保障方式形成的大量"在职失业",严重削弱了企业的生机与活力,因而这种就业保障方式必须改革。为了促进落后企业的淘汰更新,企业破产制度也已开始付诸实践。然而,如果没有一个与劳动市场的开放相配套的失业保障制度,要顺利实现这一类改革,是无法想象的。在我们应当建立的各类社会保险制度中,职工的失业保险制度至关重要,事实上,没有这一制度,也就不会有保证市场动力机制有效运行的社会稳定机制。因此,它的建立将是我国新经济体制获得成功的一个标志。

第三,必须认真解决农村的社会保障问题。反映社会公平程度的一个重要方面,是城乡社会保障水平之间的差别。由于多种因素的制约,我国现有福利、保险制度主要还局限于城市。在改革与现代化进程中,为了促进农村商品经济的发展,进一步缩小城乡差别,并配合我国人口政策在农村的推行,如何提高农村的社会保障水平,使保障制度的覆盖面扩展到广大的农村,是需要及时研究和解决的重大问题。

建立健全社会福利和社会保障制度,是一个与经济体制改革综合配套、从整体上实现经济运行机制转换的重大问题。但应该强调的是,它的主旨是为了以必要的稳定机制所实现的社会公平,配合社会的效率目标,以某种程度的结果均等补足机会均等的不完全和弱化它的某些消极影响。也就是说,效率目标与市场动力机制是为主,公平目标与社会稳定机制是为宾,无论如何不可喧宾夺主。这是由我国经济与社会发展的客观要求决定的正确选择。

这种目标调整与机制转换将给社会心理承受力带来严峻的考验,在它的实现过程中难免要出现某些摩擦、震动。如果我们将因此付出一定代价的话,那么这也是为完成改革而必须支付的成本。不过,几年来的实践已经证明,一方面,社会心理承受力随着改革进程在逐步增强(这同时就是变革传统观念的过程);另一方面,积极稳妥的改革步骤和它的实际成效,使改革完全能够在稳定的社会环境中深入展开。更为重要的是,在实现了目标调整与机制转换以后,我们将基本奠定有中国特色的、充满生机和活力的社会主义经济体制的基础，走出社会主义经济的"两难境地"，协调地实现社会经济的多重目标。因此，效率优先，兼顾公平，必将是人民所欢迎的通向繁荣的权衡。

（原载《经济研究》1986年第2期，此处节选自其中的第二、三部分）

论企业活力与企业行为约束

卫兴华　洪银兴　魏　杰

卫兴华，1925年生于山西五台山。经济学家。

1952年毕业于中国人民大学政治经济学专业，获硕士学位，后留校任教。历任中国人民大学经济系主任、校学术委员会副主任、校学位委员会理论经济学分会主席、《中国人民大学学报》总编辑等职。曾任第三届国务院学位委员会经济学科评议组成员、全国哲学社会科学经济学科规划小组成员、中国《资本论》研究会副会长等职，是中国社会科学院马克思主义研究院特聘研究员、北京市邓小平理论研究中心顾问。

主要著作有《卫兴华经济学文集》、《我国新经济体制的构造》（合著）、《市场功能与政府功能组合论》（主编）等。其主编的《政治经济学原理》教材曾经是全国影响力和发行量最大的教材之一。

洪银兴，1950年生于江苏常州市。经济学家。

1976年考入南京师范学院外语系。1982年南京大学经济系研究生毕业并获经济学硕士学位。1987年中国人民大学经济系博士研究生毕业并获经济学博士学位。1982年任南京大学经济系教师。1987任南京大学商学院教师。1990以来，先后任南京大学国际商学院副院长、南京大学国际商学院院长、南京大学副校长和党委书记等职。

主要著作有《社会主义经济运行机制》（合著）、《经济运行的均衡与非均衡分析》、《发展资金论》、《财政学》（主编）、《转轨阶段的经济运行和经济发展》等。

魏杰，生于1952年，陕西西安人。经济学家。

1977年考入西北大学经济管理学院。1979年考取西北大学经济管理学院研究生，毕业后留教。1984年考入中国人民大学经济系博士生，毕业后留中国人民大学任教。历任中国人民大学经济研究所副所长、经济系主任。1998年至今，任清华大学经济管理学院教授，兼任中国国有资产管理学会副会长等职。

主要著作有《经济运行机制概论》（合著）、《失衡经济学导论》、《企业制度安排》、《市场经济前沿问题》、《如何启动中国经济》等。

企业是国民经济的细胞。企业有了活力，国民经济的有机体才会有盎然的生机。我们所讲的增强企业活力，就是增强企业自我改造和自我发展的能力，即增强企业作为商品生产者和经营者的活力，这种活力必须纳入社会主义经济的运行轨道。企业作为商品生产者和经营者所具有的活力，应该是与社会主义生产目的及社会主义国民经济的整体运行协调一致的，是和社会主义的社会利益及社会经济效益相统一的。那种脱离社会主义全局利益和整体效益，通过损害国家和消费者利益而增殖起来的"活力"，绝不是我们这里所要增强的企业活力。因此，增强企业活力包括不可分割的两方面内容：其一是通过各种途径调动企业的内在积极性和主动性，为企业活动提供良好的运行环境，使企业具有不断增强自己活力的能力和条件；其二是通过建立和完善各种约束机制，纠正企业在增强自己活力过程中可能出现的偏差，使企业作为商品生产者和经营者所具有的活力服从于国民经济的整体发展要求，保证国民经济的良性循环。

如何才能使企业增强活力呢？我们认为应该做到如下几点：

1. 必须使企业有自己相对独立的目标，并允许企业为实现自己的目标而努力。

企业活力是在企业追求自己相对独立的目标中发展起来的。企业只有有了自己相对独立的目标，才会千方百计地去追求和增强自己的自我改造和自我发展的能力。如果企业只是被动地完成国家规定的目标，那就往往会隐瞒和低报自己的实际生产经营能力，并强调生产经营中的种种困难，向国家要求过度的各种投入。因此，如果不承认企业相对独立的目标，不允许企业努力追求自己的目标，那么增强企业活力就是一句空话。

企业的相对独立的目标由三方面构成：第一，企业利润最大化。在社会主义商品经济条件下，企业具有社会主义企业和商品生产者的双重身份。作为前者，它必须以满足全体劳动者的需要为己任；作为后者，它要谋求自身的商品生产者利益。这样的双重目的可以用利润最大化目标来概括。利润最大化目标体现了社会主义生产目的和商品生产目的的统一。首先，从利润的形成来看，利润总是要由一定的使用价值来承担的，只要企业通过改进技术、降低成本、提高经营管理水平、使产品适销对路等途径谋取最大限度的利润，那么利润的增大就为满足社会需要提供了物质基础，意味着社会需要满足程度的提高；其次，从利润的分配来看，国家作为全民的代表参与利润分配，企业利润中的相当部分要形成社会纯收入，企业利润增大意味着企业向社会提供了更多的剩余劳动。因此，利润最大化应该是企业目标的重要组成部分。第二，企业职工收入不断提高。企业活力主要取决于企业全体职工的生产积极性和主动性，而不断地提高企业职工收入，则是调动企业职工生产积极性的重要方式。因为企业范围的联合劳动是结合在企业内部的劳动者的共同谋生手段，劳动者的个人利益要在企业行为中得到满足。不断地提高企业职工收入能促进职工从自身利益上关心企业经营成果，从而迸发出增进企业利益的内在动力。因此，不断地提高企业职工的收入，是企业目标的不可缺少的组成部分。当然，这里所讲的不断提高企业职工收入，并不是指无条件地盲目地增加，而是指在企业经济效益提高的前提下，按照劳动生产率的增长状况而适度地提高企业职工的收入。因此，关键是通过工资、奖金、利润分红等形式，将职工收入同企业的经营成果联系起来，使每个劳动者在各自的岗位上以主人姿态进行工作，人人关心企业的经营，人人重视企业的效益，从而增强企业的活力。第三，争取社会赞誉。这是一个非经济性目标，但对企业活力的增强有很大的作用，所以它也应作为企业目标的一个重要方面。一般来说，企业为了谋求社会赞誉并获得先进称号，必然要努力改进经营管理，节约劳动消耗，创优质产品，提供优质服务，关心消费者利益，并不断更新自己的技术和工艺。所有这些都会使企业的自我改造和自我发展能力不断得到加强。

当然，上述企业目标的三个方面，有时也会和社会公共目标发生矛盾，它们自己之间也有矛盾。但这可以通过一系列方式加以协调，并不妨碍把它们作为企业目标。这里有两个问题要分清：第一，利润最大化等应该作为企业的相对独立目标，它们是增强企业活力的重要力量；第二，以利润最大化等为内容的企业相对独立目标，往往也会和社会公共目标发生矛盾，需要加以调节。在这里，绝不能因为后者而否定前者，也不能因为前者而忽视后者，而是要把两者结合起来，既承认前者，同时又强调后者。只有这样，才能正确理解企业目标问题。

2. 将日常的经营决策权交给企业，使企业具有增强自己活力的能力。

企业没有日常的经营决策权，就不可能增强自己的自我改造和自我发展能力，谈不到增强自己的活力。因此，必须将日常的经营决策权交给企业。现在的问题是，究竟应该将哪些经营决策权交给企业。对于把生产方向和生产规模决策权、经营方式决策权交给企业，理论界的意见基本上是一致的，关键的问题是应该不应该把一部分投资决策权交给企业。我们认为，企业如果没有一定的投资决策权，那么，不仅前面的那几种决策权无法实现，而且也不可能实现重大技术进步，更无法适应市场变化和主动开拓市场，从而就谈不到增强自己的自我改造和自我发展能力。因此，应该将一部分投资决策权交给企业。当然，企业有了投资决策权也会产生某种盲目性，但这可以通过一系列措施加以纠正，不能因此而把应交给企业的那部分投资权抓住不放。应该指出的是，我们不能把近几年出现的投资盲目性归罪于企业有了部分投资权。近几年出现的投资盲目性主要是由价格扭曲、没有由企业承担投资风险的机制、国家未能很好地利用一些经济杠杆引导企业投资等多种原因造成的。只要我们将一定的投资权交给企业，并同时加强监督和引导，那就必然会极大地增强企业活力，社会经济发展也就从企业活力中获得裨益。

为了使企业真正具有上述的经营决策权，在实际经济活动中增强自己的活力，那就必须让企业掌握相应的财力。也就是说，企业活力的增强，需要有财力保证。有经营自主权，但无财力保证，回旋余地小，经营自主权就会落空。企业活力的财力保证，首先是保证企业有自我改造和自我发展的资金。这不但要求企业资金（包括企业自行积累的资金）不能平调，而且还要求允许企业自主地、灵活地筹措社会资金，包括向银行贷款，在政策许可的范围内引进外资，以及向集体和职工集股等，有效地利用各种经济成分的资金，加速企业的发展。其次，要保证企业有贯彻社会主义物质利益原则的必要财源。企业无论是按照按劳分配原则鼓励和奖励职工，还是发展集体福利事业以调动职工积极性，都要求企业要有一定的财力。为使企业具有增强活力所应有的财力，必须做好两方面的工作：一是国家对企业的税负不宜过重，"欲将取之，必先予之"。根据其他社会主义国家的经验和我国的实践，企业税后留利必须保持在20%以上。二是减轻企业的不合理经济负担，杜绝四面八方向企业伸手的不合理摊派。有人担心，企业钱多了会不用于正道，导致宏观失控。其实，这些问题的产生不在于企业可支配的收入多少，而在于企业对自己的经营状况是否真正承担责任和风险，国家对企业的宏观调节手段是否完善。这两个问题真正解决了，企业的钱多了也就会有利于增强自己的活力。

3. 建立增强企业活力的激励机制，激发企业自我改造和自我发展的内在动力。

增强企业活力的最终目的是充分挖掘潜藏于企业的经济潜力，充分调动其主动性、积极性和创造性。为此，需要在将企业的活动放开的同时形成一定的激励机制。这种激励机制包含于社会主义物质利益关系之中，其关键是要承认企业利益。大家知道，社会主义劳动对劳动者来说还主要是谋生的手段，是实现他们的物质利益的手段。现实中每个劳动者如果以生产者的身份出现，那他首先就要和企业直接发生关系，而且通过企业和社会发生经济关系。也就是说，劳动者要从事劳动，就必须首先联合在企业范围内，同企业占有的生产资料相结合。这样，劳动者的劳动就成为企业范围内的总体劳动，企业总体劳动成为联合在企业范围内的劳动者的共同谋生手段。于是，劳动者的收入就不仅取决于本人提供的劳动，而且还取决于企业总体劳动的成果，特别是取决于企业的经营管理状况。由此可见，企业不仅是单纯的生产主体，而且是具有特定利益的利益主体。

承认企业利益相对独立性的现实表现，是企业实行自负盈亏。它同自主经营是一对孪生子。如不实行企业的自负盈亏，企业的自主经营就会落空。自负盈亏意味着企业对自己的经营状况承担全部经济责任和风险。企业之间经营状况不同，彼此实现的企业利益就有差别，这表现为税后留利的差别。其后果是不同企业有生产条件的差别、集体福利事业的差别、劳动者报酬的差别。这样一来，企业内部就会萌发出关心企业经营成果的内在动力和压力。

企业相对独立的经济利益被承认后，接下来的问题是企业的利益在什么样的关系和联系中实现。这对企业来说便是期待联系。期待谁？大致有两个：一个是国家，一个是市场。在过去的体制中，收入往上缴，支出向上要，盈利得不到好处，亏损国家补贴。这是企业共国家产、吃国家大锅饭的期待联系。这种期待联系决定了企业缺乏改进技术、改善经营管理、关心社会需要的动力和压力。随着企业活动放开和实行利改税的新体制，企业开始实行自负盈亏，国家的宏观控制也由过去的以直接控制为主转为以间接控制为主。在这种情况下，企业的期待联系应主要是市场。但是，现在企业对国家的不必要的期待联系尚未完全解除。企业能留多少利，能以什么样的比例增加职工收入和奖励职工，能以什么样的比例发展生产，这些都仍然同完成国家计划指标挂钩。在这样的期待联系中，企业的注意力往往是在国家计划指标中寻找对策，加之各种经济杠杆不配套，监督系统不完善，所以经常出现人们所说的"上有政策，下有对策"的情况。因此，必须切断国家与企业之间的"父子"关系，将企业的期待联系由国家转向市场，将激励机制建立在企业对市场的期待联系中，这是与企业商品生产者地位相适应的激励机制。一旦企业的期待联系转向市场，企业的经济利益同其市场实现成果紧密联系起来，企业的全部活动就被推入市场。市场的等价交换关系客观地承认不同企业之间因劳动成果不同而产生的经济利益差别，默认不同企业间不同等的经营管理水平和技术水平和不同等的企业积累水平是"天然特权"。只要国家以适当的形式消除了影响企业间利润差别的客观因素（如国家资金分配不均、价格不合理、自然条件有差别等），那么，市场形成的竞争关系这种外在经济压力就会变成企业的内在动力，企业的主动性、积极性和创造性就会充分发挥出来。

4. 完善市场机制，为增强企业活力创造良好的外部环境和条件。

要增强企业活力，就必须完善企业活动的外部环境和条件，其中主要是完善对增强企业活力有决定意义的市场的环境和条件。具体来说就是：

第一，为企业创造良好的运行环境和条件。企业的运行环境和条件是：劳动力能够合理流动、适时更替；资金能够灵活融通、迅速周转；生产资料能够及时输入和输出；产品能够自由流通；生产条件能够及时更新；技术能够迅速交流和推广；信息能够及时而迅速传递，等等。为了保证企业能够良好运行，增强自己的活力，就要满足企业运行所要求的这些环境和条件。在社会主义商品经济条件下，这些环境和条件是靠完善市场体系来实现和满足的。具体来说，就是要建立和发展生产资料市场、职业"市场"、资金市场和技术与信息商品市场。（1）发展生产资料市场的关键是做好三个方面的工作：一搞好生产资料价格体系的改革，实行放、调结合的方针，逐步把生产资料价格理顺；二改革现有的物资供应体制，彻底改变企业吃国家"大锅饭"的状况；三建立健全生产资料市场的基础设施和有关法令。（2）建立职业"市场"，首先要解决认识问题，不能因为实行社会主义的职业"市场"，就认为劳动力成了商品。职业"市场"只是就业的形式，不具备劳动力转化为商品的实质。其次是确定职业"市场"的形式和原则，保证职业"市场"的正常运行。最后是正确对待和解决在实行职业"市场"过程中出现的实际问题，以体现社会主义制度的优越性。（3）建立资金市场：一是加快银行体制的改革；二是开展多渠道、多层次、多形式的资金运动；三是创建股票、债券、票据等多种金融工具；四是逐步发展多种金融机构。（4）发展技术与信息商品市场，必须制定保证技术与信息商品市场正常运行的有关法令，掌握好技术与信息商品的市场价格，建立健全技术与信息商品市场所需要的独特基础设施。

第二，为企业创造良好的竞争环境和条件。这是增强企业活力的关键一环。为此，必须做到：（1）消除条块分割和封锁，打破"部门所有制"和"地区所有制"所形成的各种阻碍竞争的壁垒；（2）把过去市场中大量存在的那些特殊待遇、种种照顾、"关系"，以及各种保护落后的做法，统统从经济活动中排除掉，以使竞争公平、合理；（3）破除各种各样的垄断，同一产品和劳务不仅要由足够数量的企业进行生产和经营，而且还要由不同所有制的企业参加生产和经营；（4）市场的各种经济参数（包括价格、利率、汇率等）的形成要有利于竞争的展开，硬性地、人为地盲目规定经济参数（如硬性规定畸高或畸低的价格），都是不利于竞争的；（5）取消各种不必要的限制企业进入或退出市场的规定，使企业能够在政策允许的范围内，既容易进入市场，又能在需要转产时退出市场；（6）形成买方市场，没有买方市场是不可能开展有效竞争的，因此要力求尽快改变因经常性短缺所形成的卖方对买方具有垄断地位而不利于竞争的状况。

第三，为企业创造良好的反馈环境和条件。企业只有在市场能为自己提供正确的信号并对自己产生足够的强刺激下，才能不断增强自己的活力。这就要求有良好的反馈环境和条件。为此，必须使价格、利率、供求等市场机制很好地发挥作用。价格作为利益范畴和供求关系的指示器，是市场机制的动力要素。发挥价格作用的关键是放活价格，让其能依据劳动生产率和供求关系的变化，围绕着价值上下波动。这就要求我们必须改变现行的价格体系。在还不完全具备改革整个价格体系的条件下，应该实行固定价格和浮动价格相结合的价格体系，并扩大浮动价格的范围，一直到最后把价格完全放开。利率是重要的市场机制要素，它对于企业的生产方向和规模、投资的方向和规模，有着重要的制约作用。因此，要使企业增强活力，就必须完善利率这个市场机制要素，即使利率能反映资金的稀缺程度，又使它的变化能调节企业对资金的需求和运用。发挥供求这个市场机制要素的作用的关键，是争取供求大体平衡，并使供给略大于需求，以防止出现供不应求的紧张局面。这就要求对需求有适当的抑制。社会分配过程是需求形成的最终根源，因此，对需求的控制应以对社会分配过程的宏观控制为主。

我们在分析了如何增强企业活力之后，还需要进一步说明如何使企业活力符合国民经济发展的总体要求。

使企业活力符合国民经济发展的总体要求的关键，是要建立企业行为约束机制。企业行为约束机制主要包括两个方面：一方面是企业的可支配收入和资金所形成的预算约束,这是企业内部的约束条件;另一方面是在企业活动放开后,国家通过各种途径造就约束条件,以形成企业行为的自动控制机制。具体来说,企业行为约束机制主要有:

1. 市场约束。市场约束就是市场实现条件的约束。这是企业在 W – G 的致命跳跃中的风险。大家知道,企业进入市场后会遇到三个方面的竞争:一是同消费者竞争,其产品要受到消费者的检验和选择;二是同生产同种产品的生产者竞争,主要是争夺销售市场;三是同生产不同产品的生产者竞争,在替代关系方面争夺市场。这些竞争集中表现为市场价格和利率的变动。由于价格和利率直接影响销售收入,从而影响企业利润,所以企业的自主经营便不能随心所欲,而是必须自动地服从市场价格信号和利率信号的调节,按照价格比例和差别、利率变动决定自己的投资方向和生产方向,按照价格总水平和利率总水平变动决定自己的投资规模和生产规模。在企业行为受市场约束之后,国家计划调节就把主要力量集中在调节市场上,通过和借用市场约束力来实现自己的设计意图。也就是说,计划通过调节市场而约束企业行为,使企业活动符合国民经济的总体发展要求。因此,社会主义的市场约束,实际上就是计划控制下的市场约束,归根到底是服从计划约束。

2. 预算约束。预算约束就是以预期收入控制支出。微观经济学在分析企业及家庭经济活动时,提出了预算线的概念,即家庭或企业在选择甲、乙两种商品时,可以根据自己收入多寡和甲、乙两种商品的相对价格高低划出一条预算线,在预算线内的是可以实现的购买,在预算线外的是不能实现的购买。对家庭或企业来说,这种供给(收入)对需求(支出)的约束,不是事后结算,而是事前的行为约束。在企业活动放开后,国家对企业只要有较硬的预算约束,企业的扩张冲动和过度增加职工收入的消费欲望,就会受到有效的约束。哪些商品该买而哪些商品不该买,扩大投资规模还是缩小投资规模,哪些钱该发而哪些钱不该发,均取决于企业自己能够支配的收入的大小,价格和利率的信号,以及自己对借款的偿还能力,等等。由此便形成了企业自我约束和自我控制的机制。这里需要指出的是,较硬的预算约束不是指企业可支配的收入越少越好,而是指以较硬的税收、财政、银行信贷制度,保证企业严格按照自己的资金和收入安排支出,有多少钱办多少事。我们过去的体制实际上是软预算约束,名目繁多的财政补贴,动辄减免税收,利用税前利润归还贷款,低利息率,等等。企业支出即使超过预算收入,也无关紧要,有国家财政和银行这两家"保险公司"兜着。由于企业扩张冲动欲望没有约束,所以固定资产投资规模失控便在所难免。企业活动放开后,倘若这种软预算约束不硬化,不仅固定资产投资失控的旧病会复发,而且还会产生由消费欲望无法遏制所引起的消费基金失控的新病。在这种状况下,当然谈不到增强企业活力。因此,由软预算变为硬预算是增强企业活力的重要保证。

3. 法律约束。法律约束是保证社会主义经济正常运行的条件。企业活动越是放开,越要强化法律约束。法律约束大致包括下述几个方面:一是通过经济法规惩办企业弄虚作假损害消费者利益的经济行为,保证企业的社会主义经营方向;二是通过经济法规保证经济机制运行所无法解决的公共利益问题,如通过环境保护法防止环境污染等;三是通过经济法规保证社会主义各经济单位之间的正常联系,如通过经济合同法维护各企业的正常联系等;四是通过经济法规如成本法、会计法、统计法、银行法等,使企业不能随意突破预算约束。

总之,在将企业活动放开、增强企业活力的同时,必须在企业激励机制和行为约束机制方面实行配套改革,以使其相互间能够协调运行。这样,不但企业活力有了保证,而且宏观控制也有了基础,最终可消除困扰我们几十年的"一放就乱,一管就死"的恶性循环,从而使微观经济和宏观经济协调发展,使整个国民经济机体充满活力。

(原载《学术月刊》1986年第4期)

国家调控市场,市场引导企业

王积业

王积业(1929—2007),辽宁沈阳人。

1957年苏联莫斯科经济统计学院毕业,获经济学副博士学位。回国后先后任东北财经学院讲师、辽宁大学计划统计系副主任和经济系副主任、中共辽宁省委研究室副处长。1979年调入国家计委经济研究所,任研究室副主任、主任及研究所副所长、第一副所长、所长。1980年被评为研究员,后为国务院学位委员会第三届经济学科评议组成员。1988年任国家计委经济研究中心副主任兼经济研究所所长,且兼任中国宏观经济学会副会长兼秘书长,还是中国人民大学、南开大学等多所院校的兼职教授。

主要著作有《宏观经济管理问题》、《经济效益新论》、《国家调控市场,市场引导企业》等。

"七五"期间经济体制改革的主要任务,简要地说,就是进一步搞活企业,建立比较完善的市场体系和新的宏观管理制度。搞活企业是体制改革的中心环节,而要使企业特别是全民所有制大中型企业走上自主经营、自负盈亏的轨道,必须形成比较完善的市场体系,给企业创造出良好的外部条件和大体平等的竞争环境,这又要求国家对企业的管理从行政性直接控制为主转向间接经济控制为主。在企业——市场——国家的序列中,企业是基础的环节和核心,市场和国家都要为搞活企业服务。从国家管理企业的角度看,企业是社会主义商品生产者和经营者,完善的市场体系是它必备的条件,而这种市场体系又必须是有计划的,或者说是国家计划指导下的市场体系。在国家——市场——企业的序列中,国家通过市场或以市场为中介来管理企业,其经济运行模式可以概括为:国家计划通过多种经济参数和经济政策调节与控制市场,通过市场引导企业,对企业实行间接管理;同时,对市场极不完善而又关系国计民生的领域,实行一定的直接控制,但也要注重市场需求和价值规律。简要地说,就是:国家调控市场,市场引导企业。

国家调控市场

(一)国家要不要调控市场。这是区分有计划商品经济和盲目自发市场经济的一个重要标志。我国商品经济不发达,发展商品经济是我国经济发展不可逾越的阶段,这是毫无疑义的。然而,商品经济又必须有计划地发展,这是生产资料社会主义公有制的客观要求,也是不容置疑的。计划性和商品性相结合,是社会主义有计划商品经济的主要内涵,是社会主义商品经济特殊性的关键所在。而在经济运行的各个环节和经济管理的各个层次上,计划性和商品性的结合又有不同的特点。从微观经济活动和层次上说,企业内部的计划性和商品性的结合,不仅限于生产过程及其管理,在相当大的程度上还取决于市场状况,取决于外部条件。从宏观经济活动和层次上说,必须自觉依据和运用价值规律,而价值规律的作用又离不开市场。因此,宏观经济和微观经济的结合,将越来越多地通过市场来实现。这样的市场必须是有计划的市场或计划指导下的市场。国家只有运用经济的、行政的和法律的手段,才能逐步创造出符合有计划商品经济发展的市场体系来。由国家调节和控制的市场,既能发挥市场的积极作用,又可以减少市场盲目性所带来的影响。

国家调节和控制市场,不应理解为国家统管市场。统管市场实际上是统管企业,因为企业是市场的基础,企业与企业是互为市场的。统管市场就不可避免地导致旧体制改头换面的复活,妨碍有计划商品经济的健康发展。另一方面,对市场撒手不管也不行。一切听凭市场摆布,迟早会走上盲目自发的市场经济。以国家统一计划为依据,抓住影响市场的根本因素因时因地有重点地调控市场,既有利于持久地搞活企业,又能促进商品经济大发展;既能有效地发挥市场机制的作用,又能把计划机制和市场机制有机结合起来。这是符合有计划商品经济的客观要求的。

（二）国家从哪些方面调控市场。这是把市场管死还是管活的关键所在。市场是交换关系的总和，生产和消费的纽带。国家调控市场，并不是像实施指令性计划那样具体地管商品的买卖，而是为市场发育创造良好的经济环境。左右市场的基本因素是供给和需求。买方市场和卖方市场，价格上涨或下跌，竞争和垄断，无不取决于供给和需求的态势。需求显著超过供给，迟早会引起物价上涨，难以开展有效的竞争，甚至会滋长交换的非货币化倾向，形不成真正的市场。基于上述考虑，国家调控市场的重点似可摆在下列三个方面：

1. 保持适当的经济增长速度，努力提高经济效益。我国工业总产值，"六五"期间平均每年增长10.8%，1953-1978年平均每年增长11.3%，1979-1985年平均每年增长10.1%。① 而1985年上半年工业总产值比上年同期增长23%，全年增长18%，显然过高了。经过采取一系列措施，1986年工业总产值增长已经转入正常轨道。这里值得讨论的是，为什么要控制工业增长速度？速度高好不好？我们愿不愿意把速度搞快点？为了加快我国现代化建设的步伐，没有一定的工业生产增长速度是不行的。然而速度的快慢并不取决于我们的主观愿望，在客观上受制于一系列因素。现在已经看得很清楚，1985年的工业生产超高速增长，主要是靠外汇和银行贷款支持的，在出口创汇能力不强和资金使用效果不佳的情况下，国力难以承担，而且会影响国际收支和信贷平衡，对经济的长远发展产生不利的影响。1985年出现的工业生产超高速增长，除了主观上急于改变我国经济的落后面貌，从经济运行看主要是传统的速度型经济发展模式在起作用。这样，就不可避免地要靠投入大量资金和物力来增加工业总产值，造成中间产品急剧增长、最终产品增长相对缓慢的局面。另一方面，靠大量投入来支持工业的超高速增长，势必导致积累率上升，在消费基金增长过猛的场合，必然发生所谓国民收入超分配的情况。这是物价上涨、物资和资金供应紧张的总根源。

---

① 《中国统计年鉴》（1986年），第275页。

从工业内部来看，在 1985 年超高速增长中，机械工业增长 27.2%，远远高于 1953－1978 年 16.1% 和 1979－1985 年 11.9% 的速度，快于同期电力工业 14.7% 和 7.7% 的速度，也快于冶金工业 12.8% 和 7.3% 的速度。① 这样一来，能源特别是电力以及钢材供应的紧张就不可避免了，而且会成为较长时期内存在的现象。诚然，党中央和国务院一再强调全部经济工作要转到以提高经济效益为中心的轨道上来，即从以外延型为主的扩大再生产转到以内涵型为主的扩大再生产上来，可是有一系列因素在制约着这个转换的进程。主要是，一方面我国仍处在资源开发阶段，每年又需要安排大批城镇劳动力就业；农村剩余劳动力还要转向非农业部门。这在客观上迫使我们实行外延型为主的扩大再生产，制约着向内涵型为主的扩大再生产的转变。另一方面，实行内涵型扩大再生产所必需的一些条件尚不完全具备，特别缺乏科学技术力量和现代化管理经验，为提高劳动者技术装备程度所需要的先进生产手段也不充足。可以说，我国经济发展从速度型转向效益型，从外延型为主转到内涵型为主的扩大再生产上来，将经历一个较长的时期。在这个过程当中，更需要对工业生产速度实行适当的控制，避免重新出现工业生产超高速增长的局面。与此同时，要把主要注意力放在提高经济效益上，以效益求速度，从节约中求增产。在工业超高速增长中，经济效益的真实情况往往被掩盖起来，因为那时财政状况比较好，速度越高，财政收入越多。工业生产转入正常速度之后，经济效益差的情况就会明显暴露出来。把速度、效益、财政联系起来考虑，今后的经济发展，要在保持适当工业生产速度的同时，必须十分强调以效益求速度，以效益求财政收入的增加。只有这样，速度才能实在，财政收入不会有虚假。在这个前提下，要发挥市场机制的作用，迫使企业在竞争中提高经济效益。微观经济效益真正得到改善，宏观经济效益才能获得牢固的基础。市场机制真正作用到企业的经济效益，才能出现良好的市场环境，市场才能逐步健康发育并成熟起来。

2. 保持总供给和总需求的基本平衡，力争出现买方市场。在体

---

① 《中国统计年鉴》（1986 年），第 275 页。

制改革进程中能不能形成买方市场,是个有争议的问题。有一种观点认为,形成买方市场是改革的目标,既不是改革的起点,也不是改革进程中的必然要求。问题的焦点是改革需不需要有相对宽松的经济环境。我认为改革需要有相对宽松的经济环境,但它并不是改革的目标,而是改革得以顺利进行的必要条件。改革所需要的相对宽松经济环境,最主要的是指总供给和总需求保持基本的平衡。总需求显著地超过总供给,改革难以迈出较大的步伐。当前,应该争取总需求略大于总供给的基本平衡,为进一步实现总需求略小于总供给创造条件,也就是为出现买方市场创造条件。这是因为,第一,改革需要有一定的财力物力作后盾,如果总需求显著地超过总供给,长期居高不下,会把各方面关系绷得很紧,国民经济的瓶颈会越来越细,不仅短线产品供不应求,而且会拉动长线产品的急剧增长。为了应付这种局面,国家不得不动用财力物力资源,使调整各种比例关系的回旋余地越来越小,难以筹措足够的资金和物资支持改革的顺利进行。第二,总需求显著地超过总供给,使能源、交通和基础原材料的供应更加紧张,从而不合理的产业结构和产品结构难以得到有效的调整,甚至继续恶化。同时,由于需求过大和增长过快,需求结构会发生重大变化,拉大同产品结构的差距,供给结构和需求结构的矛盾更加突出起来。第三,总需求显著地超过总供给,是物价上涨的总根源。如果居民收入得不到相应提高,会削弱对改革的承受能力。企业因物价上涨会想方设法进行转嫁,将推动物价进一步上涨。如果迫使企业消化物价上涨的部分,在经济效益不能很快提高的情况下,又会影响企业的收益,从而削弱企业对改革的承受能力。以上所说,归纳起来就是:改革需要相对宽松的经济环境,总供给和总需求应当保持基本平衡。在这样的经济环境里,改革和建设才能相互适应,相互促进。

3. 调整结构,促进产业结构和产品结构向高级形态发展。国家调控市场,不仅要保持供给和需求总量的基本平衡,还要调整它们的结构。如果只有供需总量的基本平衡,甚至在总体上可以出现买方市场,但结构不合理,供给结构不适应需求结构,总量平衡也难以持久地维持下去。因此,调整结构是总量平衡的延伸,是国家调控市场的重要方面。另一方面,调整结构决不是使供给结构消极地去适应消费结构的变化,而是要促进整个产业结构逐步走向高级化,并为市场向高级形态发展奠定基础。长期以来,我国产业结构和产品结构不够合理,亟须调整。诚然,过去对产业结构曾进行过调整,比如60年代的经济调整实际上是结构调整,80年代初期的经济调整也是结构调整。两次调整的共同点是,通过压缩基本建设规模,把重工业发展速度调下来,把农业和轻工业搞上去,使国民经济大体平衡协调地向前发展。可是,当前面临的结构调整有许多新内容和新要求。一是在社会总供给和社会总需求的关系有所缓和情况下的调整。人们往往用历史上形成的相对稳定的比例关系来观察农业、轻工业和重工业是否协调发展。一般认为,在工农业总产值中农轻重各占1/3左右,在工业总产值中轻重工业各半,就认为结构是合理的。现在的问题是,这几年的宏观经济比例关系基本合理,为什么各方面的关系趋于紧张呢?稍加分析就不难看出,农轻重、轻工业和重工业等宏观比例关系是在总供给和总需求失衡情况下形成的,基础比较脆弱,过大需求的存在时时刻刻在威胁着上述宏观比例的稳定。在新形势下,沿用历史上形成的比例关系已经不够了。人们观察农轻重比例、轻重工业比例以及积累和消费的比例等,未曾予以注意的是尚未实现的需求,即有支付能力的购买力。当这部分数量不甚庞大时,可以不加考虑,当它达到相当规模时就不能忽视了。可以说,总供给和总需求的比例是高于农轻重、轻工业和重工业以及积累和消费等比例的宏观经济最基本和最主要的比例关系。观察经济增长速度是否合理,比例关系是否协调,改革是否有相对宽松的经济环境,首先要看总供给和总需求是否保持基本平衡。产业结构和产品结构的调整,也要同总供给和总需求联系起来,使生产结构更好地适应消费结构的变化。现阶段,我国要大力加强能源、交通和基础原材料工业的建设,就是因为国民经济各部门的需求旺盛。当然,调整产业结构和产品结构不仅限于满足需求,还要考虑产业结构本身的发展趋势。正在全世界范围内兴起的新技术革命,反映着产业结构变动的大趋势,对我国既是一个机会,又是一个挑战,必须迎头赶上。我国面临的战略选择是,不发展新技术和新兴产业,势必拉大同发达国家在科学技术上的差距,永远处于落后的境地。完全按照发达国家的办法发展新技术和新兴产业,我国又受到资金和技术力量的限制。有重点地发展新技术和新兴产业,并用于改造传统产业,推动我国产业结构逐步走向高级化,可能是适合我国情况的正确战略抉择。把调整产业结构的上述两方面要求结合起来,使产业结构既能适应需求结构的变化,又能在经济稳定增长中逐步走向高级化,一个突出的问题是如何拉开产业层次,特别是选准带头产业和明确基础产业。机电工业是国民经济技术装备部门,发展它可以带动其他产业逐步走向高级化。然而,目前机电工业产品在出口商品构成中所占比重甚小,指望它创造更多的外汇还不现实,短期内难以成为带头产业。因此,为了能既带动其他产业走向高级化,又能大量出口创汇,为国家积累更多的资金用于引进国外先进技术,需要大力扶植机电工业,促使它更快地发展,逐步成为带头产业。至于基础产业,现在已经看得比较清楚,农业、基础设施工业和基础原材料工业,在今后相当长的时期里仍然是整个产业的基础,必须大力发展,以满足多方面的需求,为产业结构的高级化提供条件。选准带头产业,明确基础产业,其他产业部门在整个产业结构中的地位就不难确定,产业层次就能拉开。明确产业层次,才能有条件地制定长期产业政策;问题的难点是如何按着产业层次对现有产业进行调整。要保证带头产业和基础产业对资金和物资的需要,其他产业就得让让路,否则,齐头并进,投资、物资平均分配,合理产业结构很难形成。调整产业结构,就得有取有舍,有的加强,有的削弱。这里有存量调整和增量调整两种办法。所谓存量调整,指的是在现有产业结构中,加强一些产业,扶植新产业,削弱一些产业。这不能不涉及部门、地方和企业的既得利益,依靠行政办法实行关、停、并、转,难度和阻力都很大。靠市场的作用进行调整,即通过竞争和资金转移来加强或削弱乃至淘汰一些产业部门,市场机制又不健全而且不灵敏,难以奏效。在经济体制模式转换的时期,调整产业结构还得靠行政办法和经济办法相结合,逐步进行。搞得过急,则会引起较大的社会震荡。另一种办法是靠增量调整。所谓增量调整,指的是利用新增国民收入特别是新增积累额进行产业结构的调整。然而,我国新增国民收入、新增积累有限,在结构调整上难以做出大的动作,何况新增积累中国家直接掌握部分有趋于减少的趋势。利用市场机制引导地方、企业的新增国民收入、新增积累用于符合产业结构调整的正确方向上来,还是一个尚未获得解决的难题。我国产业结构调整时间拖得过长,对实现产业结构高级化不利,加快步伐又遇到上面提到的种种制约因素。作为可供考虑的方案是存量调整和增量调整结合进行:存量微调,以免引起大的社会震荡;增量大调,把新增积累的相当部分用于加强基础产业和支持带头产业。即使是这样,实现我国产业结构合理化进而走向高级化,也需要较长的时间。

(三)国家运用哪些手段调控市场。这是国家能否有效调控市场的重要环节。由我国商品经济和市场发育状况所决定,国家既不能采取单一的行政和计划手段调控市场,那样会回到旧体制,不利于市场发育和成熟;也不能采用适合市场高度发达和成熟的西方国家的办法,那样往往会导致调控手段的扭曲反应,达不到调控市场的目标。在我国,国家调控市场的手段应该是适合于经济管理多层次的多种形态。这就涉及经济手段或经济杠杆的配套问题。从广泛意义上说,经济杠杆配套有三个层次:一是各种经济杠杆的配套;二是经济杠杆和计划机制的配套;三是经济手段、行政手段和法律手段的配套。当前,经济杠杆既不健全又不配套,国家调控市场遇到不少困难,迫切需要从理论和实践的结合上研究各种经济杠杆的特点及其综合运用的条件。各种经济杠杆既有各自的或主导的作用,它们又发生交互作用。所谓独特或主导作用,主要是指哪个杠杆更适合于调控社会需求总量,以利于社会总供给和社会总需求的基本平衡;哪个杠杆更适合于调控供给结构(如产业结构和产品结构等),使供给结构更好地适应需求结构的变化。所谓交互作用,是指运用多种经济杠杆调控同一对象,或者是总供给,或者是总需求,或者两者兼而有之。在经济管理中,经济杠杆的主导作用和交互作用往往紧密交织,很难截然区别开来。但是,从经济发展趋势和改善经济管理的角度看,各种经济杠杆的独特或主导作用会日益明确起来。就拿调控总需求来说,财政和信贷都起重要作用。财政支出总规模的大小直接影响需求总量的增减,信贷规模的变化同有支付能力需求的变化息息相关。在总需求增长过快或过度扩张的场合,紧缩的财政政策和金融政策是调控总需求的两道闸门。然而从经济发展的长期趋势看,信贷杠杆的作用会更加突出。在旧体制下平衡社会资金的主要手段是财政，比较容易管理。在新旧体制转换过程中，社会资金趋于分散，预算外资金大幅度增加，客观上扩大了银行管理资金的职能，信贷平衡在社会资金平衡中越来越居于举足轻重的地位。对产业结构的重大调整，运用利率杠杆固然能起调节作用，但是比起财政杠杆（包括财政性投资、税收、补贴），毕竟是第二位的。举例说，基础设施工业投资多，建设周期长，而加工工业需要的投资相对少，建设周期短，如果以加强基础设施工业为重点的长期结构调整也靠利率杠杆，不仅银行资金供给会有困难，而且与银行企业化经营发生矛盾。对于短期结构调整，银行的作用会比财政大些。价格杠杆也是这样。对于短期结构调整，价格会起导向作用。对于长期结构调整，靠价格杠杆要经历比较长的时期，一则随着价格变化并不能立即相应地增加供给，二则价格导向在资金未能自由流动的场合，其调整产业结构的作用也是有限的。

市场引导企业

国家调控市场的目的是要使市场能够引导企业按照宏观经济目标运行。而市场要能真正引导企业，一是市场要开放，二是企业行为要合理。可以这样说，只有开放型的市场才能引导企业，只有具备自我调节机制的企业才能接受市场的引导。在国家调控市场、市场引导企业的链条中，市场是承上启下的关键环节。换句话说，国家调控市场的有效程度，不仅取决于调控重点的正确选择、调控手段的完善和配套，而且取决于市场开放的进程。另一方面，市场发育状况又影响着国家调控手段能否作用到企业，并作出灵敏的反应。人们常讲我国市场广阔，这是指潜在市场而言，现实的市场在总体上还需要进一步开放。

当前，我国商品市场开放的重点和难点是生产资料市场。钢材等基础原材料市场又是生产资料市场开放的主体。我国绝大部分钢材实行计划分配，量大价低，投入市场的部分量小价高。两种市场，双重价格，虽然在短时期内有利于刺激生产、搞活物资流通，但是长期并存，弊大于利。所以，开放钢材市场，逐步变两种市场为一种市场，变双重价格为一种价格，势在必行。然而，开放钢材市场需要具备一系列条件。

首先要扩大市场资源。在我国目前流通体制下,开放市场的主要途径是缩小计划分配的比重,在农业、商业、机械工业、基本建设对钢材需求旺盛的情况下,不能不是一个难题。靠进口钢材扩大市场,又受到外汇的限制。削减各方面对钢材的计划分配量,势必引起各方面利益的重新调整。基本建设用的钢材,品种单一,数量较大,改计划分配为市场调节无疑会扩大市场资源,问题是如何保证重点建设的需要。完全按市场原则办事,重点建设所需钢材恐难保证供应。缩减重点建设规模,又会影响经济发展的后续能力,难以下这样的决心。既要保证重点建设,又要扩大市场资源,不得不采取一些行政或半行政的办法,即使重点所需钢材提价,也要保证供应,从而这部分钢材市场并不是完全意义的市场。市场资源状况决定钢材市场开放的步伐。在需求旺盛的情况下,缩小指令性计划分配比较容易,但只能逐步进行,步子迈得过大,不仅价格居高不下,而且难以形成真正的市场。

其次要管好价格。钢材投入市场,影响链条长,涉及面广,信息反馈或回归周期比较长,在企业吸收涨价能力没有增强的情况下,容易发生多种转嫁,推动物价上涨。为了保持物价总水平基本稳定,对生产资料调价所产生的影响,应该按层次、逐环节进行分析,做好综合平衡,努力缩小两种价格的差距。还要正确处理生产资料提价所产生的价差分配。价差全归国家,生产企业没有积极性;全归生产企业,用户负担不起,而且会因原材料涨价减少上缴利税,从而影响国家财政收入;全归流通部门,会推动物价进一步上升,甚至助长投机倒把。似可考虑,放开价格得到的好处,先归国家,建立市场开放基金,专门用于扩大市场资源,或者部分地返还吸收涨价能力差、确实消化不了的企业。这种办法有利于促进企业提高经济效益,增强吸收涨价的能力,缺点是带有行政集中的性质。对于生产生产资料的企业,则要通过税收正确处理它和国家的分配关系。

最后要提高市场管理能力。对投入市场的生产资料流向,不能撒手不管,应当按照生产要素最优结合和产业结构合理化的要求,加强引导,组织好市场,使生产资料市场真正成为有领导有计划的市场。

企业接受市场引导，企业行为必须合理。国家调控市场，市场引导企业，这个模式的有效运行在很大程度上取决于企业行为，尤其是全民所有制大中型企业的行为。全民所有制小型企业比较好办，可以租赁、承包乃至拍卖以及转为集体所有。重点和难点是全民所有制大中型企业怎样才能成为自主经营、自负盈亏的商品生产者和经营者。当前，我国全民所有制大中型企业还缺乏活力，说到底是没有给它们创造出商品生产和商品交换的必要条件。这些条件可以列举很多，而最根本的是两条：一是同集体所有制经济和个体经济相比，全民所有制大中型企业在价格、税收等方面处于不平等的竞争地位。全民所有制大中型企业大都生产指令性计划产品，价格偏低，留利水平也偏低，从而竞争能力不强。二是全民所有制大中型企业自主权限小，自负盈亏程度低，有的甚至只负盈不负亏。企业内部权、责、利没有真正结合起来，尚未形成自我抑制、自我调节的系统。就是在全民所有制大中型企业之间，生产和经营的外部条件也不相同。企业经营成果除取决于自身管理水平外，还要受到下列一些因素的制约：国家投资的多寡直接影响企业经营成果和竞争能力；资源条件好坏同采掘工业成本息息相关；计划任务的多或少，影响自销产品比重，在双重价格体制下左右企业盈利水平。解决这些问题的出路在于使全民所有制大中型企业真正成为自主经营、自负盈亏的商品生产者。重点和难点是经营权和所有权分开。企业成为真正的商品生产者和经营者，市场才能引导企业，市场机制才能作用到企业，并作出灵敏的反馈，既给企业以活力，又给企业以压力，从而割断企业对国家的依赖。这样才有可能使企业的生产经营活动沿着企业——市场——企业的轨道运行，按着商品经济的要求增强自我改造和自我发展的能力，企业的短期行为才能和长期行为结合起来。否则，微观基础没有得到根本改造，企业行为不合理，不能成为真正的商品生产者和经营者，即使国家能够调控市场，市场也难以引导企业按照宏观经济的要求来运行，甚至在宏观调控机制之间、经济参数之间会产生重重矛盾：价格调节不能靠税收，税收调节不能靠财政补贴，补贴过多财政负担不起又得动价格。为了避免出现这种循环，宏观管理必须紧紧抓住国家调控手段、市场发育和企业行为这三个关键环节，进行配套改革，为建立国家调控市场、市场引导企业的经济运行新模式创造条件。对于关系国计民生的领域,还不可能实行国家调控市场、市场引导企业的新模式。特别是生产能源和基础原材料的国营大中型企业以及国家重点建设项目,还要在运用价值规律和考虑市场需求的前提下,由国家计划直接管理。随着市场的进一步开放和供求关系的改善,国家计划直接控制企业的数目和比重会有所减少,但不可能完全取消。这是现阶段我国经济发展的客观需要,也是顺利实现由直接控制为主转向间接控制为主的客观需要。

(本文是提交给 1986 年 9 月召开的全国宏观经济管理问题讨论会的论文,收入 1987 年 9 月出版的《论中国宏观经济管理》)

经济组织与交易成本

张五常

张五常简介如前第 212 页。

科斯定理的一个重要引申是，如果所有的交易成本为零，那么，不论生产和交换活动怎样安排，资源的使用都相同。这意味着，在不存在交易成本的情况下，各种制度安排或组织安排不会提供选择的依据，因此也就不能用经济理论来解释。这样，不仅经济组织是随机决定的，而且实际上没有什么经济组织可谈：生产和交换活动完全是由市场这只"看不见的手"来引导的。

但是确定存在着各种组织或各种各样的制度安排，因而为了解释它们的存在与变化，必须把它们看作是交易成本约束条件下选择的结果。

从最广泛的意义上说，交易成本包括所有那些在鲁宾逊·克鲁索经济中不可能存在的成本，在这种经济中，既没有产权，没有交易，也没有任何种类的经济组织。这样宽泛地界定交易成本是很有必要的，因为常常无法把各种不同的成本区分开来。这样定义之后，就可以把交易成本看作是一系列制度成本，其中包括信息成本、谈判成本、起草和实施合约的成本、界定和实施产权的成本、监督管理的成本和改变制度安排的成本。简言之，交易成本包括一切不直接发生在物质生产过程中的成本。显然，这些成本的确很重要，把它们称为交易成本会使人产生误解，因为它们甚至在像共产主义国家那样的禁止市场交易的经济中，也会大得惊人。

根据定义，一个组织总需要有人去组织它。从最广泛的意义上说，所有不是由市场这只"看不见的手"指导的生产和交换活动，都是有组织的活动。这样，任何需要经理、董事、监督者、职员、执行者、律师、法官、经纪人，或甚至中间人的安排，都意味着组织的存在。这些职业在鲁宾逊经济中不存在，支付给他们的报酬就是交易成本。

当把交易成本定义为鲁宾逊经济中不存在的所有成本，把经济组织同样宽泛地定义为任何要求有"看得见的手"服务的安排时，就出现了以下推论：所有的组织成本都是交易成本，反之亦然。这就是为什么过去 20 年来，经济学家总是努力用不同的交易成本来解释各种组织安排的原因。

一些明显的例子可以说明这一点。对于工厂（即组织）里的工人，可以用计件或计时的办法付工资。如果度量和监督他们工作的成本（这是一种交易成本）为零，那么这两种安排会产生相同的结果。但是在这些成本大于零的情况下，如果度量产量的成本较低，那就很可能采用计件工资合约，而如果度量时间和监督生产的成本比度量产量的成本低，就很可能选择计时工资合约。再如，有些饭馆（饭馆也是一种组织）按所卖食品的数量计价，另一些则供应自助餐，即每位顾客支付固定价格后，想吃多少就可以吃多少。度量所消费的食品的成本与食品的基本成本之比，决定了选择哪一种安排。如果完全不存在交易成本的话，压根儿就不会存在工厂或饭馆，因为消费者会直接从生产商品和提供服务的投入所有者那里购买。

早在 1937 年，科斯就用决定市场价格的成本（即交易成本），解释了企业（即组织）的出现。在很难度量不同的工人各自所做的贡献，很难议定一个产品的各个部件的价格而致使交易成本很大的时候，工人就宁愿到工厂（即企业）里工作；他会通过合约出让自己的劳动使用权，自愿服从"看得见的手"的管理，而不是自己通过市场这只"看不见的手"向客户出售服务。因此，可以说，企业代替了市场。随着这种代替的发展，所节约的决定价格的成本，会被企业内部不断上升的监督和管理成本所抵消。当在边际上，前者节约的成本与后者不断上升的成本相等时，就达到了均衡。

企业代替市场可以看作是要素市场代替产品市场。如果所有的交易成本都为零，那么这两种市场就是不可分开的，因为顾客向生产要素所有者支付的款项等于向产品销售者支付的款项。在这样的世界里，说要素市场和产品市场是两个共存的实体，是十分荒谬的。

交易成本的存在是将要素市场和产品市场分开来的前提。然而，在某些合约安排中，例如，采用计件工资合约时，是无法把这两种市场区分开的。因此，与其把企业看作是对市场的替代，或把要素市场看作是对产品市场的替代，还不如把这种组织上的选择看作是一种合约代替了另一种合约。由此看来，组织安排的选择实际上就是合约安排的选择。

当我们把组织选择看作是合约选择的时候，则很显然，常常无法划出一条清晰的分界线把一个组织与另一个组织区别开来。例如，拿企业来说，持有雇用合约的企业家（到底是企业家雇用工人还是工人雇用企业并不清楚），常常可以与其他企业签订合约；订约者可以再签订合约；再订合约者还可以进一步再订约；一个工人可以与几个"雇主"或"企业"签订合约。如果允许这种合约链扩展的话，这个"企业"就会把整个经济包括在内。以这种观点来看，企业的规模也就变得不确定和不重要了。重要的是合约的选择和决定这种选择的交易成本。

传统的经济分析一直局限在资源配置和收入分配上。在这种传统中，合约安排作为一类现象一直受到轻视。在一个被交易成本弄得错综复杂的世界里，这种忽视不仅听凭大量有趣的现象得不到解释，而且实际上模糊了对资源配置和收入分配的理解。在传统分析中，组织或制度经济学，以及各种经济体制的运行，从来没有被放到适当的位置上。一代又一代的学生被告知，各种"不完全性"是那些看起来神秘莫测的现象的原因，因此而政策被误导了，反垄断专家们找错了攻击的目标。

引进更加有根据的新思想，成本一定很大。甚至在今天，教科书仍然在讨论只是与固定工资和租金相关的边际生产率理论。可是经济学家一直知道，仅就劳动而言，报酬支付就还有计件工资、奖金、小费、佣金或各种分享安排等多种次要形式；而且，甚至工资率也有多种形式。每种合约意味着不同的监督成本、度量成本和谈判成本，而只要选择了不同的合约安排，经济组织的形式以及"看得见的手"的作用也就随之变化。

当然，合约安排的选择并不局限于要素市场。在产品市场上，像搭卖、全面抬价或俱乐部的会员费这样的定价安排，也同样可以用交易成本来解释。而且，企业组织合并、专营特许权以及各种形式的一体化经济组织，现在也开始被看作是减少交易成本的现象。的确，对百货公司和购物中心进行仔细观察，就可以发现中心代理商与单个售卖者之间，以及售卖者自己之间的定价和合约安排，这些都是教科书上的经济学所不能解释的。

交易成本常常很难度量，而且正如前面提到的，要把一种交易成本与另一种交易成本区分开来也是困难的。但是，如果我们能够指出这些成本在不同的可观察到的条件下是怎样变化的，我们就可以避开度量问题，而且从边际变化的观点来看，也就可以区分它们的不同类型。这两个条件在解释组织行为时，对导出可检验的意蕴是十分必要的。

用交易成本来分析制度或组织的选择，优于另外三种方法。一种方法把重点放在动机上。但动机从原则上说是无法观察到的，如果我们用实施成本来研究这个问题，就能更好地导出可检验的命题。第二种方法是采用风险。但是，很难确定风险在不同的情况下怎样变化，许多风险问题，譬如是否执行协议的不确定性问题，也是交易成本问题，因而直接用交易成本来处理更为容易。最后，交易成本分析中的一些最新进展，使人们注意到了不诚实、欺骗、卸责和机会主义行为中包含的成本。可是这些都是含糊的术语，不论它们描述的是什么，在某种程度上总是可以见到它们。只要我们能够识别出鼓励不诚实的特定交易成本，就不再需要这种模糊的解释了。

究竟在什么意义上，我们可以说一个人"越来越不诚实"或"越来越机会主义"呢？

分析经济组织的交易成本方法，可以向上从几个参与者扩展到"政府"甚或国家本身上。在较低层次上，公寓单元的所有者们几乎总是建立具有特定细则的组织，并选举出委员会来决定共同关心的事情，决策由多数票作出。在某些情况下，投票表决的交易成本要低于利用价格和钞票表决的交易成本，不重要的事情甚至可以委托给一个"大权独揽的"经理处理，从而进一步降低投票表决的成本。同样，某个地方的居民或许宁愿结成一个城市，选举产生自己的市长，建立制定建筑法规的委员会，雇用消防人员和警察，并决定其他共同关心的事情。

私人产权提供了一种独有的好处，使个人财产的所有者享有不参加某一组织的选择权。这种选择权对采用交易成本较高的组织是有效的制约。确实，在多数票决定的原则下，某个地区的某个房主可能会丧失不参加一个城市自治体的选择权（而不像一个工人那样，在自由企业经济里，总是拥有不加入某个"企业"的选择权）。但在私人产权之下，多数票决定的原则是力求节约交易成本，不愿意加入的居民可以卖掉自己的房子，搬到其他地方去，以此根据自己的判断行事。

进一步说，在竞争条件下，私人产权可降低交易成本。在竞争条件下，一个企业家或代理人若想争取其他资源的所有者参加他的组织，必须提供具有吸引力的条件，而只有他的组织能够有效地降低交易成本时，才能做到这一点。另一方面，通过竞争加入了某个组织的资源所有者会较为卖力地干活，否则有可能丢掉工作。

当然，当一个组织扩展到包括整个国家时，不参加该组织的选择权和竞争降低交易成本的作用就会受到限制。如果国籍由出生地决定，则不加入国籍的选择权就受到限制，国家之间吸收成员的竞争，显然要弱于在一个国家内各组织之间的竞争。这种成本减少机制的相对缺乏在共产主义国家更为明显，在那里，公民在国家内部没有选择组织的权利。

可以把共产主义国家看作是一个"超级企业"，其中的同志没有不参加的选择权。每一个工人都被指派到一个特定的工作岗位上，由各级官员的"看得见的手"来监督和指挥。在这方面，共产主义国家极其类似于科斯所谓的"企业"，在科斯的企业中，工人被告诉去干什么，而不是通过市场价格来引导。但是共产主义国家缺乏市场价格机制，并不是决定价格的成本造成的，而是在没有私人产权的情况下，根本不存在市场价格，各级等级机构的"看得见的手"的监督成了取代混乱的唯一选择。

组织运作的交易成本在共产主义国家中肯定要比在自由企业经济中高，因为在前者那里没有不参加的选择权，没有组织间吸收成员和引导成员努力工作的竞争。

如果组织运作的交易成本为零，共产主义国家中的资源配置和收入分配就会和在自由企业制度下的情况一样：消费者的偏好可以不花成本地表现出来；拍卖商和监督者可以免费提供搜集和核对信息的服务；工人和其他生产要素可以没有成本地被指挥，完全按照消费者的偏好进行生产；每个消费者都能得到符合自己偏好的商品和服务；按照任何一些不花费成本而商定的标准，每个工人得到的总收入，由一仲裁人不花费成本地决定，等于他的边际生产率加上除劳动以外的一切其他资源的租金的份额。然而，这样一种理想的情形显然并不存在。

因此，我得出的结论是：共产主义国家较差的经济实绩，根源在于组织运作的交易成本过高。在约束条件最大化的假设下，共产主义国家得以继续存在的原因与任何低效率的组织得以继续存在的原因一样，即改变组织（即制度）安排的交易成本过分高昂。这些成本包括得到有关其他制度运行信息的成本，使用劝说或强制手段改变特权集团地位的成本。采用另一种经济组织形式，会使这些特权集团的收入减少。

（原载《经济解释：张五常经济论选》，商务印书馆 2000 年版，曾发表于 *The New Palgrave A Dictionary of Economics*，Macmillan Ltd. 1987）

社会主义所有制体系的探索

厉以宁

厉以宁，1930年出生于江苏省仪征市。中国著名经济学家。

1951年考入北京大学经济系，毕业后留校工作。1985—1992年期间任北京大学经济管理系主任。1993—1994年期间任北京大学工商管理学院院长。1994年至2005年期间任北京大学光华管理学院院长。历任全国人大常委、全国人大财经委员会主任委员、中国民主同盟中央委员会副主席、中国环境与发展国际合作委员会委员、中国国际交流协会副会长、国务院学位委员会经济学评议组成员。1998年被香港理工大学授予荣誉社会科学博士学位。

主要著作有《体制、目标、人：经济学面临的挑战》、《社会主义政治经济学》、《非均衡的中国经济》、《中国经济改革与股份制》、《经济学的伦理问题》等。

三

在社会主义社会中，建立和发展股份企业不仅是必要的，而且也是可行的。社会主义建设需要大量资金。要改变资金分散的现象，必须集中资金，把社会资金潜力动员起来。因此，企业发行股票有助于使资金集中，以满足扩大生产的资金需要。由于社会主义经济制度的基础是生产资料的社会主义公有制，所以股份企业也将建立在这一基础之上。如果是集体经济的企业发行股票，由劳动者购买，那么从性质上说，这种由劳动者集资而组成的企业仍然是集体经济单位。看来，这类企业实行股份制完全是可行的，也不会引起疑虑。问题是全民所有制企业能不能发行股票？全民所有制发行了股票后，性质会不会变？对这个问题，应有正确的理解，不能认为只有集体企业才能发行股票，而全民所有制企业不能发行股票。我们不能用关于全民所有制企业的传统的观点来看待全民所有制企业的股份制。

如果全民所有制企业成为股份企业，从现有的生产资料所有权来看，有三方面的入股者：一是中央政府部门；二是地方政府部门；三是全民所有制企业本身。这三类入股者都是全民所有制性质的，股份制不改变企业的全民性。如果全民所有制是向社会集资的，那么新的入股者又可以分为三类（这里不考虑外资入股）：一是其他的地方政府部门和其他的全民所有制企业；二是集体企业；三是劳动者个人。从新入股的构成看，如果只有第一类新入股者，企业的全民性没有变化。如果还有第二类和第三类新入股者，那么企业的全民性依然保留，但又增加了集体的成分。不管怎样，股份企业的生产资料仍然归劳动者所有，这样的企业仍然是公有企业。

从生产资料使用权上看，由于股份企业的所有权与使用权是分离的，因此有必要考察谁真正在进行经营管理。经营管理归于企业的管理人员。既然社会主义股份企业的股东是劳动者或是代表劳动者利益的单位，那么通过股东代表选举的企业管理人员也就是劳动者利益的代表。以股份制的全民所有制企业来说，如果第二类和第三类新入股者的资金相对于原来的入股者和第一类新入股者的资金而言是较少的，那么企业仍由全民所有制一方经营管理。即使第二类和第三类新入股者的资金相对说来较多，但只要它们是分散的，那么全民所有制一方也照样掌握了企业的经营管理权。这些都表明企业的全民性基本上没有变化。

退一步而言，即使第二类和第三类新入股者的资金较多，而且第二类新入股者的资金并不分散，从而掌握了企业的经营管理权的话，企业不仍然是社会主义公有制企业吗？企业的经营管理权不仍然掌握在劳动者利益的代表者手中吗？这又有什么值得顾虑的呢？

下面，让我们再分析一下企业股份制的优越性。股份制是现阶段可以采取的最有利于增强企业活力的措施，它的优越性表现于：

第一，建立股份企业将从根本上改变政企不分的状况，从而可以把企业办成一个完全经济性的实体。由于企业的负责人向董事会负责，董事会向股东负责，企业就不再处于作为行政机关附属物的地位。股份企业在服从国家政策和经济法规的前提下，有独立决策的权力。换言之，国家不能对股份企业直接进行干预，而只能通过股权影响企业的经济活动。这样，企业与政府的关系，在经济上主要体现在纳税和收税的关系上，企业的经营决策权问题就会迎刃而解。

第二，股份经济可以比较有效地解决生产要素的合理流动问题。股份企业盈利高低是一个信号，可以引导资金转移到盈利高的部门，使资金和劳动力得到比较合理的配置，可以提高资金使用效率。在市场竞争的条件下，股份企业只有将资金投向最有发展前途的领域，合理使用资金，避免决策失误和资金浪费，才能立足，才能发展。至于政府部门，则可以通过各种调节和补偿措施，有计划地引导股份资金投向国民经济中的薄弱环节和落后部门，从宏观的角度来促进生产力合理布局。

第三，入股集资有利于把社会上闲散资金集中起来，实现融通资金的活动。在社会集资和劳动者个人入股的条件下，个人消费基金的结余部分表现为新增加的股金。个人是以投资者的身份出现的，入股后，不能任意抽回股金，因此，企业以集资入股方式吸收个人消费基金的多余部分之后，不存在股金退出企业而冲击消费品市场的可能性。除个人入股以外，股份经济还可以把企业拥有的留成资金作为集资的重要来源。由于各个地方和企业都拥有一定量的暂时闲置的资金，因此通过股份经济的途径，集中地方和企业的资金，承担与地方和企业利害关系密切的项目的建设，有利于加快建设的步伐，并且，这也是为社会提供更多就业机会（特别是对于开拓广大农村的就业门路而言）的有效途径。

四

各个不同的企业相互入股（即相互购买股票）的结果，产生了社会主义条件下的企业控股制。控股制又称参与制，它是股份经济发展的必然产物。控股制本是资本主义发展到垄断阶段时出现的一种经济组织形式，大资本通过控股，渗入其他企业之中，支配着这些企业。层层控股、层层渗透的结果，形成了总公司——子公司——孙公司……这样的公司系统。因此，控股制在资本主义制度下，是大资本控制小资本、支配小资本的手段。

作为一种社会化大生产条件下的经济管理形式，控股制可以适用于社会主义股份经济之中。这是因为管理具有二重性：一是由社会化大生产决定的自然属性；一是由社会制度决定的社会属性。就社会化大生产而言，社会主义与资本主义是相同的。就社会制度而言，社会主义与资本主义截然不同。因此，社会主义社会中可以采取控股制形式，即保留这一管理方式的自然属性，所改变的则是它的社会属性。

在社会主义经济中，一些有竞争能力的、经济效益高的企业可以利用自己的税后利润购买其他企业的股票。当它们在其他企业的股份中占到一定的比重，从而作为有影响的大股东而控制了那些企业时，就可以按照自己的经营方针来经营管理或进行企业改组。由于股权以及与股权联系在一起的股份利益在这里起着作用，所以，一旦企业之间相互控股，企业之间的竞争必然激化。激化的市场竞争对于股份制的企业来说，不是坏事，而是好事，它促使每一个股份制企业必须提高经济效益。特别是在产品代替性强、消费品价格弹性大、产品更新期间利润不稳定的条件下，如果一个企业经营不善，它就面临被其他企业"接管"的威胁。这种"接管"意味着：其他企业作为新的股东利用这些企业利润率下降、原来的入股者急于想把股票脱手的形势，购买其大量股票，进而控制它们；先从组织上予以"接管"，使之变为自己的子公司，再从生产上、经营上、技术上加以改造。甚至在某些具有独占性的领域内，原来的企业如果经营不善，也是有可能被"接管"的。

至于一些较小的企业，在经营不善的条件下，也可能被本企业的职工"接管"。本企业的职工作为股东，虽然很分散，但他们对企业的要求是盈利、是发展，他们的个人利益同企业盈亏总额挂钩，因此，在必要的场合，他们可能集中股权，以集体代表的身份，对企业进行"接管"，重新经营。这对于亏损或微利的企业的发展前景肯定是有利的。

五

　　实行控股制之后,一个强有力的社会主义大企业,实行跨部门、跨地区的生产经营,并通过层层控股建立自己的子公司、孙公司。母公司同若干个子公司、孙公司集合在一起,就形成社会主义的公司财团(或称为企业集团)。若干个社会主义大企业通过各种方式的经济联系,也可形成一些带有地方色彩的社会主义公司财团,简称为地方财团(或地方企业集团)。社会主义公司财团的核心将是一个母公司或称持股公司,它是本财团的经营管理的方针的决策者。在母公司下面,有各个子公司、孙公司,这些公司并不是公司的分支机构或附属机构,它们都有自己的独立经营活动,自主经营,自负盈亏。母公司是通过股权的控制来施加影响的。也就是说,母公司的经营方针要通过股权的控制来贯彻。这就不会重犯行政干预的弊病。这样一种集中与分权相结合的公司管理体制,有利于促使企业经济活动合理化和高效率化。

　　由于市场竞争的开展,一些社会主义大企业兴起了,一些社会主义大企业衰落了,或者说,一些社会主义公司财团壮大了,一些社会主义公司财团的地位相对下降了,这完全是正常的现象。哪个大企业想保持上升的趋势,哪个公司财团想在排列名次上跃居前位,只能依靠自己的竞争能力,只能取决于自己的发展战略是否正确以及能否实现,只能寄望于本企业、本财团的领导层和职工的素质。如果缺乏竞争能力,或者制定的发展战略错误,或者制定的正确的发展战略未能得到贯彻,或者领导层和职工的素质不高,那么即使是大企业、大财团也会衰落下来。但企业的股份制和控股制本身,将给它们以内在调整力量,即自我更新的力量。衰落的企业如果不调整、不更新,它的股票价格不断下降,就有可能被"接管";"接管"以后,企业也就可能以新的面貌登上市场竞争的舞台。

　　与此同时,在控股制的条件下,银行与企业之间的关系有可能发生变化。这种变化表现为两个方面:一是某些专业银行不仅实行了企业化,而且实行了股份企业制,于是企业可能购买银行的股票,成为它们的股东。从我国的所有制改革的前景来说,企业持有专业银行的股份并参与银行的经营管理的可能性不是不存在的。二是企业股份制之后,银行对企业实行参与。在现阶段,银行与企业之间关系的这一变化的可能性要更大一些。我们可以设想,银行不仅是单纯的贷款提供者,而且也是投资者。银行可以直接从事企业投资活动,成为企业的股东之一,甚至银行还可以自己创办企业。在银行掌握企业的股权之后,银行与企业的关系就在股份利益的基础上联结在一起了。银行作为股权持有人,将派出自己的人进驻大企业,参与企业的管理,参加企业的会议。银行不仅仅参与管理企业资金的使用,也过问企业的生产和经营。

  银行本身也可以通过对企业的参与而形成社会主义银行财团。社会主义银行财团同社会主义公司财团一起,实行跨部门、跨地区的经营。银行财团的核心仍然是持股公司性质的中心银行,它所控制的子公司、孙公司同样不是中心银行的分支机构或附属机构,而是自主经营和自负盈亏的经济实体。持股性质的中心银行同样需要通过对股权的控制来影响子公司、孙公司的生产经营。除此以外,银行对企业的参与还有利于银行自身的信贷工作的改进。这是因为,如果要求贷款的企业没有投资风险的观念,那将由提供贷款的银行承担一切投资风险。贷款收不回,项目建设失败了,其损失归于作为贷款提供者的银行。建立股份企业,特别是采取银行参与企业的做法,经营失败,由股权人即由参与企业的各方共同负责,这对于银行的经营的改进是可以起到积极作用的。

(原载《河北学刊》1987年第1期,此处节选自其中的第三、四、五部分)

市场化改革思路的主要特征与内容

——深化改革的战略选择

李晓西

李晓西，1949年生于甘肃省兰州市。经济学家。

1977年考入兰州大学。1982年进入中国社会科学院研究生院攻读硕士学位。1989年在社科院获经济学博士学位。1993年任国务院发展研究室宏观经济司司长。2001年任北京师范大学经济与资源研究所所长。现任北京师范大学校学术委员会副主任和经济与资源管理研究所所长、中国社会科学院研究生院教授、中国经济改革研究基金会第二届学术委员主任、国务院关税税则专家咨询委员会委员、商务部发展战略规划编制专家咨询组成员、中国市场学会常务理事、中国价格学会常务理事。

主要著作有《现代通货膨胀理论比较研究》、《经济"怪圈"之谜——对经济改革的哲学分析》、《20年观察与思考》、《宏观经济学：转轨的中国经济》、《转轨经济笔记》等。

一　应正视深化改革的困难：双轨并行的过渡体制与潜伏的恶性循环

新旧体制的转换、共存，造成了一种"双轨并存"的运行机制。这种"双轨"，既包括又远远超出"价格双轨"的范围。在传统的计划、价格、物资、财政、金融、商业、投资等体制为框架的计划运行机制之外，出现了尚不健全的计划外的市场运行机制，形成贯穿于各个经济领域中的广义的"双轨制"。所有经济主体都被纳入这个双轨运行的系统之中，都必须奉行两套不同的运行规则。

在新旧体制并存、经济双轨运行的条件下，搞活企业极其困难。

企业的资产所有者仍以传统体制中的国家或全民所有者的面目出现，资产的经营者却开始转为市场运行中的主体。因此，"两权分离"不能体现为统一的市场运行中的资产所有权与经营权的分离，而体现为靠挂"双轨并行"的"两权分离"，即企业所有权仍主要体现在计划体制中，经营权却部分体现在市场运行中。企业与国家之间财产关系、分配关系未从实质上摆脱传统格局，企业难以"自负盈亏"，国家仍是"父爱主义"；与此相应，企业自主经营、积累发展的动力和主动性就大为削弱，经营机制的转变就不可能彻底。

在新旧体制并存、经济双轨运行的条件下，作为生产者、经营者、消费者的个人的经济行为也必然自相矛盾。作为生产者，在追求从新体制中获得更多收入的同时，又会竭力保住"铁饭碗"；作为经营者，既想从新体制中获得高价出售商品的权利，又想从旧体制中获得低价的供货；作为消费者，在追求从新体制中获得"市场繁荣"的同时，又留恋和依赖旧体制下的"物价稳定"。

在新旧体制并存、经济双轨运行条件下，宏观调控宽严两难。调整参数，间接管理，对计划运行不灵；加强计划，直接干预，对市场运行不利。同时维护双轨运行，又使宏观管理行为自相冲突。因此，我们看到，政府在引进市场机制解决旧体制的种种弊病的同时，又不得不用旧体制的种种手段去对付市场运行中出现的问题。行政干预和控制的结果，又造成了下一轮的更大困难。

企业、个人、国家矛盾的经济行为，两难的选择，源自新旧并存、双轨运行的过渡体制。双轨制具有内在矛盾，双轨制使经济运行中干扰和摩擦骤增。旷日持久的双轨过渡，将使计划、市场运行"两无序"，将造就畸形体制，将阻碍改革的深化和经济的发展。当然，双轨运行的产生有着历史的必然性。但时至今日，新旧体制的冲突日益加剧，旧体制复活的可能性不容低估，经济恶性循环已开始露头，经济改革已处在一个关键的时刻。

二 市场化改革目标：建立在市场经济基础上的社会主义

在经济改革反思中，我们发现，将有计划的商品经济作为改革目标,是完全正确的,但对"有计划的商品经济"的理解容易产生分歧,不同的理解造成不同的改革思路。主要表现为:社会主义经济改革是"计划的科学化"还是"经济运行市场化"两种截然不同的认识。

"计划科学化"的观点认为社会主义经济运行机制本质上是计划机制。社会主义计划经济之所以需要改革,是因为计划工作没搞好,因此只要提高计划的科学性,就可以完成社会主义经济改革。至于市场,是可以"模拟"的或局部开放的;"商品"并不一定是市场运行机制的产物,其合理的价格水平是可以由计划部门用现代经济数学方法计算出来的。这实际上是一种"计算机乌托邦"。这种观点在"有计划的商品经济"的"计划"二字下标了着重号,把改革目标看做是完善存在着商品、货币关系的计划经济。

"市场化"则认为,社会主义是建立在市场经济基础上的。"有计划的商品经济"就是国家调节之下的市场经济。社会主义经济体制之所以需要改革,是因为旧体制排除市场经济。历史经验证明,离开市场机制,计划是空想的,搞不好的。只有建立在市场经济上的以指导性为主的计划,才可能促使全体社会成员都发挥首创精神,才可能使计划建立在经济规律之上。因此,"有计划的商品经济",其重点在"商品经济"上,社会主义经济是有社会主义国家计划导向的商品经济或市场经济。

从理论上讲,商品经济就是市场经济。马克思主义认为,交换是商品形成的必要条件,离开交换,就没有商品经济。而各种交换关系的总和,就是市场。因此。一般地讲,商品经济也就是市场经济。国家调节市场,这是现代市场经济的共同特点。但是,国家的阶级属性、调节方式、计划目标和价值规范的不同,则决定着市场经济不同的社会属性。社会主义经济的本质不仅在于占有方式和分配方式,更在于社会成员是否都具有平等的占有和分配的权利。

改革目标决不是一个纯理论的问题,它直接关系对改革现状的评价和深化改革思路的选择。为了建成社会主义市场经济,我们就要坚定不移地按照"发展和健全社会主义市场体系"的方向前进;就应把限于现实条件而暂时采取的一些行政措施和一些直接计划管理手段视为被迫的、迂回的办法,且控制在必要的范围内;就应把双轨运行的体制视为过渡体制而不是新体制；就应为统一市场化的经济运行规则而不懈努力。

三 市场化改革的主要特征与内容

由高度集中统一的产品计划经济向国家调节的市场经济转换，是实质性的变革，正如邓小平同志所指出的，改革是第二次革命。经济系统的整体性、内在统一性，要求新经济体制尽快从总体上取代旧的经济体制。新旧转换冲突的加剧已表明，改革过程中量变到质变的时刻已经迫近。

这场大变动应是以市场经济的全面推进为标志的，以社会经济生活全部转上市场轨道为基本特征的。这就是：

1. 在所有的经济领域和环节，大步推进各类市场的发展，如劳动力市场、资金市场、外汇市场、股票市场、债券市场、技术市场、信息市场、房地产市场、生产资料市场和消费品市场等等，形成完整的市场体系。商品经济的实践告诉我们，缺少任何一种市场，都会使市场体系出现断层，有碍市场运行中内在联系和反馈回路的形成。市场结构的残缺不全必然阻碍市场功能的正常发挥，阻碍生产要素的流动和资源的合理配置。

2. 大步骤、大面积引入包括竞争、风险、供求机制在内的市场机制，让各种市场参数进入市场，启动起来，运转起来。市场参数僵硬，市场机制就无法发挥正常的调节作用；只有市场参数的正常运转，才可能使各类市场内在地统一起来，产生互相适应又互相抑制的市场力。

3. 建设市场运行中的各种经济组织，发展多种所有制经济，尤其是股份制经济；改造和重建市场主体，即形成自主经营的企业，使企业行为市场化，经济效益评估市场化；限制和疏导具有反市场化行为的组织。通过所有制关系的改革，完善市场基础。

4. 通过法律重新确认财产所有权，是当前改革中一个突出的问题，也是市场化改革的一个基本条件。全民所有制企业固定资产存量和增量的产权的确认，关系到理顺国家与企业的财产关系、分配关系，关系到宏观调控方式的改变和企业积累动机的形成。为此成立的国家资产委员会和投资公司，将以平等的市场主体的身份参与竞争，调节市场。个人财产和国有财产同样神圣不可侵犯，法律保护每个公民不限数额的合法收入。

5. 在市场化进程中，改造和完善国家调节经济的职能，改造和健全社会主义经济的计划功能，确立国家对经济有效的计划调节，实现"国家调节市场，市场引导企业"。以维护和稳定市场运行为目标，加快财政、金融体制改革，完善工商、审计等市场管理职能；通过参与市场竞争，重新确立国营商业、物资、外贸部门在大宗商品批发环节上的主导地位。

6. 建立、完善各种经济法则和法制机构，依靠法律调解市场运行中的各种经济矛盾，保护市场机制的正常运行，实现各种市场行为的规范化。

总之，要以建设新体制、健全市场运行机制为出发点，以市场化为主线，设计各种改革方案。对前期改革中一些侧重于破旧而不能立新的改革措施，要加以改进。

（原载1987年11月30日《世界经济导报》）

单项推进，还是配套改革

吴敬琏

吴敬琏，1930年出生，江苏南京人。中国当代经济学家、国务院发展研究中心研究员。

主要著作有《经济改革问题探索》、《论竞争性市场体制》（合著）、《计划经济还是市场经济》、《通向市场经济之路》、《当代中国经济改革》等。

文稿①54段说，以城市为重点的整个经济体制改革包括两方面的本质要求："一是进一步增强企业特别是全民所有制大中企业的活力"；"二是加强和完善宏观经济的控制、调节和管理"。对于这一点，文稿第55段进一步指出，"搞活企业是以城市为重点的经济体制改革的出发点和落脚点"；而搞活企业的主要措施则是"进一步简政放权"、"给企业在产供销、人财物等方面以更大的自主权"，等等。我觉得，作为对经济体制改革基本内容的规定，以上这些提法是否全面和准确，还值得再作推敲。

增强企业的活力，无疑是经济体制改革的一项非常重要的工作。但是，搞活企业是否就是改革的全部基本要求，以及单靠"简政放权"是否就能搞活企业，都是值得怀疑的。从过去一年全面开展经济体制改革的经验看，单项突出"松绑放权"、"扩大企业自主权"，效果似乎不太理想。其原因是：首先，有计划的商品经济作为一种经济体系，是一个由多种元素组成的有机整体。自主经营、自负盈亏的企业，是组成这个经济体系的基本元素。然而，对于一个系统

---

① 指《中共中央关于制定第七个五年计划的建议（初稿）》。

来说,重要的问题不仅在于它是由什么元素组成的,重要的问题还在于,这些元素是按什么方式组织起来的,对于有计划的商品经济来说,只有在企业通过市场彼此发生联系,大家都受竞争的约束,而且这个市场是有调节的市场,国家通过适合于商品经济的宏观控制手段对国民经济进行管理的条件下,这个经济体系才能有效地运行。第二,即使对增强企业活力来说,单靠"简政放权"、"扩大企业自主权",也是不够的。现在大家都用匈牙利经济学家科尔奈的概念——"父子关系"来描述旧体制下国家同企业的关系。需要注意的是:科尔奈所谓的"父子关系"包括两方面的内容:一是国家的行政管理机关把企业管理得死死的,弄得它们一点自主权也没有;二是行政管理机关像慈父般地维护自己的企业,给经营不善的企业以种种照顾,叫做"软预算约束"。"松绑放权"只能解决前一方面的问题,如果企业不是在竞争性市场的约束下进行经营活动,没有竞争的压力,"松绑放权"以后只会造成负盈不负亏的局面,而不能形成促使企业努力改善经营管理、尽力满足社会需要的环境,使整个经济的运行状况有根本改善。而从另一方面说,不具备竞争性市场和间接调控体系等外部条件,企业也不可能真正具有活力。任何社会化的生产都要有宏观控制,不是这样控制就是那样控制。一旦单纯"放权"造成了失控,将只能用旧的行政办法来加强控制,这时,已经放给企业的决策权力也会被重新收回。

总之,不能把改革简单地归结为扩大企业自主权,它必须在经济体系的基本环节上既是有步骤又是配套地进行的。在我看来,有计划商品经济的基本环节是三个:①自主经营、自负盈亏的企业;②竞争性的市场;③以间接调节为主的宏观调控体系。这三方面的改革要同步前进。

在当前,我们的中心工作是稳定经济,同时要做好进一步推进改革的准备工作,力争使上述三方面改革不配套的问题尽快地得到解决。

(此文为作者在 1985 年 7 月 15 日中共中央和国务院召开《中共中央关于制定第七个五年计划的建议(初稿)》讨论会上的发言摘录)

选择正确的长期发展战略

——关于"国际大循环"经济发展战略的构想

王 建

王建，1954年出生于北京。经济学家。

1982年毕业于中央财政金融学院，同年到国家计委经济研究所工作。1986年任副研究员。1992年任研究员。1993年任国家计委经济研究所副所长。现任国家计委中国宏观经济学会秘书长。曾任亚通股份（600692）董事长，是第六、七届全国青联委员。曾多次参与起草党中央国务院的重要文件。

主要代表作有《关于国际大循环经济发展战略的构想》等。曾主持《中国区域经济发展战略研究》课题（1992—1996年）。

一 经济发展新阶段的主要矛盾

我国下一阶段经济发展的总目标，是向成熟的工业化的社会迈进，这个过程可能要延续到下个世纪中叶。为了实现既定的发展目标，必须选择正确的发展战略，而其基础是深刻认识我国走向成熟工业化阶段的大背景和主要矛盾。

与国际比较，中国走向成熟工业化阶段的大背景具有明显的特点，这就是在人均收入水平很低的条件下，产业结构演进跃过了以轻工业为主导产业的发展阶段，形成了一个相对发达的重工业基础；而从农业劳动所占的比重看，仍处于低度发达阶段。二元化结构特征比任何发展中国家都更鲜明。

形成这种特殊产业结构的基本原因是：（1）国外敌对关系的长期存在，逼迫我们加快重工业的步伐，把相当大的一部分积累用于准备打仗，不能用于农业和轻工业的发展。（2）受苏联模式中"生产资料优先增长"理论的影响,忽视产业结构演进的一般规律,战略选择倾向于重工业超前发展。(3)高度集中的经济体制,也给利用超市场力量、越过产业结构演进的一般规律而形成这样的结构,提供了可能。

这种高度强化的二元结构给未来经济发展带来的矛盾是,从我国工业发展所处的阶段看,下一步目标应当是向产业结构高级化方向迈进,要求加强资金密集型的基础工业和基础设施,以及资金密集和技术密集型的重加工工业建设,这需要大量资金;而农村经济体制改革后,解除了对农业剩余劳动力的长期束缚,巨量人口要向非农领域转移,也需要大量资金来武装。由于每年可以用于积累的资金有限,就出现了工业结构高级化与农村劳动力转移争夺资金的矛盾。继续用强制的办法不准农村劳动力转移来为工业发展积累资金已不可能,而且不解决八亿农民走向工业化的问题,中国的工业化过程也不可能真正完成。但允许大量人口进入非农领域,又无疑会降低非农领域的有机构成,使工业结构向轻型化偏斜,阻滞我们的推动工业结构高级化的步伐。这个矛盾是当前经济发展中的主要矛盾,也是制约我国下一个发展阶段战略选择的主要矛盾。长期以来,僵化的、排斥市场的经济体制,使企业缺乏活力,因而微观经济效益低下,加剧了这个矛盾。这个矛盾如果处理不好,就会在宏观上造成社会经济效益的巨大损失,将可能使我们既无法达到既定的工业化目标,又无法保证劳动力的顺利转移,降低经济发展速度。

在人均收入水平很低的条件下建设起一个庞大的近代工业,这是一个很大的优势;农村劳动力资源丰富,这也是一个很大的优势。但在积累资金有限的条件下,二者发挥优势的前提都是要争到大部分积累资金,这样就可能把两个优势变成劣势。所以我们制定发展战略的目的,就是化劣势为优势,变不利为有利,为矛盾的转化创造条件。

二 选择正确的发展战略

摆脱二元结构所导致的两难处境,可以有多种战略选择。

一种选择是优先发展农业、轻工业,补上农村劳动力转移这一课。实际上，党的十一届三中全会以来我们已经在走这条路，而且取得了很好的成果。但是继续走下去的矛盾已经开始暴露。首先在于农、轻产业的发展要以扩展国内市场为前提，这就要求提高国内消费率。但我国目前所处的阶段恰恰要求提高积累率，否则就会影响经济增长速度。近几年我国借入外债较多，在相当程度上维持了较高的积累率。单从国内收入用于积累部分看，现在已降到历史最低水平，这与近几年走这条路取得成功有一定的因果关系，可是这种状态不可能长期维持，而且这种选择不可能充分发挥重工业的优势。

第二种选择是走借外债的道路，用国外资金补足国内积累。一些发展中国家采取这种发展战略，亦已取得了成功。但是，如果按照取得成功的国家人均外债水平借入外资，我国外债余额就要达到 10 000 亿美元左右，相当于现在所有发展中国家积欠外债的总和。且不说发达国家是否肯借给我们，即使我们能筹集到这么多资金，也无法还本付息，因为我国的出口能力与还债规模根本无法适应。比如，就是按每年还本付息额占外债总额 5% 这样低的水平考虑，当年出口额也要至少达到 2 700 亿美元以上。

第三种选择是发展机电产品出口，通过国际交换为重工业自身积累资金。这种选择可以避免重工业发展与农、轻产业发展争夺积累资金的矛盾，难题在于，国际贸易 80% 是在发达国家间进行的，由于我国机电工业技术水平的限制，目前很难大规模进入发达国家间以同等技术水平为基础的贸易圈内。而若首先致力于提高国内重工业的技术水平，仍然会产生与农业劳动力转移争夺积累资金的矛盾，而且劳动力资源丰富的优势也不能发挥。

第四种选择是把农村劳动力转移纳入国际大循环，通过发展劳动密集型产品出口，一方面解决农村剩余劳动力的出路，一方面在国际市场上换取外汇。外汇可以代表一切资源的供给，有了外汇就可以取得重工业发展所需要的资金和技术，从而通过国际市场的转换机制，沟通农业与重工业之间的循环关系，为矛盾的解决提供转化条件。

上述四种发展战略选择，我主张选择第四种，即国际大循环经济发展战略，作为从现在起到本世纪末或者更长一段时间内的总体发展战略。

从现在起到本世纪末，我国农村大约需要转移出 1.8 亿劳动力。按目前轻工业的容纳能力，如果到 2000 年以劳动密集型加工产品为主体的出口产品额达到 1 500 亿美元，则可大约解决 6 000 万人的就业问题。根据较保守的估计，今后二次产业与三次产业间就业岗位增加的比例为 1:2，这样就可以由于二次产业的发展，再带出 1.2 亿劳动力，大体解决农村劳动力转移的问题。

到本世纪末要求出口总额达到 1 500 亿美元，后十几年的出口增长率就必须达到 12% 以上。这个目标既高也不高。日本、巴西、南朝鲜在经济起飞的十几、二十多年中，出口增长率分别长期保持在 17%、16% 和 40% 的高水平上，它们都依靠外向型战略取得了成功。日本走这条路是因为没有资源，南朝鲜走这条路是因为没有市场和资金，我国则是由于农村劳动力转移的压力。各国国情不同，但走外向型道路却是最好的选择。我们只要认准这条路，下大决心集中力量发展出口，就有希望取得成功。特别是目前发达国家和前列的发展中国家正面临新的产业结构调整过程，将让出更多的传统产业市场，我们的外贸发展应当抓住这个机会。

可以设想，以发展劳动密集型产品出口为手段、解决结构优化和建立新的良性循环关系的发展战略，大体要经历以下几个发展阶段：

第一阶段，集中力量发展轻纺、食品饮料、家用电器、轻工杂品等劳动密集型产品出口，重点首先摆在条件较好的沿海地区。这一阶段需要暂时牺牲重工业自身的发展，重工业的任务是支持轻纺产品走出去。换得的外汇，一部分可用于加强重工业的服务能力，一部分直接用于引进技术和原料发展出口。这个阶段还要加强国内尤其是内地的交通运输建设，为出口产业向中西部扩展创造条件。当沿海产品向外走时，内地产品首先努力占领本地及国内市场，提高质量、降低消耗，为向外走打好基础。这一阶段大约需要五到七年的时间。

第二阶段，内地产品开始走向国际市场，劳动密集型产品创汇能力增强，可以用大部分外汇支持基础工业及基础设施的发展走过资金密集型产业发展阶段这一关，亦需要五到七年的时间。

第三阶段，以换回的外汇重点支持附加价值高的重加工业发展，资金、技术密集型产品开始走向国际市场，劳动密集型产品出口比重开始下降，劳动力转移压力逐渐减轻，就业者开始向重加工业产业转移。这些都标志着中国产业结构高级化以及"高速增长"阶段的到来。这一阶段大约从"九·五"后期才能起步。

我国有较雄厚的重工业基础，充分发挥现有能力支持外向型轻工业的发展，将使我国劳动力的分配越过产业结构这一特定发展阶段，用不了其他国家走有序发展道路所需要的那么多时间。这就是我们的优势。当然，上面对各发展阶段所需时间的预言，仍是相对的。

三 应把发展问题摆到更重要的地位

1979年以来，我国经济体制与发展模式同时转轨，改革九年取得了举世瞩目的成绩，是建国以来经济发展中最好的一段时间。总体看，我国经济体制改革已经找到了基本方向，这就是坚定不移地发展社会主义有计划的商品经济，发展市场和发挥市场调节的作用。在改革的理论认识上也得到了深化，提出了社会主义初级阶段的观点，认识到正是由于这一阶段跨不过去才必须上商品经济这一课。但是从发展方面看，对我国现阶段生产力发展中的基本矛盾及其特殊的矛盾运动，还需要有一个更清醒的、深刻的认识。应当认识到发展也有一个越不过去的阶段，就是必须按照产业结构演进的一般规律解决农村人口工业化的问题。我们把发展中的矛盾过于归咎到体制，因而对发展自身中的问题研究较少，以至于实际上出现了双重转轨不同步的局面，也没有形成一个统领发展与改革的东西，这样就在改革内部、发展内部以及发展与改革的关系上发生了一系列矛盾。

从改革方面看，我们虽然对改革的总体方向有了明确的认识，但是由于改革所服务的对象——发展问题没有形成客观的正确认识和明确的战略，因此在具体的改革目标上，各项改革不能完全奏效以致被迫转换目标。一个重要的原因就是改革中出现了某种经济发展不稳定的现象，而我们往往认为不稳定的原因在于改革不彻底、不配套,没有从发展本身及它与改革的相互作用关系中去寻找。今天,我们已经提出改革与发展相结合的要求,说明我们已经认识到不解决发展问题改革也很难继续前进,但是改革与发展怎样结合,结合到什么上面,现在还缺乏一个明确的认识,还停留在口头上。

在发展方面,目前的焦点是物价上涨失控。据分析,去年的涨价因素有四分之三来自食品涨价,这就与农产品的供应状况有关。1984年以来,我国农业生产一年减产,两年徘徊,去年农产品的绝对量仍未恢复到1984年的水平。有人认为这是由于农村改革不彻底,于是提出了进一步改革土地使用制度的问题;有人认为是国家支农不足,要求提高农产品价格,增加投入;也有人则认为是工业品涨价太快,重新拉大了"剪刀差",要求加强基础工业建设。认识不同使我们的宏观分配政策在农、轻、重之间不断摇摆,又往往是一段时间内哪个矛盾突出,就照顾一下哪个方面。实际上,按照上面的分析,农业减产的真实原因在于过去被强化的二元结构,造成了工农产业间过分悬殊的比较利益。比如,从人均产值看,现在农业为1 300元,农村工业为7 500元,国营工业为15 000元。这样悬殊的收入差别,使农民在解决温饱以后,把大量的积累都投入到发展非农产业中去。按照统计数据分析,1985年农村积累中大约有60%—70%被农民用于非农产业的发展,而1981年只有20%。近几年农村耕地面积减少快的省,也大多是非农产值增长快的省。因此,把土地承包给农民,提高农产品价格,增加对农村的投入,都会在农民手中转变成加快发展非农产业的投入,而不会投入到农业本身。这就是农业萎缩的深层原因。而农村非农产业,特别是农村工业的发展,又在不断拉大基础工业与加工工业的差距,引起工业品价格全面上涨,进一步恶化工农产品比价关系,使务农变得更不合算,逼迫国家再次增加农业投入,又成为加速农村非农产业发展的动因。这种循环关系,将不断形成对基础工业投入的紧缩,损害基础工业的长期供给能力,而且会导致价格的长期上涨趋势。所以,可以预言,如果按目前的路子走下去,将来的萎缩会在工业中出现,使工业和农业乃至国民经济失去长期稳定增长的基础,改革也没有深厚的根基。

因此,针对目前双重转轨不同步的情况,当前应当把更多的精力致力于发展战略的研究。有了明确的总体发展战略，改革也就有了明确的对象。比如，如果采取外向型发展战略，必然要求国内的商品经济关系进一步深化，以和国际贸易中的要素配置机制一致，否则产品就不可能顺利打出去。再如，由于工农之间悬殊的比较利益差距不会马上消失，对农业本身的发展还需要采取一些传统发展方式，即维持工农产品"剪刀差"，和对主要农产品实行征购派购制，这就是所谓"双重发展战略并存"，需要双重体制与之相适应。直至发展战略进入第三阶段，重加工业的改革和提高有了一定成绩，有能力大力支持农业生产率的提高时，工农之间悬殊的比较利益才有可能消除，双重战略和体制才有可能分别"合二为一"。

（原载《经济日报》1988年1月5日）

工资侵蚀利润

——中国经济体制改革中的潜在危险

戴园晨

戴园晨，1926年生，浙江省海宁人。著名经济学家。

1946年江苏学院大学毕业后，留考试院任职。此后到财政部上海货物税局任职。中华人民共和国成立后先后在华东财政部、中央财政部、财政部财政科学研究所工作。1979年调中国社会科学院经济研究所工作，系中国社会科学院经济研究所研究员。2006年被中国社会科学院推选为荣誉学部委员。历任全国政协委员会委员、全国工商联特邀顾问、中共北京市委决策顾问、北京市人民政府专家顾问等职。

主要著作有《过渡时期的国家税收》（合著）、《苏联税制研究》（合著）、《中国价格问题探索》、《中国经济新论》等。

三　工资与利润挂钩、半挂钩冲击了国家对工资的宏观控制

通过对中国工资调整和工资改革的考察，我们认为对工资的宏观控制和微观调节在客观上存在着矛盾。从宏观控制来看，传统体制中对工资基金的控制管理办法一直在执行着，即由国家制定工资总额计划，然后逐级核定落实到行政机关、事业单位和企业，由银行给各个单位发个工资基金总额的本本，以后凭本本逐月向银行领取现金发放工资。这种按工资绝对量进行的直接控制对企业来说是卡得太死了，企业无法根据劳动好坏来调整职工工资。因此，改革中提出了企业工资总额同企业经济效益挂钩的间接控制办法，具体有两种类型：一是按照某种实物量的经济效益指标与企业工资总额

挂钩,如建筑施工企业实行的按每百元产值核定其中的工资含量进行包干,在煤矿中实行对每吨煤核定其中的工资含量进行包干,在交通企业中实行对每吨公里运输量核定其中的工资含量进行包干;另一种是把企业工资总额与上缴税利挂钩,即由主管部门按照企业往年上缴税利数额与工资总额核定两个基数和两者比例,当企业超额完成税利上缴任务后,也相应地按核定比例增加工资总额。前一种办法实际上是把过去行之已久的计件工资制改变为按企业实行集体计件工资;后一种办法基本上来自两级按劳分配的理论思路,使工资的多少既与企业经营的好坏相联系,又和职工劳动的好坏相联系。工资不论是作为按劳分配的实现形式还是作为劳动力再生产的客观要求,它和国家依凭权力课征的税收以及资本利润并无联系。把工资和上缴税利挂钩,在工资理论上是说不通的,尤其是在价格没有理顺的情况下,会造成企业间的苦乐不均、相互攀比,并导致工资总水平的失控。1985 年 9 月在长江"巴山轮"上举行的"宏观经济管理国际讨论会"上,不少中外知名经济学家都否定了这种办法。美国经济学家詹姆斯·托宾(James Tobin)便一再强调工资不能和利润挂钩,指出"对名义工资的控制是宏观经济管理的一个重要条件,中国千万不能放松这方面的控制";"中国迄今工资是由中央政府决策而不是由市场机制决定,这对于执行有效的收入分配政策是极其有利的条件。"[①] 这种重视工资宏观管理的主张是很有见地的。

但是,既然在进行改革,设想传统的工资总额控制不受冲击是不现实的,尽管多数企业的工资仍旧实行绝对量控制,仍旧要凭本本向银行领钱,尽管工资总额与上缴税利挂钩只在少数企业中试行,然而,随着对企业实行利润留成进而实行承包经营责任制,归企业支配使用的留利不断增多,企业用留利发放奖金已不是工资总额办法所能控制得了的。所以,实行工资与利润全挂钩的企业虽然不多,实行半挂钩即奖金与利润挂钩却是普遍的。理论家们认为不可行的事情,在实践中为了给企业以活力并调动职工积极性被普遍采用了。

---

① 见《经济体制改革与宏观经济管理——"宏观经济管理国际讨论会"评述》一文,《经济研究》1985 年第 12 期。

中国的经济体制改革是从利益刺激起步的，企业改革的过程同时也是财政减税让利的过程。1979年国营企业留利为96亿元，1980至1985年各年间分别为140多亿元、160多亿元、210多亿元、290多亿元、350多亿元、462亿元。企业留利占实现利润的比例在1979年为12.3%，到1985年已提高为39%。[1] 1986年和1987年推行承包经营责任制后，企业留利占实现利润的比例又有提高。减税让利是为了让企业有自己可支配的财力以增强赢利动机，但由于企业内部缺乏把长期利益和短期利益结合起来的机制，企业留利使用还是偏于追求职工近期收入和福利最大化，从而形成了减税让利——企业留利增多——奖金福利增多的过程，对工资的宏观管理经过迂回曲折的过程遭到了冲击。

四　收入攀比和工资对利润的侵蚀

工资和利润本来是作为两个对立的经济范畴存在的。在商品经济条件下，企业内部的工资和利润分别代表着两个不同利益集团的利益，即劳动者利益和所有者利益。尽管劳动者追求工资收入最大化，但所有者也在追求利润最大化，两相冲突的结果是使工资维持在与劳动生产率相适应、满足劳动力再生产要求的水平上。著名的道格拉斯（Paul H. Douglas）生产函数 $P = bL^{k}C^{i}$ 正说明了这种工资与利润的对立关系。尽管资本利润 i 可以大于或小于 $1-k$，但它终究是从 $1-k$ 转化而来的；尽管利润的增长也会给工资带来某种程度的提高，但那只是再生产连续进行的结果，并不意味着工资与利润的对立关系已经消失。

工资与利润挂钩、半挂钩的改革措施在理论上是工资与利润对立关系的模糊化，在实践上则导致工资对利润的侵蚀。改革设计者的原意是把企业里工资与利润的比例关系固定化，哪个企业经营得好、利润增多，便可以按利润增长的比例相应增发工资，并非要使工资侵蚀利润。问题在于，要使这种设想付诸实现，需要有相应的

---

[1] 见项怀诚：《在改革中前进的中国财政》，《财政研究》1987年第2期。

外部环境与企业内在机制的变化,否则便有可能引起收入攀比,从而使工资与利润的比例关系发生变动。

从外部环境来说,改革的一项重要任务是理顺价格等经济参数,为企业的独立经营创造条件。但由于顾虑价格理顺可能带来的风险,扭曲的相对价格始终未能进行决定性的调整,有些商品价格高、利润大而另一些商品价格低、利润小的状况普遍存在,在这种价格扭曲条件下推出的承包经营责任制,不可能实行规范化的承包比例,只能使各个企业与自己过去的利润状况作纵向比较,逐个企业核定基数和比例,这就避免不了讨价还价的行政协调。再由于价格双轨制的存在以及各个领域价格放开的步骤与程度不同,市场机制作用于各个部门、地区、行业、企业乃至产品的力度也不同,这使承包基数确定以后有些企业很容易就超过承包基数,有些企业却苦于计划控制紧而难以超过,从而导致留利水平不均衡。从1985年的情况看,工业人均留利大约为800元,而商业为1 000元,物资和供销企业则达到2 600—2 800元;在工业内部,汽车工业人均留利高达4 571元,而纺织工业人均留利只有447元。[①] 人均留利的悬殊产生了部门、行业、企业间的苦乐不均。实行特殊政策,人均留利高的一些企业,职工奖金可以发到每年2 000元左右,而某些没有实行特殊政策的企业,劳动者付出了同样劳动,但奖金却只有前者的1/5或1/10。[②] 前者在奖金发放中成为示范的样板,后者认为前者多发放奖金并不是基于职工劳动好、贡献大,而是偏心的"父亲"多"给"的,因此强烈要求一视同仁而竞相攀比。承包基数的弹性为奖金攀比提供了可能,成本管理中的漏洞又使得奖金少的可以多发各种实物,从而攀比互相促进、难以遏制。这表明,要使工资和利润挂钩的"两级按劳分配"理论付诸实现,需要有一个开展平等竞争的外部环境。只有在价格和税收等各种经济参数比较合理、企业因客观条件差异形成的苦乐不均得到调节的基础上,确立比较规范化的国家和企业分配关系,才能使企业所得留利真正与其经济效益挂钩,使职工收入与其劳动贡献相联系,使企业及其职工利益的实现建立

[①] 见项怀诚:《在改革中前进的中国财政》,《财政研究》1987年第2期。
[②] 同上。

在对社会奉献的基础上,从而避免因攀比效应叠加而导致工资侵蚀利润。

　　从内在机制说,改变传统体制对工资水平和工资标准的直接控制,需要在企业内部形成工资利润的自动平衡机制和对工资侵蚀利润的自我约束力量。应该看到,劳动者希望工资越高越好是合乎情理的,但在劳动力能够自由流动、存在劳动力市场的情况下,劳动力供给的竞争会矫正劳动者对工资的预期目标,企业对劳动力的需求及其选择会使在业职工对工资增长掌握必要的分寸,从而形成工资的自我调节与自我抑制机制,不致因竞相攀比造成工资总水平的超常上升。但中国的现实却是劳动力不能自由流动,企业没有自主选择职工的权利,劳动者没有自由选择报酬高的就业岗位的权利。这样,企业就是在这个企业工作的劳动者的永远的家,同等劳动获得同等收入的要求不能通过劳动力的流动和竞争来实现,工资攀比的压力无法通过劳动力的流动而释放。我们估计,劳动力市场的形成以及工资成为就业和劳动力资源配置的参数,在中国很可能是一个相当长的过程,而由于自我抑制权制未能形成,工资攀比的压力也很可能长期存在。

　　考察使工资攀比的压力成为现实的原因,还要分析企业经营机制的变化。传统体制中厂长是代表国家利益即所有者利益的,这不仅因为厂长由他的上级主管部门任命,还因为考核的标准是他执行上级指令的坚决程度而不是企业经营状况,从而决定了那时候的厂长无例外地认真执行国家关于工资奖金管理的各项规定。经济体制改革期望使厂长成为代表企业独立利益的新型企业家,但实际情况是,从国家一般经济利益中分离出来的企业经济利益只表现为在这个企业内工作的职工的利益,厂长的收入又和职工的收入同涨同落。这样,在理论上厂长是所有者利益在企业里的代表,实际上却因尚未形成企业长期发展的独立利益而成为职工利益的代表;再由于经济体制改革过程同时也是经济管理民主化的过程,厂长任期内的工作好坏要由企业职工评议,厂长需要重视任期内和离职后的人缘关系,往往倾向于满足职工的利益要求。再从企业的分配机制来看,在传统体制中,企业能否投资和如何分配都由国家计划安排,职工即使有增加工资的强烈愿望,国家不给安排也是枉然。经济体制改革使企业有了自主的财权和归自己支配的留利。留利的使用本来有两个方面：一是用于奖金福利，提高职工生活，它体现当前利益；二是用于投资，实现企业的自我改造、自我发展，使企业不断增强竞争力，它体现长期利益。从长远看这两者之间能够统一协调，从短期看则此长彼消。由于缺乏竞争，企业对自我改造和自我发展还没有紧迫感和压力感，加之企业利用银行贷款进行投资还可以获得税前还贷的优惠，使得企业对留利使用向增加职工奖金福利方向倾斜。这种经营机制进一步使得工资攀比有了实现的可能。据了解，这几年企业留利的80%左右是用于奖金福利的，增加留利就等于增加奖金福利，这证明了企业的经营目标不是追求自身的发展壮大，而是追求职工个人收入最大化。尽管对企业留利的使用规定过各种比例，但实际上随着留利转化为工资奖金福利，工资侵蚀利润便成为普遍现象。

五　个人可支配收入膨胀和储蓄机制的缓冲

工资侵蚀利润，在实际生活中可以从两个方面证实：一是职工工资总额增长幅度超过了国民收入增长幅度；二是职工平均工资增长幅度超过了劳动生产率提高幅度。

从第一个方面来看，1978年全社会的工资总额为568.8亿元，到1980年增长为772.5亿元，增长了36.2%，而同期国民收入只从3 010亿元增长到3 688亿元，增长22.2%。加上这段时间里农民收入增长更快，国民收入增长额远低于农民和职工收入的增长额。为此，不得不进行调整。1981、1982、1983年三年工资总额维持了徐徐上升的势头，但1984年之后又出现了较大增长。1984年的工资总额为1 133亿元，1985年增加到1 383亿元，较上年增长22%；1986年增加到1 659亿元，较上年增长20%；而同期的国民收入增长幅度分别只有12.7%和7.4%。工资总额的增长远快于国民收入的增长。

从第二个方面来看，中国职工每人每年的平均工资，1978年为614元，1980年增长为762元，1985年和1986年分别增长到1 148元、1 329元，1986年较1978年增长116.4%，较1980年增长

74.4%，较 1985 年增长 15.7%；而按不变价格计算的全民所有制独立核算工业企业的全员劳动生产率，1978 年为 11 131 元，1980 年为 12 081 元，1985 年为 15 198 元，1986 年为 15 451 元，1986 年较 1978 年增长 38.8%，较 1980 年增长 28.5%，较 1985 年增长 1.66%。尽管 1986 年的零售物价指数比 1978 年上升 35.8%，比 1980 年上升 25.6%，比 1985 年上升 6%，剔除物价因素后的平均工资增长幅度仍超过劳动生产率的提高幅度，加上各种实物分配尚未计算在平均工资之内，实际上超过的程度还要更高一些。

工资侵蚀利润在通常情况下会引起投资的萎缩，引起国民收入分配中积累的下降和消费的上升。但中国的情况却不是如此，国民收入分配中积累和消费的比例，1978 年为 36.5∶63.5，1979 年为 34.6∶65.4，到 1981 年调整后为 28.3∶71.7，而到 1985 年又回升到 35.3∶64.7，1986 年为 34.6∶65.4。所以，有些经济学家认为近几年来中国已经出现了从投资膨胀到消费膨胀的换位，消费膨胀是中国经济发展中的主要危险的观点，并没有足够的数据可资证明。其原因在于职工收入增长虽快，消费增长却没有相应跟上，储蓄起了缓冲和调节作用。从 1949 年到 1979 年底的 30 年中，城乡居民储蓄存款总共不过 281 亿元，而 1980 年一年便增加 118 亿元，之后继续增长，1981—1987 年各年增加额分别为 124 亿元、151 亿元、217 亿元、322 亿元、408 亿元、614 亿元和 838 亿元；1987 年末城乡居民储蓄存款余额达到 3 075 亿元。通过储蓄调节，中国并没有出现因工资侵蚀利润而引起的消费膨胀现象。所以，我们认为，把职工工资总额增长超过国民收入增长以及平均工资增长超过劳动生产率提高的现象，称作个人可支配收入膨胀，可能更确切些。

中国的经济体制改革曾设想使投资主体从国家转向企业，国家给企业减税让利的意图之一就是使企业具有自我改造和自我发展的能力，鼓励企业用自己的留利进行投资。但是，工资侵蚀利润却使得企业把留利的绝大部分转化成了工资，企业自我改造和自我发展所需要的资金不得不求助于银行，职工在银行的储蓄存款通过银行贷款又转回到企业。所以，尽管积累率仍旧很高，资金来源却起了变化。可以预言，只要工资和利润关系模糊化和工资侵蚀利润的现象继续存在，企业投资仰求于银行的现象便会越来越甚。

中国近几年储蓄率之高，不论在发展中国家还是发达国家中都是罕见的。以1986年为例，该年职工工资总额增加181亿元，而城镇储蓄增加414亿元，比上年储蓄增加额279亿元还多135亿元，边际储蓄倾向达到0.74。我们预测，如果目前这种边际储蓄倾向继续发展，到1990年底城乡居民储蓄存款余额将达到6 000亿元左右。这是很特殊的现象，把它完全看做是储币待购讲不通，把它看做是正常现象，按照流行的储蓄理论包括生命周期中收入高的壮年期存款多的理论也解释不清。所以，高储蓄率能不能长期维持下去，需要有什么新的对策与出路，很值得认真研究。

从通常情况看，在收入增长很快时固然会出现消费增长的相对偏慢，但随后消费还是会赶上来的。在消费方面起带头作用的集团消费是崇尚俭朴还是追逐奢华，以及消费示范效应扩散的快慢，将会明显地影响到消费增长的速度。人们过去家底薄，攒一些家底作为后备是普遍心理，但在没有财产投资的出路、储蓄主要是后备动机而非遗产动机时，家底攒到一定程度便会减弱储蓄的吸引力。正因为这样，储蓄只能对消费膨胀起缓冲和滞后作用，边际储蓄倾向在达到抛物线顶端以后会渐趋下降。到那时，如果工资侵蚀利润的机制仍旧存在，个人可支配收入膨胀转化为消费膨胀的危险性便会日益增大。所以，尽管目前看从投资膨胀到消费膨胀的换位尚未成为现实，但将来却可能成为刺激和导致消费膨胀的主要根源。

六　成本推动型物价上涨方兴未艾

在中国传统体制中，企业生产产品的价格高低、利大利小和企业利益、职工收入毫无关系，企业不存在提高产品售价的利益机制。中国也历来否认关于成本推动型物价上涨的理论。如今情况却不一样了。随着承包经营责任制的推行，企业因涨价增加盈利可以多得留利、多发奖金，这就使企业从不那么关心价格转为关心价格，这种关心显然不是出于薄利多销开展竞争的经营考虑。具体表现为：在实行价格双轨制的企业里，除了正常的通过超产按议价出售多得盈利之外，还存在把计划价调拨供应的产品转为议价出售的情况。由于新产品可以另行定价，企业往往把老产品稍稍改动一下便大幅度提价；对于老产品也纷纷要求准予提价或自行提价。在工资标准由国家统一规定的体制中，或者在工资标准由劳动力供需决定的体制中，价格涨落本来只和企业的利润增减有关，而与工资无直接联系，在中国却由于工资与利润关系的模糊化以及工资侵蚀利润，形成了成本推动型的物价上涨机制。

当然，这里我们并不是想把中国经济生活中突出存在的物价上涨问题都归结为成本推动型物价上涨。应该说，因货币发行量过多所引起的需求拉动，因农副产品和初级产品价格长期偏低而调整比价，以及在商品经济不发达条件下开放市场所出现的投机倒把、哄抬物价，都是物价上涨的原因。但是，从发展趋势看，对成本推动型物价上涨绝不可掉以轻心。成本升高已经是企业中的普遍现象，企业要求调高价格往往以成本升高为理由。尽管有一些确实是因为原材料提价后企业无法消化而要求提高加工品价格，但原材料之所以提价也有着工资份额升高的因素。如果中国的经济体制改革不解决工资和利润的混淆问题，那么物价将会不断地由企业和职工的利益机制推动而上升。在这方面，南斯拉夫所陷入的职工收入和物价轮番上涨的困境，中国应该引以为戒。

物价不断上涨使人民生活的改善受到一定影响，部分城市居民的实际生活水平下降。为了有所弥补，又不得不发放各种津贴和补贴，行政事业单位和企业里发放各种实物也难以制止。奖金、津贴和实物供给在各个单位之间有相当大的差别，引起攀比；在各个单位内部则基本上是平均发放，把它和工资相加，高收入和低收入间的差距在缩小。所以，中国虽然提出了要贯彻按照劳动的质和量的差别拉开工资档次的政策，但实际上城市职工的基尼系数是在缩小，而不是在扩大，平均主义并未因工资改革而消失。

有些人可能会埋怨过去选择的失误，认为只要把职工这些年增加的收入都用来搞工资改革，微观的工资关系可能已经理顺，新的机制可能已经形成，工资侵蚀利润的现象也不会发生。而如今则已经形成了工资侵蚀利润的机制，个人可支配收入膨胀正在发展，成本推动型物价上涨方兴未艾，生产成本中工资含量在上升，经济效益难以提高,继续发展下去将影响整个改革的顺利进行。我们不如此埋怨,因为事情的发展是各种因素综合的结果,而经济学家的分析即使不是单线索也很难面面俱到,由此而埋怨过去总难中肯。但是,如果已经看到了航线前面的漩涡和风暴,提出忠告,以避免驶入"百慕大三角",看来还是必要的。

(原载《经济研究》1988 年第 6 期,此处节选自其中的第三、四、五、六部分)

论制度与制度变迁

林毅夫

林毅夫，1952年生于台湾。著名经济学家。

1978年获台湾政治大学工商管理硕士学位。1982年获北京大学经济学硕士学位，同年赴美国芝加哥大学经济系读书，师从1979年诺贝尔经济学奖获得者舒尔茨教授。1986年，获芝加哥大学经济学博士学位。回国后历任国务院农村发展研究中心发展研究所副所长、国务院发展研究中心农村经济与城乡协调发展研究部副部长等职。1994年在北京大学创立中国经济研究中心。是中华人民共和国第七、八、九、十届政协委员，以及全国政协经济委员会副主任、中华全国工商业联合会副主席。2005年获选第三世界科学院院士。2008年被任命为世界银行高级副行长兼首席经济学家。

主要著作有《制度、技术和中国农业发展》、《中国的奇迹：发展战略与经济改革》（合著）、《中国农业科研优先序》（合著）、《再论制度、技术与中国农业发展》等。

三 强制性制度变化的经济学分析

因为制度安排是一项公共产品，"搭便车"和外部效果是整个变革过程中不可避免的问题，所以，如果仅仅依靠诱发性的变革，整个社会制度安排的供给就会少于社会最优量。政府的干预也牵扯到它自身的成本和利益，所以，政府是否会有采取适当行动的积极性，是可以用经济学来分析的。本节将提出一个国家的经济学模型来解答这个问题。我们将从一个统治者的角度来讨论国家决策的制定。这个统治者可以是国王、主席、总理或选举产生的总统，我们将会看到一个理性的统治者未必有积极性去克服制度安排供给的不足，其原因将在政策失败一节中讨论。

（一）对国家的经济学分析

国家，按照韦伯的定义，是一种在给定的区域内，在合法使用强制性手段上具有垄断地位的制度安排。国家的基本职能就是提供法律和秩序、保护产权以换取税收。因为在使用强制手段时有大量的规模经济，国家属于自然垄断那一类。作为垄断者的国家，可以比竞争性的组织以低得多的成本提供上述服务。因此，当国家存在时，社会总收入就要比个人自己提供这些服务的收入高。从理论上讲，或许最理想的政府是最小的政府，它的功能仅限于反对强权、偷盗、欺诈、保护合同的实施等等。但是，在现实中，这是不切实际的。作为一个可以合法使用强制手段的垄断者，国家可以比那个"最小的政府"更大地扩张自己的影响范围。像穆勒指出的那样，尽管国家不能决定一种制度该怎样运行，但它却"有权决定什么制度可以存在"。因而，一个更有趣的问题是，当诱发性制度变迁过程未能提供合适的制度安排时，国家是否有积极性和能力来设计并强制推行这种制度安排。

经济学家已经提出了好几种理论来研究国家决策的制定。第一种观点把国家看作为一个人格化的有机体，它有其自身的价值观念、动机和目标。这些价值观、动机、目标独立于组成国家的个人而存在。作为国家这个有机体的一个细胞，个人便失去了自己的特征，国家的目的就是使自己的福利和效用最大化。尽管这种理论的方法简单，但它没有什么实质性的内容。因为，正如当斯评论的那样，"它是建立在一个虚构的实体之上的，即国家是可以和单个人分开的东西"。与此相反，第二种理论走了另一个极端，这种理论是由布肯南和托拉克提出的，它把国家看作是一个实现集体行动的工具，它仅仅是一套工序，一部人用来满足他们自身愿望的机器，个人从它那里"买取"服务并只对自己接受到的部分支付费用。这种观点是不完善的，因为它忽视了实际作出决策和管理国家机器的人的积极性。第三种观点是由当斯提出的，它从政党的角度考虑国家决策的制定，政党被定义为：由一群人组成的团体，他们企图通过合法途径取得对政府机器的控制权，他们对自己的全部目标都有一致的看法。政党因此也被看作是具有固定的偏好序列的个体。这种方法同样是不现实的，当斯自己也承认，"在现实中，即使政府的主要官员也不可能拥有完全一致的目标"。

因为在任何一个社会中，国家的最高权力实际上都是掌握在一个政治家手中，而他或多或少可以不受到来自公民的偏好的左右和压力的影响。一种较令人满意的方法是，通过对国家统治者的行为分析来探索国家决策制定的问题。不论这个统治者是国王、总统、首相，还是幕后的最高领袖。统治者同其他人一样，其理性程度也是有界限的，他也关心自己的生活、威望、权力、健康、历史上的地位等等。在内部可能的叛乱和国内外潜在的统治者的竞争的局限下，统治者会使用一切他认为合适的手段来使自己的效用最大化，然而，他至少会制定和维持一系列的法律规则以减少统治国家的交易成本。这些法律规则包括统一的度量衡制度、解决意见分歧的司法系统。统治者的权力、威望和地位的稳定最终取决于国家是否昌盛，因此，统治者还会提供一系列的产权以促进生产和贸易以及一系列的实施细则以加强合同的法律效力。在一个政治系统中，统治者的统治成本取决于人们对统治者合法地位的接受程度。因此，统治者会在意识形态教育方面进行投资以使全体国民相信他的权力是合法的。

经济发展会导致制度不均衡。有些不均衡可以被诱发性的变革所消除，但是，有些不均衡却因为个人和社会收益与成本之间的差距而很难消失。如果统治者的预期收益高于支出，当权者就会采取措施来消除这些不均衡。然而，要是制定安排的变化会降低统治者所能获得的效用或威胁到统治者的地位的话，政府也会设法维持某种无效的不均衡。这也就是说，统治者采取行动来弥补制度创新的供给不足是有一定限度的，一旦推行新制度的预期边际成本超过边际收益（用净财政收入、政治上的支持及其他进入他个人效用函数的"商品"来衡量），他就会停止行动。没有人可以保证作为效用最大化的统治者一定会有积极性去制定政策，使制度安排的供给量达到使整个社会财富最大化的那一点。

作为一个实证研究，本文将集中讨论国家为何未必能建立起符合社会需要的制度安排的原因。而它的规范性含义则为，假使这些政策失败的原因能被消除，那么，强制性制度变迁的有效供给就会得到改进。

（二）政策失败的原因

维持一种无效率的制度安排，以及国家未能采取措施消除制度不均衡，两者都属于政策失败。政策失败的起因有以下几种：统治者的偏好和理性的局限、意识形态方面的僵化、官僚主义、集体利益的摩擦以及社会科学知识的限制。

1. 统治者的偏好和有界的理性。制度安排的效率是由它对国民总财富的影响来界定的。如果统治者是一个财富极大化的人，而且他个人的财富同国家的富裕是成正比的话，他就会在自己的权限内积极地引进最有效率的新制度安排。但是，如果新制度安排只给国家带来了较高的收入，而统治者因为交易成本的关系得到的益处反比以前要少时，他就不会有兴趣引进新制度。不仅如此，财富仅仅是当权者所重视的许多商品之一，比如说，如果他对自己在国际政治关系中的威望有更大的偏好，那么，他就会不惜牺牲国民财富的增长而引进有利于增强军事力量的制度安排。从当权者效用最大化的模式中，我们也可以推论，随着国民财富的增加，统治者会越来越多地考虑自己的威望。历史上这类事例是非常多的。最后，即使统治者是一个国家财富极大化的追求者，由于认识制度不均衡和设计、推行新制度需要大量信息，他也会因他理性的有界性而无法弥补制度安排供给的不足。

2. 意识形态的僵化。如果国民充分相信统治者权力的合法性以及现存制度安排的合理性，那么，统治国家的交易成本就会降低。因此，统治者会大力提倡一种服务于自己的目的的意识形态并投资于教育，以向全体国民反复灌输这种意识形态，人们因而会把统治者个人和他提倡的意识形态联系在一起。随着制度不均衡的出现，意识形态和现实之间的差距会逐渐扩大。然而，推行新的制度安排以恢复制度均衡并改变原来的意识形态，极有可能会损害到统治者权力的合法性。因此，出于权威可能受动摇的恐惧心理，统治者会更愿意维持旧的无效率的制度并不断保持意识形态的纯洁性，而不是创新制度安排。新的制度安排经常是要等到旧的统治者被新的统治者取代以后才有可能出现。

3. 官僚问题。根据定义，统治者一定要有一些官僚机构按照他的意图去实施法律和维持秩序、收税、惩罚罪犯、维护国家主权并提供其他的服务。在这些政府机构中，每一个官僚分子自身都是理性的，他们的利益不会与统治者完全吻合。当然，统治者总是试图控制他的官僚机构人员的行为，制定奖惩制度以强化后者对统治者的忠诚，并反复灌输一种能鼓励下属忠诚无私地工作的意识形态。不过，这些官僚分子不可能完全地被控制住，官僚者的自利行为也不会被彻底消除。结果是，用来满足统治者偏好的政策或多或少会被扭曲，以迎合官僚主义者自己的利益。统治者使自身效用最大化并建立一种有效的制度安排的能力，取决于官僚分子在多大程度上把统治者的目标当作自己的目标。官僚问题使统治者的有界理性的问题更加恶化，并增加了治理国家的交易成本。如果新制度所能带来的"超额利润"被官僚主义的自利行为破坏掉的话，那么统治者就不会制定这种新制度。

4. 集团利益的冲突。正如舒尔茨曾指出的，"处于统治地位的人，只有依赖于特定人口集团在政治上的支持，才能使其统治成为可能"。在这个意义上讲，经济政策只是谋求政治支持的一种手段。制度安排上的变迁，往往会在不同利益集团之间重新分配财富、收入和政治权力。如果在变化中受到损失的一方得不到补偿的话，他们就会坚决反对这种变化。因此，如果受损者正是统治者的依靠力量，统治者就会因为害怕失去政治支持而不愿意进行改革。一个有势力的集团也可能推进有利于自己的收入再分配的制度安排，尽管这种变化会给整个经济增长带来损害。不仅如此，统治者的垄断权要受到国内外潜在的竞争对手的约束，因为如果这些竞争者执政的话，他们也会给民众提供一系列相同的服务。如果变革会使这些集团倒向统治者的对手，而且，如果统治者从保留下来的国民中得到的好处不能补偿他因失去这些集团而造成的损失，那他就不会进行改革。

5. 社会科学知识的限制。前面曾讨论过，制度安排的选择集合要受到社会科学知识存量的限制。即使政府有意引进一个新的制度安排以恢复制度均衡，政府也可能因社会科学知识的不足而不能有效地引进一个适当的制度安排。很多不发达国家在20世纪50年代初期采用了苏联的中央计划模式。要证明这种政策有多大程度上是当时流行的社会科学知识的直接结果是困难的。然而，正如波尔总结的那样，二战结束初期的发展理论，多数是强调全面的政府计划在发展中国家经济增长上的必要性的。舒尔茨在回顾了近三个世纪以来英国和其他国家的历史后发现，在一个社会中，各种不同的政治经济制度安排的建立和变化，是受到在当时占绝对统治地位的社会思想的诱发和规定的。占统治地位的社会思想并不见得是正确的思想，也就是说，这种思想中所包含的方案未必能够带来更高的收入增长率和更理想的收入分配。从根本上说，社会思想要受到人们有界理性的限制。然而，下述的论断应该是不偏颇的，即如果占统治地位的社会思想是经过社会科学家们的广泛的、多方面的、充分的探讨和论证形成的，而不是在当权者的权势压力下形成的，那么，即使它可能造成危害，其危害也会更小一些。

有必要提及的是，对上述政策失败的原因的剖析，不是在证明国家不能建立起符合社会需要的制度安排，而恰恰是在探索如何消除这些导致失败的因素，以使强制性制度变迁的有效供给从可能变为现实。

（原载《中国发展与改革》1988年4月，此处节选自其中的第三部分）

产权结构、所有制和社会主义企业制度

——关于制度创新的一个假说

张 军

张军，1963年生，安徽人。复旦大学经济学教授、中国经济研究中心主任。

1992年在复旦大学获得经济学博士学位，是中国有影响的经济学家之一。

主要著作有：《中国的工业改革与经济增长：问题与解释》、《组织、制度和中国的经济改革》和《资本形成、投资效率与中国的经济增长》等。

建立企业制度的目标之一是借助于产权结构来克服现代协作群生产中的要素所有者的偷懒和道德风险问题。而产权的结构安排受到企业财产的所有制的影响和牵制。因此本文要分析和研究企业的产权结构与所有制基础对企业效率以及企业长期发展目标的影响。在此基础上本文要重新界定公有制的含义，提出并描述一种能更好体现以公有制为基础的新型企业制度假说，并在可操作的条件下以企业成员的"内部账户"替代和充当西方公司制的股票职能。

一 产权结构与效率

现代机器生产的过程以及生产的结构已经与传统手工业生产完全不同，因此，现代企业与传统企业相比其生产关系更为复杂。由于大机器的使用，技术上要求生产的协作，而且这种生产协作的最明显效应是生产过程本身变得不可分开。生产的协作原因有三：一是资源使用多样化。生产必须有许多种资源投入到生产过程之中，这是投入要素的合作性。二是由于投入要素的合作产生的综合效果，使得在生产过程中很难从生产的产品中观察到每种投入要素的贡献。换句话说，产出不是各种投入要素的代数和。这就给投入要素的补偿或报酬支付带来困难。三是在投入要素当中，并非所有的要素都归个人所有。从这个意义上说，现代机器大生产是各种要素所有者的协作群生产。

对现代协作群生产过程的分析所得出的一个最重要的推论是：在协作群生产中某个人的活动状况（如努力程度）会影响到其他要素成员的生产力。换句话说，各种要素所有者之间存在着外部不经济的效应。① 从这个意义上讲，势必在各种要素所有者之期存在着互相"偷懒"和"搭便车"的机会主义动机。由此带来的这样一些问题称为"道德风险"② 问题。所以，道德风险问题完全可能由于纯粹的技术条件造成的，即投入要素的多元化以及技术的不可分性。只要难以从技术上观察到从而决定单个要素的贡献或者难以区分每种要素的边际生产力，就不可能避免相互偷懒和搭便车的道德风险问题。协作群生产即现代机器大生产的潜在优势要得以发挥就必须克服这种道德风险。技术上造成的道德风险不可能从技术上予以消除，因此制度上的安排和创新是必要的。

制度安排③作为解决道德风险问题的手段不是唯一的，但确是

---

① 严格地讲，这取决于每个成员的博弈是合作性的还是非合作性的。这里假定为后一种情况，是因为当物化要素与人的要素相对立（异化）时常常出现这种非合作动机。例如当我们乘坐公共交通工具时常常抱有逃票的动机。在本文后半部将考察另外一种合作的社团精神。
② "道德风险"原是研究保险合同时提出的概念。在保险合同签署中，一方面由于投保人可能怀有谎报风险的动机，从而使保险公司难以针对不同投保人的实际风险收取不同的费用，即难以确定其边际费用价格，而只能根据平均风险收费，结果使许多投保人有利可图；另一方面由于投保以后可能会减少防灾努力反而增加了灾难风险，出现了所谓的不利影响。制度经济学家常以"道德风险"来概括人们的偷懒和搭便车动机，威廉森则用"机会主义"一词刻画相似的动机。
③ "制度安排"是用来决定经济单位的合作或者竞争的一种方法。它可以是正式的，也可能是非正式的；可以是长久的，也可能是过渡的。但它必须满足下述特征：提供一种结构，使其成员在这种结构安排之下能得到某些利益，而这些利益在这种结构之外是得不到的。参见：North："*Institutional change and American Economic Growth*"，Cambridge University Press 1971。

最佳的。分权化的市场监督也是有效的装置之一。但靠市场机制来消除偷懒的信息成本和监视成本可能过高,而且偷懒的动机会在离开市场之后出现复归。通过建立一个组织,用制度的安排来克服道德风险问题是西方世界兴起过程中逐渐完成的制度创新。从制度上克服协作群成员的偷懒和其他道德风险问题,就必须设计这样一种监督结构或装置,在这个协作群中,有些人势必分离出来充当监督人,观察和监测单个成员的努力。假使生产过程是可观察的,那么无论是监督成员的行为还是观察结果,这种监督都是不会有过高的成本作为代价的。但问题是如果监督人只是协作群中的一员,只是从其他成员之中分工出来的成员,那么监督会大打折扣。因为在那种情况下,监督人本身也会如同其他成员一样萌生偷懒的动机。出于这样的考虑,制度的安排必须克服监督人与被监督者们在利益和动机上的雷同,使得监督人的偷懒动机和行为变得对自己没有好处,从而达到双方的所谓激励兼容。于是问题就变成了谁来监督监督人。对监督人的偷懒动机的一种约束可以来自市场竞争,即来自其他潜在监督人的监督,但这种监督的市场成本以及"进入"后的动机复归表明了其局限性。另一种有效的监督来自于财产权力的结构变动。赋予监督人一种权力或地位,使之成为索取扣除其他要素所有者的报酬之后的剩余报酬的人,即享有剩余所有权,这就可使监督人与其他要素所有者的利益兼容。协作群中的每个成员都得到以工资形式的报酬,而监督人得到扣除工资之后的剩余收入。协作群成员越努力,监督人的剩余收入就越多,从而监督的动机就越强。这就从根本上克服了监督人的偷懒动机,加强了对其他要素所有者的监督,也就解决了协作群生产过程中的偷懒和道德风险问题。

以上分析表明,现代合作群生产的技术性特征客观上要求从制度上来克服由生产的不可分性以及协作群特点带来的偷懒动机。这种制度的安排使企业的财产权[①]结构化,其目的是使对其他要素所有者的监督成为可能并能有效克服道德风险。

但是这种产权结构仅仅适用于独资经营的小企业。企业主拥有

---

① 财产权(property rights)总是以复数名词出现,因此当本文使用股权概念时总是指以上三种权力的组合。

支配财产的所有权力，包括拥有监督其他要素所有者的权力，也拥有索取剩余的权力以及资源使用和经营的决策权。钱德勒在对美国企业的进化作了广泛的研究之后得出的结论之一是，如果这种单一持有者的产权结构是唯一有效的安排，那么现代工商企业的那种大规模经营以及协调上万乃至十几万个成员的机制绝不会出现。① 而后者显然需要一种新的产权结构，这种产权结构不会给企业的协调人带来他们不愿承担的单一持有者的那种风险；该产权结构要使为企业提供资产的千千万万个股票持有者的权力与日常经营的决策权协调起来。我们知道，股份企业制度解决了这些问题，成了今天产业的象征。

股份企业制度的产权结构不再具有单一持有者的私人性。这样一种基本特征表现为"剩余索取权"与"监督其他要素的权力"相分离。产权结构的这一变动表明企业的所有者（股东）拥有"剩余索取权"（即食利阶层），而企业的监督权即监督其他要素所有者偷懒动机的权力则由其他一些人来执行，这实质上容许并产生了专业的经理阶层。这些经理充当了监督人的角色。但千千万万个股东的权力则必须集体地履行和保障。就是说，一旦该企业的资产分散地属于许多人所有，那么就需要民主的程序来执行和保障每个人的权力，因而"股东代表大会"就成了股份企业制度的相应机构，"股东代表大会"以及专业经理们的等级监督构成了股份公司制度的基本产权结构。

这种集体的产权内部有明显的分离结构，这样一种分工的制度设计是出于以下两个方面的考虑：一是保持产权的结构化，克服合作群生产过程当中要素所有者的偷懒动机和道德风险；二是克服单一持有者制度本身（即企业主企业制度）带有的生存和发展的缺陷，使大规模生产成为可能，并使大规模生产的效益得以发挥。因此，一方面保持了剩余索取权力，但与监督权相分离；另一方面保持监督权，使协调活动的任务由专业人员独立执行，提供了协调规模经营的效率。但这种集体产权的结构仍是建立在企业资产私有制基础

---

① 参见 Chandler 和 Visible Hand："*The Managerial Revolution in American Business*", The Belkoep Press of Harvard University Press, 1977。

上的，它具有如下特征：第一，私有权具有完全可分性，因此企业分散的所有权并不表明所有权是集体的。第二，所有权之间的"外部不经济"等于零。在所有分散化的情况下，单个所有者的所有权变更不损害其他所有者的利益，而只意味着所有权的转让。所以如果每个股东所拥有的股份（股权）之和等于企业的全部资产，或者说企业资产在各个成员之间是完全可分的，那么一方面股东所有的不是企业，而是自己所拥有的股份；另一方面，股东变动（如转让所有权）时企业资产以及其他所有者没有利益损失。因此，企业财产的基础是私有的。但从产权结构上看，企业的产权结构是按照民主程序以"委员会"的方式组成的，因而属于集体产权。集体产权结构的特点在于企业有关资源配置方面的决策是集体做出的，而不再由单个人决定，这意味着某些民主表决原则或投票程序的引进，必须同时依靠以民主程序选出的"代表大会"或"委员会"来协调和体现分散化的股权。因而，一旦某个股东的利益或意见不能被委员会体现时，他可以转让或出售他的股权（即弃权）。① 这与政治领域的公开选择和民主体制相类似，在这个总义上，我们把现代西方股份制企业的产权结构看作是集体的而不是私有的。

三 社团制度与社会主义企业

如果企业资产在法律上是可以被它的所有者分摊（在实际操作中是不可行的，唯一能做的只是所有者出让其所有权），就是说，每个人都对财产拥有一份（相等或不等的）财产权，而且彼此之间不存在交叉的权力关系。比如我通过转让股权而放弃所有权并不影响别人的所有权，那么，这种所有制就是私有制。

公共所有制显然并不满足以上两点。第一，它不具"可分割性"，在法律上，财产是公共所有的，但构成公共的每一成员却不能对财产声明所有权。第二，假如每一成员在对公共财产行使权力时，

---

① 股票持有者的"意见"不能被决策委员会体现转译成经济学的语言就是企业的经营状况令股票持有者失望，后者有权转让其股权，这等价于民主政治领域里的"弃权"原则。

会影响和损害别的成员的利益，即成员之间在权力上有重合关系，那么就可称之为"外部不经济"。

公共所有权区别于私有权的最显著特征有三：第一，在公有制度下，每个成员对全部企业财产拥有完全重合的权力，而不像私有制度下，个人的权力取决于其拥有的股份多寡。第二，由于每个成员对企业财产的所有权是完全重合的，因而权力之间有着完全的"外部不经济"，任何成员的个人决定都将影响和损害全体成员的利益。换句话说，所有权在公共成员之间是完全不可分的。第三，所有权是不可转让或出售的。根据第一点的完全重合性以及第二点的完全不可分性，单个成员对公共所有权的声明和转让都会直接损害全体成员的利益。

因此，公共所有权不能由一个超脱于公共成员之上（之外）的机构或个人来代表，任何代理的所有权都违反公有制的上述特征。

根据上述特征，企业财产的所有权应该赋予而不是分摊给企业的全体成员。换句话说，对财产所有权不是由个人对财产的资本投入，而是由个人作为成员或取得成员资格来决定的。这就像个人作为取得一个国家的公民资格以后就会享有民主表决权和使用并享用国家公共物品而无需考虑个人财产多寡和贫富一样。一个公民对国家的公共物品如国防、山川、河流、消防等的享用，与该公民"进入"并使用公共所有的企业财产没有什么两样。作为国家的公民，每个成员对它们都拥有完全重合的不可分割性的所有权，但每个公民都没有权力声明自己对这些公共物品拥有个人的所有权，虽然公共物品是属于包括每个公民在内的全体成员所有的。同样，全体成员对企业财产拥有所有权，但作为全体一分子的单个成员都没有声明个人所有权的权力。企业财产属于公共所有意味着属于成员的整体，而不是属于整体的单个成员。

以上我们分析了公有制的内涵及公有制的特征。根据这些特征，我们可以得出结论说，各种形式的国有制并不具有公共所有制的规定性。因为一旦公共的所有权被一个外在的超脱机构来代理，那么在实际操作中，它就会违背公有制特征，公共的权力就会被实际上接管乃至剥夺。所有制受到损害，企业的产权结构就会失去有效的制衡机制，这一点不难从前面对社会主义企业产权结构现状的分析中得出印象。

新型社会主义企业制度的安排必须在尊重和按照企业财产公共所有制的规定性的基础和前提下来建立。它是既不同于西方股份企业制度又和社会主义各种国有企业制度相区别的新型产权结构。与集体的产权结构不同，它的剩余索取权是单一的，是赋予整个成员共同体的，而不是分摊于共同体内单个成员的。因此，剩余索取权是内在于企业的，并且是作为其他要素所有者的企业全体成员共同享有的。从产权结构的安排来分析，剩余索取权的"内在化"使得监督其他要素所有者（如劳动者）的权力成为多余。因此，社会主义的企业产权不再发生西方股份公司制的所谓的"所有权与控制的分离"，监督权与剩余索取权合二为一。这一权力重合是完全可以想象的，在剩余索取权不再成为企业成员之外的资产所有者的专有权而属成员共同拥有时，对劳动者的监督就不再是必要的了。

于是，对于一个集团来说，用来协调集团成员的制度安排就有两种不同原则。第一种制度安排是所谓"等级制的管理"，或简称"等级制"。作为一种制度的创新，等级制的出现是为了克服市场交易过程中会出现的"道德风险"以及市场机制的交易成本。而等级制度的协调功能之所以得到较好发挥，主要因为纵向的信息渠道减少了不确定性，并且使监督变得容易操作。但是，当等级组织内部的监督不必要时，等级制度就失去了有效的协调的作用。例如就工业革命前的家庭手工业来说，当个体劳动者自己用双手来完成手工产品时，对劳动的监督就是多余的。同样在我们讨论的企业内部也是如此，这就是第二种制度安排，我们将它称为"社团制度"，或者叫做"俱乐部制度"。这是社会主义企业制度的可行选择。

社团制度或俱乐部制度的产权结构比以私有制为基础的集体产权结构简单明晰。这一方面是因为社团制度的剩余索取权与监督权合二为一，另一方面也因为社团制度的权力结构不再是科层式的等级制度安排，而是靠外在的竞争力量和内在的合作利益有机结合在一起的联盟格式。这种格式结构与等级制相比减少了市场机制的交易成本，但社团结构比等级制优越的地方在于它同时还节约或避免了交易完全内部化和等级管理的"组织和监督成本"

产权结构、所有制和社会主义企业制度

(见下图)。

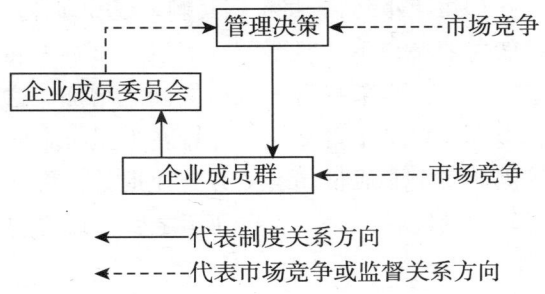

从产权结构角度来分析此图,在经理人员与企业成员之间,监督其他要素的权力关系被前者的管理和决策权取代了。在这个意义上说,该社团企业制度的安排就犹如足球队也许并不奇怪。这些相似的制度安排,将每个队员的动力激励出来就靠了外在的竞争力和内在的合作利益。从设计机制角度看,日本的企业制度多少具有这一俱乐部的或社团的色彩。在日本的企业制度中,虽然实行的是一种无需明确合同的终身雇佣制,但无论是经营者还是雇员都得遵守公司的习惯规则,老板和他的所有工人发展了一种托庇(patron)关系,以致一个部门乃至整个公司就似一个家庭或一个村庄。这种体制能使非效率最小化,是日本工业高效率的基础。此外,如果一个社团人为地与市场竞争隔离,那么社团中互助和互惠的这些原则极有可能从主张互相劳动机制转变为互相偷懒机制。

在这里,日本企业的效率不足以证明日本企业采取了社团制度,但却说明了社团关系不会比等级制的控制—命令型关系更不有效。这一点仅仅在下述意义上也是明白的,即社团组织的剩余索取权闪在于组织成员将排斥任何以邻为壑的机会主义动机,而且有可能是这样的函数关系:个人的效用是总和效用的增函数。这样,制度设计就达到了机制设计理论所描述的"激励相容"。

本文第二节的分析说明,社会主义以公共所有制为基础的产权结构排除剩余索取权的转让,从而股票市场将不复存在。这样一种制度要求在实际操作中必须抛弃可转让股票,代之以企业成员的"内部账户"来实现其剩余索取权。在这里,每个成员不仅得到工资和其他耗费的补偿,而且还以内部账户的支持形式得到扣除工资和其他耗费之后的剩余利益。在社团型产权结构的安排下，每个成员在结账期末（比如每年年终），将根据其剩余或亏损计入其账户的借方或贷方。虽然内部账户不像股票那样可以在市场上转让，但如果企业经营效率高，那么内部账户的价值会随之增加，这与股票的功能相似，而且内部账户虽不可转让，却可在不损害企业资产结算的界限内支取。因此，企业成员如若离开企业退休，将不再像持有股票一样去市场转让其股权，而只需在几年之后（或之内）提取其账户就行了。

由于剩余索取权的内部化和内部账户的设立，国家或政府与企业的关系就只剩下纳税关系了。科尔奈所讲到的所有短缺指标的根源即国家与企业的"父爱主义"血缘关系就彻底割断了，社会主义的政府从此才能摆脱对企业微观活动的指令和管理，才能真正履行政府自身的职能。反过来说，只要"父爱"的血缘关系哪怕沾上一点点，所有真正履行政府的职能都将是空话，社会主义各国尤其是中国的改革经验已经鲜明地证明了这一点。

股票充当剩余索取权的凭证，借助了股票市场，利用了市场竞争对股份制企业实现监督的作用，这是股票这一社会发明的绝妙之处。有幸的是，在社团产权结构的安排下，内部账户的设立也可模拟股票利用市场竞争的功能。内部账户的这种功能体现在，要取得企业的成员资格，人们必须为此付出"进入费"，而且将这笔进入费计入内部账户，构成账户的初始平衡。进入费可根据实际的企业状况而制定出参差不一的标准，也可按企业固定资产的某一份额来定出。进入费的支付既可一次总付也可分期支付。进入费不仅起到了构成内部账户的初始平衡的作用，而且像股票一样利用了市场竞争，为资源的流动包括劳动力的自由流动提供了不可避免的选择。市场的竞争，在这里尤其是为获得进入机会取得成员资格展开的竞争，实际上模拟了劳动力市场的功能。当然，竞争也来自另一个职业市场，它为企业提供决策和企业管理的专门技术人员；从产权结构来说，剩余索取权与监督权的分离客观上需要培育和造就经理阶层；同样，只要市场调节机制没有失去作用，那么剩余索取权的内在化也不会动摇对职业决策集团的需求，反而加强了这种需求。

限于篇幅，本文不可能像法律条款那样严格制定企业的制度，只能就社会主义社团企业制度的产权结构和内部账户作出简单说明，并从企业的融资结构、激励相容、企业目标、市场竞争、国家职能等方面给予基本的说明。

（原文载于《经济研究》1989年第8期，此处节选自其中的第一、三部分）

中国的繁荣需要现代企业制度

王 珏

王珏,原名邹绍臣,1926年出生,辽宁辽中人。经济学家,中央党校教授。

1953年毕业于中央马列学院(中共中央党校前身),留校任教。先后任中央党校政治经济学教研室主任、经济体制改革研究所所长、中国市场经济研究会会长、中国市场经济报社社长、《经济研究》等十几家经济类重要杂志的编委和顾问、上海财经大学客座教授,是第八届全国政协委员。数十年致力于马克思《资本论》和社会主义经济理论的教学与研究,成为在推进经济体制改革方面具有广泛社会影响的经济学家。

主要著作有《马克思的再生产理论》、《简明政治经济学》、《中国社会主义政治经济学40年》、《论现代公有制》(主编)、《改革攻坚论——国有经济体制改革纵横谈》(合著)等。

三 改造公有制传统实现形式是公有制关系本身的发展要求

社会主义的生产资料公有制是社会主义制度的基本内容之一,是社会主义生产关系的本质规定。社会主义的历史实践决定了这种所有制关系最初只有通过社会主义革命、凭借国家政权的力量才能建立起来,因此,国家所有便成为社会主义公有制最初的实现形式。

对于落后国家尤其是我国这样一个大国来说,社会主义面临的首要任务是迅速实现国家的工业化,建成独立的工业体系。为了完成这一任务,由当时的历史条件所决定的选择是凭借国家政权的力量,以高度集中的方式来动员社会经济资源,而单一主体的行政性国家所有制正好为这一选择提供了制度基础,并由此形成和衍化出整个传统的经济体制。

事实上,即使在当时的历史条件下,也并非不存在其他更好的选择。更为重要的是,即使我们承认当时的选择具有充分的必然性或现实合理性,但那也只能表明它是一定时期中的特殊现象,只能表明社会主义的国家所有是社会主义公有制的初始形态和在一定条件下的特殊历史形式。然而,长期以来,一方面,这种特殊形式在其历史惯性下凝固为社会主义的基本制度;另一方面,它又形成了政治经济学的一般教条,国家所有被当作社会主义公有制的天然形式,政治经济学把这种所有制关系当作无可置疑的前提,而从未对这一前提本身进行批判的考察。在改革进程中,虽然实践日益显著地表明,公有制的这一实现形式是传统体制矛盾和弊端的根源,但人们往往仍把它看作是社会主义经济不可动摇的基础,是社会主义区别于资本主义的最后限界,因而改造公有制实现形式的主张往往被看作是否定公有制而遭到反对。

这种认识是错误的。国家所有绝不等同于社会主义的公有制。国有制与非国有的股份制一样,只是一种财产组织形式,只是一种所有制形式,它本身并不决定所有制关系的性质;相反,作为所有制形式,它的社会性质必须由它赖以在其中存在和运动的社会生产关系的总和来说明。马克思之所以认为要给所有权下定义,就要把社会的生产关系全部描述一遍,其原因就在这里。所以,无论是国有制还是非国有的股份制,都是资本主义可以利用、社会主义也可以利用的财产组织形式或所有制形式。在社会主义经济中是否需要运用国有制这种形式,以及应在哪些领域运用这种形式,就必须由生产力的发展和经济资源配置中的效率要求来决定。恩格斯曾经明确说过:"只有在生产资料或交通手段真正发展到不适于由股份公司来管理,因而国有化在经济上已成为不可避免的情况下,国有化……才意味着经济上的进步,才意味着在由社会本身占有一切生产力方面达到了一个新的准备阶段。"(《社会主义从空想到科学的发展》)由此来看,一方面,如果说国有制是建立社会主义生产关系的必要步骤,那么它也只是社会主义公有制的一种初始状态,一种

"新的准备阶段";另一方面,如果脱离生产力的发展和资源配置的效率要求,国有制的实行就不能带来经济上的进步,而是恰恰相反。因此,国家所有在特定的历史条件和适宜的经济条件下可以成为社会主义公有制的一种具体实现形式,但并不是公有制的本质内容和社会主义所有制关系充分发展以后的唯一目标模式。同样,由于不同的客观经济条件和经济效率要求而否定这种形式,也绝不意味着否定社会主义公有制或恢复私有制。

政治经济学从公有制必定采取它的现有实现形式这一先验前提出发,一贯把国家代表全体人民占有生产资料看作是社会主义实行计划调节以适应生产的社会化要求的制度基础,认为正是这种所有制形式为计划调节提供了可能。这同样是不正确的。计划调节的必要性来自整个国民经济均衡发展的客观要求,它是一种宏观调节,是国家作为宏观经济调节者的一种职能,并不是所有者的职能。因此,断言国家只有在具有所有者身份时才能有效地实行计划调节完全是一种不讲逻辑的武断。

毋庸置疑,社会主义公有制的历史必然性来自生产的社会化要求。因此,公有制的实现形式就必须随着生产社会化的发展而发展。这就是说,社会主义公有制本身在实践中必然表现为一个发展过程,它不可能凝固在初始形态上,正如资本主义私有制也表现为一种过程而没有凝固在资本主义早期的私有制形式上一样。必须指出,生产的社会化要求绝不意味着必须把社会组织成一个大工厂,而是指随着社会分工的深化和社会生产的多样化,生产者之间相互依赖的社会联系愈益广泛,生产愈益成为社会范围内的事情,生产要素或经济资源愈益要求在社会范围内自由流动以实现最有效率的配置,愈益要求在事实上承认它作为社会生产力的那种性质。在商品经济的条件下,生产的社会化就是市场的普遍化,就是市场关系在深度和广度上的不断发展。因此,为了适应社会化生产,所有制形式必须保证资源的自由流动和有效配置,必须适应在市场关系中明确界定市场主体的财产所有权这一基本要求。显而易见,这就决定了社会主义公有制必须扬弃它的传统实现形式,寻求适应现代商品经济要求的新形式。必须承认,传统的国有制形式业已被实践证明在适应社会化生产方面是失败的,在适应商品经济社会化生产方面更是失败的。一个颇具讽刺意味的例证是,虽然我们在理论上力图把社会组成一个大工厂,但在实际上得到的结果却是把工厂组织成了一个小社会。

由此可见,既然公有制的根本意义就在于适应社会化生产(在现代经济中,社会化生产必定是充分发展商品生产)的要求,既然公有制的实现形式要随着社会化生产的发展而发展,那么,改造公有制的传统实现形式是社会主义公有制关系本身的发展要求这一结论就不难理解了。

应当指出,改造公有制的实现形式,不仅不是对公有制的否定,而且也不是对国有制的否定。在应当实行国有的那些部门和生产领域,国有制作为一种适宜的财产组织制度是不容否定的,但国有制本身的实现形式却同样必须改变。这是改造传统公有制形式的题中应有之义。而这种改造的全部目的就是为了更有效、更充分地实现社会主义公有制,以推动我国走向现代化经济的伟大繁荣。

四 现代企业制度为公有制提供了理想的实现形式

改造公有制的传统形式意味着企业组织制度的创新,它要求在社会主义商品经济中建立能够保证公有制企业自主经营、自负盈亏、自我约束和自我发展的现代企业制度。

现代企业制度是商品经济充分发展的产物,是随着商品经济中的生产社会化的日益发展而形成的一种企业组织制度。概括地说,这种企业制度具有以下几个主要特征:

第一,在企业的最终所有权与法人所有权相分离的条件下,企业的财产关系具有明确的界定。第二,在企业的所有者与经营者、所有权与经营权相分离的基础上,企业内部具有稳定、规范的组织结构。所有者、经营者、生产者之间具有相互依存、相互制约的明确关系。第三,企业的财产组织制度以股份有限公司为典型形式。在这种形式下,企业的投资者或财产所有者的分散化与企业内部经营管理的集中化同时并存,企业的产权所有者只按其股份持有额对企业承担有限的财务责任。

现代企业制度虽然是在资本主义经济中出现的,但它并不是资本主义所特有的东西,不属于资本主义制度,而是商品经济和社会化生产充分发展的结果。它最早出现在资本主义经济中,只不过是由于几百年来商品经济与社会化生产的发展是在资本主义发达国家实现的。事实上,作为一种财产组织形式,它是人类智慧和人类的经济实践活动在资本主义时代所创造的一种文明成果,是资本主义在其最终导致自我否定的运动过程中为社会主义所准备的物质条件之一。如同其他经济工具一样,它所反映的是商品经济与社会化生产发展的共性需要,因而既可以在资本主义生产关系中运动,也可以在社会主义生产关系中运动。因此,在社会主义生产关系的本质规定下,通过批判的借鉴和实践的创新来建立以股份制这一企业财产组织形式为基本内容的现代企业制度是完全可行的。它可以从制度上奠定公有制企业作为独立的商品生产者和经营者的地位,也可以为经济资源的市场配置过程提供新的有效的运行机制,从而解决公有制的传统形式同商品经济与社会化生产不相适应的矛盾。

这种现代企业制度的建立,将使公有制企业的财产关系在具体的法律规范下得到明确界定,从根本上克服由国家单一主体的行政性的所有制关系及与之相伴随的条块分割式垄断造成的缺陷,消除"全民"财产有人占用、无人负责、任人侵吞的所有权虚置现象。企业产权以股份形式明确界定,企业资产的最终所有者通过价值形式上的资产所有权凭证——股票及其市场交易活动来取得相应的资产收益,并实现自由处置资产的所有者权利。由此,企业的所有者便明确表现为企业股份的持有者。就国有企业而言,国家作为所有者的上述活动可通过国有资产的管理部门及其代理经营机构来进行,所有权虚置的现象也将不复存在。所有者的具体化、产权关系的明确化,以及由此形成的资产风险责任和收益权利的确定对象化,可以保证公有资产得到有效的利用。由此,在股份制形式上,公有制的内在优越性就可以更为充分地发挥出来。

尤其重要的是,通过股份制这一现代企业制度,公有制企业的财产软约束问题将得到真正的解决。股份制企业对财产关系的明确界定,是与企业法人制度联系在一起的企业的实际财产,不论其最终所有权的归属,只要企业取得法人地位,便在法律上成为独立的企业法人财产;企业作为法人就在法律上具有独立的财产权利与财产责任，企业在自主的市场经营活动中就具备了承担市场后果、对自己的经济行为负责的财产能力；当企业负债或破产时，企业就需以它的法人财产作出抵偿。正是这一特点，构成了企业自负盈亏的现实基础，只负盈不负亏的现象与缺乏财产约束所造成的行为短期化问题就能因此而得到解决。

同时，企业财产关系上最终所有权与法人所有权的分离，使股份制企业的最终所有者除享有资产收益权、资产所有权凭证的自由处置权并承担与其股份额相应的投资风险和有限责任外，不能处置企业的物质资产，不能直接干预企业的生产经营活动。所有权与经营权的分离在企业内部由明确、稳定的制度规范和组织结构予以保证。这样，对国有企业来说，股份制形式在硬化企业财产约束的同时，也为消除对企业的不适当的行政干预，保证由企业家负责的企业自主经营提供了可靠的组织与制度条件。

股份制企业的另一个显著特点是企业产权所有者的分散化。由于这一特点，股份制可以打破公有制内部以及不同所有制之间的垄断壁垒。企业的所有者主体和所有制结构的多元化不仅使公有制关系获得丰富多样的具体形态，而且形成公有制形式和其他所有制形式的相互联系与混合生长的关系。这在微观上有利于资源、产权的自由流动和大规模投资的迅速形成；在宏观上有利于产业结构的合理调整；而且也将有利于稳定公有制以外的多种所有制形式的存在和发展，因为在股份制下，国民经济中多种所有制并存已被引入到企业内部，在企业内混合生长，从而各类资产所有者除了要对自己的要素市场、产权市场的竞争结果负责外，无需担心政策歧视和政策多变的风险。这就会使所有制关系更加有利于商品经济中资源的合理配置。

无疑，社会主义经济应是公有制成分占主导地位的经济。现代企业制度在改造公有制实现形式并促使各种所有制在企业内部融为一体的同时，不仅不会削弱公有制的主导地位，而且会有助于这种主导地位的进一步加强。通过国家控股和多种形式公有制企业相互参股及其对非公有制企业参股等方式，公有制的主导地位可以得到有效的保证。运用这些手段来融合各类所有制，加强公有制的主导地位，也是最能被各类所有者接受的方式。就是说，在引导各种经济成分走向社会主义所有制的道路上,这种潜移默化的在竞争中融合的方式,要比以往那种强行限制的改造的方式优越得多。所以,那种以为采用股份制就会改变公有制的想法完全是一种杞忧。

五 在改革实践中建立现代企业制度

在深化改革进程中,现代企业制度应当成为我国企业组织制度的基本形式。根据我国的客观经济要求和现实条件,建立现代企业制度的任务首先应当在国有大中型企业中重点推进。这是因为:

第一,国有大中型企业是我国数十年工业化过程的主要果实,是我国现代产业的基本力量和核心部分,它们在社会化大生产和整个国民经济中发挥着举足轻重的骨干作用。因此,只要这部分企业能够在改革进程中激发出旺盛的生机和活力,稳定的经济增长与经济发展就有了可靠的保证。

第二,既然社会主义经济是商品经济,那么,在国民经济中最为重要的国有大中型企业如果不能真正成为独立的商品生产者和经营者就是不可思议的。事实上,国有大中型企业正是传统体制最直接、最集中加以控制的部分,传统体制的主导地位也正表现在这类企业中。因此,在这类企业中重点推进现代企业制度,是对改革全局起决定作用的战略步骤,是迅速打破新旧体制对峙的僵局、促使传统体制最终解体和新体制得以确立的关键。

第三,社会主义的健全的市场体系,应是一种严格有序的组织状态。由于国有大中型企业本身重要的经济地位,因而一旦它们成为真正的市场主体,将会有效地发挥在市场上的主导作用。这对完善市场组织、市场结构、市场规则以及国家对市场的调节,确定社会主义商品经济秩序,都将产生重大的积极影响。

在国有大中型企业中推行现代企业制度,首先要对这部分企业的国有资产进行全面的清理评估,其次要从在经济意义上是否采取国有形式这一点来对这部分企业进行分类,凡不适合和不必要采取国有形式的企业,就通过向社会发行股票的方式实现非国有的股份化。

在此基础上,国家在中央和地方成立国有资产管理委员会行使国家对国有企业资产的所有权,委员会应独立于政府行政部门,对同级人民代表大会负责。由此将国家的所有者职能与宏观经济调节者职能和行政管理职能分开,并明确国有企业所有权的归属。国有资产管理委员会,通过法律确认作为最终所有者代表,但它并不直接经营国有资产,为此还需要设立国有资产投资公司来从事代理经营。国有资产管理委员会与投资公司之间是财产委托关系,投资公司是具有法人地位的资产经营机构,在国有资产管理委员会的委托下,以资产收益的最大化为目标代理经营国有资产股票。同时,国有资产投资公司的数量应达到足以在资产经营中实现有效竞争的地步。而国有资产管理委员会则根据各投资公司在竞争中的经营状况,有选择、分散化地进行投资委托。在此基础上,通过投资公司对企业的投资,实现国有企业的股份制。企业的股份分别由若干投资公司所拥有,其董事会由各个股东——投资公司派代表组成。

通过这种最终所有权与多级法人所有权均得到明确规范的国有制结构,国有资产的所有权及其在经济上的充分实现——资产收益的最大化就可以得到保证,健全的市场竞争机制就可以进入国有资产的运动过程。因此,在国有企业中,以多级法人所有权形式建立现代企业制度可能是一种更好的选择。

现代企业制度的建立,是为以市场导向的新经济体制所举行的一个奠基礼,它为国家宏观调节方式与市场方面的改革提供了基本前提。因此在深化改革的进程中,必须以建立现代企业制度为中心环节。然而,这并不意味着企业改革的单项突进,并不意味着否定其他方面的改革或将其推迟到企业改革完成以后再来进行。十年来的改革实践早已指明,改革必须也只能是一个全面配套、分阶段推进的过程,无论是企业改革、市场培育,还是宏观调节方式的改革,都不可能孤军深入和毕其功于一役。提出以建立现代企业制度为中心的主张,一方面是因为企业制度的改革是其他各项改革的基础,因而它具有与其他改革主动配套的能力;另一方面,所谓中心,也正是指全面配套改革的中心。现代企业制度的建立是一个过程而不是一次行动,在企业改革的每一个阶段上,总体配套的要求都是不可忽视的。

事实上,企业改革的每一步实质性推进,都必然启动其他方面的配套改革，比如，国家职能的明确划分，税利分流基础上的税制改革，计划与物资体制的改革，以形成市场价格机制为目标的价格改革，货币与资本市场、劳动力市场的培育，都将在企业改革的进程中有步骤、分阶段地被提上日程，否则改革就不可能全面有序地深化，而只能在低层次上重复、停滞。

由于以建立现代制度为内容的企业改革真正触及了传统体制的根基，并必将全面启动其他方面的实质性改革，因而它的困难和风险是不可避免的。这就需要我们更为审慎地研究改革的实际步骤、改革的客观条件以及在改革进程中可能产生的问题及相应采取的对策。我们应当有预见性地减少改革的困难和风险，但同时必须有克服困难和承担风险的足够勇气，为了中国的繁荣，坚定不移地把改革推向全面的胜利。

（原载《领导之友》1989 年第 2 期，此处节选自其中的第三、四、五部分）

按贡献分配是社会主义初级
阶段的分配原则

谷书堂　蔡继明

谷书堂，1925年出生于山东威海。

1946年考入南开大学经济系，1950年毕业留校一直从事教学和科研工作。曾担任南开经济研究所所长一职。1983—1994年期间担任南开大学经济学院院长。

主要著作有《社会主义商品经济和价值规律》（合著）、《社会主义经济学通论》（主编）、《中国市场经济的萌发与体制转换》（合著）、《社会主义经济学新论》（合著）等。

蔡继明，1956年出生，河北省唐山市人。经济学家。

1982年毕业于河北师范大学并获文学学士学位。1985年毕业于河南大学并获经济学硕士学位。1990年获南开大学经济学博士学位。现任清华大学人文社会科学学院责任教授、经济管理学院学位委员会委员。是十一届民进中央委员和常委、民进中央经济委员会主任。曾任第九届天津市政协委员、第九和第十届天津市南开区政协常委、第九和第十届全国政协委员。

主要著作有《中国三大阶级的收入分配》、《垄断足够价格论》、《广义价值论》（合著）等。

二　按生产要素的贡献分配是社会主义
　　初级阶段可行的分配原则

传统的分配理论总是习惯于从所有制关系论证各种分配关系产

生的客观必然性，把后者视为所有权在经济上的实现。诚然，所有制关系是分配关系的基础。正是由于以公有制为主体的多种所有制形式和经济利益主体的多元化，决定了社会主义初级阶段的收入分配要采取工资、利息（租金）和股息（红利）等多种形式。

但是，生产要素的所有权关系，仅仅是决定分配关系的一个法权因素，决定消费品分配的内在因素，或者说是更重要的一个因素是，各生产要素在生产过程中所起的作用，即各生产要素在财富的创造中所做出的实际贡献。所有权本身并不创造收益，它不过是把各生产要素所创造的收益从法权上确定转归各生产要素的所有者。马克思在谈到级差地租时就曾指出，瀑布的土地所有权本身，对于剩余价值（利润）部分的创造，没有任何关系。即使没有土地所有权，这种超额利润也会存在。土地所有权只是使土地所有者有可能把这个超额利润从工厂主的口袋里拿过来装进自己的口袋。① 以上关于地租所说的，如果加上一定的限制，同样适用于工资、利息等收入形式。

由于各种收入是按照各种要素的贡献大小进行分配的，所以要阐明各种收入量的规定，就必须说明各个要素贡献的大小是如何确定的。

在一定的技术条件下，各种生产要素的不同组合所生产的某种物品的数量是不同的，而当其他生产要素保持不变时，连续地追加某一种生产要素，其增加的生产力在递增到一定点后，会发生递减的变化，我们把由增加投入某一生产要素而增加的产品价值定义为该生产要素的边际产品价值或边际收益。各种生产要素的边际收益，可以相对地表现各种生产要素在生产中的实际的贡献。社会主义的工资、利息、地租等收入的量，取决于劳动、资本和土地的边际收益。

下面，试分别考察社会主义初级阶段的劳动收入和非劳动收入。

社会主义劳动收入是指个人仅仅作为劳动者所取得的收入，或者说，在个人的全部收入中，仅仅凭借其劳动者主体方面的劳动贡

---

① 《马克思恩格斯全集》第二十五卷，第729页。

献而获得的那部分收入。在社会主义初级阶段，由于公有制占居主体地位，因而按劳动贡献分配个人收入也必然会成为分配的主体。这里所说的劳动贡献，仅仅指活劳动的贡献，不包括作为生产资料的积累劳动的贡献，也不包括劳动的自然生产力所做的贡献。如果我们承认按劳动分配并非社会主义唯一的分配方式，而是多种分配方式之一，那么社会主义的劳动收入，也可以说是按劳分配的实现形式。但是，因为按劳分配这一范畴有其特定的内涵，并且广为人们所接受，所以，为了与经典作家所说的"按劳分配"相区别，我们暂把社会主义的劳动收入规定为按劳动贡献分配的形式。

社会主义初级阶段的劳动收入有以下三种形式：

1. 工资收入。在社会主义初级阶段，全民所有制企业、集体所有制工业企业，以及合资、私营企业的工人的劳动报酬，均采取工资形式。

社会主义工资是劳动贡献的价值或价格形式，而不是劳动力的价值或价格的转化形式。

2. 准工资收入。准工资收入是指个体劳动者全部收入中由劳动贡献决定的劳动收入。因为当他不再独立地从事生产和经营活动，而转到公有制经济或私营经济中，仅仅以一个劳动者的身份从事工作时，他所做出的与其他工人的同等的劳动贡献，同样会得到同等的工资形式的劳动收入。所以，我们把个体劳动者的全部收入中相当于他若受雇于某一企业而得到的工资收入的那部分称为准工资收入。

这里所说的个体劳动者，也包括农村的家庭承包户和专业户。

然而，应该指出的是，那种把个体劳动者的全部收入笼统地都称为劳动收入或劳动所得的观点是不妥的。因为个体劳动者并不是单纯的劳动者，他同时也是一定的生产资料所有者。所以，在他的全部收入中，除了劳动收入之外，还有一部分是由非劳动的生产要素的贡献所决定的非劳动收入。

3. 薪金收入。薪金是企业家或经理经营管理劳动的报酬。经营管理劳动与一般的生产劳动不同，它是一种监督劳动和指挥劳动，是组织企业开展经营的劳动。经营管理劳动的贡献，不单纯是由劳动自身的生产力决定的，而更重要的是由劳动的社会生产力决定的。

马克思指出:"结合工作日的特殊生产力都是劳动的社会生产力或社会劳动的生产力。这种生产力是由协作本身产生的。"① "只要把工人置于一定的条件下,劳动的社会生产力就无须支付报酬而发挥出来。"② 而正是企业家或经理的经营管理劳动,才使得工人的劳动的社会生产力通过分工协作发挥出来,由劳动的这种社会生产力所产生的边际收益,就以薪金的形式转化为经营管理者的劳动收入。

这里所说的经营者,既包括公有制企业的厂长和经理,也包括私营经济和国家资本主义经济的企业家和经理。如果他仅仅是被资产所有者雇用或招聘来管理企业的劳动者,那么,薪金就构成他的全部收入。目前全民所有制企业承包者的收入,就具有薪金的性质。如果经营者同时又是所有者,不论是自有资本的所有者,还是借入资本的所有者,那么,薪金就仅仅是他的全部收入的一部分,其余部分是资产收入。目前全民所有制企业的租赁者的收入,就包括这两部分。

薪金收入是较为复杂的劳动的报酬,它一般高于工资收入。

要合理地确定社会主义劳动收入的数量,在一个生产企业内部,可以根据定额、计件等形式来测定每个劳动者的劳动贡献,由此规定劳动收入的分配。从整个社会范围来看,则必须开放劳动市场。因为只有当各种劳动要素能够在不同部门和不同企业之间自由流动,从而使同一劳动无论投入哪个部门和哪个企业,其边际收益都相等时,劳动收入的量才得以最后确定。而在商品经济条件下,劳动要素的流动是通过市场机制实现的。在劳动市场上,工资作为劳动要素的价格调节着劳动要素的供求关系。当同一劳动要素投入某一部门或企业,其边际收益大于投入其他部门或企业的边际收益时,该部门或企业的工资率则高于其他部门,这就会吸引更多的同种劳动转入到该部门或企业,从而使该部门或企业的劳动边际收益下降,其他部门或企业劳动的边际收益上升,最终使各部门形成大体相同的工资率,各个部门各种劳动要素的供求也就大体实现了平衡。

社会主义初级阶段的非劳动收入,是根据土地、资本等非劳动

---

① 《马克思恩格斯全集》第二十三卷,第366页。
② 同①,第37页。

生产要素对社会财富的生产所做出的贡献而给予这些要素所有者的报酬,其数量也要由各非生产要素的边际收益来决定。

社会主义初级阶段的非劳动收入主要有以下两种形式:

1. 利息和租金。利息和租金都是资本所有者的收入,它们都是由资本的边际收益决定的。所不同的是,利息是货币形态的资本的收益,而租金是实物形态的资本的收益。因为一定量的资本总是能够带来一定量的边际收益,所以,无论是靠借入或租赁资本经营,还是使用自有资本经营,那种单纯地由劳动的资本生产力所产生的边际收益,都会以利息或租金的形式成为单纯的资本所有者的收入。

从所有制方面看,利息又分为公有资产利息和私有资产利息。公有资产的利息归各公有制主体所有,在各公有制经济内部分配。它或者用于积累,形成新的公有资产,或者用于消费,形成消费基金或福利基金,消费基金将按照每个成员所做的劳动贡献进行分配。

私人资产的利息归私人所有。这里所说的私人,既包括私营经济中的雇主,也包括个体劳动者,还包括公有制经济和私营经济中的工人。他们作为个人资产的所有者,无论把资产投入公有制经济(如集体集资、购买公有制企业的各种债券等),还是投入私营经济,无论是以雇主的身份雇工经营,还是以个人劳动为基础进行个体经济,其资产的收益都采取利息的形式。

2. 股息和红利。股息是股份资本的利息,是股票所有者的非劳动收入,其数量是由股份资本的边际收益决定的。购买普通股票与购买债券相比,前者是一种风险较大的投资,而债券一般是在一定时期内还本付息的。普通股票一经购买便不能退股,只能转卖。购买普通股票的人除了得到股息外,还参加公司的管理并分享利润,即得到红利,因而他也必须分担亏损,其股票价格是随公司经营的好坏涨落的。

与劳动收入的决定和实现一样,非劳动收入的分配,也只有通过各种非生产要素的自由流动才能很好地实现,在我国商品经济条件下,则要借助于计划与市场的共同调节才能实现。所以,要使各种非劳动收入与各种非劳动生产要素的贡献相一致,就必须建立和完善资金、土地和企业家才能等市场,促使各种非生产要素逐步实现商品化,通过市场竞争机制,实现合理的收入分配和资源的有效配置。

三 机会均等是实现按贡献分配的必要条件

完全按生产要素的贡献分配，必然会扩大个人收入的差别，这是否会影响社会主义平等权利的实现呢？对此要作具体的分析。

从经济学的角度看，平等不外有两种含义：其一是机会均等，主要是指就业、投资和受教育的机会均等；其二是收入均等，即各阶层收入的平均化或缩小差别。一般地说，更大的机会均等会带来更大的收入均等。① 然而，由于人们的天赋才能的差别，即使在机会均等的条件下，人们之间的收入也会出现差别。而且，由于人们后天的勤奋和努力不同，选择工作与闲暇的偏好不同，即使人们的天赋才能一样，收入仍然是不均等的。但这种在机会均等前提下存在的收入差别，是一种正常的现象，人们一般是可以接受的。

在一般情况下，由机会均等所产生的正常收入不均等与效率的关系是正向相关的。因为在机会均等和按贡献分配的条件下，收入的差别正好反映了贡献的大小。对贡献大的人给予较高的报酬，可以鼓励他做出更大的贡献，对贡献小的人只给予较少的报酬，则会促使他努力工作以取得较多的收入。这样做的结果，把对社会的贡献与个人的利益结合在一起，就会促使整个社会的效率不断提高。如果对贡献大的人给予较少的报酬，对贡献小的人反而给予较高的报酬，这意味着应分配给一部分人的收入却转移给了另一部分人，其结果必然会影响人们生产的积极性，使劳动能力较强的人宁可享受较多的闲暇而不愿做较多的工作。当收入与贡献偏离到一定程度时，效率就会严重丧失，从而使各阶层的收入都绝对地减少。

当然，如果收入的差距过大，以致超过人们所能忍受的限度，使处于不同收入阶层的人们的社会地位发生变化，乃至影响到社会的安定，那同样会导致效率的普遍下降。另一方面，收入差距过大，低收入阶层的收入长期得不到提高，其消费需求长期处于停滞状态，

---

① 见［美］阿瑟·奥肯：《平等与效率》，华夏出版社1987年版，第74页。

而少数高收入阶层消费的高级奢侈品增多,造成市场需求结构畸形发展,也会阻碍正常生产效率的提高。在这种情况下,社会就有必要通过适当的收入再分配政策,以较大程度的收入均等换取较小程度的效率损失。

由机会不均等所产生的非正常的收入不均等,与效率的关系是反向相关的。如前面分析劳动收入时所指出的,在不允许劳动者自由选择职业、劳动力不能自由流动的情况下,劳动者的就业机会是极不均等的,这不仅会妨碍劳动者才能的正常发挥,而且当收入差别不能通过增加工资而消除或缩小时,收入攀比机制必然会以消极怠工的形式表现出来,而这两种结果都会导致效率的降低。

按贡献分配是以承认劳动能力、经营管理和资产占有的差别为前提的。因此,它只能是一种机会均等的权利,而不是收入均等的权利,甚至由于非劳动收入的差别会拉大整个收入的差距,从这个意义上说,按贡献分配远不如按劳分配所实现的收入均等化程度高。

然而,由于社会主义初级阶段生产力水平还比较低,劳动者素质也比较低,与众多的人口相比,自然资源、资本和具有创新精神的企业家才能是非常稀缺的。在现阶段,发展生产力始终是社会的根本任务。而只有提供均等的竞争机会,承认各种生产要素的实际贡献,并根据这些贡献给予各要素所有者以应有的报酬,才能调动各种积极性,提高效率,促进社会生产力的更快发展。所以,社会主义初级阶段的经济条件和根本任务,决定了现阶段所要求的平等只能是机会均等。

也许有人会担心,完全按贡献分配,会出现贫富悬殊,影响效率的提高。这种担心至少在现阶段来看是不必要的。因为我国从生产资料的社会主义改造基本完成起到现在,公有制经济一直居主导地位,合作经济、个体经济和私营经济只是在十一届三中全会才逐步发展起来,私人资本也只是从那时起通过劳动收入的积累才转化而来。抛开由于新旧体制转换所造成的非正常的收入不说,单纯地由非劳动生产要素所产生的收入差别并不是很大。所以,目前的按贡献分配,实际上还主要是按劳动贡献分配。随着新经济体制的逐步建立和完善,按非劳动贡献分配的成分会逐渐增加,收入差别将会逐步扩大,但这正有助于效率的提高和社会生产力的发展。在整个初级阶段，正常的收入不均等，不会导致效率的降低。

从我国目前实际情况看，由于长期推行实际上是平均主义的分配政策，造成了分配领域中的平均化倾向非常严重。据世界银行对中国的考察，我国的收入均等化程度高于一般的发展中国家。但即使这样，现已存在的收入差别却已经引起了社会上许多人的不满情绪。当然，这并不是由于收入本身差距过大引起的，而是由于机会不均等所造成的；非正常的收入不均等达到了令人难以容忍的程度。在当前的双重体制下，市场体系不健全，价格扭曲，就业和竞争机会不均等，生产要素不能自由流动，劳动者不能自主地选择职业和工作单位，这就使"收入攀比机制"不能通过正常的途径得到实现。由于不同所有制的企业生产条件、经营状况、留利水平、福利基金和奖励基金以及经营自主权和税收条件均有差别，不同企业的工人，即使做出了同量的劳动贡献，其工资收入也有很大差别。这些差别很难说都是由于劳动贡献的差别造成的。从一个企业内部来看，由于多数企业没有着重从劳动贡献的角度来确定工资差别，以致平均主义和其他不合理现象比比皆是。与劳动贡献脱节最严重的，恐怕莫过于脑力劳动者与体力劳动者的相对收入了。据上海市1979年的一份调查，1958—1965年的大学毕业生分别比同龄中学毕业的工人工资低15元，相当于当时收入的22%—25%。据北京地区1982年的调查，脑力劳动者的平均收入比体力劳动者低8元，70—80年代，脑体劳动者的收入出现了20%—30%的倒挂现象，① 这的确是一种极其反常的现象。特别令人难以容忍的是，一些党政干部利用职权牟取私利，侵吞国家财产；一些高干子弟利用老子的名义、地位和关系经商，倒买倒卖，牟取暴利；还有社会上其他大大小小的"倒爷"，他们的行为干扰了社会经济的正常运行，极大地扰乱了人们的心理平衡，是人们不满情绪的一个重要根源。

正是上述由于机会不均等所产生的非正常的收入不均等，才是导致效率下降、影响按贡献分配实现的主要障碍。要贯彻按贡献分配的原则，就必须首先创造均等的机会，建立和完善生产要素市场

---

① 参见郑也夫：《我国脑体收入差别的历史变迁及其反省》，《世界经济导报》，1988年5月9日。

体系，同时要继续清除平均主义的影响和各种不正当关系网的笼罩，确立机会均等、按贡献分配的社会主义平等观，使各种收入仅仅与各种要素的贡献挂钩。要承认按贡献分配的各种收入形式的正当合理性：只要有利于生产力的发展和效率的提高，各种收入形式都具有其存在的客观必然性；只要是在机会均等的基础上按贡献分配的收入，其差距的存在就都是正常的、可以接受的，至少要说服和帮助广大群众增强对这种收入不均等的心理承受能力。

（原载《经济学家》1989年第2期，此处节选自其中的第二、三部分）

经济分析中的人

曾启贤

曾启贤（1921—1989），1921 年出生于湖南长沙。经济学家。
1940 年 9 月考入复旦大学经济系，1941 年秋转入武汉大学经济系。1945 年攻读于武汉大学经济研究所，1948 年获硕士学位。曾任湖北省哲学社会科学联合会副主席、中国比较经济研究会副会长、武汉大学学术委员会副主席等职。

主要著作有《社会主义经济分析体系初探》、《稀缺和社会主义经济》等。

社会科学研究所面对的是人，经济学尤其如此。那么，人在经济分析中究竟处于何种地位？作为经济分析所考察的人又应该作出什么样的假定才能在理论上逻辑一贯并与现实的逻辑相适应？在这两个基本问题上，长期以来传统的社会主义经济分析并没有作出令人满意的回答。

一　为什么要提出这个问题？

在传统的社会主义政治经济学教科书中，人是没有什么地位的，似乎阶级就是一切。这样的意见或看法在马克思主义的学者中有相当长的时间还占优势。在 20 世纪的前 30 年，有少数马克思主义者提出这方面的问题，但总是被看成是对马克思主义的"背离"。二次大战后有更多的论著提出"人"的问题，也被视为非马克思主义。50 年代后，首先是在南斯拉夫，而后又在苏联和几个东欧社会主义国家，一些学者在反思历史时提出了"人道主义"问题，认为社会主义不仅不排斥而且应该肯定"人道主义"。在我国，不仅"文化大革命"时期及"文化大革命"前无视或者轻视"人"这个问题,"文化大革命"后仍没有把"人"这个问题提到应有的地位加以重视。正是在最应当尊重人的社会主义社会,却存在大量不尊重人甚至极不尊重人的现象。正是这种令人痛心疾首的事实,才引起社会主义国家的学者们越来越重视"人"的研究。

与"人"的研究相联系,非但"阶级"、"社会"这些传统问题得到重新探讨,就是素来被列入资产阶级学术范畴内的"自由"、"平等"、"人类利益"、"人类爱"、"人类前途"等所谓"超阶级"的问题,也成为马克思主义学者研究的课题。

对此,我的看法是,经济分析不应置"人"的研究于视野之外。但是,对这里的"人"应作出必要的假定,以使其基本规定性不超出理论分析所要求的范围。

二 关于"经济人"

对于经济分析所研究的"人",是否应作出"经济人"的假定?

传统的社会主义政治经济学中可以说是见不到"经济人"的影子。如果出现,也只是被批判的概念。实际上,在西方经济学中,虽然有不少学者使用"经济人"的概念,但也有不少人对这一概念持批判态度。看来,问题在于对"经济人"的理解。

一种简单而又易引起的曲解是:"经济人"是自私自利、只顾个人利益而不考虑他人利益或社会利益的人。这实际上是简单地将它视为自私自利的同义语。这种理解并非全错,但太简单,难免失之偏颇。

为了说明这一点,有必要清理一下"经济人"概念形成的思路、含义,以及不同的批评意见,然后才能论及其适用性和限度。

关于"经济人"的思路,有人认为是亚当·斯密最早提出的。实际上,是早于斯密的一些重商主义者提出来的。如英国的重商主义者约翰·海尔斯1549年所著的《关于英格兰王国公共财富的讨论》一书中,就已提出了"人是追逐最大利润的"看法。此外,孟德尔于1723年发表的《蜜蜂寓言》也对人作出了类似的说明。他们都早于斯密,但斯密展开的"经济人"思路较之前人,的确更为完善。

斯密思路的要点是：(1) 每个人天然地是他自己利益的判断者，如果不受干预，他的行为可以使他达到自己的目的（最大利益）；(2) 每个人在追求自己的私利时又不得不考虑他人的私利，否则就难以实现自己的利益，正是这一点构成了交易的通义；(3) 当每个人都能自由地选择某种方式追求自己的最大利益时，"一只无形的手"会将他们对私利的追求引导到能够为公共利益作出最大贡献的途径上去——这只"无形的手"，就是分工基础上的市场和竞争。

仅仅从这几点看，似乎可以得出一个隐含的前提，即人性是自私的，人的经济行为受利己心的支配。能否把斯密的学说归结为这样，我的回答是否定的。斯密在其著作中还有论及人性的其他论点。他认为人有多种动机，"自爱、追求自由的欲望、正义感、劳动习惯和交换"。但他的时代赋予他的使命，却是要求他着重阐明怎样才能建立市场秩序，积累财富。他适应时代的使命着重思索和发挥"追求私人利益"和"无形的手"的思路，成为一代经济学大师。

斯密的思路影响了以后几代的古典学者。但在1776—1844年长达68年的时期中，并没有形成经过较严格抽象的概念。1844年约翰·斯图亚特·穆勒在这方面推进了一大步，他在《论政治经济学的若干未决问题》一书中认为，应当把人的各种活动的经济方面抽象出来并作出定义，使它与政治经济学的研究对象联系起来。穆勒的论点是：政治经济学并不论述社会中人类的一切行为，"它所关注于人的仅仅是，作为一个人，他有占有财富的愿望，而且他富有达到这种目的的各种可能性的能力……它将其他每一种人类情欲或动机完全抽象化……政治经济学认为人类把全部精力用于取得和消耗财富……这并不是说，有哪个政治经济学家会荒唐到这种地步，竟然以为人类生活真正是这样组成的，而是因为这就是科学要前进必然采取的方式……政治经济学探索这样一个问题，如果……没有其他欲望所阻止的话，这种欲望所产生的行动是什么。"

约翰·斯图亚特·穆勒实际上已经提出了将"经济人"抽象出来的必要性和"经济人"的内涵，提出了政治经济学探索的是"经济人"的行为。但他并未明白地提出"经济人"这一概念。

据丹尼尔·贝尔说，"经济人"概念是一个由帕累托最先引进经济学的概念。贝尔认为，帕累托提出的"经济人"概念，是吸取了"边际革命"的成果，人被设想为有完全理性的人，能计量苦乐的人，始终处于深思熟虑地权衡和比较他的边际产出——效用的持续过程中的人。如果贝尔对帕累托的"经济人"含义作确切概括的话，那么，较之穆勒，帕累托的抽象要更严格了。

自从"经济人"概念被引进经济分析后，就受到了来自各方面的批评。有人认为只有马克思主义者才批判"经济人"，实则不然。不但历史学派、制度学派对此持批判态度，甚至主流学派内部也有批判者。

马克思主义者的批评主要是："经济人"概念是超乎一定历史发展阶段的（关于这一点，后面再谈），而人的本性，主要是指人的社会性，是由他所处的一定社会关系及其地位决定的。因此，应从一定的历史发展阶段来分析。

德国历史学派的先驱李斯特是在欧洲大陆较早对斯密的思路发难的人。他认为，这是一种"将国家与政权一笔抹杀，将个人利己性格抬高到一切效力之上的创造者的论调"。他甚至说，"这个学说是以店老板的观点来考虑一切问题的"。① 但值得提出的是，李斯特也肯定了斯密的"功绩"，他说，正是斯密的著作"才使政治经济学成为一门科学有了可能"。② 在这里我们看到，今天的某些争论在历史上都有根可寻，不论国内外，都有人要回到斯密或李斯特。

在边际效用学派那里，人不做对自己不利的事情这个看法，显然是作为一个公理而进入经济分析并置于前提地位的。但是这种情况到了马歇尔那里有了一些变化。

马歇尔虽然也在其《经济学原理》中使用了"经济人"的思路，但又申明："经济学是一门研究财富的学问，同时也是一门研究人的学问。"在他看来，近代人不只"具有有意识的利己心"，而且也"具有有意识的利人心"，③ 因此他认为"经济活动不全是利己

---

① 李斯特：《政治经济学的国民体系》，商务印书馆，第292页。
② 同上，第294页。
③ 马歇尔：《经济学原理》上册，商务印书馆，第27页。

的",即使是人有金钱欲望,但这"也许出于高尚的动机"。① 他说:"共同活动的动机对于经济学家具有巨大的和日益增长的重要性。"② 马歇尔还指责了边沁的所谓"各个人追求自己的幸福便可达到社会的更大幸福"的观点,他批评边沁说:"他自己同时也培养他的门徒对现存的私有财产制度崇拜到了迷信的程度。"③

当代西方学者对"经济人"思路的批评特别值得注意。

一部分当代学者,或属于新制度学派,或属于社会学的研究者,大多是从伦理标准和社会现实对这一思路的否定来提出批评的。但西蒙从实证角度提出的批评开辟了另一个途径。在 1976 年出版的《行政管理行为》一书中,他一方面指出"经济人"所包含的"充分理性"不现实,另一方面提出了"有限理性"的论点。

西蒙认为,"经济人富有一套完全而又始终如一的偏好,使他经常挑选他面前可供选择的东西;他也十分清楚,这些可供选择的东西是什么。为了决定哪一种选择最好,他作了无穷无尽的复杂运算。对于他,算出概率既不可怕也不神秘"。——这种评价是把"经济人"的概念推到极端了,理性是完全而又完全了。

西蒙依据他的实证,即调查企业加上他的实例分析,认为有限理性比完全理性更接近于现实,与此相应的是,追求令人满意的利润(Satisfactory profits)要比追求最大限度的利润(maximum profits)更接近于现实。由此也就出现了用"次优"来代替"最优"的种种说法。

西蒙似乎认为他的观点是对"经济人"的否定,我则认为并非否定,而是一个补充。在以后的管理理论的发展中,有一些学者认为"次优"未必经得住实证检验。

究竟"经济人"的适用性怎样?其使用限度怎样?

首先要提出,目前有一个颇有影响的芝加哥学派还在推广"经济人"所包含的追求最大化的理性行为。对此,提出和发展了"人力资本"学说的加里·贝克说得甚为明白。他认为,不仅个人是为

---

① 同上,上册,第 42、45 页。
② 同上,上册,第 42、45 页。
③ 同上,下册,第 405 页。

利润最大化而行动，而且这种经济方法还可适用于人类行为的更广泛范围，包括通常认为不属于经济范畴的犯罪和婚姻。

贝克实际上认为追求最大化在经济学中不只是一个论题，而是一种方法。在其《从经济上探讨人类行为》一书中，他说："我已认识到经济方法是适用于人的一切行为的、很广泛的方法。包括：不论是货币价格还是增加的虚幻价格；是重复决定还是偶然决定；是感情上的目的还是机械目的；是富人还是穷人……是商人还是政治家；是教师还是学生。"与贝克持类似观点的一些经济学家也论证了"最大化"行为和稳定的偏好不仅仅是基本假设，而且是从适应性进化行为的天然选择引申而来的。因此，他们将这一方法运用到许多领域，如大家已知的"公共选择理论"即运用于政治学。

我不想把这种方法和假定运用到如此广泛的程度。但我认为，在人们的经济行为方面，"经济人"的假设是不能完全否定的，是可以运用的，只要有限度。

第一，有条件时追求最大利益，在条件限制下追求可满意的利益，实际上相距不远，这是绝大多数人的现实的经济行为，不是脱离实际的假定。

第二，对于复杂的经济过程，"经济人"的假定是有利于抽象分析的。不在一定程度上作出或利用这个假定，很难设想怎样在理论上把握经济法则。当然，这里的"人"也有"个体"的含义。

第三，"经济人"只是一个抽象，换言之，撇掉了人的其他一些社会特征。它既不意味着人的任何行为都是而且只是追求个人利益，也不意味着经济主体的其他任何行为都是为了追求个体利益。

为了进一步说明问题，让我们进入对"社会人"的讨论。

三 关于"社会人"

"人是社会的产物"，马克思肯定过类似的观点。恐怕这也是难以否定的观点。马克思也说过，人的本质是一切社会关系的总和。所以，讲人就得讲社会的人或"社会人"。这也是难以否定的论点。

这里的问题首先是：我们如何研究"社会人"？经济分析如何研究社会人？

"社会学"研究社会人似乎最为恰当。但社会学发展到今天,本身也有许多学派、许多分支:人口、家庭、婚姻、阶级、阶层、社会结构……很难列出完全的论题。可见,即使是社会学,也很难一般地研究"社会人"。问题在于,处于社会生活中的人,行为是多方面的,即使是包延最广的社会学都不能说是照顾到一切方面,经济学或经济分析就更不能等同于社会学。即使经济行为经常与其他行为交织,但仍应以经济行为为主线和重点。

如果我们同意这一点,那么,接下来的问题就是:把"社会人"的经济行为与"社会人"的多种动机和需要结合起来,作为经济分析进一步深入的前提,是否为可取的途径?

人的行为总是和需要、动机相联系的。但需要和动机,在传统的社会主义经济分析中或很少涉及,或极为抽象。现在看来,是不恰当的。

人是有多种需要的,因此也就有满足这些需要的动机。这里引用两种分类:

第一,恩格斯的分类。恩格斯对需要及满足需要的相应的物质资料作过概括:"……在人人都必须劳动的条件下,生活资料、享受资料、发展和表现一切体力和智力所需的资料,都将同等地、愈益充分地交归社会全体成员支配。"① 这段话至少有以下含义:(1) 人们有生活、享受、发展和表现一切体力和智力的三个大方面的需要,从而相应地有三个方面的满足需要的资料;(2) 这些需要是一般的(至少是现代)社会都有的,但只有在人人都必须劳动的条件下(社会主义或共产主义条件下),满足各种需要的资料才将同等地、愈益充分地交归社会全体成员支配。

在分析社会主义经济时,也常常有人引证这段话,或者不引证原话,而在消费资料的分配时,把消费资料简化为:生活资料、享受资料和发展资料。我本人就这样做过。后来,读了马恩有关人的自由、全面发展方面的论著,我深感自己的省略不妥当。因为省略的内容极重要。此外,马斯洛的著作和哈耶克等新自由主义者的著

---

① 恩格斯:《卡尔·马克思"雇佣劳动与资本"导言》,《马克思恩格斯全集》第二十二卷,第243页。

作，也有相当的启发性。当然，促使我深入思考这一问题的是中国的现实。

第二，马斯洛的分类（需要层次论）。马斯洛在其《动机与个性》一书第1章"人类动机理论"中，系统提出了人类需要及其层次和分类：

生理上的需要：饥饿要求食、饱、好。

安全性的需要：要求生活、生存的安全。

爱的需要：爱、情感和归属——妻子、朋友、团体。

尊重的需要：自尊、自重且需要别人高度评价。

自我实现的需要：促使他的潜在能力得以实现的趋势。

在马斯洛看来，这五种都属基本需要，它们的满足一般是由低层次向高层次逐级实现的，即一般是在前者满足后才可能满足后者的需要，但这不是绝对的、不可交叉的。

那么，在人的多种需要中，什么是最基本的需要？恩格斯在马克思的墓前演说中，实际上肯定了衣、食、住、行等生活需要是最基本的需要，这一点是唯物史观奠定的基础。

马斯洛持同一观点，他认为人的需要中最基本的也是最强烈的是对生存的需要。只要这一需要还未得到满足，其他需要都会推到后面去（当然有少数例外）。

从最基本的需要（动机）出发引出的自然是经济行为，"社会人"仍以"经济人"为前提。因此，似乎没有必要以"社会人"取代"经济人"作为经济分析的前提性假设，而是从"经济人"过渡到"社会人"。

人的需要既然是多层次的，从而目标也就是多层次的。前面谈到，即使是经济人，也不一定是单一的目标，可以是"最优"、"最大化"，也可以是在各种条件限制下的"次优"、"满意的"。那么，"社会人"的目标就更不是单一的了。正因为如此，价值取向的多目标论现在成了流行的课题。对于本文的论题来说，从上述分析中可以引出几点作为结论。

第一，人的需要是多方面的，行为动机是多方面的，因而行为目标也是多方面的，经济行为尤其如此。

第二，从个人经济行为到社会经济总体，曾经出现过单一目标论：经济增长。资本主义曾如此,社会主义也曾如此。资本主义排除了劳动人民的生活改善,社会主义排除了人民生活水平的提高,都是马克思曾经批判过的"为生产而生产"。现在,绝大多数学者都同意这一点,即经济增长并非唯一目标,与之相联系的,一是生活水平的提高,二是生活质量的改善。发展经济学特别强调这种把三者结合起来的"经济发展"。

第三,经济发展的价值取向也呈现出多目标。一般说,市场经济重效率,计划经济重平等,从而有了是公平优先还是效率优先的争论,但逐渐引出了兼顾说,或按不同经济发展阶段依次突出的理论。

实际上,在经济分析中与单一目标、多种目标相联系的还有个人目标(利益)和社会目标(利益)是否一致的问题。这就需要进一步分析了。

四 是从每个人到一切人,还是从一切人到每个人

经济分析为什么要提出这样的问题?因为它涉及利益的分析;而利益,则既会涉及每个人,也会涉及一切人。

但在传统的社会主义政治经济学中不会这样提出问题。习惯的提法是:要正确处理国家、集体、个人三者之间的利益关系。至于理论分析,总是国家>集体>个人,或者阶级>个人。如果谁要从个人出发提出问题,就可能会被斥为个人主义,亦即资产阶级腐朽思想。其实,任何整体都是相对于个体的存在而获得其意义的。在社会主义社会曲折发展的过程中,我们已经看到了这样的辩证法:正是在最强调整体(国家)利益的背景下,个人崇拜和个人迷信也发展到了极端;正是在处处以"全体人民"的利益来否定个人利益的时期,全体人民中的几乎每一个人的合法权利和利益都不能得到应有的尊重,从而"全体"便化为乌有。而这一切竟然发生在以马克思主义理论为指导的社会主义制度中。难道马克思主义的理论竟然是完全忽视个人的权利和利益的理论么?我从马恩著作的论述中看到的是恰恰相反的结论。

让我们来看看马克思和恩格斯的论点。

对于马恩学说的研究,有各种各样的观点。有人把青年马克思与老年马克思相分离,有人把马克思与恩格斯相分离。还有人说马克思早年受人本主义及费尔巴哈的影响,重视分析人及异化,往后就不是如此(这一说法是不符合事实的)。对于这些说法,我不想展开评论。我想在了解了马恩不同时期中对人的前途这一重大问题作的一系列论述后,人们自有公论。

第一,在未来社会,"生产劳动给每一个人提供全面发展和表现自己全部的即体力的和脑力的能力的机会"。①

第二,"在这种社会制度下,一切生活必需品都将生产得很多,使每一个社会成员都能够完全自由地发展和发挥他的全部力量和才能"。②

第三,代替旧社会的"将是这样一个联合体,在那里,每个人的自由发展是一切人的自由发展的条件"。③

第四,"共产主义并不是人类发展的目标",人类发展的目标是"通过人并且为了人面对自己的本质的真正占有","人以一种全面的方式,也就是说,作为一个完整的人,占有自己的全面的本质"。④

第五,在新的高级阶段的特征是:"建立在个人全面发展和他们共同的社会生产能力成为他们的社会财富这一基础上的自由个性",⑤"要使这种个性成为可能,能力的发展就要达到一定的程度和全面性"。⑥

---

① 马克思、恩格斯:《德意志意识形态》,《马克思恩格斯全集》第三卷,第333页。
② 恩格斯:《共产主义原理》,《马克思恩格斯选集》第一卷,第217页。
③ 马克思、恩格斯:《共产党宣言》,《马克思恩格斯选集》第一卷,第273页。
④ 马克思:《1844年经济学哲学手稿》,《马克思恩格斯全集》第四十二卷,第120、123、131页。
⑤ 马克思《政治经济学批判(1857—1858年草稿)》,《马克思恩格斯全集》第四十六卷,第104页。
⑥ 马克思《政治经济学批判(1857—1858年草稿)》,《马克思恩格斯全集》第四十六卷,第108页。

第六，自由个性意味着"个人不再从属于劳动",① 劳动成为"个人的自我实现"，从而成为"真正自由的劳动"。②

第七，未来社会将是"以每个人的全面而自由发展为基本原则的社会形式"。③

第八，"人终于成为自己的社会结合的主人，从而也就成为自然界的主人，成为自己本身的主人——自由的人"。④

我之所以不厌其赘引证马恩的论述，只是为了说明：从1843—1890年间的46年中，马克思、恩格斯对于每一个人的全面发展一直是关注的。值得注意的是：

第一，马克思是把人的全面发展而不是把一种"主义"作为人类发展的目标。因为任何一种"主义"，如果不能也不是为了每个人的自由而全面的发展，即使它得到了实现，也不可取。

第二，人的全面发展才使"自由个性"成为可能，而自由个性意味着"个人的自我实现"。这类论点，在传统模式下的许多自称为马克思主义者的人却避而不谈。为什么要回避呢？作为人类美好境界的未来社会，难道允许存在"被束缚的个性"，而不应有"自由个性"？难道只允许个人实现他人的愿望，而不应有"个人的自我实现"？可悲的是，一些自称捍卫马克思主义的人，反对的恰恰是马恩追求的美好境界。

第三，在被称为共产主义运动里程碑的《共产党宣言》中，马恩为什么要提出"每个人的自由发展是一切人的自由发展的条件"，尔后在《资本论》第三卷又重申：未来社会是"以每个人的全面而自由的发展为基本原则"。这就涉及人类怎样走向未来，是先让集体吞没个人，而后再容许个人自由发展，还是让个人在集体中或社会中逐渐培育出个人的自由发展？

---

① 马克思：《1857—1858年经济学哲学手稿》，《马克思恩格斯全集》第四十六卷（下），第113、222页。
② 同①，第113、222页。
③ 马克思：《资本论》第三卷，第349页。
④ 恩格斯：《社会主义从空想到科学的发展》，《马克思恩格斯选集》第三卷，第443页。

对于这些问题，当然有许多不同的乃至于对立的看法。让我们跳出传统的思维模式，看看一种自称为真正的个人主义而非假个人主义的观点。这种观点，在经济理论上多为新自由主义，其要点是：

第一，个人主义首先意味着自爱（self-love）甚至自利（selfish-interest），但非狭义的自私（egotism），受私利支配。它认为应该让个人去追求他们自己认为值得追求的东西。

第二，个人主义认为每个人所能知道的只是社会中极小的一点点事物，他也只能在此范围内判断他的动机、行为及后果。这里不存在洞察一切的"超人"。

第三，由于个人的知识有限，没有一个人或一群人能够知道别人所知道的全部情况。所以，对于一切强迫力或排除力必须有严格的限制。

个人主义决不反对自愿的结合（这种个人主义反对卢梭的论点，即以天赋人权为出发点，后又有一个强制性的社会契约的假个人主义），但也不是无政府主义者。他不否认强迫力的必要，只希望给强迫力必要的限制，以求使强迫力的使用达到最低限度。

第四，个人主义要求"依法管理"（government by rules），而不赞成"依令管理"（government by order）。两者的基本区别在于：前者的主要范围是要让人们知道他们的责任范围；而后者则是把某些特定的义务强迫地派给个人，后者的依据往往是"权威"所制定的所谓"社会利益"。

第五，个人主义一方面反对所有现存的特权，另一方面也不承认政府有权限制有才华的人或幸运的人所可能获得的成就。个人主义的主要原则是任何人或任何人群都不应有权决定别人的地位应当如何。

第六，个人主义的结论是，社会，只有在自由的时候才会大于个人。社会有多少自由，社会就比个人大多少。

这些看法把个人权利及自由强调到了极端。对此，我实不同意。就是在西方，这种观点也未必具有普遍的代表性。但是，本文的论题不允许我在这里作更多的分析。我的目的是将它摆出来，在和马恩的论述进行对比之中，发现长期以来为传统的社会主义经济分析所忽视的问题——人的问题。

值得我们思考的是：马克思主义关于人的观点在一些社会主义国家中长期不受应有的重视，没有得到贯彻，一些时候甚至适行其反，这种情况，我们难道能感到满意吗？要知道，如果不重视人的全面自由发展这一目标，而是将为实现这一目标的手段当做一切，那我们就离社会主义的目标更远而不是更近。这是我的结论之一。

在经济分析中，我们应纠正被颠倒了的逻辑，按照从每一个人到一切人、有了每一个人就有一切人的逻辑来思考问题，使在这种分析基础上提出的政策建议，能真正为每一个人接受，并通过他们的个人努力，使一切人的利益都能得到实现。这是我的结论之二。

如果说马恩的论述还只是一个"未来"的设想的话，那么在苏联社会主义经济建设中经历过曲折探索的列宁说得甚为明白：建设社会主义"不是直接依靠热情，而是借助于伟大革命所产生的热情，依靠个人兴趣、依靠从个人利益上的关心、依靠经济核算"，①"必须把国民经济的一切大部门建立在个人利益的关心上面"。② 我们正在进行的经济体制改革，从这个意义上说，就是要造成一种使每一个人都能充分地发挥自己的才能，在为自身利益平等竞争的过程中，同时去增进社会整体利益的机制。这是我的结论之三。

（原载《经济研究》1989 年第 5 期）

---

① 列宁：《十月革命四周年》，《列宁选集》第四卷，第 572 页。
② 列宁：《新经济政策和政治教育局的任务》，《列宁全集》第三十三卷，第 51 页。

经济改革的基本思路

厉以宁

厉以宁简介如前第556页。

我国经济体制改革已经进行好几年了，下一步经济体制改革应当怎样进行，我想谈一点个人的看法，一共七个问题，二十八点。其中有些看法可能引起争论。

一　所有制改革是改革的关键

1. 经济改革的失败可能是由于价格改革的失败，但经济改革的成功并不取决于价格改革，而是取决于所有制的改革，也就是企业体制的改革。这是因为：价格改革主要是为经济改革创造一个适宜于商品经济发展的环境，而所有制的改革或企业体制改革才真正涉及到利益、责任、刺激、动力问题。

2. 所有制改革的目的是建立真正自负盈亏的全民所有制企业。"真正自负盈亏"主要是指：①企业必须负担亏损带来的一切后果。②盈亏必须是对称的。这里的"对称"，既对企业而言，也对企业负责人而言。所有制改革中最要紧的，就是真正使全民所有制企业自负盈亏，特别是要解决企业亏损后怎么办的问题。盈亏的对称性是指：盈利的好处归企业，亏损也应由企业承担，不能像现在这样亏损归国家。这将成为改善企业经营的动力。有些集资兴办的企业之所以有活力、有动力、有压力，与盈亏的对称性有关。盈了归自己，亏了也由己负责，直到最后倾家荡产。目前在我国的全民所有制经济中，企业亏了以后，负责人只是换个工作或受降级的行政处分，这是不管用的，盈亏必须对称。因此，经营不善的企业，该破产的就破产，破产后就清理。要有《破产法》，还要有社会保障的规定，对工人的就业等问题要认真处理。

3. 集体所有制企业是可以实行股份制的。全民所有制企业体制改革的可行措施之一就是实行股扮制、控股制，建立社会主义的公司财团（企业财团）。

这里所说的股份制，主要不是指把股票卖给职工或个人所有（当然也可卖点给职工、个人），主要指公有者之间按股取利。公股持有者是多种多样的：国营业财产评估以后，这一部分股权归国家，等于国家投资在这里。地方增加投资，是地方的股权。企业扩大生产部分的投资，是企业的股权。其他全民所有制企业进来投资，是其他全民所有制企业的股权。这样，根据股权的多少，在董事会中有适当的安排。建立董事会后，由董事会来决定这个股份制企业的大政方针，这样，才能真正解决政企职责分开的问题，不然，政企分开的问题总是不好解决的。必须建立董事会，由股东大会成立董事会。股东都是公方。假定股票可以卖点给私人，那么比重也不会很大。实行控股制也是全民所有制可以采取的措施。控股制是可行的：既然实行股份制，公司企业的股票可以让大家认购，就可以实行控股制；西方国家中某个大股东掌握公司不到51%的股票，有可能控制这个企业，使之成为子公司。我们也可以这样做。可以假定：实行控股制后，一个强有力的社会主义大企业通过层层控股，成为社会主义的公司财团。这个公司财团将能改变企业行为，使企业从只注意短期经营变为也注意长期经营，因为它具有战略眼光。这时，它能根据今后公司的长期发展进行决策。作为一个公司财团，要有全盘考虑。比如说，西北的石油开发，可以由公司财团出面搞，它注意到若干年后西北地区石油工业将兴起，就会考虑用一部分利润到西北投资。它可以跨部门、跨地区经营，自己内部可以取得一个平均利润。这样可以大大加速西北的开发。我们将来对西部的开发不能像现在这样零敲碎打，而可以让社会主义的公司财团来开发、经营。

4. 所有制改革要因行业、地区、企业规模而异。对于企业，我们可以把各个企业按其在国民经济中的重要性，按其所需资源的稀缺程度，分成若干个行业，然后看看哪些行业应该发展，主要发展什么样的企业,是全民的、集体的还是个体的。因地区而异是指要按各个地区的特点来发展。因企业规模而异,是指企业要按不同大小来分类。假定这样的话,那么全民所有制企业将保留在重要的行业内,保留在一些地区,它们是较大规模的企业。其他的企业,该租赁的租赁,该承包的承包,有些还可卖给集体或个体。这样,把大部分小企业摆脱掉,国家则把一些全民所有制的骨干企业保留下来,让它们发育为社会主义的公司财团,让它们具有竞争能力,让它们成为中国的跨国公司,打入国际市场。它们仍是全民所有制企业。实现这样一种设想将是我们改革成功的关键。它将给企业带来动力、责任、刺激、利益。还有些中小企业要出卖股权,谁买?卖给谁?要看行业而定,集体、个人都可以买。这就形成了一种新型的经济联合体:混合企业。这样,我们才能实行真正的多种所有制、多种经营形式。这绝不影响全民所有制的主导地位和公有制的统治地位。

二 我们需要一个比较完善的市场机制

5. 市场本身有一种自行调节的功能,它可以使需求和供给趋向平衡;它又有各种局限性,因此有必要进行政府调节。但绝不能反过来讲:政府能够包办一切,只是由于目前力量不足,才需要由市场来拾遗补缺。我们认为,政府调节与市场调节之间的关系是这样的:首先肯定市场本身有一种机制,能够使经济自动调节,能使供求趋向平衡;但因为它有各种局限性,如资源的有限供给、经济信息系统不健全等等,所以需要政府调节。改革的基本思路是:社会主义经济首先是商品经济,然后才是有计划发展的商品经济。

6. 市场调节与政府调节是并存的、互补的,一方不能替代另一方。这就是二元机制。但二元机制绝不是板块结合。它的含义是:政府调节必须以市场调节作为出发点,它是为弥补市场调节的种种局限性而存在的。所以,计划价格必须以市场上形成的各种价格为依据。市场价格是多种多样的,只有在完全竞争的条件下才有自由价格;在其他条件下,将会形成不完全竞争的价格。而每一种市场都有自由价格与不完全竞争价格之分,计划价格必须以市场上的各种价格为依据。同时,计划价格与市场价格可以有上下出入。上下出入的原因在于政府调节,但必须以市场价格作为出发点。

7. 比较完善的市场机制不是靠引进的,而是自然发育的。过去,它之所以没有发育或发育不足,是由于缺乏发育的环境,缺乏社会主义商品经济的环境。只要发展社会主义商品经济,市场机制会自行趋于完善。我在这里使用了"比较完善"这四个字。市场不可能在现有条件下形成完全竞争的市场。应充分认识到我们的经济是资源供给有限的经济,而且还要考虑到政府调节的必要性。但我们可以使之"比较完善"。

8. 社会主义的市场体系应包括四大市场:①商品市场。包括消费品市场、生产资料市场。房产市场也应包括在内,因为住宅商品化是我们经济发展的必然趋势。②资金市场。包括证券市场在内。企业实行股份制后,假定允许企业买卖股票,假定允许个人购买股票,就应有一个证券市场来进行这样的交易,不然,这种证券将缺乏灵活性。但证券市场可以加以调节,或者存在专门的证券市场;在条件不成熟的情况下,也可以由银行代理发行股票、买卖股票,充当股票经济人和实行股票的抵押、贴现。③技术市场。是指科技成果有偿转让的市场。④劳动力非商品化条件下的劳动力市场,简称为劳务市场。考虑到劳动力市场从来不是完全竞争的市场,因而它是分层次的、因地而异的。由于人员的水平流动和垂直流动方面的局限性,它只可能逐渐趋向于完善。我们应该有一个统一的商品市场。这就是说,商品不管是消费品还是生产资料,可以在全国范围内流通。假定它不能流通,那仅仅是因为经济上的原因(如成本太高、收益太低),而绝不是由于经济以外的因素的干扰。资金市场也是指全国范围的资金市场。假定资金不能做到全国范围的融通,这仅仅是由于经济原因,而不是由于人为的、非经济因素的干扰。

三 提高政府部门的效率

9. 一个有高度效率的政府部门，表现为有效的经济决策、有效的政策执行、有效的经济监督。无法可依，有法不依，执法不严，以权代法，是政府无效率或低效率的标志。一个没有效率的政府部门，加上一个不完善的市场机制，那么我们的经济改革，尽管方案再好，也不能实行。所以在改革的思路中，一个重要的方面是，必须提高政府部门的效率。

10. 经济调节比采取行政手段要求有更高的管理水平，间接控制比直接控制要求有更高的管理水平，指导性计划比指令性计划要求有更高的管理水平。应该认识到，改革以后，管理经济不是容易了，而是更难了。目前，我们经济管理干部的水平，大大落后于需要。所以要加速培养经济管理干部，提高干部素质。这是提高政府部门效率的很重要的一个方面。

11. 与其是主观主义的、不科学的计划管理，不如不要计划管理；与其是无效率、瞎指挥的经济调节，不如不要经济调节。在这种情况下，不如索性让市场调节与商品经济来发挥作用。所以在二元机制中，与市场机制并存的那种政府调节，是指科学的、有高度效率的政府调节。二元机制不是简单地说市场机制与政府调节都要有，政府调节以具有科学性与高效率为前提。假定我们不要瞎指挥的政府调节，只要市场调节，那么至少可以使经济在波动中增长；而瞎指挥的政府调节的加入，就有可能使经济停滞、倒退，1958年的事例就很典型。

12. 为了提高政府部门的效率，行政改革势在必行。干部选拔、任命制度必须改革。对干部应实行"任期目标责任制"，以便加以考核。

四 企业家精神与社会主义企业家

13. 中国需要一大批社会主义企业家，需要企业家精神。企业家应该有战略眼光，有创新与实干精神，有组织能力与经营管理能力。

在经济改革中,要保护社会主义企业家,让他们充分施展才能。没有企业家,没有企业家精神,即使改革了所有制,建立了股份制的企业,建立了公司财团,建立了新型的公有制企业,经济仍然缺乏生机。如前所述,所有制改革是关键。现在的问题是:谁来主持这个新型的公有制企业?谁来施展才能,发挥企业的活力?那就是企业家。没有企业家,仅仅改革了所有制是不够的。所有制改革的内在的东西,就是企业家精神。我们在改革中要认识到企业家与企业家精神的重要性。

14. 社会主义企业家不是靠自上而下地指定产生的,也不是靠"温室"里培养出来的。他们的命运与社会主义商品经济的发展联系在一起,与企业经济活动联系在一起。他们是在竞争的环境中拼搏出来的。我们要特别注意原来条件不好的企业,包括乡镇企业,那里是容易产生社会主义企业家的场所。要找社会主义的企业家,就应该到那些地方(中小企业、乡镇企业)去寻找。因为那里条件差,能够从中拼杀出来的人,一定具有企业家精神。"社会主义企业家是环境逼出来的",这句话对我们很有现实意义,这样产生的企业家才能给企业带来竞争力。

15. 要认识到企业家与企业家精神是商品经济的产物。社会主义商品经济越发展,企业家将越多,企业家精神也越能发挥影响。因此,社会主义商品经济的发展能培养出越来越多的企业家。这将胜过创办多少期厂长训练班、经理培训班。没有商品经济的环境是培养不出社会主义企业家的。同样,大学里的经济系可以使学生增长一些基本经济知识,但不一定能培养出企业家。

16. 企业必须新陈代谢。办得不好的企业,该停产的停产,该关闭的关闭,该淘汰的淘汰,该清理的清理。社会主义经济中每年有百分之几的企业破产,不是坏事,而是好事。社会主义经济活动的大舞台,应该留给那些新兴的、有生命力的、有竞争能力的企业大显身手。市场竞争是一场旋风,它吹垮了那些落后的、没有效益的企业,保住了一批有竞争力的企业。但更重要的是:它清理了场地,让更多的企业能够生长。这就是创新。这样才能有社会主义的财团,才能有打入国际市场的社会主义跨国公司。这样才能使我们的经济不仅有压力,而且更有活力。

五　符合社会主义伦理原则的经济行为规范

17. 社会不平等引起社会不安定，但社会不安定不一定来自社会不平等。收入分配的差距会增加效率，但效率不一定来自收入分配的差距。在一个客观上平等的社会中，假定说人们的生活水平先上升，后下降，上升大，下降小，由于消费、收入、工资的不可逆性，也可造成社会的不安定。这是由于人们的心理造成的。另一种情况是：在一个客观上平等的社会中，有些人会自认为不平等。比如有人多劳多得，有人少劳少得，少劳少得的人不看自己少劳，只看少得，感觉自己吃亏了，这也会带来社会的不安定。如果收入分配的差距超过了一定限度，有可能影响效率，使一些人自暴自弃、消极怠工。所以在社会主义经济中必须处理好平等与效率的关系。我们所理解的平等，一是生产者成为生产资料的主人，二是机会的均等，三是是现有生产力水平上的按劳分配。我们所理解的效率是，在生产资料公有制基础上的效率，机会均等下的效率，符合按劳分配原则的效率。只有从这个角度来理解，我们才能妥善处理好平等与效率的关系。

18. 从经济上看，市场调节虽然有局限性，但它毕竟能使经济在波动中增长。从社会协调方面看，市场调节的局限性却要大得多。市场本身不能实现社会发展的协调。我们不是为增长而增长，经济发展与社会协调是统一的。我们之所以需要政府调节，是因为有效率的政府调节既表现在经济方面，也表现在社会方面。它表现在社会方面，是指在保证经济增长的前提下进行收入分配的调节。这种调节是另外一种意义的调节，与调节求平衡不同，它是从社会意义上讲的。这种调节是符合于社会主义的整个发展目标即社会经济发展目标的。因为，在经济改革中应注意到，累进制的所得税和调节税以及对低收入家庭生活的补助，一方面要有适当的限度，另一方面也是不可缺少的。它们既保证了经济增长，又保证了社会协调。我们整个改革要沿着这样一种方向前进。

19. 社会主义精神文明建没的重要内容之一是建立新的价值观念。比如说，什么是"公平"？什么是"就业"？怎样看待"一部分人先富起来"?这一切值得我们重新思考。通过思考,我们可以明辨经济改革中的对与错、是与非,了解到什么是我们要争取的,什么是我们应该抛弃的。人们往往把不值得留恋的东西拼命地抱住不放,这就涉及价值观念的转变;没有价值观念的转变,就不可能对经济改革做出正确的判断。

20. 传统东方文化的价值观念的核心是家族观念和小生产者的平均主义,近代西方文化的价值观念的核心是个人主义,二者是相冲突的。在传统东方文化基础上实行现代化的发展中国家,时时处处都会遇到两种价值观念的冲突。我们正在进行的是社会主义现代化建设,我们面临的问题不是在传统东方文化的价值观念和近代西方文化的价值观念之间作出选择,而是探索如何在两者之外建立符合社会主义伦理原则的新价值观念。这是一个难题,但我们必须设法解决。从这种意义上说,价值观念的转变是比经济体制改革更深刻的一场革命,这不是一代人所能完成的,我们必须充分认识这个问题的艰巨性。

六　近期需要认真注意的问题

21. 扩大经济中的横向联系是近期改革的重要措施,只有扩大横向经济联系,才能使我们的商品市场趋于统一,使我们的资金市场逐步形成,才能打破条块分割。这一点非常重要。

22. 我国经济当前的首要问题仍然是基本建设投资过大,消费基金增长过快相形之下是次要的。这不是说消费基金不需要调节,而是说不能把这一点提到最突出的地位上来。要知道,我国消费者手中之所以有货币,是由于他们提供了物质产品和劳务。收入是与供给相联系的。如果对消费基金有过多的限制,往往在抑制需求的同时也抑制了供给,从而给将来的经济发展造成后遗症。

23. 平衡是一种分析方法,是分析的出发点,平衡本身不是目的。我们的目的是实现四个现代化。社会主义经济在运动过程中总是围绕着平衡点摆动,在一定范围的摆动中前进。从这一点上来讲,我们不是为了平衡而平衡。假定经济上不去,财政平衡是无意义的,信贷平衡也是无意义的。我们要认识到,同样是平衡,有低水平与高水平之分。

24. 政策要保持稳定性和连续性，要让人们感到放心，让从事经济改革的人感到放心。政策的多变只会促使政策效力递减。经济中的重大振荡，往往发生于企业和个人估计到政策将会有显著的变化而纷纷采取预防性措施的时候。

七　我国经济前景的设想

25. 全民所有制经济在国民经济中的主导地位，不仅不依据全民所有制企业数目在全国企业数目中的比重，甚至也不依据产值所占的比重，而是依据它是否掌握着作为国民经济命脉的部门，是否在若干种关键商品产量中占有较大的比重。从长远来看，全民所有制企业不一定很多，大量的企业可能是混合经济的或者是集体的；而且，即使是全民所有制企业，也不是我们现在所认识的、传统意义上的全民所有制企业，而是一种新型的、股份制的、实行控股制的、属于某一个企业财团的以全民所有制为主的企业。

26. 从较长远的角度来看，指令性计划不是不可以取消的，指导性计划可以成为我国唯一的计划形式。当然，这要看我们的条件是否已经成熟。条件成熟的主要标志是某些资源已不像现在这样稀缺了，供求紧张程度已有所缓和。此外，还要考虑到国家在某些方面是否具有足够的经济管理能力。这是因为实行指导性计划比指令性计划更难。

27. 在财政、金融、价格、工资四种调节手段中，今后工资的调节下放到基层、企业；中央对经济的调节主要运用财政、金融两种手段，地方的调节也主要运用这两种手段。除非在十分必要的情况下，应尽量少采取价格调节手段。这就是我们长远的宏观经济调节政策。国家计委主要管制定中长期计划。

28. 将来中国经济面貌的最明显的变化，可能反映在农村经济面貌的变化上。土地向耕作能手集中，家庭承包的农场规模扩大，劳动生产率提高，多余的劳动力主要进入乡镇企业，小城镇将普遍兴起，大城市、小城镇和农村形成多层次的经济网络。小城镇将成为生活服务、文化教育、文娱和商业中心。中国人民生活水平提高的标志,不是看现期的货币收入,而是看家庭财产存量的不断增加。

(1986年4月25日在北京大学"五四"科学讨论会上的报告,选自厉以宁《中国经济改革的思路》,中国展望出版社1989年版)

有计划商品经济与市场取向改革

张卓元

张卓元，生于1933年，广东梅县人。经济学家，"稳健改革派"的代表人物。

1954年中南财经学院经济系毕业，毕业后先后到中国科学院、中国社会科学院工作。历任中国社会科学院财贸经济研究所、工业经济研究所、经济研究所所长。先后担任《财贸经济》、《经济管理》、《经济研究》主编，兼任中国成本研究会会长和中国价格学会、中国物资流通学会、中国城市发展研究会副会长，以及"孙冶方经济科学基金会"秘书长。是第九、十届全国政协委员。曾获"孙冶方经济学奖"。

主要著作有《论社会主义经济中的生产价格》、《社会主义经济中的价值、价格、成本与利润》、《论孙冶方社会主义经济理论体系》、《社会主义价格理论与价格改革》等。

一 发展有计划商品经济要求推进市场取向改革

1984年10月中共中央《关于经济体制改革的决定》，确认社会主义经济是以公有制为基础的有计划的商品经济。这就宣告我国经济体制改革的目标是建立有计划的商品经济的新体制。有计划商品经济理论的确立，结束了长期以来包括80年代初我国经济学界关于商品性是不是社会主义经济本质属性问题的大论战，抛弃了把商品经济同计划经济对立起来的陈腐观点。商品经济论的形成和发展，被公认是改革10年来我国经济理论的最重要的突破和进展。

有计划商品经济理论的确立，并未终止经济学界的讨论。在如何理解有计划商品经济这一命题上,有的学者强调其中有计划的一面,有的学者则强调其中商品经济的一面。但不管理解上或强调方面有多大的分歧,有一点却是没有分歧的,即都承认社会主义经济是计划经济和商品经济的统一,价值规律是支配社会主义经济运动的内在的客观规律,经济体制改革要扩展商品货币关系,发挥市场机制的作用。

与此同时,在关于有计划的商品经济是否就是有计划的市场经济,或社会主义商品经济是否就是社会主义市场经济问题上,意见分歧则比较大。有的学者持否定意见,有的学者则持肯定意见。

持否定意见的同志认为,市场经济是同计划经济、同社会主义经济根本对立的。所谓市场经济,是以私有制为基础,社会的生产、分配、交换和消费是由一只"看不见的手"即市场来自发调节,从而社会经济是在无政府状态下运行的。持这种意见的同志也承认社会主义经济的运行需要借助市场调节,但他们认为市场、市场调节与市场经济是内涵不同的概念,不能混为一谈。他们认为,在社会主义经济的运行中,计划是起导向作用的,市场调节作用的发挥不能偏离计划的目标,社会主义国家如果实行市场经济那一套,国家对社会经济活动势必难以控制,从而动摇社会主义经济的基础。

持肯定意见的学者认为,商品经济等于市场经济,商品经济和市场经济的运行机制是一样的,商品经济和市场经济的本质属性和数量界限都是相同的。持这种意见的同志一般都引用列宁的如下一段话作为论据,即"哪里有社会分工和商品生产,哪里就有'市场';社会分工和商品生产发展到什么程度,市场就发展到什么程度"。[①] 从这点出发,他们认为,有计划商品经济就是有计划市场经济,社会主义商品经济就是社会主义市场经济。社会主义市场经济与资本主义市场经济的区别:一是所有制基础不同,社会主义是以公有制为主,资本主义是私有制;二是在全社会范围内否能实行有效的计划调节上有很大不同。

有的同志还进一步提出市场经济是高度社会化的商品经济的概

[①] 《列宁全集》第一卷,第79页。

念。认为市场经济必然是商品经济,但商品经济未必是市场经济。在市场经济中,市场是社会资源的基本配置者。我国目前商品经济已有较大的发展,但远不能说是以市场机制为基础配置资源的。我们要通过改革来建立的有宏观管理的市场配置方式的商品经济,即社会主义市场经济。① 由于对有计划商品经济是否就是有计划市场经济的看法迥异,决定了对市场取向改革的不同评价,否定论者一般否定市场取向的改革,肯定论者则肯定市场取向的改革。

我认为,市场取向的改革应予肯定,市场取向改革是建立有计划商品经济新体制题中的应有之义。否定或抛弃市场取向的改革,将导致否定建立社会主义有计划商品经济新体制的种种努力。

第一,社会主义国家的经济体制改革,从本质上讲,就是要大力扩展商品货币关系,发展市场关系,充分发挥市场机制的作用。新旧经济体制的根本区别,正在于是发展还是排斥商品——市场关系。改革正是要通过商品化、市场化来带动经济的社会化和现代化,确认商品经济的发展是社会经济发展不可逾越的阶段。传统的体制之所以要改革,就要因为它排斥商品货币关系,排斥市场机制,把经济搞死了,窒息了生机和活力,从而不利于提高资源配置效益和微观运营效益,一句话,不利于社会生产力的顺利发展。要使国民经济摆脱僵化、半僵化的状态,把经济搞活,首先就要发展市场关系,借助市场的力量,用市场关系来代替计划的调拨和分配,用市场协调来取代行政协调。同时,要改善资源配置效益,改变生产和需要脱节以及一方面短缺脱销另一方面积压严重的不合理状态,克服消费上的种种浪费,建立与经济发展水平相适应的消费模式。也要依靠市场导向作用的发挥,特别是微观经济主体(企业、家庭和个人)的经济行为,不可能都由计划部门框定,而要根据市场提供的各种信息自行抉择。在商品经济的条件下,通过市场可以找到社会需求的信号。我国 1979 年实行经济体制改革以来,由于在社会经济活动中逐步引入市场机制,搞活了一部分市场,有力地推动了社会生产力的发展,经济日趋活跃,市场上商品丰富多彩,人民生活

---

① 参见广东省市场经济研究会编辑组编:《社会主义初级阶段市场经济》,东北财经大学出版社,1988 年。

水平逐步提高和日益多样化。这些都是有目共睹的。

第二，市场机制是商品经济的内在机制，市场协调是商品经济运行的主要形式。要发展商品经济，就要充分发挥市场机制的作用。价值规律是商品经济的基本规律，而价值规律是通过市场机制对商品经济运动起支配作用的。一般认为，市场机制是由供求机制、价格机制、竞争机制、风险机制等构成的，其最主要之点，在于通过价格的涨落来调节社会的供求关系，而又通过社会的供求变化影响价格的涨落，形成价格上涨→供过于求→价格下跌→求过于供→价格上涨……这样的循环。在这过程中，商品生产者、经营者、消费者展开竞争，优胜劣汰。生产要素的流动，资源的配置，也就在这个竞争过程中实现。商品经济活动就这样循环不已、周而复始，并且自动地维持着生产和消费的平衡。由市场机制来支配生产要素的流动和实现资源的配置，说明商品经济的运行是由市场来协调而不是由行政手段来协调的。市场协调的特点是：在协调与被协调的个人或组织之间，存在横向和法律上的平等关系；个人或组织都受到要赢利赚钱动机的推动，买卖实行自由价格；交易采用货币。而行政协调的特点是：在协调与被协调的个人或组织之间，存在一种纵向的上下级关系；鼓励个人和组织接受协调者运用行政手段作出的决定，这些手段通常得到法律的认可；经济交易不一定货币化。在社会主义有计划商品经济的条件下，每个公有制企业都是自主经营、自负盈亏的商品生产者和经营者，因此，除少数天然垄断产业部门和生产与经营关系国计民生的生产企业，其生产和经营决策不受市场引导外，绝大部分企业的生产经营活动都是由市场引导的，根据市场价格等信号决定生产和经营什么商品。

有的同志否认市场对企业、对微观经济活动的导向作用，认为社会主义经济的运行都是由计划来导向的。这是在坚持传统的计划经济模式，否认企业有经营的自主权，否认企业是相对独立的商品生产者和经营者。一切都由计划安排，企业成了政府或计划机关的算盘珠，这必然严重压抑企业的主动性和广大职工的积极性。经济体制改革的核心，正在于改变这种企业的一切活动都由计划来规定和引导的体制，并转变为真正的活的经济细胞，让它们根据市场的各种信号作出各种决策。

从一般地承认社会主义经济也是一种商品经济,到肯定社会主义经济的运行(一般主要指微观经济活动)要以市场协调为主,绝大多数企业(包括家庭、个人)的经济活动要由市场来引导,这就进一步深化了人们对经济体制改革的认识。既然绝大多数企业的经济活动是由市场来引导的,那也就意味着不仅承认各种物质产品和劳务是商品,要进入市场流通,而且各个生产要素,包括资金、劳动力、土地等,也将逐步商品化,进入市场流通。这样,就必然形成社会主义市场体系这一概念。而社会主义市场体系这一概念,正是我国经济体制改革理论走在苏东各国前面的一个集中表现,预示着我国的经济体制改革,将比苏东各国在坚持社会主义基本制度前提出更为深刻、更为全面。

第三,市场机制的核心是价格机制,市场导向作用主要是由价格及其变动来实现的。而要发挥价格机制的作用,发挥价格的导向作用,就要实现价格模式的转变。经过十年的改革实践,现在越来越多的人接受了价格改革就是要转换价格模式的看法。所谓转换价格模式,其内容包括如下三个方面:(1)适应发展社会主义商品经济的要求,让价格回到市场交换形成,实现从行政定价体制到市场定价体制的过渡,变单一的计划价格形式为以市场调节价作为主要价格形式,或如党的十三大报告上说的,"要逐步建立少数重要商品和劳务价格由国家管理、其他大量商品和劳务价格由市场调节的制度"。(2)适应发挥市场体系整体功能的要求,价格从主要作为核算的工具变为最重要的调节手段。为此,价格是在统一的、公开的、竞争性的市场中运行的,既要打破地方封锁、部门垄断,又要有政府的宏观调控。(3)价格体系要在比较健全的市场体系中逐步合理化,既反映价值又反映供求关系,并形成自动调整的灵敏的趋于合理的机制。价格体系中既包括各种产品和劳务的价格,也包括各种生产要素的价格,即广义的价格。广义价格的市场化将是一个逐步发展的过程,其中汇率的市场化将经历最长的时间。在价格模式转换中,价格形成机制的转换最为重要,市场价格体制的形成和完善最为重要。价格改革和价格形成机制转换的必要性,建立市场价格体制的必要性,集中地体现了市场取向改革的重要性和必要性。

第四,改革的深化就在于继续推进市场取向的改革。经过十年改革，市场因素已逐渐渗入社会生活的各个方面。现在，消费品的购销除极少数重要消费品实行合同定购、凭证供应外，绝大多数消费品普遍实行了自由选购、议购议销。工业自销的比重从几乎是零发展到占50％左右，大型零售企业自由采购的比重已占80％左右。1988年，全国城乡农贸市场7万个，成交额1 000多亿元，占社会商品零售总额的1/5。生产资料市场正在扩展。目前，国有大中型工业企业的原材料近一半是在生产资料市场上按市场价购进的，城市集体工业企业和乡镇企业购进的原材料，几乎全都是按市场价格购进的。根据1989年上半年对800家大中型企业的统计，外购原材料中按国家调拨价调进的占52％，按市场价购进的占48％。其他如资金市场、劳务市场、房地产市场、技术市场、外汇市场等也在逐渐兴起。在价格方面，到1988年，在全社会物质产品和劳务中，国家定价的比重已下降到大体占50％，其余50％实行国家指导价和市场调节价。其中，农民出售的农产品总额中，属于国家定价的部分降至24％，实行国家指导价格部分占19％，其余57％由市场调节；在社会商品零售总额中，国家定价部分占29％，国家指导价部分占22％，市场调节价占49％。重工业产品国家定价部分占60％，浮动价格、议购部分占40％。这些数字充分表明，中国经济体制已进入新旧体制同时并存和互相交替时期。双重体制并存，一方面使僵化的体制开始松动，经济活力有所增强；另一方面也带来许多矛盾和摩擦，出现了许多混乱局面。这突出地表现在双轨制价格上面。1984、1985年推行的工业生产资料价格双轨制，是计划、物资双轨制的集中表现，在当时有其一定的不可避免性，也曾起过一定的作用，如刺激某些短缺产品的超计划增产，支持乡镇企业的发展，推动工业生产资料市场的建立等；但是其弊端也很突出，特别是由于牌市价差很大而且差距有扩大趋势，加上流通体制改革还不深入、市场规则不健全，造成流通环节混乱加剧，不少有权势的干部和公司利用双轨价差把计划分配物资转手按市价倒卖，大发横财，使得腐败现象蔓延，社会分配更加不公，人民群众愤愤不平。因此，双轨制发展到现在，已经是弊大于利，亟待通过深化改革进行并轨，其中除少部分并为计划定价轨外，大部分要并为市价轨。只有这样，才能为其他方面改革，包括企业、计划、物资等体制改革的深化创造必要的条件，也有利于保证有计划商品经济稳定发展的宏观调控体系的建立。

总之，无论是发展商品经济还是深化改革，都要求推进市场取向的改革，要求在发展市场关系、扩大市场机制作用已取得一定实效的基础上继续迈步。

（原载《改革》，1990年第2期，此处节选自其中的"发展有计划商品经济要求推进市场取向改革"部分）

公有制经济的两种运行机制

樊 纲 张曙光 杨仲伟

樊纲，1953 年生于北京。著名经济学家。

1978 年考入河北大学经济系。1982 年考入中国社会科学院研究生院主攻西方经济学。1985—1987 年期间赴美国国民经济研究局及哈佛大学做访问研究。1988 年获中科院经济学博士学位。2004 年被法国奥弗涅大学授予荣誉博士学位。现任中国经济体制改革研究会副会长、中国改革研究基金会理事长、国民经济研究所所长、中国（深圳）综合开发研究院院长，兼任北京大学、南开大学、中国社会科学院研究生院经济学教授。1991 年、2005 年两次获"孙冶方经济学奖"，是国家级有突出贡献的中青年专家。

主要著作有《公有制宏观经济理论大纲》（主笔）、《现代三大经济理论体系的比较与综合》、《渐进之路——对经济改革的经济学思考》等。

张曙光，1939 年出生，陕西长安人。经济学家。

1963 年西北大学经济系毕业。1966 年中国科学院经济研究所研究生毕业。历任北京大学法律经济研究中心主任、浙大天则民营经济研究中心学术委员会主席、《中国社会科学评论》主编。

主要著作有《经济结构和经济效果》、《中国经济学和经济学家——张曙光经济学书评集》、《制度·主体·行为——传统社会主义经济学反思》、《经济自由与思想自由》等。

杨仲伟，生于 1951 年，江苏南京人。

1978 年毕业于兰州大学。1981 年于中国社会科学院研究生院获硕士学位。曾任中国社会科学院经济研究所副研究员、宏观经济研究室主任。

　　主要著作有《联邦德国经济体制与宏观经济政策》（主编）、《我国通货膨胀的诊断和治理》等。

三　计划者主权机制

　　在公有制经济中，若社会生产结构、收入分配比例、资本积累等一切主要经济政策，都按照作为所有权主体的计划者的"偏好"（Preference）作出，其他经济行为主体的偏好原则上不起作用，即使起作用，也必须通过影响计划者偏好而实现，我们便称这种运行机制为"单一计划者主权机制"，简称为"计划者主权机制"。所谓计划者偏好，简单地说，就是指计划者在安排社会生产、选择各种比例结构时所依据的优劣标准或轻重缓急的优先次序。在我们的理论模型中，计划者偏好就是"社会福利偏好"，是各种选择在社会福利意义上的优先次序。具体地说，由于计划者必须代表全体国民的利益，因此，它在安排社会生产计划时，必须以全民的福利为依据。这当然是一种理论抽象，我们以后将说明计划者偏好与社会福利之间可能发生的差异。①

　　在公有制经济中，公有制是一个单一概念，而不是一个集合概念。因此，在计划者主权机制下，引导经济运行的偏好体系是统一而唯一的。一种按照统一而唯一的偏好体系运行的经济，决策主体和决策环节必须是唯一的，就是说，必然要采取集中计划管理的决策方式和运行方式，为了保证计划者偏好的贯彻，就必须使决策权和决策过程统一于和集中于计划者，并且必须保证经济中其他各行为主体能够执行计划者的决策。就是说，经济的决策方式和运行方式服从于经济运行中的主权结构，手段服从于目的。

　　事实上，人类思想史上集中计划的社会主义经济理论模式最初在很大程度上（并不唯一）就是为了要使整个经济活动服从社会福

---

① "计划者偏好"的概念在三十年代关于社会主义经济的大论战以及后来的理论分析中已被广泛采用。但计划者主权机制的概念，是我们加以定义的。

利最大化这个统一目标,减少因不同利益的相互制约与相互冲突而使经济活动偏离这一目标所造成的效率损失而"设计"的。现在仍然构成集中计划社会主义的主要理论依据。因此,单一计划者主权机制,必然是集中计划机制。其基本运行方式是:第一,收入分配的各种比例,包括国民收入在利润与工资收入之间初次分配的比例和其他各种再分配比例,都由计划者决定,任何个人或集体原则上不能实际地决定收入分配。第二,计划者决定社会生产计划,企业只是按照计划进行生产,不能自行决定生产的品种和数量。第三,投资或积累由计划者统一决定,基层不具有投资自主权;地方和企业扩大再生产的要求必须经中央计划者的综合平衡统一计划,批准后进行。第四,计划者规定产品的消费者价格和"生产者实际价格"。所谓生产者实际价格,由消费者价格(名义价格)加上"政策性亏损补贴"或减去上缴利税后的生产者实际收入构成。第五,为执行生产计划所需生产物资,由计划者统一调拨,消费品的流通也由计划者组织,非短缺商品可由消费者自由选购,短缺商品则可以(当然不一定全部)实行计划配给。

单一计划主权机制的本质特征就在于只有计划者偏好在引导经济运行中发挥作,而其他行为主体的偏好只是潜在地存在,而不在引导经济运行或决定任何一个经济变量的过程中发挥直接的作用。这就决定了在计划者主权机制下的计划管理方式或"计划调控方法",必然是以物量指标形式下达的"指令性计划",而不能是采取参数调节形式的"调控性计划"或"指导性计划"。因为参数调节的前提是承认各其他行为主体有权追求各自的特殊利益,让他们的特殊偏好在决定经济变量中发挥实际作用,计划者只是通过可控参数的调节,来使他们的行为结果更接近计划目标。

以上我们假设计划者主权是独立的,计划者主权机制中引导经济运行的仅仅是全民利益或社会福利。但在现实中,作为公有权主体的计划者往往不是一种独立的存在,而是与"政府"结合在一起的。计划者的职能只是表现为国家(计划+政府)职能的一个方面或一个组成部分。这种现实往往会导致"政府偏好"渗入经济计划中,与计划者偏好混合在一起,通过同一个集中指令性计划引导经济的运行。我们称这种现实情况为"国家主权机制"。在这种机制下，由于引导经济运行的不是"纯粹的"计划者偏好，而是"国家偏好"（计划者偏好＋政府偏好），同时由于政府偏好是一种特殊的、与计划者偏好不完全相同的偏好体系，因此，由政府偏好发生作用条件下形成的经济计划，一般与纯粹计划者主权下形成的经济计划是不同的。

抽象地分析计划者主权机制具有多方面的特别意义：第一，公有制经济的特殊性要求我们给予全民利益或社会总福利目标以特殊的理论地位，只有抽象地考察这一特殊因素在经济运行中的作用，才能说明最终支配经济运行的混杂在一起的各种因素。第二，抽象考察计划者主权机制可以发现，即使像迄今大多数理论那样假定政府的行为目标就是全民利益，没有作为政治机器和官僚机构的种种特殊考虑或特殊偏好（从而可以把两种偏好合二为一），公有制经济的运行过程中仍会存在各种各样的矛盾并导致各种各样特殊的经济后果。第三，只有在抽象地说明纯粹计划者主权机制及其运行结果的前提下，才能进一步看到引入政府偏好会产生哪些不同的经济后果，从而才能更好地说明现实。

由于计划者与政府总是在实践中合二为一的，无论是纯粹的计划者主权机制还是国家主权机制，在运行方式上都表现为集中计划机制。因此，既可把国家主权机制当作计划者主权机制的一个"现实变异"，也可将其视为一种特殊的"多元主权机制"。在这种机制中，引导经济运行的是两种偏好体系（计划者偏好和府政偏好），而不是一种。这就显示出"主权机制"概念的优越性，按照这一概念，可以对计划者和政府在经济运行过程中的作用加以区分，对纯粹以社会福利最大化为目标的集中计划经济与以其他偏离社会福利目标的集中计划经济加以区分。在"主权机制"的概念下，"集中计划"或"集权方式"本身只是一种管理方式；同是实行集中计划，却可以有不同的偏好体系引导经济运行，因而属于不同的机制。这是用计划与市场、集权与分权之类的概念无法加以区分的内容，集中计划在此只表现为一种经济管理形式，偏好体系的差异及其作用则具有更本质的意义。

四　排除一种可能性：无计划者主权机制

前已指出，在公有制经济中存在着多个行为主体：计划者、地方、企业、个人等。我们已经分析了可能存在的一种运行机制，即计划者主权机制，在分析其他可能存在的运行机制之前，先来探讨是否存在着这样一种运行机制，即其中计划者偏好在引导经济运行过程中完全不起作用，从而也不存在任何程度的计划者主权，经济也在没有任何计划调控的情况下运行。按照事物的内在逻辑，这是不可能的。因为假如计划者在引导经济中不起任何作用，公有权本身在经济中就没有任何形式的实现，这时在经济中就没有任何行为主体处在所有者的地位行使公有权，并代表全体所有者的共同利益对经济的运行施加影响，经济就会陷入完全混乱的状态，到头来所有个人，即全体所有者还是会要求"产生"计划者并让其行使公有权主体的各种职能。因此，不存在任何形式、任何程度的计划者主权，从而不存在任何形式、任何程度的计划管理的经济运行机制，对私有制来说是可能的，对公有制来说则是不可能的——不仅在现实中是不存在的，在理论上也是没有逻辑基础的。公有制的内在规定性和内在逻辑决定了它的任何运行机制都必然是存在着一定的计划者主权机制的，必然是某种形式、某种程度的计划经济。

五　多元主权机制

上一节分析结论的一个自然延伸是：在公有制基础上，只可能存在一种"单一主权"机制，即计划者主权机制，其他运行机制必然是"二元主权"或二元以上的。因为无论其他哪一个或几个行为主体的偏好能够在引导经济运行过程中发挥实际的作用，都不能否定计划者主权一定程度的存在。我们称计划者主权机制以外的其他公有制经济运行机制为"多元主权机制"。在多元主权机制中，计划者与基层单位或个人或三者共同在引导经济运行过程中发挥实际的作用。① 根据我们对公有制经济中各行为主体的划分，多元主权机制可有以下几种：

第一，计划者——基层单位主权机制。在这种机制下，公有制基层单位（地方和企业）拥有一定的自主权，能够在引导经济运行的过程中起到一定的作用。基层单位可能拥有的自主权包括：（1）部分生产计划自主权。从局部看，一个企业可能只对中央计划者负责一定的产值、利润指标，生产全部由自己决定；但从整体上看，计划者要贯彻计划者偏好，必须要保持一定的实物指令计划，直接进行某些项目投资，因而基层的生产自主权只能是部分的。（2）部分投资自主权。这是以一定的基层公共收入为前提的，比如以地方财政收入分成和企业留利为前提的，有的情况下也是以"集资"自主权为前提的，因而可以发生"自筹资金"的"自主投资"。（3）部分产品自销权。这以生产计划自主权为条件。（4）自销产品定价权。自销不一定能自己定价，但若计划者放松价格管制，则企业就可能有一定的定价权，甚至是自销产品的完全定价权，这依具体的"价格机制"而定。（5）收入初次分配权。这里指的不仅是计划者允许的工资、奖金提取比例范围内的收入分配（这种比例范围的确定体现着计划者的收入分配权），而且是指基层单位利用一定的支出自主权支付给个人的各种形式的"实惠"，如对职工的实物发放、集体福利、住房建设支出以及公款吃喝、公费旅游等等集团消费。无论企业是以价值形式还是实物形式进行分配，只要它的"自主支出"不是用于再生产活动，而是增加了集体或个人的消费，那么它实际上就拥有一定程度的分配自主权。

此外，就地方来说，还会拥有部分"实际货币发放权"。这是以地方银行对地方经济管理当局的一定程度上的实际隶属为前提的。当地方经济管理者要求地方银行超过中央银行的"信贷计划指标"向本地区的各基层单位发放贷款时，并且若这种要求得到满足或部分满足，我们就称地方实际上拥有部分货币发放权。地方的货币发放权一般是以投资自主权为前提的，若投资决定权完全掌握在中央

---

① 政府在经济决策中的作用已在前面说明了，本节抽象掉政府这一行为主体，集中考察由其他几个行为主体构成的经济运行机制。

计划者手中，地方的货币发放权是没有实际意义的。

以上是将基层单位主权统一进行考察。细分起来，这种多元主权机制还可分为三种：(1) 是地方有一定自主权，企业没有；(2) 是企业有自主权，地方没有；(3) 是二者都有。此外，基层单位拥有上述自主权的程度在不同的时期可能也是不同的，这种程度的差别只是决定基层主权的大小，不影响其在经济运行中的作用方向，因此不影响推理结论的一般正确性。

第二，计划者——基层——个人多元主权机制。相比前面分析过的几种机制，这种运行机制的特点是个人的偏好，在引导经济运行、决定经济变量过程中能够起到较为直接的、实际的作用。因此在这种机制中，个人也是拥有主权的。我们称此为"完全的多元主权机制"。

个人主权以企业的以下两种自主权为前提：(1) 产品自销权与定价权。只有企业能够如此行为，个人的消费偏好才能通过影响市场价格直接引导资源配置。(2) 分配权。只有企业能够在一定范围内自行决定收入分配（包括留利分配和各种实物分配），个人的消费意向才能通过对基层收入分配施加影响和压力，在国民收入分配中起到实际的作用，并因此引导经济的运行。

可见，当企业自主权包含以上两种自主权时（不包含是可能的），引导经济运行过程的偏好体系中也就包含了个人自主权。因此，更严格的理论分析应把企业自主权放在计划者——基层——个人多元主权机制下加以说明。我们在前面提到的两种自主权，是为了集中对基层单位自主权作一较完整的叙述。

若将单一计划者主权机制下的计划者偏好在经济运行中所起的决定性作用称之为"完全的计划或主权"的话，那么，在多元主权机制下，计划者主权就是不完全的了；由于"权力下放"，放松了对其他行为主体经济活动的指令性规定，使基层单位和个人得以对经济的运行直接施加各自的影响，从而使整个经济不再完全按照计划者的偏好运行；并且，计划者行使主权的方式和对经济进行调控的手段，必然也会发生变化。比如它可能不得不更多地用税收，或发行国库券，或财政赤字、改变货币发行量等办法，对国民收入进行再分配，调节分配比例，而无法再简单地靠行政命令，靠直接控制初次分配的办法来实现它所希望的分配比例。又如，它可能会更多地运用产业政策，通过利率、补贴等参数调节来调控整个社会生产结构，而不再单纯地依靠指令性计划等。当然，在多元主权机制下计划者仍可能部分地实行指令性计划。

完全计划者主权的作用方式是"指令性计划"，不完全计划者主权的作用方式是"调控性计划"或"指导性计划"。这种对应关系是由事物的内容与形式之间必然的逻辑关系为基础的。据此，我们可以依观察到的计划者的行为方式来推断计划者主权的大小和经济运行机制的性质。例如，当观察到指令性计划增多、各种直接控制手段加强时，便可知道计划者主权得到了加强。

多元主权机制的基本性质就在于：在这种机制下，公有制经济的运行不再仅仅由计划者偏好和选择所引导或支配，而是由公有制经济的各个行为主体的偏好选择构成的"合力"所引导或支配。这种"合力"本身存在于各种利益、各种选择的相互矛盾和相互制约当中。而经济运行的结果，一切经济变量和一切经济现象，便体现着各种利益和各种选择，而并不完全符合任何一种特殊行为主体的选择。比如，国民总收入的实际积累率就可能既不会按照个人的高消费意向取值很低，也不会仅由基层单位的投资竞争所决定而变得很高，但也不等于计划者所认为的最佳投资率。

六 现实中的两种运行机制

为了在理论上获得明确的概念，必须进行抽象，划定一些严格的界限。但在现实中，有些界限往往并不严格。这里要特别指出的是，即使在高度集中的计划体制下，基层单位和个人的特殊利益也并不是在引导经济的运行过程中完全不产生影响的。比如，各地方和企业在"中央计划会议"上的"劝说"活动，就会使它们的特殊利益在最终形成的计划中有所体现，从而起到引导经济运行的实际作用，只不过作用较小，并只有通过"中央批准"才能实现，而不能"自主"地实现。从这个意义上说，现实中就不存在单一的"计划者主权机制"，它与多元主权机制的现实差别，只能从相对的意义上去把握，从其他行为主体发挥作用的程度和形式的差别中去理解。

计划者主权机制指的是那种基层和个人不能"自主"决定经济变量，在引导经济运行中只能通过"劝说"的方式间接地发挥一定作用的机制，而多元主权机制的基本特点就在于它们能够直接、自主地决定一些经济变量。

在中国公有制经济四十年的变化过程中，两种运行机制及其一些具体形态都曾存在过：(1) 计划者主权机制，"一五"期间和"文革"中的多数年份，都是实行这种机制。(2) 计划者——地方多元主权机制，1970年前后中央"放权"给地方期间，就形成了这样的机制；50年代末"大跃进"时期的机制也具有这种特征。(3) 1979年后，一方面实行了地方财政包干，另一方面扩大了企业自主权，包括收入分配权，因而形成了较为完整的"计划者——地方——企业——个人多元主权机制"。至于"计划者——企业多元主权机制"，由于原有各级地方经济组织较成系统和改革开始后又在下放企业自主权的同时实行了地方"分灶吃饭"，因此这种机制在中国并未出现，但这不能否定在其他社会主义国家中存在过。

七 小结：对若干理论概念的评价

我们以上采用"主权机制"的概念对公有制经济的两种运行机制进行了分析和概括，而没有采用在经济学文献中迄今通常所使用的描述公有制运行机制的一些概念，如"计划"与"市场"概念和"集权"与"分权"概念。对此，在我们可以作些进一步的说明。

第一，计划与市场。人们经常用"计划与市场相结合"来形容存在地方和企业自主权的公有制经济运行机制，并把经济改革的一些主要措施称为在计划经济中引入"市场机制"。这在某种意义上并不能说是错，因为按照我们的理解，市场机制本身就是一种多元主权机制，在其中要素所有者、生产者、消费者都在一定程度上决定着整个经济的运行。因此，用计划与市场的概念的确可以对公有制经济运行机制的某些特征加以概括。但问题在于：(1) 就计划机制这一概念而论，同是实行集中的计划管理，但计划本身却可以体现不同的或多元的偏好体系（如计划者偏好和政府偏好）。"计划"概念可以表明一种特定的管理或协调方式，却不能说明某一种"计划"

会将经济引导到何处去，以及经济运行的结果如何。（2）就市场概念而论，"市场机制"有其特定含义，它不仅是一种自由买卖产品和自由价格制度，也不仅是生产者和消费者有自主权，它首先是一系列的社会经济关系，是一种所有权关系（包括所有权的买卖）。迄今完整的市场机制仅仅是以私有制为基础而存在的；公有制条件下能否形成市场机制，公有制与市场机制是否兼容，还是一个在理论上有待进一步论证的问题。在中国和其他实行改革的社会主义国家中，由于存在多种所有制成分，的确出现了一定的市场机制。但是，改革后的公有制内部的经济运行机制还很难说就是市场机制，因为这里并不存在不同的所有者，也不存在不同所有者之间所有权的交换。从另一个角度看，基层单位、生产者以及消费者拥有自主权，并不构成市场机制存在的绝对标志；市场机制的前提是具有特殊规定性的市场行为主体，这种行为主体不仅具有追求自身利益的动机，而且具有避免损失的自我约束；而公有制企业在改革后迄今仅仅具备了前一项特征，而后一项还远未形成。因此，用计划与市场这样的概念来概括公有制经济现实存在的或存在过的经济运行机制，是不适当的。

第二，行政协调与市场协调。另一对颇为流行的区分经济运行机制的概念是"行政体制"与"市场体制"，或"行政协调"与"市场协调"。这一对概念在基本内容上与"计划与市场"概念没有本质的区别，所不同的是"行政体制"更突出地反映了全民所有制经济中经济计划管理机构与政府行政机构合二为一的特征。在理论上可以证明：全民所有制必然采取国家所有制的形式；在国家所有制的经济现实中，计划者与政府必然是合为一体的。因此，在这种经济体制中，计划管理机制也就必然具有行政管理的形式。所以，前述"计划与市场"这对概念令人不满意的地方，也就是"行政与市场"这对概念令人不满意的地方。

第三，集权与分权。社会主义经济理论文献中另一对常用的描述公有制经济运行机制的概念是"集权"与"分权"。比如，按照波兰经济学家布鲁斯早期的定义，传统的集中计划经济被称为"集权模式"，改革后的机制（或改革的"目标模式"）则为"集权—分权模式"。我们认为，作为描述公有制经济运行机制的概念，集权与分权比"计划与市场"更为贴切，抓住了公有制前提下的不同运行机制的一些基本特征。但其令人不满意的地方在于：（1）这种划分仅仅注意到了决策权的形式，却不能区分在同一决策权中起作用的不同偏好体系。不能区分同是"集权制"，究竟是按照计划者偏好进行决策还是按照政府偏好进行决策。（2）这一对概念着重强调的是决策层次和决策权的所属，而不能反映虽然不直接掌握决策权，但却能够对经济运行施加影响的行为主体所起的作用。例如，个人除了能够在一定范围内决定消费品的购买和劳动努力程度外，并不拥有其他决策权；但是在企业拥有分配自主权的情况下，个人就能够对收入分配过程施加一定的影响，分配决策中就不仅体现着企业的行为偏好，也体现着个人的行为偏好。这里，个人并不处在决策者的地位上，但他们的偏好和选择仍能在引导经济运行中发挥实际的作用。这种情况用"集权—分权"概念是无法加以概括的。公有制经济理论迄今的一个重要缺陷，就是不能全面地分析公有制经济中个人所起的作用，把注意力仅仅局限在中央、地方和企业等行为主体上，这种缺陷是与采用集权、分权概念分不开的。

我们正是注意到了上述几对概念的缺陷，才试图寻找更准确、更能反映事物本质特征的概念来对公有制的运行机制加以描述，我们认为，"计划者主权机制"和"多元主权机制"是能够满足这种要求的。

（原载《经济研究》1990年第5期，此处节选自其中的第三至第七部分）

深化改革，摆脱困境

——致中共中央常委的信

薛暮桥

薛暮桥简介如前第 231 页。

7月5日蒙邀陈述意见，深感机会难得，很想就一些根本性的重大问题，提出切实的建议，但因内容复杂，临时边想边说，该说的没有说清楚，不需要说的说了不少。回来后总想设法补救，再三考虑，决定写信再向你们陈述数月来苦思冥想所获一得之见。

中共十三届三中全会提出"治理经济环境，整顿经济秩序，全面深化改革"以来，将近两年，治理、整顿已经初见成效。但正如吴敬琏同志发言所说：浅层问题开始得到解决，深层根源则远未消除，形势很难说已经根本好转。所谓浅层问题得到解决，是指物价涨势得到控制，工业生产开始回升，人心趋于稳定；所谓深层问题远未消除，则在于经济效率仍旧很低，宏观调节未上轨道，条块分割日趋加剧。如果这些方面在近期内不见好转，仍有可能酿成新的危机。

为了解决以上深层问题，需要追根溯源，探究这些问题的症结所在，然后才有可能对症下药，加以根治。

中共十一届三中全会以后的十年中，以建立社会主义有计划商品经济为目标，进行经济管理体制的改革，促进经济的发展，取得了举世公认的成就。特别是前五年采取边调整、边改革的方针，在大力进行经济调整的同时，放宽行政管制，引入了市场竞争机制。新的经济政策初试锋芒，就使农业生产和农村经济蒸蒸日上，工业企业的经济效益也有了明显改善。这些成果，为进一步进行全面改革创造了良好条件。

遗憾的是，在全面推进改革的条件已经成熟的大好形势下，领导上却把注意力放在倡导追求无效率的速度和脱离我国经济发展水平的高消费上，中共十二届三中全会预定要进行的种种改革反倒一再推迟。这样，在削弱指令性计划以后，没能及时建立在市场作用的基础上用财政税收、银行信贷等经济手段进行宏观调节的指导性计划体制，留下一块空白。加之经济过热，致使国民经济陷入混乱状态，不得不从1988年秋季开始再次进行环境治理，不惜因此放慢增长速度。目前物价涨势虽被抑制，但工业回升乏力，而企业亏损和财政赤字却急剧增加。今年1—8月，工业总产值增长2.6%，预算内工业实现利润总额比去年同期下降56.8%，亏损企业亏损额比去年同期上升102.4%，亏损面仍高达34%。看来企业发展后劲不但没有增强，反而明显削弱了。这种情况说明，我们的经济情况并未根本好转。

我认为，当前国民经济的困境是由于改革在1984年以后停顿中断、宏观调节机制失效造成的。如果不能改变这种情况，膨胀——萧条的循环只会越来越深化，而且存在着陷入停滞膨胀而不能自拔的危险。事实上，这已不仅是理论上的推断，过去几个月内，某些深刻的矛盾正在表面平静的掩盖下积累和发展。例如，去年企业亏损补贴已从400多亿元上升到600亿元，今年势必大大增加；还有数以百亿计的各种"挂账"，实际上是强行占用银行资金，进行变相补贴。不寻求根本治理之策，而是老用这种饮鸩止渴的办法来换取社会安定，终有坐吃山空之日。一旦财政金融体系承受不了，必然引起新一轮的通货膨胀。过去，生产超高速增长下的通货膨胀，治理还比较容易；将来如果发生低速增长下的通货膨胀，治理就更加棘手。这无论在经济上还是政治上都是很难承受的。

最近大家对东欧剧变议论纷纷。我认为仅仅以资本主义国家推行"和平演变"政策来加以解释是不够的。在我看来，东欧挫折的主要原因，是因为未作彻底改革，老是跳不出乱物价、软财政、软信贷的圈子。这些国家采取对传统体制修修补补，或者搞一点零敲碎打的改革的做法，至多只能延迟矛盾的爆发，把国民经济引入慢性危机，而不可能求得经济状况的根本改善和同资本主义竞赛的胜利。当这些国家的领导认识到必须进行改革时，却发现群众对依靠现领导进行社会主义制度范围内的改革已经失去了信心，不愿给予起码的支持，因而追悔莫及。认清了这一点，才能把握亡羊补牢的时机。我们必须认准形势，当机立断。

我所谓的当机立断，是指抓紧目前花了很大代价才取得的需求与供给比较接近的时机，推出以建立在商品经济基础上的计划管理体制为目的的综合改革。从根本上来讲，就是要在加强财政、银行的宏观调控的条件下，用放开价格的办法来理顺价格，让企业公平竞争，优胜劣汰，而不能再用"大锅饭"、"铁饭碗"的老办法，由国家"统"起来和"包"起来。

现在看来，迫切需要进行的改革，至少包括以下几个方面：

第一，价格改革和企业改革。1984年《中共中央关于经济体制改革的决定》指出，"理顺不合理的价格体系是整个经济体制改革成败的关键"，不如此就不能理顺整个经济关系和取得改革的胜利。改革前五年是逐步向放开价格的方向前进的。消费品由于农业、轻工业迅速发展，出现买方市场，价格放开后仍保持稳定。同时，由于压缩建设规模，生产资料供应缓和，议价趋向回落，与统配价格逐渐靠近。可惜1985年以后在日益严重的通货膨胀下，不仅双轨差价扩大，还不得不对已放开的价格严加管制，使逐渐趋向合理的价格又发生严重扭曲。在此情况下企业独立核算、自主经营、自负盈亏、公平竞争、优胜劣汰等要求都无法实现。

现在许多长线产品价高利大，短线产品价低利小，不能引导企业调整产业结构，提高整个社会的效益，相反进行了反向调节。这些年来价高利大的产品的生产和建设，从"老三件"到"新三件"，乙烯、乳胶制品不断刮风，而煤、电、油、交通运输等卡脖子部门却因无利可图，无人愿干。这样，"长线"日长，"短线"日短，结构日益扭曲，效益难于提高。与此同时，"官倒"、奸商猖獗，利用差价大发横财。权钱交易，腐败深入干部队伍的肌体。现在情况虽已有所好转，但市场疲软，产业结构并没有根本改善的迹象。而且只要扭曲的价格体系不改变，新的"长线"仍将不断涌现，资源浪费严重、效益低下的状况也不可能有明显的改变。

过去不敢大胆调、放价格，主要顾虑在总需求膨胀的条件下，放开价格会引发严重的物价上涨。目前，这方面的条件有很大改变，市场疲软为理顺物价铺平了道路。因此，我建议抓紧这个有利时机，价格政策从管制转向调整，短线产品适当提价，疲软商品鼓励降价推销。此后再进一步转向让绝大部分商品的价格全面放开，力争在"八五"前期基本上理顺价格。

现在消费品的价格仍是绝大部分放开的，明年的价格调整重点不是消费品，而是生产资料，这对人民生活的直接影响不大。疲软消费品价格放开，还可以促使它们的价格有所下降。生产资料的计划分配部分提价，将影响加工工业的生产成本。但如基建规模能够继续得到控制，议购议销部分会自然降价。如果建设规模控制得好，涨价与降价可以互相抵消，使用议价物资的企业成本可以下降，包括议价在内的整个价格水平可以基本稳定。

价格改革是为企业改革铺平道路的。我们企业改革的大方向是要使国营企业从"吃大锅饭"转变到独立核算、自主经营、自负盈亏、公平竞争、优胜劣汰，不如此我们就不可能同资本主义国家竞争。不理顺价格，企业改革的大方向是不可能实现的。前几年由于价格扭曲，没有一个平坦的市场，企业苦乐不均，不能在同一条起跑线上公平竞争。在这种情况下，要使企业成为自主经营、自负盈亏的商品经营者，就发明了承包制度，给每个企业规定一个起跑点（承包基数），要它们"包死基数，确保上缴，超收多留，欠收自补"。承包制虽然能够鼓励企业自主经营的积极性，但很容易引起短期行为，为了超额完成承包基数，在承包期内不愿意投资进行技术革新，甚至把正常的设备更新也推迟了，使设备老化，这是很不利于促进企业的现代化的。目前大家已经认识到承包制的缺点，提出要"完善"承包制。我认为不创造条件使竞争逐渐规范化，企业改革是找不到出路的。当然，我们的企业改革还有许多工作要做，我就不再多谈。

第二，财政税收体制改革。现在除物价仍在反向调节外，财政税收也在反向调节。税收是调节产业结构、引导各行业协调发展的一个重要手段。但在1980年实行"分灶吃饭"后，地方政府是收税人，它们所属的地方企业是纳税人，这样就把关系完全搞乱了。对烟、酒之类的产品征收重税本来是为限制生产，但因生产愈多地方财政收入愈大，反而变成鼓励生产，一时间使小烟厂、小酒厂遍地开花。三年实行"利改税"，想要恢复税收对产品结构、产业结构的调节作用，但因当时物价尚未理顺，企业苦乐不均，在产品税和所得税外再实行调节税，以致鞭打快牛，企业怨声四起。1987年又改行财政逐级大包干体制，使"分灶吃饭"的弊端更加制度化。在这种体制下，各地竞办小加工厂，垄断本地原料，多方争夺能源、外汇等投入品，许多本地企业用高级原料生产低级产品，使效率高的外地企业反因缺乏原料而被迫减产。如果本地企业的产品质次价高，难于同质高价低的产品竞争，主管政府往往运用行政权力，限制外地产品进入，或者指令所属商业部门收购本地产品，用搭配等办法强行推销。在这种情况下，各级政府都画地为牢，把统一的国内市场分割成几百、几千小块，被人们叫做"诸侯经济"。此外，几个大行业的部门包干体制，也促使部门保护主义强化。

市场疲软，本来是经济结构调整的大好时机。但由于目前为了社会安定，害怕企业破产、工人失业，加以地方保护主义，使优胜劣汰的自然筛选根本无从进行。这也是当前经济结构难于优化的一个重要原因。

下放财权，实行分级财政，本意是刺激地方和部门增收减支的积极性，"分灶吃饭"和财政包干确也有这方面的作用；但因这种体制按企业的行政隶属关系征缴收入，多照顾地方和部门收入的增长，而少照顾国民经济整体效益的提高，从而不能同国家财政总收入的增加恰当地联系起来，相反形成了地方、部门、中央在有限的收入总额中争份额，形成你多我少、你少我多的格局。近年来一种叫做"藏富于企业"，即先减税让利，然后用摊派等手段回到自己手里的做法广为流行，侵蚀了中央财政收入。加之在物价大幅度上升时期，即使"递增包干"，只要上缴的递增率小于物价上升率，中央的实际财政收入也是逐年明增暗减的。现在国家财政收入在国民收入中所占的比重，已从1978年的35%下降到20%以下，中央的财政收入在整个财政收入中所占比重也大大缩小。针对这种情况，领导部门赞成实行拟议已久的"分税制"，即按税收性质划分各级财政收入来源。需要强调指出的是，实行"分税制"的意义，不在于"收权"和使中央在有限的"蛋糕"上多切一块，而是通过理顺财政关系，调整经济结构，提高经济效益，"把蛋糕做大"，然后才有可能在保证地方和部门有足够财力支持其功能发挥的条件下，增大中央财政收入。在实行"分税制"时,中央所要集中的是总量调节权,至于处理具体开支项目的权力,不是要收,而是要在明确规则的前提下放手让地方去行使。

第三,金融改革。中央银行的货币政策是最重要的宏观调节杠杆,我们还没有学会利用这个经济杠杆;1984—1988年在需求过旺时没有坚持管住货币,一再大幅度放松银根,企图以此来保持生产的超高速增长,结果通货膨胀严重到提存抢购,不得不进行"急刹车"。实行有计划的商品经济,必须管住货币,放开物价,这是客观规律。只要实行商品经济,违反了它就不能不受到惩罚。我国在战争年代就认识了货币发行与物价上涨的相互关系,新中国成立初期和60年代初期都曾用紧缩银根的办法来创造稳定物价的奇迹,希望今后要牢记这个历史经验。

明确了管住货币的方针,还有个贯彻执行的问题。货币发行权必须集中于中央,由中央银行运用各种手段确保货币政策目标得以实现。各级专业银行必须按照国家的产业政策和企业的经济效益来慎重选择投资和贷款对象,不应当放任地方政府和各级业务部门任意干预。我国银行现在还没有健全的金融管理制度,仍沿用行政按层次分配贷款指标的办法。这一方面使"钱到地头死",资金无法流动;另一方面又使货币总量难于有效控制。近年来,在指令性的财政拨款大大缩减以后,地方政府和各级业务部门又向银行下达了指向性的贷款任务,这比指令性财政拨款后患更大。指令性财政拨款是经过计委综合平衡的,而指向性的银行贷款没有经过任何机关综合平衡,只是根据局部利益决定。银行贷款应向经济效益高的方向投放,而指向性的贷款常常是各行其是,不考虑产业结构和投资效益。在调整产业结构过程中,如果不能加强中央银行制定和执行货币政策的权威,不能让专业银行以产业政策和投资效益的高低作为决定贷与不贷、贷多贷少的业务准绳,是绝不能根治投资效益太低这个顽症的。

专业银行的信贷政策,也应有利于充分运用竞争的力量,改善经济结构和企业经营。在执行稳定的货币供应政策的前提下,存贷利率应尽可能反映供求关系,当然亦应利用我国人民较高的储蓄倾向减少筹资成本。差别利率不宜滥用。对于投资大、回收慢的特殊行业，宜于设立特别的政策性融资机制加以扶植。目前，许多领导同志已经认识到了把工作重点放到通过深化改革来解决结构问题和效率问题的必要性，但是目前还下不了迈出较大步子的决心。据我观察，下不了决心的主要顾虑有两个，一个是政治方面的，另一个是实际工作方面的。

从政治方面说，有人顾虑这样的改革是不是符合社会主义的方向。我们在政治经济学教育中，讲过多年商品经济意味着生产无政府状态，似乎强化市场价格的调节就会损害经济的计划性。这其实是一种完全过时了的观念。中共十一届三中全会以来党的历次决议，早已明确社会主义计划经济同时也是在公有制基础上有计划的商品经济。这就是说，我们要在合理的价格机制的基础上，主要运用财政、信贷等经济杠杆，代替大部分指令性计划，保证国民经济的有计划、按比例发展。现在国民经济出现混乱，并不是因为市场机制的作用发挥得太多，而是在指令性计划大大缩小了的条件下，依托市场、运用经济杠杆的指导性（诱导性）计划并未建立起来的缘故，才造成了目前计划失控、比例失调的紊乱，超过我们认为"无计划"的资本主义国家的情况。事实上，像现在这样经济效率低下和经济结构混乱的状况，在西方国家也是罕见的。我希望中央重申十一届三中全会以来反复阐明过的经济体制改革的大方向，大胆推进改革。

从实际工作方面说，人们顾虑利用市场力量进行结构调整，会造成失业人数增加，弄得不好，有可能超过人民的承受能力，引起社会动乱。我认为这个问题应当从两个方面看。

首先，目前企业乃至整个国民经济所发生的困难，都是不按商品经济的规律办事，保留"大锅饭"、"铁饭碗"制度造成的。为了摆脱困境，虽然必须小心谨慎，力保社会震动不超出群众能承受的限度，但不大胆推行改革，不彻底打破"大锅饭"、"铁饭碗"是不行的。几年来逐步推行"合同工制"，本来应当有解雇的自由，但因号召企业自己"消化"，实际上解雇极为困难。过去几年提倡公平竞争，并颁布了《中华人民共和国破产法》，但除裁减了几万个皮包公司（职工多系机关干部）外，破产企业寥若晨星，即使有破产，破产后主管机关仍要盈利企业加以"兼并"，把包袱重新背起。这些做法是延续"大锅饭"、"铁饭碗"制，极不利于鼓励竞争，提高经济效益。从局部看、从地区看、从短期看，好像是为保护社会安定，但由此造成的后果，必将引起经济危机，甚至可能破坏政治安定。所以，我们应当痛下决心深化改革，摆脱这种困境。现在怕冒小风险，将来必将面临更大的风险。

其次，在我看来，我国人民对失业是有一定承受能力的，对党的经济政策是能够理解和支持的。新中国成立以来，由于人多地少，农村一直存在大量隐蔽性失业人口。三年"大跃进"中，2 500万农民进城做工，1961年、1962年两年他们被裁减返回家乡参加农业生产。这些被裁减的人两手空空，只能依靠家庭，原来四个人的饭五个人吃，并没有一个地方"闹事"，这真是难以想象的奇迹。现在农村情况较那时大有好转，农民的储蓄和底财有了增加。去年以来由于压缩基建规模，已经有乡村建筑队几百万人返回农村。他们通过几年辛勤劳动，很多人有上万元银行存款，生活并不困难，所以并未叫苦。乡镇企业自负盈亏，价格涨落也自己掌握，有的还建立了一套乡镇社会保险制度，所以遇到今年的困难，比较容易承受。在城市，情况要艰难一些。应该加速建立健全社会保险制度和社会福利制度。近几年许多企业已经建立合同工制，这些合同工依法可以解雇，酌给补助。目前有些城市已将企业的部分福利基金交给地方统一管理。有些城市已建立人才交流中心，介绍待业人员就业。应当进一步健全这些制度，以减少解雇多余职工或企业宣告破产所造成的困难。

总之，在当前的条件下，要在改革上迈出决定性的步子无疑会遇到一些困难和障碍。但是只要我们采取适当的措施，做好思想政治工作，是可以把社会震动控制在可承受的范围以内的。而且历史经验告诉我们，拖下去只会加深矛盾，促成严重危机的爆发；只有痛下决心，动员全党全民的力量来克服困难，才能摆脱困境，走向繁荣，除此而外是别无选择的。

以上所说，是长远目标，有些措施只能分步前进，但必须方向明确，不能安于现状，更不能知难而退。我的信已写得太长，但事关国家前途，不得不知无不言，言无不尽，万望见谅。

（本文是薛暮桥1990年9月写给中央常委的一封信。选自《薛暮桥专集》，山西人民出版社2006年版）

所有权的经济性质、形式及权能结构

刘 伟

刘伟，1957年出生，山东省蒙阴县人。

1978年考入北京大学经济系本科，之后先后获硕士、博士学位，留校任教至今。现任北京大学经济学院院长。历任教育部招标课题"中国市场经济发展研究"的首席专家、中国市场经济研究会副会长、中国民营经济研究会副会长、中国生产力学会副会长、国务院学位委员会经济学科评议组成员等职，兼任《经济科学》主编。

主要著作有《中国经济增长报告（2007）》、《微观、中观、宏观社会主义经济分析》、《经济体制改革三论——产权论、均衡论、市场论》、《经济发展与结构转换》、《中国产业经济分析》（合著）、《产权通论》等。

二　所有权的经济形式和权能结构

1. 所有权的使用价值形式和价值形式与所有权的权能结构。所有权的权能是多方面的。不同社会经济会对所有制关系提出不同的要求，因而使所有权的权能结构状态有区别；不同社会经济所面临的相同矛盾，又会对所有制关系提出某些相同的要求，因而使所有权权能结构表现出某些相同性。

对所有权的权能区别，马克思已有考察。例如，马克思在《摩尔根〈古代社会〉摘录》中便提到过所有、占有、支配、使用之间的区别和联系。① 但马克思并未对各项权能从理论上作出明确的界定，在用语上也不一致，有时还把所有等同于占有，把占有等同于

---

① 参见《马克思恩格斯全集》第四十五卷，第382页。

支配，有时也把占有、支配等同于使用，但有时又有明确区分。①这也是尔后社会主义经济学者围绕所有、占有、支配、使用如何界定以及如何区分长期发生争论的重要原因。

关于所有权诸项权能的分离问题，我国学术界1962年便开始了较引人注目的讨论，1979年后讨论更为广泛地展开。② 可以说，关于所有权权能分离的思想已经蕴含着最初的关于社会主义生产资料所有制改革的追求。早在1962年就有人根据所有、占有、支配、使用四权分离的原则，将几权分属于不同单位或部门。③ 1979年后，许多学者根据权能相互分离的思想，把所有权诸项权能概括为所有权与经营管理权，并以其相互分离作为改革的逻辑线索，尽管主张权能分离的学者对各项权能的界定和区分也不尽一致。实际上所有权权能适当分离几乎成为社会主义经济体制改革理论的基本逻辑线索，如布鲁斯、锡克等的改革思想，在50—60年代都鲜明地体现着这一逻辑线索。

然而迄今关于四权的权能界定仍难统一，也很难以四权的界定来解释现实中所有权的运动；以所谓所有权与经营管理权二权分离来概括四权划分不仅存在理论上的矛盾，而且在实践中这种两权分离的改革逻辑也产生了极大的混乱。如果把企业经营管理权理解为企业占有、支配、使用生产资料权，那么国家作为所有者只具有剩余索取权，国有制的真正实现将发生困难，尤其是国有权可能受到侵蚀却无法得以补偿，因为占有者、支配者、使用者并非所有者，不可能以其财产对国家（所有者）负财产责任。如果把所有权、支配权保留在国家手中，企业经营管理权只包含占有权和使用权，那么企业能否成为商品生产者便成为问题，而且从实物形态上看，即使在传统国有制下，企业也是事实上的占有者和使用者，因而并无改革的必要。

---

① 参见《马克思恩格斯全集》，第四十五卷，第214、535页；第二十五卷，第891页。
② 参见蒋学模：《关于生产资料的所有权、占有权、支配权和使用权的探讨》，载《社会科学研究》，1981年第4期。
③ 同②。

之所以存在上述矛盾和混乱，一个重要原因就在于当人们思考所有权的权能结构时，是从资产的使用价值形态出发的，考察的是资产使用价值的所有、占有、支配、使用，而不是从价值形态出发进行的思考。这种思考角度的选择具有深刻的体制背景，即与长期不承认生产资料是商品有关。不承认生产资料是商品，讨论所有权及其改革时，当然只能从使用价值形式上认识所有权各项权能的界定及其分离，这种界定和分离当然也就不能解释和符合商品经济中的所有权权能结构。实际上，只有从使用价值形式上才有资产的所有权、占有权、支配权、使用权之分，从价值形式上并不存在这种四权划分。马克思在区分所有与占有时，也是就资产的使用价值而言的，是以前资本主义的土地关系为分析对象的。这在马克思《摩尔根〈古代社会〉摘录》以及《〈柯瓦列夫斯基〉笔记》等著述中可以看到。

从价值形态上看，所有权的权能结构中具有经济分析意义的，首先，不包括具体的对资产的使用权，因为这个权力的实现是具体劳动过程。其次，就价值形式来讲，并不存在对资产的所有与占有之分，所有与占有之分在使用价值形式上可能发生，在价值形式上无以发生，因而从价值形式上所有权权能结构只包含所有权与支配权。这里的支配权又包含两个层次：一是对资产本身价值的市场交易活动的直接支配权，支配者并不一定是所有者，所有者也并不一定直接支配其资产价值的市场活动。但获得对他人资产价值的支配权是有条件的，在经济上必须从价值形式上满足所有者的利益要求，保证其剩余索取权的实现，同时，必须对所有者承担一定风险责任，即负一定财产责任。二是指对企业资本（金）的运用上的内部监督管理权，即通常所说的管理权，它直接受资产市场交易支配权规定，如经理对董事会负责。

这里的所有权是指对价值形态的资产的占有，其经济意义表现在两方面：一方面，所有权与支配权分离后，凭所有权索取剩余，如从外部向企业索取股息；另一方面，通过交易这种剩余索取权，即通过股市对企业进行投票，从外部约束其资产支配者行为。

因而，从价值形式上讲，商品关系中所有权的权能包含三方面，即所有权（剩余索取和外部监督）、市场交易支配权、企业管理权。

马克思不仅从使用价值形式上考察过前资本主义的所有权权能划分，而且从价值形式上考察过资本主义所有权的权能分离。马克思指出："与信用事业一起发展的股份企业，一般地说也有一种趋势，就是使这种管理劳动作为一种职能越来越同自有资本或借入资本的所有权相分离。"① 管理职能与"自有资本"相分离不难理解，即所有权与管理权的分离。但如何理解"借入资本的所有权"与管理职能的分离？实际上，"借入资本的所有权"对借入者来说不是"自有资本"的所有权，而是对他人资本的支配权。这种"借入资本的所有权"，显然又不是管理权，否则便无与"管理劳动"相分离的必要。因而，如果是管理职能与"借入资本的所有权"相分离，而在此之前则必须有"自有资本的所有权"与"借入资本的所有权"相分离，这就形成所有权、支配权和管理权的三权分离。显然，运用"借入资本的所有权"越普遍，三权分离也就越社会化。这种分离是价值形式的所有权的市场运动的特定方式。

在商品经济关系中，生产社会化程度越高，越要求所有权采取三权分离的价值运动形式。因为，所有权权能分离是一种社会制度性分工，使部分社会成员成为专门的所有者或资产支配者或企业管理者。这是对资产权利运用上的社会分工，这种社会分工与生产的社会分工、专业化、社会化、商品化进程是相适应的。所以，在当代资本主义，以三权分离为特征的股份公司制度往往被运用于生产社会化程度较高的领域。②

承认所有权、支配权、管理权三权分离，并非否定所有权的根本作用；相反，是把这种分离视为所有权在一定历史条件下实现自身的历史要求。因此，一方面就权能结构的形式而言，无论三权是否分离，判定其所有制的性质不能仅看其权能结构形式，比如不能根据股份公司董事会集体支配资产而将其视为集体公有，而应视所

---

① 《马克思恩格斯全集》第二十五卷，第 436 页。
② 据统计，在当代美国私有企业总数中，三权合一的独资企业占总数的 78%，但其营业收入却只占总数的 9%；股份公司占企业总数的 14.5%，但其营业收入却占总数的 87%，可见，股份公司主要集中在生产社会化程度高、要求企业经济规模大的领域。参见《美国统计摘要》，1980 年第 101 期。

有权的最终持有者是否是私有者。另一方面,在三权分离的条件下,持股者失去了对其资产价值的支配权,但同时获得了从外部市场选择企业的权利;持股者失去了买卖股本的自由,但同时保留了交易股票所代表的剩余索取权的自由。因而,这种分离不是所有权作用的弱化,而是所有权作用方式的转化。这种转化,一方面以对资本权利运用的社会专业分工使资本主义生产社会化与资本私有间的矛盾得以缓和;另一方面,使所有权更广泛地采取价值——有价证券的形式,减少了对所有权运动的特殊实物形式的束缚,从而使所有权运动方式更适应社会化的商品经济关系对财产制度的要求。支配权有别于所有权但又受所有权的约束,管理权有别于支配权但又受支配权的规定。所有权——支配权——管理权范畴的区别和联系,实际上是商品经济生活中不同层次上运用资产权利的区别和联系,它把市场机制下人们经济活动中的抽象的财产权利关系,一步步推向具体的市场经济活动现实。

2. 所有权价值形式运动中的三权分离与社会主义所有制改革。如果说商品货币关系在社会主义社会仍是普遍的客观存在,那么就须承认商品经济关系对所有权运动采取一般价值形式的要求,须承认所有权价值形式运动中的三权分离。不应从使用价值形态出发思考所有制改革和所有权权能结构的构造。资本主义是以资本私有为基础的,是以私有制的股份制来实现三权分离的,社会主义的改革则要探索公有制基础上适应商品经济发展的所有权价值运动形式和权能结构。实现社会主义公有制本身的三权分离至少有四个前提,不满足这四个前提,或者不成其为社会主义的改革,或者成为排斥商品关系的改革。

第一,社会主义所有制的改革只能是在坚持公有的前提下进行的。三权分离无论采取什么形式,股份制无论怎样改造,只要是终极所有权在个人间具有排他性和成比例的剩余索取权,只要个人间可任意交易这种排他性的所有权,那就很难说是公有,无论其支配权是否集体掌握。因而,对"集体股"、"企业股"或"法人所有"等,都需从终极所有上看其性质,不能以权利分离的形式作为判定其性质的标准。

第二,社会主义所有制改革必须根据商品经济的发展要求,努力保证所有权运动的价值形式化和三权分离的权能结构,而所有权运动的价值形式化、货币化,首要的又在于保证所有权的经济属性,排除所有权普遍与政治权力的直接融合,排除超经济性。除必要的国有制外,进入市场的生产者,在财产制度上都要求其所有权的经济独立性。① 没有这一点,就根本谈不上所有权的市场交易;所有权的价值形式化、货币化的市场运动,本身就是对所有权超经济性的否定。② 因此,不仅要在公有制基础上改革国有形式,而且即使实行社会主义公有制下的股份制也不能普遍以国家股为主,否则仍摆脱不掉所有权中的超经济性。三权分离首先要求所有权运动价值形式化,而价值形式的所有权运动又首先要求排除超经济强制,否则即使搞出三权分离,但国家普遍成为主要持股者,也还远不是商品关系所要求的所有权权能结构。因为国有股本身并非单纯的经济股权,它并不能自由地进入市场进行交易。因此,普遍以国有股为主,不仅克服不了传统体制经济运行的行政性,而且不会形成真正商品性的股市秩序。

第三,三权分离过程中权利、责任界区必须清晰,必须具有排他性,尽管这种排他性不能建立在私人间的排他性基础上。这种界区的严格性是商品经济发展的一般要求。正如马克思所说:"信用为单个资本家或被当作资本家的人提供在一定界限内对支配别人的资本、别人的财产从而别人的劳动的权利。"③ 这就是说,在所有权权能分离过程中,必须界定各方面权利的界区。这种界定包含两方面意思:一是指界定在市场活动中对他人资本支配权利的界区;二是指界定对所支配的他人资本的责任范围。二者必须对称,否则就会

---

① 国有制是必要的。即使当代资本主义也有一定比例的国有制,以作为克服市场的外在性、不确定性的手段。当代主要资本主义国家一般都有15%左右的国有制(包括不完全的但国家控股在51%以上的企业)。参见普瑞尔:《东西方经济体制比较——研究指南》,中国经济出版社1989年版,第19页。而且这一比例自上世纪末起基本未变,如美国1899—1981年国有制比例并无多大变化。参见格雷戈里等:《比较经济体制学》,上海三联出版社1988年版,第217页。
② 参阅《马克思恩格斯全集》第四十六卷(上),第170页。
③ 同②,第四十卷,第494页。

形成"拿社会的财产而不是拿自己的财产来进行冒险"而又不负或不可能负责任的状况。① 这是所有权权能分离而界区含混时的必然现象。资本主义股份制下的三权分离并未真正克服这一现象,尽管资本主义社会一直力图以各种经济、法律、行政手段来制止这种现象。由此,也不难理解当代西方学者为何对产权界区问题的研究兴趣日增。

所以,三权分离的前提之一是支配他人资产必须首先能够对他人负财产责任。贯彻两权分离原则的社会主义改革中的企业承包制,其根本缺陷恰在于忽视了承包者的权利与责任的对称性。一方面,承包制实际上是从资产的使用价值形式出发的,把使用价值形式上的四权概括为所有权和经营管理权,然后根据两权适当分离的宗旨,由承包者向国家承包对实物形式的资产的支配权、管理权,并以一定的利润上缴作为获得支配权、管理权的条件。在此,对所有者所尽的责任是以价值形式表现的(利润),但所获得的支配权却不是从价值形式上的对资产市场交易的支配权,承包者不能买卖承包来的资产。因而,承包不可能通过资产市场确认所有者与支配者的关系,只能通过行政契约的形式来确认各自的权、责、利,从而使产权运动缺乏统一的社会衡量尺度和一般的价值形式,束缚产权运动的社会竞争性。另一方面,承包制形成所有权与管理权的简单对偶,两权之间缺乏支配权衔接。本来三权分离下对所有者负经济责任或能够负经济责任的是支配者,管理者只对支配者负执行管理、内部监督的责任,不负财产责任。两权分离下实际上是国家作为所有者将支配权、管理权混合地让渡之后,没有支配者对国家负财产责任。因为承包者并不能负财产责任,由此形成普遍的拿国家财产去冒险而又不能负财产责任的状况。这样便导致两难境况:若为保证国家所有权不受损失,强化所有权作用,就很难根本克服传统国有制下国家对企业过多的直接干预;若强调承包的独立性,把支配权、管理权一并交给承包者,国家只保留剩余索取权,则又可能侵蚀国家所有权,尤其是破产后无以追究财产责任。支配不属于自己的资产

---

① 参阅《马克思恩格斯全集》第二十五卷,第497页。

最基本的责任是对所有者负财产责任,而承包制下可以负行政、名誉以及个人收入等责任,唯独不可能负财产责任。这就使承包企业在进入市场时,既可能摆脱计划约束,又不能从财产制度上受市场的硬约束。这就是承包制行为短期化以及财产制度混乱无序的根源所在。如何在实现权能分离过程中,在公有制基础上从财产权利界区上使支配者切实能够对所有者负财产责任,的确是深化改革的基本问题。

南斯拉夫"社会所有制"的根本缺陷也在于此,社会所有制规定国家、企业集体、个人、部门、社会团体都不是所有者,只能是"社会"所有,因而不仅国家不具有所有权,企业集体工人的自治权也不是所有权。① 所以,一方面没有所有权主体规定工人自治权,另一方面工人自治权也不可能对所有权负财产责任,经理的管理权只是对不能负财产责任的工人自治权负责,从而导致企业行为目标不在于财产增值,而在于追求职工人均收入极大化。企业行为既不接受计划约束,也不符合市场规则,② 并由此导致长期经济失控,通货膨胀严重,结构刚性突出等混乱。进入90年代以来,南斯拉夫以股份制来替代社会所有制,一方面明确所有权主体,另一方面在明确主体的同时以股份制的方式划分所有权与支配权的界区,强调支配者必须对所有者负财产责任,强化企业在市场活动中的财产责任约束,经济有了变化。1989年与上年相比通货膨胀率高达百分之几百,有时甚至达到百分之两千。但1990年以来,通货膨胀率被控制在一位数以内,全年也不过5%—7%。这虽然不能完全归之于财产制度的变化(对这种变化的性质还需深入研究),但财产制度对企业市场行为约束的强化,无疑是放开价格过程中使价格收敛于均衡的重要制度条件。

第四,三权分离作为一种对产权运用的社会分工,必须与社会

---

① 南斯拉夫关于"社会所有制"的定义自50年代至70年代通过的多部宪法均未有所改动。参阅《南斯拉夫联邦共和国宪法》,人民出版社1979年版。
② 参阅本·沃德:《伊利里亚中的企业:市场社会主义》,载《美国经济评论》,1959年第48期;又见富鲁普顿、佩杰威克:《所有权和社会主义企业的行为》,载《美国经济学家文献杂志》,1972年,第10卷,第4期。

的生产社会化程度相适应。将哪些领域、行业和企业在多大程度上实行三权分离,应视生产力的发展要求而定。① 但这里的确有一个原则,即越是社会化程度高,越要求商品化程度深的领域,在企业制度上越应贯彻三权分离的原则。因此,即使在公有制基础上实行股份制,也应首先在大企业、现代化的新兴产业中实行,而不应选择小企业、落后产业。

(原载《经济研究》1991年第4期,此处节选自其中的第二部分)

---

① 西方产权论者曾提出选择三权分离的经济标准:由于权能分离,支配权可能损害所有权;因为支配者与所有者动机不同,由此会给所有者带来经济损失;但若每个要素所有者都自己独立到市场去支配其资产,市场容量有限,市场膨胀又会增大交易成本,由此也会给所有者带来经济损失。比较这两方面的损失,若后者大于前者,则以三权分离的权能结构为主(参见邓姆塞茨、阿坎纳:《生产、信息成本和经济组织》,《美国经济评论》1972)。还有一些西方企业组织论者广泛地讨论了这一问题,德国一些组织论者甚至还给出了一系列计量公式。

论作为资源配置方式的计划与市场

吴敬琏

吴敬琏简介如前第 567 页。

三 分歧的实质是什么?

现在摆在我们面前的问题是：在当前计划与市场问题的讨论中，双方意见的实质性分歧是什么？他们对社会主义经济界定上的差异，反映着什么样的经济体制取向上的区别？认为社会主义经济只能定义为计划经济，而不能定义为商品经济或市场经济的同志们所要肯定的和反对的，是些什么主张？

显然，分歧产生的根源，并不在于对社会主义经济的运行状态有两种不同的认识。这是因为：一方面，几乎所有讨论的参加者都认为，社会主义作为一种公有制占主导地位的经济，有必要自觉地保持国民经济的平衡的、按比例的发展。从这个意义上说，社会主义经济是一种"计划经济"，这是没有疑义的。另一方面，既然所谓"市场经济"是从运行方式即资源配置方式的角度上讲的，它同从运行状态的角度上讲的计划经济并不处在同一层次上，无法加以对比，因而任何把计划经济（按比例发展的经济）同商品经济或市场经济（以市场配置为基础的经济）看做互相排斥、有此无彼的观点都很难成立。

不过换一个角度看问题，情况就不同了。从社会资源的配置方式这一特定的角度看，以行政配置作为社会资源的基本配置方式（命令经济）同以市场配置作为社会资源的基本配置方式（市场经济）之间，的确存在彼此排斥或相互替代的关系。不少反对说社会主义经济是市场经济的经济学家，正是从资源配置的角度立论的。

所以，问题的焦点在于：社会主义经济是否只能按照预定计划在社会范围内配置资源，让主观编制的指令性计划成为稀缺资源的主要配置者。

在目前的争论中，反对以市场机制作为资源的基本配置者的同志们常常把问题归结为对方主张搞"纯粹的市场经济"。事实上，这种所谓的"纯粹的市场经济"是根本不存在的，即使在所谓的"自由资本主义"时代也并不存在。从 17 世纪末到 19 世纪，西方某些政治家们倡言自由放任主义（Laissez－faire），主张政府只应起"守夜人"的作用，保境安民，而不干预经济。这个口号所针对的，是当时仍然严重存在的封建主义和重商主义的行政干预，因而是资产阶级先驱人物的一种理想。但是，这种完全竞争的"理想状态"到 19 世纪末也没有实现过。进入 20 世纪以后，"原子式"的市场竞争不能适应现代产业的发展已变得如此明显，市场有所不能和多有缺失已为社会所公认，因而市场经济各国的政府不能不更多地负起责任来，弥补"市场失灵"和"市场失误"，加强对宏观经济的管理，并在许多方面对企业的经济活动进行干预和管制。这就是凯恩斯主义取代老自由主义的历史背景。尽管 60 年代以后西方新自由主义思潮重新抬头，但是他们也无非要减少一点政府不必要的干预，并不是要搞什么"完全、彻底"的自由放任。这在"新自由主义"占优势的国家，例如联邦德国的"社会市场经济"中，也表现得十分明显。所以，广为流行的萨缪尔逊（Paul A. Samuelson）的《经济学》教科书一进入本题就明确指出，资本主义的市场经济从来没有达到过完全自由放任的境地。书中指出，在资本主义发展的历史上，"在削减政府对经济活动的直接控制的倾向达到完全的自由放任的状态以前，潮流就开始向相反的方向转变。自 19 世纪后期，几乎在我们所研究的所有国家中，政府的经济职能都在稳步增加"。可见，即使在萨缪尔逊这位"自由企业制度"的倡导者看来，当代西方经济也是一种建立在竞争性市场和价格制度基础上的、"国家机关和民间机构都实施经济控制"的"混合经济"[①]。

---

① P. A. 萨缪尔逊：《经济学》，第 10 版，上册，第 3 章，第 59—67 页，北京，商务印书馆，1986 年。

在一些后进国家的市场经济中,政府在赶超西方先进国家的过程中有效地发挥了"行政指导"的能动作用,在市场经济的基础上实施强有力的计划诱导和行政干预,对这些新兴工业经济(NIEs)的发展起了良好的作用。这种"市场经济＋行政指导"的模式,被一些人称作"亚太模式"①。

现代经济学早已观察到了市场失灵(Market Failure)的现象,即市场在某些领域中不能发挥作用或不宜发挥作用的情形,论述了在一定范围内进行社会的宏观(总量)管理、计划指导或所谓"行政指导"的必要性。在发展中社会主义国家的条件下,由于"市场失灵",因而需要进行宏观管理和行政干预的领域大体如下:(1)由于市场调节是一种事后调节,从价格形成、信号反馈到产品产出,有一定的时滞,所以调节过程中往往发生"蛛网原理"(Cobweb Theorem)所描述的波动。这在那些生产周期较长的产业部门中表现得更为明显。为了减少经济波动,保持稳定发展,除了要在市场制度的范围内寻求改进的办法外,国家还可以在中长期预测的基础上制定宏观经济计划,并提供其他有关经济的当前状况和发展趋势的信息,为企业和其他经济行为主体的微观经济决策提供指导。(2)某些宏观经济变量,如财政收支总额、信贷收支总额和外汇收支总额,对于市场经济的稳定运行具有决定性的意义。然而,这些宏观总量的确定和控制,却不是市场自身力所能及的,或不是市场力量能够单独决定的。它们只能由有关的宏观经济当局根据市场动态和稳定经济的需要进行管理。(3)当所谓"外部性"(Externalily)存在,即某些经济活动导致外部其他人受益(外部效益)或受损(外部负效益),而没有计入有关产品的价格或个体成本之中时,市场机制有效率地配置社会资源的前提便在一定程度上受到了破坏。这时便需要政府进行干预,采取行政规制(Administrative Regulation)或经济奖惩的办法来加以处理。至于那些具有极强外部性,而在享用上又不具有排他性的所谓"公共物品"(Public Goods),如社会治安、国防等的"生产",一般更应由社会

---

① 陈光炎:《亚太经济模式及其对中国的含义》,载《经济社会体制比较》,1990。

负责。(4) 在规模经济意义显著的行业，市场有产生垄断的倾向，垄断又反过来抑制市场机制的有效运作，妨碍效率的提高。因此，反对垄断和非公正竞争是政府的重要职责。政府应当通过司法和行政的办法防止垄断产生和保持竞争秩序。(5) 公正的收入分配，是社会主义的重要社会目标。然而，市场不可能自动实现这一社会目标，保证收入分配的相对平等。因此，需要政府采取行动，通过实施正确的税收政策和收入政策来维护分配的公正性。(6) 一个经济的动态比较优势（Dynamic Comparative Advantage）不能像静态比较优势那样，在市场上自动地表现出来。所以，政府，特别是发展中国家的政府，要通过自己的产业政策创设条件，使这种潜在的比较优势得以发挥。

总之，现代市场经济无例外地是由宏观管理、政府干预或行政指导的市场经济，或称"混合经济"。就是说，这种经济以市场资源配置方式为基础，同时引入政府等公共机构，通过计划和政策对经济活动进行调节。显然，我国的社会主义有计划的商品经济具有与此相类似的运行机制。在这种情况下，很难设想有哪位严肃的经济学家会建议在我国实行"纯粹的市场经济"；恰恰相反，不少主张我国经济应当以市场机制作为资源配置的基础手段的经济学家，对于如何在市场取向的改革中加强宏观管理和行政指导，提出了积极建议或做出了具体的设计。

同主张以市场调节为基础的人们的情况相似，认为指令性计划应当成为基本的资源配置者的同志们所主张的，也并不是"纯粹的命令经济"（用他们的语言，应当叫做"纯粹的计划经济"），而是在保持命令经济、用国家计划来配置资源的基本框架条件下，吸收某些市场的因素（所谓"利用价值规律"①）来刺激人们的积极性的体制。真正"纯粹的计划经济"，大概只存在于苏联战时共产主义的

---

① 这是一种很不确切的说法。我国杰出经济学家孙冶方说过，"利用价值规律"是一种唯意志论的提法。他指出，这样说，就"好像价值规律是一个可以随便听从使唤的'丫头'、'小厮'"（孙冶方：《要全面体会毛泽东同志关于价值规律的论述》，见《孙冶方选集》，第418页，太原，山西人民出版社，1984）。

短暂时期。甚至斯大林在 20 世纪 30 年代初期建立的集中计划经济模式，同样也在一定程度上利用了商品关系，在全民所有制经济内保留了商品——货币的"外壳"，实行"经济核算制"，所以也算不得"纯粹的计划经济"。

所以，当前在计划与市场关系问题上的争论，并不是"纯粹的市场经济"论和"纯粹的计划经济"论之争。事实上，争论双方都是主张把计划手段同市场机制结合起来的，只不过各自设想的结合方式完全不同：一部分经济学家主张保持传统命令经济的基本框架，以预先编制、以命令形式下达的计划作为社会资源的基本配置者，同时运用某些市场因素作为贯彻计划的辅助手段，甚至还可以开放一点无关紧要的经济领域，让市场力量去进行调节；另一部分经济学家则主张以市场——价格机制作为社会资源的基本的配置者，同时用社会管理和行政指导来弥补市场的缺失。①

在 1981—1982 年计划与市场关系问题的讨论中，反对说社会主义经济是商品经济的同志们已经提出过这样的问题："实行指令性计划是社会主义计划经济的基本标志，是我国社会主义全民所有制在组织和管理上的重要体现。完全取消指令性计划……取消国家对骨干企业的直接指挥……就无法避免社会经济生活紊乱，就不能保证我们的整个经济沿着社会主义方向前进。"②

---

① A. 诺夫在《新帕尔格雷夫经济学大辞典》的"计划经济"条目中写道："计划和市场一直被教条的社会主义者和教条的反社会主义者看做是两个不可调和的对立物"（伊特韦尔等主编：《新帕尔格雷夫经济学大辞典》，第三卷，第 946 页，北京，经济科学出版社，1992 年）。在最近的讨论中，日本经济学家正村公宏指出："不管'西方'、'东方'，占主导地位的经济体制观不是'或市场或计划'二者择一，而是谋求'市场与计划相结合'的观点。""但是，对如何使'市场'要素与'计划'要素结合的理解是不一致的。"分歧在于：有人主张"在以市场经济为基础的同时引入计划调整（通过公共机关的计划和政策对经济活动进行调节）要素"，有人"采取的是以计划经济为基础，同时发挥市场的调节作用"（正村公宏：《经济体制中的市场要素和非市场要素》，提交给 1991 年 5 月 25—27 日在日本箱根举行的中日经济学术交流会的论文）。
② 《红旗》杂志编辑部：《计划经济与市场调节文集·前言》，第 3 页，见《计划经济与市场调节文集》，第一辑，北京，红旗出版社，1982 年。

在新近的讨论中,我们也读到:"不能变计划经济为市场经济,那样会使我们的经济体制的改革走向歧路。""如果我们……让市场成为资源的主要配置者,不重视乃至削弱和否定计划经济的重要作用,必然会导致社会主义公有制经济的瓦解……必然会导致社会经济运行离开社会主义轨道。"①

这两段论述表明,反对实行社会主义商品经济或市场经济,其要旨在于让指令性计划成为"资源的主要配置者"。

以下,我们就从资源配置这个特定的角度考察这两种观点——"行政(计划)配置论"和"市场配置论"以及它们之间的分歧,并比较前者所主张的命令经济和后者主张的商品经济或市场经济两者的长短优劣。

在命令经济的资源配置方式下,稀缺资源是这样进行配置的:首先,中央计划机关掌握有关稀缺资源的状况、生产的技术可能性和生产与消费需求的各种信息;然后计算稀缺资源应当怎样在不同部门、不同地区和不同生产单位之间配置,才能取得最佳效益;最后根据计算结果,编制统一的国民经济计划,并把这个计划层层分解下达,一直到基层执行单位。上级主管机关直接掌握企业的人、财、物、产、供、销(即中共十二届三中全会《决定》所批评的"国家机构直接经营企业"),下达到执行单位的计划对它们生产什么、生产多少、用什么技术生产、投入品从哪里来、产出品到哪里去、开发几项新产品、追加多少投资、建设哪些项目等,都应有明确具体、一般是实物量的规定。如果计划规定的指标完全正确,执行单位又能全面地加以完成,就能使国民经济协调而有效率地运转,否则就会出现比例失衡和经济波动。

从上面的说明可以看到,行政配置资源的要点,是用一套预先编制的计划来配置资源。主观编制的计划能否反映客观实际,达到资源优化配置的要求,以及它能否准确地执行,决定了这一资源配置方式的成败。因此,它能够有效运转的隐含前提是:(1)中央计

---

① 卫兴华:《中国不能完全实行市场经济》,载《光明日报》,1989年10月28日;卫兴华:《中国的改革决不是完全实行市场经济》,载《北京日报》,1990年11月3日。

划机关对全社会的一切经济活动,包括物质资源和人力资源的状况、技术可行性、需求结构等拥有全部信息(完全信息假定);(2)全社会利益一体化,不存在相互分离的利益主体和不同的价值判断(单一利益主体假定)。不具备这两个条件,集中计划经济就会由于:(1)计算不可能准确无误,(2)计划不可能严格精确地执行,而使经济系统难以有效率地运转。问题在于,至少在社会主义阶段,这两个前提条件是难以具备的。因此,采取这种资源配置方式,在做出决策和执行决策时,会遇到难以克服的信息方面的障碍和激励方面的困难。

从信息机制方面说,在现代经济中,要保证资源配置决策正确,必须解决信息的收集、传输、处理等问题。在我们的时代,同马克思、恩格斯设想社会主义经济体制的时候不同,人们的需求极其复杂,而且变化极快。层出不穷的新产品刺激了新的消费需要,由此产生的巨量信息,是任何一个中央计划机关也无法及时掌握的。与此同时,现代经济的生产结构也极为复杂。而且由于科学技术一日千里的进步,新产品、新材料、新工艺不断涌现,为满足一种需求所可能采取的生产方案和工艺流程何止千百种。总之,在我们这个"信息爆炸"、瞬息万变的时代,要把在社会的各个角落里分散发生的巨量信息收集起来,及时传输到中央计划机关去,是很难做到的;而且即使中央计划机关掌握了所有这些信息,要在以日、月计的时间内求解一个含有几千万乃至上亿个变量的均衡方程组,将计算结果变成一个统一的、各个部分间相互衔接的计划,并把它层层分解下达到基层执行单位去,也是根本不可能的。

从激励机制方面看,采用行政资源配置方式的困难更大。我们知道,在任何一种资源配置方式下,都必须有一定的激励机制,保证正确的资源配置决策能够得到贯彻执行。在行政社会主义的资源配置方式下,资源配置决策是由代表社会全体成员整体利益的中央计划机关集中做出,并通过按层级制(Hierarchy)原则组织起来的"整个社会"去执行的。这就要求全社会的一切组织,包括所有的基层组织、中介组织乃至计划机关自己,都要像马克思描绘的"社会鲁滨逊"的肢体或者像 M. 韦伯所说的理想科层组织(Bureancratic Organization)那样行动。这些组织除了不折不扣地完成行政任务之外没有自己的任何特殊利益，因而在执行社会统一计划时，不会有任何偏离。事实证明，这一条件在社会主义条件下也是不可能得到满足的。在社会主义阶段，每一个经济活动当事人，包括计划的制定者和执行者，都有他们自身的利益。这种利益同社会的整体利益经常有矛盾。于是他们在提供信息、编制计划和执行计划的过程中，免不了有意识地或无意识地受到自身局部利益的影响而发生偏离。所以，虽然曾经有人设想，现代信息——计算技术的发展，将使我们得以解决用预定计划配置资源在信息方面的困难，① 却没有人能够提出，在行政资源配置体制下协调众多经济活动当事人之间的利益矛盾的妥善办法。且不说在生产发展和技术进步的过程中，信息量的增长必然快于计算技术的发展，企求靠计算技术的提高来克服信息方面的困难是注定不能实现的幻想；即使信息问题得到解决，行政资源配置方式的激励问题也是不可能得到解决的。

那么，用什么样的社会资源配置方式取代这种行政资源配置方式呢？如同前面所说的，对于社会化的经济，只有两种可供选择的社会资源配置方式，除了以行政手段为基础的方式，就是以市场机制为基础的方式。既然如此，所谓经济体制改革，就无非是用后一种方式取代前一种方式。后一种配置方式的优点是：稀缺资源配置是通过市场这个由千千万万商品经营者之间按一定规则进行的交易

---

① 兰格在他生前的最后一篇论文《计算机和市场》（1965 年）中写道："如果我今天重写我（1936 年）的论文，我的任务可能简单得多了。我对哈耶克和罗宾斯的回答可能是：这有什么难处？让我们把联立方程放进一架电子计算机，我们将在一秒钟内得到它们的解。市场过程连同它的繁琐的试验似乎都已过时，我们大可以把它看做是电子时代以前的一种计算装置。"（O. 兰格：《社会主义经济理论》，第 183—186 页，北京，中国社会科学出版社，1981 年）看来，如果说马克思主义经典作家从一开始就肯定集中计划体制的可行性，是由于对计算和监督的困难估计不足（恩格斯在《在爱北菲特的演说》中曾说："在共产主义社会里无论生产和消费都很容易估计。既然知道每一个人平均需要多少物品，那就很容易算出一定数量的人需要多少物品；既然那时生产已不掌握在个别私人企业主手里，而是掌握在公社及其管理机构手里，那就不难按照需求来调节生产了。"——见《马克思恩格斯全集》，第二卷，第 605 页，北京，人民出版社，1957 年），兰格转而肯定集中计划体制，则是由于有了更强大的计算手段。

活动交织而成的灵巧机器实现的,因而既能克服传统体制下决策权力过分集中的缺点,又不致出现混乱无序的状态。(1)从信息机制看,通过市场交易和相对价格的确定,每个经济活动的当事人都可以分享分散发生在整个经济各个角落的供求信息,从而解决了社会化大生产中信息广泛发生同集中处理的需要之间的矛盾。(2)各种资源配置决策不是靠行政权力由上到下地贯彻,而是由追求效用最大化的经济活动当事人根据市场信号(这个市场信号已经含有社会调节的因素),通过自己的计算自主地做出并自愿地执行的,从而能够使局部利益同社会利益协调起来。

市场经济的有效运转也有两个必须满足的前提条件:(1)企业的数目足够多并能自由进入,不存在垄断(完全竞争假定);(2)价格足够灵活,能够及时反映资源的供求状况,即它们的相对稀缺程度(价格灵敏性假定)。这两个条件不具备,市场制度也难以发挥有效配置资源的作用。以上两个前提条件也不可能完全满足。和集中计划经济下情况的不同之处在于:它们有可能近似地得到满足。例如,在现代的条件下,完全竞争的市场不可能存在,但垄断竞争、寡头竞争等不完全竞争的市场,或称竞争性市场,还是有可能建立的;价格对资源的供求状况作瞬时反应是做不到的,但是在竞争性市场的条件下,它是能够大体上反映各种资源的相对稀缺程度的;如此等等。除此而外,还有前面说过的其他的"市场失灵"和"市场失误"的情况。但是,这些缺陷是可以在一定程度上由政府干预和"行政指导"来弥补的。特别是在社会主义经济里,国家拥有多种手段进行干预和指导,就更有可能运用自己的影响改善资源的配置状况。

总之,两种资源配置方式前提条件不具备,有很不相同的情况:前者的前提条件是完全不可能具备的,特别在现代经济中,科学技术飞跃进步,新的生产可能性层出不穷,需求结构极其复杂而且瞬息万变;后者的前提条件不可能完全具备,但它们有可能基本上具备。因此,这种资源配置方式是相对有效的。

以上这些,不仅仅是从定义演绎出的结论,事实上,它已为20世纪经济发展的实践所证明。信息机制和激励机制中这些难以解决的困难,正是传统体制下五光十色、纷繁杂陈的消极现象产生的根源。要消除这些消极现象，必须从根本上改变用行政方法配置资源这种社会资源的配置方式。

实行命令经济的各国其僵化的体制极大地妨碍了社会主义潜力的发挥，使经济效率难以提高，说明这种运行机制存在着根本性的缺陷。不仅苏联70年经济发展的经验宣告了作为命令经济原型的体制完全不能适应现代化的要求；有些东欧社会主义国家企图在命令经济的总框架不变的条件下通过有限发挥市场因素作用的办法，来改善它的运行状况，这种零敲碎打的"改革"努力，也几乎毫无例外地以失败告终。

在我国，自从1956年提出集中计划体制必须进行改革以来，由于对改革的实质在于改变资源配置方式这一根本问题认识得不够深刻，以为在不改变行政配置资源的总格局的条件下，只要放权让利、调动各方面的积极性，就能根本改善国民经济的运行状态，这使我们在改革上走过不少弯路，甚至陷入"放——乱——收——死"的"改革循环"。

粉碎"四人帮"以来，在认真总结历史经验的基础上，我们对社会主义经济运行机制的认识有了许多重大的突破。党的十一届三中全会以来的改革开放路线，就是建立在这种科学认识的基础上的。党和政府的历次重要决议，为我国的经济改革指出了正确的方向。1979—1988年10年改革的巨大成就，证明了十一届三中全会以来的路线的正确性；同时，由执行改革开放路线不够系统和不够果断所带来的一系列消极结果，如通货膨胀、分配不公和腐败现象蔓延等，也从反面说明，不坚决走这条道路定会产生许多严重问题。

（本文写于1991年8月，原载《吴敬琏自选集》，山西经济出版社2003年版，此处节选自其中的第三部分）

在武昌、深圳、珠海、上海 等地的谈话要点*

邓小平

邓小平简介如前第 364 页。

一

一九八四年我来过广东。当时，农村改革搞了几年，城市改革刚开始，经济特区才起步。八年过去了，这次来看，深圳、珠海特区和其他一些地方，发展得这么快，我没有想到。看了以后，信心增加了。

革命是解放生产力，改革也是解放生产力。推翻帝国主义、封建主义、官僚资本主义的反动统治，使中国人民的生产力获得解放，这是革命，所以革命是解放生产力。社会主义基本制度确立以后，还要从根本上改变束缚生产力发展的经济体制，建立起充满生机和活力的社会主义经济体制，促进生产力的发展，这是改革，所以改革也是解放生产力。过去，只讲在社会主义条件下发展生产力，没有讲还要通过改革解放生产力，不完全，应该把解放生产力和发展生产力两个讲全了。

要坚持党的十一届三中全会以来的路线、方针、政策，关键是坚持"一个中心、两个基本点"。不坚持社会主义，不改革开放，不发展经济，不改善人民生活，只能是死路一条。基本路线要管一百

---

* 1992 年初，邓小平先后到武昌、深圳、珠海、上海等地视察，并发表了一系列重要讲话，通称南巡讲话。

年,动摇不得。只有坚持这条路线,人民才会相信你,拥护你。谁要改变三中全会以来的路线、方针、政策,老百姓不答应,谁就会被打倒。这一点,我讲过几次。如果没有改革开放的成果,"六·四"这个关我们闯不过,闯不过就乱,乱就打内战,"文化大革命"就是内战。为什么"六·四"以后我们的国家能够稳定?就是因为我们搞了改革开放,促进了经济发展,人民生活得到了改善。所以,军队、国家政权,都要维护这条道路、这个制度、这些政策。

在这短短的十几年内,我们国家发展得这么快,使人民高兴,世界瞩目,这就足以证明三中全会以来路线、方针、政策的正确性,谁想变也变不了。说过去说过来,就是一句话,坚持这个路线、方针、政策不变。改革开放以来,我们立的章程并不少,而且是全方位的。经济、政治、科技、教育、文化、军事、外交等各个方面都有明确的方针和政策,而且有准确的表述语言。这次十三届八中全会开得好,肯定农村家庭联产承包责任制不变。一变就人心不安,人们就会说中央的政策变了。农村改革初期,安徽出了个"傻子瓜子"问题。当时许多人不舒服,说他赚了一百万,主张动他。我说不能动,一动人们就会说政策变了,得不偿失。像这一类的问题还有不少,如果处理不当,就很容易动摇我们的方针,影响改革的全局。城乡改革的基本政策,一定要长期保持稳定。当然,随着实践的发展,该完善的完善,该修补的修补,但总的要坚定不移。即使没有新的主意也可以,就是不要变,不要使人们感到政策变了。有了这一条,中国就大有希望。

二

改革开放胆子要大一些,敢于试验,不能像小脚女人一样。看准了的,就大胆地试,大胆地闯。深圳的重要经验就是敢闯。没有一点闯的精神,没有一点"冒"的精神,没有一股气呀、劲呀,就走不出一条好路,走不出一条新路,就干不出新的事业。不冒点风险,办什么事情都有百分之百的把握,万无一失,谁敢说这样的话?一开始就自以为是,认为百分之百正确,没那么回事,我就从来没有那么认为。每年领导层都要总结经验,对的就坚持,不对的赶快改，新问题出来抓紧解决。恐怕再有三十年的时间，我们才会在各方面形成一整套更加成熟、更加定型的制度。在这个制度下的方针、政策，也将更加定型化。现在建设中国式的社会主义，经验一天比一天丰富。经验很多，从各省的报刊材料看，都有自己的特色。这样好嘛，就是要有创造性。

　　改革开放迈不开步子，不敢闯，说来说去就是怕资本主义的东西多了，走了资本主义道路。要害是姓"资"还是姓"社"的问题。判断的标准，应该主要看是否有利于发展社会主义社会的生产力，是否有利于增强社会主义国家的综合国力，是否有利于提高人民的生活水平。对办特区，从一开始就有不同意见，担心是不是搞资本主义。深圳的建设成就，明确回答了那些有这样那样担心的人。特区姓"社"不姓"资"。从深圳的情况看，公有制是主体，外商投资只占四分之一，就是外资部分，我们还可以从税收、劳务等方面得到益处嘛！多搞点"三资"企业，不要怕。只要我们头脑清醒，就不怕。我们有优势，有国营大中型企业，有乡镇企业，更重要的是政权在我们的手里。有的人认为，多一分外资，就多一分资本主义，"三资"企业多了，就是资本主义的东西多了，就是发展了资本主义。这些人连基本常识都没有。我国现阶段的"三资"企业，按照现行的法规政策，外商总是要赚一些钱。但是，国家还要拿回税收，工人还要拿回工资，我们还可以学习技术和管理，还可以得到信息、打开市场。因此，"三资"企业受到我国整个政治、经济条件的制约，是社会主义经济的有益补充，归根到底是有利于社会主义的。

　　计划多一点还是市场多一点，不是社会主义与资本主义的本质区别。计划经济不等于社会主义，资本主义也有计划；市场经济不等于资本主义，社会主义也有市场。计划和市场都是经济手段。社会主义的本质，是解放生产力，发展生产力，消灭剥削，消除两极分化，最终达到共同富裕。就是要对大家讲这个道理。证券、股市，这些东西究竟好不好？有没有危险？是不是资本主义独有的东西？社会主义能不能用？允许看，但要坚决地试。看好了，搞一两年对了，放开；错了，纠正，关了就是了。关，也可以快关，也可以慢关，也可以留一点尾巴。怕什么，坚持这种态度就不要紧，就不会犯大错误。总之，社会主义要赢得与资本主义相比较的优势，就必须大胆吸收和借鉴人类社会创造的一切文明成果，吸收和借鉴当今世界各国包括资本主义发达国家的一切反映现代社会化生产规律的先进经营方式、管理方法。

走社会主义道路，就是要逐步实现共同富裕。共同富裕的构想是这样提出的：一部分地区有条件先发展起来，一部分地区发展慢点，先发展起来的地区带动后发展的地区，最终达到共同富裕。如果富的愈来愈富，穷的愈来愈穷，两极分化就会产生，而社会主义制度就应该而且能够避免两极分化。解决的办法之一，就是先富起来的地区多交点利税，支持贫困地区的发展。当然，太早这样办也不行，现在不能削弱发达地区的活力，也不能鼓励吃"大锅饭"。什么时候突出地提出和解决这个问题，在什么基础上提出和解决这个问题，要研究。可以设想，在本世纪末达到小康水平的时候，就要突出地提出和解决这个问题。到那个时候，发达地区要继续发展，并通过多交利税和技术转让等方式大力支持不发达地区。不发达地区又大都是拥有丰富资源的地区，发展潜力是很大的。总之，就全国范围来说，我们一定能够逐步顺利解决沿海同内地贫富差距的问题。

对改革开放，一开始就有不同意见，这是正常的。不只是经济特区问题，更大的问题是农村改革，搞农村家庭联产承包，废除人民公社制度。开始的时候只有三分之一的省干起来，第二年超过三分之二，第三年才差不多全部跟上，这是就全国范围讲的。开始搞并不踊跃呀，好多人在看。我们的政策就是允许看。允许看，比强制好得多。我们推行三中全会以来的路线、方针、政策，不搞强迫，不搞运动，愿意干就干，干多少是多少，这样慢慢就跟上来了。不搞争论，是我的一个发明。不争论，是为了争取时间干。一争论就复杂了，把时间都争掉了，什么也干不成。不争论，大胆地试，大胆地闯。农村改革是如此，城市改革也应如此。

现在，有"右"的东西影响我们，也有"左"的东西影响我们，但根深蒂固的还是"左"的东西。有些理论家、政治家，拿大帽子吓唬人的，不是"右"，而是"左"。"左"带有革命的色彩，好像越"左"越革命。"左"的东西在我们党的历史上可怕呀！一个好好的东西,一下子被他搞掉了。"右"可以葬送社会主义,"左"也可以葬送社会主义。中国要警惕"右",但主要是防止"左"。"右"的东西有,动乱就是"右"的!"左"的东西也有。把改革开放说成是引进和发展资本主义,认为和平演变的主要危险来自经济领域,这些就是"左"。我们必须保持清醒的头脑,这样就不会犯大错误,出现问题也容易纠正和改正。

三

抓住时机,发展自己,关键是发展经济。现在,周边一些国家和地区经济发展比我们快,如果我们不发展或发展得太慢,老百姓一比较就有问题了。所以,能发展就不要阻挡,有条件的地方要尽可能搞快点,只要是讲效益,讲质量,搞外向型经济,就没有什么可以担心的。低速度就等于停步,甚至等于后退。要抓住机会,现在就是好机会。我就担心丧失机会,不抓呀,看到的机会就丢掉了,时间一晃就过去了。

我国的经济发展,总要力争隔几年上一个台阶。当然,不是鼓励不切实际的高速度,还是要扎扎实实、讲求效益,稳步协调地发展。比如广东,要上几个台阶,力争用二十年的时间赶上亚洲"四小龙"。比如江苏等发展比较好的地区,就应该比全国平均速度快。又比如上海,目前完全有条件搞得更快一点。上海在人才、技术和管理方面都有明显的优势,辐射面宽。回过头看,我的一个大失误就是搞四个经济特区时没有加上上海,要不然,现在长江三角洲,整个长江流域,乃至全国改革开放的局面,都会不一样。

从我们自己这些年的经验来看,经济发展隔几年上一个台阶是能够办得到的。我们真正干起来是一九八〇年。一九八一、一九八二、一九八三这三年,改革主要在农村进行。一九八四年重点转入城市改革。经济发展比较快的是一九八四年至一九八八年,这五年,首先是农村改革带来许多新的变化,农作物大幅度增产,农民收入大幅度增加,乡镇企业异军突起。广大农民购买力增加了,不仅盖了大批新房子,而且自行车、缝纫机、收音机、手表"四大件"和一些高档消费品进入普通农民家庭。农副产品的增加,农村市场的扩大，农村剩余劳动力的转移，又强有力地推动了工业的发展。这五年，共创造工业总产值六万多亿元，平均每年增长百分之二十一点七。吃、穿、住、行、用等各方面的工业品，包括彩电、冰箱、洗衣机，都大幅度增长。钢材、水泥等生产资料也大幅度增长。农业和工业，农村和城市，就是这样相互影响、相互促进。这是一个非常生动、非常有说服力的发展过程。可以说，这期间我国财富有了巨额增加，整个国民经济上了一新的台阶。一九八九年开始治理整顿。治理整顿，我是赞成的，而且确实需要。经济"过热"，确实带来一些问题。比如，票子发得多了一点，物价波动大了一点，重复建设比较严重，造成了一些浪费。但是，怎样全面地来看那五年的加速发展？那五年的加速发展，也可以称作一种飞跃，但与"大跃进"不同，没有伤害整个发展的机体、机制。那五年的加速发展功劳不小，这是我的评价。治理整顿有成绩，但评价功劳，只算稳的功劳，还是那五年加速发展也算一功？或者至少算是一个方面的功？如果不是那几年跳跃一下，整个经济上了一个台阶，后来三年治理整顿不可能顺利进行。看起来我们的发展，总是要在某一个阶段，抓住时机，加速搞几年，发现问题及时加以治理，尔后继续前进。从根本上说，手头东西多了，我们在处理各种矛盾和问题时就立于主动地位。对于我们这样发展中的大国来说，经济要发展得快一点，不可能总是那么平平静静、稳稳当当。要注意经济稳定、协调地发展，但稳定和协调也是相对的，不是绝对的。发展才是硬道理。这个问题要搞清楚。如果分析不当，造成误解，就会变得谨小慎微，不敢解放思想，不敢放开手脚，结果是丧失时机，犹如逆水行舟，不进则退。

从国际经验来看，一些国家在发展过程中，都曾经有过高速发展时期，或若干高速发展阶段。日本、南朝鲜、东南亚一些国家和地区，就是如此。现在，我们国内条件具备，国际环境有利，再加上发挥社会主义制度能够集中力量办大事的优势，在今后的现代化建设过程中，出现若干个发展速度比较快、效益比较好的阶段，是必要的，也是能够办到的。我们就是要有这个雄心壮志！

经济发展得快一点，必须依靠科技和教育。我说科学技术是第一生产力。近一二十年来，世界科学技术发展得多快啊！高科技领域的一个突破,带动一批产业的发展。我们自己这几年,离开科学技术能增长得这么快吗?要提倡科学,靠科学才有希望。近十几年来我国科技进步不小,希望在九十年代,进步得更快。每一行都树立一个明确的战略目标,一定要打赢。高科技领域,中国也要在世界占有一席之地。我是个外行,但我要感谢科技工作者为国家做出的贡献和争得的荣誉。大家要记住那个年代,钱学森、李四光、钱三强那一批老科学家,在那么困难的条件下,把两弹一星和好多高科技搞起来。应该说,现在的科学家更幸福,因此对他们的要求会更多。我说过,知识分子是工人阶级的一部分。老科学家、中年科学家很重要,青年科学家也很重要。希望所有出国学习的人回来。不管他们过去的政治态度怎么样,都可以回来,回来后妥善安排。这个政策不能变。告诉他们,要做出贡献,还是回国好。希望大家通力合作,为加快发展我国科技和教育事业多做实事。搞科技,越高越好,越新越好。越高越新,我们也就越高兴。不只我们高兴,人民高兴,国家高兴。对我们的国家要爱,要让我们的国家发达起来。

四

要坚持两手抓,一手抓改革开放,一手抓打击各种犯罪活动。这两只手都要硬。打击各种犯罪活动,扫除各种丑恶现象,手软不得。广东二十年赶上亚洲"四小龙",不仅经济要上去,社会秩序、社会风气也要搞好,两个文明建设都要超过它们,这才是有中国特色的社会主义。新加坡的社会秩序算是好的,它们管得严,我们应当借鉴它们的经验,而且比它们管得更好。开放以后,一些腐朽的东西也跟着进来了,中国的一些地方也出现了丑恶的现象,如吸毒、嫖娼、经济犯罪等。要注意很好地抓,坚决取缔和打击,决不能任其发展。新中国成立以后,只花了三年时间,这些东西就一扫而光。吸鸦片烟、吃白面,世界上谁能消灭得了?国民党办不到,资本主义办不到。事实证明,共产党能够消灭丑恶的东西。在整个改革开放过程中都要反对腐败。对干部和共产党员来说,廉政建设要作为大事来抓。还是要靠法制,搞法制靠得住些。总之,只要我们的生产力发展,保持一定的经济增长速度,坚持两手抓,社会主义精神文明建设就可以搞上去。

在整个改革开放的过程中，必须始终注意坚持四项基本原则。十二届六中全会我提出反对资产阶级自由化还要搞二十年，现在看起来还不止二十年。资产阶级自由化泛滥，后果极其严重。特区搞建设，花了十几年时间才有这个样子，垮起来可是一夜之间啊！垮起来容易，建设就很难。在苗头出现时不注意，就会出事。

依靠无产阶级专政保卫社会主义制度，这是马克思主义的一个基本观点。马克思说过，阶级斗争学说不是他的发明，真正的发明是关于无产阶级专政的理论。历史经验证明，刚刚掌握政权的新兴阶级，一般来说，总是弱于敌对阶级的力量，因此要用专政的手段来巩固政权。对人民实行民主，对敌人实行专政，这就是人民民主专政。运用人民民主专政的力量，巩固人民的政权，是正义的事情，没有什么输理的地方。我们搞社会主义才几十年，还处在初级阶段。巩固和发展社会主义制度，还需要一个很长的历史阶段，需要我们几代人、十几代人甚至几十代人坚持不懈地努力奋斗，决不能掉以轻心。

五

正确的政治路线要靠正确的组织路线来保证。中国的事情能不能办好，社会主义和改革开放能不能坚持，经济能不能快一点发展起来，国家能不能长治久安，从一定意义上说，关键在人。

帝国主义搞和平演变，把希望寄托在我们以后的几代人身上。江泽民同志他们这一代可以算是第三代，还有第四代、第五代。我们这些老一辈的人在，有分量，敌对势力知道变不了。但我们这些老人呜呼哀哉后，谁来保险？所以，要把我们的军队教育好，把我们的专政机构教育好，把共产党员教育好，把人民和青年教育好。中国要出问题，还是出在共产党内部。对这个问题要清醒，要注意培养人，要按照"革命化、年轻化、知识化、专业化"的标准，选拔德才兼备的人进班子。我们说党的基本路线要管一百年，要长治久安，就要靠这一条。真正关系到大局的是这个事。这是眼前的一个问题，并不是已经顺利解决了，希望解决得好。"文化大革命"结束，我出来后，就注意这个问题。我们发现靠我们这老一代解决不了长治久安的问题，于是我们推荐别的人，真正要找第三代。但是没有解决问题，两个人都失败了，而且不是在经济上出问题，都是在反对资产阶级自由化的问题上栽跟头。这就不能让了。我在一九八九年五月底还说过，现在就是要选人民公认是坚持改革开放路线并有政绩的人，大胆地放进新的领导机构里，使人民感到我们真心诚意搞改革开放。人民，是看实践。人民一看，还是社会主义好，还是改革开放好，我们的事业就会万古长青！

要进一步找年轻人进班子。现在中央这个班子年龄还是大了点，六十过一点的就算年轻的了。这些人过十年还可以，再过二十年，就八十多岁了，像我今天这样聊聊天还可以，做工作精力就不够了。现在中央的班子干得不错嘛！问题当然还有很多，什么时候问题都不会少。我们这些老人关键是不管事，让新上来的人放手干，看着现在的同志成熟起来，老年人自觉让位，在旁边可以帮助一下，但不要做障碍人的事。对于办得不妥当的事，也要好心好意地帮，要注意下一代接班人的培养。我坚持退下来，就是不要在老年的时候犯错误。老年人有长处，但也有很大的弱点，老年人容易固执，因此老年人也要有点自觉性。越老越不要最后犯错误，越老越要谦虚一点。现在还要继续选人，选更年轻的同志，帮助培养。不要迷信。我二十几岁就做大官了，不比你们现在懂得多，不是也照样干？要选人，人选好了，帮助培养，让更多的年轻人成长起来。他们成长起来，我们就放心了。现在还不放心啊！说到底，关键是我们共产党内部要搞好，不出事，就可以放心睡大觉。十一届三中全会确立的这条中国的发展路线，是否能够坚持得住，要靠大家努力，特别是要教育后代。

现在有一个问题，就是形式主义多。电视一打开，尽是会议。会议多，文章太长，讲话也太长，而且内容重复，新的语言并不很多。重复的话要讲，但要精简。形式主义也是官僚主义。要腾出时间来多办实事，多做少说。毛主席不开长会，文章短而精，讲话也很精练。周总理四届人大的报告，毛主席指定我负责起草，要求不得超过五千字，我完成了任务。五千字，不是也很管用吗？我建议抓一下这个问题。

学马列要精，要管用的。长篇的东西是少数搞专业的人读的，群众怎么读？要求都读大本子，那是形式主义的，办不到。我的入门老师是《共产党宣言》和《共产主义 ABC》。最近，有的外国人议论，马克思主义是打不倒的。打不倒，并不是因为大本子多，而是因为马克思主义的真理颠扑不破。实事求是是马克思主义的精髓。要提倡这个，不要提倡本本。我们改革开放的成功，不是靠本本，而是靠实践，靠实事求是。农村搞家庭联产承包，这个发明权是农民的。农村改革中的好多东西，都是基层创造出来，我们把它拿来加工提高作为全国的指导。实践是检验真理的唯一标准。我读的书并不多，就是一条，相信毛主席讲的实事求是。过去我们打仗靠这个，现在搞建设、搞改革也靠这个。我们讲了一辈子马克思主义，其实马克思主义并不玄奥。马克思主义是很朴实的东西，很朴实的道理。

六

我坚信，世界上赞成马克思主义的人会多起来的，因为马克思主义是科学。它运用历史唯物主义揭示了人类社会发展的规律。封建社会代替奴隶社会，资本主义代替封建主义，社会主义经历一个长过程发展后必然代替资本主义。这是社会历史发展不可逆转的总趋势，但道路是曲折的。资本主义代替封建主义的几百年间，发生过多少次王朝复辟？所以，从一定意义上说，某种暂时复辟也是难以完全避免的规律性现象。一些国家出现严重曲折，社会主义好像被削弱了，但人民经受锻炼，从中吸取教训，将促使社会主义向着更加健康的方向发展。因此，不要惊慌失措，不要认为马克思主义就消失了，没有了，失败了。哪有这回事？！

世界和平与发展这两大问题，至今一个也没有解决。社会主义中国应该用实践向世界表明，中国反对霸权主义、强权政治，永不称霸。中国是维护世界和平的坚定力量。

我们要在建设有中国特色的社会主义道路上继续前进。资本主义发展几百年了，我们干社会主义才多长时间？何况我们自己还耽误了二十年。如果从建国起，用一百年时间把我国建设成中等水平的发达国家,那就很了不起!从现在起到下世纪中叶,将是很要紧的时期,我们要埋头苦干。我们肩膀上的担子重,责任大啊!

(原载《邓小平文选》,第三卷,人民出版社1993年版)

关于渐进式改革的理论思考

樊 纲

樊纲简介如前第650页。

三 关键在于"新体制经济"的成长

改革最大的难点之一,就在于不能对公众当前所受的损失进行及时的补偿;如果能够及时补偿,改革的阻力就会减少,摩擦成本也会大大减少。有的国家可以通过"外援"来补偿损失;而对于有的国家,则必须主要依赖于"内援"。如果在一国之内能够发展起一个"新体制经济",使原来的经济中多出一块"体制增量",并使这块增量逐步增大,我们似乎就多了一个解决问题的渠道,这个第二经济的经济剩余可以被用来(事实上被用作)补偿公众在改革中所承受的损失。

在笔者看来,"渐进道路"的实质,"渐进道路"与"剧变道路"的根本性差别,不仅是一个改革在时间上快与慢的问题,不是在对旧体制改革中的"秩序"问题(比如是先改革价格后改企业,还是相反;或者,是先改革宏观管理体制还是先改革产权关系;是先搞经济改革还是先搞政治改革,等等),也不是分头推进还是"整体规划"的问题。"剧变道路"的特征是在新体制成分未发展起来的时候就不惜代价地对旧体制进行强行改造,而"渐进道路"的实质是在旧体制"改不动"的时候,大力培养和发展起一块"新体制经济",然后随着整个经济体制结构的变化和各方面条件的变化,逐步深化对旧体制的改革。在一定意义上来说,对传统的国有经济的改革进程,依赖于、取决于新的非国有经济的成长。只是注意到对旧体制进行改革，而没有培养和发展新体制，并不是真正的"渐进道路"，因为那不过是对旧体制进行的一些实质性的变革，到头来经济中还是没有产生出有利于克服改革阻力的新的经济因素，还是不可避免地会走上剧变道路（原苏联和东欧一些国家进行了许多年经济改革，但经济中一直没有生长出新的因素，到80年代末国有经济仍占国民经济的95%以上，结果再想走"渐进道路"也已不大可能了）。

　　这里所谓的"新体制经济"，绝不仅仅是在管理方式上是新的，不在于在表面上是为"计划"生产还是为"市场"生产，产品是由主管部门定价还是由生产企业定价。它们与旧体制的差别，首先是在产权关系上的差别，并且是因为产权关系上的差别而在管理体制、运行机制和行为方式上有所差别。对于一个以传统的国有制为主导形式的公有制经济来说，所谓"新体制经济"，指的主要就是各种非国有或非公有制经济成分，其中包括城乡集体合作经济、外资、合资经济①和私人、个体经济等与旧体制有不同的产权关系并因此按照与旧体制不同的方式运行的经济实体。在一个国家的范围内，各种经济成分总是相互影响、相互渗透、相互制约的，要相互"适应"或"迁就"才能共存于一个国民经济之中，因此不仅彼此会打上对方的"烙印"，而且由于是在一个国家中存在的不同经济成分，运行在同样的"制度环境"中，既包括"正式的制度"环境（宪法、法律、国家机器、政府政策、规章条例等等），也包括"非正式的制度"环境（传统、习惯、文化、道德、意识形态等等），二者会呈现出许多共同之处。所谓"新体制经济"最初与"目标模式"也会有较大的差距，但是，这不能否定它们在基本行为方式上有着自己

---

① 对外开放，引进外资，本身也是一种体制改革。在新体制本身可以创造出新的经济收入以"资助"改革的同时，引入的外资还能在体制过渡时期直接补充国内资源和技术，弥补收入增长的不足（这其实相当于前面所说的"外援"）。因此，"引进外资"这件事具有"一箭双雕"的作用。中国经济改革较为顺利的一个重要原因，就是因为在改革的同时实行对外开放，引进了大量的外资，这对保持经济增长的势头起到了重要的作用。这说明，在改革国内旧体制的同时，扩大对外开放，是渐进式改革道路的一个重要内容，它起着补偿旧体制改革成本的作用。

的特征。

在原体制经济旁边（或"夹缝中"）发展起来的新体制经济，是整个经济的一个"体制增量"，并必然提供出一块"收入增量"；正是这一收入增量，可以有形无形、被用作对旧体制进行改革时所需的补偿费用。既然我们总可以假定新体制的效率要高于旧体制（没有这一假定，也就无需改革了），那么显然，随着新体制的逐步发展，国民收入和居民个人收入会越来越多地来自效率较高的经济部分，每个家庭的就业与收入都会不同程度地同时与新经济体制发生联系并从中受益，国家财政收入的增长也会更多地来自新的经济体制，经济福利的提高对旧体制的依赖程度越来越小。当旧体制经济的收入下降的时候，新体制经济的收入提高；当旧体制所能提供的就业机会减少的时候，新体制所提供的就业增加。这样，随着新体制经济的发展，一方面，由于旧体制在人民生活中的意义相对变小，对其进行改革时所引起的生活水平下降的实际意义也就相对变小；另一方面，新体制的发展所带来的收入增长，会弥补旧体制收入的下降，使得在对旧体制实施改革时，不发生严重的生活水平下降，甚至可能出现在改革的同时，居民就业与实际总收入仍有所增长的情况。前面所说的对改革的"外援"问题，这时就可以通过一个国家内部两种体制之间的"内援"得到解决。改革旧体制这件事仍要花费成本的，数额可能仍是那么大，但一方面由于这一成本在总收入中所占相对份额的减少，其实际意义相对降低；另一方面由于另一部分收入仍在增长，从而可以对其进行补偿，使其不再是不可忍受的。这时，改革的困难局面就容易打破，阻力就不会那么大了。

四 积极发展非国有经济

回顾十几年来中国经济改革的历程和目前的状况，应该说中国目前处在相当有利的条件下，一定会成功地走出一条渐进改革的道路。这种可能性的存在，虽然是与过去对国有经济的改革分不开的，但我认为其主要原因不仅在于国有经济部分的体制改革已经取得了根本性的突破，而且也由于经过1978年以来的改革开放，在我们的经济中，在原体制的旁边或周围，已经成长起了一块具有相当规模的"新体制经济"，即由乡镇企业、城镇集体经济、非国有的高科技公司、"三资"企业以及私营企业和个体经济等等构成的非国有经济。到1991年，这些以集体经济为主体（占非国有经济的90%以上）的非国有经济，在工业总产值中所占的比重已增加到47%以上，在社会总产值中（加上农业和商业等）所占的比重已超过了60%。

非国有经济这一范畴虽然包括各种不同的类型，但与国有经济相比，它们有着一些共同的行为特征，并因此而可以被我们视为"新体制成分"。最主要的一点是，尽管它们在发展过程中还存在着这样那样的问题，但从基本行为方式上看，它们更接近于负盈又负亏、预算约束较硬的真正的市场行为主体。在经济"热"的时候，它们的自我约束力较强；在经济较"冷"的时候，它们一方面能够通过倒闭、停产、转产，自觉不自觉地使经济结构得到调整，另一方面又较为灵活，能较快地适应新的条件和寻找新的机会发展自己，显示了较强的生命力。1989至1991年经济紧缩期间，乡镇企业总产值年平均增长率达到19.1%，上缴国家税金年平均增长率达到22.1%。相对于在改革的其他方面所投入的努力，在发展非国有经济方面，所费的力气应该说是较小的。而结果是，在一些"主攻方向"上，成效往往不是很大，而在费力不大这一方面，却仅由于这些经济主体本身的行为符合客观规律的要求，其结果是"异军突起"，硕果累累，而且进展平稳。

非国有经济的发展，正如前面的理论分析中所指出的那样，为整个国民经济提供了很大一块"收入增量"，为旧体制的改革提供较为宽松的条件。农村实行联产责任制以后，80年代初以来，以农户个体经营为主的农业，基本上一直保持了良好的增长势头，为整个经济的增长和国民收入的增长以及缓解市场短缺作出了重要贡献。工业中的各类非国有经济成分，以比国有经济成分高出一倍以上的速度发展，没有花什么投资，就获得了极高的产出。在国有企业普遍利润率下降、亏损额增大、亏损面扩大的时候，保持了经济的增长和居民实际收入的增长。在过去13年中，就业的增长，主要靠的是乡镇企业和各种集体、个体、私人经济的成长。目前，城镇经济中，依靠非国有经济获得一半以上或全部收入的家庭已占有越来越大的比重，而且其增长速度也比来自国营单位的收入要快得多。这说明，人们在经济收入上对国有经济的依赖程度已有所下降，现在对国有经济实行大规模的改革和调整，人们的承受能力，显然要比过去全部收入都依赖它的时候要大得多，阻力和由此可能导致的社会冲突、"摩擦损耗"也就会小得多。个人收入的提高和非国有经济的壮大，还使资本市场得以发展起来，为国有经济产权关系的改革创造了有利的条件。

非国有经济的发展还明显为旧体制的改革提供了"行为示范"，事实上也有利于减少改革过程中的"转换成本"。现在经常听到人们在谈论如何将"三资"企业和乡镇企业的经营机制引入国营企业，这在一定程度上就表现出了非国有经济的发展对国有经济改革的示范效应和促进作用。这方面的作用还远不止如此。非国有经济的发展能为整个经济培训出大批真正的企业和企业家，在许多方面逐步影响到人们的行为方式、传统观念和社会习惯，使得在旧体制中生活的人能在潜移默化中学会如何适应新体制，以新的方式工作和生活，使市场竞争意识、企业家精神、机会平等的观念等等逐步发展起来。比如，我们有了《破产法》，但真正让国有企业破产却不容易，而非国有经济的发展却在我们自己的经济中直接向人们提供了示范，使人们日益懂得真正实施《破产法》的重要性。再举例来说，"平等"观念是一个社会最重要的价值观念或道德观念，也是最难改变的一种"无形制度"。传统体制下形成的"大锅饭"、平均主义的平等观念，是很难单纯依靠宣传、依靠提倡以效率和机会平等为前提的市场经济平等观念来破除的。而一旦人们从非国有经济的发展中看到了一部分人先富起来的好处，在实际中真正观察到了向富裕看齐过程中实现的共同富裕，比起把富裕拉下来共同贫困要实惠得多，进一步改革过程中旧观念的阻碍自然也会就越来越小了。时至今日，正是由于非国有经济的发展，才使人们真正尝到了"改革的甜"，社会上和领导层内对改革的阻力才逐步变小，使下一步更深入的改革有了一个较为宽松的社会环境。

中国要想成功地走出一条渐进的改革之路，并在改革的过程中保持经济的较快增长，缩短与先进国家的差距，就必须在90年代进一步大力发展非国有经济,把发展非国有经济提到更高的战略地位上来。非国有经济已经有了很大的发展,但显然还远远不够,它们本身的许多问题也需要在进一步的发展过程中加以解决。这就要求我们要提供制度和政策上的保证。在当前主要应做的事情有:(1)在基本制度环境上进一步为非国有经济的发展提供保障。应进一步在法律上(包括宪法)明确非国有经济,包括乡镇企业、"三资"企业、私营企业和个体经济的合法地位,而不是在现阶段被"利用"来发展经济的权宜之计,以稳定各方面的"制度预期"和"政策预期",打消人们"怕变"的顾虑。(2)在非国有经济中首先推行股份制改革,特别是在那些已经发生产权纠纷的场合,用股份制的办法将地方政府、集体经济和个人的产权关系和各经济利益主体的投资和利润分配界定清楚。事实上,股份制在亏损面很大的国有经济中目前很难全面实行,实行后其效果也还很不确定,现在应在非国有经济中及早试行、推广股份制,这样既有利于非国有经济的发展,也可为国有经济实行股份制改革提供有益的经验。同时,在非国有经济中实行股份制还可以加速资本集中,更加迅速地提高非国有企业的规模效益,改变许多企业目前仅能"小打小闹"的局面。(3)调整对乡镇企业和私营经济的政策,特别是要扩大信贷方面的支持(对其他非国有经济形式也应采取类似的措施)。现在乡镇企业发展上所面临的主要问题不在于收益低,而在于缺乏初始投入。针对这种情况,可以适当改变对乡镇企业实行的减免税收的优惠政策,加强税收管理,但与此同时,对乡镇企业在信贷条件上也应与国有企业一视同仁,不能仅仅因为国营企业有政府作保或政府干预就不论是否赢利也能获得货款,而非国营企业即使有利可图也难以在资金上得到更大的支持。

渐进道路意味着:经济改革的过程,是一个新体制逐步替代旧体制的过程,在改革过程中,将存在一个相当长时期的"体制转换"阶段,由于国营企业的改革目前仍然存在一些困难,仍需作出巨大而持久的努力,可以预见在90年代中国经济将仍然保持着明显的"体制转换"的特征。体制转换也会产生特殊的问题,如可能产生新的阻碍深化改革的利益集团,转轨造成的摩擦也会导致资源的浪费或无效配置等等。这些问题在90年代应引起更多的重视。而要解决这些问题，根本的办法就是加速新体制的发展，尽快实现向新体制的"并轨"。

渐进道路是否要用较长的时间（与"剧变道路"相比），需要由实践作出回答，理论上很难在事前作出结论；主观愿望上想快，在实践中必须创造必要的条件，最终可能还是要等各种条件，包括新体制成分有了一定的发展之后，才能真正完成体制变革。但无论如何，走渐进道路需要有更大的信心、更长远的眼光。一方面要认识到，眼前十分突出、急需解决的旧体制的许多问题，往往因条件还不成熟而不可能立即解决，应该积极创造条件，切切实实解决实际中的问题，使改革不断深化，否则一遇到阻力可能还会开倒车，使改革过程出现反复；另一方面则要以发展的眼光看问题，不能因新体制在发展初期力量微小，似乎不足以成"大气候"，本身又存在这样那样的问题，就忽视其在整个改革过程中的重要作用，对其发展不予以重视。最初看上去微不足道的东西，可能正是改革大业的希望所在。

我们的改革能否成功取决于能否抓住有利的时机将改革推向前进，能否采取正确的战略和政策。中国要想在经济发展水平上赶上先进国家至少是周边的较先进国家，实现经济的现代化，已经再也经不起任何耽搁了。

（原载《安徽大学学报》哲学社会科学版，1992年第4期，此处节选自其中的第三、四部分）

我国城市的土地使用制度及其改革*

李 扬

李扬，1951年生，安徽淮南人。

1981年获安徽大学经济学学士学位。1984年获复旦大学经济学硕士学位。1989年获中国人民大学经济学博士学位。1989年入中国社会科学院从事研究。现任中国社会科学院财贸经济研究所副所长和金融研究中心主任及中国人民银行货币政策委员会委员，兼任中国金融学会理事和学术委员会委员、中国财政学会理事、亚洲太平洋经济合作理事会中国金融市场委员会委员。

主要著作有《财政补贴经济分析》、《中国金融改革研究》、《金融全球化研究》等。

二 关于城市土地配置效率

在城市土地使用制度改革中，议论最多的是城市土地配置效率的问题。提高城市土地配置效率应成为城市土地使用制度改革的主要目标。但是，迄今为止，尚未建立分析城市土地配置效率的理论框架，也没有一个适当的提高城市土地配置效率的方略。提高城市土地配置效率的关键，是要找到若干判断城市土地配置效率的标准，而这又需要有关经济理论的指导。

---

* 本文是在中国社会科学院财贸经济研究所和美国公共管理研究所合作研究报告《中国城市土地使用与管理》的基础上形成的。课题中方由刘国光、张卓元主持，课题组成员有：杨重光（组长）、杨圣明、刘维新、杨冬松、廖康玉、李扬、石小抗、张敬东、张京。本文由李扬执笔。

理论和经验都证明,在一个单中心的城市中,土地的竞争性使用,将使城市中用于商业及服务业、工业和住宅业的土地的收益水平(或租金水平),呈现由城市中心向边缘逐渐下滑的状态(图1)。

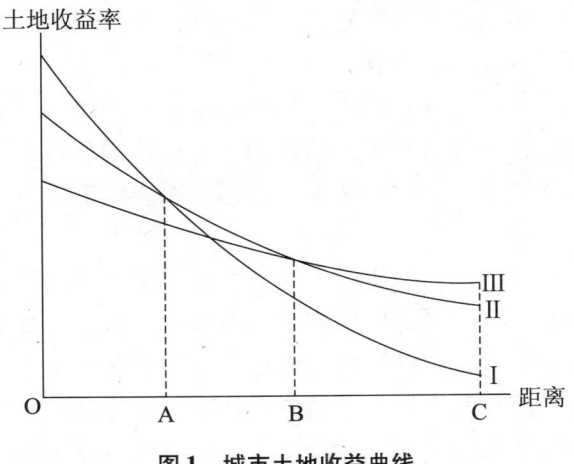

图1 城市土地收益曲线

之所以如此,是因为城市土地的位置是决定其各种经济活动收益水平的重要因素。在其他条件相同时,距市中心越近,经济活动的收益水平越高;反之则相反。然而,商业及服务业、工业和住宅业各自的收益水平对于土地位置的敏感度是不同的。商业及服务业对土地位置最为敏感:在市中心,它们的收益水平最高;离开市中心向城郊发展,其收益水平逐步大幅度下降(曲线Ⅰ)。工业对土地位置的敏感度次于商业及服务业(曲线Ⅱ)。住宅业则又次于工业(曲线Ⅲ)。这样,我们便可以在一个以离市中心的距离为横轴,以土地收益率为纵轴的平面图上,分别绘制出这三种用途的土地收益曲线来,这三条曲线所组成的包络线形成了城市土地收益曲线或租金曲线。我们可以从三个角度来认识这些曲线的性质。从土地收益角度看,这些曲线是在城市的各个位置上各种竞争性用途可能产生的最高土地收益率的集合。从土地所有者角度看,这些曲线构成他们索取土地租金的最高标准。从用地者角度看,这些曲线构成他们使用土地的成本。假定土地费用和距市中心的距离是用地者选址的主要因素,理性的用地者将依据土地费用边际节约等于交通费用边际增加的平衡原则,选择适合自己的位置。竞争的结果,将使商业、服务业集中于租金（或收益）最高的 OA 区域，工业将集中于 AB 区域，住宅集中于 BC 区域，因为，在上述条件下决定的城市土地配置，其效率是最高的。① 由城市收益（或租金）曲线理论，我们可以导出一个判断城市土地配置效率的标准：如果城市土地配置是有效率的，那么，商业、服务业、工业和住宅业在城市中的分布将形成如图 1 所指示的格局；反之，如果城市中的商业、服务业、工业和住宅业用地位于同自己的出价能力不相适应的区域内，例如，工业和住宅位于市中心，或商业位于市郊，则该城市的土地配置是低效率的。

在商品经济中，人们使用土地都力求产生最高经济效益。只要转换土地用途有利可图，则人们迟早都会这样做。无数用地者追逐高土地收益的行为，将导致城市土地配置的不断调整。当有利可图的机会已被发掘馨尽，城市土地的总体收益将达最大，这时的城市土地配置效率是最高的。由此我们又可导出一个判断效率的标准：如果城市土地配置是有效率的，那么，城市中既有的土地用途之间将不再发生显著的转换；反之，如果城市中存在着显著的土地用途转换现象，则该城市的土地配置是低效率的。

最后，在一个合理发展的城市中，商业及服务业、工业和住宅业各自的用地占城市总面积的比重，应当与类似国家的情况大致相仿。由此我们又可得到一个可资参考的判断标准：如果城市土地的用途结构与国外合理发展的同类城市的结构相去甚远，那么，该城市土地配置的效率是需要加以审视的。

确定了上述三个判断标准，我们可以对我国城市土地的配置效率进行分析。

根据我们掌握的南京、宁波两市的土地收益测算资料，我们分别绘出了两市的土地收益曲线（见图 2、图 3）。

观察图 2 和图 3 得到的突出印象是，在这两个城市中，一般并不存在由不同的土地用途主宰不同地段收益水平的情况，就是说，

---

① 为了简化，我们这里只讨论了单中心城市模型。现实中的城市可能是多中心的。但是，将多中心引入分析，固然会使情况发生复杂的变化，而基本结论是不变的。

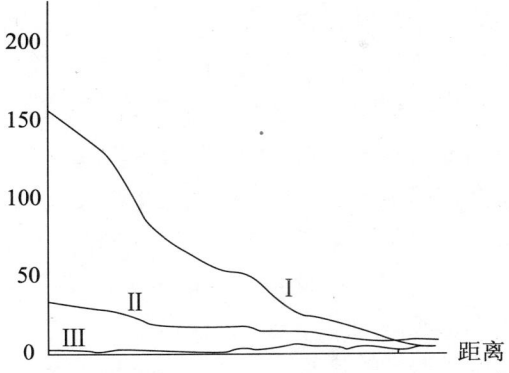

图2　南京市土地收益曲线

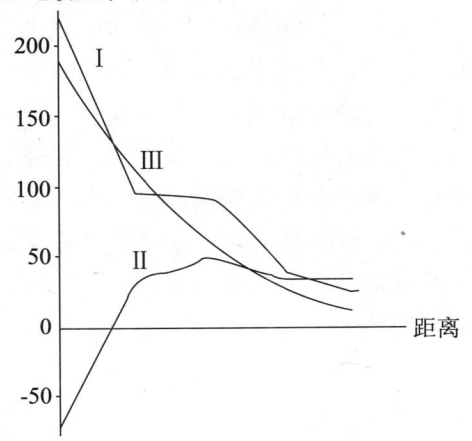

图3　宁波市土地收益曲线

该两市的土地收益分布,很难形成类如图1所绘制的那种收益梯度曲线。而且,商业及服务业、工业和住宅业用地的收益曲线的走势,也呈异常状态。造成这种状态的原因是多方面的。

首先,在两市,除了占地面积很小的最繁华商业中心外,我们看不出明显的功能分区,就是说,工业、商业、服务业、办事机构和住宅在城市的各个区域中基本上都是混杂在一起的。这种情况是我国长期存在的"企业办社会"、"单位办社会"造成的。在我国的城市中,以企业和单位为中心的多种功能的用地集合到处可见,大、中、小城市几乎没有例外。而精心设计的成片工业区、商业区和住宅区，只是最近几年才出现的。

在城市中发现的另一突出问题是，工厂用地不仅分布在各个租金区内，而且它们占城市总面积的比重都相对较高。表1显示，我国城市中工业用地的比重，大多比日本高出一倍多。从这个比较中，虽然不能直接推出我国城市中较高的工业用地比重是不合理的结论，但有一点却值得深思：日本是一个高度工业化的国家，但工业用地占城市土地的比重却比我国低得多。这至少说明，我国的工业少占一些土地并非不可能。

工业用地比重偏高的状况，是我们推行片面工业化战略的结果。推进工业化，其本身无可厚非。伴随这一过程，工厂占地逐渐增多，这也在所难免。问题是在改革前30年，我国工业化战略常被极端化为"先生产、后生活"，这种战略具体到城市土地配置上，则表现为工业用地的需求总是优先并几乎无条件得到满足的。加之，我国的企业长期无需承担土地使用的成本，多征少用和征而不用土地的现象十分普遍，这样工业用地比重较高是很自然的事。工厂不仅不适当地占用了过多的土地，而且用地的收益在各个城市中大都处于最低水平。南京市工厂用地的最高收益水平仅达8.726元/（m²/年），整个工厂用地的收益曲线在该市的各地段上都低于商业和住宅用地的收益曲线（图2）。在宁波市，处于一级地段上的工厂用地的收益竟出现负值（图3）。

表1 城市用地结构：日本与中国若干城市的比较 （单位:%）*

城市或国家 城市用地结构	日本 （1985年平均）	南京	宁波	上海	济南
工厂用地	13	34.2	30.5	24.4	37.5
住宅用地	76	29.1	28.3	32.5	28.4
其他用地	11	36.7	41.2	43.1	34.1
总计	100	100	100	100	100

* 资料来源：《世界城乡土地管理》，科学技术文献出版社1988年版，第91页。中国资料引自有关各城市土地定级报告。

与工厂占地比重偏高相对应，商业、服务业占地比重相对偏低。许多城市在测算土地收益时，都不约而同地发现，在各级地段上，商业、服务业用地的收益都高于其他用地的收益。出现这种情况的主要原因在于商业、服务业利润较高；而商业、服务业利润相对较高的原因，则在于我国的商业和服务业不够发达，全行业长期居于卖方市场地位。这种状况显然是由我们长期重生产、轻流通的政策所致的。

总之，运用本文提出的判断效率的标准，我们可以较有把握地说，我国城市土地的配置是低效率的。

经济改革以前，房地产交易基本上是被禁止的，房屋租赁活动也只被允许在各种严格限制的条件下进行。但是，房地产黑市交易以及房屋黑市租赁活动一直没有绝迹。这是一种由土地需求者和房地产使用者自发推动的调整城市土地配置的活动。经济改革以后，房地产交易和房屋租赁活动有了相当大的发展。由于政府对房地产交易和房屋租赁的条件、价格和租金等均有限制，到土地管理部门和房屋管理部门登记的固然成倍增加，但黑市交易和黑市租赁更呈跃增之势。据我们调查，目前至少有房地产出售、房地产出租、转让已开发或未开发的土地、以地换房、以土地作价合营或入股、企业兼并等形式。这些房地产交易和租赁活动，绝大多数导致了土地用途的转变。除了这些通过与他人进行交易而进行的转变土地用途的活动外，我国城市中还大量存在着土地使用者自行转变土地用途的现象，并由此导致土地配置的低效益。

通过对城市土地配置效率的调查，我们可以发现造成低效率的原因。据我们对北京大栅栏和中关村地区所进行的大规模的黑市交易调查显示，进入交易的土地几乎百分之百地转变成为商业用途。在南京市所调查的发生于1988—1989年的1 050起土地转让和租赁案例中，有85%的土地被转变为商业和服务业之用，其余的则用于住宅。而发生于企业、单位和政府部门之间的房地产交易，以及它们对土地用途所作的自行调整，绝大部分也都用于商业和服务业，以及建造住宅或发展新的产业。这种主要由土地使用者们自主推动的土地使用性质的转换说明，我国城市土地配置于商业、服务业和住宅用途上的太少，而被配置于工业用途上的则太多，再加之各种用途的土地在城市空间分布得并不合理,形成了土地配置低效率的主要原因。因此,要提高我国城市土地的配置效率,就必须采取措施,调整城市土地的空间布局,通过压缩工业用地比重和提高商业、服务业和住宅用地的比重,来调整城市的用地结构。

(原载《中国社会科学》1992年第2期,此处节选自其中的第二部分)

制度创新的一般理论

汪丁丁

汪丁丁，1953年生于沈阳。著名经济学家。

1981年获首都师范大学（原北京师范学院）数学系理学学士学位。1984年获中国科学院系统科学研究所"教学与系统科学"理学硕士学位。1985年赴美国东西方文化研究中心做访问研究，1986年转入夏威夷大学经济系博士班。1990年获美国夏威夷大学经济学博士学位，同年转任（1990—1993年度）美国东西方文化中心"东亚经济发展、文化与制度变迁"项目研究员。1991年任教于香港大学经济系。1996年赴德国杜依斯堡 Gerhard – Mercator 大学任客座研究员。1997年3月起任教于北京大学中国经济研究中心。现为北京大学中国经济研究中心和浙江大学经济学院经济学教授、浙江大学跨学科社会科学研究中心学术委员会主席、东北财经大学行为与社会科学跨学科研究中心学术委员会主席、《财经》学术顾问。

主要著作有《经济发展与制度创新》、《我思考的经济学》、《市场经济与道德基础》等共三十余部。

三 制度创新的一般过程

这一节要发挥的是诺斯在其前引书中注意到但没有充分展开的一个观点，那就是在制度演变和技术进步之间明显的相似性[1]。

---

[1] 诺斯用了其书第二部分的全部来说明这种相似性。他的主要引文是加州理工学院阿瑟教授的论文：B. Arthur, 1989, *competing technologies, increasing returns and lock-in by historical events*, *Economic Journal*。然而，那篇论文的贡献更多是数学说明方面的，较少经济理论方面的。诺斯的注意力显然

首先要尽量准确地说明熊彼特的理论。熊彼特在本文前引其书的第一章，重在描述一种抽象的静态经济，他称之为"周而复始的经济（The Circular Flow）"。其本质是，没有不确定性。每个人都事先准确地知道世界上将要发生的一切事情。所有处于分工中的人并不需要学会高深的统计和预测，日复一日的，不变的经济，可以教会人们所需准备的投入与产出量。周而复始，终会把行为转化成习惯。归纳，是理性为自然立法的过程（康德）。希克斯所说的习俗经济就这样产生了。

　　熊彼特接下去说明，在一个周而复始的经济中没有可能产生利润（任何用价值表示的产出超过投入的部分）。由于这是奥地利学派价值理论的一个推论（见庞巴维克的《资本实证论》），这里不重复该价值理论本身，只大致地说明这个结论。如果某一生产过程的产出具有比它的投入更高的价值，追求价值最大化的人为什么不把生产的规模扩大到（由于收益递减）使产出的价值最终等于投入的价值。所以，在周而复始的经济中（所以必定是处于均衡的经济）利润是零。①

　　是被吸引到了正文所说的他与巴塞尔教授的分歧那方面去了。在零利润的经济中没有创新。首先是没有必要创新，习惯已经是成本最小的制度了，除非出现了不确定性。其次，创新的含义是引进以前没有的一件事。"以前"是指人们习惯了的事的总和。那么，这件新事必定会干扰旧的价值体系，因为人们不知道应当怎样与这件新事相处或估计它的价值。这种价值的扰动产生了两个结果：首先，受到扰动后，某些生产过程的产出有可能有高于其投入的价值，当

　　真正值得注意的难道不是技术创新与制度创新在理论上的相似之处吗？应当大加引述的难道不是熊彼特的那部著作吗？我同意张五常的一个看法，一旦理论上想清楚了，数学的说明就是无关紧要的。按照罗素的看法，数学也不过就是逻辑的延伸罢了。

① 利润始终是一个引起争议的问题，人们犯了如此多的错误，以致希克斯在他临终前的那个访问录中强调，他毕生想要搞清楚的问题就是利润是如何被确定的。奥地利学派的价值理论当然也不能说是公认正确的，但零利润的结论也被新古典理论完全竞争的模型所确认，应当认为这是从不同侧面所确认的同一件事。

然也可能低于其投入的价值,这个价值差就是利润(或亏损)。其次,如果产生了利润,大家就会争相模仿从而最终使利润消失,在这一过程的末了,是新的价值体系的确立,向零利润经济复归,换言之,创新是对零利润经济的打破。

当不确定性发生的时候,创新就成为必要的了。利润,至少在上帝的第一次推动时,只是创新的结果,不确定性由奈特定义为:完全不可预见的事变。对于可以用概率来描述的事件,奈特称之为"风险",那不是不确定性。因为风险是可以,至少在原则上,由保险机制加以平滑的(完备的资产市场可以使风险为零,当然这是一个太强的假设)。

如果信息成本为零,不确定性将无法存在。但这几乎是一个荒唐的假设,因为不确定性是一个远较信息成本更为细致的概念,在信息成本中有一项就是由测不准(不确定)而引起的成本。当集合B是集合A的一个子集时,假定"A非"当然意味着"B非"。因此,理论深入到不确定性的讨论时,任何关于新古典经济学的世界和所讨论的世界的比较都显得太天真了。

当完全不可预见的事变发生的时候,人们的行为是怎样的呢?韦伯在其著《新教伦理与资本主义精神》中有过叙述。改革往往是由在竞争中渐渐失利的家族中的某个年轻人另起炉灶开始的。他来到乡间,小心地编织自己的市场、雇员和其他关系的网络,努力强化生产纪律,把农民转变成现代意义上的工人。另一方面,他改变销售方式,尽量直接地与最终用户建立联系,以取得更详细的需求方面的信息,改善产品的质量。这是熊彼特的创新过程的一种。不确定因素使某些人的生存条件恶化了,迫使其中不甘心的人起来创新。创新的结果,可能是重生也可能是毁灭。因此,熊彼特列出的企业家所具备的品质中第一个就是决断的精神。任何人,当他在创新时就是熊彼特意义上的企业家,当他退出创新行动时就不成为企业家。企业家,政治的和经济的,按照熊彼特的看法是推动社会不断向前发展的唯一的力量,因为在周而复始的经济中是没有"发展"的(但可以有增长,按照给定的生产方式,例如按外延式扩大再生产的方式增长)。

当利润与创新之间的联系成为社会共享的信息时,利润将不再仅仅是创新的可能结果，它变成了创新的激励。为利润而创新，利润（或亏损）成为为减少不确定性所作努力的报酬。鼓励人们追求高利润的社会因而有更多的机会创新和有更大的几率在逆境中求得生存和在顺境中求得发展。这就是制度演化的一般理论，就是社会进化的一般过程。它适用于一切社会（熊彼特语）。

如果说，对于技术创新的报酬直接就表现为熊彼特的利润的话，对于制度创新的报酬的表现形式则远为复杂。有些制度，如生产组织内部的规则，其创新的报酬表现为利润；有些制度，如社会集团之间关系（由合约描述）的调整，其创新的报酬则可能采取"租"的形式。罗曼斯特和拉尼在其最近的（1992年）一篇关于资源管理的宪法研究的未发表的论文中指出，利益集团的寻租行为并非一定是坏事，如果伴随着的是给社会带来利润的制度创新的话。这就把布坎南及图洛克的结果向前推进了。这方面的研究还很不充分，从而有待于进一步的努力。

熊彼特的技术进步理论对制度演变理论的一个主要帮助是，除了不确定性以外，其他的一切因素都变成内生于理论的了。制度演变的动力来源于熊彼特的利润，而利润的产生导源于不确定性，而不确定性的存在已经不是个理论问题了，它是大自然的本性之一。

当制度变迁的动力问题解决之后，应当回到制度变迁的机制问题上来，也就是前面讨论的诺斯的边际演变问题。由于文化的特质性，下面的讨论可以看成是制度理论在中国社会的某种尝试性的应用，它不是一种转述。

四 文化对中国体制改革的意义

文化的功用在于它是信息载体，在于由它所生成的习惯势力，在于生长在同一文化土壤上的人们共享着它所载的信息。交易成本由此而降低。

中国的经济与政治体制改革到了1988年把文化研究带到了它的顶峰。商业精神，这个其本质属于西方文化的幽灵正在这块东方的土地上徘徊。旧有的价值，"周而复始"的经济，心灵里平静的水潭，所有这些都被搅乱了。

科学与技术知识的积累，是存量，是使技术创新之水得以涌流的源泉之一，文化及其生长则是制度创新之水的源头。制度创新和技术创新当然不是互相独立的两股流水，正如它们的源头不是相互隔绝的一样。① 在这一存量与流量的关系中，诺斯在阿瑟之后强调过下述的过程：存量的结构决定了一个社会可以有什么样的流量，长期做海盗所积累的知识存量决定了在军事技术和航海技术方面的比较优势，从而在那一方面的创新成本较小；大河文化（黑格尔）决定了在农业和家庭制度方面的创新成本较小。另一方面，流量注入水池，加强了存量原有的结构。军事和航海技术的发展使海盗活动的范围加大，增强了文明在那一方面的发展。这就是所谓"道路依赖性"，即发展所走过的道路对未来的发展产生影响，也就是韦伯的"历史时间（Historical Time）"。诺斯由此认为，各民族的发展是绝不会趋同的（当然关键是对趋同的定义）。

中国文化，影响中国人行为的知识、价值和其他行为因素，通过教育和模仿，代代相传了几千年。这一个巨大而深厚的存量，使过去十几年在这块土地上发生的变革相形之下如此渺小。它是实实在在的边际性的变革。

首先是那个积淀了数千年的传统文化。其次是自明清以来受西方文明冲击而扰乱的、含了新文化基因的中国文化。再次是推倒皇帝以来民众亲身实践的民主生活，政治的与经济的，所积淀的文化。最后是社会主义的实践所积淀的文化。后者又分了三代人的文化：传统计划经济和与之相适应的文化，由文化革命植入这个文化的深刻的怀疑主义精神，和后文革时期以来被西方文明的再次冲击而强化了的拜物教的个人主义文化。所有这些文化层次，或厚或薄，都是改革或制度创新所必由生长的土壤。

从那个最深厚的文化层次中流传下来，至今仍是中国人行动的核心的，是"家"的概念，由此而生的，是求收入平等和求社会安定的意识。"夫有国有家者，不患寡而患不均，不患贫而患不安"。

---

① 钱穆认为，文明与文化是两个有重叠的概念，描述的是同一个实体，文明偏重于这个实体的物质方面，文化则偏重于其精神方面。

又派生出的,是对于竞争所产生的收入不均及社会不安的反感,其中包括对失业和物价上涨的反应。另一方面,家,"亲有差";"关系"分远近亲疏,分三六九等,由此决定的合约费用的结构使分工不能完全服从经济上有效率的原则。事实上中国的市场是依托于人际关系的网络而发展的,价格并不反映真实成本,进入每个人的成本核算的也不仅仅是经济成本,企业办社会(就业、子弟就业、托儿所、食堂、交通、澡堂、婚姻介绍……),政府包企业(在亚当·斯密的政府职责——监督游戏规则和提供公共产品——之外,中国的政府还有大家长的职责)。

此外,对于谋利的商业行为的反感,"君子喻于义,小人喻于利"(价值理性反对功利理性);科举制(汉代就有的"策问"与"对策")积淀下来的知识分子对政治的偏好,"修,齐,治,平",社会阶级的观念,士农工商,"四民者勿使杂处",所有这些与西方式的市场经济也许格格不入。

对文化遗产无可非议,否则只能怨天尤人。所需的还是边际演变的积极态度。不仅如此,中国文化中必定也含有与商品经济相容甚至相激励的因素,否则将无法解释东亚其他经济的市场化过程。赵冈及陈仲毅曾著书,考证中国市场经济起源甚早。至于人文主义和尊重产权,庞朴认为中国文化的特点是不把人从人际关系中孤立出来的,因此可以认为有着一种社会的人格。这与日本和韩国一些经济学家声称的集体主义精神在该经济发展中的作用不无关系。事实上,希克斯(1969,中译本,第37页)早就注意到了东方民族的市场经济虽起源极早但发展甚晚这一事实。他还发现(在韦伯的《一般经济史》以后):"欧洲文明经历了一个城邦阶段,这一事实是欧洲历史与亚洲历史迥异的关键。"

与其研究为什么中国文化阻碍市场经济的发展,还不如研究为什么中国文化在东亚促进了经济发展,经济发展是目的,市场只是手段。

接下来应当注意的是明清以来生成的第二个文化层次。这时正统的文化已不足以反映西方文明冲击的结果了。钱穆认为,由于儒释对抗,宋元明三代儒者的主要注意力及贡献在"融释归儒"。换言之,是在对付来自另一个方向的文化和挑战。在演化中仍产生了如"朱陆之争"这样有重要意义的分歧。朱熹"性即理"已经有导向实验科学和人生境界的意味("格物"补传),而陆象山"心即理"则有佛家的意味。晚明的东林学派,已经直论天下事及时弊了,若无清的入关,这一潮流所指,制度进一步向市场方向演变是可能的。到了清代,考据之学大兴,表面上与本文的论述了无关系,其实,考据,如经院哲学对西方文化的贡献一样,培育了两个方面的传统:一是逻辑思维的严谨化;一是怀疑的精神。

鸦片战争以后,"西风东渐"已成大势,对中国文化的扰乱及影响绝不是这里三言两语可以说清楚的。笔者以为,这一时期的动乱所产生的文化可由从这文化中生长起来的两位人物来说明,其一是孙中山,其二是鲁迅。即便这两人的思想也说不全面,只能引述一二,窥其一斑。孙中山,先事革命后事建设,故其思想更近儒家入世及融合性。"予之革命也,其所持主义,有因袭吾国固有之思想者,有归附欧洲之学说事迹者,有吾所独见而创获者。"(钱穆:《中国思想史》,第284页)鲁迅,旧文化的批判者和新文化的建设者,更偏重于精神的方面,给人超越时代的感觉。从鲁迅身上,李欧梵都看到了某种双重的人格,"一个是正走向灭亡的,动摇的多余人,一个是看到较好未来,却仍苦于孤独的过渡的革命者"。

能否认为孙中山的态度代表了中国文化以往和将来面对外来文化冲击的基本态度呢?能否认为鲁迅的那种深刻的孤独感和批判精神与文化革命的混乱造就的一代知识分子相呼应,正在强化着中国文化传统中原本微弱的"进取的怀疑主义"呢?

无疑,中国的体制改革碰到的最大障碍来自传统的计划经济体制及与之相适应的文化(人民的习惯性行为及在计划方面积累了几十年的知识,从而较低的那一方面的信息成本),企业被"推向"市场,没有事先周密地,如同资本主义企业在进入一个新市场之前必定要做的那样,准备应付大量的不确定性事件,更没有长期积累的市场经验。结果多数企业仍按照习惯行事,"市场"于是成了对计划体制的补充,即科尔奈的"双重依赖"。

对于这种现象,制度学派的看法是,改革只能从原有习惯的"边际"开始。虽然政治上的考虑往往要求"突破性"的改革措施,但制度就其本性而言是无法突变的。这一点,马歇尔(1927年,第

248页)早就指出过了。① 至于从哪些习惯开始,则是改革家或熊彼特的"企业家"的事情。理论的任务是指出这些需要改革的"习惯"的种类。如果理论能够完成哪怕是这一件任务,改革的种种政策便有了理论上的依据。这绝不是简单的事情。成功的改革的"设计者"要与他从计划经济那儿继承的遗产之一——计划的倾向——作不懈的斗争。事实上,改革必须从其设计者的"习惯了的思想"开始。

鸦片战争以来的(第三个)文化层留下来的遗产,其最应重视之处还在物质的方面,那就是在沿海各通商口岸发展起来的商业文明,其中尤以香港(包括广州)、上海和天津为重要。"习惯"的演变在那里是渐进的、民间的、不易受到干扰的。从那一演变中生长出来的人把新的习惯带到他们或早或晚会扩张进去的那些地区,扰乱了那些地方人们的价值体系,只要这种创新是能够盈利的,它就能在民间站住脚。这是因为,造成上面所说的最后三个文化层次的那种力量,已经把中国传统乡村中的宗法的统治瓦解了,经济效率的法则于是可能畅行无阻(只是要采取一些与现下农村中的政治体系及"家"的概念相通融的形式)。在这些地方,分工采取了更加接近效率原则的方式,然而它必须考虑传统的"家"的概念,并且在这个意义上改造外来的商业文明。

同样的原则适用于对国营企业的制度的改革。这里的关键似乎并不在,至少不首先在,财产的所有制方面。在所有制能够稳定地变化以前,似乎应当先使行为的激励发生某些边际性的改变。例如,在剧烈变动之前实行的奖金制度和为改善其效果而作的进一步的改革(工效挂钩,虽然其效果值得争议)。然而,在"惩罚"方面的边际演化则差强人意,"失业"的边际演变可以用"非全日雇用"的形式,这样就比彻底的解雇更为"边际"。当然,强化惩罚机制的关键在于给执行惩罚的人足够的激励,除了法律能够提供的(可疑的)保护之外,还应找到某种民间的保护方式(例如民办的保镖公

---

① 他是在讨论到工业组织的演变时指出这一点的。他认为,制度的演变不可能太快,因为人的(心智的)发展是渐进的。他说,即便制度可以快速变革,它也必定要适应于人,否则制度是稳定不下来的。

司），或为其提供低价的人身及财产保险。然后才有可能增加经理人员的收入和严格纪律（包括惩罚的规则），使其免受贪污舞弊的吸引。当然，这里给出的不是唯一的演变途径，甚至有可能不是正确的。它只是要说明，边际演变在一个单一方向上的进行是不可能的，某种类似"收益递减"的规律会使在那一方向上的演变最终停顿下来。例如"放权让利"的改革，最终会由于缺乏"惩罚"方面的相应的演变而停顿。企业制度的创新需要作大量具体的研究工作，例如关于工人对风险的态度和对收入不均的看法。文化的研究在这里也是有意义的。

五 结 论

把卢梭的"社会契约"概念加以细化就是本文所定义的"制度"。市场与计划相比之下是两个"粗"得多的概念，它们不能区分例如"多层销售网络"这样的组织是否属于计划或市场。市场和计划均可以用合约来描述，因为这里所定义的合约实质是对权利与义务的描述，而权利与义务则是普适的概念。

本文把诺斯（1990年）最近的关于制度演化的理论与熊彼特的经典的关于创新的理论放在一起转述，是为了更清楚地说明诺斯的思想。实际上，这里所转述的是制度经济学自科斯以来至1992年1月的进展（所忽略的是威廉姆森那一分支的研究成果）。

这一进展的重点是对于制度在边际上的演变所做的研究，即对非正式的约束或本文定义的习惯的研究。这一进展的必然结果是把文化纳入经济学研究的范围。早如哈耶克所见，人类知识的加工、积累及其结构是经济学家迟早要研究的事情。文化在这里是被当成积累着的知识的一种载体来看待的，因而可以按照知识的结构来研究文化的结构。另一方面，关于知识的加工的研究把经济学带入了思想史及哲学（主要是认识论）的领域。例如诺斯曾若干次引用了珀兰霓的认识论，经济学将无法以其出名的"帝国主义"的姿态对待诸如文化和哲学这类超出工具理性假设范围的研究领域，所需的，是真诚合作。

当制度演化的理论涉及文化现象时，对汤因比所说的现存的五种文化中任一种的研究就都可以对理论的进一步抽象作出贡献。因而中国文化的研究因而对经济理论的发展是有意义的。对中国文化的某种分层次的看法产生了一些关于中国的体制改革问题的极不成熟的讨论，这些讨论的功用也许仅仅在于为更扎实的研究提供了部分线索。

最后要指出的是，合约理论的也许是最有成效的应用领域其实是政治理论。布坎南在这方面的工作部分地与此相关。

所有这些，都仅仅是书房里的理论而已，它们绝代替不了熊彼特意义上的企业家实际创新所用的那些方法和理论。

（原载《经济研究》1992年第5期，此处节选自其中的第三、四、五部分）

市场化的条件、限度和形式

盛 洪

盛洪，1954年出生，北京人。著名经济学家。

1983年毕业于中国人民大学，获得经济学学士学位。后分别于1986年和1990年获中国社会科学院研究生院经济学硕士学位、经济学博士学位。现任山东大学经济研究院（中心）教授，兼任北京天则经济研究所所长，是北京天则经济研究所执行理事。

主要著作有《分工与交易》、《中国的过渡经济学》、《经济学精神》、《盛洪集》等。

二 市场和政府的功能及其边界

市场和政府是人们配置资源的互替的制度安排。它们之间的区别可以在具体的交易中发现。因此我们的分析应该从平等人之间的自愿交易与上级对下级的命令—服从关系的不同性质开始。

诚然，市场交易的特点是平等和自愿，在此基础上，一致同意是达成交易的标志。但这还不足以描述市场交易的独特性质。因为政府作为一种制度安排，是公共选择过程的结果。而在公共选择过程中，参加投票的人也是平等和自愿的，达成的公共决策也是同意（投票）的结果。因此，从起源看，政府和市场没有实质区别。与公共选择过程的一个重要区别是，市场交易一般是在两两人之间进行的。这种情况带来了许多在其他情况下所没有的特性。人们可以很容易地通过"同意"达成一项有利于自己的契约，也可以通过"不同意"避免一项交易可能给自己带来的损害。个别地说，达成契约意味着对交易对手的认可和鼓励，拒绝签约意味着对交易对手的不满和否定。这种对"同意"和"不同意"的运用(也许并非有意)实际造成了交易对手之间的竞争。整体地看,达成契约意味着进入市场,拒绝与所有可能接触到的交易对手签约则意味着退出市场。人们可以通过"同意"或"不同意"来进出市场,通过进出市场来达到改善自己利益或避免损失的目的。然而,这还不是市场制度最精彩的地方。任何一个人的行为不仅仅对他自己有利。一个实现了的交易会给其他潜在的交易者带来有关交易的参考信息,一个失败的交易也会带来同样重要的参考信息。已经发生的成功的和不成功的交易数量越多,为潜在的交易者提供的信息越多,从而他们未来可能达成的交易费用就越低。当交易者充分多,已经发生的交易数量充分多时,市场就会成为充分竞争的市场,并给出可靠度很高的信息——市场均衡价格。任何个人的"同意"或"不同意"的行为,都会对这个市场均衡价格产生影响,尽管可能非常微小。那些处于"同意"和"不同意"的边际上的人实际上决定着市场均衡价格的水平。因此,每个人具有充分的"同意"或"不同意"的自由,是有效的市场均衡价格形成的基础。从某种意义上说,市场均衡价格就是市场中所有交易者的公共决策,只不过在达成这一决策时,他们并没有坐在一起进行投票。也就是说,人们用成本低得多的形式完成了这样的决策。

然而,并不是所有的配置资源的活动都可以由两两人的谈判完成。当两两人的交易的后果存在外部性的时候,① 市场交易就不能保证是最有效率的。因为这使市场有效性的一个条件归于失败,人们可能不能通过"不同意"来避免损失,或者由于交易费用过高,也不能通过"同意"来获得利益。这有两种情况:第一种情况是,两两人的交易给第三者、第四者以至更多的人带来负的外部性。在这时,从社会角度看,交易给同意交易的双方带来的利益,会被其他人由此遭受的损失冲减甚至完全抵消。第二种情况是,只有在第三者、第四者或更多的人参与下,交易才可能实现,并带来大家可

---

① 有一个有关外部性的定义和我这里所谈的外部性非常相近:"外部经济(或不经济)是这样一种事件,它将可察觉的利益(或损害)加于某个或某些人,而这个(些)人并没有完全赞同直接或间接导致该事件的决策。"(James E·Meade, 1973, p.15)

分享的利益。在第一种情况下，交易可能会由受到损害的其他人的抵制而不能实现，即使实现了也是一个个人收益高于社会收益的交易，从而是一个无效率的交易。在第二种情况下，双方因需承担过高的交易费用而无法使交易成为现实。因此，在这种情况下，两两人之间的交易是缺乏效率的。

如果某一潜在交易所可能引起的成本或收益涉及两个以上的人，只有在所有这些被涉及的人都参加了该交易的谈判并表示同意时，该交易才是有效率的。在这种情况下，仍可以采取两两人之间的谈判形式。例如，某一交易的成本和收益涉及了甲、乙和丙三个人。他们之间若想取得一致同意，也可以采取甲乙、乙丙和甲丙之间的两两人的谈判方式。由于其中任何一个人都可以通过不同意的态度以避免损失，并且任何一个双边谈判的破裂都会使其他两个谈判前功尽弃，采取两两人之间的谈判形式以达成三个人之间的一致同意是相当困难的，成功的概率是 1/64。相比之下，另一种形式的成本则低得多，即三个人坐在一起谈判。这时谈判成功的概率是 1/8。比前一种形式高出八倍。可以证明，交易涉及的人越多，较之前一种形式，后一种形式的有效性越高。当交易从在两个人之间转变为在两个以上的人之间时，当谈判从两两人之间的谈判转变为两个以上的人坐在一起谈判时，市场交易的形式就走到了尽头，这也是一种新的交易方式（即制度安排）的开始。

实际上，政府交易方式（或政府制度）就是以上述形式为起点的。可以看出，在这个起点上，政府交易方式与市场交易方式的区别并不大。它们都是以平等人的同意为基础的。只不过同时参加谈判的人数略有不同。但是从这个起点出发，市场与政府之间的区别就变得越来越明显，以致到最后成为两种表面看来截然不同的东西。根据契约论的看法，一致同意与否是判别资源配置效率的标准。因此，两个以上的人之间的谈判只有在一致同意的情况下才应有结果，否则就不能达成最佳的公共决策。① 两个以上的人坐在一起的谈判也可称为会议。但是，尽管会议的形式在处理这类问题时较两两人

---

① 布坎南和图洛克："一切非一致同意的决策规则都会导致用帕累托标准衡量的非最优决策。"（1962 年，第 95 页）

之间的谈判效率要高，但人越多，决策成本越高，达成一致同意越困难，以至于不能实现大多数本来应该实现的公共决策。为了降低决策费用，绝大多数的公共选择过程采取了少数服从多数的原则（Buchanan and Tullock，1962）。在应该参加公共决策的人非常多的情况下，如在一个人口众多的国家中，又普遍采用了代议制。这样就节约了大量的公共选择过程中的决策费用，但同时又带来了另一个问题，即在投票过程中的少数就可能会因多数人通过的公共决策而遭受损失，因为他们不同意这样的决策。这种损失又被布坎南和图洛克称为外部性成本（external costs），即一个公共决策为了一些人的利益加于另一些人的成本（1962年，第65—66页）。具有这样内容和问题的公共选择过程就是政府存在的基础。

既然政府是以平等人的同意为基础的，那又怎么能和通常所认为的政府的强制性特征协调起来呢？大概有四个原因使政府的强制性特征从平等人的同意中、使法律从契约中产生出来。第一，平等人的权利要由强制性的权力来保证，即当一个人的权利受到另一个人侵犯或威胁时，他可以对侵犯者采取强制性手段，[①] 也即一个人可以"命令"别人不要损害他的利益。只不过每个人单独运用这种强制性权力保护自己的利益的成本过于高昂，政府是运用这种强制性权力最具规模经济性的形式，因而这种权力从每个人手中被集中和转移到了政府手中。政府的强制性权力起源于每个人的强制性权力。第二，政府的强制性权力是从少数服从多数的原则中引申出来的。这一原则意味着，一旦某项公共决策获多数通过，反对这一决策的少数人就必须接受，否则就采取强制性的力量迫使他们接受。强制性的本意就是迫使某（些）人接受在他（们）看来对他（们）有害的决策，否则就谈不上所谓强制性。也可以说，在以少数服从多数原则为基础的政府交易中，人们无法通过不同意避免损失。在这种情况下，不同意不意味着退出，而退出的手段在一定程度内是没有意义的：既不能改变公共决策，也不能改善自己的境况。第三，由于政府是在外部性较强的领域中活动，它多是提供一些

[①] 启蒙时代的作家如洛克和康德早已指出了这一点。参见洛克，中译本，1983年，第二章"论自然状态"；康德，中译本，1991年。

具有自然垄断性质的"社会产品"或"社会服务"。尽管在这些产品或服务的交易中,政府和其他人之间的关系是供给和需求、生产者和消费者的平等关系,但人们已经无法通过"同意"尤其是"不同意"来迫使这个供给者处于竞争的压力下,它的垄断地位使它实际上具有市场上的支配力(market power),这种市场支配力是从平等的权利到强制性权力的又一条途径。第四,与通过市场提供产品或服务必然收取的报酬相仿,政府也必须为其提供的强制性服务筹集资源,收取报酬。因为普遍存在着对政府提供的公共物品的"搭便车"心理,所以收取报酬只能采取强制性的形式,即征税。

结论是:市场交易和政府交易都是以平等人之间的同意为基础的。区别在于:市场交易在两两人的交易不存在直接的外部性的情况下更有效率;而政府交易则在两两人的交易存在直接的外部性的情况下更有效率。因此,市场与政府的边界就位于两两人的交易与两人以上的交易之间。

三 市场化的条件和限度

但是,在现实社会中,市场与政府之间的边界并不经常处于上述的恰当位置上。例如,砍伐森林、盗卖木材的交易,盗窃古代文物的交易,翻印、翻录和拷贝他人知识资产的交易,甚至贩卖人口的交易,等等,都是不当运用市场交易方式的例子。相反的例子就更多了。政府越过市场与政府之间的边界,替代市场去做两两人的交易做得更好的事情是更为普遍的现象。如果我们上面的分析是正确的话,那么这两种越界现象都会带来资源配置效率的降低。现在我们重点来分析后一种情况。

如果在两两人的交易不存在外部性的情况下,采用政府方式又如何呢?比如,在一个买卖皮鞋的市场中,用投票方式决定价格,并且用政府强制力去执行这一价格又会怎样呢?假定这个市场中的买者和卖者共有 N 个人,设买者为 m,卖者则为 N－m,一般来说,m＞N－m,即买者多于卖者。首先,这一形式要求 N 个人坐在一起开会,本身就失去了两两人谈判在时间和空间上的灵活性,带来成本的增加;第二,投票的结果一般会有利于买者,因为买者是多数,即价格会低于市场均衡价格。由新古典经济学的解释（见第一节）可知，偏离市场均衡价格的价格会带来生产者剩余和消费者剩余上的损失；第三，公共选择过程的特点要求在一定程度内，人们（在这里是卖者）不能通过"不同意"或退出的行为来避免损失，从而也不能通过他们的退出来纠正公共决策的错误；第四，卖者的损失超过一定的限度，就存在着退出该市场避免损失的倾向，而这样一来就违背了多数人（在这里是买者）的意愿，使他们承受短缺的损失，政府就必须用强制力阻止退出。并且由于即使失去了退出的自由，生产者仍可以用将产量减少到边际成本等于边际收益的规模上来避免更大的损失，因而在价格低于均衡价格的情况下使短缺更为严重，所以政府必须强制性地规定产量。所有这些都是用政府的方式解决市场可以更有效地解决问题时所带来的成本和损失。反过来说，如若采用政府方式达到市场的同样效果，就必须实行一致同意的决策规则。但这样做十分困难。因为市场中通过两两谈判而实现的一致同意的均衡价格，是以有"不同意"的自由为前提的，但不同意者即等同于退出市场；市场中的均衡价格取决于处于边际上的人，即其平均效用等于平均成本（即价格）的买者和其平均成本等于平均收益（即价格）的卖者。而在以一致同意为原则的公共选择过程中，不同意并不等于退出，而只要有一个人不同意就不能达成任何公共决策。但只要有其平均效用低于我们想象中的市场均衡价格的买者，或其平均成本高于市场均衡价格的卖者，公共选择过程若想达成某种一致同意的均衡价格的愿望就永远不可能实现。只有把这类人排除在外，才有可能实现一致同意。但公共选择过程在事先不可能知道谁是这样的人，并且每个人的平等权利也不允许事先将某些人排除在外。因而，用政府方式解决两两人不存在外部性的交易问题是费用高昂的。更何况市场均衡价格几乎是瞬时变动的，通过政府方式若要达到同样的效果，就必须每日每时进行公共决策，而这又几乎是不可能的。这也是前面所谈到的计划价格是相对固定的原因之一。①

---

① 这种计划价格因调整困难而成为固定价格的情形，颇类似于奥尔森描述的卡特尔因其过满的议事日程而使卡特尔价格成为固定价格的情形（1982年）。

更进一步的问题是，在现实中，为什么会经常出现政府越过边界过多地行使本该由市场行使的功能的情形，从而经常需要进行市场化的改革？

我们已经知道，政府交易的特征之一是强制性，强制性本身也是一种公共产品。它的效用是作为一种消除外部性的手段，它的成本就是建立和维持法庭、警察系统和常备军的费用。随着"强制性"这种产品的规模增大，平均成本随之递减。因此扩大"强制性"服务的范围，边际成本会很低，甚至有人认为政府交易的边际成本为零（例如，Charles E. Lindblom，1977）。比如，在已经存在着一个有效的警察体系和常备军的情况下，政府多发一道强制性命令，无需再增加警察和军队的数量。在这一背景下，政府交易的扩张有着自然的趋势。由于政府交易具有强制性，市场交易和政府交易在被选择的过程中，就有某种不对称的性质。人们很容易用政府方式去替代市场方式，而一旦采用了政府方式，就很难用市场方式去替代。因为强制性意味着对其他制度安排的排斥，因此在一般情况下，政府扩张就具有某种不可逆的特性。既然政府的强制性起源于平等的人在公共选择过程中的同意，那么，投票程序是否能够阻止政府的扩张呢？在这方面，布坎南和图洛克作了大量的分析。例如，他们指出，由于存在着对少数服从多数的原则的误解，因此人们常常将其过度应用，因而反过来忘掉了这一原则的起源———致同意原则。由此通过多数原则不当地将公共选择过程应用到市场领域，对人们的基本产权和人权进行干预（1962年）。也就是说，以少数服从多数为决策规则的公共选择过程，仍存在使政府过度扩张的可能性。因此，过度运用政府方式进行配置资源的活动，是一种相当普遍的现象。正是这种现象的普遍存在，构成了市场化改革的前提条件。当用市场交易代替政府交易进行同样的活动会带来交易费用的下降和资源配置的改进，以及产生一个收益大于成本的结果时，市场化当然是有利的。

市场化的限度就是市场与政府之间的边界。然而，这一边界也并非十分清楚。科斯教授在"社会成本问题"中所讨论的问题就是在这个边缘上。如果两商人的交易只有在第三者的帮助下才能实现，那么这也就意味着在只有两两人谈判的情况下个人成本大于社会成本，从而有可能无法达成契约。例如，如果没有政府帮助界定和保护产权、解决交易中的纠纷、惩罚违约行为，许多两两人的交易也许就得不偿失。如空气污染引起的问题就有可能不能通过两两人的谈判加以解决。政府的介入也许就会降低两两人谈判的交易费用，如政府对污染赔偿的裁决会给当事双方提供一个谈判的框架，使得许多在没有政府时无法实现的交易得以实现。因此，市场与政府的边界也许就位于这样一点，即政府交易的边际投入不再带来市场交易费用的降低。在现实中，这一点其实不难判断：只要交易双方不诉诸法院，法院也就无须干预平等人之间的自由交易。这一原则正是民法的诉讼原则。

（原载《经济研究》，1992年第11期，此处节选自其中的第二、三部分）

借鉴国际经验培育发展中国劳动力市场

宋晓梧

宋晓梧,生于 1947 年,河北邢台人。中国体制改革研究会会长。

1969 年参加工作。1983 年毕业于北京经济学院,获经济学硕士学位。曾任中国厂长(经理)工作研究会副秘书长、劳动部国际劳工研究所副所长、中国劳动科学院常务副院长、国家体改委分配和社会保障司司长兼国务院职工医疗保险制度改革领导小组办公室主任和宏观体制司司长、国务院体改办党组成员兼秘书长和机关党委书记、国家发展和改革委员会党组成员兼宏观经济研究院院长。2004 年任国务院振兴东北地区等老工业基地领导小组办公室副主任。2008 年起任中国体制改革研究会副会长、会长。

曾任国家社科基金"十五"重大项目"我国收入分配体制研究"、"九五"重大项目"中国社会保障体制研究"、"八五"重大项目"我国人力资源开发与就业研究"等课题组组长。

三 劳动力市场的竞争性与稳定性

1. 劳动力市场的竞争性。只有充分发挥劳动力市场的竞争性,才能达到市场配置劳动力资源的高效率。而要充分发挥劳动力市场的竞争性,首先要保证劳动力供求双方利益主体明确。在前面已经提到,这是所有生产要素市场都必须具备的前提。用我们的话来说,就是企业有用人自主权、职工有择业自主权,通过劳动力市场机制的作用实现双向选择,并通过劳动力市场进行不断调整,从而达到劳动力资源配置的高效率。

其次,职工收入,主要是工资,要受劳动力市场上供求关系的影响。哪一类劳动者供过于求了,这类人的工资就会下降。高技术人才是稀缺的,企业为了争夺他们,就要出高工资;而普通劳动者众多,替代者多,企业不怕他们流动,工资相对要低些。工资还要受企业经营成果的制约。一般情况下,大企业经营较好,否则它发展不起来,所以大企业的职工工资较高。如在日本,以 500 人以上的企业平均工资为 100,则 100—499 人的为 86,30—99 人的为 84.5,5—29 人的为 75,1—4 人的仅为 65。企业破产了,职工失业,学历再高,能力再强,在没找到新的工作之前,也只能领取失业津贴。

这里应当强调指出,在发达市场经济国家,工人总体平均工资水平的增长主要不是受企业内部工资形式或工资制度的制约。例如,日本工人年年举行"春斗"要求提高工资水平,但并没有要求改变企业的工资制度。德国工人在 1992 年 4 月举行了大罢工,也说明德国企业界以岗位技能为标准的工资制度不能起到自动调节工人工资水平的作用。从宏观角度看,工资水平的增长和制约机制主要受到劳动力市场供求关系的影响和劳资双方对工资水平集体谈判的影响。在劳资双方集体谈判中,既有工会要求增长工资的一面,又有雇主制约工资增长的一面。重要的是,这种制约关系不因为企业内部实行了所有权和经营权的分离而有任何变化。不管企业是采用自有资本经营、借贷资本经营还是股份制经营,经营权都是企业所有权的代表,因而每个企业中都存在资产收益对劳动收益的制约。我们在借鉴西方国家工资制度时不能忽略这样的背景条件。

再有,形成统一的劳动力市场,对于增强劳动力市场的竞争性和提高劳动力资源的利用率是很重要的。西方经济学中也有劳动力市场的分类问题。例如,按地域分为全国性和地区性劳动力市场,按职业分为蓝领职工和白领职工劳动力市场,按劳动法规覆盖面分为正规部门和非正规部门劳动力市场等。还可以把大企业内的劳动力调配视为内部劳动力市场。但有一点必须明确,这些不同的劳动力市场是分类研究问题而绝不是行政分割问题。劳动力在国内各类市场中的流动基本上是自由的,但对国际间的劳动力流动各国都有一定的行政干预,以保护本国的利益。

对中国来说，发挥劳动力市场的竞争潜能目前还有许多局限性。关键是国有企业劳动力供求双方利益主体不十分明确。这涉及国有企业的产权关系和工会的代表性问题。关于国有企业产权关系改革我曾提出过一些看法，本文不再赘述。关于工会的代表性在本文的第四部分再谈。这里重点说说国有企业工资制约机制和建立统一的劳动力市场问题。

关于国有企业工资制约机制问题，至今在理论上和实际上都没有得到很好的解决。这一问题局限在分配制度或分配形式上做文章是不够的。我在1986年曾提出，马克思说的"两权分离"发生在企业内部，而我们的"两权分离"主要发生在企业与国家之间，国有企业只有经营权没有所有权，内部缺乏资产增值对劳动收益的制约，这是当时国有企业改革思路上的缺欠。科尔奈1990年写的《通向自由经济之路》一书总结了东欧一些国家从计划经济向市场经济转变过程中所面临的三个主要问题，第一个就是国家所有的企业在转向市场经济时必须赋予其经营权，但由于企业内部没有类似私营企业中那样的雇主对工人的谈判机制，所以经营权在实际应用时就会偏向工资的增长。东欧各国的结论是走私有化道路，但它们至今还没有成功的经验。中国国有企业改革的思路也从"两权分离"逐步转向股份制，股份制实际是所有权自身价值形态和实物形态的分离。我们可能在这方面走出一条独特的社会主义市场经济道路来，从而建立国有企业工资制约机制。这里想补充说明一点，如果中国的劳动力市场比较健全，普通劳动者的替代压力就会增大，从而抑制企业内部职工工资增长的倾向。这又涉及建立统一的劳动力市场问题。就中国目前情况看，在建立统一的劳动力市场方面有两个问题需要重视。

一是处理好企业内部劳动力市场与社会劳动力市场的关系。西方劳动经济学中关于内部劳动力市场的提法丝毫没有把企业内部劳动力市场与社会劳动力市场分割的意思。政府或者任何方面都不能强制企业保留冗员。中国国有企业冗员现在主要由企业内部消化，限制了劳动力的合理流动，不利于劳动力的宏观配置。但中国劳动力市场的起步点同西方不同，我们不可能照搬西方的模式，只能在健全社会保障体系和完善整个市场体系的过程中逐步解决国有企业的冗员问题。这样，中国的企业内部劳动力市场与社会劳动力市场之间就不得不带有行政分割的烙印。我赞成把企业内部的劳动力市场作为中国整体劳动力市场的一个生长点，但它的发展方向应当同社会劳动力市场衔接，而不是与社会劳动力市场并行。因此，在保持社会稳定的前提下，政府的改革措施应有利于企业提高经济效益，而不是有利于企业在内部消化冗员。现在我们还不得不采取一些行政手段限制企业裁员，但理论上一定要明确劳动体制改革方向是建立统一的劳动力市场，为企业"消肿"，为国有企业同其他所有制企业的平等竞争提供条件。

二是二元经济结构对劳动力市场的制约。在旧的传统经济体制下，国家通过城乡劳动力隔离的户籍制度，把农民固定在土地上，政府对农产品实行统购统销，以不等价交换把农民的剩余劳动转化为工业利润。这种行政性的强制积累方式在中国建国初期的特定历史时期，曾为迅速奠定工业化的基础起了积极作用，但却不利于解决旧中国原来就存在的二元经济结构。随着经济的进一步发展，城乡劳动力隔离的弊端越来越明显。这种方式排斥市场机制的作用，生产要素，特别是劳动力不能在全社会流动，因而阻碍了农业劳动力向第二、第三产业的转移，阻碍了产业结构的调整。用户籍制度隔离城乡劳动力虽然减少了农村剩余劳动力对城镇就业的压力，但同时也削减了农村剩余劳动力对城镇就业人员的替代压力，抑制了城镇劳动力成本的下降。改革后有五六百万农村劳动者通过劳动力市场服务机构在城镇安排了工作，但这远远没有形成城乡一体的劳动力市场。从政府对劳动力的管理范围看，劳动部门长期是城市全民企业劳动部，缺乏对全国的劳动力统筹考虑。由于历史已经形成的格局，想在短期内取消户籍制度、使农村劳动者自由进出城镇是不现实的。如果完全放弃行政控制，让他们自行进入城镇，必然造成城镇经济生活的混乱。可行的途径是，加强政府劳动部门对全国劳动力的统筹宏观调控，在继续发展乡村企业、引导农村剩余劳动力就地转向非农产业的同时，健全并发挥劳动力市场服务机构的作用，逐步扩大城乡劳动力流动量，增加农村剩余劳动力对城镇劳动力的替代压力，随着中国从二元经济向现代经济的转变，最终形成城乡一体的劳动力市场。

2. 劳动力市场的稳定性。鉴于劳动力永远附着在劳动者身上这一特点,保持劳动力市场的稳定性不仅对经济正常运行具有重要意义,而且对社会政治稳定都至关重要。发达市场经济国家的历史表明,市场在追求短期效率时可能出现极端行为,从而损害社会成员的长远利益。例如,在没有最低工资法的地方,雇主可能尽量压低工人工资,结果引发工人大规模的反抗;在没有禁止使用童工法的地方,未成年工可能大量进入劳动力市场,结果损害了下一代的健康成长。这方面发达市场经济国家经历了不少波折,积累了许多经验。19世纪初法国经济学家萨伊认为市场的自由竞争可以使劳动力供求关系自动保持平衡。20世纪新古典学派的代表人庇古又论证了只要工人愿意接受与劳动边际生产率相一致的工资,劳动力市场就可以达到供求平衡,如果社会上有失业者,那仅仅是"自愿失业"或"摩擦性失业"。1929—1933年世界性经济危机给西方各国带来了空前的失业现象,整个资本主义世界的失业人数一度高达3 500万人以上。这显然不是庇古或萨伊的理论所能解释的。此后,凯恩斯的国家干预理论出台,并成为二次大战后发达市场经济国家的"正统"理论。发达市场经济国家的政府不参与劳动力市场的直接竞争,但必须出面保证劳动力市场的稳定。政府的主要职责如下:

(1) 劳工立法与监察。现代市场经济是法治经济,对劳动力市场来说更是如此。发达市场经济国家的劳动立法经过一百多年的发展,从无到有,逐步完善,形成了覆盖所有劳动领域的法律体系。例如,美国的劳动立法涉及就业平等、最低工资、移民工人、失业保险、养老保险、职员福利、职业安全、矿山安全、学徒工与职工培训、公共就业服务、退伍军人就业以及联邦公职人员待遇等等。特点主要是对劳动条件最低标准与职业安全最低标准立法,为劳动力市场运行制定规则。政府劳动部门在劳动立法方面起重要作用,并负责监察执行。

(2) 社会保障。完善的社会保障体系是劳动力市场运行的"稳定器和安全网"。各国社会保障的范围不完全相同,有的宽一些,有的窄一些。1952年国际劳工组织大会通过的《社会保障最低标准公约》包括九项内容,即医疗津贴、疾病津贴、失业津贴、老龄津贴、工伤津贴、家庭津贴、生育津贴、残疾津贴和遗属津贴。社会保障体系不是企业或工人在竞争中可以自发建立起来的，必须由政府出面组织和协调。

（3）个人税收补贴。为调节市场分配机制带来的个人收入差距过大问题，发达市场经济国家采取征收遗产税、累进所得税等平抑高收入，同时对低收入者给予住房、儿童等各种补贴。如住房补贴，在英国月收入 50 英镑的家庭可得到 22.55 英镑的津贴，月收入 200 英镑的家庭则没有补贴。劳动部门通过劳工统计等工作为制定适当的税收政策提供依据。

（4）劳动力市场信息服务。政府可以提供劳动力市场宏观信息，以提高劳动力配置的效率，减少劳动力的盲目流动。如在政府劳动部门设立就业服务机构，对私营职业介绍所进行指导，从企业收集职位空缺，登记求职人员的技能情况，利用计算机网络在地区以及全国范围内为劳动力供求双方提供服务。美国、日本等国都建立了计算机职业库，这可以大大减少劳动力流动过程中的滞留时间。

此外，发达市场经济国家的政府也可以对劳动力市场进行直接的行政干预，如美国政府 1971 年曾全面冻结工资 90 天。不过这种情况极少发生，只在必要时采取。

从劳动力市场的竞争性与稳定性方面分析中国的劳动就业、工资分配、社会保险"三大制度"的改革方向，可以得出这样的结论：劳动力的使用权和工资分配权应当分散，只有分散到各个企业，才能在微观上保证企业和职工的自主地位，激发企业和职工的竞争活力；而社会保险的决策权应当集中，只有集中到国家或社会，才能在宏观上保障劳动力市场的稳定运行，给企业提供良好的外部环境。这是社会化大生产对劳动力市场运转的客观要求。中国在一段时期内恰恰相反，劳动力的使用权和工资分配权集中在国家手中，社会保险的职能却分散到各个企业，这是中国国有企业不能适应市场竞争的一个重要原因。应注意工资分配、劳动就业这两方面的改革方向与社会保险改革的方向不同。政企分开之后，前二者改革的方向是需要分散决策，以利于企业和职工成为市场竞争者；后者的改革方向是社会化，从一定意义上说是集中决策，以利于为市场提供一个较稳定的运行环境。

从劳动力市场的竞争性和稳定性方面分析中国政府职能转变，

可以得出这样的结论：要以市场为基础配置劳动力资源，政府就应从改革过程中必然出现的以计划与市场"板块结合"配置劳动力的角度，进一步转向从充分发挥市场竞争机制，同时维护市场稳定的角度考虑职能转变问题。政府的责任不是管哪些企业或哪一部分劳动力资源，而是提供一个使劳动力市场得以公平、公开、公正运行的制度框架。在这方面，发达市场经济国家劳动部门所起的作用值得我们借鉴。

四　劳动力市场的个人行为与组织行为

个人行为指个别工人和个别雇主之间的雇佣契约关系。西方劳动力市场上的日常供求行为主要表现为个人行为，即所谓"自由选择的就业"。在工业化初期，劳动力市场上基本都是个人行为。因为雇主拥有生产资料，工人又为谋职相互竞争，雇主压低工资及其他劳动待遇，工人处于不利地位。

组织行为指工会和雇主组织之间在劳动力市场上通过集体谈判确定劳动条件的行为。现在发达市场经济国家劳动力市场上劳动条件的确定基本上都是组织行为。不仅一个企业或行业的劳动工资、福利保险待遇由集体谈判确定，就是国家的有关劳工立法也要通过政府和最有代表性的工会组织、雇主组织进行协商。劳动条件确定后，具体的雇佣契约仍然基本上是个人行为。但这种个人行为已经受到了集体行为的制约。从劳动力的供给方看，工会有组织的行为抑制了单个工人相互之间的竞争，通过限制劳动力供给，如缩短工时、限制童工和外籍工人的使用、带薪休假等，达到提高劳动报酬和劳动条件的目的；从劳动力的需求方看，雇主组织的集体行为也抑制了个别资本家过分压低工资追求超额利润的动机，同时又为平均工资的增长制定了一条集体防御线。

劳动力市场上的组织行为很重要。国际劳工大会1949年通过的《组织权利和集体谈判权利公约》提出"最广泛地发展与使用集体协议的自愿谈判程序，以便通过这种方式确定就业条款和条件"，到1991年已经有114个国家批准了这一公约。可见由劳资集体协议规范劳动力供求双方的行为已经成为市场经济国家通行的准则。不仅劳动条件要通过集体谈判达成,就是发生劳动争议了,绝大多数也由劳资双方按集体谈判所定的条款自行调解解决。少数调解无效的,需要仲裁时,也是由双方认可的第三者参与作出。仲裁者一般是律师、社会知名人士或劳动经济学者。政府劳动部门可以推荐仲裁人,但并非一定由政府劳动部门的人担任仲裁员。因为劳动力供求双方的关系一直延续到企业内部的生产过程中,劳动争议往往发生在企业内部(其他生产要素市场上供求双方的争议一般不可能发生在企业内部),政府不便干预,所以日常大量的劳动关系问题不是由政府而是由劳动力市场上的组织行为来规范的。从另一个角度看,政府摆脱了日常的劳资纠纷,才能集中力量解决宏观问题,同时还避免了和工人直接对抗,有利于政府的稳定。

中国在建立劳动力市场方面已经赋予了企业用人自主权和职工择业自主权,但我们还没有认真考虑劳动力市场供求双方的组织行为问题。其实这个问题对于建立劳动力市场从而完善整个市场体系来说,比争论劳动力是不是商品要重要得多。劳动力是否商品问题,理论界可以长期争论下去,而劳动力供求双方的组织行为不确立,劳动力市场就难以有序运行。过去在集权计划体制下劳动关系的处理是由政府一竿子插到底,一直管到生产班组。现在政府要从劳动力市场的竞争方面脱离出来,大量的劳动关系问题如何处理?哪一个组织能够代表劳动力需求方(企业界)的利益同工会谈判?现在的工会组织如不转变职能能否成为利益主体明确的劳动力供给方代表?如果我们要求工会上保国家利益、中保企业利益、下保职工利益,那么,在劳动力市场上工会的利益主体就是不明确的。发生了劳动争议,工会究竟代表哪一方?

改革以来我们一直说搞社会主义商品经济需要实现政府与企业的职能的分离,从建立健全劳动力市场的角度看,这只涉及劳动力的需求方和劳动力市场的宏观调控问题,而忽视了劳动力的供给方应有哪些转变。现在我们要发展社会主义市场经济,应当考虑政、企、工三分离。企业与政府分离之后,作为用人主体,并不是各个孤立、互不影响的,需要有一个企业家组织来代表并协调;职工作为劳动力所有者,也不应当是孤立的个人,需要一个利益主体明确的完全代表职工的工会。劳动力市场上的组织行为建立起来了,大量的劳动力供求关系才能得到及时妥善处理，政府才能真正摆脱原来那种劳动行政管理事务，按市场经济的要求转变职能。

（原载《经济日报》，1993年3月12日，此处节选自其中的第三、四部分）

新兴古典经济学导论

杨小凯

杨小凯(1948—2004),原名杨曦光,1948年出生于吉林省敦化市,澳大利亚籍华裔。世界著名经济学家。

1980年考入中国科学院数量经济所攻读硕士学位,并任实习研究员。1982年受聘于武汉大学,教授数理经济学与经济控制论。1983年被美国普林斯顿大学录取为博士生,1988年获得博士学位。毕业后受聘于澳洲莫纳什大学,未及一年升为高级讲师,1992年升任教授。1993年当选为澳洲社会科学院院士。曾任哈佛大学国际发展中心(CID)研究员。所提出和研究的新兴古典经济学与超边际分析方法和理论,被诺贝尔经济学奖得主布坎南称为当今最重要的经济学研究成果。曾两次被提名为诺贝尔经济学奖(2002、2003年)。

主要著作有《专业化和经济组织》、《经济学:新兴古典与新古典框架》、《发展经济学:超边际与边际分析》等。

一 新古典微观经济学的致命弱点

新古典微观经济学的理论框架是在19世纪末由马歇尔(A. Marshall, 1890)定型的。当时由于人们还不知道决策问题中处理角点解(corner solution)的库恩—塔克(Kuhn - Tucker)方法,所以必须设法避免角点解,以便使以内点解(interior solution)为基础的边际分析得以运用。在现实生活中最优决策一般是角点解,例如某人买汽车,这意味着他不自己生产汽车;某人卖一种产品,他一般不会同时买此种产品。这都意味着某些变量取零值,数学上叫做角点解。古典经济学研究的重点是专业化、分工与生产力的关系。这种研究要变成数学模型就必然引进角点解,因为专门化就意味着某些产品的产出量是零。马歇尔用了一个假定来避开角点解的问题,他假定一个社会分为两部分人,一部分人是纯消费者,另一部分是纯生产者,生产与消费决策分开。他进一步假定,纯消费者喜好多样化的消费,所以最优决策一定是内点解而不是角点解。生产中没有内部规模经济(外在的规模经济还可能存在),因此生产决策也不是角点解。

这些假定后来都成了微观经济学的标准假定,① 尽管对规模经济问题不同的经济学家有不同的看法。特别是纯消费者与纯生产者分离的假定造成了严重的恶果。第一个严重后果是,经济研究的重点从专业化和经济组织问题转到给定组织结构下的资源分配问题。经济组织为什么会从自给自足变得越来越专业化,企业和市场为什么会出现和为什么会变得越来越复杂,经济学家都无法回答。从标准教科书我们被告知,没有企业,纯消费者都无法生存,所以企业是给定的,我们不知道它们从何而来。纯消费者与企业之间的"分工"也是给定的,我们也无法知道这种完全商业化的社会是怎样从自给自足的社会中演进而来。

第二个恶果是,一旦有了纯消费者与企业的绝对分离,则专业化经济概念就成了无意义了。因此,教科书中不再用专业化经济(economies of specialization)这个概念,而用规模经济(economics of scale)概念。专业化和企业规模是相关但不尽相同的两个概念。专业化的增加与活动种类(scope)的缩减有关,却并不一定意味着企业规模的增加。所以,专业化经济与小而全、大而全的不经济(diseconomics of scope)有关,而不同于规模经济。

---

① 现代大多数微观经济学教科书(例如 Debreu – Arrow)框架中都假定生产集合为凸集(即没有普遍的规模经济),生产者与消费者绝对分离,这都是马歇尔框架中的标准假定。凸偏好序(convex preference,即消费者喜好多样化消费,在一定条件下意味着准凹效用函数)也是当代微观经济学教科书中的标准假定,这些标准假定没有明确说明决策解是内点解,但它们与内点解的密切关系是显而易见的。

第三个恶果是,由于这种错误理论框架的限制,许多发展现象和宏观(总体)经济现象都无法用新古典微观经济学来解释。

所以,我们的新理论就从废除这些不合理的假定着手。我们假定每个人既是消费者又是生产者,他们的决策问题中最重要的是选择专业化水平和专业方向,其次才是各种产品数量的相对比例。前一个问题是选择经济组织结构问题,后一个问题是给定组织结构下的资源分配问题。我证明按照库恩—塔克定理,每个人的最优决策永远是角点解。可能的角点解数不胜数。如果有三种产品,则有九个变量(每种产品有自给量、购买量、售卖量),则可能的角点解是"0"、"+" 2值的9个位置可重复排列减去一个内点解,即 $2^{3 \times 3} - 1 = 511$。而市场均衡是所有人的角点解的组合。可能的角点均衡数目当是一个天文数字。我猜这大概是经济学家不喜欢角点解而喜欢与内点解有关的边际分析的原因。

有趣的是,我发现用库恩—塔克定理,我们可以把绝大多数角点解排除,因为它们不满足最优角点解的条件。因此,我们可以发展出一套新理论,这套理论的特点是:所有最优决策都是角点解,市场均衡可能是许多角点解任何一个组合中的一个。我称这些均衡的候选者为角点均衡(corner equilibrium)。一个角点均衡相当于一个传统经济学中的一般均衡。它在给定的经济结构下决定市场的资源分配,而我们的新理论中的一般均衡是无数角点均衡中的一个,它解决市场中的组织结构问题。当经济参数变化时,一般均衡会在角点均衡之间不连续地跳来跳去,因而产生组织结构的变化。

在我的一篇论文的模型中(Yang, 1991),有一对专业化经济和交易费用的冲突,因为每个人作为消费者喜好多样化的消费,而作为生产者喜好专业化生产。由于这个冲突,当交易效率低下时,分工的好处被交易费用抵消,人们会选择低分工水平。当交易效率提高时,分工的好处相对交易费用上升,因此市场均衡的分工水平也会上升。当分工水平上升时,市场容量会扩大,生产力上升,商品率上升,贸易依存度上升,生产集中程度上升,市场一体化程度上升,每人的专业化水平上升,专业化的部门数量和贸易品种类数都会上升。我还证明,专业化的商人会在这分工演进过程中出现,城市化也会促进分工的演进。

二 以对策论为基础的微观经济学

克雷普斯的微观经济学教科书,是 1991 年的最畅销教科书(Kreps, 1990),其中第二部分是以对策论为基础的。此书被大多数长青藤大学选为研究生的微观经济教科书。蒂罗(J. Tirole, 1989)的工业组织教科书也是以对策论为基础的,成了最受欢迎的工业组织教科书。这两本教科书的风行,成了一个标志,以对策论为基础的微观经济学成了主流经济学的一部分。

这一新流派中最重要的概念是"子对策完美均衡"(subgame perfect equilibrium)和"序贯均衡"(sequential equilibrium)或"完美贝氏均衡"(perfect Bayes equilibrium)。这两个概念是建基于"纳许均衡"(Nash equilibrium)。纳许对策是一种相当一般的概念,它可用来分析非市场竞争行为或不完全市场竞争行为。但对策中有时间因素时,纳许均衡概念不能给出确定的解,所以塞尔顿(R. Selten, 1975)将纳许对策与动态规划相结合,发展了一种解动态对策的方法,被称为"子对策完美均衡"概念。最常见的例子是两人讨价还价模型。如果两人都采用纳许对策,卖者会尽量要高价,并以不交易相威胁;买者会尽量还低价,也以不交易相威胁。在这种局面下,有无穷多种可能的纳许均衡,因为对方出此策略时,我方不接受就得不到交易的好处,因此我方纳许策略是接受对方的纳许策略。但按子对策完美均衡概念,这些威胁都是不可信的,而绝大多数纳许策略都不是动态最优的。而子对策完美的策略是动态最优的,并且给出唯一的解。一般而言,双方会利用对方的没有耐心,尽量争取好价钱,但以给对方适当的好处使他接受交易为原则。一般先出价的一方会有一点优势。

克雷普斯的工作主要是把信息问题引进这种动态对策问题中。包含信息问题的静态纳许对策问题被称为贝氏对策。而克雷普斯的序贯均衡是动态对策与贝氏对策的结合,即包含信息问题的动态对策,其基本思路类似瓦尔拉斯均衡(Walras Equilibrium)的不动点定理。例如企业出高价做广告是一种策略,这种策略不仅对利润有直接影响,而且对消费者的信息有影响,所以决策不但是财务问题,而且会对其他人的信息有影响,因而反过来影响生意。但消费者知道生产者会有意影响他的信息,所以他不会轻信,而会从广告去猜生产者的真实实力。这里有一个复杂的信息和策略的交互影响,从观察对方策略,一方可获取信息,信息又会影响此方的策略,双方都知道自己的策略会影响对方的信息,进而影响双方的策略,而双方都会尽量操纵这种交互影响来谋利。这种复杂的策略和信息的交互作用类似瓦尔拉斯均衡中价格和数量的交互作用,所以可以用不动点定理来证明序贯均衡存在的条件。

但这种交互影响毕竟比瓦尔拉斯均衡中更复杂,所以至今没有解序贯均衡的标准方法。我们用子对策完美均衡概念和序贯均衡概念解了两个以我们的新理论为基础的模型。在此,我大致介绍我们解出的序贯均衡模型的结果。我们的模型证明,价格制度最重要的功能并不是让全社会分享经济信息;相反,它会促进有效率的信息不对称(information asymmetry),并使人们不去探求他们不应该知道的信息(Yang and Ng,1993)。

分工之所以能提高生产力,正是因为专业化造成了某种信息不对称,每人作为卖者对自己的产品知之很多,而作为买者对他人的生产技术知之很少,例如我根本不知道我用的电视机是怎样生产的。正因为人们集中精力在自己的专业,所以整个社会掌握的知识比一个春秋战国的社会多很多。在那个古代自给自足的社会,每人所生产的东西与其他人差不多,他们的知识也差不多,由于这种非专业化和信息对称,结果整个社会掌握的知识反而少。孔子知道他那个时代的大部分知识,而今天一个数学家只知道数学中的很少部分知识。而这种人与人之间的信息不对称正是社会生产力进步的原因。所以价格制度有两种功能:一是通过促进有效率的信息不对称来促进生产力进步;另一方面又要在信息不对称的条件下协调分工和交换。

我们的模型用严格的数学模型揭示了价格制度是如何发挥这两种功能的。一般而言,这个模型的意义是严格证明了海耶克的思想:由于信息不对称的发展是经济发展的特点,随着分工的发达,信息是越来越分散在不同的专业中。这种信息不对称一方面促进了生产力,另一面也开创了更多机会主义行为的空间。因此,平等竞争的游戏规则将越来越重要,而由一个计划机关来掌握所有的分散信息的想法会越来越不现实,而且越来越容易被机会主义行为所利用(Hayek,1944,1945)。

我们用这两个新的对策均衡概念揭示了两种交易费用之间的差别和关系:一种是外生交易费用(exogenous transaction cost),这是指决策之前就能看到的交易费用;另一种是内生交易费用(endogenous transaction cost),这是种无形的交易费用,是由于激励制度的问题造成的错误决策给社会带来的效率损失。

我们的模型证明,非人格的多边市场竞争可以消除双边讨价还价时产生的内生交易费用,而且外生交易费用与内生交易费用有一定的替代性。

五 与宏观经济学的关系

我们的新理论的最重要意义是,它使微观经济学、宏观经济学、发展经济学、贸易理论、产权经济学之间的界限消失了。我们的理论说明,这些分支的出现是因为新古典经济学框架的失败。一旦我们纠正了这个框架的问题,一个统一的经济学就出现了。我最近与博兰发展了一个模型(Yang and Borland,1992),这个模型用我们的理论证明,货币的出现是分工演进的一个结果。我们证明,当生产资料分工发展到一定程度时,没有商品货币,高级分工就不可能实现。而纸币可以代替商品货币大大提高交易效率,因而促进分工和生产力。这是第一个可解释货币出现和货币对生产力影响的一般均衡模型。在我们之前,第一个可以解释哪种物品成为商品货币的均衡模型发表于1989年,但那个模型不能解释为什么货币出现及货币对经济成长的影响(Kiyotaki and Wrigbt,1989)。而我们的模型不但能解释这两个现象,而且也能解释哪种物品会成为商品货币。

更有趣的是,我们最近的一个模型,证明景气循环和失业有积极的生产力意义。现有的众多宏观模型大多数认为景气循环和失业是由于"市场的失灵"或不可预见的外部冲击造成的。我们的模型证明,没有分工时是不会有景气循环和失业的,这两种现象是由于生产耐用品行业中分工高度发达的结果。耐用品的特点是,人们的购买是不连续而是一次性的,但消费却是连续不断的。例如,一个经济体中有两种产品:食物和拖拉机。拖拉机是耐用品,可用来生产食物,折旧期为10年;食物是非耐用品。如果不分工,每人自己生产拖拉机,然后用拖拉机生产食物,社会是不会有景气循环和失业的。其后果是专业化知识积累慢,生产力低。一旦有了分工,虽然生产力提高,但专业拖拉机生产者就有可能失业。假定专业农民10年需要10台拖拉机,农民第1年需求10台,以后9年就不再需求,直到第11年拖拉机折旧完毕。如果我们第1年建立10台拖拉机的生产能力,则第1年不会有供不应求,但以后9年就是供过于求,且生产拖拉机的工人失业。如果第1年建立1台拖拉机的生产能力,则第1年需求超过供给9台,第2年需求超过供给8台,依此类推,第9年需求超过供给1台,直到第10年供求才平衡。这种模式没有失业,没有景气周期,却有耐用品长期供不应求,当然生产力很低。这种模式很像前苏式社会主义。而对社会最有利的模式在这两个极端之间,它会有一个最优的景气循环和失业。这种最优景气循环和失业会折中上述失业与供不应求的冲突,把景气循环的好处与坏处之差最大化。因此,自由市场的景气循环是市场的成功而不是市场的失灵。

我们这个微观动态一般均衡模型可以根据不同的货币供给量参数解释菲利浦曲线、滞胀现象和货币政策无关的理论。

由于篇幅所限,不可能在这里介绍此书中的所有数十个理论模型。书中将迪克特内生产品数量的方法与我们的框架相结合,发展了6个模型,它们可以预见专业化和产品种类随分工演进而同时发展。特别有趣的是,书中的最优科层理论(optimum hierarchy),说明了当分工演进时,交易的科层结构会变得越来越复杂,最优层次数(optimum number of layers of the hierarchy)也会增加。书中还特别强调此书的主要目的之一是发展出一套通用的经济理论,它可以用来分析各种经济制度对分工和发展的影响。所以,书中每章的理论都被用来分析社会主义国家中的各种问题。例如,分层理论被用来说明,一旦政府能控制人口流动,则最优城市的分层结构就不可能达到,因此,城市化的发展就受到抑制。

六　小结

　　此文简要介绍了由作者及博兰、黄有光、史鹤凌和威尔斯发展的"新兴古典微观经济学"。这种新的理论并不是经济理论的革命，而是将经济理论重新进行组织，去掉新古典微观经济学中消费者与生产者绝对分离的假定，将规模经济概念改为专业化经济概念，并考虑各种交易费用的一般均衡意义。在此基础上，古典主义经济思想的灵魂——劳动分工与经济发展的关系及市场组织分工的功能——得以在现代数学化的分析框架中复活。很多新古典微观经济学不能解释的经济发展现象、宏观经济现象、贸易现象、经济制度现象都能尝试用新兴古典微观经济学解释。此文也简要讨论了新兴古典微观经济学与其他新的经济理论之间的关系。

　　[此文原载1993年春季《香港社会科学学报》创刊号，后收入茅于轼和汤敏编辑的《现代经济学前沿专题》（第二集），此处节选自其中的第一、二、五、六部分]

关于加快金融体制改革的设想

吴晓灵　谢　平

吴晓灵，女，生于1947年。

1984年毕业于中国人民银行研究生部。1985年任中国人民银行研究所应用理论研究室副主任。1988年任《金融时报》社副总编辑。1991年任中国人民银行金融体制改革司副司长。1994年任政策研究室主任。1995年任国家外汇管理局副局长。1998年任国家外汇管理局局长。1998年任人民银行上海分行行长。2000年任中国人民银行副行长、国家外汇管理局局长等职。后任中国人民银行党委委员、副行长。2008年卸任央行副行长，任全国人大财经委员会副主任委员。

学术文章有《2004年中国的货币政策和利率政策》、《疏通货币政策传导机制创造平稳的金融环境》、《放松借贷管制促进社会资金融通》等。

谢平，1955年生于浙江。

1985年西南财经大学经济系毕业并获经济学硕士学位。1988年中国人民大学经济系毕业并获经济学博士学位。1998—2004年期间任中国金融学会秘书长、学术委员会副主任。1999至今任中国人民银行金融稳定局局长和研究员，同时兼任西南财经大学、中国人民大学、南开大学、南京大学、武汉大学等多所大学兼职教授。1993、2000年两度获"孙冶方经济学奖"。

主要论文有《金融腐败：非规范融资行为的交易特征和体制动因》、《中国农村信用合作社体制改革的争论》、《通货紧缩和货币政策》等。

党的十四大明确提出了建立社会主义市场经济体制的总目标。

为了实现这一目标,迫切需要加快经济体制改革的进程,以解决我国经济发展深层次的矛盾。金融体制作为整个经济体制的重要一环,对国民经济的发展与稳定,具有极其重要的意义。1993年以来,国民经济的高速发展的同时出现的投资过热、物价上涨过快、货币供应量超常扩张、金融秩序紊乱等问题,表明金融体制的弊端已成为影响整个国民经济持续稳定发展的"瓶颈",根本的出路只能是加快和深化金融体制改革。

一 目前金融困境的深层体制根源及其对宏观经济的影响

金融体制的问题比较广泛,这里仅对影响宏观调控的重大紧迫问题进行一些分析。

1. 人民银行的目标职能不清,调控手段陈旧,组织结构与财务制度不合理。

(1) 多年来,人民银行一直实行经济增长与稳定货币的双重货币政策目标,并将经济增长目标放在首要的位置上,常常与稳定通货发生冲突。这种做法不仅使决策者很难把握运用货币促进经济增长的合理幅度,避免通货膨胀与经济波动,资源优化配置也难以实现。

(2) 一般地说,人民银行的主要职能是调控货币供应,保证金融体系的安全。但是,目前人民银行却承担了经济结构调整的职能,而对专业银行的资产风险和流动性要求没有提出量化的管理标准和进行严格的考核,只靠行政命令或只提出一般的政策要求,导致了我国银行业资产质量下降,经营风险不断加大。

(3) 虽然改革以来中央银行调控增加了一些间接手段,但由于外部条件的"倒逼"和内部利益冲动,这些新手段的效果并不理想,漏洞很多,仍旧倚重限额管理。同时,对再贷款的管理偏松,利率杠杆僵化。

(4) 目前人民银行按行政区划层层设置分支机构,一方面使中央银行受到地方政府的巨大压力,分支机构存在分权化倾向,地方化问题比较突出,不利于确立中央银行的权威性与独立性;另一方面，人民银行又层层管理专业银行的分支机构，肢解了专业银行的统一性，既不利于发挥大银行的作用，也不利于宏观经济调控。

（5）由于目前中央银行机构庞大，加之财政困难，人民银行分支机构的工资福利只好靠利润留成解决，与国际上通行的不与利润挂钩的独立的中央银行财务制度不符。这样做的结果只能导致人民银行政企不分，丧失了人民银行的公正地位，并形成了内在的信贷扩张机构。

2. 专业银行政企不分，规定范围之内的信贷活动没有自主权，而规定范围之外的信贷活动又缺乏有效的约束。

（1）目前专业银行同时承担政策性和商业性双重职能，目标混乱，职责不清，一方面政策性任务得不到保障，另一方面经营性风险和亏损却被政策性任务掩盖起来，既不利于专业银行自身的经营，也不利于政策性目标的实现。

（2）专业银行有利益冲动和信贷扩张的机制，而没有相应的风险约束机制。一方面计划内贷款缺乏资金，另一方面以拆借、同业往来等形式在继续增发贷款；一方面国家严格规定利率水平和行业差别利率，另一方面由于资金的市场供求紧张，专业银行的基层机构和信贷管理人员实际上已经按较高利率放贷，利差收入大量流失。实际利率的非公开化，导致不正之风盛行。

（3）专业银行综合性与多功能化发展呼声很高，但国家又没有完备的分业管理制度，导致信贷资金大量转移，甚至出现了破坏性竞争。

3. 金融市场有所发育，但市场秩序混乱，发展畸形。

（1）介入市场的主体缺乏明确的规定，或者虽然有规定，但管理不严，不该进入某种市场的投资者也进入了该市场。例如，企业进入同业拆借市场等现象。

（2）拆借市场失去了本来意义，变成了银行之外的信贷市场，主要表现为时间过长、利率过高。

（3）企业债券市场不规范、不公开，各种内部集资混乱，规模膨胀，市场监督无力。

（4）国债市场缺乏银行系统的支持，没有形成银行与财政密切配合的国债市场运作机制，财政自身的某些市场行为影响了国债信誉，已使目前的国债市场陷入困境。

（5）整个金融市场资金价格扭曲、市场秩序混乱：法定利率过低，影响了宏观经济稳定；名义上所有利率都是计划利率，实际上通行的是市场利率。

从上述分析中可见，我国目前的金融体制对于充分利用宏观调控的手段，在保持经济总量平衡的基础上保证国民经济持续稳定增长有极大妨碍。尤其突出的是近年来，在地方管经济的大环境下，整个银行体系有恢复传统体制的"人民银行大一统"的趋势，即按行政区划设置的人民银行分行由于掌握资金权，不仅自己从事商业经营活动，而且还在资金方面调控和管理当地的专业银行分行，肢解了专业银行的统一性。加之人民银行地方分行普遍实行利润留成制，使这些基层行产生了强烈的扩张中央银行再贷款和专项贷款的利润动机。在这种体制下，势必形成扩张信贷的"倒逼"机制，使中央银行被迫不断扩大基础货币的供应，从而造成货币供应量超常扩张，引发新的通货膨胀。这种金融地方化失控的倾向不仅造成机构臃肿，而且还产生了普遍的低效率。由此可见，如果我们不跳出这种体制的束缚，国民经济就难以避免"大起大落"的不良循环，宏观经济的稳定也成了一句空话。

二 "九五"期间我国金融体制改革的目标

为了给国民经济创造高速稳定发展的良好，从现在起，必须加快金融体制改革的步伐，力争在"九五"结束前，基本上完成金融体制改革。初步形成体系较为完善、运行效率较高的金融体系。

我国"九五"期间金融体制改革的目标是：

1. 人民银行货币政策目标完全单一化。中央银行管住货币供应量，主要依靠调控基础货币和基准利率来实现宏观金融调控。用窗口指导替代指令性限额管理办法；重新构造人民银行组织体系，人民银行组织机构最终精简为总行、区行和地市货币监理局。

2. 完成现有专业银行经营机制转换，使之变成真正的商业银行；专业银行机构也按经济区域设置。在财会制度与业务操作方式上，实现与国际惯例的对接，主要商业银行集团实现国际化。

3. 组建政策性银行并正常运转，与此同时人民银行放弃区域经济调节职能和产业结构调节职能，并相应调低法定存款准备率。

4. 形成规范的、全国统一的金融市场，扩大现有股票交易所的覆盖面。全面开展金融期货业务，要为商品期货业务的开展提供良好的金融服务。加快金融立法，依法规范货币市场、股票市场、债券市场、信贷市场、保险市场，形成良好的金融市场秩序。

5. 完成外汇体制改革，形成规范化的外汇市场，实现在国际收支贸易项下人民币基本上实现可兑换。

三 金融体制改革的步骤

从当前国民经济出现金融困境的深层根源可见，人民银行"大一统"和地方化失控的趋势是影响宏观经济安定的主要弊端。因此，金融体制改革的关键是坚持以中央银行的改革为中心，坚持双层银行体制。要在"九五"结束前实现金融体制改革的目标，当前和近期改革的思路和措施必须有利于从组织上打破目前地方干预经济，从而破坏宏观经济的局面的弊端，必须同今后的改革目标相衔接。

1. 当前的应急对策。

当前，为了给过高的投资热降温，抑制通货膨胀，保证经济持续稳定增长，必须采取一系列应急对策。当前应急对策的关键是使资金流回银行，收缩信贷，形成在基础货币收缩的情况下缓解支付困难的形势。

（1）人民银行应立即上收资金权，将机构与业务监管责任下放。具体说，人民银行应将各级分行的资金权上收到人民银行总行，今后人民银行只以专业银行总行发放再贷款。应停止对非银行金融机构发放再贷款，已经发放出去的要限期收回。考虑到转轨衔接的需要，1993年农副产品收购资金作为特殊情况处理；与此同时，将专业银行和其他金融机构的业务监督责任下放到省、市人民银行。

（2）人民银行应逐步取消目前实际承担的为专业银行地区之间调度资金的职能，人民银行各级分支行不再管理专业银行分支行的存款准备金，也不再负责帮助专业银行基层行调头寸解决支付困难。要加强专业银行总行对全行备付金的管理和行内资金调度的责任，各专业银行必须保持5%以上的备付率；一旦出现不能保证支付的情况，要坚决追究专业银行行长的责任，以维护银行信誉和社会稳定。将保证支付的责任真正落到专业银行。

（3）人民银行在严格控制信贷规模和清理拆借资金的同时，应立即建立根据货币供应量增幅调控基础货币的操作系统。各金融机构必须按照吸收存款总量认购一定数额的国库券。基础货币的吞吐方式要从以单一的信用方式为主逐渐转向以国库券、政策性银行金融债券的抵押买卖、票据再贴现和信用再贷款等多种方式为主。

（4）进一步提高存贷款利率。这样既可以增加储蓄、回笼资金，降低 M1 的增幅，还可以减少社会游资，起到降低市场利率水平的作用。近期，建议将银行一年期储蓄存款利率进一步提高到 10%—12%，一年期贷利率提高到 12%—15%。

（5）加快建立政策性银行和政策性投融资体系，力争年内完成国家长期开发信用银行、进出口专业银行的组建工作，争取1994年再建立一个农村政策银行。在政策银行尚未运作之前，首先对专业银行目前的政策性业务实行专账管理。政策性银行要坚持以还本付息和不以盈利为目的的经营原则，并在国家产业政策和规划的指导下自主决策、自担风险，某些具体业务通过市场招标、投标的方式，委托商业性金融机构办理。

（6）人民银行总行及各级分支机构应立即与自身开办的盈利性金融机构、投资和经营机构脱钩，至少目前应与这些机构在财务和人事方面尽快脱钩。

（7）改善人民银行贷款限额管理办法，1993年宣布以后年度专业银行的贷款规模，必须以上年度该行负债在整个银行系统负债总额所占比例为基础进行确定，减少贷款限额分配的随意性。

（8）在财政与银行关系没有理顺的情况下，1993年特许中央银行发行融资债券调节行际间的头寸，以后年度改按规范的方式发展中央银行的公开市场业务。1993年在财政停止向人行透支、借支的基础上，各金融机构认购的国库券，先计入1993年的贷款规模，以后如有必要再调整贷款规模。

（9）要及时处理一批非法集资的大案、要案，要向居民宣传不同金融工具的风险，并通过国家政令宣布未经金融行政主管当局批准的集资、债券、股票不受法律保护,同时放宽合理的证券发行条件,简化审批程序,加快审批速度。

(10)国家近期拿出部分公有股上市,同时加快条件成熟的新股上市审批,增加市场股票供应,抑制过高的股市,使股票热适当降温。

2. 近期及"八五"后两年的金融改革。

(1)重新构造人民银行的组织体系。近期可以考虑先按经济区域设大区分行,然后分步取消县、地市、省的支行和分行;同时根据需要,在各地设置银行监管局,归人民银行领导。人民银行大区分行负责货币政策的监测和国债买卖;银行监管局的职能是监管其注册的金融机构并进行经济调研。在人民银行改组过程中,把人民银行现有的金融服务业务分离出去,成立独立的运钞公司、清算中心;另外成立一家全国性商业银行,把人民银行改组中精简的人员归划新设机构。人民银行内部的机构一般按宏观经济调控职能设置。

(2)现有全国性银行如中国银行、工商银行、农业银行将政策性职能转移给新组建的政策性银行后,要适当收缩机构,集中管理权,真正发挥大银行的作用。各专业银行可组织成几个综合性的银行集团,国家对其业务活动实行分业管理,集团内部业务操作和管理体制要与国际惯例结合接轨。建设银行和中国投资银行也将政策性职能转移给新组成的政策性银行,然后改组为两个商业性的长期信用银行。

组建城市合作银行和农村合作银行,均属地方性商业银行,由货币监理局负责注册与监管。城市合作银行和农村合作银行的各级机构均为独立法人,城市合作银行向下只设到地市级,设基层行与市行两级。农村合作银行向上只设到市级,设市、县、乡镇三级。农村合作基金会办成真正的社区资金互助组织。

适当发展区域性商业银行,除目前东南沿海地区已有几家以外,东北和中西部地区还可再设几家。其所得税为中央税,人民银行不对其融通资金。

(3)取消人民银行各级分支机构的利润留成制度。人民银行财务制度比照执行《金融保险企业财务制度》,其利润上缴财政。人民银行的工资福利标准,要参照金融企业的水平相应进行改革,职工所需工资福利经费，由财政拨付。

（4）设立国有银行的监事会，监督国有资本的运用，保证其保值、增值。今后，在法律上应该允许银行破产，但破产银行的债权债务最好以被收购或被兼并的方式实现平稳转移。人民银行对专业银行、商业银行分支机构的人事安排不再参与意见，但对其经营活动要严格监督考核，对其违反金融法规有权提出处分，专业银行和商业银行一般必须执行。

（5）建立中央银行灵活运用基准利率调节资金供求的机制。中央银行要根据宏观调控目标和资金供求情况适时调整专业银行的存款利率水平和浮动范围。

（6）尽快赋予专业银行在一定幅度内的贷款利率浮动权。在国家法律规定的范围内，逐步落实专业银行与商业银行的经营自主权，包括人、财、物、存、放、汇六权以及其他业务开拓权。商业银行实行资产负债比例管理，建立和完善资产风险管理和呆账准备金制度。商业银行在财会制度、业务操作和管理体制上要与国际惯例结合接轨。建立切实可行的商业银行自我约束机制和风险责任机制。

（7）加强人民银行对专业银行资产的风险管理，制定有约束力的银行贷款质量考核办法，改变专业银行的资产负债结构。

（8）坚持分业管理的原则，对银行和各部门办的证券、信托以及保险机构在人员、财务、资金、信息等方面实行严格的分离制度，要分别注册、独立经营、自负盈亏、自担风险。

（9）加快人民银行卫星清算网络的建设，组建会员制的清算中心，承担银行清算和邮政兑资金清算的任务。

（原载于《改革》1993年第5期）

企业与银行关系的重建

周小川

周小川，生于 1948 年，江苏宜兴人。

1975 年毕业于北京化工学院。1985 年获清华大学博士学位。1986 年 11 月至 1991 年 9 月任国家经济体制改革委员会委员。1986 年 12 月至 1989 年 12 月任对外经济贸易部部长助理。1991 年 9 月至 1995 年 9 月任中国银行副行长。1995 年 10 月任国家外汇管理局局长。1996 年 10 月至 1998 年 2 月任中国人民银行副行长兼国家外汇管理局局长。1998 年 2 月任中国建设银行行长。2000 年 2 月任中国证券监督管理委员会主席。2002 年 12 月任中国人民银行党委书记、行长。2003 年 1 月任货币政策委员会主席。是中共十六届、十七届中央委员。曾获 1994 年度"孙冶方经济学奖"。

主要著作有《外贸体制改革的探讨》、《走向开放型经济》、《系统性的体制转变：改革开放进程中的研究与探索》等。

一

在传统的计划经济体制下，国有企业的资金来源主要是通过财政渠道划拨，固定资产投资完全依靠财政计划划拨，流动资金也有相当的部分（大约为 50%）来自财政拨款，只有其余的流动资金部分来自银行。银行实际上充当着财政部和国家计委的"出纳"的角色。经济改革以来，这种状况有了很大的变化：财政与银行的职责分工有了较大的调整，企业的外部资金来源已从主要依靠财政逐渐转变为主要依靠银行。从"六五"计划以来，已经有不少经济学家指出，企业将越来越依靠银行的间接融资，这种预见已经被实践所证明。与此同时，出现了相当一批固有企业借贷过多的状况，其债务/股本关系（debt/equity ratio）失常，为下一步改革设置了难题。这类企业一方面债务包袱过重，缺少承担风险的能力；另一方面又有财务约束软化、吃银行大锅饭的弊病和环境。

当80年代初实行"中短期设备贷款"和"拨改贷"以后，企业的新建和扩建项目开始主要依靠银行贷款。到80年代中期，财政已基本不向企业增资，以前未拨足的流动资金也不拨付了。企业实际上只能依靠贷款而发展，因为除了银行贷款这一渠道外，不存在其他的融资渠道。除此之外，吃"大锅饭"的体制尚没有完全改变，企业借贷没有内在的约束机制，因此，一部分企业借贷的规模越来越大。即使是原来自有资本比较多的企业，由于在80年代以来的扩张中所形成的企业资产过分依赖向银行借贷，银行贷款在很大程度上被用作股本投资，使它们的债务与自有资本比例也大大恶化了。这样，国营企业（以及一部分其他所有制的企业）出现了四种情况：第一种情况是虽然依靠过度借贷进行扩大再生产，但由于成绩突出，具有股本性质的贷款已经偿还或有能力偿还，当前的债务/股本关系大体正常。第二种情况是由于过度使用借贷进行股本投资，目前没有能力偿还这部分股本性质的贷款的本金，但总的来说，企业经营尚属正常，大体能够支付利息和偿还新增的短期贷款，我们称之为注资不足（undercapitalized）但成绩尚好的企业；对银行来说，对应于股本的那部分贷款是沉淀性的（non-performing loan），但有企业资产相对应，不同于坏账。第三种情况是注资不足且经营不善的亏损企业，财务约束软化，缺乏经营动力，老的贷款很难偿还，还不断要求增加新的贷款。如果不对这类企业进行整顿改组，并使所有权职能得以落实，其状况会进一步恶化，并走向破产的地步。第四种情况是注资不足、资不抵债，应按破产程序实行整顿或清盘的企业，它们所对应的银行贷款除了清盘所能补偿的那部分以外，其余应加以核销（write-off），银行资产负债表中负债栏的对应核销科目是坏账准备金或资本金。应该说明，财务上资不抵债的企业与实际上必须破产清盘的企业仍是有区别的，一部分企业仍可能在破产程序中得以整顿而再生，这也是相当一部分市场经济的破产法及有关程序仍注重整顿的原因。①

认识到企业的这四种状况，对于今后的企业改革是很重要的。企业改革的难点将是第二类和第三类，它与银行体系的改革紧紧联系在一起。举例来说，一些企业的自有资金和借贷资金比例关系很不相称，最典型的是商贸企业。相当一部分一般外贸企业的自有资金只达到营运资金的2%左右，其他都靠银行贷款。也有一些工业企业在产品积压的情况下还允许它们通过借贷发工资、进行生产或扩大库存，造成了银行贷款的过度膨胀和三角债的蔓延，这些企业的财务约束相当软化且得到主管部门的关照。在这种情况下，有些企业会认为既然已是过度借贷，再多借一点也无所谓，最后总会由政府统一解决。面对这种情况，银行本应采取措施，限制某些企业继续借款。80年代初曾经规定企业自有流动资金应占30%，但实际上没有做到。由于财政收入不断恶化，不可能为国有企业注资，而银行也不能按这个比例来掌握，于是放松了借贷标准；同时由于专业银行有较多的社会性目标，要执行政策性贷款，因而也不便把呆账问题摆到桌面上来认真解决。

由于上述原因，目前我国相当一部分国有企业拥有的自有资本的比例过低，在公司财务分析中表现为企业过度负债经营、经营风险过大。同时，由于债务过高，企业缺乏自负盈亏的压力，甚至缺乏经营的积极性。特别是对那些负债比例过大且经营状况又很差的企业来说，在借贷上的财务软约束更为明显，如果企业要以公司化为起点转向新的治理构架，就需要在公司化之时解决注资不足和过度借贷这一问题。

上述分析主要是从企业角度出发的，如果从银行角度作进一步分析，问题就更为复杂了。对当前金融体制改革的大方向而言，是使政策性贷款与商业性贷款在机构上分开，专业银行转向商业银行，并强化商业银行对资产管理的责任，强调资本的充实率，但难度在于：对上述第二类和第三类企业的贷款属于什么性质？应如何处理？如划作政策性贷款则数量过于庞大，无法实现；如划作商业性贷款

---

① 参见 Gray, C. W: *Bankruptcy Law and Enterprise Restructuring in Central Europe*, Transition, Vol. 4, No. 5, 1993年6月, 世界银行。

则显然不符合商业性标准；如果过度使用核销手段，又将使银行的资本充实率大幅度降低甚至蚀空，从而完全违背商业银行安全运行的《巴塞尔协议》。

根据《巴塞尔银行条例和监管委员会关于统一国际银行资本衡量和资本标准的协议》（简称《巴塞尔协议》）① 规定，资本可分为二级：

——第一级是核心资本，包括：（1）实收股本；（2）公开储备。核心资本是银行资本最重要的组成部分，是市场判断银行资本充足比率的基础，并对银行的盈利差和竞争能力关系极大。协议要求银行资本基础中至少有50%是由构成核心资本的股本及从税后保留利润中提取的公开储备所组成。《协议》还确定，资本对加权风险资产的目标标准比率应为8%（其中核心资本成分至少为4%）。

——第二级是附属资本，包括：（1）非公开储备；（2）资产重估储备；（3）普通准备金/普通贷款损失准备金；（4）混合资本工具；（5）次级长期债务。《协议》要求：（1）第二级附属资本的总额将不得超过第一级资本成分总额的100%；（2）次级长期债务将不得超过第一级资本成分的50%；（3）在普通准备金/普通贷款损失准备金中，包括反映较低资产值或潜在但不能确认的账面损失总额部分，该普遍准备或储备的数额最多不能超过风险资产的1.25%，特殊情况或临时可达2%；（4）有潜在收益而未实现的证券（见下）形式的资产重估准备金需打55%的折扣。

综上概括而言，《协议》以确保银行资产质量和风险承担能力为出发点，对银行资本的充实程度和银行资产的风险程度作出了明确的规定。一家银行的安全性出现问题，或者表现为高风险贷款的比重过大，即资产质量差，或者表现为资本充实率不足，一旦经济或政治形势有风吹草动，银行就有可能导致无法承担风险而陷于困境甚至倒闭，将对国民经济造成严重的连锁反应和巨大的危害，财政

---

① 巴塞尔银行业条例和监督委员会由10国集团（比利时、加拿大、法国、德国、意大利、日本、荷兰、瑞典、瑞士、英国、美国）和卢森堡的中央银行和监管机构的代表组成。委员会成员每年在瑞士巴塞尔的国际清算银行会晤。

如想拯救这种银行亦会导致巨额赤字而引发通货膨胀。如果降低商业银行资产质量和资本充实度的标准，会导致银行信贷工作的不谨慎，甚至是提供"大锅饭"和以贷谋私，待到矛盾暴露之时会出现巨大的危害。为此，如果在企业改革的设计中未能充分考虑到设计方案对银行体系的影响及相应对策的话，则这种设计定会是具有严重缺陷的。

如果按照《协议》的思路和规定来分析我国目前存在的企业过度负债经营的问题，那么，首先，企业过度负债经营与银行信贷周转缓慢、资产质量差实质上是同一个问题表现在两个不同的产业部门中。虽然银行是迫于各种客观条件，如银行经营目标的多元化、政策性贷款的需要、地方政府的压力等等，不得不放松贷款的条件，但这样做的客观结果是：贷款数量过大，贷款风险加大，质量下降，呆账坏账增加，从而导致整个银行的风险程度加大，并且难以进一步强化银行的约束机制和经营纪律。如果按照《协议》的要求去做，我们就必须解决大量存在的名为贷款实为股本的问题，及其一系列的连带问题。

二

如何解决这一问题呢？可以有几种思路：

第一种思路是采取核销企业债务的办法，从银行资产中把这部分贷款核销掉，同时从银行负债中核销相应的坏账准备金或资本金。这种思路的利弊可谓简单明了，解放了企业，降低了银行的资本充实度，甚至蚀空其资本，加剧了企业"吃"银行"大锅饭"的弊端。（1）冲销企业债务固然"解放"了企业，但对银行来讲却很不利。因为在从银行资产冲销债权的同时，还要从银行负债中核销掉相应的资本金，这必然降低银行资本的充实程度，降低了银行抵御风险的能力，甚至直接把银行逼向关门倒闭。这是不符合《巴塞尔协议》规定的。（2）采取冲销企业债务的做法势必会进一步强化企业吃银行"大锅饭"的意识。因为这种办法本身就向人们表明，对银行的债务约束不仅是"软"的，甚至还可以一笔勾销。那么，试想今后企业在借贷时又怎么能把还贷能力作为硬约束条件呢？所以，这一思路是很不可取的。

第二种思路是由财政注资解决。可以有两种具体的做法：（1）由财政拨款给企业，再由企业还贷转给银行，从而解决企业的过度借贷问题，建立企业符合标准的债务/股本比例关系。（2）是由财政直接划拨给银行去充实资本金，使银行有可能核销企业的呆滞借款。这种思路的主要问题在于，由于这部分企业债务的规模相当大，大约为数千亿元人民币，目前财政无力支出如此巨额的款项；如果勉强为之，只能是搞巨额财政赤字，向银行透支，最终必然导致通货膨胀。而且，这种做法同样也会使企业和银行都更加习惯于吃"大锅饭"。

第三种思路是进行债务—股本转换（equity-debt swap），即把企业债务转变为银行对企业的股权。以债务—股本转换来解决企业过度负债经营问题的做法在拉美一些国家曾经实行过。这种做法较之前述两种更具有合理性，既体现市场经济中的等价原则，也不会加重财政负担。但也存在着一个不容忽视的问题，即当进行债务—股本转换之后，银行的资产风险在名义上是大大增加了，即大量运用居民和企业的存款去持股，资产质量下降了。这是不符合《巴塞尔协议》对资产质量的要求的。

综上所述三条思路，我们认为其问题的基本症结在于，它们忽略了在整个经济体制转轨的条件下企业制度、银行制度、财政制度自身及其相互之间的关系应当而且已经正在发生变化，而是较为单一地考虑怎样解决企业的债务负担问题，这样就难免顾此失彼。我们认为应当在适应和推动经济体制改革的基础上，找出一条无须财政增支，又能解除企业的过度债务负担，并能保证银行的资产质量等级的改革出路。

三

本文所要介绍的设计框架首先是建立在公司化改制①和重构国有企业的所有权框架②的设计思想之上的，还在一定程度上与企业

---

① 参见吴敬琏、钱颖一：《关于公司化》，《经济日报》，1993年8月24日。
② 参见中国经济体制改革总体设计课题组：《对近中期经济体制改革的一个整体性设计》，《改革》杂志，1993年第6期。

的社会保障职能的独立化①有密切关联（读者如参考这些文献能更清楚地了解本文中的设计框架，但本文的议题亦可单独成立）。我们认为比较符合上述约束条件的是这样一种思路，即一方面，通过进行股本/债务关系的转换，使债务股本化，解除企业过度的债务负担；另一方面，国家通过向银行分配股权认购券，由银行购买一部分绩优企业股票的方法，保证银行的资产质量等级。这种做法，从当前来看，满足了企业、银行和财政三个方面的要求；从长远来看，企业的主开户银行部分地替代国家而成为所有者，有利于解决国有企业所有者缺位这一根本性问题，并向建立中国式的主银行体制迈出了第一步。不过说当前中国的金融构架中仍有种种思想障碍不准备去接受全能银行的体制，而本文仅提供银行内部将商业银行业务与投资银行业务分业经营的转换框架。

这一思路通过如下的步骤逐渐展现：

1. 第一步——企业与银行之间进行债务和股本的转换。

我们首先用财务分析方法来分析目前的债务问题。

从一个银行简化的资产负债表来看，基本情况如下：

（1）银行负债。银行负债方主要分为两大部分：来自财政拨付的和自我积累的资本金；来自个人、企业事业单位的存款。这两部分在资产负债表中表现为负债并用于发放贷款（详见图1）。

	银行资产负债状况	
	资产(贷款)	负债(存款)
资本—债务关系正常，效绩较好的企业EG1	正常贷款	企业存款
借贷过多但效绩尚可的企业EG2	质量尚可但周转不灵的过度贷款	个人存款
借贷过多且效益差的亏损的企业EG3	质量较差的过度贷款	
借贷过多、资不抵债的面临破产的企业EG4	无法收回的贷款	资本金

图1　企业融资与效绩状况

---

① 参见中国经济体制改革总体设计课题组：《企业社会保障职能的独立化》，《经济研究》，1993年第12期。

（2）银行资产。银行在经营中把资本金和存款用于贷款活动，贷款在资产负债表中表现为资产。在我国当前情况下，这些资产（即贷款）虽然总的来看风险过大，周转不畅，但实际上又可以分解为不同的类型：a) 是正常借贷，对应于经济效益好且注资正常的企业组 EG1。b) 是对应于过度借贷的企业。但这部分借贷的情况也不能一概而论，进一步分为三个组别：EG2，借贷过多但效益尚好的企业组；EG3，借贷过多且效益差的亏损企业组；EG4，借贷过多、资不抵债、面临破产的企业组（详见上页图1）。

进行债务—股本转换可以从几个方面来考虑：

（1）对于 EG4 中那些严重资不抵债的破产企业就应按照《企业破产法》让其破产。这类企业拖欠银行的贷款本来也属无法收回的贷款。这一损失是无法避免的，应把这部分贷款核销掉。从银行的资产负债表上看，表现为在资产栏中减少了一部分贷款，而在负债栏中银行资本也会减少了相应的部分。当然，在清盘过程中，银行资产还可能收回一部分。另外，一部分企业可能在《破产法》的整顿程序中获得重建，从而转入 EG3。

（2）对于 EG3，银行将沉淀的固定资产贷款和适当比例的流动资金贷款转换为该企业的股权，从而会在较大程度上成为该类企业的控股者，并确实行使所有者的职能，对企业进行改组、整顿、调整经营方向，扭亏增盈。如该类企业需要进一步增资或贷款以实现结构和技术的更新，银行会在认真衡量的基础上考虑给予进一步的支持。EG3 的大部分是有可能在这一过程中扭转亏损局面的，少部分可能会整顿失败而进入类似 EG4 的处理方式。

（3）对于 EG2，银行以债务—股权交换的方式，将 EG2 中的过量贷款那部分转变为银行的股本。这样做，对于企业来说，减少了贷款，增加了股本，从而可以解决过度负债经营的问题而转入 EG1 的行列。对于银行来说，把贷款变为股权，认可了既成事实，即过去的某些固定资产贷款实际上是不能按期偿还的股本投资。理顺了这一关系后，银行亦可按正当的债务/股本关系来掌握对企业的贷款、审批标准，强化对企业的约束，使政策性贷款和商业性贷款的界限得以真正划清。另一方面，银行从贷款者变为一定股权比例的股东，可以以所有者的身份对企业经营进行监督，直至参与表决调整或撤换那些经营不善的企业管理人员,以使企业取得优良的经营业绩。此时,对 EG2 的其余部分的贷款亦可从有问题的贷款类别转为正常的贷款。

从银行的资产负债表来看,情况便发生了变化(详见下图2)。

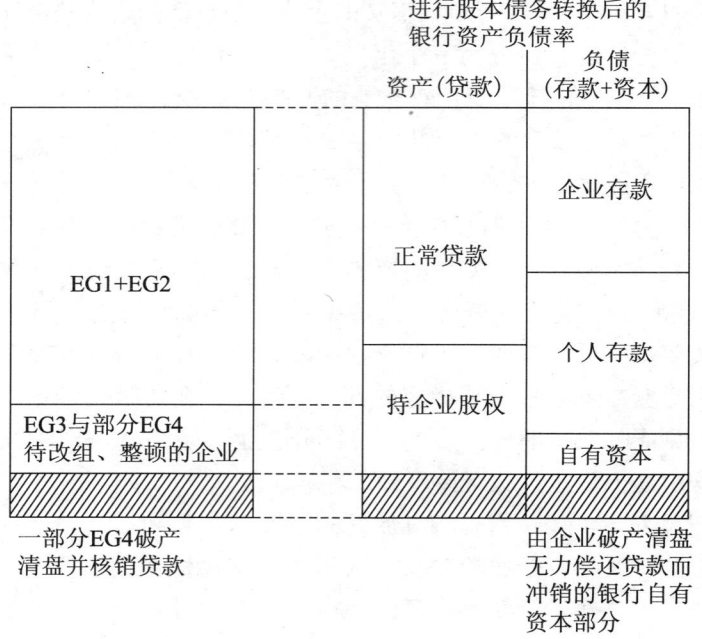

图2 企业效绩状况

但是进行债务股本转换后银行机构本身却面临一些问题:(1)是由于银行持有了大量的企业股权,加大了资产风险,银行资产的质量下降。(2)是由于核销使银行资本充实度下降。(3)是银行既从事存贷款又从事投资,就会成为全能银行,这与目前中央银行设想的分业经营方向是不同的,或许会在某种程度上增加宏观调控的难度。但全能银行是当今世界上改革的潮流,有其深刻的内在原因。解决商业银行与投资银行分业经营问题的思路是进行银行内部机构的调整。

2. 第二步——银行内部机构的重组与调整。

可以把专业银行分为两个部分,即商业银行部和投资银行一部(名称是否称作部是次要的)。投资银行可以经营直接投资业务,商业银行除经营存贷款业务外还可持有特定类型的债券(如国库券、投资银行债券）为资产。这样，既有内部分工，也便于中央银行进行监控。当然，这样做的指导思想仍是把专业银行转变为多功能的但内部又实行分业经营的银行，否则便难以进行债务—股本的转换。

银行机构重组和调整的具体做法是：成立投资银行部，发行自己的投资银行债券，以债券收入作为购买上述图2中已向商业银行出让的企业股权。这样，商业银行资产中持有投资银行的债券，而不再持有企业股权，股权转到投资银行的资产方。至于银行在划分两个部分时，似应划拨一部分资本金给投资银行，但为简便起见，我们不在图3中加以表现，下一步还将改变图3的状况。

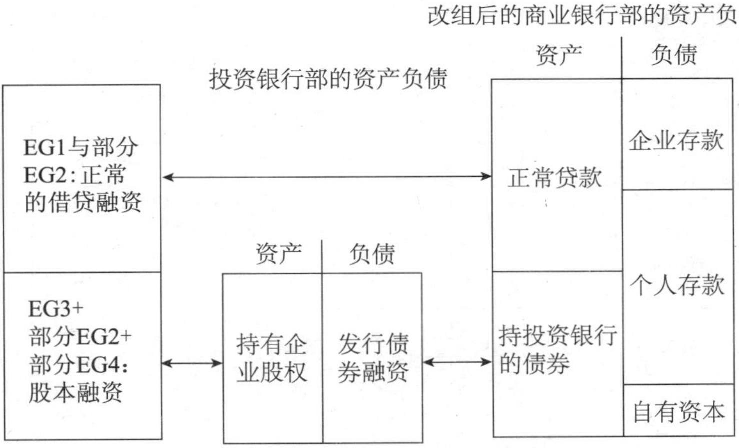

图3 对应的企业融资状况

投资银行部的资产负债			改组后的商业银行部的资产负债	
资产		负债	资产	负债
EG1与部分EG2：正常的借贷融资			正常贷款	企业存款
EG3+部分EG2+部分EG4：股本融资	持有企业股权	发行债券融资	持投资银行的债券	个人存款
				自有资本

当银行进行机构调整之后，从商业银行部看，仍然面临一些问题。商业银行部自身的资产质量要取决于它所持有的投资银行债券的评级，而投资银行所发行的债券的风险评价又取决于它所持有的企业股权的企业的财务与经营状况。而这些企业是由EG3及部分EG2与EG4构成的，有的比较好，有的还待改造。所以总的来看，商业银行资产的质量等级并不高。从投资银行部看，也有一些问题，主要是：资本金的比例过低，股权的风险偏大。总的来看，质量等级也不高。要解决这些问题，还需要采取第三步措施。

3. 第三步——国家发给投资银行股权认购券（voucher），银行用股权认购券去购买一部分经营业绩良好的企业的股权。

为了保证银行资产的质量等级，国家可以考虑给银行注入新的资本金，但不采用货币形式，而是分配给投资银行部一部分股权认购券，让投资银行部购买那些经营业绩优良的企业的股权（这一过程已在《经济体制改革的不同道路》一文①中作了描述），它不仅是为银行体系的健康运行，更是为了解决国有企业所有权缺位的问题和公司化改制。

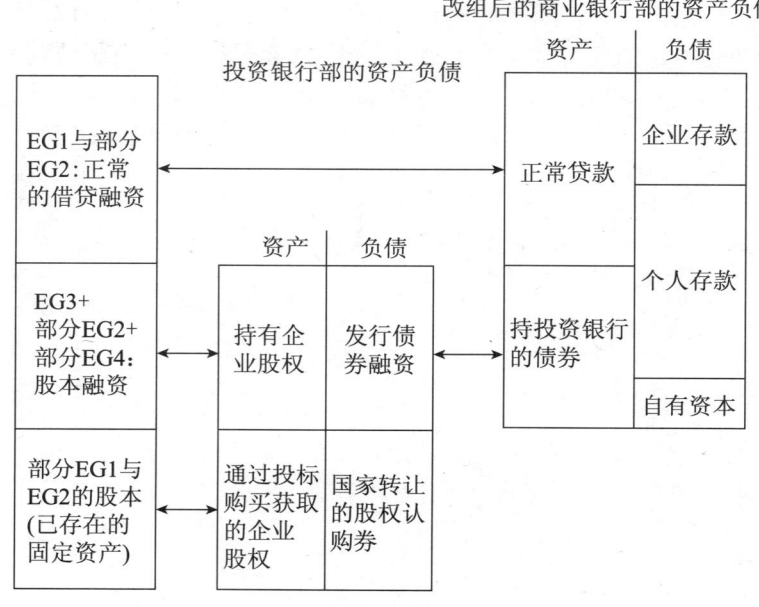

图4 对应的企业融资状况

当这一过程完成之后，一方面，投资银行部通过用股权认购券购买好企业的股票，使股权组合的质量等级提高了，则其债券的信用等级随之提高；另一方面，商业银行部的资产中所持有的债券的质量等级提高了，则整个资产质量提高了，风险度降低了。这样便可以解决上面提出的银行资产质量问题了。

在实现上述改造之后，投资银行部可在金融市场上适当调整自己的资产结构，从全部用于企业股权投资到适当换取一部分流动性

---

① 参见周小川、银温泉："经济体制改革的不同道路"，《改革》杂志1993年第2期。

稍强的资产,从而进一步改进其资产质量。这种健康化的结构会有进一步的潜力获取资本升值收益(Capital Gain),包括效益好的企业及投资银行和商业银行自身的市场价值的提高,这种收益有助于补充商业银行在上述图 2 中国核销坏账而削弱的自有资本。当然,也不排除由投资银行直接出售少数企业的股权来套现去增强银行的资本充实度。

有趣的是,原先意义上的国有资产的金额并不减少。原来国家直接持有图 4 左下部企业的股权,而现在则是国家直接持有投资银行的金额相同的股权。这与吴敬琏、钱颖一在《关于公司化》中所指出的所有权嵌套关系是一致的,亦即国有企业体系可以通过重构来创造出具有明确产权关系和所有权责任的构架,同时又不因此减少国家拥有的股权总量。按上述思路进行改革的过程完成之后,企业的过度负债问题和银行的贷款质量及资本充实度的问题,都将得到解决,而且企业与银行之间的关系也将顺应市场经济的需要发生重大的变化,银行将部分地成为企业的股东,企业股权结构也会发生变化。这种结构有助于银行与企业之间形成具有长远意义的共存关系。最新的国际经验表明,这种长期的共存关系对生产力的发展具有重大意义。[1] 这样就会形成一种比较接近国际上具有竞争力的日本模式和德国模式。

这样一种结构还能够对资本市场的发展产生有力的影响,推动资本市场的发育。

(原载《改革》1993 年第 6 期)

---

[1] 参见 Lorsh. J. W: *Corporate Governance and Investment Time Horizons*,哈佛大学商学院,1991 年。

为什么要提出"劳动力市场"

高尚全

高尚全,生于1929年,江苏嘉定(今属上海市)人。经济体制改革研究会会长、高级研究员。

1952年毕业于上海圣约翰大学经济系。20世纪50至80年代在第一机械工业部、农业机械部、国家机械工业委员会从事经济政策研究工作。1982年起任国家体改委处长、副局长、中国体改研究所所长。1985—1993年期间任国家体改委副主任。是第八、第九届全国政协委员。从1999年起任中国经济体制改革研究会会长。曾任香港特别行政区预委会、筹委会委员、经济小组组长,以及世界银行高级顾问等职。现任联合国发展政策委员会委员、中国经济改革研究基金会理事长、中国企业改革与发展研究会会长、中国(海南)改革发展研究院院长,兼任北京大学教授、浙江大学工商管理学院院长。多次参加党中央国务院重要政策和体制文件的起草工作。

主要著作有《中国市场经济纵论》、《市场经济与中国改革》、《走我国自己农业现代化的道路》等。

在社会主义市场经济的基本理论中,还没有一个概念能够准确地描述实践中客观存在的劳动力供求情况。理论界特别是经济部门在涉及这一领域的问题时,往往用"劳务市场"、"劳动市场"、"劳动就业市场"等概念。党的十四大确立了建立社会主义市场经济体制的改革目标后,对培育和发展劳动力市场的呼声越来越高了。为此,我们应当明确提出"劳动力市场"的概念。劳动力市场是生产要素市场也是市场体系的重要组成部分,只有理直气壮地提出劳动力市场概念,才能加快建立社会主义市场经济体制。

第一,确立劳动力市场概念,首先要看到劳动力与劳动者、劳动就业的区别。

在社会主义条件下,劳动力具有商品的属性,就是说,劳动力同样具有使用价值和价值的二重性,劳动力的价值同样要通过交换才能实现,于是就产生了劳动力市场。

在社会主义条件下,劳动力是否具有商品属性?现在人民是国家的主人,怎么能把劳动力当做商品属性来看待呢?产生这样的问题的主要原因,是把劳动力和劳动者两个概念混淆在一起了。实际上,劳动力不等于劳动者,更不同于劳动就业,劳动力和劳动者、劳动就业是三个既有联系又有区别的概念。马克思曾说:"我们把劳动力和劳动能力,理解为人的身体即活的人体中存在的、每当人生产某种使用价值时就运用的体力和智力的总和。"(《资本论》,第一卷,第190页)简言之,劳动力指的是劳动者的劳动能力,劳动者指的是劳动的主体即人自身。劳动者在劳动力市场上缴换的是自己的劳动能力,而不是交换人自身。在交换过程中,劳动力供求双方平等协商、互相选择的场所就是人们所说的劳动力市场。

劳动者有不同等的个人天赋,因而也有不同等的工作能力。劳动力属于劳动者自己所有,劳动者"是自己的劳动能力、自己的人身自由的所有者","……他在让渡自己的劳动力时不放弃自己对它的所有权"(《马恩全集》,第四十六卷上册,第471、496页)。从而,使劳动力市场的存在和发展有了可能和现实基础。劳动就业是就业过程本身,不是生产要素;就业过程是不能进行交换的,进入市场交换的既不是劳动者,也不是劳动就业,既不是劳动,更不是劳务,只能是劳动力。劳务是商品,但不是要素市场的商品,不是生产力要素,因此提出劳务市场是不够科学的。劳动与劳动力的概念也是不同的,劳动是劳动力的使用,是价值的实体和内在尺度。劳动不能作为商品在市场上缴换,只能在生产领域中进行,只有劳动力才能在市场上有价格。因此,不能用劳动市场替代劳动力市场。

诚然,马克思为了批判资本主义,发现了劳动力这种特殊商品在货币转化为资本过程中的作用,揭示了资本主义剥削的本质。然而,在社会主义条件下,生产资料只有与劳动力结合起来,才能形成现实的生产力,才能实现价值增值。在这里,问题不在于是否承认社会主义社会的劳动力仍然创造剩余产品的价值(如果不创造剩余产品的价值,岂不永远是简单再生产,社会如何发展?综合国力如何增强?人民生活如何改善?新增人口如何能养活?国家如何现代化?),关键问题在于:新增的剩余产品价值归谁所有?如何有效地使用?是否为人民和全社会造福?我们搞社会主义市场经济,资本的增值意味着包括公有制为主体的所有者资本的扩大、社会财富的增长。这有利于社会生产力的发展,有利于社会主义国家综合国力的增强,有利于人民生活的提高。因此,劳动力进入市场是自然而然的,我们也没有必要回避"劳动力市场"的概念。

在西方市场经济体制中,劳动力市场(labour market)被看做是最重要的生产要素市场。一些经济学家认为,劳动力市场的均衡决定着所有市场的均衡。人们可以通过劳动力的边际成本和边际收益的比较,分析劳动力市场的需求状况,评价劳动力资源配置的合理程度。

第二,确立劳动力市场的概念是建立社会主义市场经济体制的内在要求。

从社会资源配置的角度讲,大体上存在两种方式:一种是通过行政计划的运作来配置资源,即计划经济;一种是以市场为基础来配置资源,即市场经济。我们要建立社会主义市场经济体制,就必须建立统一、开放、竞争、有序的市场体系,不仅全部的商品,而且全部生产要素都应进入市场。生产要素包括物质资源、资本和劳动力资源,其中,劳动力作为生产要素中唯一具有能动性的因素,在生产要素中起着重要的作用。如果其他生产要素进入市场,而单单把劳动力排斥在市场之外,是不可能形成统一开放的市场体系的。因此,从建立社会主义市场经济体制的内在要求出发,也应确立劳动力市场的概念。只有劳动力进入市场,劳动者的素质、劳动者的价值得到准确、公正的评价,企业和劳动者才能在自愿的基础上进行双向选择,从而促进劳动力资源以及整个社会资源的优化配置。

第三,劳动力市场是经济生活中客观存在的现实。

在我们的经济生活中已经存在着劳动力市场,这是无可否认的事实。根据国家统计局提供的1992年的有关数据计算,在各行业社会劳动者(农业劳动者除外)人员结构中,国有单位职工人数为1.09亿,占各行业社会劳动者(农业劳动者除外)总数的43%;非国有单位职工（劳动者）人数为1.45亿，比重为57%。这说明在除农业外的全社会各行业中，由市场配置的劳动力资源已经超过半数。其中，工业由市场配置的劳动力资源的比例为56%，交通运输与邮电通信业为60%，商饮业与物资供销、仓储业为67%，建筑业则高达77%。这里若再考虑农业流动性的剩余劳动力资源，则需要由市场配置的资源比例就更大。面对已经进入市场的庞大的劳动力资源，我们应审时度势、因势利导，及时确立劳动力市场的概念，并将培育和发展劳动力市场的工作提到今后深化改革的重要议事日程上来。

第四，从今后经济发展中的就业压力来看，加速培育和发展劳动力市场势在必行。

我国人口众多，劳动力供大于求的矛盾将长期存在。据有关部门提供的数据表明，在我国农村，现有劳动人口4亿左右，其中剩余劳动人口大约近2亿，而且，今后每年将以1 000万的速度递增，预计到2000年，将达到2.5亿左右。在城镇每年新增加的要求就业的人员达800万左右，到2000年全国城镇累计需要安排的就业人员在6 000万以上。在国有部门内部，现在职工1.09亿，冗员现象普遍存在，随着政府机构、企业劳动用工制度的改革，预计有1 000万人需要转移。也就是说，到2000年，我国将面临着3.2亿的就业压力，这一数字接近于美、英、法三国人口数的总和。

与上述情况形成鲜明对照的是，我国目前的劳动力市场还处于发育的初级阶段，存在着一系列亟待解决的问题。从市场竞争主体看，在国有部门中，由于劳动人事制度尚未进行彻底改革，阻碍了市场主体的形成，在非国有部门，尽管市场主体地位已基本形成，但市场主体的权益还缺乏保障。从市场运行机制上看，劳动力价格标准不统一，在相当大的领域内，工资既不反映劳动力成本，也不反映劳动力供求，没有发挥调节市场运行的机制作用。从市场竞争秩序上看，缺乏必要的维护竞争、调控市场以及法律监督的手段。从市场服务体系上看，社会保障制度尚未完全建立，从就业培训到医疗、工伤、退休保险以至失业救济等方面的社会化程度还很低。因此，只有通过深化改革，加速培育和发展劳动力市场，才有可能在今后的经济发展中承受巨大的就业压力。

第五,确立劳动力市场的概念,并不影响工人阶级主人翁的地位。

这可以从三个层次上加以说明:(1)承认劳动力市场,则意味着承认劳动力具有商品的属性。劳动者具有交换和保留自身劳动力的权利。有择业的自由,这正表明劳动者是自身劳动力的主人,从而实现劳动的平等和就业机会的平等;相比较旧经济体制下劳动者必须依附于某个部门或单位的状况来看,劳动者具有支配自身劳动的自由应该说是历史的进步,并不影响工人阶级的主人翁地位。(2)承认劳动力市场,并不意味着社会主义条件下的劳动力市场与资本主义条件下的劳动力市场没有本质的区别。在资本主义条件下,由于生产资料的私有制,造成劳动者和生产资料的分离,迫使劳动者出卖自己的劳动力,从而失去对自己的劳动力的支配权,变为雇佣工人。劳动力的个人所有权变质了。在社会主义条件下,劳动者是向劳动者集体交换自己的劳动力,并参加民主管理,使其真正实现了劳动力的个人所有权。由于出现了公有制为主体的多种社会经济成分共同发展的局面,由于资产所有权、占有权、使用权的分离,等等,劳动者与生产资料还不能无条件地直接结合,必须也只有通过一个"中介",即市场,才能实现劳动力资源的优化配置,才能取得更好的社会经济效益。(3)我们讲工人阶级的主人翁地位,是就工人阶级整体而言的,劳动者个人不等于劳动者整体。劳动者个人交换与保留自身的劳动力,并不表明他就丧失了作为工人阶级一分子的身份。同时,随着改革的深化,我们还应通过立法的形式,进一步建立、健全劳动力市场的秩序,维护广大劳动者的合法权益。因此,这只能是进一步加强和巩固了工人阶级的主人翁地位。

(原载 1993 年 11 月 19 日《经济日报》)

中国居民收入分配问题研究

赵人伟　李　实

赵人伟简介如前第279页。

李实，1956年出生于江苏省徐州市。

1976—1978年曾在江苏省铜山县插队。1978—1982年期间在南京大学经济系学习并获学士学位。1982—1984年期间在北京大学经济学院攻读研究生并获硕士学位。1985—2005年期间在中国社会科学院经济研究所工作。2005年7月调入北京师范大学经济与工商管理学院。现为北京师范大学京师学者特聘教授、北京师范大学收入分配与贫困研究中心主任、中国社会科学院研究生院教授。

一　总体描述

中国经济问题，从根本上讲，可以归结为改革和发展两大主题。不仅现在是这样，而且在将来相当长的时期中，这都将成为经济学界和经济政策制定者最为关心的问题。而作为经济改革和经济发展结果之一的居民收入分配的状态，不但构成了评价改革和发展成功与否的重要体系标准，而且会反过来加速或延迟经济改革和经济发展的进程。

经济改革十二年来，中国居民收入分配格局发生了很大变化。在多种所有制结构演变的影响下，在城乡两大经济系统彼此分离的状态下，在劳动力市场处于早期发育阶段的经济机制转轨过程中，在地方经济分割主义有相当影响力的今天，对中国居民的收入分配格局作一个概括性的判断，以及用一个统一的理论框架对其进行分析，都是非常困难的。不管是时间序列数据所表明的中国居民收入分配的历史变化过程,还是横截面数据所显示的某些解释变量在居民收入决定和收入分配中的相对重要性,都带有原有经济体制的痕迹和正在成长中的新的经济体制的因素。

我们收入分配课题组获得的1988年城乡居民收入调查数据,为我们对中国收入分配基本格局的判断提供了一个经验基础。依据数据和其他相关资料分析的结果,中国居民收入分配的基本格局可以概括为以下几个方面。

1. 在过去10年中,中国居民收入分配的不均等程度有不断扩大的趋势。我们的样本数据表明,1988年全国居民收入的基尼系数是0.382。这一数字明显高于世界银行估计的1980年中国居民收入的基尼系数0.33。① 尽管两个年度的基尼系数的估算依据了不同的数据来源和不同的收入定义,② 但是两者差额的很大一部分应该由城乡收入差距的扩大、城市内部和农村内部收入不均等程度的上升和区域之间收入差距的扩大等因素加以解释。

2. 国家统计局公布的时间序列数据证实,在过去十几年中,中国城乡居民之间收入差距经过了一个U字形过程:即1978—1984年城乡居民收入差距先是缩小,1984—1990年城乡居民收入差距又逐步扩大。③ 值得指出的是,1990年城乡居民收入差距超过了改革前的1978年。④ 而且城乡收入差距扩大也是导致全国居民收入不均等程度上升的一个主要因素。从我们1988年样本数据分析的结果中可以看出,城市人均收入水平可以解释全国居民收入差异的82.5%,

---

① 世界银行:《中国:社会主义经济发展》第一卷,华盛顿,1983年英文版,第83—95页。
② 第一,世界银行对中国居民收入的基尼系数的估算,是依据国家统计局的分组数据,我们的计算是依据原始数据。第二,国家统计局住户收入调查所使用的收入定义与我们所用的收入定义有些不同。国家统计局的城市居民收入主要是货币收入,我们所用的收入还包括了实物收入和根据市场价格估算的住房补贴在内的各种补贴。我们与国家统计局在农村居民收入定义上的不同主要是,我们的收入定义包括了农村居民自有住房的折旧金。此外,我们对自我消费的那部分农产品的价值是按市场价格估算的。
③ 参见1981—1991年的《中国统计年鉴》。
④ 见本书第2章。

而农村人均收入水平则只能解释 17.4%。① 在农村居民收入构成中，除了个人工资收入外，其余收入项目的拟基尼系数（Pseudo Gini Coeffcient）都小于全国的基尼系数。也就是说，这些收入项目都起到缩小全国居民收入差距的作用。与此相反，城市居民收入的所有构成项目都具有很高的拟基尼系数（0.69—0.84 之间），②城市收入水平的相对上升只能导致全国居民收入不均等程度的扩大。

3. 中国城市居民收入分配的不均等程度也显示出不断扩大的趋势。根据世界银行的估计，1980 年中国城市居民收入的基尼系数为 0.16。③ 根据我们样本的估算，1988 年中国城市居民收入的基尼系数为 0.233，④ 比 1980 年上升了约 46%。如果说城市居民收入差距的扩大是由一部分人获得畸高收入为特征的，那么城市收入分配的另一个特征则表现为新的平均主义。⑤

4. 中国农村居民收入差距也经过了一个先缩小后扩大的过程。世界银行机构对中国农村 1978—1986 年的基尼系数估算的结果表明，从 1978—1982 年，农村居民收入差距是逐步缩小的，基尼系数由 0.32 降为 0.22。从 1983 年开始，农村居民收入差距逐年扩大，1986 年基尼系数上升为 0.31。⑥ 根据我们的样本进行估算，1988 年农村居民收入的基尼系数为 0.338。⑦ 中国农村收入不均等程度加剧

---

① 对某一样本群体来说，总收入的基尼系数可以由其分项收入的拟基尼系数（或称集中率 Concentration ratio）来表示。具体公式为 $G = \sum u_i g_i$，其中 G 为总收入的基尼系数；u_i 为第 i 项收入在总收入中的比例；g_i 为第 i 项收入的拟基尼系数，它是按总收入排序计算的第 i 项收入的基尼系数；$u_i g_i$ 为第 i 项收入对总收入不平等程度的绝对贡献；因而 $u_i g_i / G$ 为其相对贡献。关于这方面的详细讨论可参见 N. Kakwani：*Income Inequality and Poverty*，Oxford University Press，1980 年，第 175—181 页。
② 见本书第 1 章。
③ 世界银行：《中国：社会主义经济发展》第一卷，华盛顿，1983 年英文版，第 83—95 页。
④ 见本书第 1 章。
⑤ 见本书第 2 章。
⑥ 见本书第 1 章。
⑦ 世界银行：《中国：社会主义经济发展》第十卷，华盛顿，1983 年版，第 83—95 页。

的一个重要原因在于区域间经济发展的不平衡,而这种不平衡又产生于区域内部产业结构的演变,特别是乡镇工业发展规模和速度上的差异。①

5. 中国区域（省份）之间的收入差距也呈不断扩大的趋势。依据国家统计局的数据,不论用各省农村人均纯收入计算的省际基尼系数,还是用最高省份农村人均收入与最低省份农村人均收入的比率作为衡量指标,1980—1990年中国农村省际之间的收入差距几乎呈现直线上升的趋势。② 区域之间收入差距的扩大也是导致全国收入差距扩大的一个重要因素。我们1988年的样本分析表明,全国农村居民收入的总体方面的差异为81.87%,可以由省际之间的收入差异加以解释,而剩下的18.13%由省内的收入差异来解释。③

从纵向看,中国居民收入差距,不论是城市还是农村,不论是城乡之间还是区域之间,都有不断扩大的趋势。然而,从横向看,与亚洲其他国家和地区相比,中国（大陆）居民收入的不均等程度除了高于中国台湾地区和略高于韩国等少数国家外,明显地低于亚洲其他一些国家。④ 但是,值得注意的是,亚洲其他国家城市收入分配的不均等程度普遍大于农村地区,而中国的情况则恰好相反。相比而言,我们城市收入分配的均等程度是亚洲国家中最高的,而中国农村收入分析的均等程度在亚洲国家中处于中等水平。

二　城镇收入分配：计划和市场的作用

对中国城镇居民收入分配的考察,可以放置于计划和市场两大系统和两种不同调节机制相互并存和相互作用这样一种体制背景下来进行。计划和市场不但会直接造成就业于这两大系统内部的职工收入分配上的明显差异,而且还会改变决定职工和居民户收入和收

---

① 见本书第4、9章。
② 见本书第9章。
③ 1980—1990年全国农村人均收入与省际基尼系数之间的相关系数高达0.9585。详细讨论见本书第9章。
④ 见本书第1章。

入分配的相关因素和变量的相对重要性。

1. 城镇居民收入的构成及其分配。根据收入的不同来源，中国城镇居民的可支配收入可以分解为八个部分，即在职职工的工资性货币收入、离退休人员的货币收入、非就业（非离退休）人员收入、补贴和货币收入、自有住房折旧金、个体和私营企业主收入、资产收入、其他收入（如转移收入）。下表1给出了各项收入分配的均等程度及其在总收入中的比重，从中可以看出总收入分配的均等程度与各项收入分配的均等程度之间的关系。

表1　城镇居民收入差距及其来源*

收入及其构成	1. 各项收入比重 ui(100)	2. 基尼系数或拟基尼系数（Grogi）	3. uigi	4. uigi/G (100)
1. 在职职工的货币收入	44.42	0.178	0.079	33.9
2. 离退休人员的货币收入	6.83	0.335	0.023	9.8
3. 非就业人员的收入	0.47	0.433	0.002	0.9
4. 补贴和实物收入				
其中：（1）各类票证补贴	5.26	0.130	0.007	2.9
（2）住房补贴	18.14	0.311	0.056	24.2
（3）其他补贴和实物收入	15.68	0.208	0.033	14.0
5. 自有房屋折旧金	3.90	0.338	0.013	5.7
6. 个体、私营企业主收入	0.74	0.413	0.003	1.3
7. 资产收入	0.49	0.437	0.002	0.9
8. 其他收入	4.06	0.377	0.015	6.6
9. 总收入	100.00	0.233	0.233	100.00

***资料来源**：见本书第1章。对某一样本群来说，总收入的基尼系数可以由分项收入的拟基尼系数来表示。可参见本章第一部分的有关注解。

从各项数字的比较中，至少有这样几点是值得重视的：（1）在职职工的工资性货币收入在城镇居民总收入中的比重仅为44.42%，尽管它是构成居民总收入的最大份额，但是它所占的比重并不是很大的。（2）主要由住房补贴、食物补贴和职工补贴性货币收入构成的居民补贴收入在总收入中所占的比重在各项收入来源中排在第二位，高达 39.08%。如果加上医疗补贴，城镇居民的补贴性收入就会与职工的工资性货币收入不相上下。①（3）城镇居民人均总收入的基尼系数为 0.233，说明收入均等程度是偏高的。除了在职职工工资性货币收入（拟基尼系数为 0.178）、各类票证补贴（拟基尼系数为 0.130）和其他补贴与实物收入（拟基尼系数为 0.208）的分配不均等程度低于总收入外，其他分项收入的分配的不均等程度都高于总收入。

此外，我们不难看出，较多受到计划和行政管制的职工工资性收入和补贴的分配呈现较高的均等程度，而较多受到市场影响的个体、私营企业主收入及资产收入的分配却呈现较低的均等程度。

2. 不同所有制部门内部收入差距的比较。从不同所有制部门内部职工的收入水平和收入差距的比较中，可以进一步了解计划和市场对收入分配格局的不同效应。过多受到计划和行政干预的国有企业职工与更多受市场调节的个体企业、合资企业和外资企业（统称为私有部门）的职工相比，两者的平均货币收入水平相差不大。根据我们的样本数据，1988 年前者的货币收入为 1 876 元，后者为 2 200 元。② 如果考虑到国有部门职工在住房条件、医疗、劳保等方面享有的优越待遇，那么两者的实际收入会相差无几。然而，国有部门和私有部门却具有显然不同的收入分配格局。国有部门职工货币收入的差距仍不明显，基尼系数为 0.232；私有部门的收入差距却是显而易见，基尼系数高达 0.493。③

经过对职工收入构成的进一步考察，我们发现国有部门具有多少不同于私有部门的分配机制。在包括性别、年龄组、民族身份、教育水平、所有制形式、职业种类、就业性质、就业部门、省份等十组变量的回归分析中，合资企业的职工货币收入比国有企业职工的高出大约 19%，基本工资则高出 31%，而基本工资以外的其他收

---

① 1988 年医疗补贴在城镇居民总收入中的比例大约为 3.83%。参见本书第 7 章。
② 见本书第 2 章。
③ 见本书第 2 章。

入却低8%。① 这说明前者更注重于职工收入的工资化，后者则更偏重于职工收入的福利化。

国有部门既是受到较多计划管制的部门，又是可以从计划体系中获得较多优惠的部门。相比之下，集体所有制部门只受到前一种管制，而不享有后一种优惠。与国有部门相比，集体所有制职工的平均货币收入低17%，但货币收入分配的均等程度却几乎相同。②国有部门和集体所有制部门职工货币收入上的差异主要产生于两个部门的劳动力资源配置、劳动力素质和企业规模上的差异。相对于国有部门来说，集体所有制部门女性职工比例高、职工所在企业规模小和职工文化程度低。③

3. 教育收益率与"脑体倒挂"假说。中国经济界长期以来争论不休的"脑体倒挂"假说，在本书中受到了挑战。从理论上讲，回答脑体收入是否倒挂的问题可以归结为对个人教育收益率的估算问题。如果估算的结果表明个人教育收益率是正值，那么就不存在一般意义上的脑体倒挂问题；反之，这一假说则是成立的。

国际上对于个人教育收益率的估算方法大多是采用明塞（J. Mincer）的公式，④ 即：

$$LY = b_0 + b_1 S + B_2 E + b_3 E^2 + u \tag{1}$$

其中 LY 是个人收入的对数，S 为教育年限，E 为就业时间（通常以年为单位），u 为误差项。该公式的经济学含义是，在不考虑教育的直接费用时，系数 b_1 表示收入获得者在受教育期间获得的人力资本的收益率，或是放弃收入（Income for gone）的收益率（也称为个人教育收益率）；系数 b_2 和 b_3 为个人在工作经验中（包括在职培训）获得的人力资本的收益率。利用以上公式和我们1988年的样本对城镇 17 981 个职工的货币收入与其教育年限和工作经验进行回归

---

① 见本书第6章。
② 同①。
③ 与国有部门相比，集体所有制部门职工中女性比例高出约20%；高中以上文化程度职工的比例大约低于33%。见本书第6章。
④ 见 J. Mincer: *Sehooling Experience and Earnings*, New York, Columbia University Press, 1974。

分析，可以获得各个变量系数的估计值。结果表明，每项估计值都具有高度显著性。表示个人教育收益率的 b_1 的估计值为 3.8%，① 它表明，平均来说，在就业时间相同的情况下，每增加一年的教育可以提高个人收入 3.8%。这个结果给出了"脑体倒挂"假说的一个否定的回答。

个人教育收益率为正值意味着现阶段不存在脑体收入绝对倒挂的问题，但是并不意味着这种教育收益水平是合理的。中国的个人教育收益率，不但与其他发展中国家相比是偏低的，② 而且也低于中国国内银行存款的利率。这说明，收入机制对教育或人力资本的补偿是不足的。不难想象，随着将来教育直接费用（个人支付的学杂费等）的日益上升，教育会越来越失去其经济上的吸引力。

中国个人教育收益偏低的主要原因在于中国的工资政策和工资增长机制。③ 首先，由于中国工资政策上没有对具有中专以下（包括高中）教育水平的新职工规定有差异的起始工资，那么对于具有高中、初中甚至小学文化程度的职工来说，决定他们工资差异的就不是教育水平上的差异，而是就业时间的长短，除非高文化程度的职工具有更多的晋升机会。其次，"文化大革命"以后的几次"一刀切"式的工资普调和地区间或部门间的工资轮长，基本上是完全不考虑职工教育水平的差异，从而造成原来不同教育水平职工之间工资差距的进一步缩小。

研究教育水平与收入水平之间关系的另一种方法是将教育程度作为虚拟变量，与职工的其他各种特征变量放在一个回归模型中进行估计。从估算结果中，可以看出在其他特征变量不变（或相同）的情况下不同教育程度（档次）职工之间的收入差异。这种方法的研究结果表明，职工的教育程度与其收入水平是高度正相关的。④

---

① 见本书第 14 章。
② 根据世界银行官员对 11 个国家的公共部门职员的收入与其教育水平进行估计的结果，平均说来，个人的教育收益率大约为 10%。见 Psacharopoulns Returns to Education: *A Further International Update and Implications*, Journal of Human Resources, 1985, 第 585 页。
③ 见本书第 14 章。
④ 见本书第 6 章。

如果以三年以下小学教育为基准，三年以上小学教育程度的职工的货币收入高出 0.6%，小学毕业的高出 3.79%，初中毕业的高出 9.14%，高中毕业的高出 9.78%，中专毕业的高出 11.21%，大专毕业的高出 12.77%，大学毕业以上的高出 18.10%。可见这样一些结果也是不利于"脑体倒挂"假说的。

计划和市场两种收入决定机制对教育在收入中的贡献的评价是不同的。将市场化程度较高的广东省与市场化程度较低的河南省进行比较，可以看出，在职工收入决定中，广东省赋予教育这一变量更大的重要性。在广东省，大学以上文化程度的职工的收入高出文盲和半文盲职工收入的 35.89%，而在河南省这一数字仅为 13.59%。① 这种比较又或多或少地说明了市场机制在评价人力资本方面比计划机制有更高的灵敏度。

4. 重新评价补贴的功能。城镇居民获得补贴，不论从绝对量还是从相对量上来看，都对城镇居民的收入分配和城乡居民收入差距产生不可低估的影响。对于后一个问题的研究主要涉及补贴的绝对水平，我们将在本文的第四部分加以说明。对于前一问题，不但涉及补贴在居民收入中的比重，而且涉及补贴在居民之间的分布（分配）。下面将从这两个方面来论述补贴在城镇居民收入分配中的作用。

由于对住房补贴和医疗补贴估算方法上的差异，城镇居民从各种途径获得的各种补贴总额没有一个十分准确的数值。根据对住房补贴高估和不包括医疗补贴的计算结果，1988 年我国城镇居民获得的人均补贴额为 719.84 元，相当于其可支配收入的 39.08%。② 根据包括医疗补贴和对住房补贴低估的计算结果，城镇居民的补贴额相当于总收入的 41.12%。③ 在各种补贴中，住房补贴独占鳌头，平均来说，它相当于居民人均可支配收入的 18.14%，④ 相当于居民货

---

① 见本书第 6 章。
② 见本书第 1 章。
③ 见本书第 7 章。
④ 同②。

币总收入的 13.5% 左右①。

补贴会对城镇居民收入分配产生何种效应呢？它是扩大还是缩小收入差距呢？在城镇居民按人均收入划分的十等分组中，与居民总收入相比，补贴分配的不均等程度略高一些。② 这表明高收入的居民获得了更大比例的补贴，而低收入居民获得了较小比例的补贴。如果进一步对各种补贴项目加以分解，不难看出，各项补贴对总收入差距的效应是不同的（见下表2）。

表2 补贴的收入分配效应*

	十等分组中最高收入组与最低收入组的比例
总收入	4.023
各项补贴	
1. 副食价格补贴	2.812
2. 交通费	6.696
3. 其他货币性补贴	3.164
4. 票证及实物收入	6.605
5. 住房补贴	3.671
6. 医疗补贴	2.569
7. 粮油补贴	1.863
8. 副食补贴	3.121
9. 其他消费补贴	4.647

*资料来源：本书第7章。

在各种补贴中，住房补贴是值得进行专门说明的。住房补贴明显地具有扩大城镇居民收入差距的效应。根据居民人均可支配收入排序而计算的住房补贴的拟基尼系数高达 0.311，远高于城镇居民可支配收入的基尼系数 0.233。由于住房补贴在居民可支配收入中占有相当的比重，它的分配可解释居民可支配收入不均等程度的 24.2%。③

补贴分配的不均等化及其所产生的扩大收入差距的效应，向我们提出了两个问题：（1）补贴的功能是什么？在多数市场经济国家

---

① 见本书第8章。
② 见本书第7章。
③ 见本书第1章。

中，补贴主要是作为对低收入阶层的一种收入补偿，以使其能够具有维持必要的生存条件和缩小由市场机制造成的明显的收入差距。这样一种功能在中国制定补贴政策的初始时，也是被加以考虑的，并曾经发生过积极的作用。为什么随着时间的推移，补贴在缩小收入差距方面的功能会朝着相反的方面发展呢？对于这个问题，在我们没有对中国补贴机制进行深入研究之前，是不可能马上回答的。(2) 为什么计划和行政手段对补贴不能进行较为均等或偏向于低收入者的分配呢？有些补贴，如居民粮油补贴，尽管实行了三十多年，至今仍具有较高的分配均等程度，这在某种程度上是与粮油配给量长期保持不变有关的。而有些不断有增量的补贴，如住房补贴，会随着时间的推移不断地变换着分配机制，最终会形成一种有利于扩大收入差距的补贴分配机制，尽管这种机制名义上仍是由行政手段（或计划手段）控制的。

5. 高收入阶层与寻租①活动。如前所述，中国城镇居民的收入差距并不显著，但是这并不意味着社会上不存在高收入者，尽管这部分人的相对比例是不高的。根据我们 1988 年的样本，考虑了各种补贴和实物收入后，十等分组中的最高收入户的人均可支配收入大约为 3 868.2 元，是样本总收入的 21%；而最低收入组的人均可支配收入为 921 元，占样本总收入的 5%。最高收入组与最低收入组的比例为 4.2:1。② 根据人们的经验估计，高收入者大多集中在个体户和私营企业主中，并且已有很多的典型调查说明了这一点。在我们的样本中，私营、个体部门职工的最高收入组的平均货币收入为 7 394.95元。这一数字相当于国营部门职工最高收入组的两倍。③ 不可否认，个体户和私营企业主由于担心政策上的多变和出于偷税漏税的目的，他们中的高收入者会低报其经营收入。从研究角度看，如果知道了他们这种低报心理的普遍性，根据经验获得的他们上报

---

① 寻租，指寻求"租金"行为。这里的所谓"租金"，一般是指在价格双轨制下市场价格减计划价格而形成的差价，也有人认为是均衡价格减计划价格而形成的差价。
② 见本书第 1 章。
③ 见本书第 2 章。

的数与实际收入的比例,那么可以对他们的平均实际收入进行较为现实的估计。

还有一部分高收入者是人们在现实生活中可以感觉到的,但在抽样调查和统计数据上无法得到反映。这部分人主要是体制转轨过程中的寻租者。由于这部分人的寻租收入因人而异,因而具有极大的隐蔽性,因此对他们收入水平的估计是相当困难的。然而,对寻租活动与收入分配关系的研究是相当有意义的。

从逻辑上讲,对寻租活动与收入分配的关系可以分为三个层次进行研究。(1)对整个社会租金总量的估算问题。它涉及寻租活动的定义的确定和租金的计算方法;(2)对社会租金流失量的估算问题,即考察社会租金总量有多大比例最终流入个人腰包;(3)租金流失量的分布问题,即租金最终是流入高收入阶层,还是流入低收入阶层,还是一种均匀分布。租金流失量的不同分布会对整个社会居民的收入分配产生不同的效应。由于对第二个层次和第三个层次的研究都要求以准确的调查数据资料为基础,而在现阶段则很难获取这方面的信息,因此我们对这个议题的研究只能局限在第一个层次上。

关于租金的估算问题,争论的焦点是按照计划价格与市场价格的差额,还是依据计划价格与均衡价格的差额来估算租金总量。① 根据前一种计算,1988 年中国租金总量大约为 3 569 亿元,相当于当年国民收入的 30%。② 后一种计算法没有给出具体的估计值,因为均衡价格仅仅是理论价格。在没有完全竞争市场的情况下,均衡价格是很难确切知道的。前一种计算方案的合理性,在于它假定了现实中市场份额和市场交易量并不随寻租活动的增加而发生变动,因而市场价格既是扭曲的又是不变的。另外,它把租金量看作为一个潜在量,而不是实现的量。后一种计算方案则假定市场份额会随着潜在租金转化为实现的租金而不断扩大,从而导致市场价格的下

---

① 第一种计算方法可参见胡和立:《中国租金的计算》,西安会议论文(英文本);不同意这种方法的意见,可见本书第 2 章。
② 胡和立:《1988 年中国租金价值的估算》,《经济社会体制比较》,1989 年第 5 期。

跌。当市场份额扩大到一定规模时，市场均衡价格就会出现。因而，实现的租金仅仅来自于计划价格与均衡价格之间的差额。不难知道，按第二种计算方案估算出的租金量远低于第一种计算方案得出的租金量。

6. 收入决定中年龄的作用。利用我们1988年的样本数据进行回归分析，结果表明，在中国城镇职工中，货币收入与年龄结构的关系表现为一种倒U字形：① 即货币收入随着年龄的增长，特别是工作年限的延长而上升，到达某一年龄时，货币收入水平达到最高点，然后开始下降。这种关系几乎在所有经济领域中都存在。对于收入或工资与年龄的这种倒U字形关系的理论解释主要有两种。一种解释认为，工作经验有助于人力资本的形成，工资的增长变化完全是由人力资本的生命周期变化决定的。第二种解释认为，企业愿意支付年功序列工资，完全为了减少本企业老职工的"跳槽"机会。以上两种解释都假定存在着劳动力市场和企业所有权自由决定工资的情况。这一假定显然是不符合中国的实际情况的。因此，对于这种倒U字形关系，只能由中国特有的工资制度方面的因素来解释。②

在中国，工作年限在职工工资增长机制中的重要作用是众所周知的事实。在职工的一个相当长的年龄段内，工作年限对货币收入差异的解释力超过了教育年限的解释力。③ 工作年限（或年龄）与收入水平的这种高度相关性在很大程度上是一种社会文化心态和行政性工资管理体制长期结合的结果。④ 在一个崇尚经验和敬重年长者的社会中，按照工作年限晋升工资的办法，对于集中统一的工资管理体制来说，可以说是一种最为有效的办法。这种方法的最大优点就在于它的决策成本和操作成本的最小化和社会摩擦最小化。同时，在没有劳动力市场的情况下，对于每个职工来说，个人的其他特征变量，如职业、工作部门、文化程度等都几乎成为固定不变的量，而只有年龄是一个自然变量。这样将年龄（或工作年限）变量

---

① 见本书第6章。
② 见本书第2章。
③ 见本书第14章。
④ 同①。

与工资变量挂钩才能保证工资政策的连续性和使所有职工产生工资增长的预期。而且,从整个生命周期的角度加以评价,似乎这种分配结果又是较为均等的。

一些分析结果为我们的这种解释提供了一些证据。① 如果把职工的全部货币收入分为基本工资和其他货币收入两部分,虽然两部分收入与职工的年龄结构关系都表现为倒 U 字形,但是两者的最高点却落在不同的年龄上。基本工资的最高点落在 55—60 岁年龄组上,这说明职工的基本工资在退休前达到最大化;而其他货币收入的最高点落在 41—45 岁年龄组上,随后开始下降,在退休前下降 13%。前一种收入的决定主要是由计划管制的,后一种收入更多地是由企业决定和受到市场的影响。

(原载《中国居民收入分配问题研究》,中国社会科学出版社 1994 年版,此处节选自该书序言的第一、二部分。)

---

① 见本书第 6 章。

倒 U 曲线的"阶梯形"变异*

陈宗胜

陈宗胜，1954 年生，山东乳山市人。经济学教授。

1981 年获南开大学经济学学士学位。1984、1990 年，在南开大学经济研究所分别获得经济学硕士学位和经济学博士学位。1991—1993 年期间，在美国耶鲁大学从事博士后研究。曾任南开大学经济研究所所长、天津市计划发展委员会副主任。现任南开大学经济研究所教授、天津市人民政府副秘书长。

主要著作有《经济发展中的收入分配》、《走出滞胀困境》、《新发展经济学——回顾与展望》、《社会主义经济学通论》等。

随着公有经济从低收入阶段向高收入阶段的发展，收入分配差别将呈现为先上升后下降的长期趋势，此即倒 U 理论模型（陈宗胜，1991 年）。本文先对倒 U 曲线进行数学论证，然后将体制改革与制度创新引入分析，论证"阶梯形"收入差别曲线。

一 倒 U 曲线的数学证明

笔者对公有经济条件下的收入差别倒 U 曲线的阐释，主要是通过揭示这样一些变量关系而进行的：劳动差别、劳动供求、剩余—生计比、两部门结构转换等（陈宗胜，1991 年）。其中前几个因素

---

* 本文是笔者在耶鲁大学做博士后研究期间所作的论文之一，曾听取了 Ranis 和 P. Schultz 教授的不少建议，也得到中国台湾清华大学蔡攀龙教授和当时在访的中科院胡鞍钢博士的帮助，也得益于当时在 Y - aee 参加我的 Seminar 的不少学者的评论，在此谨致谢意。

同收入差别的关系都是单调正相关的，对这些关系的检验主要是经验问题；最后一个因素同收入差别不是单调相关关系——在经济发展的初期阶段正相关，在较高阶段则是负相关，因此对这一关系不仅要进行经验检验，也应进行较严格的数学证明。

这一关系的理论内容是指，在经济发展的初级阶段，收入水平较低，两部门结构转换表现为，随着现代工业部门的增长，传统农业部门的人口比重相应下降，但仍占较大比重，这一转换过程将使收入差别逐步扩大；在经济发展的较高阶段，收入水平较高，部门转换表现为人口工业化持续上升，从而使农业人口比重越来越小，这一转换过程将使收入差别逐步缩小。就是说，在收入水平不断提高的经济发展过程中，随着农业与非农业的此消彼长，人们之间的收入分配差别将首先逐步扩大，然后逐步缩小，呈现为倒 U 形状。这就是部门转换对收入差别变动的制约。让我们对此进行数学证明。①

为简化表述，这里只证明在部门内部收入差别为零的情况下（这一假设只是为了集中考察部门人口转换对收入差别的影响），作为人均收入函数的部门人口转换过程，必然导致收入差别倒 U 曲线。

1. 基本假设。假设在一封闭系统中，总人口（P）等于农业人口（P_A）与非农业人口（P_N）之和：

$$P = P_A + P_N \tag{1}$$

从而有：

$$\alpha_A = P_A/P \tag{2}$$

$$\alpha_N = P_N/P \tag{3}$$

$$\alpha_A + \alpha_N = 1 \tag{4}$$

这里，α_A 和 α_N 分别代表农业与非农业人口占总人口的比重。又假设总收入（Y）为农业收入（Y_A）和非农业收入（Y_N）之和：

$$Y = Y_A + Y_N \tag{5}$$

从而有：

$$\beta_A = Y_A/Y \tag{6}$$

$$\beta_N = Y_N/Y \tag{7}$$

$$\beta_A + \beta_N = 1 \tag{8}$$

这里，β_A 和 β_N 分别代表农业收入与非农业收入占总收入的比重。

---

① 本节以下的数学证明是在反复讨论的基础上，由胡鞍钢博士协助完成的。

由以上假设可推出农业劳动生产率（Y_A），非农业劳动生产率（Y_N）和总劳动生产率（y）：

$$y_A = \frac{Y_A}{P_A} \tag{9}$$

$$y_N = \frac{Y_N}{P_N} \tag{10}$$

$$y = \frac{Y}{P} \tag{11}$$

所以有农业与非农业的比较劳动生产率 δA 和 δN：$\delta_A = y_A/y$ (12)

$$\delta_N = y_N/y \tag{13}$$

假定农业的比较劳动生产率低于非农业的，即 $\delta_A < \delta_N$，① 则可将（6）、（7）式重新写为：

$$\beta_A = \frac{y_A}{y} = \frac{y_A \cdot P_A}{y \cdot P} = \delta_A \cdot \alpha_A \tag{14}$$

$$\beta_N = \frac{y_N}{y} = \frac{y_N \cdot P_N}{y \cdot P} = \delta_N \cdot \alpha_N \tag{15}$$

即两部门的收入比重等于两部门的人口比重与比较劳动生产率的乘积。再假设两部门内部的收入差别 G_A 和 G_N 均为 0：

$$G_A = G_N = 0 \tag{16}$$

式中 G_A 和 G_N 分别代表农业与非农业内部的收入差别基尼系数。

2. 收入差别公式。根据上述假设，我们作出洛伦兹曲线图（见下图1）。几何图形表明，在假设的条件下洛伦兹曲线为一条折线（obe，而不是平滑的弧线），它表示人口比重的横轴分为两段：α_A 和 α_N，也表示收入比重的纵轴也分为两段：β_A 和 β_N。据基尼系数定义有：

$$G = \frac{S}{S + A + B + C} \tag{17}$$

这里，$A = \frac{1}{2}\alpha_A\beta_A$，$B = \alpha_N\beta_A$，$C = \frac{1}{2}\alpha_N\beta_N$，$S = \frac{1}{2} - (\frac{1}{2}\alpha_A\beta_A + \alpha_N\beta_A + \frac{1}{2}\alpha_N\beta_N$，代入（17）式则有：

$$G = 1 - (\alpha_A\beta_A + 2\alpha_N\beta_A + \alpha_N\beta_N) \tag{18}$$

---

① 注意，这里定义的比较劳动生产率与通常所流行的定义（y_A/y_N）是不同的。

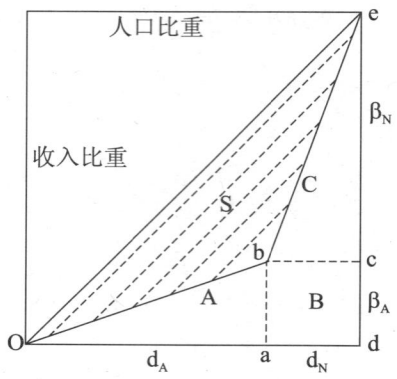

图1 假设条件下的洛伦兹曲线图

因为，$\beta_N = 1 - \beta_A$，$\alpha_N = 1 - \alpha_A$，所以，

$$G = \alpha_A - \beta_A \tag{19}$$

或者，$G = \beta_N - \alpha_N \tag{20}$

将（14）、（15）式代入（19）、（20）式，则有：

$$G = \alpha_A (1 - \delta_A) \tag{21}$$

或者，$G = \alpha_N (\delta_N - 1) \tag{22}$

3. 收入差别倒 U 曲线的证明。以上已说明两部门人口转换是经济发展的函数，以农业人口比重代表部门人口转换，则有：

$$\alpha_A = f(y) \tag{23}$$

又根据各国工业化发展的经验，农业人口比重是人均收入的非线性减函数，即在经济发展初期，农业人口比重下降较快，在中后期就日益减缓。于是下式成立：$\alpha_A = e^{-\lambda_A y} \tag{24}$

式中 λ_A 为结构变动参数，它是人均收入水平的函数（$\lambda_A y$），因而也可称为人均收入的结构效应，取负号表示农业人口比重与人均收入变动方向相反。（24）式可称为收入—结构变动方程。

将（12）和（24）式代入（21）式，则有：

$$G = e^{-\lambda_A y} \left(1 - \frac{y_A}{y}\right) \tag{25}$$

该式首先将收入差别归结为部门人口转换的函数，进一步又归结为人均收入的函数，因而它是不同于统计模型的收入差别机理模型。

该模型是否存在极大值呢？假定 y_A 为常量，将（25）式对人均收入（y）求导：

$$\frac{dG}{dy} = -\lambda_A e^{-\lambda_A A^y}\left(1 - \frac{y_A}{y}\right) + e^{-\lambda_A A^y}\left(\frac{y_A}{y}\right) = 0 \quad (26)$$

$$e^{-\lambda_A A^y}\left(\lambda_A \frac{y_A}{y} - \lambda_A + \frac{y_A}{y^2}\right) = 0 \quad (27)$$

因为 $e^{-\lambda_A A^y} \neq 0$，$y \neq 0$，故有：

$$y_A + \lambda_A y - \lambda_A y^2 = 0 \quad (28)$$

解出式中 y 值即得到与 G 的极值相对应的 y^*：

$$y^* = \frac{1}{2}y_A \pm \sqrt{y_A^2/4 + y_A/\lambda_A} \quad (29)$$

由于 $y > y_A$，故有：

$$y^* = \frac{1}{2}y_A + \sqrt{y_A^2/4 + y_A/\lambda_A} \quad (30)$$

该式表明收入差别在 y^* 处有极值；y^* 的大小取决于 λ_A（因为 y_A 为常数）。由于 $\frac{\alpha^2 G}{\alpha y^2} < 0$，故收入差别在 y^* 处的极值是极大值，即

$$G^* = e^{-\lambda_A y^*}\left(1 - \frac{y_A}{y^*}\right) \quad (31)$$

将（30）式代入（31）式得：

$$G^* = e^{-\lambda_A \left(\frac{1}{2}y_A + \sqrt{y_A^2/4 + y_A/\lambda_A}\right)} \cdot \left(1 - \frac{y_A}{\frac{1}{2}y_A + \sqrt{y_A^2/4 + y_A/\lambda_A}}\right) \quad (32)$$

这就是收入差别的极大值。

至此，我们就证明了在两部门条件下，当部门内部收入差别为零时，作为人均收入函数的部门人口转换过程，必然导致收入差别倒 U 曲线。

二　"阶梯形"收入差别曲线

公有经济发展中收入差别长期变动的倒 U 型轨迹，这一结论并不意味着各具体国家的收入差别都将沿着同样的倒 U 轨迹变动。实际上，由于各具体国家的国情不同，如社会制度、价值观念、生活

习俗、国家的规模、民族构成以及经济发展阶段、经济结构等等的差异，各国所经历的收入差别倒 U 轨迹肯定是各不相同的。最一般地说，至少有如下几种变异，比如：（1）有的国家的倒 U 曲线离纵轴较近，有的较远，即收入差别的转折点有的发生得较早，有的较晚［见下图 2（a）］；（2）有的国家的倒 U 曲线比较陡峭，有的比较平缓，即都在同一发展水平上发生转折，但转折点的高度不同，上升下降的速率也不同［见下图 2（b）］；（3）有的国家的倒 U 曲线更靠近横轴些，有的则较远，即倒 U 曲线的形状相同，上升下降的速率也相同，但高度不同［见下图 2（c）］。总而言之，如果把各种因素都考虑到，那么各具体国家的倒 U 曲线是有差异的（甚至也不排除个别国家出现非倒 U 现象）。

联系我国的现实情况，则导致差异的因素更多。如果我们能够把我国同前东欧各国 80 年代以前的情况简单等同，那么我国今后的收入差别趋势和收入分配政策将是一目了然的，即沿着前东欧各国的收入差别倒 U 回归线外推一下，就可解决预测值与政策基点。然而现实中国的国情不同。（1）中国是一个大国，面积和人口都要超过前东欧各国的几十倍、上百倍。较大的国家的收入差别通常要高些，因为其中包含了地区差别（拉蒂，1978 年）。所以大国的倒 U 曲线要比小国的等距离地上升一定幅度［比如下图 2（a）］。（2）中国经济体制改革的混合经济取向，通常也将使收入差别上升，即使倒 U 曲线等距离地上升一定幅度，因为体制不同，倒 U 曲线的位置亦不同。问题的关键在于，一国的规模在一定时期内是大致不变的，对收入差别的影响可视为一个常数；而我国的体制改革是不断进行的（跳跃性的），这样，随着经济体制改革的不断深化，实际上就可在公有经济收入差别回归线上方不断上升地画出若干同形状的倒 U 曲线［如图 2（e）］。由于经济体制向市场经济靠拢的过程，同时也是经济发展水平不断提高的过程，这样，中国近期内收入差别关于经济发展和体制改革与创新的轨迹就成为图 2（f）中的形式，即随着收入水平的提高和体制改革的深化，收入差别呈阶梯形不断提高，上升的速率较之体制稳定状态下要大大加快。当体制一旦稳定下来，收入差别仍将主要作为经济发展的函数，沿着该体制状况所制约的一定的并且较高的收入差别倒 U 曲线运动，达到一定点后转而缓慢

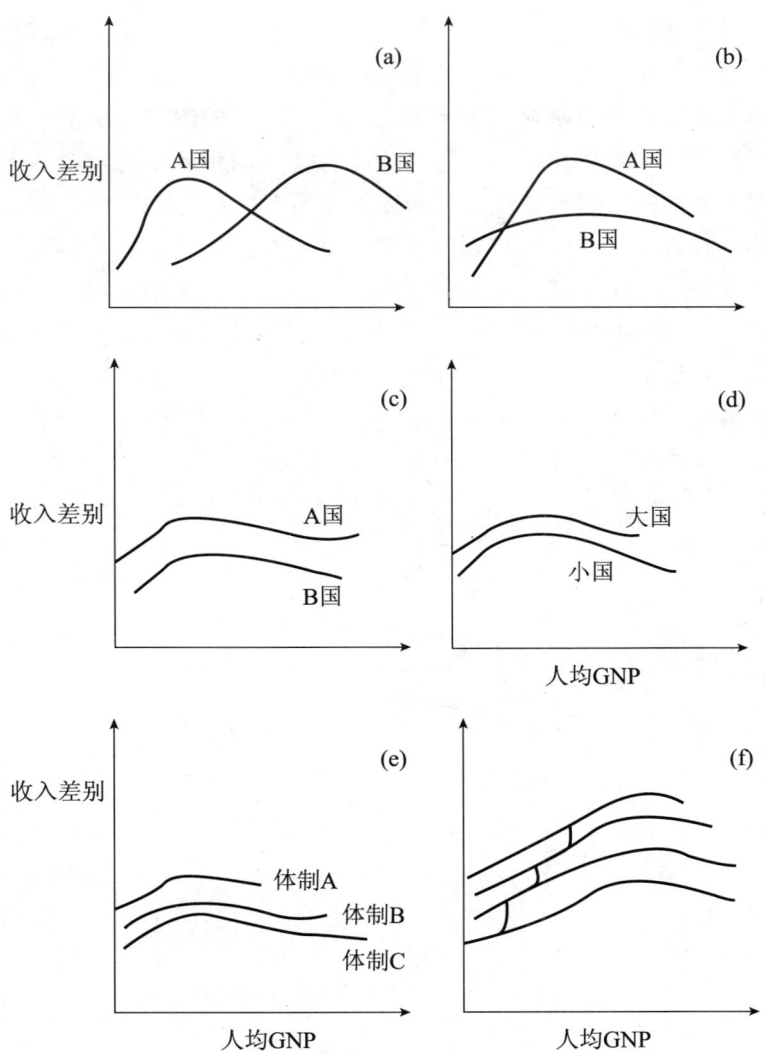

图 2　收入差别倒 U 曲线的几种可能的形状

下降。当然，如果体制变革不停顿地进行下去，直至最后成为现代市场经济，那么收入差别阶梯形曲线就得向上一直延伸到库兹涅茨收入差别倒 U 曲线的高度，然后，沿着这一曲线随经济发展提高而运动。概括起来说，这种阶梯形曲线是体制变革与创新和经济发展同时推进的条件下收入差别倒 U 曲线的一种变异。

我们试着用中国近些年的收入差别变化来检验上述的阶梯形曲

线，虽然很粗略，但结果基本令人满意（见图3）。我们看到，由于国情不同，中国的收入差别始终高于主要以前东欧国家的资料为依据得出的公有经济收入差别倒U回归线。① 由于体制改革的市场取向不断深化和经济发展水平的不断提高（这两种变动都使收入差别上升，不同的是前者表现为跳跃式的，后者表现为较平缓的渐升），中国的收入差别已经不规则地上升了几个台阶，即收入差别沿着一条曲线变动几年（或上或下，或多或少）后，当体制变动累积到一定程度，就又跳升到更高的一条曲线上，形成了明显的"阶梯形"曲线。具体地说，从1981年原经济体制下320美元时的0.2 635（基尼系数）上升到1992年现经济体制下（经济的混合程度大大提高）

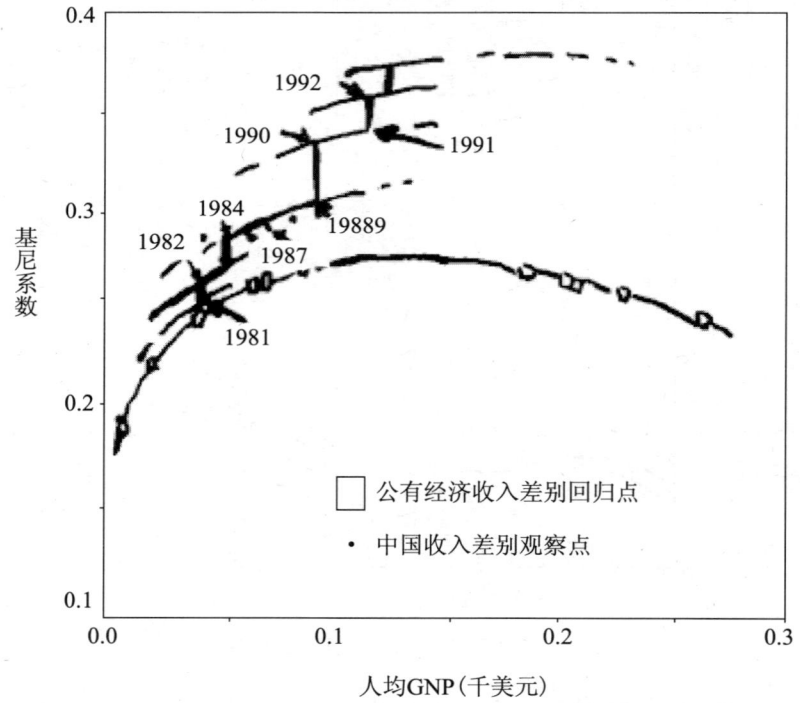

图3 中国收入差别的阶梯形变动曲线

---

① 回归方程为：$G = 0.8860 + 0.1596 Lny - 4.2886y^2$，$R^2 = 0.3477$，$(-3.4792)$ (2.1339) (-1.2917)。资料来源见陈宗胜：《经济发展中的收入分配》，上海三联书店，1991年版第190页，表3.15。

1 250 美元时的 0.3 635。很显然，阶梯形收入差别变动理论把收入差别的变动归结为经济发展和体制变革两因素的函数。或许，这一理论能够更切合实际地解释我国近些年及未来若干年的收入差别变动。

本文并没有讨论中国政府即将出台的具体改革步骤方案。银行的体制形式虽不可轻视，但终究不是最重要的。世界各国在银行体制上模式不一，一些东欧国家的银行体制尽力搬用西方先进形式，也未见卓有成效。对于中国来说，非常迫切的问题是建立一套比较完善的宏、微观相匹配的管理系统，其中应有一种比较健全的控制机制使该系统稳定运作。这里银行与企业的关系是一个至关重大的课题，而银行的控制与被控制又是论题的关键。本文在这方面只作了初步探讨，希望唤起进一步研究。

（原载《经济研究》，1994 年第 5 期）

市场经济新体制建设若干重大问题论要

范恒山

范恒山，1957年出生于湖北省天门市。经济学家。

1977年考入武汉大学经济系，先后获得经济学学士、硕士学位。1984年考入中国人民大学经济系，后获经济学博士学位。曾在农村劳动、蹲点、从事基层工作。1988年进入原国家经济体制改革委员会，主要从事经济体制改革总体规划方案的研究设计和城市综合配套改革试点工作，后任国家发改委经济体制综合改革司司长。2006年6月起任国家发改委地区经济司司长。

主要著作有《社会主义理想经济模式》、《所有制改革：理论与方案》、《国外25种经济模式》等。

二 关于国有企业的改革

从根本上说，微观经济活动是其他一切经济活动的基础，而对于建立市场经济新体制这一目标来说，企业的自主实际上是形成有效的竞争性市场和科学而规范的宏观管理与协调的前提。因而，在以"国家（政府）——市场——企业"三要素为主构成的经济体制总体中，企业与企业制度及其改革处于更为基础的地位。更进一步地说，企业是唯一的生产源，从而是创造社会财富的主要源泉。在当前的中国，国有企业占主体地位，是中国经济的脊梁和国家财政收入的主要来源。因此，企业改革特别是国有企业的改革在新体制的建设中占有特别重要的地位。我国国有企业的改革，应适应市场经济的本质要求，在思想观念、改革思路、操作方式等方面作重大调整。

1. 国有企业改革的根本点应是理顺产权关系。改革伊始，我们就十分正确地把搞活国有企业特别是国有大中型企业作为经济体制改革的中心环节，并在十多年的改革进程中，陆续由浅入深地推出了一系列旨在"搞活"的措施，但至今效果并不十分理想。从现实看，相当一部分企业不仅没有活起来，反而效率更加低下，机制日显迟钝，并且，我们还看到一个令人触目惊心的事实：许多国有企业的资产被少数人利用各种手段洗劫一空、掠为己有，真可谓"雪上加霜"。造成这种结果的根本原因是：由于体制转化不可避免的渐进性，也由于思想认识上的偏差和旧有权利关系的约束，这些年来相当长的一段时期里我们的"搞活"措施一直都局限在"放权让利"的界限内，因而具有对旧体制修修补补的性质，没能牵着解决问题的"牛鼻子"，把着眼点放在理顺国有企业的产权关系上。

概括地说，传统国有企业运作制度的主要弊病是政企统一：政指挥企，企依附于政。因此，改革的方向应该是实现企业与政府的分离，使企业真正成为完全自主的市场活动的主体或享有民事权利、承担民事责任的法人实体。然而，无论实现企业的自主还是最终保障这种自主，其前提都必须是理顺产权关系。这一点，我们能从非国有企业较少受到或基本不受到政府部门直接行政干预的事实中看得清清楚楚。企业作为市场活动的主体，理所当然地应具有自主经营、自负盈亏的权利。但在传统体制下，这种权利被有关政府部门"夺"走了。所以要使企业与政府分离，实质是政府应"还权"而不是"放权"给企业。而所谓"还权"，最终只能在企业同政府划清了财产关系，并在建立了产生和保障各种相关权利的企业制度的条件下实现。因此，企业的权利与其说是政府还的，不如说是通过构建产权清晰、权责明确的企业制度而自创的。所以，无论从实际操作上看还是从逻辑程序上看，仅仅是放权让利，而不着眼于理顺产权关系，并对原有企业制度进行根本性的改革，都是无法实现政企分开、企业自主之目的的。从实际操作上看，不以理顺产权关系为前提的放权只会是一种有限度的放权：（1）由于传统的"企业主管部门"（实则是"企业主人"）的思维，政府部门往往立足于"给予"而不是"归还"来处理与企业的关系，因此，政府部门的放权举措事实上成了对企业的"施舍"，老是考虑这个权是否该放，是否放得过多等问题,故"放权"不可能放得实在,也不可能放到位。(2)不仅如此,受自身利益要求的驱动,政府有关部门是难以心甘情愿地放权的,不仅自有的权力放不下去,上级部门下放的权力也会被不同程度地截留,并且还会以新的方式变相地收回曾被迫下放的权力。从逻辑程序上看,在国家保持着对企业的财产的全部所有权的条件下,要使国有企业同政府脱钩,实现完全的自由自主是不应该的。既然是"国有企业",作为国有资产的代表者的政府实际上应当具有"董事长"的权益,其干预国有企业的生产经营活动就应该是理所当然的。因此,要使政府部门不直接干预企业的生产经营活动,就必须在理顺产权关系上做文章。进一步说,在维护现有产权关系,或者说,在今天"人人都所有,人人不关心,个个是主人,个个不负责"的产权关系下的放权,不仅难以达到正面目的(那些经营者素质、品格较好的企业除外),反而不经意地铸成了一种"逆机制",少数人利用政府下放的权力,运用各种合法的或非法的、公开的或隐蔽的手段谋取私利,这正是我们前面提及的国有资产被非法转为己有的一个直接原因。从这一点上说,它甚至不如高度集权的计划经济体制。因为在那里,有些人即使对国有企业资产虎视眈眈,也因为其无权而只能望洋兴叹。所以,国有企业改革的根本点应该是理顺产权关系,只有在这个前提下,企业的自主性才能真正实现,而实现这种自主的过程也才真正具有客观性;也只有在这个前提下,实现国有资产的保值增值等重要目标才能真正实现。

2. 理顺国有企业产权关系要着眼于企业财产组织制度创新和资产分布结构调整。实现企业的自主经营、自负盈亏不能依靠政府部门的有限放权,而必须通过企业制度的创新——建立现代企业制度。所谓现代企业制度,实际上是这样一类企业制度的高度抽象:从组织形式和管理体制上看,它反映了时代的特性,在今天是体现了现代化大生产和市场经济的本质要求;从运行上看,它能实现代表先进水平的活力与效率。概括地说,现代企业制度是那些同现代社会化大生产和市场经济的本质要求相适应,有助于生产经营者充分施展活力并能实现较高效率的企业制度。现代企业制度的具体形式是多种多样的,并不单指或就是某一种具体制度。但无论哪一种具体形式，都至少包含如下内容的良好规定：财产组织形式，这是企业制度的"外壳"，是它们直接的社会表现形式，它涉及财产权的归属及构成状态、出资者与企业的关系等；资产经营形式，这是企业制度的"基座"，它涉及所有者和经营者的关系，如各自的权利、联系方式等，着眼于解决由谁来经营、采取什么方式经营等问题；内部管理和运作制度，这是现代企业制度的内部"零件"，它涉及领导层次、结构及具体操作方式等。很显然，对于理顺国有企业的产权关系来说，最重要的是实现企业财产组织制度的创新。因为所谓良好的财产组织形式的选择本身，其实就是明确产权归属及其存在形式的过程。除此之外，就企业制度这一系统内部关系而言，它是企业制度的核心构件，决定着企业的经营形式及内部管理、运作体制。结合社会经济发展的历史实践，在财产组织形式的选择方面，如果着眼于财产权的归属看，则必须把握两点：（1）在主体上不能再搞国有国营，这种财产所有与经营形式无法实现企业的高活力和高效率，并且也难以同市场经济相结合；（2）在主体上绝不能搞分资到人、一一对应的私有制，这种产权关系从根本上说也无法实现企业的高活力和高效率，难以同市场经济的本质要求最终适应。事实上，它作为西方原始的或不成熟的市场经济关系的产权基础，目前已随着市场经济关系的进化、成熟而被基本淘汰。

理顺国有企业产权关系的另一个着眼点应是调整国有资产的行业分布结构。在高度集权的计划经济体制下，同政企不分的企业制度相对应，产权关系的一个重要特点是：几乎所有的行业、领域都实行了国有或集体所有的公有制，并且，随着相当一部分集体所有制被强力升格为国家所有制，国有经济占据绝大比重，国有资产不论需要不分情形遍及各个行业。这不仅因产权形式的一律化而束缚了一些领域、行业、地区的发展，同时也因为财力、精力分散，导致了大事情没财力做、小事情没精力做、结果都难以做好的后果。不仅如此，国家还陷入了对某些企业的没完没了的、越来越大的财力精力的投入的困境中。因此，合理调整国有资产的行业分布结构，收缩国有经济运作战线，把国家的财力和精力集中到那些最重要、最必要的行业或领域中来，真正搞活这些关键部门的资产，真正实现国有经济的主导作用，就成了深化改革的一个重要环节。而其特点表明,它实质上是理顺产权关系的一个基本内容。

3. 融企业财产组织形式的改革与资产分布结构调整为一体,分类改造现存国有企业。紧紧扣住上述两个方面,并立足于企业制度改革的公司制方向,根据目前的具体情况,对现存国有企业的改造可以配套采取如下途径:(1) 对极少数非国家完全所有独家经营不可的特殊企业,如大型金矿、钻石矿、人民币制造厂、非常重要的军工企业和科技企业,仍实行国有国营。但根据情况可以改造成为国家独资有限公司,并相应建立科学、规范的内部经营和管理制度。(2) 对那些涉及国计民生且具有较强的自然垄断性的行业的国家企业,如邮电、交通、电力等行业的国有企业,实行以国有控股为特点的股份制改造。但同时把握这样几点:a) 国家拥有的股份额以达到有效实施控制力为限,并不一定绝对规定为51%以上;b) 国家控股不等于国家的某部门独家垄断经营,一般地说,应形成多家部门竞争经营的格局;c) 国家控股不等于政府直接经营,根据情况可以采取委托经营,或者国有民营等多种经营形式。(3) 对那些竞争性行业中的少部分比较重要的国有企业,实行以公有法人控股为特点的股份制改造。(4) 对竞争性行业中的一般性国有企业,通过内部定向募集或公开募集投资的形式,改造成为自由并股、交叉持股的股份制企业。(5) 对那些长期经营亏损、挽救又无望的企业,那些不符合产业政策要求的企业,那些国家没有精力管、也不必管的企业,其中主要是绝大部分小型企业,可以通过拍卖的形式,转为非国有企业。

以总体上说,经过对现存国有企业进行上述途径的配套改革后,从财产组织形式上看,除极少部分企业采取国家独资公司的形式外,绝大部分企业将改造成为有限责任公司和股份有限公司,实现自主经营、自负盈亏。从资产分布结构上看,国有资产将从那些无关紧要的行业部分或全部退让出来,而集中到主要属于基础产业和公益事业的那些行业和领域。这样,公有经济仍保持主体地位,企业却走向了市场,转换了经营机制。

4. 国有企业改革现实的操作思路:"换机制,挖潜力,借优势,甩包袱"。国有企业的运营受到新形势的尖锐挑战,一些矛盾和问题日益严重地显现出来,再不容缓缓治之。应着眼于治本,痛下决心,积极动作。按照上述改革思路,现实的操作可以大体按如下 12 个字来进行,即"换机制,挖潜力,借优势,甩包袱"。

换机制,即将计划经济体制下形成的"等、靠、要"的有外在压力而无内在动力的机制,将这些年形成的权责分离、负盈不负亏的机制,转换成与市场经济相适应的自主经营、自负盈亏、自我发展、自我约束的机制。不实现这种机制转换,不能遏止国有企业运行效率的下降和阻止国有资产的非法转移;不能摆脱国有企业一遇"紧缩"就运行困难的局面;也不能避免其他机制上处于优势的经济成分在竞争中乘国有经济之"危"而获其利益发展自身的状况出现。而要实行这种转换,决不可再寄希望于放权让利。必须解放思想,大胆改革,紧紧抓住理顺产权关系这个核心环节,在合理调整国有资产行业分布结构的同时,实现企业财产组织形式和经营形式上符合市场经济本质要求的创新。

挖潜力,即按照市场经济的要求,盘活国有资产,优化生产要素配置,有效发挥国有企业的潜在优势。这包括:利用国有企业员工素质普遍较高的优势,采取得力措施,实现劳动力的优化配置,实现能人主事,人尽其才;利用国有企业管理人才、技术人才和劳动力多的优势,发展相应产业和连带产品,实行一业为主,多业并营;利用国有企业的土地资源优势,通过企业搬迁、产业转移等形式,提高土地使用率和利用价值;利用国有企业厂房、设备较好以及富余的优势,通过合作、租赁、出让等形式,开发新产品,发展新产业,实现联合效益和"不劳而获"效应;等等。

借优势,即通过灵活的方式,把非国有企业的能人、富余资金,甚至好的"机制",自动"转移"到国有企业。国有民营、合资经营、委托经营等都可在一定程度上达到这一目的。

甩包袱,即通过国有资产行业和企业结构的调整及战线的适当收缩,摆脱国有企业和国家所背负的沉重包袱。主要是:(1)对那些长期亏损、拯救无望、靠国家投钱过活的企业下决心依法实施破产;(2)对那些国家没有必要管的企业下决心拍卖,将所有权转移给非国有者;(3)结合股份制的改造,扩大非重要领域大中型国有企业产权向社会公众或非公有法人出让的比重;(4)酌情划小某些企业的核算单位,实行"一厂多制"。这样做可以实现一箭多雕的效果，既甩了包袱，又转了机制，还可以把经转让企业所得的收入投到那些极为重要的行业和领域中去。

（原载《管理世界》，1994年第5期，此处节选自其中的第二部分）

关于中国的银行与企业财务重组的建议

刘遵义　钱颖一

刘遵义，1944年出生于贵州遵义市，1974年加入美国籍。中国国际经济交流中心执行副理事长。

1964年于斯坦福大学获得物理学和经济学两个学士学位。1969年获加州大学伯克利分校经济学博士学位。1966—1976年10年间，历任斯坦福大学经济系代理助理教授、助理教授、副教授、教授。1976年起任哈佛大学经济学教授。1990以来，历任斯坦福大学经济系副主任、亚太研究中心主任、经济政策研究中心主任，兼任斯坦福大学国际问题研究所研究员和胡佛研究所名誉研究员。1998年起，担任中国台湾基金公司的主管。2009年任中国国际经济交流中心执行副理事长。现任斯坦福大学经济系发展经济学教授、胡佛研究所高级研究员、斯坦福大学经济政策研究中心主任、香港中文大学校长。曾任美国能源部、美国联邦储备金监察小组、世界银行、亚洲开发银行、兰德（RAND）公司、联合国计划开发署、美国花旗银行、中国银行顾问。

主要著作有《农民的教育和农场的效率》（与 Dean T. Jamison 合作）、《发展的模式：韩国和中国台湾经济增长的比较》、《21世纪的中国经济：计量经济方法》等。

钱颖一，1961年出生于北京。经济学家。

1981年清华大学数学专业本科毕业。毕业后赴美留学，于1982年获哥伦比亚大学统计学硕士学位。1984年获耶鲁大学运筹学/管理科学硕士学位。1990年获哈佛大学经济学博士学位。1990—1999年期间任斯坦福大学经济系助理教授。1999—2001年任马里兰大学经济系教授。2001年至今任伯克利加州大学经济系教授。2006年起担任清华大学经济管理学院院长。2009年4月至今任中国国际经济交流中心执行副理事长。

主要著作有《转轨经济中的公司治理结构》（与青木昌彦共同主编）、《走出误区：经济学家论说硅谷模式》（与肖梦共同主编）、《现代经济学与中国经济改革》等。

五　银行的重组和重新注资

就银行而言，最简单的解决办法是让重建基金把银行的所有呆账都购买过来。不过，这会有极高的成本。可以使政府债券发行的现期成本最小化的一种做法，是发行各种期限的、不可转让的无息票债券。例如，政府可以把50种具有不同偿还期限的无息票债券转让给银行，充当价值1亿元的债券（偿还期在50年以内，平均年利率按6%算，这一利率是如此长时期的长期利率的合理估计）①。因为这些债券都是不可转让的，所以，发行债券将不会对一般的债券市场产生可以察觉到的影响。政府将来只需要在第一年时付200万、第二年付212万、第三年付224万等。由于经济持续增长和通货膨胀持续存在，运用非转让性的无息票债券就能大大减少政府的财务负担。

重建基金通过发行这些债券完全购买呆账的做法也存在另外一些问题：（1）该基金没有或仅有极小可能从呆账中收回什么东西；（2）只有银行才有某种能力从企业中收回贷款，但此时它已不再有收款的积极性；（3）即使在重组后，银行的资源也没有真正重大的增加。为了避免这些问题，我们提出如下的银行重组办法，所提出的银行重组包括以下四个步骤：

步骤一：按市场价格估价。每一银行的资产与负债都必须按市场价格估价，这意味着所有的东西都要在其市场价格上估价。一年

---

① 债券的面值将等于其本金的价值，其利率将反映较长期基金的机会成本，这一利率可能大大低于现期短期利率。不过，利息将只根据债券的偿还期限而增加和偿还。

以上的呆账将标价为零；名义利息率较低的债券在估价时要对其面值打折扣；银行拥有或控制的不动产（这里就有长期可转移的使用权）将根据市场价格估价；尚未注入资金的未来的养老金负债的现值也包括在负债之中；等等。这样，我们对于银行净值就有一个真实的图像。一些银行的净值在市场基础上将很可能变成负的。不过，在某种情况下，一些银行仍会拥有或控制大量的不动产或其他资产，这些资产随着时间的推移很可能升值。在某种程度上，资产的净升值还会很大，可以对资产重新估价，以减少银行呆账注销的数量，从而减少所要求的重新注资的规模。

步骤二：公司化。国有银行的公司化意味着银行将采取股份有限公司的形式，但控制仍然可以完全掌握在国家手中（需要强调指出的是，公司化不等于私有化）。银行的公司化能够消除实施"政策性贷款"的义务，使专业银行重新注资，并因此使银行纯粹根据商业原则运转，特别是，银行公司化为国家对银行实行预算硬约束提供了条件，这反过来又能对企业施加预算硬约束（下一部分将讨论在专业银行重组成纯粹的商业银行之后，哪一个机构能够提供"政策性贷款"）。在我们提出的重新注资方案中，由于公司化使银行有可能向公众发行优先股（没有投票权），因此使银行能得到新资源，所以公司化至关重要。

银行在公司化以后将有两类股票，即普通股和优先股。优先股实行分红，红利率稍低于长期债券利率，在清算时也比普通股优先。不过，除非银行处于破产过程，否则，优先股将不会有投票权。因此，在这一建议中，对银行的控制与管理全由普通股股东（此时是国家）行使。

步骤三：确定重新注资的形式。完全重新评估甚至都不能足以弥补呆账造成的损失。为了对银行加以修整，满足国际清算银行（BIS）的资本适当性要求，也就是使资本对资产的比率为8%，银行需要重新注资。由于负债总额＝除股东股本以外的负债总额（TLOTSE）＋股东股本，所要求的资本等于 $0.087 \times \text{TLOTSE}$ ［其中，$0.087 = 0.08/(1-0.08)$］，所以，所要求的重新注资金额大约可由以下公式给出：

[$0.087X \times \text{TLOTSE} -$ 按市场价格计算的净值，0] 的最大值

根据这一公式,银行的净值在重新注资以后将正好等于其资产总额(=负债)的8%。资本注入将采取三种形式:重新估价资产(如步骤一所提),① 国家提供非转让性债券(及向国家发行普通股),向公众发行优先股。作为重新注资的一部分,呆账将在银行的资产负债表中减少到零,但呆账中定期权益的50%将转移给重建基金。

我们区分了两种情况:(1)按市场价计算的资本净值为非负数;(2)按市场价计算的资本净值是负数。

(1)净值为非负数的案例。如果按市场价计算的资本净值为非负数,我们建议,对于所要求的资本增加额和银行资本重新估价净额之间的差,非转让性债券和优先股将各占50%。因此,政府拿出的非转让性债券就等于:

0.5 × (重组后的按市场价计算的资本净值 − 重组前的按市场价计算的资本净值)

优先股的数目将发行同样多。

每股的价格就是重组后的净值,假定等于0.08乘以资产总额,再除以已发行的普通股和优先股的总额。②

---

① 专业银行是人民银行的重要的净债务人。如果一家银行的按市场价计算的资本净值最终表明是一个很大的负数,就可能把这家银行欠人民银行的部分净债务转换成股本(由国家所有)——吴晓灵和谢平(1994)已经提出了类似的方案。可以采取的形式是,财政部承担债务责任,换来的是国家在银行中的资本的增加。在完成这一步骤后,就能把足够的债务转换出去,以推动将负的市场净值变成零。这纯粹是一种会计做法,实际上并没有发生金钱易手,尽管这确实会改变国家向人民银行支付的非转让性债券的利息,因为它将部分债券转变成银行的额外利润与税收——最终流回财政部。
② 股份总额在某种意义上是随意的。不过,优先股数量占股票总额的比率则不然。这一比率由以下公式给出:

0.5 × (重组后按市场价计算的资本净值 − 重组前按市场价计算的资本净值) / (重组后按市场价计算的资本净值) = 0.5 − 0.5 × (重组前按市场价计算的资本净值) / (重组后按市场价计算的资本净值)

政府的总股本由其拿出的非转让性债券和重组前的按市场价计算的资本净值来共同决定:

0.5X (重组后的按市场价计算的资本净值 − 重组前的按市场价计算的资本净值) + (重组前的按市场价计算的资本净值)

让我们考虑一个具体事例，账面资产负债表在重组前呈以下形式：

表3 重组前的账面资产负债表

资产		负债	
有效益贷款	250	存款	270
呆滞贷款	50	从中央银行贷款	50
在中央银行存款	30	股东股本	40
政府债券	20		
不动产	10		
资产总额	360	负债总额	360

在重组前按市场价格估价以后，资产负债表看上去呈以下形式：

表4 重组前按市场价格计算的资产负债表

资产		负债	
有效益贷款	250	存款	270
呆滞贷款	0	从中央银行贷款	50
在中央银行存款	30	养老金负债	5①
政府债券	10	股东股本	5
不动产	40		
资产总额	330	负债总额	330

股东股本降为5，尽管这一数额太小，但仍是正数。在重组后，资产负债表呈以下形式：

普通股数量对股本总量的比率因而由下式给出：

0.5 + 0.5 × （重组前的按市场价计算的资本净值）／（重组后的按市场价计算的资本净值）

① 这是无基金的未来养老金负债的现值。

表5 重组后按市场价格计算的资产负债表

资产		负债	
有效益贷款	250	存款	270
呆滞贷款	0	从中央银行贷款	50
在中央银行存款	30	养老金负债	5
政府债券	21.5	股东股本	28①
不动产	40	其中，优先股	11.5
库存现金	11.5②	普通股	16.5③
资产总额	353	负债总额	353

在这一案例中，资产重新估价净值为15（=30单位的不动产 – 10单位的政府旧债券 – 5单位的养老金），政府的新债券为11.5，优先股为11.5。

（2）净值为负数的情形。如果按市场价计算的资本净值变成负数，那么，原则上讲，银行将没有市场价格，优先股的价格也就无法确定。我们建议，首先转移给银行债券，将银行净值恢复为零，然后，占BIS要求的净值80%的优先股将向公众发行。占BIS要求的净值20%的普通股将向政府发行，以换取政府债券。所要求的政府债券总额由以下公式给出：

（0.2）×重组后按市场价计算的资本净值 – 重组前按市场价计算的资本净值

最后一项是负数。换言之，政府债券足以筹集按市场价为零时计算的资本净值。这一数量首先由政府提供给银行，然后再注入BIS要求资本的另外的20%。

在按市场价计算的资本净值为负数的情况下，股东股本在普通

---

① 所要求的股东股本约为 $0.087 \times \text{TLOTSE} = 0.087 \times (270+50+5) = 0.087 \times 325 = 28$。
② 这笔现金来自优先股的发行，计算公式为：$0.5 \times$（重组后按市场价计算的资本净值 – 重组前的资产净值）$= 0.5 \times (28-5) = 11.5$。这也是政府向银行发行新债券的数额。
③ 普通股等于股东股本总额和优先股的差，即 $28 – 11.5 = 16.5$。

股和优先股之间的分配也有些随意性。鉴于国有的普通股比例过低不一定理想,我们提出的 80∶20 的分割就能减少政府的财务负担,增加银行可得到的新资源的数量。在净值为负时的另一种可能性是,普通股和优先股分割为 50∶50,这样,发行的优先股价值占所有股份价值的比例可以固定为 50%(不过,这要求发行更多的政府债券,减少银行可得到的新的真实资源规模)。

在前一案例中,如果呆账是 100,而不是 50,呆账是 200 而不是 250,那么,重组前按市场价格计算的资产负债表就是这样的:

表 6 重组前按市场价格计算的资产负债表

资产		负债	
有效益贷款	200	存款	270
呆滞贷款	0	从中央银行贷款	50
在中央银行存款	30	养老金负债	5
政府债券	10	股东股本	−45
不动产	40		
资产总额	280	负债总额	280

股东的股本变成负数,为 −45。重组之后,资产负债表如下:

表 7 重组后按市场价格计算的资产负债表

资产		负债	
有效益贷款	250	存款	270
呆滞贷款	0	从中央银行贷款	50
在中央银行存款	30	养老金负债	5
政府债券	60.6	股东股本	28①
不动产	40	其中,优先股	22.4
库存现金	22.4②	普通股	5.6③
资产总额	353	负债总额	353

---

① 要求的股东股本约为 $0.087 \times TLOTSE = 0.087 \times (270 + 50 + 5) = 0.087 \times 325 = 28$。

② 这笔现金来自发行的优先股,计算公式为:$0.8 \times$ 重组后的按市价计算的资本净值 $= 0.8 \times 28 = 22.4$。

③ 普通股为股东股本总额与优先股的差,即 $28 - 22.4 = 5.6$。

在这一情形中，资产的重估净值像上面一样为15，政府新债券为50.6（其中45用于净值为零时的补充，5.6是新的普通股），优先股为22.4。

总而言之，如果重组前的净值为负数，优先股数量将多于普通股；如果重组前的按市场价计算的资本净值为正数，普通股数量就多于优先股。但是，因为优先股没有投票权，所以，股份的相对分配不会对银行的控制和管理产生影响。

我们提出的重新注资的形式有几个优点。（1）要发行的政府债券总量大大低于全部购买的数量。（2）由于政府在呆账中只有50%的权益，在这些现在标价为零的呆账中银行还有50%的权益，则任何数目的账款收回都会被认为是银行的净收入。这使银行有动力收回贷款（银行比别的机构更有能力这样做），但与此同时，随着银行收回贷款，也使国家有机会根据其呆账中50%的股份获得部分收益。因此，这种安排就为银行监督企业重构提供了动力。全部分享50%的则使银行在选择向政府出售呆账时没有斟酌余地，从而避免出现银行道德危险问题。（3）发行优先股的好处是能向银行注入新的真正资本。当然，银行也可向公众发行自己的长期债券，但优先股发行成本通常低于债券发行成本，优先股的维持成本因此也低于债券，它们无需还本，不涉及额外的政府负债。而且，传统上看，发展中国家的居民偏爱银行的股票，认为这类股票是"热门股票"，在这种情况下发行银行优先股可能有助于中国股市恢复活力。（4）通过只发行优先股，政府会维持100%的投票权，无需放弃对银行的任何控制。（5）按每股资产净值向公众发行优先股的做法，也减少了银行通过高估或低估其呆账规模来高估或低估其重组前的按市场价格计算的净值的刺激。如果它们高估了呆账，则每股的净值或资产净值就被低估；如果它们将过分廉价地出售其股票，则优先股股东（必须向他们支付正常红利）将占有银行股票的一个较大比例；如果它们低估了呆账，则甚至在重组后它们仍会有呆账存在。

步骤四：重新注资的程序。重新注资的实际过程包括几个连续的次级步骤，这取决于重组前按市场价格计算的净值是非负数还是负数。

（1）净值为非负数的情形。如果重组前按市场价格计算的净值为非负数，就采取以下次级步骤：

a）重新注资通过政府债券进行。政府债券不由财政部直接发行，而是由重建基金向个别银行发行。债券价值总量等于所要求的重新注资价值（即总资产的8%）的50%减去重组前的按市场价计算的资本净值。反过来，重建基金将得到所有银行全部呆账的50%的权益；得到一些普通股股票，这些普通股股票的价值等于政府债券在银行资产负债表中的数额加重组前的按市场价计算的资本净值。银行则注销所有的呆账。

b）普通股股票价值的确定。如果对资产与负债进行重估以后净值为正数，则可确定向重建基金发行普通股的每股的资产净值。这也就确定了c）中优先股的发行价格。

c）重新注资通过优先股进行。根据我们的建议，银行的资产与负债的市场价值确定以后，等于所要求重新注资价值50%的优先股将由个别银行向公众发行。股票发行收入将构成银行的新资源（需要明确的是，享有投票权的普通股将只能由国家直接或通过重建基金来拥有）。

（2）净值为负的情形。如果重组前按市场价计算的资本净值为负数，则可采取以下几个次级步骤：

a）重新注资通过政府债券进行。首先，重建基金向银行发行政府债券，其价值等于银行负的资产净值的绝对值，银行的净值因此变成零；反过来，重建基金将得到银行全部呆账50%的权益，银行则注销所有的呆账。

b）普通股股票价值的确定。在净值增加到零以后，重建基金将再向银行发行价值等于BIS要求的净值（资产总额的8%）20%的政府债券，换取银行的普通股。这也就确定了c）中优先股的发行价格。

c）重新注资通过优先股进行。价值等于BIS要求的净值（资产总额的8%）的80%的优先股将由个别银行向公众发行。股票发行收入构成银行的新资源。

表8总结了上述银行财务重组方案。在重新注资以后，银行将只根据商业原则运转，不再提供"政策性贷款"。"政策性贷款"职能将由重建基金承担。由于银行不再有向企业提供补贴的职能，所

以应允许银行在存贷利率之间有一较小的但大于零的利率幅度,如1%,以反映其真实成本;银行也可以为自己的职员建立全部基金式的养老金计划,这样,劳动力的真实成本就能在现行基础上完全反映出来。

表8 银行财务重组建议摘要

步骤	内容
1. 按市场价格估价	按市场价格评估资产与负债
2. 公司化	把银行重组为股份有限公司
3. 确定重新注资的形式	a) 资产与负债的净重估 b) 非转让性无息票政府债券 c) 非公众发行优先股
4. 重新注资的顺序	a) 用政府债券换取普通股和呆账的50%的权益 b) 确定普通股股票价值 c) 发行优先股

六 企业的财务重组

首先需要指出的是,我们只涉及那些存在呆账问题的国有企业的重组,未涉及非国有企业以及没有呆账问题的企业。① 企业的财务重组按以下四个步骤进行:

步骤一:在银行监督下重新编报企业账目。

这一步骤包括两个次级步骤。(1)与第五部分银行的资产负债表按市场价格估价一样,企业的所有资产负债表也要按市场价格估价,就是说,企业所有的资产和负债都要按照市场价格重新估价。(2)企业现行的当年运营账目要重新编报,以表明企业核心业务的真实可行性。

a) 按市场价格估价。每一企业的资产和负债都要在银行监督下

---

① 很有意思的是,企业之间的债务或三负债几乎只是国有企业的问题,非国有企业一般不会或没有机会产生企业间债务问题。

按市场价格实行重估。尽管一些资产最终将变得毫无价值,对职工的现期与未来的养老金负债的现值可能很大,但无形资产(如专利和信誉)、土地使用权和其他许多项目都可能非常值钱。企业之间的债务即三角债也应该通过平衡同一企业的贷款与负债而算出净结果(net out)。不可能出售的过时存货要完全划为零。住房不动产的市场价格和职工住房隐性租金补贴的现值都要考虑进来。关键问题是企业的净值在按市场价格估价后是不是正数。在这一阶段,银行债务,不管是不是呆账,都要全部估价。重组中涵盖的呆账只限于在某一具体日期之前发生的呆账,这一日期应先于重组计划的宣布日期,以免出现道德危险问题。

b) 当年运营账目的重新编报。企业的当年运营利润净值或亏损要在支付利息、债务、税收、折旧、其他资本与非周期性项目、奖金(不管合法与否)以及福利基金之前加以计算。①

步骤二:将企业分类。我们建议,在开始时向所有企业提供一个机会,让它们继续运转,并在一定时期内自动实行财务重组。这样,所有在职经理人员在开始时仍然留在现在的位子上。我们之所以赞成这种方法,有三个原因:(1)是总体而言很难弄清楚谁应对呆账负责;(2)是应鼓励经理人员在离开其职位前努力重组,而不是使国有资产出现流失现象;(3)是有助于在重组阶段具有更多的稳定性。

在步骤一的基础上,我们把所有的企业根据其重新编报的资产负债表(存量)和净值运营账目(流量)分成四类,并在下面分别加以讨论。

a) 按市场价计算的资本净值和重新编报的净运营利润为非负数的企业。这些企业基本上是健康的——它们能够支付所有的债务及未来养老基金和住房负债,一旦解除这些包袱,这些企业又能恰当地重新注资,那么,它们就能够根据商业和市场原则正常运转。对于这些企业,监督重组的银行应被给予广泛的自由来设计一个重组方案,这一方案允许出售资产,允许债务—资产转换和债务—股本

---

① 重要的是要观察支出一方,因为较低的盈利能力和因此而增加的债务有时与效率无关,只能说明企业向职工转移了大量租金。

转换，目的是使企业在重组后能够免除过多的债务，进行合理的资本化，以经营其核心业务获得利润。① 重组后的企业将成为正常的企业。为了奖励绩效优良者，应向"正常"类的企业提供经营自主权、进出口权等方面的特殊权利。

	非负数的资产负债表 （净值非负数）	负数的资产负债表 （净值为负数）
非负数的净值 运营账目	a)	b)
	"可正常化的"	
负数的净值 运营账目	c) "潜在可正常化的"	d) "试用察看的"

b) 按市场价计算的资本净值为负数、重新编报的净运营利润为非负数的企业。这些企业基本上也是健康的——尽管它们不能清偿所有的债务及未来养老基金和住房负债，但一旦解除这些包袱，又能恰当地重新注资，它们也能根据商业和市场原则正常运转。它们的问题是历史原因造成的，它们都注资不足。经过债务—资产、债务—股本的转换，包括减免部分债务，承担原有职工的未来养老金负债，发行优先股，从而实行恰当的重组和重新注资，这些企业也能成为正常企业。在 a) 和 b) 中的企业都可称为"可正常化的"企业。

c) 按市场价计算的资本净值为非负数、重新编报的净运营利润为负数的企业。这些企业基本上是不健康的——尽管它们能够清偿所有的债务及未来养老基金和住房负债，但是，即使能够解除这些包袱，这些企业在长期内也是没有生命力的。不过，由于它们有资源，所以能够在几年内维持现在的净经营亏损，并想办法进入别的更可行的业务领域。如果企业能在重组后成功地做到这一点，就能在几年内按照商业和市场原则正常运转。对这些企业，监督重组的债权人银行应被给予广泛的自由来制定企业的安排。不过，最重要的是年度净运营亏损的融资，其次是为过去的和现在的职工的现行及未来养老金负债提供基金。没有银行的明确批准，这些企业一般

---

① 重新注资像在银行情形中那样，也采取发行优先股的形式。

不许雇新职工和进行新投资。这类企业称为"潜在可正常化的"企业。

d）按市场价计算的资本净值和重新编报的净运营利润都为负的企业。这类企业称为"试用察看的"企业。这些企业目前要生存下去，只能要求政府补贴。对于这些企业，应当限制它们的运营和借款能力。例如，一般不允许它们进行新的固定投资和招雇新职工。不过，不是所有的这类企业都要求清算，其中许多企业仍可重组并在当期运营中盈利，从而最终成为正常的企业。

步骤三：处理资产负债表。企业财务重组的目标首先是消除过多的债务，其次是强化企业的资本基础。在我们的建议中，企业的呆账不会自动取消；而且，为了解决历史问题，① 银行与企业需要和解（workouts），制定相互受益的方案。由于银行能在以后归还贷款时得到50%，所以有动力这么做。企业也有动力解决旧的债务问题，因为只要不被看成是正常企业，企业的经营就受到限制。企业向公众发行优先股也是企业重新注资的一种可选择的资金来源。只有那些经过几年尝试还不能通过重组的企业，才能申请清算。

步骤四：处理年度运营净亏损。在我们的建议中，重建基金将通过非转让性无息票债券的形式向"试用察看的"企业提供半永久性的固定数量的补贴，可以授权持有债券的企业在固定年限内得到事先确定的、足够的补贴数量，以弥补企业的年度运营净亏损（"红色降落伞"），② 从而替代原先由银行负债的"政策性贷款"③。中国的大多数政策性贷款实际上是隐性财政补贴。对于"试用察看的"企业而言，不大量解雇工人，这些补贴不可能立即中止，而应该持续一段时间。有了这些补贴，"试用察看的"企业不用大量解雇工

---

① 对于"潜在可正常化的"一类企业，应当允许银行和企业在重组过程中实行债务—股本转换。不过，如有必要，在企业成为正常企业后的一定时期内可要求银行向这一企业投入一定的股本份额。

② 这与中国50年代的国有化运动中赎买资本家的政策非常类似，当时，资本家都把自己企业的所有权份额换成了政府债券。

③ 这些年度补贴最好固定成实际数目，就是说，按通胀率指数调整，不然，这些补贴在两年时间里就很可能不够弥补运营净亏损，从而导致要求增加补贴，重组因此无效。

人,就能继续运转。关键是把补贴变成明补,并对终止补贴列出一个确定的时间表(尽管时间可能很长)。对企业和政府而言,这种做法有时可以换来一个比较彻底、比较令人满意的解决办法。固定年度补贴额,使之与运营净结果无关的做法,也能为这些企业的经理人员改善企业的绩效提供刺激。

不过,为了防止"试用察看的"企业运营净亏损越来越多,必须对这些企业实行严格的财务控制。在这些企业有资格从银行申请到流动资本贷款时,就把它们放在商业基础之上。不过,银行必须注意防止:(1)把流动资本贷款用于固定资本投资、不动产、股票投机及其他未被允许的目的;(2)运用流动资本贷款为没有市场的产品的生产提供资金。因此,银行必须保证流动资本收益的分配与其最终目的联结起来。例如,用于购买原材料的流动资本贷款在这样的条件下才能发放,即必须出示最终产品订货单可靠证据(如潜在买者的贷款书),并在原材料交货时直接分配给原材料的供应商。另外,银行应当拿到企业最终产品销售收入,因而直接收回贷款,只把扣除应还贷款的净收益归还给企业。工资贷款应由银行直接拨给个人账目,以尽量使分散化的可能性最小化。

我们建议的企业财务重组摘要见表9。鉴于中国的企业状况在各地区、各行业间非常不同,这一建议就为银行与企业之间选择具体的重组方法提供了大量空间。我们认为,重要的是为银行与企业提供进行重构的恰当动力,而不是强制实施一个具体模式。就中国而言,灵活性和多样化极为重要。

表9 企业财务重组建议摘要

步骤	内容
1. 在银行监督下重新编报企业账目	a) 在市场价格下重估资产和负债:无形资产、企业间债务、养老金与住房负债 b) 重新编报现期运营净结果账目
2. 企业分类	所有企业都继续运转,它们的现有地位可分为: a) 可正常化的企业 b) 潜在可正常化的企业 c) 试用察看的企业

续 表

步骤	内容
3. 处理资产负债表	重构企业的资产负债表，如有必要，可运用各种手段清理呆账，重新注资。
4. 处理年度运营净亏损	对"试用察看的"企业，用非转让性无息票债券形式的直接补贴来替代政策性贷款

（原载《改革》，1994年第6期，此处节选自其中的第五、六部分）

中国的货币供求与通货膨胀

易 纲

易纲,生于1958年,北京市人。

1977年考入北京大学经济系。1980年被北京大学选派到美国留学。1980—1982年期间在美国哈姆林大学学习,并获管理学学士学位。1982—1986年期间在美国伊利诺伊大学经济系学习,先后获经济学硕士、博士学位。1986—1991年任印第安纳大学经济系助理教授。1992年获印第安纳大学经济系终身教授职称,并晋升为副教授。1994—1997年期间任北京大学中国经济研究中心教授、副主任。1997—2002年期间任中国人民银行货币政策委员会副秘书长、秘书长。

主要著作有《市场经济学普及系列丛书》(合编)、《台湾经验与大陆经济改革》(合编)、《中国的货币、银行和金融市场:1984—1993年》、《中国的货币化进程》等。

货币学派的代表人物弗里德曼教授讲"通货膨胀无论何时何地都是一种货币现象"。这一著名论断只是研究通货膨胀的起点。此论断有两点意义:第一,它强调了货币学派重视货币作用的倾向性(轻视财政作用);第二,它重申通货膨胀的根本原因是货币的供给与需求的相互作用的结果。假定货币需求是相对稳定的,这里讲的是通货膨胀是由货币的超量供给而造成的。弗里德曼的这一论断中既没有讲货币超发行的原因,也没讲通货膨胀的传导机制。而货币超发行的原因及从货币发出到发生通货膨胀的传导机制应该是我们研究的重点。

本文将从中国的货币供给机制、货币化过程、货币需求、对物价水平的预期等方面讨论通货膨胀的原因及其传导机制,然后介绍几个关于中国通货膨胀的模型。本文是笔者准备研究中国通货膨胀的提纲，在此向读者求教。

一 中国货币供给机制的特点

目前中国的货币供给机制兼有计划经济和市场经济的特点。在计划经济下，货币供给机制是内生的，即货币供给是由实物生产与流通的需要而定的。笔者对中国改革以前（1952年到1977年）的数字进行了统计分析，其结果表明货币变量与经济变量没有显著的超前关系，进一步验证了货币在计划经济下是被动的内生变量。

自1984年中央银行开始运作以来，中国的货币供给机制有了质的变化。首先，中国逐步形成了以基础货币和乘数为特征的货币供给机制。笔者在《中国的货币、银行和金融市场》一书中计算了1985年第四季度到1989年第四季度的乘数，发现基础货币和乘数的模型能较好地解释这一时期的货币变化情况。周正庆先生在《中国货币政策研究》一书中指出："根据中国1985—1991年实际数测算，中国货币乘数值约为2.5。"其次，中国经济中的货币量也由改革前的被动变量变为一个对经济起落有重要影响的变量。货币供给和外生性越来越明显。笔者对1985—1992年间的数字进行了计量分析，其结果表明货币量与经济活动变量之间存在着明显的超前关系。在货币量增加大约两个季度后，工业产出（需求）开始上升；反之亦然。请注意，这里讲的超前关系（Granger Causal）是指货币供给与工业产业在时间上的前后关系，并不能因此得出货币增长引起工业产出增长的结论。一般说来，货币量对产出的这种超前关系在计划经济下是极少见到的。这些结果表明，中国的货币供给机制开始呈现出市场经济的特征。

与此同时，中国的货币供给机制中仍保留着许多计划经济的特征（内生性）。货币供给量等于基础货币乘以货币乘数。货币供应内生性主要表现为基础货币发出过程的内生性。基础货币的变化是中央银行资产运动的结果，中央银行的资产增长之后，或是流通中的现金量增长，或是商业银行在中央银行的存款准备金上升，或是两者同时变化，从而引起基础货币的增加。一般说来，引起我国中央银行资产变化的因素有三个:一是中央银行的一再贷款,包括各种专项贷款,对专业银行和其他金融机构的贷款。1991年底,这三项贷款余额为6 389亿元,占中央银行基础货币总量的72.8%。二是外汇金银占款,1991年末余额为1 215亿元,占基础货币总量的13.8%。三是财政透支与借款,1991年末余额为1 174亿元,占基础货币总量的13.4%(周正庆,1993年)。下表1给出了1985、1990和1993年中央银行主要资产的情况。

表1 中国人民银行的主要资产(单位:亿元人民币)*

年份	1985年	1990年	1993年
外汇占款	93.1	599.5	875.5
财政借款	275.1	801.1	1 582.1
对金融机构的贷款	2 248.6	5 554.4	9 860.2

* 资料来源:《中国人民银行年报》,1993年;易纲:《中国的货币银行和金融市场》,1994年,英文版。

比较1991年的数字和表1,我们就发现中央银行的再贷款是基础货币的最主要的发行渠道,外汇占款和财政借款两项所占的比重较小,但是1994年是个例外。1994年的广义货币M_2增加额为12 013亿元,比1993年增加了34.4%(1993年底M_2=3 4921亿元,1994年底M_2为46 933亿元)。1994年中央银行的外汇占款比上一年增加2 843.3亿元(《金融时报》,1995年1月27日)。如果按货币乘数为2.5计算,1994年广义货币M_2的增量中有7 108亿元是由中央银行外汇占款的增加而发出的,占1994年M_2总增加量的59%。

显而易见,外汇占款和财政借款的内生性都非常强。在经济转轨过程中,中央银行很难控制住这两个渠道。以1994年为例,本来在年初中央银行制定了一个综合的货币目标,但在执行过程中逐步变为以稳定汇率为核心的货币政策。新通过的《中国人民银行法》为中央银行以稳定币值为目标制定其货币政策提供了法律依据,但是要消除外汇占款和财政借款的内生性还需要一个过程。中央银行对金融机构的再贷款的内生性也是明显的。这些贷款多用于国家重点建设、农副产品收购、国有工商企业流动资金、安定团结等非贷不可的项目。中央银行控制再贷款的余地比较小。总之,经过多年的改革，中国的货币供给机制已具备许多市场经济的属性，但也还保留着不少原来计划体制的特征。研究中国货币供给机制的双重性可以解释为什么理性的中央银行要多发货币，以及基础货币是通过什么渠道被逼出来的。

二 中国的货币化过程

宏观经济分析中常用著名的交换恒等式为框架：

$$MV = Py \qquad (1)$$

其中 M 表示货币供给量，V 表示货币流通速度，P 是物价水平，y 是以实物量计算的国民生产总值。

研究通货膨胀必须考虑货币流通速度。假定货币供给量 M 和国民生产总值的实物量是给定的，货币流通速度 V 越快意味着物价水平 P 越高。下表 2 总结了从 1978 年到 1994 年中国货币增长率的情况。

表 2 中国货币增长率与相关宏观经济指标（1979—1994 年）*

年份	货币量年增长率		年末货币余额/GNP		通货膨胀率	GNP 年增长率
	M_0	M_2	M_0/GNP	M_2/GNP		
1979	26.3	25.8	6.7	36.5	2.0	7.6
1980	29.3	26.4	7.7	41.2	6.0	7.9
1981	14.5	21.2	8.3	46.8	2.4	4.4
1982	10.8	15.9	8.5	49.9	1.9	8.8
1983	20.7	18.7	9.1	52.5	1.5	10.4
1984	49.5	34.8	11.4	59.6	2.8	14.7
1985	24.71	17.03	11.54	60.75	8.8	12.8
1986	23.34	29.27	15.57	69.32	6.0	8.1
1987	19.38	24.22	12.87	73.88	7.3	10.9
1988	46.72	22.38	15.22	72.05	18.5	11.0
1989	9.84	18.32	14.73	75.08	17.8	4.0
1990	12.81	27.99	14.95	86.47	2.1	5.2

续表

年份	货币量年增长率		年末货币余额/GNP		通货膨胀率	GNP 年增长率
	M_0	M_2	M_0/GNP	M_2/GNP		
1991	20.2	26.52	16.01	97.46	2.9	7.7
1992	36.45	31.28	18.08	105.90	5.4	13.0
1993	35.3	24.0	18.69	100.39	13.0	13.4
1994	24.3	34.4	16.64	107.15	21.7	11.8

* **资料来源**：《中国人民银行年报》，1991 年，1993 年；谢平，1994 年；易纲，1994 年。

对 $MV = Py$ 这一公式取自然对数，然后微分我们得到：

$$\dot{M} + \dot{V} = \dot{P} + \dot{y} \qquad (2)$$

式（2）中的变量上方的一点表示该变量的增长率。在经济学分析中，经常假定货币流通速度不变，即 $\dot{V}=0$，那么货币发行的增长率就应该等于国民生产总值的增长率和通货膨胀率之和。从表 2 可见，在过去 16 年的经济改革中，中国货币增长率经常大于物价上涨率与国民生产总值增长率之和。

从 1979 年到 1984 年，中国货币增长率远远大于通货膨胀率与 GNP 增长率之和。货币流通速度逐年减慢，大量的货币沉淀在经济中。西方经济学界为解释这一现象提出了三种假说。第一种假说认为中国的官方通货膨胀率人为地低估了，真实的通货膨胀率加 GNP 增长率应该大致等于货币增长率。第二种假说（Feltenstein and Ha，1991 年）认为中国存在着强迫储蓄和压抑性的通货膨胀，也就是说，老百姓由于买不到想买的东西而非自愿的持币待购。

第三种假说（易纲，1991 年）认为中国的货币流通速度逐年减慢，大量的货币增量被经济消化了，没有变成通货膨胀释放出来，这主要应该由货币化过程来解释。按照货币化的思路，我们的国民生产总值中有一部分是自产自销、自给自足、没有进入市场的产出。这部分产品不需要以货币为媒介进入市场，因此，应把国民生产总值分为两部分：货币化部分和非货币化部分。

$$y = \lambda y + (1-\lambda)y \qquad (3)$$

其中 λ 是货币化部分在 GNP 中的比例。引入货币化概念后，交

换公式变为:

$$MV = \lambda yP \tag{4}$$

对上式取自然对数,然后微分,我们有:

$$\dot{M} = -\dot{V} + \dot{\lambda} + \dot{Y} + \dot{P} \tag{5}$$

从式（5）中可见,货币增长率可能被以下四个因素来解释:货币流通速度的下降,货币化程度的提高,GNP 的增长和通货膨胀,或这四个因素的组合。

货币化的过程是指以货币为媒介的经济活动的比例不断增长。当经济发展时,不仅总产值增加,而且货币化经济的比例也会增加。货币供应不仅要随经济正常增长而有比例地增加,而且由于新的货币化部门的增加,货币供应还要相应地增加。货币化进程基本上取决于两个因素,即经济发展程度和经济体制或结构的变化。

有一种说法认为多发的货币虽然没有造成当年的通货膨胀,但造成了下一年的通货膨胀的压力。如果单看一年的数字这种说法完全正确。但是,如果改革 16 年作为一个整体看,确实有大量的货币沉淀下来以适合超常的货币需求。这部分因体制变化而引起对货币的超常需求,即货币化过程。在货币化过程被吸收的货币,基本上说没有成为压抑性通货膨胀,也没有强迫储蓄。举农村为例,1978 年改革以前,和国家进行商品交换的是生产队,一般来说,国家和生产队一年只有两次现金来往,一次是生产队向国家卖夏粮以后,一次是卖秋粮以后。农民见现金也是一年两次,一次预分,一次年终分红。在许多地方,生产队向国家卖粮,国家向生产队提供生产资料。国家给生产队的现金只是这种商品交换在价值上相抵后的余额,这样就使农业这块所用的现金最小化了。而改革以后,国家面对的是众多的农户,卖粮的时候,国家要支付给每个农户以现金,与人民公社相比,包产到户的制度安排在农产品生产、流通、销售过程中所需的现金要多得多。改革中出现的个体经济、乡镇企业、其他各种形式的非国营企业都加快了中国货币化的进程。

货币化的过程给中央财政带来了巨大的好处。基础货币的发行收入等于中央银行每年基础货币的增加额减掉其中的通货膨胀税。由于货币化的过程,大量货币发行的增加额被经济吸收掉。中央政府从中得到了巨额发行收入，又没有造成恶性通货膨胀。在1986—1993年期间，中央政府每年从货币发行中得到的收入平均相当于当年GNP的5.4%（谢平，1994年），中央政府的发行收入对于摆平各种利益关系，对改革中受损的方方面面进行补贴，维持经济稳定转轨起了非常重要的作用。谈中国渐进改革成功，不可不谈中国的货币化过程。

1985年以来中国的货币化过程慢了下来，主要表现在中国经济吸收超量货币发行的潜力在下降。超量的货币发行较多地转变成通货膨胀而释放出来了。在1985年到1994年这10年中，有5年（1985、1988、1989、1993、1994年）的货币（M_2）增长率小于通货膨胀率与GNP增长率之和。然而总的说来，这10年的货币增长率还是大于通货膨胀率与GNP增长率之和。这10年 M_2 的平均增长率为25.5%，平均通货膨胀率为10.35%，平均GNP增长率为9.79%。

现在有些文章认为中国货币化的过程已完成，其根据是1992年中国广义货币与国民生产总值之比已超过1.05，更确切地说，在比较了发达国家和发展中国家的数字后，认为我国1992年广义货币与国民生产总值之比已超过某些成熟的市场经济。中国在过去改革的15年中，这比率确实以非常快的速度增长，从1978年的0.32增加到1985年的0.60，又增加到1992年的1.05。然而，是否能根据此比率而认为中国的货币化过程已结束了呢？请看下列数字：在1990年印度的广义货币与国民生产总值之比为0.47（印度在1978年时为0.37），1990年美国为0.67，韩国为0.57，台湾为1.48，日本为1.89。此比率非常重要，它是经济制度的函数。我国的这一比率虽比美国、韩国高，但还是比中国台湾、日本低很多。货币化是否已完成需要进一步考证。

与货币化直接相连的是货币的流通速度，中国货币化过程也是货币流通速度逐年减慢的过程。流通速度是制度的函数，是政策的函数。1990—1992年物价上涨率低的原因之一是流通速度低。小平南巡讲话后，货币的流通速度明显提高，这是我国多年来货币流通速度一直下降的一个转折点。这可能也是有些朋友认为我国货币化过程已完成的另一个根据。同样我们也应注意货币乘数的变化规律。

流通速度反映了货币供给与国民生产总值之间的比例关系,货币乘数则反映了基础货币与货币总量之间的关系。在我国转轨期间,货币乘数与流通速度都在变化,这无疑增加了我们研究的难度。找出它们变化的规律对解释通货膨胀的原因有重要的意义。

三 对货币需求的估计

通货膨胀的根本原因是因为货币发多了,"多"是相对货币需求而言的。这里我们来讨论影响货币需求的各种因素。

货币需求是由老百姓、企业自愿持币的数量决定的。在经济生活中,每个家庭、每个企业都有资产,他们可以以各种形式持有资产,如现金、活期存款、定期存款、国库券、股票、房地产、各种投资项目等等。在家庭和企业有各种各样的选择来安排他们的资产的前提下,他们自愿地把自己资产的一部分以货币的形式来持有,这便是对货币的需求。

影响货币需求的因素较多,为了简单起见,我们不妨先分析下面这五个因素:

$$m^d = f(y, r, \lambda, \pi, b) \tag{6}$$

其中,m^d 是对货币的真实需求,即名义货币量除以物价水平;y 是以实物量计算的国民生产总值;r 是利息率;λ 是货币化指数;π 是对通货膨胀的预期;b 是国际收支余额。上式将货币需求表示成五个自变量的函数。

首先,几乎所有的货币需求函数都含有收入和利率这两个自变量。一般说来,对货币的交易需求主要反映在收入上。收入越高,对货币的交易需求亦越大。利息率则反映持币的机会成本。中国的利率情况比较特殊,利率不能自由浮动。在经济中同时存在着官方利率和市场利率,这些给用利率作为自变量解释对货币的需求带来一定的难度。利息率是资金的价格,是一种最重要的价格。某种商品的价格扭曲所造成的影响是局部的,而利率的扭曲会带来全局性的资源配置的浪费。改革开放过程中,中央银行对利率的控制在逐步放松,大大改善我国资金流向的效率。但是目前中国的利率还远不是市场均衡利率。

其次，货币需求是货币化指数的函数。货币化是平抑物价上涨的福音。在货币化的过程中，由于经济体制的变化产生了超常的货币需求。把货币化过程作为一个自变量放在货币需求函数中的困难在于，货币化是一个难以测量的过程。在经济发展过程中，货币化经济所占的比重会增加。随着分工的发达和市场的细化，货币化的深度也在发展。因此，很难找出一个能全面反映货币化过程的变量。在已发表的文献中，对货币化变量主要有两种处理：一是按照经济各部门的分类分别去估计每个部门的货币化比例，然后经过加权算出整个经济的货币化比例。二是找一个与货币化过程（至少在理论上）高度相关的工具变量来代替，比如城市人口占人口总数的比例，农产品的商品率，等等。

第三，对通货膨胀的预期是解释货币需求的一个重要变量。中国在改革开放以前，物价基本上是冻结的，那时也没有什么对通货膨胀的预期。80年代开始，中国有了通货膨胀，自然人们也就有了对通货膨胀的预期。那么，怎样估计社会公众对通货膨胀的预期呢？经济学家们提出过许多模型，首先是一些任意的经验公式：

$$p_t^* = p_{t-1} \tag{7}$$

$$p_t^* = p_{t-1} + \theta (p_{t-1} - p_{t-2}) \tag{8}$$

$$p_t^* = p_{t-1} + \gamma (p_{t-1} - p_{t-1}^*) \tag{9}$$

式（7）叫做静态预期，它认为人们用上期物价上涨率作为对本期通货膨胀的预期。式（8）叫做外推预期，它认为人们的预期等于上期的物价上涨率加上对前期通货膨胀趋势的一个修正值。如果 $\theta > 0$，那么过去的趋势将继续；如果 $\theta < 0$，那么过去的趋势将反向；如果 $\theta = 0$，那么式（8）就变成式（7）。式（9）叫做随时调整预期，它认为人们对本期通货膨胀的预期等于对前期预期加上对前期预测误差的一个比例。

用这些任意的经验公式做预测都有系统误差。为克服这一缺点，经济学家们提出理性预期。理性预期的模型有许多，也可以用各种各样的模型选择标准来决定用什么样的模型更合适。

通货膨胀对社会的最大危害是它的不确定性，这种不确定性使社会经济中的各个主体承担的风险增加了，并且要花费时间和资源去尽力减少由不确定性所带来的风险。因此，通货膨胀造成了社会资源的浪费。实际的通货膨胀率在很大程度上取决于人们对通货膨胀的预期。通货膨胀的真正危机在于它可能使整个经济秩序崩溃，而导致崩溃原因也在预期。不难证明，当人们的预期低于实际通货膨胀率时，日子比较好过（即其解是收敛的）；当人们的预期高于实际通货膨胀率时，可能导致经济的崩溃（即其解是发散的）。当通货膨胀发生时，老百姓会想方设法为自己的资产保值。

最后，国际收支状况也影响货币需求，随着我国的对外开放，贸易依存度的提高和世界经济的整合，国际收支变量成为解释货币需求的重要因素。

四 通货膨胀的模型

关于通货膨胀国内外学者做了许多模型，有微观的，有部门的，有部分均衡的，也有一般均衡模型。这里只介绍几个海外学者的模型。

王一江先生（1991年）做了一个微观模型来解释通货膨胀。他定义了一个生产函数，假定企业和地方政府都追求收益的最大化。我们知道在投资中，固定资金与流动资金有一个最佳比例。企业和地方政府有积极性把固定资产投资搞得非常大，然后向银行要流动资金的贷款。国家看到固定资产已经投下去，只要贷上流动资金，项目就能创造经济效益，也不得不贷。国家这时也有办法，即用通货膨胀的办法使企业、地方投到固定资产的金额的实际值缩小，然后贷给流动资金，从而使得固定资金与流动资金之比例接近最优点。

Barry Naughton 教授（1991年）做过一个一般均衡模型。他的分析认为中国的通货膨胀主要是由于政府的赤字财政。他分析中国中央政府在改革期间对资源的控制在比例上逐年下降，而政府在投资、社会福利、改革补贴上的承诺却降不下来，其结果是政府不得不用发行货币的方法来弥补赤字，造成通货膨胀。请注意，Naughton 教授用的赤字口径与我们官方统计的不一样。他把银行的政策性贷款的一部分也算为赤字。他计算政府赤字在80年代大约为 GNP 的 8%，而我们官方统计的赤字大约为 GNP 的 2%—3%。

笔者（1990年）做过一个部分均衡的模型来讨论价格改革与通货膨胀之关系。我们知道只有持续性的物价上涨才是通货膨胀，一次性的调价不应该造成通货膨胀。我的模型讨论在什么条件下一次性的调价能造成通货膨胀。在一定的生产函数下，假如有寻租、攀比、软企业约束、软财政约束和企业不能破产的存在，一次性的物价上涨可能造成补贴⇒成本上升⇒再补贴的物价轮番上涨，即通货膨胀。

下面介绍一下笔者和毕井泉先生所进行的关于通货膨胀的研究。通货膨胀是一种货币现象，我们想找出货币超发行的原因及从货币发行到形成通货膨胀的传导机制。

我们的模型分两大板块：第一块是货币流；第二块是实物流和传导机制。

第一块货币流包括现金流、信贷流、存储流、非银行金融机构流、民间流和外汇流。这一块主要研究货币是怎样发出来的。货币的流通渠道，各个渠道的流通速度，基础货币与货币供给的关系，系数的稳定性，等等。

第二块是实物流和通货膨胀的传导机制。实物流也分若干部分，主要分国营企业、非国营企业、农业、外贸与外资和政府等部门。这里只介绍一下实物流中的农业块。我们发现用零售物价指数衡量的中国通货膨胀与农业的周期密切相关。如果我们把中国的经济波动与通货膨胀画出来，从1980年到现在已有三个周期：第一个周期是1980—1986年，通货膨胀在1985年达到高峰；第二个周期是1986—1990年，通货膨胀在1988年达到高峰；第三个周期从1990年开始，估计通货膨胀在1994年达到高峰。

我们知道零售物价指数中有50%强是由食品组成的（按权数算）。改革以来三次通货膨胀的高峰都与食品价格的上涨密切相关，而食品价格的上涨是由农产品的供求关系决定的。研究农产品的供求关系必须研究农业周期。影响农业周期的因素众多，有体制上的，有气候上的，有国际市场上的。这里我们集中讨论工农产品比价在农业周期中的作用和影响。

1979年我国大幅度提高了粮价，缩小了工农产品之"剪刀差"，加上农业的承包制的推行，使农业连续好了6年。农业形势好，政府松一口气,集中力量搞城市改革和经济建设,放松了对工农产品比价的不断调整。到 1984 年时农民生产农产品得到的收入远不如 1979 年和 80 年代初,其结果是影响农民生产农产品的积极性。农产品的要素投入下降,使下一年的农产品的供给减少。与此同时,其他部门都在大干快上,投资过热,经济高速增长,大量农村劳动力涌进城市,对食品的需求大大增加。农产品供给的减少和需求的增加导致农产品价格上涨,从而使零售物价指数上涨。

1985 年以后农业几年徘徊不前,政府又抓了一下。但到 1988 年时,经济过热,在农产品供给基本上停滞不前的情况下,对农产品的需求大大增加,又一次使食品价格大幅度上涨,成为 1988、1989 两年通货膨胀的重要组成部分。

1989 年到 1991 年的三年治理整顿是挖农业非常狠的三年,农民的人均收入在这三年中基本上没有增长,比较幸运的是三年气候风调雨顺,加上那三年全国经济疲软,没有什么机会,生产农产品机会成本低,所以农产品的供给良好,而需求却继续不景气。粮食价格在 1990 年到 1993 年一直趋于平稳。某些地方甚至出现供过于求、卖粮难、米贱伤农的情况。

我这里讲工农产品的比价可以推广为生产农产品的机会成本。机会成本上升使对农业的投入减少造成减产。举个例子,稻谷减产是我国南方农产品的减产,南方是经济发达地区,这正说明了在那里生产农产品的机会成本增加较快,使得农民没有种粮的积极性。机会成本之比较是我们这一模型的核心。

(原载《经济研究》1995 年第 5 期)

企业的企业家——契约理论

张维迎

张维迎简介如前第 457 页。

第三章 经营能力、个人财富与资本雇佣劳动

（一）引言

我们的基本观点是，做企业家的优先权或选择管理层的权威之所以由资本家拥有，是因为就显示经营能力而言，富人做企业家的选择比穷人做企业家的选择具有更大信息量。贯穿本章的一个假定是，观察一个人的经营能力较之于观察他的个人财富要困难得多，其成本也要高得多。为集中研究经营者和生产者之间在职能上的非对称性，我们在第三章假定每一个人的经营能力都为其他所有人所了解，也为他自己所了解。所以，经营职能是由那些最称职的人来行使的。在现实中，经营能力至多只是部分可观察的。尽管有一些信息可供利用，如受教育情况、工作经历，但对一个人的经营能力是无法精确地加以判断的，除非他已从事经营活动若干年；除非有令人信服的证据，一个人对自己的能力的标榜没有什么用处。相对而言，个人财富很容易观察和展示，穷人冒充富人不是一件容易的事；富人要通过隐匿财富来规避责任（例如偿还债务）也会非常困难，成本非常高（如果不是不可能的话）。基于个人财富比经营能力更易于观察这一假定，我们表明，企业家市场上的自由进入将使资本家成为竞争企业家资格的胜者；从社会观点来看，资本雇用劳动是合意的，因为只有这样一种机制可以保证经营工作由称职的人选

来承担;相反,如果劳动雇用资本,则企业家市场将会充斥着"伪劣商品"(lemons),就是说,会有太多的不称职的人声称他们可以做经营者。

非负消费(non-negative consumption)假定对上述结果具有关键意义。直观的道理是:由于非负消费约束,做一个企业家的机会成本对富人要比对穷人高,所以,对于给定的经营能力,穷人比富人有更强的做企业家的动因。但是,别的人不愿贸然跟随一个贫穷的意愿(would-be)企业家(即自己想成为企业家的人),因为在经营能力属于私人信息的条件下,市场把他的较少的个人财富当做较低(预期)经营能力的信号,其结果,富有的意愿企业家被市场选中,贫穷的意愿企业家则被市场所拒绝。

应当指出的是,在本书中,个人财富采取价值形式,而不一定是实物形式。① 由于这一点,我们不接受阿尔钦和德姆塞茨(1972年)的解释,即监控与资本的所有权相伴随是因为由不具有所有者身份的监控者来对资本的使用进行监控,其成本太高。我们将区分实物资本的所有者和金融资本的所有者。如果我向你借了100元买了一台机器,这台机器的所有者是我而不是你。就操作这台机器而言,你不必监控我。如果借款合同允许你就我使用这台机器的活动(例如我用这台机器生产什么)发表意见,则一定有什么别的理由,而不是你担心我会不爱护这台机器。进一步说,直观的道理告诉我们,在任何借款交易中,贷出者干预借入者事务的动机以及借入者接受这种干预的愿意程度依赖于借入者的个人财富。如果一个富人向我借钱,我更可能毫不犹豫地满足他的要求;但如果向我借钱的是一个穷人,我更可能首先问他拿钱去干什么,然后再决定是否借给他。更一般地说,既然资本本身没有激励问题,那么我们就需要说明,为什么资本家在做企业家和选择管理层方面有优先权,而不仅仅做一个出租者(rentiers)?

本章的结构如下:第二节建立基本的模型;第三节研究一个人的个人财富与他选择做企业家的临界能力之间的关系;第四节讨论

---

① 若采取实物形式,本文的论辩将得到加强而不是削弱。

市场怎样由个人财富推断出一个意愿企业家的能力，从而使富人成为竞争企业家资格的胜者；第五节讨论作为一种分离高能力和低能力的机制的财富依存（Wealth-dependent）的利率和工资，同时我们也说明为什么当破产涉及证实成本（verificationcosts）时这一机制可能不起作用；第六节说明为什么资本雇用劳动从社会观点来看是合意的；第七节是本章的结束语。

（二）模型

要研究的经济由众多个人组成，其经营能力 $\theta \in [0, 1]$ 和个人财富 $W_0 \geq 0$ 各不相同。我们假定 W_0 为该经济中所有的个人所知，而 θ 则只为各个人自己所知。① 假定每一个人都属风险中性，追求期望效用最大化，效用函数为 $U = W_1$，其中，W_1 是他的最终财富。所有的个人可以在两种职业间选择：企业家或工人。企业家经营企业并获得剩余收益，工人获得合同规定的市场工资，作为他向企业提供服务的回报。做资本家不是一个谁都可以选择的职业，因为这依赖于个人财富禀赋。② 我们区分积极的（active）和消极的（passive）资本家。如果一个资本家选择做企业家，则是积极的资本家；若他选择做工人，则是消极的资本家。积极的资本家拥有的资本获得一个剩余（residual）收益；而消极的资本家拥有的资本则获得一个合同规定的市场利率。我们将假定，一个拥有 W_0 的个人可以以货币形式持有财富，确保自己获得一个无风险的收益 W_0。③

虽然我们的结论是企业家将从资本家中选出，但我们要从两个假定开始我们的分析，这两个假定对做企业家没有附加任何资本方面的约束。

假设一： 自由择业：不存在任何阻碍一个个人成为企业家的制度性限制。换句话说，一个人总是可以自由地设立一家企业。

---

① 我们将假定 θ 抽取自一个共同的分布，该分布为经济中所有个人所知。
② 我们不甚严格地使用"资本家"一词，因为我们假定个人财富从零到一个很大数额之间是连续分布的。读者可以很容易地理解"资本家"一词在不同上下文中的不同含义。
③ 用一个无风险的利率来取代这个假定也是可以的。

假设二：完美（perfect）资本市场：资本市场在下述意义上是完美的，即一个个人若选择做企业家，则可以按给定的市场利率为他的商业投资借入他所要求的任何数额的资本（即不存在信贷分配），或者，若他选择做工人（从而是一个被动的资本家），则他可以按市场利率贷出他所拥有的资本中的任何数额。

假设一实际上已暗含着关于经营能力是私人信息、不能直接为外人所观察的假定，否则的话，就可以设置某种专业资格证书，以保证只有那些经营能力高于一定水平的人才被允许做企业家。① 假设二是为了方便分析。② 在新古典经济学中，完美资本市场是一个广泛使用的假定，但这一假定与资本主义企业是不相容的，因为它（和自由择业假定一起）等价于一个劳动雇用资本的体制。我们的分析策略是首先说明一个人在完美资本市场条件下如何在做企业家和做工人之间作出选择，然后再说明市场本身将会拒斥完美资本市场的假定。分析将表明，资本雇用劳动是市场力量的结果，而不是某种外生力量的结果。

下一个假设对我们的结果是关键性的。

假设三：非负消费的无限责任假定（Unlimited liability with non-negative consumption）：一个企业家有责任偿付他对贷出者的全部债务和合同规定的给企业工人的工资，直至其个人财富成零时为止（在单一时期模型中，必须假定他不能靠进一步借债来还债）。

偿债责任可以强制履行的程度依赖于个人财富的可观察性。对无限责任假定加上一个非负消费的约束看来是很自然的。事实上，大多数现代法律体系都允许采取破产形式的某种防止进入低收入状态的保险存在。③

---

① 在现实中，诸如律师、教师、医生等职业有专业资格证书，但没有企业家的专业资格证书。我们猜测，其中的原因在于企业家能力远比其他能力要难以观察。
② 注意，尽管我们使用"完美资本市场"的术语，但消费借贷是被排除在外的。
③ 可以用最低生活必需取代非负消费，而不影响分析。此外，若以权益份额取代总财富，这里的分析也可以扩展至有限责任（可能有人愿意将非负消费的无限责任本身称为"有限责任"）。

非负消费的无限责任假定有以下几方面的意义:第一,在由企业家的经营职能而来的剩余收益和由他的作为资本投资的个人财富而来的剩余收益之间进行区分是没有必要的,所以,我们将用"利润"这一概念来概括两者。① 第二,尽管企业家被称为"剩余索取者",但在破产的情况下如果他的个人财富不足以抵偿合同规定的全部偿付金额,则他并不一定会对他的经营成本负全部责任。换句话说,他承诺的支付和他实际履行的支付可能有差别。正是这种差别引起了在企业家选择方面的道德风险问题和逆向选择问题。② 第三,与第二点相联系,由于企业家有一定概率不能履行支付义务,合同规定的支付并非没有风险。所以,从工人和消极资本家的角度看,与哪个企业家合作是很要紧的。这就是市场上的企业家选择机制背后的力量。给定市场工资和市场利率,一个消极资本家/工人(capita list worker)的期望收益和他与之合作的企业家不履行支付义务的概率呈相反方向变化。直观道理启示人们,其他条件相同时,对一个消极资本家/工人来说,他与之合作的企业家越富有,他的合同规定的支付就越安全。所以他应该选择富人而不是穷人去合作。但我们的结果比这还要强。因为其他条件并不相同,财富本身并不是使不能偿债的概率处在低水平的充分条件。尤其是,既然经营决策活动主宰着企业收益的不确定性,那么我们就可以假定企业家的经营能力是企业成功的关键。如果人们偏好于跟随富人加入企业,那么一定有什么东西在外人的观点看来联结着个人财富和经营能力。

一个个人面临着几种选择。首先是他应该做一个企业家还是做一个消极资本家/工人。其次,如果做一个资本家/工人,他应该把资本(如果有的话)贷给谁,应该把劳动卖给谁。③ 要对个人选择作出全面的分析,我们必须把资本市场和劳动市场都纳入模型,不

---

① 这可能是关于什么是利润的旷日持久的争论的根源。
② 大多数关于资本市场的代理模型都隐含着有限责任的假定,例如,见 Stiglitz-Weiss(1981)信贷分配模型,Eswaran-Kotwal(1989)的资本雇用劳动模型。
③ 一个消极资本家贷出资本的对象和出卖劳动的对象不必一定是同一个企业家。

过，我们的分析的大部分发现都可以通过仅仅把一个市场纳入模型而引申出来。① 由于我们感兴趣的是资本家和企业家之间的关系，我们将假定合同规定的工资在生产之前支付，从而工人不面对企业家不能履行支付义务的风险，② 这样，我们就把分析范围限制在了资本市场。这意味着，在有任何实物形态的投资之前，企业家必须为雇用劳动而筹资，他的全部金融资本需要量等于实物形态的投资和雇用劳动的成本（工资乘以工人人数）之和。如果他的个人财富不够应付这两项开支，他就必须向某些消极资本家借款。消极资本家不能回避的风险是，债务人不能偿债的概率一定是正的，所以选择贷款对象至关重要。③

假定每个人都可以获得一种生产技术，该技术要求一笔数额固定的总资本，其中既包括实物资本投资，也包括劳动成本，设为 K，④ 经营活动可能成功也可能失败；若成功，将获得一个 $y = f(K) > 0$ 的收益；若失败，收益为零。⑤ 以 r 表示市场利息，以 w 表示市场工资。我们假定 $f(K) \geq (1+r)k + w$。换句话说，我们假定经营成功时，总收益数额足以既补偿合同规定的支付额，也补偿企业家的机会成本（否则就不会有人选择做企业家）。在以后的分析中，我们把 w 标准化（normalize）为零：$w = 0$。

经营能力的重要性在于它决定成功的概率 p。为简单起见，我们

---

① 在本章较早的一稿中，我们曾把劳动市场（工人的选择）和资本市场（贷出者的选择）都纳入了模型。我们发现，把一个以上的市场纳入模型的边际所得不过是使描述更为接近现实一些。
② 所以，他们不在乎应与哪个企业家合作。可供选择的另一种方法是，我们也可以假定企业的最低（在最坏状态）的收益不少于劳动成本。
③ 工资在生产之前支付的假定，相当于工人把选择合作者的权利委托给了消极资本家。在现实中，当企业家不能履行全部合同规定的偿付义务时，工人通常有优先权，即使他们的工资支付是在生产时期结束之时，情况也是如此。一个有意义的问题是，为什么工人在大多数场合有优先权？
④ 为方便起见，不妨把 K 就称作"资本"。若令 k 为实物投资，w 为每个工人的工资，l 为工人数量，则有 $K = k + wl$。我们的一个暗含的假定是企业家总是选择 w 和 k 的最佳组合。此外，K 也可以是一个变量。
⑤ 也可以以一个大于零的收益来取代零收益，只要收益小于总成本即可。

假定 $p = \theta$。① 这意味着，给定企业家的个人财富不足以为全部投资提供资金，他不能清偿债务的概率完全取决于他的经营能力。更为值得注意的是，因为最高经营能力（$\theta = 1$）和最低经营能力（$\theta = 0$）的收益都是确定的，但所有其他水平的经营能力的收益都是不确定的，如果经营能力是公共信息，则这一假定意味着所有具有最高经营能力的个人都将成为企业家，不论他们的个人财富如何。

企业的总期望收益是企业家经营能力的一个线性增函数，定义如下：

$$E_y = \theta f(K) \tag{1}$$

企业家的个人期望收益设为 W_1^e，依赖于他的个人财富禀赋 W_0，定义如下：②

若 $W_0 < K$，则：

$$W_1^e = \theta [f(K) - (1+r)(K - W_0)] \tag{2}$$

若 $W_0 \geq K$，则：

$$W_1^e = \begin{cases} \theta f(K) + \delta_K (1+r)(W_0 - K) & \text{当贷出多余资金时} \\ \theta f(K) + (W_0 - K) & \text{当持有多余资金时} \end{cases} \tag{3}$$

这里，δ_K 表示作为这里的企业家的多余资金的贷放对象的那些企业家成功的（加权平均）期望概率。

注意，我们这里实际上已经作了一个假定，即企业家在向消极资本家借款之前，首先要用自己的资产来投资，而且，除非 $W_0 > K$，否则，他不贷出资本。这个假定是为了简化分析，并非分析的结论所必需。③

如果一个拥有 W_0 的个人选择做消极的资本家/工人，那么他的期望收益 W_1^l 为：

$$W_1^l = \begin{cases} \delta_K (1+r) W_0 & \text{当贷出财富时} \\ W_0 & \text{当持有财富时} \end{cases} \tag{4}$$

δ_K 可以定义为：

---

① 注意，我们已把经营能力标准化为分布于零和 1 之间的数值。
② 在以后的分析中，为方便见起，我们把工资标准化为零。
③ 在有关的文献中，这一假定被称为"最大股权参与"（maximum equity participation, MEP）（如，Gale 和 Hellwig，1985 年）。

$$\delta_K = E\theta^B \tag{5}$$

其中，E 表示取期望值，上标 B 表示向所考虑的资本家/工人借款的企业家（"借款人"）。当且仅当 $W_0 < K$ 时，该企业家才向外人借款，这意味着，当且仅当 $E\theta^B = 1$ 时，才有 $\delta_K = 1$。换句话说，贷出者承担着借入者不能偿债的风险，除非他确信借入者具有最高的经营能力（$\theta^B = 1$）。

当且仅当下列条件成立时，一个人才会选择做企业家：

$$W_1^e \geq W_1^l \tag{6}$$

式中，W_1^e 和 W_1^l，分别由式（2）、（3）、（4）所定义。

给定其个人财富 W_0，一个人在做企业家还是做工人之间的选择，不仅依赖于他自己的经营能力 θ，而且依赖于他对潜在的借款人的经营能力的期望 $E\theta^B$，后者决定 δ_K。给定 δ_K，式（6）定义一个临界（critical）值 θ^*：当且仅当 $\theta \geq \theta^*$ 时，他将选择做企业家。我们把 θ^* 称为为选择当企业家而需要的"个人临界经营能力"（the individual critical marketing ability）。那么，θ^* 是怎样依赖于 W_0 呢？$E\theta^B$ 和 W_0^B 的关系又如何呢？

（三）临界经营能力与个人财富

本节将集中研究一个个人的临界经营能力 θ^* 与他的个人财富 W_0 之间的关系以及 θ^* 和 δ_K 的关系。

情形一：若 $W_0 < K$，则 θ^* 由以下等式所定义：①

$$\theta^* [f(K) - (1+r)(K - W_0)] = \delta_K (1+r) W_0$$

整理（7）得：

$$\theta^* = \frac{\delta_K (1+r) W_0}{f(K) - (1+r)(K - W_0)} \tag{8}$$

求 θ^* 对 W_0 的导数并整理得：

$$\frac{\partial \theta^*}{\partial W_0} = \frac{\delta_K(1+r)[f(K) - (1+r)K]}{[f(K) - (1+r)(K - W_0)]^2} > 0 \tag{9}$$

---

① 我们假定 δ_K 足够大，以至于该个人在选择做工人时愿意贷出而不是持有其资产。如果情况不是这样，则我们可以用 1 来替换 $\delta_K (1+r)$。

因为，$[f(K)-(1+r)K]>0$

就是说，该个人的临界经营能力是其个人财富的增函数。

情形二：若 $W_0 > K$，θ^* 由下式所定义：①

$$\theta^* f(K) + \delta_K (1+r)(W_0 - K) = \delta_K (1+r) W_0 \quad (10)$$

整理得：

$$\theta^* = \frac{\delta_K (1+r) K}{f(K)} \quad (11)$$

从而，

$$\frac{\partial \theta^*}{\partial W_0} = 0 \quad (12)$$

综上所述，有如下定理：

定理一：给定假定一至三，一当且仅当一个人的经营能力大于其临界经营能力时，他才选择做企业家；二该个人的临界经营能力是其个人财富的严格增函数，除非其个人财富大于资本需要量。

图3-1是对这一结果的一个说明。粗略地说，定理一的含义是，在任一给定的能力水平上，一个贫穷的人比一个富有的人有更大的动因去做企业家。这一结果背后的道理在于，给定非负消费约束，富人做企业家的机会成本比穷人要高。对那些个人财富微不足道的人来说，做一个企业家的机会成本不会比一个工人的市场工资（已标准化为零）高多少，而对拥有大量个人财富的人来说，做一个企业家而经营又不成功时，会招致财富的大量损失。由于做一个企业家的机会成本与个人财富呈相同方向变化，达到最佳状态要求收益也与个人财富同方向变化，这样，一个人越富有，他的临界经营能力就一定越高。这个定理的含义之一是，贫穷的人比富裕的人更可能夸大其经营能力；或者换一种说法，就显示经营能力的信号而言，富人做企业家的选择比穷人做企业家的选择更具有信息量。我们将看到，这是资本家身份的意愿企业家在竞争企业家资格时获胜的根本原因。

现在我们来看 θ^* 与 δ_K 的关系。很容易看到：

---

① 这里我们假定，无论该个人只是贷出多余资金（这时他自己也是企业家）还是贷出全部资金（这时他选择做工人），他面对的潜在的借款人成功的期望概率是相同的。

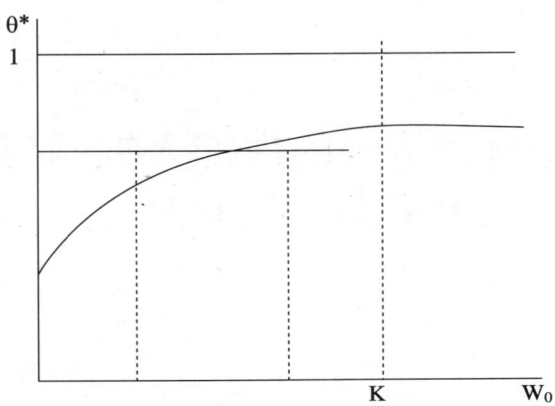

图 3–1　临界经营能力与个人财富示意图

若 $W_0 < K$，则：

$$\frac{\partial \theta^*}{\partial \delta_K} = \frac{(1+r)W_0}{f(K) - (1+r)(K-W_0)} > 0 \qquad (13)$$

若 $W_0 \geq K$，则：

$$\frac{\partial \theta^*}{\partial \delta_K} = \frac{(1+r)K}{f(K)} > 0 \qquad (14)$$

定理二：给定假定一至三，一个个人做企业家的临界经营能力是其潜在借款人成功的期望概率的增函数。

定理二说的是，当一个人只能把资本贷给成功概率较低的企业家时，他更可能选择自己做企业家；相反，如果他可以把资本贷给成功概率较高的企业家，则他自己选择做企业家的可能性就较小。这里的道理是比较直观的。一个消极的资本家的合同规定的收益（或更一般地说，合同规定的收益的期望值）所具有的风险性的大小，取决于他与之合作的企业家成功的概率。较高的期望成功概率意味着较高的期望合同收益，而这又意味着某人做自我雇用的企业家的必要性较小。

（原载《企业的企业家——契约理论》，上海三联书店、上海人民出版社 1995 年版，此处节选自其中的第三章中的第一、二、三部分）

转轨经济中的内部人控制与中国金融体制改革

巴曙松

巴曙松，1969年生，湖北新洲县人。经济学家。

1987—1991年在华中科技大学（原华中理工大学）学习并获学士学位。1994年获华中科技大学经济学硕士学位。1996—1999年期间就读于中央财经大学并获博士学位。曾在北京大学中国经济研究中心从事博士后研究。2001—2002年，担任中国银行香港公司风险管理部助理总经理。2002—2003年，任证券业协会发展战略委员会副主任、主任。2003年8月起至今，任国务院发展研究中心金融研究所副所长。

主要著作有《中国外汇市场运行研究》、《中国货币政策有效性的经济学分析》、《经济全球化与中国金融运行》等。

在经济转型问题的研究中，内部人控制是一个引人注目的现象。它不仅反映了当前企业改革中遇到的公司治理结构方面的问题，而且对金融体制改革也会产生直接的影响。如果将内部人控制理论引申到中国金融体制改革中来，就会发现这对于我们理解并解决金融改革中出现的一些新问题，能够提供一个新的思路和观察角度。本文试图从内部人控制的角度对政府、国有企业与国有银行以及国有银行总行与分行之间的关系进行初步的分析。

一 内部人控制的内涵及其引申

转轨经济中的内部人控制（insider control），是指传统国有企业经理人员在企业改革过程中获得相当一部分控制权，从而在企业的重大决策中过分强调内部人而不是外部出资人的利益。所谓内部人，是与外部出资人相对而言的。在不同的转轨经济中，内部人控制的规模和程度也许会有所不同，不过，这种现象在公有制经济的转轨过程中是难以避免的（或者说是制度内生的）（青木昌彦，1995年）。值得注意的是，如果当前我们在进行银行（本文中的银行，除特指外，专指传统计划经济体制下建立的国有专业银行）体制改革的过程中忽视内部人控制这一现象，而盲目套用流行的新古典理论，就有可能使转轨的难度加大、过程延长。

具体来说，内部人控制的现象在我国不同的产业部门不同程度地存在着。在国有企业中，经过放权让利等改革，内部人控制的趋势表现得比较明显。在银行界，改革以来国家控制的力量一直比较强大，因而这种现象的程度尚轻。但是可以预见，随着银行经营自主权利的扩大，内部人控制会有所加强。

中国经济改革，从总体上看，是采取了稳步推进的方式，由于改革的起点是高度集中的计划经济体制，因而企业改革自然就以扩大企业的经营自主权、减少政府干预开始。这种改革方式在一定程度上刺激了企业作为微观经济主体的活跃性。但是，与此同时也产生了内部人控制的问题：在国家作为企业的外部出资人还没有以所有者的身份进入企业并在企业内行使所有者职能、而银行作为外部出资人的监督功能尚比较薄弱的情况下，就大力推行经理人员负责制，实际上是将外部出资人的部分或全部决策权、收益权在缺乏必要制约的情况下交给了企业经理人员。银行缺乏对经理人员的强硬控制措施，掌握在政府手中的最终控制手段就是经理人员的去留，但是这一手段的实施又受到多方面因素的制约，如企业经营状况的不透明性和一定程度的随意性、中国干部管理制度上的能上不能下传统等。于是，在内部人控制的情况下，企业的经理人员在作出重大经营决策时，往往强调内部人的利益，而忽视外部出资人（主要是政府和银行）的权益。在极少数企业，一些经理人员利用政府赋予的权力，以各种手法转移国有资产，外部出资人的利益被架空，国有资产存在流失现象。如何对内部人控制加以控制，是保护国有资产、建立现代企业制度和促进金融体制改革的重大问题。

中国国有企业中现有的治理结构可以概括为行政干预下的内部

人控制。一方面,由于内部人对于企业占有更多的信息,所以内部人控制可以在一定程度上促进经济效益的提高;另一方面,由于内部人是在缺乏外部出资人必要监督的情况下进行经营决策的,所以内部人控制会造成资本浪费,从而损害了经济效率。

理论上说,有可能对企业内部人控制构成制约的是外部出资者。对于中国的国有企业来说,出资者主要是国家和银行。由于历史原因,银行对于企业的债权在企业总负债中占有很大的比例,在一些特殊产业(如外贸业),银行债权占企业总负债的 95% 以上,所以,只要在银行内部建立必要的激励机制和约束机制,银行监督贷款企业的积极性会较高。国家则是以国有企业的所有者和社会事务行政管理者的双重身份,来处理与国有企业的关系的。因此,政府在减少作为社会事务行政管理者对企业的行政干预时,不能盲目减弱和放弃作为所有者的权益,而应积极寻求新途径以所有者身份强化对国有企业的监控。

同样,我们也可以把内部人控制理论引申到银行的经营活动中去。事实上,存在于国有企业的内部人控制现象同样存在于国有银行。值得注意的是,从中国金融体制改革的各种方案看,对国有专业银行的改革是不能触动其全部国有的产权结构的(谢平,1994年)。随着国有专业银行商业化改革的推进,银行的自主权逐步增多,并开始提倡行长(经理人员)负责制。从另一个意义上看,这些措施将使得银行系统内部人控制的潜在可能性转化显示出来。同时,从银行体系内部看,由于中国幅员广大,不同地区发展水平存在较大差异,地方政府对各地银行经营行为的干预程度较深,银行的总行难以有效、全面地控制分行的种种行为,因而我国银行分行的业务权限比西方商业银行的分行大得多。于是,相对于银行总行来说,各地分行的业务运行也出现了内部人控制的趋势,一些银行前几年对分行的总体或单项业务的承包试验,更是从客观上加剧了这种趋势。

二 企业的内部人控制与金融体制改革

随着放权让利改革进程的推进,一些企业的经理人员为了加强内部人控制，采取了种种办法。值得注意的是，其中有不少办法涉及债权债务的转移问题，于是也就自然影响到银行的资产安全，从而影响到国有专业银行商业化改革的进程。目前看来，这些通过逃避银行债务以加强内部人控制的方法主要可以归结为如下几个方面：(1)"大船搁浅，舢板逃生"。即通过母体裂变，将原企业划分为若干子公司，分产权不分债务，从而摆脱银行债务。这种现象在匈牙利的改革进程中曾经十分普遍，并被称为所谓"分权化的重组"；(2)搞假破产，重组企业，将原有企业资产分光吃光，银行债务则无人负责；(3)合资参股，逃避银行债务。即通过和合作者兴办合资企业，用银行贷款购置的资产作为股本参股，或者直接用银行贷款参股，而作为债权人的银行和新建的合资企业不构成债权债务关系，贷款依然由原企业承担；(4)一些企业将银行债务放在一边，将企业换个名称，更换其法人代表，并采取"新官不理旧账"的办法来逃债。中国的内部人控制问题，由于加入了地方政府的干预因素，从而变得更为复杂。有的地方政府出于局部利益和地方政绩的考虑，常常有意无意地对部分企业加强内部人控制的做法予以支持和纵容，从而在有的地方出现了企业破产"破了工厂不破工人，破了财产不破厂长，破了银行不破地方"等现象。

上述这些现象的产生，促使我们从整体上把握企业改革和金融体制改革的内在紧密联系，重新考虑银行在经济转轨中的重要作用。就企业内部人的权力制约角度说，在经济转轨时期，政府作为外部出资人逐步退出对企业的日常监督，银行由于拥有国有企业的大量债权而成为另一个十分重要的外部出资人，因此，银行应及时填补政府退出后对企业日常经营的"监督真空"，加强对国有企业经营活动的监督。国际比较研究表明，正是由于银行体系监督制约力量的薄弱，才强化了转轨经济中企业经理人员的强大地位，从而强化了内部人控制的趋势（青木昌彦，1995年）。从这个意义上说，在经济转轨和现代企业制度的建立过程中，有必要大力发展能够对企业实施事前、事中和事后监控的银行部门。显然，计划经济体制下的传统意义上的银行是难以圆满完成这一重任的，必需要对传统的银行体制进行改革。改革的基本目标一般是银行在自主决策下按照利润最大化原则进行经营；对于转轨中的企业来说，经过改革和改组后的银行严格按照经济原则的经营行为有利于企业预算约束的逐步硬化,有利于建立对内部人控制的适当控制,从而提高企业的营运效率。

从内部人控制的角度,我们对于国有企业的过高负债率可以有另一方面的解释。在传统的体制背景下,一方面国家注资不足,但在另一方面,企业经营者为了加强内部人控制,就有可能超过自身能力过量借贷,其目的可能是扩大经营者可以控制的资产规模,或是提高职工的福利,或是使企业规模达到一定规模以取得政绩等。因此,我们认为,当前企业过度负债状况的形成,既有注资不足等客观原因,也有经营者力图强化内部人控制的主观原因。由于国家既是企业的所有者,又是银行的所有者,而且国家对于银行向居民的负债实际上承担着无限责任,所以,企业资产的任何损失或者表现为国家在企业中的所有者权益的减少,或者表现为国家在银行中的所有者权益的减少。在这种体制下,银行信贷资产和企业资产之间是缺乏产权意义上的严格界定的,所在银行界有一种说法:传统体制下企业对银行的过度借贷(或者说银行对企业的资金供应),使人难以区分到底是"银行的企业",还是"企业的银行"。这种软预算约束下加强内部人控制的必然后果是内部人低估投资的成本,置银行资本于过大的风险之中。应该说,这也正是当前产生银行巨额不良资产的国有企业方面的制度性原因。由此,令人想到当前企业改革中的一个流行见解,即制约当前企业改革和金融改革的瓶颈问题是巨额不良资产问题,是资金问题,似乎资金问题一解决,现代企业制度就很快可以建立。我们认为,即使当前设法解决了银行的不良资产问题和企业的资金不足问题,如果不对企业内部人控制进行必要控制,不对传统银行制度进行改革和改组,我国经济运行中就会依然惯性地产生新的一轮不良资产问题和资金不足问题。因此,首要的问题应该是制度创新和体制改革问题,即将当前的企业改革和金融改革有机结合起来,相互推动。

从运行结果看,企业的内部人控制对于银行的资产可以产生正面或负面两种影响。所谓正面的影响,就是既能实现信贷资源的优化配置,又能保证银行的合法权益。在实际中具体会产生哪种影响,关键取决于银行对企业经营行为的监督控制的程度。此时企业的决策行为，是在违约后的收益与银行的惩罚措施之间进行权衡。同时，企业内部人控制的存在，也要求银行体系本身要及时进行改组和改革，从而有能力按照商业化原则对企业进行监督，在自主原则下按照利润最大化的经营目标运营。这样，才能有效实现对企业内部人的监督，抑制内部人的过度借贷行为，促使其预算约束的逐步硬化。

为了使传统体制下的银行能够顺利履行其在经济转轨中对企业内部人控制的监督职能，政府有必要对银行体系实施改革，这主要包括减少政策性干预，设法解决历史遗留的巨额不良资产问题，并通过恰当的制度安排（主要是建立适当的激励机制），使得银行能够在利润最大化的原则下自主经营。值得指出的是，在经济界似乎一直流行这样一种金融体制改革观：鉴于传统的国有大银行历史包袱太重，对其进行改革的难度较大，而在传统的大银行之外培植市场化的金融力量，则难度相对小得多，也容易取得收效。因此，所谓金融改革，就是弃传统大银行于一旁，专心扶持市场化金融体系。对于这种看法，我们不敢苟同。即使仅从企业内部人控制的角度看，真正主要作为国有大中型企业外部出资人的正是传统的国有大银行，即使在当前，中国四大专业银行的占有率依然在70%以上；如果不及时对传统的大银行进行改革，则银行在转轨过程中必然难以承担对内部人控制进行一定程度控制的职责，从而现代企业制度改革难以真正建立，国有金融资产也会在转轨过程中有明显流失的趋势。况且，传统的大银行是在有巨大历史包袱、依然受政府行政式严格管制下与新成立的商业银行、外资银行等市场化金融力量竞争的，因而竞争从一开始就是不公平的。可以预计，如果真正推行基本放弃传统国有大银行的改革思路而只是着手培植市场化金融力量，也许可以收到短期成效，但当前在相当部分的国有大中型企业中出现的缺乏活力进而制约整体经济运行的局面，就会同样出现在转轨中后期的国有大银行身上。

三　银行系统的内部人控制与金融体制改革

如果把内部人控制理论引申到银行系统，就会发现在银行系统内部同样存在着内部人控制的趋势，这种趋势越来越明显地影响着当前我国金融体制改革的进程。

1. 政府与银行的内部人控制。从政府与银行的关系看，政府作为外部出资人，将数百亿资本金交给银行经理人员，并以国家信用作担保吸收数百亿的存款，但是传统体制下政府缺乏必要的手段对银行经理的工作进行准确严格的监督。由于银行经营状况的不透明性，以及银行为政府决策提供的政策性金融支持，使得考核经理业绩的客观标准——利润指标，也相应失真；银行经理人员的个人收入与银行的经营状况无关，政府除了人事任免手段外没有对银行经理人员的有效控制手段，而且这一手段也因能上不能下的人事管理制度而效果减弱。

1986年以后，银行内部出现多种形式的承包，从银行经理人员与政府的角度看，由于银行与政府之间的承包合同中有关权责的条款并无统一的规则可循，政府缺乏由竞争性的金融市场决定的银行业合理利润率作为考核的参考，银行经理人员对于银行经营信息的了解比政府更多，信息的不对称使得银行经理人员在与政府的合同谈判中占有优势，合同先天有利于银行方面。同时，由于国有专业银行作为国有企业，同样存在所谓软预算约束的问题，银行经理人员在承包过程中会发现，承包制是一种包盈不包亏的不对称体制，在转轨时期无论银行还是政府，均难以准确确定银行的亏损是政策性原因还是经济性原因，银行如果出现亏损，政府必然会承担最终的责任。因此，经理人员有可能不顾经营风险盲目扩大资产，追求短期的、账面的利润。

2. 银行总行与各地分行的内部人控制。如果把内部人控制的概念进一步引申到银行内部，就会发现，银行总行与遍布各地的分行之间，同样存在内部人控制的问题。总行拨给分行一定营运资金，并在实际上以全行信誉作为担保，由分行经理人员在各地从事经营活动。由于中国幅员广大，经济发展程度差别很大，总行很难全面掌握各地分行的具体经营信息。与西方"分行不担市场风险"（branches take no market risk）的分行体制不同，中国实行的分行体制被称为"超级分行"（super branches）体制，分行在经营决策上拥有较大的自主权，总行对于分行的控制手段主要限于分行主要领导人的人事任免、贷款规模、营运资金拨付等，总行对于分行的主要考核指标——利润的真实水平,也难以全面掌握(在总行信息不全的背景下,分行可能根据各年情况隐瞒少报或多报利润,通过放贷收息等手法隐瞒不良资产状况,等等)。如果考虑到地方政府的干预,各地分行已经表现出比较强烈的内部人控制趋势,分行在经营决策中,常常可能较少地考虑到总行的利益(如全行统一的资金调度、利润经营目标等),而较多地考虑到分行局部的利益和地方的利益。在这个意义上,有人称当前一级法人体制下银行的分行为"准法人"。

在中国,地方政府干预经济的程度深,出于自身业绩方面的考虑,地方政府常常鼓励银行的地方分行加强内部人控制,因而地方政府的干预常常使得银行总行对于分行的控制手段失灵。如在总行对分行的人事任免上,一方面受行政式的能上不能下的制度约束,另一方面,如果地方分行的经理人员是由于对地方政府的政策性金融支持而违反银行的经营规则遭到总行的处分或撤职,则地方政府常常会以重新安排一个更好的职位作为"回报"。在贷款规模的控制上,地方政府倾向于鼓励银行的分行向总行申请尽可能多的贷款规模(如哪一家银行在地方的贷款多,哪家银行对该地方的所谓"贡献"就大,在地方政府中的"地位"就显得重要),或者通过种种手法绕开规模发放贷款。对于一些"表现"较好的分行,地方政府可以从地方角度给予一些总行未给予分行的特殊权利(如工资奖金的发放等)。所以,分行的内部人控制行为受到两个方面因素的制约:一是违规后来自总行制裁的严厉程度;一是违规后分行作为小团体获得的额外收益以及地方政府给予的特别"补偿",分行将在这二者之间进行权衡。

银行总行为了加强对于分行的控制,曾在内部实行过部分承包制,即在系统内部进行单项业务承包、基层行处承包等。但是,由于与上述全行性总承包相同的原因,在信息不对称的决策条件下,承包合同先天有利于分行;同时,由于总行在一些承包办法中缺乏整体考虑,分行在承包的实际过程中,出现了种种行为偏差。我们认为这主要是由于分行为了强化内部人控制的趋势使然。

具体来说,分行的内部人控制趋势表现在存款、机构建设、贷款等多个方面。从存款角度看,各大银行一般每年均给基层分行下达存款增长任务,并与职工的工资奖金挂钩。于是一些分行在局部、眼前利益的刺激下,不顾负债成本,对外开展利率大战,乱抬存款利息,对内又以"揽储奖"、"业务费"等刺激职工完成存款任务,而这些分行对于存款成本等涉及全局性的、整体性的指标则较少考虑。就机构建设来说,主要出于扩大分行在地方影响的目的,在地方政府的干预下,一些分行热衷于根据行政区划垂直延伸分支机构,较少考虑地方经济的发展状况、机构网点的密集程度和预期的经济效益,盲目增设储蓄网点,出现了些无效益甚至负效益的机构网点。这些网点最终不仅成为总行的包袱,而且成为国有专业银行商业化中的一个障碍。

四 对内部人控制进行适当控制,促进中国金融体制改革

内部人控制,是经济转轨过程中必然会出现的一种现象。无论是存在于企业还是银行系统的内部人控制现象,既有可能由于内部人更熟悉企业运营情况等原因而提高营运效率,也有可能由于内部人不考虑外部出资人(在不同的分析场合,外部出资人可以是政府、银行以及银行总行)的利益并浪费资金而降低效率。因此,有必要对于内部人控制进行适当控制,兴利除弊,从而在客观上达到促进中国金融体制改革的目的。在经济转轨的特定时期,企业改革和金融改革是相互制约、相互促进的,单纯片面地强调任何一个方面,都可能影响改革的整体效果。

首先,政府在整个控制过程中处于十分重要的地位。(1)政府必须采取种种办法,消除银行历史形成的不良资产包袱,不再干预银行的经营决策,不把银行作为实现各种政策性目标的工具,使银行有可能对企业内部人控制实施必要的控制。(2)对于国有专业银行的改革必须予以足够的重视,及时给予适当的政策(如增加人事制度、分配制度等的灵活性等)促使银行内部进行改革,包括对各地分行试行产权层次的改革,如实行总行对分行的持股公司制度,为银行改善内部管理创造良好的制度条件;同时积极建设富有竞争性的金融体系,为银行的改革创造公平竞争的外部环境。至于政府

对银行的全行性承包，事实证明在金融业是难以取得实效的。（3）建立社会主要经济部门共享的关于国有企业运营状况的及时、准确的信息渠道。目前，国家经贸委、中国人民银行目前正在选择1 000家国有大中型企业，建立银行的联网制度，从而通过加强对这些企业的信用评级来强化对这些大企业经营状况的监控；国家经委也在着手建立对企业的科学评价系统，预计有2万多家企业能够进入该系统运行。显然，为了对广大国有企业的内部人控制进行适当控制，这种努力还需要继续下去。

其次，对于银行来说，针对企业内部人控制的状况，要积极采取多种办法。在转轨过程中，银行作为出资人，必然承担监督企业的任务。在日常业务中，银行要拓展有关企业经营信息的来源渠道，全面评价企业的经营活动。要在加强不良资产清理和催收的同时，严格发放新增贷款，通过正常的新增业务不断消化原有的不良资产，优化资产质量，同时促使企业预算约束的硬化。在具体操作过程中，为了提高对企业的监控效率，可以根据企业所在产业的发展趋势、企业的历史负担及财务现状等，对不同企业采取不同的监控办法：（1）要继续大力支持产品有市场、实力雄厚、所在产业属于国家重点发展产业的企业；（2）对于有一定活力、历史负担比较重、技术和管理手段依然比较落后的企业要加强监督；（3）对于负债比例很高、长期亏损的企业，少部分可以在其破产后核销呆账（但是，核销呆账绝不能够作为消化历史遗留的大量不良资产的主要方式），但更多的需要国家、地方的共同支持，在适当的时候应该允许银行参与企业经营甚至接管。

第三，对于银行遍布各地分行的内部人控制行为，需要进行全面的分析。（1）要进一步强调银行的一级法人体制，积极推进银行高度集中的系统化管理，防止各地分行出现地方化倾向，消除分行的"准法人"行为，同时相应提高各行总行的管理效率和控制能力。（2）建立对分行以利润为中心的、合乎各地实际情况的综合考核体系，正确引导分行的经营行为。（3）通过电脑联网等现代化手段，及时掌握分行的经营信息，控制分行的业务风险。（4）对当前的分行布局、营业网点要根据效益情况进行重新调整。（5）在适当的时候，可以试行将分行改为总行控制的股份制营业机构。（6）鉴于中国幅员广大的现实,在大力强调总行统一领导的同时,还要积极采取措施,鼓励各地分行结合当地的市场状况灵活有效地开拓当地业务,这也就是所谓的"发挥上下两个积极性"。

(原载《国际金融研究》,1995年第12期)

国民收入分配、金融结构与宏观经济稳定

余永定

余永定，1948年生，广东台山人。中国社会科学院学部委员，牛津大学经济学博士，中国社会科学院世界经济与政治研究所研究员。

1969—1979年期间为北京重型机器厂工人。1979年进入中国社会科学院世界经济研究所。1983年任助理研究员。1986年任中国社科院西方经济理论研究室主任。1988年赴英国牛津大学学习，于1994年获博士学位。同年回国，在社科院世界经济与政治研究所任职。2000年当选为中国世界经济学会会长。2004年7月—2006年7月任中国人民银行货币政策委员会委员。

主要著作有《西方经济学》（主编、主要执笔人）、《我看世界经济》、《一个学者的思想轨迹》等。

一 分析框架：各宏观经济部门的资金流量关系

首先我们把中国经济划分为居民、企业、政府和银行四个部门。即在中国的资金环流中，可选择上述四个节点。正如在所有环流中一样，流入和流出给定节点的流量必须相等。

居民部门的基本资金流量关系可用式（1）表示：

$$W - CP = \Delta CU + \Delta SD + \Delta BOND \tag{1}$$

其中，W代表居民货币收入，CP代表居民消费支出（C代表居民消费，P为价格水平），ΔCU代表手持货币的增加量，ΔSD代表居民储蓄存款的增加量，$\Delta BOND$代表居民持有的公债的增加量。该式

表示，居民的储蓄表现为以手持货币居民储蓄存款和公债为形式的金融资产的增量。

企业部门的基本资金流量关系可用式（2）表示

$$IP - (YP - W - TP) - S_E + \Delta ED = \Delta BLE \qquad (2)$$

其中，IP 代表企业投资支出，YP 代表名义收入，TP 代表企业上缴的税收，S_E 代表政府对企业的补贴，ΔED 代表新增企业存款，ΔBLE 代表新增银行对企业贷款。该式表示，企业投资是通过企业留利（YP – W – TP）、政府补贴 S_E、银行净贷款 $\Delta BLE - \Delta ED$ 获得资金的。为简化分析，本文不考虑外部资金的流入和流出。

政府部门的基本资金流量关系可用式（3）表示：

$$GP + S_E - TP = \Delta BOND + \Delta BLG - \Delta GD \qquad (3)$$

其中，GP 代表政府采购，ΔBLG 代表新增银行对政府的贷款，ΔGD 代表新增政府存款。该式表示，政府财政赤字（$GP + S_E - TP$）是由增发公债和银行借款弥补的。新增政府存款 ΔGD 数额一般较小，在以后的分析中将忽略不计。

银行体系的基本资金流量关系可写为：

$$\Delta BLE + \Delta BLG = \Delta CU + \Delta SD + \Delta ED \qquad (4)$$

式（4）是一个简化了的银行体系资产负债表。其中我们省略了政府在银行的存款、银行自有资产等项的增加值。

最后，从以上四式我们可以推导出宏观经济的基本恒等式：

$$Y = C + I + C \qquad (5)$$

在上述五个恒等式中，只有四个是独立的。第五个恒等式的得出表明：四个宏观经济部门资金流量的平衡意味着整个宏观经济的平衡。下面，我们便在由以上五个恒等式构成的分析框架内，分析改革以来中国的宏观经济过程。

二 居民和企业间金融结构的变化及其宏观经济后果

改革以来，中国宏观经济的最明显特征之一是居民货币收入的增长速度高于国民收入的增长速度，居民收入在国民收入中所占比重急剧提高。从给定均衡状态出发，居民货币工资收入的上升对经济的原有均衡状态将产生什么影响，取决于各部门对这种上升的不

同反应。先舍如政府部门,我们可得到四种组合:

组合一,居民部门不改变消费水平,企业部门也不改变投资水平;组合二,居民部门不改变消费水平,但企业部门相应降低投资水平;组合三,居民部门增加消费,但企业部门不改变投资水平;组合四,居民部门增加消费,企业部门相应降低投资水平。下面我们依次分析在上述四种组合下,居民收入在国民经济中所占比重上升对金融结构和宏观经济平衡所产生的不同影响。

1. 组合一反映了改革后中国经济的一大特点,即由于国民收入分配格局的变化,投资资金提供者和投资资金使用者出现了分离。从式(1)可以看出,若居民消费支出不变,居民货币收入的增长将导致居民储蓄存款(这里暂时忽略手持货币和债券的增加)的增加。居民储蓄存款的增加反过来又使银行增加了资金来源。事实上,与居民储蓄存款增加同时发生的是银行对企业贷款的增加。在中国,由于体制上的原因,企业对投资的需求几乎是无限的。企业对投资的有效需求完全受制于资金的可获得性。在其他情况不变的条件下,居民货币收入的增加意味着企业留利的减少(为简化分析,假设企业留利完全用来满足投资需求)。若想维持原有的投资水平,企业必须增加从银行的贷款(暂不考虑直接融资)。利用式(1)和式(2)不难验证,在组合一中,企业对外部投资资金的新增需求恰好等于银行对投资资金的新增供给;银行对企业贷款额的增加量恰好等于居民储蓄存款额的增加量。应该注意的是,根据贷款创造存款的原理,可以认为,首先是银行增加了对企业的贷款,居民的工资收入,从而居民储蓄存款,才得以增加。

从以上分析中可以看出,在中国,国民收入分配格局的变化和居民的较高储蓄倾向是导致货币供应量(M_2)急剧增加的最根本原因。在组合一中,收入水平是给定的,M_2增加了,但物价却并未发生变化。换言之,货币供应量增长速度超过经济增长速度不一定会导致物价的上涨,因为M_2的增加不一定意味着流通手段的增加,它完全可以仅仅是经济中债务增加的结果。

从以上分析中可知,居民储蓄存款的增加并不一定意味着作为一个整体的国民经济的储蓄的增加。在组合一中,居民储蓄存款增加了,但居民消费并未减少,因而整个经济的储蓄不可能增加。以居民储蓄存款的多寡来判断可供企业使用的投资资金，即西方经济学中的可借贷资金（loanable funds）是否充裕是犯了概念错误。可借贷资金是一个实物概念，它等于实际国民收入减实际消费支出。换言之，它等于储蓄。而居民储蓄存款则是一个货币概念，在很大程度上取决于一个国家的货币政策。货币当局可以不顾可用于投资的实际资源（即储蓄）的多寡来增发贷款，贷款的增加将导致储蓄存款的增加。但如此增加的居民储蓄存款完全不代表可借贷资金，它所代表的只不过是物价上涨的新增压力。

2. 在中国，由于企业的投资饥饿症，即便缺乏自有资金，企业也是不大会自动降低投资需求的。因而，组合二主要是一种理论上的可能性。若居民不改变消费水平，而企业相应降低投资水平，则从式（1）中可以看出，居民储蓄存款将如在组合一中那样增加。从式（2）中可以看出，企业减少投资需求意味着尽管工资支出增加，企业留利减少，但企业并不会增加从银行的借款。这样，在组合二中将出现投资资金供给大于投资资金需求的局面。但是，总需求的减少将导致一部分产品无法实现，企业无法如期偿还旧债，企业欠银行的借款净额将会被动地增加。在银行的资产负债表上，银行贷款与居民储蓄之间的事后平衡是始终可以维持的。因而式（4）将得到满足。在组合二中，由于总供给大于总需求，物价水平将会下降，直至宏观经济在较低的产出水平上实现均衡。组合二代表了一种极不合理的国民收入分配和使用的格局，虽然避免了物价上涨，但却使经济陷入衰退。

3. 组合三。随着货币收入的增加，居民的合理反应一般是增加消费。在企业不改变投资需求的条件下，这将导致总需求大于总供给，形成物价上涨压力。从金融结构的角度来看，由于自有资金的减少，为了维持原有投资水平，企业必须增加从银行的借款。但居民储蓄并未增加，这样便出现了投资资金需求大于投资资金供给（即储蓄的供给）的局面。根据贷款创造存款的原理，存款会因贷款的增加而自动增加，而不管这种贷款有无实物基础。但此时银行所增加的对企业的贷款，并不代表可借贷资金。由此所创造出的货币将使物价上涨压力由可能性变为现实性。物价上涨使居民的实际货币收入减少，而这又使得居民的实际消费减少；居民实际消费的减少意味着一部分实际资源脱离了居民的支配而让渡给了获得银行贷款的企业，使企业能在一定程度上保持原有的投资水平。由此可以看出，物价上涨只不过是实现资源的再配置的一种方便手段。当然，这种手段的效用将越来越低，副作用将越来越大，如不及时抑制将会导致恶性通货膨胀。

4. 组合四这种情况可能发生在政府实行紧缩政策的时候。居民增加消费意味着居民储蓄不会增加。企业减少投资需求（政府可以通过直接或间接手段迫使或诱使企业减少投资需求）则使总需求得以保持不变。投资资金的供给并未因居民货币收入的增加而增加，企业对投资资金的需求并未因企业自有的投资资金的减少而增加。从金融结构的角度来看，居民的存款额和银行的贷款额都并未因国民收入分配的变化而变化。换言之，居民和企业之间的债务关系并未发生变化，所发生的变化只是国民收入和使用的变化。从短期来看，宏观经济稳定将不会受到影响，物价不会上升。但是由于投资率的下降，经济增长速度将会受到影响。短期的稳定是以长期的不稳定为代价而实现的。应该指出，以压缩投资来抑制通货膨胀的办法在一定意义上都是以牺牲长远利益为代价来解决眼前问题的。

以上四种组合是为了抓住国民收入分配、经济中各部门的行为和金融结构的变化三者之间关系的主线条而作的简化假设。在中国，现实情况是：由于国民收入的迅速增加和居民收入在国民收入中所占比重的显著上升（这主要是改革政策的结果），居民消费迅速增加，但居民消费增加的速度低于居民货币收入的增长速度。另一方面，企业一般都保持着十分旺盛的投资需求（这主要是体制原因造成的）。这样，居民储蓄存款和银行对企业贷款都保持着强劲的增长势头。所存在的问题是，贷款的增长速度往往超过可借贷资金的增长速度，这就造成了宏观经济的供不应求和物价上涨。在宏观经济政策的实行过程中，贷款增长的速度之所以往往超过可借贷资金的增长速度的原因是，虽然从宏观经济稳定的需要出发，银行贷款的发放应视可借贷资金（即居民及其他部门的实际储蓄）的可获得性（availability）而定，但由于银行本身的货币创造能力以及对银行贷款的发放缺乏市场制约，银行贷款的发放往往脱离了可借贷资金量。因而，如何完善市场机制和加强宏观调控，使银行不愿意或不能够脱离可借贷资金的可获得性超量发放贷款始终是维持宏观经济稳定的一个关键问题。

三 政府财政收入在国民收入中的地位变化及其宏观经济后果

改革以来，中国宏观经济的另一个明显变化是国民收入分配不利于政府而向企业和居民倾斜。由于政府的让利政策，政府的财政收入减少。由式（3）可以看出，在其他情况不变的条件下，税收的减少必然导致政府向银行透支的增加或公债发行量的增加。更值得注意的是，在财政收入减少的情况下，为了减少财政赤字，政府减少了原来由财政支出的项目。这就迫使企业相应增加了（或无法减少）向银行的借款，而银行多发的这部分贷款实际上是财政赤字的转移。在经济文献上这种赤字被称之为准财政赤字（quasi-budget deficit）。政府财政赤字若不能由增发公债来弥补，则必然导致银行贷款的增加；而银行贷款的增加必然导致货币供应的增加。为简化分析，可假定居民货币收入的增加恰好等于税收的减少。从式（2）中可以看出，若居民货币收入的增加恰好等于税收的减少，企业将无需增加从银行的贷款（但银行对政府的贷款将会增加）。若考虑到准财政赤字，企业则将增加从银行的借款。不管是哪种情况，从式（1）中可以看出，若居民消费支出不变，则居民的储蓄存款将会增加，其增加量恰好等于居民货币收入的增加量。后者又等于政府税收的减少量和政府财政赤字的增加量。由此可见，财政赤字的增加可导致居民储蓄存款的增加；反过来说，居民储蓄存款的增加可以与实际储蓄的增加无关而仅是财政或准财政赤字增加的结果。在一般经济中，通过向银行借款为财政或准财政赤字筹资，必然很快引起物价上涨，物价上涨使居民的实际购买力下降。这样，通过征收"通货膨胀税"，政府便部分取回了在国民收入的初次分配中失去的对资源的支配权。如果在货币供应量急剧增加的同时，居民的储蓄倾向也在提高，居民则将吸收相当一部分政府为弥补财政赤字或准财政赤字而投入流通的货币，这种居民以储蓄存款和手持现金为形式所持有的货币，实际上是居民所缴纳的经济学文献所说的"铸币税"（seigniorage）。在正常征税时，居民明确出让实物的所有权或消费权，货币和货物同时减少，在征收铸币税时则是政府付钱购买（然后消耗掉）。居民将所得的货币收入储蓄起来，货物减少了但货币却以存款的形式保留下来。金融资产是实物及其价值创造力的占有凭证。居民储蓄存款应有实物对应。但如果财政赤字和准财政赤字是通过增发货币弥补的，则储蓄存款中必然有相当一部分是没有实物对应的。换言之，居民储蓄存款中所对应的一部分实物早已被消耗掉了。

财政收入的减少是造成中国财政赤字或准财政赤字增加的主要原因。在相当一段时间内，政府用通货膨胀税和铸币税来为财政赤字和准财政赤字融资则是造成通货膨胀和居民储蓄存款急剧增加的重要原因。在中国目前的情况下，似乎有必要根据财政支出的需要制定税收计划。国民收入向居民过度倾斜，似乎已是一个不争的事实。为什么各种形式的个人所得税（例如利息税）不能有一个大幅度的提高呢？此外，根据其他国家的经验，中国政府的债务负担还有进一步增加的余地。应逐步杜绝通货膨胀税和铸币税，应大胆改变居民的资产结构：在居民资产组合中，提高政府债券的比重，降低居民储蓄存款的比重。

四 作为一个动态过程的通货膨胀

中国改革开放以来的宏观经济发展可以分为三个阶段。第一阶段发生在改革初期。在这一阶段，尽管已发生国民收入向居民倾斜、企业留利减少、企业靠增加向银行贷款以维持投资的现象，但通货膨胀并未发生。其主要原因有二：（1）正如许多经济学家早已指出的，随着中国的市场化过程，中国经济出现了大规模货币化的过程。伴随银行贷款的增加，居民手持货币和储蓄存款以及企业存款（还有现金）都增加了，而所增加的一部分货币变成铺底资金而未进入流通以追逐商品。第二，在改革初期，由于几乎没有其他私人财富保有形式，居民需要积累以居民储蓄存款为形式的金融资产，对居民储蓄存款的需求就是对财富的需求、对储蓄的需求。储蓄存款是银行的负债；企业贷款是企业对银行的负债；银行作为中介建立了企业对居民的负债关系,而后者则建立了对前者的债权关系。在改革初期,货币供应量的急剧增加被急剧发展的债权、债务关系所吸收,而并未用作流通手段,因而并未导致物价的明显上涨。追随弗里德曼的货币数量公式,用货币流通速度的放慢来解释上述现象并未抓住实质,在很大程度上是同义反复。总之,在改革初期银行的资金来源(居民储蓄存款)与使用(对企业或各级政府的贷款),即银行资产与负债的平衡是与实际经济的均衡基本相一致的,因而并未出现通货膨胀。

中国宏观经济发展的第二阶段是,银行信贷的扩大,企业对投资资金的需求已超过居民对投资资金的供给。在这种情况下,虽然居民储蓄存款随银行给企业所提供的贷款的增加而增加,但是居民储蓄存款的增加量已超出实际经济均衡所决定的可借贷资金量,通货膨胀形势开始恶化。不过由于物价刚性及在控制价格方面所采取的各种措施,由银行的过度贷款所支持的过度投资需求并没有引起价格的急剧上涨。某些形式的短缺的存在(例如,居民家庭推迟消费,以便日后购买更先进的耐用品)使得企业在无须造成通货膨胀的情况下就可以得到使用实际资源的优先权。与此同时,居民储蓄存款的积累急剧增加,居民所缴纳的大量铸币税,使政府在居民收入、在国民收入中所占比重急剧上升的同时,依然能使企业得到充分的投资资金,从而使国民经济保持较高的增长率。

在这一时期的较后阶段,由于市场化的加深、短缺的逐步消失,物价上涨开始加速,铸币税开始被通货膨胀税所取代。物价上涨并不等于通货膨胀,前者是一次性的,后者是持续性的。在中国,一次性的物价上涨是如何变成轮番上涨,即如何转化为通货膨胀的呢?从理论上说,这是因为不同利益集团在国民收入分配的博弈过程中没有达到均衡,或者没有一个有权威又公正的裁判去终止这一结局。涨价是实现资源再配置的一个重要手段。通货膨胀正是这种争夺战无休止进行下去的结果。

在过去十几年间,中国政府在国民收入分配过度向居民倾斜背景下所执行的事实上的扩张性货币财政政策,通过征收铸币税和通货膨胀税,成功地筹集到为维持高速经济增长所需的投资资金。这种扩张性的货币政策为中国的经济迅速增长做出了重大贡献。甚至可以想象，如果中国政府从一开始就采取了类似国际货币基金组织一贯建议的紧缩货币政策，则所谓的"中国奇迹"可能根本不会出现。

目前中国的通货膨胀已经进入了第三阶段。这是一个相当危险的阶段。中国的居民储蓄存款已达 30 000 亿，1990 年以前储蓄存款的年均增长速度为 23.4%，90 年代以来这一增长速度进一步加快，1995 年一度竟达 40% 以上。这种急剧增加对宏观经济稳定将造成什么影响是我们必须予以高度重视的。

目前中国的 M_2/GDP 值早已超过 100%。[①] 世界上只有极少数国家和地区的 M_2/GDP 可与中国大陆相比（日本和中国台湾）。但这些国家和地区的人均收入水平都大大高于中国。应该说中国的 M_2/GDP 值是超常的。

M_2 的过速增长是不可能长期维持的。M_2 的增加必将通过财富效应影响消费。随着消费的增加（等于储蓄的减少），储蓄存款增长速度将越来越慢，最后稳定下来。但是若储蓄减少、消费增加发生在供给没有相应增加（经济增长慢、效率低）的同时，通货膨胀必将进一步加速。通货膨胀预期的作用将越来越大；由于通货膨胀预期，居民可能不再愿意持有货币，从而使通货膨胀进一步加剧。一旦恶性通货膨胀形成气候，M_2/GDP 值将急剧下降。通货膨胀严重的拉美国家的 M_2/GDP 值是很低的。如阿根廷 1988 的 M_1/GDP 值仅为 3.6%，其他拉美国家也只在 10% 左右。

总之，中国的超高 M_2/GDP 值标志着中国的扩张性货币政策已造成一个相当危险的局面，如果我们不能主动抑制储蓄存款的过速增长，中国是无法从根本上摆脱通货膨胀的威胁的。

五　维持宏观经济稳定的根本出路

中国的通货膨胀问题表面上是供求失衡问题，但从根本上说，

---

① 低收入国家（500 美元以下）23.6%；中等收入国家（500—1 300 美元）41.9%；中高收入国家（1 300—6 000 美元）49.8%；高收入国家（6 000 美元以上）68.3%。

通货膨胀是不同部门、社会阶层和利益集团争夺经济增长蛋糕中更大份额的结果。就不同时期的由不同原因诱导所引发的通货膨胀来说，政府可根据当时的具体情况采取不同的措施，特别是通过紧缩贷款的政策来抑制通货膨胀。但是随着在以往历次调整中所遗留下来的问题的累积，包括经济中主要表现为居民储蓄存款的货币存量的累积，政府运用宏观经济政策，特别是运用货币政策的余地已越来越小。在中国以往的历次紧缩中，投资总是被列为紧缩的首要目标，而限制银行对企业的贷款则成为主要的政策工具（这一政策已越来越失效）。压缩投资对于抑制通货膨胀确实能起到立竿见影的作用，但从中长期来看，资本积累速度的放慢将导致未来产品供给的减少，从而造成未来的通货膨胀压力的增加。为了抑制通货膨胀，政府应主要抑制消费需求而不是投资需求，当居民收入在国民收入中所占的比重越来越高，要抑制消费需求就必须鼓励居民尽可能增加储蓄。由于居民已持有巨额储蓄存款，要劝说居民增加储蓄存款就必须提高实际利息率。30 000 亿储蓄存款的利息归根到底是由企业支付的。由于资金成本越来越高，企业生产效率提高缓慢，银行贷款变成呆账、坏账几乎是不可避免的。如果不得不由国家对银行注入资金来维持金融体系的稳定，那么其代价必然是通货膨胀形势恶化。降低存款利率，又可能立即导致居民减少对储蓄存款的需求或导致企业增加对银行贷款的需求，其结果也必然是通货膨胀形势恶化。

　　对于像中国这样的发展中国家，从宏观经济的角度来看，保持高储蓄是解决通货膨胀问题的根本出路。无论马克思主义的政治经济学还是西方的正统经济学都认为，资本积累是经济增长的动力。综观发展中国家和发达国家的经验，凡能维持经济增长和物价稳定的国家无不维持了非常高的储蓄率。凡长期处于滞胀状态的国家无不是储蓄率低下。当然，除维持高储蓄率外，还必须提高投资效率。但这些一般来说是微观问题而非宏观问题。在微观基础给定的前提下，宏观政策的根本目标应该是鼓励储蓄。在前面我们曾指出，居民储蓄存款增长过快是对宏观经济稳定的威胁。这里是否有矛盾呢？否。我们所要做的恰恰是在维持或提高全社会储蓄水平的同时，降低居民储蓄存款的增长速度。实现这一目标要求有多方面的努力。

从宏观经济的角度说，我们的当务之急是：（1）深化税收改革，努力提高中央财政在国民经济中的地位；（2）深化金融改革，实现金融结构的多样化。

必须继续深化税收改革，其主要目标应是使各种形式的收入税（个人所得税、利息税等等）逐步成为财政收入的主要来源。国家应大力发挥财政政策对国民收入进行再分配的功能。国家应通过正式的法定税收手段集中相当的财力，用于改善基础设施，用于潜力大、风险高的投资项目，从而提高社会投资资金的利用效率。另一方面，国家财政收入的增加直接有助于遏止和纠正国民收入过分向居民倾斜的趋势，从而增加宏观经济的稳定性。

必须继续深化金融改革，发展规范化的直接融资除将对微观经济发生巨大作用外，对宏观经济的稳定也会产生积极作用。第一，向居民提供各种金融工具以满足他们的不同需要。通过非银行金融机构的直接融资有助于提高居民的储蓄倾向。不同消费品的出现可刺激消费，不同的金融投资品的出现同样可刺激储蓄。第二，把居民储蓄存款转化为更长期的金融资产，非银行金融机构将为投资提供更稳定的资金来源；反过来，这一方面会增进金融的稳定，另一方面稳定的长期投资也会促进经济的增长。第三，由于在各种投资领域的专业化，非银行金融机构比商业银行更有能力为企业筹资配资，通过改进资源配置方式促进经济增长。第四，由于有非银行金融机构在销售及承保方面的帮助，中央及地方政府会发现更容易向公众出售政府债券，避免了货币融资。第五，随着经济改革的深入发展，长于企业的兼并与收购的非银行金融机构将会在企业改革中发挥很大作用，而对长期增长及宏观经济稳定作出贡献。

目前，由于宏观经济形势有所好转，某些部门出现了需求不足的现象。一些同志提出要建立消费热点，刺激需求。对于这种主张我们断不敢苟同。中国是一个发展中国家，在过去十几年中，中国居民（特别是城市居民）的消费水平有了举世瞩目的提高，中国城市居民的消费超前是世界少有的。现在已经是减缓城市居民消费增长速度的时候了。我们的有限资源应用到加强基础设施、加强科技和教育、缩小贫富差距上面。主张通过刺激消费来维持经济增长无异于主张走拉美道路。各国的经验告诉我们，通过刺激消费维持的经济增长是无法持续的。为实现中国经济的可持续增长,中国的宏观经济政策的长期目标应是提高全民储蓄率,在高储蓄率的基础上实现高投资(包括对人力资本的投资)。就当前的情况而言,为了实现这一目标,必须加强对财政政策的运用,提高财政收入在国民收入中的比重,抑制居民收入的过快增长。与此同时,还必须加快金融改革,改变居民的单一资产结构,鼓励居民储蓄、改善投资资金的配置。

(原载《经济研究》,1996 年第 12 期)

市场深化中民间金融业的兴起

——以浙江路桥城市信用社为例

史晋川

史晋川，出生于1957年，山西武乡人。经济学家。

1984、1997年分别获复旦大学经济系硕士、博士学位。1993—1994年期间作为高级访问学者赴美国芝加哥大学经济系从事研究工作。2002—2003年期间赴美国哥伦比亚大学东亚研究所做访问研究。现任浙江大学经济学院教授和常务副院长、浙江大学民营经济研究中心主任，同时兼任国家社会科学基金评审委员会委员、教育部社会科学委员会委员、中国社会经济系统工程学会副理事长、中华外国经济学研究会副会长、浙江省经济学会会长、浙江省人民政府经济建设咨询委员会委员、浙江省社科规划办公室理论经济学科组副组长等职。

主要著作有《制度变迁与经济发展："温州模式"研究》、《浙江省经济社会发展战略前瞻研究》、《浙江的现代化进程研究：1979—1997年》等。

在国有专业银行陷入举步维艰的困境时，我们注意到一个非常值得当前中国金融界密切关注的现象，那就是民间金融业在浙江路桥的迅速崛起。路桥有工、农、中、建四家国有银行，两家城市信用社（路桥城市信用社和泰隆城市信用社），以及农村信用社等金融机构，1996年存款总额为26.59亿元，其中四家国有银行存款为8.69亿元，占32.67%，民间金融机构（城市信用社与农村信用社）的存款总量为17.9亿元，占67.33%。在总额为17.02亿元的贷款中，四家国有银行所占比重为25.79%，民间金融机构的比重达74.21%。可见，民间金融机构在存、贷款上大大超过了国有银行。在路桥的民间金融业中最引人注目的是路桥城市信用社（以下简称

"路城信")。这家在当地区域经济的金融业中占主导地位的股份合作制民间金融机构,其规模之大,参照现代商业银行模式建立起来的管理机制之完善,确实值得人们深思。路城信1996年末实现各项存款余额7.28亿元,占台州市路桥区所有金融机构存款总额的27.4%(工、农、中、建四大国有银行的比重分别为7.23%、12.08%、4.04%、9.23%),各项贷款余额4.38亿元,占路桥区贷款总余额的25.75%(工、农、中、建四大国有银行则分别为6.43%、12.98%、2.59%、3.79%)。同时信贷资产质量非常优良,1996年末逾期贷款率仅为6.12‰,"两呆"贷款比例仅为0.003%,接近于0,为浙江省金融业最低。1996年资本充足率为8.48%,创利1 954万元,均为路桥区所有金融机构之首。路城信作为一个相当成功的金融制度创新典范,无疑对我国金融体制改革和金融深化的推进具有重要的理论研究和实际操作参考价值。

一 路桥城市信用社的发展历程

浙江省路桥城市信用社创建于1988年6月6日,凭借台州市路桥区民间经济的蓬勃发展,信用社规模亦不断壮大。从建社时的6名员工,10万元资本金,到1996年底,已拥有500余万资本金,400余名员工,经营网点19个,利润约2 000万,贷款逾期率控制在0.612%,存贷规模、经济效益位居台州市、县各类金融机构首位,列全省同行第一。

追溯路城信的发展历程,可以将其分成三个阶段:

一是创业阶段。路桥银座金融服务社(路城信前身)成立时,当地国有银行、信用社、储蓄所共有20多家,金融业中同行竞争激烈,但路城信以其灵活的经营机制迅速为自己争得了一席之地。比如针对国家银行服务时间短的缺陷,调整服务时间,在浙江金融界最早推出"夜市"服务,每天13小时营业。1989年国家实行"治理整顿"政策后,群众误认为该社将被撤并,一度存款大幅度下降。针对这种情况,路城信大力组织宣传工作,消除群众的疑虑和偏见。同时加大企业技术投入,利用科技提高服务手段与管理水平,不断开拓新业务。1989年电脑业务处理系统开始调试,建社两年,实现储蓄业务电子化，减少了顾客办理业务的中间环节，提高了服务效率，声誉日隆。从1988—1991年，存款余额稳步上升，各年分别为176.19万、542.23万、842.75万、1 705.36万，创利则从1.42万上升到1991年的25.29万元。这一阶段，信用社积累了一定的金融业从业经验，管理机制逐步形成并完善，在社会上产生了较高的企业知名度和社会声誉，在同行中站稳了脚跟，为今后的快速发展打下了扎实的基础。

二是飞速发展阶段。1992年3月31日，经人民银行批准，银座金融服务社更名为路桥城市信用社。1994年台州市撤地建市，路桥由镇升格为区。这一时期路桥区以股份合作制为代表的民间经济蓬勃发展，适宜的经济环境使路城信接连跨上了几层台阶，存款余额迅猛上升，1992年底达4 051.96万元，1993年底上升到11 143.47万元，存款规模开始居路桥各金融机构之首。1994年底，存款更是急剧上升至41 967.22万元，比上年翻了将近两番。1993年，信用社出台了《经营责任制度》，采用经营承包制方式与网点签订合同书，激发了营业网点的积极性。同年7月31日推出新的信贷管理办法，其核心是"存贷挂钩，利率优惠"。这一管理办法的出台，极大地促进了信用社存款规模的扩张和信贷资产质量的提高。1994年1月1日，信用社的通存通兑软件投入应用，引进并启用了与通存通兑业务软件相配套的电话银行查询系统；紧接着，信用社开发了该社自身的信用卡即"银座卡"，同时引进意大利好利获得柜员机，进一步扩大和完善了信用社的各项业务。

三是向规范化商业银行模式推进阶段。在全国金融体制改革逐步走向纵深的大背景下，从1995年起，路城信开始积极探索金融机构如何完美地与市场经济运行相结合的方式。1995年信用社加入人民银行全国电子联行系统，与全国20多个省市的40家城信社建立通汇关系，逐步开创了通汇网。同年全面导入CIS，并在业务上全面试行责任制考核。1996年信用社分三次对年度经营责任制进行修订和完善，形成了一套比较规范科学、易于操作和考核的岗位责任制体系及经营责任制考核办法，这是向现代商业银行经营方式靠拢的一个重要步骤。1997年，路城信开始实施全面量化目标管理——年初提出目标，分季分月进行实施，做到有目标、有措施、有结果，步入了现代商业银行规范管理阶段。

二 路桥城市信用社兴起的经济学分析

路城信作为股份合作制的民间金融机构,它的兴起与发展既是我国经济市场化改革的产物,也是金融制度变迁过程中某些特殊因素促成的。从经济学角度看,路城信现象实质上是各种利益制衡的结果,是政府部门、原有金融机构以及各种经济成分及至企业家(在金融业中称为金融家)、社会公众相互博弈选择的结果,其背后体现的仍是人的自利动机与来自各方面的约束条件(包括社会经济制度意识形态、自然技术等)的不断冲突与融合的过程。

1. 市场深化与金融深化。随着经济的发展和市场深化的推进,一方面经济建设日益需要强大高效的金融支持,另一方面国有金融机构的资金保障能力受到了现行金融体制的制约,所以放松管制、发展民间金融业以缓解金融深化滞后的局面,促使经济的进一步发展,便成为政府自然的最优选择。这一点在路桥区的经济发展过程中得到了明确的证明。回顾金融体制改革的历程,可以看出,政府的改革思路大致是:国有专业银行经营机制落后、缺乏活力,通过允许设立一些非国有金融机构,甚至外资金融机构,参与国内金融市场平等竞争,打破金融业的垄断局面,从而借助外部刺激,推动国有专业银行最终向现代商业银行转轨。这种改革思路是同在其他经济领域的改革思想基本一致的。因此,这种"制度供给"一度处于号召式的情况之下,例如要求每个县组建一个城市信用社。路城信正是这一金融体制改革的产物。另一方面,中央政府放松金融管制的政策在执行过程中某些方面被地方政府进一步放宽。例如,按常规,城市信用社不准在农村设立营业网点,而路城信经地方政府与人行批准,在当地农村也设立了相当数量的分支机构。这种金融管制的进一步放松及金融自由化的加深,无疑加速了路城信的发展。

由此可见,路城信作为民间金融业的代表性机构,其兴起的制度需求是源自我国经济的市场深化,尤其是民营经济的飞速发展,而制度供给是政府的策略选择,也可以说,是政府为满足自身经济发展目标的结果。

在民间金融业的兴起中，民间金融业面向的主要是民营经济，就路城信来说，其存款的主要来源是私营企业和个体工商户，两者是一种互补的关系，正如民营经济兴起时与国有经济的关系一样。这是一种市场扩大的现象，而非原有市场的瓜分。因此，民间金融业的兴起，对当地国有银行来说，业务经营上的利益损失并不是很大，这无疑极大地减少了金融体制改革中的阻力。由上述分析可见，民间金融业的兴起与发展再一次证明了中国改革进程中这样一个基本的道理：制度变迁往往发生在"帕累托改进"的领域。民间金融业的兴起，民营经济、民间金融机构和政府受益，而其竞争对手——国有银行传统业务却几无损失，这确实应该是一个皆大欢喜的结果。

2. 路桥区的民间商业与股份合作经济的发展：区域经济的推动力。在中国的市场深化过程中，原有的金融制度下国有银行分支机构的布局及业务供需不均衡为金融制度的创新即民间金融业的兴起提供了一个发展的空间。但是为何在全国其他地区民间金融业的发展并不如浙江路桥地区那样突出？路桥区除路桥城市信用社占据当地金融业主导地位外，其他股份合作性质的民间金融机构，如农村信用联社和泰隆城市信用社也同样富有绩效，这表明民间金融业的繁荣与路桥的区域经济特征不无关系。

路桥区域经济发展的特征主要表现在以下两个方面：

（1）商贸发达，市场众多。路桥人富有经商传统，早在改革开放以前，路桥农民就开始走出田埂，步入经商行列。改革开放以来，整个浙中南地区得到的国家投资极少，预期利润颇丰的经商便成为当地人快速致富、进行原始资本积累的最佳选择。至今，形成了路桥地区商贸发达、商贾云集的经济发展特色。与路桥的商贸经济相适应，形成了众多的专业市场。至1996年底，路桥拥有各类专业市场77个，在城区每平方公里拥有大中型专业市场2—3个，全年商品成交额达268亿元，从业人员10余万。路桥专业市场以创办早、数目多、密度高、品种丰、影响面广、辐射力强而闻名遐迩。路桥专业市场经营的商品包括服装、竹木制品、副食品、旧机械设备、五金以及各类日常用品等，商品流通辐射至全国各地乃至边远地区。

（2）民营经济在区域经济中占支配地位。路桥市场众多，商贸繁荣造就了当地工业以加工工业为主,企业结构以小型为主,所有制成分以民营为主的经济格局。1995年在路桥全部工业企业中,只有6家中型企业,无大型企业,而小型企业则多达19 444家,小型企业实现的工业产值为1 152 808万元。全区个体私营工业1995年发展到1.8万家,约占当地工业企业总数的93%,完成工业产值879 236万元,占当地工业总产值的72%。同期在社会消费的零售总额中,国有、集体经济的比重只占16%,个体私营经济和其他经济成分的比重则占84%。可见,股份合作制企业、私营企业、个体工商户已在当地经济中占据了绝对优势。

不难看出,路桥区域经济的发展主要是由民营经济推动的,且具有典型的"轻、小、加"特点,商业往来频繁,民间资金交易十分活跃。但在路城信创办时的1988年,当地四大专业银行并没突破全国各地类似的专业银行经营机制呆板、服务效率低的弊端。比如对于个体私营企业额小、面广的融资需求,国有专业银行甚觉繁琐,认为在信用评估、贷后检查等业务操作上要付出较高的监督成本,因而不能满足当地民营经济迅猛发展的资金需要。可见路桥的经济模式十分适合民间金融业的发展,在路桥创办民间金融机构无疑具有较高的预期收益率。

值得注意的是1994年路桥由镇升格为县级区,这一行政区划的调整在很大程度上给路城信提供了新的发展机遇。由于新区成立之初大量的基础设施以及培育新的经济增长点均需大量资金投入,造成当地政府财政收支紧张,在向国有金融机构融资困难重重时当地政府自然求助于民间金融机构。比如黄(岩)路(桥)椒(江)大环线公路的建设,路城信独家累计贷款1.2亿元。面向政府贷款风险小、收益高,从而也进一步促进了民间金融业的稳步发展。这种当地政府与民间金融业的合作互利关系,无疑促使了地方政府对民间金融业限制的进一步放松甚至倾向于大力扶持的态度。

3. 经营模式转化:激励与约束机制的有机结合效应。路城信自创办以来,就把自己定位在只从事金融业务的"企业"上,按照商业化管理模式运作,遵从市场经济原理从事金融交易活动。作为一个股份合作制的独立法人实体,路城信出自产权明晰化带来自负盈亏的内在刺激,具备了以追求自身长期稳定发展、市场收益高效增长为经营目标的内部动力；并且由于拥有比较完备的经营自主权，能够自主决定贷款、投资的去向与比例、利率（在人行规定的范围内自由浮动）、内部人事安排、技术配备等，路城信通过一系列的管理创新，转化经营机制，积极参与竞争，最终成为浙江金融界的一匹黑马。

路城信经营机制转换的特点主要体现在寻求激励机制和约束机制的有机结合上。激励机制的核心内容是指对人的激励。路城信相信人的能量是无限的，为激励内部人员最大限度地发挥能量，路城信一直本着"你有多大能耐，我就提供多大舞台"的用人原则，从提供丰厚的物质待遇到给员工创造施展才华实现自身价值的各种机会，真正实践了人尽其才、人尽其用、按绩分配、优胜劣汰的人事管理制度。结合提供一流服务的从业宗旨和存款立社、资产质量才是生命线的经营理念，全面导入指标量化的目标管理方式，实行责任制，路城信基本上实现了员工目标与信用社自身发展目标相一致的激励相容。

同时为真正取得长远稳定的发展，路城信非常注重风险约束机制的建立和完善。它把自己定位在只从事金融业务的"企业"上，从而割断了与产业资本超经济联系的脐带，[①] 这是路城信减少风险决策极为重要的一步，使得路城信可以真正按照公平的市场交易原则稳健地追求自身利润最大化。[②] 在民间金融业的核心业务信贷资产的管理上，路城信树立了这样一个观念，即"安全性强的资产未必都会产生高收益，但没有安全障碍的资产肯定不会带来高收益"，

[①] 金融资本与产业资本的超经济联系体现在国有金融机构上是指政府同时为国有经济和国有银行的行政主管部门。而体现在一些规模不大且不规范运作的民间金融机构上，是指民间金融机构自身又创办各类产业，从而使得自身的产业从民间金融机构取得低息优惠贷款的行为无法按照真正的借贷或金融交易关系进行。这种关系颇具内源性融资性质，实质上类似于国有经济与国有银行的关系，这极大地加剧了贷方金融风险，只不过由于国有银行规模庞大，风险难以显露，而民间金融机构规模小，资产风险可能会立即暴露无遗。

[②] 如此决策与决策者的风险态度也不无关系。对于风险偏好者来说，在没有有效的外部监督和约束下，可能会作出相反的带有强烈投机倾向的决策。

故路城信自创办以来一直严格支持"额小、面广、期短、高效"的贷款原则（除政府基建项目贷款外），成功地化解了金融风险，体现了鸡蛋不能同时装在一个篮子里的最优风险分担原理。路城信为保证信贷资产质量而实行的另一富有特色的措施是存贷挂钩利率优惠的贷款方法，客户申请贷款必须先存后贷，存款附加"积数"是发放贷款时的主要参考依据。由于"积数"含有客户业务往来经营业绩优劣的极为丰富的信息，这种存贷挂钩的做法，有效地降低了信用社对于借方的还贷风险的不完全信息，克服了民间金融市场上的"逆选择"问题。路城信针对当地经济发展的实际情况，对症下药，不断规范和完善一套贷前调查、贷中审查、贷后检查的贷款操作"三查"制度，还建立了不良贷款户档案以及灵活高效严密的事后监督约束制度，所有这些措施无一不体现了路城信对资产风险管理的重视。路城信总经理陈小军先生曾因一笔逾期的"关系"贷款而受到降薪处罚，在信用社职工大会上作出检讨，这一事例极好地说明了这个问题。"不良贷款，人人喊打"，保证资产质量的意识在路城信深入人心，已形成了良好的氛围。

由此可见，路城信已经建立了具有自己特色的激励机制与风险约束机制相互支持的管理模式，这种激励机制与约束机制的相互支持是一个在追求其自己稳健发展的长远目标中不断优化完善的动态过程，并且恰与路桥区的经济特质、当地的经济发展进程以及路城信自身规模的扩展相适应，最终取得了路城信今日辉煌的业绩。

三 路城信现象对当前中国民间金融体制改革的启示：结论性评述

民间金融业的兴起与发展是在传统国有金融体制的金融深化难以有实质性推进的情形下，我国国民经济市场深化所引致的结果。直至今日，无论是机构覆盖面、服务领域，还是资金实力，民间金融机构都已成为促进我国经济发展中金融深化的一支重要力量。同时，也应看到民间金融机构在其进一步发展过程中也面临着不少问题，例如业务发展受到行政区划等因素的限制，多数机构规模小、抵御风险能力差、现代金融管理人员匮乏、经营管理方式落后等。

针对目前民间金融机构经营中存在的问题，当前人民银行采取了鼓励民间金融机构向合作银行方向发展的政策。这一改革思路的本意应该是值得肯定的，其目的是为了取得民间金融业的规模经济效应，化解金融风险以增强其竞争力。然而要达到上述目的的方式有两种，即政府主导型和市场主导型。但是这两种方式的结果可能是很不相同的。政府主导型的规模重组方式，就是通过行政手段，将经营管理水平各异、资产质量相差悬殊的信用社合并在一起成立合作银行。这种方式虽然也可以取得一定的规模经济效应和减少金融风险，但在长期阶段同时也将产生某种严重的副作用：民间金融机构经营效率的丧失和激励机制的弱化。以这种方式组建的合作银行，其市场渗透力和竞争能力是很值得怀疑的，国内一些城市推行合作银行改制并未取得良好的预期效果也正说明了这一点。市场主导的方式是通过企业自主地收购兼并别的企业，而政府只需制定各种辅助性规则，创造公平竞争的环境即可。这种方式有利于民间金融机构的长远发展和金融资源的进一步合理配置。

事实上，在推动民间金融业进一步发展的道路上，政府最需要注意的是不要走到直接干预组建商业银行的旧模式中去，而应该让市场机制在民间金融业的发展中起基础性的调节作用，这才是真正能够促进民间金融业发展和金融深化的正确举措。可能政府会担心金融业非同一般行业，其中的风险事件波及面很大，对储户的利益损害较为严重，社会成本过高，故对于经营风险较大的小型民间金融机构不轻易放松直接管制。然而政府在这里看到的只是民间金融机构经营风险的静态概念，而市场机制调节最重要的影响是民间金融机构经营效率的提高，自我风险约束逐步加强的动态效应。在市场机制的调节下，经营不善、规模相对较小的民间金融机构的倒闭固然有其不利的影响，但它也可以成为推动其他民间金融机构和储户风险意识的强化，培养各种经济主体对自己选择的经济行为后果直接负责的心理素质的方式。民间金融机构与其客户双方风险意识的建立，对民间金融业的良性发展无疑具有很大的促进作用。当然，在过渡阶段，政府作出适当的规定，通过建立存款保险制度来有效地缓解金融风险，也是不失为比较可行的一种间接调控手段。

具体来说，像路城信这样的金融机构，本身已经具有强强联合、化解风险的内在动机，而且这种动机是其在自我发展的过程中形成的。在市场机制的调节下，民间金融机构本身是不会选择以丧失灵活的经营机制为代价取得减少金融风险的制度安排的。它所要寻求的是两者如何最佳结合地建立在自愿（也即源于内在激励机制）基础上的制度安排，因此政府在民间金融业的进一步发展中，首先应该让其突破地域限制，实行跨行政区域发展，鼓励它们在自愿的基础上通过收购、兼并经营不善的信用社，壮大其规模。同时，还应通过进一步放松管制，开放业务领域，实行金融产品的自由化，包括金融工具的创新和金融业务的开拓，以让其提供新的金融服务，通过优胜劣汰的过程，来达到银行业内部规模重组以及资源优化配置的目的。

（原载《经济研究》，1997年第12期）

重新认识社会主义经济

董辅礽

董辅礽简介如前第 261 页。

传统的理论认为：社会主义经济是公有制经济，社会主义经济是计划经济。这两点是互相联系、互为条件的，公有制是实行计划经济的前提，实行计划经济是公有制的要求。现在需要对这种传统理论重新认识。

一 社会主义经济不等于公有制经济

再回头谈第一点，即社会主义经济是公有制经济，这是传统的社会主义经济理论的最基本的理论。根据这个理论，社会化大生产与私有制不相容，必须用公有制替代私有制，这是社会化大生产的必然要求。因此，建立在社会化大生产基础上的社会主义经济只能是公有制经济，非公有制经济是与社会主义经济相对立的。与此同时，社会主义经济是公有制经济又是与社会主义经济是计划经济相一致的，公有制经济是实行计划经济的前提，实行计划经济则是公有制经济的要求（这里说的公有制经济是指传统的公有制经济，也即共同所有制经济，它是指一个国家或一个单位的财产是它的全体成员的共同财产，而它的成员并不分别是共同财产的某个个体部分的所有者，如国家所有制、集体所有制）。因为，实行计划经济要求社会资源集中到中央政府部门，通过制定和实施指令性计划集中统一地来配置；只有公有制经济（特别是国有经济）才能够将其占用的资源、生产的产品、创造的盈余集中到中央政府部门由其集中地配置，并且也只有公有制经济能够按照中央政府部门下达的指令性计划行动，严格地执行下达的计划。因此，公有制经济（特别是国有经济）是实行计划经济的前提，只有公有制经济才是前面谈到的计划经济所要求的那种微观基础；而非公有制经济则是不能将其拥有的资源、生产的产品、创造的盈余集中地由中央政府部门配置的，也不能按照中央政府部门下达的指令性计划行动。因此，非公有制经济与计划经济不相容，不能成为计划经济的微观基础。同时，公有制经济也要求实行计划经济。因为，以国有经济来说，既然国有经济的财产是国家所有的，就必须由国家统一来支配和使用国有财产，由国家统一安排它们的活动，以便实施国家的目标和政策，也就是实行计划经济。而非公有制经济则要求实行市场经济。因为只有在市场经济的环境中它们才能自主地经营和发展，追求获取最大的利润。计划经济则捆住了它们的手脚，使它们无法自主经营，不能追求获取最大的利润的目标。

但是，如上所述，社会主义经济不等同于计划经济，计划经济已被实践所否定，社会主义经济应该是市场经济。既然社会主义经济是市场经济，那么，社会主义经济是公有制经济的传统理论也成了问题。因为，在单一的公有制经济的基础上是不可能形成市场经济的。这是因为，商品的交换只能在不同的所有者之间发生，也只有在不同的所有者之间才能有真正的市场竞争，从而才能发展成市场经济。在国有企业之间不可能进行真正的商品交换、真正的市场竞争。因为在国有经济内部，各个国有企业并不是独立的财产主体，国有企业的所有者都是国家，它们之间不能形成真正的商品货币关系，而作为所有者的国家则可以在国有企业之间调动各种资源，这种调动可以是无偿的，最多记一下账。这种情况至今还存在。例如，国家可以要求国有商业银行向国有企业发放"安定团结贷款"，银行明知这些贷款无法收回也必须贷给；国家也可以规定，"优化资本结构"的试点城市中的国有企业在破产时欠银行的债务可用银行的呆账准备金来充抵，国有企业被兼并时可以免交银行的利息（包括以前拖欠的利息）。之所以国家可以决定国有企业可以不偿还银行的债务，银行必须给国有企业发放不能收回的"安定团结贷款"，是因为国有企业和国有银行都是国家所有的，所有者是一个，国家有权这样做，无需遵循市场经济中的欠账要还的原则。在中国的现实生活中，除了国有企业外，还有集体企业；城市中的集体企业实际上是变相的国有企业，甚至就是地方政府办的国有企业；在农村还有"政社合一"的人民公社，它们也多少"具有全民所有制的因素"。在这些集体所有制企业之间以及与国有企业之间可以发生某些商品交换的关系，但集体企业在国民经济中不起重要作用，因此从其中也不可能发展出由市场配置资源的市场经济。既然社会主义经济不能是计划经济，而只能是市场经济，那么社会主义经济也不等于公有制经济，社会主义经济只能是以多种公有制为主导，多种所有制经济共同发展的混合所有制经济，即除了公有制经济以外，非公有制经济也是社会主义经济的不可缺少的组成部分，它不是外在于社会主义经济的，因为没有非公有制经济就不可能形成市场经济。出于这种理由，我曾经把社会主义经济比喻为"八宝饭"。八宝饭是由糯米和红枣、莲子等组成的，并以糯米为主导成分；没有糯米而只有红枣、莲子等成分当然不是八宝饭；但只有糯米而没有红枣、莲子等成分，也不是八宝饭，而只是糯米饭；糯米、红枣、莲子等都是八宝饭的不可缺少的组成部分。社会主义经济就像八宝饭，公有制经济有如八宝饭中的糯米，是社会主义经济的主导成分，非公有制经济则像八宝饭中的红枣，莲子等，也是社会主义经济的不可缺少的组成部分。很有意思的是，人们对非公有制经济的认识的变化与对市场经济的认识的变化是相一致的。改革以前，曾把非公有制看做与社会主义经济水火不相容，务求尽快将其消灭。改革以来的一段时间，对市场的看法有所松动，认为"可以由国家统一计划划出一定的范围，由价值规律自发地起调节作用"[1]。也就是"贯彻计划经济为主，市场调节为辅"的原则，市场只起辅助的、补充的作用；与此相适应，非公有制经济只能"作为公有制经济的必要的、有益的补充"[2]。而且，当时是把社会主义经济等同于公有制经济的，因此，也就把非公有制经济看做是社会主义经济的补充；说它是补充，也就是说，它是外在于社会主义经济的，而不是其有机的组成部分。可是在否定了计划经济并认识到社会主义经济是市场经

---

[1] 参见：《中国共产党第十二届全国代表大会政治报告》。
[2] 同[1]。

济以后，在一段时间内却仍把非公有制经济看做是社会主义经济的"有益的补充"，这样就出现了理论上的自相矛盾。以后在党的十五大上提出"非公有制经济是社会主义市场经济的重要组成部分"，才解决了理论上的这个矛盾，对非公有制经济的这种认识就与社会主义经济是市场经济的认识相一致了，与此同时，也就否定了把社会主义经济等同于公有制经济的传统理论。

  但是，对于发展多种所有制经济的必然性，许多人是从我国还处于社会主义初级阶段、生产力落后来论证的。这就是说，现在之所以允许和鼓励非公有制经济的存在和发展，是因为我国的生产力落后，不得不保留和发展非公有制经济。这种论证必定会导致这样的结论：当我国的社会越过了社会主义初级阶段以后，当生产力发达了以后，非公有制经济将再次退出历史舞台，回到单一的公有制经济。这种看法实际上把允许非公有制经济的存在和发展看做是一种暂时的退却，依然没有跳出社会主义经济等于公有制经济的传统理论的窠臼，而它又是与上面已经提到的一种看法相一致的，这就是，实行市场经济只是生产力还不发达的社会主义初级阶段的事，将来生产力发达了，生产的社会化程度提高了，还要重新实行计划经济。同理，将来生产力发达了，非公有制经济退出了历史舞台，那么市场经济也将同时寿终正寝，重新实行计划经济。然而正如前面所指出的，生产力越发达，社会分工越发达，越不能实行计划经济；相反，随着生产力的发展，生产的社会化程度的提高，市场经济不仅不会寿终正寝，而且会更加发达和完善，与此相适应，非公有制经济也将继续存在和发展。可见，我们只能从实行市场经济的必要性来论证发展多种所有制经济的必要性，论证非公有制经济是社会主义经济的不可缺少的组成部分。在社会主义市场经济中之所以需要以多种公有制为主导，是因为公有制在社会主义市场经济中有其特殊的功能，这就是，为政府调节经济提供物质条件，促进社会公平，保护市场经济中弱者的利益，提高国民经济的整体效率，维护国家和社会的安全。那么，为什么在社会主义市场经济中，公有制经济又能与市场经济兼容呢？前面已经谈到，如果只有公有制经济，而没有非公有制经济，那么在公有制经济的基础上是不能发展出市场经济的，也就是说，公有制经济是与市场经济不能兼容的。

但是，如果形成了以公有制经济为主导的多种所有制经济，即除了公有制经济以外，还有非公有制经济的存在和发展，那么在非公有制经济内部、在非公有制经济与公有制经济之间就会发生和发展市场关系，从而形成市场经济。在此情况下，公有制经济也将被纳入市场经济的轨道。

二 怎样理解社会主义市场经济

什么是社会主义市场经济？这不是容易回答的问题。因为，历来都认为，社会主义与市场经济不兼容，不仅社会主义国家的经济学家这样看，资本主义国家的经济学家也这样看。一则是以往的实际生活就是如此，只有资本主义国家实行市场经济，所有的社会主义国家都实行计划经济。那些以往实行计划经济的国家在抛弃了计划经济、实行市场经济的同时，也纷纷抛弃了社会主义。目前，只有我国提出实行社会主义市场经济。那么怎样理解社会主义市场经济呢？社会主义与市场经济能否兼容呢？这是一个很不容易回答的问题。因为它涉及如何理解社会主义。而对于社会主义的理解，在历史上就有许多流派，他们对社会主义的理解千差万别。即使就马克思主义的科学社会主义理论来说，马克思主义者内部在理解上也有许多差别。何况，经过对实行社会主义的国家的几十年的理论和实践的反思，人们对社会主义又有了许多不同的理解，有些理解同科学社会主义的创始人的理解也有了不同。这并不奇怪。社会在发展，人类的实践在发展，对社会主义的认识也会发展。邓小平同志就说"要重新认识社会主义"。既然要重新认识社会主义，那就是说，从前的认识有不正确的地方或者有不深刻的地方。社会主义与市场经济能否兼容，取决于对社会主义的理解。如果把社会主义理解为消灭了私有财产，人们之间没有财产占有的差异，从而在收入上也大体均等，有劳动能力者人人都有工作，不会失业，大家只为实现社会的共同利益而工作，连企业也不以追求最大的盈利为目标，人们之间、企业之间彼此协作，没有"生死存亡"的竞争，等等，那么社会主义是与市场经济不能结合和兼容的。必须指出，提出社会主义市场经济的概念，在社会主义理论的发展史上是一个很大的突破，必须对社会主义作出新的认识。还需要看到，目前"社会主义市场经济"还是一个理论模式或者说正在付诸实践的理论模式，要把这个理论模式变成在实践中可以有效运行的模式，还要解决许多理论问题和实际问题。它的提出，在理论上和实践上都给我们提出了很难的课题。仅就理论上说，就首先要把这个概念的内涵探讨清楚，究竟应该怎样理解它，论证它能否成立；如果能成立，理由是什么。这还是有待人们努力去探讨的。这里，我仅就对社会主义市场经济的理解谈一点看法。目前，人们对它有三种理解：

一种理解是，社会主义市场经济是社会主义的市场经济，或者说是社会主义性质的市场经济。按照这种理解，当然不存在社会主义与市场经济是否兼容的问题。但是，这种理解并没有解决问题。因为，它首先必须回答，市场经济是否有社会属性的区别？什么是社会主义性质的市场经济？既然有社会主义性质的市场经济，那么，也应有资本主义性质的市场经济了。须知市场经济只是资源配置的方式，并不具有社会的属性。邓小平同志在南方谈话中已经讲得很清楚了。虽然市场经济的运行和政府对它的调节在各国多多少少有一些区别，但作为资源配置的方式却并无本质的区别，我们很难想象，在市场配置资源上会有社会属性的本质区别。这种理解不能令人赞同，而且这种理解还会给改革带来麻烦。例如，当我们从其他市场经济国家引入市场经济中的一些办法时，如办股份公司、办证券市场等，人们首先要问它们"姓社还是姓资"，这就使改革很难迈进了。

另一种理解是，社会主义市场经济是社会主义条件下的或社会主义基础上的市场经济。那就是说，市场经济本身并无社会属性，但其存在和发展的社会条件或社会基础则具有社会属性。这样，社会主义与市场经济也是可以兼容的。那么，社会主义条件或社会主义基础又是什么呢？许多人认为是公有制。按此理解，那么，社会主义市场经济就是公有制条件下或基础上的市场经济了。但是，正如前面所指出的，在单一的公有制（即我所说的共同所有制）的条件下或基础上是不能建立和发展市场经济的。所以，这种理解也不能成立。当然，如果把"社会主义条件或基础"理解为多种公有制为主导的多种所有制，那就没有问题了。

还有一种理解，也就是我的理解（我至迟于 1993 年就提出了这种理解，而在此之前在 80 年代的一些文章中已有这样的思想）。我对社会主义市场经济的理解可概括为两个互相联系的方面：一个方面是，社会主义市场经济＝社会主义经济＋市场经济＝社会公平＋市场效率。这里说的社会主义经济就是多种公有制为主导的多种所有制的混合经济。如前所述，这种所有制结构的混合经济是可以与市场经济兼容的，也即结合的。对这一个方面的理解，前面已经谈过了。另一个方面是，社会主义市场经济＝社会主义＋市场效率。为什么这样理解？我们摒弃计划经济，转向市场经济，是因为市场经济有比计划经济更高的效率。但是，市场经济会产生种种失败，其中一种失败是，由于市场经济是靠竞争来优化资源的配置的，竞争固然可以促进效率的提高，但在优胜劣汰中也会引起财富和收入分配的不公，并由此引起其他种种社会不公，而这是不符合社会主义的宗旨的。前面谈过，对社会主义有许许多多不同的理解，但是，至少有一点是共同的，这就是实现社会公平。当然，对什么是社会公平也有不同的理解，但有一些是共同的。仅从经济方面说，这就是，人们的基本需求（如吃饭、穿衣、居住、基础教育、基本医疗、养老等）能够得到保障，人们的收入不悬殊等。社会主义的本质是实现社会公平，也就是邓小平强调的实现共同富裕。因此，社会主义市场经济就是要使社会公平与市场效率结合起来，既不能只顾效率而不顾社会公平，也不能为了社会公平而牺牲市场效率。社会主义与资本主义的根本区别不在于前者实行计划经济，后者实行市场经济。虽然二者在所有制的结构上有差别，所有制结构对社会分配也有影响，但二者的根本区别在于：在实行市场经济中，是否在提高市场效率的同时注意实现社会公平，是否把社会公平与市场效率结合起来。应该说，社会主义市场经济将社会公平与市场效率结合起来，这既是我们要建立和发展的经济体制，同时又是我们追求的社会目标。发展以多种公有制为主导的多种所有制经济就是为了促进社会公平与市场效率的结合。

（原载《天津社会科学》1998 年第 3 期，此处节选自其中的第一、二部分）

比较优势与发展战略

——对"东亚奇迹"的再解释

林毅夫 蔡昉 李周

林毅夫简介如前第586页。

蔡昉,1956年生于北京。

1982年毕业于中国人民大学农业经济系,获经济学学士学位。1985年毕业于中国社会科学院研究生院,获经济学硕士学位。1989年获中国社会科学院经济学博士学位。现任中国社会科学院人口研究所所长,兼任中国人口学会和中国农业经济学会副会长、农业部软科学委员会委员、劳动与社会保障部专家委员会委员等。

主要著作有:《中国的二元经济与劳动力转移——理论分析与政策建议》、《十字路口的抉择——深化农业经济体制改革的思考》、《穷人的经济学》、《中国的奇迹:发展战略与经济改革》(合著)等。

李周,1952年出生,上海市人。

1982年于北京林业学院林业系毕业,获农学学士学位。1986年获北京林业学院农学硕士学位。1993年于中国社会科学院研究生院毕业,获经济学博士学位。历任中国社会科学院农村发展研究所副研究员、研究室主任。现任中国社会科学院农村发展研究所副所长,兼任中国生态经济学会秘书长、中国林学会学术委员会委员、中国林业经济学会常务理事等。

主要著作有:《中国的奇迹:发展战略与经济改革》(合著)等。

一种可供替代的发展战略

任何一种有效的理论,一方面需要在逻辑上具有内部的一致性,另一方面需要在经验检验中站得住脚。上述关于日本和亚洲"四小龙"成功实现经济赶超的解释,无疑都触及事物现象本身的某个方面,但都没有揭示事物的本质,因而相互之间是矛盾的,而且各自的解释力都在这种矛盾中彼此抵消了。因此,我们所要提出的理论解释应该是一种能够包容上述假说的。

从日本和亚洲"四小龙"的发展经验来看,它们的经济发展是一种循序渐进的过程。一个与赶超战略截然不同的特点就是,它们在经济发展的每个阶段上,都能够发挥当时资源禀赋的比较优势,而不是脱离比较优势进行赶超。下表1表明,这些经济在其不同的发展阶段上,由于不同的比较优势,形成的主导产业也不一样。一个共同的规律是,随着经济发展、资本积累、人均资本拥有量的提高,资源禀赋结构得以提升,主导产业从劳动密集型逐渐转变到资本密集型和技术密集型乃至信息密集型上面。

表1 日本和亚洲"四小龙"的关键产业与发展阶段

	日本	韩国	台湾地区	香港地区	新加坡
纺织	1900—30、50年代		60年代和70年代	50年代初	60年代初,70年代再次
服装、成衣	50年代		60年代	50年代至60年代	
玩具、表、鞋			60年代至70年代	60年代至70年代	
炼制		60年代初(推动)			
钢铁	50年代至60年代	60年代末70年代初(推动)			
化工	60年代至70年代	60年代末至70年代			

续 表

	日本	韩国	台湾地区	香港地区	新加坡
造船	60年代至70年代	70年代			
电子	70年代	70年代末至80年代	80年代		70年代
汽车	70年代至80年代	80年代			
电脑与半导体	80年代	80年代末			
银行与金融				70年代末至80年代	80年代

无论是日本还是亚洲"四小龙",在其经济发展过程中都没有明确地宣布过它们实行怎样的发展战略。毋宁说,除了香港之外,这些经济在发展的早期,都曾经尝试推行进口替代政策或者作为次级进口替代阶段的重化工业优先发展政策。如果照那样的道路走下去,我们今天也许没有机会讨论所谓的"东亚奇迹"了。但是,这些经济与其他发展中的经济不同之处在于,由于这些经济感受到赶超战略的高成本和沉重代价,因而较早地放弃了与其比较优势相抵触的赶超战略,转而按照各自的资源禀赋条件,积极发展劳动密集型产业,从而增加了出口和经济的外向型程度,达到了比较优势的充分利用。虽然它们对这种发展战略从未明确表述过,但是可以看出其特点是主导产业在发展过程的每一个阶段都遵循了经济学中所说的"比较优势原则",因此,我们称之为比较优势战略。

日本和亚洲"四小龙"为什么能够不同于其他发展中经济,而在较早的阶段上放弃赶超战略呢?经济学家也尝试作出解释。而我们将这些经济与那些固守赶超战略的经济作比较时,会发现两者的截然不同之处在于前者的人均自然资源占有水平很低,同时人口规模较小。赶超战略是一种效率很低、浪费很大的发展道路,一个经济能够在多久的时期持续推行赶超战略,通常取决于两个因素:第一是人均自然资源的丰裕程度。自然资源可供无偿开发的程度,决定了一个经济在低效率的发展战略下得以延续的时间长短。第二是人口的规模。人口规模的大小决定了对资源浪费的人均负担程度,相对小的人口规模就无法维持长期的资源浪费。

日本和亚洲"四小龙"由于经济规模太小、人均拥有的自然资源太少,在发展的早期,政府每次想要推行重工业优先发展战略时,马上就遇到财政赤字增大、外贸收支不平衡、通货膨胀过高的难题,因而无法坚持下去,只好放弃政府的积极干预,而由企业自由选择。企业要实现利润最大化这个目标,在选择技术和产业时,就必须以充分利用经济中资源禀赋的比较优势为出发点。日本和亚洲"四小龙"遵循比较优势发展经济,是在政府放弃了赶超战略后企业自发选择的结果。可见,它们都没有把按照比较优势发展经济作为一种主动的政策选择。但是,既然它们成功的经验表明遵循比较优势原则可以快速地发展经济,作为后来者,就应该以此作为替代传统赶超战略的一种主动的战略选择。

从这里我们也可以看到赶超战略与比较优势战略之间的一个最重要的差别。无论是早期重商主义者、德国的历史学派经济学以及"霍夫曼定律",还是第二次世界大战之后传统发展经济学中五花八门的发展战略的倡导者,以及推行形形色色赶超战略的实践者,[①]都把产业结构和技术结构的差异看做是发达经济与落后经济之间的根本差别。于是,发展经济学文献中的"大推进理论"或"中心—外围理论",实践中的重工业优先发展战略或进口替代战略,都把提升一个经济的产业结构和技术结构视为经济发展和赶超发达经济的同义语[②]。为了提升产业结构和技术结构,这些国家或地区高度动员有限的资源,人为地扶持一两个资本密集型的产业。

问题在于,产业结构和技术结构的升级,都是经济发展过程中的内生变量,即它们仅仅是发展的结果,或者说是一个经济中资源禀赋结构变化的结果。资源禀赋结构是指一个经济中自然资源、劳

---

① 80 年代世界银行邀请那些曾经以某种发展理论和政策而著称一时的经济学家以及一些评论家,回顾了他们理论的实施效果,后来形成文集(迈耶等,1988 年)。

② "发展不可避免的先决条件就是工业化"(普雷维什语,见伊特韦尔等,1992 年,第 1001 页),而"重工业的发展就是工业化的同义语"(尼赫鲁语,见孙培均主编,1991 年,第 51 页),就是最典型的一些说法。

动力和资本的相对份额。自然资源通常是给定的；劳动力增加的速度取决于人口的增长率，国家之间并无巨大的差异，一般在1%—3%之间；所以，唯一可以有巨大的增长差异的资源是资本。有的国家可以达到年平均20%—30%的资本积累速度，而有的国家仅能达到10%甚至更低的年平均资本积累率。如果这种差异持续一个较长的时期，譬如说一个世纪，将会产生巨大的不同。因此，当我们讨论资源禀赋结构的提升时，事实上是指资本相对丰裕程度的提高。

在发展的早期阶段或当今的发展中国家，资源结构的特征是资本的严重缺乏。在通过扭曲要素价格和其他经济管制人为推行重工业化的情况下，所能做到的也仅仅是把有限的资本倾斜地配置到几个产业上，与此同时必须压制其他产业的发展，由此必然产生的几个问题是：

第一，以牺牲经济整体进步为代价的少数产业的赶超，不足以支持资源结构的升级或总体经济实力的提高。受保护产业没有竞争力，利润低，经济剩余少；受压制产业没有资本，也难以形成有效的生产力，因此也提供不了足够的资本积累。在这种状况下，资源结构的升级最终只能落空。前苏联就是一个典型的例子。由于推行重工业优先发展战略，国家用强制性计划手段动员资源，使其军事工业和空间技术产业得到高度发展，在冷战期间堪与超级大国美国媲美，其工业产值与发达经济比较也不算低，但在以人均国民生产总值衡量的综合国力和资源结构水平上，前苏联与美国等发达资本主义国家相比，差距并未缩小。更重要的是，前苏联在民生工业上极端落后，人民生活水平长期得不到改善。第二，赶超战略所扶持的产业部门，由于不符合资源禀赋的比较优势，只好完全依赖于扭曲价格和国家保护政策才得以生存。在缺乏竞争的条件下，它们固然可以成长起来，并在统计意义上改变国家的产业结构状况，但这些产业必然是缺乏效率的，毫无竞争能力可言。中国在改革过程中，国有企业特别是那些资本密集型产业的国有企业所面临的窘境就证明了这一点。第三，在赶超战略下，违背比较优势所形成的畸形产业结构与劳动力丰富的资源结构形成矛盾。这种偏斜的产业结构大大抑制了对劳动力的吸收，形成资源利用的二元性质，使广大人民不能均等地分享经济发展的好处，相当大规模的人口处于贫困之中。

第四，赶超战略着眼于在前沿上赶超与发达经济之间的技术差距。然而，既然不能改变资源结构，某些产业资本密集程度的提高，必然降低其他产业的资本密集程度，也就不能在整体上缩小与发达经济在资本和技术水平上的差距。

由此可见，经济发展的真实涵义不是几个重工业产业鹤立鸡群式的增长，而是国家综合国力的提高。具体来说，对于一个处于落后地位的经济来说，所要寻求的发展应该是资源结构的提升或人均资本占有量的增加，产业结构的升级、技术水平和收入水平的差距只是这个过程的自然结果。

日本和亚洲"四小龙"经济由于人均自然资源和人口规模的制约，对这种牺牲大部分产业而集中扶持少数产业的做法所带来的巨大代价承受力较低，所以较早地放弃了赶超战略。企业从利用其劳动力丰富的优势出发，发展劳动密集型产业，反而使资源禀赋结构的提升速度加快；作为其人均资本拥有水平提高的结果，产业结构和技术结构得以更快地升级（表1），最终进入发达经济的行列。实际上，按照比较优势来发展经济的原则，不仅适用于劳动力相对丰富的经济，对于那些自然资源丰富的国家和地区也同样适用。[①]

比较优势战略与资源禀赋结构的提升

经济发展归根结底是要改变资源结构，即增加资本在资源禀赋中的相对丰富程度。资本来自于积累，而社会资本的积累水平取决于经济剩余的规模，后者又依赖于生产活动的绩效和特点。如果一个经济的产业和技术结构能充分利用其资源禀赋的比较优势，那么这个经济的生产成本就会低，竞争能力就会强，创造的社会剩余也

[①] 以澳大利亚、新西兰的发展绩效与拉丁美洲的阿根廷、乌拉圭等国相比较，是十分有说服力的。在上世纪末和本世纪初，这些国家的经济发展水平大致相同。由于澳大利亚和新西兰在随后的经济发展中充分利用了自然资源丰富的比较优势，制造业在国民经济中的比重并不高，但却跻身于发达国家的行列；而不顾自身资源比较优势、推行赶超战略的阿根廷和乌拉圭却从当时的发达国家行列倒退到中等发达国家的地位，虽然拥有更高的制造业比重，人均国民生产总值却大大低于前两个国家。

就会多，积累的量也就会大。我们可以把一个社会中的生产性活动分为社会生产性活动和私人生产性活动，社会生产性活动可以增加整个社会可用的产品或服务总量，而私人生产性活动虽能增加个人的收益，但有时未必能增加社会的产品和服务总量。寻租行为是造成私人的生产性活动与社会的生产性活动不一致的一个主要原因。例如，如果政府可以利用权力设定一项生产限额，就会使该产品的国内生产者获得更高的利润，因而相关的生产者就会采取各种手段去说服政府官员设定和执行这个生产限额。这类寻租活动消耗社会资源、增加个人收益，但并不增加社会产出，因而是有益于私人的活动而对社会有害。如果每个人的私人生产性活动同时也是社会生产性活动，社会产出就会较多，可供积累的剩余也会较多。我们将论证如果一个经济充分发挥其比较优势，私人的生产活动和社会的生产活动将会取得一致。

除此之外，积累的水平还决定于储蓄倾向，在同样的经济剩余水平下，储蓄倾向越高，社会资本的增加就会越多，资源禀赋结构的升级也就越快。一个发展中经济若能充分发挥其比较优势，储蓄倾向也会较高。传统的经济增长理论也强调资本积累，甚至把储蓄率和投资率的作用强调到决定一切的地步（Harrold, 1939, p. 1433; Domar, 1946, pp. 137—147; Solow, 1988）。但是，最重要的增长理论没有提出的问题在于：怎样增加社会剩余总量及怎样才能使所有的生产活动从社会的角度看是生产性的、竞争性的，以及如何才能提高储蓄率。

从理论上看，一个国家怎样才能发挥其比较优势呢？根据赫克歇尔—俄林模型（Ohlin, 1968），如果一个国家劳动资源相对丰裕，该国的比较优势就在于劳动密集型产业；如果这个国家遵循比较优势，发展轻工业即劳动密集型产业为主的产业，由于生产过程使用较多的廉价的劳动力，减少使用昂贵的资本，其产品相对来说成本就比较低，因而具有竞争力，利润从而可以作为资本积累的量也就较大。

要使整个社会都能够对比较优势作出正确的反应，就需要有一个能够反映生产要素相对稀缺性的要素价格结构，即在劳动力相对丰富的禀赋条件下，劳动力价格应该相对便宜；而在资本变得相对丰裕的禀赋条件下,资本就相应地成为相对便宜的要素。如果一个经济中的要素价格结构能够充分反映各种要素的相对稀缺性,企业就会自动地作出调整,即在其产品和技术的选择中尽可能多地使用便宜的生产要素,从而实现比较优势。必须指出的是,要素相对稀缺性在要素价格结构上的准确反映,必然是市场竞争的结果,任何人为的干预和计划机制都做不到这一点。所以,世界银行经济学家把亚洲"四小龙"发展的成功归结为市场机制作用的解释是有一定道理的。

日本和亚洲"四小龙"实行的是市场经济,政府又较早地放弃了赶超战略,因此,各种产品和要素的价格基本上由市场的供给和需求竞争决定,能够较好地反映各种要素的相对稀缺性,企业在做产品和技术选择时就能利用各个发展阶段显现出来的比较优势。此外,政府不对价格的形成进行干预,还可以减少社会中的寻租行为。这样,企业和个人要增加收益就只能通过提高技术水平和管理水平,私人的生产性活动也就会是社会的生产性活动。同时,在发展中国家,资本是稀缺的要素,利率如果由市场竞争来决定必然高,由于利率同时也是现在消费和未来消费的相对价格,利率高则现在消费的相对价格高,未来消费的相对价格低,因而会抑制现在消费,增加储蓄倾向。

由于生产要素和产品的价格都是由市场竞争决定的,能够反映产品和要素的供求状况和相对稀缺性,微观经营单位在依据这样的价格信号从事经营和生产的过程中,会对通过市场价格传递的关于产品和要素的供求状况及相对稀缺性做出反应,并相应于一定的市场需求和资源禀赋状况进行产品结构和技术选择。从全社会的角度来看,这样的产品和技术选择的结果就是形成了与特定的资源禀赋相适应的产业结构和技术结构。同时,一个微观经营单位要想生存和发展,除了通过寻找更廉价的投入品、开辟新的市场、改进经营管理、选择适宜技术等途径实现微观上的技术创新之外别无他途。因此,微观经营单位不仅要密切关注当前的市场,利用当前的适宜技术从事生产,还要研究和预测将来的市场以及未来的比较优势。静态比较优势的发挥使经济发展速度加快,资本积累的速度将远高于劳动力和自然资源增加的速度。因此,资本将由相对稀缺逐渐变成相对丰富，资本的价格将由相对昂贵逐渐变成相对便宜。企业为了竞争的需要，就要根据相对价格信号的变化调整产业和技术结构，实现动态的比较优势。

在劳动力相对丰富的经济中，推行比较优势战略不仅能通过静态和动态比较优势的利用实现有效率的增长，而且能通过充分利用丰富的劳动力资源使劳动者充分就业。随着经济增长，劳动力变得相对稀缺，工资水平则不断提高，劳动者因而可以从经济的增长中不断受益；而"赶超战略"优先发展的是资金密集的产业，能创造的就业机会少，劳动者无法充分就业，工资水平将长期受到抑制，使劳动者难以分享增长的果实。因此，与赶超战略相比，比较优势战略才真正可以实现公平与效率的统一。

在这样的制度环境下，每一个企业乃至整个经济结构都发挥比较优势，其产品的国际和国内竞争力都必然是较高的。同时，这种发展战略也必然通过国际贸易来发现和实现自身的比较优势，并利用国际贸易提高本国产业和企业的效率，因而是外向型的。可见，用经济外向型特征来解释日本和亚洲"四小龙"经济成功的说法，也正确地观察到了这个重要的现象，只是未能理解这种现象是充分利用比较优势发展经济的结果，而不是这些国家和地区经济发展成功的原因。

（原载于《中国社会科学》，1999年第5期）

农村市场经济体制建设

韩 俊

韩俊，1963年出生于山东省高青县。

1983年毕业于山东农业大学农业经济系，获学士学位。1986、1989年分别于西北农业大学农业经济系获硕士学位、博士学位。1989年在原国务院农研中心工作。1990年调入中国社会科学院农村发展研究所工作，历任副研究员、研究员、副所长。2001年调入国务院发展研究中心，任农村经济研究部部长，兼任中央国家机关青联常委、第九届全国青联常委、中国农业经济学会常务理事等职。

主要著作有《跨世纪的难题：中国农业劳动力转移》、《崛起的中国农村股份合作经济》（论文）、《本世纪末农村富余劳动力转移的研究》（主持及执笔）等。

五 优化农村经济结构的对策思路

（二）改革现行户籍制度，从城乡分割走向城乡平等

我国城乡分割体制是50年代末以后逐渐形成的。建国初期，广大农村居民享有较充分的自由迁入城市的权利，人口城市化基本上是在没有政府直接干预的情况下进行的。

建国初期，农民向城市的迁移，满足了大规模的城市经济建设对劳动力的需求。然而，无限制的农民进城，使城市在就业、住房、食品供给等方面越来越不堪负担。同时，大量的劳动力脱农，直接影响了农业生产。针对这种情况，从50年代初开始，政府就试图对

农民向城市的迁移施加限制。例如，早在1953年，政务院就发出了《关于劝止农民盲目流入城市的指示》；1957年，中共中央、国务院又颁布了《关于制止农村人口盲目外流的指示》，并采取了诸如严格禁止企业单位从农村招工、在城市建立收容站、把进城农民遣送原籍等强有力的措施。1958年《中华人民共和国户口登记条例》的颁布是一个重要的转折点。在这一具有法律效力的文件中，国家明确将城乡居民区分为农业户口与非农业户口两种不同户籍，并规定，农业户籍的居民要想迁入城市，首先必须获得城市管理当局的许可。这样一来，就形成了极为严格的控制农村人口流动的户籍管理制度。尔后，国家又制定了与这种户籍制度相配套的生活资料供给制度、就业制度和福利制度等。只有持有城市合法户口的城市居民，才能获得国家配给的基本生活资料，才能由城市劳动就业部门安排工作，才有资格享受各种福利等。这样，就在城乡之间挖掘了一条"鸿沟"，筑起了一道制度性壁垒，形成了城乡分割体制，使农村人口不能自由向城市迁移。

通过严格的户籍制度，把城乡之间的人口迁移直接纳入政府计划的控制之下，这是与高度集中的计划经济体制直接联系在一起的。从过去几十年的情况看，户籍制度在限制城乡人口流动方面的确显示了威力。60年代以后，农村人口向城市的盲目流动很快就得到制止。户籍制度的实行，还使得政府在城市经济陷入困境时，可以向农村排放过剩人口。例如，60年代初期在城市食品供给日趋恶化的压力之下，国家使2 600万城市人口返回了农村。而在"文革"期间，由城市迁往农村的人口则高达3 000万。类似这样相当于一个中等国家规模的由城市到农村的人口大迁移，在市场机制自发调节人口流向的国家，是绝对不可能实现的。

然而，以迁移登记、人口统计为主要功能的户籍管理制度，在我国，却成为一种将人口区分为"农业户口"和"非农业户口"两种不同社会身份的制度。1958年《中华人民共和国户口登记条例》颁布以后，制定的一系列与之相配套的制度，人为地将城乡居民分割为两个发展机会和社会地位不平等的社会集团。

改革开放以来，以户籍制度为根基的城乡分割制度，虽未受到根本触动，但已发生了重要变化。例如，随着改革的不断深入，城市就业的市场化程度不断提高，食品、住房、燃料、水电等生活消费品的供给日益纳入商品化的轨道，福利保障制度也开始向社会化方面转轨，黏附在城市户口上的各种既得利益正在被逐步剥离。1984年，政府允许农民自理口粮，进入县城以下的集镇落户，放松了对农民迁居的限制。更为重要的是，改革开放以来，用户籍制度限制农村人口向城市流动已越来越难以奏效。在60—70年代，阻止农村人口向城市流动，除了户籍制度外，还有农村人民公社制度和统购派购制度。正是这些制度的结合，才把农民牢牢束缚在土地上。80年代以后，人民公社制度和统购派购制度逐渐被废除了，这样，限制农村人口向城市流动的重任就单方面地落在户籍制度上。随着城乡经济体制改革的不断深化，农民正在以各种各样的方式冲破户籍制度的藩篱，涌向城市寻求就业机会。同时，改革以来，城市与城市之间人口的相互流动现象也日益活跃。社会人口流动性的增强，流动人口的急剧增多，使实行了近40年的以户籍管理制度为核心的城乡分割制度正面临冲击，其消极影响日益突出，要求改革的呼声已越来越高。

首先，现行城乡分割制度不利于农业和农村的发展。大量农民离乡进城后，没有获得合法的身份，难以成为"城里人"，而其中不少人也并不愿放弃农村土地的承包权，结果形成了离农人口"两栖化"，不利于提高农业的劳动生产率和农产品的商品率。以户籍制度为根基的城乡隔离制度，还是造成乡镇企业过度分散布局的制度性根源。这种体制，使农业部门所释放出的过剩劳动力和其他生产要素，很难自由向城市集聚，只能主要在农村内部组合。这种过度分散布局，造成了土地和基础设施利用率较低，环境污染难治理，第三产业难发展，旧的生活方式难改变，等等。

其次，现行城乡分割制度不利于城市和城市化的健康发展。在现行户籍制下，每增加一个城市户口，就意味着政府多一份负担，多一笔财政支出。据估计，80年代初，城市每吸收一个职工所需要的福利设施费约5 000元，占企业全部投资的1/3强。这样必然会使得政府尽可能地把农村剩余劳动力最大限度地阻止在农村，甚至把农村作为排放城市过剩人口的"蓄水池"，其结果必然会严重阻碍城市化进程。这种城乡分割制度，是造成我国人口城市化进程严重滞后的制度性根源。农村人口城市化进程滞后,是造成农村自给自足的生产方式长期延续、商品经济极不发达、农业劳动生产率停滞不前、城乡差距扩大的重要原因。

在城乡开通的情况下,大量的农村过剩劳动力源源不断地流入城市,会有效地抑制现代工业部门劳动成本的上涨,有利于根据要素禀赋有效地配置资源,有助于增强现代工业部门的竞争力。改革以来,虽然市场机制在劳动力配置方面的作用日益加大,但迄今尚未形成城乡统一的劳动力市场,仍然存在着城市人口对城市就业机会相当程度上的垄断。我国近年来城市职工工资成本扶摇直上的事实显示,长期保持城乡劳动力市场的分割,不用农民的就业竞争去抑制城市劳动费用的上涨,不仅农业失去了发展的机会和条件,而且城市工业部门和服务部门的劳动效率也难以提高。

再次,现行城乡分割制度还引发了一系列社会问题,数以千万计的农村劳动力跨区流动以后,在现行户籍管理制度下,造成了有户口的地方没有人,而有人的地方却没有户口,人和户口长期分离。这一方面给进入城市的农村人口的婚嫁、幼托、教育、住房、社会保险等带来了一系列困难;另一方面,这些人在现行户籍制度下,实际上又处在管理上的"真空状态"。

最后,随着人口流动性的增强,现行户籍制度的不科学性日益暴露。现行户籍制度主要是为了限制人口流动而制定的,而目前它已很难起到这个作用。现行户籍制度下的非农业人口数量,既无法准确反映我国从事非农产业的人口总数,也不能正确地反映居住在城镇的人口总数,这必然造成人口统计的混乱,难以准确反映我国非农化和城市化的真实水平。根据国家统计局的资料,在我国9亿多农民(指农业户口)中,居住在城镇的有1.05亿人,他们绝大部分已成为事实上的非农业人口和城镇居民。

总之,改革现行户籍管理制度,建立适应市场经济需要的新的人口管理制度,已成为保证我国社会经济健康发展的客观需要,应及早提上改革日程。

由城乡分割体制过渡到城乡平等体制,核心内容是由现在城乡分割的二元户籍制度,过渡到城乡统一的一元户籍制度,打破"农业人口"和"非农业人口"的户口界限,剔除黏附在户籍关系上的种种社会经济差别，真正做到城乡居民在发展机会面前地位平等，获得统一的社会身份。改革以后，户籍只承担对人口的社会管理职能，不再与特定的社会经济利益粘连在一起。为此，在就业制度上，应建立"企业自主用人，劳动者自由择业"的市场化就业制度；应实现生活资料供给的商品化，取消政府财政对城市居民生活消费品供给的普遍补贴；在福利制度方面，应由政府统包转向社会化的福利保障制度。

建立新的人口登记和管理制度，就是要建立对人口实行开放式管理的户籍制度，即任何人无论是从乡村迁移到城市，还是从一个城市迁移到另一个城市，或从一个农村区域迁移到另一个农村区域，以及从城市迁移到乡村，只要符合一定的条件和要求（如有稳定的收入来源，居住时间达到一定年限等），就应该依法给其办理暂住户口或常住户口，并依法享受当地居民应享受的权利和承担相应的义务。

现行户籍制度的破除和新户籍制度的建立，将是城乡利益关系的一次根本性的调整，将涉及城市每一个居民的切身利益，是我国社会经济体制的一次根本性变革。这一变革目标的最终实现，不是轻而易举的事。为了把改革的风险降低到最低程度，可以采取渐进的改革方式，具体设想如下：

1. 先易后难，局部突破。可先在小城镇、中小城市和沿海经济发达地区实行新的户籍管理制度，在取得局部突破的基础上，再循序展开。目前，在小城镇，非农业户口已没有多少特权了。在少数发达地区，城乡之间的差距已经很小，农民对"农转非"的兴趣已经不大，在珠江三角洲的一些地区，甚至出现了"非转农"的现象。这些地区普遍认为，改革现行户籍制度的条件已经具备，不会出乱子。

2. 新制建新城。完全按照全新的城市化制度，建设新城镇。这方面，温州龙港"农民城"的建设为我们提供了一个值得效仿的样板。龙港主要依靠农民自筹资金，完全按照新的制度建城，已由原来一个6 000多居民的村庄，发展成为一个高楼林立、道路纵横、公共设施配套、服务网络齐全、人口13万的现代化的小城市。该镇一切建设费用都由进镇落户农民自己承担，全镇人口在享受权利和承担义务方面一律平等,镇政府只负责镇规划、土地管理、社会治安、基础设施建设等"公共产品"的提供,行使正常的行政管理职能,并不承担居民的就业安置和福利保障等。

3. 旧城引新制。在彻底改造城市化旧机制之前,将新的城市化机制先行引入旧城市的增量之中。其具体途径有二:(1)使城市自身新增人口首先过渡到新体制,即"新人新办法,老人老办法";(2)是按照新的城市化机制,允许农民迁居城市。

近年来,许多地区大量为农民有偿申报城市户口。在有些地区,这种有偿申报的城市非农业户口,又被称之为"蓝印户口",以便与正常的城镇户口(红色印鉴)相区别。这种"蓝印户口"不能随意在城镇迁移,只在当地有效。"蓝印户口"都按常住人口进行管理,一般都可以享受正常的城镇居民的升学、就业、参军等方面的待遇。有的地区"蓝印户口"的待遇与正常城镇居民则有一定区别,例如西安市规定此类户口不享受本市居民在参军和粮油供应方面的待遇。在当前城乡分割的二元户籍制度下,有偿申报户口或"蓝印户口"的出现,开辟了农民转化为市民的一条新渠道。通过这种方式,不仅满足了相当一部分农业户口居民无法争取到计划内"农转非"指标而又迫切希望"农转非"的要求,而且城市当局也获得了相当可观的一笔收入,这对于克服城市财政困难,加快城市经济和各项事业发展也有益处。单纯为农民有偿申报城市户口也好,"蓝印户口"也好,从实际效果上看,都只是在固化现行的户籍制度,而不是改革现行的户籍制度。不过,农民花钱申报城市户口,表明农民在以自己的行动,向现行不合理的户籍制度提出了挑战。今后,不宜单纯实行有偿申报城市户口,应当鼓励农民完全按照新的城市化机制迁入城市,从而使城市增量之中新体制的因素越来越大。

4. 彻底改造旧体制。随着上述渐进式改革的实施,新的制度因素会日益增大,从而就减轻了改造旧制度的难度。同时,新体制的发育,也对旧体制形成了压力,随着条件的变化,政府应果断地废弃旧的城乡分割制度,建立起新的城乡平等的制度。

(三)调整乡镇企业发展战略,积极发展小城镇

改革开放以来,我国农业剩余劳动力的转移,主要是以发展乡

镇企业为载体，采取了"离土不离乡，进厂不进城"的农村内部就地、就近的转移方式。乡镇企业的发展对于缓解农村剩余劳动力就业压力，作出了巨大的贡献。乡镇企业今后在安置农村剩余劳动力方面，仍将发挥主渠道的作用。我国不仅农村劳动力严重过剩，城市就业压力也很大，从我国的实际情况出发，大中城市只能吸纳一小部分农村剩余劳动力；而乡镇企业由于资本密集度较低，其就业生成能力比城市国有企业要高得多，在吸纳农村剩余劳动力方面，可以发挥更重要的作用。

同 80 年代前期相比，80 年代后期以来农村非农产业吸收劳动力的能力明显减弱了。农村非农产业产值每增长 1%，相应的就业增长率从 1978 年到 1984 年间为 0.65%，而从 1985 年到 1992 年下降到 0.39%。80 年代后期单位投资就业效应的下降也是十分明显的。1978—1984 年期间，乡、村两级企业每万元固定资产投资提供的就业机会为 3.35 人，而 1985—1993 年平均只有 0.22 人。

造成乡镇企业就业弹性下降的直接原因：（1）为了提高产品质量，提高市场竞争力，乡镇企业不得不加快技术进步，实现产品的技术升级；（2）近年来，尤其在经济发达地区，劳动力成本上升较快，弱化了乡镇企业吸纳劳动力的内在动力；（3）经济发达地区自身剩余劳动力的就业压力已得到很大缓解，乡镇企业所固有的社区封闭性，阻碍了劳动力的跨地区转移。

能否缓解农村剩余劳动力的就业压力，关键取决于乡镇企业能否继续保持较高的吸纳劳动力的能力。为了提高乡镇企业吸纳劳动力的能力，乡镇企业必须保持较快的增长速度。在宏观政策上应该给予乡镇企业更多的支持，应当努力减轻乡镇企业不合理的社会性负担。为适应国内和国际竞争的要求，发达地区乡镇企业要加快产品上档次，质量上水平，企业上规模，加快技术更新步伐。在这一过程中，应把一部分劳动密集型产品向中西部地区扩散。广大欠发达地区，应选择劳动密集型行业作为起步行业，尤其要注重发展农副产品加工工业。

引导乡镇企业发展与小城镇建设相结合，促进第三产业的发展，应是今后解决农村剩余劳动力就业问题的根本出路。小城镇接近于农村，乡镇企业集中在小城镇，农民就近转入小城镇就业，与土地的关系维持一段时间,既可降低农村剩余劳动力转移的成本和就业风险,又可有效地避免在大中城市吸纳能力有限的情况下,农民大量涌入城市所产生的种种问题。

当然,提倡乡镇企业发展与小城镇相结合,并不是把现有的乡镇企业大都集中到小城镇中去,或新办乡镇企业都办在小城镇上。鼓励乡镇企业向小城镇集中,也并不意味着可以选择"遍地开花建小城镇"的非农化和城镇化道路。小城镇遍地开化,分散力量普遍发展,规模过小,形不成相应的城市功能,不利于提高投资效益,也不利于保护土地和环境资源。小城镇建设不能只考虑解决眼前问题,一定要考虑长远的需要,否则将为此付出沉重的代价。

根据1990年人口普查资料,建制镇中约有80%人口规模在1—5万人之间,其中1—2万人的建制镇占28.3%,2—3万人的占26%,3—5万人的占25.2%,5—10万人的占11.7%,10万人以上仅占0.73%。发展小城镇不应去普遍建设5万人以下尤其是3万人以下的小城镇。根据有关资料,5万人左右的小城镇可以获得较好的生活环境,但经济效益不佳。随着人口规模的扩大,经济效益呈上升趋势,当人口规模达到25万人以上时,经济效益明显提高。应在统一规划下,以现有的县城为骨干,同时选择部分条件好的建制镇重点加以发展。具体地讲,应重点发展3万人,特别是5万人以上的建制镇(包括县城镇)。根据1990年人口普查资料,我国3—5万人的镇共3 003个,5—10万人的镇共有1 396个,10万人以上的镇共有87个。一般来讲,这些镇大都具有较好的基础设施和较好的发展条件,如果集中资金重点加以发展,在吸纳农村剩余劳动力方面是有巨大潜力的。现有3—5万人的镇,人口规模平均扩大2万人,5—10万人的镇平均扩大3万人,10万人以上的镇平均扩大4万人,则现有3万人以上的镇,可吸纳1亿农村人口。

应采取各种手段,鼓励乡镇企业连片集中发展,建立大批乡镇工业小区,引导技术要求较高的乡镇企业向小城镇集聚。小城镇建设需要大量资金,主要依靠国家是不现实的,应主要通过自筹资金来解决。广开资金筹集渠道。小城镇基础设施建设的资金,应本着共同享用、共同负担的原则来筹集,应鼓励农民自带资金进城办企业,发挥农民自己建城的积极性。此外,应搞活小城镇房地产市场,以地聚财，把出让土地使用权获得的收入作为小城镇建设的重要资金来源。

此外，还要尽快改革小城镇的户籍制度。1997年6月，国务院批转了公安部《关于小城镇户籍管理制度改革试点方案》，方案中明确提出试点镇具备条件的农村人口有权办理城镇常住户口。改革的范围限制在县（县级市）城区的建成区和建制镇的建成区。在此范围内，由省、自治区、直辖市人民政府在对已开展户籍管理制度改革的小城镇进行清理整顿的基础上，选择少量经济和社会发展水平较高、财政有盈余、城镇基础设施建设等具有一定基础、在当地具有一定代表性的小城镇，先期进行两年的户籍管理制度改革试点，然后在总结经验的基础上分散、分批推开。

根据该方案，小城镇办理城镇常住户口的条件是：在小城镇已有合法稳定的非农职业或者已有稳定的生活来源，而且在有了合法固定的住所后居住已满两年，并且规定经批准在小城镇落户人员的农村承包地和自留地，由其所在的农村经济组织或者村民委员会收回，凭收回承包地和自留地的证明，办理在小城镇落户手续。城乡分割体制严重制约着小城镇的发展，特别是户籍制度僵化在一定程度上阻碍了农业剩余劳动力和生产要素的合理流动，改革户籍制度首先应从小城镇突破，应在全国范围内尽快实施全面改革。

（原载《农村市场经济体制建设》，江苏人民出版社1998年版。此处节选自其中的第九章中的第五部分的第二、三小节）

转型国家贫困问题的政治经济学讨论*

朱 玲

朱玲，女，1951年生于宁夏银川。

1981年获武汉大学经济学硕士学位。1988年在联邦德国STUTT-GART市HOHENHEIM大学农经系获博士学位。现为中国社会科学院经济研究所副所长、研究员。

主要著作有《〈资本论〉纲要》（合著）、《以工代赈与缓解贫困》、《经济转型与社会发展》、*Rural Reform and Peasant Income in China* 等。

在从计划走向市场的过程中，突然凸显的贫困，成为一个影响所有转型国家社会稳定和经济发展的问题。每个转型国家的政府因而都把缓解和消除贫困作为社会经济发展计划的重点之一。值得注意的是，不同性质的贫困，需要不同的社会保护手段来应对。故而本文将首先通过回顾和分析几位马克思主义经典作家的理论和政策实践，探讨计划经济时代贫困产生的原因；其次，以亚洲和欧洲转型国家社会经济现状的比较为背景，说明各类新增贫困的根源；最后，讨论今后几年中国面临的贫困变化趋势，并提出减少贫困的政策措施。

一 曾被忽视的贫困

在绝大多数社会主义国家，"贫困"是一个只到经济转型时才在

---

* 本文写作过程中曾得到赵人伟和蔡昉的建设性意见，文字由李月琴进行计算机处理，谨在此一并致谢。

政府发布的文件中出现、在公共传媒中使用频率迅速增加的词汇，这是否意味着转型前这些国家不存在贫困问题呢？回答是肯定的。现有的资料表明，70年代中期，中国乡村大约有2/3的人口得不到食品保障（周彬彬，1991）；到经济改革初始的1978年，乡村贫困率大约还在30%左右（中国社会科学院农村发展所、国家统计局农村社会经济调查总队，1996）。越南和蒙古在转型前的贫困率分别达55%和36%（Pyakuryal, 1997; Poverty Alleviation Programe Office of Mongolia, 1997）。前苏联的中亚地区也曾存在着程度不同的乡村贫困，但此类贫困只是在前苏联解体之后才在新独立的那些国家的统计中显露出来（UNDP, 1996）。既然贫困发生率是如此之高，贫困现象想必是显而易见的，可是它为什么会被这些国家当时的理论和政策所忽视呢？

首先，社会主义国家建立的前提是无产阶级革命，指导这一革命运动和社会主义建设的理论基础是马克思主义。作为这一理论创始人的马克思和恩格斯，终其一生未能看到社会主义社会的诞生。他们在理论研究中所涉及的贫困，是资本主义发展初期的贫困。当时，以私有制为基础的资本几乎在不受任何限制的情况下，以前所未有的速度推动了生产力的发展，同时也在积累的过程中不断生产出工人阶级的绝对贫困和相对贫困。由此两位创始人预见，无产阶级革命将会在生产高度发展的资本主义国家发生，贫困将随着私有制的消灭而消除。故而也就不难理解，为什么他们设想的未来社会只有生产力高度发达和物质极大丰富而没有贫穷和落后（马克思，1867；恩格斯，1877）。

其次，现实中的无产阶级革命主要是在资本主义发展水平较低、经济贫穷落后的国家取得胜利的。因此，在新政权的领袖人物那里，贫困自然而然地被视为旧时代的遗产和小农经济占主导地位的结果。从他们的理论著述和推行的政策中都不难看出，他们关注的热点是工业化而非个别人群的贫困问题。列宁疾呼共产主义就是苏维埃政权加电气化（列宁，1920）；斯大林强调要使整个国民经济转到大规模的生产基础上来（斯大林，1928）；毛泽东提出以几个五年计划在经济上赶上并超过美国（毛泽东，1957）。这些著名的论断也许包含着一种潜意识，那就是公有制条件下的工业化，通过先进科学技术的应用和生产力的高度发展，必将消除旧社会遗留下来的贫穷和落后。

然而，贫困的消除远非领袖们所预期的那样简单，尽管他们不约而同地抓住了导致大规模绝对贫困产生的一般根源：或是生产力低下，可供分配的经济馅饼太小；或是收入分配高度不均等，贫富人群各自从馅饼中分到的一块尺寸相差悬殊；或是二者兼而有之。依据马克思的经济理论，收入分配不均等是财产所有权分配不均等的结果，那么从逻辑上来讲，以公有制取代私有制即会解决收入高度不均等的问题；通过推进工业化便可提高经济效率，实现高速增长，从而将可供分配的经济馅饼做大。

可是在现实中，事情的结果并非完全符合上述逻辑。公有制在社会主义国家的实现，是与政权的强制结合在一起的。在新政权成立后奠定的集权计划经济下，普通公民既无公有资产的控制权，又少有资源配置的决策权（张维迎，1998），因为这些权利均由官员体系所掌握；官员逐级听命于上层决策集团，普通公民对这一决策系统却不可能实行有效监督，因为整个社会经济制度设计并未包含有效的权力制衡机制。与计划经济体制的形成相互促进的工业化，最初靠的是对农业的强制性积累，在国有工业成长壮大、企业上缴利润成为新增的积累来源的时候，对农业剩余的强制性转移非但没有减弱，反而由于农业集体化的实现和计划经济体制的扩展而得以强化。借助于统购统销制度，政府通过低价收购农产品，将资源从乡村转移到城市；通过压低能源和原材料价格，把资源从欠发达地区转移到相对发达地区。虽然政府采用财政统收统支手段对农业和农村发展也有持续投入，但比之于调出的资源量，投入还是少得多。中央政府对欠发达地区也不乏财政补贴和投资项目安排，可是补贴的对象主要是这些地区的城市经济和人口。这种资源配置机制使农民在收入分配中总是处于不利地位，从而在很大程度上把区域性的贫困集中到了乡村。

中国和前苏联都是实行上述制度的典型国家。前苏联工业化对农民利益的损害正如毛泽东所言："苏联的办法把农民挖得很苦。他们采取所谓义务交售制等项办法，把农民生产的东西拿走太多，给的代价又极低。"（毛泽东，1956）遗憾的是，中国采取的办法比前苏联还有过之而无不及。仅仅在讲过这些话不到4年的时间,毛泽东不仅用列宁和斯大林有关农民在社会主义建设时期要向国家"进贡"的说法论证"大跃进"和人民公社的正确性,而且还认为前苏联集体农庄市场的自由太大了,强调初级市场上的价格应由国家确定(毛泽东,1960)。这种政策指导思想上的摇摆固然可以用政府选择的赶超战略来解释(林毅夫、蔡昉、李周,1994),但是政府能够在全社会范围内强行贯彻赶超战略,并为之对农民实行长期的剥夺,则只有在纯粹实行公有制和计划经济的国家里才行得通,而这一制度恰恰是执政党在夺取政权以前就抱有的理想选择。进一步讲,在遭遇资本主义工业国敌视封锁的外部环境下,一个人均资源禀赋薄弱的农业国要实行工业化,还不得不从农业的积累做起。然而运用国家的强制力量进行积累,使相当规模的农民陷入难以维持生存的境地,也只有在纯公有制计划经济的国家才办得到。

有关中国经济转型前的贫困,目前尚无时间序列的统计,若以农村经济改革起步之际的统计为据,1978年乡村绝对贫困人口达2.5亿人。这其中,有相当一部分人的贫困可以用旧社会遗留下来的区域性基础设施薄弱、生态环境恶劣和社会开化程度不足来解释。当然,50年代大炼钢铁导致的大量林木砍伐,60—70年代"以粮为纲"引发的毁林挖草开荒,在人口政策失误的背景下加剧了环境恶化从而也加深了区域性贫困。然而可以判断,将近一半的贫困人口陷入困境的直接原因,在于国家强制性极限积累的挤压,否则就难以解释为什么在农产品价格提高、农民获得土地使用权和生产自主权后短短的7年里(1978—1985年),大约有1亿左右的人口在农业和农村投资并无显著增加的条件下即摆脱了贫困(中国社会科学院农村发展研究所、国家统计局农村社会经济调查总队,1996)。

如此看来,中国的社会主义工业化道路和马克思曾经研究过的英国资本主义积累方式,都在财富积累的同时生产出了大规模的贫困。这似乎验证了哲学上的一条有关"两极相通"的原理。诚然,比之后者,中国在工业化中未造成悬殊的贫富两极人群,较大的收入差距主要发生在城市人口和乡村人口之间,对人口自由迁移的禁令又把贫困局限在乡村。加之城市工业企业和乡村集体生产组织内部收入近乎平均分配的制度,使整个社会主要表现为经济缺乏激励和效率,而不是收入分配不公;使贫困的根源主要显示为生产力低下,而不是财产所有权和收入分配不平等。但是,中国和英国曾经发生的故事分别从两个极端说明,纯粹的私有制和纯粹的公有制都需要调整,无论是私人资本的高度集中还是国家对经济权力的垄断都会产生不良的社会后果。从这个意义上来讲,抑制资本和制衡权力同样重要。

基于这种理解可以看到,从马克思的《资本论》发表到现在的一百多年里,资本主义工业国家发生了巨大的变化,纯私有制经济走向混合经济,垄断受到国家干预的遏制;在工人阶级斗争的压力下,工资随着劳动生产率的提高而增加,劳工得以部分地分享经济增长的成果;收入转移和社会保险体系的运作,使市场分配的结果受到收入再分配的修正,绝对贫困几近消除(斯蒂格利茨,1993)。社会主义国家在近三十年中也或早或晚地进行了市场取向的改革,纯公有制走向多种经济成分并存,政府的权力从经济领域中回撤,企业、家庭和个人的决策自主权扩大。从整个发展趋势来看,社会经济效率提高,国民收入普遍增加,但某些人群从改革中受益极为有限。正是在这一背景下,人们才关注到以往受到忽视的贫困。

二 新增的贫困

除了原有的地区性乡村贫困外,转型国家在矫正价格扭曲、调整经济结构、变更企业制度的过程中,先后遭遇到与失业和通货膨胀一起出现的贫困。只因国情不同,各国的贫困发生率、贫困规模和结构以及贫困程度都有明显的差异。

1. 依然存在的乡村地域性贫困。相对于欧洲转型国家,中国、越南和蒙古的城市化和工业化程度较低,转型前城市工业人口的基本生活需求有着稳定的国家保障,而占人口大多数的乡村居民却没有获得相似的待遇。这些国家起步于农业的经济改革从整体上提高了农民收入水平,使政府有可能集中力量解决遗留下来的贫困问题,而且也容易辨明依然存在的贫困人口:那些未能迈过贫困门槛的人群,主要生活在生态环境恶劣、基础设施薄弱的地区。正因为如此,它们或迟或早地都实施了以区域瞄准为特征的乡村扶贫计划。为了确认扶贫对象，各自依据本国维持乡村人口正常生存所必需的食品热量费用及其他最低生活费用，制定了贫困标准即贫困线。

贫困线的高低，取决于本国经济发展程度、社会对基本生存需求的认同乃至政府的财政能力（朱玲、蒋中一，1994）。这几个亚洲国家确定的贫困标准都很低。例如中国，1985年的乡村贫困线水平大约为全国农民平均收入的一半；到1997年，则就不及平均收入的1/3。欧洲转型国家的收入水平本就高于亚洲转型国家，其贫困线约为平均工资的40%。后者的贫困人口相对于前者显然生活状况更加窘迫。因此，各国贫困发生率的比较并无实际意义，下表1的统计只不过反映出转型国家都面临着贫困问题的挑战这一事实。中国和越南的乡村绝对贫困人口尚处于饥饿的威胁之下。换句话说，他们的收入是如此之低，以至于难以获得最基本的食品保障。这一点，从国家扶贫计划的设计中就可以看出来：中国的扶贫目标是优先解决贫困人口的温饱问题，越南的扶贫宗旨是消除饥饿。表达方式虽有不同，但扶贫政策的实质内容是一致的。

2. 市场化冲击下的乡村贫困。亚洲转型国家的区域性贫困人口在改革中生活水平虽有提高，但改善程度却低于全国平均水平；多数欧洲转型国家显露出来的乡村贫困，则主要是市场化进程中收入下降的结果。以俄罗斯为例，1990年农业平均工资水平为全国平均工资的95%；到1995年，这个比率下降至43%；与此相对应，同年以农业熟练工人为户主的家庭贫困发生率高达64.7%，居全国所有行业和职业贫困发生率之首（Klugman and Braithwaite，1998）。与中国大多数乡村贫困人口由于地区发展程度较低和自身文化、技术及经营管理能力欠缺而难以参与经济发展过程、分享增长好处的情形不同，俄罗斯农业工人的收入急剧下降，直接起因于国家政治经济框架的突变、贸易链条的断裂和整个国民经济的下滑。原有的社会保障措施对于由此而产生的贫困无异于杯水车薪，这种贫困引起的政策需求更多的是在经济领域。例如，需要一方面调整宏观经济政策、促进市场组织建设；另一方面改革土地使用制度，建立适应于市场机制的农业支持系统，帮助农业工人实现向农业企业家或农民的转变，等等。确切地说，由经济衰退造成的贫困只能通过经济增长来消除。

表1 转型国家的贫困发生率

国别	年份	贫困率（%）	贫困规模（户数或人数）
中国①	1995	7.10	6 500万人
俄罗斯②	1995年12月底	20.0	*—（万人）
蒙古③	1995	36.0	80万人
越南④	1996	20.0	300万户
乌克兰⑤	1995	31.7	—（万人）
乌兹别克斯坦	1995	12.0	50万户
匈牙利	1994	7.4	—（万户）
保加利亚⑥	1992	53.6	—（万户）
捷克	1992	18.2	—（万户）
波兰	1992	42.5	—（万户）
罗马尼亚	1992	51.1	—（万户）

* "—"表示缺少可供使用的数据。

正常运行中的现代市场经济，需要各种保险机制来守护。然而，在从计划经济转向市场经济的过程中，此类机制的建立和健全往往滞后于市场的运行，因此，在转型国家中便出现了由自然风险和市

---

① 仅指乡村贫困率，引自中国社会科学院农村发展所和国家统计局农村社会经济调查总队（1996）：《1995年中国农村经济发展年度报告》，第70页。
② Klugman, J. and J. Braithwaite (1998), *Poverty in Russia during the Transition: An Overview*, The World Bank Research Observer, vol. 13. no. 1, p. 43, Washington, D. C.
③ Poverty Alleviation Programe Office of Mongolia (1997), *Critical Issres of Poverty Eradication during the Transition Economy*, Paper presented at UNDP Conference in Hanoi, 14 June.
④ Do Xuan Mao (1997), *Hunger Elimination and Poverty Reduction in the Economy in Transition in Viet Nam*, Paper presented at UNDP Conference in Hanoi, 14 June.
⑤ UNDP (1996), *Human Development Report*, pp. 27, 76, 96, Oxford University Press, Oxford.
⑥ International Social Security Association (1994), *Restructuring Social Security in Central And Eastern Europe*, p. 57, Geneva.

场不确定性所造成的乡村贫困。相对于俄罗斯而言，这种情形在中国较为典型。无论是在贫困地区还是非贫困地区，都有相当一部分农户或由于天灾人祸的打击或由于生产经营失误而陷入困境。在人民公社时代，生产队和社员没有经营自主权，因而无须直接承担决策失误的风险；在口粮平均分配的制度下，社员家庭成员患重病或主要劳动力意外伤残，都不至于影响每人分到一份应得的食品，如今，这种生存保障已经随着集体生产组织的解散而消失。此外，生产队的土地经营规模较大，相对于目前平均耕地规模只有7亩左右的单个农户而言，当年的生产队抵御自然灾害的能力要强得多。例如，在遭遇涝灾的情况下，生产队有可能因为地块多而"东方不亮西方亮"，将某些未成灾或受灾程度较低的地块上获得的收成，用来部分地满足社员及其家庭的食品需求。也就是说，集体生产组织内部的调剂功能部分地发挥了减灾救灾的保障作用。而单个农户仅有的几亩地一旦被淹，就可能全部成灾，使全年收入变成负数，有些农户的经济状况还会因此而一蹶不振。可是，中国现在面临的问题恰恰是乡村社会保障制度缺失。原有的救灾和救济措施，对于市场化过程中需要公共援助的人群来说已远远不够了。由于政府财政拮据，1995年乡村贫困户得到救济的人数约为3 153万，还不到官方统计的贫困人口总数的一半；"五保户"中大约只有1/10左右的人得到定期的救济，其余的人只能得到村庄给予的补助。救济的水平也很低，城乡贫困户得到的救济金额总共才56 210万元，平均每人还不到16元（国家统计局，1996）。食品援助主要用于救灾，而救灾面一般还不到成灾面的1/3（郑功成，1994）。救灾的目标人群往往是受灾最重的人们，而他们并不一定是最贫困的人群。

显然，市场经济下由风险和不确定性造成的贫困，需要相应的保险和救济措施来预防。这里之所以把农作物风险与劳动者的健康风险相提并论，是因为前者对农民收入可能造成的损失，与后者导致工人收入下降的可能性没有什么本质上的区别。不少国家的政府对主要农作物和大牲畜保险提供补助，将其视为社会保障体系的组成部分，正是由于农业本身的特点使然（Savy, 1972）。

3. 城市贫困。在以往的工业化过程中，转型国家为城市居民建立的国家保险体系有效地防止了城市贫困。目前，大量具有正常劳动能力的城市居民陷入贫困，可以说是体制转轨过程中产生的新问题。效率低下的国有企业（或集体企业）停产或改组，游离出大批失业或半失业人员（通常称为下岗职工）。在失业保险和救济制度尚不完善的情况下，相当一部分失业者在寻找工作期间便落入城市贫困阶层。在取消价格补贴制度和通货膨胀显性化的背景下，一些仅依赖退休金度日的老年人也生活在贫困线以下。据估算，1995年中国城市贫困率约为4.4%（Li Shi，1996）。在城市化程度较高的欧洲转型国家，按全国人口计算的贫困发生率可以说大致反映出了城市的贫困现象。每个国家基于各自制定的贫困标准，报告的贫困发生率从20%到50%左右不等（表1）。

各转型国家的国情和改革方略不同，城市失业和贫困产生的时期及由此而引发的社会震荡也就有显著的差异。采用"休克疗法"的前苏联和东欧国家，在90年代初对计划经济体制实行"大爆破"的同时，即面临着经互会解体的突变，使得本国产品在市场机制还未形成之时便失去了外部市场。此外，国内总需求也迅速下降，例如对军工产品的订单急剧减少。中、东欧国家因此都或多或少地经历了国民经济的大幅度下滑的情况，这其中，俄罗斯经济直到1997年才显示出增长的势头（陆享俊，1998）。除了捷克共和国，其他欧洲转型国家的失业率在1991—1993年期间均呈上升态势，斯洛伐克、保加利亚、波兰和匈牙利的失业率都曾达到12%—15%（Cichon，1994）。对于曾经有过就业保障的国民，这突然出现的两位数的失业率所引起的震动，就不仅仅限于对失业者本人及其家庭生计的冲击，以及由新增贫困现象造成的社会恐慌，还导致公众对"休克疗法"乃至整个改革方向的怀疑。

相形之下，采用渐进式改革策略的中国，以农业改革推动商业、服务业和工业改革，以非国有经济发展促进国有经济调整，以市场经济运作领域的扩大压缩计划经济控制的范围，通过经济增长使人民在改革初始阶段普遍受益，可谓以成功培育了成功。然而这种改革方式虽然为国有企业的改组提供了10年左右的回旋余地，但却不可能使企业大规模亏损的难题自动化解。到了90年代，国家财政再也承担不起亏损补贴的重负，银行还有可能被亏损企业的坏账拖垮，对这些企业采取关、停、并、转的措施因而就势在必行了。于是，随着企业和行业的改组与调整,与失业相联系的城市贫困显现出来并日渐醒目。90年代中期,城镇登记失业率虽然还不到3%,登记失业者大约520万人(国家统计局,1996),可是国有企业下岗职工就有1 000多万人,还有诸多欠领工资的职工尚未纳入统计,二者之和至少为登记失业人口的2倍。假定这些失业和半失业者均来自三口之家,失业显然直接导致大约5 000万人的收入下降,相当于城镇总人口的1/7左右。由此产生的社会不安,远超过6 500万乡村贫困人口所能带给公众的影响。

中国城镇出现的失业和贫困,与前苏联和东欧国家在改革初期遇到的同类困难相比,只是程度不等,但现象一致。这也许正如外界观察的那样,与其说中、东欧选择"休克疗法"而经济表现不佳,倒不如说它们别无选择。比之中国,它们的城市国有经济份额更高,企业规模更大,计划经济制度更成熟,故而改革一开始就不得不触及计划经济的根本弊端,尽快关闭亏损企业并将其从经济增长中减除。至于中国,则有可能在改革初期将核心难题滞后处理,把此类减除留给未来(瑟罗,1996)。现在看来,淘汰亏损企业、调整经济结构和削减冗员,是每个转型国家或迟或早都必须迈出的一步,由此而产生的大规模失业,实质上是为提高整个经济效率所不得不付出的代价。那么,为了减少和消除与此相关联的贫困,就需要采取应急措施,因为建立常规的失业保险制度往往远水不解近渴。应急措施主要包括两个方面:其一,社会救济;其二,广开渠道,帮助失业者再就业。前者需要强大的财政资源,后者需要大量的投资和较高速度的经济增长。归根结底,落实这些措施的一个关键,在于特定国家的经济馅饼是否可迅速做大。

(原载《管理世界》1998年第6期,此处节选自其中的第一、二部分)

宏观经济的波动与人民币汇率

宋国青

宋国青，1954 年出生于陕西省武功县。北京大学中国经济研究中心教授。

1977 年考入北京大学地质系。1982—1985 年期间在中国社会科学院农业经济所做农业经济研究。1985—1988 年在国家体改委中国经济体制改革研究所担任宏观经济研究室主任。1988 年 10 月—1991 年 8 月，在美国普林斯顿大学经济系做访问学者。1991 年 8 月—1995 年 6 月在美国芝加哥大学经济系学习并获博士学位。1995 年 9 月起在北京大学中国经济研究中心任教，兼任中国证券市场研究设计中心（联办）研发部总经济师。

二 真实利率与需求的波动

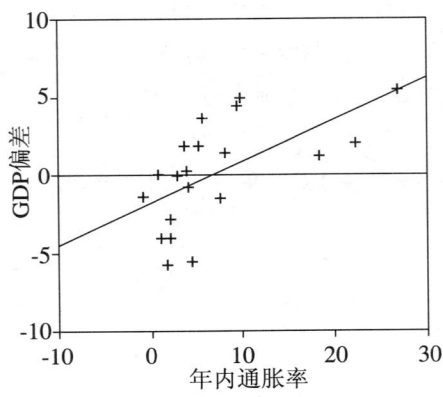

图 1 通货膨胀率与 GDP 偏差（%）

作为菲利普斯曲线的一个版本，GDP偏差和通货膨胀率之间有着显著的正相关关系。大致上在1985年以前，大部分或者相当大一部分商品和服务的价格均为政府所控制。这部分价格的总水平对名义总需求的反应不大。在有些情况下，出于控制通货膨胀率的考虑，政府反而在通货膨胀压力较大时努力稳定计划价格。在凯恩斯那里来历不明的价格黏性假设，在这里倒是不用争辩的基本事实。有此基础，计划和相应的货币供给冲击就可以导致真实生产和非控制价格的波动。

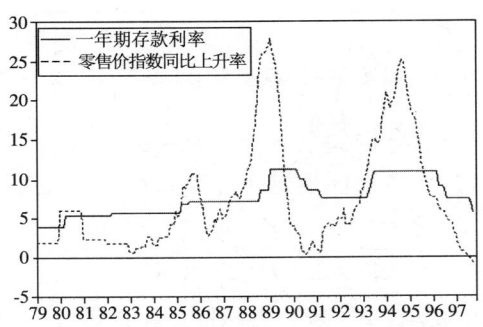

图2　通货膨胀率与利率（%）

此后越来越多的价格脱离了政府控制。但是到目前为止还有十分重要的一组价格完全由中央政府直接控制，这就是利率。出于对利率的调节供给和需求功能的怀疑和其他原因，人民币各种利率的变化相对于通货膨胀率的变化而言黏性太大，导致了真实利率的猛烈波动。

有三个有意思的数据。1987—1997年，个人货币资产增长率的方差为4.6%，通货膨胀率的方差为8.0%，而社会消费品零售额增长率的方差为10.0%。这里的增长率都是分季度的比上年同期增长率。以方差来度量波动幅度，则消费品零售额增长率的波动幅度是个人名义货币资产增长率波动幅度的2倍还多。这样的情况反映在图2中，就是消费品零售额增长率的暴涨暴跌。有了这样的大暑大寒，通货膨胀率的猛烈波动就不显得奇怪了。

这应当理解为宏观平衡机制或者管理操作或者两者都存在严重问题的标志。作为一个比较，假如说在个人货币收入增长率高于正

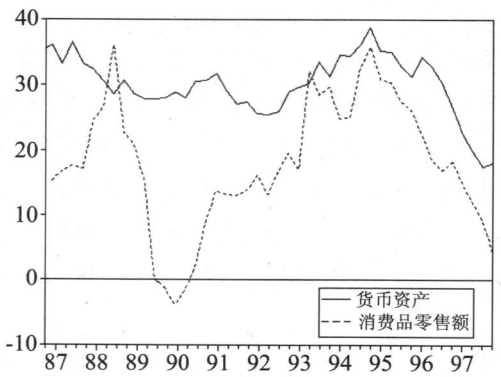

图3　个人货币资产和社会消费品零售比上年同季（末）增长率（%）

常时，收入多增加部分的储蓄倾向更高一些，那么消费支出增长率的波动应当比储蓄增长率的波动小。储蓄的一个基本功能本来就是平滑消费；当收入增长率波动时，储蓄应当起到平高峰填低谷的作用。这样，消费支出增长率的波动应当小于储蓄增长率的波动，而通货膨胀率的波动应当小得多，但实际发生的情况正相反。

从真实利率的角度看，个人储蓄倾向的变动是很有道理的。在预期的真实利率为负的时候，降低储蓄倾向包括提前购买耐用消费品，明显是理智的选择。这样的消费储蓄，包含投机因素。由于涉及预期，这种投机和股票投资中的投机一样，在事后看来可能会犯错误。1988年发生的抢购，事后来看包含大的预期错误。但是这样的预测错误在偏高偏低的方向上大致是对称的。从多年平均的角度来说，预期真实利率对个人储蓄倾向的影响构成了消费需求猛烈波动的一个重要原因，这个影响甚至比货币数量变化的直接影响更大。

这里的真实利率是一年期储蓄存款利率与预期的季度通货膨胀率（年率）之差。预期通货膨胀率是由自回归移动平均（ARMA）模型估计的，由此得到的是预期的季度真实利率。年度的预期真实利率是季度数的简单平均。如果对这个方法有怀疑，可以考虑当前利率与已实现通货膨胀率的差，这在某些考虑中也被看做是一种真实的利率。由此得到的结果与上述真实利率只有小的程度差异，在变化方向上是一致的。个人储蓄倾向是根据国民经济核算数据估计的（大不同于家计调查数据）。

表1 居民储蓄倾向估算　　　　　亿元,%

年度	潜在 GDP 增长率*	实际 GDP 增长率	国内总支出（投资加消费）增长率	国内总支出超过潜在 GDP 的比例*	净出口占实际 GDP 比例	GDP 超过潜在值的比例*
1990	9.3	3.8	-0.1	-8.3	2.8	-5.7
1991	9.1	9.2	9.1	-8.3	2.9	-5.6
1992	9.5	14.2	16.4	-2.6	1.0	-1.5
1993	10.4	13.5	16.9	3.2	-2.0	1.2
1994	11.6	12.7	9.0	0.7	1.3	2.1
1995	11.3	10.5	10.1	-0.3	1.7	1.4
1996	10.9	9.7	9.1	-1.9	2.1	0.2
1997**	10.6	8.8	6.6	-5.5	4.1	-1.4
1987—1997	10.4	9.7	9.3	-1.6	1.2	-0.5
98	9.5	7.2	8.6	-6.2	2.9	-3.5
99	9.0	9.7	11.5	-4.4	1.6	-2.8

*估计数。　　**1997年数据为根据初步统计数据计算的结果。

总结起来，个人货币收入增长率的超常增长引起了名义需求增长率和通货膨胀率的第一波上升；由于名义利率的黏性，通货膨胀率上升导致了真实利率的下降，引起储蓄倾向的降低，再产生了名义需求增长率和通货膨胀率的第二波上升（这样仅仅是叙述上方便一些）。两个变化加起来，名义需求增长率和通货膨胀率的变化比个人货币收入增长率的变化可能更大。在相反的方向上，则是名义需求增长率和通货膨胀率的双重下降。这种情况形成了消费品购买中的"追涨杀跌"：通货膨胀率越高，消费需求越旺盛；通货膨胀率越低，需求越疲软。由此进一步导致了通货膨胀的猛烈波动。

投资方面的情况比较复杂一些。在过去，至少有很大一部分投资尤其是长期投资，投资主体不大考虑未来的效益，银行也不太考虑贷款本息的收回。事实上，银行信贷管理者对贷款的收回不负很大的责任，由此产生的结果是所谓的投资饥渴和中央银行对贷款的额度控制。没有回报约束的银行贷款导致银行坏账率的上升，迟早

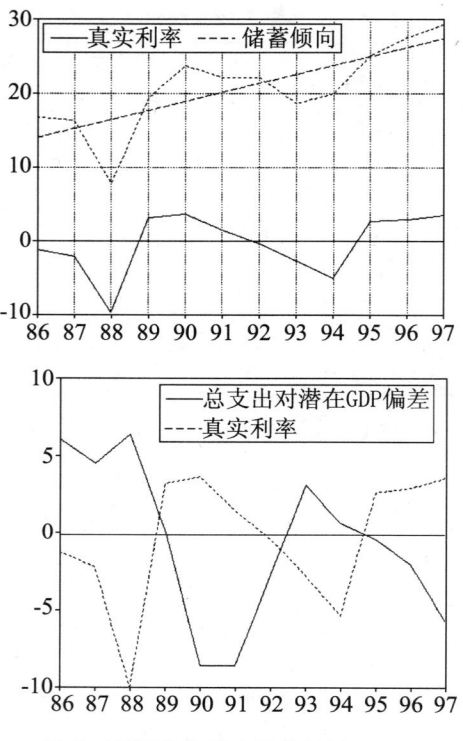

图 4 预期真实利率及其效果（%）

要引起大的问题。部分考虑到这个因素，中央银行在 1993 年以来加强了对商业银行贷款收回的控制，建立了一系列防范风险的贷款规则，包括对有问题贷款追究个人责任。

在这个前提下，企业负债率成为银行发放贷款的主要决定因素之一。1996 年以来，由于通货膨胀率迅速下降，真实利率上升，企业碰到了多年来少有的高利率（真实利率），实际负债率进一步上升。考虑到职工的安置费用，一大批企业事实上早已资不抵债。对这样的企业增加贷款，低回收率是可以预见的。在这样的情况下，商业银行自动控制贷款的数量，使贷款增长率下降从而货币增长率下降。

另外一部分投资尤其短期投资，是由消费需求和长期投资需求带动的，对预期真实利率十分敏感。在消费需求和长期投资需求疲软时，这部分投资需求也随之疲软。1997 年，很多实业企业投资炒股票，一些上市公司将募股收入也投入股市或者闲置起来，应当理解为实业投资预期收益率偏低的表现。这种反应与消费需求的反应合起来，使国内总需求对真实利率十分敏感。

在增加长期投资并由此带动其他需求的问题上，宏观政策显然面临着两方面权衡的选择（关于这个问题的详尽分析，见联办研究报告：《宏观经济状态：债务—通货紧缩》）。目前的问题，一方面是要适度刺激国内需求，另一方面则需要控制银行的不良贷款。

这些情况是我们预测 1998—1999 两年国内真实需求的基本依据。在考虑到下面将要分析的进出口和汇率问题的基础上，预测 1998 年的零售物价比上年下降 1.8%。美元的通货膨胀率按 2.5% 算，则人民币通胀率将比美元通胀率低 4.3 个百分点。在名义利率相等的情况下，人民币真实利率将高出 4.3% 个百分点。

三 进出口与国内需求的关系

能不能通过进出口的变动来调节总需求并由此来平滑总产量，取决于国内需求和生产的可预测性。如果后两者的波动基本上是不可预测的，就像股票价格一样，以进出口来平滑总产量就如同按买贱卖贵的原则来做股票一样，并不能达到预想的目的。不过，到目前为止，国内真实需求的波动在一定程度上是可以预测的。在这个前提下，净出口应当是逆周期的。事实上也确实是这样。

但这里也有不确定性。在 1985—1988 年，国内需求保持了强劲的势头，头两年尤其 1985 年的大幅度净进口对平缓国内需求的冲击起了重要作用，但同时也使国家外汇储备从 1994 年末的 82.2 亿美元降到 1986 年末的 20.7 亿美元。在 1988 年国内需求强劲的情况下，由于外汇储备不足只能实现数量很小的净进口，形成了 1988 年高通胀的一个背景因素。部分由于这样的经验，1994 年出现了净进口的反向调节。本来国内需求旺盛，应当多进口少出口，至少也不应当有大量的净出口。但是如果估计以后国内需求更旺盛，1994 年就应当出口以增加外汇储备。部分由于这样的考虑，实际上出现了较大规模的净出口。这一反向调节帮助形成了 1978 年以来最高的年通胀率。

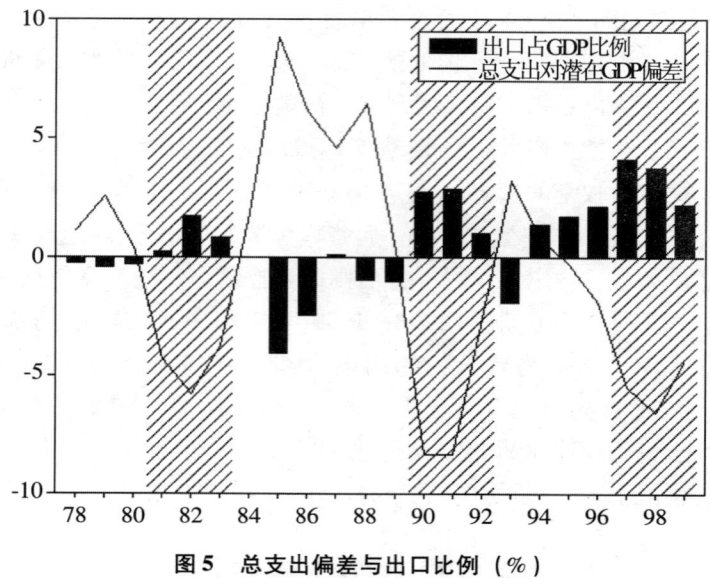

图 5　总支出偏差与出口比例（%）

1978年以来，年内通货膨胀率（年末比年初价格上升率）最高的两年，即1988年和1994年，恰正是进出口调节不灵或走错方向的两年。前一种情况是外汇储备已经不足，后一种情况是尚有一定储备但担心以后不足。无论是以直接控制进出口和汇率的办法还是以中央银行吞吐外汇的办法来调节进出口，都面临着这样的问题。不过现在的情况是，储备量已经明显偏大并且可以预期贸易顺差的持续。

这样可以按净出口与国内需求在过去的关系来预测今明两年的情况。在不考虑外贸环境变化的情况下，以上图所反应的关系为主并考虑到其他一些因素，1998年净出口占GDP的比例应当达到4.2%。考虑到部分亚洲国家金融风波和本币贬值的影响，将上述比例调为3.8%。在这样的情况下，外汇储备还将有相当幅度的增加。图5中表示的关系，虽然没有直接涉及汇率，但间接以一定的汇率为基础。

（原载1998年《联办研究报告98005号》，此处节选自其中的第二、三部分）

转型时期乡村社会的政治结构的变迁

党国英

党国英,生于1957年,陕西子长人。

1982年毕业于陕西师范大学,获哲学学士学位。1988年获兰州大学经济学硕士学位。1997年获中国社会科学院研究生院经济学博士学位。1982—1985年期间在甘肃庆阳师范专科学校任教。1987—1994年期间在兰州大学任教。1997年至今先后任中国社会科学院农村发展研究所研究员、宏观室主任。

主要代表作有《中国农村社会权威结构变迁与农村稳定》(论文),《关于社会冲突的一个假说及其实证分析》(论文),《政治经济学的范围与方法》(译著)等。

一 结构转变中乡村社会的政治结构

乡村社会的结构转变,是指传统乡村社会的自然经济及其相伴随的社会权威结构向市场经济以及与之相适应的社会权威结构的转变。

在结构转变过程中,传统乡村社会人际关系的认同条件发生变化或遭受破坏。(1)人口的流动,社区边界的调整,家庭模式的变化,等等,都使违反道德和礼仪所产生的羞耻感的惩罚力下降,道德权威和宗法领袖不再成为能有效提供秩序和安全的力量。(2)各种新的聚敛财富的机会的出现,特别是在市场经济规则尚不健全的情况下,人们可以通过机会主义行为迅速成为暴发户,富人身份与道德权威身份、宗法领袖身份已很难统一,在保证提供社会秩序和安全方面,富人很难得到人们的信任,财富多少不再成为可信度的重要指标。(3) 由于人们的社会活动空间增大,交易内容变得日益复杂,社会秩序和安全的内涵与以往大不相同,提供安全和秩序的政治人物需要新的知识经验和新的专业背景方能胜任,而这种关于知识经验和专业背景的信息具有某种隐蔽性,人们通常不容易通过廉价支付得到这种信息。标志政治家出现的社会分工已具有必然性。在这些变化之下,乡村社会已经很难通过对道德、宗法和财富的认同来产生稳定的政治权威结构;而政府的任命也已经很难与乡村居民的认同保持一致,换句话说,政府的任命虽然可能具有合法性,但不一定具有有效的权威性。不具有权威性的合法性,也不具有行政效率,这种情形发生在乡村社会,会破坏乡村社会的稳定性。

米格代尔对内向型农村转向外向型农村后农民群体政治意识发生的变化作了精彩的分析。这种转变发生后,农村中已没有能被农民接受的农村公平分配机制和相应的社会制度。这个时候,"农村以外的法院和警察在农民生活中变得极其重要"。"对外联系扩大后,农村在农民生活中完全变得无关紧要了"。"社区很明显不再是农民认同的基础"。也就在这个时候,农民对农村政治组织权力的承认不再是基于该政治组织与旧的农村社会体系的关系,而是基于该政治组织与国家,即新的社会体系的关系;农村领导人在更大程度上被看做是行政官员,农村社区领导人原有的受人尊敬的地位消失了。概括地说,开放型农村社会"意味着农村政府的持续活力更多地取决于它与更大政治制度和更大政治社区之间的关系"(J. 米格代尔,1974年,第168—171页)。

为了产生较为稳定的乡村社会权威结构,使得权威结构能保持一种强制力,保证人们遵从一定的社会行为规范,显然需要一种新的对权威的认同方式,这种方式便是民主选举制度。本文第三节所述关于民主政治的功利作用,正能够适应乡村社会对转变时期权威结构的需要。所以,如果说传统乡村社会不需要民主政治,那么,传统乡村社会开始解体,就意味着对民主政治的需要开始产生。

二 结构转变时期乡村民主政治能独立发展吗?

能否在全社会民主政治发育不足的背景下,率先发展乡村社会的民主政治？迄今为止，尚无历史经验证明这种可能性。成功的政治制度变革走的是与此相反的道路，并且，选举权大体上随着农业国向工业国转变而逐步扩大。

1. 按照本文的分析，民主政治是传统乡村社会开始解体后产生的需要，但传统乡村社会只是整个传统社会的一部分，而在整个处于转变时期的社会中，乡村社会的转变最慢，所以，乡村社会以外的市民社会或工业社会应该更早地、更强烈地产生出民主政治需求，也就是说，乡村社会的民主政治应在工业社会之后发生。

2. 民主政治的发展过程必然是社会集团利益关系的调整过程，这种调整即使不引起大的社会动乱，也会因利益摩擦而不断出现社会集团之间的僵持和对立。通常，借助社会经济结构转变而获利最大的集团，也是政治对话中力量最强的集团，并且也往往是对民主政治需求最强烈的集团。从历史的经验看，这样的集团是一个社会的中产阶级，而不是普通农民阶层。经济力量弱小、分散的农民无论怎么看都不会成为推动民主政治的主要动力。在传统乡村社会解体不彻底的情况下，普通农民还有可能成为反对民主的力量。1793—1796年间，法国旺代省就发生了农民的反革命暴乱，农民在暴乱中高呼口号"还我国王"、"国王和上帝万岁"；农民的主要攻击目标是资产阶级，他们的领袖是教区牧师（摩尔，1966年，第75—85页）。恩格斯在评价拿破仑时也曾这样说：由于拿破仑采取了解放农民的措施，引起了农民的不满（1846年，《马克思恩格斯全集》，第二卷，第636页）。中国近现代史上类似情形也不少见。

3. 按照我们的分析，乡村居民在其经济活动突破乡村社区范围以后，遇到新的"不确定性"，才需要民主政治来提供秩序和安全，以克服这种不确定性。所以，与其说乡村居民对民主政治的需求发生在乡村社区之内，不如说发生在乡村社区之外。乡村民主政治一开始就是全社会民主政治的有机组成部分，而不可能独立存在于乡村社区内部。

当然，理论分析与历史经验有时未必一定能与现实相对应。乡村社会或许未必一定是民主的阳光最后抵达的地方，如果有政治家的政治艺术的高超发挥，民主政治的发展程序（在不违抗基本规律的情况下）或许会出现变通。对此，我们很难进行预测。

三 民主政治的发展：在政治规律与政治艺术之间运筹帷幄

在社会处于剧烈的转型时期，经济利益关系会发生重大调整，并相应产生政治结构变化的要求。"欠发达国家的大幅度经济增长可能需要在现有的物质技术，甚至在政治结构和社会结构方面作出较大的改变……对于今天大多数欠发达国家来说，看来很有可能的是，它们还要为建立与充分的经济增长相适应的有效的政治体制进行长期的试验性斗争。"（库兹涅茨，1973年，第287页）

库兹涅茨所说的"有效的政治体制"当然是指现代政治体制。罗伯特·沃德和拉斯托提出了现代政治体制的特征：高度差异和功能专门化的政府组织体制；政府结构内部高度一体化；理性的和世俗化的政治决策体制；政治决策和行政决策的数量多、范围广、效率高；人们对本国的历史、领土和民族性有广泛和有效的认同；人们有广泛的兴趣积极参与政治体制，虽然他们未必参与决策；政治角色的分配是根据个人成就，而不是依据归属关系；司法和制定条例主要是以世俗的和非特指某一个人的法律制度为基础。亨廷顿的概括是：现代政治体的特征是："理性化的权威，差异性的结构，大众的参与，以及由此而产生的一种能够实现广泛目标的能力。"（亨廷顿，1996年，第44页）

亨廷顿的这几项概括，每一项实现都很不容易。理性化权威的形成意味着人们关于合法性的观念发生改变，有可能动摇人们对既定权威结构的认同，导致统一意识形态的瓦解。差异性结构的形成意味着职业化的政治家和官僚机构控制社会，而这种控制需要建立在社会的广泛认同的基础上，达成这种认同将需要一个长期过程。大众参与更是一个复杂的问题。大众以什么样的方式参与，以什么样的组织形态为基础，既与社会变革的程度有关，也与许多不可预测的因素有关，其中充满着很多不确定因素。

过速调整政治结构可能会带来巨大的政治风险。从社会功利主义出发，我们完全可以理解杰出的政治家强调社会稳定的意义。"一些经济群体过去存在的相对地位如果持续地处于动荡之中，便孕育着冲突——尽管各个群体的绝对收入和绝对产量都有所上升。在某种情况下这样的冲突会导致公开的内战,美国内战就是明显的例子。""只有在不付出太高的代价的情况下解决这种冲突,现代经济增长才有可能实现。"(库兹涅茨,1973年,第279—280页)

成功的政治体制改革必须以经济改革为先导,这几乎被证明是一种规律。萨缪尔森在对当代主要国家的社会变迁发表评论时指出:戈尔巴乔夫也许犯了个错误,他最先开始自由化是公民权利,或许他应当从经济层次开始(如中国那样)……无论如何,我觉得如果他从经济层次开始自由化改革,渐次导致文化变迁,然后进入政治层次,结局便会很不一样。智利是这样做的(参阅汪丁丁,1998)。

在政治与经济的互动过程中,由不适当的政治改革操作而产生的政治改革失败,最有可能发生在乡村社会,并引发全社会的动荡(党国英,1996年,1997年,1998年)。在遵从政治变革规律的前提下,如何进行政治改革操作,是一种政治艺术,但对此进行讨论已不是本文的任务。

四 推论与预测:中国乡村政治改革的意义

事实上,中国在1978年以后又开始了一场新的乡村社会动员运动。这场运动的经济内涵是农业家庭承包经营制度的推广,而政治内涵则是乡村民主自治选举的实行。对于后一变化的前景在目前很难进行准确的分析预测;对政治发展的预测常常容易发生错误,亨廷顿就犯了不少这种错误。但通过本文以上理论分析,我们还是可以讨论一些问题的。

在中国乡村民主自治制度推行以前,乡村领导人的合法性是通过上一级政府的任命而确立的。在社会转型时期,这种合法性获得的方式已经过时,社会产生了对民主政治的需求,对此我们已经作出了分析。由于中国的现实情况,乡村民主政治的发展或许会有下述特点:

1. 我国乡村经济发展极不平衡,东部发达地区部分农村的经济社会结构发生较大变化,事实上已经成为一个开放型社会。这些地区的乡村居民对民主政治有强烈需求,并对更高一级的乡政府领导人的选举表现出强烈的政治关注。这本来是民主政治发展的题中应有之义。在大部分落后农村地区，由于其社会经济的封闭性，农民对民主政治并没有强烈需求。这些农村地区的民主选举活动容易受到上级政府的干预，民主选举制度形同虚设。这些地区的某些乡村可以有组织良好的民主选举活动，甚至可以选出好的领导人，但这种情形对某个上级领导人的个人素质有很大的依赖性，因而具有偶然性。

2. 就整体而言，乡村民主选举在中国是史无前例的政治事件，无论村民还是政府都对于民主政治的知识极其缺乏，许多技术性的工作也需要逐步掌握，因此，乡村民主政治的发展在相当长的时期内将是很不规范的。就眼下而言，对大部分落后乡村的民主自治制度不能估计过高。政府干预选举将是普遍现象。因为贿选成本低廉，金钱政治将广泛存在；家族势力乃至地方恶势力也容易影响选举活动。

3. 乡村社会新崛起的富人阶层对民主政治有着最强烈的需求。(1) 因为他们所拥有的资源和能力使他们有可能过问政治。(2) 他们所从事的市场活动需要稳定的政治规则来降低不确定性，以保证投资获利的稳定预期，而民主政治是最可以降低不确定性的制度。新崛起的富人阶层购买"党票"，进行贿选，组织帮派，积极寻求实际掌握政治权力。由于地方财政等实际利益的驱使，许多地方政府也乐意富人阶层进入基层政府。这种富人政治及其伴随的某些不良现象，是实行民主政治之初的正常现象，并不奇怪。如果政策调整得当，乡村富人阶层可以成为推进乡村民主政治的重要力量。

4. 农村经济发展所引起的人口变动对我国农村民主政治发展将会产生越来越大的影响。普遍规律是，随着经济发展，农民将迁居万人左右以上的小城镇和大中城市，传统村落将逐步收缩为小的农场主居民点。这个过程在总体上将相当漫长，但局部变化已经在发生；只要出现这种变化，传统村落的民主自治制度就将失去意义，民主选举就必须扩大到小城镇。

第五，乡村民主政治的发展在一定时期内将扩大农村社会内部的家族冲突或宗派冲突。为了竞选村委会主任职务，竞选者将会以最低的成本取得投票人的认同，而在乡村社会，血缘关系是获得这种认同的最重要的、也是成本最低的资源，竞选者一定会大力利用这种资源。在乡村社会其他认同条件发育不足的情况下，血缘关系的资源将更显得重要。只有在农村社会经济分工得到深化、农村人口显著减少的情况下，血缘关系在政治活动中的意义才会降低。

"乡村民主自治"已经是一个乡村政治动员令，它给乡村居民追求民主政治提供了合法基础，在这个基础上乡村居民还会提出什么样的要求，我们还很难判断。对于未来的变化，国家领导人理应未雨绸缪，提早作出通盘考虑。

五 从长远考虑的改革：一种技术性调整

从民主政治发展的一般规律看，目前的《中华人民共和国村民委员会组织法（修订草案）》是有缺陷的。今后逐步作出下述几种技术性调整是有必要的。

1. 政治语汇调整。"自我管理"等"自治"概念反映了一种封闭型社会的理念，应考虑取消，应以现代国家的行政分权思想替代自治理念。

2. 应逐步引入竞选制度。事实上，乡村民主选举中的竞选已经存在，但极不规范。倡导规范性竞选对乡村民主政治健康发展无疑是有利的。

3. 从农村开始逐步实行"党政合一"制度，鼓励乡村共产党组织的领导人竞选村民委员会主任，对于竞选不成功的党组织的领导人应予以撤换。

4. 现行法规中的"大的自然村可以设立几个村民委员会"的规定不符合民主政治发展的趋势，应予修改。大的自然村仍以一个村委会为好。

5. 在有条件的乡镇试行直接选举制度，即由公民直接选举乡长、镇长，并鼓励党组织的领导人竞选这一职务。

6. 现行"村财乡管"等剥夺村民委员会权利的制度应考虑取消。

（原载《战略与管理》1999年第1期，此处节选自其中的第五大部分）

"政府以行政手段推进市场化进程"假说

黄少安

黄少安，1962年生于湖南邵阳。

1982年大学毕业后先后在农场、党校工作。1994年于厦门大学经济研究所获经济学博士学位，同年8月调入山东大学。1996年创建了山东大学产权经济研究所。1998—2000年期间任山东大学经济学院院长。2001年创建了山东大学经济研究中心。现任教育部长江学者特聘教授、山东大学经济研究院（中心）院长兼产权研究所所长、中央财经大学经济学院院长，兼任中华外国经济学会理事、全国马克思主义经济思想史学会理事、山东经济学会副会长等。

主要著作有《产权经济学导论》、《农村股份合作制的多维考察》（主编）、《产权·人权·制度》等。

一 理论假说的阐述

20世纪中后期，包括中国在内的转型国家的市场化进程，已经不能如发达市场经济国家那样自然演进，而必须是有意识地推进。在推进经济体制市场化的进程中，国家力量得到了充分的运用。这在我国及俄罗斯、东欧的转型国家中有着明显的体现。然而，新制度经济学家虽然充分肯定了国家力量作为变迁动力的重要性，认为其具有规模经济的效应，但是，他们又对国家强制变迁的绩效表示怀疑。所谓的"诺斯悖论"说明的就是国家权力在垄断租金最大化的驱使下，导致国家陷入低效率状态的可能性（诺斯，1994年）。但是我国成功的市场经济变迁，特别是不少地方政府以行政手段成功地使地方经济得到巨大发展的事实，提出了重新认识国家作用的要求。据此，我们提出了"政府以行政手段推进市场化进程"的假说。

所谓的"政府以行政手段推进市场化进程"，是指政府以非市场的行政力量培育与发展市场，放弃对社会经济的全面管制，逐步扩大市场自主决策的比例，推动整个社会向市场经济体制前进。在此，只是说明政府使用的手段是行政手段，并不改变其参与制度变迁的目的，也不否认政府作为一个制度变迁主体的经济性，它仍然是一个追求制度变迁潜在收益的主体。推动制度变革是在比较既有制度下的成本、收益与推行新制度的成本、收益后的理性选择，例如，它有利于政权稳定、社会稳定、税收增加等。以行政手段推动市场化进程，将比市场经济体制的自然形成成本更低，新制度确立的时间更短，相对收益更大。从整个社会制度变革的宏观角度考察，在一定限度内政府的行政力量推动市场化进程也是有效率的，因为它确实能提高制度变革的规模效益、节省改革成本、缩短改革进程。所谓"一定限度"是一个非准确定量的概念，大体上的意思是：政府不能包办一切，只能在可行的区域和时间内运用非市场化的手段。

二 政府以非市场化手段推动市场化进程的必要性和可行性

1. 必要性。政府以行政手段推进市场化进程是转型国家必须经历的一个过程。

（1）转型国家在计划体制下形成了国家对经济的深度干预，各级政府手中都掌握着大量的管理和直接运行经济的权力与能力。由于转型国家在转型前，国内几乎不存在具有独立力量的社会势力，所以除非政府自身同意让渡权力，否则在政府之外，几乎没有任何力量和制度渠道迫使政府进行分权。而市场化要求必须逐步缩小政府决策的比例，扩大市场决策的比例，因此，政府形成推进市场化改革的认识至关重要。

（2）从计划经济转向市场经济是一个基础性的制度变迁过程，这个过程需要国家的参与。不论是原有国家权力在新经济体制下的重新分配，还是国家重新确定自身在新体制中的地位，以及抛弃旧规范、认可新规范,都需要政府的参与。可以说,政府自身的市场化改革进程决定着整个经济体制的市场化进程。

(3) 转型国家能够以行政力量对抗行政力量对市场化进程的阻挠。转型国家推进市场化进程肯定会受到来自行政力量的逆向干预。这些干预力量,或者是出于维护既得利益,或是源自旧有的思维方式。市场力量本身尚不够强大,而且与行政力量相比总是弱小的,因此至少在市场化初期难以发挥作用。① 以强大的行政力量为市场发育扫清制度障碍,是转型国家市场化进程的必然选择。当社会经济决策主要由市场自主决定、政府的职能不再主要是经济发展职能时,行政力量作为市场化进程保护者的角色才会明显淡化,否则就存在着以行政力量制衡行政力量保护市场的必要性。在国际竞争日趋激烈的今天,对抗来自其他国家的以国家力量为后盾的市场力量,也需要转型国家充分利用自己的国家力量。

(4) 在我国及儒家文化圈中具有推崇国家力量的传统。日本、韩国、新加坡虽然不是转型经济体,但在它们的市场化进程中,国家发挥了主导作用。即使它们为此付出了代价,但也不能否认它们的成功。我国同样具有这种传统,希望政府在市场化进程中发挥作用。②

2. 可行性。政府以行政手段推动市场化进程,对转型国家来说不仅是客观形势导致的必然结果,而且具有内在的合理性。

(1) 政府的行政力量并不天然是市场化的阻碍力量。在法律等

---

① 我们在位于某市郊县的一家市属化肥厂调研时,该厂的董事长谈到他所在县的有关部门向该厂索要不合理的收费情况时深有感触地说,如果他兼任该县的某一个领导职务,这些部门就不敢来收费,可惜他只是市里的人大代表。该县凡是企业领导兼任县里职务的,就能将乱收费的单位"摆平",保护企业利益不受侵犯。这是以行政力量对抗来自行政力量的干涉的典型事例,此时仅仅依靠企业自身的力量根本无济于事。

② 青木昌彦、穆尔多克等归纳东亚诸新兴工业国家和地区发展中政府的作用,提出了"市场增进说"。认为政府的职能在于促进或补充民间部门的职能,通过发展政策设立"相机性租金",激励民间部门的竞争,奖励获胜者,从而提高民间部门的市场竞争能力,克服市场缺陷(青木昌彦、穆尔多克等,1997年)。应当说,青木昌彦等人的总结较早地从理论上肯定了以行政手段推进市场化进程的可能性。

正式规范以及其他非正式规范的约束下，行政力量的主流还是被用于增进社会福利的。行政力量作为一种资源，在一定的环境约束下完全能够用于市场化的建设。

（2）与其他社会主体相比，转型国家的政府拥有相对较多的资源和力量。从节约成本的角度来说，充分利用已有的政府系统能够减少社会的震荡，降低变迁成本。

（3）市场化方向能够满足政府的目标函数，二者具有一致性。政府在政治上的目标函数是社会支持最大化，在经济上则是财政收入最大化。这两个目标既相互支持又相互冲突。通过发展经济，政府既可以获得社会支持最大化，又可以实现财政收入最大化。政府以垄断租金换取经济的增长，不仅能够直接实现财政收入的增长，而且基于对推动市场化进程的肯定，政府的社会支持度也会相应上升。例如对于国有资本，在计划体制下国有国营，直接获取所产生的利润；而如今我国许多地方政府已经清醒地认识到，与其投入巨大的精力直接控制国有资本去获取不一定能得到的利润，不如将这些国有资本或委托或出卖或租借甚至无偿转让给职工、原来的经营者或者是其他经济主体，为他们的发展创造更好的环境，通过税收实现财政收入的最大化。这样不仅扩大了财政收入的基础，又降低了依赖国有资本利润的风险。

因此，依靠行政力量推动市场化进程与政府追求的目标是一致的。对政府而言，由此生成的制度变迁实质上是诱致性的制度变迁。①

市场化进程具有自我加强的性质。市场化进程发展到一定的程度，社会就具有了自我组织能力，不仅能够自我发展，还能够反过

---

① 诺斯将国家的目标函数定义为垄断租金最大化和制度交易成本最小化，并由此推导出了所谓的诺斯悖论。但诺斯是将国家（政府）抽象成一个不受制约的统治者，并将该统治者的利益与国家的利益极端地对立起来。而实际上任何国家（政府）都不是抽象的，尽管国家权力的具体行使者代表着不同利益集团的主张，官员们也有自己的利益，但他们赖以立足的都是一定的社会支持，是受到多方面制约的。并且，财政收入绝对不同于垄断租金，其中大部分必须用来服务于社会。因此文中没有采用诺斯的分析。对诺斯悖论的批评，可参见黄少安（1999年）。

来推动政府进行更深层次的市场化改革，进一步提高政府的市场化水平。

三 政府以行政力量推动市场化改革的外部性及效率评价

1. 外部性。政府以行政手段推进市场化进程，既具有正的外部性，又具有负的外部性。政府毕竟只是一个代理者，它接受全体社会公众的委托，为社会公众的利益服务，代理社会公众作出改革决策。改革收益外溢、产生正的外部性是政治制度所设计和人们所希望的。但是由于：（1）即使收益外溢，官员在制度上也不被允许谋取改革的经济收益；（2）对官员的激励不能采取市场定价的方式，不能如激励企业家那样将部分改革利润转移给改革官员；（3）改革的失败风险抑制改革的供给；（4）要激励官员进行改革，必须给予其高于不改革官员的激励，但官员收益的获得与改革激励之间没有制度性的联系，改革推动者的收益预期处于不稳定状态，因此会导致改革的有效供给不足。

然而，改革成本与损失①的外溢却使改革的供给产生了另一种可能：过度的机会主义供给。所谓改革的机会主义供给，是指改革的目的在于升迁最大化。为此，改革官员会不顾改革的真实后果，甚至不惜损害社会公众的利益。改革失败，改革官员承担的至多是

---

① 改革成本与损失都属于广义的改革成本，实际上大多数学者都是这样论述的（王跃生，1997年）。然而从承担者角度出发，改革成本与损失之间存在着差异。改革成本是为进行改革而直接付出的成本，包括改革的宣传发动成本、实施成本，这些主要由改革发动者——政府承担。改革损失包括公共损失（改革导致的社会存量财富的减少）和私人损失（改革官员的政治评价下降）。对社会公众来说，改革成本由他们先期向改革发动者提供的税收等支付构成，即使不改革也要支付，因此对改革成本是否支付并不是十分关心。改革公共损失则是再一次要求改革"相对人"从收入中进行支付，所以在改革成本与改革损失之间，社会公众对后者更缺乏支付偏好。对政府而言，当改革成本与改革公共损失、私人损失之间形成替代关系时，实现成本最小化的先后顺序依次是私人损失、改革成本和公共损失。

升迁可能性的降低或丧失，有时甚至对升迁没有影响。其他的改革成本和损失则由改革"相对人"承担了。而改革一旦成功，他们就有了要求升迁的资本。尤其是官员的升迁具有刚性，升迁一旦获得，即使是改革业绩并不突出，也不会因此而丧失已经得到的职位。而且改革绩效的评价者主要是上级官员，不是改革"相对人"或被改革的制度本身。改革官员可以利用信息优势，昭彰成绩，掩盖损失。改革成功则归功于自己高水平的改革努力，失败则归罪于改革的探索性。并可以通过制造"改革新闻效应"等方式，要求上级的认可。况且为鼓励改革，对失败者也很少给予惩罚。因此，改革的机会主义供给成为一些官员的理性选择。特别是进入市场化进程以后，由于政府偏好市场化改革，尤其是上级政府的市场化偏好推动着下级政府进行市场化改革，因而在政府间及官员间相互竞争的压力下，改革的参与约束水平上升，迫使越来越多的官员参与到改革中来，使改革的机会主义供给有了更大的生成空间。

那么，如何鼓励高水平的改革努力，并且降低改革的机会主义供给呢？这就涉及改革的效率评价问题。

2. 改革的效率问题。（1）效率评价主体。改革的评价者应是改革成本、收益与损失的直接承担者——社会公众。与官员相比，社会公众对改革引致的福利水平的变化有着更清晰的认识。并且社会公众作为评价者，决定着对改革官员的激励水平，这将有助于克服改革的机会主义供给，迫使官员将升迁的个人目标与经济发展的公共目标结合起来，至少是部分地实现外部性内部化。

（2）效率评价标准。在判断制度变迁的效率上存在着三种效率标准主张（黄少安，1995年）：

第一种是马克思的生产力标准，即越能促进生产力发展的制度越有效率。该标准的现代表述就是邓小平提出的"三个有利于"的标准。这个标准着重于制度变迁的结果，既有宏观意义又有微观意义，具有较强的可操作性。不足之处就是对制度成本没有给予充分的考虑，只强调了制度的收益。

第二种是布坎南的合意一致性标准。只要变迁所涉及的各主体之间就变迁达成一致，效率就高。这个标准着重于变迁过程，变迁的合意性高，变迁的成本就低（布坎南，1989年）。它是一个主观标准,合意的一致性取决于不同主体对变迁成本与收益的预期。但是变迁就是对利益的再分配,所涉及主体之间不可能存在"一致同意",总有反对力量的存在。况且有时人们因为信息的不完全性和理性的有限性,并不能对自己的利益有准确的判断。因此一方面存在虽遭受绝大多数人的反对但结果却是有效率的变迁,如美国司法审查制度的形成;① 另一方面也存在着变迁为多数人同意而结果却损失惨重的情形,如德国法西斯的形成过程。最后,"一致同意陷阱"使合意不一定必然导致效率结果,如公共产品的供给不足,就是一致同意的理性选择导致的非理性结果。②

第三种是科斯的交易成本标准。只要变迁使交易成本最小化,那么变迁就是有效率的。这里的交易成本既包括制度自身的成本,又包括在制度框架下进行交易行为的成本(科斯,1990年)。该标准着重的是变迁结果,具有客观性。不足之处就是只强调了变迁的成本方面,而没有充分考虑变迁对社会公平的影响。

综上所述,我们认为可以将马克思与科斯的效率标准结合在一起,共同构成一个完整而客观的效率标准。在考虑变迁带来的生产力变化的同时,也考察交易成本的变化,将变迁的成本与收益作综合考察。全面考察改革的结果,肯定绩效,去除不足,就能使机会主义改革无处遁形,真正激励高水平的改革努力。

四 经验支持

以行政手段推进市场化进程是可行的,在一定限度内是有效的。

---

① 参见苏力:《制度是如何形成的——关于马歇尔诉麦迪逊案的故事》,载《比较法研究》,1998年第1期。
② 伍山林(1996年)赞成以同意一致性作为制度变迁的效率标准,并以中国农村的人民公社制、家庭承包责任制等经济制度的变迁为例,证明该标准的正确性。然而,农村经济制度变迁相对具有简单性,效率的判断者——农民作出成本—收益判断的信息相对充分;并且农产品即使没有成功地成为商品,对于当时温饱尚成为问题的农民来说,也没有因此降低粮食等农产品的效用水平。而一旦进入国有企业改革等相对复杂的制度变迁领域,准确预期就需要更大的信息量,同意一致性已经不足以保证变迁具有效率。

这一结论得到了转型国家大量的（当然不是所有的）制度变迁经验事实的支持。首先从总的情况来看，转型国家的市场化进程都是在国家权力的强力支持下启动的。不管是采取激进改革方式的前苏联、东欧国家，还是采取渐进改革方式的中国，都是国家主动启动了市场化进程。中国从20世纪70年代末开始的经济体制改革，便是依靠行政力量启动的市场化改革。1978年中共十一届三中全会所作出的决策和1992年邓小平视察南方时发表的有关"讲话"，对经济体制改革起了关键性作用。原苏联和东欧国家的改革也是如此。戈尔巴乔夫政府破坏或放弃了传统的计划经济体制，这实际上是迈向市场化的第一步；叶利钦政府又采用了所谓的"萨克斯疗法"，依靠强大的行政力量，强制性地对原有国有经济实行全面私有化，迅速向市场经济体制过渡。不管这种市场化改革的短期效果如何，依靠行政力量推进市场化进程是不争的事实。

我们也可以从一些较具体的改革实践中列举出更多的经验事实，证明依靠行政力量推进市场化改革的客观性和有效性。

1. 中国国有企业改革就一直是政府启动和推进的。国有企业改革是整个经济体制改革的重点和难点，也是中国市场化改革能否成功的关键。它与农村改革不同。尽管农村改革也是在中央政府的大力支持下不断推进的，但是改革的启动却是农民自发的，而且许多重要的改革方式也都是基层创造的，基本上是自下而上的改革。而国有企业改革则主要靠政府推动。1978年10月，当时的四川省委、省政府选择重庆钢铁公司等6家国有企业进行"扩大企业自主权"的分权化或"放权让利"的改革试点，次年决定在全省逐步扩大试点范围；1979年5月起，当时的国家经委、财政部等6个部门在京、津、沪等地选择首都钢铁公司等8家企业试点，推广四川的分权化改革经验；1981—1983年中央政府组织"承包经营责任制"的试点，1983年在全国普遍实施承包制；1983—1984年实行"利改税"的改革；1986年左右又在全国范围选择了少数国有企业进行股份制改革的试点；1987年3月，全国人民代表大会的政府工作报告重申国有企业改革要继续实行和完善各种形式的承包制；1992年春天邓小平"南方讲话"后，全国国有企业又掀起了股份制改革的热潮；1995年以来进一步提出优化国有经济结构，推进国有经济战略性调整。以上便是迄今为止国有企业改革的大体历程。不难看出,国有企业改革过程就是政府不断依靠行政力量组织"试点"和"推广"试点经验的过程,就是政府逐步把国有企业推向市场、使之成为真正市场主体的过程。我们可以对政府的行为提出种种批评,也必须对政府推进改革留下的"后遗症"给予关注。但是,我们必须承认:中国国有企业的市场化改革是成效卓著的,政府功不可没;而且,政府的介入和主导是一种必然选择,它虽然不是最优选择,却是在特定的约束条件下最不坏、最可行的选择。试想:原来的国有企业负担那么重,旧体制根深蒂固,不依靠超经济的行政力量,改革能启动、能推进吗?原来的国有企业的典型特征是政企不分,所有者同时又是政府,政府自身不下决心、不积极推进市场化改革,还有别的力量能把企业从政府怀抱中拉出来再推向市场吗?

2. 许多地方经济的较快发展也大多是地方政府积极推进市场化改革的结果。例如,山东诸城市政府在改革开放以后,推行了所谓的"商品经济大合唱",以市外贸集团和烟草集团为对象,探索出了贸、工、农一体化的农业发展之路。之后,于1992—1994年间在全国较早地将国有集体中小企业出售给职工,实行股份合作制改造,将企业推向市场,培育真正具有独立地位的市场主体。然后,市里明确地提出加快市场化步伐的政策建议,结合地缘优势和企业实际,拟定产业政策,大力发展支柱产业;同时深化政府体制改革,主动适应市场化的要求。诸城市场化改革的不断深入,使诸城的经济始终保持持续增长的势头(黄少安、魏建,1999年)。最具有意义的是诸城市委、市政府对所属国有中小企业的改革。在这一改革中,一是通过国有资产的出卖促成了国家所有权形态的转变,国家不再拥有企业资产的所有权;二是职工个人成为企业的所有者,企业的所有权主体多元化了;三是企业治理结构因产权关系的多元化而发生了重大改变;四是政企彻底分开或至少为彻底分开创造了根本性的条件。这么深刻的改革,正是也只能是在政府的强力推动下进行的。诸城市政府原本是这些国有企业的所有权代表,只有它认识到并同意出卖国有资产,以"出卖"为起点的改革才能启动;政企分开意味着政府及其主管部门的权利让渡,只有政府自己认识到这种让渡的综合效益并且同意让渡,政企分开才可能成为现实。在诸城国有中小企业的改革过程中，是地方政府认识到了不改革的严重后果，把握住了改革的气候和时机，确定了改革的形式和目标，制定了改革的方案，并直接领导实施方案、组织试点和推广试点经验，积极动员干部、员工参加改革，等等。总之，政府是积极主动的，手段是行政化的，其作用是积极而巨大的。

再以江苏昆山市政府建立和发展经济技术开发区的事实为例。昆山位于江苏南部，邻近上海，除此之外没有其他优势。为发展当地经济，特别是借助于上海的技术和人才优势，昆山市选择了自主发展经济技术开发区的策略，以优惠的政策和逐渐完善的投资环境吸引上海及外资企业来昆山落户。在政府的全力支持下，开发区取得了成功，成为当地经济的支柱。开发区具备一定规模后，昆山市政府又经过努力使其先后得到省政府和中央政府的认可（杨瑞龙，1999年）。地方政府在市场化改革中的作用由此也可略见一斑。

（原载《中国社会科学》2000年第4期，此处节选自其中的第二大部分。）

公有制企业的性质

周其仁

周其仁，生于 1950 年。著名经济学家。

1978 年至 1982 年就读于中国人民大学并获学士学位。毕业后在中国社会科学院农村研究所、国务院农村发展研究中心发展研究所工作。1989 年至 1991 年期间，先后在英国牛津大学、美国科罗拉多大学和芝加哥大学做访问学者。1991 年秋季进入 UCLA 研究生项目，后获硕士和博士学位。现为北京大学国家发展研究院院长、北京大学中国经济中心主任。曾获"孙冶方经济学奖"。

主要著作有《改革面临制度创新》、《农村变革与国民经济发展》、《数网竞争》、《挑灯看剑——观察经济大时代》等。

四 无法消灭的事实上的个人产权

人本身具有经济价值，是一个早就被发现的真理。将投入经济过程的人力资源的数量与质量区别开来，并将人力的知识和技能质量看作经济增长的关键，则是经济学近几十年来一个重要进展的结果。[①] 上世纪 60 年代以来，经济学家通过对现代经济增长的大量经验研究发现，人力资源，特别是人掌握的知识和技能对经济增长的贡献非常之大，而这些只是具有一定技术质量的人力资源，同样符合关于资本是"未来收入流的源泉"的定义。因此，一些经济学家将人力也看作是一种资本，而且是对长期经济增长作出更重要贡献

[①] 关于知识和其他人力资本在经济增长中的作用的经济学思想演进，参见汪丁丁（1994 年）的阐释。作者感谢汪丁丁阅读本文初稿时提出的评论，特别是关于"学习"是人力资本最重要组成部分的见解。

的"人力资本"（human capital）。简言之，具备知识和技能的人力资源具有生产性和资本性。

但是，可以从人力资本理论中引申出来的并不仅仅限于教育和培训对于经济增长的极端重要性。更为根本的问题是，使一个经济中人力资本有效发挥作用的条件，因为这些条件不但影响人力资本对经济增长的效果，而且影响人力资本本身的形成。这就不能不涉及人力资本主体的产权特征。根据巴泽尔（1977 年）、罗森（1985年）和张五常（1984 年）等人的研究，人力资本可以被理解为天然属于个人的资产（周其仁，1996 年，第 73—74 页）。诸如劳力，掌握和运用知识的技能，学习能力，以及努力、负责、创新、冒风险、对潜在市场机会的敏感等等一切具有市场价值的人力资源，不但总是附着在自然的个人身上，并且只归个人调用。因此，在个人产权得不到社会法权体系承认和保护的场合，个人可以凭借其事实上的控制权"关闭"有效利用其人力资源的通道，从而增加别人利用其人力资源的成本，降低人力资源的价值。理解这一特性，是理解现代经济学关于激励理论的基础，也是理解市场里的企业作为人力资本与非人力资本的一个特别合约的基础。①

公有制企业制度否认了个人对其生产性人力资源的合法所有权。但是它并没有消灭"个人总是其人力资源天然的实际所有者和控制者"。这使公有制企业面临一种内在的紧张。公有制企业可以按照计

---

① 张维迎（1996 年）认为"人力资本与其（个人）所有者不可分离"的特性，恰恰具有与非人力资本相比的劣势：第一，人力资本不具有抵押功能；第二，人力资本所有者可以通过"偷懒"和"虐待"非人力资本来获利。因此，他认为正确的逻辑推论是"资本雇用劳动"，也就是"让（非人力）资本所有者拥有当企业家的优先权"（张维迎，1996 年，第 9—10 页）。我认为，如果把"名声"（reputation）也理解为人力资产的无形部分，那就没有那么大的把握认定人力资本"没有抵押性"。因为离开了名声定价的市场机制，仅仅靠财务资本的可抵押性来理解现代公司不免困难重重。至于"偷懒"和"虐待"倾向，在我看来不是靠由非人力资本拥有成为企业家优先权可以解决的，这正如巴泽尔（1977 年）研究过的拥有几乎绝对优先权的奴隶主并不能解决奴隶偷懒和虐待资产的问题一样，解决进入企业的人力资源的"偷懒"、"虐待"等等行为的有效途径是激励性市场合约，而不是"资本"对"劳动"的优先权。

划命令组合全部人力资源和非人力资源，从而免去了基于个人产权的市场交易体制的一切麻烦。但是，在法律上属于国家和集体的人力资源，并不能直接听由公有制企业调动和指挥而得到发挥。各种卑微的私人利益和动机在公有制企业里不但依然存在，而且仍然在实际上决定着人力资产的实际供给水平。劳力、知识、学习能力、技能、责任心和创造性的实际供给水平，依然是由负载着这些资产的个人决定的。除非人力资源事实上的"主人"即个人乐意接受国家或集体的目标，公有制企业同样不能自动地动员已经被"配置"在企业内的、在法律上"公有的"人力资源。

公有制企业像任何体制下的企业一样无法回避激励问题。事实上，由于资源的稀缺性不可能消失，由于国家间政治、军事和经济实力整体竞争的压力传导，公有制企业其实从来没有放弃过鼓励个人增加人力资本供给的努力。只是，法权上不承认个人拥有生产性资源的公有制企业，在面对激励问题时有一些特别的障碍。我们已经指出比较根本性的困难，在于公有制企业体制没有可追溯的最后委托人，以及市场合约权利被禁止使得无法产生衡量资源利用效率的市场价格信号。现在我们进一步讨论，现实的公有制企业怎样寻找制度性的替代，使得实际控制在个人手中的人力资源在公有制下得到发挥和利用。

首先可以发现，国家租金（state rent）替代了利润而成为公有制企业的行为目标。已有的研究指出，公有制企业并不追逐利润，其行为目标是完成国家计划任务。但是，很少有人注意到公有制企业根本没有办法追逐经济学意义上而不是财务核算意义上的利润。①

---

① 许多主张改革公有制企业的经济学家提出，在公有制企业制度里引进"利润"范畴可以刺激公有制企业提高生产率。1962年前苏联著名的"利别尔曼建议"主张高度简化国家对企业的计划指标，而将"利润"（统一核定的部门资金盈利水平定额）作为考核企业的主要指标。上世纪60年代中国的孙冶方也提出过类似主张（参见吴敬琏，1994年）。但是，"利润"是市场交易中企业合约的产物，废止了市场合约的公有制企业体制里可以"统一核定"并经过计划下达，但这就不可能是本来意义上的"利润"了。相比之下，顾准（1962年）的认识不那么折中，他认为要引导企业追逐利润必须"废除指令性计划和指令性定价制度，使价格自由涨落"（参见吴敬琏，1994年，第127页）。

因为消除了个人对于生产性资源的产权特别是选择市场合约的权利，严格说来，市场价格、生产成本、交易成本等等概念都无法存在，利润概念也因此无法存在。那么，什么是"国家计划任务"？历史地看，公有制经济是在国家与国家之间的整体实力竞争中确定自己的国家经济目标的。但是，国家经济目标并不能按照所谓的"客观经济规律"自动来确定。国家间竞争的形势以及什么是合适的竞争策略，首先取决于国家代理人的认知。同时，并没有一个容易计算的技术函数可以表明已经集中到国家手中的资源，究竟可以提供多大的产出以及形成一个什么样的经济结构。经验地看，公有制国家的经济目标常常是在国家代理人之间不同的主观判断和意志的政治平衡中被确定的。① 当然，无论国家代理人主观确定的国家经济目标能否如愿实现，集中在公有制经济国家手中的资源总会产生非常实在的经济利益，而增加这种由国家代理人控制和分配的经济利益，即国家租金，本身就可以成为公有制经济的经济目标。对我们的分析来说，重要的是，所有国家代理人都是自然人。因此，在确定国家经济目标这个公有制经济开始的逻辑环节时，就没有办法完全排除自然个人的作用和影响。国家代理人能够在多大程度上为国家利益最大化而不是为国家代理人自身利益最大化工作，取决于相应的激励机制和制约机制。需要实证研究的是，在法权上消灭个人拥有生产性资源的产权之后，国家代理人本身的行为和社会监督、制衡国家代理人动力机制和有效性究竟受到什么样的影响。这里只需指出，国家租金替代了市场体制下的利润，并不能够将怀有伟大或者卑微动机的个人在实际上控制其智力和能力的现实，完全逐出公有制经济体系。

五 替代性制度安排：国家租金激励

公有制企业在多大程度上能够为国家租金最大化的目标从事生产性活动，是一个更为日常性的难题。因为这里涉及为数众多在名

---

① 这是关于公有制计划经济的增长目标、速度、优先增长的部门以致重点项目的决定常常充满政治斗争的根本原因。

义上"归公"但在事实上控制着自己人力资源的个人。经验表明，人并不因为归入公有制就自动为国家租金最大化而提供劳动、发明、学习、计量、监督和管理的努力。公有制企业的管理体制从建立之日起就不断尝试并变换各种方向的"自我完善"，根本原因就是仍然需要动员人力资源增加供给。从发动工人直接参与管理决策到建立严密的行政管理体系，从维持革命激情、依赖政治忠诚的供给制到引进各式各样的"物质刺激"手段，从大规模思想教育、群众运动到仿照建立"资本主义泰罗制"式的规章制度并强调劳动纪律，从直接劳动时间计量社会产出到"尊重价值规律"并"建立"公有制下的"价格、成本和利润"核算体系，公有制企业不断地寻找替代承认个人产权又能够动员人力资源的制度安排。

在种种看来毫无稳定性和一致性的寻找替代性制度安排的过程中，公有制企业逐步收敛于通过建立生产（管理）国家租金的努力与分享国家租金之间的正的关系来激励人力资源的供给。比如，管理公有制企业的行政等级制和"物质刺激"的劳动报酬制度，比较普遍地成为公有制企业的基本体制。这并不是偶然的。因为按照行政等级使分享国家租金制度化，使得公有制企业可以用国家租金的分享权来刺激个人增加在公有制企业中的管理和劳动供给。在这个本文称为"国家租金激励"的体制下，个人正是凭借事实上的对其人力资本的产权，才可以选择：增加劳动和管理的努力以得到较高等级的国家租金分享，还是减少劳动和管理努力的供给而较少分享国家租金。"国家租金激励"在名义上不属于任何个人，公有制体系内建立了可以由自然个人获得的既得利益，其基础就是承认个人在事实上仍然拥有的产权。粗看起来，国家租金激励与市场企业制度的激励原则没有什么不同，因为市场的企业合约的中心内容，无非也就是确立生产利润的努力与分享利润之间的正的关系。当市场经济的企业制度把获得利润的权力授予对创造利润作出贡献的人时，公有制企业将分享国家租金的权力授予对创造国家租金作出贡献的人。在前一个场合，个人之间竞争利润；在后一个场合个人之间竞争国家租金。要是把国家租金概念改称为"利润"，要是国家租金的激励强度与利润体制的激励强度相似，那么这两种制度不就没有什么实质上的不同了吗？

原则性的不同是利润和国家租金的形成过程。利润是在分权的、自发的市场合约过程中形成的，国家租金则是行政权力集中经济资源、集中经济决策的结果。企业利润是市场的企业合约产生的"组织盈利"，它是市场中各类企业之间的竞争以及企业与非企业模式之间竞争的结果。国家租金体制消除了所有市场竞争，代之以在集中决定的企业组织模式下生产国家租金。从个人选择权利和选择范围的角度来想问题，容易发现这两种体制的差别。利润体制承认个人基于其拥有资源的产权进入、退出或者自组企业的权利，保障市场合约权的所得。国家租金体制从法权上消除了个人产权，从而也就禁止了个人自由选择市场合约的权利；个人只能在给定的公有制企业组织的框架内竞争，既不可以从他认定无效的企业组织中"退出"，更不能创立与集中选定的公有制模式竞争的生产组织。因此，利润体制在充分利用哈耶克（1945年）所重视的"每一个个人对其他人的信息优势"以及"在一切方向上探索生产性创新"方面，远比国家租金体制具有竞争优势。[①]

公有制企业的国家租金体制与市场企业的利润体制在激励强度方面还有实质性区别：第一，由于个人在公有制企业下可以合法拥有的仅仅限于"生活资料"，所以个人可以合法分享的国家租金限额较低，与"无需封顶"的利润激励不可同日而语。第二，为了维持"生活资料"的分配属性，国家租金大量以等级制实物福利的形式发放，允许个人占用、消费和享受，但不可交易和投资，这固然使得国家租金体制看起来比较平等和公平，但同时也削弱其激励效果。第三，国家租金体制下个人可得的租金索取权很小，但可能获得的租金控制权相比却很大。这里，"国家租金控制权"是指由公有制代理人控制的对生产和分配国家租金的决策和指挥权力。这种租金索取权与控制权极不对称的组合，事实上是以控制权来补偿租金索取权的激励不足，但是这样的制度安排给公有制企业体制带来滥用控制权的危险，从而有理由不被看做是正的激励。第四，国家租金索取权，特别是控制权总是按照在职在位的原则分配，这增加了竞争

[①] 参见汪丁丁关于哈耶克思想的系统阐释（汪丁丁，1994年，1999年）。

现职的激烈程度，但并不激励人们顾及当前行为的长远影响。对于那些可能对企业长远产生影响的行为，国家租金向现职倾斜的分配原则常常带来灾难性的后果。

比较起来，利润体制从来没有把可分享利润的数额限于个人"生活消费"，也没有对可分享利润究竟用于消费资料还是用于投资加以限制。由于利润激励体制建立在个人产权交易的基础之上，所以，即使是除了其自身人力资本别无长物的个人，同样可以凭借其人力资本取得市场机会、实现市值，并可能分享利润，然后通过再投资而拥有非人力财产。这就是说，个人拥有的有形和无形的人力资本可以转化为非人力资本产权。这一点对于理解利润激励制度的有效性相当重要，毕竟人力资本所负载的个人主体都有其自然生命周期，不但难免产生波动，而且总要面临丧失生产能力、衰老和死亡的过程。如果人力资本的所有者对其"财产"的收益仅限于生活性消费并且只能"即用即取"，那么个人在其人力资源生产力不足和丧失时的"生活消费"，就只能唯一地依靠公有制企业的养老和各项补助基金。① 因此，个人对其人力资源的产权必须包括交易人力资源、投资和转化为非人力资本产权等等全部权利，要是限制了其中一部分，激励强度就要下降。

国家租金激励和利润激励唯一相同的地方，就是都不能改变人力资源天然只能由其承载主体——个人控制和调动。两种体制的差别在于人力资源得到生产性利用的充分程度。在个人对其人力资源实际的产权得到合法承认的场合，某个企业合约的激励无效或激励不足，可以由人力要素向其他企业或非企业组织的流动来矫正。因此，人力资源因为个人拥有较大的选择自由而得到更大程度的生产性利用。但是，在个人不能合法拥有其人力资源的场合，个人没有

---

① 在理论上，公有制企业提取的养老和其他各项基金，可以通过投资于生产性资产而增值，从而每个个人不再需要为自己丧失劳动能力以后的生活担心。但是，集中起来的基金无非是另外一类"公共通道"，必须有激励机制来保障其得到良好的关照，否则同样可以因为管理不善而被攫取和糟蹋。从经验上看，公有制企业最后不能兑现当年的福利承诺，另一方面带来严重的社会问题，一方面刺激所谓"59岁现象"的恶性发展。

权利自由退出激励无效或不足的组织,也没有权利缔结他认为更有效率的组织合约。个人可以"选择"的只是在给定的企业组织里,要么减少劳动和管理努力的供给,要么利用事实上的控制权和监督不足通过攫取公共资源非法地获得个人所得。在这两种场合,人力资源要么闲置,要么被用于非生产性方向。由于国家租金来自于对资源的独家行政性垄断,竞争国家租金的努力还使得一部分人力资源被专用化为在公有制企业体制内设租和寻租,那就导致对人力资源的"反生产性"开发了。

我们的分析并不断言,公有制企业连同国家租金激励体制因此就根本无法生存。历史证明这种企业体制可以长久存在。因为公有制企业制度仅仅在法权名义上消灭了个人所有权,而在事实上它仍然面对个人控制其人力资本的现实,并通过国家租金激励来动员公有制企业内的人力资源。我们的分析只是表明,国家租金激励与市场体制的利润激励机制相比较处于竞争劣势。这有助于说明,为什么公有制企业在远离市场竞争的条件下还可以"正常"地运转,而一旦与利润激励体制站在同一个竞争平台上,势必每况愈下。预言引进市场竞争而无须改革公有制企业产权的经济学家们没有看到,市场竞争的引进首先刺激国家租金激励体制下没有被充分动员起来的人力资本,首先使得一部分高质量的人力资源率先"退出"公有制企业而流向与其竞争的非公有制企业。因此,当国家间的政治、军事和经济实力的整体性竞争转向市场开放,即转向各种公有制企业与非公有制企业在同一产品(服务)市场上的竞争时,公有制企业面临的命运就是或者在市场竞争中被淘汰,或者进行市场化改革。

最后简要讨论什么是公有制企业的市场化改革。在科斯指出"市场交易无非是产权交易"的时候,他其实已经提到了确立个人产权是市场化改革的真正基础。但是,在法权上否认个人私产的传统公有制企业体制不会轻易接受这一观点。于是,产生了"公有制为基础的市场经济"的新理论,而市场交易似乎也可以被限定在部分产品并且是公有制企业的部分产品的范围之间。但是,一切产品和生产要素都互为投入产出的市场特性终究要表明,人为划定只允许一部分产品(服务)可以进行自由市场交易是徒劳的。部分产品(服务)的市场经济总会扩展为全部产品(服务)的市场经济,进而扩展为包含一切生产要素的市场经济。当人力要素终于可以合法上市交易时，公有制企业的市场化改革就触及到了根本。因为任何一种人力资源只能以个人为载体：能够走上劳动力市场、技术专家市场、经理和企业家市场的只能是一个个自然个人，而再也不可能是抽象的"全民"、"国家"和"集体"。公有制企业的改革终究要回答以下问题：承认还是否认个人对其拥有的人力资源的产权，承认还是否认个人的人力资源产权可以转化为非人力资本的产权。基于上述理由，本文把公有制企业的市场化改革定义为最终指向界定个人产权的改革，并以此来理解公有制企业的市场化改革的逻辑。

六 小 结

本文概述尚未发生市场化改革的公有制企业的性质，这就是，在法权上否认个人拥有生产性资源产权的基础上，公有制企业成为非市场合约性的组织；但是为了充分动员在事实上仍然属于个人的人力资本，公有制企业用国家租金激励机制来替代市场交易和利润激励体制。公有制企业是一座这样的公寓，里面甚至没有任何私人房间，因为没有一点空间被法权承认为是私人财产。因此，这里的全部资源都是"公共过道"，按照国家租金体制界定私人在事实上的占用和收益的权利。国家租金体制实际的执行，决定了"公共过道"的面貌和利用效率。本文认为流行的"委托—代理"框架和"所有权、经营权分离"框架都不适合分析"公共过道"的经济性质，因而尝试用"法权的和事实的产权不相一致"的框架来分析公有制企业。我们将继续在本文提供的框架里研究公有制企业市场化改革的逻辑，其中心线索是在个人事实上拥有对其人力资产权利的基础上，公有制企业怎样向承认个人产权的法权地位的市场合约性组织转变。

（原载《经济研究》2000年第11期，此处节选自其中的第四、五、六部分）

预算软约束和金融危机理论的微观建构

钟 伟 宛圆渊

钟伟，1969年生，江苏溧阳人。

1990年毕业于南京大学物理系并获学士学位。1994年获东南大学经济管理学院硕士学位。1999年获北京师范大学经济学博士学位。2000年同济大学管理科学与工程学院博士后毕业。现为北京师范大学金融研究中心主任、中国社会科学院国际金融研究中心研究员、中国经济体制改革研究会研究员。

主要著作有《金融资本全球化论纲》、《通货膨胀的国际传导和背景》、《21世纪初期世界经济新格局研究》等。

宛圆渊，2002年在北京师范大学获经济学学士学位。2005年在北京大学中国经济研究中心获经济学硕士学位。现为美国宾夕法尼亚州立大学博士候选人。

一 引言：微观建构不足的三代金融危机模型

在19世纪即有一系列金融危机理论问世，但比较成型的国际金融危机理论，是直到20世纪70年代才逐步发展起来的，较为典型的有国际收支危机模型、汇率危机模型和多重均衡模型，代表性人物有 P. Krugman、G. Calvo、R. Flood、M. Obstfeld、I. Otker 和 J. Sachs 等，金融危机模型的建构已日臻完善（R. Flood 和 N. Marion，1998）。

第一代金融危机模型（first generation model）由 P. Krugman 提出，并经 R. Flood 和 P. Garber 等予以完善和发展，这是一个以固定汇率制度为背景分析货币危机生成机制的框架（P. Krugman，1979）。R. Flood 和 P. Garber 此后对 P. Krugman 的国际收支危机理论进行了线性化处理，得出了类似结果（R. Flood 和 P. Garber，1984），第一代货币危机模型对政府在内外部均衡的取舍与政策制定的论述上存在缺陷，尤其是单纯依靠基本经济变量来预测与解释危机，显得单薄。

第二代金融危机模型（second generation model）的核心人物是 M. Obstfeld（1986），其逻辑顺序是：（1）政府行为不再是线性的，而是理性的。央行将在"维持"和"放弃"固定汇率之间权衡选择，不一定是储备耗尽之后的结果。（2）危机具有"多重均衡"（multiple solutions）的性质，政府和私人部门的博弈可能形成两种均衡，即"好的均衡"和"坏的均衡"。前者是投机者不冲击汇率，经济在原来的汇率水平上继续稳定；后者是投机者发动大规模资本外逃，结果往往是政府不得不放弃固定汇率制度。（3）危机具有"自我实现"（selffulfilling）的性质（M. Obstfeld，1996）。从二代模型看，投机者的行为对东道国的公众来说是不公正的、不道德的。此类模型因缺乏有力的微观建构，无法弥合宏观经济对汇率制度的支撑作用，以及预期和投机性攻击对汇率制度的破坏作用之间的巨大鸿沟。

第三代金融危机模型（third generation model）的出现和 J. Sachs 的努力密不可分，此类模型较为繁杂且缺乏明显的共质性。（1）危机模型更注重流动性，以及由传染而引发的清偿力危机和银行危机。如果金融体系无法为具有清偿能力但却暂时缺乏流动性的债务人提供新的融资时，则流动性危机将演变为债务危机；若一国的短期资本流入是通过国内的银行体系完成的，则更将爆发银行/货币双危机（S. Radelet 和 J. Sachs，1998）。（2）一国发生货币危机所给出的市场信号，将改变投资者对与其相关或类似经济体的货币信心预期，加大这些经济体爆发货币危机的可能性，甚至导致完全意义上的自我实现式的危机的发生（J. Sachs，A. Tornell 和 A. Velasco，1996）。

三代金融危机理论的演进特征之一就是把金融危机构建在银企行为的微观层面之上，不过第一、二代金融危机理论尽管涉及了这一点，但没有能够深入下去探求信贷膨胀的微观原因；第三代金融危机理论已涉及微观层面，但其分析没有能够探究进一步引致这些行为的制度根源。我们将力图利用预算软约束（soft budget constraints）理论，对金融危机理论的微观基础进行重新建构。

二 预算软约束和信贷膨胀的微观基础

1. 预算软约束的一般内涵。

引入预算软约束的动机，在于为金融危机理论提供一个新的微观建构基础，无论对预算软约束的内涵进行何种诠释，理论上均可获得的结果之一，就是预算软约束一定会导致信贷过度膨胀，而从几代金融危机模型来看，信贷膨胀往往是金融危机的导火索。此外，新近的研究表明，软预算约束理论不仅仅适用于集权体制下的计划经济国家，同时也适用于存在政府干预习惯的市场经济国家；在这些国家中，预算软约束和滥用公共税收资源似乎是此消彼涨的"跷跷板"，并损害微观经济的内在稳定（G. Pisauro, 2001）。这使得我们可以运用软预算约束理论来修补已有的金融危机模型的微观基础。

在新古典经济学中，企业和个人都被假定为严格遵守预算约束（budget solidification），在预算约束的范围内追求效用的最大化。但是在现实生活中，却往往出现约束软化的现象，即向企业提供资金的一方（政府或银行），由于某种原因，未能坚持原来的事先合约，使企业资金的运用超过了其当期收益的范围，或者从跨时期的时间纬度来说，提供资金的机构使企业支出超过了其将来收入现值所确定的范围（平新乔，1998）。对于预算软约束的经典解释是科尔奈作出的，科尔奈将其原因归结为社会主义集权体制下政府对企业的"父爱主义"（paternalism），以及政府追求就业目标或政治支持等（J. Kornai, 1986）。此后，西方经济学家又提出，不仅仅是政府的过度干预会导致预算约束的软化，而且集中的银行体制也会导致预算软约束。到了上世纪90年代，M. Dewartripont 和 Maskin（1995）等引入时间非一致性（time inconsistency）的概念来研究软预算约束理论，认为对于一个未完成的无效率投资项目，政府或银行往往主动或被动地追加投资,因为追加投资的边际收益可能大于放弃项目必须付出的边际成本。这样事先的预算约束就变成了事后可以修改的合约了。当然,对于预算软约束也存在其他多种解释,例如它可能是政府财力分散与货币集权化等原因所造成的,也可能是缺乏自生能力(accountability)的国有企业通过政府获得信贷支持且由政府作为责任归属者而造成的(林毅夫、谭国富,2000)。但预算软约束无疑具有两个基本特征:一是对预算的事后再安排;二是政府和私人部门有密切的垂直联系。基于这样的预算软约束定义,我们利用 Dewartripont - Maskin 的快慢模型(slow and quick project model)的思路来建立一个预算软约束下的信贷扭曲膨胀模型。①

2. 无政府介入时的银行和企业间的信贷均衡。

(1)假定由于某项目,银行对企业的贷款共有两期。第一期中,企业和银行签订贷款合同,在首次签订合同时,信息不对称导致银行无法预知项目收益时,给予企业贷款 K_1。

(2)在第二期,企业得到项目的回报。如果项目为"好项目",设其概率为 $(1-P)$,则企业的收益为 R_f^{good},银行的收益为 R_b^{good};若为坏项目(概率为 P),即项目没有按时完工,则两方的收益分别为 R_f^{bad} 和 0。其中我们假定 $R_f^{bad} < 0$。

(3)假定在第一期亏损后,企业会继续向银行申请贷款 K_2 以求完成上期未完工的项目。同时我们还假定,企业在第二期获得银行的融资后,能够完成上期未完工的项目,此时,企业获得的收益为 $R'_f > 0$。设项目在第二期完工后产生的可被银行获得的收益为 $R^e > 0$,其实现可能性 p^e 为一随机变量。由于银行与企业之间已经有过第一期的接触,故银行对企业的项目已拥有完全的信息,因此,银行可以准确地知道 p^e 的分布,并且可以通过自身的行动来改变 p^e。特别地,我们假定 p^e 为银行再贷款额 K_2 的函数,即 $p^e = p(K_2)$,且有 $p' > 0$,表示银行对企业的第二期贷款额越大,实现的 R^e 概率就

---

① 关于 Dewartripont - Maskin 的快慢模型的基本型可参阅 E. Maskin 和许成钢:《软预算约束理论:从中央计划到市场》,载于《经济社会体制比较》2000 年第 4 期。

越大，从而银行可获得的预期收益就越多。① 但银行的再贷款额不会超过一个限度 $\bar{K}$，当再贷款达到这个限度的时候，银行实现 R^e 的概率为 1。为简化分析，我们可假定 $p^e = \dfrac{K_2}{\bar{K}}$。即银行不对企业进行再贷款的时候，项目在第二期被盘活的概率为 0；当银行给予企业 $\bar{K}$ 的贷款时，项目被盘活的概率为 1。

(4) 同时我们假定，在银行决定对企业进行再贷款后，会对其经营进行监督，以保证贷款安全。我们将监督成本定义为 C，② 并且设监督成本为再贷款额 K_2 的增函数，即 $C = C(K_2)$ 且有 $C' > 0$，$C'' > 0$，$C''' > 0$。为简化分析，我们假设该成本函数为 $C = mK_2^\alpha$，其中，$\alpha > 2$。若用 π 来表示银行的净利润，则由上述假设可得：$\pi = \dfrac{R^e K_2}{\bar{K}} - mK^\alpha$，银行将选择最优再贷款规模 K^* 来使其预期效用最大化。

π 的一阶条件为：$\pi' = \dfrac{R^e}{\bar{K}} - \alpha m K_2^{\alpha-1} = 0$，解之得：$K_2^* = \left| \dfrac{R^e}{\bar{K} m \alpha} \right|^{\frac{1}{\alpha-1}}$。

π 的二阶条件为：$\pi'' = -m\alpha(\alpha-1) K_2^{\alpha-2} < 0$，故 $K_2 = K^*$ 时，π 取得最大值 π^*。

此时，社会上的预期信贷总量为：$(1-P) \times K_1 + P \times (K_1 + K^*) = K_1 + P \times K^*$。

---

① 在 Dewartripont-Maskin 的快慢模型中，R^e 被理解为项目完工后的清算价值或将其出售所得的收入，因此，银行第二期贷款的作用是将这部分在第一期后"死的价值"从企业转移到银行，而并不能增大这个项目的总价值。对于企业来说，尽管"盘活"后的价值会被银行拿走，但考虑到"盘活"后对企业家名誉的好处，企业还是乐意与银行建立第二期贷款合同的。

② 在快慢模型中，银行的监管成本 C 被定义为银行努力程度的增函数，且有 $C' > 0$，$C'' > 0$，$C''' > 0$。在这里，作者认为对于理性的银行来说，贷款的数额越大，银行进行监管的努力程度就越高。因此，在本文中用 K_2 来代替银行监管的努力程度，并用 C 来表示因监管而发生的一切成本（并且包含资金成本）。

在银行与企业的上述博弈过程中，金融系统取得了在无政府干预条件下的均衡：当银行选择不进行再贷款时，银行获得 K_1 的亏损；当银行选择再贷款时，银行将获得 π^* 的利润。从上式我们可以看出，银行再贷款的最优额度取决于 $\bar{K}$、m、α 这几个变量。当 $\bar{K}$ 越大时，项目完成所需注资就越多，因此银行就越没有动力进行再贷款。另外，m 和 α 越大，则意味着银行在项目监管上的难度就越大，银行进行再贷款的意愿就越小。上述模型的政策含义是：如果政府不干预银企借贷，则银行与企业就软化预算约束达成的均衡，即 $(K_1+P\times K^*)$ 将被市场认为是合理的信贷规模，此时尽管银行系统会由于种种原因出现坏账，却并不会影响投资者的信心。此均衡保证了健康的金融微观基础，故此时的时间不一致性不会导致信贷膨胀，汇率自然就没有崩溃的压力。

3. 政府充当责任归属者时的信贷扭曲膨胀。

上述均衡是在没有政府干预的市场中达到的，企业和银行为了追求自身利益的最大化做出的决策面临的是硬预算约束。一旦政府介入了金融资源的配置过程，并为企业提供政府隐含担保（implicit governmental guarantee），则银行和企业决策时面临的约束条件均将改变，均衡的结果也随之而改变。这些改变在逻辑上是显而易见的：从企业角度观察，企业预期将得到政府的"父爱主义"扶持时，在投资上倾向于选择收益更大、风险也更大的投资项目，而被排斥在政府隐含担保之外的其他企业则在一定程度上从金融市场上被"挤出"，从而加大银行系统的风险。从银行角度观察，银行预期到政府不会在企业面临债务危机时袖手旁观，来自于企业的坏账可以由政府来承担，故银行将扩大对特定企业的贷款规模。虽然上述微观主体的行为仍然是在追求自身效用最大化的过程中做出的，但预算软约束无疑将使得均衡偏离市场硬预算约束时的最优解。继续建模型如下：

（1）假定企业在第一期投资失败，项目为"坏项目"时，企业将求助于政府。政府从第二期开始干预金融资源的配置，为企业提供银行再贷款的担保。在银行得到政府为企业融资的或明或暗的担保后，理性的行为应该是减少自己监督的努力程度（以减小成本），在模型中表现为监督成本函数中 m 的减小。设在政府担保后，银行

的成本函数变为 $C = m'K_2^{\alpha}$,其中,$m' < m$,则银行追求利润最大化的一阶条件可以重新写作:$\pi' = \dfrac{R^e}{\overline{K}} - \alpha m' K_2^{\alpha-1} = 0$。

解之得:$K_2^{*\prime} = \left|\dfrac{R^e}{\overline{K}m'\alpha}\right|^{\frac{1}{\alpha-1}}$,显然,$K^{*\prime} > K^*$。

因此,在政府提供担保后,银行对企业的再融资要大于无政府干预时的再融资,其原因在于银行监督成本的减小。但需要特别说明的是,在这里监督成本的减小表现为一种"事后的有效",即在贷款已经发生后的监督成本的减小,而不是在贷款发生之前寻求信息成本减小的"事前有效"。事后有效给银行带来的是软预算约束,刺激银行将贷款的规模扩大到最优贷款规模之上;而事前的有效则是促使银行将贷款规模增加到最优水平。正如 M. Dewatripont 和 E. Maskin 早期指出的那样,预算约束的软和硬,本质上是事前的有效和事后的有效之间的替代。如果再进一步看,我们就会发现,事后有效对事前有效的替代实际上是政府隐含担保对市场风险的替代(M. Dewatripont 和 E. Maskin,1990)。然而,这种替代不仅不能改变在第一期企业投资成功的概率,反而在第二期对企业进行了过度的贷款,我们设之为 ΔK_2,则有:

$$\Delta K_2 = K^{*\prime} - K^* = \left|\dfrac{R^e}{\overline{K}m'\alpha}\right|^{\frac{1}{\alpha-1}} - \left|\dfrac{R^e}{\overline{K}m\alpha}\right|^{\frac{1}{\alpha-1}} = \left|m'^{\frac{1}{1-\alpha}} - m^{\frac{1}{1-\alpha}}\right|\left|\dfrac{R^e}{\alpha}\right|^{\frac{1}{\alpha-1}}\overline{K}^{\frac{1}{1-\alpha}}$$

令 $\left|m'^{\frac{1}{1-\alpha}} - m^{\frac{1}{\alpha-1}}\right|\left|\dfrac{R^e}{\alpha}\right|^{\frac{1}{\alpha-1}} = A$,则上式可以简化为 $\Delta K_2 = A\overline{K}^{\frac{1}{1-\alpha}}$。

如果我们再进一步假设,银行认为第二期的信贷额度上限 $\overline{K}$ 不会超过第一期的贷款额,那么,就可以认为 $\overline{K} = K_1$,则上式可以写成 $\Delta K_2 = AK_1^{\frac{1}{1-\alpha}}$。显然,政府介入后所导致的预算软约束可以引发一个信贷膨胀 ΔK_2,但这不过是信贷扭曲膨胀的第一波。

(2)对于追求自身利益最大化的企业来说,它们不会把 ΔK_2 的贷款用于这个"坏项目",因为根据我们在第一步中的讨论,实则只需资金 K^*,企业家就能完成此项目并获得收益 R_f',所以企业会把意外获得的 ΔK_2 挪作其他用途的新增投资;可以预料新的投资 ΔK_2 会引起新一轮的超额贷款,我们不妨设为 ΔK_3,则有:

$$\Delta K_3 = A\Delta K_2^{\frac{1}{1-\alpha}},\quad \Delta K_4 = A\Delta K_3^{\frac{1}{1-\alpha}},\quad \cdots\cdots \text{直至}\ \Delta K_n = A\Delta K_{n-1}^{\frac{1}{1-\alpha}}。$$

从以上各式中可以推导出一般项：$\Delta K_n = A^X K_1^Y$。

其中，$X = \sum_{i=0}^{n-1} \left|\dfrac{1}{1-\alpha}\right|^i$，$Y = \left|\dfrac{1}{1-\alpha}\right|^{n-1}$，

对 ΔK_n 两边取对数可得：

$\ln \Delta K_n = X \ln A + Y \ln K_1$

$= \dfrac{\alpha-1}{\alpha}\ln A + \left|\dfrac{1}{1-\alpha}\right|^{n-1}\left|\ln K + \dfrac{1}{1-\alpha}\ln A\right|$。

因为 $\alpha > 2$，所以当 $n \to +\infty$ 时，$\left|\dfrac{1}{1-\alpha}\right|^{n-1} \to 0$，$\ln \Delta K_n \to \dfrac{\alpha-1}{\alpha}\ln A$。

至此，我们不难理解，预算软约束的起因是企业缺乏在竞争性市场中的自生能力，而自生能力的匮乏则又往往和企业不恰当地承担着许多政策性负担（policy burdens）有关；这些负担是内生于转轨前的旧体制之中的，因此政府进行干预、隐含地充当预算软约束的责任归属者就十分自然。但这就使得银企之间的信贷行为成为一种事后可重新谈判的、事先不完全的合约安排，并且扭曲了微观信贷风险，银行和企业的均衡状态是一种信贷扭曲膨胀的均衡。信贷膨胀规模决定于预算约束软化的程度，其规模恰好是政府隐含担保对一系列扩散的信贷增量 ΔK_n 的风险贴水。

三 微观信贷膨胀和金融危机的宏观过程

1. 对 Flood-Garber 模型的修正。

由上可见，在政府基本垄断金融资源的集中性金融体制中，只要存在预算软约束，就会导致信贷扭曲膨胀。为了保持推导过程的简洁，此处我们直接将微观信贷膨胀嵌入第一代金融危机模型的宏观分析中。P. Kugman 在其第一代金融危机理论中提出了宏观经济政策不协调的金融危机理论，R. Flood 和 P. Garber 随后对 P. Krugman 的模型作了线性化处理，该模型由如下方程式构成：

$$\dfrac{M(t)}{P(t)} = a - bi \tag{1}$$

$$M(t) = R(t) + D(t) \tag{2}$$

$$D(t) = u \quad u > 0 \tag{3}$$

$$P(t) = P(t)^* e(t) \tag{4}$$

$$i(t) = i^*(t) + \frac{\Delta e(t)}{e(t)} \tag{5}$$

其中，(1)式表示货币市场的均衡，$\frac{M(t)}{P(t)}$表示实际货币供给，$a - bi$表示实际货币的需求，a、b 为正的常数；(2)式表示货币供给由国内信贷和外汇储备构成；(3)式表示国内信贷持续线性膨胀；(4)式表示购买力平价，$P(t)$表示本国物价水平，$P(t)^*$表示外国物价水平，$e(t)$表示由购买力平价所决定的均衡汇率（影子汇率），以直接标价法表示；(5)式表示无抵补利率平价，$i(t)$和$i^*(t)$分别表示本国和外国的利率，$\Delta e(t)$表示汇率的变动率。我们进一步假定本国为开放的小型经济，则$P(t)^*$和$i^*(t)$可以看做给定不变的量。同时我们设$\bar{e}$为政府所要维持的固定汇率，在期初，有$\bar{e} = e(t)$。上述模型中，为了导出影子汇率和官方固定汇率之间偏离的积累和汇率崩溃，信贷膨胀被作为线性化前提之一。在第一代危机模型中，这被宏观地假设为：一国固定汇率制面临的问题，源于为弥补政府不断扩大的财政赤字而过度扩张的国内信贷，而这些公共部门的赤字又持续"货币化"，因此诱发了信贷持续膨胀。这样的宏观假定显然缺乏说服力，因为实施固定汇率制的经济体并不总是有显性的财政赤字。引入预算软约束，则上述线性前提完全可以建构在更可信的微观基础之上。我们可以就预算软约束导致信贷扭曲膨胀进行深一步的再讨论，即对ΔK_n的时间序列特点作分析：

$$\ln \Delta K_n - \ln \Delta K_{n-1} = \ln \frac{\Delta K_n}{\Delta K_{n-1}} = \ln \left| 1 + \frac{\Delta K_n - \Delta K_{n-1}}{\Delta K_{n-1}} \right| \approx \frac{\Delta K_n - \Delta K_{n-1}}{\Delta K_{n-1}}$$

$$= \left| \left(\frac{1}{1-\alpha} \right)^{n-1} \frac{\alpha}{\alpha - 1} \right| \ln K + \frac{1}{1-\alpha} \ln A \Bigg| = u$$

其中，u 表示每一期超额贷款的增长率。我们可以发现，当 n 较小时，u 随 n 值的不同而有波动；当 n 较大时，u 接近常数，每一期的超额信贷增速趋于相等。所以，一国持续存在预算软约束时，的确可以把国内的信贷的持续增长率看做是常量。即 R. Flood 和 P. Garber 模型中给出的(3)式不必要是外生宏观假定，而可以是预算软约束内生的微观结论。

从上述五个式子中我们可以导出影子汇率与货币供应量之间的线性关系：

$$e(t) = \beta_1 + \beta_2 M(t) \qquad (6)①$$

（6）式表示影子汇率值和货币供应量之间成正比例的关系，这个等式表明了这样的含义：如果政府要在外汇储备不变的条件下使影子汇率等于官方汇率，就必须保持货币供应量不变。② 影子汇率的变动将增加汇率贬值预期，原因在于预算软约束带有不完整合约或事后可再安排合约的含义，所以明显削弱了债务的约束作用，模糊了企业破产的边界约束，更扭曲了银行信贷的责任归属。在集中型金融体系中，由于银行破产将导致挤兑等外部不经济性，所以政府不能不行使其隐含政府担保，最终充当此事后的银行最后贷款人角色（E. Maskin 和 J. Tirole，1999）。我们设 DV 为人们对货币的预期贬值率，则有：

$$DV = \frac{e(t) - \bar{e}}{\bar{e}} \qquad (7)$$

当汇率的预期贬值程度超过一定的界限 θ 时，就会引发资本外逃，设 K_F 为资本外逃的数量：

$$K_F = \begin{vmatrix} 0 & DV < \theta \\ K_F(u) & DV > \theta \end{vmatrix} \qquad (8)$$

一般来说，资本外逃的规模由多种因素决定，如一个国家的政治制度、宏观经济状况、战争、突发事件等等。为解释微观的预算软约束如何演变为宏观的金融危机，在本模型中，我们将资本外逃的规模简化为仅仅考虑银行系统信贷膨胀速度 u 的函数，且有 $\frac{\partial K_F}{\partial u} > 0$。

---

① 其中，$\beta_1 = \frac{ubp^*}{p^{*2}(a-bi^*)^2}$，$\beta_2 = \frac{1}{p^*(a-bi^*)}$，具体推导过程从略。

② 当然，上面的结论是在产出不变的暗含假定中做出的；如果产出按一定的比例增长，则货币供应量也应该按该比例增长。同时，如果外国货币供应量也在增长，则为维持汇率不变，本国的货币供应量也应该与外国货币供应量同比例增长。在以下的论述中，我们都假定本国产出和外国货币供应量不变，这并不会显著影响分析的基本结论。

2. 金融危机的爆发过程及其延缓

至此，我们可以简要地分析危机爆发的整个过程了。从下图1中我们可以看出，危机分为三个阶段：

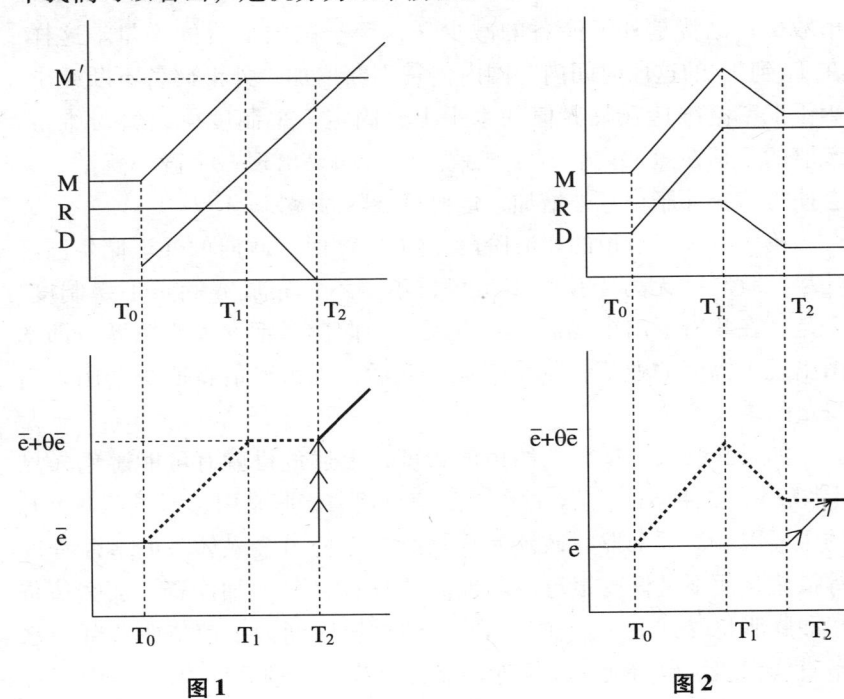

图1   图2

第一阶段：危机的酝酿过程。 在 T_0 之前，影子汇率等于官方汇率，国内信贷从 T_0 开始膨胀。在从 T_0 到 T_1 的过程中，我们假设外汇储备保持不变，则根据（2）式，货币供应量将与国内信贷以同样的速度膨胀。又由（6）式得，影子汇率也与国内信贷量以同样的速度上升，但此时影子汇率上升给人们带来的贬值预期还没有达到临界值 θ，即 $e(t) < \bar{e} + \theta\bar{e}$，所以大规模的资本外逃还未发生，外汇市场上没有冲击发生，政府也不会进入市场进行干预，但预算约束软化得越严重，危机酝酿的过程就越短。

第二阶段：危机的爆发阶段。 到 T_1 时刻时，影子汇率达到了临界值 $(\bar{e} + \theta\bar{e})$，人们对本币贬值的预期到达巅峰，理性投资者开始抛售本币持有外币，同时资本开始急剧外逃。政府为了维持固定汇率制度，从 T_1 进入外汇市场开始抛售外币收回本币。政府的操作目标是保持货币供应量不变,从而使得影子汇率不会超过临界值。如果这段时间国内信贷膨胀不变的话,则政府在外汇市场上的操作就会引发国内信贷和外汇储备的互相替代,即政府从市场上收回的本币数量,也就是外汇储备的减少量,等于国内信贷的增量。这样,在 T_1 到 T_2 的这段时间内,国内信贷不断增加,外汇储备不断减少,影子汇率值维持在临界值的水平上,固定汇率制度得以暂时维持,政府的干预在短期内收到了成效。此时如果出现一个微小扰动,就会使得信贷膨胀率意外增加,危机可能随时爆发。

第三阶段:货币的崩溃阶段。到了 T_2 时,政府的外汇储备已经耗尽,政府已无力干预外汇市场,不得不宣布放弃固定汇率制度。于是,在政府退出市场后,官方汇率会向影子汇率发生跳跃,即本币出现大幅度的贬值,货币崩溃。此后,货币贬值将取决于国内信贷量的增长率。

如果我们改变预算软约束的程度,上述危机就有可能避免(见上图2)。如果政府在 T_1 时意识到信贷扭曲膨胀是引起影子汇率上升的主要因素,并采取财政赤字显性化、放松对金融体系的垄断程度等措施,而不是任由银行不断地向"坏项目"追加注资,那么信贷扭曲膨胀将受到遏止。在 T_1 到 T_2 的这段时间内,信贷曲线降为水平直线,表示政府通过预算赤字显性化或硬化预算约束来控制信贷。这时从 T_1 时起资本开始急剧外逃,导致外汇储备和货币供应量的减少以及国内价格水平的下降,影子汇率也随之下降。当影子汇率下降到一定的幅度时,人们对本币的贬值预期发生逆转,从而停止放弃用本币兑入外币,结果,影子汇率将在 $e(t)'$ 的位子上达到均衡。但应注意的是,尽管这种避免危机较之爆发危机要好些,但这种均衡是非稳态的,此时仍然存在着官方汇率和影子汇率的缺口,也就是说,本国货币仍然有遭受到冲击的可能性。要从根本上避免将来再次爆发危机,必须从根本上清理引发预算软约束的旧集权体制。

四 预算软约束和金融危机:进一步的经验分析

1. 预算软约束和亚洲金融危机。

至此,我们不难看出,预算软约束将导致信贷扭曲膨胀,而信贷扭曲膨胀最终可能成为引发金融危机的导火索。对于许多新兴市场国家尤其是强政府干预性的国家而言，预算软约束的存在，使得控制国内信贷的膨胀成为一件非常困难的事情。这一观点在亚洲金融危机中得到了证实（F. Mishkin，1999）。长期以来，东南亚各国政府大量介入金融资源的配置过程，形成了政府和企业的"合伙制"。然而，随之而来的却是银行信贷扩张，并倾向于将金融资源配给在政治集团中的强势群体而非最有利的投资者。随着银行不良贷款的增多和企业拖欠贷款的不断上升，就会产生所谓的"裙带资本主义"（crony capitalism）。上述过程可以用一个简明的逻辑思路来概括：政府的干预造成银行的过度放贷，银行的过度放贷削弱了人们对本国经济的信心，信心的减弱提高了该国经济的风险贴水，风险贴水所导致的利率上升加剧了企业的负担，并导致企业的亏损或破产，企业的亏损和破产则导致政府的进一步干预，于是预算软约束下的金融危机，也具备自我实现的特征。

亚洲国家中，深受预算软约束困扰并酿成危机的，以韩国为典型案例。从表面上看，从1990年到1996年，韩国国民收入的年增长率为7.7%，固定资产的形成率占GDP的37%，显示了持续发展的势头，且通货膨胀率维持在6.6%。这表明仅从宏观面上分析我们很难得到危机预警的信号，但从预算约束的软化程度来看，已然危机四伏。20世纪90年代初以来，韩国政府就颁布了一系列的计划来放松对银行间接融资的管制。到1996年，在KSE（Korea Stock Exchange）所列举的韩国公司中，平均的资产负债率超过了300%，并且绝大部分企业的投资属于"坏项目"。银行信贷扭曲膨胀的原因正在于软的预算约束和政府隐含担保。不但如此，政府还对银行进行援助，以保障银行能够为韩国公司提供源源不断的信贷支持。其突出表现为韩国中央银行（BOK）持续向韩国商业银行提供大规模的再贷款，以补偿这些银行因向亏损企业贷款所形成的坏账。按照前文模型的结论，软预算约束导致信贷扭曲膨胀，信贷扭曲膨胀引起不良贷款的积累，最终会带来资本的外逃和通货贬值。在整个20世纪90年代，韩国资本外流甚至超过了资本流入（The World Bank，2000）。

2. 预算软约束的普遍性和企业边界。

预算软约束普遍存在，亚洲并不是特例，世界银行 1996 年的一份政策报告表明，发展中国家的国有企业普遍存在预算软约束。在约 50 个发展中国家中，1971—1991 年间国有企业产值在 GDP 中的比重为 10.7%，而对它们的投资在国内总投资中的比重达到了 24.1%。发展中国家自 1970 年代初开始了对国有企业部门的改革进程，如智利于 1974 年，土耳其于 1980 年，韩国于 1982 年，墨西哥、加纳于 1983 年，印度于 1985 年，菲律宾、塞内加尔于 1986 年，埃及于 1990 年，各自开始对国有企业进行改革。但脱离了硬化预算，具有政策性负担的国有企业难以培育出自生能力。发展中国家国有企业的软预算约束表现在各个方面，如政府的直接补贴、拨款，给予其以土地使用、税收、外汇方面的优先权，以及债务延期、政府担保贷款和政府对国有企业产品的价格支持等。在埃及、加纳、土耳其、塞内加尔等国，均存在着严重的预算软约束现象（The World Bank, 1996）。

普遍存在的软预算约束将使得企业边界模糊不清。亚诺什·科尔奈认为，"当一个经济实体（企业、家庭等）的收入和支出之间的紧密联系变松时，软预算约束便产生了，因为支出可以由其他的机构来支付，其中最典型的便是家长式的国家"。鉴于 Alchian—Demsetz—North 等均强调产权的发展旨在使"外部性内部化"（market externality internalizing），因此，"硬预算约束"在"使外部性内部化"方面等同于明确的产权界定。而科尔奈把软预算约束定义为一个经济实体希望其他机构为其支付费用，这意味着产权未被明确地界定。从这个角度观察，不仅国有制会导致软预算约束，它也深植于任何一种形式的现代经济中。放任自流的直接后果只能是金融危机。只有很鲜见的文献认为预算软约束有积极意义。例如，对负债经营的生产企业而言，通货膨胀预期是一种"软预算约束"预期，通货膨胀可以减少企业的实际还贷。鉴于货币政策的目标不应是代价昂贵的零通货膨胀，而应是"谨慎的扩张"（cautious expansionism），这或可视作政策性"软预算约束"是好事的例外（J. Stiglitz, 1994）。另外，也有将预算软约束看成是不完全市场下的次优选择（崔之元，1999）。

3. 预算软约束和危机防范的简要讨论。

在讨论预算软约束的刚性化和必要的危机防范时，必然要结合预算软约束的内在根源。在此我们简约分析如下：(1) 预算软约束和政策性负担密切相关。林毅夫等指出，企业之所以约束软化，和其政策性负担密切相关。如政府希望通过企业增加就业、实行管制价格等，除非这些政策性负担的扭曲程度和对企业的损失函数很容易计量，否则预算软约束现象将在任何类型的经济中出现，承受政策性负担的企业自然有理由要求软化预算约束作为抵补。因此，要消除企业的预算软化及其对破产规则和边界界定的影响，形成企业的自生能力，就必须根据财政能力逐步减除企业的政策性负担（J. Lin，F. Cai 和 Z. Li，1998）。(2) 预算软约束和集中性金融体系密切相关，否则政府就不可能既通过银行为特定企业提供融资，又为此部分融资附加明示的或隐含的贷款担保。这样，银行管理者既愿意试图通过不断对坏项目追加投资，曲折地对不良贷款进行展期而隐瞒损失，又预期政府不可能不进行危机救助。有调查显示，尽管救助代价高昂（在日本救助成本为 GDP 的 30%，在墨西哥为 27%），但在 104 家陷入流动性困境的银行中，约有 73 家得到救助，只有 31 家被迫清算。因此，银行如果预期普遍的信贷扭曲扩张将迫使政府履行隐含担保，则银行信贷膨胀的道德风险将上升；而政府如果预期银行会如此行事，则可能会放松对银行的监管。因此，除了增加金融体系的竞争性之外，政府应采取"创造性的模棱两可"（constructive ambiguity），即通过随机地对银行进行救助的方式淡化事先的政府担保，来弱化预算软约束所导致的信贷扭曲膨胀（X. Freixas，1999）。(3) 预算软约束和外部融资。危机发生前，许多国家倾向于向国外的组织或者政府借款，如阿根廷就曾在 1981 年和 1995 年分别接受了国外的紧急贷款，来阻止货币的贬值。同样，瑞典政府也曾在 1992 年 9 月向国外借款以维持币值的稳定。但是这样的举措仅仅会使外汇储备曲线和货币供应量曲线同时向上移动，从而推迟危机爆发的时间而已，只要国内信贷不停止膨胀，危机总会要爆发的。借款是否有效的关键在于，政府能否利用从国外借款赢得的时间来降低国内的信贷膨胀。如果在这段时间内，政府能够有效地将其降低到一定的程度，则危机可以避免，这时，从国外借款是一种有用的选择；如果政府过分地依赖国外借款，而没有对国内的信贷作出结构性的调整,那么,从国外借款只能是一种资源的浪费。

(原载《经济研究》2001年第8期)

经济发展是硬道理,社会公正也是硬道理

王绍光　胡鞍钢　丁元竹

王绍光,1954 年生于武汉。

1982 年获北京大学法学学士学位。1984、1990 年分别获美国康奈尔大学政治学硕士、博士学位。1990—2000 年期间任教于美国耶鲁大学政治系。现为香港中文大学政治与公共行政系教授、清华大学公共管理学院长江讲座教授、英文学术刊物 The China Review 主编。1993 年和胡鞍钢合著的《中国国家能力报告》,推动了分税制的改革。

胡鞍钢,1953 年生于辽宁鞍山。经济学家。

1982 年毕业于唐山工学院并获工学学士学位。1988 年毕业于北京科技大学并获工学硕士学位。1988 年在中国科学院自动化所获博士学位。1991—1992 年在美国耶鲁大学经济系进行博士后研究。1993 年在美国 Murray State University 经济系做访问学者。1997 年在美国 MIT 人文学院做客座研究员。1998 年在香港中文大学经济系做客座研究员。2000 年在日本庆应义塾大学公共管理学院做访问教授。2001 年在美国哈佛大学肯尼迪政治学院做访问教授。2003 年初在法国社会科学与人文学院中国研究中心做访问研究员。2004 年 1—2 月在世界银行发展研究院做合作项目研究。现任中国科学院—清华大学国情研究中心主任、清华大学公共管理学院教授。其编辑出版的《国情报告》专供省部级领导参阅,迄今已编印 500 多期。

主要著作有《中国国家能力报告》、《中国经济波动报告》、《中国地区差距报告》、《就业与发展——中国失业问题与就业战略》等。

丁元竹，1962年生于山东日照。

1988年毕业于山东大学社会学系并获硕士学位。1991年毕业于北京大学社会学系并获博士学位，师从著名社会学家费孝通教授。1993—1995年期间赴加拿大蒙特利尔大学做博士后研究。1999—2001年间在美国匹兹堡大学国际发展研究中心做高级访问学者。现任国家发展与改革委员会宏观经济研究院经济社会研究所研究员、联合国人口基金研究委员会委员，兼任北京大学、中国人民大学、浙江大学、中央民族大学等大学教授。

主要著作有《社区研究的理论与方法》、《社会安全网再造》、《志愿服务在中国》、《志愿活动研究：类型、评价与管理》等。

经济繁荣并不必然或自动导致社会稳定。从中国历史来看，严重的社会危机往往发生在经济繁荣期；从许多发展中国家的经验看，不公平、不公正的增长可能突然因社会危机而停滞、衰退甚至崩溃。

在过去24年里，中国创造了世界经济增长的奇迹。尤其是1997年以来，在亚洲金融危机的阴影里，我国经济仍保持了较高的增长速度。即使是在目前世界经济衰退的情况下，虽然面临种种不利因素，我国经济增长的势头也没有停下来。但就是在宏观经济稳定、GDP持续增长的背景下，目前我国各类不稳定因素却大幅度增加，例如过去五年受理的劳动争议案件年平均增长30%以上，几乎每三年翻一番。又如，1996年底我国传统民政"三无人员"只有50万人，到1997年底我国最低生活保障人员（简称低保对象）达到89.2万人。据民政部最新统计，到2002年1月底，全国享受低保人数达到1 235万人，比2000年年底增加了2倍，其中90%以上是困难职工和失业家庭成员。全国应该纳入而没有纳入低保范畴的仍有约500万人。2002年1月我国城镇低保人数是1997年底的近14倍。这些社会指标增长率都大大超过经济增长率。一个十分流行的主流派的观点是"发展万能论"，主张"靠发展解决一切问题"。这里的"发展"实际上是"增长"，与经济学和社会学的发展观相差甚远，是典型的"增长至上论"。很明显，希望用经济增长来解决社会不稳定问题既不现实，又不会达到社会稳定的目标。

正如上述所言,中国一直是世界上经济增长最快的国家之一,但中国社会的不稳定因素也显著增加。为什么我国的经济高增长并没有带来民众的安全感,人心稳定和社会稳定呢?原因很简单,并不是所有的增长都会带来社会稳定。各类的历史经验告诉我们,只有公平增长才会带来社会稳定,不公平的增长则往往带来社会不稳定甚至是社会动荡。不幸的是,1990年代以来我国的经济增长越来越像是"无就业增长"、"不公平增长",结果,下岗失业和收入分配不公变成了社会不稳定的根源。

市场力量和市场机制必然自发地导致收入差距扩大和各个阶级分化,只有政府有意愿或有意识地主动地在社会公平分配收入和财富,才能抑制和缩小收入差距,纠正社会不平等和社会不公正,真正实现国家的长治久安。从这个意义上看,政府的职能不是直接介入市场经济活动本身,而是创造良好、公平的市场环境;不是优惠部分人或地区,歧视其他人和地区,而是维持和保证公平竞争的统一市场。在过去一段时间里,政府的"以经济建设为中心"的指导方针和"使一部分人先富起来"的政策都或多或少地加速了这种分化,而没能抑制这种分化的形成和扩大。无论是对经济体制的选择,还是对发展策略的选择,我们都自觉或不自觉地默认甚至鼓励了阶级分化。现在到了必须反思我们增长模式的时候了。

否则,阶级分化只会进一步加剧,甚至有可能导致阶级间你死我活的斗争。那时候才认识到公正的重要性则为时晚矣!稳定是压倒一切的基础。古今中外的历史经验告诉我们,没有社会公正,而用其他方式实现长治久安无异于缘木求鱼。

另外,我们必须正视经济增长放缓甚至出现经济衰退的可能性。早在一百多年以前,托克维尔就注意到,社会大动荡往往不是发生在经济长期停滞的地方,而是发生在经历了经济增长的地方。根据他的观察,最可能发生动荡的时刻是经济停止增长、开始出现下滑的那个拐点。法国革命正是发生在这样一个时刻。后来,研究革命和动荡的学者把与托克维尔类似的观点称之为"倒J"假设。他们找到了很多证明"倒J"假设正确的证据。

为什么发展中国家在经济全球化或对外开放过程中容易产生社会不稳定呢?哈佛大学肯尼迪政府学院国际经济学教授丹尼·罗得

瑞克（Dani Rodrik）在总结东亚金融危机的教训时提出了一个重要的公式：经济增长/外部冲击/潜在社会冲突、0 冲突管理机构。该公式表明：（1）外部冲击对一国或地区的经济增长产生负面影响，而外部冲击如亚洲金融危机、石油危机或世界经济衰退均属于不可预测、不可控制的随机事件；（2）潜在的社会矛盾越多，冲突越大，外部冲击对经济增长的负面影响就越大，例如收入差距越大、社会收入分配越不平等、民族矛盾越剧烈，那么经济增长下降的幅度就越大，社会分裂的可能性就越大；（3）在给定的外部冲击和现存的社会矛盾状况下，社会管理机构越脆弱，其调节社会矛盾的能力越低，在全社会进行公平分配的意愿越小，人民广泛参与政治民主和利益表达的机会越少，弱势群体就越容易受到忽视，一旦遇到经济动荡和外部冲击，就会加剧原有的社会矛盾和冲突，对经济增长的负面影响也就越大。这正是许多发展中国家在经济全球化过程中社会不稳定、社会动荡不止、政府不断更迭的原因。最近的一个典型案例是，经历了长达 30 多年的高速经济增长，但社会却越来越不平等、政治越来越腐败的印尼苏哈托政权在受到亚洲金融危机冲击后垮台了，这个民族国家在危机中走向混乱，GDP 下降了 20% 以上。

目前，我国经济增长的外部环境十分不利。依靠广大的内部市场，我国经济应该能够维持一定的增长速度。但凡事需做最后打算，未雨绸缪才能防患于未然。一旦经济增长大幅放缓，或者外部挑战强烈冲击，就很容易引起中国内部社会矛盾冲突，如果不能及时处理，或者受外部干预，就会形成全局性的突发性事件，不排除类似印尼事件的出现。

已经有学者强烈意识到，中国可能将发生严重的社会危机。例如中央党校的周天勇教授早在 1999 年就发出严重警告，未来 10 年，中国发生社会不稳定状态的可能性要比过去 20 年大得多，国民经济因社会不稳定而突然陷入负增长的概率也较高。他指出，当金融体系崩溃，失业和下岗劳动力人数太多，城镇日益扩大的贫困阶层的不满情绪不断高涨，社会将陷入动荡状态，国民经济将因负增长而蒙受巨大损失。

我们认为，不能简单用加速经济增长的方式来化解这些不稳定因素。我们的分析表明，社会分配不公平是不稳定的终极根源。因此，遏制分配不公平、纠正社会不公正现在已经不仅仅是一个社会伦理问题，而是危及社会稳定的社会问题及国家政权合法性稳定的政治问题。经济发展固然是硬道理，社会公正也是硬道理。

（原载《战略与管理》2002年第3期，原文标题为"经济繁荣背后的社会不稳定"，此处节选自其中的"结论"部分）

腐败与反腐败的经济学思考

吴敬琏

吴敬琏简介如前第 567 页。

我国目前的腐败现象,其表现形式多种多样,分析它们的源头,从经济方面来说主要有三个:一是利用行政权力干预市场活动,进行权钱交易。二是利用转轨时期财产关系的调整和变化,将公共财产掠为己有。三是利用市场体制的不完善、不规范,用各种违法违规手段牟取暴利。这三种腐败活动都与权力有关。在从计划经济到市场经济的转轨时期,权力制衡机制往往没有能够及时建立起来,某些人就可以利用不受公众约束的权力来谋取私利。

一 当前腐败现象产生的根源

(一)利用行政权力对市场活动的干预谋利

在转轨时期的经济生活中,存在着两种主要的经济机制:一种是市场机制;一种是权力机制。渐进转轨的特点在于,这两种机制是扭结在一起的。于是某些人就可以利用干预市场的权力谋取私利。对于这一类腐败行为,曾经出现过几次热烈的讨论。

第一次讨论是在 20 世纪 70 年代末 80 年代初,当时腐败的热点问题是所谓"全民经商"。这里讲"全民",是言其多也,并不是真的全体人民都在经商,事实上只是少数与权力有关的个人和人群才得到了经商的特权。在计划经济时期,所有的工业、商业都只能由国家办。在这种情况下,政府可以人为地把农业生产的粮食、棉花、原材料价格压低,在工业里又把上游产品的价格压低,这样就把农业和上游工业的利润挤到了下游工业，最后再挤到商业里。商业的国有垄断程度最高（这是在对资本主义改造时就已经形成的格局），所以国家可以在这个环节上把利润全部拿到自己手里，去派作各种用途。所以商业部门是一个盈利很高的部门。改革开放以后，开始允许机关、事业单位办一点自己附属的商业，解决子女从农村回城的就业问题和为职工发放奖金和津贴。由于商业的利润很高，谁能得到办服务公司或者开商店的许可，谁就可以赚不少钱，于是形成了"工农兵学商，一起来经商"的热潮。这在南方地区尤为突出。这在社会上引起很多反应，说这是腐败现象。过了一段时间，随着商业向社会开放，再加上领导采取一些措施规范机关办的商业，社会上议论就少了，最终没有引起太大的波动。

第二次讨论是在20世纪80年代中期，讨论的热点是一种新的现象：开始的时候议论的对象叫"倒爷"，后来集中到有权力背景的"倒爷"即"官倒"身上。所谓"倒"，就是在当时存在的计划分配渠道和市场流通渠道之间倒腾商品，赚取利润。在计划经济时期，所有的重要物资都是由国家按计划价格（调拨价）统一调拨的。改革开放以后，企业有了一定的自主权，企业超计划的产品可以不按计划价格而是按照市场的协议价格自行出售。同一种产品的市场价格往往比计划调拨价格高很多。这就带来了"双轨价格"的问题。到了1985年，"双轨价格"变成了一种正式的制度。比如说，那时候钢材的计划价格只有市场价格的二分之一，如果有人能拿到调拨钢材，然后把它拿到市场上去出售，就赚了一倍的利润。但是没有权力，一般人是拿不到调拨物资的指标的。所以，能够靠从事这种倒卖活动赚大钱的人多数都是"官倒"。

对于"官倒"现象，当时有两种对立的看法：一种意见来自计划经济思想保留得比较多的人。他们认为腐败是一种旧社会才有的丑恶现象，它之所以又出现在我们的社会中，是因为市场取向的改革促成了人们追求财富、金钱的贪欲。他们认为，应当纠正改革的方向性错误，不应该强调货币和市场的作用，而应当强调计划和纪律。持有另一种观点的人们虽然承认市场作用的增大、货币作用的提高会使人的贪欲程度提高和腐败行为增加，但是他们强调，如果不开放市场，不强调货币的作用，那么我们的经济就搞不好，整个国家富不起来。所以，为了经济的发展，应该忍受腐败。他们说，腐败的扩散是为发展经济所不能不付出的成本，不应该为了保持道德上的纯洁性而牺牲经济发展的根本利益；其中有的人甚至说，计划经济是一部生了锈的机器，要让它运转起来需要润滑剂，腐败就是这种润滑剂，它能够降低交易成本，所以不要大惊小怪，要为了发展经济的利益容忍腐败。

除了上面这两种观点，还有一部分比较熟悉现代经济学的经济学家认为这两种观点价值观虽然截然对立，但拥有一个相同的理论前提，这就是对金钱的追求造成腐败的蔓延；而这一论断是不正确的。这些经济学家并不认为腐败是跟市场经济直接联系在一起的。他们认为，市场的发展，货币作用的加强，使得人们获得的财富欲望可以不受实物范围的限制。可是，问题并不在于人们获取财富的愿望有多大，要使这种贪欲能够实现，需要一定的社会条件或制度环境。他们引进了一个1970年代发展起来的经济学范畴叫做"寻求租金的环境"来分析这一问题。

租金是经济学早就有的一个概念，它指由于供给弹性不足导致的稳定的超额利润，如地租、房租等等。在一般行业中，由于没有进入障碍、供给弹性充足，哪里有超额利润，大家就都去干，价格就跌了下来，超额利润也就随之消失了。但是，如果像农业那样，由于现有土地已经掌握在土地所有者和经营者手中，不可能随便进入，超额利润就会保持在那里，转化为地租。所以马克思说，绝对地租是由所有权垄断产生的，级差地租是由经营权垄断产生的。20世纪70年代，西方一些研究第三世界国家的发展经济学家和研究发达国家的政治经济学家发现，不只是产权垄断可以形成进入障碍，行政垄断一样可以形成进入障碍，产生租金。例如，发展中国家常常有某些可以获得高额利润的特殊出口产品。为了保护民族利益，发展中国家通常对出口实行主动配额制度，使超额利润能够保持。但是，配额制度搞得不好就会引起严重的腐败。因为谁能够得到许可证，谁就可以获得租金。为了能够拿到"租金"，人们会去贿赂有权开许可证的人。这种活动叫做寻租活动。1988年，一些经济学家引入了这套理论用以说明"官倒"现象的本质。他们指出，腐败的蔓延并不是源于市场取向的改革，而是源于行政权力对于市场交易活动的干预，即所谓"权力搅买卖"。

"官倒"们的贪欲之所以能够实现，是因为当时存在着一种体制条件，即"双轨制"：一条是计划轨，在这条轨道上运行的调拨物资的价格是低廉的；另外一条是市场轨，在这条轨道上买卖的商品价格是随行就市的。由于转轨经济通常仍然是短缺经济，因此双轨之间有一个很大的价格落差。于是拿到了物资调拨"批文"有权按调拨价购买的人们就可以取得额外的差价收入。"官倒"这个名称表明，一般老百姓虽然没有学过经济理论，但他们从千百次的经济活动中认识了"官倒"这种经济现象的本质。人们发现"倒爷"们并不需要把调拨物资到手再"倒"到市场上去卖，他们"倒"的只是调拨指令、批文，买卖的是权力。当时外汇买卖也实行官价和市场价的"双重汇率"，银行贷款则实行官定利率和市场利率的"双轨制"，这两者也是"官倒"的生财之道。

到了 20 世纪 90 年代初期，商品价格差不多都放开了，从倒卖物资批文寻租已经没有油水了。这时出现了两种重要的生产要素：贷款和土地成为最重要的寻租对象。于是从 80 年代的商品寻租为主转向要素寻租为主。国家银行保持着一种计划经济时期继承下来的把贷款利率定得很低的习惯。90 年代初期一出现严重的通货膨胀，国家银行贷款的实际利率就变成了负数。这时向国家银行借钱实际上不但不用付利息，还拿到了倒贴。比如 1994 年的通货膨胀率是 24%，你借了银行 10 000 元，年利率为 11%。这时由于纸币贬值，借钱时的 10 000 元应该值 12 400 元，结果一年之后连本带利只还了 11 100 元，不但没有付利息，反而赚了 1 300 元。另外一个寻租对象就是土地。当时绝大多数地方都采用协议批租的办法，批多少地、按什么价格批，都由行政领导说了算。有的地方原来已经建立了成熟的拍卖批租制度，这时也改为协议批租。在协议批租的情况下，关系好的或者付了寻租成本的人，就能用很低的价格批到好地，一倒手就发了大财。比如那时的北海市有许多干部陷入其中，公共财富损失不计其数。

租金价值的科学估算，是寻租问题研究的一项重要内容。美国斯坦福大学教授、现任国际货币基金组织的首席经济学家安·克鲁格 1974 年就发表过一篇题为"寻租社会的政治经济学"的著名文章。在这篇文章里,她用一个模型计算了当时世界上最腐败的两个国家——印度和土耳其的租金总额。它们占国民生产总值的比例是7.3%和15%。从那以后,人们把这个比例看成一个国家腐败程度的指标。为什么租金总额占国民生产总值的比例是反映一个国家腐败程度的指标呢?原因是寻租者愿意付出的贿赂金额即寻租成本的上限是租金总额,如果其他条件不变,一个国家用于贿赂的金额的上限愈高,这个国家的腐败程度也愈严重。

仿效克鲁格的做法,中国经济学家胡和立和万安培分别计算了中国1987年、1988年和1992年的租金总额,他们的计算结果令人震惊,数值比土耳其、印度高得多,我国租金总额占国民生产总值的比例在20世纪80年代后期和90年代初期大概是20%到40%。这意味着全国人民一年生产出来的物质财富中有1/3都变成了寻租者和贪官的收入。这才能够解释为什么20世纪90年代初期以来,我国非法流出的资金每年上百亿美元,有些人官不大,却能在国外购豪宅,给家小办"投资移民"。

总之,在市场化改革还没有到位的情况下,通过行政权力分配资源的体系和市场分配资源的体系搅在一起,腐败就在这种体制下流行起来了。这种情况又使一些人进行"设租"、"造租"的活动,即以种种名义加强行政权力对于经济活动的干预,增加行政审批的项目,以便增加"寻租"的机会。这就使腐败活动愈发严重起来。

(二) 利用财产关系的调整来谋求私利

转轨时期是一个所有制结构大变动、利益关系大调整的时期。由于原来公共财产的产权界定就并不明晰,而产权的重新界定是在政府领导下进行的,如果对权力的运用监督不力,有些掌权的人就能够利用手中的权力蚕食或鲸吞公共财产。这构成了腐败产生的第二个重要根源。

财产制度是社会的一种基本制度。在计划经济条件下,在全社会的财产都属于国家所有的情况下,就无须对产权究竟属于何人作出明确界定。改革开放以后,继续保持产权界定不明晰的状况,就有很大的问题。这是因为,改革意味着利益结构和产权关系大调整,而且允许私人占有生产资料，在产权没有明确界定、所有者不在位的情况下由各级官员掌握这种调整，就使某些有权力的人有可能利用权力侵夺公共财产。以下是几种常见的情形：

1. 在国有企业改革中，"老板"不出面，让受雇的经理人员处理企业财产。

在很长一段时间，国企改革的主要内容是对企业的领导人即厂长、经理放权让利。这件事由谁来办呢？通常由放权让利的对象即企业的领导人去主持。于是从这里产生了一个管理学中叫做"自我交易"的问题，也就是说，企业领导人作为所有者的全权代表向自己放权让利，这样，他很容易用损害所有者利益的办法来取得自己的利益。

一种常见的做法是通过多种形式把公共"大金库"的利益输送到企业的"小金库"中去。在改革开放以前，企业的财产都属于国家，资金由国库下拨，利润上缴财政。改革开放以后，允许超计划的部分自营自销，计划外产品取得的收入可以提成建立企业的"三项基金"；另外，企业被允许投资建立自己的"劳动服务公司"、"第三产业"等等。这样，每个企业的财产都明确地分为两个部分：明确属于国家的"国有资产"和属于企业自身的"自有资产"。两部分资产都是由企业领导人掌握的。于是，就出现了各种各样把利益输送到企业"小金库"去的做法。还有些国有大型企业特别是外向型企业，跑到高风险、高回报的国际期货市场上做交易，赔了的时候算公家的，赚了算"小金库"这边的。

还有一种手法是通过下属机构侵占公共财产。企业原来办"劳动服务公司"或者"第三产业"本来是因为子弟下乡回城，没有工作，用来安置这些人员。后来有人从这里摸出了一些门道，找几个亲信办一个下属机构，利益往那里输送。因为主体企业的领导人是所有者的全权代表，他们如果搞"得益输送"，不论是输送给"小金库"，还是装进自己的腰包，都不会有大的障碍。于是投资举办下属企业成为国有企业的一种风尚。

在进行"股份化"时向企业"内部人"和上级机构领导人私分或低价发售"原始股"也是瓜分公共财产的一种办法。

2. "放权让利"的企业改革思路存在很大的缺陷。

国有企业问题的根源在于企业制度缺乏效率，但在很长的时期中，我们没有对症下药，用明晰产权、制度创新来解决问题，而是一味向企业"放权让利"，希望用这种方法调动他们的积极性，以便改善企业的经营。"放权让利"所采取的"企业承包"、"授权经营"、"授权投资"等办法存在很大的弊端。在国有企业改革中，我们采用将"经营权"（实际上是企业的部分产权）授予"企业"（实际上是它的领导人）的"企业承包制"，就更容易滋生腐败。现代经济学认为企业产权包含剩余控制权和剩余收入（利润）索取权两项基本内容。企业承包制的实质，是所有者（发包人）放弃了自己在承包期间的控制权和承包基数以上的利润索取权，使受雇用的代理人（承包人）变成了真正的产权主人，以至于人们普遍把国有企业的经理人员看作企业的"老板"。所有者和经营者之间的这种职能混淆，造成了国企腐败和经理人犯罪的巨大温床。像"三等人搞承包，吃喝嫖赌全报销"一类事情已经司空见惯，至于首钢这样"承包为本"的样板企业屡屡出现大的贪污盗窃案件也就变得毫不奇怪了。

企业承包制后来发展成为一种名叫"授权经营"的正式制度。1988年，《全民所有制工业企业法》把所有权与经营权的分离解释为国家的所有权与由国有企业厂长经理代表行使的对企业财产的占有、使用和处分权的分离，这就为作为雇员的企业厂长经理按照自己的利益与意志处理企业财产提供了某种法律上的依据。

一个著名的事例，是湖北长江动力集团总公司的于志安事件。于志安曾经参加过辽沈战役，荣获"五一"劳动奖章和各种各样的模范称号。他不但集长江动力集团的党委书记、董事长、总经理于一身，而且是长江动力集团公司的"授权经营者"。这家公司在海外有18家企业。1995年5月，于志安偷偷地跑到菲律宾，把当地一家子公司卖了，收入变成自己的财产。当有人追问武汉国资局是否负有疏于管理的责任时，国资局的人拿出了国家关于授权经营的法规，于志安作为授权经营长江动力国有资产的法人代表，处置其下属企业法人财产并没有超越有关法规的规定。

3. 改制企业的企业制度不完善，内部管理制度存在巨大的漏洞。

目前对于大多数国有企业来说，企业重组的阶段基本过去了，建立了股份制的企业制度。但许多企业"产权明晰"和"政企分开"的问题并没有得到完全解决,因而漏洞很多。

首先,改制企业一般采取公司制的形式,其中国家股和国有法人股的所有者有明确界定,所以看起来好像是产权明晰的,但是,由于原来的国有企业(有的叫控股公司,有的叫集团公司,有的叫资产管理公司)作为国家授权的投资机构行使国有股股权,而授权投资机构本身作为一个企业,它的所有者并不在位,所有者和经营者之间的制衡关系也没有建立起来,产权实际上是不明晰的,继续存在着内部人控制的情况。在"授权投资机构"所有者缺位和内部人控制的状况下,某些"授权投资机构"领导人就有可能利用手中的权力为自己或为小团体谋私利。其中一种常见的做法,就是作为"授权投资机构"的母公司用拖欠贷款、占有资金等办法"掏空"上市公司的财产,像大庆联谊、猴王股份、济南轻骑等上市企业都被挖空。出现这些问题,最终还是归因于财产关系变动过程中,国家作为公共财产的监护人没有负起自己的责任,没有对受托行使所有者权力的人进行监督。在这种情况下,难免出现公共财产的大量流失。

在所有者缺位的情况下,企业内部的财务控制必然变得松弛。1995年"巴林银行破产事件"发生以后,国际金融界的研究发现,操盘手利森之所以能够得逞,不是因为新加坡政府的外部监管问题。新加坡金融监管机构早就提出了巴林银行的交易行为有问题,但是没有得到纠正。问题出在巴林银行的内部财务控制存在巨大的漏洞。我们知道,金融业面对的是一个风险很高的市场,而它又具有一个特点,越是第一线的操作人员,他的风险和收益就越是不对称:赚了一笔钱,肯定能拿到奖金;而如果赔了,他却不会自掏腰包。所以对操作者来说,总是倾向于从事高风险的交易。为了防止操作人员的这种倾向损害公司的利益,就需要加强内部财务控制,防止高风险暴露。而内部财务控制的最终环节,是所有者对自己财产的保护意识和保护措施。如果所有者不在位,即使下面各个环节都一环扣住一环,也难保不出事。因为只要最后一个环节是放开的,整个链条就是松的。我们的问题就出在最后一个环节,不清楚谁是资产所有者,即所有者不在位。

（三）利用市场的不规范牟取暴利

理论经济学在讨论市场经济中的交易活动的时候，首先假定面对的是一个完善的市场。在这样的市场上，掌握着充分信息的人们进行平等的交易。而在实际经济生活中，市场并不是那么完善，市场不完善最重要的表现是交易双方掌握的信息不对称。在信息不对称的情况下，信息强势方面能够利用自己的信息优势通过损害信息劣势方面获益。针对这种情况，为了使市场机制正常地发挥作用，就需要通过对市场监管，规范交易行为。比如金融、证券市场就是一个信息高度不对称的市场，规范和监管显得尤为重要。

一是强制性的信息披露。上市公司要全面及时准确地披露信息，降低信息不对称性。证券监管机构的主要职能就是纠正和惩罚虚假披露行为。《中华人民共和国证券法》就规定了上市公司的信息披露义务。二是严格禁止内幕交易。内幕交易是指内部人利用自己掌握的内部信息损害不掌握这种信息的外部投资者的利益和有利于自己的交易。内幕交易在市场经济中被看作一种刑事犯罪。所有的内部人，包括公司董事、高层经理都会被禁止在一定的时期内（例如在财务报告尚未向公众公布时）买卖本公司的股票；即使在允许交易的时候，他们的这种买卖也要登记在案。三是惩治操纵市场价格的活动。由于市场价格的高低是由信息左右的，证券市场上的犯罪分子往往用制造虚假信息、坐庄炒作等方法操纵股价，从中取得暴利。在市场经济中，通常把操纵市场看作是一种严重的刑事犯罪，证券监督机关和其他执法机关要联手对有关案件进行侦查、取证，并对犯罪嫌疑人提起公诉。

在我国，《中华人民共和国证券法》规定了上市公司的信息披露义务，《中华人民共和国刑法》也把内幕交易和操纵股价定为刑事犯罪。问题在于，目前我国证券市场上虚假陈述、内幕交易、操纵市场价格等我国法律明令禁止的犯罪活动十分猖獗，甚至可以明目张胆、肆无忌惮地进行，而一些不法分子利用混乱的市场环境轻易地聚敛巨额财富，而很少受到法律的惩处。

中国股市不正常状态的产生，与证券市场定位不正确有密切关系。为什么市场经济需要发展证券市场？现代经济学认为，证券市场的基本功能是通过股市交易，使资本资源流向效率最高的地方，实现资本资源的优化配置。但在我国股市建立后的一段时间里，管理当局却定下了"证券市场要向国有企业倾斜"、"证券市场要为国企融资服务"的方针。为了让上市企业能够从证券市场融到更多的资金，管理当局除了不时发表鼓励性言论、实行"政策托市"外，还从供给和需求两个方面采取措施来抬高股价。在供给方面采取的主要措施：一是设立上市额度，"限制扩容"；二是划分"流通股"和"非流通股"，只让三分之一的股票上市流通。在需求方面的主要做法，是允许和组织各种资金入市。通过股票股价高居，平均市盈率达到六七十倍甚至更高的荒谬高度。在这种情况下，一方面，谁能通过审批获得上市的权利，就可以轻易地靠圈钱暴富，这使股市变成了一个巨大的"寻租场"；另一方面，过高的市盈率和过低的成长性，使大多数股票失去了投资价值，人们不能指望从投资中取得回报，只能希望从投机炒卖中赚取差价。这使整个股市笼罩着投机气氛，成了一个"没有规矩的赌场"。

证券市场的蜕化对于投资效率的提高和经济的健康发展并没有什么益处，但是，有一些人却懂得这样的市场的可利用之处，于是有些具有权力背景或有内幕消息的人们就与某些上市公司、金融机构的内部人员勾结起来，"坐庄"操纵，获取暴利，却往往能够逃脱法律的惩处。

（原载《战略与管理》2003 年第 2 期，此处节选自其中的第一部分）

政府与法治

钱颖一

钱颖一简介如前第 803 页。

一 市场经济有好坏之分

"好的市场经济和坏的市场经济"这一概念在 2000 年初提出是缘于我国当时的环境转变。自 20 世纪 70 年代末的改革开放一直到 90 年代初,理论界的注意力集中在计划与市场之争,因为这是在当时经济现实中的主要矛盾。因此,那时候要论证的是为什么市场经济比计划经济在整体上具有优势。理论和政策争论的焦点是计划经济制度的弊病,搞得好的市场经济国家或地区的经验,以及市场经济的潜在制度优势。当时比较经济学所比较的主要是计划与市场这两种经济体制的优劣。

90 年代情况发生了变化。计划经济在全世界的范围内基本结束,而且以失败告终。前苏联、东欧各国全面向市场经济转轨,中国也在 1992 年 9 月正式确定要建立"社会主义市场经济"。接下来的问题是如何从计划经济转轨到市场经济。但是在 90 年代,人们对市场经济的认知还是比较含混的。对于经济中出现的问题,当时流行的说法是归结到改革不彻底、市场经济体制不完善。但事实上,这样的说法回避了较深一层的理论问题和现实问题。如果我们看一看世界范围内的市场经济,我们就会发现市场经济有好坏之分,虽然好的市场经济表明了市场经济体制的优越性,但有许多市场经济搞得并不好。因此,我们不能仅仅停留在改革不彻底这样的层次上了,需要进一步来研究不同市场经济的差别。这时候比较经济学所比较的对象是不同类型的市场经济的优劣。

人们对"好的市场经济和坏的市场经济"这一概念没有争议,而且都希望建立一个好的市场经济。但是究竟哪些因素决定好的市场经济和坏的市场经济呢?这就不是一个简单的问题了。经典的经济增长模型预测穷国的增长速度会高于富国,最终所有国家的收入水平会趋同。但事实并非如此。经济增长的源泉可以分为两个层次。根据新古典的增长理论,经济增长的直接源泉是资本和劳动的投入以及"其他因素",后者包括技术进步。最初的有关增长的经验实证研究都是把经济增长率对资本增长率和劳动增长率做回归,其中的"剩余"便归功于技术进步。这是我们认识经济增长的有用的第一个层次。但它没有回答深一层的问题,比如什么因素决定资本和劳动的投入以及技术进步?除了技术进步还有什么因素包含在"其他因素"中?经济学家现在把潜在决定经济增长(或经济发展水平)的第二层次的因素概括为三类:地理、开放和制度。

第一,地理因素。一个国家或地区的地理位置会影响它的经济发展。纬度决定气候,气候又影响生产环境和人的生产力;地理条件决定资源储备;地理位置(离出海口的距离)还决定运输成本。因此,地理与经济发展有密切关系。地理因素在很大程度上是人无法改变的,但也不完全如此。比如国家疆界的变动会改变是否有出海口的状况;又比如技术进步会改变气候对经济发展的影响力,像空调的发明就极大地提高了热带地区的人的生产力。

第二,开放因素。国际贸易和投资与经济发展有关系,开放不仅使现有资源得到有效配置,而且促进新思想的交流,引入新产品和竞争。开放既与政府的政策有关,也与地理有关。比如地处交通要塞的岛国,显然比一个远离国际市场的内陆国家在开放上更有利。开放的实际效果又受到国内制度的制约。比如同样实行开放政策的国家,有的就能吸引外资,有的就不能,其原因在很大程度上是国内的制度环境的不同。

第三,制度因素。广义的制度包括正式的和非正式的规则,这些规则约束人的行为,决定人的激励,影响资源配置的效率,从而与经济发展相关。制度与地理和开放也都有关联。比如,当地理环境使经济回报较高时,一个有利经济发展的制度就更可能建立;反之，便不大可能建立。另一方面，开放使得制度变化更有可能朝国际通行的方向发展。

总而言之，地理、开放和制度是目前经济学家们探讨经济发展较深层次的原因时的三类因素。虽然制度不是决定经济发展的唯一因素，但是，它是一个非常重要的因素，也是本文分析好的市场经济和坏的市场经济的焦点。

二 观察政府与经济人的三种视角

在讨论制度如何决定市场经济好与坏之前，我们首先要认识政府与经济人的行为（一种形象的说法是认识"市长"与"厂长"的行为）。经济学家们对此认识差别很大。但根据观察问题的出发点不同，经济学家大致有三种视角。

第一种视角的出发点是"善政府，恶经济人"，即政府的动机是秉公的，目的是为了使社会福利最大化，但经济人的动机不仅是利己的，而且为了达到利己的目的不顾他人甚至不惜损人，经济人在做决策时是机会主义的。以这种视角看问题往往对市场持怀疑态度，对政府行为却比较乐观，相信政府都是为人民的，政府的行为在本质上是好的。在讨论问题中，具有这种视角的人倾向于论述应该如何大力发挥政府在经济中的作用。

第二种视角的出发点是"恶政府，善经济人"。虽然经济人有利己动机，但他们的机会主义行为会被神奇的市场规范好，从而达到好的结果。不能指望政府是为人民的，因为政府行为的本质可以是坏的或愚蠢的，政府失灵是普遍的。以这种视角看问题往往对政府行为很悲观，但对政府远离市场后的市场很乐观。在争论问题时，持这种视角的人通常坚持政府撤出后市场会自然地进入美好状态。

第三种视角的出发点是"恶政府，恶经济人"，即政府的行为和经济人的行为本质上都可以是机会主义的。因此，如果没有某种约束，政府的行为会是恶行为；同样，经济人的行为也会是恶行为。政府和经济人的行为会表现为善的行为，是因为受到了某种约束。在看待政府行为方面，第三种视角比第一种视角要悲观，因为它不自动假定政府是善的。在看待经济人的行为方面，第三种视角比第二种视角要悲观,因为它不自动假定抛开政府后市场自然而然就会进入美好状态。

与现实相对照,第一种视角对政府的动机和行为的假设在很多情况下显得过于乐观了。这种视角较难解释大量存在的政府失灵的现实。虽然第二种视角对市场的信任在很多情况下是正确的,但它没有追究市场之所以运行的原因,也就较难解释为什么市场在另一些情况下运作不好。第三种视角更为接近现实。如果说政府表现出为人民,我们要理解其中的条件;如果说市场会规范经济人的行为,我们也要理解其中的条件,而不是假定市场一定会这样。

三　制度所要解决的市场经济的两大问题

以下我们从第三种视角来分析制度所要解决的市场经济中的根本问题。根据这一视角,政府的行为和经济人的行为从本质上来说都可以是利己的和机会主义的,只有约束政府和经济人的行为,才能使他们的行为达到好的结果。

市场经济的基础是分散决策,经济人(企业和消费者)根据自己掌握的信息,为了自己的利益作出决策。把个人的自利行为化为共同的社会福利,并不是显而易见和自然形成的。亚当·斯密把市场形容为一只"看不见的手",指的是市场可以把个人的自利行为化为共同的社会福利的奇妙结果。当我们进一步研究时,就发现市场并不是总能实现这一结果的。若要实现市场的"看不见的手"的效果并不简单,需要条件。用第三种视角,我们可以分析出市场这只"看不见的手"的形成条件。

首先,经济人的天性是机会主义的:只要有可能,总想扩大自己的利益,即使这样做会损害其他经济人的利益。如果抢东西、偷东西不受惩罚,抢和偷就有吸引力;如果违反承诺不受惩罚,守信就没有吸引力。自由竞争能解决问题吗?不一定。因为竞争可以提高福利,也可以减少福利;后者就是经济学家描述的"寻租"现象,关键是看产权和竞争规则的确定。

因此,为了实现市场的"看不见的手"的功能,市场经济必须解决的一大问题是经济人必须被约束。这种约束至少包括三项内容:

产权的界定和保护；合同的实施；适当的监管。没有这些，经济人的行为不受到约束，市场就是无秩序的，经济人的为自己利益的努力将互相伤害，而不是互相有利。

由谁来约束经济人？一种可能是经济人自己，经济人为了自己的利益也许会遵守秩序，比如他在乎自己的"声誉"，因为坏的声誉导致将来别人的不合作，丧失图利的机会。如果短期的利益小于长期带来的损失，经济人基于声誉的考虑会遵守秩序。另一种可能是社会的非正式的习俗，比如"诚信"，它是一种"社会资本"或共享的信仰。在现代市场经济中，虽然个人声誉和社会诚信起很大作用，但它们对维持大量的、复杂的交易是远远不够的。产权的保护、合同的实施、适当的监管需要一个执行规则的第三者，这个第三者便是政府。为了维持市场秩序，引入政府是必然的。

人们习惯对政府的"守夜人"职责轻描淡写，实际上，政府要做到使市场有秩序是非常不容易的。它要保护产权不受侵害，特别是不受强势的侵害；它还要保障合同的实施，公正地实施；它还要做适当监管，保障竞争的秩序。经济史学家认为，历史上大多数国家——今天还有许多国家——的政府完成不了守夜人应该完成的任务，为此，经济付出了沉重的代价。因此，并不是把政府推到一边市场经济就自然是好经济了。经济人，如果没有制度的约束，都是机会主义者。并不是企业家天生就是伟大和高尚的，企业家只有在一系列制度的约束下，才能使得他们的行为在自己利益的驱动下，但是客观上对社会负责任。

但是，引进一个强大的政府马上引入另一个问题：当这个政府用它的权力去保护产权，实施合同，并做有利于市场的监管时，这个政府也可以用它的权力破坏产权，不公正地实施合同，做不利于市场的管制。有两个基本原因使人们对政府的滥用权力极为忧虑：一是政府的垄断性强制权力。本来赋予政府垄断的"守夜人"职责是为了节省成本，但是这一垄断性强制权力自然使经济人受到政府的威胁。第二，政府并不是由一个人组成的，而是一个庞大的组织，即使有些官员是为了公共利益的，却不能保证所有官员都这样。

因此，为了实现市场的"看不见的手"的功能，市场经济必须解决的另一大问题是政府必须被约束。如果政府不受到约束，它就容易用自己的权力换取利益，它所做的事情就会对社会不利。政府的行为可以通过非制度原因，比如考虑自己的声誉、意识形态以及技术条件受到制约，但这些都是有限的。通过制度的方式来约束政府，是现代社会的创新。解决这两大问题是不容易的，它往往反映了两难：太弱的政府不好，因为它不能解决第一个问题；但太强的政府也不好，因为它不能解决第二个问题。

（原载2003年3月28日《中国经济时报》，此处节选自其中的第一、二、三部分）

"文化大革命"遗产与改革以来的增长

蔡昉 都阳

蔡昉简介如前第880页。

都阳,1971年生于安徽。

1999年获浙江大学管理学博士学位。现任中国社会科学院人口与劳动经济研究所劳动与人力资本研究室副主任、副研究员,兼任中国社会科学院人力资源研究中心副主任,担任《中国劳动经济学》杂志主编。

如前所述,"文化大革命"对经济增长的影响表现在对人力资本和物质资本的双重损害。而这种破坏产生什么样的效果呢?我们首先来看在巴罗等(Barro and Salar – Martin, 1995)关于经济增长的经典文献中,人力资本、物质资本与经济增长的关系是怎样的。进而,我们还可以遵循巴罗等提出的分析框架,进一步观察"文化大革命"可能产生的影响。

首先,在一般情况下,如果不考虑人力资本和物质资本具有不同的特征,而仅将其作为两种投入品,在假定物质资本和人力资本具有相同的折旧率并且经济以稳态进行增长的条件下,物质资本与人力资本的比例为常数;而由于人力资本和物质资本的特性并无本质的差异,所以无论是哪种类型的资本相对更丰裕,该比例都会偏离稳态值,经济都会有一个高于稳态时的增长率。换言之,如果经济中缺乏对人力资本投资或者是物质资本投资的激励,物质资本存量与人力资本存量的比例都将长期处于一个固定的值,经济将长期处于一个较低的增长率水平。

但是，人力资本与物质资本具有不同的特征，即两者的调整成本具有差异（Barro and Salar – Martin，1995）。人力资本和物质资本的生产也同时需要这两种要素本身的投入。经济学家已经指出，人力资本的生产较之物质资本的生产，对人力资本的要求更高。因此，当人力资本相对于物质资本更加丰裕的时候，物质资本从而物质资本与人力资本的比例的调整相对迅速，经济可以以较快的速度增长；相反，如果物质资本相对人力资本更加丰裕，人力资本从而物质资本与人力资本的比例所要付出的调整成本就更高。正是由于这一特性的存在，在人力资本相对于物质资本更加丰裕的情况下，调整成本较低，增长率较高；而在物质资本相对于人力资本更丰裕的情况下，调整成本较高，经济的增长率也较低。

第二次世界大战后的德国和日本，损害的物质资本较人力资本更甚，所以经济增长处于稳态左边的形态，因而得以实现较快的赶超速度。而14世纪中叶蔓延欧洲并导致1/4至1/2人口死亡的黑死病，则损害的人力资本较物质资本更多，因而随后的经济增长处于稳态右边（诺斯等，第93—94页；Hirshleifer，1987）。

从前面的分析可以推断，与各种创造过劫难后高速经济增长的历史事例相比，"文化大革命"对于中国经济造成的实际损害要大得多。然而，结束了十年浩劫之后，改革开放的确使中国经济有了前所未有的高速增长，中国人民的生活和国家面貌发生了根本性的变化。一个饶有兴味的问题是：按照前面提及的趋同假说，怎样解释中国经济在经历了十年浩劫的破坏之后所发生的变化呢？如前所述，"文化大革命"的特点在于既损害了物质资本，也损害了人力资本。假定二者受损的程度相同，则"文化大革命"使人力资本和物质资本都以非常的方式加速折旧，从而使人力资本和物质资本的存量同时迅速降低。在假定物质资本与人力资本受到损害的程度相同的情况下，稳态所对应的物质资本与人力资本的比例的值并未发生变化，但是"文化大革命"的破坏使中国经济的稳态向下移动了。如果没有发生一个特殊的事件以改变中国经济的稳态，"文化大革命"后的经济增长将处在较低水平。

"文化大革命"以后开始进行的改革开放，就是这样一个特殊的事件。中国经济改革的一个重要内容就是以乡镇企业、三资企业和私营经济为代表的非国有经济的迅速发展,大批经济活动人口从国有部门转移到非国有部门。由于非国有部门绝大多数是新生的经济部门,其物质资本的存量比较低,初始的物质资本存量有一个相对小的值。在人力资本存量处于同等水平的情况下,非国有部门的物质资本与人力资本之比小于稳态水平,即"文化大革命"之后非国有经济的增长率要高于稳态增长率(同时也是国有经济的增长率)。而随着非国有部门在整个中国经济中份额的扩大,以及这些部门对中国经济增长贡献的增大,改革后中国的高速增长也就是可能的了。

然而,"文化大革命"对人力资本的破坏,毕竟对中国经济造成了比较长期的负面影响。目前在 40 岁到 50 岁之间的职工,其受教育阶段的很大比例是在"文化大革命"期间。如果我们计算一个所谓的"文革系数",即把一个人的受教育年代与"文化大革命"的区段(1966—1976 年)相比较而形成的比例,可以发现,下岗职工的年龄区段恰好与文革系数最大的那组人重合(下图 1)。也就是说,一个人在受教育期间经历"文化大革命"越久,其后遭遇下岗或失业的概率越大。为了进一步了解这部分人群的特征,我们不妨用队列分析的方法,回顾一下历史,看一看这一群体具有怎样的人口特征。

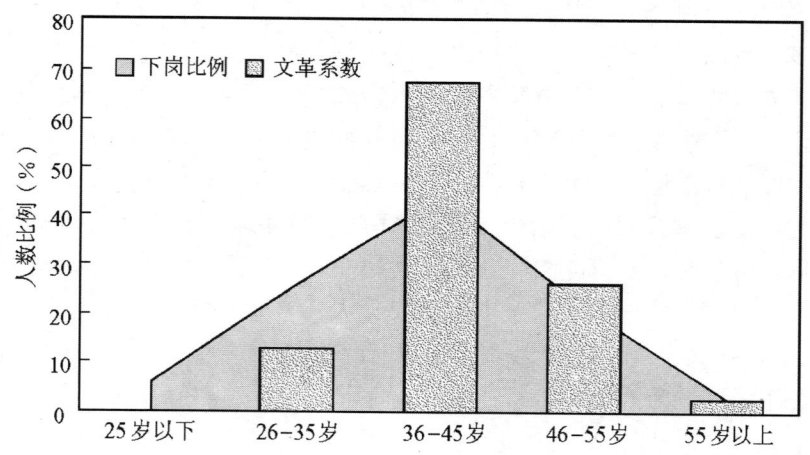

资料来源:《六城市职工下岗情况调查》课题组。

图 1 下岗职工年龄与受教育期

我们把劳动年龄人口划分为两组——15—39 岁组和 40 岁以上

组,发现其教育程度构成明显不同。在劳动年龄人口年长组中,具有初中及以下教育水平的人口比例,比年轻组的同一比例高 13 个百分点。与此相对应的是,在劳动年龄人口年轻组中,具有高中及以上教育程度的人口比例,比年长组的这一比例高 13 个百分点。下图 2 显示的是不同年龄组劳动年龄人口教育水平的不同分布。图中两条呈正态分布的教育水平曲线相互错位,表明了年长组在人力资本存量上的缺失。而恰恰是这种在人力资本水平上的差异,导致了两个年龄组在获得就业机会上面、在下岗和失业的概率上面,以及在实现再就业难度上面的不同。

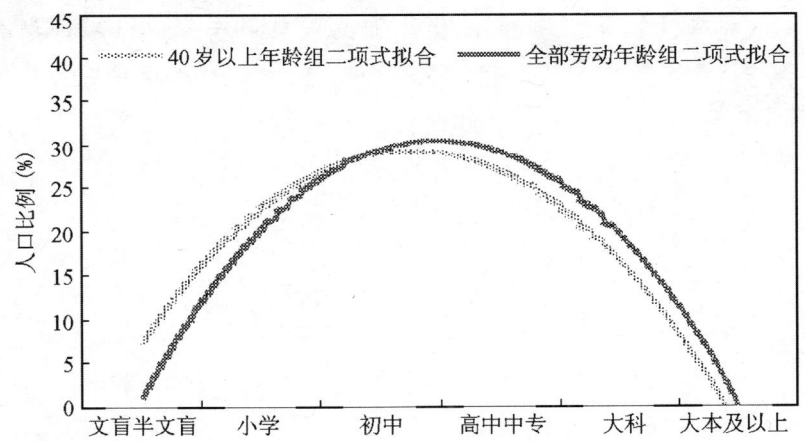

资料来源:2000 年全国第五次人口普查数据。

图 2　分组看劳动年龄人口的教育程度

"文化大革命"对中国经济的影响并不仅仅是十年的经济增长的停滞,其影响的长期性表现在,对物质资本和人力资本的同时损害。通过本文的研究我们可以看出,人力资本存量的变化将会以累加的方式对后来的人力资本存量产生影响。从这个意义上说,"文化大革命"的影响在人力资本积累方面产生更为深远的影响。目前城镇下岗职工中有很大的比例是深受这一政治运动之害的。因此,对这一代人加强转岗培训,救助他们的子女受较好的教育,是最终扭转"文化大革命"影响的重要途径。

"文化大革命"对中国经济增长的消极作用还表现在它对中国经

济增长路径的影响。由于"文化大革命"使国有经济的物质资本与人力资本都遭到破坏,从而使其经济增长处于相对较低的稳态水平。与之相比,以乡镇企业为主力军的非国有经济所依靠的劳动力是比较年轻的一代,同时其物质资本与人力资本之比较低,使其处于更为有利的经济稳态。因此,如果没有改革以后的非国有经济的迅速发展,中国经济将长期处于较低的增长状态。换言之,非国有经济的发展是中国经济增长的主要源泉,确保非国有经济部门的继续发展,对于中国经济增长的可持续性有着至关重要的保障作用。

(原载《经济学季刊》2003年第2卷第4期,原文标题为"文化大革命对物质资本和人力资本的破坏",此处节选自其中的一部分)

发挥开发性金融促进制度建设的作用

陈 元

陈元,1945年生,上海青浦人。

1970年毕业于清华大学。1981年毕业于中国社会科学院研究生院并获硕士学位。曾任北京市西城区委书记、北京市委常委、商贸部部长、中国人民银行党组副书记和副行长。先后主持过中国社会主义经济运行机制和首都发展战略等重点课题研究。兼任中国人民银行研究生部硕士研究生导师、美国国际经济研究所理事、国际清算银行稳定金融学院顾问委员会成员、荷兰国际集团顾问委员会成员等。现任国家开发银行党委书记、行长。2002年11月当选为第十六届中共中央委员会候补委员。

主要著作有《陈元集——运行·调控·发展》、《香港金融体制与1997》、《美国银行监管》等。

一 推进制度建设和体制创新是一项紧迫的战略任务

当今世界,随着经济全球化、金融全球化的发展,各国之间的竞争已不仅是科学技术、生产力等的竞争,而且是体制竞争。体制不完善,制度落后、脆弱,科技发展、生产力运行等就缺乏有力保障,市场效率就低。大凡经济强国,必有强健的经济体制为支撑。近年来,尽管一些发达国家财务丑闻频出,但由于其经济体制比较完备,有较强的革新和纠错能力,就能把负面影响限制在较小范围而不至于扩散全局。而一些发展中国家由于在经济体制方面存在明显缺陷,市场制度不健全,任何局部性经济波动都有可能造成系性、灾难性的后果。20世纪80年代拉美国家的金融危机和1997年的亚洲金融危机，都有深层次的制度原因。

制度不完善和体制落后是制约我国经济发展的"瓶颈"。《决定》指出，"我国处于社会主义初级阶段，经济体制还不完善，生产力发展仍面临诸多体制性障碍"。经过20多年的改革开放，我国已初步建立了社会主义市场经济体制，国民经济连续保持较高的增长速度，经受住了国际金融动荡、非典疫情和重大自然灾害的考验，经济活力明显增强。但我国仍然是发展中国家，许多制度有待建设和完善。落实十六届三中全会作出的各项部署，进一步深化改革和推进制度建设，培育完善的市场机制，将有利于提高宏观调控的水平和效率，放大投资、消费、出口对经济增长的拉动作用，提高我国经济的运行质量。加快推进体制建设，可以看成是经济发展的第四个推动力，它的作用是整体的、覆盖全局的。

微观制度和金融基础设施建设是完善现代市场经济体制的重要方面。完善的社会主义市场经济体制，就是适应先进生产力发展要求，充分发挥市场配置资源的基础性作用，有效弥补市场失灵，建立能够承受各种危机冲击的现代市场经济体制。建立这样一个体制，就能为我国经济社会全面、协调和可持续发展，为中华民族的伟大复兴提供保障。微观制度、金融基础设施是现代市场经济体制的重要组成部分。微观制度包括法人、法人治理结构、所有制、产权等；金融基础设施包括会计标准、支付、信用、业绩考核和执法等方面。微观制度决定着社会经济细胞的健康水平，金融基础设施决定着社会经济的运行质量和效率，二者相互作用、相互支持，但不能相互替代。

二 开发性金融对制度建设具有独特而重要的作用

开发性金融是适应制度落后和市场失灵，为维护国家金融安全、增强经济竞争力而出现的一种金融形式，在国际上已有百年历史。从各国的实践看，开发性金融通常为政府所拥有，赋权经营，具有国家信用，用建设制度和开发市场的方法实现政府的发展目标，承担支持经济发展、投融资体制改革及相关金融市场建设的重要任务。

国家开发银行在 1994 年成立时,国家赋予的职能任务是集中资金支持国家基础设施、基础产业和支柱产业（"两基一支"）的大中型基本建设、技术改造项目及其配套工程建设,并对所投资项目在资金总量和资金结构配置上负有宏观调控职责。在资金短缺的条件下,开发银行负有宏观上防止基建盲目膨胀引发通货膨胀、微观上确保重点项目资金需求两个层次的调控责任。开发银行成立之初,主要是缓解经济发展中的"瓶颈"制约;亚洲金融危机后,注重防范金融风险,配合和扩大投资拉动、结构调整的政策效果。在这个过程中,开发银行立足开发性金融的定位,发挥国家信用的高能量,以融资为载体,通过项目建设,在所及领域推进市场制度建设,弥补制度缺损和市场失灵,实现了项目建设和制度建设的双成功。

坚持开发性金融的业务领域。开发性金融一般不直接进入已经成熟的商业化领域,而是沿着政府路径,从尚不成熟的市场做起,运用国家信用的高能量,通过融资支持项目建设和所涉及的制度建设,弥补制度缺损,实质是政府信用、政府协调下的一种创新。只要存在市场等制度缺损而又有光明市场前景的投融资领域,并能够通过制度建设、整合体制资源取得盈利,就是开发性金融的业务领域。

建立"政府入口、开发性金融孵化、市场出口"的开发性金融机制。开发银行按照公开、透明、公平、公正的原则,通过政府选择项目入口、开发性金融孵化、选择市场出口三个环节,以未来的整体市场空间为依据,以政府协调下的治理结构弥补单个法人治理结构的不足,推动项目建设和制度建设。其中心内容是:开发银行通过与政府及相关部门签订开发性金融合作协议,共建协调高效的融资平台、信用平台。开发性金融机制发挥作用的过程,是广义的经济增长和市场化的孵化过程,是政府、金融机构、企业、市场四方共建信用和体制的过程。

实行投融资民主的治理结构。开发银行立足信贷融资,引进和运用资本市场原理,加强贷款决策的科学化、民主化、社会化,打破行政审批和少数人决策大额贷款的做法,建立电子路演评审制度,有效控制了新增贷款的风险。同时,在财务体制上不断完善政策制定、组织实施、监督检查三权分立的制约机制,提高财务经费分配和支出的透明度，让群众参与预算制定和评议复核，防止腐败的产生。开发银行还借鉴"三讲"教育巡视组的经验，成立党建巡视组，有效解决了总分行信息渠道不畅、党建与业务工作"两张皮"等问题。通过实行民主办行，建立投融资决策民主和财务民主制度，完善内部责任制和群众监督制度等措施，有效防范了银行的风险。

准国债性质的开发性债券和金融的资产管理相结合。开发银行债券具有准国债性质，但资产管理不同于财政和国债的管理，也不同于商业金融的管理，而是以政府协调强化金融资产管理的方式，提高资产质量和资金效益。开发性金融是介于国债和商业银行贷款之间的领域，以政府协调强化金融资产管理的方式来防范风险，把政府协调和金融资产管理相结合，中间有资产管理的巨大空间。

开发性金融的融资优势和政府的组织协调优势相结合。在完全市场化的体制中，政府不直接参与经济运行。但我国正处在体制转轨时期，经济体制必须适应社会主义初级阶段的实际，就是政府和市场要相互结合、相互作用，发挥政府信用的高能量，推动市场建设。近几年，开发银行以融资为杠杆，积极推动政府协调，把政府协调的组织优势用于治理结构建设、法人建设、现金流建设和信用建设，取得了明显成效。

把国家信用和市场业绩相结合。开发银行抓住开发性金融的发展机遇，资产质量不断提高，对项目管理和金融体制现代化方面的积极影响更加显著。到今年三季度末，开发银行的不良贷款率为 1.17%，经营业绩进入国际先进水平，实现了国家信用与市场业绩的统一。在当前市场发育不完善的情况下，开发银行从市场和业绩一侧，把不同的目标和利益统一起来，利用融资优势推动政府信用的协调，巩固国家信用，有利于提升公众信心，带动社会信用发展。开发银行不以盈利为唯一目标，而是用建设制度和开发培育市场的方式，在体制资源的整合中保证资产安全和取得盈利。从实践来看，国家信用和市场业绩是能够统一的。

在政府和市场之间发挥桥梁与纽带作用。总结开发银行这些年的工作，就是用融资促进业务领域内的体制建设，通过逐笔融资推进治理结构、法人、现金流和信用四个方面的建设，弥补制度缺损，以优质的资产支持经济发展和结构调整，在整合体制资源中取得盈利。开发银行在企业发展初期的困难和将来的发展之间搭起一座桥梁，用国家信用熨平经济发展的周期波动，有效覆盖和承担单个项目波动的风险，降低成本，加快市场化进程，促进社会主义市场经济体制建设，增强国家经济实力和国际竞争力。在当前我国债券市场发育落后、社会信用缺损的条件下，开发银行利用信贷融资实现了债券的功能，并通过严格监管，保证了资金使用的效果和资源配置的效率。

从世界性的发展趋势来看，开发性金融一般经历三个发展阶段：第一阶段是政策性金融初级阶段，开发性金融作为政府财政的延伸，以财政性手段弥补市场失灵。第二阶段是制度建设阶段。开发性金融以国家信用参与经济运行，推动市场建设和制度建设。到了第三阶段，市场得到充分发育，各类制度完善，国家信用与金融运行分离，经济运行完全纳入市场的轨道，开发性金融也就完成了基础制度建设的任务，作为市场主体参与经济运行。目前，开发银行已经走过了政策性金融的初级阶段，正处于制度建设阶段。

三 立足"五个统筹"促进制度建设

贯彻落实十六届三中全会提出的"五个统筹"，对开发银行进一步提升工作能力，提高发挥作用的层次和水平，提出了更高的要求。开发银行将立足于"五个统筹"，对开发性金融作用进行新的探索，以建设国际一流市场业绩的开发性金融机构为目标，与各地政府机构和金融机构密切合作，把多年来在基本建设领域中的成功实践和经验，拓展到全面建设小康社会上来，进一步发挥开发性金融在项目建设和制度建设中的重要作用，放大投资、消费、出口的拉动作用，维护我国经济和金融安全，增强国家经济实力和国际竞争力。

坚持以国际先进市场业绩的开发性金融支持全面建设小康社会。坚持开发性金融的方向，就是继续以建设制度和开发培育市场的方式实现政府意志，弥补制度缺损和市场失灵，促进社会主义市场经济体制的完善；坚持国际先进的市场业绩，就是不靠向政府要政策维持生存，而是要在先进市场业绩的基础上，更好地发挥开发性金融的作用。否则，就只能解决单个项目的融资需要，无法进行制度建设和市场开发,实现促进市场经济体制完善的根本目标。这是从国情出发,以市场为基础,把政府、市场和开行实践综合起来考虑的。

由"两基一支"建设的主力银行发展成为全面建设小康社会的先锋。目前,我国传统基础设施"瓶颈"制约已得到了缓解,但"两基一支"建设的任务远未完成。由于市场体制的缺损和经济的发展,出现了新的难点和热点,经济发展和全面建设小康社会面临新的"瓶颈"。开发银行的业务领域要立足于全面建设小康社会的要求,坚定不移地用建设制度和开发市场的方法,继续支持基础设施、基础产业和支柱产业,缓解"瓶颈",克服资源约束,加大对结构调整的支持力度;围绕全面建设小康社会的新"瓶颈",打通融资渠道,把在基础设施领域的实践成果拓展到全面建设小康社会的基础和支柱上来;积极以融资的方式参与西部大开发、东北地区等老工业基地的振兴,参与解决"三农"问题、国有企业改革,参与中小企业、县域经济、就业、"走出去"战略、公共卫生、环境治理等领域的建设。

进一步完善开发性融资机制,覆盖开发性金融领域的风险。开发银行将以信用建设为主线,把开发性金融的融资优势与政府的组织优势结合起来,把准国债性质的开发性资金和金融的资产管理结合起来,完善开发性融资机制,推动政府、企业和市场机制相结合的信用主体和投融资平台建设,解决投融资治理结构落后、法人建设不完善、现金流不足和信用建设缺损等问题。在这个过程中,开发银行对项目法人进行孵化、考核、培育、完善,使国家信用、开发银行信用、地方政府信用转化为企业信用。从制度建设、体制创新和市场开发上全面支持、协调和维护我国的经济安全、金融安全,增强国家经济实力和国际竞争力。

(原载《生产力研究》2003年第6期)

城市起源和发育的经济学动因及其对现代城乡发展战略的启示

周天勇

周天勇，1958年生于青海省。

1980年考入东北财经大学（原辽宁财经学院）。1992年获东北财经大学经济学博士学位。1994年调入中共中央党校执教、从事研究至今，兼任中国城市发展研究会副理事长兼城市研究所所长，以及国家行政学院、北京科技大学、东北财经大学、中国社会科学院研究生院等教授。

主要著作有《劳动与经济增长》、《效率与供给经济学》、《金融风险与资本社会化》、《中国经济命运与前景的深层次思考》等。

城市为什么起源，可以从历史学、社会学、政治学、地理学和建筑学等各个方面进行解释。然而，对经济效率的追求和经济制度的演变，是人类社会一切进步和文明的基础原因。

人类古代历史上发生了几次大的分工。从产业分工看，一是从收获无保障的狩猎和采集，发展到专门的游牧业；二是牧业和农业分工，形成专门从事种植业的产业；三是一些为居民生活服务、为农牧业服务的手工业从牧业和农业中分离出来，形成专门的手工业。从职业分工看，也发生了家庭内劳动与家庭外生产、狩猎者与种植者、体力劳动力者与脑力劳动者（部落首领、专事宗教的人等）、居民与军士、耕田者与手工匠等等的分工。分工不仅会形成不同产业结构，而且在空间上也会形成这种分工和协作的地理形式，这就是城市。

一 城的起源之一：降低保护财产安全的成本

生产力的发展，是财富剩余和积累的前提；而产业和职业的分工,是产生私有制和阶级的基础。生产和消费资料向有世袭地位和竞争能力的阶层、职业和产业集中,于是财产的安全成了寻找一种有效制度保护的需求。历史上许多制度的形成是为了节约交易费用,比如统一的语言、道路、货币、文字、统一的度量衡等等,就大大节省了人们交换和交往的时间和费用,提高了社会和经济运行的效率。但是,经济学界对财产安全的制度需求和供给,及其成本高低的探讨很少。这也是城堡起源一直得不到一个经济学意义上合理解释的原因所在。

在古代,即使两个在内部成员中都实行原始共产主义劳动和分配制度的部落之间,都会有利益的冲突,即互相掠夺人口和财富,以壮大自己的实力,并多分配有限的资源。而在私有制条件下,则更是这样。各部落需要在壮大武装力量、修筑城墙和城池、发动战争武力征服对方等等之间进行选择,而博弈的结果,可能都选择一种损失最小、最经济的制度来保护财产。

我们假设有一个部落首领兼奴隶主,其财产安全可选择两种保护模式:一是不建设城墙,全部雇专门保护其财产的保安人员,需要500人,一年1人在住所、装备、培训、生活等方面,需要开支500斤粮食,500人共计需要支出保安方面的粮食250 000斤;如果以30年为期,其需要保安的财产规模不变,所雇的保安人员也不变,则需要支付7 500 000斤粮食的财产安全成本。二是建设城墙,将所保护的财产在空间上围起来,建设城墙需要500人从事两年的建筑工作,则按每人年500斤粮食消耗,建城费用需要支付500 000斤粮食;这样,需要的保安人员大为减少,管城门和巡逻城墙的有20人足够了,每年共需支付10 000斤粮食,以30年为期,需要支付300 000斤粮食。共计支付其财产安全的直接成本只有800 000斤。而假如前面的500人中由于建了城而节省的480人可以年人均生产粮食700斤,除去吃和用,每年每人可给奴隶主交150斤粮食,则30年中还可给奴隶主创造2 160 000斤的粮食收益。这样算下来,建城后节省的人力粮食收益与财产安全需要消耗粮食成本相抵后,部落首领还多得1 360 000斤粮食的收益。

显然,如果从经济学上讲,全部用保安人员来保护财产的开支如果小于建设城池,则城池这种制度就不会出现。这一经济学的比较，可以验证小到一个庄园，中到一个部落，大到一个国家的帝王，其居所和财产用城来保护，要比用大批的专门守护人员来保护，直接成本要低得多，并且节省了巨额的机会成本。于是，城墙、护城河、城门、远望角楼、烽火塔、吊桥、护城的武装人员等等，一整套的城池制度便被创造出来，提供给大大小小的庄园主、酋长、国王等等，用以保护他们的财产。

有关专家认为，根据考古的证实，可以确认中国在4000年前的夏代就出现了最早期的城市。中国最早的城市传说和记载，从现有的史料看是鲧城和禹都。关于鲧城，史书上说："昔者夏鲧作三仞之城，诸侯背之，以卫君，造郭以守民，此城郭之始也。"[1]最早的美索不达米亚文明的创造者——苏美尔人，也在两河流域各部落的争斗中建设了许多城堡，用来防卫。公元前3000年时，苏美尔地区已经出现了12个独立的城市国家，其中的乌鲁克，占地1 100英亩，人口达50 000人。[2] 从中不难看出，城池作为一种制度出现，其一个重要的功能，的确是为了安全，其实就是城中君王和居民财产的安全。从经济学上讲，这种制度可以降低获得财产安全的成本。

二 城的起源之二：协作费用、规模收益和外部经济

城墙、护城河等这些制度要件的出现，原由在于其可以降低保护部落公共或者私人财产安全的成本。但是，它只是城起源的原因之一，并不是全部。光有城墙，城中只有部落酋长或者国王家族，城中没有人口和工商业者，只能称之为庄园或者土堡，不能称其为城。因而，仅仅城是降低获取财产安全成本的制度形式，解释不了为什么古代民居、手工作坊、店铺等等会在空间上聚集在一起，形成最初的城中的人口和工商业来源。那么，为什么民居、手工作坊

---

[1] 见《世本·作篇》，《淮南子·原道训》，《吕氏春秋·君守》，《吴越春秋》等。

[2] 斯塔夫里阿诺斯：《全球通史——1500年以前的世界》，上海社会科学院出版社1988年译版。

和店铺等等，会在地理上聚集在一起呢？从经济学原因看，有以下几点：

1. 从城与乡的关系来看，城是工商业和农业分工的地理形式；就城内部来看，民居、统治阶层、手工业者、商人等集中在一起，城也是便于他们分工和协作的地理聚集形式；而城则是大大降低分工和协作费用的地理形式，这是城特有的空间聚集经济的内容之一。农业和游牧业是用地较多的产业，因此，在地理上看，是一种分散的经济；而工商业则是用地较少的产业，从空间上看，为了节约土地和便于协作，是一种需要集中的经济。分工必须要有协作，没有协作，也不可能产生分工。但是，协作是有成本的，有协作的信息、交通运输、谈判等成本。在交通通讯不发达的古代，只有分工者在地理上集中，才能大大降低这些成本。比如，集中在一个城里，制马鞍的人才能最快地找到铁匠、皮匠，而且知道谁的手艺最好，为他的马鞍进行配套。再比如，如果铁匠和皮匠居住都很分散，制鞍的人要从一个很远的地方去购买铁件，到另一个很远的地方购买皮件，那他的运输成本就很高，而且运输这些部件的机会成本也很高。而集中在一起，则节省了这些运输费用，并节省了时间。还比如，在协作过程中，如果铁匠作坊有10个，不在一个城里，而是分散在许多乡村中，互相离得又很远，制鞍者购买铁件，要与10个铁匠一个一个地谈判，才能知道谁的货最好，谁的价格最低，谁的交货时间最短。这样，协作的谈判成本极高。于是，铁匠、皮匠、马鞍制造者等，发现他们在地理上就近居住，在协作中会节省大量的信息寻找、运输和谈判费用，时间效率也大为提高。这就是生产者和服务者们在地理上集中一起的经济原因。

2. 只有人口、作坊和店铺的集中，一些需求才能规模化，进而使生产和服务规模化，而生产和服务的规模化使提供产品和服务者的固定和分摊成本大大降低，生产和服务量高于最低盈亏点规模，[①]并且规模越来越大，使生产和服务者获得规模扩大带来的收益。这

---

① 即盈亏临界点规模：在这盈亏规模点以下，生产和服务不能有效地摊销一些固定成本；在此以上则每单位所含的各种分摊成本越来越小，使生产和服务的规模收益递增。

是城市聚集经济的第二个内容,也是城起源的重要原因之一。分工的形式是专业的生产和服务,人口聚集后形成的规模化需求,也即人口、作坊和店铺等等在地理上集中的城的形式,是专业化生产和服务的一个前提条件;而规模化生产和服务又吸收了更多的人口、作坊和店铺到城里来,进一步使分工和专业化获得更大规模的需求,城的规模也进一步扩大;并且,随着人口、作坊和店铺的越来越多,新的规模化的需求不断出现,从而出现新的分工和行业;需求、生产和服务,互为条件、互相推动、相互作用,使城的规模越来越大。比如,在一个很小的村庄里,酒店这种专门的行业是无法生存的,因为它面对的社会需求几乎为零;而在一个城里,节日、婚娶、送丧、祝寿、升官、中举、迎来、送往、朋聚、旅客等,对酒店的需求规模足够使酒店获得利润,这样酒店这种分工的行业才能生存和发展起来。酒店、作坊、店铺等等就这样追求规模化的需求而趋于集中,逐步地在地理上形成城这样一种空间形式。

3. 人口、作坊、店铺等等在地理上的集中,形成外部经济效应,而居民、作坊和店铺追求这种外部经济,又不断地使其在地理上集中,在空间上形成城,并使其不断地扩大。从供排水、道路、信息、购物等等活动来看,居民、作坊和店铺在城中,更容易获得这方面的服务和供给;而在分散的农村中,不可能提供便利的排水系统、宽敞的道路,也不可能有充分的信息,并且购物也极不方便。城中的这些基础设施,也可能是城中公共机构(如城的管理部门)提供的,也可能是酋长或者皇家提供,或者是私人建设的,然而,城中的所有居民和其他工商业者虽然没有投资和支付成本,却都分享了这些基础设施和服务,这就是集中给他们带来的外部经济。一些手工业者、作坊主、店铺老板等等,发现在城中,比在农村更容易和更多地得到这种不需要自己支付成本的外部经济,使得他们在地理上集中而形成城,并使其规模逐步扩大。

因此,狭义的有关城的空间聚集经济,可以看成是集中后分工协作费用的节省,规模生产和规模服务的收益递增,以及人口、作坊和店铺集中后形成的外部经济。人类社会和经济活动的聚集经济,是城起源的重要推动力。①

三　市的起源：降低互相交易的费用

上面我们从经济学的原因上分析了作为城的要件的城墙的起源，以及作为城内容的人口、作坊和店铺在城中的集中。但是，一些城市起先并没有城墙，也没有定居的人口和固定的作坊及店铺，而可能是一个小村子，或者连村子也没有，只是日起而聚、日中而市、日落而散、后来以市而兴，逐步有了居民定居，有了固定的店铺，再有了前店后作坊等等，成为一定规模的城市。因此，上面关于降低保护财产安全成本和获得聚集经济之原因，还不能完全说明为什么人们要到一个固定的地点来集中交易，从而形成集市。不说明这点，不能完全从另一个方面解释清楚许多城市最初的起源。

不同的分工形成不同的生产行业，而不同生产行业之间的产品要进行交换，需要有四个方面的成本：一是信息搜寻费用。它包括要交换产品的价格、质量和数量等信息的了解，需要花费时间和代价。二是协商谈判费用。交易者之间相互要进行了解，要讨价还价，最后签订合同。三是交通运输费用。其费用的大小在数量一定的情况下，一般取决于运输距离，距离越长，成本越高；否则，反之。四是产品的仓储费用。产品要堆放、保管、装卸、防盗等等，也需要消耗土地、劳动力等资源。总起来，就是交易成本。

我们设想这样一种分工和集市兴起的历史过程，首先是农业和牧业的分工导致了茶马互市的形成。人类历史上，农业和牧业之间第一次进行了分工，于是牧业产出的畜皮和毛等要与农业生产的粮

---

① 杨小凯在他的新兴城市化理论中描述了分工演进与城市起源的关系，他认为城的出现会节省农业与工商业之间的交易费用（杨小凯、张永生：《新兴古典经济学和超边际经济分析》，中国人民大学出版社2000年版）。但是他没有揭示的是，城的出现最深层次的原因是，除了节省城乡分工的协作费用外，城更大程度上能使城内各种分工的协作费用大大下降。并且，城的起源，并不是单纯源于农业和工商业的分工，而且还源于保护财产安全的成本、城内协作费用的降低、集中后的规模收益的递增，以及集中后获得的外部经济。

食和茶叶等产品进行交换。如果游牧者和农业生产者各自深入到农业和牧业的各个村庄和牧场去搜寻信息，一家一户地进行询问和讨价还价，而且一家一户都到很远的地方去从事数量很少的产品交换，一户需要一个保镖，一户需要一个堆放物品的场地。这样，搜寻信息、协商谈判、货物安全、交通运输和仓储保管等费用都十分高昂。

在长期的农业产品和牧业产品的交换过程中，需要交换产品的牧民和农民发现，如果大家都到农业地区和牧业地区交界的一些固定地点来交换，各自不需要走很多的路、花很多的时间，就可得到许多各方面的信息，寻找信息的时间和费用大大减少；而且，一家谈判未果，可就近与另一家协商，谈判费用也大大下降，同时卖者之间充分竞争；产品向一个地点集中运输，并集中仓储，也节省了运输费用和仓储费用。① 于是，农业和游牧业交界的一些地点，慢慢演变，约定俗成，就形成了固定的集市。再后来，有人设销售店铺，有人设旅馆，有人开酒店，商人集中而居，城市得到发育。

人类历史上第二次大分工，使手工业从农业和牧业中分离出来，这样加速了市的进一步发育和形成。一部分劳动者从业余从事农牧业生产工具和农牧民生活用具的制造，变成了专门进行犁、家具、鞍、帐篷、锅等制造的手工业者。这样既提高了产品的质量，又提高了劳动生产率。手工业与农业和牧业相比，其特点是摆脱了对土地资源的依赖，可以在空间上用地较少、高度集中而得到发展。而手工业者发现，如果他们分散地在各个乡村进行加工和生产，他们的作坊建在乡村中，那么，他们产品的销售就离市场较远，运输费用很高，谈判费用也很高，分工的各行业之间无法进行协作；而如果他们在地理上集中到一起，则各种交易费用大大减少，而且协作起来也很容易。于是，手工业者们集中到容易将产品卖出去的固定

---

① 杨小凯和赖斯在 1994 年论证了为什么集中交易可以改进交易效率这样一个经济学上的命题，他们发现如果有许多村，没有集中的市，让它们各自之间自由交易，则网络线距离过多、过长，使分散交易的成本很高；如果将这些村的交易都集中到一个市上时，由于交易网络距离和交易次数明显下降，则交易费用大大减少（见杨小凯、张永生：《新兴古典经济学和超边际经济分析》，中国人民大学出版社 2000 年版）。

的市中设立作坊，集而成市。

　　商业又与农业等进行分工，从农业、牧业和手工业等这些物质生产行业独立出来，其交易要求的集中特性，又要求商业在地理上比手工业更加趋于集中。我们可以设想，在农业区和牧业区交界的集市上，出现了专门的商人，在市中设购销店和仓库，将农业和牧业产品收购集中，再批发给到农业地区和牧业地区去销售的零售商。于是，收购、运输、仓储、加工、批发、零售等等，这些与交换有关的商业发展了起来。各种产品的店铺林立，出现了专门的仓库，也出现了大车店等。因此，商业的专门化和发展，使城市进一步得到了发育和发展，并且完善了其市的空间功能。

　　上面我们描述了农业与牧业分工→手工业与农牧业分工→商业与手工业、农牧业分工的历史演进过程中城市起源和发展的经济学动因。其实，在古代，作为降低保护财产安全成本的城的起源动因，与作为集中后降低协作费用、规模收益递增和获取外部经济的城的起源动因，与降低交易费用的市的起源动因，互相作用、相互推动，共同促进了城市的起源、发育和发展。

　　但是，古代城市与近代和现代城市相比，有这样一些特点：（1）城市处于自给自足经济的包围之中，人口城市化的速度和城市发展规模有限。由于古代经济的自给自足特征十分明显，特别是农业和牧业，绝大部分生活和生产用品由自己提供，需要交换的只是很少的一部分，因此，城市与农业和牧业之间的交换规模有限，作为地理形式的市的发展也很缓慢。（2）城市内分工和协作的广度、深度有限。受到技术进步有限和缓慢的限制，分工不十分细化和深化，作坊式的生产力方式使产品的再大的规模化生产受到局限，因此，分工和协作对城市规模扩张的推动力也不是很强。（3）城市有明显的封闭性。城市作为降低财产保护安全成本的制度的特征十分明显，因此，古代，特别是中国古代，甚至在中国半封建和半殖民地时期，城市的城墙、护城河、吊桥、城门等这样一些制度要件则很完备，但城市交通等方面的开放性较差。

　　不论怎样看，城市的起源、发育和发展，是人类社会的一个进步。如果我们从经济学的角度，将道路、漕运、度量衡、货币、语言文字等等这样的要素看成是降低交易费用的制度机制的一部分的话，城市则是降低保护财产安全成本、节约交易费用、获取规模收益、分享外部经济等等的制度的空间形式。

四 理论启示：乡村就地工业化和城市化道路的谬误

研究城市起源的经济原因，现实意义是证明现代人们选择的缩小城乡差距道路的正确与否。长期以来，学者们和政府官员们总是有一种思维的定式：即可不可以不让农民进城市，就地发展农村，从而缩小城乡差别，实现现代化。比如，过去曾经提过"离土不离乡，进厂不进城，乡村工业化"；现在也有学者说，中国人口的80%是农民，因此实现小康要加大对农村的投资力度，要大力发展农村，这样才能实现小康社会。如果以城市起源理论来判断这些看法，虽然其出发点是善意的，但如果真实施起来，将会误国误民，造成巨大的损失。

乡村就地城市化是我国较权威的社会学家费孝通在20世纪前期提出的中国农村就地工业化和城市化的道路。当然，改革开放以来"乡村工业化"形成的乡镇企业发展，在我国20多年的经济发展中起了非常重要的作用，并且吸收转移了近1亿农业剩余劳动力就业。

然而，农村乡镇企业其进一步发展，在供水、供电、治理污染、产品销售、运输等方面，遇到了基础设施等供给不足，其扩大后职工生活、就学、就医、居住等诸多困难，这样在吸引劳动力和人才方面障碍重重，即外部不经济情形越来越严重；乡镇企业进一步发展需要上规模，提高素质，改变其产品和产业结构，其资本有机构成逐步提高，这样在乡村中发展，也有投资收益率低、劳动力素质低、技术和管理人才难以供给、专业协作困难等问题；经济增长从总供给不足约束转向总需求不足约束，竞争加剧，一些城镇集体企业和国有企业经营方式逐渐转变，乡镇企业生存发展的空间相对缩小，在乡村中建设一个企业，生产什么都可以卖得出去的时代已经过去了。

农村居民生活方式改变、农业的逐步现代化和乡村分散的工业化，大面积地排放出大量的"三废"，由于分散而无法规模化、低成本地对此进行处理，使江河湖海和土地受到严重的污染，并且日后恢复的时间很长，成本很高。由于乡村工业化，家家点火，村村冒烟，户户厂厂排污，而且点多面广，一村建一污水处理设施，规模小而不经济；百十个村建一污水处理厂，规模也太小，并且管线投资成本、运营成本和维护成本都太高。因此，分散的污染，因规模太小而无法低成本地得到较为经济的处理。这是改革开放初期，一些国内外学者们建议中国政府实施抑制城市发展的离土不离乡、进厂不进城的乡村工业化方针政策没有考虑到的一个严重的并影响深远的不良后果。

从经济学上看，农村就地工业化和城市化的特征是单位分布密度太小、太分散，商品和服务生产的专业化无法在分散的地域上进行，在家庭、企业和政府之间以及每个群体内部几乎不存在紧密的相互依赖性，并且在农村无法实现高水平的技术进步、工艺革新和企业管理。农村由于其本身特性而导致空间更加分散，而密度小又导致经济活动分散。这种趋势与生产的无法专业化一起，形成了显著的、普遍的不能相互依赖和外部的极不经济。

总之，从空间方面定义，经济发展是人口、市场、企业、基础设施在地理上的集中过程，即城市化过程。因而，农村人口向城市转移和集中，是经济发展不可抗拒的经济规律。如果以户籍制度和农民、市民等级身份制度将农民阻碍在农村不让其转移，分散经济的低收益和集中经济的高收益，将会使城乡差距越拉越大，最后导致的社会不稳定将造成难以估量的社会、政治和经济损失。而人口从低收入地区向高收入地区、从乡村向城市流动的过程中，在劳动力资源过剩闲置改变为较充分利用的同时，地区和城乡间的收入差距也得到了缩小。因此，一个反城市化的社会和政府，将是不明智的社会和政府。

（原载《财经问题研究》，2003年第7期，原文题目为"城市及其体系起源和演进的经济学描述"，此处节选自其中的第一大部分）

政府与宏观调控：应该学会如何自"市场嵌入"中退出

韦 森

韦森，原名李维森，1953年生于山东省济南市。经济学家。

1978年考入山东大学经济系，获经济学学士学位。1982年在山东社科院《东岳论丛》编辑部工作。1987年赴澳大利亚国立大学国家发展研究中心留学并获硕士学位。1995年获悉尼大学经济学博士学位。1998年回国，任教于复旦大学经济学院。2000年至2001年期间曾为剑桥大学经济与政治学院正式访问教授。现任复旦大学经济学院副院长。

主要著作有《社会秩序的经济分析导论》、《经济学与伦理学：探寻市场经济的伦理维度与道德基础》、《经济学与哲学：制度分析的哲学基础》、《制度经济学三人谈》等。

近来，就政府对经济增长的宏观调控问题，中国经济学界的讨论蛮多。在国际上，围绕着中国经济是否能通过政府的这次"宏观调控"而实现"软着陆"（还是"硬着陆"？），关注着中国问题的国外经济学家们和观察家们也议论纷纷。国务院近期的一些会议和7月23日召开的中共中央政治局会议公报中曾一再申明，当前中国政府宏观调控措施所"取得的成效还是初步的、阶段性的，经济运行中存在的突出矛盾和问题虽有所缓解，但还没有得到根本解决"，因而"宏观调控（正）处在关键时刻"。来自政府决策机构的一些新近信息均表明，在今后一段时间里，政府对中国经济的所谓"过热"的"宏观调控"（刹车）可能还会延续一段时间。回顾二十余年的改革历程，前瞻未来发展道路，可以判断，中国经济的宏观增长路径和市场发育进程，均进入了一个重要的历史转折时期（如果还不能说是"关键时期"的话)。此时此际,一些有关中国经济增长和制度演化进程的一些"基本面"的问题,有待于进一步讨论。

今年4、5月份,中国经济学界和政府决策层有一个占主导地位的判断,这就是中国经济增长自SARS退去以来开始出现了"过热"。接着政府相继出台了一些"宏观调控"措施,包括用通过行政命令和其他行政手段来使中国经济增长"减速"。为什么中国政府的宏观调控手段与措施必须和必定是"行政的"?这与政府在市场中的"嵌入"密不可分。

一 政府的行政机制在市场中的"嵌入"

在二十余年的经济改革过程中,中国的市场运行基本框架已逐渐发育成型,并在各地和各个经济部门不断扩展。然而,一个不置可否的事实是,在当今中国,行政控制机制还仍然在市场运行中起很大作用。从宏观经济运行的角度看,中央和各级政府作为一个个投资主体,还是内在于经济中增长加速和减速的主要动力源,而不仅仅只是一种超越市场之外或之上的调节力量。在目前的体制格局中,不但政府投资导向、调控机制、政策手段和其他行政信号直接决定着经济增长速率的高低,而且民间投资在很大程度上也在与政府投资和政府的宏观政策导向所"触发"或"拖动"。对于这种格局,我将之称作为政府在市场中的"嵌入"。这里所说的政府机构及其行政机制在市场中的"嵌入",是从社会学家那里借来的一个概念,英文叫"embeddedness"。

政府在市场中的深嵌,使得我们基本构架刚刚成型的市场经济与西方发达国家的成熟市场体制有很大不同。在成熟的市场经济体制中,市场参与者们进行着自己的博弈,政府通过财政、货币、环境以及进出口贸易方面的政策、法律和法规来调节着市场,因而实质上是与市场在一个平等地地位上进行着权力与利益的交换,也因而可以引导市场、调节市场,但不能命令市场。与之相反,在政府嵌入市场的体制格局中,政府是主人,市场是奴隶。由于政府作为市场的主人不但高高在上,能直接运用行政手段指挥和命令市场,也由于各级政府及其衍生机构直接参与市场交易,使得政府仍旧是市场"过冷"或"过热"——如果这两个词在描述宏观经济运行上是可用的或者说有意义的话——的发动机。政府作为市场博弈的"庄家"深嵌在市场中，政府对市场运行的干预，就不仅仅只是调节，而是调控了；且政府的调控手段，经济的、市场的甚至政策的调节往往无效或收效甚微，结果行政调控往往是必然选择。

认识到政府在市场中的嵌入，就会理解我们当前宏观调控的性质和特点了。与西方政府多年惯用的宏观调节的政策工具有着根本性的差别。西方国家的宏观调节的实质是，我抛出一个货币政策或财政政策的"球"，让你市场来接，因而这种调节的结果是，政府与市场（请注意，我这里不是说市场参与者）在平等"场地"上进行博弈。与之相反，我们的宏观调控是"调"与"控"的结合，"调"是形式，"控"为手段，"操控市场"才是目的。我们的宏观调控所暗含的前提是，政府是"庄家"，市场参与者只是"陪赌"，因而从整体上看政府好像是一个骑手，而市场只是政府的坐骑："鞭子打下去，你会不听？"且在政府深嵌在市场中的格局中，政府一加强宏观调控，自然会强化政府对市场的行政控制，从而使政府进一步深陷市场。在这个问题上，宋国青教授的一个判断（说法）很到位：我们今天所言的"加强宏观调控"，与"加强行政控制"，近乎同义语。我们这里有一点要补充的是，宏观调控中行政机制对市场运行操控的强化，是政府嵌入市场的一个自然结果。当然，这并不是问题的全部。现在的问题是，这次宏观调控真的是必需的？

记得在20世纪80年代有一种流行的说法："我们不但要学西方的自然科学理论，而且要学国外的管理科学理论。"这句话目前显然已付诸了实践。这多年，我们的经济学家们，我们的政府决策层的经济人士，不但学得了企业管理知识，也学到了一些宏观经济管理理论：克林顿政府、布什政府和布莱尔政府会做的，我们的政府当然可以做；美联储会用的，我们的央行也会用。他们能做的，我们为什么不能做？为什么不能做得更好？至少为什么我们不能学着做？结果，就有了由一些经济学家游说、参与、谋划和鼓动的宏观调控这场游戏。

二 警惕误学西方政府,仅玩"宏观调控"的游戏

政府嵌入市场,是中国近半个世纪行政控制经济社会工程试验的在市场发育中的一种残存体。长期的行政控制经济实践,不但使政府深嵌在市场中,从而使我国的市场经济基本架构初成时行政控制机制与市场运行机制纠缠在一起,而且在我们的政府决策层遗传下来了一种行为惯性。政府嵌入市场,就自然使得政府的决策者眼睛总是盯着市场,总有内在冲动对市场做点什么:让市场自我运行和发育,那还了得?

政府在市场中嵌入,加上政府决策者的行为惯性,决定了我们的政治企业家们(诺奖得主道格拉斯·诺斯语)在宏观政策上总是偏好于"为有为"。政府嵌入市场,也使得政府"有为地"操控市场非常方便,以致方便得如此从容,就如左撇子一伸手就用左手干事一样。格局、导向和行为惯性结合在一起,使得我们的政府决策层无论在何时觉得市场有一点任何"不合意",就对它不是鞭子猛抽,就是缰绳紧勒。这在近两年的政府"宏观操作"中表现得如此明显。去年这时,我们的经济学家们还判定中国经济增长有些乏力,政府也曾动用所有能用的经济与行政手段刺激经济增长;今年上半年,人们就惊呼经济"过热"了,接着来了个180度的"经济"大转向,不但用所有能用的宏观政策工具节制经济增长,甚至动用行政命令板斧大砍信贷。转得还真快!这说来不怪。因为,这正是嵌入在市场中的政府行政的行为常规和体制惯性。对此,国人已习以为常。——这就是我们的体制,这就是我们的机制,甚至就是我们当代的一种"主流意识"。自"文革"以来,各级政府官员已好像在历次运动中养成了一个较为普遍的行为品格:要么"左",要么"右";要么做这,要么干那,总要做点事,并且总想干点大事、有为的事。这种品格反映在我国市场框架初成后政府对市场运作的态度上,就变成了要么刺激经济,要么抑制经济。政府为什么就"闲不住",即为点"无为"?

政府要有所作为,要积极操控和驾驭市场,这说来不仅仅是过去数十年行政控制经济实践而遗传下来的一种政府行政行为惯性,

而且也符合我们中国人数千年遗留下来的主流文化信念：政治，政治，以政来治，以政为治，以政达治。在古汉语中，甚至在日语中，"经济"不就是"政治"的同义语么?! 政府不做些事，无有些政绩，能行？现在不都市场化了不？市场，不就是表演政绩的一个舞台么？除此之外，还能是什么别的？这里还有一点且不可忽略：具有这种惯性行为的政府政治企业家，又与一些素来矢志于"改造世界"且武装了当代宏观经济学"科学知识装备"的经济学家们灵犀相通、惺惺相惜。加之，在我们常常有志于大有作为的经济学界，有一个较为普遍的误识：在经济市场化之后，宏观调控就成了政府的一种本职、本能和分内的事了。这种误识之所以产生，是因为随着改革中的国门开放，经济学家们所普遍观察到的一个现象是，在二次战后，西方政府不时地动用财政政策和货币政策手段来积极地干预经济周期。这样一来，人们想当然地认为，政府的宏观调控（经济），有凯恩斯的发明专利，因而并非"国产"——倒是有点像是一种进口的"高科技"了。由此，一些经济学家推理如斯：发达国家的政府不是每天都在调控经济么？尤其是20世纪70年代以来，西方各国政府不都是在时时运用财政政策和货币政策"双热熨斗"，来试图"烫平"商业周期之波的高低么？美联储在不时进行着货币和金融政策运作，格林斯潘老先生也在紧握着美国经济这艘巨轮的舵。他们都在做，我们为什么就不能学？为什么就不能做得更"科学"？市场运行框架在我国经济中的初成，也使我们的经济学家乐观地相信，既然市场来了，宏观操作的环境有了，我们自然可以"牛刀小试"，来搞点"宏观调控"了。如果还有什么不同，那唯一的差别是西方国家的政府运用宏观政策工具的"大熨斗"来不断烫平商业周期中的衰退和繁荣的起伏波，我们今天则是用行政手段的"大熨斗"来烫平高速经济增长中速率高低不平的轨迹。——这难道不是我们今天宏观调控的潜隐理论逻辑？然而，在东西方的当代走红的经济学家和政府决策人士都在大谈并在实践上对经济不断进行"宏观调控"时，不知有没有人想过这样一个问题：人类社会的经济增长轨迹就一定是平滑无波的才是"最美的"和"健康的"？

现在，似应该换一个角度来看待市场，换一个视角理解经济浞动和商业周期。如果我没猜错的话，市场应该是个"活东西"。市场有弛有张,有时涨,有时落,会自我调整和平衡,也需要"喘喘气"。短期的经济波动和商业周期,应该被视作为现代市场经济运行的一种常态,这正如潮汐有涨有落,月亮有阴晴残缺,季节有春夏秋冬,人体有生理周期一样。技术进步,产品换代,产业转移,经济的结构调整,都在经济波动和商业周期中来进行;具有不完备信息的无数市场参与者个人(有限)理性选择的非合理结果,也需要经济波动来消化。意识不到市场是个自发生成且自然成长着的"活东西",总是固守着老凯恩斯的信条,总是在市场头上扬着条鞭子,并不断地抽打着它,叫它不是快就是慢,不是向前就是朝后,这只会有害于经济。好马良驹,还需要细心喂养,百般呵护,现在对市场这匹马,我们却是不断地用鞭子抽打着它,这能行?为什么我们就不能留点时间,让市场自我平衡和自我调整?昨天还在千方百计地拼命刺激经济增长,一夜醒来,今天就动用一切手段抑制经济增长,这不是"折腾"?政府不给市场一点"喘息"的时间,是不相信市场机制,还是不相信政府自己驾驭市场的能力?

在这次宏观调控中,我们经济学界扮演了一个什么角色?我们经济学家们性子是否急了点?学西方政府,学格林斯潘,也要看看我们现有的政治架构、市场品格这些特殊的"国情"再学。宏观调控的游戏是玩了起来,但人们好像并没有注意(并似乎不在意)世界各国调控宏观经济的政治架构、游戏规则和制度场景却有很大不同,同样的宏观政策手段的传导机制也有很大差别。最大的不同是,我们入了"世",但还没完全"入市"。具体说来,西方国家的宏观调节,是在一个相对发达和成熟的市场场景中进行的,因而是用于一些屡试已久的政策杠杆来进行的。在我们初成的市场机制中,政府嵌入市场是宏观调控的不可忽略的体制安排事实。尤其是当政府在很大程度上还是引致市场波动的投资主体时,嵌入在市场中的政府既是运动员又是裁判。各级政府本身作为投资主体深嵌在市场中,就使得政府本身对市场运行的操控不可能只是政策调控,而主要是行政操作。把嵌入在市场中的政府对宏观经济的操控放在经济增长的长周期中来看,其宏观调增和宏观调控叠加起来,往往只不过是"政府折腾市场"的倒影。

三 政府应该从这次宏观调控中学会从"市场嵌入"中退出

现在,博弈论的分析工具已逐渐变成了一些经济学人口袋中的"瑞士军刀"。从博弈论的视角来看人世,市场交易是博弈,社会交往是游戏,宏观控制自然也是一种"game"了。"博弈"和"游戏",在英文中是同一个词"game",且说来三者是一回事,这不是一件坏事。人们在社会博弈中交流信息,且在重复博弈中不断学得和积累知识。政府要调控市场,就是与市场玩游戏,中外皆不例外。因此,从理论逻辑上来看,政府调控市场,与市场玩游戏,从博弈论的理论分析角度来看也没有多大问题和什么不对。但问题在于,在一些情况下,政府能否尽量减少与市场的游戏?在这次宏观调控中,有没有经济学家们试试"玩玩市场调控游戏看"的意识和成分?

从这一角度来审视这两年政府的宏观经济运作,对目前这次宏观调控对我国经济增长速率的影响如何,看来是不怎么值得人们所主要担心的事了。是"软着陆"还是"硬着陆",这些看来是小事;经济增长速率下降一两个百分点,对高速增长中的偌大个中国,也没多大问题。真正的问题似乎是政府还没有从行政操控市场的思路中转换过来,动不动就动用行政杠杆调控和钳制市场,就与市场玩游戏,这怎么能行?真正令人担忧的是,如果这次宏观调控政府做得"得心应手"了,做"溜了",会强化政府动不动就动用行政命令调控经济的习惯性行为。用制度经济学的一句行话说,这种习惯性行为会"路径依赖"。如果政府动不动就动用行政手段并通过行政机制干预经济的惯性行为不改,这对我国经济和社会的长远发展,负面影响将会是长期的。如果如此,中国要真正"入市",将"路漫漫其修远兮"!

如果能反思到政府在市场中的嵌入这一事实,如果能理解市场化中的政府的"为有为"的行为惯性——且必定通过行政手段"为有为"——及其深层原因,我们就会得出这样一个断想:中国经济自SARS之后所呈现出的高速增长势头,现在为中国政府提供了一个学会从"市场嵌入"中退出的良机。

目前，经济学界和实业界似乎有一个主流看法：我国经济前一段出现的结构性偏热，始作俑者恰恰是各级政府。这不无道理。各级和各地政府都在大兴土木，都在扩街、修路、筑桥、建高架、盖高楼、搞开发，数不完的政绩工程和面子建筑，"一些经济"会不热？钢材、水泥和其他原材料价格会不短缺？会不涨价？"解铃还须系铃人"。如果认为政府的政绩工程和政府投资是某些经济部门偏热的原因，那现在不正是通过行政机制的运作使政府自己主动退出市场的千载难逢的好时机？近来，我总感觉中国的市场化进程有倒退的征兆，反过来行政控制机制有强化的苗头。我们政府的决策者好像已意识到这一点了，提出要学会运用市场机制来进行宏观调控。这是一个非常好的信号，但关键在于下一步政府如何做。我所期盼的是政府的决策者能真正相信市场，放心地依赖市场。运用市场机制，就是少参与市场，就是少管市场的事。

现代经济学讲"机会成本"。中文中的"成本"、"费用"、"花费"与"代价"，在简单的英语中也只是同一个词，即"costs"。如果我们的脑袋里只想着这次宏观调控能使投资率、信贷规模和经济增长率降低多少个百分点，而把握不住这次政府从"市场嵌入"中退出或淡出的良机，则其"opportunity costs"将会是很高的。

（原载 2004 年上海《社会科学报》）

从偏好到快乐：通向一个更加完整的福利经济学

黄有光

黄有光，1943年出生于马来西亚，祖籍广东潮州。

1966年在新加坡南洋大学获经济学硕士学位。1971年在澳大利亚悉尼大学获经济学博士学位。是澳大利亚社会科学院院士、莫纳什大学经济学系教授和讲座教授、北京大学光华管理学院访问教授。他与杨小凯教授共同创立了新兴古典经济学。

主要中文著作有《经济与快乐》、《经济与人生》等。

三 促进再思考的一些发展背景

在最近几年乃至几十年中，心理学和相关学科的发展显示有必要对一般的传统经济学分析尤其是对福利经济学分析进行再思考。这些发展包括快乐和生活质量指标不能显示它们与人均收入有很强联系的数据，相对地位的重要性，无知和/或非理性选择的论据（如果"喜欢"可说不完全理性），下面会简要提到。

（一）在社会上，钱既不能买到快乐也不能买到生活质量（至少不是太多）

心理学家和社会学家所做的研究表明，不管在一个国家还是在国家之间，人们的快乐水平随工资水平的上升而上升，但只是上升一点点。比方说，以区域和文化分类，北欧诸国有高收入也有高快乐，其次是美国、英国、澳大利亚和爱尔兰四个英语国家，再接下来是中、南美国家包括巴西,紧跟的是中东、中欧、东南欧(希腊、俄罗斯、土耳其和南斯拉夫)、印度次岛,非洲并没有排在最后。西南欧(法国、意大利和西班牙)的快乐水平比非洲低很多。最后一个区域是东亚,包括工资很高的日本。新加坡的人均收入是印度人均收入的 82.4 倍;即使用购买力平价而不引入汇率,新加坡的人均收入仍是印度的 16.4 倍。然而两国人们的快乐水平却是一样的,而且都比日本高很多(Cummins, 1998; Diener and Suh, 1999; Inglehart et al., 1998)。

尽管有一些如日本、法国这样的特例,但从统计上看,世界上不同国家间的快乐和收入存在正相关关系。这主要是由于收入水平和快乐程度都很高的发达民主国家和其他国家之间的组际差别所造成的。Schyns(1988)的分析显示在这些国家中的任何两个团体间没有工资和快乐的正相关性(Rutt Veenhoven 向我保证在最近一个有更多变量的研究中显示,较穷国家中工资和快乐有很强的正相关性。这更加强了这个观点的说服力,而且从直觉上来说更有道理)。

当上述结果在研讨会中提出时,一位同事说"工资和收入的跨国关系还受文化差异的影响,在同一国家中这种关系应该更强"。事实上,快乐和工资水平的时际关系在同一个国家中(至少先进国家的数据如此)不具有明显的正相关性。例如,从 20 世纪 40 年代到 1998 年,美国的真实人均收入增加了 2 倍。但是,认为自己很快乐的人在 30% 左右波动,而且没有向上的趋势;他们的平均快乐在 72% 上下波动。从 1958 年开始,日本的真实工资增加了 5 倍之多,但它的平均快乐在 50% 左右波动,也没有向上的趋势(Diener and Suh, 1997; Frank, 1997; Myers, 1996; Oswald, 1997; Veenhoven, 1993。Blanchflower 和 Oswald 在 2000 年提出从 20 世纪 70 年代早期到 20 世纪 90 年代晚期,美国的快乐水平有点下降,而 Hagerty 和 Veenhoven1999 年则指出快乐水平有点上升。"几乎没变"可能是最好的解释)。从动态上看,我们应该提高工资来使快乐水平保持不变,所谓"享乐的工作"。然而,有研究表明,快乐水平和经济增长速度成反比(Diener et al., 1993; Diner et al., 1995)。

许多经济学家可能怀疑快乐研究的可靠性,因为快乐研究几乎完全建立在很难进行人际比较的自我快乐水平的假设之上。首先,一个人在说他自己很快乐之前就有很多的主观快乐。因此，虽然快乐水平可能有很大的提高，但说他自己快乐的人的百分比可能没有增加。为了克服这些困难，我提出了一个可以比较人际、时际和国际间快乐的工具（Ng，1996a）。Stone et al. (1999) 喜欢使用瞬间评估，Larsen 和 Fredickson (1999) 喜欢使用多种测量手段。甚至在使用更可靠的快乐测量手段之前，还有认为现存测量手段很可靠的令人信服的说法。例如，不同的快乐测量手段之间有很好的相关性（Fordyce，1988），如对生活中积极事件和消极事件的回忆（Seidlitz et al. 1997），配偶、朋友和家庭成员的报告（Costa and McCrae，1998；Diener，1984；Sandvik et al.，1993），心率、血压等物理测量手段（Shedler et al.，1993），以及前额的大脑活动（Sutton and Davidson，1997），等等。使用 Marlowe-Crowne 的社会愿望测量手段，Konow 和 Earley 没有在他们报道的快乐数据中发现有偏见的迹象；而且快乐的相互关系在不同国家中表现出很强的一致性。这些并没有排除余下的问题（见 Schwarz 和 Stracek，1999；Bertrand 和 Mullainathan，2001）。可是，报道的主观快乐可能还是一个近似值（Frey 和 Stuzer，2002）。还有，如果我们使用更客观的生活质量指数情况也差不多。伊斯特利（Easterly，1999）对一个涵盖了 1960—1990 年的有 95 项的生活质量指数（如教育、健康、交通、不平等、污染、民主和政治稳定等）构成的数据组进行了分析，得出了重要结论。

虽然几乎所有指标都显示不同国家的生活质量和人均收入有正相关性，但当以固定作用或第一差异估计来排除国家因素后，经济增长对生活质量的作用是不确定的而且经常是不存在的。发现"生活质量随工资上升而上升或恶化的可能性是相同的……在第一差异估计中提供的 69 个指标样本中，62% 的指标随时间而提高，而这作用比经济增长更重要"（Easterly，1999，pp. 17—18）。即使对这 3 项指标中在固定作用下与收入呈显著正相关性的 20 项指标而言，时间对其中 10 项指标的改善作用也比收入的作用大。

令人奇怪的结果不是源于不断恶化的收入分配（有迹象表明经济增长使穷人得到更大的份额）。但是，任何国家的生活质量对公共消费的依赖高于对私人消费的依赖。许多研究（Estes，1998；Slottje，1991；看 Offer 在 2000 年的回顾）表明，社会进步的测量手段和低工资水平（1981 年的物价大约 3 000 美元）高度相关，但相关性在这个收入以上就消失了。其他学者（Veenhoven，1991；Diener and Suh，1999）指出了工作和快乐的一个相似关系。

高工资和高消费可能增加更高水平的偏好。但事实上如果消费水平不变的话可能降低快乐水平。换句话说，高消费使我们得到了更高水平的偏好，但这需要更高的消费来维持同样的福祉水平。如图 1，当一个人的平常消费在 A 点时，（总）福祉曲线是 X；当一个人的平常消费增加到 B 点的时候，（总）福祉曲线是 Y。因此福祉水平并没有增加到 BB″，只是到了边际 BB′。然而，消费的边际福祉（原来是在 X 上 A′点的斜率）现在增加了（在 Y 上 B′点的斜率），这使个人感觉到有更多的钱消费更重要。可是，长期福祉是通过 A′B′C′的曲线的，它的消费边际福祉更低。

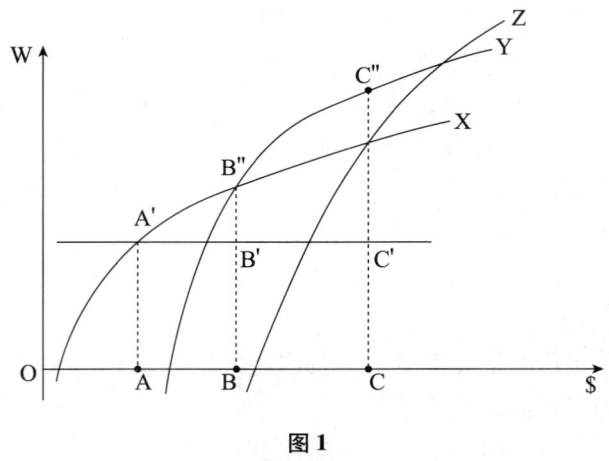

图 1

如果我们考虑调整费用，整个长期福祉曲线应是个人调整后消费水平的函数，个人更高的消费水平会降低整个长期福祉曲线。为了最大化长期福祉，应该以不要太高的消费水平为起点从而使快乐水平随时间而上升。从这个视角看，富人的孩子可能处于不利地位。他们一开始就习惯高消费而且以后很难超越，因此在获得快乐体验上会不利。因此，聪明的富人不让他们的孩子乱花钱。但由于富人其父母和孩子之间的攀比很难限制他们孩子的高消费。这可以部分解释为什么穷人和富人在快乐上并没有太大区别。

有一个考虑可使上述原则从低消费水平开始。对消费的一些项目，尤其对健康的消费，是很重要的一个项目，健康消费太低不但会降低他追求将来快乐的能力，而且事实也是如此。这对儿童、青少年时期尤为重要，因为这时特别需要营养（物质的和精神的）来使他们身体健康成长，有一个健康的个性和较好的知识积累。如果一个人由于早年时期的严重营养不足，他可能以后就跟不上别人了。可是，只有在较低消费水平时，这个说法才比适应效应更重要。一般认为一个知情和理性的个人会知道并把长期效应考虑进去，所以不会产生问题。可是，部分讨论到的证据表明，大多数人在这种意义上不是完全理性或知情的，而且他们更多受他们短期曲线的指引。

（二）相对地位的重要性

经济学家早就认识到诸如相对收入或相对消费效应或相对地位的重要性。尽管大多数经济学家参考 Veblen（1899）、Duesenberry（1949）、Rae（1834）等人早期对相对收入问题广泛探讨的文献。可是，近几年的研究显示，相对地位在数量、范围和相对（于绝对收入）的重要性方面超过了大多数人包括我的想象。比方说，Clark 和 Qswald（1996）发现当收入对工作满意程度没什么作用时，相对工资就起很大的作用。另一个例子，有人可能认为在医疗保健这个绝对效应主导的领域相对地位是最不重要的。然而，Wilkinson（1997）指出，即使在医疗保健领域，相对地位仍比绝对标准重要。相对穷的人即使有很高绝对工资和医疗保健，也可能比那些绝对穷但相对富的人有更低的快乐水平。死亡率是一个相对收入和医疗保健的函数，而不是绝对收入和医疗保健的函数……Clark（2003）指出个人福祉的衡量：（1）随着他自己的收入上升而上升；（2）随着别人的平均收入的上升而下降；（3）和反映其他人收入分配的变量有很强的相关性。其他人的收入在较大范围进行分配一般会增加个人的福祉。这个发现与认为公众不喜欢不平等和风险规避的说法背道而驰。是不是更穷的人会（通过使其他人感到相对较富和幸运）比很富的人产生更多的外部效应，显然还需要更多的研究〔有趣的是，即使忽略认知和执行问题，我们可能还不能使用"庇古补贴"

来使穷人产生更多的外部收益；当他们收到补贴后，他们不像原来那么穷了。这和 Ng（1979，1983）附录 8A 中讨论的再分配悖论有关］。

相对地位的重要性可能至少部分是一个生物学解释。在回顾了生物学和非生物学证据之后，Frank（1999，p.145）得出"对相对地位的关注是人性中根深蒂固且很难根除的一个因素"的结论。对一个人（自然选择一般在个人身上起作用）的超越生存的最低绝对标准，繁殖在很大程度上是由相对地位决定的，对男性来说尤为如此。在动物王国和我们长期演化的历史中，只有占统治地位的男性才能进入女性的领域（大多是男性）。男性体育竞争可部分回溯到这种男性竞争中的"赢者通吃"的生物学因素（Deker 和 Scotchmer，1999）。男性在竞争最激烈领域的统治地位（比方说商业中的主管）也可由这个因素部分解释。当然，生物学的倾向可以通过训练来加强，尤其在我们这个强调竞争和物质成果的社会（生物学基础上的行为，参看：Wilson，1975；Dawkins，1989；Robson，2001）。

相对工资的重要性效应，一方面已经被用来解释经济增长不能提高在社会水平上的福祉，另一方面解释个人层次上赚更多钱的猫捉老鼠的游戏（Esterlin，1974；Frank，1999；Ng 和 Wang，1993；Ng 和 Ng，2001）。更高的工资会导致个人绝对和相对水平的福祉的提高。在社会层面上，相对收入一般不能提高。在那时，绝对消费对福祉已不再那么重要，经济增长可能由于环境破坏而使整个社会福祉下降。我们可能得依靠先进的知识防止福祉下降。在下面一小部分我将提出即使在个人层面，赚更多钱的猫捉老鼠的游戏也可能是不理性的。

（三）个人非理性选择，包括赚更多钱的猫捉老鼠的游戏

在个人层面上，工资的增长不但增加收入和消费的绝对水平，而且还增加其相对水平，因此被认为是很重要的。可是，至少在一个最低水平之上，更高的收入并没有使个人变得非常快乐。百万富翁只比普通人快乐一点点（Diener et al.，1985）。而且，因果关系

的方向不是由金钱到快乐。事实上,"在富国如果存在因果关系,那么就是由快乐到增长,而不是相反"(Kenny,1999,p.19)。综上所述,证据显示在很低的收入水平上,收入对快乐才非常重要;但在个人快乐的整个差异中它只占不到2%(Diener et al.,1993)。事实上,所有客观因素结合起来对快乐的贡献很少。因此,Campbell et al.(1976)发现人口因素(包括收入、年龄、性别、种族、教育和婚姻状况)可以解释快乐差异中的20%,Adrews和Withey(1976)发现这些因素只能解释快乐或福祉差异中的8%。如果我们去掉婚姻状况(这个和快乐的相关性很高;关于快乐的相关性,看Argyle,1999年的调查),其他的客观因素事实上是不重要的。这和两个相同的研究结论是一致的(Lykken和Tellegen,1996;Stones et al.,1995)。研究表明,包括社会和经济地位、教育、家庭收入和婚姻状况的客观因素只能最多解释快乐差异的3%。

有证据说物质倾向高的人会比较不快乐。那些有内生目标,如自我接受、参加团体和有社区感的人比那些有外生目标,如一些诸如金融成功、欢迎度和吸引力等外在奖励的人要快乐(看Kasser和Ryan,1993,1996,1998;Richins et al.,1992;Ryan et al.,1999;Wright和Larsen,1993)。"经济福祉中当务之急的物质主义和主观福祉是负相关的,对那些相信更多的钱可以使他们更快乐的人尤为如此"(Offer,2000,p.20;Ahuvia和Friedman,1998)。然而,人还是继续变得倾向于物质。

说金钱对快乐不重要,但很多人还是牺牲他们的健康、闲暇,破坏他和他们朋友、家人的关系,甚至败坏道德和违反法律(因此威胁到他们自身的自由甚至生命),去搞更多的钱。他们不是非理性吗?为什么为了得到对快乐并不重要的钱而去牺牲对快乐而言很重要的一些东西?我认为这至少部分可由受本性和后天培养影响的非理性的物质偏见来解释。除了前面讨论的对相对地位的竞争,还有累积物资的本能。即使没有研究任何的生物学,很多人都意识到动物如老鼠、松鼠、蚂蚁、蜜蜂等储藏食物的本能。许多动物在保卫领土和获取资源方面有本能的行为。显然,食物的储藏可以增强(生存和繁殖)体质,因为这减少了饿死的可能。尽管现代人是最"理性"的,但仍不是完全"理性"的。换句话说,我们的行为仍部分（至少说）受我们组成基因的生硬的程序的影响。和其他人一样，我们还有动物的积累兽性。① 我们的本能倾向和驱动力被用来最大化我们的繁殖能力，因此不能完全和福祉最大化一致（Ng，1995，1999）。这还说明"需要"（偏好）和"喜欢"（福祉）由大脑中不同的神经系统掌控，所以从心理上看是相互割裂的。

我们在一个消费导向的社会中长大，任何时候任何地方都充满了鼓励我们消费更多物品和服务的广告。对喜欢消费物品和服务的偏见是因为人们只能通过卖出物品和服务而不是闲暇和快乐来获利。

动物情绪（兽性）和物质社会的影响两者相互作用导致了无止境的要求更高收入的恶性循环。比方说，看上去没有一个收入群体对他们的收入水平感到满意，这可从美国人在 1980 年回答下面的问题作出判断："你们家庭收支相抵的最少收入是多少？"（美国劳动统计局，1986）。Lebergott 评论说："一个人有的越多，要的越多。家庭收入在 5 000 美元以下的认为 7 822 美元就足够了；家庭收入在 5 000 美元到 10 000 美元的认为他们需要 10 139 美元；那些平均有 44 837 美元的人觉得有他们收入的 3 倍才觉得差不多。"

还有心理学研究表明大多数人是不完全理性的。这里，我脑子里没有像 Allais（1979）、Kahneman 和 Tversky（1982）以及其他人提出很有意思的违反预期效用最大化的传递性偏好和公理。我脑子里有大大违反理性的例子。心理学研究显示大多数人忽视或低估当前消费/享受对将来快乐的负作用和当前节制/受苦对将来快乐的积极作用（Headey 和 Wearing 1991）。大多数人相信，车祸中残废的话（失去两条腿或两只眼睛）不如死了算了。我曾在课堂和讲座中让学生举手选择，结果都是选择死的人和要活下去的人的比例为 3∶1（也就是说，选择死的人是选择残废的人的 4 倍）。研究表明，残疾的人只比健康的人不快乐一点点（Brickman et al.，1978）。通过一

---

① 凯恩斯还认为企业家这种行动的自发强烈欲望不是建立在理性和深谋远虑的基础上的，而是建立在习惯、本能、偏好、欲望、意志等基础上的。因此，在某个阶段我认为凯恩斯的脑子里有和我相似的积累本能和概念。可是，Marchionatti 在 1999 年的文件中表明凯恩斯并没有使用生物学的知识，至少在积累本能上。

段时间的调整，车祸中严重残废的人的快乐水平回到接近车祸前的水平。他们为那时没有死于车祸而庆幸。

很多人花费大量时间和金钱买彩票。然而，有证据表明，中彩票的人不比没中彩票的人快乐（Brickman et al.，1978）。当然，他们中了之后是很开心的。但是，在几个星期之内他们的快乐水平又回到原来的水平。他们最初在赢得彩票后有更快乐生活的期望没有实现，因此，当预期回报只有6美元时，每周花10美元和许多时间以及精力是不值得的，除非你梦想如果你花费会赢得大奖。显然，我们受制于大的适应效应，使我们的福祉更多地依赖我们相关地位而不是真实地位。然而，"个人不能预见他们相关地位的变化"（Frijters 1999，p.8）。另一方面，甚至当保险费低于精算价值（因此期望福祉是上升的）的时候人们也不愿意购买洪水险（Kunreuther et al.，1978）。Lane（1993，2000）用没能充分考虑适应效应和"市场文化"的影响来解释为什么人们认为金钱比他们本身更重要。Kahneman et al.（1999）得出的结论是："现有证据表明人们没有能力像经济模型中的精确度来预测他们将来的偏好和快乐的经历。"

许多研究表明，个人所作的决定很受当时情绪的影响（Elster，1999；Isen，2000）。Hermalin 和 Isen（1999）通过允许一个阶段开始的时候情绪或效用影响偏好在一个理性选择的框架下来进行分析。虽然这是一个看待某些问题的有用的方法，但包含了不完全信息/理性的观点。一个人可以通过"情绪的变好，可以使个人从帮助别人中得到快乐或由于帮助的精神成本而降低快乐"（Hermalin 和 Isen，1999，p.2）来解释情绪对愿意帮助别人的行为的作用。可是，当不相关的当前情绪影响一个人长期机会的选择时很难不归咎于不完全信息/理性。

由于不完全记忆有一个潜在不正确选择的特殊源泉。由于先前提过，在一个阶段中一个自然和广泛接受衡量总快乐和痛苦的方法是整合那个阶段快乐（正的）和痛苦（负的）强度总和。然而，可能由于加总估计的困难，人们一般从现有的资料中抽取两个关键值：最高瞬时强度和那个阶段最后的强度。有些取中位数，如最高和最低值的平均值，来作为"记得的效用"（Kahneman et al.，1993）。这种启发式的高峰和结尾对经历的持续不敏感，事实上正如在以人为对象的实验中所证实的那样。例如，在对结肠镜检查持续 4 到 67 分钟的过程中的回顾评估，恶心与持续时间无关，而与最痛苦和最后的痛苦的程度高度相关（Redelmeier 和 Kahneman，1996）。显然，这种"对持续时间的忽略"，从净福祉最大化的观点看，可能导致不正确的选择。

时际选择（Lowenstein 和 Elster，1992 年的论文）很容易被冲动、不一致、双曲线折扣和过度折扣所迷惑。包括经济学家广泛认识到的自己对将来关注的不足。例如，庇古（Pigou，1929，p. 25）把它称为"不健全的预见力"；拉姆赛（Ramsey，1928，p. 543）称之为对将来的"想象力不足"；哈罗德（Harrod，1948，p. 40）认为它是"激情战胜理智"。对将来消费、收入和其他货币价值的贴现是合理的，因为现在一美元可以换成将来一美元以上的价值。如果将来效用的实现是不确定的，那么，对将来效用的贴现也还是合理的（对健康的人来说，这种不确定性是很小的）。对除了这些可接受的原因外，贴现将来是非理性的。这种非理性的表现是为自愿养老储蓄的严重不足，必须进行强制性的养老计划和大比例补贴退休金的方案。我在做一个有关如果利率较高时有什么人愿意储蓄的调查时遇到过一个储蓄不足的极端的案例（Ng，1992）。问题暗含的假设是，每个人都有储蓄，因此答案是一个人愿意多存多少百分比。一个问卷对象说他没存过钱。我然后把答案由原来"多存 20% 的钱"改为"每月存 20 美元"，如此等等。他仍回答说甚至在 100% 的年利率下他也不愿储蓄。当我说"如果现在存 1 美元明年会变成 100 万的时候，你会储蓄吗？"他才承认他会。我仔细发现这个健康的年轻人没有预期过他会因绝症而英年早逝。

不健全的预见力看上去和积累本能相对。然而，在同一个人身上它们可能同时存在。积累本能使个人过度忙于猫捉老鼠的赚钱游戏（从福祉观点看）；不健全的预见力使他对将来储蓄不足；还有，物质社会无处不在的物品和服务的广告、示范效应等。这些合成效应导致了当前的过度消费。不健全的预见力还有生物学解释。

正如人很难训练得完全理性；要变得完全理性也要花费很多钱。因此人某种程度的无知（不完全信息）也不足为奇，不完全理性对大多数人都适用，当然包括我在内。否认不完全理性的存在不但和常识和心理学研究（尤其是驱动力对行为的作用）不符，而且违反了生物进化论最基本的原则（Ng，1999）。还有，既然疯子必须有非理性偏好，假设人们要么完全理性要么是疯子，那么，接受大多数人在完全理性和完全发疯之间是更现实的做法。

（原载汪丁丁主编的《新政治经济学评论》，第一卷，浙江大学出版社2005版，此处节选自其中的第三部分）

儒家"孝道"文化的终结与中国金融业的兴起

陈志武

陈志武,1962年生于湖南茶陵。著名经济学家。

1983年获中南工业大学(现中南大学)理学学士学位。1986年获国防科技大学硕士学位。1990年获美国耶鲁大学金融学博士学位。1990—1995年在美国威斯康星麦迪逊大学任教。1995—1999年在美国俄亥俄州立大学任教。现任美国耶鲁大学管理学院金融学终身教授、清华大学经济管理学院特聘教授。

主要著作有《为什么中国人勤劳而不富有》、《金融的逻辑》等。

中国金融业的发展艰难,这一点基本是共识。实际上,在政府管制多得让人寸步难行又没有可靠的法治的情况下,人们对金融交易当然会缺乏信心,金融市场难以深化就不奇怪了。虽然从眼下的状况看如此,但从长远发展趋势看,我们不得不认识到中国金融业的潜力巨大。

为什么金融业的潜力极大并蕴含着巨大的商机呢?这不仅可以从企业融资、把未来收入流作金融证券化的角度来理解,融资与证券化当然为金融业创造许多商机,但更重要的发展潜力来自中国社会结构的转型、文化变迁以及不断深化的城市化,这些社会转型正在逼迫人们减少甚至放弃对儒家"孝道"文化的依赖,转而依靠正式的保险与其他金融证券市场,由市场逐渐取代家庭为个人提供经济保障。人们正在发现各类保险与金融品种是更可靠的养老和保障未来生活需要的手段,而且也能给个人提供更大的自由空间,增加长者的个人尊严。

再换个角度看，我们意识到，过去 28 年的发展重点是制造业、养殖业和种植业，是解决当下的生活需要问题。到今天，当下的物质生活已基本解决，收入也有剩余。解决今天的消费问题之后，经济发展的重点当然是要解决好未来的生活问题，要规避各类未来风险，而这恰恰是金融证券与保险市场的所在。因此，下一步的经济发展重点必然是金融业。相关的制度必将被改革，否则无法适应这种发展的需要。

一 儒家"孝道"文化在历史的中国

为什么中国人的未来生活保障不能再靠儒家"孝道"文化，而是靠金融市场取而代之呢？以"孝道"为中心的文化体系将逐渐终结，这一趋势不会因我们个人的偏好而改变，而是由经济发展和社会变迁所决定。为理解这一点，我们看到，人自出生开始即面对两种基本需要：一种是吃、穿、住、行这些物质消费，即所谓的物质生活；另一种是心理或说精神需求，即所谓精神生活。就生存需要而言，物质生活的重要性应该第一，精神生活其次。

除了今天的物质消费和精神需求外，一个人面对的同样重要的挑战是如何满足未来的生活需要，而未来又可能充满各种不确定性以及各类担忧，包括经济收入的不确定性、身体健康的不确定性，还有未来精神生活、心理状态的不确定性。从优先次序讲，当然是先满足今天的生存需要，再尽量规避未来的风险。在今天的需求得到满足并出现剩余之后，人必然把重点放在规避未来的风险上，这就是金融市场交易的作用所在。人类发展的进程大致如此。

在农业社会里，虽然对多数人来说物质产出难有剩余，但温饱基本能解决，所以当天的消费挑战能勉强应对，但因为生产力还没高到有太多剩余的程度，所以农业社会的人们还顾不上用金融产品来规避未来的生活需求。事实上，农业社会里的商业特别是金融保险、借贷、证券业都不发达，甚至根本就不存在，没有市场提供的互保、互助金融品种，所以，家族、宗族就成为主要的经济互助体和社会共同体，在家庭、家族内部成员间以及长晚辈之间实现互通有无、互相帮助等隐性经济交易，家族像是一个非正式的内部金融市场。换句话说，那种社会里，经济问题往往通过小范围内的社会组织，而不是通过广泛的市场来解决。

为什么会这样呢？我们知道，为了规避未来收入风险、养老以及意外事故而进行跨时间、跨空间交易时，必然有一方或几方先付出，然后在未来某个时候或发生某种事件时另一方给予回报，这是一种信用交易，涉及不同人在不同时间、不同事件状态之间的经济支付交易，这就要求双方有极强的信任基础，在一方违约时另一方能有补救的办法，否则没有人愿意把辛辛苦苦赚到手的收入付给另一个人，没有人愿意加入这种交易。也就是说，信用交易必须以可靠的契约保障体系为基础（契约可以是隐性或显性的）。

在没有发达法治的农业社会里，亲情与血缘成为保证互保、互助交易顺利进行的自然基础。另外，像2500年前由孔孟推出的儒家"孝道"及相关价值体系，即是增加家庭内部隐性交易安全的进一步保证。换句话说，在没有市场提供的保险以及其他金融品种的前提下，"养子防老"是最主要的规避未来风险的手段，而儒家"孝道"文化体系则是保证作为投资者的长者能有回报的文化制度保证。

由儒家"孝道"文化支持并以儿女作为具体载体的养老与风险保障体系的确在中国持续了2500年，之所以这套体系能维系这么久，其原因大致如下。第一，土地以家族所有，长辈掌握了土地分配权。对于2500年没有走出农业的中国社会来说，没有土地就没有生存力。因此，长辈的土地支配权让后辈想不"孝"也不行，这当然能保证代际间的隐性利益交易，让长辈在儿女身上的投资有回报。第二，在"洋务运动"之前，中国的工业欠发达，商业也有限，对多数人而言，可能交易的金额会非常小，利益交换的规模非常有限，因此，在传统社会里，"违约不值得"，基于家族和"孝道"文化的信用交易体系一直"够用"，不需要成本更高的外部法治体系。第三，在铁路于19世纪末出现在中国之前，除了马车和水路运输外，跨地区交通非常艰难，地区间的人口流动非常有限。只要大家都世世代代生活在同一村，社会舆论也会迫使每个人遵守"孝道"、"守信"。正是由于这些因素，"孝道"文化在2500年里基本能给中国社会提供一个可靠的以"家"为基础的养老与风险保障体系。

二 社会转型让"孝道"文化成为历史

在今天的中国,为什么"家"的经济交易功能日益淡化,"家族"作为非正式内部金融市场的功能越来越弱了呢?为什么基于儒家"孝道"的养老与风险保障体系正在瓦解?许多人说是由于现代人道德沦丧所至。——这也许是部分原因,但更重要的是由于经济发展以及社会变迁正在把"孝道"文化体系给淘汰,其原因又因城市和农村有别。我们先从以下两方面看农村的变化。

第一,农村土地归集体所有,家族、家庭的长者不再有给后代分配土地的权力,族产空空,因此,长者对后辈难以有约束力。除非恢复土地私有制,否则传统长者的"威慑力"难以再现,"孝道"与"家规"就无"刚性"。

第二,种田已不再是致富的路子,非农的收入远高于农业收入。这意味着大家都去非农打工,背井离乡往城市移民。今天,中国以每年约1%的速度在城市化,相当于每年有1 300万人口从农村进入城市。以笔者在湖南的家乡为例,全村350户家庭中,有75%的家庭有儿女常年在外地城市工作、生活,其中一部分在外地有正式户口,即使没有正式户口,不少也已在外地安居。这些年关于北京、上海、广州等城市民工子女的上学问题、医疗问题等等讨论得很多,这当然是好事。从另一方面看,在子女相继离开农村后,留在家乡的父母长辈的养老与保险问题已越来越严重。子女移居外地,儒家"孝道"文化的约束力已相当弱。因此,在农村,基于儒家"孝道"的传统养老与风险保障体系正在瓦解。

农村如此,在城市,儒家"孝道"文化更是靠不住,养老与保险只能靠金融市场。首先,城市人没有农田作为最后的生活保障,所以这条路不通。其次,城市人因工作迁居异地的现象已非常普遍,人口流动是常规。记得在上世纪80年代初到上海出差时,由于周围的人都讲上海话,笔者基本不敢开口讲话,怕暴露自己的湖南口音;但今天到北京、上海等地就不用有这种担心,因为周围的人相当多也是外地人,即使他们听出你的外地口音,也无所谓。跨地区人口流动大大增加后,家庭、家族内部的经济交易越来越难以执行,代际间和亲戚间的信用交易越来越不安全,"不孝"、"违约"的频率日益上升,"孝道"文化的约束力越来越弱。

因此,不管是今天的农村,还是城市,在社会结构和人口流动量发生根本性的转变之后,"家"的经济交易功能已越来越难以支撑,"孝道"文化所依赖的社会结构和经济基础已瓦解,原来由家庭、家族承担的经济互助互保功能必须由金融证券与保险市场来取代。对于创业者来说,这当然蕴含着巨大的商机。

实际上,从经济收入或者说生产力的角度讲,在农业社会时期,由于人们的产出能力不高,没有足够的剩余去自己安排自己未来的生活需要,所以农业社会的人是"迫不得已"靠"家庭"实现养老、保险等经济交易的,并不得不接收阉割个性的儒家"孝道"文化。但是,从晚清"洋务运动"开始的工业化过程,经过近150年的努力已使中国的生产力大大提高,物质产品史无前例地丰富,现代工业、农业已解决了中国人今天的生活挑战。但在解决了今天的物质需求之后,人们的剩余收入与财富越来越多,接下来的挑战便是如何安排好未来的物质与精神需要。在收入能力达到如今的高度后,人们没必要靠传统的家庭结构来规避未来的风险和养老需要,当然更希望用各种证券市场来安排未来的生活需要。

三 从美国过去100年的金融发展看中国金融的未来

这种判断对中国家庭文化以及金融业的未来走向有什么含义?我们或许能从美国的经历中看出一二。虽然美国的历史和文化背景跟中国不同,但工业革命,特别是现代交通运输技术也大大改变过美国的社会结构,那些社会转型从根本上推动了美国金融业的发展,改变了其金融行业结构以及美国的家庭文化。仔细的研究会帮助我们预测中国金融业和家庭的未来走向。

20世纪之前的美国跟近年的中国在许多方面相类似,"家"与"家族"对美国人的经济互助、互保作用也很强,主要原因也跟农业在美国经济和社会中的分量有关。比如,1978年的中国跟1820年时的美国在就业人口的产业发布上是惊人地相似。1820年时,美国就业人口在农业、工业和服务业之间的比例分别为70%、15%和

15%；中国1978年时的就业人口在这三个产业间的分布为70.5%、17.3%和12.5%。到1890年，美国就业人口在三个产业中的分布是38%、24%和38%，而中国到2004年有46.9%的就业者在农业、22.5%的在工业、30.6%的在服务业。

因此，从社会人口在三大产业间的分布看，今天的中国跟19世纪末的美国类似。我们知道，19世纪60年代在美国兴起铁路热潮，并同时开启所谓的第二次工业革命。那时期建立的铁路网以及后来的电力革命、电话革命、汽车革命大大改变了美国社会结构，不管在哪里出生，人们可以到任何地方去就业，哪里的收入机会更好就搬到哪里，跨地区人口流动加大，城市化速度加快，越来越多的美国人从农村迁居城市。1820年时美国90%以上的人口居住在乡村，到1900年左右降到50%。1865年时美国只有14个人口过10万的城市，1929年则有93个这样的城市。到19世纪末，社会结构的变迁已使许多美国人不再能依靠传统的家庭、家族达到经济互助、互保与养老的效果。

虽然至19世纪末美国社会结构已发生巨大变化，但是其社会保障体系与退休养老基金市场还没有出现，金融市场还主要以银行和保险为主。那时已有一定规模的股票和债券市场，但还并没有各种能让人们全面安排好个人未来经济需求的金融产品。换句话说，在家庭的经济交易功能衰落的同时，金融市场上的退休养老品种又没跟上，出现缺位，这当然暗含着某种社会危机。

有意思的是，今天中国的金融行业结构也接近1900年的美国。如果我们按一类金融机构占该国金融业的总金融资产的比例来衡量其在整个金融业中的地位，判断该类金融机构的发达程度，那么在1900年时，美国的银行资产占整个金融业资产的81.1%，保险公司资产占13.8%，证券公司占剩下的5.1%。当时还没有基金公司，也没有退休养老基金。相比之下，今天在中国，银行业的金融资产约占金融业总资产的78%，保险公司占5%左右，证券业、信托业、基金公司占剩下的17%。虽然今天中国保险业的相对水平低于1900年时的美国保险业，但总体上中国今天的金融业结构与1900年左右的美国相似。在社会结构的变化上，今天中国正在经历的也跟那时期美国社会所经历的非常类似。

真正让美国认识到其金融行业结构跟新的社会结构不配套的事件是1929年的大股灾,那次股灾引发了美国有史以来最大的经济危机,众多公司相继破产,失业率最高时达25%,每四人中有一人失业。那次危机让人们发现,传统家庭、家族所提供的互助网络已基本不可靠,而此前金融市场又不提供失业保险、养老基金和各类风险特征的开放式基金,金融市场所能提供的保障有限。再者,那时的美国政府也没有任何社保基金、失业救济金等,个人经济保障在美国历来是公民自己的事,不是政府的事。也就是说,那次经济危机让人们看到在大的系统性风险事件发生时,三道防线都不到位。

1935年美国通过《社会安全法》,由联邦政府建立社会保障体系,为民众提供最后一道经济保障线,以适应社会结构发生了大的变化后的新现实。

但更重要的变化是金融业本身。首先,传统金融产业的相对重要性逐渐下降。以保险业为例,到1955年时,保险公司金融资产占整个金融业资产的分量达到21.4%,但此后持续下降,到1975年时为11.8%,到2005年为6.9%。银行业金融资产占整个金融业资产的分量到1955年时57.8%,1975年为56.4%,2005年时降到24.8%。当然,虽然银行与保险业的相对分量在逐年下降,但它们的绝对规模却在不断翻倍,银行业的资产在1900年为129亿美元,1955年为2 599亿美元,2005年升到117 000亿美元;保险业的资产在1900年是23亿美元,1955年为962亿美元,2005年则是3 240亿美元。

相比之下,退休基金从无到有,其金融资产在1955年时为517亿美元,1975年为4 599亿美元,到2005年为89 955亿美元。开放式基金业是另一个后起之秀,1955年时所管理的资产才113亿美元,到2005年时升到83 228亿美元。

1900年时银行和保险业资产分别为GDP的70%与12%,跟中国银行业与保险业分别为GDP的80%和7%差不多。从1900年到2005年,美国的这两个行业都有发展,但是它们无法跟退休基金和开放式基金业的发展幅度相提并论,这是否也是中国退休金业、基金管理行业的发展走向?

美国的个人理财品种到今天已是五花八门,要多细有多细,让个人能安排好多数可以想象的未来需要或偶发事件，让你不用为未来的经济需求或危机担忧，金融发展的效果不仅让你能更好地安排未来，而且让你生活得最自由，不需要指望子女或任何人。对整个经济来说，这意味着极大的经济增长动力，金融服务以及相关行业占美国GDP的比重在1977年达到26%，到2000年为35%，比整个中国服务业占GDP的比重还要高。其原因之一是因为在美国，金融市场已基本取代了传统家庭、家族的经济交易功能，让经济交易退出家庭。

四　由金融市场取代家庭的经济交易功能

我们是否要担心一旦经济交易功能退出家庭，家庭会破裂呢？是否让家庭不再有凝聚力呢？这种转型对家庭文化、对社会文化当然会有极大的影响，而且转型过程中会有许多阵痛，但其长远影响是正面的，会强化个人权利和个人自由。正如笔者在《对儒家文化的金融学反思》中谈到的，家庭有两个主要功能，一个是经济互助，一个是社会功能即精神互助与感情交融。为了支持经济互助功能的运作，"家"文化与社会文化往往必须有许多"强制性"且抑制"个性"的内容；但是，为了支持精神互助与感情交融，"家"文化与社会文化又必须要尊重个人权利、尊重个人的自由选择。中西文化的差别也在于此，理解这种差别即可帮助我们不用为未来的中国家庭担忧。

许多学者认为中国文化重视家庭，而西方文化则不然。这显然是一种误解。实际上中国人和西方人都重视"家"，只是追求的"家"的境界不同。传统中国的"家"侧重强制性的经济交易功能，西方社会的"家"侧重基于自愿的感情交往功能。在处于温饱与饥饿之间的农业社会里，生存是一个永恒的挑战，所以"家"的功能很难超出利益交易和保险互助，温情脉脉会过于奢侈，这种社会可能必须要有"刚性"的家庭结构，要阉割个性，否则"家"之内的经济交易就很难有确定性，这就是儒家以及任何传统农业文化的共性。在近代西方社会的生产力上升之后，"家"的经济功能逐渐由金融保险市场胜任，这时的"家"文化没必要那么"刚性"，也不必约束个人的自由，因为感情的交融是逼不出的，只有基于个人权利、基于个人自由选择的"家"里，父母、兄弟姐妹之间的感情交流才是自愿真诚的，才不是出于"义务"责任感而为的。中国人和西方人的儿女都会照顾父母老人，只不过前者可能更多出于"义务"责任感，而后者是出自"爱"，差别即在此。

一旦金融市场将经济交易功能从家庭剥离出，一旦不以利益交换定义"家"之后，中国的"家"文化必须要改变，应该被重新定义在精神互助和感情交融这些功能上，以爱和感情定义"家"。如果是这样，中国"家"的凝聚力会重新上升，但会是基于家庭成员个人自愿选择、以感情交融为主题的凝聚力，而不是靠名分、靠外部强制维系的凝聚力。这意味着父母、兄弟姐妹、亲戚间会尽量多花时间和耐心强化彼此的了解，会尽量找共同话题增加沟通，会更加彼此平等，而不是动不动就以"三纲五常"压人。这也意味着没有感情的夫妻会选择离婚，没有感情交流的家庭、家族会没有凝聚力，也没必要在择偶时要求门当户对。

儒家"孝道"文化当然不是今天就已终结了，而是正在发生的事情。但随着人们对自由的认同程度的上升，随着金融市场的进一步发展、人口流动的加快，传统家庭结构会加快转型。一种基于金融市场与法治的体系将取代传统家庭加儒家文化的社会体系。

（原载《新财富》2006 年第 12 期）

改革需要顶层设计

马晓河

马晓河，马晓河，1955年生，陕西人。

1983年毕业于中国人民大学。后在南京农业大学经贸学院深造并获博士学位。曾在北京市计委工作。历任国家计委经济研究所室主任和副所长、国家发展和改革委员会产业经济与技术经济研究所副所长和所长，现任国家发展和改革委员会宏观经济研究院副院长。

主要著作有：《我国二元结构矛盾与工业化战略选择》、《21世纪中国粮食问题》、《我国农村税费政策研究》等。

过去30多年，中国改革开放最强的动力是来自国内，最大的绩效是解决了穷人问题，以治穷为起始目标，从经济领域开始，调动了上下亿万人民的积极性，改革开放是成功的。今后30年，中国改革开放的最强动力既来自国内也来自国外的压力，最大的改革开放需求群体是正在成长着的中产阶级，最大的目标是走"强国富民"之路。显然，原有改革开放路线支持了中国从贫穷的低收入国家进入相对宽裕的中等收入国家之列，但却无法保证中国能进入富强的高收入国家行列。沿用以往"治穷"的路子来"强国富民"恐怕不行，需要创新思维，继续深化改革开放。

从国内外历史正反两方面的经验教训看，1978年以来，我国推行的产权制度改革、人事制度改革和对外开放，能够紧紧围绕穷人群体和精英群体，较好地解决了这两类人群的问题，最大限度地满足了他们的需要，因此是完全英明正确的。如果没有这三大制度改革，中国就不可能取得今天的巨大发展成就。

不过原有改革开放路线虽支持了中国从贫穷的低收入国家进入相对宽裕的中等收入国家之列，但却无法保证中国能进入富强的高收入国家行列。当前和今后,中国需要设计一个新的改革开放路线框架。换言之,就是中国改革开放需要一个不同于以往路径的顶层设计。这种顶层设计就是改革要有高端性、总体性、协调性和宏观性。

首先,改革要有宏观性。今后中国改革开放要更多地从上到下而不是从下向上。中国应该紧紧把握国内城镇化、社会阶层结构变迁新趋势和国际政治格局变化新趋向,以走"强国富民"之路为目标,化危机和压力为动力,采取"从上到下、以难带易、内外联动、重点突破"的路线推进改革开放。实行这种改革开放路线,就是要针对改革开放难题,选准影响当前和今后中国经济社会发展的重点领域和关键环节,自上而下地推进改革,集中力量统筹政治改革与经济社会改革,统筹城乡关系改革,统筹对内对外改革开放,为中国和平崛起并迅速成为世界强国创造制度条件。

其次,改革要有协调性。要对经济、政治、社会、文化四大体制改革进行驾驭和协调,四大改革要协调配套,而不能互相掣肘。形象地讲,四大体制是桌子腿,顶层是桌板,桌板和桌子腿一定要协调。因此,顶层设计千万不能泛化。就目前来讲,按照既有利于国内现代化又适应全球化进程要求,应优先从上层建筑领域推进政治体制改革,通过政治体制的优先改革带动其他领域改革,降低经济社会发展的阻力,构建一个政治体制与经济体制、社会体制更加适应,民主体制与法治体制更加配套,政府与社会、政府与市场、中央与地方、国企与民企等关系更加和谐的制度框架。

其三,改革要有高端性。今后,要引导13亿人口从中等收入国家向高收入国家迈进,平稳地实现经济结构、社会结构转型,化解各种社会矛盾,把改革开放成果更多、更公平地转化到老百姓手中,都需要从高端入手;搞好引导和规划设计,从过去被动式改革转向主动式改革,否则,改革中面临的很多矛盾和问题都将难以解决。

其四,这种顶层设计指的是改革开放要有总体性。改革应有整体推进方案,而不再是"摸着石头过河"。今后中国改革开放要有整体思路、基本方向、最终目标和重大举措。比如,在新的发展时期,为了更好地体现社会公平、正义、均等享受改革发展成果,就应该紧紧围绕弱势群体和正在成长着的中产阶级,更加科学地从上至下配置社会公共权力结构，合理分配公共资源，使人人在身份、财产、权利、尊严和从业、迁徙、居住和社会保障等方面获得均等的机会。过去30年，我国的改革开放依靠发动"穷人"和"精英"在治穷脱困目标上是成功的，今后30年，中国的强国之路要依靠谁来完成？根据发达国家经验，这个任务必须依靠中产阶级来完成，我们必须从宏观层面上设计和安排一种制度，将穷人变少，把中等收入者变多。未来，中国调整需求结构、扩大消费必须依靠中产阶级，稳定社会、建立社会主义民主政体、支撑可持续发展也必须依靠有理性的中产阶级。因此，要从宏观和微观上扫清一切制度障碍，支持中国建立一个以中产阶级为主体的橄榄型社会结构。

在党政关系方面，一方面应继续优先推进党内民主化的改革，以党内民主化带动社会民主化。应在党内较高层次引入竞争机制，推行民主选举。另一方面应按照党政分开的思路，继续深化党政关系改革，把经济社会发展和公共管理事务完全交由政府去完成。特别是省、市、县委书记不要再兼任人大主任。在政府和市场关系方面，今后改革方向是政府要有干预边界，干预范围要限定在市场失灵的领域，要给市场经济发展留有足够的空间，最终政府职能要由以经济建设为中心转向以提供公共服务为中心，经济发展转向以市场为主导。为什么会出现"国进民退"？"国进民退"只是问题的表象，背后是制度安排。我们让国有企业占有过多的公共资源，给予它们过多的发展权力，在政策上只让那些濒临倒闭的国企退出，而鼓励那些利用垄断和政府支持获得优势的国有企业走规模化和集团化之路，而这样的规模化和集团化又不受限制，一味向竞争性领域扩张，挤压了非公有制经济的发展空间。目前，这些国企已经大到政府难以管理的程度，大到凌驾于市场之上，大到使国民收入分配结构严重失衡。在扩大内需中，城乡居民被鼓励要增加消费，而国企却在大量增加储蓄。问题的关键就是政府的边界不清，形成"政进市退，国进民退"。这些都需要重新进行制度安排。

在人事制度方面，要进一步改革用人制度，应该继续扩大差额选举，扩大社会招聘范围，在更高级别岗位上引入竞争机制，让更多的优秀人才通过公平竞争渠道进入到我们的政府管理机构中。当前，中国不缺乏精英人才，缺乏的是对人才选拔的科学制度。在不合理的用人制度安排下,大量无能、工于心计、善于钻营的人占据了重要位置,堵塞了优秀人才的上升通道。今后,一定要打通"草根"群体自下而上的流动渠道,把精英们的上升通道设计得更宽阔、更公正,使他们都能在经济社会发展中发挥更加积极的作用,实现自身价值,而不使他们在缺乏上升通道情况下产生"仇官、仇富、仇不公"的心理。在人大、政协中应更多、更积极地减少"安排",留下更大比例的差额空间进行选举,使人大代表、政协委员更具有社会代表性,吸纳更多的精英人才进入"两会"。另外,还要高度关注失意的精英群体(失去上升通道的精英和没有工作门路的毕业大学生)、失地的农民和失业的城镇居民等"三失"群体,采取积极措施严防"三个群体"进行非理性结合。

在体制改革的突破口和重点上,要从"两公"开始,即从公共权力、公共资源配置制度改革开始。从制度经济学上讲,公共权力和公共资源配置权力是公共性产品,要把"两公"用在真正涵义上的公共事业上。目前,一些地方政府将"两公"更多地用在了GDP增长方面,为招商上项目"开道",甚至当劳资发生矛盾纠纷时,他们往往用"两公"无原则地维护资本方的利益,忽视乃至牺牲劳动者的利益。要坚决从制度设计上防止"权贵"结合,防止"两公"部门化、集团化甚至个人化。无可置疑,公共资源和公共权力是社会的,怎么分配,怎么做,都要在宏观层面进行顶层设计。今后,我国应该赋予人民代表大会在"两公"方面更多的权力,充分发挥人民代表大会在"两公"方面的决策权和监督权。在经济发达国家,公共权力由社会决定并服务于人民,公共资源分配互相制约。一笔用于公共服务的预算,决策权、执行权和监督权是分开的,三种权力互相制约。2009年中国全年财政收入6.85万亿元,2010年全国财政收入超过8.3万亿。全国财政收入占GDP的比重应该多高?公共财政的钱该由谁来花?花在哪里?谁来监督?现在还缺乏有效的权力配置结构。比如公共财政资金的使用,现在还是向城市建设方面投的多,向农村投的少。公共资源配置应该有个优先顺序,贴近老百姓最急需的、有利启动消费的项目,恐怕应该列入重要的位置上,而那些讲排场、比政绩的面子工程是要限制的。总之,公共权力和公共资源应该受到公众的监督和制约,这种监督和制约需要制度化、常态化和规范化。另外，还有一部分公共权力是应该归还社会的，比如我国的工会权力不充分，使得工会不能真正代表工人与资本方对话，捍卫劳动者权利；限制农民自治组织发育成长（比如农民协会），实质上是压制了他们同政府、资本方的谈判权，使他们在分享经济社会发展成果上处于弱势。因此，今后要赋予工人组织、农民自治组织以更多的社会公共权力，让他们利用自己的组织保护自身的利益，制衡公共权力与资本的"合谋"。

有人说，中国的发展是搭了全球化的便车，作者认为这不是主要的。中国的发展根本在于改革开放带来的制度创新，国际化只是一个后天因素，它与制度创新因素叠加在了一起产生了集聚和发酵，才使得中国获得了今天的辉煌成就。改革开放、制度创新才是核心，没有改革开放中国不会有今天。今后30年，中国仍然要坚持制度创新，加快体制改革，深化对外开放。其实，任何国家的制度建设过程都不是一帆风顺的，基本上都是体制外和体制内因素共同作用的结果，体制内的"动"和体制外的"推"相结合。改革实质上是对原有权力结构的再调整，这种调整必然会有阻力；要破除阻力，实现公共权力和公共资源配置结构的再平衡需要大智慧。

因此，中国强大需要新发展，新发展需要新的改革开放，新的改革开放需要大智慧。这种智慧包括四个方面：一是要超越自身所在的集团利益，为民族复兴、国家强大而推进改革，可以说这需要一种自我牺牲精神；二是具有远见卓识，从历史和全球化的视角把握我国进一步改革开放的时机和进程，考虑民族、国家利益，制定行动方案和决策；三是具有超强驾驭改革开放的能力，善于配置人力资本、公共资源，集聚社会精英，团结一切积极力量，推进社会进步；四是善于从日常社会生活中的现象发现新趋势，从单一问题中看透问题本质，调集社会资源、集中国力，将中国发展壮大。

未来世界将留给中国更大的发展空间，而中国的未来发展必须依靠一代又一代改革者不断推进。改革没有回头路，势如逆水行舟，不进则退。

（原载于"中国经济学50人论坛网"2010年长安讲坛第170期，此处选文有压缩）

从体制认识中国经济的结构性问题

许成钢

许成钢，1950年生，浙江临海人。

1982年获清华大学机械工程硕士学位。1991年获美国哈佛大学经济学博士学位。自1991年至今在英国伦敦经济学院任教，1998年获得终身教职。现兼任香港大学经济系教授、清华大学经济管理学院特聘经济学教授、全欧经济政策研究中心（CEPR）研究员，以及美国密歇根大学Davidson研究所研究员。

主要著作有：《制度、创新和增长》（和黄海洲合著）、《激励、信息和组织形式》（和Eric Maskin、钱颖一合著）等。

二 严重的结构性问题

今天关于中国的经济结构问题有大量讨论，很多结构的问题已经得到认同。但是对结构问题背后的原因认识还很不够。我想强调，所有最重要的结构问题都产生于同一个体制，如果不解决这个体制问题，结构问题是解决不了的。中国的历史表明，体制问题是落后的根源，而贫穷落后本身并不能保证持续发展。中国经济长期发展的持续性取决于中国的体制改革。

最近谢与克列诺的研究很好地从宏观上概括了中国的经济结构问题。他们的估算表明，由于资本和其他资源的错误配置导致了中国的生产率比美国低约50%。也就是说，不需要增加投资，只要纠正结构性问题，改变一下资源配置，中国的经济就能增长得很多。这证明结构问题浪费了中国巨大量的资源。

如果经济结构问题不解决，中国经济增长很难持续。以下简要概括公认的主要结构性问题。第一个结构性问题就是以出口推动增长是不可能持续的。中国出口占 GDP 的比例相当高,尤其是最近这些年,还在剧烈地增长。这是不可能持续的,因为中国已经是世界第二大经济体,很快就是第一大经济体。世界最大的经济体靠出口来推动是不可能持续的。最基本的道理是,占世界人口 1/5 的国家不可能主要靠卖给别人东西变得富强。第二个就是内需不足。其首先的原因是国内的消费水平极端低,就是老百姓的消费占 GDP 的比例非常低,而且在过去几年里一直在持续下降。中国民众消费占 GDP 比例之低在世界上是空前的。造成低消费的一个主要原因是劳动收入非常低,而且其占 GDP 的比例在最近几年里还在持续下降。这在世界主要国家的发展史上也是空前的。还有就是中国总的储蓄率奇高,在世界上是最高的,而且还在持续上升。这样高的储蓄里边最重要的原因是因为政府的储蓄、企业的储蓄在快速增长,而居民的储蓄占全国总储蓄的比例在近几年里稳定下降,这当然也进一步导致内需不足。总之,所有以上这些都是不可持续的。

第三个巨大的基本结构问题是中国经济的不平等,社会经济的不正义,例如土地问题等等。中国经济的不平等在最近二十年里恶化,尤其是近十年里迅速恶化。中国经济不平等的水平已达到世界之最,早就超过了印度。这些不平等严重威胁了社会稳定。任何社会经济因素威胁社会稳定的时候,一定威胁经济增长的可持续性。不平等本身也是导致内需不足的基本原因之一。第四个重大的一直被人们热烈讨论的问题是中国的制造业。最后一个重大问题是环境问题。

几乎所有这些结构性问题都已经写在了"十二五"的规划里。但是所有这些结构性问题统统都是由同一个体制问题产生出来的。关于这一点,"十二五"规划并不清楚。"十二五"规划似乎把许多问题归结为增长速度或单纯追求增长速度,似乎降低经济增长速度是解决问题的中心环节。这是只见树木不见森林。有一点可以肯定,单靠降低增长速度不仅一定解决不了绝大多数的结构性问题,而且,如果不改革体制,在增速下降时许多结构性问题反而会更恶化。值得指出的是,大部分"十二五"规划中包括的结构性问题在"十一五"规划中就已经讨论过。"十一五"规划已经做过相当多的许愿，但是五年过后，多数问题不但没有改进，许多的问题反而变得更严重。因此，"五年规划"把这些问题写进去，与五年之后这些问题能不能够解决没有一定的关系。如果没有改革产生这些问题的基本体制问题，那么写在规划里的这些问题就不可能被纠正。中国的经济发展能不能走远、能走多远，取决于体制改革。

三 体制问题是经济结构问题的根源

为了解决中国面对的体制问题，必须分析清楚中国的体制是什么。这是最具挑战性的一个问题，因为中国的体制与世界所有国家都非常不同。我以古今中外许多研究为基础，加上自己长期的研究，把中国的体制总结为"向地方分权的威权主义体制"（英文是 Regionally Decentralized Authoritarianism，或 RDA），或简称为"分权式威权制"。此体制的主要特点是中央对政治、人事权的高度集权与在行政、经济控制权方面向地方高度放权相结合。这二者的紧密结合使得中国的体制在世界上独一无二，超出政治学和政治经济学已有的理论范畴。此体制决定了中国改革与发展的轨迹，也同时制造了我们面对的严重结构性问题。

分权式威权制是创造中国地区间竞争的最基本的体制结构，是地区竞争和地区实验的制度基础。这个机制帮助解决了地方政府的激励机制问题和信息问题。依赖解决这些最核心的激励机制问题，地区竞争和地区实验使得中国的经济在向市场经济转轨的过程中，在市场经济还没有很好发展的阶段就能产生强劲的驱动力并造就 30 年的快速增长。分权式威权制是对中国体制的抽象概括和描述，因此我有意忽略了相对次要的因素。例如中国至今仍然存在像铁道部这样统治全国一个行业的区别于分权式威权制的机制。但这不仅是特例，而且不是解释中国高速发展特点的基本因素。假如中国的体制是像以铁道部这样的几十个中央专业部为主的机制，那么中国的改革不会走上今天的道路，中国也不会有持续 30 年的高速增长。铁道部对全国铁路的高度垄断，以致最近 10 年的大发展，是逆改革的大方向而行的。由此产生的问题经常要比分权式威权制产生的问题更糟糕。关于这一基本问题的文献已经很多,也已相对成熟,在相当大的范围里很多经济学家持有共识,故不在此赘述。

在以上文献基础上发展的新的论断是,当今所有最重大的经济结构问题和社会问题都是从分权式威权制中产生的。为解释这个论断,让我们从地方竞争谈起。如上所述,分权式威权制是创造地方竞争的基本体制,地方竞争是驱动30年改革和快速增长的基本机制。重要的是,地方竞争是一个极其强有力的工具,但是它可以成为一个威力巨大的摧毁工具。在分权式威权制下,地方竞争做什么,取决于中央或上级规定的竞争的目标是什么。

在中国很穷的时候,所有人都认为经济增长最重要,所以各地方竞争GDP增长速度自然成为过去改革30年的竞争目标。但是当中国的经济已经脱离贫困、进入低中等收入水平后,大量超出GDP范围的社会经济问题就变得越来越重要。各地方竞争GDP增长速度不仅不能满足民众的意愿,甚至产生出大量的社会经济问题。"十一五"和"十二五"规划都把大量GDP以外的问题列为目标。

能不能用地区竞争的机制同时解决GDP以外的目标,包括收入分配、社会稳定、环境保护和经济发展等数十数百(甚至成千上万)的问题?答案是不能。经济学理论可以严格证明不存在一种能同时有效解决多个目标的激励机制问题的体制。如果一定要求地方政府同时在许多方面进行竞争,其结果会适得其反,即地方政府会把这些竞争变成逐底竞争(race to the bottom)。如果收入分配公平与获取财政收入有矛盾,他们会赛着寻找增大财政收入而牺牲收入分配公平的新方法。

那么,是否能用科学的方法设计一个综合指标来包含所有重要目标,例如绿色GDP,来作为地方竞争的指标?答案是不可能的。否定答案的科学道理如下:第一,许多指标相互之间存在深刻的内在矛盾。第二,这诸多指标里面有的是界定明晰容易度量的,如GDP;有的是界定模糊难以定量的,如社会稳定。第三,这些指标里面,不仅执行难易有别,而且以不同方式不同程度地涉及地方政府、地方官员的自身利益。以上前两点问题加上自身利益,使得地方政府有动力、有能力。第四，中国不存在真正独立于地方政府且有权力全面收集和审计地方政府各方面工作数据的机构，绝大部分信息收集要依赖地方政府，因此可以轻易做手脚。

如果再退后一步，是否可以放弃 GDP，用地区竞争来解决某些单项社会经济问题？答案仍然是否定的。为此我们先要解释为什么地方竞争 GDP 增速能有效地解决地方政府的信息和激励机制问题。实际上这个问题是事关经济改革的最基本问题。如果地方竞争能独立于市场解决社会经济定量指标的问题，我们 30 年前就不需要推动经济体制改革。分权式威权制并不是新的体制，地方竞争也并不是改革才有的新机制。市场才是中国体制里新的东西，GDP 才是新的东西，而且是一个特别好的东西，它是市场活动的总体指标。地方政府竞争 GDP 增速是决定中国经济改革不同于前计划经济的关键点，也是决定中国经济改革不同于前苏联、东欧改革的一个关键点。地方政府竞争 GDP 增速的时候，竞争的既不是计划体制下的单项定量指标，也不是千百万定量指标，而是市场的整体活动。当行政与市场有矛盾时，这一竞争可以大大削弱改革的阻力。而且，由于市场公开于任何人，GDP 是市场活动的总体指标，无需授权，任何独立的机构可以独立从任何地区的市场收集信息，从而验证各地的 GDP 统计数字。这使得 GDP 数据难以造假。这本身在很大程度上帮助解决了考核地方政府的信息问题。

试图让地方竞争（或单项考核地方政府）市场以外的其他定量指标，实际是背离 30 年的市场改革，回头到漏洞百出的计划体制时代。当地方竞争 GDP 之外的东西时，信息和激励机制方面的基本问题无法解决。地方政府会为了竞争某些定量指标而不惜作假，不惜牺牲其他东西，由此会恶化一系列相关问题，导致灾难性的后果。

相比之下，地方竞争 GDP 增速则性质不同。这是因为 GDP 是市场活动的总结。虽然地方竞争 GDP 仍会产生许多问题，但不至于出现地方竞争市场之外的单项定量指标时的灾难，如"大跃进式"的灾难。所以分权式威权制没有办法解决 GDP 增长之外的问题。只要面对的问题和 GDP 增长不直接或间接相关，那么这个体制就没有办法解决。这些不能解决的问题中包括大量的社会问题：不平等、不正义、污染环境等。其中有许多和 GDP 增长有矛盾，有很多和 GDP

增长不直接相关，有许多还触动很多既得利益者。

分权式威权制的一个核心特点是以一种特殊结构的政府机制在宏观和微观层面全面干预经济。中央政府一方面主要依赖人事权控制地方政府，保证地方政府能执行中央政府的宏观政策，包括财政政策。另一方面给地方政府自主权处理地方事务以提供激励机制，并保证地方事务能在极不相同的条件下得到适当处理。中央的宏观政策中带有很强的自身利益，例如每个中央部门都有其自身的利益。但无论中央意图为何，地方政府如何行事总是受自身深层利益的驱动。1980年代以来发展起来的市场经济并没有从基本上改变这一特点。在市场经济迅速扩张的同时，各级政府的作用也在迅速扩张。以下以财政和土地问题为例说明这一体制的运作和问题的产生。土地问题是深刻影响中国城市化进程、影响内需、决定中国长期经济发展可持续性重大结构性问题的根源，它又是集中产生尖锐社会矛盾、产生重大社会问题的根源。

全国10年来基础建设的绝大部分是地方政府投资和负责的，而且其份额一直在增加。至2009年，全国百分之九十几的基础建设投资是地方政府投入的，而中央政府只占百分之几的微小部分。从最简单的激励机制的角度分析，一个有效的体制应该大体上是谁投入、谁负责、谁收益。绝大多数地方政府是赤字运行。全国过半数税收收入都进入中央政府腰包，而全国绝大多数的公共服务、公共品、基础建设、行政工作都依赖地方政府负责。这与中央政府掌握巨大财政盈余和巨大外汇储备，同时只负责很小比例的公共服务形成鲜明对照。对这一扭曲的政策的一种解释是，中央获全国财政收入大头，但每年把其多数的财政收入以转移支付方式返回地方政府。因此不但不影响地方财政，还缩小了地区差距。此说法的良苦用心可以理解，① 但是，如此大规模地使用财政转移支付机制，在各级地方政府中制造了严重的激励机制和信息问题。第一，这把地方政府努力推动经济以增加税收的动机扭曲为到中央游说获得中央返税的

---

① 根据对最近十几年全国各地数据的非常小心的一些经济计量学分析，中央以全国财政收入很大的比例进行转移支付的做法不但没能减少，反而扩大了地区差距。

动机（即所谓"跑部钱进"问题），并造成巨大量的无谓损失。更不用说由此造成了无数寻租腐败的机会，成为破坏法制和秩序的根源。第二，中央返税主要返到省级，给了省级政府更大的财政资源。但全国大多数公共服务是市县级政府提供的。基层地方政府财政问题之日趋严重是不争的事实，即此做法严重扭曲省、市、县政府之间的激励机制。第三个扭曲激励机制的方面是，中央拿走全国税收的主体部分，大幅度刺激甚至是迫使地方政府依赖土地解决地方财政。近10年来，土地财政收入已经成为绝大多数相对发达地区的政府的主要财政收入来源。

在中央收走全国税收大部分的同时，作为对地方政府损失税收收入的补偿，从1990年代后期起，地方政府不仅得到授权，更被鼓励以土地收入解决其财政问题。地方政府以地区试验的方式寻找新方式征地、卖地，以地区竞争的方式获得更多的土地收入。最近10年里，大多数相对发达地区的GDP增速与当地政府土地财政密切相关。地方政府依法以低补偿价征收土地，以高价市场出租、出卖或拍卖，获巨额收入。失地民众（包括农民、市民和小企业主）则怨声载道，造成尖锐的社会矛盾。自2002年以来，一方面地方政府由廉价征地获取日益高涨的收入，另一方面由此引发的社会冲突越演越烈。多年来，全国多数的恶性群体事件都是因征地引发的。近年来，全国每年恶性事件数字不断上升，事件性质越发趋于恶性。取决于增长方式，经济增长可以使社会更和谐，也可以造成更多社会矛盾。土地财政带有明显的掠夺性质，因此使得由此推动的GDP的增长伴随着日益尖锐的社会矛盾。相比之下，土地承包制和发展乡镇企业是靠给予民众财产、资源和机会发展经济。在1980年代地方政府推动土地承包制改革时代和1990年代地方政府推动乡镇企业时代，地方GDP的增长伴随着多数人的共同富裕，甚至许多地方变得比改革前更平等（Ravallion和陈，2007）。

土地财政和征地引发的社会问题现象产生于分权式威权制。那么分权式威权制自身能否解决这个问题？第一个建议是改变考核地方政府GDP指标，原因是包括土地问题等结构性问题都源于粗放式增长模式。但是，如上所述，在分权式威权制下，没有比地方竞争GDP增速更有效的解决激励机制问题的方法了。加上GDP增长的自身重要性,因此靠放弃地方竞争GDP增速来对付结构性问题是"病急乱投医",不仅不能解决结构性问题,反而会因此破坏各级地方政府的激励机制,而并进制造出更多问题。第二种建议是中央除了考核GDP以外,还同时考核甚至直接监督地方土地财政和社会稳定方面的指标。如上所述,经济学理论关于此类面对多重目标时(甚至相互矛盾的目标时)的激励机制问题有清楚的否定结论,因此除非改变体制,否则没有解决办法。具体地说,由于面对多重目标时无法解决信息问题(地方政府可以轻易地伪造数据欺骗考核),最好的机制是削弱对其中任何指标的考核。例如,考核内容不与奖惩挂钩或甚至不考核。这一理论结论也许抽象地看上去不容易理解,但是想一想"大跃进"中央号召地方政府"以粮为纲,以钢为纲"无情竞赛的血的教训,也许能帮助看懂这一结论的精髓。第三种建议是,中央将全国土地收入全部收回并直接决定全国土地的使用。近年来在许多难以解决的社会经济问题上都能听到这种声音。中央一些部委也有沿着这个方向的说法或动作。提出这类建议的人可能是出于纠正问题的好心,但这是个退步的建议,从实质上看,不经意地相当于要把中国的体制,至少一部分,改回到前苏联式的中央计划经济时代。在古今中外的任何官僚体制里,下级永远知道的比上级多,总是下级决定上级知道什么、不知道什么。由中央全盘计划管理的体制永远无法解决最基本的信息与激励机制问题。所谓"上有政策,下有对策",是对这个经济学普适原理的既通俗又精辟的概要。此外,任何进一步向中央集权的转变一定会给市场改革造成更多难以逾越的体制障碍。

除了以上所述财政体制问题之外,从更基本的体制结构看,许多政府机构(包括从中央到各级地方)之所以可以理直气壮、不受约束地以侵犯民众基本权益、动摇社会稳定为代价征地敛财,是因为分权式威权制里的约束是从上到下的,官员不对民众负责。还因为中华人民共和国宪法(2004)规定"城市的土地属于国家所有","国家为了公共利益的需要,可以依照法律规定对土地实行征收或者征用并给予补偿"(第十条)。这里关于城市土地属于国有加上国家可以征地的条文,为政府的土地财政奠定了法律基础,即土地问题源于分权式威权制,源于宪法不保护民众的土地所有权。

土地问题是决定内需问题、收入分配问题、社会稳定问题等经济结构问题的最大因素。以上讨论告诉我们，经济结构问题的解决必须超越现有体制。在市场经济已经占国民经济主体的情况下，以法制为方向的体制改革才是保持经济可持续发展的唯一出路。以土地问题为例，其解决的途径只能是法制。以宪法、以法律保护私有产权是保护市场经济、保证市场经济发展的必要条件。世界上所有发达的或稳定的市场经济无一不满足这一基本条件，中国也不能例外。中华人民共和国2004年修订的宪法朝此方向迈进了一大步，增加了重要的新规定："公民的合法的私有财产不受侵犯"。（第十三条）这是中国30年改革中最重要的里程碑性质的基本法改革。但是，2004年宪法仍然不承认土地的私有产权，留下了巨大的缺陷。这里需要指出，从中华人民共和国宪法上取消土地私有制是"文化革命"的恶果。中华人民共和国第一部宪法，即1954年宪法，是承认土地私有制的（见第八条），是1975年的文革宪法把此条文删掉了。"文化革命"之后，文化革命宪法的许多坏东西都逐渐得到了纠正，但是这部分至今未改，成为产生现在社会最基本疾病的根源之一。

分权式威权制的精髓是从中国古老的、世界上独一无二的历时2 000年的皇权帝制遗传而来的。当中国极端贫穷落后时，当"文革"的恶果促醒了绝大多数人民推进市场改革的决心时，这个体制曾有效地调动了各级政府的积极性并推动市场改革，大幅加速GDP增长。但是，虽然其自身在改革中也朝着适应市场化方面迈进，但其基本特点从未有过变化。当我国进入低等的中收入状态、大量的社会经济问题超出了GDP范围的时候，这个体制不可避免地成了社会稳定和持续发展的主要障碍。改革分权式威权制的必要条件之一是向法治转化。这要求以法律为基础的治理机制逐渐代替大量的行政机制，要求宪法保护民众的私有财产，包括土地私有权，要求各级司法独立于各级地方政府，要求各级政府必须服从宪法。

（本文为作者在2011年7月5日国际经济学会（IEA）全球大会上的发言，原文载于《比较》2011年第8期，此处节选自其中的第二、三部分）

后 记

本书编选工作在两年前开始。第一编者新望在编选出版《改革30年经济学文选》的基础上，进一步扩大了文献的收集和阅读范围，特别重点收集了晚清、民国年间和中华人民共和国成立前30年的文献。在此基础上形成了近百年中国经济学术史的三阶段判断，并几次草拟《中国经济学经典文选》草目。此后，新望认识了也对中国经济学史有浓厚兴趣的第二编者范世涛，于是便开展了密切的合作，数易其稿，形成了现有的《中国经济学经典文选》。

但是，编选一部《中国经济学经典文选》终究不是一件容易的事，它要求编者熟悉中国的经济学文献，了解中国经济的历史，了解学术文献的时代背景，更要求深入到经济学术传统内部，弄清思想的源流，然后才能形成对历史文献的较高判断力，进而选出最基本、最重要的经典文献。这对我们两人都是严峻的挑战。幸运的是，在编选过程中，我们得到了吴敬琏、厉以宁、张曙光、薛小和、马晓河、施正一、陈志武、樊纲、韦森、孙大权、夏业良、李华芳等师友的帮助和指导，这增强了我们做好此项工作的信心。李霞、周人杰、张卉、秦蓓蓓、张实、陈胜华、孙伯阳等同学和同事也参与了本书资料的收集、核对等烦琐工作，谨此一并致谢。

尽管得到多方面的指导和帮助，我们自知学力有限，不妥之处，还请各位专家学者批评指正。如果有读者对部分篇目存在疑问，认为它们也许不像想象得那么重要，这不妨看作编者的一家之言。我们希望在不久的将来，能够在广泛吸收各方面意见的基础上，推出更为公平可信的版本。

新 望 范世涛
2011 年 8 月 20 日